D1701784

Der Grundstückkauf

DER GRUNDSTÜCKKAUF

Zweite Auflage

Herausgegeben von

ALFRED KOLLER
Professor an der Universität St. Gallen

Stämpfli Verlag AG · Bern

Zitiervorschlag:
Autor (z.B. Schnyder) in Koller, Grundstückkauf,
2. A. Bern 2001, Nr. ....

Die deutsche Bibliothek - CIP-Einheitsaufnahme

Koller, Alfred:
Der Grundstückkauf / Alfred Koller. - 2. Aufl.. - Bern : Stämpfli,
2001
　　ISBN 3-7272-9980-0

Alle Rechte vorbehalten, insbesondere das Recht der Vervielfältigung, der Verbreitung und der Übersetzung. Das Werk oder Teile davon dürfen ohne schriftliche Genehmigung des Verlags weder in irgendeiner Form reproduziert (z.B. fotokopiert) noch elektronisch gespeichert, verarbeitet, vervielfältigt oder verbreitet werden.

© Stämpfli Verlag AG Bern · 2001

Gesamtherstellung: Stämpfli AG,
Grafisches Unternehmen, Bern
Printed in Switzerland

ISBN 3-7272-9980-0

Vorwort

Die erste Auflage des vorliegenden Werks erschien 1989. Seither haben sich die Rechtsgrundlagen des Grundstückkaufs in verschiedenen Bereichen (z.B. Vorkaufs- und Kaufsrecht; bäuerliches Bodenrecht; Verkauf vermieteter Wohnliegenschaften) verändert. Zudem haben sich Lehre und Rechtsprechung weiterentwickelt. Das rechtfertigte nicht nur eine Neubearbeitung, sondern auch die Aufnahme mehrerer neuer Aufsätze in den «Grundstückkauf».

Meine Assistenten *Thomas Engler* und *Philip Lang* besorgten die formale Vereinheitlichung der Beiträge, *Beat Zumstein* erstellte das Sachregister, *Monica Popp* überprüfte den Text auf Schreib- und Rechtschreibfehler. Ihnen allen spreche ich meinen herzlichen Dank aus. Ein besonderes Kränzlein winden möchte ich der Letztgenannten: Sie war bereits bei der ersten Auflage vor rund zwölf Jahren mit von der Partie!

29. Januar 2001   ALFRED KOLLER

Autoren

CHRISTIAN BRÜCKNER
Dr. iur., LL.M., Advokat und Notar, a.o. Professor an der Universität Basel

ALFRED KOLLER
Dr. iur., Rechtsanwalt, o. Professor an der Universität St. Gallen

CHRISTOPH LEUENBERGER
Dr. iur., LL.M., Kantonsrichter, Titularprofessor an der Universität St. Gallen

ROLAND PFÄFFLI
Dr. iur., Notar, Grundbuchverwalter von Thun

FELIX RICHNER
Dr. iur., Rechtsanwalt, CFP, ehem. Chef der Rechtsabteilung des kantonalen Steueramts Zürich

ERICH RÜEGG
Dr. iur., LL.M., Rechtsanwalt und Notar in Baden und Zürich

JÖRG SCHMID
Dr. iur., o. Professor an der Universität Freiburg

BERNHARD SCHNYDER
Dr. iur., em. Professor an der Universität Freiburg

FELIX SCHÖBI
PD Dr. iur., Bundesamt für Justiz, Bern

RAINER SCHUMACHER
Dr. iur., Rechtsanwalt in Baden und Zürich, Titularprofessor an der Universität Freiburg

IVO SCHWANDER
Dr. iur., Rechtsanwalt, o. Professor an der Universität St. Gallen

BEAT STALDER
Dr. iur., Fürsprecher, Bern

Inhaltsübersicht

Vorwort	5
Autorenverzeichnis	7
Abkürzungsverzeichnis	11

§ 1 **Begriff und Rechtsgrundlagen des Grundstückkaufs** 17
ALFRED KOLLER

§ 2 **Abschluss des Grundstückkaufvertrages** 27
CHRISTOPH LEUENBERGER

§ 3 **Vom Formmangel und seinen Folgen** 77
Der formungültige Grundstückkauf
ALFRED KOLLER

§ 4 **Vertragserfüllung und deren Sicherung in sachenrechtlicher Sicht** 131
BERNHARD SCHNYDER

§ 5 **Die Haftung des Grundstückverkäufers** 175
RAINER SCHUMACHER/ERICH RÜEGG

§ 6 **Der Kauf landwirtschaftlicher Gewerbe und Grundstücke** . 293
BEAT STALDER

§ 7 **Verkauf einer vermieteten Wohnliegenschaft** 377
Bemerkungen zum Übergang des Mietverhältnisses
auf den Käufer nach Art. 261 OR
ALFRED KOLLER

§ 8 **Das Bundesgesetz über den Grundstückerwerb durch Personen im Ausland** 405
FELIX SCHÖBI

Inhaltsübersicht

§ 9 Grundstückkauf: Internationales Privatrecht
und Internationales Zivilprozessrecht.................... 435
Ivo Schwander

§ 10 Die Grundstücksversteigerung.......................... 453
Jörg Schmid

§ 11 Verwandte Verträge (Vorvertrag, Vorkaufsvertrag,
Vertrag auf Begründung eines Kaufsrechts
bzw. Rückkaufsrechts) 503
Christian Brückner

§ 12 Steuern und andere Abgaben beim Grundstückkauf 551
Felix Richner

§ 13 Der Grundstückkauf: Kommentierter Mustervertrag 605
Roland Pfäffli

Gesetzesregister 637
Sachregister 659

Abkürzungsverzeichnis

a	alt
A.	Auflage
a.A.	andere(r) Ansicht/Auffassung
a.a.O.	am angeführten Ort
Abs.	Absatz
aBV	(alte) Bundesverfassung der Schweizerischen Eidgenossenschaft vom 29. Mai 1874
AcP	Archiv für die civilistische Praxis (Tübingen)
a.E.	am Ende
AGB	Allgemeine Geschäftsbedingungen
AGVE	Aargauische Gerichts- und Verwaltungsentscheide (Aarau)
AHVG	Bundesgesetz über die Alters- und Hinterlassenenversicherung vom 20. Dezember 1946 (SR 831.10)
AHVV	Verordnung über die Alters- und Hinterlassenenversicherung vom 31. Oktober 1947 (SR 831.101)
AJP	Aktuelle Juristische Praxis (Lachen)
al.	alinéa = Absatz
a.M.	andere(r) Meinung
Amtl. Bull.	Amtliches Bulletin der Bundesversammlung
ANAG	Bundesgesetz über Aufenthalt und Niederlassung der Ausländer vom 26. März 1931 (SR 142.20)
Anm.	Anmerkung(en), Fussnote(n)
AP	Agrarpolitik
Art.	Artikel
art.	article/articolo = Artikel
AS	Amtliche Sammlung
ASA	Archiv für Schweizerisches Abgaberecht (Bern)
ASR	Abhandlungen zum Schweizerischen Recht (Bern)
AT	Allgemeiner Teil
BasKomm	Basler Kommentar zum Schweizerischen Privatrecht
BBl	Bundesblatt der Schweizerischen Eidgenossenschaft
Bd.	Band
BerKomm	Berner Kommentar zum Schweizerischen Privatrecht
betr.	betreffend
BewB	Bundesbeschluss über den Erwerb von Grundstücken durch Personen im Ausland vom 23. März 1961 (Fassung vom 21. März 1973)
BewG	Bundesgesetz über den Erwerb von Grundstücken durch Personen im Ausland vom 16. Dezember 1983 (SR 211.412.41)
BewV	Verordnung über den Erwerb von Grundstücken durch Personen im Ausland vom 1. Oktober 1984 (SR 211.412.411)
BG	Bundesgesetz
BGB	(Deutsches) Bürgerliches Gesetzbuch für das Deutsche Reich vom 18. August 1896

BGBB	Bundesgesetz über das bäuerliche Bodenrecht vom 4. Oktober 1991 (SR 211.412.11)
BGE	Entscheidungen des Schweizerischen Bundesgerichts, Amtliche Sammlung
BGH	(Deutscher) Bundesgerichtshof
BGHZ	Entscheidungen des (deutschen) Bundesgerichtshofes in Zivilsachen (Köln)
BGer	Schweizerisches Bundesgericht
BJM	Basler Juristische Mitteilungen (Basel)
BlAR	Blätter für Agrarrecht (Brugg)
BMM	Bundesbeschluss über Massnahmen gegen Missbräuche im Mietwesen vom 30. Juni 1972 (ausser Kraft)
BN	Der Bernische Notar (Bern)
BR	Baurecht (Mitteilungen zum privaten und öffentlichen Baurecht, Freiburg)
BRat	Bundesrat
BRT FR	Baurechtstagung Freiburg
BRT SG	Baurechtstagung St. Gallen
BT	Besonderer Teil
BV	Bundesverfassung der Schweizerischen Eidgenossenschaft vom 18. April 1999 (SR 101)
BVR	Bernische Verwaltungsrechtsprechung (Bern)
BZP	Bundesgesetz über den Bundeszivilprozess vom 4. Dezember 1947 (SR 273)
c.	contra
CdB	Cahiers du Bail (Lausanne)
CISG	United Nations Convention on Contracts for the International Sale of Goods, s. WKR
CO	Code des obligations = OR
CR	Computer und Recht (München)
DB	Droit du Bail (Neuchâtel)
DBG	Bundesgesetz über die direkte Bundessteuer vom 14. Dezember 1990 (SR 642.11)
ders.	derselbe
d.h.	das heisst
Diss.	Dissertation
DNotZ	Deutsche Notar-Zeitschrift (München)
E.	Erwägung(en)
éd.	édition = Auflage
EG	Einführungsgesetz
EGG	Bundesgesetz über die Erhaltung des bäuerlichen Grundbesitzes vom 12. Juni 1951 (ausser Kraft)
EGMR	Europäischer Gerichtshof für Menschenrechte
EGV-SZ	Entscheide der Gerichts- und Verwaltungsbehörden des Kantons Schwyz (Schwyz)
eidg.	eidgenössisch(e)
EJPD	Eidgenössisches Justiz- und Polizeidepartement
EMRK	Konvention vom 4. November 1950 zum Schutze der Menschenrechte und Grundfreiheiten (SR 0.101)
EOG	Bundesgesetz über die Erwerbsersatzordnung für Dienstleistende in Armee, Zivildienst und Zivilschutz vom 25. September 1952 (SR 834.1)

ABKÜRZUNGSVERZEICHNIS

EStV	Eidgenössische Steuerverwaltung
EuGVÜ	Europäisches Übereinkommen über die gerichtliche Zuständigkeit und die Vollstreckung gerichtlicher Entscheidungen in Zivil- und Handelssachen vom 27. September 1968
f./ff.	folgende(r, s)
FS	Festschrift
FZR	Freiburger Zeitschrift für Rechtsprechung (Freiburg)
GBV	Verordnung betreffend das Grundbuch vom 22. Februar 1910 (SR 211.432.1)
GestG	Bundesgesetz über den Gerichtsstand in Zivilsachen vom 24. März 2000 (SR)
GewO	Gewerbeordnung vom 1. Januar 1987
gl.M.	gleicher Meinung
GStG	Grundstückgewinnsteuergesetz
GVP	St. Galler Gerichts- und Verwaltungspraxis
Halbbd.	Halbband
Haustür WiderrufG	(deutsches) Gesetz über den Widerruf von Haustürgeschäften und ähnlichen Geschäften vom 16. Januar 1986
Hrsg. (hrsg.)	Herausgeber (herausgegeben)
i.e.S.	im engeren Sinne
IPR	Internationales Privatrecht
IPRG	Bundesgesetz über das internationale Privatrecht vom 18. Dezember 1987, in Kraft seit 1.1.1989 (SR 291)
i.S.	in Sachen
i.S.v.	im Sinne von
IVG	Bundesgesetz vom 19. Juni 1959 über die Invalidenversicherung (SR 831.20)
i.V.m.	in Verbindung mit
i.w.S.	im weiteren Sinne
JdT	Journal des Tribunaux (Lausanne)
JZ	(deutsche) Juristenzeitung (Tübingen)
KG	Bundesgesetz über die Kartelle und andere Wettbewerbsbeschränkungen vom 6. Oktober 1995 (SR 251)
Kt.	Kanton
LEG	Bundesgesetz über die Entschuldung landwirtschaftlicher Heimwesen vom 12. Dezember 1940
LGVE	Luzerner Gerichts- und Verwaltungsentscheide (Luzern)
lit.	litera
loc.cit.	loco citato = am angeführten Ort
LPG	Bundesgesetz über die landwirtschaftliche Pacht vom 4. Oktober 1985 (SR 221.213.2)
LugÜ	Lugano-Übereinkommen über die gerichtliche Zuständigkeit und die Vollstreckung gerichtlicher Entscheidungen in Zivil- und Handelssachen vom 16. September 1988 (SR 0.275.11)
LwG	Bundesgesetz über die Landwirtschaft vom 29. April 1998 (SR 910.1)
Max	Entscheidungen des Obergerichts des Kantons Luzern (Maximen); ab 1974 LGVE, 1. Teil, Obergericht
MB	Merkblatt
MBVR	Monatsschrift für bernisches Verwaltungsrecht und Notariatswesen (Bern; seit 1976: BVR = JAB)

MDR	Monatsschrift für deutsches Recht (Hamburg)
m.E.	meines Erachtens
mp	mietrechtspraxis, Zeitschrift für schweizerisches Mietrecht (Basel)
MRA	MietRecht Aktuell (Basel)
MünchKomm	Münchener Kommentar
m.w.Nw.	mit weiteren Nachweisen
MWSTG	Bundesgesetz über die Mehrwertsteuer vom 2. September 1999 (SR 641.20)
N	Note (Randnote, Randnummer, Randziffer)
NF	Neue Folge
NJW	Neue Juristische Wochenschrift (München/Berlin)
Nr.	Nummer (Randnummer)
OG	Bundesgesetz über die Organisation der Bundesrechtspflege vom 16. Dezember 1943 (SR 173.110)
OGer	Obergericht
OR	Bundesgesetz betreffend die Ergänzung des Schweizerischen Zivilgesetzbuches vom 30. März 1911 (Fünfter Teil: Obligationenrecht; SR 220)
PKG	Die Praxis des Kantonsgerichtes von Graubünden (Chur)
Pra	Die Praxis des Bundesgerichts (Basel)
PrHG	Bundesgesetz über die Produktehaftpflicht vom 18. Juni 1993 (Produktehaftpflichtgesetz) (SR 221.112.944)
RabelsZ	Zeitschrift für Ausländisches und Internationales Privatrecht, begründet von Ernst Rabel (Berlin/Tübingen)
RB	Rechenschaftsbericht des (Zürcher) Verwaltungsgerichts an den Kantonsrat
Rep	Repertorio di Giurisprudenza Patria (Bellinzona)
RJJ	Revue jurassienne de jurisprudence (Porrentruy)
RJN	Recueil de jurisprudence neuchâteloise (Neuchâtel)
RPG	Bundesgesetz über die Raumplanung vom 22. Juni 1979 (SR 700)
RPV	Raumplanungsverordnung vom 28. Juni 2000 (SR 700.1)
RS	Receuil systématique du droit fédéral (nouveau receuil) = SR
RVJ	Revue valaisanne de jurisprudence (Sion) = ZWR
s.	siehe
S.	Seite
SAG	Schweizerische Aktiengesellschaft (Zürich; seit 1990: SZW)
sc.	scilicet = nämlich
SchKG	Bundesgesetz über Schuldbetreibung und Konkurs vom 11. April 1889/ 16. Dezember 1994 (SR 281.1)
SchlT	Schlusstitel
Semjud	La semaine judiciaire (Genève)
SJK	Schweizerische Juristische Kartothek (Genf)
SJZ	Schweizerische Juristenzeitung (Zürich)
sog.	so genannt(e)
SOG	Solothurnische Gerichtspraxis (Solothurn)
SPR	Schweizerisches Privatrecht (Basel/Frankfurt a.M.)
SR	Systematische Sammlung des Bundesrechts
ss.	seguenti = ff.
StE	Der Steuerentscheid (Periodikum)

Sten. Bull.	Amtliches stenographisches Bulletin der schweizerischen Bundesversammlung (jetzt: Amtliches Bulletin der Bundesversammlung)
StG	Steuergesetz
StGB	Schweizerisches Strafgesetzbuch vom 21. Dezember 1937 (SR 311.0)
StHG	Bundesgesetz über die Harmonisierung der direkten Steuern der Kantone und Gemeinden vom 14. Dezember 1990 (SR 642.14)
SVIT	Schweizerischer Verband der Immobilien-Treuhänder
SZIER/RSDIE	Schweizerische Zeitschrift für Internationales und Europäisches Recht
u.a.	und andere(s); unter anderem (anderen)
u.ä.	und ähnliche(s)
UN	United Nations = Vereinte Nationen
u.U.	unter Umständen
UWG	Bundesgesetz gegen den unlauteren Wettbewerb vom 19. Dezember 1986 (SR 241)
VBB	Verordnung über das bäuerliche Bodenrecht (SR 211.412.110)
VerstV	(Deutsche) Verordnung über die gewerbsmässige Versteigerung vom 1. Juni 1976
Vorbem.	Vorbemerkungen
VVG	Bundesgesetz über den Versicherungsvertrag vom 2. April 1908 (SR 221.229.1)
VwVG	Bundesgesetz über das Verwaltungsverfahren vom 20. Dezember 1968 (SR 172.021)
VZG	Verordnung des Bundesgerichts über die Zwangsverwertung von Grundstücken vom 23. April 1920 (SR 281.42)
WKR	Übereinkommen der Vereinten Nationen über Verträge über den internationalen Warenkauf («Wiener Kaufrecht») vom 11. April 1980 (SR 0.221.211.1)
ZBGR	Schweizerische Zeitschrift für Beurkundungs- und Grundbuchrecht (Wädenswil)
ZBJV	Zeitschrift des bernischen Juristenvereins (Bern)
ZBl	Zentralblatt für Staats- und Verwaltungsrecht (Zürich; seit 1995; vorher: Zentralblatt für Staats- und Gemeindeverwaltung)
ZGB	Schweizerisches Zivilgesetzbuch vom 10. Dezember 1907 (SR 210)
ZGRG	Zeitschrift für Gesetzgebung und Rechtsprechung in Graubünden (Chur)
zit.	zitiert
Ziff.	Ziffer
ZMP	Zürcher Mietrechtspraxis (Zürich)
ZP	Zusatzprotokoll
ZPO	Zivilprozessordnung
ZR	Blätter für Zürcherische Rechtsprechung (Zürich)
ZSR	Zeitschrift für Schweizerisches Recht (Basel)
z.T.	zum Teil
ZürKomm	Zürcher Kommentar zum Schweizerischen Privatrecht
ZVW	Zeitschrift für Vormundschaftswesen (Zürich)
ZWR	Zeitschrift für Walliser Rechtsprechung (Sion) = RVJ

§ 1
Begriff und Rechtsgrundlagen des Grundstückkaufs

Alfred Koller

INHALTSVERZEICHNIS   Seite

I.   Vom Grundstück als Kaufgegenstand   18
II. Die Rechtsgrundlagen des «reinen» Grundstückkaufs   20
III. Verbundene Grundstückkaufverträge
     und gemischte Verträge.   23

Das Gesetz versteht unter einem Grundstückkaufvertrag einen Kaufvertrag (Art. 184 OR), der ein Grundstück i.S.v. Art. 655 ZGB zum Gegenstand hat (Art. 187, 216 OR; unten I.). Den so verstandenen Grundstückkauf hat das OR in einem eigenen Abschnitt («Der Grundstückkauf») geregelt, in den Art. 216–221. Diese Regelung ist jedoch unvollständig und ungenau. Sie bedarf verschiedener Ergänzungen und Präzisierungen (nachstehend II.). Die gesetzlichen Regeln über den Grundstückkauf sind auf den «reinen» Grundstückkauf zugeschnitten. In der Praxis kommen jedoch häufig Vertragsverbindungen von Grundstückkaufverträgen mit anderen Verträgen sowie gemischte Verträge mit Grundstückkaufelementen vor. Alsdann fragt sich, ob und inwieweit allenfalls das Recht über den Grundstückkauf zur Anwendung gelangt (dazu nachstehend III.).

I. Vom Grundstück als Kaufgegenstand

2   **1.** Grundstück ist im allgemeinen Sprachgebrauch gleichbedeutend mit Liegenschaft. Der juristische Sprachgebrauch ist weiter. Er umfasst neben den Liegenschaften auch Bergwerke, Miteigentumsanteile an Grundstücken sowie als Grundstücke in das Grundbuch aufgenommene selbständige und dauernde Rechte (Art. 655 Abs. 2 ZGB)[1].

3   Diese Aufzählung ist erschöpfend; jeder Kauf, der einen andern Gegenstand hat, ist ein Fahrniskauf (Art. 187 Abs. 1 OR). Entscheidend ist der *unmittelbare* Kaufgegenstand. Daher ist der Kauf der Aktien einer Immobiliengesellschaft Fahrniskauf, auch wenn es mittelbar um die Übertragung von Grundstücken geht (BGE 45 II 53, 93 II 306 obiter)[2]. Fahrniskauf ist auch der Kauf «einer grundversicherten Forderung»[3], ebenso der Kauf eines dinglichen Rechts an einer Liegenschaft, das nicht als selbständiges Grundstück im Grundbuch eingetragen ist. Als Fahrniskauf ist gemäss ausdrücklicher gesetzlicher Vorschrift auch der Verkauf von Bestandteilen eines Grundstücks anzusehen, «wenn sie nach ihrer Lostrennung auf den Erwerber als bewegliche Sachen übergehen sollen» (Art. 187 Abs. 2 OR).

4   **2.** Zu den Grundstücken zählen auch die **Stockwerkeigentumsanteile**, die nichts anderes als qualifizierte Miteigentumsanteile sind (Art. 712a ZGB). Dementsprechend finden auf den Kauf von Stockwerkeigentum die Regeln über den Grundstückkauf Anwendung[4]. Einschränkungen ergeben sich aus der Natur der Sache. Nicht anwendbar ist z.B. Art. 219 Abs. 2 OR, welcher die Gewährleistung regelt, falls das Kaufgrundstück «nicht das im Grundbuch auf Grund amtlicher Vermessung angegebene Mass besitzt»[5].

5   **3. Unter einem selbständigen und dauernden Recht** versteht das Gesetz eine Dienstbarkeit, die «weder zugunsten eines herrschenden Grundstücks noch ausschliesslich zugunsten einer bestimmten Person errichtet ist» und die «auf

---

[1] In Art. 655 Abs. 2 Ziff. 4 ZGB wird der Begriff «Grundstück» im technischen Sinne verwendet, was zur Folge hat, dass nicht nur Miteigentumsanteile an Liegenschaften, sondern auch solche an einem Miteigentumsanteil (beispielsweise an einem Stockwerkeigentumsanteil) oder an einem selbständigen und dauernden Recht (beispielsweise an einem selbständigen und dauernden Baurecht) Grundstücksqualität haben (SCHMID Jörg, Sachenrecht, Zürich 1997, Nr. 809).

[2] GIGER, BerKomm, N 20 zu Art. 216 OR; CAVIN, SPR VII/1, S. 128; GUHL THEO, Das schweizerische Obligationenrecht, 9. A. Zürich 2000, §§ 1–47 bearbeitet von KOLLER ALFRED, § 41 Nr. 11. Zu beachten ist, dass die zivilrechtliche Betrachtungsweise nicht unbedingt der öffentlich-rechtlichen entspricht (vgl. GUHL/KOLLER, a.a.O., Verkauf der Anteile einer Immobiliengesellschaft).

[3] BECKER, BerKomm, N 23 zu Art. 187 OR.

[4] MEIER-HAYOZ/REY, BerKomm, N 83 zu Art. 712a ZGB.

[5] S. dazu eingehend KOLLER ALFRED, Grundstückskauf mit falscher Flächenangabe, ZBGR 1997, S. 1 ff.

wenigstens dreissig Jahre oder auf unbestimmte Zeit begründet erscheint» (Art. 7 GBV). «Unselbständige» und damit nicht als Grundstücke in das Grundbuch aufnehmbare Rechte sind demnach die Grunddienstbarkeiten sowie die sog. regulären (nicht übertragbaren und nicht vererblichen) Personaldienstbarkeiten, wie insbesondere Nutzniessung und Wohnrecht. Oder positiv ausgedrückt: Grundstücksqualität kann nur irregulären Personaldienstbarkeiten verliehen werden.

Als selbständige und dauernde Rechte im umschriebenen Sinne werden in der Praxis namentlich Baurechte (Art. 779 ff. ZGB) begründet[6]. Diese sind mangels anderer Vereinbarung übertragbar und vererblich (Art. 779 Abs. 2 ZGB) und werden häufig für mehr als dreissig Jahre eingeräumt. 6

Zu beachten ist, dass als selbständige und dauernde Rechte ausgestaltete Dienstbarkeiten nicht eo ipso Grundstückscharakter haben. Vielmehr handelt es sich zunächst einmal um nichts anderes als beschränkte dingliche Rechte. Zu Grundstücken werden sie erst, wenn sie als solche – auf Antrag des Berechtigten (Art. 7 Abs. 1 GBV)[7] – ins Grundbuch aufgenommen werden[8]. 7

4. Gegenstand des vorliegenden Buches ist primär der Liegenschaftskauf. Wo von Grundstücken die Rede ist, sind daher – soweit nicht anders vermerkt – Liegenschaften gemeint. Doch gelten die Ausführungen grundsätzlich (mutatis mutandis) auch für alle andern Grundstücksarten, so etwa was die Form (§ 2) oder die zwangsweise Erfüllung des Kaufvertrages (§ 4) anbelangt. 8

Wird eine Liegenschaft verkauft, bezieht sich der Kaufvertrag mangels anderer Vereinbarung auf alle ihre **Bestandteile** (Art. 642 Abs. 2, 643 ZGB), insbesondere auf fest mit dem Boden verbundene Gebäude. Den Parteien steht es jedoch frei, einzelne Bestandteile vom Kaufvertrag auszunehmen, sodass sie von der Pflicht zur Eigentumsverschaffung (Art. 184 Abs. 1 OR) nicht erfasst sind[9]. 9

Ähnliches gilt für die **Zugehör** i.S.v. Art. 644 Abs. 2 ZGB. Nach Art. 644 Abs. 1 ZGB bezieht sich «die Verfügung über eine Sache» auch auf ihre Zugehör, «wenn keine Ausnahme gemacht wird». Der Begriff der «Verfügung» ist weit auszulegen; er erfasst nicht nur Verfügungen im technischen Sinne, d.h. Rechtsgeschäfte mit dinglicher Wirkung, sondern ebenso Rechtsgeschäfte mit 10

---

[6] Art. 7 GBV erwähnt denn auch – neben den praktisch weniger bedeutenden Quellenrechten – die Baurechte als für die Aufnahme als Grundstücke geeignete beschränkte dingliche Rechte.
[7] Die Zustimmung des Eigentümers des belasteten Grundstücks, der Pfandgläubiger oder anderer Dienstbarkeitsberechtigter ist nicht erforderlich (MEIER-HAYOZ, BerKomm, N 30 zu Art. 655 ZGB).
[8] SCHMID (zit. in Anm. 1), Nr. 1330.
[9] REY HEINZ, Die Grundlagen des Sachenrechts und das Eigentum, 2. A. Bern 2000, Nr. 150.

obligatorischer Wirkung (so schon BGE 43 II 659). Kaufverträge über eine Liegenschaft beziehen sich somit mangels anderer Abrede auch auf deren Zugehör.

11 Wird die Zugehör ausdrücklich mitverkauft, so ist hinsichtlich der Rechtsanwendung zu unterscheiden, ob ein aus Grundstückkauf und Fahrniskauf gemischter Vertrag oder eine Vertragsverbindung vorliegt (unten III.); im Einzelfall kann über die Zugehör auch ein in jeder Hinsicht selbständiger Vertrag abgeschlossen werden. Entsprechendes gilt, wenn Fahrnisgegenstände, die nicht Zugehör bilden, zusammen mit einem Grundstück verkauft werden.

II. Die Rechtsgrundlagen des «reinen» Grundstückkaufs

12 1. Auf den Grundstückkauf kommt (selbstverständlich) der **Allgemeine Teil des OR** zur Anwendung.

13 Das Gesetz enthält sodann in **Art. 184–186** «Allgemeine Bestimmungen» über Kauf und Tausch. Nach der Gesetzessystematik finden somit die betreffenden drei Bestimmungen auch auf den Grundstückkauf Anwendung. Art. 186 betrifft jedoch ausschliesslich «Forderungen aus dem Kleinvertriebe geistiger Getränke», ist also für den Grundstückkauf ohne Bedeutung. Und auch Art. 185 OR, der die Nutzen- und Gefahrtragung regelt, findet auf den Grundstückkauf nur mit der Einschränkung des Art. 220 OR[10] Anwendung. Somit kommt beim Grundstückkauf lediglich Art. 184 OR vorbehaltlos zum Tragen.

14 2. **Die Art. 216–221 OR** enthalten Sonderrecht für den Grundstückkauf. Art. 218 ist allerdings ohne materielle Tragweite; er enthält lediglich einen Hinweis darauf, dass «für die Veräusserung von landwirtschaftlichen Grundstücken ... zudem das Bundesgesetz vom 4. Oktober 1991 über das bäuerliche Bodenrecht gilt». Sodann betrifft ein Grossteil der Bestimmungen Vorkaufsverträge (Art. 216 Abs. 2 und 3, 216a–e) sowie Kaufrechts- und Rückkaufrechtsverträge (Art. 216 Abs. 2, 216a), bei denen es sich nach einer starken Lehrmeinung gar nicht um (bedingte) Grundstückkaufverträge, sondern um Innominatverträge (mit Kaufelementen) handelt[11].

---

[10] Dazu neuerdings BGE 121 III 259 E. 4a, GUHL/KOLLER (zit. in Anm. 2), § 41 Nr. 12.

[11] Ob das eine oder andere zutrifft, ist hinsichtlich der im Gesetz geregelten Fragen ohne praktische Bedeutung. Im Übrigen dürfte die jetzt (1994) erfolgte Einordnung beim Grundstückkauf ein starkes Argument für die «Kauftheorie» sein.

Art. 221 OR verweist auf die Bestimmungen über den Fahrniskauf, die auf den 15
Grundstückkauf «entsprechende Anwendung» finden («s'appliquent par analogie», «si applicano per analogia»). Die Fahrniskaufregeln sind aber nur «im übrigen» (Art. 221 OR) anwendbar, d.h. insoweit, als die Art. 216–220 OR keine eigene Regelung enthalten. Dazu kommt, dass einzelne Fahrniskaufregeln ihrer Natur nach ausschliesslich den Fahrniskauf betreffen und daher auf den Grundstückkauf nicht (auch nicht «entsprechend») anwendbar sind. Das gilt etwa für Art. 202 OR betr. die Mängelrüge beim Viehkauf, nach CAVIN[12] auch für «die Sondervorschriften über den Handelskauf, die sich in den Art. 190, 191 Abs. 2 und 215 Abs. 1 OR finden»[13].

Wo eine entsprechende Anwendung der Fahrniskaufregeln in Betracht kommt, 16
ist der Richter «nicht befugt, die Vorschriften ... nach Belieben anzuwenden»[14]. Vielmehr ist er gehalten, sie gleich wie bei einem Fahrniskauf anzuwenden, «abgesehen von denjenigen, die auf den Fahrnischarakter der Sache zugeschnitten sind»[15]. Anders ausgedrückt, sind die Fahrniskaufregeln auch auf Grundstückkäufe grundsätzlich unmittelbar anwendbar, analog nur dort, wo sich dies wegen der unterschiedlichen Natur des Kaufgegenstandes aufdrängt.

«Der Hauptunterschied zwischen der Regelung der beiden Käufe (sc. von Grundstück- und 17
Fahrniskauf) ergibt sich aus dem Unterschied der Art des Eigentumserwerbs, indem bei der Übertragung von Grundeigentum die Eintragung im Grundbuch an die Stelle der Besitzübergabe tritt[16].» Wenn daher das Gesetz beim Fahrniskauf ein Recht von der Übergabe des Besitzes am Kaufgegenstand abhängig macht, ist zu prüfen, ob es damit die Übergabe als solche meint oder aber die dadurch bewirkte Übertragung des Eigentums. Im ersteren Fall kommt es auch beim Grundstückkauf auf den Besitzübergang an (Beispiel: Art. 201 Abs. 1 OR), im zweiten Fall ist hingegen auf den Eintrag im Grundbuch abzustellen (Beispiel: Art. 214 Abs. 3 OR, BGE 86 II 221)[17].

3. Für einzelne Arten von Grundstückkäufen gelten – neben den vor- 18
stehend erwähnten Regeln – **Sonderbestimmungen**, so namentlich für den Kauf *landwirtschaftlicher Grundstücke*, den *Grundstückserwerb durch Personen mit Wohnsitz im Ausland* und den *Steigerungskauf*. Siehe dazu die §§ 6, 8 und 10.

---

[12] SPR VII/1, S. 129.
[13] Nach BGE 104 II 198 (Rubrum) verbieten Art. 191 Abs. 2 und 3 OR «dem Richter nicht, sich bei der Schadensberechnung für einen Grundstückkauf auf ähnliche Kriterien zu stützen».
[14] CAVIN, SPR VII/1, S. 128.
[15] CAVIN, SPR VII/1, S. 128.
[16] CAVIN, SPR VII/1, S. 128.
[17] KOLLER, BasKomm, N 20 zu Art. 214 OR.

19 **4.** Schliesslich gibt es in verschiedenen Gesetzen **verstreut** eine ganze Reihe von Bestimmungen, die direkt oder indirekt den Grundstückkauf betreffen oder zumindest betreffen können. Derartige Regeln finden sich namentlich im Sachenrecht (vierter Teil des ZGB), in geringerem Masse aber auch in andern Rechtsgebieten. Die folgende Aufzählung strebt keine Vollständigkeit an; sie beschränkt sich auf die wichtigsten Bestimmungen von ZGB und OR:

20 *Bestimmungen des ZGB:*

- *Art. 168 f.* betr. «Rechtsgeschäfte der Ehegatten» (Marginalie); vgl. § 2 Nr. 11;

- *Art. 178* (Verfügungsbeschränkung im Interesse der ehelichen Gemeinschaft); vgl. § 13 Nr. 13;

- *Art. 657*; öffentliche Beurkundung als Form des Vertrags auf Eigentumsübertragung. Die Bestimmung wird für den «reinen» Grundstückkauf durch Art. 216 OR verdrängt, sie behält aber ihre Bedeutung für gemischte Verträge mit Elementen des Grundstückkaufs; vgl. Nr. 28, § 2 Nr. 116;

- *Art. 665*; vgl. § 4 Nr. 29 ff.;

- *Art. 837 Ziff. 1*: Anspruch auf Errichtung des Verkäuferpfandrechts; ist das Pfandrecht errichtet, unterliegt die Kaufpreisforderung des Verkäufers keiner Verjährung (Art. 807);

- *Art. 837 Ziff. 3*: Anspruch auf Errichtung eines Bauhandwerkerpfandrechts; der Anspruch ist realobligatorischer Natur; er richtet sich also gegen den jeweiligen Eigentümer der Liegenschaft, auf der die «Handwerksarbeiten» ausgeführt wurden; der Käufer einer Liegenschaft muss daher mit einer entsprechenden Pfandbestellung rechnen;

21 *Bestimmungen des OR:*

- *Art. 261–261b*: «Kauf bricht Miete nicht»; vgl. dazu § 7;

- *Art. 290* betr. die Veräusserung einer verpachteten Liegenschaft;

- *Art. 412 ff.* betr. den Mäklervertrag; speziell betr. die Grundstücksmäkelei vgl. Art. 417.

22 Der praktischen Bedeutung wegen sei zum Schluss auf Art. 54 VVG hingewiesen. Diese Bestimmung sieht u.a. vor, dass «Rechte und Pflichten aus dem Versicherungsvertrage auf den Erwerber übergehen», wenn der versicherte Gegenstand den Eigentümer wechselt und der Erwerber nicht innert vierzehn Tagen den Übergang der Versicherung ablehnt. Konsequenz ist z.B. die, dass beim Verkauf eines Grundstücks eine vom Verkäufer abgeschlossene Wasserschadenver-

sicherung auf den Käufer übergeht, sofern dieser dem Versicherer nicht rechtzeitig die Ablehnung mitteilt[18]. Diese Folge tritt auch ein, wenn der Käufer vom Bestand der Versicherung bei Abschluss des Grundstückkaufvertrages keine Kenntnis hatte.

5. Zum IPR des Grundstückkaufs s. insbesondere das IPRG (dazu § 9).   23

III. Verbundene Grundstückkaufverträge und gemischte Verträge

1. In der Praxis kommt es häufig vor, dass Grundstückkaufverträge zusammen mit einem anderen Vertrag abgeschlossen werden, in der Meinung, dass der Bestand des einen Vertrags von der Gültigkeit des andern abhängen soll, im Übrigen aber beide Verträge ihr selbständiges Schicksal haben sollen. Bei derartigen Vertragsverbindungen folgen grundsätzlich beide Verträge ihren eigenen Regeln[19], was z.B. zur Folge hat, dass der mit dem Grundstückkauf verbundene Vertrag nicht der Form des Art. 216 OR bedarf[20]. Doch stehen die Verträge untereinander in einem Austauschverhältnis, was namentlich die Anwendung von Art. 82 OR und anderer Synallagma-Regeln zur Folge hat[21].   24

Für die Verbindung mit einem Grundstückkaufvertrag kommen die verschiedensten Vertragstypen in Betracht[22], z.B. ein Fahrniskauf (vgl. BGE 39 II 558 f.), ein Darlehensvertrag (BGE 113 II 402 ff.), eine Provisionsabrede (BGE 78 II 435 ff.) oder ein Auftrag (BGE 86 II 36 ff.). Häufig ist vor allem die Verbindung mit Verträgen, die direkt oder indirekt auf eine Überbauung des Kaufgrundstücks gerichtet sind (Werkverträge, Architektur- oder Ingenieurverträge); Beispiel: Verkäufer und Käufer machen ab, dass der Erstere auf dem Kaufgrundstück gegen einen bestimmten Werklohn eine Baute zu erstellen hat (BGE 118 II 142)[23].   25

---

[18] Nicht amtlich publizierter Bundesgerichtsentscheid, abgedruckt in: Entscheidungen schweizerischer Gerichte in privaten Versicherungsstreitigkeiten, herausgegeben vom Bundesamt für Privatversicherungswesen, Bd. XII, S. 339 ff. Der Eigentumswechsel i.S.v. Art. 54 VVG findet nach diesem Entscheid mit dem Tagebucheintrag, nicht dem Hauptbucheintrag, statt (ebenso BGE 118 II 119 betr. Art. 259 OR in der bis 1. Juli 1990 geltenden Fassung; s. § 7 Nr. 13).
[19] GUHL/KOLLER (zit. in Anm. 2), § 40 Nr. 21 m.w.Nw.
[20] BGE 117 II 264 f., 90 II 34 E. 2 e contrario, 86 II 33 E. a, 78 II 435.
[21] GUHL/KOLLER (zit. in Anm. 2), § 40 Nr. 21 mit Präzisierungen.
[22] Neustes Beispiel aus der bundesgerichtlichen Rechtsprechung: BGE 119 II 135.
[23] Zu diesen sog. Baubindungen s. KOLLER, BerKomm, N 29 ff., 160, 229 zu Art. 363 OR m.w.Nw.

26 2. Von den in einer Vertragsverbindung verkoppelten Verträgen, die je ihren eigenen Regeln folgen, sind die **gemischten** Verträge zu unterscheiden. Ein gemischter Vertrag besteht in der Verschmelzung von Elementen verschiedener Vertragstypen zu einem einheitlichen, *selbständigen Vertragsganzen*[24]. Gemischte Verträge gehören – anders als die Vertragsverbindungen – zu den Innominatkontrakten, d.h. zu den gesetzlich nicht genannten und damit auch nicht geregelten Vertragstypen.

27 Ein gemischter Vertrag liegt z.B. vor, wenn sich der Grundstückverkäufer verpflichtet, auf der verkauften Parzelle ein Gebäude zu errichten, ohne dass für die Werkleistung ein spezielles Entgelt ausgeschieden, die Werkleistung vielmehr zusammen mit der Verkäuferleistung im Rahmen eines Gesamtentgelts abgegolten wird (vgl. demgegenüber Nr. 25 a.E.)[25]. Zu den gemischten Verträgen gehört sodann – wie schon der Name sagt – die gemische Schenkung; es verkauft beispielsweise ein Vater seinem Sohn eine Liegenschaft zu einem Preis, der – wie die Parteien wissen – weit unter dem Verkehrswert liegt. Weiteres Beispiel: A verpflichtet sich zur Übertragung eines Grundstückes, während B als Gegenleistung einerseits einen Kaufpreis bezahlt, andererseits Pflege und Unterkunft auf Lebenszeit gewährt (Mischung aus Kaufvertrag und Verpfründung, BGE 79 II 169).

28 Hinsichtlich der *Rechtsanwendung* stellt sich bei gemischten Verträgen mit Elementen des Grundstückkaufvertrags vorab die Frage, ob eine öffentliche Beurkundung (Art. 657 ZGB, 216 OR[26]) zu erfolgen hat und welche Vertragsbestandteile allenfalls zu beurkunden sind (dazu § 2 Nr. 116 ff.). Gültiges Zustandekommen des Vertrages unterstellt, richtet sich dessen Inhalt innerhalb der Schranken des Gesetzes (Art. 19 Abs. 1 OR) nach der von den Parteien getroffenen Vereinbarung. Soweit diese lückenhaft ist, muss sie ergänzt werden. Wie dies zu geschehen hat, ist kontrovers. In der bundesgerichtlichen Rechtsprechung steht die Absorptionstheorie im Vordergrund. «Nach dieser Theorie ist bei gemischten Verträgen nur das Recht des einen Typs (des bedeutenderen nämlich) anzuwenden; die Rechtsregeln des (weniger wichtigen) beigemischten Typs werden absorbiert.»[27] So hat das Bundesgericht bei Vermischung von Grundstück- und Fahrniskauf mehrfach entschieden, es komme das Recht des Grundstückkaufs zur Anwendung, da die Liegenschaft «als Hauptgegenstand

---

[24] Statt vieler: SCHLUEP, SPR VII/2, S. 772.

[25] Nach Ansicht des Bundesgerichts kommt in solchen Fällen auch ein Kauf über eine künftige Sache in Betracht. Überholt ist die Ansicht, dass *immer* ein Kauf (über eine künftige Sache) vorliege (so noch BGE 94 II 162): GAUCH PETER, Der Werkvertrag, 4. A. Zürich 1996, Nr. 232. S. auch KOLLER, BerKomm, N 225 zu Art. 363 OR.

[26] Art. 216 OR findet freilich zum Vornherein nur analoge Anwendung. Eine unmittelbare Anwendung fällt ausser Betracht, da der gemischte Vertrag definitionsgemäss keinem gesetzlich geregelten Vertragstyp entspricht. Auf einen aus Elementen der Verpfründung und des Kaufs gemischten Vertrag brachte das Bundesgericht Art. 522 Abs. 1 OR (nicht Art. 216 OR) zur Anwendung, Pra 1979, S. 378 ff.

[27] SCHLUEP, SPR VII/2, S. 801.

des Vertrages betrachtet werden» müsse (BGE 13, S. 510 f., 21, S. 415 f.). Das Bundesgericht hat jedoch das Absorptionsprinzip von jeher nicht streng durchgeführt und verschiedentlich auch die Regeln der grundsätzlich absorbierten Vertragsart herangezogen. In neueren Entscheiden geht es noch weiter und folgt tendenziell der Kombinationstheorie, nach welcher die gesetzlichen Rechtsfolgen, welche für die im gemischten Vertrag enthaltenen Vertragstypen gelten, zu kombinieren sind. «Beiden Theorien ist der Vorhalt zu machen, dass der gemischte Vertrag qualitativ mehr ist als die Summe der gemischten Vertragsleistungen» (GUHL/KOLLER [zit. in Anm. 2], § 40 Nr. 24). Nach der Ansicht des Schreibenden hat der Richter allfällige Vertragslücken zunächst aus den Eigenheiten des Geschäfts heraus zu füllen, sodann unter Beizug der Bestimmungen des Allgemeinen Teils des Obligationenrechts. Führt beides nicht weiter, hat er modo legislatoris eigene Regeln zu schaffen (Art. 1 Abs. 2 ZGB), wobei er sich, soweit möglich, an bestehendem Gesetzesrecht orientieren wird. Für Einzelheiten verweise ich auf meine Ausführungen in OR AT, Nr. 619 ff.

Zur praktisch bedeutsamen Frage der Mängelhaftung in Fällen, in denen Grundstückkauf und Werkvertrag in dem Sinne gemischt sind, dass sich der Verkäufer auch zur Überbauung des Grundstücks verpflichtet, s. BGE 118 II 142 und aus der Lehre KOLLER, BerKomm, N 225 und 227 zu Art. 363 OR m.w.Nw.

29

§ 2
Abschluss des Grundstückkaufvertrages

CHRISTOPH LEUENBERGER[*]

INHALTSVERZEICHNIS   Seite

Literatur 31

I. **Überblick**   34
    1. Besondere Form des Grundstückkaufvertrages 34
    2. Weitere Fragen zum Vertragsabschluss 34
       A. Grundsätzliche Anwendbarkeit der allgemeinen Regeln.. 34
       B. Besonderheiten bei Angebot und Annahme   34
       C. Geltung von Vertragsfloskeln   35
       D. Auswirkungen des Eherechts auf den Grundstück-
          kaufvertrag   36
       E. Abschluss des Grundstückkaufvertrages im IPR   37

II. **Die öffentliche Beurkundung als Form des Grundstück-
    kaufvertrages**   37
    1. Begriff   37
    2. Zweck   38

---

[*] Die Übersicht betreffend die kantonalen Zuständigkeiten für die öffentliche Beurkundung des Grundstückkaufvertrages wurde von Dr. Matthias Leuthold, Rechtsanwalt in Herisau, zusammengestellt. Er unterstützte mich zudem bei der Sammlung und Verarbeitung der neueren Literatur und Judikatur. Ich danke ihm dafür herzlich.

		3.	Durchführung der öffentlichen Beurkundung	39
			A. Bundesrechtliche Minimalanforderungen	39
			a. Wahrheitspflicht	39
			b. Persönliche Mitwirkung der Urkundsperson	41
			c. Beurkundungspflicht für Dokumente, auf die verwiesen wird	41
			d. Fremdsprachige Urkunden	42
			B. Kantonales Verfahren im Einzelnen	42
			a. Verfahrensablauf	42
			b. Örtliche Zuständigkeit	43
			c. Sachliche Zuständigkeit	43
		4.	Ersatzformen der öffentlichen Beurkundung	47
			A. Urteil	47
			B. Gerichtlicher Vergleich, Klageanerkennung vor Gericht und Scheidungskonvention	47
			C. Steigerungsprotokoll, Freihandverkauf in der Zwangsvollstreckung	48
		5.	Die öffentliche Urkunde als Beweismittel i.S.v. Art. 9 ZGB	48
III.	Umfang der Beurkundungspflicht im Allgemeinen			49
	1. Fragen			49
	2. Theorien betreffend die Beurkundungspflicht			49
		A. Die objektive Theorie		49
		B. Die subjektive Theorie		50
		C. Die kumulative Theorie		51
	3. Rechtsprechung des Bundesgerichts			51
	4. Kritik – Lösung			52
		A. Die betroffenen Interessen		52
			a. Übereilungsschutz	52
			b. Grundsatz der Formfreiheit	53
			c. Grundbucheintrag	53
			d. Charakter des Beurkundungsverfahrens	53
			e. Beweisfunktion, erhöhte Beweiskraft der öffentlichen Urkunde	54
		B. Ergebnis der Interessenabwägung		54
			a. Keine Ausdehnung des Beurkundungszwangs auf alle subjektiv wesentlichen Punkte	54
			b. Beschränkung der Beurkundungspflicht auf den gesetzlichen Typus des Grundstückkaufvertrages	55
	5. Im Zweifelsfall: Beurkunden für die Urkundsperson – Formfreiheit für das Gericht			57

IV.	**Die beurkundungspflichtigen Punkte im Einzelnen**		58
	1. Die objektiv wesentlichen Punkte des Grundstückkaufvertrages		58
	A. In personeller Hinsicht		58
	a. Käufer und Verkäufer		58
	b. Stellvertreter		58
	c. Beurkundung der Vollmacht oder des Auftrags zum Kauf eines Grundstücks?		59
	B. In materieller Hinsicht		59
	a. Grundstück		59
	aa. Allgemeines		59
	bb. Grundbuchliche Einschreibungen		60
	cc. Grundstück mit Baute.....................		60
	dd. Grundstück mit Mietverträgen		61
	ee. Aktien einer Immobiliengesellschaft...........		61
	b. Kaufpreis......................................		61
	aa. Allgemeines		61
	bb. Kaufpreis eines Grundstücks mit Baute		62
	c. Verpflichtung, das Grundstück durch Kauf zu übertragen und zu erwerben		62
	2. Abreden über objektiv unwesentliche Punkte des Grundstückkaufvertrages...................................		64
	A. Konventionalstrafe		64
	B. Reugeld		64
	C. Bedingungen...................................		65
	D. Hypotheken...................................		66
	E. Zahlungsmodalitäten............................		66
	F. Besitzesantritt		67
	3. Kombinationen des Grundstückkaufvertrages mit anderen Verträgen...................................		67
	A. Grundstückkaufvertrag und Werkvertrag/Auftrag		69
	B. Grundstückkaufvertrag und Unternehmer- bzw. Architektenklausel		69
	C. Grundstückkaufvertrag und Verpflichtung, Land in einer bestimmten Weise zu nutzen		70
	D. Grundstückkaufvertrag und Gewinnbeteiligung.........		71
	E. Grundstückkaufvertrag und Dienstleistung		71
	F. Grundstückkaufvertrag und Darlehen		72
	G. Grundstückkaufvertrag und Sicherungsvereinbarung		73
	H. Grundstückkaufvertrag und Kaufvertrag über Mobilien ..		73
	I. Grundstückkaufvertrag und Übernahme von Steuern		74

V.	**Sonderfragen**	74
	1. Formbedürftigkeit von Zusicherungen beim Abschluss eines Grundstückkaufvertrages.........................	74
	2. Form des Vorvertrages, des Kaufrechtsvertrages und des Vorkaufsrechtsvertrages......................	75
	3. Formfreiheit der Erklärung, ein Kaufsrecht auszuüben	75

LITERATUR

Die gängigen schweizerischen Kommentarwerke (Zürcher Kommentar, Berner Kommentar, Basler Kurzkommentar) werden im Folgenden nicht aufgeführt. Dasselbe gilt für Beiträge im «Schweizerischen Privatrecht» (SPR), deutschsprachige Ausgabe. – Zitierweise: Die Autoren werden nur mit dem Verfassernamen, nötigenfalls mit einem präzisierenden Zusatz zitiert. – Hinweise auf weiterführende Spezialliteratur finden sich in den Fussnoten.

BRÜCKNER CHRISTIAN, Sorgfaltspflicht der Urkundsperson und Prüfungsbereich des Grundbuchführers bei Abfassung und Prüfung des Rechtsgrundausweises, ZBGR 1983, S. 65 ff. (zit. BRÜCKNER, Sorgfaltspflicht).
– Schweizerisches Beurkundungsrecht, Zürich 1993 (zit. BRÜCKNER, Beurkundungsrecht).
– Der Umfang des Formzwangs beim Grundstückkauf, ZBGR 1994, S. 1 ff. (zit. BRÜCKNER, Formzwang).

BUCHER EUGEN, Schweizerisches Obligationenrecht, Allgemeiner Teil, 2. A. Zürich 1988 (zit. BUCHER, OR AT).
– Schweizerisches Obligationenrecht, Besonderer Teil, 3. A. Zürich 1988 (zit. BUCHER, OR BT).

CARLEN LOUIS, Notariatsrecht der Schweiz, Zürich 1976.

COMMENT ALBERT, Grundstückkauf II, Formvorschriften, SJK Karte 225.

ENGEL PIERRE, Contrats de droit suisse, Traité des contrats de la partie spéciale du Code des obligations, de la vente au contrat de société simple, articles 184 à 551 CO, ainsi que quelques contrats innommés, 2. A. Bern 2000.

FRANK RICHARD/STRÄULI HANS/MESSMER GEORG, Kommentar zur zürcherischen Zivilprozessordnung, 3. A. Zürich 1997.

GAUCH PETER, Der Werkvertrag, 4. A. Zürich 1996 (zit. GAUCH, Werkvertrag).
– Vom Formzwang des Grundstückkaufes und seinem Umfang – Ausdehnung auf eine «Architektenverpflichtung» des Käufers und auf konnexe Werkverträge?, BR 1986, S. 80 ff. (zit. GAUCH, Formzwang).

GAUCH PETER/SCHLUEP WALTER, Schweizerisches Obligationenrecht, Allgemeiner Teil, 2 Bde., 7. A. bearbeitet von JÖRG SCHMID (Bd. I) und HEINZ REY (Bd. II), Zürich 1998 (zit. GAUCH/SCHLUEP/SCHMID/REY).

GAUCH PETER/TERCIER PIERRE (Hrsg.), Das Architektenrecht, 3. A. Freiburg 1995 (zit. GAUCH/TERCIER, Architektenrecht).

GUHL THEO, Das Schweizerische Obligationenrecht, 9. A. bearbeitet von ALFRED KOLLER, ANTON K. SCHNYDER und JEAN NICOLAS DRUEY, Zürich 2000 (zit. GUHL/BEARBEITER).

GULDENER MAX, Grundzüge der freiwilligen Gerichtsbarkeit der Schweiz, Zürich 1954.

HINDERLING HANS/STECK DANIEL, Das schweizerische Ehescheidungsrecht, 4. A. Zürich 1995.

HONSELL HEINRICH, Schweizerisches Obligationenrecht, Besonderer Teil, 5. A. Bern 1999.

HUBER HANS, Die öffentliche Beurkundung als Begriff des Bundesrechts, ZBJV 1967, S. 249 ff. (= ZBGR 1988, S. 228 ff.).

JÄGGI PETER, Die Zusicherung von Eigenschaften der Kaufsache, in: Vom Kauf nach schweizerischem Recht, Zürich 1950, S. 67 ff.

KELLER MAX/SIEHR KURT, Kaufrecht, 3. A. Zürich 1995.

KELLER MAX/SCHÖBI CHRISTIAN, Allgemeine Lehren des Vertragsrechts, 3. A. Basel/Frankfurt am Main 1988.

KOLLER ALFRED, Vertragsfloskeln, BR 1989, S. 24 ff. (zit. KOLLER, Vertragsfloskeln).
- Grundstückkauf mit Schwarzzahlung, ZBJV 1990, S. 121 ff.
- Probleme beim Verkauf vermieteter Wohnliegenschaften, ZBGR 1991, S. 193 ff. (zit. KOLLER, Wohnliegenschaften).
- Grundstückskauf mit falscher Flächenangabe, ZBGR 1997, S. 1 ff. (zit. KOLLER, Flächenangabe).
- Schweizerisches Obligationenrecht, Allgemeiner Teil, Bd. I, Bern 1996 (zit. KOLLER, Obligationenrecht).

KUMMER MAX, Die Klage auf Verurteilung zur Abgabe einer Willenserklärung, ZSR 1954, S. 163.

LEUCH GEORG/MARBACH OMAR/KELLERHALS FRANZ/STERCHI MARTIN, Die Zivilprozessordnung für den Kanton Bern, Kommentar, 5. A. Bern 2000.

LEUENBERGER CHRISTOPH/UFFER-TOBLER BEATRICE, Kommentar zur Zivilprozessordnung des Kantons St. Gallen, Bern 1999.

MARTI HANS, Bernisches Notariatsrecht, Bern 1983.

MEIER-HAYOZ ARTHUR, Vergleich, SJK Karte 463.

MEIER WILLY, Wahrheitssuche und Wahrheitstreue bei der Beurkundung von Willenserklärungen, ZBGR 1984, S. 1 ff.

MERZ HANS, Sachgewährleistung und Irrtumsanfechtung, in: FS Guhl, Zürich 1950, S. 87 ff. (zit. MERZ, Sachgewährleistung).
- Vertrag und Vertragsschluss, 2. A. Freiburg 1992 (zit. MERZ, Vertrag).

METZGER-WÜEST EVA, Zur Form des Liegenschaftsabtretungs- und Verpfründungsvertrages, Diss. Bern 1971.

PAOLETTO BRUNO, Die Falschbeurkundung beim Grundstückkauf, Diss. Zürich 1973.

REBER MARKUS, Die Baubindung beim Grundstückkauf, Bern 1999.

RITTER WERNER, Internationales Beurkundungsrecht – Eine Standortbestimmung, in: Recht und Internationalisierung, Festgabe der Juristischen Abteilung der Universität St. Gallen zum Juristentag 2000, Zürich 2000, S. 347 ff.

RUF PETER, Bemerkungen zum BGE 113 II 402, betreffend den Umfang des Formzwanges beim Grundstückkauf, BN 1992, S. 321 ff. (zit. RUF, Bemerkungen).
- Notariatsrecht, Langenthal 1995 (zit. RUF, Notariatsrecht).
- Der Umfang des Formzwangs beim Grundstückkauf, ZBGR 1997, S. 361 ff. (zit. RUF, Formzwang).

SCHMID JÖRG, Die öffentliche Beurkundung von Schuldverträgen, Diss. Freiburg 1988 (zit. SCHMID, Beurkundung).
- Der Umfang des Formzwangs, recht 1989, S. 113 ff. (zit. SCHMID, Formzwang).
- Zur interkantonalen Freizügigkeit öffentlicher Urkunden bei Verträgen über dingliche Rechte an Grundstücken, ZBGR 1989, S. 265 ff. (zit. SCHMID, Freizügigkeit).
- Thesen zur öffentlichen Beurkundung, ZBGR 1993, S. 1 ff. (zit. SCHMID, Thesen).

SCHMID JÜRG, Behandlung von Grundeigentum bei Ehescheidung aus notariats- und grundbuchrechtlicher Sicht, ZBGR 1984, S. 276 ff. (zit. SCHMID JÜRG).

SCHMIDLIN BRUNO, Der formungültige Grundstückkauf – Bemerkungen zur neueren Lehre und Rechtsprechung, ZSR 1990 I, S. 223 ff.

SCHULTZ HANS, Der gerichtliche Vergleich, Diss. Bern 1939.

SEROZAN RONA, Die Überwindung der Rechtsfolgen des Formmangels im Rechtsgeschäft nach deutschem, schweizerischem und türkischem Recht, Tübingen 1968.

Spiro Karl, Die unrichtige Beurkundung des Preises beim Grundstückskauf, Basel 1964 (zit. Spiro, Unrichtige Beurkundung).
- Grundstückskauf und Formzwang, Replik zu BGE 90 II 154 ff., BJM 1965, S. 213 ff. (zit. Spiro, Replik).

Tercier Pierre, Les contrats spéciaux, 2. A. Zürich 1995.

von Tuhr Andreas/Peter Hans, Allgemeiner Teil des Schweizerischen Obligationenrechts, Bd. I, 3. A. Zürich 1979.

Vogel Oscar, Grundriss des Zivilprozessrechts, 6. A. Bern 1999.

Wiegand Wolfgang/Brunner Christoph, Vom Umfang des Formzwanges und damit zusammenhängende Fragen des Grundstückkaufvertrages, recht 1993, S. 1 ff.

Yung Walter, Le contenu des contrats formels, Semjud 1965, S. 623 ff.

Zobl Dieter, Die Auswirkungen des neuen Eherechtes auf das Immobiliarsachenrecht, SJZ 1988, S. 129 ff. (zit. Zobl, Auswirkungen).

I. Überblick

1. Besondere Form des Grundstückkaufvertrages

1 Als Ausnahme vom Grundsatz der Formfreiheit (Art. 11 Abs. 1 OR) schreibt Art. 216 Abs. 2 OR für den Abschluss eines Grundstückkaufvertrages eine bestimmte Form vor, nämlich die öffentliche Beurkundung. Von der Beobachtung dieser Form hängt die Gültigkeit des Vertrages ab. Dieses Formerfordernis wirft in der Praxis zahlreiche Fragen auf, sowohl was das Beurkundungserfordernis als solches als auch was die Folgen eines Beurkundungsmangels anbelangt. Die wichtigsten dieser Fragen sollen nachstehend behandelt werden; namentlich wird auf das praktisch bedeutsame Problem des Umfangs des Beurkundungszwangs eingegangen. Ausgesondert wird das Problem der Formungültigkeit, das in Rechtsprechung und Lehre kontrovers ist und im Rahmen der Beurkundungsprobleme eine eigenständige Bedeutung hat (hinten § 3).

2. Weitere Fragen zum Vertragsabschluss

A. Grundsätzliche Anwendbarkeit der allgemeinen Regeln

2 Abgesehen von der Form erfolgt der Abschluss eines Grundstückkaufvertrages grundsätzlich nach den allgemeinen Regeln des Vertragsabschlusses. Insbesondere ist nach Art. 1 OR zum Abschluss eines Vertrages die übereinstimmende gegenseitige Willenserklärung der Parteien erforderlich.

B. Besonderheiten bei Angebot und Annahme

3 Die Bestimmungen betreffend Offerte und Annahme (Art. 3 ff. OR) werden durch die Form der öffentlichen Beurkundung allerdings zum Teil eingeschränkt. Wenn beide (oder mehrere) Parteien nämlich gleichzeitig vor der Urkundsperson mit einer gleich lautenden Erklärung den Vertrag genehmigen, wird mit diesem Akt der Vertrag abgeschlossen und es bleibt kaum Raum für ein selbständiges Angebot bzw. eine selbständige Annahme. Eine Partei kann ihre Erklärung widerrufen, solange nicht alle Parteien ihre Willenserklärungen abgegeben haben[1]. Wird vor der Beurkundung ein Grundstück zum Verkauf angeboten, so ist dies, wie die spätere Annahme dieses Angebots, lediglich als Teil der Vertragsverhandlungen zu betrachten.

---

[1] BRÜCKNER, Beurkundungsrecht, Nr. 1859 ff.; so z.B. auch Art. 23 Abs. 2 EG ZGB SG.

Nach herrschender Lehre ist eine gleichzeitige Anwesenheit der Parteien bei der 4
Beurkundung des Grundstückkaufvertrages nicht erforderlich (Nr. 30).

C. Geltung von Vertragsfloskeln

Es kommt vor, dass Parteien nach Abschluss eines Grundstückkaufvertrages be- 5
haupten, es seien Abreden in die öffentliche Urkunde aufgenommen worden,
die sie bei Vertragsabschluss weder gekannt noch gewollt hätten; solche Punkte
stellten Vertragsfloskeln dar, denen keine Bedeutung zukomme[2]. Es sind hier
folgende Fälle zu unterscheiden:

1. Die Urkundsperson redigiert den Vertrag, ohne sich auf einen Entwurf der 6
Parteien stützen zu können. Sie nimmt dabei eine Abrede in den Vertrag auf,
die von einer Partei nachträglich beanstandet wird. Wenn diese Partei die betreffende Abrede beim Lesen der Urkunde übersehen oder aber beim Vorlesen
überhört hat, kann der Vertragspartner grundsätzlich darauf vertrauen, dass
der Unterschreibende mit dieser Klausel zumindest im Sinne einer Globalzustimmung einverstanden ist. Dieser Sachverhalt ist trotz der besonderen Form
der öffentlichen Beurkundung grundsätzlich gleich zu behandeln wie die Unterzeichnung einer nicht gelesenen Urkunde.

2. Eine Globalzustimmung kann allerdings nicht angenommen werden in Be- 7
zug auf ungewöhnliche und überraschende Klauseln. Überraschend und ungewöhnlich kann es sein, wenn die Urkundsperson ohne entsprechenden Vorschlag der Parteien eine Wegbedingung der Gewährleistung in den Kaufvertrag
aufnimmt, ohne die Parteien ausdrücklich darauf hinzuweisen und dafür ihre
Zustimmung einzuholen[3]. Überraschend und ungewöhnlich kann es auch sein,
wenn die Urkundsperson ohne entsprechende Aufklärung eine bedeutsame zusätzliche Klausel in einen von den *Parteien selber ausformulierten* Vertragstext
einfügt. Mit einem solchen Vorgehen müssen die Parteien grundsätzlich nicht
rechnen, und es kann ihnen daher auch eine Globalzustimmung nicht entgegengehalten werden. Es handelt sich bei solchen Klauseln um Floskeln, für die kein
Konsens zustande kommt[4].

---

[2] Vgl. dazu eingehend: KOLLER, Vertragsfloskeln, S. 24 ff.; SCHÖNENBERGER/JÄGGI, ZürKomm, N 496 zu Art. 1 OR; KRAMER, BerKomm, N 211 zu Art. 1 OR; WIEGAND/BRUNNER, S. 9 f.

[3] Dies stellt zudem eine Verletzung der notariellen Belehrungspflicht dar: BRÜCKNER, Beurkundungs-recht, Nr. 1743, 3488; vgl. auch Nr. 26 ff.

[4] BGE 60 II 444; Obergericht Aargau, SJZ 1968, S. 139 f.; Obergericht Luzern, LGVE 1986 I Nr. 8; nach BRÜCKNER, Beurkundungsrecht, Nr. 1743 Anm. 86, setzt man sich mit der Annahme von ungewoll-ten Erklärungen vielfach zu leicht über den Sinn und die Bedeutung des Beurkundungsvorgangs hinweg.

8   3. Nimmt die Urkundsperson gar eine Klausel in die Urkunde auf, die mindestens eine Partei in klarer Weise nicht will, wird diese Klausel umso mehr zur Floskel und kann nicht Vertragsinhalt werden; es fehlt hier nicht nur an einer übereinstimmenden Willenserklärung, sondern an einer Willenserklärung überhaupt. Die betreffende Floskel ist somit grundsätzlich ohne rechtliche Bedeutung, und es gilt die wirklich gewollte Abrede.

9   4. Die Partei, die sich auf die Ungültigkeit eines Vertragspunktes beruft, muss allerdings beweisen, dass dieser Punkt für sie überraschend war bzw. dass sie diesen Punkt nicht gewollt hat (und dies der Gegenpartei bekannt war). Dieser Beweis wird nicht leicht zu führen sein. Der durch die Klausel benachteiligten Partei bleibt vielfach nur die Möglichkeit, darauf hinzuwirken, dass wenigstens die Bedeutung der Klausel durch Auslegung eingeschränkt wird[5].

D. Auswirkungen des Eherechts auf den Grundstückkaufvertrag

10   Jeder Ehegatte kann grundsätzlich ohne Zustimmung des anderen Grundstücke kaufen und verkaufen (vgl. z.B. Art. 201 Abs. 1, 247 ZGB). Bei der Gütergemeinschaft handeln die Ehegatten allerdings in der Regel gemeinsam. Zu beachten sind aber folgende Einschränkungen[6]:

11   1. Nach Art. 169 Abs. 1 ZGB darf ein Ehegatte nur mit ausdrücklicher Zustimmung des andern das «Haus oder die Wohnung der Familie» veräussern[7]. Als Familienwohnung gelten jene Räumlichkeiten, die nach dem Willen der Ehegatten dauernd als gemeinsame Unterkunft dienen und in denen sich das Zentrum des Ehe- und Familienlebens befindet[8].

12   2. Nach dem Recht der Errungenschaftsbeteiligung kann ein Ehegatte (unter Vorbehalt anderer Abmachungen) nicht ohne Zustimmung des anderen Ehegatten über seinen Anteil an einem Grundstück verfügen, das im Miteigentum beider Ehegatten steht (Art. 201 Abs. 2 ZGB).

13   3. Im Eheschutz- und im Scheidungsverfahren kann der Richter zur Sicherung der wirtschaftlichen Grundlagen der Familie oder der Erfüllung einer vermögensrechtlichen Verpflichtung aus der ehelichen Gemeinschaft einem Ehegat-

---

[5] BGE 107 II 164.
[6] Vgl. ZOBL, Auswirkungen, S. 129 ff.
[7] Ob es sich hier um eine Beschränkung der Handlungsfähigkeit, d.h. der Fähigkeit, einen Grundstückkaufvertrag abzuschliessen, oder um eine Beschränkung der Verfügungsfreiheit handelt, ist umstritten; vgl. dazu HAUSHEER/REUSSER/GEISER, BerKomm, N 37 ff. zu Art. 169 ZGB; BRÄM/HASENBÖHLER, ZürKomm, N 9 ff. zu Art. 169 ZGB.
[8] HAUSHEER/REUSSER/GEISER, BerKomm, N 13 ff. zu Art. 169 ZGB; BRÄM/HASENBÖHLER, ZürKomm, N 16 ff. zu Art. 169 ZGB.

ten vorsorglich verbieten, über ein Grundstück zu verfügen (Art. 178 ZGB). Ein solches Verbot lässt der Richter von Amtes wegen im Grundbuch anmerken (Art. 178 Abs. 3 ZGB).

E. Abschluss des Grundstückkaufvertrages im IPR[9]

Nach Art. 119 Abs. 1 IPRG unterstehen Verträge über Grundstücke dem Recht des Staates, in dem sich die Grundstücke befinden; Abs. 2 lässt eine Rechtswahl allerdings zu. Für ein Grundstück in der Schweiz richtet sich die *Form* eines Grundstückkaufvertrages nach schweizerischem Recht (Art. 119 Abs. 3 IPRG).

14

II. Die öffentliche Beurkundung als Form des Grundstückkaufvertrages

Nach Art. 657 Abs. 1 ZGB bedürfen Verträge auf Übertragung von Grundeigentum ganz allgemein der öffentlichen Beurkundung. Art. 216 Abs. 1 OR wiederholt diesen Grundsatz für den Grundstückkaufvertrag.

15

1. Begriff

Das Gesetzesrecht gibt keine Umschreibung der öffentlichen Beurkundung. Diese wurde aufgrund des vom Gesetzgeber verfolgten Zwecks durch Richterrecht und Rechtslehre entwickelt[10]. Nach der heutigen Rechtsprechung[11] und Lehre[12] herrscht Einigkeit darüber, dass der Begriff der öffentlichen Beurkundung dem Bundesrecht angehört.

16

Nach der bundesgerichtlichen Umschreibung ist die öffentliche Beurkundung «die Aufzeichnung rechtserheblicher Tatsachen oder rechtsgeschäftlicher Er-

17

---

[9] Zur Behandlung des Grundstückkaufvertrags im IPR vgl. § 9.
[10] HUBER, S. 258 f.; Bundesamt für Justiz, ZBGR 1983, S. 347.
[11] BGE 125 III 134 E. 5b, BGE in ZBGR 2000, S. 75 E. 4, BGE 113 II 404, 106 II 147, 99 II 161, 90 II 280 f.
[12] BRÜCKNER, Beurkundungsrecht, Nr. 5 ff.; GIGER, BerKomm, N 222 ff. und 286 zu Art. 216 OR; SCHMID, Beurkundung, Nr. 122 ff. (mit weiteren Hinweisen); SCHWENZER, BasKomm, N 8 zu Art. 11 OR; GAUCH/SCHLUEP/SCHMID/REY, Nr. 524 ff.; GUHL/KOLLER, § 14 N 20; TERCIER, Nr. 664; HUBER, S. 249 ff.; DESCHENAUX, SPR II, S. 274; MEIER-HAYOZ, BerKomm, N 92 zu Art. 657 ZGB; HAAB/SIMONIUS/SCHERRER/ZOBL, ZürKomm, N 11 zu Art. 657 ZGB; SCHÖNENBERGER/JÄGGI, ZürKomm, N 57 zu Art. 11 OR; SCHMIDLIN, BerKomm, N 69 zu Art. 11 OR; KUMMER, BerKomm, N 35 zu Art. 9 ZGB; CARLEN, S. 88; MERZ, Vertrag, Nr. 374; GAUCH, Formzwang, S. 81; PAOLETTO, S. 15.

klärungen durch eine vom Staat mit dieser Aufgabe betraute Person, in der vom Staate geforderten Form und in dem dafür vorgesehenen Verfahren» (BGE in ZBGR 1997, S. 286, BGE 99 II 161). Die öffentliche Beurkundung gilt daher als Teil der freiwilligen Gerichtsbarkeit[13].

18 Die Definition der öffentlichen Beurkundung ist wenig aussagekräftig und bedarf der Konkretisierung. So hat denn auch die Rechtsprechung verschiedene Anforderungen an das kantonale Verfahren der öffentlichen Beurkundung formuliert (Nr. 25 ff.). Im Weiteren wurde aus dem Bundesrecht ein Minimalinhalt der öffentlichen Urkunde abgeleitet (Nr. 45 ff.).

2. Zweck

19 Die öffentliche Beurkundung dient einer Mehrheit von Zwecken. Beim Grundstückkaufvertrag sind folgende Gesichtspunkte von Bedeutung[14]:

20 **1.** Die öffentliche Beurkundung bewirkt, dass die Vertragsverhandlungen und der Vertragsabschluss zeitlich klar getrennt werden. Dadurch soll den Parteien Gelegenheit gegeben werden, sich den beabsichtigten Grundstückkaufvertrag reiflich zu überlegen und anschliessend ihren Willen klar zum Ausdruck zu bringen. Die öffentliche Beurkundung bietet mit anderen Worten einen «Übereilungsschutz». Die Formvorschrift schützt sowohl den Käufer als auch den Verkäufer vor einem übereilten Vertragsabschluss[15].

21 **2.** Die Mitwirkung einer Urkundsperson fördert die Präzision des Vertrages in einem qualifizierten Beleg und beugt zukünftigen Streitigkeiten über Zustandekommen und Inhalt des Vertrages vor.

22 **3.** Die Urkundsperson prüft und redigiert einen Grundstückkaufvertrag insbesondere im Hinblick auf den Registereintrag. Das Beurkundungsverfahren schafft somit eine möglichst einwandfreie Grundlage für die Eintragungen im Grundbuch.

---

[13] BGE 90 II 277; GIGER, BerKomm, N 288 zu Art. 216 OR; RUF, Notariatsrecht, Nr. 232 ff.; GULDENER, S. 22 f., 93 ff.

[14] BGE 118 II 34, 112 II 335 E. 3a, 99 II 161; BRÜCKNER, Beurkundungsrecht, Nr. 239 ff.; RUF, Notariatsrecht, Nr. 1253 ff.; ders., Formzwang, S. 366 f.; GIGER, BerKomm, N 8 ff. zu Art. 216 OR; KOLLER, Obligationenrecht, Nr. 637 ff.; MEIER-HAYOZ, BerKomm, N 2 ff. zu Art. 657 ZGB; DESCHENAUX, SPR II, S. 273; SCHMIDLIN, BerKomm, N 8 ff. zu Art. 11 OR; MERZ, Vertrag, Nr. 375; SCHMID, Beurkundung, Nr. 34 ff.; PAOLETTO, S. 12 f.

[15] BGE in ZBGR 2000, S. 63; BGE 99 II 161; SCHMIDLIN, BerKomm, N 20 und 94 f. zu Art. 11 OR; SCHMID, Beurkundung, Nr. 38; PAOLETTO, S. 20; a.M. SPIRO, Unrichtige Beurkundung, S. 23 ff.; ders., Replik, S. 214.

4. Der Formzwang gilt generell für jeden Grundstückkaufvertrag. Der Richter hat mit anderen Worten nicht zu prüfen, ob die Gründe, die den Gesetzgeber zum Erlass der Formvorschrift bewogen haben, deren Anwendung auch im Einzelfall erfordern[16].

5. Die Verfolgung fiskalischer Ziele wird nicht als Zweck der öffentlichen Beurkundung betrachtet. Nach der bundesgerichtlichen Rechtsprechung ist die Beurkundung «ihrem rechtspolitischen Zwecke nach nicht dazu da, dem Staate die Grundlagen für fiskalische Abgaben und Steuern zu liefern»[17]. Faktisch bildet die Preisbeurkundung aber gleichsam als Nebenfolge eine wichtige Grundlage für die Erhebung von Grundstückgewinn- und Handänderungssteuern sowie weiterer Abgaben[18].

3. Durchführung der öffentlichen Beurkundung

Nach Art. 55 Abs. 1 SchlT ZGB bestimmen die Kantone, in welcher Weise auf ihrem Gebiete die öffentliche Beurkundung (als Akt der freiwilligen Gerichtsbarkeit, vgl. Nr. 17) durchgeführt wird. Das kantonale Beurkundungsverfahren darf die Anwendung des Bundesprivatrechts aber weder beeinträchtigen noch verunmöglichen[19]. Es hat den bundesrechtlichen Minimalanforderungen zu genügen, die sich aus Begriff und Zweck der öffentlichen Beurkundung (Nr. 16 ff. und 19 ff.) ergeben[20].

A. Bundesrechtliche Minimalanforderungen

a. Wahrheitspflicht

Die Urkundsperson ist aufgrund der bundesrechtlichen Umschreibung der öffentlichen Beurkundung zur Wahrheit verpflichtet[21]. Die Wahrheitspflicht er-

---

[16] BGE 87 II 33 f.; SCHMIDLIN, BerKomm, N 21 zu Art. 11 OR; SCHMID, Beurkundung, Nr. 36.
[17] BGE 50 II 150, vgl. auch BGE 94 II 273; SCHMID, Beurkundung, Nr. 45.
[18] GIGER, BerKomm, N 14 zu Art. 216 OR; nach BRÜCKNER, Formzwang, S. 4 ff., und Beurkundungsrecht, Nr. 2498, besteht beim Grundstückkauf eine Preis-Deklarationspflicht, die nicht mit den privatrechtlichen Formzwecken allein erklärbar sei, da an ihr ein erhebliches öffentliches (fiskalisches) Interesse bestehe.
[19] BGE 106 II 150 mit Hinweisen, vgl. auch BGE 122 I 20 f.
[20] BGE 106 II 147, 99 II 161; Bundesamt für Justiz, ZBGR 1983, S. 345 ff.; HUBER, S. 251 f.; DESCHENAUX, SPR II, S. 274; KUMMER, BerKomm, N 30 ff. zu Art. 9 ZGB; SCHMIDLIN, BerKomm, N 78 ff. zu Art. 11 OR; SCHÖNENBERGER/JÄGGI, ZürKomm, N 57 zu Art. 11 OR; CARLEN, S. 89; SCHMID, Beurkundung, Nr. 153 ff.; PAOLETTO, S. 17.
[21] BGE in ZBGR 2000, S. 61 f.; BRÜCKNER, Beurkundungsrecht, Nr. 1078 ff.; RUF, Notariatsrecht, Nr. 832 ff.; GIGER, BerKomm, N 290 ff. zu Art. 216 OR; SCHMID, Thesen, S. 2 ff.; ders., Beurkundung, Nr. 168 ff.; HUBER, S. 263; CARLEN, S. 120 ff.; MEIER, S. 5 f.; PAOLETTO, S. 18 f.

gibt sich auch aus Art. 317 StGB, der die Urkundenfälschung durch Beamte oder Personen öffentlichen Glaubens unter Strafe stellt. Die Wahrheitspflicht hat zwei Aspekte:

27 **1.** Die Urkundsperson ist verpflichtet, die Äusserungen der Parteien wahrheitsgetreu und unverfälscht festzuhalten. Sie darf nur jene Erklärungen in die Urkunde aufnehmen, welche die Parteien tatsächlich ihr gegenüber abgegeben haben. Die Urkundsperson soll zwar die Parteien beraten und auf Punkte aufmerksam machen, welche diese nicht bedacht haben. Sie darf aber solche Punkte nur in den Vertrag aufnehmen, wenn sich die Parteien in der Folge darauf geeinigt und in diesem Sinn eine klare Willensäusserung abgegeben haben.

28 Wenn (wie in verschiedenen Kantonen) die Gewohnheit besteht, dass Urkundspersonen routinemässig gewisse Klauseln in die Grundstückkaufverträge aufnehmen, besteht die Gefahr, dass die Parteien nur in ungenügendem Mass über diese routinemässigen Klauseln orientiert werden[22]. Verschiedene Gerichte nehmen in solchen Fällen an, die betreffende Klausel sei mit den Parteien nicht oder nicht näher besprochen worden und sei damit ungültig[23]. Die Urkundsperson verletzt ihre Wahrheitspflicht, wenn sie von sich aus und ohne Aufklärung der Parteien solche Klauseln in den Vertrag aufnimmt (Nr. 5 ff.). Sie wird den Parteien gegenüber unter Umständen schadenersatzpflichtig und kann sich allenfalls sogar strafbar machen (Art. 317 StGB)[24].

29 **2.** Die Urkundsperson soll im Weiteren vermeiden, dass Erklärungen der Parteien in die öffentliche Urkunde aufgenommen werden, die nicht ihrem wahren Willen entsprechen. Sie ist verpflichtet, mit der nach den Umständen gebotenen Sorgfalt zu ermitteln, ob die Erklärungen der Parteien mit dem von ihnen wirklich Gewollten übereinstimmen[25]. Dabei muss sie sich zwar bis zu einem gewissen Grad auf die Angaben der Vertragsparteien verlassen oder muss auf Schlussfolgerungen abstellen, die sie aus sinnlich wahrnehmbaren Tatsachen zieht. Sie darf aber jedenfalls keine Feststellungen treffen, von denen sie weiss, dass sie nicht stimmen[26].

---

[22] GIGER, BerKomm, N 295 zu Art. 216 OR.
[23] Nach einem Entscheid des Obergerichts Luzern (LGVE 1986 I Nr. 8) ist es «gerichtsnotorisch», dass im Kanton Luzern der Hinweis, wonach jede Gewähr wegbedungen werde, routinemässig ohne ausdrückliches Verlangen der Parteien und ohne nähere Besprechung in die Kaufverträge aufgenommen werde. Auch in einem Entscheid des Obergerichts Aargau (SJZ 1968, S. 140) wird ausgeführt, die Wegbedingung der Gewährleistung werde im Kanton Aargau routinemässig verwendet, wobei die Parteien in den wenigsten Fällen sich vor der Vertragsunterzeichnung darüber besprochen und geeinigt hätten.
[24] BGE 102 IV 52 ff.
[25] BRÜCKNER, Beurkundungsrecht, Nr. 1671 ff.; ders., Sorgfaltspflicht, S. 66; SCHMID, Beurkundung, Nr. 170; BGE 78 IV 112.
[26] BGE 90 II 282.

b. Persönliche Mitwirkung der Urkundsperson

Der bundesrechtliche Zweck der öffentlichen Beurkundung verlangt ferner, dass die Urkundsperson persönlich im so genannten Hauptverfahren mitwirkt[27]. Sie muss den Urkundeninhalt den Parteien persönlich zur Kenntnis bringen und von ihnen die Bestätigung entgegennehmen, dass dieser Inhalt mit ihrem Willen übereinstimmt. Dies geschieht vielfach für beide Parteien am gleichen Termin. Verschiedene Kantone lassen es aber zu, dass die Urkundsperson nacheinander an verschiedenen Terminen die Erklärungen der Parteien entgegennimmt. Dies wird mehrheitlich als zulässig erachtet[28]. Am Ende des Beurkundungsaktes hat die Urkundsperson die Urkunde persönlich zu unterzeichnen[29].

30

c. Beurkundungspflicht für Dokumente, auf die verwiesen wird

Wird in der öffentlichen Urkunde auf andere (externe) Dokumente wie z.B. auf Planskizzen verwiesen, bestimmt nach der bundesgerichtlichen Rechtsprechung das kantonale Recht, unter welchen Umständen solche Dokumente als mitbeurkundet gelten[30]. Dieser Rechtsprechung ist entgegenzuhalten, dass für die Beurkundung bundesrechtliche Minimalanforderungen gelten. Nach diesen kann m.E. ein externes Dokument nur dann von der öffentlichen Beurkundung erfasst werden, wenn das betreffende Dokument von der Urkundsperson ebenfalls den Parteien bekannt gegeben, von diesen genehmigt und von der Urkundsperson unterzeichnet wird[31]. Im Fall, dass mit dem Grundstückkauf-

31

---

[27] BRÜCKNER, Beurkundungsrecht, Nr. 871 ff., mit dem Hinweis auf Arbeiten, die Hilfspersonen übertragen werden dürfen; GIGER, BerKomm, N 292 zu Art. 216 OR.

[28] BRÜCKNER, Beurkundungsrecht, Nr. 2062 ff.; RUF, Notariatsrecht, Nr. 1483 ff.; SCHMIDLIN, BerKomm, N 76 zu Art. 11 OR; MEIER-HAYOZ, BerKomm, N 111 zu Art. 657 ZGB; a.M. HUBER, S. 277 f.; SCHMID, Beurkundung, Nr. 198 ff. Das Bundesgericht hat die Frage in ZBGR 1980, S. 249 ff. offen gelassen. Wenn die Beteiligten nacheinander vor der Urkundsperson erscheinen, führt dies zu einem Schwebezustand und damit zu Unsicherheiten bezüglich des Zustandekommens des Vertrages; die Urkundenbereinigung ist zudem erschwert. Aus diesen Gründen wird empfohlen, von diesem Verfahren nur aus wichtigen Gründen Gebrauch zu machen: BRÜCKNER, Beurkundungsrecht, Nr. 2064; RUF, Notariatsrecht, Nr. 1485.

[29] BRÜCKNER, Beurkundungsrecht, Nr. 1957 ff.; RUF, Notariatsrecht, Nr. 163, 1478 ff.; SCHMID, Beurkundung, Nr. 177 ff.

[30] BGE 106 II 149 f.; vgl. aber BGE 90 II 25.

[31] GIGER, BerKomm, N 297 zu Art. 216 OR; GAUCH/SCHLUEP/SCHMID/REY, Nr. 537a; GAUCH, Formzwang, S. 84; SCHMID, Beurkundung, Nr. 188; HUBER, Redaktionelle Bemerkungen in ZGBR 1988, S. 279 f., und ZBGR 1981, S. 55; Kantonsgericht Graubünden, ZBGR 1988, S. 276; a.M. KOLLER, Obligationenrecht, Nr. 710, und Weisung der luzernischen Aufsichtsbehörde über die Urkundspersonen, LGVE 1985 I Nr. 13. BRÜCKNER, Beurkundungsrecht, Nr. 1410, empfiehlt, als Ordnungsregel, bei der Beifügung von Plänen zur öffentlichen Urkunde die Unterschriften der Erschienenen und der Urkundsperson auf den Plänen beizusetzen, wie es der Gepflogenheit in den meisten Kantonen entspreche.

vertrag z.B. die Vereinbarung einer Werkleistung beurkundet werden muss (Nr. 118), ist auch dieser Vertragsteil, zumindest in einer allgemeinen Umschreibung bzw. in den Grundzügen von den Parteien zu genehmigen und von der Urkundsperson zu unterzeichnen[32]. Dabei brauchen bei detaillierten Werkverträgen nicht alle Leistungspositionen im Einzelnen gelesen oder vorgelesen zu werden. Es genügt aber nicht, lediglich in der öffentlichen Urkunde auf den Werkvertrag zu verweisen.

d. Fremdsprachige Urkunden

32 Die Kantone sind nach Art. 55 Abs. 2 SchlT ZGB verpflichtet, für die Errichtung von öffentlichen Urkunden in fremder Sprache Bestimmungen aufzustellen[33].

B. Kantonales Verfahren im Einzelnen

33 Die kantonalen Vorschriften, in denen die Einzelheiten des Beurkundungswesens geregelt sind, finden sich in den Einführungsgesetzen zum ZGB sowie in Notariats- oder Beurkundungserlassen (Nr. 39). Diese Bestimmungen bedürfen nach Art. 52 Abs. 3 SchlT ZGB der Genehmigung durch den Bundesrat[34]. Dieser hat dabei Gelegenheit zu prüfen, ob die bundesrechtlichen Minimalanforderungen eingehalten werden (Nr. 26 ff.).

a. Verfahrensablauf

34 Die kantonalen Bestimmungen regeln im Ablauf der Beurkundung insbesondere die Ausarbeitung des Vertragstextes, die Art und Weise, wie den Parteien der Urkundeninhalt bekannt gegeben wird (vorlesen, selber lesen), die Pflicht der Parteien, die Urkunde (neben der Urkundsperson) zu unterzeichnen, die äussere Form der Urkunde sowie die Gebühren[35].

---

[32] SCHMID, Thesen, S. 9; a.M. BRÜCKNER, Formzwang, S. 28, der sich gegen eine solche Rekapitulierungspflicht ausspricht.
[33] BRÜCKNER, Beurkundungsrecht, Nr. 1284 ff.
[34] Bundesamt für Justiz, ZBGR 1983, S. 342 ff.
[35] BRÜCKNER, Beurkundungsrecht, Nr. 5 ff.; RUF, Notariatsrecht, Nr. 130 ff.; GIGER, BerKomm, N 299 zu Art. 216 OR; KOLLER, Obligationenrecht, Nr. 700 f., 130 ff.; BECK, BerKomm, N 4 ff. zu Art. 55 SchlT ZGB; MEIER-HAYOZ, BerKomm, N 95-113 zu Art. 657 ZGB; CARLEN, S. 89 ff. und 102 ff.; SCHMID, Beurkundung, Nr. 275 ff.; BGE 106 II 149 f. zu den kantonalen Vorschriften betreffend die Anbringung von Unterschrift und Stempel.

b. Örtliche Zuständigkeit

Nach der bundesgerichtlichen Rechtsprechung steht es dem kantonalen Recht frei, für die Beurkundung des Grundstückkaufvertrages zwingend die Zuständigkeit des Ortes der gelegenen Sache vorzuschreiben[36]. Der Kanton darf mit anderen Worten verlangen, dass ein Vertrag über den Kauf eines im Kanton gelegenen Grundstücks von der für diesen Ort zuständigen Urkundsperson beurkundet wird. Nach Auffassung des Bundesgerichts lässt sich diese Zuständigkeit im Interesse der sachgerechten Beratung durch die örtlich zuständige Urkundsperson und zur Aufklärung über kantonale Besonderheiten rechtfertigen. Die Grundbuchämter dürfen in diesen Fällen einem Grundstückkaufvertrag, der ausserkantonal (oder im Ausland[37]) öffentlich beurkundet worden ist, die Eintragung ins Grundbuch verweigern[38].

35

In der Rechtslehre dagegen wird heute immer deutlicher die Auffassung vertreten, ein Grundstückkaufvertrag könne an irgendeinem Ort in der Schweiz öffentlich beurkundet werden. Die Freiheit des Abschlussortes gelte auch hier[39]. Die Argumente, die vom Bundesgericht für die kantonalen Zuständigkeitsbestimmungen angeführt werden, sind in der Tat wenig überzeugend. Unausgesprochen dürften aber Gesichtspunkte wie die Wahrung der kantonalen Gebietshoheit oder die Erhaltung eines ortsansässigen Notariats auch in ländlichen Gegenden mitgespielt haben[40].

36

c. Sachliche Zuständigkeit

1. In Bezug auf die sachliche Zuständigkeit bestehen in den Kantonen verschiedene Systeme[41]. Eine erste Gruppe von Kantonen betraut mit der Beurkundung von Grundstückkaufverträgen freiberufliche Notare, eine zweite Gruppe Amtsnotare und eine dritte Gruppe überträgt diese Kompetenz einer Behörde, die daneben auch andere Aufgaben wahrnimmt (z.B. Grundbuchverwalter, Amtsschreiber). Weitere Kantone kennen Mischformen der oben genannten Systeme.

37

---

[36] BGE 113 II 503 ff. E. 3; Obergericht Zürich, ZR 1988 Nr. 49; BGE 47 II 383 ff., 46 II 395 ff.

[37] Zur Anerkennung von ausländischen Urkunden: Ritter, S. 362.

[38] Umgekehrt lassen verschiedene Kantone Beurkundungen von Kaufverträgen über ausländische Grundstücke durch eigene Urkundspersonen zu: Brückner, Beurkundungsrecht, Nr. 722; vgl. auch Schmid, Thesen, S. 14 ff.

[39] Schmid, Freizügigkeit, S. 267 ff.; ders., Beurkundung, Nr. 242 ff.; ders., Thesen, S. 10 f.; Gauch/Schluep/Schmid/Rey, Nr. 528 f.; Giger, BerKomm, N 318 ff. zu Art. 216 OR; Guhl/Koller, § 14 N 22; Hess, BasKomm, N 9 zu Art. 216 OR; Meier-Hayoz, BerKomm, N 101 ff. zu Art. 657 ZGB; Beck, BerKomm, N 21 ff. zu Art. 55 SchlT ZGB; Guldener, S. 24; a.M. Ruf, Notariatsrecht, Nr. 551 ff.; Marti, S. 49 ff.; Meier, S. 11.

[40] Brückner, Beurkundungsrecht, Nr. 723 und 731; vgl. auch Ruf, Notariatsrecht, Nr. 558.

[41] Brückner, Beurkundungsrecht, Nr. 689 ff.

38 **2.** Im Einzelnen ergibt sich die sachliche Zuständigkeit zur öffentlichen Beurkundung von Grundstückkaufverträgen aus folgender Übersicht[42]:

Kantonale sachliche Zuständigkeiten zur öffentlichen Beurkundung von Grundstückkaufverträgen

39

Kt.	Berechtigte Personen	Gesetzliche Grundlage (mit Angabe der Fundstelle in der jeweiligen Gesetzessammlung)
ZH	Notar und Stellvertreter in ihrem Notariatskreis (Amtsnotariat)	§§ 236, 237 Abs. 2 EG ZGB (230); § 1 Gesetz über das Notariatswesen (242)
BE	Notar (freiberufliches Notariat)	Art. 11 Abs. 1 EG ZGB (211.1), Art. 15, 17 Notariatsgesetz (169.11)
LU	Notar: – Anwälte, die im Kanton Luzern ein Büro führen oder in einem solchen mitarbeiten; – patentierte, im Amte stehende Gemeindeschreiber und ihre vollamtlichen patentierten Substituten; – in Gemeinden mit Sonderorganisation: mit ganzer oder teilweiser Beurkundungsbefugnis, weitere Beamte mit Gemeindeschreiberfunktion, sofern das Obergericht ein Bedürfnis bejaht	§§ 1 lit. a und b, 2 lit. a, 5 Gesetz über die öffentlichen Beurkundungen (255)
UR	Notar (freiberufliches Notariat)	Art. 10 Abs. 1 EG ZGB (9.2111); Art. 1 Verordnung über das Notariat (9.2311)
SZ	Notar und Stellvertreter in ihrem Notariatskreis (Amtsnotariat)	§§ 10 lit. a, 83 Abs. 1 EG ZGB (210.100)
OW	Allgemein: Kantonaler Amtsnotar und Stellvertreter sowie freierwerbende Notare; für Grundstücke in der betreffenden Gemeinde: Gemeindenotare	Art. 1 Abs. 1 lit. a, 2 Abs. 1 und 2, 4 Abs. 1 und 2 Gesetz über die öffentliche Beurkundung (XVII, S. 300, XXIV, S. 344)
NW	Landschreiber, Amtsnotar und Grundbuchverwalter sowie dessen Stellvertreter; Handelsregisterführer und Stellvertreter; Gemeindeschreiber; die im Kanton wohnhaften frei praktizierenden Anwälte	Art. 2 Gesetz über die öffentliche Beurkundung (268.1); §§ 6, 12 Vollziehungsverordnung zum Gesetz über die öffentliche Beurkundung (268.11)

---

[42] Vgl. auch CARLEN, S. 35 ff.

Kt.	Berechtigte Personen	Gesetzliche Grundlage (mit Angabe der Fundstelle in der jeweiligen Gesetzessammlung)
ZG	Gemeindeschreiber und Stellvertreter; Grundbuchverwalter und Stellvertreter; Bereinigungsbeamter: nach den kantonalen gesetzlichen Bestimmungen	§§ 4–6 Gesetz über die öffentliche Beurkundung und Beglaubigung in Zivilsachen (223.1)
GL	Bei Art. 216, 243 Abs. 2 OR: vom Obergericht ermächtigte Anwälte, Ortsgemeindepräsidenten und Ortsgemeindeschreiber; bei Art. 657 ZGB: hiervor Genannte und zusätzlich Grundbuchverwalter und Stellvertreter	Art. 19 EG ZGB (III B/1/1)
FR	Notar (freiberufliches Notariat)	Art. 10 EG ZGB (210.1); Art. 17 Gesetz über das Notariat (261.1)
SO	Amtsschreiber ist allein zuständig für die öffentliche Beurkundung von Rechtsgeschäften über Grundstücke in seinem Amtsbezirk, ausgenommen sind Vorverträge von Kaufverträgen, Eheverträge sowie Sacheinlage-/Sachübernahmeverträge, die auch vom Notar beurkundet werden können	§ 5 Abs. 1 EG ZGB (211.1)
BS	Notar (freiberufliches Notariat); für Beurkundung von Rechtsänderungen, die infolge Erbganges eingetreten sind: auch der Vorsteher des Erbschaftsamtes	§ 230 Abs. 1 und 3 EG ZBG (211.100); § 1 Notariatsgesetz (292.100)
BL	Urkundsbeamte der Bezirksschreibereien und der Gemeinden; Gemeinderat und Urkundsbeamte der Gemeinden für Fertigungen in Nicht-Grundbuchgemeinden (kant. Formen der Begründung dinglicher Rechte)	§§ 19 Abs. 1 lit. a–c, 133 EG ZGB (211)
SH	Grundbuchverwalter	Art. 21 Ziff. 4 EG ZGB (210.100)
AI	Grundbuchverwalter	Art. 20 EG ZGB (201); Art. 1 Verordnung über die öffentliche Beurkundung im Kanton Appenzell Innerrhoden (208)
AR	Gemeindeschreiber	Art. 9 EG ZGB (211.1)
SG	Grundbuchverwalter	Art. 15 Ziff. 3 EG ZGB (911.1)

Kt.	Berechtigte Personen	Gesetzliche Grundlage (mit Angabe der Fundstelle in der jeweiligen Gesetzessammlung)
GR	Patentierte Notare (freiberufliches Notariat) für das ganze Kantonsgebiet; Kreisnotar für Grundstücke in seinem Amtskreis; Grundbuchverwalter für Grundstücke in seinem Grundbuchkreis	Art. 17 EG ZGB (210.100)
AG	Notar (freiberufliches Notariat); Gemeindeschreiber mit Fähigkeitszeugnis für Grundstücke in seiner Gemeinde (wenn kein Fähigkeitszeugnis Gemeindeschreiber aus Nachbargemeinde)	§ 3 EG ZGB (210.100); §§ 19, 22 Notariatsordnung (295.110)
TG	Grundbuchverwalter und Notar (Amtsnotariat) für Grundstücke in ihrem Kreis	§§ 7 Ziff. 2, 8 Ziff. 1 EG ZGB (210); §§ 4, 5 Verordnung über das Grundbuch- und Notariatswesen (211.431)
TI	Notaio (freiberufliches Notariat); wenn Wert nicht mehr als Fr. 1000.–: segretario comunale	Art. 19 ss. Legge di applicazione e complemento del Codice civile svizzero (4.1.1.1); art. 2 Legge sul notariato (3.2.2.1)
VD	Notaire (freiberufliches Notariat)	Art. 24 Loi d'introduction dans le Canton de Vaud du Code civil suisse (3.1 LVCC); art. 1 Loi sur le notariat (2.6 L)
VS	Notar (freiberufliches Notariat); wenn Vertrags- oder Tauschwert unter Fr. 5000.–: Steuerregisterhalter	Art. 20, 197 EG ZGB (201); Art. 1 Gesetz über das Notariat (404)
NE	Notaire (freiberufliches Notariat)	Art. 15 Loi concernant l'introduction du Code civil suisse (211.1); art. 1 Loi sur le notariat (166.10)
GE	Notaire (freiberufliches Notariat)	Art. 22 al. 1 Loi d'application du Code civil et du Code des obligations (E 1 05); art. 1 Loi sur le notariat (E 6 05)
JU	Notaire (freiberufliches Notariat), im Distrikt, in dem sich die Kanzlei befindet	Art. 14 Loi d'introduction du Code civil suisse (211.1); art. 2 Loi sur le notariat (189.11)

4. Ersatzformen der öffentlichen Beurkundung

A. Urteil

Wird gemäss Art. 656 Abs. 2 i.V.m. Art. 665 Abs. 2 ZGB das Eigentum an einem Grundstück durch ein richterliches Gestaltungsurteil zugesprochen, geht das Eigentum mit dem Eintritt der formellen Rechtskraft und damit schon vor der Eintragung im Grundbuch über[43]. Der Erwerber kann allerdings erst über das Grundstück verfügen, wenn die Eintragung im Grundbuch erfolgt ist. Nach der neueren Rechtsprechung des Bundesgerichts kann auch aufgrund eines Vorvertrages auf Zusprechung des Eigentums geklagt werden, wenn der Vorvertrag bereits alle wesentlichen Elemente des Hauptvertrages enthält[44]. Wird trotz der Möglichkeit einer solchen Gestaltungsklage auf Abgabe einer Willenserklärung (d.h. auf Abschluss des Vertrages) geklagt, ersetzt – je nach kantonalem Prozessrecht – das Urteil oder die entsprechende Anordnung des Vollstreckungsrichters die eingeklagte Willenserklärung[45]. Urteil und Vollstreckungsanordnung ersetzen hier auch die öffentliche Beurkundung[46].

40

B. Gerichtlicher Vergleich, Klageanerkennung vor Gericht und Scheidungskonvention

Gerichtliche Vergleiche und Klageanerkennungen vor Gericht werden rechtskräftigen Urteilen gleichgestellt[47]. Es kommt ihnen bzw. den darauf gestützten gerichtlichen Erledigungsentscheiden formersetzende Wirkung zu. Verpflichtet sich eine Partei mit Vergleich oder Klageanerkennung, ein Grundstück zu übertragen, bedarf es daher keiner öffentlichen Beurkundung mehr[48]. Vorbehalten bleibt allerdings der Fall, dass ein Scheinprozess zur Umgehung der Bestimmungen über die öffentliche Beurkundung durchgeführt wird[49]. Formersetzen-

41

---

[43] MEIER-HAYOZ, BerKomm, N 97 ff. zu Art. 656 ZGB; LEUCH/MARBACH/KELLERHALS/STERCHI, N 5b zu Art. 408 ZPO.
[44] BGE 118 II 32 ff., noch anders BGE 97 II 48 ff.; GUHL/KOLLER, § 13 N 14.
[45] VOGEL, Kap. 15 Nr. 41; LEUCH/MARBACH/KELLERHALS/STERCHI, N 3a und b zu Art. 408 ZPO (mit weiteren Hinweisen); FRANK/STRÄULI/MESSMER, N 3 zu § 308; LEUENBERGER/UFFER, N 5 zu Art. 299.
[46] LEUCH/MARBACH/KELLERHALS/STERCHI, N 3b zu Art. 408 ZPO; KUMMER, S. 190 ff.; SCHMID, Beurkundung, Nr. 58.
[47] VOGEL, Kap. 9 Nr. 66 ff.
[48] LEUCH/MARBACH/KELLERHALS/STERCHI, N 1 zu Art. 152 ZPO; SCHMID, Beurkundung, Nr. 58; MEIER-HAYOZ, BerKomm, N 53 f. zu Art. 657 ZGB; BGE 99 II 361; Obergericht Zürich, ZR 1945 Nr. 111; a.M. SCHULTZ, S. 111, wo insbesondere auf die Möglichkeit der Umgehung der öffentlichen Beurkundung durch einen Prozess hingewiesen wird.
[49] LEUCH/MARBACH/KELLERHALS/STERCHI, N 1 zu Art. 152 ZPO; SCHMID, Beurkundung, Nr. 60; KUMMER, S. 172.

de Wirkung kommt auch der vom Gericht genehmigten Scheidungskonvention zu. Wird darin Grundeigentum übertragen, bedarf dieser Eigentumsübergang ebenfalls keiner öffentlichen Beurkundung[50]. Voraussetzung für die Eintragung im Grundbuch ist allerdings, dass der Vergleich oder die Scheidungskonvention die notwendigen Angaben über das Grundstück enthalten.

42 Enthält ein Vergleich (bzw. eine Scheidungskonvention) eine Formulierung wie z.B. Grundeigentum werde «übertragen», «zugeteilt» oder «zugesprochen», oder wird eine Gestaltungsklage auf Zusprechung vom Grundeigentum anerkannt, hat dies die gleiche Wirkung wie ein Gestaltungsurteil (Nr. 40): Das Eigentum geht bei Rechtskraft ausserbuchlich über[51].

C. Steigerungsprotokoll, Freihandverkauf in der Zwangsvollstreckung

43 Das Steigerungsprotokoll ersetzt bei der freiwilligen, öffentlich ausgekündigten Versteigerung den öffentlich beurkundeten Vertrag (zur Grundstückversteigerung vgl. § 10). Hier hat die Steigerungsbehörde nach Art. 235 Abs. 2 OR dem Grundbuchverwalter auf Grundlage des Steigerungsprotokolls den Zuschlag zur Eintragung anzuzeigen[52]. Ob der Freihandverkauf in der Zwangsvollstreckung zur Eintragung im Grundbuch der öffentlichen Beurkundung bedarf, ist umstritten[53].

5. Die öffentliche Urkunde als Beweismittel i.S.v. Art. 9 ZGB

44 Die öffentliche Urkunde erbringt nach Art. 9 Abs. 1 ZGB für die durch sie bezeugten Tatsachen vollen Beweis, solange nicht die Unrichtigkeit ihres Inhalts nachgewiesen ist. Das von der Urkundsperson als richtig Bescheinigte geniesst allerdings nur dann eine erhöhte Beweiskraft, wenn die Urkundsperson den betreffenden Sachverhalt überhaupt selber überprüfen konnte[54]. Die erhöhte Beweiskraft beschränkt sich im Übrigen auf jenen Geschäftsinhalt der Urkunde,

---

[50] HINDERLING/STECK, S. 515; BGE 104 II 242 f., 99 II 360 f. E. 3; BÜHLER/SPÜHLER, BerKomm sowie Ergänzungsband, N 177 zu Art. 158 ZGB; kritisch: SCHMID JÜRG, S. 288 ff. – Nach Art. 634 Abs. 2 ZGB ist der Erbteilungsvertrag, mit dem Gesamteigentum an Grundstücken geteilt wird, schriftlich gültig, vgl. Obergericht Zürich, ZR 1978 Nr. 132.
[51] Vgl. auch MEIER-HAYOZ, BerKomm, N 98 f. zu Art. 656 ZGB.
[52] MEIER-HAYOZ, BerKomm, N 61 zu Art. 657 ZGB; BUCHER, OR BT, S. 132.
[53] ZBGR 1999, S. 368 ff. mit redaktioneller Bemerkung.
[54] BGE 110 II 2 f., 100 Ib 471; SCHMID HANS, BasKomm, N 24 zu Art. 9 ZGB; KUMMER, BerKomm, N 42 f. zu Art. 9 ZGB; SCHMID, Beurkundung, Nr. 142 (mit weiteren Hinweisen).

für welchen das Bundesrecht die Form der öffentlichen Beurkundung vorschreibt[55].

III. Umfang der Beurkundungspflicht im Allgemeinen

1. Fragen

Unbestritten ist, dass der Inhalt der öffentlichen Urkunde und damit auch der Umfang des Beurkundungszwangs vom Bundesrecht festgelegt wird (Nr. 25 ff.). Das kantonale Verfahren darf denn auch die Gültigkeit des Grundstückkaufvertrages nicht von der Beurkundung von Vertragspunkten abhängig machen, für die bundesrechtlich kein Formzwang besteht[56]. Die bundesrechtliche Bestimmung von Art. 216 Abs. 1 OR äussert sich aber nicht konkret zum Umfang des Beurkundungszwangs[57]. Es stellen sich daher folgende Fragen: 45

Bezieht sich der Beurkundungszwang auf alle Teile eines Grundstückkaufvertrages oder ist die Beurkundung zu beschränken? Mit anderen Worten: Sind auch Nebenabreden im Rahmen eines Grundstückkaufvertrages in die Beurkundung einzubeziehen? Sind auch mit einem Grundstückkauf verbundene kaufsfremde Verträge (z.B. über Werkleistungen, Architektenverpflichtung usw.) öffentlich zu beurkunden? 46

2. Theorien betreffend die Beurkundungspflicht

Die Rechtslehre hat die Frage nach dem Umfang des Beurkundungszwangs auf verschiedene Weise zu beantworten versucht und dabei die folgenden Theorien entwickelt[58]. 47

A. Die objektive Theorie

Die objektive Theorie bestimmt den Umfang des Beurkundungszwangs nach einem objektiven Kriterium. 48

---

[55] BGE 118 II 34 E. 3d, 100 Ib 474, 96 II 167; Schmid Hans, BasKomm, N 28 zu Art. 9 ZGB; Kummer, BerKomm, N 48 zu Art. 9 ZGB; Schmid, Beurkundung, Nr. 141.
[56] BGE 99 II 162; anders aber: BGE 106 II 150 E. 2b.
[57] Giger, BerKomm, N 232 zu Art. 216 OR, spricht von einer Gesetzeslücke.
[58] Reber, S. 165 ff.

49 1. Nach einer strikten Auffassung[59] unterliegen dem Beurkundungszwang ausschliesslich die objektiv wesentlichen Vertragspunkte. Es sind dies die essentialia negotii, d.h. die für den Grundstückkauf wesentlichen Vertragspunkte (Parteien, Grundstück, Verpflichtung der Eigentumsübertragung, Rechtsgrund, Preis).

50 2. Eine gemässigte objektive Theorie[60] bezeichnet neben den objektiv wesentlichen Vertragspunkten zusätzlich auch alle jene Bestimmungen als formbedürftig, welche die Leistung und die Gegenleistung präzisieren oder die Leistungspflicht bekräftigen. Es sind dies – kurz gesagt – die Punkte, die zur «natürlichen Struktur» des Vertrages gehören[61]. Darunter werden insbesondere Zahlungsbedingungen, Konventionalstrafen, Reugeld und Übernahme von Hypotheken verstanden.

B. Die subjektive Theorie

51 Die subjektive Theorie[62] knüpft bei der in Art. 2 OR festgehaltenen und im Hinblick auf die Konsensbildung bedeutsamen Unterscheidung zwischen wesentlichen Punkten und Nebenpunkten an. Sie unterstellt der Beurkundungspflicht alle für den Abschluss des konkreten Vertrages wesentlichen Punkte, seien sie objektiver oder subjektiver Natur. Es sind somit jene Punkte beurkundungspflichtig, die entweder objektiv wesentlich sind oder die den Parteien so wichtig sind, dass anzunehmen ist, sie hätten bei Fehlen einer Einigung darüber den Vertrag nicht abgeschlossen. Damit sind die Punkte gemeint, deren Regelung mindestens eine Partei (für die Gegenpartei erkennbar) zu einer «conditio sine qua non» für das Zustandekommen des Vertrages gemacht hat. Auch die Befürworter der subjektiven Theorie beschränken den Umfang des Formzwangs heute vermehrt auf subjektiv wesentliche Punkte, die ihrer Natur nach ein Element des betreffenden Vertragstyps bilden[63].

---

[59] Z.B. SEROZAN, S. 14 f.; weitere Hinweise bei PAOLETTO, S. 33 f., und SCHMID, Beurkundung, Nr. 421. In neuster Zeit wird eine Beschränkung der Beurkundungspflicht in Sinne der objektiven Theorie insbesondere von RUF, Formzwang, S. 373 ff., befürwortet.

[60] HAAB/SIMONIUS/SCHERRER/ZOBL, ZürKomm, N 16 ff. zu Art. 657 ZGB; CAVIN, SPR VII/1, S. 132; YUNG, S. 633 ff., der selbständige Verträge, die mit dem Grundstückkaufvertrag verbunden sind, der öffentlichen Beurkundung nicht unterstellt, Nebenabreden aber unter Umständen schon (S. 640 ff.); SCHMIDLIN, BerKomm, N 92 ff. zu Art. 11 OR; ähnlich SCHMID, Beurkundung, Nr. 577 ff., der die Angaben über die Vertragsparteien und ihre allfälligen Vertreter sowie die «vertragstypischen» Leistungspflichten dem Beurkundungszwang unterstellt.

[61] SCHMIDLIN, BerKomm, N 102 zu Art. 11 OR.

[62] SCHÖNENBERGER/JÄGGI, ZürKomm, N 28 zu Art. 11 OR; MERZ, Vertrag, Nr. 335 ff.; GAUCH/SCHLUEP/SCHMID/REY, Nr. 537 ff.; TERCIER, Nr. 665 ff.; ENGEL, S. 95 ff.; LIVER, SPR V/1, S. 136 f.; weitere Hinweise bei PAOLETTO, S. 35 ff., und SCHMID, Beurkundung, Nr. 418.

[63] GAUCH/SCHLUEP/SCHMID/REY, Nr. 538; TERCIER, Nr. 672.

C. Die kumulative Theorie

Eine dritte Theorie kombiniert die gemässigte objektive und die subjektive Theorie und wird darum als kumulative Theorie bezeichnet. Nach dieser Theorie sind nicht nur die objektiv und subjektiv wesentlichen Punkte, sondern auch all diejenigen Punkte, die Leistung und Gegenleistung präzisieren und die Leistungspflicht bekräftigen, öffentlich zu beurkunden[64].

3. Rechtsprechung des Bundesgerichts

1. Das Bundesgericht lehnt die objektive Theorie ausdrücklich ab[65] und geht grundsätzlich von der subjektiven Theorie aus. Ob ein Vertragspunkt formbedürftig ist oder nicht, hängt nach seiner Rechtsprechung zunächst einmal davon ab, ob dieser Punkt objektiv oder subjektiv wesentlich ist[66].

2. In einem Teil der Entscheide schränkt das Bundesgericht diesen Grundsatz aber wieder ein, indem es ausführt, der Formzwang erstrecke sich nicht auf sämtliche Punkte, die für den Abschluss eines (aus Grundstückkauf und weiteren Elementen zusammengesetzten) Vertrages wesentlich seien. Der Formzwang erstrecke sich bloss auf Bestimmungen im Rahmen des Kaufvertrages, nicht auf sonstige Übereinkünfte, auch wenn diese für die Parteien «conditio sine qua non» für den Abschluss des gesamten Vertrages seien[67].

Subjektiv wesentliche Nebenabreden gehören nach der Rechtsprechung des Bundesgerichts nur dann in den Rahmen eines Grundstückkaufvertrages und werden damit nur dann vom Formzwang erfasst, wenn Folgendes zutrifft[68]:

– «Einerseits muss die eingegangene Verpflichtung ihren Rechtsgrund in einem Anspruch haben, der nicht ausserhalb des natürlichen Inhalts der Vereinbarung steht, indem das Versprochene die Gegenleistung für den Preis oder für die Überlassung des Eigentums darstellt.»

– «Andererseits muss die Verpflichtung in den Rahmen eines Kaufvertrages fallen, die rechtliche Situation der Kaufsache beeinflussen und unmittelbar

---

[64] MEIER-HAYOZ, BerKomm, N 84 ff. zu Art. 657 ZGB; PAOLETTO, S. 37 ff.
[65] BGE 113 II 404, 90 II 37.
[66] BGE in ZBGR 1999, S. 389, Pra 1997 Nr. 150, S. 827, BGE 113 II 404, 106 II 148, 95 II 310, 88 II 160, 78 II 439, 68 II 233; vgl. auch REBER, S. 169.
[67] BGE 117 II 264, 113 II 404, 107 II 216, 90 II 37 f.
[68] BGE in ZBGR 1999, S. 389, Pra 1997 Nr. 150, S. 827 (= ZBGR 1998, S. 51), BGE 119 II 138 E. 2a (= Pra 1993 Nr. 209, S. 791), 119 II 29 ff. (= Pra 1993 Nr. 189, S. 719 ff.), BGE 117 II 264, 113 II 404, ähnlich bereits BGE 90 II 37.

den Geschäftsinhalt betreffen. ... Formbedürftig sind daher von voneherein nur Abreden, welche das Verhältnis von Leistung und Gegenleistung des Kaufvertrages berühren.»

58 Obwohl das Bundesgericht den Umfang der Beurkundungspflicht abstrakt auch in neueren Entscheiden gleich formuliert und sich dabei auf die massgebenden Präjudizien stützt, werden die allgemeinen Grundsätze in konkreten Einzelfragen eher im Sinne einer gewissen Beschränkung der Beurkundungspflicht weiterentwickelt[69].

4. Kritik – Lösung

59 Um den in Art. 216 Abs. 1 OR offen gelassenen Umfang des Beurkundungszwangs zu bestimmen, sind die betroffenen Interessen gegeneinander abzuwägen.

A. Die betroffenen Interessen

a. Übereilungsschutz

60 Der Entscheid, ein Grundstück zu kaufen oder zu verkaufen, hängt für die Parteien nicht immer nur von der Einigung über die objektiv wesentlichen Punkte ab. Verschiedentlich sind auch weitere, mit dem Kaufvertrag im Zusammenhang stehende subjektiv wesentliche Punkte entscheidend. Wenn ein Grundstückkaufvertrag zum Beispiel mit der Klausel verbunden wird, dass der Käufer dem Verkäufer die Bauarbeiten auf dem Grundstück zu übertragen hat (so genannte Unternehmerklausel), wird gerade die Einigung über diesen Punkt insbesondere für den Verkäufer von wesentlicher Bedeutung sein. Dieser sichert sich damit einen Auftrag, und der Käufer verzichtet auf seine Freiheit bei der Wahl eines Unternehmers, um überhaupt das Grundstück kaufen zu können.

61 Wird der Zweck der öffentlichen Beurkundung ausschliesslich in einem Übereilungsschutz (Nr. 20) gesehen, müssten (neben den objektiv) auch die subjektiv wesentlichen Vertragspunkte öffentlich beurkundet werden, denn vielfach sind es solche Punkte, die für den Entschluss, ein Grundstück zu kaufen oder zu verkaufen, entscheidend sind. Die Parteien müssten mit anderen Worten auch vor einer übereilten Einigung über subjektiv wesentliche Nebenklauseln geschützt werden, da auch davon der Entschluss zum Abschluss eines Grundstückkauf-

---

[69] RUF, Formzwang, S. 374 ff.; vgl. BGE 119 II 135 ff. (= Pra 1993 Nr. 209, S. 790), Pra 1997 Nr. 150, S. 827 ff. (= ZBGR 1998, S. 49 ff.).

vertrages abhängen kann. Dieser Gedanke wird von der subjektiven Theorie aufgenommen, die aus diesem Grund den Formzwang auf alle für den Konsens notwendigen (objektiven und subjektiven) Punkte ausdehnt. Der mit der öffentlichen Beurkundung verbundene Schutz vor Übereilung kann nur teilweise durch eine ausgedehnte Rechtsbelehrung der Urkundsperson[70] ersetzt werden (Nr. 64).

b. Grundsatz der Formfreiheit

Würden neben den objektiv wesentlichen auch alle subjektiv wesentlichen Punkte eines Grundstückkaufvertrages der öffentlichen Beurkundung unterstellt, hätte dies zur Folge, dass unter Umständen ganze Vertragsgebilde mit umfangreichen kaufsfremden Bestimmungen beurkundet werden müssten. Neben dem eigentlichen Grundstückkaufvertrag müsste die öffentliche Beurkundung z.B. auch Werkverträge oder Aufträge umfassen, obschon diese Verträge, wenn sie allein abgeschlossen werden, formfrei gültig sind. Eine solche Ausweitung der Beurkundungspflicht würde der in Art. 11 Abs. 1 OR garantierten Formfreiheit erheblich zuwiderlaufen. Die Formfreiheit ist im schweizerischen Vertragsrecht die Regel, der Formzwang hingegen die Ausnahme. Dem entspricht im Übrigen auch der Grundsatz des «favor negotii», wonach gesetzliche Formvorschriften einschränkend auszulegen sind[71]. 62

c. Grundbucheintrag

Durch die öffentliche Beurkundung des Grundstückkaufvertrages soll für den Grundbucheintrag eine präzise Basis geschaffen werden (Nr. 22). Dazu genügt aber ein beschränkter Beurkundungszwang. Eine Beurkundung aller subjektiv wesentlichen Punkte ausserhalb des eigentlichen Kaufvertrages ist nicht notwendig, da solche Abreden nicht im Grundbuch eingetragen werden[72]. 63

d. Charakter des Beurkundungsverfahrens

Eine Unterstellung der subjektiv wesentlichen Punkte unter den Formzwang würde im Weiteren auch dazu führen, dass längere Vertragswerke mit kaufsfremden Elementen im Verfahren der öffentlichen Beurkundung abgeschlossen werden müssten. Dies würde einen unverhältnismässigen Aufwand verursa- 64

---

[70] RUF, Formzwang, S. 370 und Anm. 51.
[71] BGE 113 II 405, 89 II 191; GAUCH, Formzwang, S. 82.
[72] In BGE 68 II 235 wird m.E. zu Unrecht ausgeführt, die Zwecke der Beweissicherung und der Rechtssicherheit würden eine Ausdehnung der öffentlichen Beurkundung auch auf wichtige Nebenabreden verlangen.

chen. Die Urkundsperson müsste nämlich solche Vertragstexte (mit Ausnahme von Detailpositionen) entweder vorlesen oder den Parteien im Hauptverfahren zum Lesen geben (Nr. 34). Es gehört aber in vielen Kantonen nicht zu den Aufgaben der Urkundspersonen, die Parteien in Bezug auf kaufsfremde Vertragspunkte zu beraten. Dies zeigt, dass das Verfahren der öffentlichen Beurkundung schlecht für den Abschluss von Vertragswerken mit umfangreichen kaufsfremden Abmachungen geeignet ist.

65 Umgekehrt kann die Beurkundung aber auch nicht mit der Begründung auf die objektiv wesentlichen Punkte beschränkt werden, die Urkundsperson müsse die Parteien ohnehin vor der Beurkundung auch über die subjektiv wesentlichen Punkte belehren[73]. Damit wird m.E. die Rechtsbelehrungspflicht überdehnt[74], da es in vielen Kantonen aufgrund der Organisation des Beurkundungswesens und der Fachkenntnisse der dafür betrauten Organe nicht Pflicht der Urkundsperson sein kann, in diesem Umfang zu belehren.

e. Beweisfunktion, erhöhte Beweiskraft der öffentlichen Urkunde

66 Die öffentliche Urkunde besitzt erhöhte Beweiskraft (Art. 9 ZGB) für diejenigen Geschäftsinhalte, die von Bundesrechts wegen dem Beurkundungszwang unterstehen (Nr. 44). Je weiter die Grenzen des Beurkundungszwangs gezogen werden, desto grösser ist somit der Umfang der erhöhten Beweiskraft der öffentlichen Urkunde. Mit einem weiten Beurkundungszwang würde der Grundsatz der freien Beweiswürdigung aber erheblich eingeschränkt[75]. Der Umfang des Beurkundungszwangs darf aber auch nicht zu eng umschrieben werden, da sonst der Zweck der öffentlichen Beurkundung, einen präzisen schriftlichen Beleg zu kreieren, nicht mehr erfüllt wird[76].

B. Ergebnis der Interessenabwägung

a. Keine Ausdehnung des Beurkundungszwangs auf alle subjektiv wesentlichen Punkte

67 Das Interesse am Übereilungsschutz spricht zwar für eine Beurkundung aller objektiv und subjektiv wesentlichen Punkte. Die übrigen Interessen wiegen aber schwerer. So kann es nicht der Sinn des Gesetzes sein, durch eine Ausdeh-

---

[73] So Ruf, Formzwang, S. 370 f. und Anm. 51.
[74] Zum Umfang der Beratungspflicht vgl. Brückner, Beurkundungsrecht, Nr. 1802 ff.
[75] Es kann aber immerhin die Unrichtigkeit der öffentlichen Urkunde bewiesen werden; vgl. auch Brückner, Beurkundungsrecht, Nr. 243, der aus diesem Grund praktisch kaum eine grössere Beweiskraft sieht.
[76] Vgl. aber die oben (Nr. 65) besprochene Auffassung von Ruf, Formzwang, S. 370 f. und Anm. 51.

nung des Beurkundungszwangs die Formfreiheit in einem erheblichen Mass einzuschränken. Im Weiteren genügt für die Vorbereitung des Grundbucheintrags auch eine umfangmässig beschränkte Beurkundung. Eine solche Beschränkung ist auch angezeigt, weil dem notwendigen Inhalt der öffentlichen Urkunde erhöhte Beweiskraft zukommt und in dieser Beziehung die freie Beweiswürdigung eingeschränkt ist. Schliesslich spricht der Charakter des Beurkundungsverfahrens gegen die Beurkundung aller objektiv und subjektiv wesentlichen Punkte[77].

Entgegen der subjektiven Theorie kann sich somit die Pflicht zur öffentlichen Beurkundung nicht auf alle subjektiv wesentlichen Punkte (auch ausserhalb des eigentlichen Kaufs) beziehen. Bei der Bestimmung des Umfangs des Beurkundungszwangs darf folglich nicht auf die für den Konsens bedeutsame Unterscheidung in (objektiv und subjektiv) wesentliche und unwesentliche Punkte abgestellt werden. Die Unterscheidung von formbedürftigen Punkten und solchen, die formlos vereinbart werden können, hat nach einem anderen Kriterium zu erfolgen. 68

Auch das Bundesgericht begrenzt den Beurkundungszwang in Grunde nach einem anderen Kriterium. Es nimmt zwar die subjektive Theorie, die den Beurkundungszwang auf alle für die Konsensbildung notwendigen Punkte ausdehnt, zum Ausgangspunkt. Es stellt aber zur Beurteilung des Beurkundungszwangs doch nicht entscheidend auf das Kriterium der Konsensbildung ab und schränkt damit die subjektive Theorie wieder ganz erheblich ein[78]. Es wäre sinnvoller, die Beurkundung von Anfang an auf die Punkte zu beschränken, die sich nach der bundesgerichtlichen Terminologie «im Rahmen» des Grundstückkaufvertrages befinden. 69

b. Beschränkung der Beurkundungspflicht auf den gesetzlichen Typus des Grundstückkaufvertrages

1. Wenn eine Beurkundungspflicht für alle im Sinne der Konsensbildung (auch subjektiv) wesentlichen Punkte ausgeschlossen erscheint, muss angenommen werden, das Gesetz wolle die Beurkundungspflicht auf das beschränken, was den Grundstückkaufvertrag an sich ausmacht[79]. Es sind dies die begriffsnotwendigen, d.h. die typenbestimmenden Bestandteile dieses Vertrages[80]. Diese 70

---

[77] Vgl. auch REBER, S. 183.
[78] GAUCH, Formzwang, S. 82; SCHMID, Beurkundung, Nr. 570 ff.; CAVIN, SPR VII/1, S. 132.
[79] GAUCH/SCHLUEP/SCHMID/REY, Nr. 538.
[80] SCHMIDLIN, S. 254 f., weist zu Recht darauf hin, dass hier der Formumfang und nicht der Konsensumfang von Bedeutung ist.

Vertragspunkte sind bei einem gesetzlichen Vertragstyp[81] wie dem Grundstückkaufvertrag gleichzeitig die objektiv wesentlichen Punkte, die nach Art. 2 OR in jedem Fall zur Konsensbildung notwendig sind[82].

71 **2.** Die objektiv wesentlichen Punkte des Grundstückkaufvertrages, die der Beurkundungspflicht unterstehen, sind die Parteien, die Bezeichnung des Grundstücks, die Verpflichtung, ein Grundstück zu übertragen bzw. zu erwerben, der Rechtsgrund «Kauf» sowie der Preis (Nr. 76 ff.). Dies sind im Übrigen die Punkte, bei denen in Rechtsprechung und Lehre Übereinstimmung herrscht, dass sie in jedem Fall der Beurkundungspflicht unterliegen.

72 **3.** Schwierigkeiten ergeben sich, wenn die objektiv wesentlichen Punkte des Grundstückkaufvertrages mit weiteren Abreden verbunden sind. In diesen Fällen ist die Grenzziehung zwischen den formbedürftigen und den formfreien Punkten nicht immer einfach. Die strikte objektive Theorie (Nr. 49), welche die Beurkundung generell auf die objektiv wesentlichen Punkte beschränkt, schweigt sich über dieses Problem aus. Nach der gemässigten objektiven Theorie (Nr. 50) ist in solchen Fällen die Beurkundungspflicht auf Vertragspunkte, welche die Leistung und die Gegenleistung präzisieren, die Leistungspflicht bekräftigen bzw. zur natürlichen Struktur des Grundstückkaufvertrages gehören[83], auszudehnen. Das Bundesgericht schliesslich beschränkt den Beurkundungszwang in den genannten Fällen auf Abreden im Rahmen des Grundstückkaufvertrages bzw. auf Abreden, welche das Verhältnis von Leistung und Gegenleistung berühren (Nr. 53 ff.). Diese Umschreibungen sind aber nicht genügend aussagekräftig und haben deshalb verschiedentlich zu Kritik Anlass geben[84].

73 **4.** Formbedürftig sind m.E. Nebenabreden, die *untrennbar* mit den objektiv wesentlichen Punkten des Grundstückkaufvertrages verbunden sind. Es sind dies (subjektiv wesentliche oder unwesentliche) Abreden, die mit objektiv we-

---

[81] Anders stellt sich die Frage bei Innominatverträgen: WIEGAND/BRUNNER, S. 2 f.

[82] Im Folgenden wird daher zur Bezeichnung beider Aspekte grundsätzlich nur noch der Begriff «objektiv wesentliche» Punkte verwendet; vgl. KRAMER, BerKomm, N 154 zu Art. 1 OR; WIEGAND/BRUNNER, S. 2; nach SCHÖNENBERGER/JÄGGI, ZürKomm, N 84 zu Art. 1 OR, braucht sich die Willenseinigung nicht auf die typenwesentlichen Punkte, sondern nur auf den Geschäftskern zu beziehen, der gerade genügt, um ein sinnvolles Ganzes darzustellen; vgl. zu dieser Unterscheidung SCHMID, Beurkundung, Nr. 408 ff. und 560 ff.

[83] SCHMIDLIN, BerKomm, N 102 zu Art. 11 OR.

[84] Von Seiten der Urkundspersonen wird insbesondere das Kriterium «Verhältnis von Leistung und Gegenleistung berühren» als unpräzis bezeichnet: BRÜCKNER, Formzwang, S. 1 ff., insbesondere S. 10; ders., Beurkundungsrecht, Nr. 2482 ff., insbesondere Nr. 2506 ff.; RUF, Bemerkungen, S. 321 ff., insbesondere S. 323 ff.; ders., Formzwang, S. 361 ff., insbesondere S. 365 ff.; vgl. auch SCHMID, Thesen, S. 5; zustimmend aber WIEGAND/BRUNNER, S. 3 ff.

sentlichen Punkten des Grundstückkaufvertrages geradezu verschmolzen sind. Es sind Fälle, in denen die objektiv wesentlichen Punkte des Grundstückkaufvertrages nur beurkundet werden können, wenn auch die damit verbundenen kaufsfremden Abreden in die Beurkundung einbezogen werden. Dass eine Abrede das Verhältnis von Leistung und Gegenleistung des Kaufvertrages «berührt», wie das Bundesgericht formuliert (Nr. 57), kann allein nicht für die Formbedürftigkeit genügen[85]; die Bindung zum Grundstückkaufvertrag muss stärker sein: Nebenabreden müssen mit den objektiv wesentlichen Punkten eine untrennbare Einheit bilden (vgl. Nr. 99 ff.).

5. Der hier vertretene Umfang des Beurkundungszwangs ist somit im Allgemeinen enger als derjenige der subjektiven Theorie[86]; er geht aber über den von der strikten objektiven Theorie verlangten hinaus. Mit der Beurkundungspflicht gemäss bundesgerichtlicher Rechtsprechung und gemässigter objektiver Theorie ist die hier umschriebene Beurkundungspflicht im Ergebnis vergleichbar. Die hier vertretene Abgrenzung von formbedürftigen und formlos gültigen Punkten unterscheidet sich aber von derjenigen der gemässigten objektiven Theorie und des Bundesgerichts durch das Ziel, den Umfang dogmatisch richtiger zu begründen und nach präziseren Kriterien zu bestimmen. In einigen konkreten Punkten bleibt der Umfang des Beurkundungszwangs aber unsicher und kann nur kasuistisch bestimmt werden (Nr. 76 ff.).

5. Im Zweifelsfall: Beurkunden für die Urkundsperson – Formfreiheit für das Gericht

Besteht für die Urkundsperson aufgrund von Rechtsprechung und Lehre eine Unsicherheit, ob ein bestimmter Vertragsbestandteil der Beurkundung bedarf oder nicht, empfiehlt es sich, eine Beurkundung vorzunehmen[87], da eine fehlende Beurkundung zur Formnichtigkeit des ganzen Vertrages führen kann (§ 3). Für das Gericht, das die Formgültigkeit eines Vertrages zu beurteilen hat, gilt hingegen der Grundsatz des «favor negotii» (Nr. 62). Daher ist im Zweifelsfall für die Formgültigkeit zu entscheiden[88].

---

[85] BRÜCKNER, Beurkundungsrecht, Nr. 2507; ders., Formzwang, S. 10.
[86] In Bezug auf subjektiv unwesentliche Nebenpunkte (z.B. Zinsabreden), die mit objektiv wesentlichen Punkten untrennbar verbunden sind, ist der hier vertretene Umfang des Beurkundungszwangs allerdings weiter als nach der subjektiven Theorie.
[87] RUF, Formzwang, S. 376; ders., Notariatsrecht, Nr. 186; BRÜCKNER, Formzwang, S. 13 f.
[88] BGE 113 II 405; BRÜCKNER, Formzwang, S. 14 f.; ders., Beurkundungsrecht, Nr. 2535.

IV. Die beurkundungspflichtigen Punkte im Einzelnen

1. Die objektiv wesentlichen Punkte des Grundstückkaufvertrages

A. In personeller Hinsicht

a. Käufer und Verkäufer

76 Die öffentliche Urkunde muss die Vertragsparteien nennen. Es soll aus ihr ersichtlich sein, wer als Käufer und Verkäufer durch den Vertrag berechtigt oder verpflichtet wird[89].

b. Stellvertreter

77 Wenn die Vertragsparteien durch Stellvertreter handeln, muss auch deren Identität und der Hinweis auf das Vertretungsverhältnis aus der öffentlichen Urkunde hervorgehen[90]. Ergibt sich das Stellvertreterverhältnis nicht aus der öffentlichen Urkunde, kann der Vertretene keine Rechte aus dem Vertrag ableiten, und zwar auch dann nicht, wenn der Gegenpartei die Stellvertretung bekannt war oder hätte bekannt sein müssen[91]. Ebenso wenig kann sich der Vertretene auf Art. 32 Abs. 2 OR berufen, wonach der Vertrag als zustande gekommen gilt, wenn es der Gegenpartei gleichgültig war, mit wem sie den Vertrag schliesst[92]. Der Formzwang lässt dies nicht zu.

78 Zulässig ist es allerdings, im öffentlich beurkundeten Vertrag zu vereinbaren, dass eine Partei berechtigt sei, einen Dritten in den Vertrag eintreten zu lassen. Mit einer solchen Abrede ist nach der bundesgerichtlichen Praxis der Mindestinhalt der öffentlichen Urkunde gewahrt[93]. Die gleiche Wirkung kann im Übri-

---

[89] BGE 112 II 332 E. 1a, 111 II 145, 99 II 162, 97 II 52, 45 II 565; GIGER, BerKomm, N 235 zu Art. 216 OR; im Ergebnis gleich: BRÜCKNER, Beurkundungsrecht, Nr. 1534 ff. und 2501. – Zur Abklärung der Handlungsfähigkeit vgl. BGE 124 III 341 ff.
[90] BGE 112 II 332 E. 1a, 99 II 162; Kantonsgericht Graubünden, ZBGR 1988, S. 272 ff.; BRÜCKNER, Beurkundungsrecht, Nr. 2149 ff.
[91] Eine gegenteilige Lösung ist hier aufgrund des Vertrauensschutzes denkbar: GIGER, BerKomm, N 237 zu Art. 216 OR.
[92] BGE 45 II 565 f.
[93] BGE 105 III 17, 103 III 107; SCHMID, Beurkundung, Nr. 328.

gen mit der Zession eines Kaufsrechtes erreicht werden[94]. Diese ist allerdings ebenfalls öffentlich zu beurkunden (Art. 216b Abs. 2 OR)[95].

c. Beurkundung der Vollmacht oder des Auftrags zum Kauf eines Grundstücks?

Die Bestimmungen über die Stellvertretung (Art. 32 ff. OR) sehen für die Vollmacht keine Formvorschrift vor. Nach der konstanten bundesgerichtlichen Rechtsprechung sind daher die Vollmacht und der Auftrag zum Grundstückkauf nicht formbedürftig[96]. Die Kantone dürfen auch keine Beglaubigung vorschreiben[97]. Es wird argumentiert, die Vollmacht bzw. der Auftrag hätten nicht einen Grundstückkauf zum Gegenstand; deshalb seien sie auch nicht der für dieses Geschäft vorgeschriebenen Form unterstellt. Ein Schutz des Auftrag-/Vollmachtgebers wird in seinem jederzeitigen Widerrufsrecht (Art. 404 Abs. 1 und 34 Abs. 1 OR) erblickt[98].

79

Für die Formfreiheit der Vollmacht bzw. des Auftrags zum Kauf eines Grundstücks sprechen zweifellos auch Praktikabilitätsgründe. Es ist hier aber dennoch nicht leicht, die Formfreiheit mit dem Zweck der Formvorschrift des Grundstückkaufs (Art. 657 Abs. 1 ZGB und Art. 216 Abs. 1 OR) in Einklang zu bringen[99]. Die Vollmacht oder der Auftrag sind hier in ihrer Bedeutung mit dem Kaufsgeschäft selber zu vergleichen und müssten konsequenterweise in analoger Weise ebenfalls der öffentlichen Beurkundung unterstellt werden. Die Widerrufsmöglichkeit kann den durch die öffentliche Beurkundung bezweckten Übereilungsschutz nur zum Teil ersetzen.

80

B. In materieller Hinsicht

a. Grundstück

aa. Allgemeines

Die öffentliche Urkunde muss das zu verkaufende Grundstück nennen. Dieses ist so eindeutig zu umschreiben, dass ein Irrtum ausgeschlossen ist. Das Grundstück muss zumindest bestimmbar sein. Es darf zu dessen Spezifikation keine

81

---

[94] Bzw. mit einer Vertragsübertragung: vgl. dazu GIGER, BerKomm, N 50 ff. zu Art. 216 OR.
[95] Vgl. auch BGE 111 II 147 f.
[96] BGE 112 II 332 E. 1a, 99 II 162, 81 II 231 f., 65 II 163 f.; zustimmend SCHMID, Formzwang, S. 119; RUF, Notariatsrecht, Nr. 143; GAUCH/SCHLUEP/SCHMID/REY, Nr. 533; KOLLER, Obligationenrecht, Nr. 709; TERCIER, Nr. 669.
[97] BGE 99 II 163.
[98] BGE 65 II 164.
[99] Kritisch zur Formfreiheit der Vollmacht: GIGER, BerKomm, N 239 zu Art. 216 OR; GUHL/KOLLER, § 19 Nr. 3; BRÜCKNER, Beurkundungsrecht, Nr. 281 f.; KELLER/ SCHÖBI, S. 81; HOFSTETTER, SPR VII/2, S. 41 f.

weitere Willenseinigung mehr erforderlich sein[100]. Nicht notwendig ist allerdings, dass die Umschreibung in der Technik des Grundbuchs erfolgt[101]. Die Angabe der Grösse dient in der Regel der korrekten Umschreibung des Grundstücks. Bei anderweitiger klarer Umschreibung kann allerdings auch eine Circa-Fläche ausreichen, insbesondere, wenn das Grundstück noch nicht vermessen ist[102]. Unzulässig ist eine ungenaue Flächenangabe aber dann, wenn mit dieser das Grundstück nicht mehr genügend bestimmbar ist[103]. Ergibt sich seine Identifikation nur aufgrund einer Planskizze, ist auch diese öffentlich zu beurkunden (Nr. 31).

bb. Grundbuchliche Einschreibungen

82 Ob auf dem Grundstück lastende beschränkte dingliche Rechte in der öffentlichen Urkunde vollständig wiedergegeben werden müssen, war lange umstritten[104]. Nun hat das Bundesgericht entschieden, die Wiedergabe des vollständigen Grundbuchauszuges sei zwar wünschbar, aber nicht zwingend notwendig. Die Aufnahme der grundbuchtechnischen Grundstückbeschreibung in die öffentliche Urkunde diene allerdings der eindeutigen Umschreibung des Kaufgegenstandes. Diese könne aber auch auf andere Weise erfolgen[105].

cc. Grundstück mit Baute

83 1. Ist das zu verkaufende Grundstück überbaut, muss auch die betreffende Baute aus der öffentlichen Urkunde hervorgehen.

84 2. Wird ein Grundstück gekauft, auf dem im Zeitpunkt der Beurkundung eine Baute errichtet wird, kann der Kaufgegenstand (was die Baute betrifft) in der Regel nicht präzis umschrieben werden. Mit gewissen baulichen Änderungen gegenüber Plänen und Baubeschrieb ist hier im Allgemeinen zu rechnen. In einem solchen Fall ist das Kaufobjekt aber immerhin (mit Plänen oder mit einem

---

[100] BGE 106 II 148, 103 II 112 f., 95 II 42; ZR 1997 Nr. 38, S. 105; Brückner, Beurkundungsrecht, Nr. 2545; ders., Formzwang, S. 22; Giger, BerKomm, N 242 ff. zu Art. 216 OR; nach BGE 95 II 310 genügt es, wenn aus der Urkunde hervorgeht, wem die Wahl eines Grundstücks zusteht und wie das Grundstück beschaffen sein muss.
[101] BGE 95 II 42, 90 II 24.
[102] Koller, Flächenangabe, S. 3 f.; vgl. auch BGE 81 II 508.
[103] Die Verpflichtung, «800 bis 1000 m² zu verkaufen», ist nicht genügend bestimmt (BGE 95 II 42 f.).
[104] Für die Wiedergabe haben sich ausgesprochen: Kantonsgericht Graubünden, ZBGR 1988, S. 275 f., sowie die Vorauflage Nr. 118; dagegen: Brückner, Beurkundungsrecht, Nr. 2545; ders., Formzwang, S. 18 f.; Ruf, Notariatsrecht, Nr. 167.
[105] Pra 1997 Nr. 150, S. 828 f. E. 1c = ZBGR 1998, S. 49 ff. mit redaktioneller Bemerkung; zustimmend: Ruf, Formzwang, S. 375.

Baubeschrieb) so zu umschreiben, dass es identifiziert werden kann[106]. Ähnliches gilt, wenn gegen die Entrichtung eines Gesamtpreises Land und die Erstellung einer Baute versprochen wird (Nr. 117 ff.).

dd. Grundstück mit Mietverträgen

Ein Hinweis auf bestehende Mietverträge (die nach Art. 261 OR auf den Erwerber übergehen) ist in der Regel im Sinne der korrekten Umschreibung des Grundstücks in die öffentliche Beurkundung einzubeziehen[107]. 85

ee. Aktien einer Immobiliengesellschaft

Der Verkauf des Aktienkapitals einer Immobiliengesellschaft untersteht nicht der Beurkundungspflicht[108]; es handelt sich hier um einen Fahrniskauf (vgl. § 1 Nr. 3). 86

b. Kaufpreis

aa. Allgemeines

1. Die öffentliche Urkunde muss den Kaufpreis nennen, d.h. die Gesamtheit aller (Geld-)Leistungen[109], die der Käufer dem Verkäufer als Entgelt für die Übertragung des Eigentums am Grundstück erbringen muss[110]. Die Preisangabe muss wahr sein. Sie muss dem von den Vertragsparteien wirklich gewollten Kaufpreis entsprechen; der Preis darf weder zu hoch noch zu tief beurkundet werden[111]. 87

2. Der Kaufpreis muss sich aus der öffentlichen Urkunde selber ergeben. Es reicht nicht, wenn er sich aus anderen Dokumenten bestimmen lässt. Insbesondere ist es unzulässig, wenn als Preis nur die Differenz zwischen dem verabredeten Kaufpreis und einer vor der Beurkundung geleisteten Anzahlung in der öf- 88

---

[106] BGE 103 II 112 f.; BRÜCKNER, Beurkundungsrecht, Nr. 2548; ders., Formzwang, S. 22 f.
[107] BRÜCKNER, Beurkundungsrecht, Nr. 2547; ders., Formzwang, S. 20; vgl. auch KOLLER, Wohnliegenschaften, S. 193 ff.
[108] BGE 93 II 306, 79 II 83, 54 II 440, 45 II 34; BRÜCKNER, Beurkundungsrecht, Nr. 916; KELLER/SIEHR, S. 133; CAVIN, SPR VII/1, S. 128; COMMENT, S. 2.
[109] Zu den übrigen Leistungen vgl. Nr. 99 ff.; zur Kombination mit anderen Verträgen vgl. Nr. 114 ff.
[110] BGE in ZBGR 1999, S. 389; BGE 104 II 101, 101 II 331, 98 II 316, 94 II 272 (mit Hinweisen); BRÜCKNER, Beurkundungsrecht, Nr. 2542; ders., Formzwang, S. 15 ff.; WIEGAND/BRUNNER, S. 7.
[111] BGE 86 II 400; zum Problem der Simulation vgl. Nr. 97 f.

fentlichen Urkunde erscheint. In diesem Fall würde nicht der vollständige Kaufpreis beurkundet[112].

bb. Kaufpreis eines Grundstücks mit Baute

89 1. Beim Verkauf eines überbauten Grundstückes ist nicht nur der Preis des Landes, sondern auch derjenige des Gebäudes öffentlich zu beurkunden. Der Preis muss allerdings nicht je einzeln angegeben werden; es genügt ein Gesamtpreis. Auch ein auf dem zu veräussernden Grundstück stehender Rohbau ist in den Preis einzubeziehen. In diesem Fall ist der Preis nach dem Wert des Bodens und der bereits geleisteten Arbeit zu bestimmen[113].

90 2. Vereinbaren die Parteien, dass ein auf dem Grundstück stehender Rohbau oder eine im Bau befindliche Eigentumswohnung vom Verkäufer fertig gestellt wird, ist in Bezug auf die Beurkundung des Kaufpreises zu differenzieren.

91 Verpflichtet sich der Verkäufer, die Baute nach Baubeschrieb für einen Pauschalpreis fertig zu stellen, und hat der Käufer nicht Anspruch, Einfluss auf die Bauarbeiten zu nehmen, liegt in der Regel ein Kauf einer künftigen Sache vor[114]. Dass der Käufer noch Einzelheiten wie die Farbe der Tapeten oder der Spannteppiche mitbestimmen kann, ändert daran nichts[115]. Die künftige Baute bildet in diesem Fall mit dem Grundstück eine Einheit. Der gesamte Kaufpreis ist daher öffentlich zu beurkunden[116].

92 Anders ist zu entscheiden, wenn dem Käufer in Bezug auf die Bauarbeiten ein Weisungsrecht eingeräumt wird. In diesem Fall tritt er in die Position eines Werkbestellers ein, was bedeutet, dass der Werklohn grundsätzlich nicht in die Beurkundung einzubeziehen ist (ausser bei einem Gesamtpreis, vgl. Nr. 118 ff.).

c. Verpflichtung, das Grundstück durch Kauf zu übertragen und zu erwerben

93 1. Die öffentliche Urkunde muss die Verpflichtung des Verkäufers, das Grundstück zu übertragen, und diejenige des Käufers, das Grundstück zu erwerben, nennen[117].

---

[112] BGE 90 II 296 f., 87 II 30 E. 3, 86 II 37, 84 IV 164 f. (mit Hinweis auf die frühere, weniger strenge Praxis).

[113] BGE 107 II 215; BGE in ZBGR 1964, S. 381 f.

[114] BGE 117 II 264, 94 II 162; Kantonsgericht Neuenburg, SJZ 1987, S. 297 = BR 1988, S. 15 f. mit Bemerkung von Tercier; zum Kauf einer künftigen Sache vgl. Giger, BerKomm, N 26 zu Art. 184 OR; kritisch zur bundesgerichtlichen Rechtsprechung: Gauch, Werkvertrag, Nr. 231 f.

[115] Brückner, Sorgfaltspflicht, S. 79.

[116] Brückner, Formzwang, S. 25 f.; Ruf, Notariatsrecht, Nr. 181.

[117] Brückner, Beurkundungsrecht, Nr. 2502.

2. Aus der öffentlichen Urkunde muss im Weiteren der Rechtsgrund «Kauf» hervorgehen[118]. Dieser Rechtsgrund bedarf allerdings keiner ausdrücklichen Nennung; es genügt, dass er sich aus dem Zusammenhang ergibt. Sind nämlich die vorstehenden typischen Vertragselemente wahrheitsgemäss verurkundet, ergibt sich daraus, dass die Parteien einen Grundstückkaufvertrag abschliessen wollen[119].

94

3. Der Rechtsgrund «Kauf» muss dem wahren Willen der Parteien entsprechen.

95

Ein Kaufvertrag mit fiduziarischer Nebenabrede (zum Beispiel mit dem Zweck, das Grundstück dem Zugriff der Gläubiger des Verkäufers zu entziehen) ist gültig, wenn nicht nur die Eigentumsübertragung, sondern auch der Kauf (mit Festlegung und Bezahlung des Kaufpreises) wirklich gewollt ist[120]. Ebenso ist ein Kaufvertrag, der nur der Sicherung eines Guthabens dient (sog. Sicherungskauf), gültig, wenn dem Käufer – bis der Verkäufer sein Rückkaufsrecht ausübt – die volle Eigentümerstellung eingeräumt wird[121].

96

Beurkunden die Parteien als Rechtsgrund ihres Geschäfts aber einen Grundstückkauf, obschon sie sich bewusst sind, dass keine Preiszahlung erfolgen wird, liegt eine Simulation vor. Das vorgetäuschte (simulierte) Geschäft ist ungültig, weil weder die Preisangabe noch der Rechtsgrund von den Parteien gewollt ist; es fehlt ihnen in Bezug auf den verurkundeten Rechtsgrund der Geschäftswille. Das dissimulierte Geschäft ist entweder eine Schenkung[122] oder eine Sicherungsübereignung (zum Beispiel mit der Abmachung, dass der Schuldner berechtigt sei, im Falle der Bezahlung seiner Schuld das Grundstück zurückzuverlangen[123]). Diese Geschäfte sind ebenfalls ungültig, da trotz ihrer Formbedürftigkeit (Art. 243 Abs. 2 OR, Art. 657 Abs. 1 ZGB) der Rechtsgrund nicht wahrheitsgemäss verurkundet worden ist.

97

Lassen die Parteien umgekehrt eine Schenkung verurkunden, obschon für sie klar ist, dass ein Kaufpreis bezahlt wird, liegt wiederum eine Simulation vor. Die vorgetäuschte Schenkung ist ungültig, weil die Parteien dieses Geschäft gar nicht gewollt haben. Das dissimulierte Geschäft «Kauf» ist ungültig, weil der wahre Rechtsgrund nicht verurkundet worden ist[124].

98

---

[118] BGE 86 II 227, 72 II 360; GIGER, BerKomm, N 240 zu Art. 216 OR.
[119] SCHMID, Beurkundung, Nr. 344 ff.
[120] BGE 86 II 227, 71 II 102 f. mit Hinweisen.
[121] BGE 86 II 227; GIGER, BerKomm, N 241 zu Art. 216 OR.
[122] BGE 72 II 361, 71 II 100, 66 II 34, 45 II 31.
[123] BGE 86 II 227.
[124] SCHMID, Beurkundung, Nr. 348.

2. Abreden über objektiv unwesentliche Punkte des Grundstückkaufvertrages

99 Häufig werden im Rahmen eines Grundstückkaufvertrages Nebenabreden getroffen, die für den Kaufvertrag nicht typenwesentlich sind, aber auch nicht einem anderen Vertragstyp zuzurechnen sind. Dazu gehören Abreden über Konventionalstrafen, Bedingungen, Zahlungsmodalitäten usw. Solche Nebenabreden unterstehen der Beurkundungspflicht, wenn sie in einem so engen Zusammenhang zu den objektiv wesentlichen Punkten des Grundstückkaufvertrages stehen, dass sie gleichsam als Teil dieser Punkte zu betrachten sind. In diesem Fall sind sie mit diesen zu beurkunden. Nebenabreden, die zu keiner Veränderung der typenbestimmenden Punkte führen, bedürfen der öffentlichen Beurkundung hingegen nicht. Konkret bedeutet dies für die einzelnen Nebenabreden Folgendes:

A. Konventionalstrafe

100 Als Nebenabrede eines Grundstückkaufvertrages kann eine Konventionalstrafe (Art. 160 ff. OR) vereinbart werden, um die Übertragung des Eigentums oder die Zahlung des Kaufpreises zu sichern. Im ersten Fall wird die Pflicht zur Eigentumsübertragung verstärkt, im zweiten gleichsam der Preis für die Übertragung des Grundstückes bei nicht rechtzeitiger Zahlung erhöht. Beides modifiziert typenbestimmende Elemente des Grundstückkaufvertrages. Solche Konventionalstrafen unterliegen somit der Beurkundungspflicht[125].

B. Reugeld

101 Ähnlich sichert auch ein bei Abschluss des Grundstückkaufvertrages übergebenes Reugeld die Erfüllung des Vertrages (Art. 158 Abs. 3 OR). Durch das Reugeld wird der Rücktritt vom Vertrag geregelt und gleichzeitig erschwert. Damit erfahren die typenbestimmenden Vertragspflichten des Grundstückkaufvertrages eine Verstärkung. Die Verabredung eines Reugeldes untersteht daher dem Beurkundungszwang[126].

---

[125] BRÜCKNER, Beurkundungsrecht, Nr. 2517; GIGER, BerKomm, N 264 f. zu Art. 216 OR; BGE 39 II 226; Urteile des Obergerichts Zürich und des Bundesgerichts, ZR 1963 Nr. 34, 1938 Nr. 129; HAAB/SIMONIUS/SCHERRER/ZOBL, ZürKomm, N 17 zu Art. 657 ZGB; KELLER/SCHÖBI, S. 111; VON TUHR/ESCHER, S. 278; MEIER-HAYOZ, BerKomm, N 85 zu Art. 657 ZGB; BUCHER, OR AT, S. 524 Anm. 15.

[126] BRÜCKNER, Beurkundungsrecht, Nr. 2517; GIGER, BerKomm, N 264 f. zu Art. 216 OR; HAAB/SIMONIUS/SCHERRER/ZOBL, ZürKomm, N 17 zu Art. 657 ZGB.

C. Bedingungen

Der Grundstückkaufvertrag kann in verschiedener Hinsicht mit Bedingungen verknüpft werden: 102

1. Die Bedingung kann sich auf den Bestand des Vertrages überhaupt beziehen (vgl. Art. 217 OR). Es kann z.b. ein Rücktrittsrecht für den Fall vereinbart werden, dass ein Dritter ein günstigeres Angebot macht oder dass der Kaufpreis nicht rechtzeitig bezahlt wird[127]. Der Vertrag kann aber auch von der Nichtausübung eines Vorkaufsrechts[128] oder von der Erteilung einer Baubewilligung abhängig gemacht werden[129].   103

Ob solche Bedingungen beurkundet werden müssen, ist umstritten. Einerseits wird ohne weiteres angenommen, solche Vertragsbestandteile seien beurkundungsbedürftig[130]. Man kann in der Tat argumentieren, Bedingungen über den Bestand des Vertrages seien mit dem Willen, ein Grundstück zu verkaufen (Nr. 93 ff.), unmittelbar verbunden und darum beurkundungsbedürftig. Andererseits wird für solche Bedingungen der Beurkundungszwang verneint, weil sie nicht zu den objektiv wesentlichen Punkten gehören und weil eine Parallele zu Art. 115 OR besteht, nach dem die Aufhebung eines Vertrages auch dann formlos gültig ist, wenn zur Eingehung der Verbindlichkeit eine Form erforderlich war[131]. Das Bundesgericht hat die Frage der Formstrenge bei solchen Bedingungen in einem älteren Entscheid offen gelassen[132].   104

2. Die Bedingung kann sich aber auch auf den Preis beziehen, indem eine Erhöhung oder Ermässigung des Preises von einem bestimmten Umstand abhängig gemacht wird. Solche Bedingungen beeinflussen den Kaufpreis als typenbestimmendes Element des Grundstückkaufvertrages. Sie unterliegen damit der Beurkundungspflicht[133]. Es kann nicht darauf ankommen, ob die Bedingung eine Erhöhung oder Ermässigung des Kaufpreises bewirkt[134]; in beiden Fällen wird der Kaufpreis beeinflusst. Würden solche Bedingungen formfrei zugelas-   105

---

[127] GIGER, BerKomm, N 6 zu Art. 217 OR; BECKER, BerKomm, N 1 zu Art. 217 OR; OSER/SCHÖNENBERGER, ZürKomm, N 2 zu Art. 217 OR.
[128] Bezirksgericht St. Gallen, SJZ 1983, S. 196 f.; zum Vorkaufsrecht vgl. § 11, insbesondere Nr. 40 ff.
[129] BGE 95 II 527 f.
[130] BRÜCKNER, Beurkundungsrecht, Nr. 2518; ders., Formzwang, S. 9 Anm. 20 und S. 24; EHRAT, Bas-Komm, Vorbem. zu Art. 151–157 OR, N 15; MERZ, Vertrag, Nr. 376; Bezirksgericht St. Gallen, SJZ 1983, S. 196.
[131] GIGER, BerKomm, N 270 zu Art. 216 OR sowie die Vorauflage Nr. 139.
[132] BGE 95 II 529.
[133] BGE 86 II 261.
[134] A.M. BGE 78 II 226, wo ausgeführt wird: «So ist es zwar statthaft, einen in seiner möglichen maximalen Höhe verurkundeten Kaufpreis bezüglich eines Teilbetrages durch gleichzeitige formlose Vereinbarung von einer Bedingung abhängig zu machen.»; vgl. auch BGE 75 II 147.

sen, hätten es die Parteien in der Hand, formfrei beliebig mit dem Preis zu variieren[135].

D. Hypotheken

106 Hypotheken können in verschiedenem Zusammenhang Gegenstand von Nebenabreden bilden:

107 **1.** Vereinbaren die Parteien, dass der Käufer das Grundstück samt Hypotheken übernehmen soll, sind diese Hypotheken im Sinne der genauen Umschreibung des Grundstücks in die öffentliche Beurkundung miteinzubeziehen[136]. Die auf den Käufer übergehende Pfandbelastung (Art. 832 ZGB) stellt gewissermassen einen Bestandteil des Grundstücks dar. Die Übernahme von Hypotheken wirkt sich daher auch auf den Preis aus.

108 **2.** Wird der Verkäufer lediglich verpflichtet, vor der Eigentumsübertragung bestehende Hypotheken abzulösen, bedarf dies keiner ausdrücklichen Aufnahme in die öffentliche Urkunde; die Ablösungsverpflichtung ergibt sich hier bereits daraus, dass als Objekt des Kaufvertrages ein unbelastetes Grundstück in der öffentlichen Urkunde erscheint[137].

109 **3.** Die Bereitschaft des Verkäufers, den Kaufpreis teilweise oder ganz «stehen zu lassen» und mit einer Hypothek oder einem Schuldbrief zu sichern, bedingt, dass neben dem Grundstückkaufvertrag ein Darlehensvertrag abgeschlossen wird (vgl. dazu Nr. 127).

E. Zahlungsmodalitäten

110 Werden die Zahlungsmodalitäten vertraglich geregelt, sind folgende Fälle zu unterscheiden:

111 **1.** Mit der Abmachung von Zahlungsterminen wird der Kaufpreis näher bestimmt. Je früher eine Zahlung zu erfolgen hat, desto länger kann sie der Verkäufer nutzbringend verwenden. Die gleiche Wirkung hat auch die Vereinbarung einer Anzahlung[138] oder von Zinsen für eine spätere Zahlung. Solche Nebenabreden sind daher in die öffentliche Urkunde aufzunehmen.

---

[135] SCHMIDLIN, BerKomm, N 104 zu Art. 11 OR.
[136] GIGER, BerKomm, N 269 zu Art. 216 OR; HAAB/SIMONIUS/SCHERRER/ZOBL, ZürKomm, N 17 zu Art. 657 ZGB; BGE 90 II 282 f.
[137] BGE 101 II 332, 93 II 241 f.
[138] GIGER, BerKomm, N 266 zu Art. 216 OR; a.M. SCHMID, Beurkundung, Nr. 371; in BGE 88 II 161 bezeichnet das Bundesgericht einen Vertrag über die Begründung eines Kaufsrechtes als gültig, obschon eine Vereinbarung über Anzahlung nicht in die öffentliche Urkunde aufgenommen wurde.

2. Wird aber nur die Zahlungsart (Check, Überweisung) oder die Zahlstelle bestimmt, sind dies Nebensächlichkeiten, welche die typenbestimmenden Punkte nicht berühren. Sie bedürfen der öffentlichen Beurkundung daher nicht[139].

F. Besitzesantritt

Wird der Besitzesantritt mit Übergang von Nutzen und Lasten auf den Erwerber nach dem Eigentumsantritt angesetzt, wird der Erwerber in seinen Rechten an der Kaufsache beschränkt. Das Eigentum, dessen Übertragung ein typenbestimmender Punkt des Grundstückkaufvertrages ist, wird dadurch für eine bestimmte Zeit auf ein «nacktes» Eigentum beschränkt. Eine solche Nebenabrede bedarf daher der öffentlichen Beurkundung.

3. Kombinationen des Grundstückkaufvertrages mit anderen Verträgen

1. Werden objektiv wesentliche Punkte des Grundstückkaufvertrages mit weiteren Abreden verknüpft, sodass diese mit dem Grundstückkaufvertrag *untrennbar* zu einem Ganzen verschmelzen, so sind auch diese weiteren Abreden der öffentlichen Beurkundung zu unterstellen. Dass eine Abrede nur das Verhältnis von Leistung und Gegenleistung des Kaufvertrages *«berührt»*, wie das Bundesgericht formuliert (Nr. 57), kann aber allein nicht genügen für die Beurkundungsbedürftigkeit (Nr. 73). Es muss sich um eine feste und klar ersichtliche Verbindung zum Grundstückkaufvertrag handeln. Die zusätzliche Abrede muss zudem *«im Rahmen»* des Grundstückkaufvertrages liegen bzw. darf nicht Leistungen enthalten, die mit dem Grundstückkauf überhaupt nichts zu tun haben (z.B. Nr. 126, 133). Treffen die Parteien Zusatzabreden, die auch losgelöst vom Grundstückkauf als sinnvolles Ganzes denkbar sind, d.h. Abreden über ein selbständiges Leistungspaar, sind die Formvorschriften nicht auf diese Zusatzabreden anzuwenden[140]. Dies gilt selbst dann, wenn die Zusatzabreden eine unabdingbare Voraussetzung (d.h. ein Motiv) für den Abschluss des Grundstückkaufvertrages und somit im ganzen Vertragsgefüge subjektiv wesentliche Teile darstellen (Nr. 67 ff.). Ob eine Zusatzabrede ein fester Bestandteil des Grundstückkaufvertrages bildet, ist nicht immer einfach festzustellen. In verschiedenen Fällen besteht jedoch aufgrund der Lebenserfahrung eine *natürliche Ver-*

---

[139] BECKER, BerKomm, N 4 zu Art. 216 OR.
[140] BGE 119 II 138 E. 2a (= Pra 1993 Nr. 209), BGE 117 II 264 E. 2b und c; RVJ 1995, S. 232; vgl. auch REBER, S. 196 f.

mutung, dass die Nebenabrede einen Teil des Kaufpreises oder der Gegenleistung darstellt (z.B. Nr. 122, 123, 124[141]).

115 In der Rechtslehre wird einerseits die Auffassung vertreten, bei zusätzlichen Abreden neben dem Grundstückkaufvertrag sei nur ein allfälliger Gesamtpreis formbedürftig, weitere «artfremde» Leistungen seien aber (insbesondere in Anwendung der objektiven Theorie) überhaupt nicht oder nur sehr zurückhaltend zu beurkunden[142]. Jedenfalls seien diese Punkte höchstens stichwortartig anzugeben (vgl. Nr. 31). Ob das Bundesgericht in BGE 119 II 29 dieser restriktiven Linie folgt, ist fraglich (vgl. dazu Nr. 126). Andererseits wird eine willkürliche Zerlegung von ganzheitlichen Vertragsgebilden in formbedürftige und formfrei gültige Bestandteile abgelehnt und dementsprechend eine weiter gehende Beurkundungspflicht befürwortet[143]. Der Umfang der Beurkundung muss für die einzelnen Anwendungsfälle kasuistisch diskutiert werden (Nr. 117 ff.).

116 **2.** Wenn Grundstückkaufverträge mit weiteren Verträgen kombiniert werden, entstehen *gemischte Verträge*[144]. Auf solche Verträge sind die Formvorschriften des Grundstückkaufvertrages (Art. 216 Abs. 1 OR) nur *analog* anwendbar. Die Beurkundungspflicht ergibt sich aber unmittelbar aus Art. 657 ZGB, wo allgemein für Verträge auf Eigentumsübertragung die öffentliche Beurkundung vorgeschrieben wird.

---

[141] Insofern ist BRÜCKNERS Satz (Beurkundungsrecht, Nr. 2507; ders., Formzwang, S. 10), eine Beeinflussung des Kaufpreises sei «stets zu vermuten und nie zu beweisen», zu relativieren.

[142] BRÜCKNER, Beurkundungsrecht, Nr. 2514 ff.; ders., Formzwang, S. 24 f.; RUF, Formzwang, S. 372 f.; ders., Bemerkungen, S. 325 f.; HESS, BasKomm, N 7 zu Art. 216 OR; REBER, S. 189 ff.

[143] GIGER, BerKomm, N 281 zu Art. 216 OR; ähnlich WIEGAND/BRUNNER, S. 3 ff.

[144] Zur Form von gemischten Verträgen vgl. METZGER-WÜEST, S. 79 ff. – Daneben sind auch Verträge auf Übertragung von Grundeigentum denkbar, in denen die typenbestimmenden Elemente des Grundstückkaufvertrages nicht oder nicht vollständig vorhanden sind. Sofern solche Verträge vom Gesetzgeber nicht in einem eigenen Vertragstyp (wie Tausch, Schenkung) geregelt worden sind, handelt es sich dabei um *Verträge sui generis*. Für diese gilt die Beurkundungspflicht nicht gemäss Art. 216 OR, sondern gemäss Art. 657 ZGB (zur Formbedürftigkeit von Verträgen sui generis betreffend Grundstückübertragung vgl. SCHMID, Beurkundung, Nr. 303 ff.). – Wird zum Beispiel ein Grundstück im Rahmen eines Vergleichs übertragen, liegt nicht ein Kauf-, sondern ein Vertrag sui generis vor. Der Rechtsgrund der Eigentumsübertragung ist hier ein Vergleich, d.h. eine gegenseitige Einigung, um damit einen Streit oder eine Ungewissheit über ein Rechtsverhältnis zu beseitigen (MEIER-HAYOZ, Vergleich, S. 1). Ein vor Gericht abgeschlossener Vergleich ersetzt die Form der öffentlichen Beurkundung (Nr. 41). Einem aussergerichtlich abgeschlossenen Vergleich hingegen, der die Übertragung eines Grundstücks zum Gegenstand hat, kommt diese Wirkung nicht zu. Er bedarf als Vertrag sui generis nach Art. 657 ZGB der öffentlichen Beurkundung (BGE 95 II 424; MEIER-HAYOZ, Vergleich, S. 4).

A. Grundstückkaufvertrag und Werkvertrag/Auftrag

Ein Grundstückkaufvertrag kann mit einem Werkvertrag (oder Auftrag) betreffend die Erstellung oder Fertigstellung eines Hauses verbunden werden. In Bezug auf die Beurkundung sind folgende Fälle zu unterscheiden[145]: 117

1. Es kann ein Gesamtpreis für Land und Werk (bzw. Land und Architektenleistung) festgesetzt werden. Die Verabredung eines Gesamtpreises ist zivilrechtlich durchaus zulässig[146]. Bei solchen Abmachungen lässt sich der Kaufpreis für das Land allein aber nicht feststellen. In diesen Fällen ist neben dem Kaufvertrag mit dem Gesamtpreis auch die Werk- bzw. Architektenleistung zu verurkunden (Nr. 31). Wenn nämlich nur der Kaufvertrag und der (gesamte) Preis öffentlich beurkundet würden, hätte dies zur Folge, dass in der öffentlichen Urkunde der Preis allein als Preis für die Übertragung des Eigentums erscheinen würde, obschon auch der Werklohn (bzw. das Architektenhonorar) darin enthalten ist. Als Kaufpreis wäre er aber zu hoch und damit ungültig verurkundet. 118

2. Der Grundstückkaufvertrag kann auch mit einem Werkvertrag (oder Auftrag) in der Weise kombiniert werden, dass für das Grundstück und die Werk- bzw. Architekturleistung je getrennte «Preise» festgelegt werden. In einem solchen Fall berühren die werkvertraglichen bzw. auftragsrechtlichen Elemente diejenigen des Kaufgeschäfts nicht. Der Werklohn bzw. das Honorar fällt dann nicht unter die Beurkundungspflicht. Voraussetzung ist allerdings, dass im Werklohn oder Honorar nicht zum Teil eine Gegenleistung für die Übertragung des Grundstücks versteckt ist. 119

3. Der Kauf eines Grundstücks zusammen mit einem darauf zu erstellenden oder fertig zu stellenden Haus ist als Kauf einer künftigen Sache zu betrachten, wenn dem Käufer in Bezug auf die Bauarbeiten kein Weisungsrecht zusteht (Nr. 91). 120

B. Grundstückkaufvertrag und Unternehmer- bzw. Architektenklausel

Im Rahmen eines Grundstückkaufvertrages wird verschiedentlich eine sog. «Architekten-» oder «Unternehmerklausel» verabredet. Mit solchen Klauseln verpflichtet sich der Erwerber des Grundstücks, mit dem Verkäufer oder einem Dritten einen Architekturvertrag oder einen Werkvertrag über die Erstellung ei- 121

---

[145] BGE 117 II 264 f. E. 2b und c, 107 II 215 f. E. 4, 94 II 273; GAUCH, Werkvertrag, Nr. 409 ff.; ders., Formzwang, S. 84; GUHL/KOLLER, § 47 Nr. 13; TERCIER, Nr. 677; vgl. auch die in Nr. 115 dargestellten Auffassungen.

[146] Die Parteien sind nicht etwa aus steuerlichen Gründen verpflichtet, den Kaufpreis und den Werklohn auseinander zu halten; vgl. BGE 94 II 273.

nes Hauses abzuschliessen. Die Klauseln stellen Vorverträge (allenfalls zugunsten eines Dritten) dar[147].

122 In der Regel wird das Grundstück bei Abschluss einer solchen Klausel günstiger verkauft als bei einem Verkauf ohne solche Abrede. Der Grund liegt darin, dass der Verkäufer oder ein von ihm begünstigter Dritter mit dem Abschluss eines Vertrages rechnen kann. Die Verpflichtung zum Abschluss eines Werk- bzw. Architektenvertrages stellt daher in der Regel eine Gegenleistung für die Übertragung des Grundstücks dar und ist damit ein Teil des Kaufpreises. Dieser Schluss stellt geradezu eine natürliche Vermutung dar. Unter diesen Umständen bedürfen die Unternehmer- bzw. Architektenklauseln der öffentlichen Beurkundung[148]. Mit dem Gegenbeweis kann dargetan werden, dass die Werk- bzw. Architektenklausel eine vom Kaufvertrag unabhängige Abrede darstellt. Dann ist sie nicht beurkundungsbedürftig. Die Frage ist in der Rechtslehre kontrovers geblieben[149].

C. Grundstückkaufvertrag und Verpflichtung, Land in einer bestimmten Weise zu nutzen

123 Der Grundstückkaufvertrag kann mit der Verpflichtung des Käufers verbunden werden, das Kaufsgrundstück in einer bestimmten Weise zu nutzen, insbesondere zu überbauen. Ähnlich kann sich auch der Verkäufer in Bezug auf ein in seinem Eigentum verbleibendes Nachbargrundstück zu einer Nutzungsbeschränkung bereit erklären. Solche Abreden sind an sich auch losgelöst von einem Grundstückkaufvertrag denkbar. Werden sie aber zusammen mit ihm getroffen, ist in der Regel davon auszugehen, dass sie (vorbehältlich des Gegenbeweises) Teil der Leistung bzw. Gegenleistung des Grundstückkaufvertrags werden. Entweder erscheinen sie als Leistung neben der Übertragung des Grundstücks oder neben dem Kaufpreis. In beiden Fällen sind sie mit objektiv wesentlichen Punkten des Grundstückkaufvertrags untrennbar verknüpft und sind

---

[147] BGE 98 II 307; GAUCH, Werkvertrag, Nr. 306; zu den Vorverträgen vgl. § 11.
[148] GAUCH, Werkvertrag, Nr. 423; ders., Formzwang, S. 83; TERCIER, in: GAUCH/TERCIER, Architektenrecht, Nr. 187; WIEGAND/BRUNNER, S. 7; KOLLER, BerKomm, N 32 zu Art. 363 OR; ders., Obligationenrecht, Nr. 725 ff.; LAIM, BasKomm, N 56 zu Art. 657 ZGB; in BGE 86 II 40 kam das Bundesgericht zum Schluss, dass die Klausel unabhängig vom Kaufvertrag abgeschlossen worden war; vgl. auch RUF, Notariatsrecht, Nr. 179; das Obergericht Luzern, LGVE 1985 I Nr. 12, bejahte die Formbedürftigkeit aufgrund der subjektiven Theorie.
[149] Vgl. dazu REBER, S. 205 ff. Für eine generelle Beurkundungsbedürftigkeit haben sich ausgesprochen: MERZ, Vertrag, Nr. 340c; dagegen: BRÜCKNER, Beurkundungsrecht, Nr. 2507 ff. (der sich vor allem darauf beruft, der günstigere Verkaufspreis könne nicht bewiesen werden); GAUTSCHI, BerKomm, N 22d zu Art. 365 OR.

daher zu beurkunden[150]. Eine solche Verknüpfung mit einem Grundstückkaufvertrag macht eine Beurkundung auch dann nötig, wenn die entsprechende Abmachung als Grunddienstbarkeit in das Grundbuch eingetragen werden soll. Unter diesen Umständen kann die schriftliche Form, die grundsätzlich nach Art. 732 ZGB für den Vertrag über die Errichtung einer Grunddienstbarkeit ausreicht, nicht genügen.

D. Grundstückkaufvertrag und Gewinnbeteiligung

Wenn die Parteien vereinbaren, dass der Verkäufer am Gewinn beteiligt sein soll, den der Käufer bei einem allfälligen Wiederverkauf erzielen wird, tritt neben die Gegenleistung für die Übertragung des Grundstücks eine weitere, bedingte Leistung. In einem solchen Fall wird der Preis (vorbehältlich des Gegenbeweises) in der Regel unter dem Marktpreis angesetzt, weil eine bestimmte, zu privilegierende Person als Käuferin auftritt. Im Falle der Weiterveräusserung an eine nicht zu privilegierende Person soll der Preisnachlass aber nachgefordert werden können. Die Gewinnbeteiligungsklausel erscheint somit als Teil der Gegenleistung unter der Bedingung, dass das Grundstück weiterveräussert wird. Die Klausel ist daher zu beurkunden[151]. 124

E. Grundstückkaufvertrag und Dienstleistung

Nicht beurkundungsbedürftig ist grundsätzlich die Verpflichtung eines Käufers, dem Verkäufer die Vermittlung der Erstvermietung, den Weiterverkauf sowie die Liegenschaftsverwaltung zu übertragen[152]. Die dem Verkäufer für diese Dienste versprochene Entschädigung ist normalerweise unabhängig vom Grundstückkaufvertrag. Formbedürftig wäre eine solche Abrede beispielsweise aber dann, wenn eine Entschädigung überhöht wäre und als Teil des Kaufpreises betrachtet werden müsste. Nicht beurkundungspflichtig ist im Weiteren der Auftrag, für eine bestimmte Vergütung von einem Dritten ein Grundstück zu 125

---

[150] Beurkundungspflichtig sind nach der bundesgerichtlichen Rechtsprechung die Verpflichtung des Verkäufers, das Land neben dem verkauften Grundstück in einer bestimmten Weise zu parzellieren (BGE 68 II 229 ff.), sowie die Verpflichtung des Käufers, das gekaufte Grundstück in einer bestimmten Weise zu überbauen (BGE 90 II 34 ff.). Gegen die Formbedürftigkeit hat sich BRÜCKNER, Beurkundungsrecht, Nr. 2521, sowie in Sorgfaltspflicht, S. 76 f., ausgesprochen.

[151] SCHMIDLIN, BerKomm, N 100 zu Art. 11 OR; vgl. auch GIGER, BerKomm, N 277 zu Art. 216 OR; in BGE 75 II 144 hat das Bundesgericht allerdings eine solche Gewinnbeteiligungsklausel als objektiv und subjektiv unwesentlich bezeichnet und daher angenommen, sie sei formfrei gültig; gegen die Formbedürftigkeit haben sich ausgesprochen: BRÜCKNER, Beurkundungsrecht, Nr. 2521, und SCHMID, Beurkundung, Nr. 373.

[152] BGE 78 II 438 ff.; BRÜCKNER, Beurkundungsrecht, Nr. 2521.

kaufen und dem Auftraggeber anschliessend ein Kaufsrecht am Grundstück einzuräumen[153]. Wenn in einem solchen Fall die Vergütung und der Preis für die Übertragung des Grundstücks separat vereinbart werden, wird durch diese Abrede der Kaufrechtspreis nicht verändert.

126 In einem neueren Entscheid hat das Bundesgericht eine Beistands- und Hilfeverpflichtung von Käufern gegenüber der Verkäuferin und ihrem Ehemann als nicht beurkundungspflichtig bezeichnet, obschon in dieser Hilfevereinbarung ausdrücklich davon die Rede war, dass der Kaufpreis aus diesem Grund reduziert wurde[154]. Das Käufer-Ehepaar hatte sich verpflichtet, die betagte Verkäuferin und ihren Ehemann wenigstens einmal pro Monat zu besuchen, alle zwei Tage anzurufen und notfalls Hilfe zu leisten oder herbeizurufen. Dass diese Verpflichtung als Teil des Kaufpreises zu betrachten war, wurde ausdrücklich, aber nicht in der Form der öffentlichen Beurkundung, vereinbart. Das Bundesgericht betrachtete den Kaufvertrag dennoch als gültig, weil es die Beistands- und Hilfeverpflichtung überwiegend als *moralisch* verstand und die Preisreduktion ihren Grund zum Teil auch in einem eingeräumten Wohnrecht hatte. Das Bundesgericht scheint die Beurkundungspflicht auf Nebenabreden beschränken zu wollen, die «im Rahmen» des Grundstückkaufes liegen (Nr. 114), was bei der Beistands- und Hilfeverpflichtung, die zu entfernt vom Grundstückkauf liegt, nicht der Fall war. Im Übrigen liegen aber keine Anzeichen für eine grundsätzliche Abkehr von der bisherigen Rechtsprechung vor.

F. Grundstückkaufvertrag und Darlehen

127 Lässt sich der Verkäufer den Kaufpreis ganz oder teilweise durch Einräumen einer Hypothek oder Übergabe eines Schuldbriefs bezahlen, bedingt dies, dass neben dem Grundstückkaufvertrag ein Darlehensvertrag abgeschlossen wird. Ob dieser beurkundet werden muss, hängt von den Konditionen dieses Darlehens ab. Wird ein marktüblicher Zins vereinbart, stellt das Darlehen eine vom Kaufvertrag unabhängige Vereinbarung dar, die nicht formbedürftig ist[155]. Werden aber ungewöhnliche Zinsen vereinbart, kann vermutet werden, dass die Verzinsung einen Teil des Kaufpreises darstellt. Der Darlehensvertrag ist damit zu beurkunden. Der Vertrag auf Errichtung eines Grundpfandes bedarf im Übrigen nach Art. 799 Abs. 2 ZGB der öffentlichen Beurkundung.

---

[153] BGE 86 II 36 ff.
[154] BGE 119 II 135 ff. = Pra 1993 Nr. 209.
[155] BGE 113 II 405 E. 2b und c; vgl. dazu: RUF, Bemerkungen, S. 321 ff.; vgl. auch BGE 101 II 329 ff., und GIGER, BerKomm, N 269 zu Art. 216 OR.

G. Grundstückkaufvertrag und Sicherungsvereinbarung

Zur Sicherung eines Guthabens verkauft der Schuldner dem Gläubiger gelegentlich ein Grundstück mit der Abmachung, dass der Gläubiger dieses zurückzuübertragen habe, sobald die Schuld getilgt sei. In Bezug auf die Beurkundungspflicht ist hier Folgendes zu beachten: 128

1. Der Kaufvertrag untersteht der öffentlichen Beurkundung. Er ist aber nur gültig, wenn er von den Parteien wirklich gewollt wird (vgl. dazu Nr. 93 ff.). 129

2. Die Vereinbarung, das Grundstück sei bei Tilgung der Schuld zurückzuübertragen, ist als bedingtes Rückkaufsrecht zu verstehen. Das Rückkaufsrecht untersteht nach Art. 216 Abs. 2 OR der öffentlichen Beurkundung. Bei der Bedingung ist die Formbedürftigkeit umstritten (Nr. 104). 130

3. Wird ein Darlehen durch die Übertragung eines Grundstücks gesichert, braucht der Darlehensvertrag weder mit dem Grundstückkauf noch mit dem Rückkaufsrecht öffentlich beurkundet zu werden, denn das Darlehen ist mit den objektiv wesentlichen Punkten des Grundstückkaufvertrags (bzw. des Rückkaufsrechtsvertrags) nicht untrennbar verbunden[156]. 131

H. Grundstückkaufvertrag und Kaufvertrag über Mobilien

1. Wird zusammen mit einem Grundstück darauf befindliches Inventar verkauft, sind die Abreden betreffend dieses Inventar nicht öffentlich zu beurkunden, sofern für das Grundstück und das Inventar separate Kaufpreise festgesetzt werden. Der Kaufvertrag betreffend das Inventar beeinflusst in diesem Fall die objektiv wesentlichen Punkte des Grundstückkaufvertrages grundsätzlich nicht. Dass das Grundstück nicht ohne Inventar verkauft worden wäre, kann daran nichts ändern[157]. Wenn das Inventar allerdings als Zubehör im Grundbuch angemerkt wurde, ist es – wenn zur zuverlässigen Umschreibung des Grundstücks notwendig – in die öffentliche Urkunde aufzunehmen (Nr. 82). 132

2. Verpflichtet sich der Käufer einer Restaurant-Liegenschaft, Getränke beim Verkäufer zu beziehen, wirkt sich eine solche Verpflichtung zwar auf den Kaufpreis aus, doch liegt die Verpflichtung (nach der neusten bundesgerichtlichen Rechtsprechung, Nr. 126) zu weit ausserhalb des Rahmens des Grundstückkaufvertrages[158]. 133

---

[156] BGE 113 II 406.
[157] Obergericht Luzern, ZBGR 1976, S. 16 ff.
[158] Kantonsgericht Neuenburg, BR 1987, S. 20, und RJN 1985, S. 43 ff.; BRÜCKNER, Beurkundungsrecht, Nr. 2521; GIGER, BerKomm, N 272 zu Art. 216 OR; vgl. aber die gegenteilige Auffassung in der Vorauflage Nr. 168.

I. Grundstückkaufvertrag und Übernahme von Steuern

134 Regeln die Parteien die Übernahme von Steuern und Gebühren, die an die Handänderung anknüpfen (vgl. dazu § 12), abweichend von den gesetzlichen Vorschriften, so wird damit eine Abrede über den Kaufpreis oder die Gegenleistung getroffen. Solche Abreden sind daher in die öffentliche Beurkundung einzubeziehen.

V. Sonderfragen

1. Formbedürftigkeit von Zusicherungen beim Abschluss eines Grundstückkaufvertrages

135 1. Im Zusammenhang mit dem Grundstückkaufvertrag gibt der Verkäufer gelegentlich eine Zusicherung über die Eigenschaften des zu verkaufenden Grundstückes ab (Art. 197 Abs. 1 OR). Im Hinblick auf die Formbedürftigkeit von Zusicherungen ist von Bedeutung, wie sie rechtlich zu qualifizieren sind. Diese Frage ist in Rechtsprechung und Lehre umstritten:

136 a. Nach der Rechtsprechung des Bundesgerichts stellen Zusicherungen blosse Vorstellungs- oder Wissensäusserungen dar[159]. Auch ein Teil der Lehre vertritt mit dem Bundesgericht die Auffassung, bei der Zusicherung handle es sich um eine einseitige Erklärung des Verkäufers[160].

137 b. Nach einem anderen Teil der Lehre handelt es sich bei Zusicherungen um rechtsgeschäftliche zustimmungsbedürftige Willensäusserungen, d.h. um vertragliche Leistungsversprechen[161].

138 c. Nach einer dritten Auffassung können Zusicherungen zugleich einseitige Erklärungen und Leistungsversprechen darstellen[162]. M.E. ist dieser Betrachtung der Vorzug zu geben.

139 2. Ist die Zusicherung als einseitige Erklärung und nicht als Vertragsbestandteil zu betrachten, bedarf sie der öffentlichen Beurkundung von vornherein

---

[159] BGE 102 II 100, 88 II 416, 73 II 220, 71 II 241.
[160] Bucher, OR BT, S. 125; Hess, BasKomm, N 6 zu Art. 216 OR; von Tuhr/Peter, S. 176 Anm. 18; Cavin, SPR VII/1, S. 80 f.; kritisch: Honsell, S. 156; ders., BasKomm, N 15 zu Art. 197 OR.
[161] Giger, BerKomm, N 7 ff. zu Art. 197 OR; Wiegand/Brunner, S. 8 f.; Merz, Sachgewährleistung, S. 96 Anm. 15.
[162] Keller/Siehr, S. 74; Jäggi, S. 73 ff.

nicht[163]. Dasselbe gilt, wenn die Zusicherung als einseitige Erklärung und zugleich als Leistungsversprechen verstanden wird[164]. In diesem Fall ist die Zusicherung jedenfalls als einseitige Erklärung ohne besondere Form gültig. Die Frage der öffentlichen Beurkundung wäre aber zu prüfen, soweit die Zusicherung ausschliesslich als vertragliches Leistungsversprechen verstanden wird. Im Rahmen der eindeutigen Umschreibung der Kaufsache wäre eine als Vertragsbestandteil betrachtete Zusicherung (z.B. betreffend eine bestimmte Qualität des Grundstücks) zu beurkunden[165].

2. Form des Vorvertrages, des Kaufrechtsvertrages und des Vorkaufsrechtsvertrages

Nach Art. 216 Abs. 2 OR bedürfen auch Vorverträge sowie Verträge, die ein Vorkaufs-, Kaufs- oder Rückkaufsrecht an einem Grundstück begründen, der öffentlichen Beurkundung. Für die Form dieser Verträge gelten die oben stehenden Ausführungen sachgemäss (zum Inhalt dieser Verträge vgl. § 11). Vorkaufsverträge, die den Kaufpreis nicht zum Voraus bestimmen, sind in schriftlicher Form gültig (Art. 216 Abs. 3 OR). 140

3. Formfreiheit der Erklärung, ein Kaufsrecht auszuüben

Mit einem Kaufsrecht bzw. Rückkaufsrecht (vgl. dazu § 11) betreffend ein Grundstück wird der einen Partei das Recht eingeräumt, durch einseitige Erklärung den Kauf dieses Grundstücks herbeizuführen. Nach Art. 216 Abs. 2 OR bedarf das Kaufsrecht (und das Rückkaufsrecht) der öffentlichen Beurkundung. Im Kaufrechtsvertrag sind die gleichen Vertragspunkte zu regeln und zu beurkunden wie bei einem normalen Grundstückkaufvertrag[166]. Der Vertrag ist nur bedingt aufgeschoben, wobei die Bedingung vom Willen des Berechtigten abhängt[167]. Mit der Ausübungserklärung kommt kein neuer Vertrag zu- 141

---

[163] Für Formfreiheit auch SCHMID, Formzwang, S. 120, vgl. aber Anm. 74.
[164] KELLER/SIEHR, S. 74 und 134; vgl. auch JÄGGI, S. 85 f.
[165] WIEGAND/BRUNNER, S. 8 f.; eher für Formbedürftigkeit: BRÜCKNER, Beurkundungsrecht, Nr. 2505 Anm. 137. GIGER hat sich im BerKomm, N 23 zu Art. 197 OR, für formfrei gültige Zusicherungen ausgesprochen; im BerKomm, N 274 zu Art. 216 OR, will er die verschiedenen Gesichtspunkte mit einer Interessenabwägung harmonisieren.
[166] BGE 106 II 147, 88 II 159, 86 II 36.
[167] BGE 88 II 159.

stande; der bisher aufschiebend bedingte Kaufvertrag wird lediglich zu einem unbedingten. Die Ausübungserklärung bedarf daher nicht der öffentlichen Beurkundung[168].

---

[168] MEIER-HAYOZ, BerKomm, N 46 zu Art. 657 ZGB; BUCHER, OR BT, S. 123.

§ 3
Vom Formmangel und seinen Folgen

Der formungültige Grundstückkauf

Alfred Koller

INHALTSVERZEICHNIS   Seite

Literatur.. 79

I. Grundlagen.. 82
    1. Begriff und Erscheinungsformen des Formmangels......... 82
    2. Abgrenzung von Bundesrecht und kantonalem Recht bei
       der Bestimmung der Mangelfolgen...................... 84
    3. Von der Formungültigkeit als Mangelfolge (Art. 216 OR):
       die verschiedenen Ungültigkeitstheorien................. 86

II. Rechtslage vor der Erfüllung............................. 92
    1. Überblick.. 92
    2. Erfüllungsanspruch in Rechtsmissbrauchsfällen?........... 93
       A. Rechtsmissbrauchstatbestände..................... 93
       B. Erfüllungsanspruch als Rechts(missbrauchs)folge...... 95
    3. Schadenersatzansprüche................................. 99

III. Rechtslage nach beidseitiger (gänzlicher) Erfüllung...... 100
    1. Überblick.. 100
    2. Die Rechtslage im Falle (freiwilliger) irrtumsfreier Erfüllung.. 103
       A. Die «Rechtsmissbrauchstheorie» des Bundesgerichts..... 103

		B. Stellungnahme: genereller Ausschluss der Rückabwicklung (Art. 63 Abs. 1 OR)	105
	3.	Die Rechtslage im Falle irrtümlicher Leistung	107
		A. Die Auffassung des Bundesgerichts	107
		B. Stellungnahme	109
IV.	**Rechtslage nach einseitiger Erfüllung**		111
	1.	Erfüllungsanspruch?	111
	2.	Rückforderungsanspruch?	112
V.	**Rechtslage, nachdem eine Partei vollständig, die andere teilweise erfüllt hat**		113
	1.	Anspruch auf Resterfüllung?	113
	2.	Rückgabeansprüche?	116
		A. Anspruch auf Rückgabe der vollständig erbrachten Leistung?	116
		B. Anspruch auf Rückgabe der Teilleistung?	117
	3.	Sonderfall: Grundstückkauf mit Schwarzzahlung	117
VI.	**Rechtslage nach beidseitiger teilweiser Erfüllung**		120
VII.	**Einzelfragen**		120
	1.	Umfang der Formungültigkeit	120
		A. Ungültigkeit aller formbedürftigen Vertragsteile	121
		B. Auswirkung des Formmangels auf nicht formbedürftige Vertragsteile	121
		C. Zulässigkeit von Ersatzregeln	122
	2.	Berücksichtigung des Formmangels von Amtes wegen?	124
	3.	Berufung Dritter auf Formmängel?	127
	4.	Formungültiger Grundstückkaufvertrag als Vorkaufsfall?	129

LITERATUR

Die gängigen schweizerischen Kommentarwerke (Zürcher Kommentar, Berner Kommentar, Basler Kurzkommentar) werden im Folgenden nicht aufgeführt. Dasselbe gilt für Beiträge im «Schweizerischen Privatrecht» (SPR), deutschsprachige Ausgabe. – Zitierweise: Die Autoren werden nur mit dem Verfassernamen, nötigenfalls mit einem präzisierenden Zusatz zitiert. – Hinweise auf weiterführende Spezialliteratur finden sich in den Fussnoten.

BATTES ROBERT, Erfüllungsansprüche trotz beiderseits bewussten Formmangels, JZ 1969, S. 683 ff.
BÉGUELIN EDOUARD, Vertrag (Form) I, Allgemeines, SJK Karte 197.
BERNARD KARL-HEINZ, Formbedürftige Rechtsgeschäfte, Diss. Frankfurt a.M. 1979.
BRÜCKNER CHRISTIAN, Schweizerisches Beurkundungsrecht, Zürich 1993 (zit. BRÜCKNER, Beurkundungsrecht).
– Der Umfang des Formzwangs beim Grundstückkauf, ZBGR 1994, S. 1 ff. (zit. BRÜCKNER, ZBGR 1994).
BRUNNER MAX, Der Grundstückkauf, 3. A. Rorschach 1940.
BUCHER EUGEN, Schweizerisches Obligationenrecht, Allgemeiner Teil, 2. A. Zürich 1988 (zit. BUCHER, OR AT).
– Für mehr Aktionendenken, AcP 1986, S. 1 ff. (zit. BUCHER, Aktionendenken).
– Der Rechtsmissbrauch bei Formvorschriften, ZBGR 1975, S. 65 ff. (zit. BUCHER, Rechtsmissbrauch).
– Skriptum zum Obligationenrecht, Besonderer Teil, 3. A. Zürich 1988.
VON BÜREN BRUNO, Schweizerisches Obligationenrecht, Allgemeiner Teil, Zürich 1964 (zit. VON BÜREN, OR AT).
– Schweizerisches Obligationenrecht, Besonderer Teil, Zürich 1972 (zit. VON BÜREN, OR BT).
BÜRGISSER WERNER, Der Grundstückkauf nach schweizerischem Recht, Diss. Zürich 1924.
COMMENT ALBERT, Grundstückkauf II, Formvorschriften, SJK Karte 225.
DES GOUTTES RENÉ, Système des Nullités en Droit suisse, ZSR 1929, S. 348 ff.
DROIN JACQUES, Les effets de l'inobservation de la forme en matière de transfert de la propriété immobilière, Genf 1969.
ENGEL PIERRE, Traité des obligations en droit suisse, 2. A. Bern 1997.
FLATTET GUY, La forme de la donation, in: Travaux de la 5ᵉ Semaine Juridique turco-suisse, Istanbul 1976, S. 299 ff.
FURRER FRANK, Heilung des Formmangels im Vertrag, Diss. Zürich 1992.
GAUCH PETER/SCHLUEP WALTER, Schweizerisches Obligationenrecht, Allgemeiner Teil, 2 Bde., 7. A. bearbeitet von JÖRG SCHMID (Bd. I) und HEINZ REY (Bd. II), Zürich 1998 (zit. GAUCH/SCHLUEP/SCHMID/REY).
GERNHUBER JOACHIM, Formnichtigkeit und Treu und Glauben, Festschrift Walter Schmidt-Rimpler, Karlsruhe 1957, S. 151 ff.
GIGER HANS, Rechtsfolgen norm- und sittenwidriger Verträge, Zürich 1989.
GUGGENHEIM DANIEL, L'invalidité des actes juridiques en droit suisse et comparé, Diss. Genf 1970.
GUHL THEO, Das Schweizerische Obligationenrecht, 9. A. bearbeitet von ALFRED KOLLER, ANTON K. SCHNYDER und JEAN NICOLAS DRUEY, Zürich 2000 (zit. GUHL/BEARBEITER).

HÄSEMEYER LUDWIG, Die gesetzliche Form der Rechtsgeschäfte, Objektive Ordnung und privatautonome Selbstbestimmung im formgebundenen Rechtsgeschäft, Frankfurt a.M. 1971.
HEISS HELMUT, Formmängel und ihre Sanktionen, Eine privatrechtsvergleichende Untersuchung, Tübingen 1999.
HELDRICH KARL, Die Form des Vertrages, AcP 1941, S. 89 ff.
HERZ WILHELM, Die Bedeutung der Form des Formalgeschäftes nach deutschem und schweizerischem Recht, Diss. Basel 1934.
HESS MARKUS, Immobilienleasing und Formzwang, ZBGR 1991, S. 1 ff.
HOFFMANN BERND, Das Recht des Grundstückskaufs, Tübingen 1982.
HONSELL HEINRICH, Schweizerisches Obligationenrecht, Besonderer Teil, 5. A. Bern 1999 (zit. HONSELL, OR BT).
IBERG GOTTLIEB, Formmangel beim Grundstückkauf, ZBJV 1974, S. 330 ff.
KANETI SELIM, La forme du contrat de vente d'immeuble en droit civil turc, in: Travaux de la 5^e Semaine Juridique turco-suisse, Istanbul 1976, S. 267 ff.
KELLER MAX/SCHÖBI CHRISTIAN, Allgemeine Lehren des Vertragsrechts, 3. A. Basel/Frankfurt a.M. 1988.
KELLER MAX/SIEHR KURT, Kaufrecht, 3. A. Zürich 1995.
KOLLER ALFRED, Grundstückkauf mit Schwarzzahlung, ZBJV 1990, S. 121 ff. (zit. KOLLER, ZBJV 1990).
– Schweizerisches Obligationenrecht, Allgemeiner Teil, Bd. 1, Bern 1996 (zit. KOLLER, OR AT).
KUNZ HANS, Öffentliche Vertragsverurkundung und ihre Gültigkeit nach schweizerischem Recht, Diss. Bern 1928.
LEEMANN HANS, Die Folgen der Simulation bei formalen Rechtsgeschäften, SJZ 1917, S. 273 ff.
– Nichtigkeit des Grundstückkaufes wegen unrichtiger Beurkundung des Kaufpreises? SJZ 1924, S. 269 ff.
LORENZ WERNER, Das Problem der Aufrechterhaltung formnichtiger Schuldverträge, AcP 1975, S. 381 ff.
MERZ HANS, Auslegung, Lückenfüllung und Normberichtigung, AcP 1964, S. 305 ff. (zit. MERZ, AcP 1964).
– Vertrag und Vertragsschluss, 2. A. Freiburg 1992 (zit. MERZ, Vertrag).
METZGER-WÜEST EVA, Zur Form des Liegenschaftsabtretungs- und Verpfründungsvertrages, Diss. Bern 1971.
MÜLLER PETER, Die Heilung formwidriger Rechtsgeschäfte durch Erfüllung, Diss. Freiburg 1938.
OGUZMAN KEMAL, La jurisprudence suisse et turc en matière de l'abus de droit d'invoquer la nullité du contrat pour vice de forme, in: Travaux de la 5e Semaine Juridique turco-suisse, Istanbul 1976, S. 143 ff.
PAOLETTO BRUNO, Die Falschbeurkundung beim Grundstückkauf, Diss. Zürich 1973.
PIOTET DENIS, La notion fédérale de l'acte authentique, in: Mélanges J.M. Grossen, Neuenburg etc. 1992, S. 19 ff.
REICHEL HANS, Zur Behandlung formnichtiger Verpflichtungsgeschäfte (§ 125 BGB), AcP 1909, S. 1 ff.
REINICKE DIETRICH, Rechtsfolgen formwidrig abgeschlossener Verträge, Bad Homburg/Berlin/Zürich 1969.

RINK FELIX, Die Tragweite der Formvorschrift der öffentlichen Beurkundung bei Grundstücksveräusserungsverträgen unter besonderer Berücksichtigung der Praxis des Schweizerischen Bundesgerichts, Diss. Basel 1951.
RUF PETER, Der Umfang des Formzwangs beim Grundstückkauf, ZBGR 1997, S. 361 ff.
SCHMID JÖRG, Die öffentliche Beurkundung von Schuldverträgen, Diss. Freiburg 1988.
– Thesen zur öffentlichen Beurkundung, ZBGR 1993, S. 1 ff. (zit. SCHMID, ZBGR 1993).
SCHMIDLIN BRUNO, Der formungültige Grundstückkauf. Bemerkungen zur neueren Lehre und Rechtsprechung, ZSR 1990 I, S. 223 ff. (zit. SCHMIDLIN, ZSR 1990).
– Les Dessous de Table, Les conséquences de l'inobservation des prescriptions de forme dans l'acquisition d'immeubles, Semjud 1989, S. 497 ff. (zit. SCHMIDLIN, Semjud 1989).
SCHÖNLE HERBERT, L'observation de la forme authentique dans la vente immobilière, in: Travaux de la 5e Semaine Juridique turco-suisse, Istanbul 1976, S. 207 ff.
SCHWENZER INGEBORG, Schweizerisches Obligationenrecht, Allgemeiner Teil, 2. A. Bern 2000.
SECRÉTAN ROGER, Vente d'immeubles, JdT 1959, S. 322 ff.
SEROZAN RONA, Die Überwindung der Rechtsfolgen des Formmangels im Rechtsgeschäft nach deutschem, schweizerischem und türkischem Recht, Tübingen 1968.
SPIRO KARL, Die Bedeutung der Beurkundung für den Grundstückkauf, in: Travaux de la 5e Semaine juridique turco-suisse, Istanbul 1976, S. 189 ff. (zit. SPIRO, Bedeutung).
– Die unrichtige Beurkundung des Preises beim Grundstückskauf, Basel 1964 (zit. SPIRO, Unrichtige Beurkundung).
– Grundstückskauf und Formzwang, Replik zu BGE 90 II 154 ff., BJM 1965, S. 213 ff. (zit. SPIRO, Replik).
TANDOGAN HALUK, La nullité, l'annulation et la résiliation partielles des contrats, Diss. Genf 1952
TERCIER PIERRE, Les contrats spéciaux, 2. A. Zürich 1995.
VON TUHR ANDREAS/PETER HANS, Allgemeiner Teil des Schweizerischen Obligationenrechts, Bd. I, 3. A. Zürich 1979.
VON TUHR ANDREAS/ESCHER ARNOLD, Allgemeiner Teil des Schweizerischen Obligationenrechts, Bd. II, 3. A. Zürich 1974.
VOLKEN ALFONS, Zum Problem des «formnichtigen» Rechtsgeschäftes, ZWR 1981, S. 461 ff.
WAGNER HERBERT, Zum Schutzzweck des Beurkundungszwangs gemäss § 313 BGB, AcP 1972, S. 452 ff.
WACKE ANDREAS, Der Schutzzweck des Beurkundungszwanges bei Grundstückskaufverträgen, JZ 1971, S. 684 f.
WESTERHOFF RUDOLF, Wie begründen wir Formnichtigkeit?, AcP 1984, S. 341 ff.
WIEGAND WOLFGANG, Formungültigkeit und Vertrauenshaftung, Bemerkungen zu einem bemerkenswerten Urteil des Bundesgerichts, recht 1999, S. 225 ff.
WIEGAND WOLFGANG/BRUNNER CHRISTOPH, Vom Umfang des Formzwangs und damit zusammenhängende Fragen des Grundstückkaufvertrages, recht 1993, S. 1 ff.
YUNG WALTER, Le contenu des contrats formels, Semjud 1965, S. 623 ff.
ZELLER ERNST, Zum Begriff der «Missbräuchlichkeit» im Schweizerischen Privatrecht, ZSR 1990, 1. Halbband, S. 261 ff.

1   Der nachstehende Artikel knüpft an den vorhergehenden über das Formerfordernis der öffentlichen Beurkundung beim Grundstückkauf an. Nachdem Zweck, Gegenstand und Umfang des Beurkundungszwangs behandelt sind, bleiben die Rechtsfolgen einer mangelhaften Beurkundung (eines Formmangels) darzustellen. Diese Frage hat Lehre und Rechtsprechung von jeher stark beschäftigt. Eine gefestigte Praxis besteht indes in verschiedenen Punkten noch nicht. «Selbst Grundfragen» sind «noch nicht endgültig beantwortet» (SCHMIDLIN, ZSR 1990, S. 224). Das rechtfertigt eine relativ eingehende Behandlung der Problematik.

I. Grundlagen

1. Begriff und Erscheinungsformen des Formmangels

2   Formmangel ist gleichbedeutend mit **Beurkundungsmangel**. Die Beurkundung kann verschiedenste Mängel aufweisen, die sich jedoch alle als Verfahrens- oder Inhaltsmängel qualifizieren lassen[1]:

3   – **Inhaltsmängel:** Der Kaufvertrag, wie er von den Parteien übereinstimmend gewollt ist, wurde entweder *überhaupt nicht* öffentlich beurkundet, sondern z.B. lediglich schriftlich festgehalten (vgl. z.B. BGE 54 II 323 ff.). Oder er wurde zwar beurkundet, jedoch *unvollständig oder ungenau:* Eine öffentliche Beurkundung wurde vorgenommen, die Urkunde enthält jedoch nicht alle erforderlichen Angaben (z.B. fehlt der Hinweis auf ein Vertretungsverhältnis, BGE 112 II 332) oder sie enthält zwar alle Angaben, diese stimmen jedoch (teilweise) nicht mit dem wirklichen Parteiwillen überein (es wird z.B. ein falscher Kaufpreis angegeben, BGE 104 II 99 ff.).

4   – **Verfahrensmängel:** Es wurden (kantonale) Verfahrensvorschriften nicht eingehalten[2]. Beispiel: Die Planskizze, welche zur Individualisierung des Kaufrechtsgrundstücks dient, wird entgegen dem anwendbaren Beurkundungsverfahrensrecht von den Parteien nicht unterzeichnet (vgl. BGE 106 II 146 ff.).

---

[1] Vgl. SCHMID, Nr. 600 ff.

[2] Das Verfahren der öffentlichen Beurkundung richtet sich unter Vorbehalt bundesrechtlicher Minimalvorschriften nach kantonalem Recht (§ 2 Nr. 25); vgl. BRÜCKNER, ZBGR 1994, S. 2; SCHMID, ZBGR 1993, S. 2 f.; GIGER, BerKomm, N 15 f. und 223 zu Art. 216 OR.

Ein Verfahrensmangel kann die Ungültigkeit der Beurkundung zur Folge haben; unter Umständen stellt er aber auch eine unter dem Gesichtspunkt der Gültigkeit unbeachtliche Ordnungswidrigkeit dar. Dazu unten Nr. 8 ff. Hier ist nur Folgendes beizufügen: Wird ein Vertragspunkt zwar verurkundet, jedoch in Verletzung einer verfahrensrechtlichen Gültigkeitsvorschrift, so *gilt* er als nicht verurkundet. Auch in diesem Fall ist nach der hier vorgenommenen Begriffsbestimmung ein «blosser» Verfahrensmangel gegeben, nicht hingegen ein Inhaltsmangel. Die gegenteilige Auffassung[3] hat zur Folge, dass jeder Verfahrensmangel – soweit er auf Verletzung einer Gültigkeitsvorschrift beruht – zu einem Inhaltsmangel führt. Die Unterscheidung verliert damit jeden praktischen Wert. So ist beispielsweise im erwähnten BGE 106 II 146 lediglich ein Verfahrensmangel anzunehmen. Freilich hatte der Verstoss gegen die Beurkundungsvorschriften (Nichtunterzeichnen der Planskizze) zur Folge, dass die Kaufrechtsparzelle als nicht genügend individualisiert und damit der Vertragswille in einem wesentlichen Punkt als nicht verurkundet galt. Von einem eigentlichen Inhaltsmangel sollte trotzdem nicht gesprochen werden, da ja letztlich der Vertragswille (Kaufrechtsgegenstand) inhaltlich richtig verurkundet wurde und er nur deshalb nicht als verurkundet galt, weil ein Verfahrensmangel vorlag.

Praktisch im Vordergrund stehen die Inhaltsmängel und bei diesen die Fälle, in denen der Mangel den Parteien bewusst ist. Häufig kommt vor allem vor, dass die Parteien absichtlich einen falschen (zu tiefen, gelegentlich auch zu hohen) Kaufpreis verurkunden lassen (Kaufpreissimulation); auch mit der Simulation der Vertragsart hatten sich die Gerichte schon zu befassen (vgl. z.B. BGE 71 II 100).

Seltener sind den Parteien unbewusste Inhaltsmängel. Doch kommen auch solche vor. Möglich ist z.B., dass die Parteien (oder die Urkundsperson) aus Unkenntnis des Umfangs des Beurkundungszwanges die genügende Kennzeichnung eines wesentlichen Vertragspunktes in der Urkunde unterlassen (vgl. BGE 112 II 107 ff.). Oder die Parteien bringen in voller Kenntnis des Beurkundungszwanges den beiderseits gewollten Vertragsinhalt irrtümlicherweise falsch zum Ausdruck; z.B. bezeichnen sie dem Urkundsbeamten gegenüber das Grundstück A statt das Grundstück B als Kaufgegenstand, sodass dieses statt jenes als Kaufgegenstand verurkundet wird[4]. Schliesslich ist denkbar, dass dem Urkundsbeamten bei der Verurkundung des richtig geäusserten Parteiwillens ein

---

[3] Z.B. Schmid, Nr. 607.
[4] Die Konsequenzen einer solchen falsa demonstratio bei formbedürftigen Rechtsgeschäften sind umstritten (Schmid, Nr. 861 ff.; Honsell, OR BT, S. 156). M.E. gelten die allgemeinen Regeln über Formmängel. Der Vertrag ist demnach ungültig (Art. 216 OR, unten Nr. 16 ff.). «Einfach die Urkunde zu berichtigen», wie Leemann, BerKomm, N 41 zu Art. 657 ZGB, annimmt, geht m.E. nicht an. Vielmehr muss ein neuer formgerechter Vertrag geschlossen werden, wenn der Vertragswille durchgesetzt werden soll (im Ergebnis ebenso Schmid, Nr. 867; anders Kramer, BerKomm, N 98 zu Art. 18 OR; nicht eindeutig Obergericht des Kantons Aargau, SJZ 1955, S. 93 f. E. 3 und 4).

Versehen unterläuft und die Parteien dies vor Beendigung des Beurkundungsvorganges nicht mehr feststellen.

2. Abgrenzung von Bundesrecht und kantonalem Recht bei der Bestimmung der Mangelfolgen

8 1. Nach Art. 216 OR sind nicht oder nicht richtig verurkundete Grundstückkaufverträge ungültig. Das ist dem Grundsatz nach unbestritten und angesichts des klaren Gesetzeswortlauts auch kaum ernstlich bestreitbar[5]. Fraglich ist hingegen die Rolle, welche neben dieser bundesrechtlichen Anordnung dem kantonalen Beurkundungsverfahrensrecht zukommt, dies jedenfalls in Bezug auf Verfahrensmängel (hinsichtlich der Inhaltsmängel siehe Nr. 12):

9 – Das *Bundesgericht* hat in BGE 106 II 151 f. unter Berufung auf seine frühere Rechtsprechung[6] festgestellt, soweit das kantonale Recht die Einzelheiten der öffentlichen Beurkundung regle, bestimme es auch darüber, «ob es sich um Gültigkeits- oder blosse Ordnungsvorschriften handelt». Und weiter: Das kantonale Recht sei «massgebend nicht nur für den Entscheid darüber, ob der Verstoss gegen eine Formvorschrift den Vertrag ungültig mache, sondern auch für die Frage, ob es sich um absolute oder relative Wirkungen der Ungültigkeit handle».

10 – Die erste dieser beiden Aussagen entspricht der einhelligen *Lehre*. Eine wachsende Anzahl Autoren lehnt hingegen die zweite Aussage ab: Zwar könnten die Kantone darüber bestimmen, ob der Verstoss gegen eine Beurkundungsregel Ungültigkeit der Beurkundung zur Folge habe oder nicht; ob es sich um eine absolute oder eine relative, d.h. von den Parteien geltend zu machende Ungültigkeit handle, sei jedoch nicht eine in die kantonale Kompetenz fallende Frage. Daher könnten die Kantone insbesondere nicht vorsehen, ein Beurkundungsmangel habe lediglich Anfechtbarkeit zur Folge. So neustens BRÜCKNER, der ausführt, «die beurkundungsrechtliche Fragestellung bei Beurkundungsmängeln» beschränke sich «auf ein Ja/Nein, d.h. auf die Frage, ob eine öffentliche Urkunde entstanden, eine Erklärung öffentlich beurkun-

---

[5] Einzelne sind allerdings der Meinung, zwar lasse der mit einem Formmangel behaftete Vertrag keine Verbindlichkeiten entstehen, wohl aber gebe er, einmal erfüllt, einen genügenden Grund für das Behalten der empfangenen Leistungen ab. Der Vertrag soll also nur beschränkt ungültig bzw. soll er – positiv ausgedrückt – beschränkt gültig sein. S. zu dieser Ansicht unten Nr. 22 ff.
[6] BGE 84 II 641, 39 II 611 f. Dieser zweite Entscheid stützt jedoch die in BGE 106 II 151 f. vertretene Ansicht nicht (Nr. 11 a.E.).

det ist, oder ob dies nicht der Fall ist»[7]. Im gleichen Sinne schon früher OSER/ SCHÖNENBERGER[8], SCHÖNENBERGER/JÄGGI[9] und SCHMID[10, 11].

Wenn nach Art. 55 SchlT ZGB «die Kantone bestimmen, in welcher Weise auf ihrem Gebiete die öffentliche Beurkundung hergestellt wird», so ist damit mittelbar auch gesagt, dass die Kantone darüber befinden können, ob die Verletzung einer Beurkundungsvorschrift die Ungültigkeit der Beurkundung zur Folge hat oder nicht. Es scheint daher nahe zu liegen, dass sie auch darüber befinden können, ob die Ungültigkeit in einem speziellen (Anfechtungs-)Verfahren geltend gemacht werden muss oder nicht. Einzelne Kantone haben denn auch eine entsprechende Kompetenz für sich in Anspruch genommen, so etwa Zug (§ 9 des Gesetzes über die öffentliche Beurkundung und die Beglaubigung in Zivilsachen) und Basel-Stadt (§ 233 Abs. 3 des EG zum ZGB)[12]. Solche Vorschriften schaffen jedoch einen unerwünschten Schwebezustand, der aus Gründen der Rechtssicherheit und Rechtspraktikabilität von Bundesrechts wegen nicht hingenommen werden kann. Zwar fehlt eine einschlägige ausdrückliche Bestimmung. So wie jedoch anerkannt ist, dass das kantonale Beurkundungsverfahren ungeschriebenen bundesrechtlichen Minimalanforderungen zu genügen hat, so muss auch anerkannt werden, dass es ungeschriebenem Bundesrecht widerspricht, es den Parteien anheim zu stellen, ob sie einen Beurkundungsmangel geltend machen wollen oder nicht. Die hier vorgetragene Auffassung scheint im Übrigen früher – im Ergebnis – auch diejenige des Bundesgerichts gewesen zu sein (BGE 39 II 612[13]). 11

Das Gesagte gilt für Verfahrensmängel (Nr. 4). Die Folgen von Inhaltsmängeln beurteilen sich zum Vornherein ausschliesslich nach Art. 216 OR, da Art. 55 SchlT ZGB hier keine Rolle spielt und auch sonst keine Bestimmung ersichtlich ist, welche den Kantonen eine Regelungskompetenz verleihen würde. Wird also der Kaufvertrag (Parteiwille) nicht, unvollständig oder ungenau verurkundet, ist er formungültig im Sinne von Art. 216 OR[14]. 12

---

[7] BRÜCKNER, ZBGR 1994, S. 3.
[8] ZürKomm, N 13 zu Art. 216 OR; ferner LIVER, ZBJV 1982, S. 117 unten.
[9] ZürKomm, N 102 zu Art. 11 OR.
[10] SCHMID, Nr. 134.
[11] Anders namentlich die Kommentatoren von Art. 657 ZGB: am deutlichsten HAAB/SIMONIUS/SCHERRER/ZOBL, ZürKomm, N 33, die unter Hinweis auf das baselstädtische Beurkundungsrecht ausdrücklich die vom Bundesgericht vertretene Meinung vortragen; sodann MEIER-HAYOZ, BerKomm, N 129, und LEEMANN, BerKomm, N 36. Ebenfalls im Sinne der bundesgerichtlichen Auffassung ZBGR 1926, S. 177 unten/178 (Kantonsgericht St. Gallen), und neuerdings PIOTET, S. 26 f., der eine Anfechtung analog Art. 520 ZGB befürwortet (kritisch dazu BRÜCKNER, ZBGR 1994, S. 3 Anm. 5).
[12] Weitere Nachweise bei BRÜCKNER, ZBGR 1994, S. 3 Anm. 5.
[13] Dieser Entscheid wird freilich in BGE 106 II 151 ebenfalls für die dort vertretene Auffassung angeführt.
[14] Die Formungültigkeit erstreckt sich allerdings nicht notwendig auf den gesamten Vertragsinhalt: Nr. 121.

13 2. Ob eine kantonale Beurkundungsvorschrift blossen Ordnungscharakter hat oder die Gültigkeitsform der öffentlichen Beurkundung umschreibt, ist durch Auslegung der entsprechenden Bestimmung zu ermitteln. Im Zweifelsfall ist eine blosse Ordnungsvorschrift anzunehmen[15, 16], «denn Formvorschriften sind, als künstliche Beschränkungen des Rechtsverkehrs, einengend auszulegen»[17]. Aus Art. 11 Abs. 2 OR folgt nichts anderes. Die Bestimmung betrifft den Fall, da eine *bundesrechtliche* Formvorschrift über «Bedeutung und Wirkung» der Form nichts bestimmt; alsdann ist die Beobachtung der Form für die Gültigkeit des Vertrages vorausgesetzt[18]. Im vorliegenden Zusammenhang aber geht es um die Frage, ob die Beobachtung einer *kantonalen* Verfahrensvorschrift Gültigkeitserfordernis ist oder nicht; insoweit ist ausschliesslich das kantonale Recht massgeblich[19].

3. Von der Formungültigkeit als Mangelfolge (Art. 216 OR): die verschiedenen Ungültigkeitstheorien

14 Nachstehend sind die Folgen eines Formmangels darzustellen, insoweit es sich um Formmängel (Inhalts- und Verfahrensmängel) handelt, die Ungültigkeit des Vertrages nach Art. 216 OR zur Folge haben. Sonstige Beurkundungsmängel bleiben ausser Betracht; es interessiert also im Folgenden nicht, welche Konsequenzen der Verstoss gegen eine Ordnungsvorschrift des kantonalen Beurkundungsrechts hat. Des Weiteren wird unterstellt, dass der Formmangel den ganzen Vertrag betrifft (zur Rechtslage, wenn nur Teile davon betroffen sind, siehe unten Nr. 119 ff.).

15 Was unter Formungültigkeit i.S.v. Art. 216 OR zu verstehen ist, ist umstritten. Es besteht eine Vielzahl unterschiedlicher Ansichten, welche sich jedoch zum grössten Teil auf zwei Grundtypen reduzieren lassen (zu «Sondertypen» s. Anm. 41):

16 1. Die verschiedenen **Nichtigkeitstheorien** gehen alle davon aus, «dass die von den Parteien abgegebenen Willenserklärungen rechtlich schlechthin unwirk-

---

[15] Schönenberger/Jäggi, ZürKomm, N 102 zu Art. 11 OR.

[16] Nur Ordnungscharakter hat z.B. nach luzernischem Recht die Vorschrift, wonach die öffentliche Urkunde das Mass des Kaufgrundstücks und den Erwerbstitel des Verkäufers anzugeben hat (Max 1933, S. 302 f.; Schönenberger/Jäggi, ZürKomm, N 102 zu Art. 11 OR).

[17] Schönenberger/Jäggi, ZürKomm, N 102 zu Art. 11 OR.

[18] Vgl. BGE 108 II 299 f.

[19] Vgl. Schönenberger/Jäggi, ZürKomm, N 102 zu Art. 11 OR.

sam sind, also für keine Partei irgendeine vertragliche Berechtigung oder Verpflichtung begründen» (BGE 39 II 226)[20]. Weder begründet der formungültige Vertrag Erfüllungspflichten, noch gibt er, einmal erfüllt, einen «Behaltensgrund» ab; jede Partei kann also die Rückerstattung der von ihr erbrachten Leistung verlangen, freilich nur gegen Rückgabe der erhaltenen Leistung. Der Rückerstattungsanspruch ist also ein *Rückabwicklungsanspruch* (Einzelheiten in Nr. 52 ff.).

Allerdings schränken die Vertreter der Nichtigkeitstheorien die Nichtigkeitsfolgen in verschiedener Hinsicht ein. Die wichtigsten Einschränkungen sind die folgenden: 17

– Hat eine Partei den Vertrag *in Kenntnis der Formungültigkeit, d.h. irrtumsfrei, erfüllt,* so hat sie vermutungsweise (grundsätzlich) keinen Rückabwicklungsanspruch[21]. Haben beide Parteien irrtumsfrei erfüllt, bestehen demzufolge in der Regel keine Rückabwicklungsansprüche. Um zu diesem Ergebnis zu gelangen, beruft sich das Bundesgericht (und mit ihm die herrschende Lehre) auf Art. 2 Abs. 2 ZGB, es mobilisiert also das Rechtsmissbrauchsverbot, genauer das Verbot widersprüchlichen Verhaltens (Nr. 63 ff.): Wer in Kenntnis der Formungültigkeit erfülle und nachher die Leistung zurückverlange, setze sich in unzulässiger Weise mit eigenem Verhalten in Widerspruch. Nach der in dieser Arbeit vertretenen Ansicht erübrigt sich der Rückgriff auf die ultima ratio des Art. 2 Abs. 2 ZGB, stattdessen ist Art. 63 Abs. 1 OR heranzuziehen. Nach dieser Bestimmung ist demjenigen, der einen formungültigen Grundstückkauf irrtumsfrei erfüllt hat, die Rückforderung der erbrachten Leistung *generell* (nicht nur vermutungsweise) abgeschnitten, vorausgesetzt, die Gegenleistung wurde ebenfalls erbracht (unten Nr. 66 ff.). 18

Im Falle *irrtümlicher* Erfüllung ist die Rückforderung grundsätzlich zulässig. Ausnahmen ergeben sich aus dem Rechtsmissbrauchsverbot (unten Nr. 72 ff.). 19

– Ist der Vertrag von der einen Partei vollständig erfüllt, von der anderen zur Hauptsache, so hat die erste Partei einen Resterfüllungsanspruch, falls die Weigerung des Gegners, die Resterfüllung vorzunehmen, als rechtsmiss- 20

---

[20] KELLER und SCHÖBI nehmen an, der formungültige Vertrag sei «nicht nichtig, sondern nicht vollkommen, mithin nicht zustandegekommen» (KELLER, SJZ 1988, S. 309; KELLER/SCHÖBI, S. 25 unten). In der Sache aber stellen sich die beiden Autoren auf den Boden der Nichtigkeitstheorie.
[21] Vorbehalten ist der Fall, dass die Leistung unfreiwillig (unter Zwang oder unter dem Druck einer Zwangsvollstreckung) erfolgte (Nr. 59). Diesfalls ist die Rückforderung im Allgemeinen zulässig. Nachstehend wird Freiwilligkeit der Leistung unterstellt.

bräuchlich anzusehen ist (Art. 2 Abs. 2 ZGB)[22]. Nach der hier vertretenen Ansicht kann ein Erfüllungsanspruch auch gegeben sein, wenn der Vertrag noch nicht zur Hauptsache erfüllt ist. Im Extremfall kann sogar bei nicht erfülltem Vertrag ein Erfüllungsanspruch bestehen (Nr. 41).

21 **Kontrovers** ist, ob der Richter die Formungültigkeit von Amtes wegen zu beachten hat oder nicht. Die Theorie der *absoluten* Nichtigkeit bejaht dies[23], die Theorie der *relativen* Nichtigkeit[24] ist gegenteiliger Ansicht und meint, die Beachtung der Formungültigkeit setze die Erhebung einer entsprechenden Einrede voraus[25] (s. dazu VII/2). Eine weitere Kontroverse betrifft die Frage, inwieweit sich Dritte auf die Formungültigkeit berufen können (s. dazu VII/3). Strittig ist ferner, ob der Rechtsmissbrauch heilende Wirkung hat. Insbesondere geht es um die Frage, ob der Käufer, der im Grundbuch als Eigentümer eingetragen wurde, in Fällen, in denen die Rückabwicklung ausgeschlossen ist, materiell Eigentum erlangt hat oder ob seine Eigentumsposition eine rein formale ist in dem Sinne, dass zwar seine Grundbuchposition unanfechtbar ist (Ausschluss der Grundbuchberichtigungsklage), ihm jedoch nicht die üblichen Eigentümerbefugnisse (Art. 641 ZGB) zustehen.

22 **2. Die (hier so genannte) Theorie der beschränkten Gültigkeit** kommt ebenfalls in verschiedenen Spielarten vor. Ihr Grundmerkmal besteht darin, dass der formungültige Vertrag zwar keine Forderungen im Vollsinn des Wortes, immerhin aber unvollkommene Obligationen erzeugt. Der formungültige Vertrag begründet somit keine klagbaren Erfüllungsansprüche, wohl aber erfüllbare Leistungspflichten. Eine einmal erbrachte Leistung kann demzufolge nicht zurück-

---

[22] Nachweise in Nr. 96 f. und Anm. 110.

[23] Für absolute Nichtigkeit die konstante frühere Rechtsprechung des Bundesgerichts (z.B. BGE 98 II 316, 106 II 151; weitere Nachweise bei GIGER, BerKomm, N 373 zu Art. 216 OR). In BGE 112 II 334 hat das Bundesgericht dann aber offen gelassen, ob «unbekümmert um die Art des Mangels daran festgehalten werden kann, dass Formungültigkeit zur absoluten Nichtigkeit des Vertrages führe und der Formmangel stets von Amtes wegen zu berücksichtigen sei». In einem neusten Entscheid ist es zu seiner früheren Rechtsprechung zurückgekehrt, allerdings ohne Diskussion der Frage (nicht amtlich publizierter Entscheid vom 7.1.1999, abgedruckt in ZBGR 1999, S. 387 ff., auszugsweise bzw. sinngemäss wiedergegeben auch bei WIEGAND, S. 225 ff., LEUENBERGER CHRISTOPHE, ZBJV 1999, S. 173, und SCHMID JÖRG, BR 1999, S. 155 Nr. 281). Für absolute Nichtigkeit die ganze ältere Lehre (z.B. OSER/SCHÖNENBERGER, ZürKomm, N 28 zu Art. 11 OR; VON TUHR/PETER, S. 225 und 237 f.; BECKER, BerKomm, N 8 zu Art. 11 OR; PAOLETTO, S. 130 ff.; MÜLLER, S. 25 ff.; SEROZAN, S. 27; DROIN, S. 11 f. und 49) und neuerdings z.B. SCHWENZER, Nr. 31.36; GUHL/KOLLER, § 14 Nr. 29; KOLLER, OR AT, Nr. 750, 767.

[24] Die Vertreter dieser Theorie sprechen nicht von relativer Nichtigkeit, sondern von einer Ungültigkeit sui generis. Diese Ausdrucksweise wird hier vermieden, da es auch noch andere Theorien einer Ungültigkeit sui generis («eigener Art») gibt.

[25] Z.B. MERZ, Vertrag, Nr. 344 ff.; VOLKEN, S. 472 ff.; MEIER-HAYOZ, BerKomm, N 130 ff. zu Art. 657 ZGB; SCHMID, Nr. 665 i.V.m. Nr. 645; GAUCH/SCHLUEP/SCHMID/REY, Nr. 562.

gefordert werden[26], jedenfalls dann nicht, wenn auch die Gegenleistung erbracht wurde[27]. Dabei spielt keine Rolle, ob die Leistung irrtumsfrei (in Kenntnis der Formungültigkeit) oder irrtümlich erfolgte. Uneinigkeit besteht über die Art der unvollkommenen Obligation: VON BÜREN[28] nimmt sittliche Pflichten an («Ein Mann, ein Wort»)[29], SCHMIDLIN[30] Naturalobligationen.

In der Frage, ob die Unklagbarkeit von Amtes wegen oder bloss auf Einrede hin zu beachten ist, spricht sich SCHMIDLIN im ersteren Sinne aus[31] (insoweit übereinstimmend mit der Theorie der absoluten Nichtigkeit), VON BÜREN in letzterem[32] (insoweit übereinstimmend mit der Theorie der relativen Nichtigkeit). SCHMIDLINS Naturalobligationen stehen also den Spiel- und Wettschulden näher als den verjährten Schulden, bei VON BÜRENS sittlichen Pflichten verhält es sich gerade umgekehrt. 23

VON BÜRENS Auffassung ist ohne ersichtlichen Widerhall geblieben. Demgegenüber hat SCHMIDLIN immerhin MERZ zu überzeugen vermocht[33]. Seine Auffassung sei daher noch näher präzisiert. Die fehlende Klagbarkeit kann nach SCHMIDLIN «prinzipiell von jedermann jederzeit angerufen werden»[34]. Für SCHMIDLIN ist sodann klar, dass die Erfüllung heilende Wirkung hat, insbesondere also der Käufer mit dem Grundbucheintrag materiell und nicht nur formell Eigentümer wird. Des Weiteren lehnt er Erfüllungsansprüche generell ab, auch dann, wenn der Vertrag zur Hauptsache erfüllt wurde und die Weigerung, die Resterfüllung vorzunehmen, rechtsmissbräuchlich ist. Hingegen nimmt er an, dass die Erfüllungsverweigerung u.U. arglistig ist und einen deliktischen Schadenersatzanspruch aus Art. 41 OR zu begründen vermag[35]. Der zu ersetzende Schaden soll «genau in der Differenz zwischen der freiwillig erbrachten und der 24

---

[26] Vorbehalten ist der Fall unfreiwilliger Leistung (SCHMIDLIN, ZSR 1990, S. 239).
[27] Im Falle einseitiger Erfüllung kann die erbrachte Leistung zurückgefordert werden, wenn die Gegenpartei ihrerseits nicht leistungsbereit ist.
[28] VON BÜREN, OR AT, S. 147.
[29] Sittliche Pflichten werden z.T. nicht den unvollkommenen Obligationen zugerechnet. Sicher ist aber, dass die sittliche Pflicht, einmal erfüllt, wie eine unvollkommene Obligation behandelt wird: «Die Leistung gilt nicht als Schenkung (Art. 239 Abs. 3 OR) und gibt auch keinen Anspruch auf Rückerstattung (Art. 63 Abs. 2 OR)» (KOLLER, OR AT, Nr. 51).
[30] SCHMIDLIN, ZSR 1990, S. 223 ff. Im Ansatzpunkt gleich schon seine Ausführungen im BerKomm (N 40 ff. zu Art. 11 OR), allerdings mit anderen Schlussfolgerungen für den Grundstückskauf (vgl. die Vorauflage, Nr. 218–221).
[31] SCHMIDLIN, ZSR 1990, S. 240.
[32] VON BÜREN, OR AT, S. 145.
[33] MERZ, Vertrag, Nr. 438 ff.; anders noch im BerKomm, N 510 zu Art. 2 ZGB. HONSELL, OR BT, S. 158, hält eine «Ungültigkeit im Sinne der Naturalobligationen» für «erwägenswert».
[34] SCHMIDLIN, BerKomm, N 38 und 110 zu Art. 11 OR.
[35] SCHMIDLIN, ZSR 1990, S. 245 ff.

noch ausstehenden Restleistung» bestehen[36]. Geschuldet ist also das Erfüllungsinteresse. Der Richter könne auch auf Realersatz erkennen (Art. 43 OR). «Daher ist der Schuldner aufgrund seines deliktisch arglistigen Verhaltens auf Erfüllung oder Erfüllungsersatz zu verurteilen.»[37] Diese Möglichkeit setze keine Erfüllung in der Hauptsache voraus, denn «als qualifizierender Umstand der Arglist» reiche «schon der Beginn der Erfüllung aus»[38, 39].

25 Überblickt man das Gesagte, so unterscheiden sich die Nichtigkeitstheorien von der Theorie der beschränkten Gültigkeit zwar im dogmatischen Ansatzpunkt radikal, im praktischen Ergebnis aber besteht über weite Strecken Einigkeit. Einmal werden Erfüllungsansprüche bei noch nicht erfülltem Vertrag verneint[40], zum andern werden Rückforderungsansprüche bei irrtumsfreier beidseitiger Erfüllung generell oder zumindest für den Regelfall ausgeschlossen, und schliesslich besteht weitgehend Einigkeit darüber, dass in gewissen Fällen (Rest-)Erfüllung verlangt werden kann[41].

26 **3. Stellungnahme.** Nach Art. 216 Abs. 1 OR bedürfen Kaufverträge «zu ihrer Gültigkeit» der öffentlichen Beurkundung. Entsprechend ist die Ausdrucksweise der romanischen Gesetzestexte: «... ne sont valables que s'ils ont été faits par acte authentique» bzw. «... richiedono per la loro validità un atto pubblico». An-

---

[36] SCHMIDLIN, ZSR 1990, S. 248.
[37] SCHMIDLIN, ZSR 1990, S. 248.
[38] SCHMIDLIN, ZSR 1990, S. 247, s. auch S. 258.
[39] Neuerdings hat das Bundesgericht – angeregt durch SCHMIDLIN – ebenfalls eine Schadenersatzlösung gewählt, diese jedoch über das Institut der Vertrauenshaftung begründet und im Übrigen offen gelassen, ob parallel zum Schadenersatzanspruch auch ein Erfüllungsanspruch bestand (nicht amtlich publizierter Entscheid vom 7.1.1999, ZBGR 1999, S. 387 ff.).
[40] Dabei ist aber zu beachten, dass die Auffassungen darüber, wann ein formungültiger Vertrag vorliegt, wesentlich auseinander gehen, was natürlich für die Zuerkennung von Erfüllungsansprüchen von Bedeutung ist. So ist z.B. VON BÜREN (OR BT, S. 75) der Meinung, es könne «gültigkeitsmässig nichts ausmachen, wenn der Preis unrichtig deklariert wird», wogegen die herrschende Auffassung hier Formungültigkeit annimmt (§ 2 Nr. 87). Dementsprechend bejaht VON BÜREN bei unrichtiger Preisverurkundung Erfüllungsansprüche, die herrschende Auffassung lehnt solche ab. Eigenständige Theorien haben auch GUGGENHEIM und SPIRO entwickelt (SCHWENZER, BasKomm, N 23 zu Art. 11 OR); Kritik der Theorie SPIROS bei KOLLER, ZBJV 1990, S. 129 f.
[41] Eine eigenständige Theorie vertritt GIGER (Rechtsfolgen norm- und sittenwidriger Verträge, Zürich 1989, S. 94 ff., 110 ff.; ders., BerKomm, N 349 ff. zu Art. 216 OR). Er glaubt, mit der beidseitigen (irrtumsfreien oder irrtümlichen) Erfüllung entstehe ein faktisches Vertragsverhältnis, welches einen genügenden Grund für das Behalten der erbrachten Leistungen abgebe. Ein faktisches Vertragsverhältnis kann nach GIGER aber auch schon vor der vollständigen Erfüllung entstehen. Soweit dies der Fall ist, begründet der formungültige Vertrag – immer nach GIGER – Erfüllungsansprüche. Insbesondere soll der Verkäufer mit der Übertragung von Besitz und Eigentum am Grundstück den Anspruch auf den Kaufpreis erlangen. GIGER bezeichnet zwar den formungültigen Vertrag als «nichtig» (BerKomm, N 368 zu Art. 216 OR), in Wirklichkeit fasst er ihn aber als beschränkt gültig auf, und das in noch viel weiter gehendem Umfang, als dies SCHMIDLIN und VON BÜREN tun. GIGERS Ansicht vermochte sich zu Recht nicht durchzusetzen (Kritik bei SCHMIDLIN, ZSR 1990, S. 232 f.).

ders die Formulierung in Art. 657 Abs. 1 ZGB, der von «Verbindlichkeit» statt «Gültigkeit» spricht und damit den Eindruck erwecken könnte, der Formmangel wirke sich lediglich auf der obligatorischen Ebene aus: der formmangelbehaftete Vertrag verschaffe zwar keine Erfüllungsansprüche, gebe aber, einmal erfüllt, immerhin eine genügende causa für das Behalten der erbrachten Leistungen ab. Die romanischen Gesetzestexte von Art. 657 ZGB verwenden hingegen wiederum die Terminologie von Art. 216 OR («valables», «validità»). Wie GIGER[42] eingehend dargelegt hat, war diese letztere Ausdrucksweise für den historischen Gesetzgeber massgeblich. Der formungültige Vertrag sollte also gänzlich ungültig sein, weder Erfüllungsansprüche verschaffen noch eine genügende causa für das Behalten der einmal erbrachten Leistung abgeben. Hätte sich der Gesetzgeber für die beschränkte Gültigkeit des formmangelbehafteten Vertrags aussprechen wollen, so hätte er wohl sinngemäss formuliert, dass Kaufverträge über Grundstücke zu ihrer *vollen* Gültigkeit der öffentlichen Beurkundung bedürfen. Dazu kommt, dass der Gesetzgeber, wo er Naturalobligationen anordnet, dies durchwegs in der einen oder anderen Form zum Ausdruck bringt (vgl. Art. 63 Abs. 1, 243 Abs. 3 sowie 513 und 514 Abs. 2 OR[43]); Art. 216 OR und Art. 657 ZGB geben aber keinerlei Hinweise in diese Richtung. Ebenso wenig bestehen Anhaltspunkte dafür, dass der formungültige Vertrag – wie VON BÜREN meint – sittliche Pflichten i.S.v. Art. 63 Abs. 2 OR begründet. Diese Bestimmung hat nämlich Verpflichtungen ausserhalb jedes rechtsgeschäftlichen Konnexes im Auge, so etwa «eine Unterstützungspflicht unter nahen Verwandten jenseits der in Art. 328 ZGB gezogenen Grenzen»[44] oder die Pflicht eines Schwängerers, auch ohne gerichtlich begründete Verpflichtung Unterhaltsbeiträge an das aussereheliche Kind zu leisten[45] (s. auch Nr. 262 ff. der Vorauflage).

Die Formungültigkeit i.S.v. Art. 216 OR ist somit als gänzliche Ungültigkeit zu verstehen – man mag von Nichtigkeit sprechen[46]. Um Details hat sich allerdings der Gesetzgeber nicht gekümmert. Daher stellen sich in verschiedenen Punkten Auslegungsfragen, welche durch die grundsätzliche Entscheidung für die Ungültigkeit des Vertrags nicht präjudiziert sind. 27

4. Weiteres Vorgehen. Die verschiedenen Auffassungen über die Formungültigkeit i.S.v. Art. 216 OR messen – wie gesehen – alle dem Umstand, ob bereits 28

---

[42] GIGER, BerKomm, N 357 ff. zu Art. 216 OR.
[43] Vgl. auch den früheren, Ende 1999 ausser Kraft getretenen Art. 416 OR.
[44] VON TUHR/PETER, S. 34. VON TUHR/PETER beziehen sich auf die bis 31.12.1999 in Kraft gewesene Fassung von Art. 328 ZGB.
[45] VON TUHR/PETER, S. 35.
[46] S. nebst den oben in Anm. 23 zitierten Entscheiden BGE 116 II 702 m.w.Nw.

erfüllt wurde oder nicht, erhebliche Bedeutung bei. Dem passt sich der weitere Gang der Untersuchung an:

29 Vorerst ist nun II. die Rede von der Rechtslage vor der Erfüllung, hierauf III. von der Rechtslage nach beidseitiger Erfüllung, IV. von der Rechtslage nach einseitiger Erfüllung, V. von der Rechtslage, nachdem der Vertrag von einer Seite gänzlich, von der anderen teilweise erfüllt wurde, und schliesslich VI. von der Rechtslage bei beidseitiger teilweiser Erfüllung.

II. Rechtslage vor der Erfüllung

1. Überblick

30 **1. Die grundsätzliche Rechtslage.** Der formungültige Vertrag erzeugt – nach der hier für richtig befundenen Nichtigkeitstheorie – keinerlei rechtsgeschäftliche Wirkungen[47]. Namentlich begründet er nicht die von den Parteien intendierten Erfüllungsansprüche. Der Verkäufer ist also nicht zur Übertragung von Besitz und Eigentum am Grundstück und der Käufer nicht zur Bezahlung des Kaufpreises verpflichtet.

31 «Auch eine Klage auf Herstellung der vom Gesetze geforderten Form kann nicht auf das der Form entbehrende Geschäft (z.B. auf den privatschriftlichen Kaufvertrag) gegründet werden ...»[48] Das versteht sich nach dem Gesagten ohne weiteres. Wären nämlich die Parteien gezwungen, die Form nachzuholen, würde der formungültige Vertrag mittelbar Erfüllungsansprüche verschaffen, was gerade ausgeschlossen sein soll.

32 Auch vertragliche *Nebenverpflichtungen* entstehen nicht. Daher stehen z.B. dem Käufer keine Gewährleistungsansprüche nach Art. 197 ff. OR zu. Ebenso wenig kann Schadenersatz wegen Nichterfüllung verlangt werden. Denn derjenige, der sich auf die Unverbindlichkeit des Vertrages beruft und sich so dem Vollzug widersetzt, begeht keine Vertragsverletzung (BGE 58 II 366, 68 II 236, 90 II 33, vgl. ferner 95 II 42 f. und 84 II 636 ff.)[49]. Im Allgemeinen fällt ihm auch keine culpa in contrahendo zur Last, und noch viel weniger begeht er ein Delikt. Ausserver-

---

[47] Statt vieler BECKER, BerKomm, N 9 und 14 zu Art. 11 OR; SCHÖNENBERGER/JÄGGI, ZürKomm, N 78 ff. zu Art. 11 OR; BAUMANN, ZürKomm, N 276 zu Art. 2 ZGB.
[48] HAAB/SIMONIUS/SCHERRER/ZOBL, ZürKomm, N 36 zu Art. 657 ZGB; ebenso BGE 49 II 64, 50 II 253.
[49] Aus der Lehre vgl. z.B. MEIER-HAYOZ, BerKomm, N 136 zu Art. 657 ZGB; GAUCH/SCHLUEP/SCHMID/REY, Nr. 547a.

tragliche Haftungsfolgen scheiden daher im Normalfall ebenfalls aus. Zum Schicksal einer Konventionalstrafenverabredung s. unten Nr. 125.

2. In **Ausnahmefällen** kann es bei der umschriebenen Rechtslage nicht sein Bewenden haben. Das ist unbestritten. Nicht endgültig geklärt ist hingegen, welche Fälle als Ausnahmefälle zu betrachten sind und welche Rechtslage gegebenenfalls besteht. In dieser letzteren Hinsicht besteht eine bunte Palette möglicher und in Lehre und Rechtsprechung auch vertretener Lösungsansätze: Im Vordergrund steht die Zuerkennung von Schadenersatzansprüchen, wobei sowohl hinsichtlich Haftungsgrund (Vertrauenshaftung, Art. 41 OR, culpa in contrahendo) als auch Haftungsumfang (positives oder negatives Vertragsinteresse) keine Einigkeit besteht. Z.T. werden auch Erfüllungsansprüche in Erwägung gezogen. 33

Nach der hier vertretenen Ansicht ist vorab zu prüfen, ob ausnahmsweise Erfüllungsansprüche bestehen. Ist dies zu bejahen, treten Schadenersatzansprüche, soweit sie neben dem Erfüllungsanspruch überhaupt Bestand haben können, in den Hintergrund. Sind Erfüllungsansprüche zu verneinen, ist weiter zu prüfen, ob (wenigstens) Schadenersatzansprüche bestehen. 34

2. Erfüllungsanspruch in Rechtsmissbrauchsfällen?

A. Rechtsmissbrauchstatbestände

Nach MERZ[50] ist Rechtsmissbrauch beim nicht erfüllten Vertrag zum Vornherein ausgeschlossen: «Wenn bejaht würde, dass die Berufung auf den in Kauf genommenen oder absichtlich herbeigeführten Formmangel im noch nicht erfüllten Vertrag rechtsmissbräuchlich sei, müsste Art. 2 ZGB den Erfüllungsanspruch vermitteln. Das ist jedoch ... zu verneinen.»[51] Dem ist entgegenzuhalten, dass jedes Recht missbraucht werden kann, auch das Recht, sich auf Formungültigkeit zu berufen bzw. die Erfüllung wegen Formungültigkeit zu verweigern. Das Bundesgericht hat sich mehrfach in dieser Richtung geäussert, so in BGE 86 II 261/62: «Wer einen Vertrag wegen Formmangels nicht gelten lassen will, missbraucht das Recht nur [aber immerhin!], wenn seine Haltung wegen besonderer Umstände offensichtlich gegen Treu und Glauben verstösst.» Solche besonderen Umstände können namentlich in arglistigem Verhalten «anlässlich der Beurkundung ... oder der vorausgegangenen Verhandlungen» einer Partei 35

---

[50] BerKomm, N 496 zu Art. 2 ZGB.
[51] «Vorbehältlich des Anspruchs auf vollständige Erfüllung des ‹in der Hauptsache› erfüllten Vertrages», präzisiert MERZ.

liegen (BGE 90 II 27)[52, 53]. Das Bundesgericht hat Arglist indes noch nie bejaht[54].

36 Hat sich eine Partei weder vor noch bei der Beurkundung arglistig verhalten, fällt ein rechtsmissbräuchliches Verhalten nach bundesgerichtlicher Auffassung regelmässig ausser Betracht[55]. Jedenfalls ist es – bei nicht erfülltem Vertrag – nicht schon rechtsmissbräuchlich, wenn eine Partei ihre Berufung auf den Formmangel nicht mit dem Zweck der Formvorschrift rechtfertigt. Eine Rechtfertigung für das Nichtgeltenlassen des Vertrages ist überhaupt nicht nötig. Daher ist es z.b. unerheblich, ob sich die Verkäuferin eines Grundstücks «auf den Formmangel beruft, weil sie die Liegenschaft überhaupt nicht veräussern will oder weil sie ... durch anderweitigen Verkauf mehr aus ihr lösen kann» (BGE 86 II 262)[56].

37 Dieser Rechtsprechung ist zuzustimmen. «Auch wenn eine Schutzfunktion oder überhaupt ein sachlicher Sinn der Formvorschrift im Einzelfall nicht zu ersehen ist, muss diese, um nicht generell unwirksam zu sein, angewendet werden.»[57] Das folgt aus Wesen und Zweck der Formvorschriften, welche «eine Entscheidung zugunsten der Rechtssicherheit und gegen die Möglichkeit der Wahrung der Gerechtigkeit in allen Fällen» darstellen[58]. Es darf daher grundsätzlich nicht nach der Rechtfertigung der Formvorschrift im Einzelfall gefragt werden. Damit ist auch gesagt, dass es unerheblich ist, ob eine Partei die Formungültigkeit unter Berufung auf den Formzweck geltend macht. Nur bei Vorliegen «be-

---

[52] So prüfte das Bundesgericht in BGE 86 II 262, ob die Verkäuferin, die sich dem Vertragsvollzug widersetzte, arglistig dazu Anlass gegeben hatte, dass ein verurkundungsbedürftiger Vertragsbestandteil nicht verurkundet wurde. Vgl. ferner die nicht amtlich publizierte E. 4 von BGE 106 II 146 ff. (ZBGR 1981, S. 54: «Die Beklagten behaupten nicht, B. habe den Formmangel arglistig herbeigeführt.») sowie BGE 54 II 332 («Nichteinhaltung der Form ... in doloser Weise verschuldet»).

[53] Zu einem weiteren Fall, wo speziell der Gesichtspunkt des widersprüchlichen Verhaltens eine Rolle spielte, vgl. BGE 75 II 148 und dazu MERZ, BerKomm, N 503 zu Art. 2 ZGB.

[54] Jedenfalls nicht mit Bezug auf Grundstückkaufverträge. Auch bei andern formbedürftigen Verträgen hat es sich in der Annahme von Rechtsmissbrauch (vor der Erfüllung) immer sehr zurückhaltend gezeigt. Soweit ersichtlich, hat es die Berufung auf den Formmangel nur in einem (sehr speziell gelagerten) Fall als rechtsmissbräuchlich qualifiziert: BGE 77 II 161 ff. (dazu BUCHER, Rechtsmissbrauch, S. 69; SCHMID, Nr. 706).

[55] Ausnahmen sind immerhin denkbar. So etwa, wenn eine Partei die andere immer wieder mit dem Versprechen der Vertragserfüllung hingehalten hat.

[56] Ebenso BGE 90 II 26: «Wer sich auf die Ungültigkeit beruft, braucht, um dem Vorwurf des Rechtsmissbrauchs zu entgehen, nicht einmal darzutun, dass er schutzwürdige Interessen habe, die Erfüllung zu verweigern.» Und weiter (S. 28): «Eine Vertragspartei ist nicht verpflichtet, einen wegen Formmangels ungültigen Vertrag deshalb zu halten, weil ihre eigene Leistung inzwischen an Wert zugenommen hat und daher den Wert der Gegenleistung übersteigt.»

[57] BUCHER, Rechtsmissbrauch, S. 70; ebenso DESCHENAUX, SPR II, S. 193; MERZ, Vertrag, Nr. 341; SCHWENZER, BasKomm, N 18 zu Art. 11 OR.

[58] LIVER, BerKomm, Allgemeine Einleitung vor Art. 1 ZGB, N 112.

sonderer Umstände», wie das Bundesgericht sagt, darf Art. 2 Abs. 2 ZGB Anwendung finden. Auf «besondere Umstände» ist dabei insbesondere dann zu schliessen, «wenn derjenige, der im Hinblick auf die Nichteinhaltung der Form die Erfüllung seines Versprechens verweigert, arglistig (gemeint ist mit der Absicht, sich gegebenenfalls später von einer unbequem gewordenen Bindung zu befreien) die Einhaltung der Form verhindert hatte»[59]. Der Umstand als solcher, dass sich eine Vertragspartei nicht an ihr – in mangelhafter Form abgegebenes – Versprechen hält, begründet noch keinen Rechtsmissbrauch. Freilich verstösst ein solches Verhalten «gegen Anstand und Loyalität» (BGE 54 II 331)[60]. Indes vermag nicht jedes illoyale Verhalten den Vorwurf des Rechtsmissbrauchs zu begründen. Gerade im Bereiche der Formen trifft dies nicht zu. Sonst hätten die Formvorschriften, wie FLUME[61] zutreffend bemerkt, nur noch die Bedeutung unverbindlicher Empfehlungen.

B. Erfüllungsanspruch als Rechts(missbrauchs)folge

Es ist umstritten, ob die rechtsmissbräuchliche Erfüllungsverweigerung einen Erfüllungsanspruch zu begründen vermag oder ob höchstens Schadenersatzansprüche in Betracht fallen. 38

1. Meinungsstand. Die *bundesgerichtliche Rechtsprechung* ist schwankend. In BGE 39 II 226 ff. hat das Bundesgericht die Frage (in einem obiter dictum) offen gelassen, in späteren Entscheiden erweckt es den Eindruck, Erfüllungsansprüche seien ausgeschlossen. Art. 2 Abs. 2 ZGB sei «nur in einem negativen Sinne» anrufbar; die Bestimmung dürfe «nicht zur positiven Handhabe für die Behebung des Formmangels werden, indem man einen wegen Formmangels ungültigen Vertrag über den Umweg des Rechtsmissbrauches doch als verbindlich erklärt» (BGE 68 II 236 f., ferner 72 II 43 und neuerdings 104 II 102 f.). Diese Formel von der bloss negativen Wirkungskraft von Art. 2 Abs. 2 ZGB hat das Bundesgericht in andern Entscheiden aber aufgegeben. So hat es wiederholt erklärt, bei Erfüllung «in der Hauptsache» und rechtsmissbräuchlicher Weigerung einer Vertragspartei, die Resterfüllung vorzunehmen, könne diese über Art. 2 Abs. 2 ZGB erzwungen werden (neustens BGE 116 II 700; Nr. 96). Erfüllungsansprüche sind also nach bundesgerichtlicher Auffassung mit Art. 2 Abs. 2 ZGB nicht unvereinbar. In einem neusten Entscheid hat nun das Bun- 39

---

[59] LARENZ/WOLF, Allgemeiner Teil des deutschen Bürgerlichen Rechts, 8. A. München 1997, S. 527, § 27 Nr. 48.
[60] MERZ, BerKomm, N 483 zu Art. 2 ZGB.
[61] Allgemeiner Teil des Bürgerlichen Rechts, Zweiter Band, Das Rechtsgeschäft, 3. A. Berlin/Heidelberg/New York 1979, S. 276.

desgericht an den Rechtsmissbrauch Haftungsfolgen geknüpft und offen gelassen, ob daneben auch ein Erfüllungsanspruch bestehe[62].

40 In der *Lehre* wird die Formel von der negativen Wirkungskraft von Art. 2 Abs. 2 ZGB zum Teil ebenfalls verwendet[63]. Andere Autoren schliessen hingegen auf diese Bestimmung abgestützte Erfüllungsansprüche nicht aus, so jedenfalls bei Verträgen, die in der Hauptsache erfüllt sind. MERZ (oben Nr. 35) hält es geradezu für selbstverständlich, dass die Handhabung von Art. 2 Abs. 2 ZGB auch bei nicht erfülltem Vertrag zu einem Erfüllungsanspruch führt; da er jedoch diese Rechtsfolge für unangemessen hält, negiert er schlicht die Möglichkeit rechtsmissbräuchlichen Verhaltens (wiederum Nr. 35).

41 **2. Herleitung des Erfüllungsanspruchs.** Ich für meinen Teil halte an der schon in der Vorauflage vertretenen Ansicht fest, wonach Art. 2 Abs. 2 ZGB Erfüllungsansprüche nicht ausschliesst. Ob der Vertrag bereits zur Hauptsache erfüllt oder noch gänzlich unerfüllt ist, kann entgegen BGE 104 II 104[64] keine Rolle spielen[65, 66] und lässt sich jedenfalls vom Wortlaut der Bestimmung her nicht rechtfertigen. Der Gesetzestext legt vielmehr den Schluss nahe, dass bei Missbrauch eines Rechts dieses nicht mehr besteht, in unserem Zusammenhang also das Recht, die Erfüllung des formungültigen Vertrages zu verweigern, entfällt, was umgekehrt bedeutet, dass der Vertrag zu erfüllen ist[67, 68]. Die Vorstellung, Art. 2 Abs. 2 ZGB werde in solchen Fällen in einem «positiven Sinne» angerufen, ist nicht sachadäquat. Denn es ist nicht der Rechtsmissbrauch (allein), welcher den Erfüllungsanspruch begründet, vielmehr ist es (auch und in erster Linie) die von den Parteien getroffene Vereinbarung, welche diese Wirkung hat:

---

[62] Nicht amtlich publizierter Entscheid vom 7.1.1999, ZBGR 1999, S. 387 ff.
[63] Z.B. MERZ, BerKomm, N 485 zu Art. 2 ZGB (zur Auffassung von MERZ vgl. auch oben Nr. 35 und unten Anm. 67); CAVIN, SPR VII/1, S. 135; DESCHENAUX, SPR II, S. 193; neuerdings WIEGAND/BRUNNER, S. 5.
[64] Das Bundesgericht hält fest, dass im «Fall, wo ein formnichtiger Vertrag gänzlich unerfüllt bleibt, die Berufung auf Rechtsmissbrauch nicht Erfolg haben» kann, «weil sonst aus Art. 2 ZGB ein Erfüllungsanspruch vermittelt würde», stellt dann aber in der gleichen Erwägung fest, dass bei Erfüllung in der Hauptsache ein Erfüllungsanspruch – gestützt auf Art. 2 ZGB notabene – besteht.
[65] Es wurden denn auch verschiedentlich Erfüllungsansprüche in Fällen zugestanden, in denen von einer Erfüllung «in der Hauptsache» kaum gesprochen werden konnte (s. BGE 112 II 107, 53 II 162 [dazu Nr. 117] und aus der kantonalen Rechtsprechung ZBGR 1973, S. 234, und 1926, S. 176 ff.).
[66] Ebenso BAUMANN, ZürKomm, N 277 zu Art. 2 ZGB; a.A. z.B. SCHWENZER, BasKomm, N 22 zu Art. 11 OR.
[67] So im Ergebnis auch SCHÖNENBERGER/JÄGGI, ZürKomm, N 79 i.V.m. N 96 und 98 zu Art. 11 OR; GAUCH/SCHLUEP/SCHMID/REY, Nr. 557; KOLLER, OR AT, Nr. 760; ders., ZBJV 1990, S. 131 f. Neuerdings will MERZ, Vertrag, Nr. 449, beim «Tatbestand der arglistigen Irreführung des Partners» einen Erfüllungsanspruch gewähren (anders noch die im BerKomm vertretene Auffassung, oben Anm. 50); ebenso SCHWENZER, Nr. 31.34.
[68] Auch mit Bezug auf das deutsche Recht ist anerkannt, dass der formungültige Vertrag unter Umständen (namentlich im Falle von Arglist) zu erfüllen ist: LARENZ/WOLF (zit. in Anm. 59), S. 527, § 27 Nr. 48.

Haben die Parteien einen Vertrag geschlossen, der zwar formungültig ist, ansonsten aber an keinen Mängeln leidet, so steht der Ingeltungsetzung des Gewollten nur mehr der Formverstoss entgegen. Ist nun aber die Berufung hierauf missbräuchlich, insbesondere weil die betreffende Partei den Gegner arglistig über das Formerfordernis hinweggetäuscht hat, so liegt es nahe, einfach vom Formerfordernis abzusehen und die getroffene Vereinbarung gelten zu lassen. Dass die verübte Täuschung gerade dem Zweck gedient haben mag, sich später auf die Formungültigkeit zu berufen, muss – als spezielle Form einer Mentalreservation – ausser Betracht bleiben. Der tiefere Grund der Geltung des formungültigen Vertrags ist also die Privatautonomie; Art. 2 Abs. 2 ZGB kommt daneben gleichsam nur dienende Funktion zu.

Im Ergebnis entspricht dies verschiedenen Bundesgerichtsentscheidungen[69]. Vgl. z.B. BGE 54 II 323 ff., 86 II 258 ff., 90 II 21 ff. und 106 II 146 ff. (nicht amtlich publizierte E. 4[70]). Das letzte Urteil betrifft ein im Grundbuch vorgemerktes, noch nicht ausgeübtes Kaufsrecht. Der Belastete verlangte klageweise die Löschung des Kaufsrechts, die Berechtigten widersetzten sich. Das Bundesgericht stellt vorerst fest, der Kaufrechtsvertrag sei formungültig. Sodann prüft es, ob das klägerische Löschungsbegehren rechtsmissbräuchlich sei, und verneint dies. Bejahendenfalls hätte es die Klage offenbar abgewiesen, mit der Folge, dass der Beklagte das Kaufsrecht hätte ausüben und vom Kläger die Übereignung des Grundstücks hätte verlangen können.

42

In BGE 72 II 43 erklärte das Bundesgericht, im Falle eines grundbuchlich noch nicht behandelten formungültigen Grundstückkaufes könnte «angesichts der sachenrechtlichen Formalordnung der Richter selbst im Falle eines Rechtsmissbrauches [des Verkäufers] den Registerführer nicht zwingen, den Eintrag auf Grund einer formell ungültigen Urkunde vorzunehmen». Es wollte damit offenbar sagen, bei nicht erfülltem Vertrag scheitere das Erfüllungsbegehren des Käufers schon daran, dass der Vertrag gar nicht vollzogen werden könne. Dem ist nicht zuzustimmen. Zwar kann der Grundbuchverwalter nicht gezwungen werden, gestützt auf den formungültigen Vertrag den Eintrag vorzunehmen. Indes kann der Richter den Verkäufer zum Abschluss eines regelrechten, öffentlich beurkundeten Vertrages verpflichten, gestützt auf den der Käufer in der Folge den Grundbucheintrag (allenfalls unter erneuter richterlicher Mitwirkung, Art. 665 Abs. 1 und 2 ZGB, § 4 Nr. 25 ff.) erwirken kann. Weiter gehend muss dem Richter aber auch die Möglichkeit zugestanden werden, dem Käufer in Rechtsmissbrauchsfällen direkt das Eigentum am Grundstück zuzusprechen (Art. 665 Abs. 1 ZGB analog, vgl. § 4 Nr. 39). Diesfalls dient das Urteil (nicht der Vertrag) dem Käufer als Rechtsgrundausweis für den Grundbucheintrag; er

43

---

[69] Vgl. BUCHER, Rechtsmissbrauch, S. 73 ff.
[70] Publiziert in ZBGR 1981, S. 54 f.

kann dann den Eintrag auch gegen den Willen des Verkäufers von sich aus (ohne erneute Hilfe des Richters) erwirken, Art. 665 Abs. 2 ZGB (§ 4 Nr. 28). Vgl. auch § 4 Nr. 23 f., 34.

44   3. **Rechtsstellung der Parteien im Falle der Durchsetzung des Erfüllungsanspruchs.** Ist eine Berufung auf die Formungültigkeit unzulässig, so ist es rechtlich zu halten, wie wenn der Vertrag formgültig wäre[71]. Das bedeutet insbesondere, dass der Käufer mit dem Eintrag ins Grundbuch «ganz normales Eigentum» erlangt. Causa des Eigentumsübergangs ist der von den Parteien formungültig, aber wegen des Rechtsmissbrauchsverbots für den Verkäufer doch rechtswirksam abgeschlossene Vertrag. Es ist nicht etwa so, dass der Käufer nur formal (im Grundbuch) Eigentümer wird, während die materielle Eigentümerstellung beim Verkäufer verbleibt. Das bedarf deshalb der Hervorhebung, weil das Bundesgericht in verwandtem Zusammenhang schon anders entschieden hat: In BGE 86 II 401 stand ein formungültiger Vertrag zur Debatte, der zwar keine Erfüllungsansprüche verschaffte, den aber die Parteien trotzdem erfüllten, und zwar freiwillig und in Kenntnis der Formungültigkeit. Das Bundesgericht nahm daher an, den Parteien stünden keine Rückabwicklungsansprüche zu. Insbesondere sei dem Verkäufer die Grundbuchberichtigungsklage abgeschnitten. Trotzdem, sagte das Bundesgericht, werde der Käufer «zufolge Formmangels seines Erwerbsaktes materiell nicht Eigentümer». Grundbucheintrag und materielle Rechtslage stimmen also nach diesem Entscheid nicht überein. Diese Auffassung ist in der Lehre auf beinahe einhellige Kritik gestossen[72]. Sie kann jedenfalls nicht auf den vorliegenden Kontext übertragen werden: Wenn der Käufer schon einen Anspruch auf Besitzübertragung und Grundbucheintragung hat, so kann dies sinnvollerweise nur bedeuten, dass er auch Anspruch auf die umfassende Eigentümerstellung hat. Er soll nun frei darüber befinden können, was er mit dem Grundstück «anfängt», ob er es überbauen, vermieten, veräussern will usw. Das entspricht im Ergebnis auch einem späteren, nicht amtlich publizierten Bundesgerichtsentscheid i.S. Stocker/In-Albon AG vom 13.10.1986.

45   Der Gegenstand dieses BGE bildende Grundstückkaufvertrag war allerdings bereits zur Hauptsache erfüllt, während es vorliegend nur um Grundstückkaufverträge geht, deren Erfüllung noch gänzlich aussteht. Entscheidend aber ist, dass das Bundesgericht in jenem Entscheid einen Anspruch des Käufers auf Grundbucheintragung bejahte und dem eingetrage-

---

[71] Man mag hier von Heilung des Mangels sprechen. Doch muss man sich bewusst sein, dass der Formmangel letztlich bestehen bleibt, die Heilung insofern eine reine Fiktion ist (vgl. KOLLER, OR AT, Nr. 778). Ebenso HONSELL, OR BT, S. 158, der von einer «De-facto-Gültigkeit des erfüllten nichtigen Vertrages» spricht.

[72] Z.B. CAVIN, SPR VII/1, S. 135; MEIER-HAYOZ, BerKomm, N 133 zu Art. 657 ZGB; SCHWENZER, BasKomm, N 22 zu Art. 11 OR.

nen Käufer die materielle Eigentümerstellung zusprach. Unter sachlichen Gesichtspunkten ist der Entscheid also durchaus einschlägig. Das Bundesgericht führte im Übrigen aus, die Annahme, mit dem Grundbucheintrag gehe auch das Eigentum auf den Käufer über, liege schon dem Entscheid i.S. Stocker/In-Albon AG vom 17.12.1985 zugrunde. (Die beiden Entscheide sind auszugsweise in der ZWR 1986, S. 314 ff., abgedruckt.)

Zusammenfassend ist festzuhalten: Die rechtsmissbräuchliche Weigerung, einen formungültigen Vertrag zu erfüllen, verschafft der Gegenpartei einen Erfüllungsanspruch. Setzt die Gegenpartei ihren Anspruch durch und erfüllt sie ihrerseits den Vertrag, so erlangen beide Parteien dieselbe Rechtsstellung, wie wenn ein Formmangel nicht bestehen würde. 46

3. Schadenersatzansprüche

1. Schadenersatzansprüche als Rechtsmissbrauchsfolge. Erfüllt der Verkäufer (Käufer) den über Art. 2 Abs. 2 ZGB begründeten Erfüllungsanspruch nicht, so kommt er nach Massgabe von Art. 102 OR in Verzug und haftet im Verschuldensfalle nach Art. 103 OR für den Verspätungsschaden des Käufers (Verkäufers). Ebenso kann er aus Art. 107 Abs. 2 OR oder Art. 97 OR haftbar werden. In allen diesen Fällen ist aber primäre Sanktion des Rechtsmissbrauchs der Erfüllungsanspruch. Der Schadenersatzanspruch ist nur Sekundärfolge. Eine andere Frage ist, ob ein Schadenersatzanspruch auch als primäre Rechtsmissbrauchsfolge – nebst dem Erfüllungsanspruch – in Betracht kommt. M.E. ist dies zu verneinen (Nr. 101; das dort Gesagte gilt hier entsprechend). 47

2. Schadenersatzansprüche in Fällen, in denen die Erfüllungsverweigerung nicht rechtsmissbräuchlich ist. Ist die Erfüllungsverweigerung nicht rechtsmissbräuchlich und scheiden daher Erfüllungsansprüche aus, so kann sie immerhin Schadenersatzansprüche begründen (vgl. die Vorauflage, Nr. 365 ff. m.w.Nw.). Als Anspruchsgrundlage kommt vorab das Institut der culpa in contrahendo in Betracht[73]. Wo ein Verschulden «in contrahendo» (bei Vertragsabschluss) fehlt, ist auf das allgemeinere Institut der Vertrauenshaftung[74] zurückzugreifen. Ganz ausnahmsweise mag auch eine Haftung aus Art. 41 OR in Betracht kommen, doch weist diese Anspruchsgrundlage gegenüber den anderen beiden Nachteile auf; für den Geschädigten steht sie daher nicht im Vordergrund. 48

---

[73] SCHWENZER, BasKomm, N 28 f. zu Art. 11 OR.
[74] Die culpa in contrahendo ist ein Untertatbestand der Vertrauenshaftung (GUHL/KOLLER, § 13 Nr. 7).

49 Ob eine Erfüllungsverweigerung im Einzelfall mit Erfüllungsansprüchen oder mit Haftungsfolgen zu sanktionieren ist, entscheidet sich nicht nach logischer Notwendigkeit, sondern nach Wertungsgesichtspunkten. Richtig und im Sinne der Formvorschriften dürfte es sein, grundsätzlich höchstens Schadenersatz zu gewähren. «Nur wenn dies zu einem rechtsethisch untragbaren Ergebnis führen sollte, kommt subsidiär die Erfüllungshaftung kraft rechtsethischer Notwendigkeit zur Anwendung.»[75] Im Übrigen ist aber zu betonen, dass die Erfüllungsverweigerung in aller Regel weder Haftungsfolgen zeitigt noch Erfüllungsansprüche begründet.

50 3. Ganz anders präsentiert sich die Haftungslage für jene, welche Erfüllungsansprüche als Rechtsmissbrauchsfolge ausschliessen. Für sie kommen zum Vornherein nur Schadenersatzansprüche in Betracht. Das gilt etwa für SCHMIDLIN, der von der hier vertretenen Ansicht auch insoweit abweicht, als er Schadenersatzansprüche ausschliesslich aus Art. 41 OR ableiten will[76].

III. Rechtslage nach beidseitiger (gänzlicher) Erfüllung

51 Beidseitig erfüllt ist der Vertrag, wenn jene Vermögenslage hergestellt ist, die dem wirklichen, nicht dem allenfalls davon abweichenden verurkundeten Parteiwillen entspricht. Bei Schwarzgeldgeschäften muss demnach auch das Schwarzgeld bezahlt worden sein, damit von beidseitiger Erfüllung gesprochen werden kann (zum Fall, da dies nicht zutrifft, s. Nr. 111 ff.).

1. Überblick

52 1. Es gilt der **Grundsatz,** dass die Erfüllung die Formungültigkeit nicht heilt. Daraus folgt:

53 a. Den Leistungen fehlt eine gültige causa, weshalb sie – zeitlich unbeschränkt[77] – rückforderbar sind. Das bedeutet:

54 – *Der Verkäufer ist Eigentümer geblieben.* Er kann daher die Rückübertragung des Besitzes verlangen sowie die Grundbuchberichtigungsklage nach

---

[75] CANARIS CLAUS-WILHELM, Die Vertrauenshaftung im deutschen Privatrecht, München 1971, S. 542.

[76] SCHMIDLIN, ZSR 1990, S. 246 ff. SCHMIDLIN lässt allerdings die anderen im Text erwähnten Anspruchsgrundlagen ungeprüft.

[77] Vorbehalten bleibt selbstverständlich die Verjährung. Zudem spielt der Zeitfaktor bei Beantwortung der Frage, ob einem Rückabwicklungsbegehren das Rechtsmissbrauchsverbot entgegensteht, eine Rolle (Nr. 80); vgl. auch GUHL/KOLLER, § 38 Nr. 47.

Art. 975 ZGB anstellen[78] (z.B. BGE 106 II 152). Ist dies nicht mehr möglich, weil das Grundstück an einen gutgläubigen Dritten weiterveräussert wurde (Art. 973 ZGB), tritt an die Stelle der Vindikation ein Bereicherungsanspruch (BGE 90 II 39 ff.).

– *Der Käufer kann den Kaufpreis nach den Regeln über die ungerechtfertigte Bereicherung zurückverlangen* (BGE 106 II 41). Gegebenenfalls hat er Anspruch auf «Befreiung von den übernommenen Grundpfandschulden» (BGE 87 II 34 E. 5).

55

b. Zu den Rückleistungsansprüchen können weitere Ansprüche kommen (Einzelheiten in der Vorauflage, Nr. 248 ff.). So kann der Käufer gestützt auf Art. 62 OR neben dem Kaufpreis auch den vom Verkäufer gezogenen Zins[79] herausverlangen (BGE 61 II 20, 80 II 159 und 84 II 186)[80]. Umgekehrt steht dem Verkäufer u.U. ein Anspruch auf Herausgabe der aus dem Grundstück gezogenen Nutzungen zu (Art. 938 ZGB, BGE 84 II 378). Für Verwendungen hat der Käufer einen Ersatzanspruch unter den Voraussetzungen und nach Massgabe der Art. 939 f. ZGB. Verwendungsersatzansprüche des Verkäufers richten sich nach Art. 65 OR. Schliesslich können Schadenersatzansprüche sowohl des Verkäufers (s. Art. 940 ZGB) als auch des Käufers (aus culpa in contrahendo) bestehen.

56

Diese weiteren Rückabwicklungsansprüche sind gesetzlich nicht koordiniert, was zu verschiedenen Unstimmigkeiten führt (vgl. in der Vorauflage die Nr. 248 f., 251 f.).

57

c. Die gegenseitigen Rückabwicklungsansprüche unterstehen Art. 82 OR. Es gilt somit das Zug-um-Zug-Prinzip. Dies bedeutet, bezogen auf die Rückleistungsansprüche, dass der Verkäufer den Besitz am Grundstück und die Grundbuchberichtigung nur gegen gleichzeitige Rückerstattung des Kaufpreises verlangen kann. KRENGER[81] ist demgegenüber der Meinung, der Verkäufer könne die Grundbuchberichtigung unabhängig von der Rückerstattung des Preises verlangen, was aus der Sicht des Käufers bedeutet, dass er zwar den Besitz am Kaufgrundstück nur gegen Erhalt des Kaufpreises aufgeben muss, wogegen er sich die Grundbuchberichtigung schon vorher gefallen zu lassen hat. KRENGER argumentiert mit der «Auskunftsfunktion» des Grundbuchs: Das dingliche

58

---

[78] D.h. er kann verlangen, dass der Eintrag des Käufers gelöscht und wieder er im Grundbuch eingetragen werde.
[79] Beweispflichtig dafür, dass das Kapital Zinsen abgeworfen hat, ist der Käufer (BGE 106 II 41).
[80] Aus der kantonalen Rechtsprechung vgl. z.B. ZBJV 1937, S. 72.
[81] KRENGER ANDREAS, Die Grundbuchberichtigungsklage, Diss. Basel 1987, S. 188.

Recht des Verkäufers bestehe ohne Rücksicht darauf, ob er seiner Rückleistungspflicht nachgekommen sei oder nicht; «das Grundbuch habe die materielle Rechtslage wiederzugeben, wie sie bestehe». M.E. bestehen keine genügenden Gründe für diese Einschränkung des Zug-um-Zug-Prinzips, jedenfalls dort nicht, wo das eidgenössische Grundbuch eingeführt ist: Den Interessen Dritter ist durch die positive Rechtskraft des Grundbuchs Rechnung getragen, den Interessen des Verkäufers durch Art. 961 Abs. 1 Ziff. 1 ZGB.

59 **2. Ausnahmen.** Beim Grundsatz, dass die Rückabwicklung verlangt werden kann, bleibt es jedenfalls für jene Partei, welche ihre Leistung unfreiwillig erbracht hat, also zur Erfüllung gezwungen wurde (durch Drohung, vor allem aber durch Zwangsvollstreckung). Insoweit besteht völlige Einigkeit[82]. Strittig ist hingegen, ob bzw. unter welchen Voraussetzungen freiwillig erbrachte Leistungen zurückgefordert werden können. Die Theorie der beschränkten Gültigkeit schliesst hier jede Rückforderung aus. Weniger weit gehen die Nichtigkeitstheorien. Zwei Hauptströmungen lassen sich erkennen (vgl. schon vorne Nr. 18):

60 – Das Bundesgericht schränkt die Rückforderbarkeit (ausschliesslich) über Art. 2 Abs. 2 ZGB ein. Die Leistungen können also dann nicht zurückverlangt werden, wenn die Berufung auf die Formungültigkeit bzw. das Rückforderungsbegehren missbräuchlich ist. Dies trifft vermutungsweise dann zu, wenn die (freiwillige) Leistung irrtumsfrei erbracht wurde. Bei irrtümlicher Leistung bleibt es hingegen beim Grundsatz der Rückforderbarkeit, und es müssen besondere Umstände vorliegen, um im Einzelfall Rechtsmissbrauch annehmen zu können.

61 – Nach anderer Ansicht ist die Rückforderung einer irrtumsfrei erfolgten Leistung generell (nicht nur vermutungsweise) ausgeschlossen (Art. 63 Abs. 1 OR). Wurde hingegen irrtümlich geleistet, so ist die Rückforderung zulässig, sofern ihr nicht ausnahmsweise das Rechtsmissbrauchsverbot entgegensteht (insoweit Übereinstimmung mit dem Bundesgericht).

62 Aus den in Nr. 26 erwähnten Gründen wird die Theorie der beschränkten Gültigkeit abgelehnt. Entscheidende Bedeutung kommt damit der Frage zu, ob irrtumsfrei oder irrtümlich erfüllt wurde. Diese beiden Fälle werden nun gesondert untersucht. Dabei wird durchwegs unterstellt, dass die Leistungen freiwillig erbracht wurden.

---

[82] Soweit ersichtlich, hatte sich die Praxis noch nie mit Fällen unfreiwilliger Erfüllung zu befassen.

2. Die Rechtslage im Falle (freiwilliger) irrtumsfreier Erfüllung

A. Die «Rechtsmissbrauchstheorie» des Bundesgerichts

1. Nach Auffassung des Bundesgerichts kann die Rückabwicklung des erfüllten formungültigen Vertrages immer verlangt werden, sofern das Begehren nicht (ausnahmsweise) rechtsmissbräuchlich ist[83]. Die Frage der Rechtsmissbräuchlichkeit ist dabei «nicht allgemein nach starren Regeln, sondern nach den Umständen des Einzelfalles» zu beurteilen (konstante Rechtsprechung[84], neustens BGE 112 II 333 E. 2a[85]). Immerhin soll im Falle irrtumsfreier Erfüllung das Begehren um Rückabwicklung **vermutungsweise rechtsmissbräuchlich** sein (BGE a.a.O., 104 II 101 f. E. 3, vgl. auch schon 92 II 325 f. E. 3)[86]. Die Rückabwicklung kann somit vorbehältlich besonderer Umstände nicht verlangt werden[87]. Solche Umstände werden kaum je vorliegen. Denn derjenige, der seine Leistung in Kenntnis der fehlenden Leistungspflicht erbringt, setzt sich mit eigenem Verhalten in Widerspruch, wenn er die Leistung später zurückverlangt. Dies zumal dann, wenn – wie hier unterstellt – auch die Gegenpartei erfüllt hat. Demzufolge sind Rückabwicklungsansprüche praktisch ausgeschlossen, falls beide Parteien irrtumsfrei erfüllt haben[88]. Sollte einer Partei die Rückabwicklung ausnahmsweise offen stehen, kann sie ihren Anspruch nur gegen Rückerstattung der Gegenleistung durchsetzen. Mit andern Worten kann die auf Rückleistung belangte Partei ihre eigene Leistung ebenfalls zurückfordern;

63

---

[83] Zu beachten ist, dass das Bundesgericht oft nur von freiwilliger Erfüllung spricht, wo es in Wirklichkeit freiwillige und irrtumsfreie Erfüllung meint.
[84] BGE 112 II 111 E. 3b, 104 II 101, 93 II 104, 92 II 325 E. 3, 90 II 156 E. 2, 86 II 232 E. 6 mit weiteren Hinweisen.
[85] Zu diesem Entscheid vgl. KOLLER, BR 1987, S. 68 ff.
[86] Anders z.B. BGE 72 II 43 E. 3 bzw. 93 II 97 ff., wo das Bundesgericht annahm, die irrtumsfreie Erfüllung begründe den Rechtsmissbrauch «nicht für sich allein, sondern nur in Verbindung mit zusätzlichen Gründen» (so die Praxis-Analyse in BGE 112 II 333).
[87] Nach BGE 104 II 107 E. 4d wird ein rechtsmissbräuchliches Verhalten einer Partei durch «ein rechtsmissbräuchliches Verhalten von etwa gleicher Schwere» der Gegenpartei aufgehoben. In einem solchen Fall «doppelten Rechtsmissbrauchs» ist «die Einrede aus Art. 2 ZGB zu versagen». Ebenso BGE 92 II 327 E. 5; MERZ, BerKomm, N 477 zu Art. 2 ZGB.
[88] So auch ein Teil der Lehre, z.B. MERZ, BerKomm, N 466 f. zu Art. 2 ZGB; REICHEL, S. 33 ff.; VOLKEN, S. 470 ff. Das Rechtsmissbrauchsverbot hat seine «Durchgangsfunktion» erfüllt (ZELLER, S. 267), weshalb MERZ, BerKomm, N 509 zu Art. 2 ZGB, die Regel von der Heilung des Formmangels durch freiwillige, irrtumsfreie Erfüllung «nicht mehr als Anwendungsfall des Rechtsmissbrauchs, sondern als Ergebnis der zutreffenden Auslegung der Formvorschriften» auffasst (ebenso HONSELL, OR BT, S. 158). Ob man das eine oder andere annimmt, ist nach BUCHER (Rechtsmissbrauch, S. 80) eine «Frage des persönlichen Geschmackes».

und dies auch dann, wenn sie keinen selbständigen Rückforderungsanspruch hätte (vgl. bereits oben Nr. 16).

64 **2. Rechtsmissbrauchsfolgen.** Ist das Begehren um Rückabwicklung eines formungültigen Vertrages rechtsmissbräuchlich, so ist es abzuweisen. Ein Recht auf Rückabwicklung besteht dann nicht: Der Käufer kann den Kaufpreis nicht zurückverlangen, der Verkäufer nicht das Grundstück. Namentlich kann auch die Grundbuchberichtigungsklage nicht mit Erfolg erhoben werden. Der Käufer ist somit jedenfalls formell Eigentümer des Kaufgrundstücks. Eine andere Frage ist, ob er es auch materiell ist oder ob er wegen des Kausalitätsprinzips (Art. 974 ZGB) kein «eigentliches» Eigentum erworben hat. Das Bundesgericht ist vorerst mit Selbstverständlichkeit davon ausgegangen, dass mit dem Ausschluss der Grundbuchberichtigungsklage automatisch auch der Eigentumsübergang verbunden ist (BGE 50 II 148 f. E. 5[89]). Anders dann BGE 86 II 401: Hier nahm das Gericht an, dass «bei dieser Lösung [sc. dem Ausschluss der Grundbuchberichtigungsklage infolge Rechtsmissbrauchs] Grundbucheintrag und materielle Rechtslage nicht miteinander übereinstimmen»; der Erwerber werde «zufolge Formmangels seines Erwerbsaktes materiell nicht Eigentümer». Das Bundesgericht hat sich von diesem Entscheid nie ausdrücklich distanziert. Hingegen hat es in verwandtem Zusammenhang anders entschieden (oben Nr. 45), und man darf wohl erwarten, dass es bei erneuter Prüfung der Frage seine frühere Rechtsprechung bestätigen und der in der Lehre einhellig erhobenen Kritik[90] Tribut zollen wird.

65 BGE 86 II 401 scheint sowohl sachlich als auch dogmatisch verfehlt[91]. Sachlich, weil es nicht sein kann, dass der Verkäufer materiell Eigentümer bleibt und damit die Verfügungsbefugnis über das Grundstück bewahrt und demzufolge der Käufer trotz Grundbucheintrags rechtswidrig handelt, wenn er über die Sache verfügt (Verstoss gegen Art. 641 ZGB). In dogmatischer Hinsicht geht das Bundesgericht davon aus, das Kausalitätsprinzip lasse einen Übergang des Eigentums nicht zu. Indes bedeutet es eine doktrinäre Überspitzung dieses Prinzips, wenn man auch in Rechtsmissbrauchsfällen, in denen die Ungültigkeit der causa nicht geltend gemacht werden kann, den Eigentumsübergang als ausgeschlossen ansieht. Der Rechtsmissbrauch hat eben zur Folge, dass der Vertrag zumindest in dem Sinne Bestand hat, dass er einen genügenden «Behaltensgrund» abgibt (mehr verlangt Art. 974 ZGB nicht[92]). Man mag

---

[89] So verstanden wird BGE 50 II 142 ff. auch von Homberger, ZürKomm, N 6 zu Art. 974 ZGB, und von Schmid, Nr. 772.

[90] Z.B. Cavin, SPR VII/1, S. 135; Meier-Hayoz, BerKomm, N 133 zu Art. 657 ZGB.

[91] Vgl. Bucher, Aktionendenken, S. 61 f.; ders., Rechtsmissbrauch, S. 65; Merz, BerKomm, N 510 zu Art. 2 ZGB.

[92] Die herrschende Lehre (z.B. Furrer, S. 100 f.; Cavin, SPR VII/1, S. 135 und 136 unten; Schmid, Nr. 688 f.; Krenger [zit. in Anm. 81], S. 183) scheint freilich anderer Meinung zu sein, glaubt also, dass der Eigentumserwerb an einem Grundstück nach Art. 974 ZGB unter allen Umständen einen formgülti-

in diesem Zusammenhang von Heilung des Formmangels sprechen, muss sich aber bewusst sein, dass der Formmangel an sich nicht beseitigt wird und dass die Heilung auch nur eine teilweise ist, weil der Vertrag seine primäre «Aufgabe», nämlich Erfüllungsansprüche zu erzeugen, nie erfüllen konnte[93]. Er hat hier vielmehr nur die Bedeutung einer causa-Verabredung, ähnlich wie dies bei Handgeschäften der Fall ist.

B. Stellungnahme: genereller Ausschluss der Rückabwicklung (Art. 63 Abs. 1 OR)

Die «Rechtsmissbrauchstheorie» des Bundesgerichts ist m.E. abzulehnen, weil sich der Ausschluss der Rückabwicklung im Falle (freiwilliger) irrtumsfreier Erfüllung schon aus Art. 63 Abs. 1 OR ergibt: 66

1. Nach dieser Bestimmung kann, «wer eine Nichtschuld freiwillig bezahlt», das Geleistete «nur dann zurückfordern, wenn er nachzuweisen vermag, dass er sich über die Schuldpflicht im Irrtum befunden hat». Die Rückforderung ist also ausgeschlossen, wenn die Leistung freiwillig und *irrtumsfrei* erfolgte. Umgekehrt ist sie im Falle *irrtümlicher* Leistung zulässig – unter Vorbehalt des Rechtsmissbrauchs. 67

Nach seiner systematischen Stellung scheint allerdings Art. 63 Abs. 1 OR nur auf *Bereicherungsansprüche* Anwendung zu finden. Im vorliegenden Kontext käme er also nur auf den Rückleistungsanspruch des Käufers zur Anwendung, nicht hingegen auf jenen des Verkäufers (Vindikationsanspruch). Der Gesetzeswortlaut ist jedoch allgemein gehalten. Vor allem aber ist von der Sache her nicht ersichtlich, weshalb die Bestimmung nur anwendbar sein sollte, falls ein Bereicherungsanspruch zur Diskussion steht[94]. Gegen diese Beschränkung 68

---

gen Vertrag voraussetzt. Das war auch der Grund, weshalb die Theorie entwickelt wurde, in Rechtsmissbrauchsfällen finde eine eigentliche Heilung des Formmangels statt (der ungültige Vertrag werde in einen gültigen umgewandelt, Anm. 93), was bei nüchterner Betrachtungsweise nicht zutreffen kann (der Vertrag ist und bleibt ungeeignet, Erfüllungspflichten zu erzeugen). Das Kausalitätsprinzip darf nicht verabsolutiert werden. Es soll nur verhindern, dass in Fällen, in denen der Erwerber keinen genügenden Grund für das Behalten der Leistung vorweisen kann, er trotzdem Eigentümer wird. Diesem Gesichtspunkt wird aber durch die im Text vertretene Ansicht vollständig Rechnung getragen.

[93] Vgl. KOLLER, OR AT, Nr. 778. Anders z.B. SCHMID, Nr. 689, wonach der Rechtsmissbrauch «den zunächst ungültigen in einen gültigen Vertrag umwandelt», ferner etwa MERZ, BerKomm, N 468 zu Art. 2 ZGB; VON TUHR/PETER, S. 238; DESCHENAUX, SPR II, S. 191 f.; FURRER, S. 97 ff. Wo das Bundesgericht von Heilung spricht (z.B. BGE 111 II 143 Rubrum; ZBGR 1985, S. 256), meint es damit nicht eine Heilung im Sinne dieser Lehrmeinung.

[94] Ob die allfällige Rückerstattung im Wege der Kondiktion oder der Vindikation stattzufinden hat, kann von reinen Zufälligkeiten abhängen (z.B. davon, ob der Leistungsempfänger den empfangenen Gegenstand schon weiterveräussert hat). In diesem Zusammenhang sei auch daran erinnert, dass seit der bundesgerichtlichen Anerkennung des Kausalitätsprinzips bei Fahrnis in BGE 55 II 306 die Rückleistung vermehrt auf dem Wege der vindicatio stattfindet. Weshalb dies jedoch den Anwendungsbereich von Art. 63 OR verändert haben sollte, ist nicht erfindlich.

spricht auch die ratio legis der Bestimmung: Art. 63 Abs. 1 OR lässt «sich der Maxime des unzulässigen widersprüchlichen Verhaltens unterordnen»[95], er ist also eine gesetzliche Konkretisierung des Verbots des venire contra proprium factum. Widersprüchlich handelt derjenige, der eine Leistung erbringt, obwohl er weiss, dass er dazu nicht verpflichtet ist, und in der Folge die Leistung zurückverlangt. Ob die allfällige Rückforderung im Wege der condictio oder der vindicatio zu erfolgen hat, ist unter dem Gesichtspunkt der Widersprüchlichkeit des Verhaltens ohne Belang. Art. 63 Abs. 1 OR muss somit auf irrtumsfreie Leistungen *generell* Anwendung finden[96]. Demzufolge kann bei beidseitiger (freiwilliger) irrtumsfreier Erfüllung eines formungültigen Grundstückkaufvertrages keine der Parteien die Rückabwicklung verlangen.

69 MERZ[97] stellte 1966 fest, Art. 63 Abs. 1 OR werde im Zusammenhang mit formungültigen Grundstückkaufverträgen nicht angerufen. Das hat sich teilweise geändert. MERZ selbst hat sich für die Anwendung dieser Bestimmung ausgesprochen (BerKomm, N 475 zu Art. 2 ZGB), ebenso etwa BUCHER (OR AT, S. 669 Anm. 57), GIGER (BerKomm, N 381 zu Art. 216 OR), SCHWENZER (Nr. 31.41) und v.a. VON BÜREN (OR AT, S. 146).

70 Fordert eine Partei ihre Leistung mit Erfolg zurück (was nur in Betracht fällt, wenn sie irrtümlich geleistet hat), so kann sie dies nur gegen Rückerstattung der erhaltenen Gegenleistung (vgl. Nr. 63). Mit anderen Worten kann nun auch die Gegenpartei ihre Leistung zurückfordern. Art. 63 Abs. 1 OR steht dem nicht entgegen, wenn man seine ratio legis im Auge behält: Die auf Herausgabe belangte – an sich nicht rückforderungsberechtigte – Partei handelt nicht widersprüchlich, wenn sie nun ihrerseits die von ihr erbrachte Leistung zurückverlangt (vgl. BGE 115 II 28, dazu Nr. 93).

71 **2.** Soweit die Rückabwicklung des formungültigen Vertrages nach Art. 63 Abs. 1 OR ausgeschlossen ist, ist der Formmangel im oben (Nr. 65) umschriebenen Sinne geheilt. Die Anwendung von Art. 63 Abs. 1 OR führt also zur gleichen Rechtslage wie die «Missbrauchsrechtsprechung» des Bundesgerichts. Das überrascht angesichts der auf Art. 2 Abs. 2 ZGB aufbauenden ratio legis der Bestimmung nicht.

---

[95] MERZ, BerKomm, N 475 zu Art. 2 ZGB; GUHL/KOLLER, § 27 Nr. 15.
[96] Art. 63 Abs. 1 OR ist nicht die einzige bereicherungsrechtliche Bestimmung, welche der Verallgemeinerung zugänglich ist. Betr. Art. 66 OR s. BGE 104 II 99 E. 4d a.E. (die massgebliche Passage ist hinten in Nr. 112 abgedruckt); dem Entscheid kann freilich nicht in allen Punkten gefolgt werden (Nr. 113).
[97] MERZ, BerKomm, N 475 zu Art. 2 ZGB.

3. Die Rechtslage im Falle irrtümlicher Leistung

Bei (freiwilliger) *irrtümlicher* Erfüllung eines formungültigen Grundstückkaufs bleibt es beim Grundsatz, dass die erbrachten Leistungen zurückverlangt werden können. Anderes könnte nur dann angenommen werden, wenn der formungültige Grundstückkaufvertrag sittliche Pflichten i.S.v. Art. 63 Abs. 2 OR oder sonstige unvollkommene Obligationen erzeugen würde. Beides trifft – wie gesagt – nicht zu (Nr. 26 ff.). Die Rückabwicklung ist bei dieser Ausgangslage nur ausgeschlossen, wenn sich das entsprechende Begehren als rechtsmissbräuchlich erweist. Fraglich ist, wann Rechtsmissbrauch zu bejahen ist:

72

A. Die Auffassung des Bundesgerichts

«Wer einen formnichtigen Vertrag freiwillig erfüllt, ohne den Mangel zu kennen, verhält sich ... nicht widersprüchlich, handelt folglich auch nicht missbräuchlich, wenn er sich nachträglich wegen des Mangels auf die Nichtigkeit beruft.» Dieser Satz aus BGE 112 II 334 E. 2b erweckt den Eindruck, Rechtsmissbrauch sei bei irrtümlicher Erfüllung eines formungültigen Vertrages zum Vornherein ausgeschlossen. Das entspricht jedoch nicht der Auffassung des Bundesgerichts. So hat es im fraglichen Entscheid Rechtsmissbrauch bejaht, obwohl feststand, dass «die Klägerin die Mängel der Beurkundung weder beim Abschluss noch bei der Erfüllung des Vertrages erkannt, sich darüber also geirrt» hatte (E. 3). Klare Richtlinien zur Feststellung eines Rechtsmissbrauchs lassen sich der bundesgerichtlichen Rechtsprechung nicht entnehmen. Im Einzelfall können verschiedene Gesichtspunkte eine Rolle spielen, namentlich die folgenden[98]:

73

a. *Zweckwidrigkeit der Rechtsausübung.* Solange der Vertrag nicht erfüllt ist, spielt es in der Frage des Rechtsmissbrauchs keine, jedenfalls keine entscheidende Rolle, ob die Formungültigkeit im Interesse des Formzwecks oder aus andern Gründen (z.B. um sich von einem ungünstigen Vertrag zu lösen) angerufen wird (oben Nr. 36 f.). Nach der Erfüllung soll dies anders sein (z.B. BGE 78 II 229, 54 II 332, 53 II 166, 50 II 146 f.). Es finden sich freilich auch gegenteilige Entscheide (BGE 87 II 33 E. 4c und 86 II 403 f. E. 2c). Das Bundesgericht hat sich in dieser Frage nach seiner eigenen Feststellung (BGE 112 II 336) «sehr unterschiedlich, ja widersprüchlich» geäussert. Im eben erwähnten Entscheid erkannte das Bundesgericht auf Rechtsmissbrauch der Käuferin; ein wesentliches

74

---

[98] Vgl. auch die Rechtsprechungsübersichten bei Cavin, SPR VII/1, S. 134 f., und Merz, BerKomm, N 461 ff. zu Art. 2 ZGB.

Argument war, dass die Käuferin versuchte, den Vertrag «wegen Nichterfüllung oder Nichteintritts einer Bedingung rückgängig zu machen», und nicht wegen des Formmangels. Im gleichen Entscheid stellte das Bundesgericht fest, «dass der Schutz- und Sicherungszweck der Beurkundung mit der beidseitigen Erfüllung des Vertrages entfällt» (BGE 112 II 335 E. 3a). Das führt praktisch zur Feststellung, dass nach der Erfüllung gar kein Formzweck mehr da ist, auf den sich die Parteien berufen können: Jede Berufung auf die Formungültigkeit ist – nach Ansicht des Bundesgerichts – zweckwidrig!

75 Dass der Sicherungszweck (Sicherstellung einer einwandfreien Grundlage für die Eintragung im Grundbuch) mit der Erfüllung des Vertrags gänzlich erreicht wird, ist nicht zu bestreiten. Hingegen trifft dasselbe für den Schutzzweck (Schutz der Parteien vor einem übereilten Vertragsabschluss) nicht in gleichem Masse zu. Vollständige Zweckerreichung ist freilich dann anzunehmen, wenn jemand im Bewusstsein der Formungültigkeit den Vertrag erfüllt. Diesfalls ist im Vertragsvollzug ein ebenso wirksamer Schutz gegen Übereilung zu sehen wie in der Einhaltung der Vertragsform[99]. Wenn hingegen der Vertrag in Unkenntnis seiner Ungültigkeit erfüllt wird bzw. im irrtümlichen Glauben, zur Erfüllung verpflichtet zu sein, so schützt der Vollzug in keiner Weise vor Übereilung. Entsprechendes gilt für den mit dem Beurkundungserfordernis verfolgten Zweck, für eine angemessene Beratung der Parteien zu sorgen: Ein Beratungsdefizit wird durch die irrtümliche Erfüllung nicht beseitigt.

76 **b. «Hypothetische Erfüllungsverweigerung».** In BGE 112 II 330 ff. wäre das Ergebnis womöglich anders ausgefallen, wenn erwiesen gewesen wäre, dass sich die Käuferin «bei sofortiger Aufdeckung des Mangels anders verhalten, sich insbesondere auf den Schutz- oder Sicherungszweck der Beurkundung berufen und von der Erfüllung abgesehen hätte» (S. 336). Offenbar will das Bundesgericht denjenigen, der aus Irrtum über die Formungültigkeit erfüllt, nicht schlechter stellen als denjenigen, der die Formungültigkeit noch rechtzeitig erkennt und die Erfüllung verweigert. Eine Schlechterstellung besteht immerhin insofern, als derjenige, der erfüllt hat, den Nachweis anzutreten hat, dass er die Erfüllung unter Berufung «auf den Schutz- oder Sicherungszweck der Beurkundung» verweigert hätte, während – wie gesagt – die Erfüllung aus beliebigem Grund verweigert werden darf (Nr. 36).

77 **c.** Verschiedentlich hat das Bundesgericht der *Art des Formmangels* Bedeutung beigemessen.

78 Illustrativ wiederum BGE 112 II 330 ff.: Der Formmangel bestand darin, dass das Vertretungsverhältnis falsch verurkundet wurde (statt B wurde A als Vertreter angegeben). Auf diesen Mangel durfte sich die Klägerin nicht berufen: «Die Identität eines Vertreters ist zweifellos von erheblicher Bedeutung für den Vertretenen, der sich seine Erklärungen anrechnen lassen muss; sie kann auch für den andern Vertragspartner bedeutsam werden, wenn der Ver-

---

[99] Vgl. Schönenberger/Jäggi, ZürKomm, N 80 zu Art. 11 OR; Spiro, Unrichtige Beurkundung, S. 10 f.

tretene sich seinen Verpflichtungen unter Hinweis auf fehlende Ermächtigung entziehen will. Dafür liegt hier aber nichts vor; die Beklagte will vielmehr den Vertrag und damit auch das Handeln ihres Vertreters gegen sich gelten lassen. Unter diesen Umständen steht es der Klägerin nicht an, sich auf die falsche Beurkundung des Vertretungsverhältnisses zu berufen, um eine Parzelle loszuwerden, an der sie mangels gelungener Erschliessung offenbar nicht mehr interessiert ist» (S. 337).

Vgl. ferner BGE 72 II 44 f.: Das Notariatsgesetz des Kantons Freiburg verlangt die Anwesenheit von Zeugen bei der öffentlichen Verurkundung, um zu verhindern, dass der Notar im Einvernehmen mit der einen Partei die andere benachteiligt. Dienstboten einer Vertragspartei sind wegen ihres Unterordnungsverhältnisses zu der betreffenden Partei als Zeugen ausgeschlossen. Werden sie trotzdem beigezogen, ist nur bei der Gegenpartei ein schützenswertes Interesse an der Geltendmachung dieses Mangels vorhanden. In casu hatte sich der Arbeitgeber des als Zeuge mitwirkenden Dienstboten auf den Formmangel berufen und wurde damit nicht gehört[100].

79

d. *Arglistige Herbeiführung oder zumindest Inkaufnahme des Mangels.* Das Bundesgericht hat verschiedentlich dem Umstand Bedeutung beigemessen, dass ein Vertragsgegner einen Formmangel «in arglistiger Weise selber verschuldet» (BGE 86 II 404) oder «ihn beim Abschluss des Vertrages bewusst in Kauf genommen oder ihn zum eigenen Vorteil sogar gewollt hat» (BGE 84 II 642)[101].

80

e. *Zuwarten mit der Geltendmachung der Formungültigkeit,* nachdem eine Partei davon Kenntnis erhalten hat. So BGE 92 II 327[102]: «Dem Umstande, dass der Kläger den Kaufvertrag in Unkenntnis des Formmangels erfüllt hat, kommt ... keine rechtserhebliche Bedeutung zu; denn der Kläger hat nach der Aufklärung durch seinen damaligen Anwalt im Frühjahr 1963 nicht unverzüglich die Aufhebung des Vertrages angestrebt, sondern den Rechtsweg gegen den Beklagten erst rund 1¼ Jahre später beschritten.»

81

B. Stellungnahme

1. Diese Rechtsprechung geht m.E. zu wenig weit: Wie gesagt, handelt derjenige, der sich unter Berufung auf einen Formmangel nicht an einen Vertrag hält, an sich schon illoyal (Nr. 37). Nur misst das Gesetz dem keine Bedeutung bei, im Gegenteil entspricht es unmittelbar dem Sinn der Formvorschriften, dass niemand an sein nicht formrichtig erklärtes Wort gebunden ist. Das gilt an sich auch nach der Erfüllung. Doch ist jetzt zu beachten, dass ein «Besitzstand» auf-

82

---

[100] Vgl. zu diesem Entscheid MERZ, BerKomm, N 470 zu Art. 2 ZGB.
[101] Ferner z.B. BGE 90 II 157 und 158, 90 II 298 («che la mancata menzione dell'intero prezzo fu voluta dall'attore nel proprio interesse»), 78 II 228; weitere Nachweise bei MERZ, BerKomm, N 493 zu Art. 2 ZGB.
[102] Zu diesem Entscheid MERZ, ZBJV 1968, S. 49 ff.; BAUMANN, ZürKomm, N 280 zu Art. 2 ZGB.

gegeben werden muss, wenn der Berufung auf den Formmangel stattgegeben wird. Das lässt die Anrufung des Formmangels in einem ganz anderen Licht erscheinen. M.E. rechtfertigt sich die Rückabwicklung auch im Falle irrtümlicher Erfüllung grundsätzlich nicht. Nur bei Vorliegen besonderer Umstände sollte der Formmangel mit Erfolg angerufen werden können, so etwa dann, wenn der Gegner des irrtümlich Leistenden den Mangel arglistig herbeigeführt hat. Demgegenüber ist der Irrtum etwa bei Schwarzgeldgeschäften regelmässig unbeachtlich: Eine Partei, welche den Notar ausschaltet, soll später nicht einwenden können, bei der Verurkundung des Kaufpreises habe die richtige notarielle Mitwirkung gefehlt, auch dann nicht, wenn ihr das Bewusstsein der durch die falsche Preisverurkundung verursachten Formungültigkeit ausnahmsweise gefehlt hat[103].

83 In der Regel können somit auch bei irrtümlicher Erfüllung des formungültigen Vertrages die Leistungen nicht zurückverlangt werden[104]. Dieses Ergebnis scheint Art. 63 Abs. 1 OR zu widersprechen, wo vorgesehen ist, dass derjenige, der eine Nichtschuld freiwillig bezahlt, das Geleistete nur (aber immerhin!) dann zurückfordern kann, «wenn er nachzuweisen vermag, dass er sich über die Schuldpflicht im Irrtum befunden hat». Die irrtümlich erbrachte Leistung ist also nach dieser Bestimmung rückforderbar, sofern sie – wie hier immer vorausgesetzt – freiwillig erfolgte. Art. 63 Abs. 1 OR gilt jedoch nur mit den Vorbehalten, die sich aus dem Rechtsmissbrauchsverbot ergeben. Und er ist auf Fälle einseitiger Leistung zugeschnitten, nicht auf Fälle, in denen ein formungültiger Vertrag abgewickelt wurde. Hier ist zu beachten, dass beide Parteien erhalten haben, was sie sich (wenn auch formungültig) versprochen haben.

84 Noch weiter zu gehen und auch bei irrtümlicher Erfüllung eine Rückforderung *generell* auszuschliessen, scheint mir unzutreffend. Es besteht hierfür weder die nötige Rechtsgrundlage noch sachlich zwingender Anlass. Schon die Annahme einer Rechtsmissbrauchsvermutung gerät im Übrigen in ein gewisses Spannungsverhältnis zum Gedanken (Nr. 37), Formvorschriften müssten generell durchgesetzt werden, um dem ihnen zugedachten Zweck zu genügen.

---

[103] In diesem Sinne BGE 50 II 148.

[104] Diese Lösung vermag auch unter dem Gesichtspunkt der Rechtssicherheit mehr zu befriedigen als die bundesgerichtliche Rechtsprechung, welche klare Richtlinien zur Feststellung des Rechtsmissbrauchs vermissen lässt. Viele Entscheide lassen insoweit eine ausserordentliche Unsicherheit erkennen. Für den Rechtsunterworfenen lässt sich schlechterdings nicht ausmachen, wann ein irrtümlich erfüllter Vertrag rückabzuwickeln ist, wann nicht. Diese Rechtsunsicherheit ist «prozessfördernd» und läuft damit dem Zweck jeder Formvorschrift strikt zuwider. Ein Grossteil der Lehre empfindet die bundesgerichtliche Rechtsprechung ebenfalls als unbefriedigend, z.B. CAVIN, SPR VII/1, S. 135; MERZ, ZBJV 1965, S. 429; BUCHER, Rechtsmissbrauch, S. 80; SPIRO, Replik, S. 215 f; ders., Unrichtige Beurkundung, S. 12.

2. Nachzutragen bleibt, dass dann, wenn eine Partei ihre Leistung (ausnahmsweise) zurückverlangen kann, sie dies nur gegen Erstattung der Gegenleistung tun kann. Das wurde in verwandtem Zusammenhang bereits mehrfach erwähnt (Nr. 63, 70).

IV. Rechtslage nach einseitiger Erfüllung

Besondere Probleme bietet der Fall, da der Vertrag von einer Partei (vollständig) erfüllt wurde, von der andern nicht. Eine erste Frage geht dahin, ob die Partei, die erfüllt hat, die Gegenleistung verlangen kann. Zweitens fragt sich, ob sie die von ihr erbrachte Leistung zurückverlangen kann. Beide Fragen sind in Anlehnung an bereits Gesagtes zu lösen:

1. Erfüllungsanspruch?

Nach herrschender Ansicht kann aus einem formungültigen Vertrag höchstens dann ein Erfüllungsanspruch resultieren, wenn der Vertrag zur Hauptsache erfüllt ist (Anspruch auf Resterfüllung, unten Nr. 96). Bei bloss einseitig erfülltem Vertrag fällt ein Erfüllungsanspruch demzufolge ausser Betracht.

Nach der in diesem Aufsatz vertretenen Ansicht kommt es für die Zuerkennung eines Erfüllungsanspruchs dem Grundsatz nach nicht darauf an, wie weit die Erfüllung fortgeschritten ist. Entscheidend ist allein, ob die Weigerung zu erfüllen missbräuchlich ist oder nicht (oben Nr. 41). Insoweit spielt nun allerdings das Erfüllungsstadium eine Rolle: Je weiter die Vertragserfüllung fortgeschritten ist, desto eher kann eine Erfüllungsverweigerung rechtsmissbräuchlich sein. So wird die Weigerung, bei einseitig erfülltem Vertrag die noch ausstehende Leistung zu erbringen, eher rechtsmissbräuchlich sein, als wenn der Vertrag noch von keiner Seite erfüllt wurde. Denn unter dem Gesichtspunkt des Rechtsmissbrauchs kann es erheblich sein, dass die auf Erfüllung belangte Partei die Gegenleistung bereits erhalten hat; dies namentlich dann, wenn sie den Leistungsgegenstand über längere Zeit genutzt hat, ohne sich auf Formungültigkeit zu berufen.

Dass die Rechtsmissbrauchsfolge in der Zuerkennung eines klagbaren Erfüllungsanspruchs besteht, wurde an anderem Ort begründet (oben Nr. 41)[105].

---

[105] So auch MEIER-HAYOZ, BerKomm, N 142 zu Art. 657 ZGB, unter Hinweis auf ZBJV 1948, S. 450 ff.

90 In dem in ZBGR 1926, S. 176 ff., abgedruckten Entscheid gewährte das Kantonsgericht St. Gallen dem Verkäufer den Kaufpreisanspruch, obwohl jener noch nicht einmal seine eigene Leistung vollständig erbracht hatte (er hatte zwar den Besitz am Grundstück übertragen, die Grundbucheintragung aber stand noch aus).

2. Rückforderungsanspruch?

91 Kann die Partei, welche erfüllt hat, ihre Leistung zurückfordern? In dieser Hinsicht kommt es massgeblich auf die Erfüllungsbereitschaft der Gegenpartei an:

92 **1.** *Bei fehlender Erfüllungsbereitschaft der Gegenpartei kann die Leistung zurückgefordert werden*[106], und zwar auch dann, wenn (ausnahmsweise: Nr. 88) auf Erbringung der Gegenleistung geklagt werden könnte, denn der Partei, welche ihre Leistung erbracht hat, darf die Erhebung der Klage nicht zugemutet werden.

93 Die Rückforderung ist auch dann zulässig, wenn die Leistung in Kenntnis der Formungültigkeit erfolgt war. Art. 63 Abs. 1 OR steht dem nicht entgegen. Bei wörtlicher Interpretation wäre freilich anders zu entscheiden. Die Bestimmung ist jedoch einschränkend zu interpretieren. Sie greift nicht Platz, wenn der Zweck, der mit der nicht geschuldeten Leistung erreicht werden soll, nicht erreicht wird. Wenn daher eine Partei den formungültigen Vertrag in Kenntnis der Ungültigkeit erfüllt, nachher jedoch die Gegenleistung nicht erhält, so steht die Rückforderung offen. Denn die Erfüllung erfolgte ja nicht voraussetzungslos, sondern in Erwartung der Gegenleistung. Bleibt diese aus, wird der erbrachten Leistung die Grundlage entzogen (BGE 115 II 28[107]). Art. 2 Abs. 2 ZGB steht der Rückforderung ebenfalls nicht entgegen. Denn wer eine Leistung in Erwartung der Gegenleistung erbringt, handelt bei Ausbleiben dieser Leistung nicht widersprüchlich, wenn er die eigene Leistung zurückfordert; im Gegenteil würde die Gegenpartei widersprüchlich handeln, wenn sie gleichzeitig die erbrachte Leistung behalten und ihre eigene Leistung verweigern wollte.

94 **2.** *Wenn die Gegenpartei ihrerseits erfüllungsbereit ist,* gelten mutatis mutandis die Grundsätze, die für den Fall beidseitiger Erfüllung entwickelt wurden. Die erbrachte Leistung kann also nicht zurückgefordert werden, falls sie freiwillig

---

[106] BUCHER EUGEN, Schweizerisches Obligationenrecht, Allgemeiner Teil, Zürich 1979, S. 147; VON BÜREN, OR AT, S. 148; BECKER, BerKomm, N 9 zu Art. 11 OR; REICHEL, S. 39.
[107] GUHL/KOLLER, § 27 Nr. 10.

und irrtumsfrei (in Kenntnis der Formungültigkeit) erfolgt war (Art. 63 Abs. 1 OR). Im Falle irrtümlicher Leistung ist die Rückforderung zulässig, unter Vorbehalt des Rechtsmissbrauchsverbots. Die gleiche Ansicht vertritt neuerdings auch BAUMANN, ZürKomm, N 283 f. zu Art. 2 ZGB.

V. Rechtslage, nachdem eine Partei vollständig, die andere teilweise erfüllt hat

Eng verwandt mit dem eben behandelten Fall der einseitigen Erfüllung ist derjenige, da eine Partei vollständig erfüllt hat, die andere teilweise. Es stellen sich praktisch identische Fragen: 95

1. Anspruch auf Resterfüllung?

1. Vorab fragt sich, ob die Partei, welche ihre Leistung erbracht, jedoch nur einen Teil der Gegenleistung erhalten hat, die restliche Leistung verlangen kann. Das Bundesgericht verneint dies dem Grundsatz nach. Eine Ausnahme macht es für den Fall, dass die Gegenleistung «annähernd» oder «zur Hauptsache» (BGE 112 II 112[108], ebenso 116 II 702, 104 II 104 f. E. 3d[109]) erbracht wurde und die Weigerung, die restliche Erfüllung vorzunehmen, rechtsmissbräuchlich ist. Massgeblich ist dabei nicht die Gegenleistung, wie sie verurkundet, sondern wie sie versprochen wurde; bei simulierten Verträgen kommt es daher auf die hauptsächliche Erfüllung des dissimulierten Vertrages an (BGE 112 II 112, 104 II 104). Art. 2 Abs. 2 ZGB wird hier also nicht bloss eine negative Funktion beigemessen, vielmehr wird aus der Bestimmung (positiv) ein Erfüllungsanspruch abgeleitet, was nach bundesgerichtlicher Auffassung grundsätzlich nicht angeht (Nr. 39). Diese Rechtsprechung wird in der Literatur weitgehend zustimmend gewürdigt[110], und auch die kantonalen Gerichte sind ihr gefolgt[111]. Dagegen gestellt hat sich neuerdings SCHMIDLIN, und im Anschluss daran hat das Bundesge- 96

---

[108] Zu diesem Entscheid vgl. KOLLER, BR 1987, S. 70.
[109] Hier ist von «der Erfüllung des Vertrages im wesentlichen oder in der Hauptsache» die Rede. In der gleichen Erwägung spricht das Bundesgericht vom «oberen Grenzbereich der annähernden oder hauptsächlichen Erfüllung».
[110] MERZ, BerKomm, N 476 zu Art. 2 ZGB, mit Hinweisen auf kantonale Entscheide; MEIER-HAYOZ, BerKomm, N 142 zu Art. 657 ZGB; BUCHER, Aktionendenken, S. 43. A.A. wohl CAVIN, SPR VII/1, S. 135.
[111] Z.B. Obergericht Aargau, SJZ 1955, S. 94 E. 4 (s. Nr. 97).

richt offen gelassen, ob in Rechtsmissbrauchsfällen ein Anspruch auf Resterfüllung oder ob vielmehr nur ein Schadenersatzanspruch besteht (nicht amtlich publizierter Entscheid 4 C.299/1998 vom 7.1.1999 = ZBGR 1999, S. 387 ff.); zu diesem Entscheid s. unten Nr. 101.

97 Beispiel (in Anlehnung an SJZ 1955, S. 94 E. 4 [Obergericht Aargau]): A verkauft dem B ein Heimwesen mit mehreren Grundstücken; eines davon wird im öffentlich beurkundeten Vertrag irrtümlich nicht als Kaufgegenstand aufgeführt. Als B die Übereignung dieses Grundstücks verlangt, wird es ihm zugesprochen. Begründung: Die Berufung des A auf den Formmangel stelle einen Rechtsmissbrauch dar, «zumal er ja den formell mangelhaften Vertrag, soweit dies formellrechtlich möglich war, entsprechend seinem wahren Vertragswillen erfüllt und den für das ganze Heimwesen vereinbarten Kaufpreis schon längst erhalten hat».

98 **2.** Dem schliesse ich mich an, aber nur in der Hinsicht, dass es richtig ist, in Rechtsmissbrauchsfällen einen Anspruch auf Resterfüllung zu gewähren. Hingegen ist hier nochmals zu betonen, dass sich nicht einsehen lässt, warum der Rechtsmissbrauch bei nicht oder nur einseitig erfülltem Vertrag nicht ebenfalls einen Erfüllungsanspruch verschaffen soll (s. schon Nr. 41). Die Frage, ob und in welchem Umfang erfüllt wurde, spielt bei der Bestimmung der Rechtsmissbrauchs*folgen* (Erfüllungsanspruch ja oder nein?) keine Rolle; sie ist hingegen von Bedeutung bei der Bestimmung der Rechtsmissbrauchs*tatbestände*. Das wurde schon für den Fall der einseitigen Erfüllung dargetan: Wer eine Leistung erhalten und genutzt hat und in der Folge seine eigene Leistung verweigert, handelt eher rechtsmissbräuchlich als derjenige, der seine Leistung verweigert, ohne eine Gegenleistung erhalten zu haben. Beim vorliegend interessierenden Tatbestand kommt dazu, dass die Partei, welche die (Rest-)Erfüllung verweigert, nicht nur die Gegenleistung erhalten, sondern auch bereits eine Teilleistung erbracht hat. Dadurch hat sie bei der Gegenpartei das Vertrauen geweckt bzw. unterhalten, der Vertrag werde normal abgewickelt. Dieses Vertrauen wird bei Verweigerung der Resterfüllung enttäuscht, was umso schwerer wiegt, je weiter die Erfüllung fortgeschritten ist.

99 Nach dem Gesagten kommt der Frage, wann Erfüllung in der Hauptsache vorliegt, keine selbständige Bedeutung zu. Denn bei jedem beliebigen Erfüllungsstand kann ein rechtsmissbräuchliches, die Pflicht zur Resterfüllung auslösendes Verhalten vorliegen. Was unter Erfüllung in der Hauptsache zu verstehen ist, braucht daher nicht geklärt zu werden[112]. Das Bundesgericht hat diese Frage im Übrigen nie in allgemeiner Weise beantwortet. Beachtenswert ist, dass es Erfüllung in der Hauptsache auch in Fällen bejaht hat, in denen nach dem allgemeinen Sprachgebrauch davon kaum die Rede sein konnte (vgl. BGE 53 II 162 ff. und 112 II 107 ff.)[113].

---

[112] Gleich im Ergebnis BAUMANN, ZürKomm, N 286 zu Art. 2 ZGB.
[113] Aus der kantonalen Rechtsprechung vgl. Appellationsgericht Basel-Stadt, ZBGR 1973, S. 234 ff., v.a. S. 234 unten, und Kantonsgericht St. Gallen, ZBGR 1926, S. 176 ff.

Neben dem Stand der Erfüllung spielt im Rahmen der Rechtsmissbrauchsprüfung namentlich auch eine Rolle, ob die erbrachte Teilleistung irrtumsfrei (in Kenntnis der Formungültigkeit) oder irrtümlich erfolgte (vgl. BGE 53 II 165, 112 II 111 E. 3). Im ersteren Fall ist eher auf Rechtsmissbrauch zu schliessen als im letzteren.   100

3. Neuerdings hat das Bundesgericht – wie erwähnt – offen gelassen, ob die rechtsmissbräuchliche Weigerung, die Restleistung zu erbringen, einen Erfüllungsanspruch zu begründen vermag. «Jedenfalls» aber bestehe ein Anspruch auf Ersatz des Nichterfüllungsschadens. Das Bundesgericht zieht also die Möglichkeit einer Konkurrenz von Erfüllungsanspruch und Nichterfüllungsanspruch in Betracht: Beides soll u.U. nebeneinander bestehen können. Wo indes ein Erfüllungsanspruch besteht, ist ein rechtserhebliches Interesse, stattdessen den Nichterfüllungsschaden ersetzt zu verlangen, nicht ersichtlich. Der Anspruch auf Ersatz des Nichterfüllungsschadens ist ja letztlich nichts anderes als Erfüllungsersatz, man sollte ihn daher nur dort zuerkennen, wo Erfüllung ausbleibt. Diese Auffassung liegt unserer Haftungsordnung zugrunde (vgl. Art. 97 und 107 Abs. 2 OR, aber auch Art. 26 Abs. 2, 39 Abs. 2 OR)[114]. Die Frage, ob die rechtsmissbräuchliche Verweigerung der Resterfüllung einen Erfüllungsanspruch begründet, kann daher nicht offen gelassen werden, sondern ist in erster Linie zu klären. M.E. ist sie zu bejahen, aus bereits bekannten Gründen: Der Rechtsmissbrauch hat zur Folge, dass der Formmangel keine Berücksichtigung finden darf und daher die von den Parteien getroffene Vereinbarung Geltung erlangt (oben Nr. 41). Konsequenz kann nur die Zuerkennung des Erfüllungsanspruchs sein. Anderer Ansicht ist SCHMIDLIN, der sich allerdings mit unserer Begründung nicht auseinander setzt und auch sonst keine Argumente vorbringt, welche gegen den Erfüllungsanspruch sprechen[115].   101

Das Bundesgericht geht stillschweigend davon aus, dass statt eines finanziellen Ausgleichs auch Realersatz (Art. 43 OR) verlangt werden kann (so ausdrücklich SCHMIDLIN[116], auf den sich das Bundesgericht beruft). Daher kommt es zum Schluss, der Nichterfüllungsschaden   102

---

[114] Ähnlich WIEGAND, S. 227.
[115] SCHMIDLIN, ZSR 1990, S. 245, stört sich daran, dass herrschende Lehre und Rechtsprechung den Rechtsmissbrauch nur dort mit einem Erfüllungsanspruch sanktionieren, wo der Vertrag bereits in der Hauptsache erfüllt ist, andernfalls aber höchstens einen Schadenersatzanspruch zuerkennen. Art. 2 Abs. 2 ZGB wisse von einer solchen Unterscheidung nichts. Daraus jedoch den Schluss zu ziehen, die rechtsmissbräuchliche Erfüllungsverweigerung könne keine Erfüllungsansprüche erzeugen, scheint unzutreffend. Vielmehr ist zu folgern, die rechtsmissbräuchliche Erfüllungsverweigerung sei generell mit einem Erfüllungsanspruch zu sanktionieren, unabhängig davon, wie weit die Erfüllung fortgeschritten ist.
[116] ZSR 1990, S. 249.

bestehe in der «Differenz zwischen der freiwillig erbrachten und der noch ausstehenden Restleistung»[117]. «Schlussendliches Resultat» des Schadenersatzanspruches ist also «die Erfüllung des Vertrages» (WIEGAND, S. 227). Gegen das Resultat ist nichts einzuwenden, viel einfacher aber kann es über die Annahme eines Erfüllungsanspruchs begründet werden.

2. Rückgabeansprüche?

103 Unter diesem Titel fragt sich zweierlei: einmal, ob die Vertragspartei, welche vollständig erfüllt hat, ihre Leistung zurückverlangen kann; zum andern, ob die Gegenpartei einen Anspruch auf Rückgabe ihrer Teilleistung hat. Von selbst versteht sich, dass die Rückgabe einer Leistung zum Vornherein nur gegen Rückgabe der vom Gegner erhaltenen Leistung verlangt werden kann. Allfällige Rückgabeansprüche sind somit als Ansprüche auf Vertragsrückabwicklung zu verstehen (vgl. Nr. 63, 70, 85).

A. Anspruch auf Rückgabe der vollständig erbrachten Leistung?

104 Diese Frage kann nicht einheitlich beantwortet werden. Es ist vielmehr zu unterscheiden, analog wie im Falle einseitiger Erfüllung:

105 1. Ist die Partei, welche teilweise erfüllt hat, bereit, die Resterfüllung zu erbringen, so kann der Vertragspartner seine Leistung jedenfalls dann nicht zurückverlangen, wenn er freiwillig und irrtumsfrei (in Kenntnis der Formungültigkeit) erfüllt hatte. Der Rückforderung steht diesfalls Art. 63 Abs. 1 OR entgegen (Nr. 66 ff., 94). Demgegenüber ist im Falle irrtümlicher Erfüllung die Leistung grundsätzlich rückforderbar; der Grundsatz wird jedoch praktisch zur Ausnahme, da die Rückforderung im Normalfall rechtsmissbräuchlich und damit ausgeschlossen ist (Nr. 82 f.).

106 2. Anders ist zu entscheiden, wenn die Resterfüllung verweigert wird. Diesfalls besteht der fragliche Rückforderungsanspruch (Vorbehalt in Nr. 112 ff.). Der Verkäufer, der vollständig erfüllt hat, hat also Anspruch auf Rückübertragung des Besitzes und kann die Grundbuchberichtigungsklage anstellen, wenn sich der Käufer weigert, einen fälligen Restpreis zu begleichen. Hat umgekehrt der Käufer vollständig erfüllt, kann er den Kaufpreis zurückverlangen, wenn sich der Verkäufer weigert, seine Leistung vollständig zu erbringen (er hat z.B.

---

[117] Nicht amtlich publizierter Entscheid vom 7.1.1999 (ZBGR 1999, S. 387); das Bundesgericht übernimmt wörtlich eine Formulierung SCHMIDLINS, ZSR 1990, S. 248. SCHMIDLIN stützt jedoch «seinen» Anspruch auf Art. 41 OR, wogegen das Bundesgericht das Institut der Vertrauenshaftung heranzieht.

zwar den Besitz am Kaufgrundstück übertragen, aber noch nicht das Eigentum)[118].

Wie gesehen (V/1), hat diejenige Partei, die vollständig erfüllt hat, unter Umständen Anspruch auf Resterfüllung. Soweit dies zutrifft, stellt sich die Frage, ob der Resterfüllungsanspruch denjenigen auf Rückleistung ausschliesst. Das ist zu verneinen (vgl. Nr. 92). Der Rückforderungsanspruch darf nicht davon abhängig gemacht werden, ob ein (unsicherer!) Erfüllungsanspruch besteht oder nicht. Man mag sich auch die Konsequenzen der gegenteiligen Auffassung vor Augen halten. Diejenige Partei, die teilweise erfüllt hat und die Resterfüllung verweigert, könnte dann gegen den Rückleistungsanspruch einwenden, es müsse zuerst auf Erfüllung geklagt werden. Dieser Einwand kann nicht zulässig sein. 107

B. Anspruch auf Rückgabe der Teilleistung?

1. Die Partei, die nur teilweise erfüllt hat, kann ihre Leistung jedenfalls dann nicht zurückfordern, wenn sie (ausnahmsweise) zur Resterfüllung verpflichtet ist; Rückforderungsanspruch und Pflicht zur Resterfüllung schliessen sich aus. 108

2. Ist ein Resterfüllungsanspruch nicht gegeben, gilt das oben in Nr. 94 Gesagte entsprechend. Es besteht also kein Rückforderungsanspruch im Falle (freiwilliger) irrtumsfreier Erfüllung; im Falle irrtümlicher Erfüllung besteht der Anspruch, vorbehältlich der Rechtsmissbrauchsfälle. 109

Auch bei Fehlen eines Rückforderungsanspruchs kommt es allerdings regelmässig zur Rückabwicklung. Und zwar einfach deshalb, weil die Partei, die vollständig erfüllt, jedoch nur eine Teilleistung erhalten hat, ihre Leistung im Normalfall – gegen Rückgabe der Teilleistung – zurückverlangen wird. 110

3. Sonderfall: Grundstückkauf mit Schwarzzahlung

Besonderheiten gelten nach bundesgerichtlicher Auffassung für den Fall, dass eine Schwarzgeldzahlung vereinbart wurde und der Grundstückkaufvertrag aus diesem Grund ungültig ist. So jedenfalls BGE 104 II 99 ff. (Ziff. 1), der allerdings keine Zustimmung verdient (Ziff. 2). 111

---

[118] Dem Rückforderungsanspruch steht weder Art. 63 Abs. 1 OR noch Art. 2 Abs. 2 ZGB entgegen. Die oben in Nr. 93 gemachten Erwägungen gelten hier entsprechend.

112 **1. BGE 104 II 99 ff.** Der Käufer mehrerer Grundstücke hatte dem Verkäufer die verurkundeten Fr. 720 000.– bezahlt, sich jedoch geweigert, das zusätzlich vereinbarte Schwarzgeld von Fr. 100 000.– zu bezahlen. Hierauf hob der Verkäufer Klage auf Feststellung der Nichtigkeit des Grundstückkaufs sowie auf Rückübertragung des Eigentums an den Grundstücken an. Das Bundesgericht wies dieses Begehren in Bestätigung der vorinstanzlichen Entscheide ab. Das Rückforderungsbegehren sei rechtsmissbräuchlich. Rechtsmissbräuchlich sei namentlich auch, dass der Kläger mit seinem Begehren letztlich die Bezahlung der Fr. 100 000.– zu erreichen versuche. «Solches Bestreben» sei «durch den Zweck der Form nicht gedeckt»: «Wer mit der Geltendmachung eines Formmangels die Leistung einer unterbliebenen Schwarzzahlung zu betreiben sucht, missbraucht das Recht.» Das Bundesgericht hatte sich urteilsmässig nur zum Anspruch auf Rückabwicklung des Vertrages auszusprechen. «Obiter» hat es jedoch auch die Frage aufgeworfen, ob der Verkäufer das ausstehende Schwarzgeld einverlangen könne, und sie verneint. «Dieses Ergebnis», d.h. die Abweisung des Anspruchs auf Schwarzzahlung, «deckt sich» – so das Bundesgericht – «mit der für die ungerechtfertigte Bereicherung geltenden, aber grundsätzlich allgemeine Beachtung heischenden Regel des Art. 66 OR, dass nicht zurückgefordert werden kann, was in der Absicht, einen rechtswidrigen oder unsittlichen Erfolg herbeizuführen, gegeben worden ist».

113 **2.** Das Bundesgericht hat im Ergebnis entschieden, dass der Verkäufer weder das Schwarzgeld einverlangen noch die Rückabwicklung des Vertrages verlangen konnte. Anders ausgedrückt, bewirkte der (angebliche) Rechtsmissbrauch des Verkäufers zwar eine Heilung des Formmangels (der simulierte Vertrag blieb aufrechterhalten), jedoch nur eine *teilweise* (die dissimulierte Schwarzgeldvereinbarung erlangte keine Verbindlichkeit). Eine derartige teilweise Heilung eines Formmangels dürfte nicht prinzipiell ausgeschlossen sein[119]. Bei dem vom Bundesgericht beurteilten Sachverhalt führte jedoch die bloss teilweise Heilung zu einer **kaum haltbaren Privilegierung des Käufers.** Dieser berief sich auf den formungültigen Vertrag, um sich der Rückabwicklung zu entziehen, und lehnte es gleichzeitig ab, seine aus dem Vertrag resultierende Hauptleistungspflicht zu erfüllen – ein widersprüchliches Verhalten, das keinen

---

[119] Beispiel: Ein Grundstückkaufvertrag ist wegen Nichtverurkundung einer (formbedürftigen) Enthaftungsklausel ungültig. In der Folge wird er jedoch freiwillig und irrtumsfrei erfüllt. Als Mängel am gekauften Haus auftreten, macht der Käufer Gewährleistungsansprüche geltend; die Enthaftungsklausel will er nicht gelten lassen. Das geht grundsätzlich nicht an: Der Käufer kann nicht am Vertrag festhalten und gleichzeitig eine Klausel nicht gelten lassen. Eine Ausnahme wird man etwa dann machen dürfen, wenn der Käufer geschäftsunerfahren ist und daher die Bedeutung der Klausel nicht im Einzelnen erfassen konnte und er von der Beurkundungsbedürftigkeit der Klausel bei Vertragsabschluss keine Kenntnis hatte, während der Verkäufer darum wusste.

Rechtsschutz hätte finden dürfen[120]. Aus dem ohnehin mit Vorsicht anzuwendenden Art. 66 OR folgt nichts anderes[121].

M.E. hätte in Übereinstimmung mit der oben angegebenen Rechtslage dem Verkäufer das Recht auf Rückgabe der Grundstücke zugestanden werden müssen. Stattdessen hätte er aber auch das ausstehende Schwarzgeld einverlangen können. Denn die Weigerung, das Schwarzgeld zu bezahlen, war unter den gegebenen Umständen rechtsmissbräuchlich (der Vertrag war nicht nur bis auf die Schwarzgeldzahlung erfüllt, der Käufer hatte auf den Kaufgrundstücken auch schon verschiedene Bauten erstellt und die Liegenschaften während mehrerer Jahre genutzt; dazu kam, dass der Käufer den durch die Preissimulation bewirkten Formmangel bei Vertragsabschluss kannte)[122].

114

In einem ähnlich gelagerten Fall hat der bernische Appellationshof den **Anspruch auf Schwarzgeld zugesprochen** (ZBJV 1948, S. 450 ff.): A verkaufte dem B ein bebautes Grundstück für Fr. 62 500.–. Verurkundet wurde aber ein Kaufpreis von nur Fr. 55 000.–. Der Vertrag war somit ungültig. In der Folge wurde der simulierte Vertrag erfüllt, das Schwarzgeld von Fr. 7500.– aber nicht bezahlt. Auf Klage hin wurde dem A dieser Betrag zugesprochen. Die Weigerung des B, diesen Betrag zu bezahlen, wurde als rechtsmissbräuchlich angesehen, aus zwei Gründen: einmal, weil B aus dem Formmangel Vorteile gezogen habe

115

---

[120] Dass es grundsätzlich nicht angeht, die Rückabwicklung des formungültigen Vertrages zu verweigern, gleichzeitig aber den Vertrag nicht (vollständig) zu erfüllen, ist anerkannt. Illustrativ BGE 90 II 34 ff.: Die Verkäuferin eines Grundstücks verlangte klageweise Schadenersatz nach Art. 97 ff. OR, weil der Käufer eine in einfacher Schriftlichkeit abgefasste Vertragsklausel nicht eingehalten hatte. Das Gericht wies den Anspruch wegen Formungültigkeit der Klausel ab. In der Berufung ans Bundesgericht verlangte die Klägerin die Rückabwicklung des Vertrages. Das Bundesgericht führte hierzu aus: «En invoquant le vice de forme devant le Tribunal fédéral, la recourante ne commet pas un abus de droit. Elle se borne en effet à convenir du mérite de l'opinion des premiers juges. Elle-même n'a pas fondé son action sur l'absence de forme authentique. Bien au contraire, elle a allégué un dommage en raison de l'inexécution de la clause litigieuse, se fiant donc à sa validité. Aujourd'hui, elle tire simplement la conséquence de ce que la Cour cantonale, mieux informée, lui a démontré.» S. ferner BGE 84 II 369 ff. und 98 II 316: «Sie [sc. die Konkursmasse] kann nicht einerseits den Vertrag als nichtig hinstellen und anderseits daraus Vorteile zugunsten der Konkursmasse ableiten.»

[121] Der Entscheid ist in der Lehre auf breite Kritik gestossen: KOLLER, ZBJV 1990, S. 141 f.; MERZ, ZBJV 1980, S. 1; ders., Vertrag, Nr. 446; GUHL/KOLLER, § 14 Nr. 26; KRAMER, BerKomm, N 191 zu Art. 18 OR; GAUCH/SCHLUEP/SCHMID/REY, Nr. 567. Vgl. ferner OSER/SCHÖNENBERGER, ZürKomm, N 30 zu Art. 11 OR, die davon ausgehen, dass Art. 66 OR in Fällen wie dem vorliegenden nicht anwendbar ist; ebenso GUHL/KOLLER, § 27 Nr. 13.

[122] A.A. KOLLER THOMAS (Privatrecht und Steuerrecht, Bern 1993, S. 162 ff.) für den Fall, dass die Schwarzgeldvereinbarung – wie regelmässig – dem Zweck der Steuerhinterziehung dient. In diesem Fall sei der Kaufvertrag unheilbar nichtig, und den Parteien sei die Berufung auf Rechtsmissbrauch generell zu versagen. Demzufolge könne weder ein Anspruch auf das Schwarzgeld noch ein Rückabwicklungsanspruch entstehen. Dagegen bringen GAUCH/SCHLUEP/SCHMID/REY, Nr. 569a, vor, es gehöre nicht zur «Zweckaufgabe» von Formvorschriften, «Steuerhinterziehungen zu verhindern, weshalb es die Frage der Formungültigkeit ohne Rücksicht auf die steuerrechtlichen Motive einer Falschbeurkundung zu beurteilen gilt». Gleich im Ergebnis SCHMIDLIN, ZSR 1990, S. 260.

(Einsparung von Handänderungsgebühren); zum andern, weil er «das Haus einem gutgläubigen Dritten weiterverkauft und so die Rückübertragung des Hauses auf den Kläger verunmöglicht» habe.

VI. Rechtslage nach beidseitiger teilweiser Erfüllung

116 Das vorstehend unter V. Gesagte gilt mutatis mutandis auch dann, wenn beide Parteien erst teilweise erfüllt haben. Illustrativ BGE 53 II 162 ff.[123]:

117 Pauli verkaufte dem Rutz ein landwirtschaftliches Grundstück samt totem Inventar; gesondert wurde auch das Vieh verkauft. Als der Verkäufer den restlichen Kaufpreis verlangte, machte der Käufer Formungültigkeit wegen Preissimulation geltend. Das Bundesgericht hielt diesen Einwand für rechtsmissbräuchlich und bejahte den Kaufpreisanspruch, obwohl der Eigentumsübergang am Grundstück noch nicht im Grundbuch eingetragen war, also der Vertrag von beiden Parteien noch nicht gänzlich erfüllt war. Es führte aus, der Käufer habe einen Teil des Kaufpreises sowie den Preis für das gleichzeitig verkaufte Vieh und den übernommenen Dünger bezahlt, sei mit seiner Familie auf das Heimwesen gezogen und habe es während mindestens acht Monaten, wovon siebeneinhalb Monate nach der Anrufung des Formmangels, bewirtschaftet. Er habe somit das gewollte (dissimulierte) Geschäft freiwillig und irrtumsfrei «in der Hauptsache» erfüllt und müsse nun das Geschäft auch gelten lassen.

118 Diesem Entscheid ist beizupflichten, unter der Voraussetzung, dass der Verkäufer (Pauli) zur Eintragung des Käufers (Rutz) im Grundbuch bereit war, und mit der Präzisierung, dass es nicht massgeblich auf die Erfüllung «in der Hauptsache», sondern darauf ankam, dass die Verweigerung der Restzahlung rechtsmissbräuchlich war.

VII. Einzelfragen

1. Umfang der Formungültigkeit

119 Ein Formmangel hat die Ungültigkeit aller formbedürftigen Vertragspunkte zur Folge (A.). In der Regel bewirkt die Formungültigkeit zusätzlich die Ungültig-

---

[123] Vgl. ferner BGE 112 II 107 ff. betr. den Abtausch von Landparzellen im Rahmen eines umfassenderen Vertragsganzen.

keit der nicht formbedürftigen Vertragsteile; ob das zutrifft, entscheidet sich – mit gewissen Einschränkungen – nach Art. 20 Abs. 2 OR (B.). Besonderer Betrachtung bedarf die Geltung von Ersatzklauseln (C.). Im Einzelnen:

A. Ungültigkeit aller formbedürftigen Vertragsteile

Von selbst versteht sich, dass der Formmangel zur Ungültigkeit des *mangelbehafteten* Vertragsteils führt. Wo somit der Mangel alle formbedürftigen Vertragsteile betrifft, sind alle diese Vertragsteile ungültig. Das kann namentlich bei Verfahrensmängeln zutreffen, so etwa, wenn die im kantonalen Beurkundungsverfahrensrecht vorgesehenen Zeugen nicht mitwirken. Inhaltsmängel betreffen dagegen oft nur einzelne (formbedürftige) Vertragsteile. Diesfalls scheint eine (analoge) Anwendung von Art. 20 Abs. 2 OR nahe zu liegen. Nach dem Zweck der öffentlichen Beurkundung wirkt sich jedoch der Formmangel auf *alle* formbedürftigen Punkte aus, nicht nur auf die mangelbehafteten. Art. 20 Abs. 2 OR findet somit keine Anwendung[124]. «Das Kriterium des hypothetischen Parteiwillens, auf das es in Art. 20 Abs. 2 ankommt, hat diesbezüglich hinter den Schutzzweck der Formvorschriften zurückzutreten.»[125]

120

B. Auswirkung des Formmangels auf nicht formbedürftige Vertragsteile

Ob sich die Formungültigkeit auch auf die nicht verurkundungsbedürftigen Vertragsteile erstreckt, lässt sich Art. 216 OR nicht entnehmen. Insoweit ist Art. 20 Abs. 2 OR analog anzuwenden (Vorbehalt in Nr. 122). Es kommt somit entscheidend auf den hypothetischen Parteiwillen an. Hätten die Parteien den Vertrag ohne den formungültigen Teil nicht geschlossen, so ist der Vertrag in seiner Gesamtheit ungültig. Andernfalls hat der Vertrag ohne den formungültigen Teil Bestand, unter Umständen – je nach dem hypothetischen Parteiwillen – auch mit Modifikationen[126]. Nichtgeltung des ganzen Vertrages ist die Regel.

121

---

[124] Vgl. HÜRLIMANN ROLAND, Teilnichtigkeit von Schuldverträgen nach Art. 20 Abs. 2 OR, Diss. Freiburg 1984, Nr. 314; SCHMID, Nr. 787; GUHL/KOLLER, § 14 Nr. 32; SEROZAN, S. 14 f.; YUNG, S. 648 f.; HAAB/SIMONIUS/SCHERRER/ZOBL, ZürKomm, N 17 zu Art. 657 ZGB. Das Bundesgericht nimmt ebenfalls an, dass sich der Formmangel auf alle formbedürftigen Punkte erstreckt (BGE 86 II 261, 60 II 99). Es leitet dies jedoch z.T. aus Art. 20 Abs. 2 OR ab, nicht aus dem Zweck der Formvorschrift (z.B. BGE 90 II 38 E. 3). – A.A. ZR 1988 Nr. 18, S. 47 ff.; MEIER-HAYOZ, BerKomm, N 128 zu Art. 657 ZGB; BECKER, BerKomm, N 12 zu Art. 11 OR; LEEMANN, BerKomm, N 40 zu Art. 657 ZGB; SPIRO, Bedeutung, S. 196. SCHMID, Nr. 789 ff., scheint – wie BGE 90 II 38 – davon auszugehen, dass bei Anwendung von Art. 20 Abs. 2 OR ohne weiteres auch der mangelfreie (formbedürftige) Vertragsteil ungültig ist; anders SPIRO, Bedeutung, S. 196 f. Hinweise zum kontroversen Meinungsstand in ZR 1997, S. 106 E. d.

[125] HÜRLIMANN (zit. in Anm. 124), Nr. 314.

[126] Zu dieser sog. modifizierten Teilnichtigkeit, welche sich nicht auf den Wortlaut von Art. 20 Abs. 2 OR abstützen lässt, s. insbesondere HÜRLIMANN (zit. in Anm. 124), Nr. 196 ff.; ferner KOLLER, OR AT, Nr. 880/888 ff.; ders., ZBJV 1986, S. 565.

Denn neben dem formungültigen Vertragsteil, der aus lauter objektiv und subjektiv wesentlichen Vertragspunkten besteht[127], wird kaum je ein Vertragsteil mit selbständiger Bedeutung übrig bleiben. So versteht sich z.b. von selbst, dass Klauseln über Vertragsmodalitäten (z.B. Zahlungsbedingungen) von den Parteien nicht unabhängig vom formungültigen Vertragsteil gewollt sein können[128].

122 Keine Anwendung findet Art. 20 Abs. 2 OR dort, wo die Parteien für den Fall der Formungültigkeit selbst bestimmt haben, ob der nicht formbedürftige Teil Geltung haben soll oder nicht. Hier gilt der wirkliche Parteiwille, nicht der hypothetische. Ob das eine oder das andere zutrifft, ist oft nicht leicht auszumachen. Ob beispielsweise bei einer Vertragsverbindung (§ 1 Nr. 24 f.) aus einem Grundstückkauf und einem zweiten Vertrag die für die Vertragsverbindung typische Abhängigkeit der Verträge auf dem wirklichen oder hypothetischen Parteiwillen beruht, entzieht sich oft einer eindeutigen Aussage.

123 Zu beachten ist, dass der bei Vertragsabschluss bestehende (wirkliche oder hypothetische) Parteiwille mit dem Vertragsvollzug an Gewicht verliert. So kann die mit dem Erfüllungsvorgang einhergehende Veränderung der Interessenlage der Parteien bei einer Vertragsverbindung zur Folge haben, dass die beiden Verträge nun getrennte Schicksale haben, also die ursprüngliche Abhängigkeit verlieren[129].

C. Zulässigkeit von Ersatzregeln

124 Es ist denkbar, dass die Parteien für den Fall der Formungültigkeit bzw. der Nichterfüllung des formungültigen Vertrages eine Ersatzvereinbarung treffen; sie machen z.B. eine Konventionalstrafe ab oder sie sehen vor, dass der Verkäufer dem Käufer Aufwendungen, die dieser im Vertrauen auf die Vertragsgültigkeit macht (z.B. Planungsaufwand), ersetzt, falls er sich dem Vertragsvollzug widersetzen sollte. Dann stellt sich die Frage, ob eine solche Regel, die nach dem Parteiwillen von der Formungültigkeit nicht erfasst sein soll, davon trotzdem erfasst wird oder nicht.

125 Betrachtet man solche Klauseln, wie dies zum Teil geschieht[130], als formbedürftig, so ist die Lösung die in Nr. 120 umschriebene: Die Vereinbarung ist ungültig, und dies unabhängig davon, ob die Klausel selbst vom Formmangel betrof-

---

[127] Vgl. neustens BGE 119 II 138, 113 II 404 (dazu KOLLER, BR 1989, S. 95 f.). Ein Teil der Lehre will allerdings den Formzwang auch auf gewisse nicht wesentliche Punkte erstrecken (vgl. § 2 Nr. 68 ff., 73).
[128] Sind solche Klauseln subjektiv wesentlich, was möglich, aber nicht notwendig der Fall ist, so sind sie formbedürftig und ihre Ungültigkeit ergibt sich schon daraus, dass sich die Ungültigkeit einer formbedürftigen Klausel ohne weiteres auf alle formbedürftigen Klauseln erstreckt (Nr. 120).
[129] GUHL/KOLLER, § 40 Nr. 21.
[130] Nachweise in Anm. 135.

fen ist oder nicht. Verneint man hingegen die Formbedürftigkeit, und dafür sprechen die besseren Gründe (Nr. 127), so kann die Ersatzvereinbarung ungültig sein, sie muss es aber nicht. Entscheidend ist dann der Formzweck bzw. ob der Formzweck durch die Ersatzvereinbarung beeinträchtigt wird oder nicht[131]. Das ist mit Bezug auf Abmachungen, welche mittelbar einen Erfüllungszwang schaffen (sollen), zu bejahen. Das Bundesgericht spricht in diesem Zusammenhang von «Nebenabreden, wodurch die Leistungspflicht einer Partei bekräftigt werden soll» (BGE 39 II 226), und erwähnt die Abmachung einer Konventionalstrafe oder eines Reugeldes. Gleichzustellen ist etwa eine Klausel, wonach die eine Partei der anderen für den Fall der Nichterfüllung das positive Vertragsinteresse zu ersetzen hat. Demgegenüber dürfte eine Klausel, welche lediglich auf den Ersatz des negativen Vertragsinteresses gerichtet ist (s. die zweite Klausel aus Nr. 124), regelmässig zulässig sein[132]. Dasselbe gilt ferner etwa für eine Ersatzvereinbarung, wonach der Verkäufer dem Käufer für den Fall der Ungültigkeit des Grundstückkaufvertrages eine entgeltliche Dienstbarkeit einräumt.

Nur der Schutzzweck der Formvorschriften entscheidet über die Verbindlichkeit von (nicht formbedürftigen) Ersatzvereinbarungen. Demgegenüber sollte nicht das im Zusammenhang mit Konventionalstrafen angerufene Akzessorietätsprinzip bemüht werden. Auch dort nicht, wo die Ersatzvereinbarung als Konventionalstrafe aufzufassen ist. Die Akzessorietät rechtfertigt sich nämlich nur dort, wo die Parteien für den Fall der Nichterfüllung eines Vertrages *generell* eine Konventionalstrafe vorgesehen haben; hier dürfte es dem mutmasslichen Parteiwillen entsprechen, dass die Konventionalstrafe im Falle der Vertragsungültigkeit nicht geschuldet, sie in diesem Sinne akzessorisch ist. Wo hingegen die Parteien speziell für den Fall der Vertragsungültigkeit eine Haftung vorsehen, soll die Vereinbarung gerade nicht akzessorisch sein. Die Nichtgeltung einer solchen Haftungsregel kann dann nur aus dem Formzweck abgeleitet werden[133]. 126

Ersatzvereinbarungen der besagten Art sind jedenfalls dann nicht formbedürftig, wenn sie nicht subjektiv wesentlich sind (zu denken ist an den Fall, da die Klausel nach dem Vertragsabschluss vereinbart wurde)[134]. Für den Fall subjek- 127

---

[131] Vgl. MERZ, BerKomm, N 492 zu Art. 2 ZGB.

[132] Wer anderer Ansicht ist, hat zu prüfen, ob sich ein Ersatzanspruch nicht aus culpa in contrahendo ergibt. Das wird regelmässig zu bejahen sein.

[133] Es muss generell der Satz gelten, dass Ersatzvereinbarungen, welche die Rechtslage im Fall der Vertragsungültigkeit festlegen, nicht akzessorisch sind, somit ihr Schicksal nicht ohne weiteres dem Vertragsschicksal folgt. Vielmehr trifft dies nur zu, wenn im Falle der Vertragsungültigkeit der Zweck der Ungültigkeitsnorm auch die Ungültigkeit der Ersatzregel verlangt (vgl. KOLLER, BR 1987, S. 22 f., wo die Ansicht vertreten wird, dass die Nichtigkeit nach Art. 20 BewB eine «Haftgeldvereinbarung» nicht erfasst; GUHL/KOLLER, § 7 Nr. 46). Das ist freilich nicht unbestritten (a.A. z.B. Kantonsgericht St. Gallen, GVP SG 1985 Nr. 40, S. 89 ff.).

[134] A.A. mit Bezug auf die Vereinbarung einer Konventionalstrafe LEUENBERGER, § 2 Nr. 70 ff. i.V.m. Nr. 100.

tiver Wesentlichkeit kann nichts anderes gelten[135]. Wer gegenteilig entscheidet, nimmt in Kauf, dass die Nichtverurkundung der Ersatzvereinbarung die Ungültigkeit des ansonsten formgerecht verurkundeten Grundstückkaufs zur Folge hat. Das dürfte kaum dem Sinn des Gesetzes entsprechen.

2. Berücksichtigung des Formmangels von Amtes wegen?

128   1. Wie erwähnt, ist die Frage umstritten, ob der Formmangel im Prozessfall von Amtes wegen zu beachten ist oder nur auf Einrede hin (Nr. 21). Das Bundesgericht hat sich früher konstant in ersterem Sinn ausgesprochen, die Frage in BGE 112 II 330 ff. offen gelassen und sich neuerdings wiederum für Berücksichtigung von Amtes wegen ausgesprochen[136].

129   Auszugehen ist von der Selbstverständlichkeit, dass der Richter Art. 216 OR von Amtes wegen anzuwenden hat (iura novit curia). Fraglich ist hingegen, ob nach dieser Bestimmung die Unverbindlichkeit des Vertrages nur auf Einrede hin zu beachten ist. Der Gesetzeswortlaut spricht gegen diese Auslegung. Angesichts dessen könnte der «Einredentheorie» nur bei Vorliegen besonderer Gründe gefolgt werden. Solche Gründe sind jedoch nicht ersichtlich. Im Gegenteil: **Die Berücksichtigung von Amtes wegen drängt sich auf,** wenn man davon ausgeht, dass Formvorschriften generell zu beachten sind und sie nicht zur freien Disposition der Parteien stehen (Nr. 37). Bei dieser Argumentation trifft der in der Lehre erhobene Einwand, der Richter habe sich nicht um den Schutz der Parteien zu sorgen, diese müssten sich im Prozess vielmehr selbst um die Abklärung der Rechtslage bemühen, ins Leere[137]. Dasselbe gilt für den Einwand, selbst bei den Tatbeständen der Täuschung und der Furchterregung sei die Ungültigkeit des Vertrages nicht von Amtes wegen zu berücksichtigen, obwohl in diesen Fällen die getäuschte bzw. bedrohte Partei viel schützwürdiger sei als die Parteien eines formungültigen Vertrages.

130   Im Übrigen drängt sich der getäuschten bzw. bedrohten Partei das Vorbringen, getäuscht oder bedroht worden zu sein, von selbst auf, ohne dass hierzu besondere Rechtskenntnisse nötig wären; der Richter darf es daher der betroffenen Partei überlassen, den Willensmangel

---

[135] Die Frage der Formbedürftigkeit wird vor allem mit Bezug auf die Abmachung von Konventionalstrafen diskutiert. Vgl. einerseits BUCHER, OR AT, S. 524, und VON BÜREN, OR BT, S. 74 (Formbedürftigkeit verneinend), andererseits das Bundesgericht in ZR 1963 Nr. 34, S. 90, und COMMENT, S. 2 (Formbedürftigkeit bejahend). Weitere Hinweise zum Meinungsstand bei BRÜCKNER, ZBGR 1994, S. 24 Anm. 80, der sich selber für Formbedürftigkeit ausspricht.

[136] Nicht amtlich publizierter Entscheid vom 7.1.1999, ZBGR 1999, S. 387 ff.

[137] Abgesehen davon, läuft der fragliche Einwand auf eine generelle Infragestellung der Rechtsanwendung von Amtes wegen hinaus.

geltend zu machen. Bei Formmängeln liegt keine vergleichbare Situation vor. Es ist vielmehr durchaus möglich, dass den Parteien ein Formmangel nicht bewusst ist, obwohl die Form ihren Schutzzweck nicht (voll) erreicht hat (vgl. Nr. 75). Diesfalls obliegt es dem Richter, die Schutzfunktion der Formvorschrift im Prozess «zu Ende zu führen».

In der Lehre wird die Ansicht vertreten, wenn der Formmangel die von Amtes wegen zu beachtende Nichtigkeit des Vertrages bewirke, sei Rechtsmissbrauch «begrifflich ausgeschlossen»[138]. Denn «im Hinweis auf die Formnichtigkeit» liege «kein Einsatz eines subjektiven Rechtes»[139]. Dem ist insofern zuzustimmen, als im Hinweis auf die Formnichtigkeit lediglich ein Hinweis auf die bestehende Rechtslage zu sehen ist, im Hinweis auf die Rechtslage aber zum Vornherein kein Rechtsmissbrauch liegen kann. Rechtsmissbräuchlich ist hingegen allenfalls die Weigerung, einen formungültigen Vertrag zu erfüllen, oder das Begehren, eine bereits erbrachte Leistung zurückzuerhalten[140]. Ein Rechtsmissbrauch in diesem Sinne wird durch die Berücksichtigung des Formmangels von Amtes wegen nicht ausgeschlossen. Nach dem Gesagten ist die gebräuchliche Wendung, die Berufung auf einen Formmangel sei rechtsmissbräuchlich, unzutreffend, aber nur *sprachlich,* sofern man den Rechtsmissbrauch in der Weigerung sieht, sich an den formungültigen Vertrag zu halten.

131

Zur Unterstützung dieser Auffassung sei auf die vergleichbare Rechtslage bei Verwirkung eines Rechts hingewiesen. Ist beispielsweise das Anfechtungsrecht wegen Täuschung (Art. 28 OR) nicht innert der Jahresfrist von Art. 31 OR ausgeübt worden, so ist es verwirkt. Es besteht nicht mehr, was zweifellos von Amtes wegen zu beachten ist. Das aber schliesst nach allgemeiner Ansicht nicht aus, dass im Einzelfall die Berufung des Täuschenden auf die Verwirkung rechtsmissbräuchlich sein kann. Letzten Endes ist es freilich nicht die Berufung auf die Verwirkung, welche den Rechtsmissbrauch begründet, sondern der Versuch, sich dem Anfechtungsrecht und der damit verbundenen Pflichtenlage zu entziehen. Daher ist belanglos, dass im Hinweis auf die Verwirkung «kein Einsatz eines subjektiven Rechtes» zu sehen ist.

132

2. Der Formmangel ist somit von Amtes wegen zu beachten. Man wird jedoch vom Richter verlangen dürfen, dass er den Parteien gestützt auf deren verfassungsrechtlichen Gehörsanspruch **Gelegenheit gibt, sich zum Mangel zu äussern**[141]. So zumal dann, wenn sich die Berücksichtigung des Formmangels zu Ungunsten *beider* Parteien auswirken kann. Die Parteien sollen diesfalls die

133

---

[138] SCHMID, Nr. 732. An anderer Stelle (Nr. 675 ff.) vertritt aber SCHMID selbst die Auffassung, gewisse Formmängel seien von Amtes wegen zu beachten.
[139] GERNHUBER, S. 154 f.
[140] Das Recht zur Erfüllungsverweigerung bzw. das Recht, eine Leistung zurückzufordern, sind mit andern Worten nach Art. 2 Abs. 2 ZGB «missbrauchbare» Rechte. Wer dies verneint, hat eine zu enge Auffassung vom Recht(smissbrauch) i.S.v. Art. 2 ZGB.
[141] Diese Gelegenheit hatten wohl die Parteien in BGE 86 II 398 ff. und 90 II 34 ff. nicht.

Möglichkeit haben, sich zu vergleichen und damit den **Folgen einer ungewollten Berücksichtigung des Formmangels zu entgehen**[142]. Beispiel: Der Verkäufer verlangt den Restkaufpreis, nachdem ein Teil des Preises bezahlt ist. Der Käufer lehnt Zahlung wegen angeblicher Mängel des Kaufgrundstücks ab. Wenn diesfalls der Richter die Klage abweist mit der Begründung, der Vertrag sei formungültig und verschaffe daher keinen Kaufpreisanspruch, so wirkt sich dies zwar vordergründig zugunsten des Käufers aus. Der Verkäufer könnte sich jedoch in der Folge – ohne Rechtsmissbrauch (vgl. BGE 90 II 39, dazu Anm. 120) – auf die Formungültigkeit berufen und Rückabwicklung des Vertrages verlangen, was allenfalls nicht im Interesse des Käufers läge. Es wäre also möglich, dass im Ergebnis mit der Rückabwicklung niemandem gedient wäre, weder dem Verkäufer, der eigentlich den Kaufpreis will, noch dem Käufer, der zwar den Restkaufpreis nicht bezahlen, aber jedenfalls am Vertrag festhalten will. In einem solchen Fall muss den Parteien Gelegenheit gegeben werden, sich zum Formmangel zu äussern.

134 Dies drängt sich hingegen weniger auf, wenn die Berücksichtigung des Formmangels zur Gutheissung des Begehrens einer Partei führt, ohne dass der betreffenden Partei daraus irgendein Nachteil entstehen könnte. Beispiel: Der Verkäufer eines Grundstücks übereignet dieses nicht rechtzeitig. Der Käufer tritt in der Folge unter Berufung auf Art. 107 OR vom Vertrag zurück und verlangt die gerichtliche Feststellung, dass der Kaufpreis nicht geschuldet sei. Hier wird es dem Käufer gleichgültig sein, ob der Richter den Rücktritt bestätigt und aus diesem Grunde die Feststellungsklage gutheisst oder aber wegen Formungültigkeit des Kaufvertrages. Dem Käufer muss daher nicht Gelegenheit gegeben werden, sich zur Formungültigkeit zu äussern. Nach der Rechtsprechung des Bundesgerichts dürfte auch der Verkäufer keinen solchen Anspruch haben (vgl. BGE 108 Ia 295[143]).

135 **3. Zu präzisieren** bleibt, was überhaupt mit der Berücksichtigung des Formmangels von Amtes wegen gemeint ist:

136 – Damit ist nicht gemeint, dass der Richter den *Sachverhalt* von Amtes wegen abzuklären hat, um eine allfällige Formungültigkeit festzustellen; er hat z.B. nicht Nachforschungen anzustellen, ob der verurkundete Parteivertreter bei der Beurkundung tatsächlich anwesend war oder nicht. Er hat lediglich die sich aus den Akten ergebende Ungültigkeit zu beachten, auch wenn sich kei-

---

[142] Die Parteien haben es somit in der Hand, durch vergleichsweise Prozesserledigung der Berücksichtigung des Formmangels den Boden zu entziehen. Hingegen können sie nicht bei andauerndem Streitverhältnis wirksam auf die Anrufung des Formmangels verzichten (von Büren, OR AT, S. 146).

[143] Zu diesem Entscheid Koller, ZSR 1986 I, S. 231 Anm. 10.

ne Partei darauf beruft. Die Verhandlungsmaxime wird also nicht ausgeschlossen (BGE 85 II 568 f.)[144].

– Der Richter darf den Formmangel nur berücksichtigen, wenn feststeht, dass er *beachtlich* ist. Anders gedreht, darf er ihn nur berücksichtigen, wenn feststeht, dass der Mangel nicht geheilt worden ist. Auch die Frage der Heilung ist von Amtes wegen zu prüfen[145], ohne dass jedoch der Richter von sich aus diesbezügliche Sachverhaltsabklärungen vorzunehmen hätte (vgl. eben Nr. 136). Im *Zweifelsfalle* ist ein Formmangel nicht von Amtes wegen zu berücksichtigen. Daraus ist zu folgern, dass nach Erfüllung des formungültigen Vertrages eine Berücksichtigung von Amtes wegen praktisch ausser Betracht fällt. Denn wenn ein Formmangel ausnahmsweise trotz der Erfüllung beachtlich bleibt, so wird sich dies in der Regel doch nicht aus dem Prozessstoff schliessen lassen, den die Parteien ohne Berufung auf den Formmangel vorgebracht haben. Der Satz, dass der Formmangel von Amtes wegen zu berücksichtigen ist, verliert damit erheblich an Bedeutung. 137

– «Eine Berücksichtigung des Formmangels durch den Richter kommt zum vornherein nur dann in Frage, wenn sie zur Stützung des Rechtsbegehrens einer Partei dient.»[146] Der Richter hat also den Formmangel nur zu berücksichtigen, wenn die Ungültigkeitsannahme zur Gutheissung des Antrags einer Partei führt. Dieser in der Lehre[147] oft wiederholte Satz ist irreführend. Denn die Berücksichtigung der Formungültigkeit führt in jedem Fall in der einen oder andern Weise zur Stützung des einen oder andern Rechtsbegehrens. Dass die Berücksichtigung des Formmangels «zur Stützung des Rechtsbegehrens einer Partei» führen muss, ist somit ein überflüssiges Postulat. 138

3. Berufung Dritter auf Formmängel?

1. Eine weitere Streitfrage (Nr. 21) geht dahin, ob sich auch Dritte auf die Formungültigkeit berufen können. Die Frage wird regelmässig in Zusammenhang gebracht mit der im vorstehenden Titel behandelten: Es sei «logisch», Dritten die Berufung auf den Formmangel zu gewähren, falls man dessen Berücksichtigung von Amtes wegen bejahe[148]; umgekehrt folge aus der Einredentheorie ohne wei- 139

---

[144] KOLLER, BR 1987, S. 69, mit Hinweisen.
[145] Z.B. ZBGR 1984, S. 105 (Bundesgericht); BGE 78 II 227.
[146] SCHMID, Nr. 672, im Anschluss an BUCHER, OR AT, S. 170; ebenso GAUCH/SCHLUEP/SCHMID/REY, Nr. 562.
[147] BUCHER, Rechtsmissbrauch, S. 78; KOLLER, BR 1987, S. 69; SCHMID, Nr. 672.
[148] So SCHMID, Nr. 683.

teres, dass sich Dritte nicht auf den Mangel berufen könnten bzw. erst dann, wenn eine Partei den Mangel mittels Einrede geltend gemacht habe[149]. Indessen handelt es sich letztlich um getrennte Fragen, die auch einer gesonderten Betrachtung bedürfen.

140 **2.** Die Kontroverse spielt namentlich dort eine Rolle, wo sich ein Gläubiger des Verkäufers auf dessen Eigentum (insbesondere in einem Pfändungsverfahren) berufen will.

141 Dieser Fall, auf den ich mich hier beschränke, bietet keine Probleme, solange der Vertrag nicht erfüllt ist. Denn solange der Käufer nicht im Grundbuch eingetragen ist, bleibt der Verkäufer unabhängig davon Eigentümer, ob der Kaufvertrag formgültig ist oder nicht. Es versteht sich daher von selbst, dass der Dritte das Eigentum des Verkäufers geltend machen kann, und zwar ohne dass er sich in irgendeiner Weise auf die Formungültigkeit berufen müsste.

142 Wurde hingegen der Käufer im Grundbuch als Eigentümer eingetragen, stellt sich die Frage, ob der Dritte geltend machen kann, der Verkäufer sei wegen der Formungültigkeit des Vertrages trotzdem Eigentümer geblieben. Dieser Einwand steht m.E. dem Dritten nur, aber immerhin, dann offen, wenn die Parteien selbst die Formungültigkeit noch geltend machen könnten, der Mangel also nicht geheilt ist (vgl. BGE 67 II 149 ff.). Demgegenüber muss sich nach der Einredentheorie ein Gläubiger des Verkäufers den formellen Eintrag des Käufers so lange entgegenhalten lassen, bis eine der Parteien das Eigentum des Verkäufers wirksam geltend macht. Zur Begründung wird angeführt, die Formvorschriften sollten nur dem Schutze der Parteien, nicht aber Dritter dienen[150]. Auch wenn dies zutreffen sollte[151], ist nicht einzusehen, weshalb der Verkäufer auf die Geltendmachung seines Eigentums im Interesse des Käufers und zum Nachteil der Gläubiger sollte verzichten können (darauf läuft ja letztlich die Einredentheorie hinaus). Richtigerweise müssen sich die Gläubiger so lange auf das Eigentum des Verkäufers berufen können, als es dieser selbst tun kann.

143 Die Gläubiger des Verkäufers können daher gegen den im Grundbuch eingetragenen Käufer erfolgreich Widerspruchsklage erheben (Art. 108 Ziff. 3 SchKG), immer vorausgesetzt, dass der formungültige Vertrag nicht geheilt wurde.

---

[149] Vgl. z.B. BGE 106 II 151 und MEIER-HAYOZ, BerKomm, N 130 zu Art. 657 ZGB: die Formungültigkeit bedürfe «der Geltendmachung durch eine der Parteien im Wege der Einrede» und könne «daher auch nicht von Drittpersonen angerufen werden».

[150] SCHMID, Nr. 685.

[151] Was nicht der Fall sein dürfte: Die öffentliche Beurkundung hat zumindest als Nebenzweck auch den Schutz Dritter, namentlich Vorkaufsberechtigter, im Auge. Vgl. SCHMIDLIN, BerKomm, N 115 zu Art. 11 OR; SCHWENZER, Nr. 31.38.

3. Nicht als Dritte im hier verstandenen Sinne gelten die *Rechtsnachfolger der* 144
Parteien. Diese können sich nach einhelliger Auffassung ohne weiteres auf den
Formmangel berufen. Die Vertreter der Einredentheorie sind insoweit nicht anderer Ansicht. Daher kann z.b. der Käufer einer mit einem Kaufsrecht belasteten Parzelle gegenüber den Inhabern des Kaufsrechts die Ungültigkeit des Kaufrechtsvertrages geltend machen (vgl. BGE 106 II 152).

4. Formungültiger Grundstückkaufvertrag als Vorkaufsfall?

1. Die im Titel aufgeworfene Frage[152] ist dem Grundsatz nach zu verneinen: 145
Der Vorkaufsberechtigte kann das mit dem Vorkaufsrecht (vgl. dazu § 11
Nr. 40 ff.) belastete Grundstück nur an sich ziehen, wenn das betreffende
Grundstück gültig, namentlich auch formgültig, verkauft worden ist[153]. Eine
Ausnahme gilt für den Fall, dass die Anrufung des Formmangels durch den Verkäufer im Verhältnis zum Vorkaufsberechtigten rechtsmissbräuchlich ist. Alsdann ist es zu halten, wie wenn ein gültiger Vorkaufsfall eingetreten wäre[154].
Hauptbeispiel ist die missbräuchliche Simulation eines zu hohen Kaufpreises.
Mit einem solchen Tatbestand hatte sich das Luzerner Obergericht in LGVE
1985 I Nr. 5, S. 9 ff.[155], zu befassen:

A verkaufte dem B eine mit einem Vorkaufsrecht belastete Eigentumswohnung mit dem da- 146
zugehörigen Abstellplatz, der ebenfalls mit einem Vorkaufsrecht belastet war. In einem weiteren Vertrag verkaufte A dem B ein Hallenbad und einen weiteren Abstellplatz; diese beiden
Objekte waren nicht mit einem Vorkaufsrecht belastet. Der Kaufpreis für alle vier Objekte
(Eigentumswohnung, Hallenbad, zwei Abstellplätze) entsprach zwar dem wirklichen Willen
der Parteien. Doch war der Preis für die Eigentumswohnung und den dazugehörigen Abstellplatz deutlich übersetzt, der Preis für das Hallenbad und den zweiten Abstellplatz deutlich
untersetzt. Der Vorkaufsberechtigte erklärte rechtzeitig, er übe sein Recht aus, allerdings
nicht zum vereinbarten Kaufpreis, der fiktiv hochgetrieben sei. In der Folge ersuchte er für
die vorkaufsrechtsbelasteten Objekte um Vormerkung einer Verfügungsbeschränkung gemäss Art. 960 Ziff. 1 ZGB. Das Obergericht hat den Vorkaufsfall bejaht und das Gesuch geschützt. M.E. zu Recht. Zwar war der Kaufvertrag über die mit dem Vorkaufsrecht belasteten
Bauten (Eigentumswohnung und Abstellplatz) formungültig, weil der Kaufpreis nicht das
wirkliche Entgelt für die betreffenden Bauten, sondern z.T. auch das Entgelt für das gleichzeitig verkaufte Hallenbad bzw. den dazugehörigen Abstellplatz darstellte. Er kam somit als

---

[152] S. dazu Koller, OR AT, Nr. 721 und 762.
[153] Z.B. Liver, SPR V/1, S. 207; Guhl/Koller, § 41 Nr. 28.
[154] Dasselbe gilt, wenn sich der Verkäufer im Verhältnis zum *Käufer* nicht auf den Formmangel berufen kann (zu diesen Fällen vgl. z.B. Nr. 67 f., 94): Liver, wie in Anm. 153.
[155] Vgl. dazu Koller, BR 1988, S. 17 f.

Vorkaufsfall grundsätzlich nicht in Betracht. Der Verkäufer handelte jedoch rechtsmissbräuchlich, wenn er sich auf die Formungültigkeit berief und gestützt hierauf den Vorkaufsfall bestritt. Denn der Abschluss zweier Kaufverträge statt nur eines Vertrages und die dadurch ermöglichte Manipulation mit dem Gesamtkaufpreis geschah offensichtlich nur mit dem Ziel, den Vorkaufsberechtigten von der Ausübung seines Rechtes abzuhalten.

147 **2.** Bleibt im vorliegenden Zusammenhang die Frage zu beantworten, wie der vom Vorkaufsberechtigten zu bezahlende Übernahmepreis zu bestimmen ist, wenn ein formungültiger Kaufvertrag den Vorkaufsfall auslöst. Keine Schwierigkeiten bestehen insoweit beim limitierten Vorkaufsrecht, bei welchem die Übernahmebedingungen im Vorkaufsvertrag umschrieben sind. Beim nicht limitierten Vorkaufsrecht hat der Vorkaufsberechtigte sich grundsätzlich den Bedingungen zu unterziehen, die der Verpflichtete mit dem Dritterwerber ausgehandelt hat. Namentlich hat er den von diesen abgemachten Preis zu bezahlen. Das gilt auch dann, wenn bei Simulation eines zu hohen Preises der von den Parteien tatsächlich vereinbarte Preis feststeht. Trifft dies – wie im besprochenen Fall – nicht zu, obliegt die Festsetzung des Übernahmepreises dem Richter[156].

---

[156] Vgl. BGE 81 II 502, wo der Richter in verwandtem Zusammenhang eine ähnliche Aufgabe wahrzunehmen hatte: Es war ein Vorkaufsrecht an einem Teil eines Grundstücks bestellt; beim Verkauf des gesamten Grundstücks war der vom Vorkaufsberechtigten zu bezahlende Preis für die Übernahme des betreffenden Grundstücksteils zu bestimmen.

§ 4
Vertragserfüllung und deren Sicherung in sachenrechtlicher Sicht

Bernhard Schnyder[*]

INHALTSVERZEICHNIS	Seite
Literatur	133
Einleitung	135

I. Erfüllung und deren Sicherung bei der Verkäufer-verpflichtung (die Eigentumsverschaffung)	137
1. Die Eintragung im Grundbuch	137
A. Die Voraussetzungen	138
a. Der Rechtsgrund	138
b. Die Anmeldung	139
B. Die Ausweise	142
a. Der Ausweis über das Verfügungsrecht	142
b. Der Ausweis über den Rechtsgrund	145

[*] Besonderen Dank für seine Mitarbeit bei der ersten Auflage dieses Aufsatzes schulde ich meinem damaligen Assistenten (und nunmehr) Dr. iur. Martin Good.

    2. Die Klage auf gerichtliche Zusprechung des Eigentums...... 147
        A. Der Grundsatz.................................. 147
        B. Die Voraussetzungen............................ 149
            a. Der gültige Kaufvertrag 150
            b. Die unbegründete Weigerung 150
            c. Das Eigentum des Verkäufers 153
        C. Einzelfragen 154
    3. Die Vormerkung einer Verfügungsbeschränkung........... 156
        A. Die Bedeutung der Verfügungsbeschränkung
           gemäss Art. 960 Abs. 1 Ziff. 1 ZGB 156
        B. Voraussetzungen und Verfahren.................... 160
            a. Die Voraussetzungen......................... 160
            b. Das Verfahren............................... 161
        C. Abgrenzungen................................... 162

II. **Sicherung der Erfüllung der Käuferverpflichtung
    (das Verkäuferpfandrecht)**............................ 164
    1. Zum Grundsätzlichen 164
    2. Die Voraussetzungen und das Verfahren................. 168
        A. Die Voraussetzungen............................ 168
            a. Ein Grundstückkauf.......................... 168
            b. Kein Verzicht 169
            c. Kein Ablauf der Frist 171
        B. Das Verfahren................................... 171
            a. Die Anmeldung beim Grundbuchamt 171
            b. Die vorläufige Eintragung..................... 172
            c. Das Urteil in der Sache 174

LITERATUR

Die gängigen schweizerischen Kommentarwerke (Zürcher Kommentar, Berner Kommentar, Basler Kommentar) werden im Folgenden nicht aufgeführt. Dasselbe gilt für Beiträge im «Schweizerischen Privatrecht» (SPR), deutschsprachige Ausgabe. – Zitierweise: Die Autoren werden nur mit dem Verfassernamen, nötigenfalls mit einem präzisierenden Zusatz zitiert. – Hinweise auf weiterführende Spezialliteratur finden sich in den Fussnoten.

BERGER MARKUS, Die Stellung Verheirateter im rechtsgeschäftlichen Verkehr, Diss. Freiburg 1987.
BESSON C., Restriction du droit d'aliéner et cancellation du Registre Foncier, ZBGR 1985, S. 1 ff.
BRÜCKNER CHRISTIAN, Sorgfaltspflicht der Urkundsperson und Prüfungsbereich des Grundbuchführers bei Abfassung und Prüfung des Rechtsgrundausweises, ZBGR 1983, S. 65 ff.
BUCHER EUGEN, Schweizerisches Obligationenrecht, Allgemeiner Teil, 2. A. Zürich 1988.
DESCHENAUX HENRI, Le registre foncier, in: Traité de droit privé Suisse, Volume V, tome II/2, Fribourg 1983.
DESCHENAUX HENRI/STEINAUER PAUL-HENRI/BADDELEY MARGARETA, Les effets du mariage, Berne 2000.
GAUCH PETER, Der Werkvertrag, 4. A. Zürich 1996.
GAUCH PETER/SCHLUEP WALTER, Schweizerisches Obligationenrecht, Allgemeiner Teil, 2 Bde., 7. A. bearbeitet von JÖRG SCHMID (Bd. I) und HEINZ REY (Bd. II), Zürich 1998 (zit. GAUCH/SCHLUEP/SCHMID/REY).
HOFMANN PAUL, Die gesetzlichen Grundpfandrechte des Art. 837 ZGB, insbesondere das Bauhandwerkerpfandrecht, Diss. Zürich 1940.
HUBER EUGEN, Schweizerisches Zivilgesetzbuch: Erläuterungen zum Vorentwurf, 2. Bd., Sachenrecht, 2. A. Bern 1914.
KUMMER MAX, Grundriss des Zivilprozessrechts, 4. A. Bern 1984.
LÖTSCHER MARKUS, Das Grundstück als Gegenstand von Grundpfandrechten, Diss. Freiburg 1988.
LUTZ GUSTAV, System der Eigentumsübertragung an Grundstücken, Diss. Zürich 1968.
MEISTER CHRISTIAN PETER, Vorsorgliche Massnahmen bei immobiliarsachenrechtlichen Streitigkeiten, Diss. Zürich 1977.
PFÄFFLI ROLAND, Der Ausweis für die Eigentumsübertragung im Grundbuch, Diss. St. Gallen 1999.
PIOTET PAUL, La réalisation d'une condition peut-elle avoir un «effet réel»? Théorie du transfert de propriété, ZSR 1988, S. 359 ff. (zit. PIOTET, Transfert).
– Le droit de l'entrepreneur à une hypothèque légale en cas de réalisation forcée ou d'acquisition de bonne foi de l'immeuble, SJZ 1983, S. 237 ff. (zit. PIOTET, Hypothèque légale).
REY HEINZ, Der «Bündner Doppelverkauf», recht 1986, S. 126 ff.
RIEMER HANS MICHAEL, Die beschränkten dinglichen Rechte, 2. A. Bern 2000.
SCHMID JÖRG, Die öffentliche Beurkundung von Schuldverträgen, Diss. Freiburg 1988 (zit. SCHMID, Beurkundung).
– Sachenrecht, Zürich 1997 (zit. SCHMID, Sachenrecht).
SCHNYDER BERNHARD, Vertragsfreiheit als Privatrechtsbegriff, Diss. Freiburg 1960.
SCHUMACHER RAINER, Das Bauhandwerkerpfandrecht, 2. A. Zürich 1982.

STEINAUER PAUL-HENRI, Les droits réels, tome I, 2ᵉ éd. Berne 1997 (zit. STEINAUER I), tome III, 2ᵉ éd. Berne 1996 (zit. STEINAUER III).

TUOR PETER/SCHNYDER BERNHARD/SCHMID JÖRG, Das Schweizerische Zivilgesetzbuch, 11. A. Zürich 1995.

VOGEL OSCAR, Grundriss des Zivilprozessrechts, 6. A. Bern 1999.

Einleitung

1. Im und durch den Kaufvertrag, der «ein Grundstück zum Gegenstande» hat (s. Art. 216 Abs. 1 OR), verpflichtet sich der Verkäufer, dem Käufer[1] das Grundstück («den Kaufgegenstand» nach Art. 184 Abs. 1 OR) «zu übergeben und ihm das Eigentum daran zu verschaffen» (Art. 184 Abs. 1 OR), und (verpflichtet sich) der Käufer, «dem Verkäufer den Preis zu bezahlen» (Art. 184 Abs. 1 OR in fine). **Vertragserfüllung** heisst mithin (mindestens[2]) für den Verkäufer: Übergabe des Grundstücks und Eigentumsverschaffung an demselben, für den Käufer: Zahlung des Kaufpreises.

1

2. Die Vertragserfüllung, die im vorliegenden Aufsatz in sachenrechtlicher Sicht behandelt wird, ist demnach beim Grundstückkauf (wie bei jedem Kauf) gekennzeichnet durch Sachübergabe, Eigentumsverschaffung und Kaufpreiszahlung. Die **Sachübergabe** geschieht durch die Übertragung des Besitzes, also eines im Sachenrecht geregelten Instituts. Die Besitzübertragung spielt aber beim Grundstückkauf eine untergeordnete Rolle[3]. Das geht so weit, dass der Ausdruck «in den Besitz des Käufers übergegangen» in Art. 214 Abs. 3 OR bei der entsprechenden Anwendung dieser Bestimmung auf den Grundstückkauf (Art. 221 OR)[4] ersetzt wird durch «vollzogene Eintragung des Käufers im Grundbuch» (BGE 86 II 234), d.h. durch die Eigentumsverschaffung[5]. Von der «Besitzverschaffungspflicht» ist daher hier nicht weiter die Rede[6]. – Auch die **Verpflichtung zur Zahlung des Kaufpreises** ist beim Grundstückkauf sachenrechtlich nichts Besonderes. Immerhin sieht das Sachenrecht eine spezifische Sicherung «für die Forderung des Verkäufers» (Art. 837 Abs. 1 Ziff. 1 ZGB), das Verkäuferpfandrecht[7], vor. Von ihm handelt denn auch der zweite Teil dieses Aufsatzes (Nr. 59 ff.).

2

3. Im Zentrum der Vertragserfüllung beim Grundstückkauf steht indessen (schlechthin und insbesondere in der Sicht des Sachenrechts) die **Eigentumsverschaffung.** Ihr ist der erste Teil dieser Arbeit gewidmet. Die im OR verwen-

3

---

[1] So das Gesetz. Gemeint sind damit natürlich auch Verkäuferin und Käuferin.

[2] Vgl. Cavin, SPR VII/I, S. 2: «Der Kaufvertrag hat ... die Entstehung von zwei Verpflichtungen zur Folge: Übergabe einer Sache und Verschaffung des Eigentums daran einerseits, Bezahlung eines Preises andererseits. Das sind die einzigen wesentlichen Vertragsbestandteile; ...»

[3] Anders beim Fahrniskauf, bei dem zur Übertragung des Eigentums der Übergang des Besitzes vonnöten ist (Art. 714 Abs. 1 ZGB).

[4] Diese Bestimmung über den Fahrniskauf findet gemäss Art. 221 OR (Randtitel: Verweisung auf den Fahrniskauf) «entsprechende Anwendung» auf den Grundstückkauf.

[5] So auch Cavin, SPR VII/1, S. 128, und Meier-Hayoz, BerKomm, N 41 zu Art. 656 ZGB.

[6] Allerdings trifft auch den Grundstückverkäufer diese Pflicht. Zur Verschaffung der entsprechenden Sachherrschaft können etwa die Gewährung des freien Zutritts und die Übergabe der Schlüssel oder anderer Mittel zur Ausübung der Herrschaftsmacht gehören (vgl. Giger, BerKomm, N 61 zu Art. 184 OR).

[7] Genau genommen: einen realobligatorischen Anspruch auf ein Pfandrecht (hierzu Nr. 61 ff.).

deten Wörter «Eigentum» (in Art. 184 Abs. 1 OR) und «Grundstück» (in Art. 216 Abs. 1 OR) sind dem Sachenrecht entnommen. Aus dem Sachenrecht stammen aber nicht nur die Begriffe «Eigentum» und «Grundstück». Das Sachenrecht enthält auch Normen, die vorwiegend oder (wenigstens) auch den Vorgang der Vertragserfüllung, die Eigentumsverschaffung an Grundstücken, betreffen. Die Dinge liegen so, dass das OR die Pflicht zur Eigentumsverschaffung vorsieht, das ZGB indessen (im Wesentlichen) aussagt, wie diese Pflicht erfüllt werden kann[8]. Folgende Artikel des ZGB sprechen sich darüber aus: Art. 963–966 (Eintragung – u.a. des Eigentums an einem Grundstück mit Willen des Verkäufers); Art. 665 Abs. 1 (Klage auf Zusprechung des Eigentums an einem Grundstück) und Art. 960 Abs. 1 Ziff. 1 (Verfügungsbeschränkung zur Sicherung des Anspruchs – u.a. – auf Eigentumsübertragung an einem Grundstück). Die Tragweite dieser Bestimmungen für Vertragserfüllung und deren Sicherung beim Grundstückkauf ist denn auch der Inhalt des ersten Teils, des Hauptteils dieser Untersuchung.

4   4. Es geht um «**Grundstücke**». Im Vordergrund stehen dabei Grundstücke im engeren Sinn des Wortes, das heisst Liegenschaften[9, 10]. Grundstücke «im Sinne dieses Gesetzes» (Art. 655 Abs. 2 ZGB, Ingress) sind aber auch «als Grundstücke behandelte dingliche Rechte an Grundstücken»[11], nämlich «die in das Grundbuch aufgenommenen selbständigen und dauernden Rechte» (Art. 655 Abs. 2 Ziff. 2 ZGB)[12], «die Bergwerke» (Art. 655 Abs. 2 Ziff. 3) und «die Miteigentumsanteile an Grundstücken» (Art. 655 Abs. 2 Ziff. 4)[13]. Auch solche grundstücksgleich behandelte dingliche Rechte, d.h. auch solche «Grundstücke», können «Gegenstand» eines Grundstückkaufvertrages bilden[14]. Hier stellt sich die Frage, ob und inwiefern diese Grundstücke bei Vertragserfüllung und deren Sicherung gleich behandelt werden wie die Liegenschaften. Das ist grundsätzlich[15] zu bejahen. Beim als Grundstück ins Grundbuch aufgenommenen

---

[8] Das hängt damit zusammen, dass die «Sache schon vor dem Vertrag Rechtsobjekt» ist und «es auch in und nach der Erfüllung des Vertrages» bleibt (SCHNYDER, S. 26 Anm. 26).
[9] Der allgemeine Sprachgebrauch setzt Liegenschaften und Grundstücke gleich.
[10] Für LIVER, SPR V/1, S. 123, sind nur sie Grundstücke.
[11] Hierzu LÖTSCHER, S. 15 ff.
[12] Genau genommen: die in das Grundbuch als Grundstücke (mit diesem Zusatz hätte der Gesetzgeber manchem Studenten Kopfzerbrechen erspart) aufgenommenen selbständigen und dauernden Rechte; vgl. Art. 7 Abs. 1 GBV.
[13] Unter Einschluss der in unserem Kontext praktisch wichtigen Stockwerkeigentumsanteile.
[14] LIVER, SPR V/1, S. 123: «Es sind Rechte, die im Rechtsverkehr als Grundstücke behandelt werden. Im Verkehr (Übertragung, Belastung) sind sie den Liegenschaften gleichgestellt ...»
[15] Vgl. etwa für Art. 665 Abs. 1 ZGB MEIER-HAYOZ, BerKomm, N 5 zu Art. 655; für Art. 837 Abs. 1 Ziff. 1 ZGB LEEMANN, BerKomm, N 17 zu Art. 837; für die Art. 963–966 ZGB HAAB/SIMONIUS/SCHERRER/

selbständigen und dauernden Recht (Art. 655 Abs. 2 Ziff. 2 ZGB) hatte ja die Aufnahme als Grundstück gerade zur Folge, dass «das Recht» (z.B. ein Baurecht) fortan nur mehr wie ein Grundstück und nicht mehr wie eine (reine) Personaldienstbarkeit übertragen werden kann. Vor der Aufnahme als Grundstück wurde nur die Dienstbarkeit, jetzt wird «das Eigentum» am «Grundstück Dienstbarkeit» übertragen. Im Übrigen schwebt aber im Folgenden dem Autor regelmässig die Liegenschaft vor, wenn von Grundstück die Rede ist. Auf die «anderen Grundstücke» ist alsdann das Gesagte mutatis mutandis anzuwenden. Hier und dort ist ausdrücklich von solchen anderen Grundstücken die Rede.

I. Erfüllung und deren Sicherung bei der Verkäuferverpflichtung (die Eigentumsverschaffung)

1. Die Eintragung im Grundbuch

1. Es ist dem Privatrecht (so auch dem positiven schweizerischen Privatrecht) eigen, dass es sich zunächst einmal ohne Mitwirkung der organisierten Gemeinschaft, des Staates, verwirklicht[16]. So wurden denn auch seit eh und je und werden heute täglich, stündlich, ja jeden Augenblick unzählige Kaufverträge erfüllt, ohne dass der Staat dabei irgendwie präsent ist. Erst wenn es zum Streit kommt, bedarf es (gegebenenfalls) des Staates und dessen Gerichtsbarkeit. Nun aber gibt es zwischen den Fällen, da Unstreitiges unabhängig vom Staat rechtens vor sich geht, und dem Fall, da der Staat durch Richter bei der Streitschlichtung zum Zuge kommt, auch den Fall, da der Staat notwendigerweise bei der Entstehung, der Abänderung oder dem Untergang von Privatrechten mitwirkt, auch und gerade wenn kein Streit vorliegt. Es handelt sich um Fälle der so genannten freiwilligen Gerichtsbarkeit. Solcherart ist nun auch die Eigentumsverschaffung an Grundstücken (war es auch schon in früheren Rechten[17]).

5

ZOBL, ZürKomm, N 5 ff. und 27 zu Art. 655; vgl. auch die Art. 9–10a GBV. – Das zu verkaufende «Eigentum» bezieht sich dabei – etwa im Fall des Art. 655 Abs. 2 Ziff. 2 ZGB – natürlich nur auf das «Recht» und nicht auf die Sache. Zwar gelangt beim Baurecht die Baute in das Eigentum des Käufers, aber nicht deshalb, weil das Baurecht als Grundstück gekauft wurde, sondern weil die zugrunde liegende Baudienstbarkeit bereits das Eigentum an der Baute (Art. 675 Abs. 1 und 779 Abs. 3 ZGB) vermittelt hat.

[16] Vgl. JÄGGI PETER, Privatrecht und Staat, Zürich 1976, S. 31, sowie SCHNYDER, S. 20 f.

[17] Vgl. etwa für das römische Recht die in iure cessio, welche allerdings dem streitigen Verfahren nachgebildet war; s. KASER MAX, Römisches Privatrecht, 14. A. München 1986, S. 44 f. und 114.

Zwar erfüllen die meisten Verkäufer von Grundstücken ihre Eigentumsverschaffungspflicht ohne Murren. Die Rechtssicherheit erheischt aber nach der Auffassung unseres Gesetzgebers, *dass der Verkäufer seiner Pflicht nur über den Umweg der staatlichen Mitwirkung nachkommen kann.* Das Eigentum am verkauften Grundstück geht erst, aber eben mit der Eintragung im Grundbuch auf den Käufer über (Art. 656 Abs. 1, Art. 971 Abs. 1, Art. 972 Abs. 1 ZGB; BGE 114 III 20). Diese Eintragung hat der Verkäufer zu veranlassen. Das ist «seine Pflicht und Schuldigkeit». Der Erwerbsgrund Kaufvertrag gibt dem Käufer «gegen den Eigentümer einen persönlichen Anspruch auf Eintragung» (so in Art. 665 Abs. 1 ZGB erster Teil).

6   2. *Der Verkäufer* kommt also seiner Eigentumsverschaffungspflicht dadurch nach, dass er die Eintragung im Grundbuch veranlasst. Er *erfüllt über den (Um-)Weg des Grundbuchs.* Der Grundbuchverwalter ist daher auch schon in der Lehre als «Leistungsempfänger für den aus dem Grundgeschäft Berechtigten» bezeichnet worden; er habe «die Funktion eines ‹gesetzlichen solutionis causa adjectus›, an den der Schuldner, d.h. der aus dem Grundgeschäft Verpflichtete, befreiend leistet»[18]. Dieser schöne Vergleich trägt ein Stück weit, hinkt aber auch (sonst wäre es kein Vergleich, sondern das Gleiche): Das Handeln oder Nichthandeln des Grundbuchverwalters hat nicht die gleichen Folgen wie die Tätigkeit oder Untätigkeit des «solutionis causa adjectus»[19]. Man kann das Grundbuchamt auch ganz einfach als das notwendige Instrument betrachten, das der Staat dem Verkäufer für seine Vertragserfüllung zur Verfügung stellt, dessen mangelhafte Führung aber den Staat zu Schadenersatz verpflichtet (Art. 955 Abs. 1 ZGB).

7   Die Eintragung hängt von zwei Voraussetzungen ab: vom Rechtsgrund und von der Anmeldung. Dem Grundbuchamt gegenüber muss sich der Gesuchsteller ausweisen über sein Verfügungsrecht und über den Rechtsgrund. Davon – von den Voraussetzungen und den Ausweisen – sei nun im Folgenden die Rede.

A. Die Voraussetzungen

a. Der Rechtsgrund

8   Die Eintragung wird nur vorgenommen, wenn ein Rechtsgrund vorliegt; darüber hat sich der Gesuchsteller auszuweisen (Art. 965 Abs. 1 ZGB in fine; im Einzelnen s. Nr. 16 ff.). Aber nicht nur die *Eintragung hängt vom Vorliegen ei-*

---

[18] Rey, S. 129.

[19] So wäre ja wohl nicht die «Annahmeverweigerung» des Grundbuchs «als solche des Gläubigers selbst zu betrachten»; s. diese generelle Formulierung bei Bucher, S. 296.

nes Rechtsgrundes ab. Auch die durch die Eintragung zu bewirkende *Eigentumsübertragung ist vom gültigen Rechtsgrund abhängig.* Im schweizerischen Immobiliarsachenrecht gilt gemäss ausdrücklicher gesetzlicher Anordnung das so genannte Kausalitätsprinzip[20]. Eine ungerechtfertigte Eintragung verschafft dem Eingetragenen grundsätzlich[21] kein dem Eintrag entsprechendes Recht (Art. 974 Abs. 1 ZGB); der Verletzte kann sich darauf mit der Grundbuchberichtigungsklage (Art. 975 Abs. 1 ZGB) berufen und den «falschen» Eintrag löschen oder abändern lassen. Ungerechtfertigt aber ist der Eintrag, «der ohne Rechtsgrund oder aus einem unverbindlichen Rechtsgeschäft erfolgt» (Art. 974 Abs. 2 ZGB). In unserem Kontext ist jedoch diese an sich grundlegende Überlegung unwichtig. Gehen wir doch davon aus, dass eben ein Rechtsgrund vorliege: die durch den Abschluss eines gültigen Kaufvertrages entstandene Verpflichtung zur Eigentumsverschaffung[22].

b. Die Anmeldung

1. Der (verfügungsberechtigte) Verkäufer hat als Eigentümer[23] das Recht (Art. 963 Abs. 1 ZGB) und als Verkäufer die Pflicht zur Anmeldung beim Grundbuchamt. Mit dieser Anmeldung im Hinblick auf die Eintragung des neuen Eigentümers erfüllt der Verkäufer seine Eigentumsverschaffungspflicht. Seine Eigentumsverschaffungstätigkeit besteht nur, aber eben, im richtigen Anmelden. Die Anmeldung ist daher (s)eine **Erfüllungshandlung**[24].

Gegebenenfalls nimmt allerdings der mit der öffentlichen Beurkundung beauftragte Beamte dem Verkäufer diese Pflicht ab: dies kraft Gesetzes dann, wenn der Kanton die Urkundspersonen anweist, die von ihnen beurkundeten Geschäfte zur Eintragung anzumelden (Art. 963 Abs. 3 ZGB und Art. 16 Abs. 3 GBV). Wo dies der Fall ist, handelt **die Urkundsperson** für den Eigentümer. Gemäss Art. 16 Abs. 2 GBV kann mit der öffentlichen Beurkundung des Vertrages über das einzutragende Recht die Ermächtigung des Erwerbers zur Anmeldung verbunden werden. Ist **der Erwerber** damit einverstanden, so ist anzu-

9

10

---

[20] So zwar auch bei der Eigentumsübertragung an Fahrnis, dort aber nicht kraft ausdrücklicher gesetzlicher Anordnung, sondern kraft (um nicht mehr zu sagen: herrschender) Lehre und Rechtsprechung. Vgl. statt vieler: MEIER-HAYOZ, Das Eigentum, Systematischer Teil, Nr. 88; OFTINGER/BÄR, ZürKomm, N 111/112 zu Art. 884 ZGB. S. auch MERZ HANS, Vertrag und Vertragsschluss, 2. A. Freiburg 1992, S. 44 Nr. 77 und Anm. 58, unter Hinweis auf a.M. von VON TUHR/PETER.
[21] Ausnahmen: Art. 973 sowie (mit der Zeit) Art. 661 ZGB; bei Formmangel: s. nächste Anm.
[22] Der Sonderfall des formungültigen Rechtsgeschäfts wird in diesem Werk andernorts behandelt (s. vorn § 3). Zum bedingten Grundstückkauf s. Art. 217 OR und hierzu Kommentar GIGER sowie PIOTET, Transfert, passim.
[23] Zum Fall, da der Verkäufer (ausnahmsweise) nicht Eigentümer ist, s. Nr. 18.
[24] REY, S. 129, und dort in Anm. 27 zit. LIVER.

nehmen, dass er den Verkäufer (jedenfalls vorerst einmal[25]) von seiner Eigentumsverschaffungspflicht mittels Anmeldung entbindet.

11 **2. Wann** muss der Verkäufer **anmelden?** Das ist eine Frage der Fälligkeit. Nach Art. 75 OR tritt diese «sogleich» ein, wenn nicht Vertrag oder Natur des Rechtsverhältnisses etwas anderes beinhalten. So ist insbesondere denkbar, dass gemäss Vertrag die Anmeldung erst nach Zahlung des Kaufpreises erfolgen muss. Vor allem aber geht Art. 82 OR (gesetzliches Leistungsverweigerungsrecht bei zweiseitigen Verträgen) als spezielle für den Kauf anwendbare Bestimmung (s. etwa. BGE 113 II 120) «den allgemeinen Zeitbestimmungen (OR 75 ff.) vor»[26]. Im Übrigen ist «sogleich» «nicht buchstäblich zu verstehen»[27]. Einen gewissen Anhaltspunkt böten die kurzen Fristen, welche in kantonalen Erlassen den Notaren für die Vornahme der die Eintragungen bewirkenden Anmeldungen gesetzt werden. Immerhin ist dem Verkäufer vielleicht sogar rascheres Handeln zumutbar, weil er ja nicht eine grosse Zahl von Anmeldungen vorzunehmen hat und weil die Nichteinhaltung des «sogleich» für ihn höchstens zum Verzug führen könnte, während der Notar bei Nichtrespektierung der Fristen unmittelbar schadenersatzpflichtig werden könnte. Anderseits geht der Käufer bei Verzögerung durch den Verkäufer das kleinere Risiko ein als bei analogem Verhalten des (den Erstkauf verurkundenden) Notars, weil in letzterem Fall ja ein zweiter Käufer bei einem Doppelverkauf den ersten (sachenrechtlich) «überrunden» könnte (s. BGE 110 II 128 und Nr. 45).

12 **3.** Die Eintragung im Grundbuch ist regelmässig mit **Kosten** verbunden (s. Art. 954 Abs. 1 und 2 ZGB und die gestützt auf Abs. 1 geschaffenen Erlasse der Kantone). Obwohl nun aber dem Verkäufer die Eigentumsverschaffungspflicht obliegt, trägt, sofern nichts anderes vereinbart worden ist, im internen Verhältnis Käufer/Verkäufer nicht er, sondern der Käufer diese Kosten. Die Eintragungsgebühren fallen unter die Kosten der Abnahme i.S.v. Art. 188 OR in fine, auf welche Norm für den Grundstückkauf Art. 221 OR verweist[28].

13 **4.** Die Anmeldung beim Grundbuchamt ist (dogmatisch gesehen) das auf das Verpflichtungsgeschäft Kaufvertrag folgende Verfügungsgeschäft[29]. Es ist ein-

---

[25] Es könnte ja sein, dass der Erwerber aus irgendeinem Grunde die Handlung nicht mehr vornehmen könnte. Zum Recht des Veräusserers, die gemäss Art. 16 Abs. 2 GBV erteilte Ermächtigung zu widerrufen, s. LUTZ, S. 101.
[26] WEBER, BerKomm, N 11 zu Art. 82 OR.
[27] WEBER, BerKomm, N 85 zu Art. 75 OR. WEBER spricht dort allerdings vom «Zeitbegriff ‹sofort›», meint damit aber das im Gesetzestext verwendete «sogleich».
[28] S. GIGER, BerKomm, N 25 zu Art. 188 OR, sowie N 19 zu Art. 221 OR, mit Kritik de lege ferenda.
[29] MERZ (zit. in Anm. 20), S. 34 Anm. 26: «Verfügungsgeschäft ist hier die Anmeldung beim Grundbuchamt, ein einseitiges kausales Rechtsgeschäft.» S. auch schon HOMBERGER, ZürKomm, N 4 zu Art. 963 ZGB.

seitiges Rechtsgeschäft, insofern der formgerecht geäusserte Wille des Eigentümers/Verkäufers genügt, aber auch nicht mehr durch entgegenstehende Willensäusserung des Käufers durchkreuzt werden kann[30]. Streitig war, ob der Verkäufer zwischen dem Zeitpunkt, da die Tagebucheintragung beim Grundbuch erfolgt ist, bis zur Eintragung im Hauptbuch die Anmeldung noch einseitig zurückziehen kann. Diese vom Bundesgericht (in BGE 87 I 479) bejahte (in BGE 89 II 256 immerhin offen gelassene) Möglichkeit wurde von der Lehre (so auch in der Vorauflage dieses Aufsatzes in Nr. 414) mit Recht in Zweifel gezogen[31]. Sollte doch die Möglichkeit des Rückzuges nicht vom Zufall der schon oder gerade noch nicht erfolgten Eintragung im Hauptbuch abhängig gemacht werden. Inzwischen hat das Bundesgericht seine Praxis geändert. Danach kommt nach der Eintragung im Tagebuch ein einseitiger Rückzug dieser Anmeldung ohne Rücksicht auf den Rechtsgrund der Verfügung auch dann nicht mehr in Frage, wenn deren Vollzug im Hauptbuch noch aussteht (BGE 115 II 221 ff.; vgl. auch BGE 115 II 339)[32].

Eigentumsverschaffungspflicht heisst mithin Pflicht des Verkäufers zu rechtsgeschäftlichem Tätigwerden, also **Pflicht zur Abgabe einer Willenserklärung**. Erfüllt der Verkäufer diese Pflicht nicht, so kann der Richter an seiner Stelle handeln. Das Gesetz (Art. 665 Abs. 1 ZGB) erlaubt sogar dem Richter (beziehungsweise dem klagenden Käufer über den Weg des richterlichen Urteils), auf die Anmeldung (anders gesagt: auf die Ersatzvornahme der Willenserklärung des Verpflichteten durch den Richter) zu verzichten und an deren Stelle die (unmittelbare) Eigentumsübertragung durch Urteil zu bewirken (Art. 656 Abs. 2 ZGB). Hierzu s. nachstehend Nr. 25 ff. 14

5. Was gilt, **wenn der Grundbuchbeamte die Anmeldung ablehnt?** Dagegen können gemäss Art. 103 GBV der Anmeldende und (laut Art. 103 Abs. 1 GBV seit der die bundesgerichtliche Praxis in die Verordnung übernehmenden Revision vom 18. November 1987) alle Übrigen, die von der Abweisung berührt sind, Beschwerde führen. Ist der Verkäufer aufgrund seiner Eigentumsverschaffungspflicht zu einer solchen Beschwerde (im Kanton; allenfalls gar darüber hinaus an das Bundesgericht über eine Verwaltungsgerichtsbeschwerde: s. 15

---

[30] DESCHENAUX, S. 225, sagt zwar: «Il y a nécessairement, de la part du destinataire de l'acte de disposition, acceptation de cet acte, c'est-à-dire manifestation au moins tacite de la volonté d'acquérir.» Das ist zwar der Normalfall, und insofern könnte von «dinglichem Vertrag» («contrat réel») gesprochen werden. Da aber die Einwilligung des Erwerbers zur Eintragung im Grundbuch gerade nicht nötig ist (MEIER-HAYOZ, BerKomm, N 18 zu Art. 665 ZGB), ist «einseitiges Rechtsgeschäft» zutreffender.
[31] S. etwa die ausführlichen Erörterungen bei HOTTINGER WALTER, Über den Zeitpunkt der Entstehung dinglicher Rechte an Grundstücken und zur Frage der Rückziehbarkeit der Grundbuchanmeldung, Diss. Zürich 1973, S. 62–88, insbesondere 74 f.
[32] S. PFÄFFLI, S. 30 f., und TUOR/SCHNYDER/SCHMID, S. 649, und dort Anm. 15.

Art. 103 Abs. 4 GBV) verpflichtet? Das ist meines Erachtens eine Frage der Zumutbarkeit, die ihrerseits von den Prozesschancen abhängt. Dabei ist immerhin zweierlei zu berücksichtigen: Da der Käufer ja gemäss Art. 103 Abs. 1 GBV selber Beschwerde führen kann, ist die «Beschwerdeführungspflicht» des Verkäufers doch wohl herabgesetzt. Da aber anderseits der Käufer die «Kosten der Abnahme» (Art. 188 OR; Verweisung in Art. 221 OR) trägt, müsste er grundsätzlich auch die «Beschwerdekosten» übernehmen, was dem Verkäufer den Entscheid für die Beschwerde erleichtern könnte, ihn aber auch vor mutwilligem Prozessieren zurückhalten sollte. Besteht dann aber nach formeller Rechtskraft der Abweisung durch das Grundbuchamt beziehungsweise der daraufhin ergangenen Entscheide der Beschwerdeinstanzen für den Verkäufer noch eine Erfüllungspflicht? Ist nicht damit erwiesen, dass der Rechtsgrund fehlt? Das ist nicht gesagt. Hat doch der Grundbuchbeamte und haben doch die Beschwerdeinstanzen nicht die gleiche Kognition wie der Zivilrichter[33]. Es ist (wohl nicht nur theoretisch) denkbar, dass zwar die Ausweise für das Grundbuchamt nicht ausreichen, aber dennoch unter der Rücksicht der materiellrechtlichen Bindungswirkung ein gültiger Kaufvertrag vorliegt[34]. Praktisch wird in solchen Fällen die öffentliche Beurkundung noch einmal nachgeholt werden. Doch ist es ja möglich, dass der Verkäufer dazu nicht mehr Hand bietet. Dann muss der Käufer klagen (hierzu Nr. 23 ff.).

B. Die Ausweise

16 Der Gesuchsteller hat sich auszuweisen über sein Verfügungsrecht und über den Rechtsgrund (Art. 965 Abs. 1 ZGB).

a. Der Ausweis über das Verfügungsrecht

17 1. Gemäss Art. 965 Abs. 2 ZGB liegt der Ausweis über das Verfügungsrecht «in dem Nachweise, dass der Gesuchsteller die nach Massgabe des Grundbuches verfügungsberechtigte Person ist oder von dieser eine Vollmacht erhalten hat». Für den Grundstückkauf besagt dies, dass der **Verkäufer** sich als **bisheriger Eigentümer** ausweist, der entweder selbst oder durch Bevollmächtigte (von Gesetzes wegen nach Art. 963 Abs. 3 ZGB bzw. Art. 16 Abs. 3 GBV – oder kraft Ermächtigung i.S.v. Art. 16 Abs. 2 GBV) handelt.

---

[33] REY, S. 127: Der Grundbuchverwalter «hat nicht eine dem Zivilrichter ähnliche Interpretationsbefugnis». Wohl aber haben Beschwerdeinstanzen und Grundbuchverwalter die gleiche Kognition: DESCHENAUX, S. 163 und 473. – S. ferner Nr. 23.

[34] S. auch hierzu Nr. 23.

2. Was aber, **wenn der Verkäufer nicht Eigentümer ist,** wenn er mithin die 18
Sache (das Grundstück) eines Dritten verkauft? Das kann entweder deshalb der
Fall sein, weil der Verkäufer, obwohl nicht Eigentümer, die Verfügungsmacht
über die fremde Sache hat, oder aber weil der Verkäufer gedenkt, die Verfügungsmacht über die Sache überhaupt erst zu erlangen. Im ersten Fall ist der
Verkäufer zwar nicht Eigentümer, aber ausnahmsweise (aufgrund einer besonderen Rechtslage) doch Inhaber der Verfügungsmacht und demnach auch i.S.v.
Art. 965 Abs. 2 ZGB «die nach Massgabe des Grundbuches verfügungsberechtigte Person»[35]. Im zweiten Fall muss sich der Verkäufer (etwa durch Kauf der
Sache vom bisherigen Eigentümer) das Eigentum am Grundstück erst noch verschaffen[36]. Hat er so die Verfügungsmacht erhalten, ist er gestützt auf den Kaufvertrag nunmehr zur Verfügung (d.h. zur Anmeldung) verpflichtet.

3. Umgekehrt ist denkbar, dass **dem Verkäufer,** obwohl er Eigentümer ist, **die** 19
Verfügungsmacht über ein ihm gehörendes Grundstück **fehlt.** Einen solchen
Fall fehlenden Verfügungsrechtes über die eigene Sache enthält seit 1984/1988
Art. 169 Abs. 1 ZGB, wonach «ein Ehegatte» unter anderem *«das Haus oder die*
Wohnung der Familie» nur «mit der ausdrücklichen Zustimmung des andern»
veräussern kann. Die damals revidierte Grundbuchverordnung hat dieser Neuregelung in einem eigenen Art. 15a Rechnung getragen. Nunmehr sieht Art. 13a
Abs. 1 lit. b GBV in fine vor, dass aus dem Anmeldungsbeleg hervorgehen muss,
ob die verfügende Person verheiratet ist. Sodann hat gemäss Abs. 2 des Art. 13
GBV der Anmeldungsbeleg die Angaben zur Beurteilung zu enthalten, ob für
die Veräusserung die Zustimmung eines Dritten (in casu mithin des Ehegatten)
vonnöten ist[37]. Da die Veräusserung den Urtyp der durch Art. 169 ZGB visierten
Rechtsgeschäfte darstellt[38], liegt beim Grundstück(ver)kauf die Problematik
nicht darin, ob eine Verfügung (über die Wohnung) vorliege, sondern ob es sich
um eine «Wohnung der Familie» handle[39]. Weist der Grundbuchbeamte die Anmeldung (nach Ansicht derjenigen, die «von der Abweisung berührt» sind, zu
Unrecht) ab, so können die Betroffenen dagegen Beschwerde führen (Art. 103
Abs. 1 GBV). – Gemäss Art. 169 Abs. 2 ZGB kann der (veräussernde) Ehegatte

---

[35] Generell zu solchen Fällen s. Merz (zit. in Anm. 20), S. 20 f. Nr. 39. Analoge Situationen bei der Begründung von Faustpfandrechten bei Zobl, BerKomm, N 35 ff. zu Art. 884 ZGB. Ein solcher Fall läge etwa auch vor bei der Verwertung von Grundstücken im Konkurs (s. Art. 256 Abs. 1 SchKG).

[36] Merz (zit. in Anm. 20), S. 21 Nr. 40 in fine: «Zulässig ist jedoch das Eingehen einer Verpflichtung, über künftiges Eigentum zu verfügen.»

[37] Zur Prüfungspflicht des Grundbuchverwalters und der Urkundsperson in diesem Falle s. Hausheer/Reusser/Geiser, BerKomm, N 52–55 zu Art. 169 ZGB.

[38] Von der hier nicht weiter zur Diskussion stehenden Kündigung der Miete natürlich abgesehen.

[39] Zu den Aufgaben von Notar und Grundbuchamt in diesem Kontext unter der Herrschaft des nunmehr durch Art. 13a GBV ersetzten Art. 15a GBV s. Pfäffli Roland, Zur Revision der Grundbuchverordnung mit besonderer Berücksichtigung des neuen Ehe- und Erbrechts, BN 1988, S. 221 ff.

den Richter anrufen, wenn er beim Verkauf der Wohnung der Familie die Zustimmung des andern Ehegatten nicht einholen kann oder sie ihm ohne triftigen Grund verweigert wird. Das entsprechende richterliche Urteil ist aber nicht etwa die Zusprechung des Eigentums i.S.v. Art. 665 Abs. 1 ZGB (gekoppelt mit Art. 656 Abs. 2 ZGB; Nr. 27), sondern der vom Anmeldenden anstelle der formellen Zustimmung des Ehegatten beim Grundbuchamt zu hinterlegende Beleg. Das Gericht erteilt nicht die Zustimmung anstelle des Ehegatten; es ermächtigt den gesuchstellenden Ehegatten, allein zu handeln[40].

20 Das damals neue Eherecht von 1984/1988 enthält einen weiteren Fall mangelnder Verfügungsmacht bei Veräusserung von Grundstücken. Es ist *die in Art. 178 ZGB vorgesehene Beschränkung der Verfügungsbefugnis* (s. Randtitel). Demnach kann der Richter als Eheschutzmassnahme auf Begehren eines Ehegatten (Art. 172 Abs. 3 ZGB) unter gewissen Voraussetzungen «die Verfügung über bestimmte Vermögenswerte» (sc. des anderen Ehegatten) von der Zustimmung des Gesuchstellers «abhängig machen». Solche Verfügungsbeschränkungen können sich auch, wenn nicht gar vornehmlich, auf Grundstücke beziehen. Diesfalls lässt der Richter sogar von Amtes wegen eine entsprechende Anmerkung im Grundbuch anbringen (Art. 178 Abs. 3 ZGB). Das Gesetz spricht mit Recht von Anmerkung und nicht von Vormerkung, da die Eintragung im Grundbuch nicht etwa (wie bei der in Nr. 40 ff. zu behandelnden Vormerkung) konstitutiv wirkt; immerhin zerstört die Anmerkung i.S.v. Art. 970 Abs. 3 ZGB den guten Glauben (genauer: verhindert, dass sich ein Dritter noch auf seinen guten Glauben berufen kann)[41]. Während jedoch nach der Mehrheitsmeinung in der Lehre die Beschränkung gemäss Art. 169 ZGB (Wohnung der Familie) auch schon die Handlungsfähigkeit i.S.v. Verpflichtungsfähigkeit einschränkt[42], bezieht sich die vom Richter angeordnete Beschränkung nach Art. 178 ZGB dem Wortlaut nach (nur?) auf die Verfügungsbefugnis[43]. Aber auch hier herrschen grosse Meinungsverschiedenheiten. So ist umstritten, ob der Zweck des Art. 178 ZGB nicht auch Verpflichtungsgeschäfte

---

[40] S. HAUSHEER/REUSSER/GEISER, BerKomm, N 64 zu Art. 169 ZGB. Die Ermächtigung des Richters wirkt – wie die Zustimmung des Ehegatten – *ex tunc*, wenn der Kaufvertrag mit einem Dritten als hinkendes Rechtsgeschäft bereits abgeschlossen ist: HAUSHEER/REUSSER/GEISER, a.a.O.

[41] S. HAUSHEER/REUSSER/GEISER, BerKomm, N 13b und 26 zu Art. 178 ZGB; ferner DESCHENAUX/STEINAUER/BADDELEY, Nr. 751.

[42] S. DESCHENAUX/STEINAUER/BADDELEY, Nr. 217, und hierzu Anm. 98; a.M. HAUSHEER/REUSSER/GEISER, BerKomm, N 37 ff., mit Hinweisen auf vermittelnde Lösungen. In diesem Zusammenhang s. BRÄM/HASENBÖHLER, ZürKomm, N 9 ff. zu Art. 169 ZGB, sowie HASENBÖHLER FRANZ, Frag-Würdiges zur Familienwohnung, in: Festgabe Bernhard Schnyder, Freiburg 1995, S. 397 ff.

[43] In diesem Sinne denn auch DESCHENAUX/STEINAUER/BADDELEY, Nr. 750.

umschliesst⁴⁴. Aber auch wenn sich die Norm nur auf Verfügungsgeschäfte beziehen würde, reicht dies aus, um den Käufer am Erwerb der Sache zu hindern, wenn der Ehegatte des Veräusserers dem Verkauf nicht zustimmt. Es hängt vom Vertragsinhalt und gegebenenfalls vom Verhalten des Käufers ab⁴⁵, ob bei späterem Wegfall der richterlichen Anordnung (Art. 179 Abs. 1 ZGB) nunmehr die Eintragung des Käufers als Eigentümer noch vor sich gehen kann⁴⁶.

4. Der Grundbuchverwalter braucht grundsätzlich die **Urteilsfähigkeit des Verfügenden,** in unserem Fall also des Verkäufers, nicht zu überprüfen. Solange ein nach dem Grundbuch Verfügungsberechtigter nicht infolge eines behördlichen Entscheides in seiner Handlungsfähigkeit beschränkt (entmündigt, verbeiratet) ist, hat der Grundbuchverwalter – von aussergewöhnlichen Ausnahmefällen abgesehen – einer im Übrigen ordnungsgemässen Anmeldung Folge zu leisten (BGE 112 II 26 und dort insbesondere S. 30)⁴⁷.

b. Der Ausweis über den Rechtsgrund

1. «Der Ausweis über den Rechtsgrund liegt in dem Nachweise, dass die für dessen Gültigkeit erforderliche Form erfüllt ist» (Art. 965 Abs. 3 ZGB). Der Ausweis besteht im Falle des Grundstückkaufs in der entsprechenden **öffentlichen Urkunde** (Art. 216 Abs. 1 OR; Art. 18 GBV). Der Veräusserer bzw. der von ihm kraft Gesetzes oder kraft formeller Ermächtigung Ermächtigte hat also die den fraglichen Grundstückkauf beinhaltende öffentliche Urkunde vorzulegen.

2. Nun aber ist die **Prüfungsbefugnis des Grundbuchbeamten** mit Bezug auf den Rechtsgrund nicht identisch mit jener des Zivilrichters, der über Gültigkeit oder Ungültigkeit eines Kaufes zu entscheiden hat. Sie ist insofern beschränkt, als der Grundbuchbeamte, von wichtigen Ausnahmen abgesehen, nicht die «validité matérielle de l'acte» (BGE 107 II 213), d.h. die materiellrecht-

---

⁴⁴ S. Hausheer/Reusser/Geiser, BerKomm, N 12 zu Art. 178 ZGB, wonach die Lehre in dieser Frage in zwei Lager gespalten zu sein scheint. S. auch die subtilen Ausführungen bei Deschenaux/Steinauer/Baddeley, Anm. 231 zu Nr. 751.
⁴⁵ Fristansetzung, Wahlrecht u.ä.
⁴⁶ Denkbar ist allerdings, dass zur Beantwortung dieser Frage es auch auf die (umstrittene) Rechtsnatur der Massnahme nach Art. 178 ZGB ankommt. S. auch den generellen Hinweis auf die Mitteilung der Aufhebung der Massnahme an Dritte, «damit die entsprechende Leistung den veränderten Verhältnissen gemäss erfüllt werden kann», bei Hausheer/Reusser/Geiser, BerKomm, N 14a zu Art. 179 ZGB.
⁴⁷ Zu diesem BGE s. die Besprechungen von Rey Heinz, ZBJV 1986, S. 137 ff., und Schnyder Bernhard, BR 1988, S. 70. In Präzisierung dieser Rechtsprechung hat das Bundesgericht in BGE 124 III 341 festgehalten, dass der Grundbuchverwalter die Urteilsunfähigkeit des Verfügenden nur dann zu prüfen hat, wenn diese manifest ist, d.h. wenn sie sofort in die Augen springt oder der Schluss auf sicherem Wissen gründet.

liche Gültigkeit des Kaufaktes, zu untersuchen hat (s. BGE a.a.O.; dort aber auch die materiellrechtlichen Rücksichten, unter welchen der Grundbuchbeamte ausnahmsweise den Akt überprüft)[48]. Das kann dazu führen, dass die Eintragung im Grundbuch vorgenommen wird (bzw. werden muss), obwohl im «juristischen Himmel» allenfalls ein ungültiges Rechtsgeschäft vorliegt (so als Möglichkeit in Kauf genommen vom Bundesgericht im erwähnten BGE 107 II 211 ff., s. etwa S. 216 in fine). Für uns ist dieser Fall belanglos. Hat doch dann ganz einfach, wer sich auf die Ungültigkeit berufen will und kann, das Recht, sich nachträglich auf Ungültigkeit des Kaufes und mithin des Eintrages (Art. 974 ZGB) zu berufen. – Die Prüfungsbefugnis des Grundbuchbeamten kann aber insofern weiter gehen als jene des Zivilrichters, als er das Einhalten formeller Voraussetzungen verlangt, deren Nichteinhalten vielleicht «im juristischen Himmel» (d.h. in der Sache) nicht Ungültigkeit des Geschäftes zur Folge hätte. Zwar sollte er materiellrechtlich unschädliche Formfehler nicht zum Anlass nehmen, um eine Urkunde abzuweisen[49], wofür auch der Wortlaut von Art. 965 Abs. 3 ZGB («die für dessen Gültigkeit erforderliche Form») spricht. Doch ist nicht auszuschliessen, dass er strenger ist als die eben (in Anm. 49) erwähnte Stelle aus der Lehre. Erst recht ist möglich, dass er zwar theoretisch diese Lehre bejaht, aber in einem konkreten Fall strenger ist, als es ein Richter wäre. In einem solchen Fall wird normalerweise (wenn nicht eine Grundbuchbeschwerde zum Erfolg führt) die Urkundsperson die Urkunde «verbessern» bzw. noch einmal zur Verurkundung schreiten. Der Mangel wird dabei regelmässig bei der Urkundsperson liegen. Jedenfalls hat der Verkäufer bei dieser Sachlage keine Verkäuferpflicht verletzt.

24 3. Auf einer ähnlichen Ebene liegt der Fall der **Verurkundung** eines Grundstückkaufvertrages **im «falschen» Kanton**, wenn man bezüglich dieser Problematik der vom Bundesgericht (BGE 47 II 383 und 113 II 501[50]) und von einem Teil der Lehre vertretenen «Lex-rei-sitae-Auffassung» folgt. Danach wären die Kantone «befugt, anzuordnen, dass bezüglich der in ihrem Gebiet gelegenen Grundstücke Verträge nur unter Mitwirkung kantonseigener Urkundspersonen und nach dem eigenen Beurkundungsverfahrensrecht wirksam abgeschlossen werden könnten»[51]. Nach der strikten «Lex-rei-sitae-Auffassung» läge dann al-

---

[48] STEINAUER I, Nr. 848 ff.; s. auch die durch BGE 107 II 211 angeregte Studie von BRÜCKNER, insbesondere S. 75 ff., sowie BGE 108 II 549, 114 II 326 und 124 III 343 f. Zum Ganzen s. nunmehr auch DEILLON-SCHEGG BETTINA, Grundbuchanmeldung und Prüfungspflicht des Grundbuchverwalters im Eintragungsverfahren, Diss. Zürich 1997, S. 310 ff.

[49] BRÜCKNER, S. 67 f.

[50] In BGE 113 II 501 ging es zwar um den Sonderfall des Ehevertrages; das Bundesgericht stützt sich aber auch auf Überlegungen allgemeiner Natur.

[51] SCHMID, Beurkundung, Nr. 244.

lerdings weder ein für die Eintragung im Grundbuch ausreichendes noch ein für die obligatorische Bindung genügendes Verpflichtungsgeschäft vor. Es wäre dann gar kein Kaufvertrag zustande gekommen (bzw. es kämen die Regeln über den formungültigen Kauf zur Anwendung). Nach der milden «Lex-rei-sitae-Auffassung» würde diesfalls aber wenigstens eine «gültige obligationenrechtliche Bindung»[52] eingetreten sein. Der Verkäufer (wie auch der Käufer) wäre(n) dann verpflichtet, «an einer am Ort der gelegenen Sache vorzunehmenden zweiten Beurkundung (zur Herstellung eines tauglichen Rechtsgrundausweises) mitzuwirken»[53, 54].

2. Die Klage auf gerichtliche Zusprechung des Eigentums

A. Der Grundsatz

1. Dieser Aufsatz handelt von der Vertragserfüllung beim Grundstückkauf und von deren Sicherung in sachenrechtlicher Sicht. Die spezifische Art der Vertragserfüllung trifft beim Grundstückkauf den Verkäufer und besteht (von der hier weniger wichtigen Besitzübertragung abgesehen; s. Nr. 2 und dort Anm. 3–6) in dessen Eigentumsverschaffungspflicht. *Im Normalfall* kommt der Verkäufer (regelmässig der bisherige Eigentümer) dieser Pflicht nach durch die entsprechende *Anmeldung beim Grundbuchamt*, die dadurch ausgelöste Eintragung und den dadurch bewirkten Übergang des Eigentums auf den Käufer.

2. Was gilt nun aber, wenn der Verkäufer (der Eigentümer ist[55]) seiner eben geschilderten Eigentumsverschaffungspflicht nicht nachkommt? Unserem Privatrechtsverständnis entspricht es, dass diesfalls der Käufer über den Weg der gerichtlichen Klage zu seinem Rechte (d.h. zum Eigentum an der verkauften Sache) kommt. Nun liesse sich denken, dass die Klage nur auf Mitwirkung des Verkäufers im Hinblick auf die im Grundbuch vorzunehmende Eintragung geht.

25

26

---

[52] SCHMID, Beurkundung, Nr. 268. So für den Ehevertrag BGE 113 II 505.

[53] SCHMID, Beurkundung, Nr. 268. – Dieser Autor tritt vehement für die «Locus-regit-actum-Auffassung» ein, also für umfassende interkantonale Freizügigkeit, bei welcher die jeweils vorliegende öffentliche Urkunde auch als Rechtsgrundausweis für Grundbucheintragungen ausreichen würde (Nr. 255 ff. und Nr. 273). Seither ist allerdings der vorn in Anm. 47 erwähnte Bundesgerichtsentscheid ergangen, bei dessen Ausfällung jedoch unsere höchsten Richter die Dissertation von JÖRG SCHMID noch nicht kennen konnten (s. nun auch die Kritik dieses BGE durch SCHMID JÖRG, BR 1989, S. 12 ff., den Aufsatz SCHMID JÖRG, Zur interkantonalen Freizügigkeit öffentlicher Urkunden bei Verträgen über dingliche Rechte an Grundstücken, ZBGR 70/1989, S. 265 ff., sowie die Schilderung der Rechtslage in SCHMID, Sachenrecht, Nr. 848 in fine).

[54] Kann nicht auch die Anwendung von Art. 12 Abs. 3 und 4 GBV zu ähnlichen Prozesskonstellationen führen?

[55] Zum Ausnahmefall, da der Verkäufer nicht Eigentümer ist, s. Nr. 18, 35 und 36.

Es sei dahingestellt, ob dem so wäre, wenn nur der nach Art. 97 ff. OR zweifellos bestehende[56], wenn auch vom Gesetzgeber nur nebenbei explizit erwähnte[57], Anspruch auf Naturalerfüllung der «Grundstückverkäuferobligation» gegeben wäre. Der Bundesgesetzgeber hat hier aber reinen Tisch gemacht, indem er durch Normen des Sachenrechts (Art. 665 Abs. 1 zweiter Teil i.V.m. Art. 656 Abs. 2 ZGB) die *Möglichkeit der unmittelbaren gerichtlichen Zusprechung des Eigentums* zugunsten des Erwerbers ausdrücklich vorgesehen hat.

27 Der Käufer kann also – wenn er es so will[58] – durch ein gerichtliches Urteil gegenüber dem Verkäufer-Eigentümer mit dem Eintritt der Rechtskraft des Urteils Eigentümer des gekauften Grundstücks werden. Er erlangt «gerichtliche Zusprechung des Eigentums» (Art. 665 Abs. 1 ZGB in fine) und mit diesem «richterlichen Urteil» «schon vor der Eintragung das Eigentum» (Art. 656 Abs. 2 ZGB)[59]. Das entsprechende Urteil ist mithin kein Leistungsurteil wie im Normalfall der Erfüllungsklage. Es ist mehr als ein Leistungsurteil; es ist ein **Gestaltungsurteil.** Der Verkäufer braucht – abgesehen von der Besitzübergabe (etwa der Aushändigung der Schlüssel) – nicht mehr zu leisten (s. im fundamentalen BGE 85 II 487: «... ist dafür zu sorgen, dass der Kläger sich ... als neuer Eigentümer eintragen lassen kann, ohne dass der Beklagte ... mitzuwirken hätte»). Das hängt damit zusammen, dass «die Leistung» des seine Pflicht erfüllenden Verkäufers ja auch nur in der Anmeldung beim Grundbuchamt bestehen würde. Wo allerdings der Käufer noch eine Gegenleistung zu erbringen hat, wird das Urteil so ausfallen, dass der klagende Käufer erst, aber eben, mit dem Erbringen dieser seiner Leistung Eigentümer wird (so BGE a.a.O.: «... dass der Kläger mit der Bezahlung des Preises von Fr. 17 000.– das Eigentum ... erlangt»; s. auch in BGE 86 II 426 die drei letzten Zeilen). Wir haben es bei der Klage nach Art. 665 Abs. 1 ZGB mit einem Ausnahmefall zu tun, bei dem von Bundesrechts wegen eine «Realexekution»[60] vorgesehen ist, die erst noch ohne jede Exekutionshandlung ganz einfach «im juristischen Himmel» vor sich geht. Der Käufer «wird» Eigentümer. Er hat also nicht etwa «vindiziert», sondern seinen obligatorischen Anspruch auf Eigentumsübertragung durchgesetzt und

---

[56] BUCHER, S. 328; GAUCH/SCHLUEP/SCHMID/REY, Nr. 2573.

[57] In Art. 107 Abs. 2 OR: «... kann der Gläubiger immer noch auf Erfüllung ... klagen ...»; hierzu GAUCH/SCHLUEP/SCHMID/REY, Nr. 3045.

[58] Es steht ihm frei, nur «Klage auf Abgabe der Erklärung gemäss ZGB 963 I» (MEIER-HAYOZ, Ber-Komm, N 5 zu Art. 665 ZGB) einzureichen. Dies kann gelegentlich einem besonderen Bedürfnis entsprechen (MEIER-HAYOZ, a.a.O.).

[59] Hierzu s. SCHMID, Sachenrecht, Nr. 837.

[60] S. MEIER-HAYOZ, BerKomm, N 3 in fine zu Art. 665 ZGB, sowie HAAB/SIMONIUS/SCHERRER/ZOBL, Zür-Komm, N 14 zu Art. 714 ZGB («Während im Immobiliarrecht die Realexekution von Bundesrechtes wegen gewährleistet wird ...») und N 13 zu Art. 656 ZGB in fine.

durch das Urteil (aber nicht vorher[61]) Eigentum erlangt. Seine Klage ist daher klar zu unterscheiden von der Grundbuchberichtigungsklage (Art. 975 Abs. 1 ZGB); bei ihr haben wir es mit einer Feststellungsklage (der obsiegende Kläger «war» bzw. «ist» schon Eigentümer) zu tun[62].

3. Die Gutheissung der Klage ermöglicht dem obsiegenden Käufer, die (deklaratorische: Art. 656 Abs. 2 ZGB erster Teil) Eintragung im Grundbuch von sich aus zu erwirken (Art. 665 Abs. 2 und Art. 963 Abs. 2 ZGB)[63] mit der Folge, dass er nunmehr «im Grundbuch ... über das Grundstück verfügen» kann (Art. 656 Abs. 2 ZGB zweiter Teil)[64].

28

B. Die Voraussetzungen

Die Klage gemäss Art. 665 Abs. 1 ZGB ist beim Grundstückkauf dann gegeben bzw. gutzuheissen, wenn drei Voraussetzungen erfüllt sind:

29

– es liegt ein gültiger Kaufvertrag vor;

– der Verkäufer verweigert zu Unrecht die Anmeldung beim Grundbuchamt;

– der Verkäufer ist (schon bzw. noch) Eigentümer des Grundstückes.

---

[61] S. BGE 86 II 426: «Nicht anders verhält es sich bei Urteilen auf Zusprechung von Grundeigentum, die übrigens entgegen den Ausführungen in der Berufungsschrift nicht ‹das dingliche Recht als bereits existierend feststellen›, sondern gestaltend wirken, indem sie auf Grund des als rechtswirksam befundenen Rechtstitels das dingliche Recht begründen.» Zur Rückwirkung, wenn vor dem Urteil nach Art. 665 Abs. 1 ZGB eine Vormerkung gemäss Art. 960 Abs. 1 Ziff. 1 ZGB eingetragen worden ist, s. Nr. 42 und Anm. 90.

[62] VOGEL, Kap. 7 Nr. 24, unter dem Titel Zulässigkeit der Feststellungsklage: «ZGB 975: Grundbuchberichtigungsklage, die auf Feststellung der wahren Rechtslage und mittelbar auf Richtigstellung des Grundbuches gerichtet ist». S. auch KRENGER ANDREAS, Die Grundbuchberichtigungsklage, Diss. Basel 1987, S. 82.

[63] Der Grundbuchverwalter hat nicht etwa zu prüfen, ob der Entscheid materiell stichhaltig sei: BGE 102 Ib 11. Ob die (andern) Rücksichten, unter denen das Grundbuchamt eine auf einen richterlichen Entscheid gestützte Anmeldung gemäss diesem BGE überprüfen darf, für unsern Fall eine Rolle spielen können oder sollen, wird hier nicht untersucht. Zur grundsätzlichen Bindung des Grundbuchverwalters durch den richterlichen Entscheid s. auch den Entscheid des Berner Verwaltungsgerichts vom 18. November 1992, ZBGR 77/1996, S. 171 ff., und den Entscheid der Freiburger Aufsichtsbehörde über das Grundbuch vom 10. Juli 1996, FZR 1996, S. 257 ff. und DEILLON-SCHEGG (zit. in Anm. 48), S. 329 f.

[64] Art. 665 Abs. 1 ZGB handelt im Übrigen nicht nur vom Fall des Grundstückkaufs (mag dies auch der typische Fall sein): Das Gesetz spricht ganz allgemein von jemandem, der Eigentum erwirbt. Die Regelung gilt kraft Verweisung oder aufgrund analoger Anwendung auch für den Erwerb beschränkter dinglicher Rechte (MEYER-HAYOZ, BerKomm, N 6 zu Art. 665 ZGB), ja auch für Vormerkungen (PIOTET PAUL, Les effets typiques des annotations au registre foncier, ZBGR 1969, S. 54).

a. Der gültige Kaufvertrag

30 Es versteht sich von selbst, dass nur jener Käufer die Zusprechung des Eigentums verlangen kann bzw. erlangen wird, der sich hierfür auf einen gültigen Kaufvertrag berufen kann. Das Gesetz spricht vom «Erwerber» und meint damit selbstverständlich den «wahren» Erwerber, d.h. denjenigen, der aufgrund eines gültigen Rechtstitels erwerben soll. Wenn es in Art. 665 Abs. 1 ZGB heisst: «Der Erwerbsgrund gibt dem Erwerber ... einen persönlichen Anspruch auf Eintragung», ist damit natürlich ein gültiger Erwerbsgrund gemeint. Der Richter hat daher zunächst einmal das Vorliegen eines gültigen Kaufvertrages zu untersuchen. Da nun aber bei Formmängeln die Erfüllung bzw. Nichterfüllung des Kaufvertrages für das Vorliegen oder Nichtvorliegen eines gültigen Kaufvertrages eine massgebliche Rolle spielen kann und in unserem Fall (mindestens) der eine Vertragspartner (der Käufer) erst auf Erfüllung klagt, entfällt für Art. 665 Abs. 1 ZGB ein Hauptstreitfall mit Bezug auf die Gültigkeit des Kaufvertrages. Im Übrigen ist natürlich aus vielen anderen Gründen ein Streit um die Gültigkeit eines Kaufvertrages denkbar. Das ist im vorliegenden Aufsatz nicht weiter darzustellen, aber immerhin zu erwähnen, weil ja die zweite Voraussetzung der Klage aus Art. 665 Abs. 1 ZGB, die Weigerung des Verkäufers, sehr oft auf der von ihm behaupteten Ungültigkeit des Vertrages beruhen wird.

b. Die unbegründete Weigerung

31 1. Damit kommen wir zur zweiten Voraussetzung der Zusprechung des Eigentums gemäss Art. 665 Abs. 1 ZGB: Laut Gesetz (Art. 665 Abs. 1) hat der Erwerber «bei Weigerung des Eigentümers [sc. die Eintragung zu veranlassen oder vornehmen zu lassen] das Recht auf gerichtliche Zusprechung des Eigentums». Obwohl das Gesetz dies nicht sagt, versteht es sich von selbst, dass letztlich nur die unbegründete Weigerung des Eigentümers Grund für die Zusprechung des Eigentums sein kann.

32 2. Vorausgesetzt ist, dass der Eigentümer sich «weigert», das heisst: nicht das Seinige zur Vornahme der Eintragung im Grundbuch vorkehren will. Von «Weigerung» im Sinne des Gesetzes kann man in der Regel nur sprechen, wenn der Erwerber (Käufer) den Verkäufer **in Verzug gesetzt** hat[65]. Immerhin wäre meines Erachtens auch eine formelle Erklärung des Verkäufers, er fühle sich nicht an den Vertrag gebunden oder er denke nicht daran, die Eintragung vor-

---

[65] HAAB/SIMONIUS/SCHERRER/ZOBL, ZürKomm, N 27 zu Art. 656 ZGB. – Dabei gehen wir davon aus, dass trotz Verzugs der Käufer auf Erfüllung beharre (zu seinen Wahlmöglichkeiten s. den in ZBGR 1989, S. 54 ff., abgedruckten bundesgerichtlichen Entscheid).

nehmen zu lassen, ausreichend[66]. Die Weigerung muss bis zum Urteil andauern. Ist dies nicht der Fall, tritt gegebenenfalls ein **Urteilssurrogat** (Klageanerkennung, Vergleich) an die Stelle des Urteils. Ob ein solches Surrogat im Rahmen von Art. 656 Abs. 2 und 665 Abs. 1 und 2 ZGB dem Urteil eines Richters gleichzustellen ist, hängt nach der Lehre vom massgebenden Prozessrecht (also, vom direkten Bundeszivilprozess abgesehen, vom kantonalen oder Konkordatsrecht) ab[67]. (Ob und inwiefern einem solchen Surrogat materielle Rechtskraft zukommt, bestimmt sich indessen nach Bundesrecht[68].) Voraussetzung dafür, dass der Käufer durch ein Urteilssurrogat Eigentum erwirbt, ist selbstverständlich, dass der «Inhalt» des Surrogats nicht etwa nur die Bejahung der Verpflichtung zur Eigentumsübertragung, sondern der Übergang des Eigentums als solcher ist[69]. Besteht aber nicht die Gefahr, dass auf diesem Wege die fehlende öffentliche Beurkundung ersetzt wird? Also gewissermassen eine in iure cessio, abgeschlossen durch ein Urteilssurrogat, vorliegt? Ein Scheinprozess, mit Einsparung der Notariatsgebühren!? Meines Erachtens würde in den Kantonen, in welchen ein gerichtlicher Erledigungsentscheid vorgeschrieben ist[70], der Richter eine solche «Erledigung» zu Recht verweigern (sofern überhaupt Rechtshängigkeit eingetreten wäre)[71] oder aber mangels Rechtsschutzinteresses gar nicht auf die Klage eintreten[72] und hätte (wo das kantonale Recht keinen solchen Erledigungsentscheid vorsieht) der Grundbuchbeamte das Recht und die Pflicht, gestützt auf Vorliegen von Rechtsmissbrauch die entsprechende Eintragung (Art. 656 Abs. 2 ZGB) zu verweigern. Etwas anderes ist ein Urteilssurrogat in einem Fall, in welchem der Richter (wenn er entschieden hätte) auf Ungültigkeit erkannt hätte trotz (mehr oder weniger vollkommener) öffentlicher Beurkundung. Solche Schwächen nimmt unser Rechtsstaat in Kauf, genauso wie ein allenfalls «falsches» Urteil des (im Gewaltenteilungsstaat kraft Fiktion grundsätzlich unfehlbaren) Richters.

3. Voraussetzung der Zusprechung des Eigentums ist die *unbegründete Weigerung*. Nach der Lehre ist die Weigerung dann unbegründet, «wenn der Veräus-

---

[66] Dann kann aber eben auch schon Verzug vorliegen («antizipierter Vertragsbruch»): GAUCH/SCHLUEP/SCHMID/REY, Nr. 2676 und 2954. Laut SCHENKER FRANZ, Die Voraussetzungen und die Folgen des Schuldnerverzugs im schweizerischen Obligationenrecht, Diss. Freiburg 1988, liegt diesfalls allerdings vor Eintritt der Verfallzeit kein Verzug vor.
[67] HAAB/SIMONIUS/SCHERRER/ZOBL, ZürKomm, N 68 zu Art. 656 ZGB; MEIER-HAYOZ, BerKomm, N 98 zu Art. 656 ZGB, N 17 und 38 zu Art. 665 ZGB.
[68] VOGEL, Kap. 9 Nr. 69 ff.
[69] HAAB/SIMONIUS/SCHERRER/ZOBL, ZürKomm, N 68 zu Art. 656 ZGB.
[70] VOGEL, Kap. 9 Nr. 65.
[71] Etwa i.S.v. KUMMER, S. 150: «... dort, wo das Vereinbarte offensichtlich nicht vor dem Recht standhält ..., hat es [sc. das Gericht] die Erledigungserklärung zu versagen ...»
[72] So für diesen Fall KUMMER, S. 105 f.

serer in Verzug gesetzt ist (was der Kläger nachzuweisen hat), keine unverschuldete Unmöglichkeit der Erfüllung vorliegt und der Kläger selbst sich nicht im Gläubigerverzug befindet»[73]. Es fällt nicht leicht, sich hier den Fall unverschuldeter Unmöglichkeit vorzustellen, soweit es um «das Eigentum» geht (denn ohne Eigentum gäbe es ja auch keinen Eigentümer als potenziellen Beklagten); soweit es um (etwa nach Vertragsschluss abgebrannte) mit dem Boden verbundene Bauten oder auch auf dem Grundstück sich befindende Fahrnisbauten geht, ist im Übrigen der Käufer vielleicht gar nicht mehr an der Aufrechterhaltung des Vertrages interessiert. – Ob Schuldner- oder Gläubiger- (in casu also Verkäufer- oder Käufer-)Verzug vorliegt, könnte eben gerade Gegenstand des Prozesses sein. Wie vorn (Nr. 27) bereits dargestellt worden ist, hat die Rechtsprechung aber keine Bedenken gehabt, Art. 665 Abs. 1 ZGB auch dann zum Zuge kommen zu lassen, wenn der Käufer Zug um Zug zu erfüllen hatte; dies mit der eigentümlichen Bewandtnis, dass dann die entsprechende Rechtskraft des Urteils (d.h. der Eigentumsübergang) erst dann stattfindet, wenn der Käufer zahlt[74]. Regelmässig wird eben die Weigerung des Verkäufers darauf beruhen, dass er die Pflicht zur Eigentumsübertragung schlechthin verneint, mithin behauptet, dass gar kein gültiger Kaufvertrag vorliege (s. etwa BGE 114 III 20: «Y., der den Kaufrechtsvertrag für ungültig hält, hat seine für eine Handänderung erforder-

---

[73] HAAB/SIMONIUS/SCHERRER/ZOBL, ZürKomm, N 27 zu Art. 656 ZGB. MEIER-HAYOZ, BerKomm, N 8 zu Art. 665 ZGB, erwähnt als Fälle begründeter Weigerung nur unverschuldete Unmöglichkeit und nicht erfüllten Vertrag.

[74] BGE 85 II 487: «Es ist also zu erkennen, dass der Kläger mit der Bezahlung des Preises von Fr. 17 000.– das Eigentum an den Liegenschaften Nr. 70 und 378 des Grundbuches Gersau erlangt. Das Grundbuchamt ist durch das vorliegende Urteil (das gemäss Art. 38 OG mit der Ausfällung rechtskräftig wird) i.S.v. Art. 18 GBV zu ermächtigen bzw. anzuweisen, den Kläger auf seine Anmeldung hin als Eigentümer einzutragen, sobald er sich über die erfolgte Zahlung ausweist. Art. 665 ZGB (mit dem Art. 78 Abs. 2 BZP zusammenhängt, vgl. BGE 78 I 447) und Art. 963 Abs. 2 ZGB erlauben dieses Vorgehen. Den Beklagten Louis Küttel entsprechend dem in BGE 42 II 37 E. 6 und 78 II 360/61 (E. 4 und Dispositiv) eingeschlagenen Verfahren zuerst bloss zur Übertragung des Eigentums an den Kläger zu verpflichten und die bei weiterem Widerstand des Beklagten nötige Zusprechung des Eigentums einem neuen Verfahren vorzubehalten, würde angesichts der klaren und einfachen Rechtslage, die sich aus der gültigen Ausübung des streitigen Vorkaufsrechts ergibt, eine unnötige Komplikation bedeuten. Damit der Grundsatz voll gewahrt bleibt, dass der Verkäufer und der Käufer ihre Leistungen Zug um Zug zu erbringen haben (vgl. hierzu BGE 79 II 280 ff.), kann die Zahlung des Betrages von Fr. 17 000.– (allenfalls durch Vermittlung des Grundbuchamtes) so erfolgen, dass der Beklagte Louis Küttel erst nach Vollzug der Eintragung des Klägers im Grundbuch über diesen Betrag verfügen kann.» BGE 86 II 426 f.: «Wenn eine Leistung aus einem zweiseitigen Vertrag eingeklagt ist, der Zug um Zug zu erfüllen ist, kann eine Verurteilung in der Regel nur unter der Auflage, dass der Kläger auch seine eigene Leistung erbringe, ausgesprochen werden. ... Die von der Vorinstanz im Dispositiv 2 verfügte Zusprechung des Eigentums gegen Barzahlung ist daher so zu verstehen, dass der Kläger mit der Bezahlung des Preises das Eigentum an der Liegenschaft erlangt und das Grundbuchamt durch dieses Urteil ermächtigt ist, den Kläger auf seine Anmeldung hin als Eigentümer einzutragen, sobald er sich über die erfolgte Zahlung des Kaufpreises ausweist oder denselben beim Grundbuchamt selbst zu Handen des Verkäufers hinterlegt ...»

liche Mitwirkung bisher verweigert, sodass sich die Rekurrentin veranlasst sah, gegen ihn einen Zivilprozess einzuleiten»; vgl. auch den Fall BGE 113 II 118).

4. **Zum Prozess nach Art. 665 Abs. 1 ZGB** könnte es gegebenenfalls auch deshalb kommen, weil die öffentliche Urkunde zwar als Rechtsgrund für die Eigentumsübertragung, nicht aber als Grundlage für die Eintragung aufgrund einer Anmeldung beim Grundbuch ausreicht (hierzu Nr. 15 und vor allem Nr. 24). Hier stellt sich allerdings die (vorn, am gleichen Ort behandelte) Vorfrage, ob nicht der Verkäufer zunächst das Mögliche versuchen muss: Durch Weiterzug im Kanton und mittels Verwaltungsgerichtsbeschwerde ans Bundesgericht. Aufgrund der bundesgerichtlichen Rechtsprechung und der in Übereinstimmung mit ihr abgeänderten GBV (s. Art. 103 Abs. 1: «... alle übrigen, die von der Abweisung berührt sind») kann gegebenenfalls auch der Käufer auf dem Verwaltungsrechtsweg zu seinem Ziele kommen, indem er den gestützt auf den Antrag des Verkäufers ergangenen ablehnenden Entscheid des Grundbuchamtes weiterzieht[75].

34

c. Das Eigentum des Verkäufers

Gemäss Art. 665 Abs. 1 ZGB hat der Erwerber Anspruch auf Eintragung und notfalls auf gerichtliche Zusprechung des Eigentums nur, aber eben, «gegen den Eigentümer». Ist also der Vertragspartner des Erwerbers (in unserem Fall des Käufers), das heisst **der Verkäufer, nicht Eigentümer**, besteht vorerst kein Anspruch gestützt auf Art. 665 Abs. 1 ZGB. Gemeint ist hier nicht der Fall, da dem Verkäufer ausnahmsweise die Verfügungsmacht über das Gut eines anderen zukommt (dann ist der Verkäufer zwar nicht Eigentümer, aber der Eigentümer muss sich gestützt auf die Verfügungsmacht des Veräusserers die Entziehung des Eigentums gefallen lassen). Zur Diskussion steht hier primär der Fall, da der Verkäufer ein Grundstück verkauft, das er sich noch erwerben muss[76]. Dann geht die Klage des Erwerbers ja vorerst darauf, dass der beklagte Verkäufer zum Erwerb der Sache und zur Anmeldung beim Grundbuchamt verurteilt wird. Die bundesrechtliche «Realexekution» des Art. 665 Abs. 1 ZGB, gekoppelt mit Art. 656 Abs. 2 ZGB, ist nicht möglich[77]. Könnte aber nicht der Richter hier in Analogie zu den BGE 85 II 487 und 86 II 426, wo ja das Eigentum auch nicht im Urteilszeitpunkt, sondern erst bei der Bezahlung des Kaufpreises auf

35

---

[75] Erst recht kann er natürlich weiterziehen, wenn er zur Anmeldung ermächtigt worden ist: Art. 16 Abs. 2 GBV.
[76] S. Anm. 36.
[77] HAAB/SIMONIUS/SCHERRER/ZOBL, ZürKomm, N 28 zu Art. 656 ZGB: «Vollends kommt die Zusprechung des Eigentums nicht in Betracht, wenn der Veräusserer noch nicht eingetragen ist, also ein ihm nicht gehörendes Grundstück verkauft hat.»

den Käufer übergeht, bereits jetzt (im Urteilszeitpunkt) festhalten, dass das Eigentum am zu beschaffenden Grundstück im Augenblick, da der verurteilte Verkäufer es erwirbt, gewissermassen in der gleichen juristischen Sekunde über den Verkäufer an den Käufer übergeht? Das ist – so will mir scheinen – denn doch eine zu kühne Konstruktion. Für den Käufer geht es hier übrigens primär um die (nicht sachen-, sondern) obligationenrechtliche Frage, ob im Sinne des Gesetzes ein solches Grundstück für den Verkäufer beschaffbar sei oder nicht und mithin subjektive oder objektive Unmöglichkeit der Leistung vorliege[78].

36 Praktisch steht allerdings beim Auseinanderklaffen von Verkäufer und Eigentümer im Rahmen der Klage auf Erfüllung des Grundstückkaufs ein anderer Fall im Vordergrund: Der Käufer hat gestützt auf Art. 960 Abs. 1 Ziff. 1 ZGB (hierzu ausführlich Nr. 40 ff.) die Vormerkung einer Verfügungsbeschränkung erlangt, und das Grundstück ist inzwischen belastet mit dieser Beschränkung auf einen neuen Eigentümer übergegangen. Klagt diesfalls der Käufer gegen seinen Vertragspartner auf Vertragserfüllung oder aber gegen den neuen Eigentümer gestützt auf die ihn belastende Vormerkung? Wie lautet das Rechtsbegehren bzw. das Urteil? Diese Fragen sollen nachstehend (Nr. 43 ff.) behandelt werden.

C. Einzelfragen

37 1. Umstritten war die Frage nach der bundesrechtlich geregelten **örtlichen Zuständigkeit** für den Prozess gemäss Art. 665 Abs. 1 ZGB. Weil der Kläger ja noch nicht ein dingliches Recht innehat, sondern erst gestützt auf seinen obligatorischen Anspruch das dingliche Recht Eigentum erlangen will (bzw. wird), konnte sich der Beklagte nach der bundesgerichtlichen Rechtsprechung (BGE 92 I 203, 103 Ia 464) auf Art. 59 BV berufen, galt diese Verfassungsbestimmung, der Anspruch auf den Wohnsitzgerichtsstand, mithin für das von ihr beherrschte interkantonale Verhältnis. Ein erheblicher Teil der Lehre war hier, teils sehr engagiert, anderer Meinung[79]. Laut Bundesgericht lagen die Dinge anders, wenn nach Art. 960 Abs. 1 Ziff. 1 ZGB der streitige Anspruch vorgemerkt worden ist (s. Nr. 452 und dort Anm. 102 in der Vorauflage dieses Aufsatzes). Diese Fragen werden nun aber durch das Bundesgesetz über den Gerichtsstand in Zivilsachen (Gerichtsstandsgesetz, GestG) vom 24. März 2000, das am 1. Januar 2001 in Kraft tritt, geregelt. Dieses Gesetz regelt – von Ausnahmen abgesehen – die örtliche Zuständigkeit für interne (bundesrechtliche) Zivilsachen abschliessend; ohne besonderen Vorbehalt besteht mithin für kantonale Bestim-

---

[78] Hierzu s. GAUCH/SCHLUEP/SCHMID/REY, Nr. 3148 ff. und 3272 ff. Vgl. ZR 1978, S. 208 ff.

[79] MEIER-HAYOZ, BerKomm, N 15 zu Art. 665 ZGB, mit vielen Zitaten, und HAAB/SIMONIUS/SCHERRER/ZOBL, ZürKomm, N 30 zu Art. 656 ZGB.

mungen kein Raum mehr. Das Gesetz beschlägt demnach sowohl das innerkantonale wie das interkantonale Recht[80]. Die für unseren Fall einschlägige Bestimmung ist Art. 19 Abs. 1 GestG. Danach (Art. 19 Abs. 1 Ingress und lit. c GestG) ist für solche Klagen das Gericht am Ort zuständig, an dem das Grundstück im Grundbuch aufgenommen ist oder aufzunehmen wäre, können diese Klagen aber auch beim Gericht am Wohnsitz oder Sitz der beklagten Partei erhoben werden.

2. Wenn auch ein (positives) Urteil gemäss Art. 665 Abs. 1 ZGB «realexekutorische» Wirkung hat (Nr. 26 f.), dergestalt dass das Eigentum (bei entsprechendem Rechtsbegehren: s. vorn Anm. 58) auf den Erwerber übergeht, so bedarf doch das Urteil insofern noch der **Vollstreckung,** als die deklaratorische Anmeldung beim Grundbuchamt noch vorzunehmen ist. Der Ausweis dafür wird dann aber eben erbracht «durch das Urteil mit der Bescheinigung der Rechtskraft und mit der Ermächtigung zur Eintragung» (Art. 18 Abs. 2 lit. d GBV in Übereinstimmung mit Art. 963 Abs. 2 ZGB); der Käufer wird in seinem Interesse (Art. 665 Abs. 2 in fine und insbesondere Art. 973 Abs. 1 ZGB) dafür besorgt sein.

38

3. Es kann vorkommen, dass zwar ein gültiger Grundstückkaufvertrag vorliegt, der Verkäufer aber noch diese oder jene Willenserklärung abgeben sollte. Diese könnte bzw. müsste im Weigerungsfall durch richterliches Urteil ersetzt werden (etwa bei einem Verkaufsversprechen, bei welchem noch Nebenpunkte i.S.v. Art. 2 Abs. 2 OR offen geblieben sind). Hier stellt sich in unserem Zusammenhang die Frage, ob in einem solchen Fall der Richter nicht nur die Willenserklärung des Verkäufers ersetzen, sondern auch gerade das Eigentum zusprechen könne. Dies ist meines Erachtens aus prozessökonomischen Gründen zu bejahen. Es ist nicht ersichtlich, worin das schützenswerte Interesse des Verkäufers daran bestehen könnte, selber die (ihm vom Richter «befohlene») Anmeldung beim Grundbuchamt vorzunehmen, wenn er (rückblickend gesehen; aus der Sicht des Urteils in der Sache selbst) zu Unrecht seine Willenserklärung nicht abgegeben hat[81]. Eine andere Frage ist, ob nicht der Verkäufer gegebenenfalls darauf Anspruch habe, dass vorerst nur die Verpflichtung zum Abschluss eines

39

---

[80] S. Botschaft zum Bundesgesetz über den Gerichtsstand in Zivilsachen, BBl 1999, S. 2827 ff., S. 2844. Nicht im GestG geregelt ist die örtliche Zuständigkeit, wenn ein internationales Verhältnis vorliegt (Art. 1 Abs. 1 GestG e contrario).
[81] Hierzu KOLLER ALFRED, BR 1988, S. 67 f., in Übereinstimmung mit einem Urteil des Bernischen Appellationshofes (ZBJV 1985, S. 246, nicht 356, wie im BR angegeben) und unter Hinweis auf abweichende Meinungen in der Lehre. – S. hierzu vor allem auch SCHMID, Beurkundung, Nr. 328 und dort die Anm. 54 und 55 (dort auch bundesgerichtliche Rechtsprechung). Bei SCHMID geht es allerdings nur um die Gültigkeit des Kaufvertrages; er behandelt nicht die Frage der Anwendung des Art. 665 Abs. 1 ZGB.

Hauptvertrages vom Richter erkannt würde. Das ist m.E. je nach Konstellation zu bejahen, im Übrigen aber in unserem Kontext nicht weiter zu untersuchen.

3. Die Vormerkung einer Verfügungsbeschränkung

40 Thema dieses Aufsatzes ist die Erfüllung des Grundstückkaufvertrages und deren Sicherung aus der Sicht des Sachenrechts. Im vorliegenden ersten Teil (I) geht es um die Erfüllung der (hauptsächlichen) Verkäuferverpflichtung, der Eigentumsverschaffung. Im Normalfall erfüllt der Verkäufer durch die Anmeldung beim Grundbuch und die daselbst ausgelöste Eintragung (Nr. 5 ff.). Im Streitfall kann der Käufer sich im Prozess gegen den (Eigentümer-)Verkäufer das Eigentum zusprechen lassen (Nr. 25 ff.). Zwischen diesen beiden Fällen liegt die Vormerkung einer Verfügungsbeschränkung zur Sicherung des streitigen Käuferanspruchs. Davon sei nun im Folgenden die Rede.

A. Die Bedeutung der Verfügungsbeschränkung gemäss Art. 960 Abs. 1 Ziff. 1 ZGB

41 1. Unter den Randtiteln «Eintragung» (Art. 958–969 ZGB)[82], «Grundbucheinträge» (Art. 958–961 ZGB)[83], «Vormerkungen» (Art. 959–961 ZGB)[84] und «Verfügungsbeschränkungen» (Art. 960 ZGB) steht in Art. 960 Abs. 1 Ziff. 1 ZGB geschrieben, dass für einzelne Grundstücke Verfügungsbeschränkungen vorgemerkt werden können (so der Ingress zu Art. 960 Abs. 1 ZGB) «auf Grund einer amtlichen Anordnung zur Sicherung streitiger oder vollziehbarer Ansprüche». Ansprüche im Sinne dieser Bestimmung «sind solche obligatorischer Natur ..., die sich, wenn endgültig anerkannt, grundbuchlich auswirken» (BGE 104 II 176). Unter die zu sichernden Ansprüche fällt nun auch der aufgrund eines Kaufvertrages bestehende (da streitig: vorerst nur allenfalls bestehende) obligatorische Anspruch auf Verschaffung des Eigentums an einem Grundstück (BGE 91 II 423, 103 II 3, 104 II 176). Vorgemerkt wird in diesem Fall mithin eine Verfügungsbeschränkung aufgrund eines Käuferanspruchs auf Übertragung des Grundstücks zu Eigentum. Was bewirkt diese Vormerkung? Art. 960 Abs. 2 ZGB enthält die Antwort: «Die Verfügungsbeschränkungen erhalten durch die Vormerkung Wirkung gegenüber jedem später erworbenen Rechte.» Was das

---

[82] «Eintragungen» im weitesten Sinne des Wortes sind mithin auch die Löschungen (s. Art. 964 ZGB).
[83] Diese umfassen demnach insbesondere auch die Vormerkungen (Art. 959–961 ZGB).
[84] Diese werden hier (Art. 959–961 ZGB) gegenübergestellt dem «Eigentum und dingliche[n] Rechte[n]» (Art. 958 ZGB).

genau heisst, war lange Zeit umstritten, ist aber heute (seit BGE 104 II 170) im normativen Kerngehalt wohl eindeutig[85].

2. Heute gilt: Das vorgemerkte Recht hat (soweit es besteht) Vorrang gegenüber jedem später an diesem Grundstück erworbenen Recht. Der von einer Vormerkung gemäss Art. 960 Abs. 1 Ziff. 1 ZGB betroffene Eigentümer kann daher über das fragliche Grundstück nur noch beschränkt verfügen. Er hat zwar noch Verfügungsmacht, aber nur beschränkte. Er kann noch verfügen. Das heisst (grundsätzlich) **ein Doppeltes:** Einmal ist das Grundbuch nicht etwa gesperrt, es liegt keine Grundbuch- oder Kanzleisperre vor[86]; der Grundbuchbeamte weist also nicht etwa Anmeldungen mit Bezug auf dieses Grundstück schlechtweg ab. Aber nicht nur das: Der Eigentümer kann noch verfügen, heisst weiter, dass all jene Verfügungen, welche dem gesicherten Anspruch der Sache nach nichts «anhaben», immer noch uneingeschränkt Rechtswirkung erlangen. Geht etwa der durch die Vormerkung gesicherte Anspruch auf die Einräumung einer Dienstbarkeit, so kann der eingetragene Eigentümer immer noch das Grundstück verkaufen und auf den neuen Eigentümer eintragen lassen. Der neue Eigentümer bleibt Eigentümer, muss sich aber (lediglich) gefallen lassen, dass ihm gegenüber der die Dienstbarkeit Ansprechende die Dienstbarkeit eintragen lässt, sofern sich der Anspruch auf diese Dienstbarkeit als gegeben erweist. Ist allerdings ein Anspruch auf Eigentumsübertragung vorgemerkt worden (und darum geht es ja in unserem Falle), so kann zwar der eingetragene Eigentümer das Grundstück immer noch verkaufen, der neue «Eigentümer» muss aber dem durch Vormerkung gesicherten Ansprecher das Eigentum wieder einräumen, wenn der Ansprecher seinen Anspruch vom Gericht zugesprochen erhält. Anders gesagt: Der gesicherte Anspruch hat – soweit er besteht – Priorität gegenüber später erworbenen Rechten[87]. Wird also (in unserem Fall) der obligatorische Anspruch des Käufers im Augenblick der Vormerkung zu einem dinglichen Recht? Der leading-case BGE 104 II 170 (176/177), der die entsprechende, der besseren Lehre folgende Änderung der Rechtsprechung begründet hat, lautet diesbezüglich wie folgt: «Der Sachlage am besten entsprechen dürfte ... die Auffassung von Homberger und Piotet, die beide annehmen, dass mit der Vormerkung im Grundbuch neben das persönliche Recht, das in seinem Wesen nicht verändert werde, ein dingliches Nebenrecht trete, welches mit dem Hauptanspruch stehe und falle.» Anders gesagt: *Durch die Vormerkung entsteht ein dingliches Recht* (im Rahmen der Vormerkung), das allerdings davon ab-

42

---

[85] Zur Kontroverse s. DESCHENAUX, S. 523 ff., und dort zitierte Literatur, namentlich HOMBERGER und PIOTET; vgl. ferner STEINAUER I, Nr. 799–808.
[86] Hierzu s. Nr. 57.
[87] STEINAUER I, Nr. 803 ff.

hängig ist, ob der entsprechende streitige Anspruch sich schliesslich als gegeben erweist. Es ist *ein unsicheres, ein gefährdetes dingliches Recht*. Gefährdet ist aber nicht die Dinglichkeit, sondern das Recht. Soweit das Recht besteht, ist es dinglich und wirkt erga omnes. Steht das aber nicht im Widerspruch zum numerus clausus der dinglichen Rechte? Dazu ist zu sagen, dass der Inhalt des jeweils zur Diskussion stehenden Rechtes letztlich gesehen eben ein zum klassischen Katalog der dinglichen Rechte zählendes Recht ist[88]. Im Übrigen ergibt sich aber der numerus clausus aus dem Gesetz, zu dem auch Art. 960 ZGB gehört. Es gibt dort einen numerus clausus der Einschreibungsarten (BGE 111 II 45).

43   3. Von dieser Möglichkeit der Vormerkung nach Art. 960 Abs. 1 Ziff. 1 ZGB wird nun sehr oft der Käufer eines Grundstücks Gebrauch machen, wenn der Verkäufer sich weigert, die Anmeldung beim Grundbuchamt vorzunehmen. Diese Verfügungsbeschränkung ist die sinnvolle **Vormassnahme zu einem Prozess auf Zusprechung des Eigentums** nach Art. 665 Abs. 1 ZGB. Solange der Verkäufer noch als Eigentümer eingetragen ist, wird der Käufer alsdann gegen ihn prozessieren. Obsiegt er, so geht gemäss dem früher Erläuterten durch das Urteil das Grundstück in das Eigentum des Käufers über. Dabei wird aber – so würde ich meinen – der Eigentumsübergang zurückbezogen auf den Zeitpunkt der Vormerkung[89]. Hat hingegen der Verkäufer das Grundstück nach der Eintragung der Vormerkung veräussert und auf einen Dritten übertragen, gilt meines Erachtens Folgendes: Der Käufer muss vorerst gegen den Verkäufer vorgehen (allerdings nicht nach Art. 665 Abs. 1 ZGB, da ja der Verkäufer auf keinen Fall mehr Eigentümer ist). Inhalt des Urteils ist diesfalls beim Obsiegen des Käufers die Bejahung der Pflicht des Verkäufers zur Eigentumsverschaffung. Damit ist aber der streitige Anspruch nach Art. 960 Abs. 1 Ziff. 1 ZGB zu einem unstreitigen geworden. Weigert sich der neue Eigentümer, die Anmeldung vorzunehmen oder vornehmen zu lassen, so kann nun der Käufer kraft der Ding-

---

[88] In unserem Fall geht es um Eigentum. S. zu dieser Problematik im Zusammenhang mit Art. 960 Abs. 1 Ziff. 1 ZGB MEISTER, S. 31, und dort Anm. 116. – Zuzugeben ist, dass Art. 960 (zusammen mit Art. 959 und 961 ZGB) ja Art. 958 ZGB gegenübergestellt wird (s. Anm. 84), in welch Letzterem laut Randtitel von Eigentum und dinglichen Rechten die Rede ist. Doch darf gerade beim ZGB im Begrifflichen nicht allzu viel aus der Terminologie oder der Systematik gefolgert werden. So stellt ja im Randtitel zu Art. 958 auch der Gesetzgeber das Eigentum (das dingliche Recht par excellence) den dinglichen Rechten gegenüber!

[89] Die Vormerkung würde hier also im Verhältnis zum Urteil ähnlich zum Zuge kommen wie die Einschreibung in das Tagebuch im Verhältnis zur Eintragung im Hauptbuch (Art. 972 Abs. 2 ZGB). Es ist nicht einzusehen, wieso im Streit um das Rechtsgeschäft der Zeitpunkt des Eigentumsüberganges anders angesetzt werden sollte als im Konkurs des Verkäufers (hierzu BGE 104 II 170 und dazu nachstehend im Text).

lichkeit der Vormerkung gegen diesen neuen Eigentümer vorgehen und sich gemäss Art. 665 Abs. 1 ZGB das Eigentum zusprechen lassen (mit Rückwirkung auf den Tag der Vormerkung)[90]. Ein direktes Vorgehen des Käufers gegen den zweiten Eigentümer scheitert meines Erachtens daran, dass ja die Vormerkung nur zur Sicherung eines streitigen Anspruchs vorgenommen wurde und der neue Eigentümer anders als im Fall des Art. 959 ZGB nicht in das obligatorische Rechtsverhältnis (und damit auch in die Pflichtposition) seines Vorgängers nachfolgt. Anders gesagt: Es fehlt an der Anknüpfungswirkung, am «effet de rattachement»[91].

Die Vormerkung wirkt nun aber nicht nur für den Fall, dass der belastete Eigentümer das Grundstück weiterveräussert. Sie hat Wirkung insbesondere auch «gegenüber einem nachträglich wirksam gewordenen Beschlagsrecht im Rahmen einer Zwangsvollstreckung» (BGE 104 II 178). Im grundlegenden BGE 104 II 170 handelte es sich denn auch um einen **Konkurs**[92]. 44

Mit der Vormerkung gemäss Art. 960 Abs. 1 Ziff. 1 ZGB vermag ein Käufer – wenn er rasch handelt – auch einem allfälligen **Doppelverkauf** des Grundstückes zuvorzukommen. Ohne diese riskiert der Erstkäufer nach bundesgerichtlicher Rechtsprechung und herrschender Lehre[93], dass der Zweitkäufer nach dem Sprichwort «Wer zuerst kommt, mahlt zuerst»[94] Eigentum erwirbt und er (der Erstkäufer) gegen den Verkäufer nur Schadenersatzansprüche hat. Dies tritt ein, wenn die Anmeldung im Hinblick auf die Eigentumsübertragung gestützt auf den zweiten Kauf vor der entsprechenden Anmeldung für den ersten Kauf beim Grundbuch eingeht (s. BGE 110 II 130). Hat allerdings der Zweitkäufer sittenwidrig gehandelt, so steht dem Erstkäufer diesem Erwerber gegenüber ein Anspruch auf Herausgabe der Sache zu (so in einem beinahe obiter dictum in BGE 114 II 333 und gemäss dort zitierter Lehre). 45

---

[90] So einlässlich begründet bei MEISTER, S. 53 ff., und dort insbesondere auch Anm. 186 (Auseinandersetzung mit a.M.). Nach STEINAUER I, Nr. 803, würde im Prozess gegen den Verkäufer (der schon weiterverkauft hat) dem durch die Vormerkung geschützten Käufer durch das Urteil das Eigentum zugesprochen; der Käufer könnte alsdann gegen den im Grundbuch eingetragenen Eigentümer mit der Grundbuchberichtigungsklage (Art. 975 ZGB) vorgehen.

[91] Die Dinge liegen anders, wenn i.S.v. Art. 959 ZGB ein Recht vorgemerkt wird: s. hierzu STEINAUER I, Nr. 816 ff., mit Hinweisen auf Lehre (DESCHENAUX, S. 534 ff.) und Rechtsprechung (BGE 92 II 147/155).

[92] Zum Fall des Konkurses s. auch MEISTER, S. 65 ff. Vgl. auch BGE 115 III 111.

[93] S. REY, passim.

[94] Kritisch die Abhandlung von WIEGAND WOLFGANG, Doppelverkauf und Eigentumserwerb – Wer zuerst kommt, mahlt zuerst?, BN 1985, S. 11 ff. WIEGAND tritt ein für ein Überdenken tradierter Positionen und führt aus: «Als besonders schwerwiegend muss es angesehen werden, wenn Sachenrecht und Schuldrechtsordnung sich neutral verhalten oder – anders ausgedrückt – tatenlos zuschauen, wie die Erfüllung des ersten Kaufvertrages vereitelt wird» (S. 30). – Zum Ganzen (allerdings vor BGE 110 II 128) s. auch CLOPATH GION, Quelques problèmes relatifs à la double vente, spécialement en matière immobilière, SJZ 1970, S. 49 ff.

B. Voraussetzungen und Verfahren

a. Die Voraussetzungen

46   1. Eine Verfügungsbeschränkung nach Art. 960 Abs. 1 Ziff. 1 ZGB kann vorgemerkt werden «auf Grund einer amtlichen Anordnung zur Sicherung streitiger oder vollziehbarer Ansprüche». Aus einem Missgeschick in der Entstehungsgeschichte des Artikels ergibt sich indessen, dass der Ausdruck «vollziehbar» in Art. 960 Abs. 1 Ziff. 1 ZGB angesichts der Ziff. 2 dieses Absatzes «keine selbständige Bedeutung mehr»[95] hat. Dem Wort «vollziehbar» (frz. «exécutoire») kommt demnach nur noch die Bedeutung zu, die streitigen Ansprüche gemäss dieser Ziff. 1 von Abs. 1 des Art. 960 müssten «durch Vornahme oder Löschung eines Eintrages im Grundbuch nach Art. 958 oder 959 oder 960 ZGB vollziehbar sein»[96].

47   2. Der streitige Anspruch, der Voraussetzung der Vormerkung bildet, ist ein **obligatorischer,** gerade (noch) kein dinglicher **Anspruch,** also auch nicht etwa ein behaupteter dinglicher Anspruch (hierfür ist Art. 961 ZGB vorgesehen; dazu Nr. 79)[97]. Für unseren Fall (Grundstückkauf) besteht kein Zweifel: Die Verkäuferverpflichtung zur Eigentumsverschaffung ist geradezu der Paradefall des Anspruchs gemäss Art. 960 Abs. 1 Ziff. 1 ZGB. So heisst es denn etwa in BGE 104 II 176: «Darunter fällt insbesondere der vertragliche Anspruch des Käufers auf Übertragung des Eigentums an dem von ihm gekauften Grundstück.»

48   3. Der Anspruch muss **streitig** sein. Ist er dies nicht, würde ja der Verkäufer die Anmeldung beim Grundbuchamt vornehmen. Strittig kann ein Anspruch auch schon vor der Fälligkeit sein[98]. Denkbar ist allerdings, dass der Verkäufer seine Pflicht zur Eigentumsverschaffung nicht bestreitet, aber der daraus sich ergebenden Pflicht zur Anmeldung beim Grundbuchamt beharrlich ganz einfach nicht nachkommt. Der Käufer hätte es dann mit einem Eigentümer zu tun, der sich i.S.v. Art. 665 Abs. 1 ZGB weigert, die Eintragung vornehmen zu lassen (hierzu s. Nr. 43 ff. und ZBGR 1989, S. 86 ff.). Diesfalls liegt aber i.S.v. Art. 960 Abs. 1 Ziff. 1 ZGB (ich würde sagen a fortiori) ein streitiger Anspruch vor. «Unstreitig» ist der Anspruch nur dann, wenn der Verkäufer/Eigentümer seiner Eigentumsverschaffungspflicht nachkommt. Muss das erzwungen werden, ist der Anspruch streitig. Tertium non datur.

---

[95] So MEISTER, S. 36; ausführliche Darstellung dieser Entstehungsgeschichte a.a.O., S. 35 f.

[96] MEISTER, S. 36; DESCHENAUX, S. 284 unten. – S. hierzu auch BGE 103 II 3: «... es handelt sich bei diesen Ansprüchen durchwegs um solche, die sich im Falle ihrer Anerkennung grundbuchlich irgendwie auswirken.»

[97] BGE 104 II 176: «Unter Ansprüchen im Sinne dieser Bestimmung sind solche obligatorischer Natur zu verstehen ...»

[98] MEISTER, S. 36.

4. Voraussetzung ist sodann eine «amtliche Anordnung» (frz. «une décision officielle»). Damit ist eine entsprechende Verfügung einer zuständigen Behörde gemeint (hierzu Nr. 50 ff.). Diese Anordnung schafft aber noch nicht die Verfügungsbeschränkung (anders im Fall des Art. 178 ZGB im revidierten Eherecht: s. Nr. 57). Vielmehr ist sie die Grundlage der Eintragung der Vormerkung, welche ihrerseits erst die (vorn: Nr. 42) erwähnte dingliche Wirkung hat. Die Vormerkung untersteht dem absoluten Eintragungsprinzip des Art. 971 ZGB; die Eintragung der Vormerkung im Grundbuch wirkt somit konstitutiv (BGE 104 II 182).   49

b. Das Verfahren

Zu beantworten ist, wie es zur amtlichen Anordnung i.S.v. Art. 960 Abs. 1 Ziff. 1 ZGB und alsdann zur Eintragung der Vormerkung kommt, aber auch, wie der entsprechende Eintrag lauten soll.   50

Das ZGB sagt – im Gegensatz zum Fall des Art. 961 ZGB (dort im Abs. 3) – nichts über das Verfahren. Das hängt – so sieht es aus – mit der Zusammenfassung des Sicherns der streitigen Ansprüche mit den Zwangsvollstreckungsmassnahmen (in Art. 960 Abs. 1 Ziff. 2 ZGB) zusammen[99]. Der Sache nach drängt sich zur Verwirklichung des in Art. 960 Abs. 1 Ziff. 1 ZGB niedergelegten materiellrechtlichen Anspruchs auf rasche «dingliche» (s. Nr. 42) Sicherstellung eine Analogie zu Art. 961 Abs. 3 ZGB auf. Demnach hat der nach kantonalem Recht zuständige Richter bzw. eine nach kantonalem Recht zuständige Verwaltungsbehörde[100] sich in einem Befehlsverfahren[101] mit der Glaubhaftmachung des Anspruchs zu begnügen und, sofern nicht schon der Hauptprozess eingeleitet worden ist, dem Ansprecher eine Frist für die Einreichung der Klage anzusetzen[102].   51

Im interkantonalen Verhältnis hatte nach der bundesgerichtlichen Rechtsprechung (s. BGE 92 I 39; vgl. auch BGE 92 I 203 und 120 Ia 245) eine solche Vormerkung zur Folge, dass der Grundeigentümer vor dem Richter am Ort der gelegenen Sache sich nicht unter Berufung auf Art. 59 BV (Garantie des Wohnsitzgerichtsstandes bei «persönlichen Ansprachen») widersetzen konnte. Durch die Schaffung und das Inkraftsetzen des Gerichtsstandsgesetzes (GestG) des Bundes (hierzu vorn Nr. 37) ist diese Rechtsprechung überholt. Nunmehr kommen   52

---

[99] MEISTER, S. 88.
[100] S. Art. 73 Abs. 1 lit. a in fine: «durch die Ermächtigung der zuständigen Behörde», ferner MEISTER, S. 28 mit Hinweisen in Anm. 101, und STEINAUER I, Nr. 786.
[101] HOMBERGER, ZürKomm, N 16 zu Art. 960 ZGB. Hierzu VOGEL, Kap. 12 Nr. 172 ff.
[102] Hierzu MEISTER, S. 91 f.

Art. 19 Abs. 1 Ingress und Art. 19 Abs. 1 lit. c GestG zum Zuge. Danach können solche Klagen im innerkantonalen wie im interkantonalen Verhältnis entweder am Ort, wo das Grundstück ins Grundbuch aufgenommen ist oder aufzunehmen wäre, oder auch beim Gericht am Wohnsitz oder Sitz der beklagten Partei erhoben werden.

53 Ist die Anordnung einmal getroffen worden, so kann sie entweder vom Ansprecher oder durch die Behörde von Amtes wegen dem Grundbuchamt übermittelt werden (vgl. Art. 73 Abs. 1 lit. a GBV). Rechtsmittel gegen den Entscheid des erstinstanzlichen Richters sind jene, die gemäss kantonalem Recht für provisorische oder superprovisorische Massnahmen vorgesehen sind. Die Berufung ans Bundesgericht ist ausgeschlossen[103], weil kein Endentscheid i.S.v. Art. 48 OG vorliegt.

54 Für den *Text der Vormerkung* in der hierfür vorgesehenen gleichnamigen Abteilung des Hauptbuchblattes ist Art. 77 GBV (in Konnex mit der durch den Text zu erzielenden Wirkung: Art. 970 Abs. 3, 971, 972 und 973 Abs. 1 ZGB) massgebend: Danach soll die Vormerkung enthalten: die Bezeichnung mit einer Litera oder Ziffer, den wesentlichen Inhalt des vorgemerkten Rechts, die Bezeichnung der berechtigten Person, das Datum der Eintragung und den Hinweis auf den Beleg.

C. Abgrenzungen

55 Die für die Sicherung des Anspruchs auf Eigentumsverschaffung beim Grundstückkauf vorgesehene Verfügungsbeschränkung gemäss Art. 960 Abs. 1 Ziff. 1 ZGB ist von drei ähnlichen Instituten zu unterscheiden.

56 **1.** Zunächst ist festzuhalten, dass nicht etwa neben oder anstelle von Art. 960 ZGB beim Grundstückkauf durch den auf Eigentumsverschaffung erpichten Käufer eine **vorläufige Eintragung gemäss Art. 961 ZGB** verlangt werden kann[104]. Art. 961 ist (von Ziff. 2 des Abs. 1 abgesehen) «zur Sicherung behaupteter dinglicher Rechte» vorgesehen. Der Käufer hat aber vorerst gerade kein dingliches Recht an der Kaufsache (nach BGE 104 II 177 immerhin, aber erst nach gestützt auf Art. 960 Abs. 1 Ziff. 1 erfolgter Vormerkung, ein «dingliches Nebenrecht»: hierzu s. Nr. 42). Steht ihm aber «lediglich ein obligatorischer Anspruch auf Verschaffung des Eigentums zu» (BGE 110 II 131), so kommt «ei-

---

[103] Wohl aber wäre die zivilrechtliche Nichtigkeitsbeschwerde zulässig (Art. 68 ff. OG). – Für den Fall, da die Eintragung verweigert wird, vgl. POUDRET/SANDOZ (zit. in Anm. 146).
[104] Von der hier nicht zur Diskussion stehenden Ergänzung des Ausweises gemäss Art. 966 Abs. 2 ZGB und damit in Zusammenhang stehend der Eintragung gemäss Art. 961 Abs. 1 Ziff. 2 ZGB abgesehen.

ne vorläufige Eintragung i.S.v. Art. 961 Abs. 1 Ziff. 1 ZGB unzweifelhaft und unbestrittenermassen nicht in Frage» (BGE a.a.O.). Streng genommen müsste dann allerdings auch für das Verkäuferpfandrecht (Nr. 59 ff.) Art. 961 ZGB nicht zum Zuge kommen (zu dieser Problematik s. Nr. 80).

2. Eine **bundesrechtliche Grundbuchsperre** sieht das revidierte Eherecht von 1984/1988 in Art. 178 ZGB vor (hierzu Nr. 20). Unter gewissen Voraussetzungen kann der Richter die Verfügung über bestimmte Vermögenswerte eines Ehegatten von der Zustimmung des andern Ehegatten abhängig machen (Art. 178 Abs. 1 ZGB) und diese – schon vor der Eintragung wirksame[105] – Verfügungsbeschränkung im Grundbuch anmerken lassen. Dieses Rechtsinstitut kann in unserem Zusammenhang höchstens dazu dienen, die gegenüber Art. 960 ZGB unterschiedliche Lösung aufzuzeigen (deklaratorische Anmerkung und nicht konstitutive Vormerkung wie bei Art. 960 ZGB[106]). Im Übrigen würde ja eine solche Beschränkung gerade die Eigentumsverschaffung (vorerst jedenfalls) verunmöglichen, erfolgt also gerade nicht im Interesse des (hier behandelten) Käufers, sondern des Ehegatten des Verkäufers[107].

3. Die Massnahme des Art. 960 Abs. 1 Ziff. 1 ZGB ist aber vor allem auch abzugrenzen gegenüber einer kantonalrechtlichen Grundbuch- oder Kanzleisperre[108]. Eine solche Sperre wäre insofern durchgreifender als die Massnahme nach Art. 960 Abs. 1 Ziff. 1 ZGB, als das Grundbuch mit Bezug auf das umstrittene Grundstück geschlossen und damit jede Verfügung des Eigentümers über das Grundstück verhindert würde (vgl. BGE 103 II 4, 104 II 178 f.). Sie hätte aber keine dingliche Wirkung; insbesondere könnte nicht etwa der Käufer im Konkurs des Verkäufers gestützt auf diese Sperre das Eigentum an der Kaufsache beanspruchen (BGE 104 II 180 und 183). Damit ist nicht gesagt, dass ein Käufer nicht ein Interesse an einer solchen kantonalrechtlichen Grundbuchsperre haben könnte. Eine solche Anmerkung kann er allerdings nur erlangen, wenn sich hierfür im kantonalen Recht eine eindeutige gesetzliche Grundlage findet[109].

---

[105] HAUSHEER/REUSSER/GEISER, BerKomm, N 26 zu Art. 178 ZGB; DESCHENAUX/STEINAUER/BADDELEY, Nr. 750.
[106] S. vorangehende Anm.
[107] Zum Ganzen: BERGER, S. 155 ff.
[108] Vgl. MÜLLER HANS EUGEN, Zur Frage der Grundbuchsperre im geltenden schweizerischen Recht, Diss. Zürich 1942, S. 52 ff. S. zu dieser Massnahme (frz. «cancellation du registre foncier») BESSON, S. 6 ff.
[109] BGE 111 II 45 f.; REY, S. 128; BESSON, S. 13. Zur Umdeutung einer kantonalen Sperre in eine Vormerkung nach Art. 960 ZGB s. BGE 104 II 182. Im Übrigen ist umstritten, ob das Bundesrecht kantonale Sperren überhaupt zulässt: SCHMID, Sachenrecht, Nr. 484, mit Hinweisen auf DESCHENAUX und STEINAUER.

II. Sicherung der Erfüllung der Käuferverpflichtung (das Verkäuferpfandrecht)

59 Die Erfüllung der Käuferverpflichtung ist sachenrechtlich gesehen nicht einmal halb so bedeutsam wie die Erfüllung der Verkäuferverpflichtung. Während die Hauptpflicht des Verkäufers die Verschaffung des Eigentums an der Kaufsache beinhaltet, hat der Käufer ganz einfach «den Kaufpreis zu bezahlen» (Art. 184 Abs. 1 OR in fine). Zwar enthält auch die Zahlung gewisse sachenrechtliche Aspekte (so etwa die Frage des Eigentums am Geld; hierzu s. u.a. Art. 935 ZGB). Sie betreffen aber eher Randfragen und sind zudem kaum kaufspezifisch, stellen sich also in ähnlicher Weise bei der Bezahlung des Mietzinses, des Lohnes oder eines Auftragshonorars. – Immerhin hat nun aber das Gesetz auch für die Sicherung der Käuferverpflichtung im Sachenrecht ein eigenes Institut vorgesehen: das in Art. 837 Abs. 1 Ziff. 1 ZGB erwähnte gesetzliche Grundpfandrecht «für die Forderung des Verkäufers an dem verkauften Grundstück». Dieses Institut, das Verkäuferpfandrecht, soll nun hier noch kurz erläutert werden[110].

1. Zum Grundsätzlichen

60 1. Das Recht, welches das Gesetz dem Verkäufer in Art. 837 Abs. 1 Ziff. 1 ZGB einräumt, ist nach dem Wortlaut des Gesetzes ein «Gesetzliches Grundpfandrecht» (Randtitel zu Art. 836 ff. ZGB) «Mit Eintragung» (Randtitel zu Art. 837 ff. ZGB), mithin nicht «Ohne Eintragung» (Randtitel nur zu Art. 836 ZGB). In der Lehre spricht man von mittelbaren gesetzlichen Grundpfandrechten[111]. Während bei den unmittelbaren gesetzlichen Pfandrechten beim Vorliegen des vom Gesetz vorgesehenen Tatbestandes im Einzelfall – unabhängig von

---

[110] Rechtsprechung und Lehre zu diesem Rechtsinstitut sind sehr mager. Immerhin erlaubt die Ähnlichkeit des Verkäuferpfandrechts mit dem Bauhandwerkerpfandrecht in weitem Masse die analoge Heranziehung von Rechtsprechung und Lehre zum «Baupfand» (s. diese Abkürzung im Standardwerk zum Bauhandwerkerpfandrecht von Schumacher, Nr. 83 und passim). Neben Schumacher sowie den Sachenrechtslehr- und -handbüchern und Sachenrechtskommentaren sind aus der Lehre insbesondere zu erwähnen die Referate am Schweizerischen Juristentag 1982 von Zobl Dieter, Das Bauhandwerkerpfandrecht de lege lata und de lege ferenda, ZSR 1982, 2. Halbbd., S. 1 ff., und de Haller Jean-Claude, L'hypothèque légale de l'entrepreneur. Des solutions nouvelles à de vieux problèmes?, ZSR 1982, 2. Halbbd., S. 189 ff. – Im welschen Sprachgebrauch trägt die Verkäuferhypothek gelegentlich den aufschlussreichen Namen «hypothèque reversale»; s. Steinauer III, Nr. 2835. – Mit einem Sonderproblem des Verkäuferpfandrechts befasst sich auch Wolf Stephan, Anwendbarkeit des Miterben- beziehungsweise Verkäuferpfandrechts bei akkreszenzweise erfolgenden Eigentumsübergängen im Todesfall?, AJP 1997, S. 1232 ff.

[111] Statt vieler Lötscher, S. 37 ff.

rechtsgeschäftlicher Tätigkeit (von Willenserklärungen Beteiligter) – ganz einfach das dingliche Recht Pfandrecht entsteht, bedarf es bei den mittelbaren gesetzlichen Pfandrechten für die Entstehung des dinglichen Rechtes Pfandrecht der Eintragung im Grundbuch; diese Eintragung kann aber ohne oder gegen den Willen des alsdann belasteten Grundeigentümers erfolgen, gestützt auf die (einseitige) Willenserklärung des Anspruchsberechtigten, mithin ohne entsprechenden Pfandvertrag. Mittelbare gesetzliche Pfandrechte sind also solange (eigentlich gar) keine Pfandrechte, als der Berechtigte nicht durch sein Tätigwerden die Eintragung im Grundbuch ausgelöst hat. Soweit sich das Gemeinte aus dem Kontext nicht klar ergibt (was allerdings oft der Fall ist), müsste man deshalb, wo immer von diesem Pfandrecht die Rede ist, eigentlich jeweils unterscheiden, ob es jetzt gerade um den Anspruch auf das Pfandrecht oder um das schon entstandene Pfandrecht geht. Dabei kommen wir zum paradoxen Resultat, dass der Anspruch das Besondere (aber eben gerade noch kein dingliches Pfandrecht) und das Resultat das Banale (aber eben ein Pfandrecht) darstellt.

2. Bis zur Eintragung im Grundbuch besteht nur eine Obligation des Inhalts, 61
ein Pfandrecht entstehen zu lassen. Weil (oder wenigstens insofern als) sich dieser Anspruch nun nicht bloss (als obligatorischer) gegen denjenigen richtet, dem gegenüber das diesem Anspruch zugrunde liegende Rechtsverhältnis besteht, sondern gegen den Eigentümer der Sache, um die es geht, handelt es sich laut der Rechtssprache, die sich in Lehre und Rechtsprechung eingebürgert hat, um eine **Realobligation**[112]. Realobligation in optima forma liegt dann vor, wenn der Anspruch gegenüber jedem Eigentümer besteht, wenn es also keinen Fall gibt, bei welchem der jeweilige Eigentümer einwenden kann, ihm gegenüber bestehe kein solcher Anspruch. Von Realobligation i.w.S. des Wortes kann man aber auch dann sprechen, wenn der Anspruch gegenüber einzelnen in Frage kommenden Eigentümern, aber nicht allen gegenüber besteht[113]. Ja, im engsten, nicht gebräuchlichen Sinn läge auch dann (bzw. schon) eine Realobligation vor, wenn gegenüber dem obligatorisch Verpflichteten (und nur ihm gegenüber) ein insofern «dinglicher» Anspruch auf Pfanderrichtung besteht, als auch nach Pfändung seines Grundstücks oder nach seinem Konkurs der Gläubiger durch sein Begehren das Pfandrecht noch begründen könnte.

Beim Bauhandwerkerpfandrecht (Art. 837 Abs. 1 Ziff. 3 ZGB) hat sich in der 62
Rechtsprechung (ab BGE 92 II 229 f.) und in der überwiegenden Lehre die Ansicht durchgesetzt, man habe es hier mit einer Realobligation in optima forma

---

[112] TUOR/SCHNYDER/SCHMID, S. 759, und dort Anm. 6 mit Hinweisen insbesondere auf JOST, LIVER und DESCHENAUX. Grundlegend BGE 92 II 229 f.
[113] Etwa GAUCH, Nr. 1307, der «keinen überzeugenden Grund» sieht, «den gutgläubigen Dritterwerber mit der Eintragung des Bauhandwerkerpfandrechts für eine fremde Schuld zu belasten».

zu tun[114]. Immerhin gibt es in der Lehre gewichtige Stimmen, gemäss welchen ein gutgläubiger Dritterwerber es sich nicht gefallen lassen muss, dass ihm gegenüber das Bauhandwerkerpfandrecht zum Zuge kommt[115]. Ja, es wird sogar (auch hier entgegen der bundesgerichtlichen Rechtsprechung: BGE 95 II 31 ff., 95 II 228 ff.) in Abrede gestellt, dass das (noch nicht eingetragene oder noch nicht vorläufig eingetragene) Bauhandwerkerpfandrecht im Konkurs des ersten Eigentümers der Konkursmasse gegenüber noch begründet werden könne[116].

63 *Was gilt nun für das Verkäuferpfandrecht?* Niemand wird bestreiten, dass dieses Recht als Nebenrecht des Verkäufers fristgerecht gegen den Erstkäufer geltend gemacht werden kann vor Pfändung bzw. Konkurseröffnung. Wer – wie die entsprechende Lehre[117] – die Wirksamkeit des nicht eingetragenen Bauhandwerkerpfandrechts nach Pfändung oder Konkurs aus dogmatischen Gründen verneint, wird auch beim Verkäuferpfandrecht zur gleichen – für den Verkäufer ungünstigen – Lösung kommen. Meines Erachtens kann aber in diesem Fall das Verkäuferpfandrecht klarerweise noch durchgesetzt werden; es ist den (andern) Gläubigern des Käufers weiss Gott zuzumuten, dass für Grundstücke, die ihr Schuldner vor noch nicht drei Monaten erworben hat, der Vertragspartner ihres Schuldners (der Verkäufer) noch das Pfandrecht eintragen lassen kann. Vor Ablauf von drei Monaten nach der Eigentumsübertragung soll der Verkäufer nicht das Nachsehen haben und das Grundstück nicht gegen seinen Willen unbelastet (vom Verkäuferpfandrecht) in die Konkursmasse jenes Käufers fallen, der den Kaufpreis noch nicht bezahlt hat. Aber auch wer beim Bauhandwerkerpfandrecht die realobligatorische Natur für den gutgläubigen Dritterwerber verneint, muss nicht notwendigerweise für das Verkäuferpfandrecht zum gleichen Schluss kommen; dies dann nicht, wenn spezifische in Zusammenhang mit dem Bauen und dem Bauwesen stehende Überlegungen seine Stellungnahme prägen[118]. Wer allerdings die realobligatorische Natur des Bauhandwerkerpfandrechts uneingeschränkt bejaht, wird wohl auch beim Verkäuferpfandrecht zum gleichen Schluss kommen. Meines Erachtens ist jedenfalls für das Verkäuferpfandrecht das Vorliegen einer Realobligation auch für diesen Fall (mithin in optima forma) zu bejahen. Hierfür liefert unter anderem die Ent-

---

[114] BGE 92 II 230 und statt vieler SCHUMACHER, Nr. 437.

[115] So GAUCH, Nr. 1307. So auch PIOTET, Hypothèque légale, S. 243 ff. Gleicher Ansicht schon HOFMANN, S. 32 ff., 43 ff., 54 ff.

[116] So PIOTET, Hypothèque légale, S. 237–243.

[117] So PIOTET, Hypothèque légale, insbesondere S. 238 f.

[118] Was allerdings von den Argumenten GAUCHS (Nr. 1307) nicht unbedingt gesagt werden kann. Immerhin ist ein Argument für GAUCH die Möglichkeit, das Baupfand vom Zeitpunkt an einzutragen, da sich der Bauhandwerker zur Arbeitsleistung verpflichtet hat.

stehungsgeschichte ein auch heute noch brauchbares Argument[119]. Im Übrigen würde die hier erörterte Frage der ganz, teilweise oder beinahe nicht realobligatorischen Natur des Verkäuferpfandrechtes eine eigene Untersuchung rechtfertigen.

3. Kein Zweifel besteht daran, dass das (schliesslich zustande gekommene) Verkäuferpfandrecht seinen Rang vom Datum der Eintragung (der sofortigen oder gegebenenfalls der vorläufigen) bezieht[120]. Fest steht auch, dass es sich bei diesem Pfandrecht um eine Grundpfandverschreibung (und nicht etwa eine andere Grundpfandart) handelt, um eine «Verkäuferhypothek» also. Das ergibt sich schon aus dem Kontext (Art. 837 ff. ZGB stehen im Abschnitt über die Grundpfandverschreibung) sowie aus der Art der Eintragung und dem Ausweis über die Eintragung. Das ist denn auch unbestritten[121].

64

4. Etwas anderes als die vorhin erläuterte (je nach Ansicht mehr oder weniger vollkommen gegebene) realobligatorische Natur bezüglich der Pflicht, sich das Pfandrecht gefallen zu lassen, ist die eigentümliche Wirkung, welche nach bundesgerichtlicher Rechtsprechung (BGE 92 II 155) und nunmehr wohl fast einstimmiger Lehre mit der Vormerkung eines persönlichen Rechtes i.S.v. Art. 959 ZGB gegeben ist: der so genannte «effet de rattachement», die Anknüpfungswirkung[122]. Sie besteht darin, dass durch die Vormerkung das schon bestehende persönliche Recht (Kaufsrecht, Vorkaufsrecht, Miete usw.) dem von der Vormerkung belasteten Eigentümer gegenüber (auch und gerade, wenn er nicht der Vertragspartner des Berechtigten war) geltend gemacht werden kann. Davon ist beim Verkäuferpfandrecht natürlich nicht die Rede. Der allenfalls belastete neue Eigentümer muss sich nur das Pfandrecht gefallen lassen, wird aber nicht etwa (Kaufpreis-)Schuldner. War er nicht Schuldner, entsteht ein Drittpfandrecht. Soweit es allerdings um das Recht auf das Pfandrecht geht, besteht (soweit der realobligatorische Charakter des Pfandrechtsanspruchs bejaht wird) ein entsprechender «effet de rattachement», eine Anknüpfungswirkung, die aber auf Gesetz und nicht auf irgendwelcher Grundbucheintragung beruht (so für das Bauhandwerkerpfandrecht BGE 95 II 35 f. sinngemäss).

65

---

[119] So war für HUBER, S. 177, das gesetzliche Pfandrecht für die Kaufpreisschuld der Ausdruck «einer als selbstverständlich anzunehmenden Willensmeinung der Parteien». So hatte denn auch schon LEEMANN, BerKomm, N 8 zu Art. 838 ZGB, keinen Zweifel an der Wirksamkeit der (noch nicht eingetragenen) Verkäuferhypothek im Konkurs.
[120] Statt vieler: RIEMER, § 20 Nr. 12. So auch PIOTET, Hypothèque légale, S. 239, der aber daraus, dass das «Pfandrecht» vor Eintragung keinen Rang hat, den Schluss zieht, es dürfe im Konkurs nicht mehr eingetragen werden.
[121] Auch hier statt vieler RIEMER, § 18 Nr. 52.
[122] Hierzu STEINAUER I, Nr. 812–817.

2. Die Voraussetzungen und das Verfahren

A. Die Voraussetzungen

66 Damit die gesetzliche Verpflichtung, das Pfandrecht sich gefallen zu lassen, entsteht und (noch) besteht, ist dreierlei vonnöten: Es liegt ein Kaufvertrag über ein Grundstück vor; der Berechtigte hat auf seinen Pfandrechtsanspruch nicht verzichtet; die gesetzliche Frist ist noch nicht abgelaufen.

a. Ein Grundstückkauf

67 Hier soll zunächst die (schlechthin und für dieses Buch und diesen Beitrag erst recht gegebene) Selbstverständlichkeit erwähnt werden, dass das Verkäuferpfandrecht vom Vorliegen eines **gültigen Grundstückkaufs** abhängig ist[123]. Grundstücke als Kaufgegenstände können dabei auch Grundstücke im weiteren Sinne des Wortes, die vorn (in Nr. 4) erwähnten grundstückgleich behandelten dinglichen Rechte an Grundstücken (Art. 655 Abs. 2 Ziff. 2–4 ZGB), sein, also z.B. für den «Verkauf» eines als Grundstück im Grundbuch eingetragenen Baurechts[124]. Anders liegen die Dinge bei der Errichtung des Baurechts: In BGE 52 II 41 E. 2 hat das Bundesgericht entschieden, die Verkäuferhypothek sei nicht anwendbar für die Sicherung der als Gegenleistung für ein in das Grundbuch aufgenommenes Baurecht zu zahlenden Beträge[125]. Seit der Gesetzesrevision vom 19. März 1965 (Inkrafttreten am 1. Juli 1965) hat aber der baurechtsbelastete Grundeigentümer gemäss Art. 779i ZGB einen realobligatorischen Anspruch auf Errichtung eines mittelbaren gesetzlichen Grundpfandrechts[126].

68 Wo Rechtsprechung und Lehre (die allerdings hier nicht einhellig sind[127]) den Anspruch auf Errichtung eines Bauhandwerkerpfandrechtes gegenüber dem Gemeinwesen verneinen, ist auch für die Verkäuferhypothek kein Platz.

69 Der gültige Grundstückkauf als Voraussetzung des Pfandrechts ergibt sich sodann aus der akzessorischen Natur des schliesslich errichteten Pfandrechts, der Grundpfandverschreibung. Es mag sein, dass die Ungültigkeit des Pfandrechts

---

[123] Hierzu s. HOFSTETTER, BasKomm, N 3 zu Art. 837/838 ZGB.
[124] Vorsichtig noch BGE 52 II 42: «... infolgedessen kann ... bei einem der Eröffnung eines Grundbuchblattes nachfolgenden Verkauf des Baurechts die Anwendung des Art. 837 Abs. 1 Ziff. 1 ZGB in Frage gezogen werden.»
[125] Zustimmend STEINAUER III, Nr. 2835a.
[126] ISLER, BasKomm, N 1 zu Art. 779i ZGB.
[127] Zu dieser Problematik s. BGE 103 II 227 (235 ff.), alsdann LÖTSCHER, S. 85 ff., und SCHUMACHER, Nr. 537–586, sodann BGE 108 II 305 sowie BGE 120 II 321 (325 ff.) und dazu SCHUMACHER RAINER, BR 1995, S. 97 f., ferner BGE 124 III 337 und dazu SCHUMACHER RAINER, BR 1999, S. 70 f.

bei dessen Eintragung gerade noch nicht feststeht (ja, das wird wohl immer so sein). Für dessen Weiterbestand gilt aber der Grundsatz der Akzessorietät wie bei jeder Grundpfandverschreibung[128]. Keinen Anspruch auf Errichtung des Verkäuferpfandrechts hat der Darlehensgeber, «mit dessen Geld der Darlehensempfänger eine Liegenschaft gekauft oder sein Grundstück von einer Last befreit hat»[129].

b. Kein Verzicht

Art. 837 Abs. 2 ZGB sieht vor: «Auf diese gesetzlichen Grundpfandrechte kann der Berechtigte nicht zum voraus Verzicht leisten.» Dieser Absatz bezieht sich nach Wortlaut, Systematik und dem Sinne nach auf alle in Abs. 1 erwähnten mittelbaren gesetzlichen Pfandrechte, mithin auch auf das Verkäuferpfandrecht. Kann der Verkäufer nicht «zum voraus» auf sein Pfandrecht verzichten, so kann er es offenbar später. Davon (vom terminus a quo) und von der Form des Verzichts sei nun die Rede. 70

1. Der Verzicht kann sicher nicht erfolgen vor dem Abschluss des Kaufvertrages. Eine (wohl höchst seltene) Ankündigung der Bereitschaft eines Verkaufsinteressenten, kein Verkäuferpfandrecht eintragen zu wollen, wäre demnach nicht gültig. Das Gleiche gilt für eine entsprechende Klausel in einem Kaufrechts-, Rückkaufrechts- oder Vorkaufrechtsvertrag. Praktisch bedeutsamer dürfte ein beim Kaufvertragsabschluss vereinbarter Verzicht sein. Das ist denn auch der (Haupt-)Fall, den die spärliche Rechtsprechung und Lehre als zu frühzeitigen und damit ungültigen Verzicht bezeichnet[130]. Wohl wurde aber schon früh erkannt, es dürfe in den Kaufvertrag der Passus aufgenommen werden, die «Versicherung des Kaufrestes werde vorläufig nicht verlangt»[131]. Das heisst aber nur, dass der Verkäufer vorerst vom Grundbuchamt nicht die Eintragung der Sicherung verlangt. So wurde denn auch schon frühzeitig entschieden, der Grundbuchverwalter sei befugt, vor Eintragung der Handänderung die Streichung eines im Veräusserungsvertrag enthaltenen Verzichts zu verlangen[132]. 71

---

[128] Statt vieler TUOR/SCHNYDER/SCHMID, S. 811 f., 837 und 840.
[129] HUBER, S. 276.
[130] LEEMANN, BerKomm, N 58 zu Art. 837 ZGB.
[131] Rechenschaftsbericht des Zürcher Obergerichts 1915, S. 60 (zit. bei WEISS G. [Hrsg.], Sammlung eidgenössischer und kantonaler Entscheidungen zum schweizerischen Zivilgesetzbuch und Obligationenrecht, Bd. I, Zürich 1928, S. 1012); LEEMANN, BerKomm, N 58 zu Art. 837 ZGB. HOFSTETTER, BasKomm, N 16 zu Art. 837/838 ZGB, gibt ohne Stellungnahme die Ansicht des Schreibenden wieder.
[132] MBVR 1912, S. 230 (zit. bei WEISS [zit. in Anm. 131]), S. 1012, und LEEMANN, BerKomm, N 58 zu Art. 837 ZGB.

72 **2.** Wenn nicht vor Abschluss und nicht beim Abschluss des Kaufvertrages, **ab wann** denn kann gültig auf das Verkäuferpfandrecht verzichtet werden? Als solcher terminus a quo wird die Eintragung des Eigentums im Grundbuch angegeben: also «nach erfolgter Eigentumsübertragung»[133]; der massgebende Zeitpunkt ist die Einschreibung im Tagebuch des Grundbuchverwalters bzw. bei Zusprechung des Eigentums durch gerichtliches Urteil der Eintritt der Rechtskraft des Urteils[134]. Das ist insofern eigentümlich, als ja nunmehr der Verkäufer seiner Eigentumsverschaffungspflicht nachgekommen ist und mithin kein Druckmittel mehr gegenüber dem Käufer zur Verfügung hat, der Verkäufer also stärker «erpressbar» geworden ist. Und doch muss wohl vom Zeitpunkt erfolgter Eigentumsübertragung an der Verzicht (spätestens) zulässig sein. Das beruht einmal darauf, dass ein noch späteres Ereignis sich als Ausgangsdatum gar nicht anbietet. Indem der Gesetzgeber einerseits einen Fristablauf für die Geltendmachung des Pfandrechtsanspruchs vorgesehen hat (Art. 838 ZGB) und anderseits den Verzicht nur «zum voraus» ausschliessen wollte, muss es doch wohl eine Zeitspanne geben, in welcher ein Verzicht zulässig ist. Der Zeitpunkt der Eigentumsübertragung als spätester Ausgangspunkt hierfür erscheint angesichts der leichten Erkennbarkeit besonders gut geeignet. Abgesehen von diesen mehr formalen Argumenten mag man auch mit der Sachüberlegung argumentieren, der Verkäufer habe nun den entscheidenden Schritt der Verfügung über sein Grundstück getan, der Verzicht auf die Sicherung des Kaufpreisanspruchs möge ihm jetzt offen stehen. Angesichts der (je nach Ansicht mehr oder weniger) zu bejahenden realobligatorischen Natur des Pfandrechtsanspruchs hat natürlich der Käufer nunmehr auch ein besonderes Interesse, vom Verkäufer von dieser «Last» entbunden zu werden.

73 **3.** Was **die Form** des (gültigen) Verzichts angeht, hängt dies von der Rechtsnatur des Geschehens ab. Es handelt sich beim Verzicht offensichtlich um die Aufhebung einer Forderung durch Übereinkunft i.S.v. Art. 115 OR. Im entsprechenden Verfügungsvertrag[135] wird vereinbart, dass der Gläubiger «seine Forderung gegenüber dem Schuldner ... aufgibt»[136]. Dieser Vertrag ist von Gesetzes wegen an keine Form gebunden (s. Art. 115 OR), kann also, wo nicht etwas anderes vereinbart worden ist, in irgendwelcher Form zustande kommen[137]. Etwas anderes ist die allfällige Formbedürftigkeit eines solchen Vertrages im Hinblick auf die Geltendmachung des Verzichts gegenüber dem Grundbuchamt (hierzu Nr. 79).

---

[133] LEEMANN, BerKomm, N 58 zu Art. 837 ZGB, und HOFMANN, S. 58.
[134] HOFSTETTER, BasKomm, N 24 zu Art. 837/838 ZGB.
[135] GAUCH/SCHLUEP/SCHMID/REY, Nr. 3189.
[136] GAUCH/SCHLUEP/SCHMID/REY, a.a.O.
[137] So auch HOFSTETTER, BasKomm, N 16 zu Art. 837/838 ZGB.

c. Kein Ablauf der Frist

Nach Art. 838 ZGB muss die Eintragung des Pfandrechtes spätestens drei Monate nach der Übertragung des Eigentums erfolgen. In einem der seltenen (publizierten) Bundesgerichtsentscheide zum Verkäuferpfandrecht hat das Bundesgericht festgehalten, dass diese Dreimonatsfrist vom Tage der Tagebucheinschreibung an (und also nicht erst von der Eintragung im Hauptbuch an) zu berechnen sei (BGE 74 II 230). Offen gelassen hat das Bundesgericht in diesem BGE die meines Erachtens zu bejahende Frage, ob bei gerichtlicher Zusprechung des Eigentums die Dreimonatsfrist schon im Zeitpunkt des Eintritts der Rechtskraft des entsprechenden Urteils zu laufen beginne.

74

B. Das Verfahren

a. Die Anmeldung beim Grundbuchamt

Der Verkäufer hat gegenüber dem Käufer ein «mittelbares gesetzliches Pfandrecht» (Nr. 60), also das Recht, durch sein Tätigwerden (ohne oder gegen den Willen des Käufers) das (dingliche) Pfandrecht zur Entstehung zu bringen. Vor der Eintragung im Grundbuch hat der Verkäufer nur einen obligatorischen Anspruch auf diese Eintragung, allerdings eine (im oben Nr. 61 ff. erläuterten Sinn) realobligatorische Berechtigung. Im Normalfall setzen Eintragungen im Grundbuch eine «schriftliche Erklärung des Eigentümers des Grundstücks» voraus, «auf das sich die Verfügung bezieht» (Art. 963 Abs. 1 ZGB). «Keiner Erklärung des Eigentümers bedarf es», wenn sich «der Erwerber» «auf eine Gesetzesvorschrift zu berufen vermag» (Art. 963 Abs. 2 ZGB). Mit einem solchen Fall haben wir es hier zu tun [138]. Es genügt also die **Anmeldung durch** den Berechtigten, d.h. **den Verkäufer.**

75

Nun aber ist der Verkäufer, solange der im Kaufakt grundgelegte Eigentumsübergang auf den Käufer noch nicht stattgefunden hat, ja noch als Eigentümer im Grundbuch eingetragen. Das Pfandrecht, das er errichten möchte, wäre mithin ein Eigentümergrundpfandrecht. Ein solches ab ante bestehendes Pfandrecht an der eigenen Sache ist aber für die Grundpfandverschreibung nicht vorgesehen[139]. So hat denn auch mit Recht das Bundesgericht erkannt: «In das Hauptbuch kann das Verkäuferpfandrecht keinesfalls eingetragen werden, be-

76

---

[138] DESCHENAUX, S. 238 f. und 387; LEEMANN, BerKomm, N 4 zu Art. 838 ZGB. – A.M. SCHMID JÜRG, SJZ 1999, S. 535, in einer Buchbesprechung u.a. unter Berufung auf LIVER PETER, ZBJV 1962, S. 221. Danach liegt die entsprechende Verfügungsbefugnis beim im Grundbuch eingetragenen Eigentümer. Umso wichtiger ist für diese Theorie die Möglichkeit der vorläufigen Eintragung auf Antrag des Verkäufers (hierzu nachstehend Nr. 79).

[139] TUOR/SCHNYDER/SCHMID, S. 765 f.

vor der Eigentumsübergang eingetragen ist» (BGE 74 II 233). Der Verkäufer wird daher nur, aber eben, beim Grundbuchamt gleichzeitig mit der Anmeldung für den Eigentumsübergang[140] verlangen, dass unmittelbar nach dem Eigentumsübergang, in der gleichen juristischen Sekunde, auch schon sein Verkäuferpfandrecht einzutragen sei. Etwas anderes gilt, wenn der Eigentumsübergang schon stattgefunden hat, die Dreimonatsfrist des Art. 838 ZGB aber noch nicht abgelaufen ist. Diesfalls wird der Verkäufer die sofortige Eintragung des Pfandrechts verlangen können, die (wie immer bei grundbuchlichen Anmeldungen) zunächst ins Tagebuch und alsdann erst im Hauptbuch eingetragen wird (Art. 948 Abs. 1 ZGB; Art. 14 Abs. 1 GBV). Die (Konstitutiv-)Wirkung, um die es ja in unserem Fall bei der Eintragung im Grundbuch geht, wird aber auf den Zeitpunkt der Einschreibung in das Tagebuch zurückbezogen (Art. 972 Abs. 2 ZGB).

77 Der **Ausweis** für die Eintragung des Pfandrechts besteht im öffentlich beurkundeten Kaufvertrag. Das ist die Urkunde, die zur Begründung der Forderung nötig ist. Etwas anderes braucht es grundsätzlich für die Eintragung dieses gesetzlichen Grundpfandrechtes nicht (s. Art. 22 Abs. 1 GBV). Insbesondere kann auch nicht der Grundeigentümer die Eintragung durch Leistung (anderweitiger) hinreichender Sicherheit abwehren (dies im Gegensatz zum Bauhandwerkerpfandrecht; Art. 839 Abs. 3 ZGB in fine und Art. 22 Abs. 3 GBV)[141]. – Zur Anmeldung der Löschung des Pfandrechts ist der Pfandgläubiger legitimiert, welcher einseitig erklärt, auf das Pfandrecht zu verzichten (unveröffentlichtes Urteil des Bundesgerichts vom 22. Februar 1995, ZGBR 79 [1998], S. 123 ff.).

b. Die vorläufige Eintragung

78 **1.** Während – wie soeben festgehalten worden ist – beim Verkäuferpfandrecht die Kaufsurkunde als Ausweis für die Eintragung des Verkäuferpfandrechtes ausreicht, verlangt die Grundbuchverordnung für das Bauhandwerkerpfandrecht zusätzlich, «dass die Forderung als Pfandsumme vom Eigentümer anerkannt oder gerichtlich festgestellt ist, oder die Eintragung vom Eigentümer bewilligt wird» (Art. 22 Abs. 2 GBV). Fehlt es an diesen Voraussetzungen, führt der Weg zur (allfälligen) definitiven Eintragung des Bauhandwerkerpfandrechts über eine vorläufige Eintragung «gemäss Artikel 961 Absatz 1 Ziffer 1 des Zivil-

---

[140] S. Meier-Hayoz, BerKomm, N 18 zu Art. 665 ZGB.
[141] Deschenaux, S. 387, und dort Anm. 35 e contrario. Gemäss Hofstetter, BasKomm, N 28 zu Art. 837/838 ZGB, ist es «schwer verständlich, warum das Gesetz dem Grundeigentümer nur beim Bauhandwerkerpfandrecht ... gestattet, die Belastung des Grundstücks durch die Leistung anderer hinreichender Sicherheiten zu vermeiden».

gesetzbuches» (so Art. 22 Abs. 4 GBV). Das ist im Fall des Verkäuferpfandrechts nicht explizit vorgesehen.

2. Nun aber kann auch beim Verkäuferpfandrecht aus verschiedenen Gründen die Sachlage für den Grundbuchbeamten nicht derart klar sein, dass sofort zur Eintragung des Pfandrechts geschritten wird. Für solche Fälle drängt sich eine analoge Anwendung des Art. 22 Abs. 4 GBV auf die Verkäuferhypothek auf[142]. Der Weg würde also auch hier über Art. 961 ZGB führen. Dogmatisch gesehen kann man sich fragen, ob (auch schon für das Bauhandwerkerpfandrecht) Art. 961 ZGB die «einschlägige» Regel sei. Geht es doch (Art. 961 Abs. 1 Ziff. 2 ZGB steht hier nicht zur Diskussion) an sich nicht um die «Sicherung behaupteter dinglicher Rechte» (Art. 961 Abs. 1 Ziff. 1 ZGB) wie etwa im Prozess, in welchem der Kläger mittels Grundbuchberichtigungsklage (Art. 975 Abs. 1 ZGB) sein (schon bestehendes) dingliches Recht behauptet. Da aber auch für den (vorn in Nr. 40 ff.) behandelten Fall des Art. 960 Abs. 1 Ziff. 1 ZGB die analoge Anwendung des Art. 961 Abs. 3 ZGB akzeptiert wird[143] und wir es anderseits beim Verkäuferpfandrecht (anders als im reinen Fall des Art. 960 Abs. 1 Ziff. 1 ZGB) mit einem realobligatorischen Anspruch zu tun haben, drängt sich die vom Verordnungsgeber in Art. 22 Abs. 4 GBV (jedenfalls) für das Bauhandwerkerpfandrecht vorgesehene unmittelbare Anwendbarkeit des Art. 961 ZGB auch für das Verkäuferpfandrecht auf[144].

79

3. Im Einzelnen findet nun auf das Verfahren zur vorläufigen Eintragung eines Verkäuferpfandrechts all das (mutatis mutandis) Anwendung, was in der reichen Lehre und Rechtsprechung zu Art. 961 ZGB im Zusammenhang mit dem Bauhandwerkerpfandrecht entwickelt worden ist: Das gilt (für den Fall des Fehlens der «Einwilligung aller Beteiligten»: Art. 961 Abs. 2 ZGB in initio) insbesondere für das zuständige Gericht – hier allerdings nun unter Berücksichtigung des Gerichtsstandsgesetzes (s. vorn Nr. 37) –, für das schnelle Verfahren nach Art. 961 Abs. 3 ZGB[145], für die Weiterziehung an das Bundesgericht[146], für

80

---

[142] Im vorerwähnten BGE 74 II 231 betreffend ein Verkäuferpfandrecht war dem bundesgerichtlichen Entscheid eine «vorläufige Eintragung» vorausgegangen (von Art. 961 ZGB ist dort allerdings nicht die Rede). – DEILLON-SCHEGG (zit. in Anm. 48), S. 260 ff., spricht sich gegen die analoge Anwendung von Art. 961 Abs. 1 Ziff. 1 ZGB und Art. 22 Abs. 4 GBV auf das Verkäuferpfandrecht aus. Ein Interesse des Pfandgläubigers an einer nur vorläufigen Eintragung sei «wohl nur schwerlich nachvollziehbar» (a.a.O., S. 262).
[143] S. Nr. 51.
[144] So LEEMANN, BerKomm, N 6 zu Art. 838 ZGB, für die Pfandsumme im Fall eines Verpfründungsvertrages, für welchen ja dem Pfründer «für seine Ansprüche das Recht auf ein gesetzliches Pfandrecht an diesem Grundstück gleich einem Verkäufer» zusteht (Art. 523 OR).
[145] Mit der in Art. 961 Abs. 3 ZGB vorgesehenen Beschränkung auf blosses Glaubhaftmachen!

die zeitliche und sachliche Umschreibung der Vormerkung und für die Fristansetzung durch den Richter.

c. Das Urteil in der Sache

81 Kommt es aufgrund der vorläufigen Eintragung und des damit im Zusammenhang stehenden Verfahrens schliesslich aufgrund des Prozesses in der Sache[147] zur definitiven Eintragung, so besteht das Verkäuferpfandrecht, wie wenn es von Anfang an (definitiv) eingetragen worden wäre, und zwar mit Rückwirkung auf den Tag der Einschreibung der vorläufigen Eintragung in das Tagebuch. Diese Rückwirkung ist entscheidend für den Rang des Pfandrechts (Art. 972 Abs. 1 ZGB; hierzu s. Nr. 76). Führt der Rechtsstreit nicht zur Anerkennung des Pfandrechts (wie im BGE 74 II 230), so ordnet richtigerweise das Gericht «zugleich die Löschung der vorläufigen Eintragung durch das Grundbuchamt an»[148].

---

[146] Bei Verweigerung der Eintragung Nichtigkeitsbeschwerde gemäss Art. 68 OG und gegebenenfalls staatsrechtliche Beschwerde; bei Anordnung der Eintragung indessen keine staatsrechtliche Beschwerde. Vgl. TUOR/SCHNYDER/SCHMID, S. 853 f. S. aber die Kritik POUDRET JEAN-FRANCOIS/SANDOZ-MONOD SUZETTE, Commentaire de la loi fédérale d'organisation judiciaire, Volume II, Berne 1990, Ziff. 1.1.6.7. zu Art. 48 OG: Demgemäss wäre die Verweigerung der Eintragung (jedenfalls eines Bauhandwerkerpfandrechts) ein Endentscheid i.s.v. Art. 48 OG und demnach mit Berufung weiterziehbar; gl.M. STEINAUER III, Nr. 2894a.

[147] Denkbar – wenn auch kaum wahrscheinlich – ist allerdings auch ein «direkter» Prozess auf Eintragung einer Verkäuferhypothek ohne vorgängige vorläufige Eintragung.

[148] So SCHUMACHER, Nr. 775.

§ 5
Die Haftung des Grundstückverkäufers

RAINER SCHUMACHER
ERICH RÜEGG

INHALTSVERZEICHNIS   Seite

Literatur 181

I. **Einleitung** 183
    1. Das Problem 183
    2. Der Begriff der Haftung 183
    3. Das Ziel dieser Abhandlung. 184
    4. Der Aufbau dieser Abhandlung. 185

II. **Grundlagen** 186
    1. Vorbemerkungen.. 186
    2. Haftungsnormen im Besonderen Teil des OR 187
        A. Rechtsgewährleistung 188
        B. Mängelhaftung 188
            a. Spezielles Grundstückkaufrecht 188
            b. Übriges Kaufrecht...................................... 189
    3. Haftungsnormen in den Allgemeinen Bestimmungen des OR . 189
        A. Die allgemeinen Nichterfüllungsregeln................ 189
            a. Leistungsunmöglichkeit 189
                aa. Objektive Unmöglichkeit.................. 189

175

bb.	Subjektive Unmöglichkeit...................	191
b.	Die Schlechterfüllung («positive Vertragsverletzung»).	192
c.	Die nicht rechtzeitige Erfüllung (Schuldnerverzug)...	193
d.	Anspruchskonkurrenz zwischen Art. 197 ff. OR und Art. 97 ff. OR?.............................	194
B.	Die Anfechtung des Kaufvertrages wegen Grundlagenirrtums.......................................	195
C.	Das Rückbehaltungsrecht des Käufers (Art. 82 OR)......	199
D.	«Culpa in contrahendo».........................	200
E.	Deliktshaftung................................	200

III. Die Haftung für die Sachverschaffungspflicht.............. 202
1. Die doppelte Sachverschaffungspflicht des Verkäufers....... 202
2. Die Haftung für die Eigentumsverschaffungspflicht......... 203
   A. Allgemeines.................................... 203
   B. Totale Nichterfüllung............................. 203
   C. Teilweise Nichterfüllung........................... 204
3. Die Haftung für die Besitzesverschaffungspflicht........... 205
   A. Allgemeines.................................... 205
      a. Der Umfang der Übergabepflicht................. 206
      b. Der Zeitpunkt der Besitzesübergabe............... 206
      c. Die Rechtsfolge der Besitzesübergabe.............. 207
   B. Totale Nichterfüllung............................. 207
   C. Teilweise Nichterfüllung........................... 207

IV. Die Rechtsgewährleistung des Verkäufers................. 210
1. Die Rechtsgewährleistung im Allgemeinen................ 210
   A. Grundlagen.................................... 210
   B. Die Bedeutung der Rechtsgewährleistung 211
2. Die materiellrechtlichen Voraussetzungen der Rechtsgewährleistung............................... 212
3. Die Unterstützungspflicht des Verkäufers................. 213
   A. Streitverkündung des Käufers 214
      a. Streitverkündung im Prozess vor dem staatlichen Richter 214
      b. Streitverkündung im Schiedsgerichtsverfahren 216
      c. Streitverkündung bei aussergerichtlicher Streiterledigung.................................. 217
   B. Ohne Streitverkündung des Käufers................. 217
4. Die Ansprüche des Käufers bei vollständiger Entwehrung.... 218
   A. Teilweise Kausalhaftung 218

B. Verschuldenshaftung.............................. 219
5. Die Ansprüche des Käufers bei teilweiser Entwehrung....... 219
   A. Die Ansprüche im Allgemeinen..................... 219
   B. Das Bauhandwerkerpfandrecht im Besonderen......... 220
6. Die Verjährung..................................... 223
7. Die Wegbedingung der Rechtsgewährleistung............. 223

V. **Mängelhaftung: Allgemeines**........................... 224
   1. Überblick.. 224
   2. Grundstückkarten................................. 224
   3. Die Abgrenzung zwischen kaufrechtlichen und
      werkvertragsrechtlichen Haftungsnormen................ 225
      A. Der Grundstückkaufvertrag über
         eine künftige Sache............................. 226
      B. Der gemischte Grundstückkauf-/Werkvertrag
         (Grundstückkauf mit Bauleistungspflicht)............. 226
      C. Zusammengesetzte Verträge..................... 228
   4. Die Abänderung der gesetzlichen Haftungsregeln........... 229

VI. **Mängelhaftung: Der Mangel**........................... 230
   1. Der Begriff des Mangels............................ 230
   2. Das Fehlen einer zugesicherten Eigenschaft............... 231
      A. Begriff und Tragweite der Zusicherung.............. 231
      B. Zusicherung der Wirklichkeit..................... 232
         a. Mögliche Bewusstseinslagen des Verkäufers......... 232
         b. Die absichtliche Täuschung im Besonderen......... 232
      C. Abgrenzungen................................. 234
         a. Unverbindliche Äusserungen des Verkäufers....... 234
         b. Zusätzliche Zusicherungen des Verkäufers.......... 235
            aa. Erweiterte Zusicherungen................... 235
            bb. Selbständige Erfolgsversprechen.............. 236
      D. Kausalität der Zusicherung?...................... 236
   3. Das Fehlen einer vorausgesetzten oder voraussetzbaren
      Eigenschaft.. 237
      A. Voraussetzung und Voraussetzbarkeit................ 237
         a. Vorausgesetzte Eigenschaften.................. 238
         b. Voraussetzbare Eigenschaften.................. 238
      B. Die wichtigsten Erscheinungsformen der vorausgesetzten
         und voraussetzbaren Eigenschaften................ 239
         a. Wertqualität................................ 240
         b. Gebrauchstauglichkeit........................ 240

4. Die Erheblichkeit des Mangels 241
   A. Die Problematik 241
   B. Die Erheblichkeit des Mangels bei vorausgesetzten
      bzw. voraussetzbaren Eigenschaften 242
   C. Die Erheblichkeit des Mangels bei zugesicherten
      Eigenschaften 243
5. Erscheinungsformen des Mangels 244
   A. Körperliche Mängel 244
   B. Rechtliche Mängel. 245
   C. Wirtschaftliche Mängel? 247
6. Die besonderen Mängel im Sinne von Art. 219 Abs. 1
   und 2 OR 248
   A. Die Haftung für das Grundstückmass im Allgemeinen ... 248
   B. Der Ausschluss der Mängelhaftung
      gemäss Art. 219 Abs. 2 OR 250
7. Der Wegfall der Mängelhaftung. 252
   A. Kenntnis des Mangels bei Vertragsabschluss 252
   B. Pflichtwidrige Unaufmerksamkeit bei Vertragsabschluss. . 253

VII. **Mängelhaftung: Die Mängelrechte** 254
   1. Das Wandelungsrecht 255
      A. Das Wandelungsrecht als Gestaltungsrecht. 255
      B. Einschränkungen zulasten des Käufers 255
         a. Gesetzlicher Ausschluss des Wahlrechts 255
         b. Ausschluss der Wandelung nach richterlichem
            Ermessen. 255
      C. Die Wirkungen der Wandelung 256
   2. Preisminderung 257
      A. Das Recht des Käufers auf Herabsetzung
         des Kaufpreises. 257
      B. Die Berechnung der Preisminderung. 257
   3. Die Nachbesserung 259
      A. Nachbesserungsrecht des Käufers zufolge analoger
         Gesetzesanwendung und Vertragsergänzung 259
      B. Nachbesserungsrecht des Verkäufers 260
      C. Nachbesserung gemäss ausdrücklicher Vereinbarung 260
   4. Das Recht auf Ersatz des Mangelfolgeschadens. 261
      A. Merkmale 261
      B. Schadenersatz bei Wandelung. 262
         a. Kumulation. 262
         b. Teilweise Kausalhaftung 262

C. Schadenersatz bei Minderung oder Nachbesserung 264
5. Die Mängelrechte des Käufers von Stockwerkeigentum – gesteigerte Komplexität 265

VIII. **Mängelhaftung: Die Verwirkung der Mängelrechte** 266
1. Die Verwirkung der Mängelrechte durch Genehmigung des Käufers 266
   A. Die Genehmigungserklärung des Käufers.............. 266
   B. Die Genehmigungsfiktion des Gesetzes................ 266
      a. Der Grundsatz.................................. 266
      b. Die Ausnahme.................................. 267
      c. Der Geltungsbereich 267
2. Die Prüfung der Kaufsache 267
   A. Die Prüfungsfrist................................. 267
   B. Der Sorgfaltsgrad der Prüfung 269
   C. Die Tragweite eines Prüfungsversäumnisses des Käufers .. 270
3. Die Mängelrüge 270
   A. Die Rügefrist..................................... 270
   B. Der Inhalt der Mängelrüge 272
   C. Die Form der Mängelrüge 272
   D. Die Rechtsfolge der unterlassenen oder verspäteten Mängelrüge 273
4. Kritik an der gesetzlichen Genehmigungsfiktion 273

IX. **Mängelhaftung: Verjährung** 275
1. Die Dauer der Verjährungsfrist 275
   A. Der Grundsatz: Fünfjährige Verjährungsfrist........... 275
   B. Die Ausnahmen 275
2. Der Beginn der Verjährungsfrist 276
3. Der Anwendungsbereich der Prüfungsfrist................ 276
4. Die Unterbrechung der Verjährung..................... 277
5. Die Wirkung der Verjährung.......................... 277

X. **Ausschluss und Beschränkung der Haftung des Verkäufers** . 278
1. Allgemeines 278
2. Der Inhalt der Haftungsbeschränkung 279
   A. Die Vertragsauslegung im Allgemeinen................ 279
   B. Die Auslegung vorformulierter Vertragsbedingungen 282
3. Schranken der Wirksamkeit 283
   A. Formellrechtliche Schranke 283
   B. Materiellrechtliche Schranken 284

4. Die Abtretung von Mängelrechten an den Käufer........... 286
   A. Form der Abtretung 287
   B. Die Abtretbarkeit der Mängelrechte 287
   C. Unvollständigkeit der Abtretung 288
   D. Durchsetzbarkeit der abgetretenen Mängelrechte 288
   E. Die eigene Haftung des Verkäufers.................. 289
   F. Aufklärungs- und Unterstützungspflichten
      des Verkäufers................................. 289
   G. Treuhandfunktion des Verkäufers 290
5. Weitere Einzelfragen................................ 290
   A. Beschränkung der Mängelhaftung auf die Regressrechte
      des Verkäufers................................. 290
   B. Zweistufige Kombination verschiedenartiger Haftungs-
      beschränkungen 291
   C. Vertragsübernahme 291

LITERATUR

Die gängigen schweizerischen Kommentarwerke (Zürcher Kommentar, Berner Kommentar, Basler Kurzkommentar) werden im Folgenden nicht aufgeführt. Dasselbe gilt für Beiträge im «Schweizerischen Privatrecht» (SPR), deutschsprachige Ausgabe. – Zitierweise: Die Autoren werden nur mit dem Verfassernamen, nötigenfalls mit einem präzisierenden Zusatz zitiert. – Hinweise auf weiterführende Spezialliteratur finden sich in den Fussnoten.

BAUDENBACHER CARL/SPIEGEL NICO, Die Rechtsprechung des schweizerischen Bundesgerichts zum Verhältnis von Sachmängelgewährleistung und allgemeinen Rechtsbehelfen des Käufers – Ein Musterbeispiel angewandter Rechtsvergleichung?, in: FS Pedrazzini, Bern 1990, S. 229 ff.

BRUNNER HANS-ULRICH, Die Anwendung deliktsrechtlicher Regeln auf die Vertragshaftung, Diss. Freiburg 1991.

BUCHER EUGEN, Schweizerisches Obligationenrecht, Allgemeiner Teil, 2. A. Zürich 1988 (zit. BUCHER, OR AT).

– Skriptum zum Obligationenrecht, Besonderer Teil, 3. A. Zürich 1988.

– Der benachteiligte Käufer, Kritische Bemerkungen zu zwei Besonderheiten des Schweizerischen Kaufrechts: Prüfungs- und Rügepflicht (OR 201), Kostenfolgen bei Erkennung auf Preisminderung statt auf Wandelung gemäss OR 205/II, SJZ 1971, S. 1 ff. und S. 17 ff. (zit. BUCHER, SJZ 1971).

BÜHLER ALFRED, Von der Beweislast im Bauprozess, in: KOLLER ALFRED (Hrsg.), Aktuelle Probleme des privaten und öffentlichen Baurechts, St. Gallen 1994.

FELLMANN WALTER, Das neue Produktehaftpflichtgesetz: Ein erster Kommentar – namentlich für die Baubranche, BR 1994, S. 28 f.

GAUCH PETER, Der Werkvertrag, 4. A. Zürich 1996.

– Vom Formzwang des Grundstückkaufes und seinem Umfang – Ausdehnung auf eine «Architektenverpflichtung» des Käufers und auf konnexe Werkverträge, BR 1986, S. 80 ff. (zit. GAUCH, BR 1986).

– Die Abtretung der werkvertraglichen Mängelrechte, BR 1984, S. 23 ff. (zit. GAUCH, BR 1984).

GAUCH PETER/SCHLUEP WALTER, Schweizerisches Obligationenrecht, Allgemeiner Teil, 2 Bde., 7. A. bearbeitet von JÖRG SCHMID (Bd. I) und HEINZ REY (Bd. II), Zürich 1998 (zit. GAUCH/SCHLUEP/SCHMID/REY).

GUHL THEO, Das Schweizerische Obligationenrecht, 9. A. bearbeitet von ALFRED KOLLER, ANTON K. SCHNYDER und JEAN NICOLAS DRUEY, Zürich 2000 (zit. GUHL/BEARBEITER).

HUBER EUGEN, Schweizerisches Zivilgesetzbuch: Erläuterungen zum Vorentwurf (vom 15. November 1900), 2. A. Bern 1914.

HÜRLIMANN ROLAND, Teilnichtigkeit von Schuldverträgen nach Art. 20 Abs. 2 OR, Diss. Freiburg 1984.

KÄSER ANDREAS, Die Abtretung von Gewährleistungsansprüchen bei Kauf- und Werkvertrag, Diss. Zürich 2000.

KELLER MAX/SIEHR KURT, Kaufrecht, 3. A. Zürich 1995.

KOLLER ALFRED, Das Nachbesserungsrecht im Werkvertrag, 2. A. Zürich 1995.

– Die Haftung für den Erfüllungsgehilfen nach Art. 101 OR, Diss. Freiburg 1980 (zit. KOLLER, Haftung für den Erfüllungsgehilfen).

- Vertragsfloskeln, BR 1989, S. 24 ff. (zit. KOLLER, BR 1989).
- Probleme beim Verkauf vermieteter Wohnliegenschaften, ZBGR 1991, S. 193 ff. (zit. KOLLER, Probleme).
- Grundstückkauf mit falscher Flächenangabe, ZBGR 1997, S. 1 ff. (zit. KOLLER, Grundstückkauf).
- Die Mängelrechte und die Frage ihrer Abtretbarkeit, in: KOLLER ALFRED (Hrsg), SIA-Norm 118, St. Gallen 2000 (zit. KOLLER, Abtretung).

KOLLY GILBERT, Der Grundlagenirrtum nach Art. 24 OR: Rechtsprechung des Bundesgerichts, Diss. Freiburg 1978.

MERZ HANS, Sachgewährleistung und Irrtumsanfechtung, in: FS Guhl, Zürich 1950, S. 87 ff.

REY HEINZ, Ausservertragliches Haftpflichtrecht, 2. A. Zürich 1998.

SCHMID JÖRG, Die öffentliche Beurkundung von Schuldverträgen, Diss. Freiburg 1988.

- Gewährleistungsbeschränkungen bei Grundstückverkäufen und Art. 8 UWG, in: TERCIER PIERRE/HÜRLIMANN ROLAND (Hrsg.), In Sachen Baurecht, Freiburg 1989, S. 47 ff. (zit. SCHMID, In Sachen Baurecht).
- Die Gewährleistung beim Grundstückkauf, Ausgewählte Fragen unter Berücksichtigung von Altlasten, ZBGR 2000, S. 353 ff. (zit. SCHMID, Gewährleistung).

SCHUMACHER RAINER, Das Bauhandwerkerpfandrecht, 2. A. Zürich 1982.

- Das Bauhandwerkerpfandrecht/Konzept und Grundzüge, recht 1986, S. 88 ff. (zit. SCHUMACHER, recht 1986).
- Die Veräusserung geplanter und unvollendeter Neubauten, Baurechtstagung (BRT FR) 1989, Bd. I Gesamtveranstaltungen, S. 39 ff. (zit. SCHUMACHER, BRT FR 1989).
- Die Mängelrechte des Käufers von Stockwerkeigentum – gesteigerte Komplexität, BR 1994, S. 3 ff. (zit. SCHUMACHER, Mängelrechte).

TERCIER PIERRE, Les contrats spéciaux, 2. A. Zürich 1995.

I. Einleitung

1. Das Problem

Durch den Grundstückkaufvertrag verspricht der Verkäufer, dem Käufer ein
Grundstück (Art. 655 Abs. 2 ZGB) zu übergeben und ihm das Eigentum daran
zu verschaffen (Art. 184 i.V.m. Art. 221 OR). Eine richtige Erfüllung dieser Obligation setzt eine nach Person, Ort, Zeit und Inhalt richtige Leistung voraus[1].
Erfüllt dagegen der Verkäufer nicht oder nicht richtig, so stellt sich die Frage
nach seiner Haftung (Nr. 3 ff.).

Von dieser Frage der Haftung des Verkäufers für Nichterfüllung oder nicht richtige Erfüllung handelt der vorliegende Aufsatz. Der Haftungsfrage kommt
schon deshalb innerhalb des Kaufrechtes im Allgemeinen und des Grundstückkaufrechtes im Besonderen eine hervorragende Bedeutung zu, da sie ein *grosses
Konfliktpotenzial* in sich birgt. Im Rechtsalltag entstehen in diesem Bereich am
häufigsten Meinungsverschiedenheiten zwischen den Vertragsparteien. Bei der
öffentlichen Beurkundung des Grundstückkaufvertrages haben sie in der Regel
rechtliche Fragen weitgehend der Urkundsperson überlassen. Durch Haftungsprobleme sind sie persönlich gefordert. Rechtsprechung und Rechtsliteratur
(Lehre) beschäftigen sich oft und eingehend mit Problemen der Haftung des
Verkäufers und insbesondere auch des Grundstückverkäufers. Diese sind auch
deshalb besonders *aktuell*, weil der Kaufgegenstand oft Gebäude mitumfasst,
wobei die Haftung des Veräusserers häufig in stereotypen Klauseln behandelt
wird. Aus all diesen Gründen bildet die Haftung des Verkäufers für Mängel des
Grundstückes und insbesondere für Gebäudemängel das *Kernstück* der Haftung und auch dieser Abhandlung.

2. Der Begriff der Haftung

1. Das Wort Haftung hat verschiedene Sinngehalte. Im Bereich der Vertragshaftung und im *weiten Sinne* wird sie als Schuldhaftung verstanden und bedeutet:
Unterworfensein des Schuldners (hier des Verkäufers) unter die Zugriffsmacht
des Gläubigers (Käufers), dem nicht oder nicht richtig geleistet wird. Der Verkäufer hat für die Erfüllung seiner Verkaufs-Schuld (d.h. des ihn verpflichtenden Inhalts des Kaufvertrages) bzw. für (meistens materielle) Nachteile der
Nichterfüllung bzw. nicht gehörigen Erfüllung einzustehen[2].

---

[1] GAUCH/SCHLUEP/SCHMID/REY, Nr. 2007.
[2] Vgl. GAUCH/SCHLUEP/SCHMID/REY, Nr. 105.

4   **2.** Haftung wird häufig in einem *engeren Sinne* verstanden[3], in diesem Beitrag insbesondere auch als

5   – Schadenersatzpflicht[4];
6   – Gewährleistungspflicht (Art. 192 ff. OR)[5].

3. Das Ziel dieser Abhandlung

7   **1.** Diese Abhandlung will die reichhaltige Literatur zu Haftungsproblemen im Kaufrecht im Allgemeinen und im Grundstückkaufsrecht im Besonderen nicht ersetzen und nicht mit einer weiteren breiten Darstellung bereichern. Beabsichtigt ist ein kurzer *Leitfaden für die Praxis*, der eine Übersicht bieten und in die Haftungsprobleme des Grundstückkaufvertragsrechtes einführen will. Verweisungen auf Rechtsprechung und Literatur sollen zu vertieftem Studium der oft komplexen Einzelfragen weiterführen.

8   **2.** *Schwer- und Brennpunkte*, die für die Praxis bedeutsam und aktuell sind, werden einlässlich behandelt. Dazu sollen die reiche, insbesondere die neueste Rechtsprechung, vor allem diejenige des Bundesgerichts, und die umfangreiche Literatur ausgewertet werden. Die (leider allzu zahlreichen) Kontroversen werden dargelegt und zum Teil eigene, praxisnahe Lösungsvorschläge unterbreitet.

9   **3.** Zusätzlich sind Judikatur und Lehre zur *werkvertraglichen* Mängelhaftung (Art. 363 ff. OR) zu berücksichtigen, denn die Mängelhaftung des Unternehmers hat ihr Gegenstück in der Haftung des Verkäufers für Sachmängel der Kaufsache und wird wie diese oft als Gewährleistung (Nr. 6) bezeichnet[6]. Die kaufrechtliche Sachgewährleistung wird daher von der werkvertraglichen Mängelhaftung stark beeinflusst und umgekehrt. Für den Verkauf überbauter Grundstücke und für die Überbauung eines Grundstückes (im Werkvertrag) sind meistens keine sachlichen Gründe für unterschiedliche Lösungen von Haftungsproblemen gegeben. An solchen unterschiedlichen Lösungen stösst sich das Rechtsgefühl. Zudem sind werkvertragliche Bestimmungen auch bei der

---

[3] Vgl. GAUCH/SCHLUEP/SCHMID/REY, Nr. 113.
[4] Z.B. allgemeine Schadenersatzforderung gemäss Art. 97 ff. OR (Nr. 28 ff.), Schadenersatz bei vollständiger oder teilweiser Entwehrung gemäss Art. 195 f. OR (Nr. 115 ff., 123), Recht auf Ersatz eines Mangelfolgeschadens gemäss Art. 208 Abs. 1 und 2 OR (Nr. 263 ff.).
[5] In diesem Sinne wird Haftung als Einstehenmüssen für Mängel der Kaufsache, also als Mängelhaftung verstanden (vgl. GAUCH/SCHLUEP/SCHMID/REY, Nr. 113; GAUCH, Nr. 1349). Für die Sachgewährleistung vgl. GUHL/KOLLER, § 42 Nr. 10. Auch das Gesetz spricht zuweilen von Haftung, wenn es um Gewährleistung geht (vgl. Marginalie zu Art. 197 OR und Art. 197 Abs. 1 OR).
[6] GAUCH, Nr. 1349; BGE 100 II 32.

Veräusserung von Grundstücken häufig neben dem Kaufrecht anwendbar, sei es von Gesetzes wegen beim gemischten Grundstückkauf-/Werkvertrag (Nr. 146 ff.) und bei zusammengesetzten Verträgen (Nr. 153 ff.), sei es durch den Willen der Parteien, welche die Mängelhaftung des Verkäufers ganz oder teilweise werkvertraglichen Bestimmungen[7] unterworfen haben (Nr. 158). Schliesslich kann ein und derselbe Mangel «stufenweise» sowohl der Mängelhaftung des Kaufsrechtes (z.b. auf der «Stufe» des Grundstückkaufvertrages oder des Kaufvertrages zwischen Unternehmer und Baustofflieferant) als auch der Gewährleistung des Werkvertragsrechtes (z.b. auf der «Stufe» des Werkvertrages zwischen Grundstückverkäufer und Unternehmer) unterliegen. All dies spricht nicht nur gegen isolierte Lösungen im Kaufrecht einerseits und im Werkvertragsrecht andererseits, sondern vielmehr für eine «**Harmonisierung**» der beiden Rechtsgebiete, sofern und soweit Gegensätze nicht in sachlichen Unterschieden (z.b. der Herstellungspflicht des Unternehmers) begründet sind. Die *Wechselwirkung* zwischen Kaufrecht und Werkvertragsrecht war bis anhin eher einseitig, weil die Einflüsse des Kaufrechtes auf das Werkvertragsrecht weitaus stärker waren als umgekehrt. Diese einseitige Beeinflussung ist allerdings ungerechtfertigt, da Bauwerke (zusammen mit einem Grundstück) oft Gegenstand eines Grundstückkaufvertrages sind. Zudem wurde und wird das Werkvertrags- und ganz besonders das Bauwerkvertragsrecht seit längerer Zeit durch Prof. PETER GAUCH umfassend bearbeitet. Die Verfasser werten daher Rechtsprechung und Lehre zum Werkvertrag und insbesondere zum Bauwerkvertrag bei der Behandlung der Haftung (insbesondere der Sachmängelhaftung) des Grundstückverkäufers intensiv aus und befürworten immer, wenn dies als möglich und angemessen erscheint, für die Regelung der Haftung des Grundstückverkäufers die gleichen Lösungen wie im Werkvertragsrecht. Entsprechend häufig sind die Verweisungen auf das grundlegende Buch «Der Werkvertrag» von Prof. PETER GAUCH.

4. Der Aufbau dieser Abhandlung

Zuerst soll eine Übersicht über die mehreren Haftungsarten und damit auch über die verschiedenen gesetzlichen Grundlagen geboten werden (Nr. 15 ff.). Das gegenseitige Verhältnis der verschiedenen und andersartigen Gesetzesbestimmungen wirft zahlreiche Probleme auf, insbesondere dasjenige der Anspruchskonkurrenz (Nr. 20). Den Praktiker beschäftigt vor allem die Frage, ob

10

---

[7] In der Praxis spielen dabei die Allgemeinen Bedingungen für Bauarbeiten des Schweizerischen Ingenieur- und Architekten-Vereins (nachfolgend SIA-Norm 118) eine wichtige Rolle.

die Regeln über die Sachmängelhaftung (Art. 197 ff. OR), das Kernstück des Kaufrechts, ausschliesslich oder alternativ (im Sinne der Anspruchskonkurrenz; Nr. 20) anwendbar sind (Nr. 39 ff.). Anschliessend werden die folgenden ausgewählten Fragen der Haftung des Grundstückverkäufers behandelt:

11 – die Haftung für die *Sachverschaffungspflicht* des Verkäufers (Nr. 60 ff.);
12 – die *Rechtsgewährleistung* des Verkäufers (Nr. 87 ff.);
13 – die Haftung des Verkäufers für *Mängel* der Kaufsache (Nr. 133 ff.);
14 – *Ausschluss und Beschränkung* der Haftung des Verkäufers (Nr. 309 ff.).

II. Grundlagen

1. Vorbemerkungen

15 **1.** Unter der Überschrift «Die einzelnen Vertragsverhältnisse» (Art. 184–551) enthält der Besondere Teil des Schweizerischen Obligationenrechts (OR) *besondere* Bestimmungen für wichtige Vertragsarten, an erster Stelle diejenigen über den *Kaufvertrag* (Art. 184 ff. OR). Darunter befinden sich auch Haftungsnormen.

16 **2.** Grundsätzlich besitzen die speziellen Gesetzesnormen *Vorrang* vor den Allgemeinen Bestimmungen (Art. 1–183) des Schweizerischen OR[8]. Dazu ist anzumerken:

17 – Gleich wie die allgemeinen sind auch die speziellen Bestimmungen des OR nur anwendbar, sofern und soweit die Vertragspartner aufgrund ihrer Vertragsfreiheit, welche nur durch zwingende Gesetzesbestimmungen (z.B. Art. 100 Abs. 1 OR: Nichtigkeit des Haftungsausschlusses für Absicht und Grobfahrlässigkeit) eingeschränkt wird, *nichts anderes*, d.h. nichts vom Gesetze Abweichendes, vereinbart haben.

18 – Soweit der Besondere Teil des OR keine speziellen Bestimmungen enthält, gelten *ergänzend* die Allgemeinen Bestimmungen (Art. 1–183 OR; z.B. Art. 97 ff. OR für die Haftung wegen Nichterfüllung der Sachverschaffungspflicht; Nr. 60 ff.).

19 – Der Vorrang der besonderen Bestimmungen (Art. 184 ff. OR) vor den Allgemeinen Bestimmungen (Art. 1–183 OR) wird teilweise «aufgehoben», sofern

---

[8] Guhl/Koller, § 40 Nr. 1; Tercier, Nr. 142; Bucher, S. 17.

und soweit eine sog. Anspruchskonkurrenz (Nr. 20) besteht. Diese wird vom Gesetze nicht geregelt, jedoch von Lehre und Rechtsprechung teilweise bejaht. Hier bestehen zahlreiche haftungsrechtliche Kontroversen.

3. **Anspruchskonkurrenz** bedeutet: Zwei oder mehrere gesetzliche Ansprüche können geltend gemacht werden. Die Ansprüche dürfen *nicht kumuliert* werden. Mit der Erfüllung eines Anspruches gehen auch die übrigen geltend gemachten Ansprüche unter[9]. Wird Anspruchskonkurrenz bejaht, besitzt der Kläger (z.b. Käufer) *Alternativen* zur Auswahl. Er muss jedoch keine Wahl treffen, welche ihn ein für alle Mal bindet. Er darf in einem solchen Fall zwar nicht die Ansprüche, jedoch die *Begründung* seines (einzigen) Anspruches *kumulieren* (z.b. durch Eventualbegründungen, auch noch im Prozess). Nicht nur innerhalb des Kaufrechtes, sondern im gesamten Obligationenrecht gehört die Anspruchskonkurrenz zwischen der *Sachmängelhaftung* des Verkäufers und den *übrigen Rechtsbehelfen* zu den am stärksten umstrittenen Kontroversen, weil einzelne Modalitäten der Mängelhaftung des Verkäufers (Art. 197 ff. OR) die Stellung des Käufers empfindlich erschweren. Wegen der *strengen* Prüfungs- und Rügepflichten sowie der kurzen Verjährungsfrist verliert er häufig seine Mängelrechte, weshalb sich die Frage nach Ersatz-Rechtsbehelfen hier besonders dringend stellt. Im Folgenden wird deshalb vor allem das Problem der Anspruchskonkurrenz zwischen der Mängelhaftung des Verkäufers und den übrigen Rechtsbehelfen des Käufers erörtert.

20

2. Haftungsnormen im Besonderen Teil des OR

Innerhalb des Sechsten Titels «Kauf und Tausch» enthält das Gesetz einige wenige spezielle Bestimmungen für den *Grundstückkauf* (Art. 216 ff. OR). Soweit keine solchen bestehen, sind zufolge der ausdrücklichen **Verweisung des Art. 221 OR** diejenigen über den Fahrniskauf (Art. 187–215 OR) *ergänzend* anwendbar. Der Vollständigkeit halber hinzuweisen ist auf die folgenden Sonderbestimmungen für zwei spezielle Arten der Veräusserung von Grundstücken, welche in diesem Beitrag nicht behandelt werden:

21

– Auf den Grundstück-*Tauschvertrag* sind grundsätzlich in erster Linie die Bestimmungen über den Grundstückkauf (Art. 216 ff. OR) und in zweiter Linie diejenigen über den Fahrniskauf (Art. 187 ff. OR) anwendbar (Art. 237 OR),

22

---

[9] Vgl. GAUCH/SCHLUEP/SCHMID/REY, Nr. 2912 f. Zur Anspruchskonkurrenz im Kaufrecht: GUHL/KOLLER, § 42 Nr. 61 ff.

mit Ausnahme der in Art. 238 OR enthaltenen, die Haftung der benachteiligten Partei betreffenden Sonderbestimmung[10].

23 – Die Gewährleistung für das (zwangsweise oder freiwillig) versteigerte Grundstück wird in Art. 234 OR geregelt.

A. Rechtsgewährleistung

24 In Art. 192–196 OR wird die Gewährleistung des Verkäufers für den Fall geregelt, dass ein Dritter dem Käufer den Kaufgegenstand aus Rechtsgründen ganz oder teilweise entzieht (Nr. 87 ff.). Diese Normen sind auch auf den Grundstückkauf anwendbar[11] (Nr. 87). Zwischen der Rechtsgewährleistung und den Rechtsbehelfen des Allgemeinen Teils des OR besteht gemäss herrschender Lehre und Rechtsprechung (zumindest dem Grundsatz nach[12]) Anspruchskonkurrenz[13].

B. Mängelhaftung

25 Sofern nichts anderes vermerkt ist, werden die Begriffe der Haftung, Gewährleistung und Mängelhaftung immer im Sinne der Gewährleistung des Verkäufers für (körperliche und rechtliche) Mängel des Grundstückes verstanden (Nr. 6). Innerhalb der verschiedenen Haftungsarten kommt der Sachmängelhaftung sowohl in der Praxis als auch in Rechtsprechung und Literatur die grösste Bedeutung zu.

a. Spezielles Grundstückkaufsrecht

26 Ein *einziger Gesetzesartikel* (innerhalb der Sondernormen für den Grundstückkauf) befasst sich mit der Haftung des Verkäufers wegen Mängeln des verkauften Grundstückes. Dabei wird in zweierlei Hinsicht eine Sonderordnung gegenüber dem Sachgewährleistungsrecht des Fahrniskaufes (Art. 197 ff. OR) geschaffen[14]: Art. 219 Abs. 1 und 2 OR regeln den Fall, dass das Grundstück nicht

---

[10] Gemäss Guhl/Koller, § 41 Nr. 149, bestehen bei Mangelhaftigkeit der eingetauschten Sache zugunsten der benachteiligten Partei vier verschiedene Möglichkeiten. Vgl. dazu auch Giger, BasKomm, N 3 zu Art. 238 OR.

[11] Giger, BerKomm, N 42 zu Art. 221 OR.

[12] Zur Ausnahme: Giger, BerKomm, N 10 zu Art. 192 OR.

[13] BGE 109 II 322; Giger, BerKomm, N 9 ff. zu Art. 192 OR. Teils anderer Meinung: Honsell, BasKomm, Vorbem. zu Art. 197–210 OR, N 6 ff.

[14] Giger, BerKomm, N 4 zu Art. 219 OR.

das Mass besitzt, welches im Kaufvertrag und allenfalls auch im Grundbuch angegeben ist (Nr. 222). Gemäss Art. 219 Abs. 3 OR *verjährt* die Gewährleistung wegen Mängeln eines Gebäudes mit dem Ablauf von fünf Jahren, gerechnet ab dem Eigentumserwerb (Nr. 298 ff.).

b. Übriges Kaufrecht

Zufolge der ausdrücklichen und generellen *Verweisung* in Art. 221 OR sind im Übrigen die Normen über den Fahrniskauf anwendbar. Gemeint sind damit nicht nur die speziellen Bestimmungen des Fahrniskaufs (Art. 187–215 OR), sondern auch die dem Abschnitt «Fahrniskauf» vorgelagerten «Allgemeinen Bestimmungen» (Art. 184–186 OR), soweit sie durch die besonderen Vorschriften von Art. 216–220 OR nicht derogiert werden[15]. Für die Mängelhaftung des Grundstückverkäufers sind aufgrund der Verweisung von Art. 221 OR insbesondere die Bestimmungen über die Sachgewährleistung beim Fahrniskauf (Art. 197–210 OR) massgeblich (und für die vorliegende Abhandlung von besonderer Bedeutung[16]).

27

3. Haftungsnormen in den Allgemeinen Bestimmungen des OR

A. Die allgemeinen Nichterfüllungsregeln

Unter dem Titel «Die Folgen der Nichterfüllung» enthalten Art. 97 ff. OR *allgemeine* Bestimmungen zur Vertragshaftung, d.h. für die Fälle, in denen überhaupt nicht oder nicht richtig erfüllt wird. Gesetz und Lehre gliedern die Tatbestände der Nichterfüllung und der nicht richtigen Erfüllung wie folgt[17]:

28

a. Leistungsunmöglichkeit

aa. Objektive Unmöglichkeit

Die Leistung ist *objektiv unmöglich,* wenn sie *von jedem beliebigen Schuldner* nicht mehr erbracht werden kann[18]. Die objektive Unmöglichkeit der geschul-

29

---

[15] GIGER, BerKomm, N 5 zu Art. 221 OR.
[16] Vgl. Nr. 25. Zur Bedeutung der Mängelhaftung des Unternehmers im Werkvertrag, da diese das *Gegenstück* zur Gewährleistung des Verkäufers bildet, vgl. Nr. 9.
[17] Vgl. GAUCH/SCHLUEP/SCHMID/REY, Nr. 2561 ff.; GUHL/KOLLER, §§ 31 f.
[18] GAUCH/SCHLUEP/SCHMID/REY, Nr. 634 und 3128; GUHL/KOLLER, § 7 Nr. 18.

deten Leistung kann eine *ursprüngliche* oder eine *nachträgliche* sein, je nachdem ob sie bereits bei Vertragsabschluss feststeht oder erst später eintritt. Im ersten Fall ist der Vertrag *nichtig* (Art. 20 Abs. 1 OR)[19] oder *teilnichtig* (Art. 20 Abs. 2 OR)[20]. Ist die nachträgliche objektive Unmöglichkeit vom Schuldner (durch Verschulden oder kausal) zu verantworten[21], hat er gemäss Art. 97 OR *Schadenersatz* zu erbringen. Hat sie der Schuldner hingegen nicht zu verantworten, so *erlischt* die Forderung ohne Pflicht zur Schadenersatzleistung (Art. 119 OR)[22]. Diese Grundsätze sind wie folgt zu präzisieren:

30 – Art. 119 Abs. 1 und 2 OR, wonach bei nachträglicher unverschuldeter Unmöglichkeit die Leistung erlischt und bereits empfangene Gegenleistungen zurückzuerstatten sind, sind nicht anwendbar in denjenigen Fällen, in denen die Gefahr nach Gesetzesvorschrift oder nach dem Inhalt des Vertrages vor der Erfüllung auf den Gläubiger übergeht (Art. 119 Abs. 3 OR). Vereinbaren die Parteien für die Übernahme des gekauften Grundstückes keinen bestimmten Zeitpunkt (vgl. Art. 220 OR; Nr. 73), gehen Nutzen und Gefahr wie beim Fahrniskauf bereits bei Abschluss des Vertrages auf den Käufer über (Art. 185 Abs. 1 OR). Richtet sich der Vertragsinhalt nach dieser Bestimmung, trägt der Käufer das Risiko der nachträglichen (also nach Vertragsabschluss eingetretenen) unverschuldeten Unmöglichkeit und hat den Kaufpreis gleichwohl zu bezahlen (Nr. 73)[23].

31 – Eine teilweise (qualitative) Leistungsunmöglichkeit ist zwar auch dann gegeben, wenn es dem Verkäufer nach Abschluss des Vertrages, insbesondere nach der Entstehung eines Mangels, unmöglich wird, ein *mängelfreies* Grundstück (Kaufsache) dem Käufer abzuliefern. Übergibt er in der Folge eine mangelhafte Kaufsache, so sind jedoch *ausschliesslich* die kaufrechtlichen Bestimmungen über die *Mängelhaftung* anwendbar, obwohl die richtige, d.h. mängelfreie Erfüllung des Kaufvertrages unmöglich geworden ist[24]. Nicht zur Anwendung kommen demgemäss die allgemeinen Regeln über die nachträgliche (objektive) Leistungsunmöglichkeit (Art. 97 Abs. 1 und Art. 119 OR). Im Verhältnis zu diesen Regeln enthalten die Bestimmungen über die Mängelhaftung – gleich wie im Werkvertragsrecht – eine *abschliessende Son-*

---

[19] Vgl. Gauch/Schluep/Schmid/Rey, Nr. 631 ff. und 681 ff.; Guhl/Koller, § 7 Nr. 17 ff. und Nr. 38.
[20] Dazu grundlegend: Hürlimann, insbesondere S. 20 ff.; Gauch/Schluep/Schmid/Rey, Nr. 689 ff.; Guhl/Koller, § 7 Nr. 39 ff.
[21] Gauch/Schluep/Schmid/Rey, Nr. 2726.
[22] Einlässlich: Gauch/Schluep/Schmid/Rey, Nr. 3272 ff.
[23] Keller/Siehr, S. 27 und 25.
[24] Vgl. Gauch, Nr. 2323.

derregelung[25]. Deshalb stehen dem Käufer bei Verschulden des Verkäufers an der eingetretenen Unmöglichkeit weder eine Schadenersatzforderung gemäss Art. 97 Abs. 1 OR noch die Rechtsbehelfe gemäss Art. 107 Abs. 2 OR, die ein Teil der Lehre dem Gläubiger wahlweise zugestehen will[26], zu[27]. In einem solchen Fall besteht keine Anspruchskonkurrenz, vielmehr sind ausschliesslich die speziellen Bestimmungen über die Mängelhaftung anwendbar. Dies gilt sinngemäss auch dann, wenn die Unmöglichkeit durch eine Hilfsperson, für welche der Verkäufer einzustehen hat (Art. 101 OR), verursacht wurde[28].

– Eine *vorrangige*, d.h. nicht alternative Sonderregelung einer (wohl in den meisten Fällen objektiven) Unmöglichkeit enthält Art. 219 Abs. 1 und 2 OR für den Fall, dass der Käufer *eine kleinere Grundstückfläche* erhält, als ihm nach Kaufvertrag versprochen wurde[29]. Die Unmöglichkeit bestand bereits beim Vertragsabschluss (z.B. wegen falscher Massangabe im Grundbuch) oder entstand nach Vertragsabschluss mit oder ohne Verschulden des Verkäufers (z.B. zufolge einer Parzellierung oder Baulandumlegung und Enteignung für einen Trottoirbau).

32

bb. Subjektive Unmöglichkeit

Die *subjektive* Leistungsunmöglichkeit besteht in einem blossen persönlichen Unvermögen des Schuldners. Die Leistung ist nicht schlechthin unmöglich, sondern nur dem betreffenden Schuldner, hier dem Grundstückverkäufer. Dieser kann nicht, was andere könnten. Die Unmöglichkeit ist durch seine *persönlichen* Verhältnisse (z.B. Fähigkeiten, Vermögensverhältnisse, Betriebsverhältnisse) bedingt[30]. Auch die subjektive Leistungsunmöglichkeit kann eine *ursprüngliche* oder eine *nachträgliche* sein, je nachdem ob sie bereits bei Vertragsabschluss feststeht oder erst später eintritt. Die subjektive Leistungsunmöglichkeit, welche bereits bei Vertragsabschluss vorhanden ist, hindert das Zustandekommen des Vertrages nicht. Während die herrschende Lehre bei (ursprüngli-

33

---

[25] GAUCH, Nr. 2324. Die Anwendung der Regeln über die nachträgliche Leistungsunmöglichkeit bei unbehebbaren Mängeln würde die vom Gesetz vorgesehene Gleichbehandlung von behebbaren und unbehebbaren Mängeln aufheben. Ist ein Mangel unbehebbar, so hat der Käufer zwar kein Nachbesserungsrecht, doch stehen ihm, bei gegebenen Voraussetzungen, die übrigen Mängelrechte zu (vgl. GAUCH, Nr. 2323).
[26] Z.B. BUCHER, OR AT, S. 339.
[27] A.M. GIGER, BerKomm, Vorbem. zu Art. 197–210 OR, N 39.
[28] GAUCH, Nr. 2324.
[29] CAVIN, SPR VII/1, S. 138 f., einlässlich Nr. 222.
[30] Statt vieler: GAUCH/SCHLUEP/SCHMID/REY, Nr. 3135. Zur zuweilen heiklen Unterscheidung von objektiver und subjektiver Unmöglichkeit vgl. GAUCH/SCHLUEP/SCHMID/REY, Nr. 3148 ff.

cher und nachträglicher) subjektiver Leistungsunmöglichkeit Art. 97 Abs. 1 i.V.m. 119 OR zur Anwendung bringen will, soll nach einer neueren Lehre ein Fall von Schuldnerverzug vorliegen[31].

34 Ist es dem Verkäufer subjektiv unmöglich, eine zugesicherte oder vorausgesetzte oder voraussetzbare Eigenschaft der Kaufsache zu erbringen, sind die Bestimmungen über die Sachmängelhaftung (Art. 197 ff. OR) *ausschliesslich* anwendbar (vgl. Nr. 40 und Nr. 160 ff.).

b. Die Schlechterfüllung («positive Vertragsverletzung»)

35 1. Das Grundmerkmal, das eine Schadenersatzpflicht nach Art. 97–101 OR auslöst, wird über die Fälle der nachträglichen Leistungsunmöglichkeit hinaus *erweitert*. Dies zunächst durch das *Gesetz* selber, das in Art. 98 Abs. 2 OR eine Schadenersatzpflicht entstehen lässt, wenn der Schuldner eine Unterlassungspflicht schuldhaft verletzt und sich die Verletzungshandlung nicht mehr rückgängig machen lässt. Überdies dehnen *Lehre und Rechtsprechung* die unter dem Randtitel «Ausbleiben der Erfüllung» geregelte Schadenersatzpflicht auf alle Tatbestände (ausser Verzugsfälle; Nr. 37) aus, in denen der Gläubiger durch *«vertragswidriges Verhalten»* (Art. 99 Abs. 3 OR) des Schuldners geschädigt wird. Nach wohl herrschender Meinung erfassen die Art. 97–101 OR entgegen dem zu engen Wortlaut des Art. 97 Abs. 1 OR auch *jede fehlerhafte Erfüllung* («Schlechtleistung») und den daraus entstandenen Schaden, soweit nicht besondere Bestimmungen (z.B. für die Mängelhaftung des Verkäufers oder des Unternehmers) vorgehen[32].

36 2. Zufolge des *Verweises* in Art. 99 Abs. 3 OR ergänzen die Bestimmungen über das Mass der Haftung bei *unerlaubten Handlungen* (Art. 43 und 44 OR) die Regeln über die Vertragshaftung[33]. Entsprechende Anwendung auf das vertragswidrige Verhalten finden namentlich etwa die Vorschriften des Art. 42 Abs. 1 OR betreffend den Schadensbeweis[34], Art. 42 Abs. 2 OR betreffend Schadensschätzung[35] und Art. 43 f. OR betreffend Höhe des geschuldeten Ersatzes[36]. Die

---

[31] Einlässlich: GAUCH/SCHLUEP/SCHMID/REY, Nr. 3138 ff., insbes. Nr. 3139 und 3140; GUHL/KOLLER, § 31 Nr. 3 ff.; WIEGAND, BaskKomm, N 11 ff. zu Art. 97 OR, insbes. N 13, wonach eine ausdrückliche höchstrichterliche Entscheidung über diesen Schulenstreit fehlt, sich aber eine mittelbare Bestätigung der herrschenden Lehre aus BGE 82 II 338 f. ergeben soll.
[32] GAUCH/SCHLUEP/SCHMID/REY, Nr. 2604 ff.; GUHL/KOLLER, § 31 Nr. 19 f.
[33] BGE 111 II 161.
[34] BGE 115 II 2.
[35] BGE 110 II 373 f.
[36] GAUCH/SCHLUEP/SCHMID/REY, Nr. 2792 ff.; WIEGAND, BaskKomm, N 14 ff. zu Art. 99 OR; GUHL/KOLLER, § 31 Nr. 30; BRUNNER, Nr. 208 ff.

Tragweite der Verweisung des Art. 99 Abs. 3 OR ist im Einzelnen noch nicht vollständig geklärt. Nach herrschender Lehre und ständiger Rechtsprechung des Bundesgerichtes findet die Verweisung jedoch auf jeden Fall ihre Grenze an der *Verjährung*[37]. Schadenersatzansprüche aus Nichterfüllung (insbesondere aus Vertragsverletzung) unterstehen daher der zehnjährigen Verjährungsfrist gemäss Art. 127 OR. Diese Verjährungsfrist gilt auch für alle vertraglichen Haftungsansprüche des Grundstückkäufers, sofern nicht die *Sondervorschrift* des Art. 219 Abs. 3 OR anwendbar ist, wonach die Sachmängelhaftung des Grundstückverkäufers nach fünf Jahren verjährt (Nr. 298 ff.).

c. Die nicht rechtzeitige Erfüllung (Schuldnerverzug)

1. Der Verkäufer haftet für die rechtzeitige Erfüllung seiner Pflichten, insbesondere derjenigen, dem Käufer die Kaufsache (Grundstück) zu verschaffen (Nr. 60 ff.). *Verzug* bedeutet objektiv pflichtwidrige Verspätung der Erfüllung[38]. Er besteht in der Nochnichterfüllung. Der Grundstückverkäufer haftet für die nicht rechtzeitige Erfüllung des Kaufvertrages gemäss den allgemeinen Verzugsregeln der Art. 102 ff. OR[39], sofern nicht die Sonderregeln des Kaufsrechts, insbesondere diejenigen von Art. 190 f. OR, die gemäss Art. 221 OR auch für den Grundstückkauf gelten, zur Anwendung gelangen[40]. 37

2. Die blosse *Mangelhaftigkeit* der Kaufsache (Grundstück, insbesondere Gebäude) berechtigt den Käufer nicht, nach Art. 107 Abs. 2 OR vorzugehen, nämlich nach Ablauf einer Nachfrist Ersatz des positiven Vertragsinteresses bzw. Rücktritt vom Vertrag in Verbindung mit dem Ersatz des negativen Vertragsinteresses zu wählen. Denn mit der Übernahme des Grundstückes durch den Käufer *wandelt* sich sein Anspruch auf Leistung einer mängelfreien Kaufsache in der Weise um, dass an seine Stelle die kaufrechtlichen Mängelrechte (Art. 205 ff. OR) treten. Mit der Übergabe einer mangelhaften Kaufsache gerät der Verkäufer nicht in Schuldnerverzug gemäss Art. 102 ff. OR. Zwischen den Bestimmungen über die Sachmängelhaftung des Verkäufers (Art. 197 ff. OR) und den Verzugsregeln (Art. 102 ff. OR) besteht keine Anspruchskonkurrenz[41]. 38

---

[37] GAUCH/SCHLUEP/SCHMID/REY, Nr. 2798, mit zahlreichen Hinweisen auf Lehre und Rechtsprechung; WIEGAND, BasKomm, N 15 zu Art. 99 OR.
[38] GAUCH/SCHLUEP/SCHMID/REY, Nr. 2917.
[39] Die allgemeinen Bestimmungen über den Schuldnerverzug werden hier nicht näher behandelt. Vgl. dazu statt aller: GAUCH/SCHLUEP/SCHMID/REY, Nr. 2916 ff.; GUHL/KOLLER, § 32.
[40] Vgl. dazu ausführlich: GIGER, BerKomm, N 23 ff., 30 ff. zu Art. 221 OR. Zum Verhältnis der Sondervorschriften von Art. 190 f. OR zu den allgemeinen Verzugsregeln: KELLER/SIEHR, S. 31; GUHL/KOLLER, § 41 Nr. 134 ff.
[41] Vgl. GAUCH, Nr. 2330.

Steht jedoch dem Käufer ein (vertragliches oder gesetzliches) Nachbesserungsrecht (Nr. 255 ff.) zu und gerät der Verkäufer mit der Nachbesserung in Verzug, öffnet dies dem Käufer die Rechtsbehelfe gemäss Art. 107 OR[42].

d. Anspruchskonkurrenz zwischen Art. 197 ff. OR und Art. 97 ff. OR?

39 Das Problem, ob der Verkäufer einer mangelhaften Sache ausschliesslich gemäss den kaufrechtlichen Sonderbestimmungen über die Mängelgewährleistung (Art. 197 ff. OR) haftet oder ob dem Käufer *alternativ* im Sinne der Anspruchskonkurrenz (Nr. 20) auch die Möglichkeit offen steht, gegen den Verkäufer gemäss den allgemeinen Nichterfüllungsregeln (Art. 97 ff. OR) vorzugehen, ist eine der am heftigsten umstrittenen juristischen Kontroversen, welche Rechtsprechung und Rechtswissenschaft nicht zur Ruhe kommen lässt. Drei verschiedene Rechtsauffassungen werden vertreten:

40 **1. Ausschliesslichkeit:** Die Art. 97 ff. OR erfassen jede fehlerhafte Erfüllung und die daraus erwachsene Schadenersatzpflicht, soweit nicht besondere Bestimmungen vorgehen. Gleich wie die Mängelhaftung des Unternehmers im Werkvertrag ist auch diejenige des Verkäufers, der eine mangelhafte Sache liefert, eine *besonders* geordnete Rechtsfolge unrichtiger Erfüllung. Sie wird *ausschliesslich* in den besonderen Bestimmungen des Kaufrechts über die Sachgewährleistung (Art. 197 ff. und Art. 219 OR) geregelt[43]. Der Käufer kann deshalb den Verkäufer für Mängel des Grundstückes *nicht alternativ* gestützt auf Art. 197 ff. OR oder Art. 97 ff. OR haftbar machen. Im Verhältnis zu den allgemeinen Regeln enthalten die kaufrechtlichen Bestimmungen über die Mängelhaftung eine abschliessende Sonderregelung, die alternativ weder ein Schadenersatzrecht infolge Leistungsunmöglichkeit und positiver Vertragsverletzung noch die Rechtsbehelfe gemäss Art. 107 Abs. 2 OR zulassen[44]. Für das Werkvertragsrecht wird die ausschliessliche Anwendung der Mängelhaftungsnormen bejaht und die Anspruchskonkurrenz der Art. 97 ff. OR abgelehnt[45]. Es ist kein sachlicher Grund ersichtlich, im Unterschied zum Werkvertragsrecht eine Anspruchskonkurrenz (Nr. 20) für das Kaufsrecht zuzulassen (vgl. Nr. 9)[46].

---

[42] Vgl. GAUCH, Nr. 2332. Gl.M. GIGER, BerKomm, Vorbem. zu Art. 197–210 OR, N 32, für den Spezieskauf, der der Grundstückkauf in aller Regel ist.

[43] GAUCH/SCHLUEP/SCHMID/REY, Nr. 3175 mit zahlreichen Hinweisen.

[44] Vgl. analog GAUCH, Nr. 2322 ff.

[45] GAUCH, Nr. 2324 und 2326; GAUCH/SCHLUEP/SCHMID/REY, Nr. 3175; BGE 100 II 32 f., 117 II 553 f.

[46] Gl.M. wohl auch GUHL/KOLLER, § 42 Nr. 62. Kritisch: HONSELL, BasKomm, Vorbem. zu Art. 197–210 OR, N 6.

2. Anspruchskonkurrenz (Nr. 20): Verschiedene Autoren befürworten die 41
(reine) Anspruchskonkurrenz zwischen der kaufrechtlichen Sonderregelung für
die Mängelhaftung (Art. 197 ff. OR) und den allgemeinen Nichterfüllungsregeln (Art. 97 ff. OR). Sie kritisieren zu Recht (Nr. 294) die allzu grosse Härte des
Gesetzes gegenüber dem Käufer (strenge Prüfungs- und Rügepflichten sowie
kurze Verjährungsfrist) und möchten diese durch die Anspruchskonkurrenz
mildern[47].

3. «Gemischte Methode»: Das Bundesgericht bejaht grundsätzlich die An- 42
spruchskonkurrenz, schwächt sie jedoch ganz erheblich ab, indem es einen aus
Mängeln der Kaufsache abgeleiteten Schadenersatzanspruch im Sinne von
Art. 97 Abs. 1 OR namentlich bezüglich der Rügeobliegenheit, der Verjährung
und der Haftungsfreizeichnung den entsprechenden Sonderbestimmungen der
kaufrechtlichen Mängelhaftung (Art. 201, 210 bzw. 219 Abs. 3, 199 OR) unterwirft[48]. Dem Verkäufer wird der Exkulpationsbeweis des Art. 97 Abs. 1 OR
zugestanden. Die von der herrschenden Lehre befürwortete Ausdehnung der
Kausalhaftung für den unmittelbaren Schaden auch auf die Haftung gemäss
Art. 97 ff. OR wurde vom Bundesgericht nicht zum Anlass genommen, seine
Rechtsprechung zu überdenken[49]. Diese bundesgerichtliche Rechtsprechung,
die als gefestigt bezeichnet werden muss, bleibt im Vergleich zu der hier vertretenen Auffassung im Ergebnis ohne praktische Konsequenzen[50], da alle
Besonderheiten des speziellen Gewährleistungsrechts auf die allgemeinen Bestimmungen der Art. 97 ff. OR übertragen werden[51]. Der Käufer darf es deshalb nicht riskieren, Prüfungs- und Rügeobliegenheiten zu vernachlässigen,
um sich auf die uneingeschränkte Anwendbarkeit der Art. 97 ff. OR zu berufen.

B. Die Anfechtung des Kaufvertrages wegen Grundlagenirrtums

1. Der Vertrag ist nach Art. 23 OR für denjenigen unverbindlich, der sich 43
beim Abschluss in einem Grundlagenirrtum (Art. 24 Abs. 1 Ziff. 4 OR) befunden hat. Ob der Käufer sowohl die kaufrechtlichen Gewährleistungsansprüche
(Art. 197 ff. OR) geltend machen als auch den Vertrag wegen Grundlagenirr-

---

[47] Vgl. GIGER, BerKomm, Vorbem. zu Art. 197–210 OR, N 23 und 26; N 48 zu Art. 221 OR. Ablehnend
mit einlässlicher Begründung: GAUCH, Nr. 2327 f.
[48] BGE 114 II 137, 108 II 104, 107 II 166, 96 II 117, 90 II 88; grundlegend BGE 63 II 402 ff.
[49] BGE 107 II 166 mit Verweisungen.
[50] Vgl. Nr. 40. Die hier vertretene Auffassung steht aber – im Gegensatz zur Meinung des Bundesgerichts – im Einklang mit Lehre und Rechtsprechung zum Werkvertragsrecht.
[51] HONSELL, BasKomm, Vorbem. zu Art. 197–210 OR, N 6.

tums anfechten kann, ist ebenfalls *kontrovers*[52]. Die folgenden Auffassungen werden vertreten:

44 **a. Anspruchskonkurrenz** (Nr. 20): In ständiger Rechtsprechung vertritt das Bundesgericht die Auffassung, dass der Käufer den Vertrag bei Mängeln, insbesondere bei falschen Angaben oder Zusicherungen über die Kaufsache, wahlweise auch wegen eines Willensmangels, insbesondere wegen eines Grundlagenirrtums anfechten kann, sofern die Voraussetzungen der Art. 23 ff. OR erfüllt sind. Im Unterschied zum Schadenersatzanspruch gemäss Art. 97 ff. OR (Nr. 42) schränkt es die alternative Berufung auf einen Willensmangel nicht durch die kaufrechtlichen Sonderbestimmungen betreffend Prüfung, Rüge und Verjährungsfrist ein[53]. Hingegen lehnt das Bundesgericht die alternative Berufung auf Willensmangel beim Viehkauf ab[54], was als inkonsequent erscheint[55]. Bei Irrtumsanfechtung genügt es, dass der Käufer sich innert der Frist des Art. 31 OR auf Irrtum beruft, auch wenn er die Kaufsache nach der Übergabe nicht geprüft und allfällige Mängel dem Verkäufer nicht angezeigt hat[56]. Das Bundesgericht lässt die Anfechtung wegen Willensmangels *jederzeit* zu, sofern die Jahresfrist des Art. 31 OR gewahrt wird, und verneint eine absolute (zehnjährige) Verwirkungsfrist[57]. Die Forderung auf Rückerstattung des Kaufpreises unterliegt jedoch den Verjährungsfristen gemäss Art. 67 Abs. 1 OR[58].

45 **b. Ausschliesslichkeit:** Die wohl überwiegende Lehre[59] betrachtet die besonderen Gewährleistungsbestimmungen des Kaufrechtes (Art. 197 ff. OR) als eine ausschliesslich anwendbare Sonderregelung und lehnt die alternative Irrtumsanfechtung ab[60]. Für den Werkvertrag wird die Anspruchskonkurrenz mit der zutreffenden Begründung abgelehnt, dass im Zeitpunkt des Vertragsabschlusses

---

[52] Zum Stand der Kontroverse vgl. HONSELL, BasKomm, Vorbem. zu Art. 197–210 OR, N 9, und GAUCH/SCHLUEP/SCHMID/REY, Nr. 807 bzw. Nr. 3176, je mit weiteren Hinweisen.
[53] Vgl. BGE 114 II 134 ff., 109 II 322, 108 II 104, 107 II 421. Zustimmend: GIGER, BerKomm, Vorbem. zu Art. 197–210 OR, N 61 ff., N 50 zu Art. 221 OR; GUHL/KOLLER, § 42 Nr. 63; BUCHER, S. 109 f.; KELLER/SIEHR, S. 107 ff.; BAUDENBACHER/SPIEGEL, S. 229 ff. Wohl eher kritisch: GAUCH/SCHLUEP/SCHMID/REY, Nr. 807.
[54] BGE 114 II 134, 107 II 421, 70 II 48.
[55] GUHL/KOLLER, § 42 Nr. 63; HONSELL, BasKomm, Vorbem. zu Art. 197–210 OR, N 10; CAVIN, SPR VII/1, S. 121; GIGER, BerKomm, Vorbem. zu Art. 197–210 OR, N 67.
[56] BGE 107 II 421.
[57] BGE 114 II 140 f.
[58] BGE 114 II 141.
[59] A. M. GIGER, BerKomm, N 50 zu Art. 221 OR, der die Lehre, die die Anspruchskonkurrenz befürwortet, sogar als die absolut herrschende bezeichnet.
[60] Vgl. HONSELL, BasKomm, Vorbem. zu Art. 197–210 OR, N 9; CAVIN, SPR VII/1, S. 121; MERZ, S. 87 ff.; MERZ, ZBJV 1974, S. 44 ff., und 1982, S. 131 f.; KOLLY, S. 111 ff.

noch kein Werk vorhanden ist, über dessen Beschaffenheit der Besteller sich irren könnte[61].

Eine Berufung auf Grundlagenirrtum kommt – wenn überhaupt – nur dort in Frage, wo der Kaufvertrag eine Speziessache zum Gegenstand hat[62], die schon bei Vertragsabschluss mangelhaft war[63]. Die gleiche Ausgangslage wie beim Werkvertrag ist auch beim Kauf einer zukünftigen Sache gegeben (vgl. Nr. 145; vgl. auch Nr. 146 ff. betreffend den gemischten Grundstückkauf-/Werkvertrag). Die Rechtsfolge der einseitigen Unverbindlichkeit, welche das Gesetz mit dem Grundlagenirrtum verknüpft (Art. 23 OR), bietet keine angemessene Lösung für die Regelung von Sachmängeln. Sie gestattet lediglich die Rückabwicklung des Kaufvertrages, was praktisch einer Wandelung gleichkommt, nicht aber eine Minderung oder eine Nachbesserung[64], wobei kontrovers ist, ob eine Nachbesserung auch im Kaufrecht ein weiteres Mängelrecht ist (Nr. 255 ff.).

46

2. Die Frage des (ausschliesslichen oder alternativen) Rechtsschutzes der Art. 197 ff. OR und Art. 23 ff. OR stellt sich insbesondere in Bezug auf die **öffentlich-rechtliche Überbaubarkeit** eines Grundstückes[65]. Der Käufer eines unüberbauten Grundstückes darf wegen eines hohen Kaufpreises die Überbaubarkeit regelmässig als unerlässliche Grundlage des Vertrages betrachten[66]. Die Überbaubarkeit hängt entscheidend von öffentlich-rechtlichen Bestimmungen, insbesondere vom Raumplanungsrecht, ab. Zwar können Planungsmassnahmen, z.B. ein Nutzungsplan, ihren Zweck nur erfüllen, wenn sie eine gewisse Beständigkeit aufweisen. Kein Grundeigentümer besitzt jedoch den Rechtsan-

47

---

[61] GAUCH, Nr. 2317; GAUCH/SCHLUEP/SCHMID/REY, Nr. 807.
[62] Zum wohl eher theoretischen Fall eines Gattungskaufes, wenn die gesamte Gattung mangelhaft ist, vgl. HONSELL, BasKomm, Vorbem. zu Art. 197–210 OR, N 9.
[63] Vgl. GAUCH/SCHLUEP/SCHMID/REY, Nr. 801.
[64] Vgl. GAUCH, Nr. 2318.
[65] In BGE 109 II 105 ff. bejahte das Bundesgericht die Möglichkeit eines Grundlagenirrtums bei fehlender tatsächlicher oder rechtlicher Voraussetzungen der Überbaubarkeit (fehlende Öffentlicherklärung einer Erschliessungsstrasse), lehnte jedoch die Irrtumsanfechtung im konkreten Fall ab. Ebenfalls lehnte das Bundesgericht in BGE 107 II 343 ff. die Irrtumsanfechtung eines Baurechtsvertrages wegen eines Baustopps mehrere Jahre nach Vertragsabschluss ab. Demgegenüber wurde in BGE 98 II 15 ff. der Grundlagenirrtum bejaht, weil der Grund der Unüberbaubarkeit (Lawinengefahr) im Zeitpunkt des Vertragsabschlusses bereits bestand, obwohl das Bauverbot erst nach Vertragsabschluss in Kraft trat. In BGE 95 III 21 ff. wurde die Irrtumsanfechtung wegen Unüberbaubarkeit aus forstrechtlichen Gründen geschützt. Das Bundesgericht lehnte in BGE 95 II 407 ff. trotz Baulandpreis die Irrtumsanfechtung wegen Unüberbaubarkeit ab, weil der Käufer bei Vertragsabschluss um die fehlende Erschliessung gewusst und die Verkäuferin die Baureife nicht zugesichert hatte. In BGE 91 II 278 ff. wurde die Anfechtung trotz des Ausschlusses der Gewährleistung geschützt, weil sich der Ausschluss nicht eindeutig auf Rechtsmängel bezog.
[66] Vgl. dazu BGE 109 II 108.

spruch darauf, dass die baupolizeilichen Vorschriften, welchen sein Grundstück unterliegt, nie abgeändert werden. Vielmehr hat die Verwirklichung einer den gesetzlichen Grundsätzen entsprechenden Planung Vorrang vor dem Gebot der Beständigkeit eines Planes[67]. Wird das gekaufte Grundstück von raumplanerischen Massnahmen (z.B. Auszonung, Umzonung, Baulinien) betroffen, stellt sich die Frage, ob der Käufer Rechtsansprüche gemäss Art. 197 ff. OR und/oder wegen Grundlagenirrtums im Sinne von Art. 24 Abs. 1 Ziff. 4 OR besitzt. Dazu ist anzumerken:

48 – Ob sich ein Grundlagenirrtum (Art. 24 Abs. 1 Ziff. 4 OR) auch auf einen *«künftigen* Sachverhalt» (Eintritt oder Nichteintritt eines bestimmten Umstandes nach Vertragsabschluss, hier Überbaubarkeit) beziehen kann, ist in Lehre und Rechtsprechung umstritten. Die Praxis des Bundesgerichtes ist schwankend[68]. GAUCH/SCHLUEP/SCHMID/REY vertreten die zutreffende Auffassung, dass man nur über *gegenwärtige* oder *vergangene* Sachverhalte irren kann, nicht aber über die Zukunft. Die Beschränkung des möglichen Gegenstandes eines Grundlagenirrtums auf gegenwärtige und vergangene Sachverhalte verhindert, dass die Frage, ob sich eine Partei bei Vertragsabschluss im Sinne des Art. 24 Abs. 1 Ziff. 4 OR irrt, von der späteren Entwicklung abhängt und deshalb über den Abschluss des Vertrages hinaus (oft während vieler Jahre) ungewiss bleibt. Vor allem aber berücksichtigt dies den Umstand, dass die einseitige Unverbindlichkeit des Vertrages, welche der Rechtsbehelf bei Grundlagenirrtum ist (Art. 23 OR), keine passende Rechtsfolge bildet, wenn sich die Zukunft anders entwickelt, als bei Vertragsabschluss erwartet wurde[69].

49 – Einen Rechtsmangel im Sinne von Art. 197 Abs. 1 OR kann der Käufer nur, aber immerhin, geltend machen, wenn *beim Übergang von Nutzen und Gefahr* (Nr. 75) das Grundstück nicht oder nicht derart überbaut werden kann, wie dies die Parteien im Kaufvertrag vereinbart haben oder wie dies im Zeitpunkt des Abschlusses des Kaufvertrages vorausgesetzt werden durfte (Nr. 182). Sind auch die übrigen Voraussetzungen erfüllt, stehen dem Käufer in einem solchen Falle die kaufrechtlichen Gewährleistungsansprüche zu, insbesondere diejenigen auf Wandelung oder Preisminderung (z.B. wenn die Ausnützungsmöglichkeiten herabgesetzt worden sind oder wenn ein Teil der Grundstückfläche unüberbaubar geworden ist). Wenn der Verkäufer die Fortdauer der Überbaubarkeit nicht im Sinne eines *selbständigen Erfolgsver-*

---

[67] Vgl. BGE 118 Ia 160, 114 Ia 33.
[68] Vgl. dazu GAUCH/SCHLUEP/SCHMID/REY, Nr. 797 f.; SCHWENZER, BasKomm, N 18 zu Art. 24 OR; GUHL/KOLLER, § 16 Nr. 16.
[69] GAUCH/SCHLUEP/SCHMID/REY, Nr. 801.

sprechens (Nr. 177) garantiert hat, haftet er dem Käufer nicht, wenn die Überbaubarkeit nach Übergang von Nutzen und Gefahr (Nr. 75) ausgeschlossen oder eingeschränkt wird. Vorbehalten bleibt der Fall, in welchem der Verkäufer mit einer bevorstehenden Beeinträchtigung der Überbaubarkeit ernsthaft rechnete und dies dem Käufer absichtlich verschwiegen hat (Nr. 167 ff.).

– Bei Unüberbaubarkeit oder eingeschränkter Überbaubarkeit stellt sich die Frage, ob die Eigentumsbeschränkung eine *materielle Enteignung* darstellt, die zu entschädigen ist[70]. Ein Eigentumswechsel hat keinen Einfluss auf einen allfälligen Anspruch auf Entschädigung wegen materieller Enteignung. Ein solcher Anspruch ist nach der zutreffenden Auffassung des Bundesgerichtes dinglicher Natur; er ist aus dem enteignungsähnlich belasteten Grundeigentum abzuleiten. Es spielt deshalb keine Rolle, wann und zu welchem Preis der von der Eigentumsbeschränkung betroffene Käufer das Grundstück erworben hat. Die öffentliche Hand kann sich nicht auf einen allfälligen billigen Kaufpreis berufen, gleich wie der Grundeigentümer nicht den Ersatz eines allenfalls übersetzten Kaufpreises fordern kann[71]. 50

C. Das Rückbehaltungsrecht des Käufers (Art. 82 OR)

1. Unproblematisch ist das Rückbehaltungsrecht des Käufers, *das aus einem anderen Grund als Mangelhaftigkeit* der Kaufsache ausgeübt wird, z.B. wenn der Verkäufer den Kaufvertrag unvollständig erfüllt (Nr. 67 ff. und Nr. 80 ff.; vgl. jedoch die Sonderregelung gemäss Art. 219 Abs. 1 und Abs. 2 OR; dazu Nr. 222 ff.). 51

2. Auch das Rückbehaltungsrecht des Käufers *wegen Mängeln* des Grundstückes ist von der wohl herrschenden Lehre jedenfalls dann anerkannt, wenn das Zug-um-Zug-Prinzip noch durchgesetzt werden kann[72], was nach Entgegennahme der Kaufsache voraussetzt, dass dem Käufer ein Nachbesserungsrecht zusteht[73]. Wandelt der Käufer den Vertrag, so ist die Frage, ob er den Kaufpreis nach Art. 82 OR zurückbehalten kann, gegenstandslos, weil die Schuldpflicht erloschen ist[74]. Kein Rückbehaltungsrecht für den herabgesetzten Kaufpreis besteht, wenn der Käufer sein Minderungsrecht ausübt. Bei gegebenen Vorausset- 52

---

[70] Vgl. statt aller: BGE 114 Ib 118, 112 Ib 389 f., 112 Ib 108 f.
[71] Unveröffentlichtes Urteil des Bundesgerichts vom 16. März 1983 i.S. Stadt Winterthur gegen B.
[72] WEBER, BerKomm, N 176 ff. zu Art. 82 OR; SCHRANER, ZürKomm, N 137 zu Art. 82 OR; GIGER, BerKomm, Vorbem. zu Art. 197–210 OR, N 40; LEU, BasKomm, N 9 zu Art. 82 OR; KELLER/SIEHR, S. 104 f.; vgl. dazu auch GAUCH, Nr. 2376.
[73] SCHRANER, ZürKomm, N 145 zu Art. 82 OR; WEBER, BerKomm, N 181 zu Art. 82 OR.
[74] Anwendbar ist Art. 82 OR dagegen auf die im Austauschverhältnis stehenden Rückabwicklungspflichten, die durch die Wandelung entstehen. Vgl. GAUCH, Nr. 2372 und 1538.

zungen zwar verrechnen, ebenfalls aber nicht zurückbehalten darf er den Kaufpreis, wenn Ersatz für einen Mangelfolgeschaden geltend gemacht wird. In beiden Fällen fehlt es nämlich am vorausgesetzten Austauschverhältnis[75]. Übt der Käufer allerdings ein ihm zustehendes Nachbesserungsrecht aus (vgl. Nr. 255 ff.), so ist die Rückbehaltung eines Teils des Kaufpreises ein zulässiges Druckmittel, um den Verkäufer zur Verbesserung anzuhalten. Der Rückbehalt muss jedoch angemessen sein[76].

D. «Culpa in contrahendo»

53 1. Wer bei den Vertragsverhandlungen die Pflicht zu einem Verhalten nach Treu und Glauben (Art. 2 ZGB) verletzt, kann dem Vertragspartner für den daraus entstandenen Schaden aus «culpa in contrahendo» haftbar werden[77]. Die Schadenersatzforderung, die sich nach Lehre und Rechtsprechung aus «culpa in contrahendo» ergeben kann, wird durch die kaufrechtliche Mängelhaftung und deren Anwendungsbereich verdrängt. Die gesetzliche Sonderregelung der Mängelhaftung (Art. 197 ff. OR) geht dem gesetzlich nicht geregelten Rechtsinstitut der «culpa in contrahendo» vor. Das schliesst nicht aus, dass ein allfälliges Verschulden in den Vertragsverhandlungen berücksichtigt wird beim Entscheid der (z.B. für den Ersatz des mittelbaren Mangelfolgeschadens erheblichen) Frage, ob der Mangel vom Verkäufer verschuldet worden ist[78].

54 2. Eine kaufrechtliche *Sonderfrage* ist diejenige, ob bzw. inwieweit der Verkäufer die Rechtsgewährleistung und die Sachmängelhaftung ausschliessen oder beschränken darf, wenn er durch Verschweigen seine Aufklärungspflichten absichtlich (Art. 192 Abs. 3 sowie Art. 199 OR) oder grobfahrlässig verletzt (dazu einlässlich Nr. 336 ff.).

E. Deliktshaftung

55 1. Die bis anhin behandelten Haftungsregeln sind vertraglicher Natur. Davon zu unterscheiden ist die *ausservertragliche* Deliktshaftung (Haftung aus unerlaubter Handlung). Die Deliktshaftung umfasst alle Haftungsfälle, in denen der Haftungsgrund nicht auf einer Vertragsverletzung oder auf Sondertatbeständen beruht[79]. Art. 41 OR regelt die generelle und subsidiäre Haftungsart, nämlich

---

[75] GAUCH, Nr. 2370 ff.; GAUCH/SCHLUEP/SCHMID/REY, Nr. 2244; KOLLER, Nr. 308.
[76] Vgl. dazu GAUCH, Nr. 2387 ff.
[77] Vgl. GAUCH/SCHLUEP/SCHMID/REY, Nr. 962a ff.; GUHL/KOLLER, § 13 Nr. 3 ff.; BUCHER, BasKomm, N 78 ff. zu Art. 1 OR.
[78] Vgl. dazu GAUCH, Nr. 2315.
[79] Vgl. REY, Nr. 30 ff.

die (ausservertragliche) Verschuldenshaftung. In besonderen Gesetzesbestimmungen oder in Spezialgesetzen werden einfache Kausalhaftungen (z.B. die Hilfspersonenhaftung gemäss Art. 55 OR oder die Überschreitung des Grundeigentumsrechtes gemäss Art. 679 ZGB) und Gefährdungshaftungen geregelt[80].

2. Die Frage, ob *Anspruchskonkurrenz* (Nr. 20) zwischen der speziellen Sachmängelhaftung des Kaufrechtes (Art. 197 ff. OR) und der Deliktshaftung (z.B. Art. 41 ff. OR) besteht, ist ebenfalls kontrovers. Die Anspruchskonkurrenz wird von der herrschenden Lehre bejaht[81].   56

Das Bundesgericht *bejaht* in ständiger Rechtsprechung die Anspruchskonkurrenz ebenfalls. Früher unterwarf es jedoch den aus Art. 41 ff. OR abgeleiteten Anspruch wegen Mängeln der Kaufsache den Schranken des kaufrechtlichen Sonderrechtes (Prüfungs- und Rügepflichten sowie Verjährung)[82]. Ob in Bezug auf die Prüfungs- und Rügepflichten daran festzuhalten sei, hat es seit einiger Zeit offen gelassen[83]. Ausserdem wurde es vom Bundesgericht als selbstverständlich vorausgesetzt, dass der Deliktsanspruch des Käufers nicht den Verjährungsbestimmungen des kaufvertraglichen Gewährleistungsrechtes untersteht[84].   57

In der Praxis wird die Problematik weitgehend dadurch entschärft, dass die Rechtsbehelfe des Vertragsrechtes (Art. 197 ff. OR, auch Art. 97 ff. OR) für den Käufer meist günstiger sind, weil der gesetzliche Deliktsanspruch erheblich eingeschränkt ist (enger Begriff der Widerrechtlichkeit). Die Voraussetzungen einer Vertragsverletzung, insbesondere der Mängelhaftung (Art. 197 ff. OR), sind im Einzelfall eher erfüllt als diejenigen eines Deliktsanspruches gemäss Art. 41 ff. OR.   58

3. Ansprüche aus Mängelhaftung können mit einem deliktischen Ersatzanspruch aus dem **Produktehaftpflichtgesetz** konkurrieren (Art. 11 Abs. 2 PrHG)[85]. Zwar ist das Produktehaftpflichtgesetz nur für bewegliche Sachen anwendbar, doch verliert eine ursprünglich bewegliche Sache ihre Eigenschaft als Produkt nicht, wenn sie in eine unbewegliche Sache eingebaut wird (Art. 3   59

---

[80] REY, Nr. 57 ff.
[81] HONSELL, BasKomm, Vorbem. zu Art. 197–210 OR, N 7; GIGER, BerKomm, Vorbem. zu Art. 197–210 OR, N 53 ff., N 49 zu Art. 221 OR; GUHL/KOLLER, § 42 Nr. 64; KELLER/SIEHR, S. 107; CAVIN, SPR VII/1, S. 113; BUCHER S. 107 f. Vgl. für das Werkvertragsrecht ausführlich: GAUCH, Nr. 2341 ff. Zur Anspruchskonkurrenz zwischen Ansprüchen aus Vertragsverletzung und unerlaubter Handlung allgemein: REY, Nr. 38 ff.; GAUCH/SCHLUEP/SCHMID/REY, Nr. 2909 ff.
[82] BGE 67 II 137.
[83] BGE 90 II 88 f.
[84] BGE 90 II 86 ff.
[85] Vgl. HONSELL, Vorbem. zu Art. 197–210 OR, N 8.

Abs. 1 lit. a PrHG)[86]. Da aber gemäss Art. 1 Abs. 2 PrHG die Herstellerin nicht für den Schaden am fehlerhaften Produkt selber haftet, kann der Grundstückkäufer die Herstellerin von fehlerhaftem Baustoff, der in das von ihm gekaufte unbewegliche Bauwerk eingebaut wurde, nur belangen, wenn das Endprodukt (Bauwerk) insgesamt fehlerhaft ist und deshalb Schäden an *anderen* Gütern verursacht[87]. Die Haftung erstreckt sich also *nicht* auf Schäden, die am unbeweglichen Werk selber entstehen, was insbesondere mit Bezug auf «weiterfressende» und «sekundäre» Mängel relevant ist[88]. Ob trotz dieser Einschränkung die spezialgesetzliche Produktehaftung der Herstellerin von fehlerhaftem Baustoff, der in einem vom Grundstückskäufer erworbenem Bauwerk eingebaut wurde, von grosser praktischer Bedeutung ist, wird die Rechtsprechung zeigen müssen[89].

III. Die Haftung für die Sachverschaffungspflicht

1. Die doppelte Sachverschaffungspflicht des Verkäufers

60 Beim Grundstückkaufvertrag unterteilt sich die Pflicht des Verkäufers, dem Käufer die Kaufsache (Grundstück) zu verschaffen, in **zwei Teilpflichten**. Diese können zwar nur *getrennt*[90], müssen aber trotzdem *kumulativ* erfüllt werden[91], um den Übertragungsanspruch des Käufers zu befriedigen. Im Einzelnen:

61 – **Eigentumsverschaffungspflicht:** Verschaffung des Eigentums am Grundstück (Art. 184 Abs. 1 OR; Art. 656 Abs. 1 ZGB);

---

[86] Fellmann, BasKomm, N 11 zu Art. 3 PrHG.
[87] Fellmann, BasKomm, N 12 zu Art. 1 PrHG; vgl. auch Fellmann, S. 28 f.
[88] Gauch, Nr. 2359.
[89] Vgl. Gauch, Nr. 2360.
[90] Vgl. Koller, BasKomm, N 90 zu Art. 184 OR.
[91] Angesichts dieser komplexen Erfüllungssituation, die noch dadurch verschärft wird, dass im Zusammenhang mit der Eigentumsübertragung das Verpflichtungs- und Verfügungsgeschäft zeitlich auseinander fallen, trifft die Urkundsperson eine erhöhte Sorgfaltspflicht: In einem Fall, in dem die Parzellierung subjektiv unmöglich geworden und über den Verkäufer der Konkurs eröffnet worden war, wurde der Notar zum Ersatz des Schadens der Käuferschaft verurteilt, weil er die volle Bezahlung des Kaufpreises bei der öffentlichen Beurkundung veranlasst und weder eine Sicherstellung des Kaufpreises vorgeschlagen noch die Käuferschaft über die Risiken einer ungesicherten Vorauszahlung aufgeklärt hatte (unveröffentlichtes Urteil des Obergerichts des Kantons Aargau vom 17. Oktober 1986 i.S. Eheleute B. gegen Notar X.).

– **Besitzverschaffungspflicht:** Verschaffung der tatsächlichen Gewalt über 62
das Grundstück (Übergabe im Sinne von Art. 184 Abs. 1 OR; Übernahme im
Sinne von Art. 220 OR; tatsächliche Gewalt, d.h. *Besitz*, im Sinne von
Art. 919 Abs. 1 und Art. 937 Abs. 2 ZGB).

Wird eine oder werden beide Sachverschaffungspflichten vom Verkäufer nicht 63
oder nicht gehörig erfüllt, stellt sich die Frage nach der Haftung des Verkäufers
wegen Nichterfüllung bzw. nicht richtiger Erfüllung der Pflicht zur Verschaffung der Kaufsache.

2. Die Haftung für die Eigentumsverschaffungspflicht

A. Allgemeines

1. Zum Erwerb des Grundeigentums ist die Eintragung des Käufers als neuer 64
Grundeigentümer in das **Grundbuch** nötig (Art. 656 Abs. 1 ZGB). Der Verkäufer ist daher verpflichtet, die erforderliche Grundbuchanmeldung (Art. 963
Abs. 1 ZGB) abzugeben und allfällige einer Grundbuchanmeldung entgegenstehende Hindernisse zu beseitigen. Wird eine Teilparzelle verkauft, so hat der Verkäufer dafür zu sorgen, dass ein entsprechendes Grundstück ins Grundbuch
aufgenommen wird[92].

2. Für die Wirkung des Eigentumsübergangs ist der Zeitpunkt der Einschreibung im Tagebuch massgebend (Art. 972 Abs. 2 ZGB). Der Tagebucheintrag 65
löst daher den Beginn der Frist von fünf Jahren aus, innert welcher die Ansprüche des Käufers wegen Mängeln der Kaufsache *verjähren* (Art. 219 Abs. 3 OR).
Im Unterschied zum Fahrniskauf (vgl. Art. 210 Abs. 1 OR) ist somit nicht die
Besitzesübergabe für den Beginn dieser Verjährungsfrist massgebend. Der Eigentumserwerb (Eintragung im Tagebuch) löst nur den Beginn der Verjährungsfrist für die Mängelhaftung des Verkäufers aus, aber nicht für die anderen
Haftungsansprüche des Käufers. Der Beginn der allgemeinen zehnjährigen Verjährungsfrist des Art. 127 OR wird durch Art. 130 Abs. 1 OR geregelt[93].

B. Totale Nichterfüllung

Der Verkäufer haftet dem Käufer, wenn er diesem das Eigentum am gekauften 66
Grundstück nicht dadurch verschafft, dass *der Käufer als neuer Eigentümer im
Grundbuch eingetragen wird*. In einem solchen Falle richtet sich die Haftung

---

[92] KOLLER, BasKomm, N 62 zu Art. 184 OR.
[93] Vgl. dazu GAUCH/SCHLUEP/SCHMID/REY, Nr. 3437 ff.

des Verkäufers nach den allgemeinen Nichterfüllungsregeln (Art. 97 ff. OR). Die Bestimmungen betreffend die Sachgewährleistung des Verkäufers (Art. 197 ff. OR) sind nicht anwendbar. Der Käufer kann bei gegebenen Voraussetzungen gegen den Verkäufer gemäss den allgemeinen Verzugsregeln (Art. 102 ff. OR), allenfalls auch gemäss den kaufrechtlichen Sondervorschriften zum Verzug, vorgehen (Nr. 37 f.), insbesondere auf Erfüllung, d.h. auf gerichtliche Zusprechung des Eigentums nebst Ersatz des Verspätungsschadens klagen (Art. 107 Abs. 2 OR; Art. 665 Abs. 1 ZGB).

C. Teilweise Nichterfüllung

67 Der Verkäufer hat das Grundstück vor der Grundbuchanmeldung von den Rechten Dritter zu befreien, wenn dies im Kaufvertrag vereinbart worden ist[94]. Wurde das Grundstück mit beschränkten dinglichen Rechten verkauft, besitzt der Käufer Anspruch darauf, dass ihm keine weiteren bzw. keine höheren als die vereinbarten Belastungen beim Eigentumsübergang (Grundbucheintrag) überbunden werden. Der Anspruch auf Lastenfreiheit erstreckt sich jedoch mangels anderer Abrede nur auf rückständige, nicht aber auf die nach Übergang von Nutzen und Gefahr (Art. 220 OR; Nr. 75) weiterlaufenden öffentlich-rechtlichen Lasten[95].

68 Sind im Zeitpunkt der Einschreibung im Tagebuch (Nr. 65) mehr Lasten im Grundbuch eingetragen, als der Käufer gemäss Kaufvertrag zu übernehmen hat, kann der Kaufvertrag bzw. der Käufer als neuer Grundeigentümer nicht im Grundbuch eingetragen werden. Das Grundbuchamt hat deshalb die Anmeldung des Kaufvertrages *abzuweisen*. Der Käufer kann gegen den Verkäufer gemäss den allgemeinen Nichterfüllungsregeln, insbesondere gemäss den Verzugsregeln (Art. 102 ff. OR) vorgehen. Erfolgt gleichwohl eine Eintragung des Käufers als neuer Eigentümer im Grundbuch, weil dieser in einem Nachtrag der Anmeldung trotz der eingetretenen Veränderungen zustimmt, kann er gegen den Verkäufer auch gemäss den Regeln über die Rechtsgewährleistung vorge-

---

[94] Gemäss CAVIN, SPR VII/1, S. 41 f., bedarf es für die Verpflichtung des Käufers, grundpfändlich gesicherte Schulden zu übernehmen, einer ausdrücklichen Verpflichtung. Eine solche Vereinbarung soll sich in der Regel nicht aus dem blossen Umstand, dass der Käufer vom Bestand solcher Grundpfandrechte Kenntnis hat (was aufgrund des im Grundstückkaufvertrag enthaltenen Grundstückbeschriebes praktisch immer der Fall sein dürfte), ergeben. Liegt eine Vereinbarung zur Übernahme der Grundpfandschulden durch den Käufer vor, so hat dieser dafür zu sorgen, dass der Verkäufer von der Schuld befreit wird, sei es durch externen Schuldübernahmevertrag mit dem Gläubiger, sei es durch Zahlung an diesen (KOLLER, BasKomm, N 23 zu Art. 184 OR). Vgl. auch GIGER, BerKomm, N 88 zu Art. 184 OR.
[95] Vgl. GIGER, BerKomm, N 88 zu Art. 184 OR.

hen (Nr. 87 ff.), sofern die Auslegung des Nachtrages nicht ergibt, dass der Käufer auf seine Regressrechte gegen den Verkäufer verzichtet hat.

Wurde nach Abschluss des Kaufvertrages, aber vor dessen Einschreibung in das Tagebuch ein *Bauhandwerkerpfandrecht* vorgemerkt, darf der Käufer vom Verkäufer verlangen, dass dieser für dessen Löschung besorgt ist. Erfolgt keine Löschung und stimmt der Käufer gleichwohl dem Grundbucheintrag zu (vgl. Nr. 68), kann dies Rechtsgewährleistungsansprüche gegen den Verkäufer zur Folge haben (vgl. Nr. 124 ff.).

69

3. Die Haftung für die Besitzesverschaffungspflicht

A. Allgemeines

Der Verkäufer hat dem Käufer nicht nur das Eigentum am Grundstück zu verschaffen, sondern auch den Besitz, d.h. die tatsächliche Gewalt über das Grundstück und über all seine vertragsgemässen Bestandteile und Zugehör, insbesondere Gebäude[96]. Die Besitzesverschaffungspflicht, die den Verkäufer trifft, ist insofern *qualifiziert*, als dem Käufer *Gewahrsam* über den Kaufgegenstand verschafft werden muss. Diese qualifizierte Besitzesverschaffungspflicht ist nicht erfüllt, wenn der Käufer aufgrund von Art. 261 OR den Mieter im Kaufobjekt belassen muss[97]. Sie geschieht durch die (physische) *Übergabe* im Sinne von Art. 184 Abs. 1 OR bzw. durch die *Übernahme* im Sinne von Art. 220 OR. Da Grundstücke naturgemäss nicht im wörtlichen Sinne übergeben werden können, hat der Grundstückverkäufer dem Käufer die Mittel zu verschaffen, welche diesem die tatsächliche Gewalt (Gewahrsam) über die Kaufsache ermöglichen (Art. 922 Abs. 1 ZGB). Die Übergabe ist vollzogen, sobald sich der Käufer mit Willen des Verkäufers in der Lage befindet, die Gewalt über die Sache auszuüben (Art. 922 Abs. 2 ZGB). Beim Verkauf eines unüberbauten Grundstückes genügt es in der Regel, wenn dem Käufer das Betreten des Grundstückes ermöglicht wird[98]. Eine überbaute Liegenschaft wird häufig durch die Aushändigung der Schlüssel übergeben[99], auch im Rahmen eines gemeinsamen Rundganges durch das Gebäude, was insbesondere beim Verkauf einer Neubaute sehr zu empfehlen ist. Die Übergabe kann auch durch den bloss stillschweigend geduldeten oder sogar eigenmächtigen Bezug einer Neubaute durch den Käufer erfolgen.

70

---

[96] Vgl. dazu CAVIN, SPR VII/1, S. 38 ff.; GIGER, BerKomm, N 16 ff. zu Art. 184 OR.
[97] KOLLER, BasKomm, N 55 zu Art. 184 OR; vgl. dazu auch KOLLER, Probleme, S. 214.
[98] Vgl. GIGER, BerKomm, N 60 zu Art. 184 OR.
[99] Vgl. GIGER, BerKomm, N 61 zu Art. 184 OR.

a. Der Umfang der Übergabepflicht

71   Der Verkäufer hat dem Käufer das Grundstück in vertragsgemässer Quantität und Qualität zu übergeben. Für die mangelnde Qualität haftet der Verkäufer gemäss den Sonderregeln über die Gewährleistung (Art. 197 ff. OR; Nr. 160 ff.)[100], für die quantitativ unvollständige Erfüllung gemäss den allgemeinen Nichterfüllungsregeln (Art. 97 ff. OR)[101], insbesondere gemäss den Verzugsregeln (Nr. 37 f.), mit Ausnahme der Haftung für ein Mindermass der Grundstückfläche, welche sich nach den Gewährleistungsregeln richtet (Nr. 222 ff.).

b. Der Zeitpunkt der Besitzesübergabe

72   Der Zeitpunkt der Übernahme des Grundstückes (Art. 220 OR) wird in der Regel im Kaufvertrag vereinbart. Dies geschieht meistens durch die Bestimmung eines Kalendertages, z.B.: «Nutzen und Schaden gehen per 24. April 2002 auf den Käufer über.» Bei Neubauten wird häufig ein Bezugsdatum festgelegt, z.B.: «Nutzen und Schaden am Kaufobjekt beginnen für die Käufer mit der Schlüsselübergabe, welche bis spätestens zum 24. April 2002 zu erfolgen hat.» Es kann auch vereinbart werden, dass der Besitzesantritt gleichzeitig mit dem Eigentumserwerb (Eintragung im Grundbuch) zu erfolgen hat, was vor allem bei der Veräusserung unüberbauter Grundstücke in Frage kommt. Der Tag der Übernahme des Grundstückes wird zuweilen Besitzesantritt, Antrittsdatum, Bezugsdatum oder Tag, an welchem Nutzen und Schaden übergehen, genannt.

73   Weil Grundstückkaufverträge öffentlich beurkundet werden müssen und deshalb die letzte Verantwortung für Vollständigkeit und Formulierung bei der Urkundsperson liegt, dürfte es eine seltene Ausnahme bilden, wenn kein bestimmter Zeitpunkt für die Übernahme des Grundstückes in der Vertragsurkunde vereinbart wird. In einem solchen Ausnahmefall, der wohl nur ein unüberbautes Grundstück betreffen kann, ist gemäss der Verweisung in Art. 221 OR subsidiär die Regelung des Art. 185 Abs. 1 OR anwendbar, wonach Nutzen und Gefahr und damit auch der Besitz mit dem Abschluss des Vertrages auf den Erwerber übergehen[102].

---

[100] Auf die Abgrenzung zwischen Schlechtlieferung (peius) und Falschlieferung (aliud) und die damit verbundene Kontroverse wird vorliegend nicht eingegangen, da sie für den Grundstückverkehr kaum von praktischer Bedeutung sein dürfte. Vgl. dazu statt aller: HONSELL, BasKomm, N 2 zu Art. 206 OR; BGE 121 III 455 f.

[101] Vgl. HONSELL, BasKomm, N 9 zu Art. 197 OR.

[102] GIGER, BerKomm, N 77 zu Art. 185 OR; CAVIN, SPR VII/1, S. 137 f.

c. Die Rechtsfolge der Besitzesübergabe

Die Besitzesübergabe löst mehrere, verschiedene Rechtsfolgen aus. Der Käufer wird Besitzer und kann die Rechte ausüben, welche das Gesetz dem Besitzer einräumt (insbesondere gemäss Art. 919 ff. ZGB). Hervorzuheben sind vor allem die folgenden Rechtsfolgen: 74

– Sofern im Kaufvertrag nichts anderes vereinbart worden ist, gehen mit der Besitzesübergabe *Nutzen und Gefahr* auf den Käufer über (Nr. 73). Von der Besitzesübergabe an hat der Käufer z.b. die Betriebskosten, Versicherungsprämien, Benützungsgebühren und Hypothekarzinsen zu bezahlen. Der vollständige oder teilweise Untergang der Kaufsache (z.b. zufolge Naturereignissen) geht ab Besitzesübergang zu seinen Lasten. 75

– Die Besitzesübergabe löst die Frist aus, innert welcher der Käufer die Kaufsache gemäss Art. 201 OR *zu prüfen* und die bei dieser Prüfung entdeckten Mängel *sofort zu rügen* hat (Nr. 279 f.). 76

– Die Besitzesübergabe ist auch der *Stichtag für die Abgrenzung zwischen Mängeln und späteren Veränderungen* (Abnutzungen, Beschädigungen usw.) der Kaufsache. Ein Sachmangel muss in diesem Zeitpunkt wenigstens im Keime vorhanden sein, um die Mängelhaftung des Verkäufers zu begründen (Nr. 162). 77

– *Nicht* massgebend ist die Besitzesübergabe für den Beginn der Verjährungsfrist für die Sachmängelhaftung, welcher durch die Grundbucheintragung (Nr. 65) ausgelöst wird. Beim Grundstückkaufvertrag können somit die Prüfungsfrist und die Verjährungsfrist für Sachmängel an *verschiedenen* Tagen zu laufen beginnen, dies im Unterschied zum Fahrniskauf und zum Werkvertrag, wo die Ablieferung sowohl die Prüfungs- und Rügefristen als auch die Verjährungsfristen für die Gewährleistung beginnen lässt. 78

B. Totale Nichterfüllung

Wenn der Käufer nicht bzw. nicht zum vereinbarten Zeitpunkt Besitz am Grundstück erlangt, weil sich z.B. der frühere Mieter des Verkäufers weigert, das verkaufte Haus oder die veräusserte Eigentumswohnung zu räumen und zu verlassen, kann der Käufer gemäss den allgemeinen Nichterfüllungsregeln (Art. 97 ff. OR), insbesondere gemäss den Verzugsregeln (Art. 102 ff. OR; Nr. 37 f.), gegen den Verkäufer vorgehen. 79

C. Teilweise Nichterfüllung

Der Tatbestand der quantitativ nicht gehörigen Erfüllung liegt vor, wenn die Kaufsache *unvollständig* ist, d.h. wenn das Grundstück noch nicht oder nicht 80 mehr alle Bestandteile (auch Zugehör; Art. 644 ZGB) umfasst, welche es gemäss dem Kaufvertrag aufweisen sollte[103]. Dieses Problem kann sich vor allem bei der Veräusserung von Neubauten stellen, wenn mit oder ohne Willen des Verkäufers nicht alle Gebäudebestandteile vorhanden sind, welche gemäss Kaufvertrag existieren sollten. Der gleiche Fall liegt vor, wenn ein Grundstück mit einer Altbaute veräussert wird und nach Vertragsabschluss gewisse Bestandteile (z.b. ein Kachelofen) vom Verkäufer entfernt werden.

81 Ob die Kaufsache, insbesondere ein Gebäude, vollständig oder unvollständig ist, ergibt sich aus dem *Vertragsinhalt*, welcher gegebenenfalls vom Richter ausgelegt bzw. ergänzt werden muss. Auslegungsbedürftig kann z.b. die Umschreibung eines Gebäudes als «schlüsselfertig» sein. Die Tragweite einer solchen Umschreibung ist u.a. unter Berücksichtigung der allgemeinen Lebensverhältnisse[104] oder auch der Verkehrsauffassung[105] zu ermitteln, wobei der Richter unter Umständen auf die Hilfe eines Experten angewiesen ist[106].

82 Auf den Fall der Nichtvollendung bzw. der Unvollständigkeit der Kaufsache finden die Regeln über die Mängelhaftung – vom Sonderfall des Art. 219 Abs. 1 und 2 OR abgesehen (vgl. Nr. 86 ff.) – keine Anwendung, weil *kein* Mangel vorliegt[107]. Deshalb verjähren Ansprüche wegen Unvollständigkeit erst nach zehn Jahren (Art. 127 OR). Auch unterliegt der Käufer hier nicht den strengen Prüfungs- und Rügeobliegenheiten der kaufrechtlichen Mängelhaftung. Doch kann im Einzelfall der Käufer ausdrücklich oder durch konkludentes Verhalten (z.B. durch zu langes Zuwarten) die Kaufsache trotz ihrer Unvollständigkeit genehmigen und damit auf seine Rechtsansprüche wegen Unvollständigkeit verzichten[108]. Für einen solchen Verzicht, der nicht leichthin angenommen werden darf, ist der Verkäufer beweispflichtig.

83 Wegen der *unterschiedlichen Rechtsfolgen* (Nr. 240 ff.) und Modalitäten (Prüfungs- und Rügeobliegenheiten, kürzere Verjährungsfrist) ist die Abgrenzung zwischen quantitativ und qualitativ ungehöriger Vertragserfüllung bedeutsam. Der Mangel berührt die Beschaffenheit eines vorhandenen Bestandteiles des Grundstückes bzw. des Gebäudes, während bei Unvollständigkeit ein vertrags-

---

[103] Vgl. BGE 87 II 246, 75 II 137 ff.; KELLER/SIEHR, S. 47 f.
[104] Vgl. JÄGGI/GAUCH, ZürKomm, N 365 zu Art. 18 OR.
[105] Vgl. JÄGGI/GAUCH, ZürKomm, N 366 und 387 ff. zu Art. 18 OR; KRAMER, BerKomm, N 29 zu Art. 18 OR; WIEGAND, BasKomm, N 31 zu Art. 18 OR.
[106] Vgl. JÄGGI/GAUCH, ZürKomm, N 400 zu Art. 18 OR.
[107] GIGER, BerKomm, Vorbem. zu Art. 197–210 OR, N 51 f.; KELLER/SIEHR, S. 47 f. Vgl. für das Werkvertragsrecht: GAUCH, Nr. 1446 ff.
[108] Vgl. GAUCH/SCHLUEP/SCHMID/REY, Nr. 3508.

gemässer Bestandteil überhaupt nicht vorhanden ist[109]. Häufig ist diese Abgrenzung leicht. Mitunter kann sie jedoch Schwierigkeiten bereiten. Unterscheidungskriterium ist die Art und Weise, wie das, was fehlt, ergänzt werden kann[110]. Ist dies ohne weiteres, insbesondere ohne Zerstörung eines anderen Bestandteiles, vor allem durch blosses Hinzufügen (auch mittels Verbindung oder Befestigung mit einem anderen Bestandteil) möglich, ist die Kaufsache insofern unvollendet. Dieser Tatbestand liegt vor, wenn z.b. ein Einbauschrank, eine Blitzschutzanlage oder ein Gartenweg fehlen. Müssen jedoch andere Bestandteile vorerst beseitigt und damit erheblich verändert oder gar zerstört werden, um den vertragsgemässen Zustand herzustellen, liegt ein Mangel vor[111].

Ist die Kaufsache unvollständig, ist der Käufer nicht verpflichtet, sie zu übernehmen (Art. 69 Abs. 1 OR)[112]. Fehlen jedoch bloss Teile, die im Verhältnis zur ganzen Kaufsache derart *geringfügig* sind, dass eine Annahmeverweigerung des Käufers geradezu *rechtsmissbräuchlich* im Sinne von Art. 2 Abs. 2 ZGB wäre, muss der Käufer die unvollständige Kaufsache übernehmen[113]. Häufig finden sich in Kaufverträgen über Neubauten Klauseln, wonach vereinzelte Arbeiten (z.B. Gartenanlagen) im Zeitpunkt der Übergabe (Bezugstermin) noch nicht fertig erstellt sein müssen. 84

Der Käufer darf seine Gegenleistung, nämlich den Kaufpreis, in einem angemessenen Teilbetrag verweigern. Es stehen ihm die Rechtsbehelfe der Art. 97 ff. OR zur Verfügung (Nr. 28 ff.). Er kann den Erfüllungsanspruch nach Art. 98 Abs. 1 OR durchsetzen oder nach den Regeln über den Schuldnerverzug (Art. 102 ff. OR) vorgehen, was ihm auch den Weg zum Schadenersatz öffnet[114]. Ein Minderungsrecht (im Sinne von Art. 205 Abs. 1 OR) steht dem Käufer jedoch nicht zu, weil die Rechtsregeln über die Mängelhaftung nicht anwendbar sind (Nr. 82). Das Recht des Käufers, einen Teilbetrag des fälligen Kaufpreises zurückzubehalten, welcher den Nachlieferungskosten des fehlenden Bestandteiles des Gebäudes entspricht, oder der Schadenersatzanspruch gemäss Art. 107 Abs. 2 OR erfüllen jedoch faktisch die gleiche Funktion wie ein Minderwertsab- 85

---

[109] Vgl. GAUCH, Nr. 1448.
[110] Gemäss GIGER, BerKomm, Vorbem. zu Art. 197–210 OR, N 52, und KELLER/SIEHR, S. 47 f., können Quantitätsmängel zugleich Qualitätsmängel sein. Diese Autoren bejahen in einem solchen Fall Anspruchskonkurrenz mit den Sachgewährleistungsregeln, was nach der hier vertretenen Auffassung abzulehnen ist. Vgl. dazu Nr. 39 ff.
[111] Vgl. GAUCH, Nr. 1449, mit den Beispielen: Farbanstrich ohne die geschuldete Grundierung; Flachdach ohne die vertragsgemässe Kunststoffeinlage.
[112] Vgl. WEBER, BerKomm, N 6 zu Art. 69 OR: Unter «Teilzahlung» im Sinne von Art. 69 sind Teilleistungen jeder Art zu verstehen. LEU, BasKomm, N 2 zu Art. 69 OR; GAUCH/SCHLUEP/SCHMID/REY, Nr. 2420.
[113] Vgl. BGE 75 II 143; WEBER, BerKomm, N 45 f. zu Art. 69 OR.
[114] Vgl. analog GAUCH, Nr. 665.

zug. Ist eine Vervollständigung der Kaufsache unmöglich, sind die Bestimmungen über die Leistungsunmöglichkeit anwendbar (Nr. 29 ff.).

86 Für den Fall, dass dem Käufer nicht die vollständige *Grundstückfläche* verschafft wird, enthält Art. 219 Abs. 1 und 2 OR eine Sonderregelung. Obwohl nicht eine qualitativ, sondern eine quantitativ unrichtige Erfüllung vorliegt, haftet der Verkäufer nach den formellen und materiellen Gewährleistungsregeln der Art. 197 ff. OR (Art. 219 Abs. 1 und 2 OR; Nr. 222 ff.). In einem solchen Falle darf er die Übernahme der unvollständigen Leistung nicht verweigern[115].

IV. Die Rechtsgewährleistung des Verkäufers

1. Die Rechtsgewährleistung im Allgemeinen

A. Grundlagen

87 1. Art. 192–196 OR enthalten eine Sonderregelung der Haftung des Verkäufers für die *rechtlich* mangelhafte Erfüllung des Kaufvertrages[116]. Sie regeln den Fall, dass ein Dritter dem Käufer, nachdem dieser als neuer Eigentümer im Grundbuch eingetragen worden ist, das Eigentumsrecht bestreitet und ganz oder teilweise «entwehrt», d.h. entzieht, und zwar aus einem Rechtsgrund, welcher schon zur Zeit des Vertragsabschlusses bestanden hat (Art. 192 Abs. 1 OR). Die speziellen Bestimmungen über die Rechtsgewährleistung (Art. 192 ff. OR) sind auch auf den Grundstückkauf anwendbar[117].

88 2. Der Käufer hat die *Wahl*, ob er den Verkäufer nach den besonderen Vorschriften über die Rechtsgewährleistung (Art. 192 ff. OR) haftbar machen oder ihn gestützt auf die allgemeinen Nichterfüllungsregeln (Art. 97 ff. OR)[118] belangen oder den Kaufvertrag wegen Irrtums anfechten will[119], wenn die Voraussetzungen dieser Rechtsbehelfe erfüllt sind. Gemäss Art. 192 Abs. 3 OR ist eine Vereinbarung über *Aufhebung* oder *Beschränkung* der Rechtsgewährleistung

---

[115] WEBER, BerKomm, N 6 zu Art. 69 OR.
[116] HONSELL, BasKomm, Vorbem. zu Art. 192–210 OR, N 4; GIGER, BerKomm, N 4 ff. zu Art. 192 OR, N 38 ff. zu Art. 221 OR; GUHL/KOLLER, § 42 Nr. 1 ff.; KELLER/SIEHR, S. 48 ff.
[117] GIGER, BerKomm, N 42 zu Art. 221 OR; KELLER/SIEHR, S. 51.
[118] GIGER, BerKomm, N 9 f. zu Art. 192 OR; a.M. HONSELL, BasKomm, Vorbem. zu Art. 192–210 OR, N 6.
[119] Vgl. BGE 109 II 322; GIGER, BerKomm, N 11 zu Art. 192 OR; HONSELL, BasKomm, Vorbem. zu Art. 192–210 OR, N 7; GUHL/KOLLER, § 42 Nr. 9; vgl. auch Nr. 24.

ungültig, wenn der Verkäufer das Recht des Dritten *absichtlich verschwiegen* hat. Daraus ergibt sich indirekt, dass der Verkäufer nach den Sonderregeln über die Rechtsgewährleistung auch dann belangt werden kann, wenn er den Käufer bei Vertragsabschluss über das Recht eines Dritten im Sinne von Art. 28 OR getäuscht hat. In einem solchen Falle kann der Käufer entweder den Kaufvertrag innert Jahresfrist seit der Entdeckung der Täuschung (Art. 31 Abs. 1 und 2 OR) als unverbindlich erklären (Art. 28 Abs. 1 OR) oder den Verkäufer gemäss Art. 192 ff. OR belangen, ohne an die Jahresfrist des Art. 31 Abs. 1 und 2 OR gebunden zu sein[120]. Die Art. 192 ff. OR fügen sich als Sondervorschriften in den Rahmen des Art. 31 Abs. 3 OR ein, wonach die Genehmigung eines wegen Täuschung oder Furcht unverbindlichen Vertrages den Anspruch auf Schadenersatz nicht ohne weiteres ausschliesst. Dies ist vor allem gerechtfertigt, wenn – wie meistens in Fällen der Rechtsgewährleistung – die Anfechtung des Kaufvertrages dem Käufer weitere, unzumutbare Nachteile verursachen würde[121].

3. Das Gesetz unterscheidet zwischen der *vollständigen* Entwehrung (Art. 195 Abs. 1 OR) und der *teilweisen* Entwehrung (Art. 196 OR).

89

B. Die Bedeutung der Rechtsgewährleistung

Die Rechtsgewährleistung ist zwar in der Rechtsliteratur eingehend behandelt worden (vgl. Nr. 87), spielt jedoch in der Praxis und ganz besonders im Grundstückverkehr eine geringe Rolle[122]. Es wird ihr nachgesagt, sie sei überholt und ohne praktische Bedeutung[123]. Ihre Bedeutung darf jedoch auch nicht unterschätzt werden. Art. 192 ff. OR bieten dem Käufer einige *Vorteile*, z.B. eine teilweise Kausalhaftung. Art. 193 f. OR sind das Vorbild und die Grundlage für das wohl allen schweizerischen Zivilprozessordnungen vertraute Rechtsinstitut der *Streitverkündung*[124]. Zufolge der Verweisung in Art. 208 Abs. 2 OR sind die Vorschriften über die Rückleistungspflichten bei der vollständigen Entwehrung (Art. 195 OR) auch bei der Wandelung zufolge Sachmängeln anwendbar. Viele Regressansprüche des Grundstückkäufers wegen *Bauhandwerkerpfandrechten* (Nr. 124 ff.) sind (meist unerkannte) Rechtsgewährleistungsfälle.

90

---

[120] Honsell, BasKomm, Vorbem. zu Art. 192–210 OR, N 8; Giger, BerKomm, N 11 zu Art. 192 OR; a.M. Cavin, SPR VII/1, S. 65.
[121] Gauch/Schluep/Schmid/Rey, Nr. 871; BGE 109 Ia 10 f.
[122] Giger, BerKomm, N 38 zu Art. 221 OR; Bucher, S. 89. Im Grundstückverkehr erlangt die Rechtsgewährleistung wohl nur dann eine praktische Bedeutung, wenn das eidgenössische Grundbuch oder eine ihm gleichgestellte kantonale Einrichtung noch nicht eingeführt ist (vgl. Art. 48 Abs. 3 SchlT ZGB; Guhl/Koller, § 42 Nr. 2; Keller/Siehr, S. 50).
[123] Vgl. Cavin, SPR VII/1, S. 3 und 60.
[124] Vgl. BGE 90 II 407 ff., 107 Ia 179 f., 114 Ia 95 f.; Giger, BerKomm, N 7 zu Art. 193 OR; Honsell, BasKomm, N 1 zu Art. 193 OR.

2. Die materiellrechtlichen Voraussetzungen der Rechtsgewährleistung

91 Damit der Käufer in den Genuss der Vorteile der Sonderregelung der Art. 192 ff. OR gerät, müssen die folgenden materiellrechtlichen Voraussetzungen erfüllt sein:

92 1. Der Käufer ist als *neuer Eigentümer* des Grundstückes im Grundbuch eingetragen (Nr. 64).

93 2. Ein *Dritter* besitzt ein (umfassendes oder beschränktes) Recht auf das gekaufte Grundstück und ist zudem berechtigt, dieses *gegen jedermann*, also auch gegen den Käufer durchzusetzen. Das ist jedoch ausgeschlossen, wenn der Käufer sich bei Vertragsabschluss *im guten Glauben* auf die Einträge im Grundbuch verlassen durfte. Alsdann ist er in seinem Eigentumserwerb zu schützen (Art. 973 ZGB)[125]. Beispiel: Der Käufer muss nicht die Eintragung und Ausübung eines Fahrwegrechtes dulden, welches der Verkäufer mit einem Nachbarn vereinbart, aber weder zur Eintragung im Grundbuch angemeldet noch im Kaufvertrag überbunden hat[126]. In einem solchen Falle kann der Dritte nicht entwehren, sondern besitzt nur Schadenersatzansprüche gegen den Verkäufer, seinen Vertragspartner. Möglich ist, dass der Käufer den Verkäufer aus Mängelhaftung belangen kann, wenn der Dritte in Ausübung seines nicht entwehrungsfähigen Rechtes bereits bauliche Anlagen, z.B. eine Strasse, auf dem gekauften Grundstück errichtet hat[127].

94 3. Das Recht des Dritten muss schon zur Zeit des Vertragsabschlusses bestanden haben (Art. 192 Abs. 1 OR)[128].

95 4. Der Dritte muss sein Recht tatsächlich und mit Erfolg *geltend machen*[129]. Ist dies nicht der Fall, können dem Käufer im Fall der sog. Quasieviktion Schadenersatzansprüche (sog. Entwehrungsschaden) oder andere Ansprüche wegen Nichterfüllung entstehen[130].

---

[125] Vgl. KOLLER, Nr. 791 f.
[126] BGE 98 II 191 ff., insbesondere 195.
[127] Vgl. BGE 98 II 191 ff., insbesondere 197 ff.; vgl. dazu Nr. 213.
[128] HONSELL, BasKomm, N 4 zu Art. 192 OR; KELLER/SIEHR, S. 52.
[129] BGE 109 II 322; HONSELL, BasKomm, N 6 zu Art. 192 OR; GIGER, BerKomm, N 60 zu Art. 192 OR; KELLER/SIEHR, S. 53.
[130] HONSELL, BasKomm, N 6 zu Art. 192 OR; GIGER, BerKomm, N 66 zu Art. 192 OR; GUHL/KOLLER, § 42 Nr. 8; CAVIN, SPR VII/1, S. 64; KELLER/SIEHR, S. 53.

5. In Bezug auf das *Wissen* des Käufers bei Vertragsabschluss sind zwei Fallgruppen zu unterscheiden:

– Der Käufer kann die Rechtsgewährleistung geltend machen, wenn er bei Vertragsabschluss die Gefahr der Entwehrung *nicht gekannt* hat (Art. 192 Abs. 2 OR). Die fahrlässige Unkenntnis schliesst die Rechtsgewährleistung nicht aus. Art. 3 Abs. 2 ZGB ist nicht anwendbar[131].

– Kannte der Käufer bei Vertragsabschluss die Gefahr der Entwehrung, haftet der Verkäufer nur insofern und insoweit, als er sich *ausdrücklich* zur Rechtsgewährleistung verpflichtet hat (Art. 192 Abs. 2 OR). Der Verkäufer kann sich z.b. im Kaufvertrag verpflichten, bis zum Eigentumsübergang das Grundstück von einer Hypothek oder Dienstbarkeit zu befreien. Diese Rechtslage besteht, wenn die Rechte Dritter (Grundpfandrechte, Grunddienstbarkeiten usw.) im Grundstückbeschrieb des Kaufvertrages aufgeführt sind oder auf die noch zu erfolgende Löschung, zu der sich der Verkäufer verpflichtet hat, hingewiesen wird. Ohne eine ausdrückliche Verpflichtung zur *Lastenbefreiung* haftet der Verkäufer jedoch nicht, wenn Dritte ihre Rechte, welche der Käufer bei Vertragsabschluss gekannt hat, beanspruchen.

3. Die Unterstützungspflicht des Verkäufers

Dem Verkäufer obliegt die Hauptpflicht, dem Käufer das Grundstück vertragsgemäss zu verschaffen, u.a. frei von Rechten Dritter, welche der Käufer nicht übernommen hat. Erfüllt er diese Pflicht nicht vertragsgemäss, haftet er gegenüber dem Käufer.

Den Verkäufer trifft die Obliegenheit[132], dem Käufer *beizustehen*, wenn ein Dritter ein angeblich besseres Recht auf die Kaufsache oder einen Teil derselben gerichtlich beansprucht. Der Verkäufer hat den Käufer bei der Abwehr (allenfalls) unberechtigter Rechtsansprüche Dritter zu unterstützen. Diese Obliegenheit ergibt sich aus dem (im Wortlaut zu engen) Art. 193 OR: Wird von einem Dritten ein Recht geltend gemacht, welches den Verkäufer zur Gewährleistung verpflichtet, so hat dieser auf ergangene *Streitverkündung* je nach den Umstän-

---

[131] Cavin, SPR VII/1, S. 65. Giger, BerKomm, N 54 zu Art. 192 OR, vertritt die Auffassung, dass die Rechtsgewährleistung wegfällt, wenn sich der Käufer arglistig der Kenntnisnahme des Entwehrungsgrundes entzogen hat. Noch weiter geht Honsell, BasKomm, N 5 zu Art. 192 OR, der im Grundstückverkehr dem Käufer die Berufung auf Unkenntnis von im Grundbuch eingetragenen Rechten verwehren will.

[132] Honsell, BasKomm, N 2 zu Art. 193 OR; Giger, BerKomm, N 4 zu Art. 193 OR.

den und den Vorschriften der anwendbaren Prozessordnung dem Käufer im Prozesse beizustehen oder ihn zu vertreten. Zur Erfüllung dieser Obliegenheit kann der Verkäufer zwar nicht gezwungen werden. Seine Beistandsobliegenheit ist nicht einklagbar[133]. Er hat jedoch die Folgen seiner eigenen Passivität oder Nachlässigkeit selber zu tragen. Wenn ein Dritter Rechte gegen den Käufer geltend macht, ist der Verkäufer als ehemaliger Vertragspartner des Dritten und damit als «Insider» am besten in der Lage, einen allenfalls unberechtigten Anspruch abzuwehren. Er muss wissen, ob der Anspruch des Dritten berechtigt ist oder nicht. Der Verkäufer ist z.B. über Zahlungen an den Dritten, über eine Vereinbarung betreffend Aufhebung einer Grunddienstbarkeit oder über Bestand und Höhe des Vergütungsanspruches eines Unternehmers, welcher ein Bauhandwerkerpfandrecht eintragen lassen will, im Bilde. Dieses Wissen und die Beweismittel hat er dem Käufer, welcher aufgrund seiner Stellung als neuer Eigentümer im Prozess mit dem Dritten passivlegitimiert ist, zur Verfügung zu stellen. Andernfalls hat er allfällige Rechtsnachteile zu tragen.

101 Der Verkäufer hat deshalb die Nachteile zu tragen, die er dadurch selber verschuldet hat, indem er seine (nicht einklagbare) «Pflicht» zur Unterstützung des Käufers bei der Abwehr von Drittrechten unterliess oder unsorgfältig erfüllte[134]. Dies ist ein Ausfluss des Grundsatzes von Treu und Glauben[135].

102 Damit der Verkäufer den Käufer unterstützen kann, muss ihm der Käufer dazu *Gelegenheit* geben, indem er dem Verkäufer den Streit verkündet. Je nachdem, ob der Käufer dies tut oder unterlässt, ist seine Lage bei der Durchsetzung seines Regressanspruches gegen den Verkäufer erleichtert oder nicht.

A. Streitverkündung des Käufers

a. Streitverkündung im Prozess vor dem staatlichen Richter

103 1. Die Streitverkündung besteht in der *Anzeige* des eingeklagten Anspruchs des Dritten und der *Aufforderung* an den Verkäufer, den Prozess zu übernehmen oder mindestens dem Käufer im Prozess beizustehen. Die *Form* der Streitverkündung richtet sich nach den Modalitäten der Prozessordnung, welche im Streit zwischen dem Dritten und dem Käufer gilt. Ob die Streitverkündung gegenüber dem Verkäufer *rechtzeitig* erfolgt, ist nach den Umständen des Einzelfalles zu beurteilen. Sie erfolgt rechtzeitig, wenn nach der Streitverkündung der

---

[133] Honsell, BasKomm, N 2 zu Art. 193 OR; Giger, BerKomm, N 5 zu Art. 193 OR.
[134] Vgl. Gauch/Schluep/Schmid/Rey, Nr. 101 ff.
[135] BGE 90 II 408.

Verkäufer in der Lage ist, dem Käufer sein ganzes Wissen und alle Beweismittel zur Abwehr zur Verfügung zu stellen, und der Käufer nach der geltenden Zivilprozessordnung berechtigt ist, die erhaltene Unterstützung vollumfänglich im Prozess gegen den Dritten auszuwerten. Im Falle einer späten, aber nicht zu späten Streitverkündung hat der Käufer die Kosten, welche bei früherer Streitverkündung hätten vermieden werden können, selber zu tragen (Nr. 118).

2. Hat der Käufer im Streit mit dem Dritten rechtzeitig dem Verkäufer den Streit verkündet, so *wirkt ein ungünstiges Ergebnis dieses Prozesses auch gegen den Verkäufer* (materiellrechtliche Wirkung des Bundesrechts)[136], sofern dieser nicht beweist, dass die Prozessniederlage durch böse Absicht oder grobe Fahrlässigkeit des Käufers verschuldet worden ist. Dabei hat sich der Käufer auch z.B. die grobe Fahrlässigkeit einer Hilfsperson, z.B. seines Anwaltes, wie eigenes Verschulden anrechnen zu lassen (Art. 101 OR). 104

3. Unter dem Ergebnis im Sinne von Art. 193 Abs. 2 OR ist in erster Linie ein rechtskräftiges **Urteil** zu verstehen[137]. Dieses besitzt jedoch keine Rechtskraftwirkung zulasten des Verkäufers[138]. Es verschafft dem Käufer deshalb keinen Zwangsvollstreckungstitel gegen den Verkäufer. Weigert sich der Verkäufer, das vom Dritten erstrittene Urteil anzuerkennen, muss der Käufer einen zweiten Prozess gegen den Verkäufer einleiten. In diesem Prozess sind jedoch die Verteidigungsrechte des Verkäufers beschränkt. Wie bereits erwähnt (Nr. 104), wirkt ein ungünstiges Ergebnis des ersten Prozesses gegen den Verkäufer im zweiten Prozess, sofern der Verkäufer nicht beweist, dass die Prozessniederlage im ersten Prozess durch böse Absicht oder grobe Fahrlässigkeit des Käufers verschuldet worden ist[139]. Grobe Fahrlässigkeit kann z.B. darin bestanden haben, dass der Käufer ein Beweismittel, das ihm vom Verkäufer rechtzeitig zur Verfügung gestellt worden ist, überhaupt nicht oder verspätet eingereicht hat. Zusätzlich steht dem Verkäufer die Einrede der unterlassenen oder verspäteten Streitverkündung zu, welche ja gerade die Voraussetzung der materiellrechtlichen Wirkung des Art. 193 Abs. 2 OR ist. Ferner kann der Verkäufer auch Einreden und Einwendungen aus dem Kaufvertrag (Grundverhältnis) erheben, z.B. die Einrede der Verrechnung mit einer Kaufpreisrestanz. 105

4. Ein gerichtlicher **Vergleich** besitzt nicht den gleich hohen materiellen Stellenwert wie ein Urteil, selbst dann nicht, wenn es sich um einen gerichtlichen Vergleich handelt. Gerichtliche Vergleiche werden häufig unter Verzicht auf ein 106

---

[136] HONSELL, BasKomm, N 2 zu Art. 193 OR; BGE 90 II 404 ff.
[137] BGE 100 II 28; vgl. HONSELL, BasKomm, N 4 zu Art. 193 OR.
[138] HONSELL, BasKomm, N 5 zu Art. 193 OR; GIGER, N 15 zu Art. 193 OR.
[139] Exceptio male gesti processus, vgl. dazu HONSELL, BasKomm, N 5 zu Art. 193 OR.

Beweisverfahren, nur aufgrund summarischer tatbeständlicher und rechtlicher Erwägungen des Gerichtes oder bloss eines Teils des Gerichtes (z.b. des Referenten) abgeschlossen. Der Abschluss eines gerichtlichen Vergleichs verwehrt den Parteien weitgehend die materielle Überprüfung durch eine obere Instanz. Deshalb entfaltet ein gerichtlicher Vergleich die für den Käufer günstige Wirkung des Art. 193 Abs. 2 OR nur, wenn eine der beiden folgenden *Voraussetzungen* erfüllt ist:

107 – Bei Beginn oder während der Vergleichsverhandlungen, jedoch noch vor Abschluss des Vergleichs, hat der Käufer dem Verkäufer den bevorstehenden Abschluss des Vergleichs angedroht (vgl. Art. 194 Abs. 1 OR)[140] und ihm nochmals, jedoch erfolglos die Gelegenheit zur Übernahme des Prozesses eingeräumt[141]. Um alle Schwierigkeiten beim späteren Regress zu vermeiden, ist es ratsam, dem Verkäufer mit der zweiten Streitverkündung den vollen Wortlaut des Entwurfs des Vergleichstextes bekannt zu geben.

108 – Bereits bei der ersten, rechtzeitigen Streitverkündung hat sich der Käufer den Abschluss eines Vergleichs während des Prozesses vorbehalten, und der Verkäufer hat diesen Vorbehalt ausdrücklich oder stillschweigend akzeptiert. Diese Möglichkeit lässt das Bundesgericht ebenfalls offen[142]. Es ist aber zu empfehlen, auch in einem solchen Falle den kurz bevorstehenden Abschluss eines Vergleichs dem Verkäufer in einer zweiten Streitverkündung mitzuteilen, am besten mit der Bekanntgabe des vollen Textes des Vergleichsentwurfes, und ihm nochmals die Übernahme des Prozesses anzubieten.

b. Streitverkündung im Schiedsgerichtsverfahren

109 In Bezug auf das Urteil eines Schiedsgerichtes und auf einen Vergleich, der in einem Schiedsgerichtsverfahren abgeschlossen worden ist, gilt alles, was zur Streitverkündung im Prozess vor dem staatlichen Richter gesagt worden ist (Nr. 103 ff.), jedoch mit der folgenden Ergänzung und Einschränkung: Ein Schiedsgerichtsprozess kann die Stellung des Verkäufers beeinträchtigen (z.B. durch die Auswahl der Schiedsrichter, die Verfahrensbestimmungen, die Ermächtigung zum Billigkeitsentscheid oder den Ausschluss von Rechtsmitteln). Deshalb genügt es nicht, dem Verkäufer bloss den Streit zu verkünden. Es muss ihm auch die Durchführung des Prozesses vor einem Schiedsgericht angezeigt

---

[140] BGE 100 II 29.
[141] Vgl. HONSELL, BasKomm, N 1 zu Art. 194 OR; GIGER, BerKomm, N 12 zu Art. 194 OR; BGE 100 II 29 f.
[142] BGE 100 II 29.

werden (vgl. Art. 194 Abs. 1 OR)[143]. Dem Verkäufer muss damit die Möglichkeit eingeräumt werden, selber den Streit zu übernehmen, um den Prozess vor dem staatlichen Richter zu erzwingen oder um vor seinem endgültigen Entscheid betreffend Übernahme oder Nichtübernahme nähere Auskünfte über die Zusammensetzung des Schiedsgerichtes usw. zu verlangen. Die Streitverkündung hat deshalb vor der Einleitung des Schiedsgerichtsverfahrens zu erfolgen. Ist ein solches Verfahren bereits eingeleitet, kann der Verkäufer durch die Streitverkündung nicht gezwungen werden, den Streit vor dem Schiedsgericht fortzusetzen. Wird das Schiedsgerichtsverfahren trotz Ablehnung des Verkäufers fortgesetzt, tritt die Rechtswirkung des Art. 193 Abs. 2 OR nicht ein.

c. Streitverkündung bei aussergerichtlicher Streiterledigung

1. Die Rechtsfolge des Art. 193 Abs. 2 OR tritt auch ein, wenn der Käufer das Recht des Dritten in guten Treuen *anerkannt* hat, sofern er dies dem Verkäufer rechtzeitig angedroht und ihm die Führung eines Prozesses gegen den Dritten erfolglos angeboten hat (Art. 194 Abs. 1 OR)[144]. Es liegt auch im Interesse des Verkäufers, wenn die Verfahrens- und Anwaltskosten eines aussichtslosen Prozesses vermieden werden. Rechtzeitig erfolgt eine solche Anzeige, wenn dem Verkäufer eine angemessene Überlegungs- und Antwortfrist eingeräumt wird, bevor der Käufer das Recht des Dritten anerkennt. Für den Empfang der Anzeige beim Verkäufer ist er beweispflichtig. Schweigt sich der Verkäufer aus, ist dem Käufer zu empfehlen, sich vor der Anerkennung durch eine Rückfrage beim Verkäufer zu vergewissern, dass er die Anzeige erhalten hat und nicht zur Führung eines Prozesses bereit ist. 110

2. Das soeben Gesagte (Nr. 110) gilt sinngemäss auch für den Abschluss eines aussergerichtlichen *Vergleichs* des Käufers mit dem Dritten. 111

B. Ohne Streitverkündung des Käufers

Verkündet der Käufer dem Verkäufer überhaupt nicht oder nicht rechtzeitig oder nicht nochmals vor Abschluss eines gerichtlichen oder aussergerichtlichen Vergleichs (Nr. 103 ff.) den Streit, verwirkt er keineswegs seine Gewährleistungsansprüche gemäss Art. 195 f. OR. Er verliert nur, aber immerhin, den Vorteil des Art. 193 Abs. 2 OR, wonach die Verteidigungsrechte des Verkäufers gegen Urteil, gerichtlichen oder aussergerichtlichen Vergleich oder Anerken- 112

---

[143] Vgl. KELLER/SIEHR, S. 58.
[144] Vgl. KELLER/SIEHR, S. 58. Gemäss HONSELL, BasKomm, N 1 zu Art. 194 OR, soll es erforderlich sein, dass der Eviktionsprozess «ernsthaft angedroht» wurde.

nung auf den Einwand der bösen Absicht oder der groben Fahrlässigkeit des Käufers beschränkt sind. Ohne Streitverkündung ist die Beweislastverteilung unterschiedlich, je nachdem ob das Urteil eines staatlichen Richters vorliegt oder nicht:

113 – Lautet das *Urteil eines staatlichen Gerichtes* zu Ungunsten des Käufers, ist der Richter im zweiten Prozess (Regressprozess) gegen den Verkäufer an das erste Urteil gebunden, sofern und soweit der Verkäufer nicht zu beweisen vermag, dass bei rechtzeitig erfolgter Streitverkündung ein günstigeres Ergebnis des ersten Prozesses zu erlangen gewesen wäre (Art. 193 Abs. 3 OR).

114 – In allen übrigen Fällen hat der Käufer Bestand und Umfang des Rechtes des Dritten zu beweisen (Art. 194 Abs. 2 OR).

4. Die Ansprüche des Käufers bei vollständiger Entwehrung

A. Teilweise Kausalhaftung

115 Wird dem Käufer das Grundstück vollständig entzogen, so gilt der Kaufvertrag ipso iure als aufgehoben[145] (Art. 195 Abs. 1 OR), und es stehen dem Käufer die folgenden Rechtsansprüche zu, ohne dass es dem Verkäufer möglich ist, sich durch den Beweis des Nichtverschuldens (vgl. Art. 97 Abs. 1 OR) von der Haftung zu befreien:

116 1. Der Verkäufer hat dem Käufer den bezahlten Kaufpreis samt Zinsen[146] *zurückzuerstatten*[147]. Zum Zwecke der Vorteilsausgleichung ist mit dieser Forderung der Ertrag zu verrechnen, welchen der Käufer bis zum Entzug des Grundstückes aus diesem gezogen hat (Art. 195 Abs. 1 Ziff. 1 OR).

117 2. Der Verkäufer hat dem Käufer die für das Grundstück gemachten Verwendungen (z.B. Kosten der Ausbesserung) zu ersetzen, soweit diese nicht vom berechtigten Dritten erhältlich waren[148].

---

[145] Der Käufer braucht keine Auflösungserklärung abzugeben (KELLER/SIEHR, S. 59).

[146] Die Zinspflicht besteht unabhängig davon, ob der Verkäufer entsprechend bereichert ist. Der Zinsfuss bemisst sich nach Art. 73 OR. Vgl. HONSELL, BaskKomm, N 3 zu Art. 195 OR; GIGER, BerKomm, N 9 zu Art. 195 OR.

[147] Ist es dem Käufer in einem (gerichtlichen oder aussergerichtlichen) Vergleich gelungen, den Dritten zum Verzicht auf sein Recht gegen Leistung einer Abfindungssumme (sog. Entwehrungs- oder Eviktionsschaden) zu bewegen, tritt die Vergleichssumme nebst Zinsen an die Stelle der Forderung auf Rückerstattung des Kaufpreises. Vgl. Nr. 95.

[148] Vgl. HONSELL, BaskKomm, N 4 zu Art. 195 OR.

3. Der Verkäufer schuldet dem Käufer den Ersatz aller gerichtlichen und aussergerichtlichen Kosten, welche in der Auseinandersetzung mit dem Dritten entstanden sind, sofern und soweit sie nicht durch eine rechtzeitige Streitverkündung hätten vermieden werden können (Art. 195 Abs. 1 Ziff. 3 OR). Unter Art. 195 Abs. 1 Ziff. 3 OR fallen nur Prozesskosten, welche dem Käufer im Streit gegen den Dritten erwachsen sind, nicht aber solche aus dem Gewährleistungsprozess zwischen Käufer und Verkäufer, welche ausschliesslich nach dem in diesem Prozess anwendbaren Zivilprozessrecht zu verlegen sind[149]. Auch die aussergerichtlichen Kosten fallen unter Art. 195 Abs. 1 Ziff. 3 OR[150].

4. Die Kausalhaftung des Verkäufers erstreckt sich auch auf den Ersatz des *unmittelbaren* Schadens[151], welcher dem Käufer durch den Entzug des Grundstückes durch den Dritten erwachsen ist (Art. 195 Abs. 1 Ziff. 4 OR).

B. Verschuldenshaftung

Aus Art. 195 Abs. 1 OR ergibt sich, dass die Kausalhaftung des Verkäufers beschränkt ist, nämlich auf den unmittelbaren Schaden (Art. 195 Abs. 1 Ziff. 4 OR) und auf den mittelbaren Schaden, soweit dieser in den in Art. 195 Abs. 1 Ziff. 1–3 OR aufgeführten Schadenselementen besteht[152]. Für allen übrigen Schaden besteht nur die Verschuldenshaftung des Verkäufers. Durch den Nachweis des Nichtverschuldens kann er sich von der Haftung befreien (Art. 195 Abs. 2 OR).

5. Die Ansprüche des Käufers bei teilweiser Entwehrung

A. Die Ansprüche im Allgemeinen

Die teilweise Entwehrung kann darin bestehen, dass dem Käufer nur ein Teil der Kaufsache vollständig entzogen wird (z.B. Flächenverlust zufolge Güterregulierung, Baulandumlegung, Raumverlust zufolge Überbaurecht des Nachbarn gemäss Art. 674 ZGB) oder dass das Grundstück mit einem beschränkten dinglichen Recht (z.B. Pfandrecht, Dienstbarkeit)[153] belastet ist oder wird

---

[149] Honsell, BasKomm, N 5 zu Art. 195 OR; Giger, BerKomm, N 21 zu Art. 195 OR.
[150] Guhl/Koller, § 42 Nr. 6.
[151] Honsell, BasKomm, N 6 zu Art. 195 OR; Giger, BerKomm, N 22 ff. zu Art. 195 OR; Guhl/Koller, § 42 Nr. 6.
[152] Vgl. dazu ausführlich Keller/Siehr, S. 62 ff.
[153] In Frage kommen auch obligatorische Rechte, etwa im Fall einer vorgemerkten Miete oder wenn der Verkäufer Miet- oder Pachtverträge verschweigt (vgl. Schmid, Gewährleistung, S. 356 f., und Koller, Probleme, S. 214).

(Art. 196 Abs. 1 OR), ohne dass der Käufer die Belastung vertraglich übernommen hätte. Bei teilweiser Entwehrung stehen dem Käufer je nachdem die folgenden Gewährleistungsansprüche zu:

122 – Der Käufer kann die *Aufhebung* des Vertrages verlangen[154], wenn anzunehmen ist, dass er den Vertrag nicht abgeschlossen hätte, wenn er die teilweise Entwehrung vorausgesehen hätte (Art. 196 Abs. 2 OR). In diesem Fall hat er das Grundstück, soweit es ihm nicht entwehrt worden ist, dem Veräusserer zurückzugeben. Die geldwerten Forderungen des Käufers und die Gegenforderungen des Verkäufers sind gemäss Art. 195 und 196 Abs. 3 OR zu berechnen. Auch in diesem Falle unterliegt der Verkäufer der *Kausalhaftung*, soweit sie in Art. 195 Abs. 1 OR vorgesehen ist[155].

123 – In allen übrigen Fällen besitzt der Käufer nur einen *Schadenersatzanspruch*. Obwohl das Gesetz keine ausdrückliche Verweisung enthält, gilt auch hier die teilweise *Kausalhaftung* des Verkäufers, soweit Art. 195 Abs. 1 OR eine solche vorsieht[156]. Bei teilweiser Entwehrung kann der Schaden vor allem in einem Minderwert des Grundstückes bestehen (z.B. wenn das Wegrecht eines Dritten geduldet werden muss).

B. Das Bauhandwerkerpfandrecht im Besonderen

124 **1.** Das Eigentumsrecht des Käufers wird teilweise entwehrt, wenn das gekaufte Grundstück mit einem *gesetzlichen Grundpfandrecht* belastet ist oder wird. Gesetzliche Pfandrechte des kantonalen Rechtes aus öffentlich-rechtlichen oder anderen für die Grundeigentümer allgemein verbindlichen Verhältnissen können auch ohne Grundbucheintrag existieren (Art. 836 ZGB), sofern eine Beziehung zwischen der gesicherten Forderung und dem belasteten Grundstück besteht[157]. Einzelne andere Forderungen begründen einen Anspruch auf Errichtung eines gesetzlichen Grundpfandes (Art. 837 ZGB).

125 **2.** In der Praxis besteht ein grosses Risiko des Grundstückkäufers darin, dass nach dem Eigentumserwerb noch Bauhandwerkerpfandrechte gemäss Art. 837 ff. ZGB eingetragen werden[158]. Insbesondere der Käufer eines geplan-

---

[154] Die Vertragsaufhebung erfolgt im Fall der Teileviktion durch richterliche Gestaltung, also nicht ipso iure, wie dies in Art. 195 Abs. 1 OR vorgesehen ist (HONSELL, BasKomm, N 3 zu Art. 196 OR). Vgl. Nr. 115.
[155] HONSELL, BasKomm, N 3 zu Art. 196 OR; GIGER, BerKomm, N 12 ff. zu Art. 196 OR; GUHL/KOLLER, § 42 Nr. 7; KELLER/SIEHR, S. 66.
[156] HONSELL, BasKomm, N 2 zu Art. 196 OR; GIGER, BerKomm, N 6 zu Art. 196 OR; KELLER/SIEHR, S. 65.
[157] BGE 122 I 351 ff., 120 III 36, 110 II 236 ff. = Pra 1984, S. 698 f.
[158] SCHUMACHER, Nr. 178, 439, 445, 667; SCHUMACHER, recht 1986, S. 88 ff., insbes. S. 91.

ten, unvollendeten oder kürzlich vollendeten Neubaus muss mit der Belastung von Bauhandwerkerpfandrechten auch dann noch rechnen, wenn er als neuer Eigentümer im Grundbuch eingetragen ist. Die dreimonatige Eintragungsfrist des Art. 839 Abs. 2 ZGB fängt erst ab Arbeitsvollendung jedes einzelnen Handwerkers an zu laufen. In einzelnen Fällen beginnt sie erst Monate nach dem Eigentumsübergang und auch nach dem Bezug eines neuen Hauses. Z.B. vollendet der Heizungsinstallateur seine Arbeit erst mit der letzten Funktionskontrolle der ganzen Heizungsanlage, welche gelegentlich oft Monate nach dem Einzug in das neue Haus durchgeführt wird[159].

Dass der Käufer eines Bauwerkes mit Bauhandwerkerpfandrechten zur Sicherung von Unternehmerforderungen bzw. Subunternehmerforderungen, welche der Verkäufer bzw. dessen Unternehmer nicht befriedigt hat, belastet wird, obwohl der Käufer in keinem Vertragsverhältnis mit diesen Unternehmern steht und diesen nichts schuldet, entspricht dem *klaren Willen des Gesetzgebers*[160]. 126

3. Der Verkäufer erfüllt seinen Vertrag nicht richtig, wenn der von ihm zu liefernde Kaufgegenstand (Grundstück) mit einem Bauhandwerkerpfandrecht belastet wird. Es liegt jedoch kein rechtlicher Mangel im Sinne von Art. 197 Abs. 1 OR (vgl. Nr. 213) vor, wie das Bundesgericht in Bezug auf das von einem Generalunternehmer im Werkvertrag herzustellende Werk in analoger Anwendung der kaufrechtlichen Mängelhaftung annahm[161]. Auch beim Grundstückkauf kann die Belastung mit einem Bauhandwerkerpfandrecht nicht als Rechtsmangel im Sinne von Art. 197 OR qualifiziert werden[162]. Vielmehr ist der Tatbestand der teilweisen Entwehrung im Sinne von Art. 196 OR gegeben, sofern die Voraussetzungen des Art. 192 Abs. 1 und 2 OR erfüllt sind (Nr. 90, 121 ff.), insbesondere der Rechtsgrund des Bauhandwerkerpfandrechtes zur Zeit des Vertragsabschlusses bestanden hat (Nr. 94), was häufig zutreffen dürfte. In diesen Fällen gelangt der Käufer bei der Verfolgung des Regressanspruches gegen den Verkäufer in den Genuss von dessen teilweiser Kausalhaftung gemäss Art. 195 Abs. 1 OR (Nr. 115 ff.) und erreicht auch den Vorteil der präjudiziellen Wirkung im Sinne von Art. 193 Abs. 2 OR, wenn er dem Verkäufer die Entwehrung durch das Bauhandwerkerpfandrecht rechtzeitig und richtig anzeigt (Nr. 103 ff.). Ist eine der Voraussetzungen des Art. 192 Abs. 1 und 2 OR nicht erfüllt, kann der Käufer gemäss den allgemeinen Nichterfüllungsregeln (Art. 97 ff. OR) gegen den Verkäufer vorgehen. Sofern und soweit dem Verkäufer teilweise (Art. 195 Abs. 2 OR) oder vollumfänglich (Art. 97 Abs. 1 OR) der 127

---

[159] BGE 125 III 116, 106 II 22 ff.; Schumacher, Nr. 623 ff.; weitere Beispiele bei Schumacher, Nr. 619 ff.
[160] Huber, S. 280 f. Mit einleuchtender Begründung kritisch: Gauch, Nr. 1306 f.
[161] BGE 104 II 355 = Pra 1979, S. 534 f.; vgl. Schumacher, Nr. 878.
[162] Gauch, Nr. 1457; Liver, ZBJV 1980, S. 152 f.

Entlastungsbeweis offen steht, dürfte dieser fast nie zu leisten sein. Denn die Unternehmer und Handwerker aller Stufen (z.b. Generalunternehmer, Baumeister als Subunternehmer, Betonwerk als Subsubunternehmer) sind Hilfspersonen, für welche jeder Vertragspartner auf seiner Vertragsstufe kausal haftet (Art. 101 OR).

128 **4.** In den meisten Fällen wird die Löschung des Bauhandwerkerpfandrechtes erreicht, indem der Baupfandgläubiger *abgefunden* wird, sei es während des gerichtlichen Eintragungsverfahrens durch gerichtlichen oder aussergerichtlichen Vergleich, sei es nach der definitiven Eintragung durch die Bezahlung der Pfandsumme nebst gesicherten Zinsen, evtl. auch nur eines Teils der Pfandsumme aufgrund eines aussergerichtlichen Vergleiches (Nr. 111). Die Eintragung eines Bauhandwerkerpfandrechtes kann zum Vornherein vermieden oder die Löschung des bereits eingetragenen bzw. vorgemerkten Bauhandwerkerpfandrechtes erreicht werden, indem der Grundeigentümer eine *hinreichende Sicherheit* im Sinne von Art. 839 Abs. 3 ZGB, z.B. eine Bankgarantie, leistet[163]. Der Ersatzanspruch (Regressrecht) des Käufers gegen den Verkäufer umfasst in der Regel die Zahlung nebst Zinsen, welche der Käufer oder die für ihn garantierende Bank dem Baupfandgläubiger bezahlt hat, sowie die gerichtlichen und aussergerichtlichen Kosten der Auseinandersetzung des Käufers mit dem Baupfandgläubiger[164]. Wenn die Voraussetzung des Art. 196 Abs. 2 OR erfüllt ist, kann der Käufer auch den Vertragsrücktritt erklären (Nr. 122). Dies dürfte jedoch meistens ausgeschlossen sein, wenn der Kaufvertrag Bestimmungen für den Fall der Eintragung von Bauhandwerkerpfandrechten enthält.

129 **5.** Der Rechtsgewährleistungsanspruch (Art. 195 f. OR) bzw. der Schadenersatzanspruch gemäss Art. 97 ff. OR des Käufers ist jedoch *wirtschaftlich wertlos*, wenn der Verkäufer zahlungsunfähig ist, was häufig zutrifft, wenn Bauhandwerkerpfandrechte zulasten eines verkauften Grundstückes eingetragen werden. Deshalb ist besonders der Käufer einer Neubaute gut beraten, wenn er im Kaufvertrag *Vorsorge* gegen das Risiko von Bauhandwerkerpfandrechten trifft. Es sind verschiedene Massnahmen zum Schutz gegen die (teilweise) Doppelzahlung des Kaufpreises möglich[165], z.B. eine Bankgarantie[166], der Rückbehalt oder die Sperre eines ausreichenden Teils des Kaufpreises bis zu dem Zeitpunkt, ab welchem sicher kein Bauhandwerkerpfandrecht mehr angemeldet

---

[163] SCHUMACHER, Nr. 888 ff.
[164] Vorbehalten bleibt die Einrede gemäss Art. 195 Abs. 1 Ziff. 3 OR bzw. der Verletzung der Schadenminderungspflicht durch den Käufer, falls sich der Regressanspruch nach Art. 97 ff. OR richtet.
[165] Vgl. SCHUMACHER, Nr. 496 ff.
[166] Vgl. SCHUMACHER, Nr. 504.

werden kann[167]. Der (häufig) unerfahrene Käufer eines Einfamilienhauses oder einer Wohnung im Stockwerkeigentum ist von der Urkundsperson und von der hypothezierenden Bank darauf aufmerksam zu machen. Im Unterlassungsfall kann eine Haftung des Notars oder der Bank oder von beiden entstehen.

6. Die Verjährung

Mangels einer besonderen Verjährungsbestimmung des Gesetzes (im Unterschied zu Art. 219 Abs. 3 OR für die Mängelhaftung) unterstehen Ansprüche des Käufers aus Rechtsgewährleistung der ordentlichen Verjährungsfrist von *zehn Jahren* gemäss Art. 127 OR[168]. Diese Frist beginnt nicht bereits mit dem Abschluss des Kaufvertrages oder mit dem Grundbucheintrag zu laufen, sondern gemäss Art. 130 OR mit der Fälligkeit des Regressanspruches des Käufers gegen den Verkäufer, d.h. wenn der Schaden des Käufers eingetreten ist[169]. Insbesondere verjährt auch der Anspruch auf Rückerstattung des Kaufpreises (Art. 195 Abs. 1 Ziff. 1 und Art. 196 Abs. 3 OR) innert zehn Jahren[170] und nicht etwa innert der kurzen einjährigen Frist des Art. 67 Abs. 1 OR, innert welcher Ansprüche aus ungerechtfertigter Bereicherung verjähren.

130

7. Die Wegbedingung der Rechtsgewährleistung

Die Wegbedingung der Rechtsgewährleistung[171] ist grundsätzlich zulässig, obwohl sie dem im allgemeinen Rechtsbewusstsein verwurzelten Prinzip der Vertragstreue widerspricht. Der Verkäufer verspricht etwas und will gleichzeitig an sein Versprechen nicht gebunden sein. Dies ist ein Widerspruch in sich. Die verzichtende Partei unterschätzt oft und leicht die Tragweite der Wegbedingung der Rechtsgewährleistung.

131

Gemäss Art. 192 Abs. 3 OR ist eine Vereinbarung über Aufhebung oder Beschränkung der (Rechts-)Gewährpflicht ungültig, wenn der Verkäufer das Recht des Dritten absichtlich verschwiegen hat. Da diese Gesetzesbestimmung sinngemäss gleich lautet wie Art. 199 OR betreffend die Wegbedingung der

132

---

[167] Vgl. SCHUMACHER, Nr. 519. In Bezug auf die Berechnung dieses Zeitpunktes: vgl. Nr. 125.
[168] HONSELL, BasKomm, N 11 zu Art. 193 OR; GIGER, N 82 f. zu Art. 192 OR.
[169] Vgl. GIGER, BerKomm, N 83 zu Art. 192 OR. Kritisch: HONSELL, BasKomm, Nr. 11 zu Art. 92 OR. Vgl. auch GAUCH/SCHLUEP/SCHMID/REY, Nr. 3440.
[170] HONSELL, BasKomm, N 3 zu Art. 195 OR; GIGER, BerKomm, N 14 zu Art. 195 OR; BGE 114 II 152 ff., 126 III 119 ff.
[171] Vgl. dazu KELLER/SIEHR, S. 67 ff.

Sachmängelhaftung (Nr. 168 und Nr. 173), wird die Wegbedingung der Rechtsgewährleistung zusammen mit derjenigen für die Sachmängelhaftung behandelt (Nr. 309 ff., insbesondere Nr. 336 ff.).

V. Mängelhaftung: Allgemeines

1. Überblick

133 Art. 219 OR und Art. 197 ff. OR enthalten Sondernormen für die Mängelhaftung des Verkäufers (Nr. 26 f.). Nicht in allen Fällen, in denen ein Grundstück verkauft wird, sind diese Sondernormen überhaupt oder vollumfänglich anwendbar. Bei bestimmten Grundstückarten kann sich aus der Gestaltung des konkreten Einzelvertrages auch die Haftung nach den *werkvertraglichen* Sondernormen für die Mängelhaftung ergeben. Die (allfällige) werkvertragliche Haftung eines Grundstückverkäufers wird in diesem Beitrag nicht behandelt. Zudem können die Parteien die gesetzlichen Haftungsregeln (Art. 219 OR und Art. 197 ff. OR) innerhalb der Schranken des Gesetzes *aufheben* bzw. *abändern* und durch eigene Haftungsnormen *ersetzen*. Diese Fragen werden in diesem Abschnitt vorweg behandelt. Daran schliessen sich die Abschnitte über den *Mangel* (Nr. 160 ff.), die *Mängelrechte* (Nr. 240 ff.) sowie über die *Verwirkung* (Nr. 272 ff.) und die *Verjährung* der Mängelrechte (Nr. 298 ff.) an.

2. Grundstückarten

134 Je nach Grundstückart können die Probleme der Mängelhaftung verschieden gelagert und können auch die gesetzlichen Gewährleistungsregeln unterschiedlich sein. Die Grundstückarten können u.a. wie folgt unterteilt werden:

1. Unüberbautes Grundstück:

135 In diesem Beitrag wird der Landverkauf nur insoweit behandelt, als es um die Veräusserung von zur Überbauung bestimmten Grundstücken geht[172]; es stellen sich vor allem Probleme betreffend die Beschaffenheit des Baugrundes, die Überbaubarkeit gemäss den öffentlich-rechtlichen Bestimmungen, daneben auch wegen Einschränkungen des privaten Nachbarrechts, schliesslich auch im

---

[172] Nicht behandelt wird daher insbesondere der Kauf landwirtschaftlicher Grundstücke.

Fall eines Mindermasses der Grundstückfläche; auch sog. Altlasten können Haftungsprobleme erzeugen (vgl. Nr. 215 ff.).

2. Überbautes Grundstück:

- Grundstück mit **Neubaute** (geplante, unvollendete oder kürzlich erstellte   136
Neubaute); von Neubauten kann man bis zum Ablauf der fünfjährigen Verjährungsfrist (Nr. 298 f.) sprechen, welcher die Mängelhaftung der Unternehmer unterliegt, insbesondere wenn dem Käufer die Mängelrechte *abgetreten* werden (Nr. 340 ff.); Schwerpunkt der Mängelhaftung für Neubauten und auch der Mängelhaftung im Allgemeinen ist diejenige für *Gebäudemängel*, bisweilen auch diejenige für die vertragsgemässe Fläche des Grundstückes;

- Grundstück mit **Altbaute**; da beim Verkauf von Altbauten im Regelfall jede   137
Gewährleistung ausgeschlossen wird, ist die Haftung für Grundstücke mit Altbauten von geringerem Interesse; sog. Altlasten können auch hier Haftungsprobleme erzeugen (vgl. Nr. 215 ff.).

3. Die Abgrenzung zwischen kaufrechtlichen und werkvertragsrechtlichen Haftungsnormen

Bei der Veräusserung eines Grundstückes mit einer Neubaute (Nr. 136) ist häu-   138
fig abzuklären, ob ausschliesslich die Sachgewährleistungsregeln des *Kaufrechtes* (Art. 197 ff. OR) und/oder die Bestimmungen des *Werkvertragsrechtes* über die Mängelhaftung des Unternehmers (Art. 367 ff. OR) anwendbar sind. Damit stellt sich die *Vorfrage der rechtlichen Qualifikation des Einzelvertrages.*

Die rechtliche Qualifikation eines Rechtsgeschäftes ist dem Willen der Parteien   139
entzogen. Die zufällige oder bewusst gewählte Bezeichnung des Vertrages (z.B. als «Kaufvertrag» oder «Grundstückkaufvertrag») ist nicht massgebend. Dem Richter kommt es zu, den Vertrag rechtlich zu qualifizieren. Ausschlaggebend hiefür ist der Inhalt der Parteierklärungen, d.h. die Gesamtheit der im Vertrag gegenseitig eingeräumten Rechte und auferlegten Pflichten[173]. Die Rechtsqualifikation ist immer ein Teil der *Vertragsauslegung.*

Beim Verkauf eines Grundstückes mit einer Neubaute fallen die folgenden   140
Rechtsqualifikationen in Betracht:

- (reiner) *Kaufvertrag* (Art. 184 ff. OR, insbesondere Art. 216 ff. OR);   141

- *gemischter Grundstückkauf-/Werkvertrag* (Innominatkontrakt);   142

---

[173] JÄGGI/GAUCH, ZürKomm, N 226 zu Art. 18 OR.

143 – *zusammengesetzte* Verträge (Grundstückkaufvertrag und andere Verträge, z.B. Werkverträge; Art. 363 ff. OR).

144 Von der Rechtsqualifikation hängt es nicht nur ab, ob und allenfalls in welchem Umfang ein Vertrag der *Formvorschrift* der öffentlichen Beurkundung unterliegt[174], sondern die Rechtsqualifikation bestimmt auch das auf den einzelnen Vertrag anwendbare Recht und damit den Inhalt der Rechte und Pflichten der Vertragsparteien, soweit diese im Rahmen des Gesetzes nichts Besonderes vereinbart haben. Von der Rechtsqualifikation des einzelnen Vertrages ist somit auch die Anwendbarkeit der gesetzlichen *Haftungsbestimmungen* abhängig. Zwischen der Sachgewährleistung nach Kaufrecht und derjenigen nach Werkvertragsrecht bestehen teilweise Unterschiede.

A. Der Grundstückkaufvertrag über eine künftige Sache

145 Im Kaufvertrag über eine *künftige* Sache verpflichtet sich der Verkäufer, dem Käufer eine Sache zu Eigentum zu übertragen, die es im Zeitpunkt des Vertragsabschlusses noch gar nicht oder nicht vollständig gibt, z.B. ein Grundstück mit einer geplanten oder unvollendeten Neubaute[175]. Unter «künftiger Sache» ist hier das überbaute Grundstück zu verstehen. Die Bauteile, welche in der Zukunft noch erstellt werden müssen, werden (in der Regel) zu Bestandteilen des Grundstückes (Akzessionsprinzip, Art. 667 ZGB). Der Verkäufer eines solchen Vertrages haftet gemäss den kaufrechtlichen Gewährleistungsbestimmungen der Art. 197 ff. OR.

B. Der gemischte Grundstückkauf-/Werkvertrag (Grundstückkauf mit Bauleistungspflicht)

146 1. Ein gemischter Vertrag besteht in der Verschmelzung von Elementen verschiedener (meist gesetzlicher) Vertragstypen zu einem *einheitlichen, selbständigen* Vertrag[176]. Er gehört zu den *Innominatkontrakten*, d.h. zu den im Gesetze nicht genannten, nicht geregelten Vertragstypen[177].

147 Ein solcher Vertrag wird z.B. abgeschlossen, wenn sich der Grundstückverkäufer verpflichtet, auf der verkauften Parzelle ein Gebäude (z.B. Wohnhaus, Gewerbehaus, Fabrik) zu errichten oder darauf bereits im Gange befindliche Bau-

---

[174] Vgl. SCHUMACHER, BRT FR 1989, S. 47 ff.
[175] GAUCH, Nr. 126; CAVIN, SPR VII/1, S. 11; GIGER, N 26 zu Art. 184 OR.
[176] Statt aller: SCHLUEP/AMSTUTZ, BasKomm, N 7 der Einleitung vor Art. 184 ff. OR.
[177] Vgl. SCHLUEP/AMSTUTZ, BasKomm, N 4 der Einleitung vor Art. 184 ff. OR.

arbeiten fortzusetzen[178]. Damit wird die kaufrechtliche Leistungspflicht (Übertragung von Grundeigentum) mit der typischen Hauptleistungspflicht eines anderen Vertrages, nämlich mit der Herstellungspflicht des Werkvertrages, zu einem gemischten, einheitlichen und selbständigen Vertragsverhältnis verschmolzen[179]. Nach zutreffender Lehrmeinung ist es richtig, beim gemischten Kauf-/Werkvertrag (Grundstückkauf mit Bauleistungspflicht) die Mängelhaftung für das Gebäude insgesamt dem Werkvertragsrecht zu unterstellen, und zwar auch insoweit, als es bei Vertragsabschluss bereits bestanden hat. Eine nach Werk- und Kaufvertragsrecht differenzierte Mängelhaftung müsste sonst für ein und dasselbe Gebäude, namentlich mit Bezug auf das Nachbesserungsrecht und den Beginn der Verjährung, zu unpraktikablen Ergebnissen führen[180]. Andererseits rechtfertigt es sich, auf in sich abgeschlossene Bereiche rein kaufrechtlicher Natur, z.B. auf die Haftung für ein ungenügendes Grundstückmass (Nr. 222 ff.), ausschliesslich Kaufrecht anzuwenden.

2. Die Abgrenzung zwischen dem (reinen) Grundstückkaufvertrag und dem gemischten Grundstückkauf-/Werkvertrag (Grundstückkauf mit Bauleistungspflicht) ist heikel, weil in beiden Fällen eine Sache, nämlich die künftige Neubaute, noch geschaffen und dem Erwerber zu Eigentum übertragen werden muss[181]. Wichtigstes Kriterium für die Abgrenzung ist die *Herstellungspflicht*[182]. Der Verkäufer ist nur zur Übereignung der künftigen Sache (überbautes Grundstück) verpflichtet, die Herstellung bleibt im «Vorfeld» des Kaufvertrages. Demgegenüber ist die (vollständige oder teilweise) Herstellung der künftigen Neubaute die wesentliche, typische Leistungspflicht des Unternehmers. Die Abgrenzung ist immer aufgrund der Auslegung des konkreten Einzelvertrages durchzuführen[183]. Die folgenden *Richtlinien* sollen dazu helfen: 148

– Ein Kaufvertrag ist anzunehmen, wenn der Erwerber überhaupt *keinen Einfluss* auf den Herstellungsprozess ausübt, d.h. wenn der Neubau nicht eigens für ihn hergestellt wird[184], und zwar weder ganz noch teilweise. 149

– Für einen gemischten Grundstückkauf mit Bauleistungspflicht spricht hingegen, wenn dem Erwerber ein *Einfluss auf den Arbeitsprozess* eingeräumt wird, z.B. wenn er die Pläne 150

---

[178] Vgl. GAUCH, Nr. 347 ff.
[179] Kein gemischter Vertrag (sondern ein einheitlicher Kaufvertrag) liegt vor, wenn die vom Verkäufer übernommene Arbeit eine bloss untergeordnete Nebenleistung (z.B. Reparaturarbeit) darstellt (GAUCH, Nr. 347; GIGER, BerKomm, N 26 zu Art. 184 OR).
[180] GAUCH, Nr. 349.
[181] GAUCH, Nr. 126.
[182] GAUCH, Nr. 127.
[183] GAUCH, Nr. 128.
[184] GAUCH, Nr. 128.

genehmigen soll[185], wenn er zu Planänderungen (analog Bestellungsänderungen) berechtigt ist, wenn er einen Einfluss auf die Wahl der Handwerker ausüben darf oder wenn ihm die Mängelrechte abgetreten werden (Nr. 340) und ihm damit teilweise die Stellung eines Bauherrn eingeräumt wird. Auch die bloss teilweise Herstellung des Neubaus nach den *individuellen Wünschen* des Erwerbers führt in der Regel zur Qualifikation eines gemischten Vertrages (z.b. wenn ein unvollendeter Neubau veräussert wird und der Innenausbau nach den *individuellen Bedürfnissen* des Erwerbers erfolgt). Die meisten Zusicherungen, welche eine Abänderung der Bauausführung zur Folge haben, erlangen eo ipso werkvertraglichen Charakter, weil sie eine entsprechende Herstellungspflicht des Verkäufers begründen. Der Kaufvertrag wird damit automatisch zu einem gemischten Vertrag, auch wenn das kaufvertragliche Element bei weitem überwiegt[186]. Davon ausgenommen sind geringfügige Wahlmöglichkeiten des Käufers ohne intensiven Einfluss auf die Herstellung der Neubaute (z.B. blosse Auswahl der Farbe der Wand- und Bodenplatten des Badezimmers).

151 — Ein bedeutendes Abgrenzungskriterium ist auch der *Zeitpunkt des Eigentumsübergangs*, d.h. des Eintrages des Erwerbers als neuer Eigentümer im Grundbuch. Wird das Gebäude nach dem Willen der Parteien erst nach dem Grundbucheintrag errichtet oder vollendet, so werden die Ergebnisse der Bauarbeiten nach dem Grundbucheintrag Bestandteile des Eigentums des Erwerbers, weshalb Bauarbeiten nach dem Grundbucheintrag überhaupt nicht Gegenstand eines Kaufvertrages sein können[187].

152 — Die Vereinbarung einer *pauschalen Vergütung* für das Bauland und für die versprochene Neubaute kann ein Indiz für den Kauf einer künftigen Sache sein, vermag jedoch für sich allein noch nicht einen Vertrag als (reinen) Grundstückkaufvertrag zu qualifizieren. Eine derartige Preisgestaltung schliesst keineswegs aus, dass sich der Grundstückverkäufer zur Errichtung und Ablieferung des vereinbarten Bauwerkes verpflichtet und insoweit werkvertragliche Leistungspflichten eingeht[188].

C. Zusammengesetzte Verträge

153 Zusammengesetzte Verträge sind zwei (oder auch mehrere) Verträge, die selbständig bleiben und je ihren eigenen Regeln folgen, jedoch derart miteinander verkoppelt werden, dass der Bestand des einen Vertrages von der Gültigkeit des anderen *abhängt*[189] oder der eine Vertrag der *blosse Beweggrund* für den Abschluss des anderen ist. Die Parteien der zusammengesetzten Verträge können, müssen aber nicht, identisch sein. Im zweiten Fall liegt ein Vertrag zugunsten eines Dritten vor (vgl. Art. 112 OR). Beispiel: Der Käufer des Bau-

---

[185] GAUCH, Nr. 128; GIGER, BerKomm, N 26 zu Art. 184 OR.
[186] SCHUMACHER, BRT FR 1989, S. 50 lit. b.
[187] GAUCH, Nr. 232.
[188] GAUCH, Nr. 231 f.; a.M. BGE 94 II 162.
[189] Vgl. dazu statt aller: SCHLUEP/AMSTUTZ, BasKomm, N 10 der Einleitung vor Art. 184 ff. OR.

grundstückes schliesst einen Werkvertrag mit der Bauunternehmung ab, deren
Verwaltungsratspräsident der Grundstückverkäufer ist. Für die Verkoppelung
mit einem Grundstückkaufvertrag kommen im Bereich der Erstellung bzw.
Vollendung von Neubauten viele Vertragstypen in Frage, vor allem die folgenden:

- Verkoppelung mit einem *Architektur- oder Ingenieurvertrag*; 154

- Verknüpfung mit einem *Vorvertrag*, d.h. der Verpflichtung zum Abschluss eines künfti- 155
gen Werk- oder Architekturvertrages (sog. Unternehmerklauseln)[190];

- Mit einem Werk- oder Architekturvertrag kann auch ein Vorvertrag betreffend einen künf- 156
tigen *Grundstückkaufvertrag* verkoppelt werden, z.B. als Gegengeschäft, wenn sich ein
Unternehmer oder Architekt verpflichtet, vom Bauherrn ein Grundstück, häufig eine Eigentumswohnung der geplanten Neubaute, zu erwerben[191].

Bei zusammengesetzten Verträgen richtet sich die Sachgewährleistung für das 157
Grundstück ausschliesslich nach den *kaufrechtlichen* Regeln über die Sachmängelhaftung (Art. 197 ff. OR). Wird mit dem Grundstückkaufvertrag z.B.
ein Werkvertrag gekoppelt, unterliegt die Haftung für die im Werkvertrag
erbrachten Bauleistungen der *werkvertraglichen* Mängelhaftung (Art. 367 ff.
OR).

4. Die Abänderung der gesetzlichen Haftungsregeln

Die gesetzlichen Regeln der kaufrechtlichen Mängelhaftung (Art. 219 OR und 158
Art. 197 ff. OR) und auch der Gewährleistung des Unternehmers (Art. 367 ff.
OR) sind *dispositives* Recht. Sie können deshalb von den Parteien ganz oder teilweise aufgehoben und ersetzt werden. Die Parteien können eigene, individuelle
Klauseln des Kaufvertrages aufstellen, indem sie z.B. vereinbaren, dass die
Kaufsache von den Parteien gemeinsam zu prüfen ist oder dass der Käufer bei
verspäteter Mängelrüge nicht die Mängelrechte verwirkt (Nr. 272 ff.), sondern
dem Verkäufer bloss den Ersatz des Schadens schuldet, welchen der Verkäufer
bei rechtzeitiger Mängelrüge hätte vermeiden können (Nr. 297). In Frage
kommt auch die (eher seltene) globale Verweisung auf die gesetzlichen Bestimmungen der werkvertraglichen Mängelhaftung (Art. 367 ff. OR) oder die (häufige) globale Übernahme von vorformulierten Vertragsbestimmungen (AGB)
über die Mängelhaftung. In Kaufverträgen über Grundstücke mit Neubauten ist

---

[190] Vgl. dazu ausführlich: GAUCH, Nr. 416 ff.
[191] Vgl. GAUCH, Nr. 329; SCHUMACHER, BRT FR 1989, S. 52.

öfters die folgende Klausel anzutreffen: «Der Verkäufer leistet Gewähr gemäss den SIA-Normen», zu denen in erster Linie die SIA-Norm 118 «Allgemeine Bedingungen für Bauarbeiten» mit ihren zahlreichen Rechtsregeln über die Abnahme mit oder ohne Prüfung (Art. 157 ff. SIA-Norm 118) und über die Haftung für Mängel (Art. 165 ff. SIA-Norm 118) zu rechnen ist.

159 Individuelle Haftungsklauseln oder solche in AGB können die Gewährleistung des Verkäufers *ausschliessen oder beschränken* (dazu ausführlich Nr. 309 ff.).

VI. Mängelhaftung: Der Mangel

1. Der Begriff des Mangels

160 1. Der Mangel ist eine *Vertragsabweichung*[192], die darin besteht, dass das ganze Grundstück (Kaufsache) oder ein Teil davon (z.b. einzelner Bauteil), auch Zugehör im Sinne von Art. 644 und Art. 946 Abs. 2 ZGB[193], nicht derart beschaffen ist, wie es bzw. er nach dem Vertrag beschaffen sein sollte. Die Kaufsache weicht vom Vertrag ab, wenn ihr eine *zugesicherte* oder eine nach dem Vertrauensprinzip *vorausgesetzte oder voraussetzbare* Eigenschaft fehlt[194]. Der Begriff des Mangels ist deshalb *kein technischer Begriff*, sondern ein *rechtlicher*. Der Mangel ist ein relativer Tatbestand, weil er vom Inhalt des konkreten Kaufvertrages abhängt. Der Vertrag bestimmt, wie die Kaufsache als solche und in ihren Bestandteilen (z.B. Gebäudeteilen) beschaffen sein soll[195].

161 Die Leistung einer mangelhaften Sache bei vorausgesetzter oder zugesicherter Mängelfreiheit ist nie eine richtige Erfüllung des Kaufvertrages. Gewährleistungsansprüche sind damit stets *Vertragsansprüche*, und zwar sowohl dem Bestand wie dem Inhalte nach[196].

162 2. Der Verkäufer haftet nur für die (zugesicherten oder vorausgesetzten bzw. voraussetzbaren) Eigenschaften, wenn diese *im Zeitpunkt des Überganges von Nutzen und Gefahr* (Nr. 75) nicht vorhanden sind[197]. Der Mangel muss zwar an

---

[192] Vgl. einlässlich: GAUCH, Nr. 1355 ff.; BGE 114 II 244, mit zahlreichen Verweisungen.
[193] CAVIN, SPR VII/1, S. 76 f.
[194] BGE 114 II 244; GIGER, BerKomm, N 52 zu Art. 197 OR; HONSELL, BasKomm, N 2 zu Art. 197 OR; GAUCH, Nr. 1356.
[195] BGE 114 II 244; GAUCH, Nr. 1360 und 1366.
[196] BGE 114 II 244.
[197] BGE 88 II 414 f.; CAVIN, SPR VII/1, S. 77; HONSELL, BasKomm, N 11 zu Art. 197 OR; GIGER, BerKomm, N 42 zu Art. 197 OR.

diesem Stichtag noch nicht feststellbar sein. Er muss jedoch als *Primärmangel*, d.h. als Mangelursache (z.b. falsche Statik) bereits vorhanden sein, auch wenn die Sekundärmängel[198] (z.b. die Mauerrisse) erst später entstehen werden. Der Mangel muss im Zeitpunkt des Überganges von Nutzen und Schaden mindestens *in seiner Ursache, gewissermassen im Keime* existieren[199]. Dafür ist der Käufer beweispflichtig[200].

Wenn spätere Bauschäden (z.B. Feuchtigkeitsschäden, Korrosionen, Risse) infolge falscher Nutzung, fehlender oder ungenügender Überwachung, mangelhaften oder versäumten Unterhalts, unsachgemässer Instandstellungsarbeiten, Reparaturen, Nutzungsänderungen usw. entstehen, haftet der Verkäufer gemäss Art. 97 ff. OR, wenn er seine Aufklärungs- oder Warnpflicht[201] nicht erfüllt hat. 163

2. Das Fehlen einer zugesicherten Eigenschaft

A. Begriff und Tragweite der Zusicherung

Ein Grundstück weicht vom Vertrage ab und ist deshalb mangelhaft, wenn ihm eine Eigenschaft fehlt, welche der Verkäufer dem Käufer *zugesichert* hat (Art. 197 Abs. 1 OR). Der kaufrechtliche Begriff der Zusicherung ist kontrovers[202]. Im Werkvertragsrecht besteht kein Unterschied zwischen zugesicherten und vereinbarten Eigenschaften[203]. Ohne sachlichen Grund soll auch kein Unterschied im Kaufvertrag konstruiert werden. Ein solcher Grund ist nicht ersichtlich. 164

Die Mängelhaftung ist ein Teilbereich der Haftung für die Vertragserfüllung. Der Mangel ist eine Vertragsabweichung (Nr. 160). Damit stellt sich die Frage nach dem Inhalt des konkreten Kaufvertrages[204], von dem abgewichen wird. Die Leistung des Verkäufers besteht in der Lieferung einer Kaufsache, deren Eigenschaften in erster Linie von den Parteien durch die gegenseitigen (ausdrücklichen oder stillschweigenden) Äusserungen ihres übereinstimmenden Willens 165

---

[198] Zur Unterscheidung zwischen Primär- und Sekundärmangel: vgl. GAUCH, Nr. 1470 f.
[199] KELLER/SIEHR, S. 75 f. und 78 f.
[200] KELLER/SIEHR, S. 79; HONSELL, BaskOMM, N 12 zu Art. 197 OR.
[201] Vgl. GAUCH, Nr. 836, 1862.
[202] Vgl. CAVIN, SPR VII/1, S. 79 f.; HONSELL, BaskOMM, N 14 zu Art. 197 OR; GIGER, BerKomm, N 7 ff. zu Art. 197 OR; KELLER/SIEHR, S. 73 ff.
[203] GAUCH, Nr. 1373.
[204] BGE 114 II 244.

(Art. 1 OR) umschrieben und damit mehr oder weniger genau bestimmt werden. Dies geschieht, indem der Verkäufer Eigenschaften der Kaufsache von sich aus zusichert oder vom Käufer verlangte Eigenschaften ausdrücklich oder stillschweigend akzeptiert und damit ebenfalls zusichert. Die Zusicherungen sind Bestandteil des vereinbarten Vertragsinhaltes[205]. Der Verkäufer ist verpflichtet, die derart umschriebene Kaufsache zu liefern. Durch seine Zusicherungen verpflichtet er sich deshalb zur Erfüllung der Zusicherungen, welche den Inhalt seiner kaufrechtlichen Leistungspflicht bilden. Deshalb sind Zusicherungen von Eigenschaften einer Kaufsache zugleich auch Vereinbarungen. Es besteht auch im Kaufrecht kein materieller Unterschied zwischen zugesicherten und vereinbarten Eigenschaften der Kaufsache.

B. Zusicherung der Wirklichkeit

a. Mögliche Bewusstseinslagen des Verkäufers

166 Der Verkäufer haftet unabhängig von seiner (subjektiven) Bewusstseinslage im Zeitpunkt der Abgabe der Zusicherungen, sofern es sich um verbindliche Zusicherungen handelt. Das Gesetz hält ausdrücklich fest, dass der Verkäufer auch dann haftet, wenn er die Mängel nicht gekannt hat (Art. 197 Abs. 2 OR). Zusicherungen können auf *richtigem* Wissen des Verkäufers beruhen (mit dem Risiko, dass die bei Vertragsabschluss vorhandene Eigenschaft beim Übergang von Nutzen und Gefahr nicht mehr vorhanden ist), auf (bewusst oder fahrlässig) *falschem* Wissen oder auf Vermutungen (z.B. Schätzungen). Beim Kauf einer (ganz oder teilweise) künftigen Sache, z.B. einer geplanten oder unvollendeten Neubaute (Nr. 145), werden häufig Eigenschaften zugesichert, die im Zeitpunkt des Vertragsabschlusses noch gar nicht vorhanden sind und deshalb noch geschaffen werden müssen.

b. Die absichtliche Täuschung im Besonderen

167 Eine falsche Zusicherung ist eine absichtliche Täuschung[206] des Käufers, wenn der Verkäufer oder eine Hilfsperson (Art. 101 OR) des Verkäufers sich der Unwahrheit oder auch der Unmöglichkeit (z.B. einer zugesicherten zukünftigen Eigenschaft) *bewusst* ist[207]. Die absichtliche Täuschung kann auch in einer un-

---

[205] Gauch, Nr. 1373.
[206] Der Begriff der absichtlichen Täuschung in Art. 203 und Art. 28 OR ist identisch: vgl. Honsell, Bas-Komm, N 1 zu Art. 203 OR; Giger, BerKomm, N 11 zu Art. 203 OR.
[207] Zum Ganzen: vgl. Gauch/Schluep/Schmid/Rey, Nr. 855 ff.; Guhl/Koller, § 17 Nr. 1 ff.

richtigen Beantwortung von Fragen des Käufers bestehen. Eventualvorsatz genügt, d.h. eine absichtliche Täuschung liegt auch dann vor, wenn der Verkäufer die blosse Möglichkeit der Unwahrheit seiner Zusicherung in Kauf nimmt oder sich mit ihr abfindet[208].

Der Tatbestand der absichtlichen Täuschung durch den Verkäufer ist nicht auf die falsche Zusicherung beschränkt. Der Käufer kann auch durch Schweigen des Verkäufers getäuscht werden, indem dieser z.b. den Käufer über eine vorausgesetzte oder voraussetzbare Eigenschaft des Grundstückes (Nr. 179 ff.) nicht aufklärt, obwohl er den Irrtum des Käufers kennt und zur Aufklärung verpflichtet wäre[209]. Von Gesetzes wegen trifft den Verkäufer keine allgemeine Pflicht, bei der Aufdeckung von Mängeln mitzuwirken[210]. Voraussetzung einer absichtlichen Täuschung ist ein (körperlicher oder rechtlicher) Mangel, welcher dem Käufer unbekannt und für ihn auch nicht offensichtlich ist, ferner dass der Verkäufer den Mangel im Zeitpunkt des Vertragsabschlusses oder der Besitzesübergabe (Nr. 72 f.) kennt und die Aufklärung des Käufers bewusst unterlässt[211]. Die Verschweigung verstösst *gegen Treu und Glauben*, wenn der Verkäufer nach den konkreten Umständen annehmen muss, der Mangel könnte für den Käufer bedeutungsvoll sein und dieser kenne den Mangel nicht und werde ihn zunächst auch nicht erkennen, sei es überhaupt nicht oder nicht in der vollen Tragweite[212]. Eine *absichtliche* Verschweigung eines Mangels ist somit immer auch eine *arglistige*. Die Begriffe «absichtliche Verschweigung» und «arglistige Verschweigung» besitzen deshalb die gleiche Bedeutung[213]. Dies ergibt sich auch daraus, dass das Gesetz für gleich gelagerte Tatbestände teils das Wort «absichtlich» (Art. 192 Abs. 3, Art. 203, Art. 210 Abs. 3 OR) und teils das Wort «arglistig» (Art. 199 OR) verwendet.

168

Die absichtliche Täuschung des Verkäufers beeinflusst seine Haftung wie folgt:

169

– Der absichtlich getäuschte Käufer *verwirkt seine Mängelrechte nicht*, auch wenn er die Kaufsache entgegen Art. 201 OR nicht rechtzeitig oder unsorgfältig prüft und deshalb Mängel nicht rechtzeitig feststellt oder wenn er Mängel, die er bei der richtigen und rechtzeitigen Prüfung oder später entdeckt, nicht sofort rügt (Art. 203 OR).

170

---

[208] GAUCH/SCHLUEP/SCHMID/REY, Nr. 864.
[209] GAUCH/SCHLUEP/SCHMID/REY, Nr. 861 ff.
[210] Vgl. GAUCH, Nr. 2090.
[211] Vgl. GAUCH, Nr. 2092.
[212] Vgl. GAUCH, Nr. 2093; BGE 116 II 434.
[213] Vgl. GAUCH, Nr. 2090; HONSELL, BasKomm, N 6 zu Art. 199 OR.

171 – Die Mängelrechte des Käufers *verjähren* nicht bereits nach fünf Jahren (Art. 219 Abs. 3 OR), sondern gemäss Art. 210 Abs. 3 OR *erst nach zehn Jahren*[214].

172 – Liess sich der Käufer durch die absichtliche Täuschung zum Abschluss des Kaufvertrages verleiten, kann er den Kaufvertrag gemäss Art. 28 i.V.m. Art. 31 OR *anfechten* und unverbindlich erklären[215]. Die Genehmigung eines wegen Täuschung unverbindlichen Vertrages schliesst den Anspruch auf Schadenersatz nicht ohne weiteres aus (Art. 31 Abs. 3 OR).

173 – Bei arglistiger Verschweigung eines Mangels durch den Verkäufer, welche ebenfalls eine absichtliche Täuschung ist (Nr. 168), ist eine *Vereinbarung über Aufhebung oder Beschränkung der Gewährleistung ungültig* (Art. 199 OR; ebenso Art. 192 Abs. 3 OR für die Rechtsgewährleistung; Nr. 132).

C. Abgrenzungen

a. Unverbindliche Äusserungen des Verkäufers

174 1. Ob eine einzelne Äusserung des Verkäufers als verbindliche Zusicherung, d.h. als Vereinbarung und damit als Verpflichtung des Verkäufers, dass die betreffende Eigenschaft der Kaufsache im Zeitpunkt des Übergangs von Nutzen und Gefahr vorhanden sein werde, qualifiziert werden kann, ist in jedem Einzelfall durch *Vertragsauslegung* zu ermitteln. Eine Zusicherung ist z.B. eine ernsthafte Behauptung einer bestimmten, objektiv feststellbaren Eigenschaft[216]. Von den Zusicherungen zu unterscheiden sind unverbindliche, reklamehafte Anpreisungen[217], z.B. der Hinweis «schöne Wohnlage», während hingegen die Äusserung «unverbaute Aussicht» in der Regel als verbindliche Zusicherung zu qualifizieren ist. Unverbindlich sind auch Äusserungen des Verkäufers, bei denen er sich nicht behaften lassen will, z.B. indem eine Eigenschaft als bloss möglich oder wahrscheinlich dargestellt wird[218]. Die Vertragsauslegung, welche unter anderem alle Begleitumstände des Vertragsabschlusses, die ganze Entstehungsgeschichte des Vertrages, das Verhalten, die Interessenlage und die

---

[214] BGE 107 II 231 ff.; GUHL/KOLLER, § 42 Nr. 55.

[215] HONSELL, BasKomm, Vorbem. zu Art. 197–210 OR, N 12. Eine Anfechtung des Kaufvertrages wegen absichtlicher Täuschung muss nach Wahl des Getäuschten möglich sein, auch wenn im Übrigen Anspruchskonkurrenz der Sachmängelgewährleistung mit der Grundlagenirrtumsanfechtung abgelehnt wird (vgl. Nr. 45).

[216] Vgl. BGE 88 II 416; GIGER, BerKomm, N 15 zu Art. 197 OR; KELLER/SIEHR, S. 73 f.

[217] BGE 88 II 416; HONSELL, BasKomm, N 16 zu Art. 197 OR; GUHL/KOLLER, § 42 Nr. 18. Vgl. auch GAUCH, Nr. 1392.

[218] Vgl. GAUCH, Nr. 1393.

allgemeinen persönlichen Verhältnisse der am Vertragsabschluss Beteiligten auszuwerten hat[219], muss ergeben, dass es für den Käufer bei pflichtgemässer Aufmerksamkeit (Art. 3 Abs. 2 OR) klar war oder klar sein musste, dass der Verkäufer mit der fraglichen Äusserung oder seinem gesamten übrigen Verhalten eine (umstrittene) Eigenschaft nicht zusichern wollte. Äussert sich der Verkäufer über eine bestimmte Eigenschaft, muss es für den Käufer ganz klar und unmissverständlich sein, dass er die Haftung dafür trotzdem ablehnen will[220]. Andernfalls handelt es sich um eine verbindliche Zusicherung.

2. Eine nicht seltene Auslegungsfrage ist es, ob eine einzelne Zusicherung von einer generellen Haftungsausschluss- oder Haftungsbeschränkungsklausel ganz oder teilweise wegbedungen wird[221]. In vielen Fällen wird die Vertragsauslegung ergeben, dass nur ein *scheinbarer Widerspruch* zwischen Haftungsübernahme und Haftungsausschluss besteht. Insbesondere hat eine nur formularmässige Freizeichnung der individuell vereinbarten Haftungsübernahme zu weichen, weil sie insoweit nicht gewollt ist, als die Parteien durch ihre individuelle Abrede einen abweichenden Willen erklärt haben[222]. Besteht dagegen ein *wirklicher Widerspruch*, so hat dies zur Folge, dass weder die vertragliche Haftungsübernahme noch der vereinbarte Haftungsausschluss gelten. Die Rechtslage richtet sich alsdann nach Gesetz, sodass der Verkäufer für die zugesicherte Eigenschaft nach Massgabe der gesetzlichen Bestimmungen über die Mängelhaftung einzustehen hat[223].

175

b. Zusätzliche Zusicherungen des Verkäufers

aa. Erweiterte Zusicherungen

Der Verkäufer kann eine blosse Zusicherung im Sinne von Art. 197 Abs. 1 OR erweitern, indem er *zusätzliche* Garantien für eine bestimmte Eigenschaft der Kaufsache abgibt[224]. Die Tragweite einer solchen Garantie, d.h. einer erweiterten Zusicherung der Eigenschaft der Kaufsache, ist im Einzelfall durch Auslegung zu ermitteln. In Frage kommt u.a. eine Garantie auf Zeit (*Haltbarkeitsgarantie*). Sie besteht darin, dass der Verkäufer eine bestimmte Eigenschaft für eine bestimmte Zeit zusichert, z.B. die Dichtheit eines Flachdaches für zehn Jah-

176

---

[219] Vgl. JÄGGI/GAUCH, ZürKomm, N 356 ff. zu Art. 18 OR.
[220] BGE 73 II 223 ff.; GIGER, BerKomm, N 20 zu Art. 199 OR.
[221] BGE 109 II 24 f. Vgl. ausführlich: GAUCH, Nr. 2563 ff.
[222] GAUCH, Nr. 2566.
[223] GAUCH, Nr. 2565. Vgl. demgegenüber: GIGER, BerKomm, N 21 zu Art. 199 OR.
[224] Zum Ganzen vgl. GAUCH, Nr. 2513 ff.

re. Ist die garantierte Haltbarkeitsdauer länger, als das Gesetz regelt, verlängern sich die gesetzlichen Rüge- und Verjährungsfristen entsprechend[225]. Art. 210 Abs. 1 OR sieht ausdrücklich vor, dass der Käufer eine Haftung auf längere Zeit übernehmen kann[226]. Ob der Verkäufer mit der Abgabe einer Haltbarkeitsgarantie auch eine kausale Haftung für Mangelfolgeschäden übernommen hat, lässt sich wiederum nur für den Einzelfall entscheiden[227].

bb. Selbständige Erfolgsversprechen

177 Der Verkäufer kann auch einen bestimmten, meist wirtschaftlichen *Erfolg*, z.B. betreffend Umsatz oder Rendite, zusichern. Ein derartiges selbständiges Erfolgsversprechen betrifft keine Eigenschaft der Kaufsache. In einem solchen Falle liegt keine Zusicherung einer (physischen oder rechtlichen) Eigenschaft im Sinne von Art. 197 Abs. 1 OR vor, was von Rechtsprechung und Literatur im Bereiche des Kaufrechtes häufig übersehen wird. Bleibt der zugesicherte Erfolg aus, so fehlt dem Grundstück keine vereinbarte Eigenschaft. Die Regeln über die Mängelhaftung (Art. 197 ff. OR) sind nicht anwendbar[228]. Der Käufer besitzt in einem solchen Fall einen verschuldensunabhängigen Schadenersatzanspruch gegen den Verkäufer, welcher von der Prüfungs- und Rügeobliegenheit nicht betroffen ist und erst nach zehn Jahren (Nr. 36) verjährt[229].

D. Kausalität der Zusicherung?

178 Ob die Zusicherung einer bestimmten Eigenschaft für den Kaufentschluss des Käufers *kausal*, d.h. entscheidend oder mitentscheidend, war oder nicht, ist *nicht massgeblich*. Der Verkäufer haftet im einen wie im anderen Fall[230]. Im

---

[225] Vgl. GAUCH, Nr. 2521.

[226] In einem Streitfall wurde die Zusicherung, dass ein Spachtelkitt für Isolierglasfenster praktisch keine Alterserscheinungen aufweisen würde, nicht als Übernahme der Verkäuferhaftung auf längere Zeit ausgelegt (vgl. unveröffentlichte Urteile des Handelsgerichts des Kantons Zürich vom 11. April 1980, SAG 1981, S. 66 f.).

[227] GAUCH, Nr. 2521.

[228] BGE 122 III 430; HONSELL, BaskKomm, N 17 zu Art. 197 OR; GUHL/KOLLER, § 42 Nr. 18; GAUCH, Nr. 1395 ff., insbes. Nr. 1397. A.M. CAVIN, SPR VII/1, S. 77 f., der die Gewährleistungsbestimmungen in einem solchen Fall analog anwenden will.

[229] GAUCH, Nr. 1397; BGE 122 III 431.

[230] GIGER, BerKomm, N 31 ff. zu Art. 197 OR; KELLER/SIEHR, S. 75. A.M. BGE 71 II 240 f., 73 II 222 f., 87 II 245; HONSELL, BaskKomm, N 14 zu Art. 197 OR; CAVIN, SPR VII/1, S. 82; GUHL/KOLLER, § 42 Nr. 16. Gemäss GUHL/KOLLER, § 42 Nr. 17, soll aber eine für den Vertragsabschluss nicht kausale Zusicherung immerhin beim Käufer einen Vertrauenstatbestand erzeugen können, sodass ihm bei gegebenen Voraussetzungen eine Schadenersatzforderung gemäss Art. 97 OR entstehen könne.

Werkvertragsrecht wird das Erfordernis der Kausalität ebenfalls verneint[231]. Was Vertragsinhalt wurde (z.B. durch Zusicherungen), ist massgebend und zu erfüllen, auch wenn es sich bei der umstrittenen Eigenschaft um ein Detail handelt, das sowohl (objektiv) auf das ganze Kaufsobjekt gesehen, als auch (subjektiv) für den Käufer bei Vertragsabschluss nebensächlich war. «Pacta sunt servanda». Versprochen ist versprochen! Zudem sind sowohl der Käufer als auch der Richter schlicht überfordert, wenn sie später, oft nach Jahren, beweisen oder feststellen sollten, ob diese oder jene Zusicherung kausal für den Kaufentscheid war, zumal dieser oft emotional, ohne genaues Abwägen der Vor- und Nachteile, gefällt wird. Viele Motive des menschlichen Handelns sind unbewusst. Konkrete Entscheidungen sind weitgehend bedingt durch unbewusste Erfahrungen. Da sich die meisten für rational organisierte Menschen halten und der Auffassung sind, ihre Entscheidungen müssten nicht nur rational, sondern auch rational begründbar sein, schieben sie – im Streitfall die Richter! – ihren Entscheidungen einen oder mehrere Gründe nach, um sie ihnen und anderen als sinnvoll und verständlich erscheinen zu lassen. Aus der Tatsache, dass gute Gründe für Entscheidungen angegeben werden können, folgt nicht, dass es auch die entscheidenden Gründe waren. Zudem ist es unlogisch, für die Zusicherung von Eigenschaften die Kausalität für den Kaufentscheid zu fordern, während andere Eigenschaften, z.B. diejenigen für die Gebrauchstauglichkeit, dem Käufer nicht einmal bekannt sein müssen (Nr. 184). Schliesslich sind auch Zusicherungen nach Vertragsabschluss und somit ohne Einfluss auf den Kaufentscheid ebenfalls verbindlich[232], ohne dass diese als selbständige Garantieerklärungen verstanden und daher den entsprechenden Anforderungen genügen müssten[233].

3. Das Fehlen einer vorausgesetzten oder voraussetzbaren Eigenschaft

A. Voraussetzung und Voraussetzbarkeit

Komplexe Verträge, zu denen auch Grundstückkaufverträge gehören, sind häufig *unvollständig*, auch *unvollkommen* formuliert. Fast keine Partei, vor allem nicht der unerfahrene Käufer, der ein einziges Mal in seinem Leben ein Grundstück, häufig mit einer Neubaute, erwirbt, ist in der Lage, alle Eigenschaften der Kaufsache zu erfassen und zu umschreiben. Die meisten Grundstückkauf-

179

---

[231] GAUCH, Nr. 1378.
[232] HONSELL, BasKomm, N 18 zu Art. 197 OR.
[233] A.M. GUHL/KOLLER, § 42 Nr. 17.

verträge sind deshalb insbesondere in Bezug auf die Soll-Eigenschaften *auslegungs- und ergänzungsbedürftig*. Auslegung und Ergänzung, welche oft ineinander übergehen[234], bestimmen, ob und welche weiteren, d.h. nicht zugesicherten Eigenschaften die Kaufsache nach Treu und Glauben im Geschäftsverkehr aufweisen muss, um qualitativ richtig und damit mängelfrei zu sein.

180 In Lehre und Rechtsprechung wird zwischen *vorausgesetzten* und *voraussetzbaren* Eigenschaften unterschieden[235]:

a. Vorausgesetzte Eigenschaften

181 Die Kaufsache hat alle Eigenschaften aufzuweisen, welche zwar vom Verkäufer nicht zugesichert, jedoch vom Käufer *vorausgesetzt* worden sind und von ihm aufgrund aller konkreten Umstände des Einzelfalles, insbesondere der Entstehungsgeschichte des Kaufvertrages, des Verhaltens der Beteiligten vor und bei Vertragsabschluss, der Interessenlage der Parteien, der allgemeinen persönlichen Verhältnisse, der Verkehrsauffassung[236] nach Treu und Glauben im Geschäftsverkehr vorausgesetzt werden durften und insofern vorausgesetzbar waren. Dies trifft vor allem auf die so genannten «selbstverständlichen» Eigenschaften der Kaufsache zu. Es kann sich dabei um Eigenschaften handeln, welche dem Käufer bewusst, vorbewusst oder unterbewusst waren. Die genaue Bewusstseinslage des Käufers bei Vertragsabschluss lässt sich im Nachhinein meistens nicht zuverlässig feststellen.

182 Ein Beispiel für eine vorausgesetzte Eigenschaft: Wird ein hoher Kaufpreis vereinbart, wie er in der betreffenden Gegend zur Zeit des Vertragsabschlusses nur für Bauland bezahlt wird, ist die (rechtliche) Eigenschaft der Überbaubarkeit des Grundstückes vorausgesetzt[237].

183 Eine vorausgesetzte Eigenschaft kann sich auch aus der Zusicherung einer anderen Eigenschaft ergeben, wenn ein enger, z.B. funktionaler Zusammenhang zwischen den beiden Eigenschaften besteht. Die Grenzen zwischen den zugesicherten und den vorausgesetzten Eigenschaften sind fliessend.

b. Voraussetzbare Eigenschaften

184 Die Kaufsache muss auch alle voraussetzbaren Eigenschaften aufweisen. Dabei handelt es sich um Eigenschaften, welche bei Vertragsabschluss allenfalls nur

---

[234] GAUCH/SCHLUEP/SCHMID/REY, Nr. 1263.
[235] Vgl. BGE 114 II 244.
[236] Vgl. JÄGGI/GAUCH, ZürKomm, N 356 ff. zu Art. 18 OR.
[237] Vgl. dazu HONSELL, BasKomm, N 14 zu Art. 197 OR; BUCHER, S. 84; BGE 102 II 100.

dem Käufer, vielleicht auch beiden Parteien nicht bewusst waren. Es kann sich um Eigenschaften handeln, von welchen der Käufer, welcher häufig geschäftlich und bautechnisch unerfahren ist, keine Ahnung hatte. Sie können aber auch auf Seiten des Verkäufers unbewusst und nicht vorausgesetzt gewesen sein, weil er die betreffenden Anforderungen an die Kaufsache vergessen, vielleicht auch verdrängt hat, oder weil er selber mangels genügender technischer Kenntnisse noch nie etwas von den betreffenden Anforderungen gehört und gewusst hat. Z.B. kommt es in der Praxis nicht allzu selten vor, dass ein Verkäufer, der im Einzelfall selber Bauunternehmer oder Architekt sein kann, oder seine Hilfsperson (Architekt, Ingenieur usw.) erst beim Auftreten von Mängeln erfährt, welche (ihm früher unbekannten) Regeln der Baukunde, insbesondere der Bauphysik, hätten beachtet werden müssen. Es ist z.b. möglich, dass der Verkäufer nicht weiss, dass der bewohnte Dachstock eines Hauses gegen Winddichtigkeit mit einer Folie geschützt werden muss und dass er für deren Fehlen haftet, unabhängig davon, ob er die Winddichtigkeit generell oder überhaupt nicht zugesichert hat.

B. Die wichtigsten Erscheinungsformen der vorausgesetzten und voraussetzbaren Eigenschaften

1. Der Verkäufer haftet auch für Eigenschaften der Kaufsache, die zwar nicht zugesichert worden sind, welche jedoch für die *Wertqualität* und die *Gebrauchstauglichkeit* der Kaufsache vorhanden sein müssen. Ist nicht etwas anderes vereinbart, so schuldet der Verkäufer ein Grundstück, das gebrauchstauglich ist und über eine Wertqualität verfügt, welche der Normalbeschaffenheit entspricht (Art. 197 Abs. 1 OR)[238]. Die entsprechende Auslegung und Ergänzung des einzelnen Kaufvertrages bezweckt auch, dass der Käufer die dem Kaufpreis entsprechende Leistung (Kaufsache) erhält (Äquivalenzprinzip).

2. Wertqualität und Gebrauchstauglichkeit sind nach den Umständen des konkreten Falles zu ermitteln, insbesondere auch unter Berücksichtigung der örtlichen Verhältnisse und der Verkehrsauffassung, vor allem auch in Rücksicht auf die Zweckbestimmung der Kaufsache. Auch wenn im Kaufvertrag z.B. keine besonderen Nutzlasten zugesichert werden, müssen die Böden des Kellers und der Stockwerke eines Gewerbehauses diejenigen minimalen Tragfähigkeiten aufweisen, welche an ein Gewerbehaus der betreffenden Art gestellt werden müssen.

3. Die vorausgesetzte Wertqualität und Gebrauchstauglichkeit sind nicht erfüllt, wenn zwar noch keine Sekundärmängel (z.B. Risse) aufgetreten sind, je-

---

[238] Für das Werkvertragsrecht: GAUCH, Nr. 1407.

doch aufgrund eines *Primärmangels* (z.b. ungenügende statische Sicherheit, falscher Fassadenverputz) die blosse Gefahr späterer Sekundärmängel besteht (vgl. Nr. 162).

a. Wertqualität

188 Der Verkäufer haftet für eine *normale* Wertqualität. Diese richtet sich nach dem, was für ein Grundstück der betreffenden Art und Gebrauchsbestimmung üblich ist[239]. Baumaterial, Verarbeitung usw. haben von *durchschnittlicher* Qualität zu sein. Das Werk hat den anerkannten Regeln der Technik zu entsprechen. Hat der Verkäufer keine bestimmte Ausnützungsmöglichkeit zugesichert, muss das Grundstück durchschnittlich überbaubar oder ausbaubar sein, was im Wesentlichen nach Lage und Beschaffenheit des betreffenden Grundstückes im Einzelfall auszulegen ist. Unter Wertqualität ist auch der *Verkehrswert* (z.B. für einen allfälligen Weiterverkauf) angemessen zu berücksichtigen. *Ästhetische* Mängel können hier eine bedeutende Rolle spielen. Eine hässliche Betonfassade mag zwar absolut gebrauchstauglich (statisch unbedenklich, wasserdicht, haltbar usw.) sein, jedoch den Wiederverkaufswert eines Hauses erheblich schmälern.

b. Gebrauchstauglichkeit

189 Die Kaufsache muss *zum vorausgesetzten Gebrauch* tauglich sein[240]. Die Gebrauchstauglichkeit bestimmt sich in erster Linie nach dem Gebrauchszweck, welchem das Werk dienen soll, und dieser ergibt sich aus dem konkreten Vertrag. Hat die Kaufsache einem besonderen Zweck zu dienen, muss sie die hierfür erforderliche *besondere Gebrauchstauglichkeit* aufweisen[241]. Sonst darf der übliche, gewöhnliche Gebrauch vorausgesetzt werden, wie er sich aus der Natur des Geschäftes und gemäss der üblichen Bestimmung der Kaufsache ergibt[242]. Die Verkehrsauffassung ist dabei mitbestimmend[243]. Die Gebrauchstauglichkeit muss den konkreten Umständen, insbesondere den örtlichen Verhältnissen, angepasst sein[244]. Beispielsweise muss ein Haus in den Bergen im Hinblick auf

---

[239] Vgl. ausführlich: GAUCH, Nr. 1409 ff.
[240] Vgl. ausführlich: GAUCH, Nr. 1413 ff.
[241] Vgl. GIGER, BerKomm, N 70 zu Art. 197 OR; CAVIN, SPR VII/1, S. 82 f.; HONSELL, BasKomm, N 2 zu Art. 197 OR.
[242] Vgl. GIGER, BerKomm, N 71 zu Art. 197 OR; CAVIN, SPR VII/1, S. 82.
[243] Vgl. GIGER, BerKomm, N 70 und 71 zu Art. 197 OR.
[244] Vgl. GIGER, BerKomm, N 71 zu Art. 197 OR; GAUCH, Nr. 1418.

meteorologische Bedingungen höheren Anforderungen genügen als ein Haus im Flachland.

Die vorausgesetzte oder voraussetzbare Gebrauchstauglichkeit umfasst auch Eigenschaften des Grundstückes, welche nur einen normalen, d.h. durchschnittlichen Aufwand für Energie, Wartung und Reparaturen erfordern und die übliche, durchschnittliche Lebensdauer des ganzen Gebäudes und seiner einzelnen Bestandteile erwarten lassen. 190

4. Die Erheblichkeit des Mangels

A. Die Problematik

Wenn der Käufer irgendeine Abweichung beanstandet, stellt sich die Frage, ob sie auch als Vertragsabweichung zu qualifizieren ist. Nicht alle Abweichungen sind Vertragsabweichungen. Der Verkäufer haftet nur für Vertragsabweichungen (Nr. 160). 191

Bei der Beurteilung der Kaufsache stellt sich gelegentlich das Toleranzproblem, mit dem sich auch das Normenwerk des SIA (z.B. SIA-Empfehlung V 414/10 «Masstoleranzen im Hochbau», Ausgabe 1987) auseinander setzt. Die SIA-Normen bzw. Empfehlungen und alle AGB, welche beispielsweise von Verbänden und professionellen Verkäufern vorformuliert worden sind, besitzen keine allgemeine Verbindlichkeit. Sie sind nur verbindlich, wenn sie von den Parteien eines konkreten Vertrages durch Abrede übernommen wurden und dadurch als Vertragsbestandteil Geltung erlangt haben[245]. In denjenigen Fällen, in denen derartige Normen nicht übernommen worden sind, können sie «anerkannte Regeln der Technik» enthalten, was im Hinblick auf Wertqualität und Gebrauchstauglichkeit (Nr. 188 f.) von Bedeutung sein kann[246]. 192

Gewisse Abweichungen, namentlich in Bezug auf Masse und ästhetisches Aussehen, sind häufig *unvermeidbar*, da die Menschen sowie die von ihnen hergestellten bzw. verwendeten Baumaterialien und Baumethoden auch trotz grösster Sorgfalt nicht absolut perfekt sind. Im Einzelfall können die folgenden *Unterscheidungskriterien* behilflich sein: 193

– Eine Abweichung kann an sich in Bezug auf ihre bautechnische Tragweite oder die Ästhetik unbedeutend sein (z.B. ein einziger, kleiner, fast nicht wahrnehmbarer Riss im Verputz eines Zimmers; ein winziger Kratzer in einer Fensterscheibe, der nicht auffällt). 194

---

[245] Vgl. GAUCH/SCHLUEP/SCHMID/REY, Nr. 1128 ff.
[246] Vgl. GAUCH, Nr. 850.

195 – Eine Abweichung kann unbedeutend sein, wenn sie vereinzelt vorhanden ist, jedoch erheblich aufgrund ihrer Anzahl (z.b. zahlreiche kleine Risse im Verputz)[247].

196 – Ist ein erhöhter Genauigkeitsgrad (anstatt des normalen Genauigkeitsgrades) vereinbart oder vorausgesetzt, kann die Abweichung davon erheblich sein, auch wenn sie im Normalfall unerheblich wäre.

197 – Massgebend ist die Erheblichkeit bzw. Unerheblichkeit des Primärmangels (z.B. fehlerhafte Statik eines Gebäudes) und nicht diejenige des durch sie verursachten Sekundärmangels (Nr. 162). Ein Beispiel: Auch wenn man mauerkonforme («treppenförmige») Haarrisse im Verputz einer Hausfassade nur bei schräg einfallendem Sonnenlicht feststellen kann, liegt ein erheblicher Mangel vor, wenn die Haarrisse auf einen falschen, wasserdurchlässigen Aufbau des Fassadenverputzes zurückzuführen sind.

198 Liegen Abweichungen vor, stellen sich in der Regel zwei Fragen, welche in der nachstehenden Reihenfolge zu beantworten sind:

199 – Liegt überhaupt eine *Vertragsabweichung* vor?

200 – Wenn eine Vertragsabweichung bejaht werden muss: Ist die Abweichung derart *erheblich*, dass sie die Haftung des Verkäufers auslöst?

201 Die Fragen sind unterschiedlich zu beantworten, je nachdem ob zugesicherte oder vorausgesetzte bzw. voraussetzbare Eigenschaften der Kaufsache zu beurteilen sind.

B. Die Erheblichkeit des Mangels bei vorausgesetzten bzw. voraussetzbaren Eigenschaften

202 Gemäss Art. 197 Abs. 1 OR haftet der Verkäufer für vorausgesetzte und voraussetzbare Eigenschaften nur dann, wenn ihr Fehlen den Wert oder die Tauglichkeit zum vorausgesetzten Gebrauch der Kaufsache *gänzlich aufhebt oder erheblich mindert*[248]. Die hierzu einschlägige Praxis ist spärlich, und auch die Lehre scheint dem Kriterium der Erheblichkeit nicht viel Konkretes abgewinnen zu können[249].

203 Mangels besonderer Zusicherungen hat die Kaufsache (z.B. die Neubaute auf einem Grundstück) Eigenschaften von durchschnittlicher Güte aufzuweisen

---

[247] Vgl. GIGER, BerKomm, N 68 zu Art. 197 OR.

[248] Die werkvertragliche Mängelhaftung (vgl. Art. 368 OR) enthält keine derartige Beschränkung. Allerdings kann auch die Geltendmachung eines geringfügigen Werkmangels rechtsmissbräuchlich sein, sodass eine Haftung entfällt (GAUCH, Nr. 1469).

[249] HONSELL, BasKomm, N 13 zu Art. 197 OR; GIGER, BerKomm, N 68 ff. zu Art. 197 OR; GUHL/KOLLER, § 42 Nr. 19. CAVIN, SPR VII/1, S. 83 f., und KELLER/SIEHR, S. 77, wollen das Kriterium der Erheblichkeit mit der Kausalität für den Vertragsabschluss verknüpfen, was abzulehnen ist, denn sonst müsste sich der Käufer mit Mängeln immer dann abfinden, wenn er den Vertrag auf jeden Fall abschliessen will.

(Nr. 188). Gewisse Abweichungen können deshalb von vornherein keine Vertragsabweichungen sein, weil sie noch im Streubereich dessen liegen, was unter mittlerer Qualität zu verstehen ist. Der Käufer hat z.b. eine normale, vorübergehende Baufeuchtigkeit hinzunehmen. Diese ist kein Mangel.

Nach der hier vertretenen Auffassung ist die Frage, ob ein Mangel die Tauglichkeit der Kaufsache zum vorausgesetzten Gebrauch «erheblich mindert» (Art. 197 Abs. 1 OR), eine reine Ermessensfrage[250] und daher vom Richter im Streitfall als solche zu entscheiden (Art. 4 ZGB). Dies führt im Ergebnis zu einer (anzustrebenden) Angleichung an das Werkvertragsrecht. So wie dort die Berufung auf einen Werkmangel rechtsmissbräuchlich sein kann, ist hier jedenfalls nach Ermessen des Richters ein Mangel unerheblich, wenn er so geringfügig ist, dass er unter keinem Gesichtspunkt (auch nicht im Hinblick auf die subjektiven Belange des Bestellers) Beachtung verdient[251]. 204

C. Die Erheblichkeit des Mangels bei zugesicherten Eigenschaften

Auszugehen ist von der *Vertragstreue*. Der Verkäufer hat den Kaufvertrag vollständig, d.h. in allen Punkten zu erfüllen. Wenn z.B. der Käufer einen bestimmten Farbton des Fassadenanstriches des neuen Hauses gewünscht hat und dieser vereinbart worden ist, hat der Verkäufer den Vertrag auch insoweit zu erfüllen, unabhängig davon, ob der Farbton für den Kaufentschluss oder für die Höhe des Preises massgebend war oder nicht (Nr. 178). 205

Gleichwohl ist auch bei zugesicherten Eigenschaften zu überprüfen, ob überhaupt eine Vertragsabweichung vorliegt. Denkbar ist, dass im Kaufvertrag Minimalanforderungen oder Toleranzgrenzen individuell oder durch die Übernahme Allgemeiner Geschäftsbedingungen (z.B. einer SIA-Norm) festgelegt worden sind und dass sich die Abweichungen innerhalb des Toleranzbereiches bewegen, weshalb sie keine Vertragsabweichungen sind. 206

Das Gesetz (Art. 197 Abs. 1 OR) macht die Haftung für zugesicherte Eigenschaften nicht von der Erheblichkeit der Abweichung abhängig. Besteht eine Vertragsabweichung, kann diese jedoch derart geringfügig sein, dass die Berufung auf einen Mangel als rechtsmissbräuchlich (Art. 2 Abs. 2 ZGB) erscheint (Nr. 204)[252]. 207

---

[250] Vgl. Cavin, SPR VII/1, S. 83.
[251] Vgl. Gauch, Nr. 1469.
[252] Vgl. Gauch, Nr. 1469.

5. Erscheinungsformen des Mangels

208 Die zahlreichen Erscheinungsformen der Mängel einer Kaufsache lassen sich in verschiedener Weise einteilen[253]. Die Unterscheidung zwischen erheblichen und unerheblichen Mängeln wurde bereits behandelt (Nr. 202 ff.). Eine wichtige Unterteilung ist diejenige in *körperliche und rechtliche* Mängel, welche vom Gesetz selber (Art. 197 Abs. 1 OR) vorgenommen wird. Diese Unterteilung soll im Folgenden besonders behandelt werden.

209 Ein körperlicher oder ein rechtlicher Mangel liegt vor, je nachdem ob die vertragsgemässe Beschaffenheit, von welcher die Kaufsache im Einzelfall abweicht, durch tatsächliche (physische) oder rechtliche Kriterien bestimmt wird[254].

A. Körperliche Mängel

210 An einem körperlichen Mangel leidet ein Grundstück, wenn eine *physische* Eigenschaft fehlt, die es nach dem Kaufvertrag haben sollte. Dazu zählen insbesondere *Gebäudemängel*. Körperliche Mängel sind z.b. die ungenügende Tragkraft der Böden eines Gewerbehauses[255], Gebäudefeuchtigkeit mangels Entwässerung[256] und ein kleineres als das zugesicherte Gebäudevolumen[257]. Auch ein überdurchschnittlicher Aufwand für Unterhalt und Reparaturen eines Gebäudes stellt einen Mangel dar; die Übermässigkeit des Aufwandes ist die Folge (Sekundärmangel) von vertragswidrigen physischen Eigenschaften der Kaufsache. Ein körperlicher Mangel liegt auch vor, wenn der Baugrund geologisch und geotechnisch derart beschaffen ist, dass er nicht so überbaut werden kann, wie es der Verkäufer zugesichert hat oder der Käufer voraussetzen durfte[258], bzw. wenn der Baugrund eine andere Vertragsabweichung aufweist[259].

211 Die Ursache eines haftpflichtigen Mangels kann auch *ausserhalb* des gekauften Grundstückes liegen. Ein Mangel kann z.B. darin bestehen, dass bei Reiheneinfamilienhäusern, parzellierten Terrassenhäusern oder Stockwerkeinheiten, die technisch voneinander abhängig sind (z.B. in Bezug auf die Schallisolation) oder auch bloss in einer ästhetischen Beziehung stehen (z.B. Einbezug der Aus-

---

[253] Vgl. GAUCH, Nr. 1458 ff.
[254] Vgl. GAUCH, Nr. 1461.
[255] BGE 73 II 218 ff.
[256] BGE 66 II 134 f.
[257] BGE 87 II 244 ff.
[258] BGE 87 II 137 ff. betreffend schlechte Bodenqualität, welche eine Pfählung erfordert.
[259] Sofern die Vertragsabweichung des Baugrundes in einer Altlast besteht, liegt ein rechtlicher Mangel vor (Nr. 215 ff.). Wohl noch anders: BGE 107 II 164 f.

senwand eines Nachbarhauses in die Gartengestaltung oder in eine Gartenhalle), die Mängelursache sich im Bereich des benachbarten Grundstückes oder anderer Stockwerkeinheiten befindet. Der Verkäufer haftet auch für derartige Mängel (z.B. ungenügende Luft- und Trittschalldämmung). Bei der sukzessiven Übergabe von teils vollendeten, teils unvollendeten Neubauten, die voneinander abhängig sind, hat der Verkäufer sicherzustellen, dass die Vollendung (z.B. Verlegen von Platten im Treppenhaus) gemäss den Plänen, welche z.B. eine genügende Schallisolation gewährleisten, und innert angemessener Frist durchgeführt wird[260]. Andernfalls haftet der Verkäufer allein oder nebst dem Nachbarn.

Ein körperlicher Mangel kann auch darin bestehen, dass eine von einem Dritten erbaute Strasse, welche die Ausnützungsziffer vermindert und auch die Überbaubarkeit einschränkt, vom Käufer geduldet werden muss, um die Verwirklichung seiner Überbauungspläne nicht zu verzögern, obwohl der Käufer das im Grundbuch nicht eingetragene Recht des Dritten nicht gegen sich gelten lassen müsste[261]. 212

B. Rechtliche Mängel

1. Auch rechtliche Mängel gehören zu den Sachmängeln im Sinne von Art. 197 Abs. 1 OR[262]. Ein Rechtsmangel liegt vor, wenn er die Beschaffenheit der Kaufsache und nicht die Rechte an der Sache (Eigentumsrechte oder beschränkte dingliche Rechte) betrifft. Im zweiten Fall stellt sich die Frage nach der Rechtsgewährleistung (Nr. 87 ff.). Die rechtlichen Kriterien, welche den Wert und die Gebrauchstauglichkeit bestimmen, sind zur Hauptsache, aber nicht ausschliesslich, Bestimmungen des öffentlichen Rechts[263]. Ein Gebäude ist z.B. mangelhaft, wenn die Vorschriften betreffend elektrische Installationen verletzt worden sind[264]. Vorausgesetzt werden darf, dass der Verkäufer alle Auflagen und Bedingungen der Baubewilligung erfüllt hat, ebenso alle zwingenden öffentlich-rechtlichen Vorschriften, insbesondere die Normen des Umweltschutzes. Aber auch privatrechtliche Vorschriften oder Vereinbarungen, z.B. Baubeschränkungsdienstbarkeiten[265], können den Wert und die Gebrauchstauglichkeit eines Grundstückes beeinflussen. 213

---

[260] Vgl. SCHUMACHER, BRT FR 1989, S. 52.
[261] Vgl. BGE 98 II 191 ff.
[262] HONSELL, BasKomm, N 2 zu Art. 197 OR; GIGER, BerKomm, N 19 zu Art. 192 OR; CAVIN, SPR VII/1, S. 75; KELLER/SIEHR, S. 49; GUHL/KOLLER, § 42 Nr. 11.
[263] CAVIN, SPR VII/1, S. 75.
[264] Vgl. BGE 95 II 123.
[265] Vgl. BGE 113 II 506 ff.

214 **2.** In der Praxis spielen die öffentlich-rechtlichen Vorschriften, welche die *bauliche Nutzung* des Grundstückes verbieten oder einschränken[266], eine grosse Rolle. Der Wert eines unüberbauten Grundstückes oder eines solchen mit einer Altbaute wird meistens, und zum grössten Teil, durch die Möglichkeit der erstmaligen Überbauung bzw. der Neuüberbauung oder Erweiterung bestehender Bauten bestimmt. Die Überbaubarkeit eines Grundstückes ist eine *zusicherungsfähige* Eigenschaft[267]. Auch die vollständige Erschliessung mit Strasse, Wasser, Kanalisation und Elektrizität kann zugesichert werden, was im Regelfall bedeutet, dass das Grundstück mindestens randerschlossen ist[268]. Der Verkäufer kann versprechen, dass eine bei Vertragsabschluss noch fehlende Baureife des Grundstückes bei der Besitzesübergabe (Nr. 72) erfüllt sein werde. Fehlen Zusicherungen des Verkäufers betreffend die Überbaubarkeit des Grundstückes, kann sich allerdings die Frage stellen, ob der Käufer, der sich später über die fehlende oder ungenügende Überbaubarkeit des Kaufobjektes beklagt, bei Vertragsabschluss genügend aufmerksam war und es sich allenfalls als Selbstverschulden anrechnen lassen muss, dass er sich nicht vor dem Kauf bei den zuständigen Behörden über die Überbaubarkeit erkundigt hat (vgl. Nr. 237 ff.)[269].

215 **3.** Von zunehmender Bedeutung ist die Frage, ob die Kontaminierung mit **Altlasten** einen rechtlichen Mangel des verkauften Grundstückes darstellt[270]. Aufgrund der öffentlich-rechtlichen Altlastengesetzgebung kann der Käufer eines Grundstückes mit einer Sanierungs- und Kostentragungspflicht belegt werden. Es ist alsdann an ihm, bei gegebenen Voraussetzungen Regress gegen andere Personen zu nehmen[271]. Soweit dabei die Haftung des Grundstückverkäufers zur Diskussion steht, ist Folgendes zu beachten:

216 – Wird der Käufer wegen vorhandener Altlasten auf dem Kaufobjekt mit einer Sanierungs- oder Kostentragungspflicht belegt, so liegt eine Vertragsabweichung vor, denn dem Kaufgegenstand fehlt es zumindest an einer vorausgesetzten oder voraussetzbaren Eigenschaft, weil aus rechtlichen Gründen nicht die gleiche Grundstücknutzung offen steht[272]. Nach der hier vertretenen Auffassung stellt auch bereits ein konkreter und nahe liegender Verdacht auf Kontaminierung mit Altlasten einen Mangel dar, weil dies zu einer Wertverminderung des Grundstückes führt[273].

---

[266] BGE 60 II 441 f., 98 II 197; KELLER/SIEHR, S. 78.
[267] Vgl. GIGER, BerKomm, N 46 zu Art. 197 OR; BGE 122 III 426 ff.
[268] Vgl. BGE 104 II 265 ff. = Pra 1979, S. 123 ff.
[269] Vgl. GIGER, BerKomm, N 66 zu Art. 197 OR.
[270] Vgl. dazu ausführlich: SCHMID, Gewährleistung, S. 368 ff., mit zahlreichen weiteren Hinweisen.
[271] SCHMID, Gewährleistung, S. 369.
[272] SCHMID, Gewährleistung, S. 370.
[273] Vgl. SCHMID, Gewährleistung, S. 371.

– Gemäss richtiger Auffassung von SCHMID darf der Altlasten-Kataster nicht als 217
allgemein bekannt vorausgesetzt werden. Aufgrund eines Katastereintrages
darf nicht der Schluss oder gar die Fiktion gezogen werden, der Käufer habe
den Mangel im Zeitpunkt des Vertragsabschlusses gekannt. Ob dem Käufer
im Sinne von Art. 200 Abs. 2 OR Unaufmerksamkeit vorzuwerfen ist
(Nr. 237 ff.), wenn er es unterlässt, Einblick in den Altlasten-Kataster zu nehmen, hängt im Einzelfall von den Erfahrungen des Käufers in Immobilienfragen einerseits und von der Altlasten-Verdächtigkeit des Kaufgegenstandes andererseits ab[274].

– Auch klar formulierte *Freizeichnungsklauseln* sind gemäss bundesgerichtli- 218
cher Rechtsprechung unbeachtlich, wenn der Käufer mit dem Mangel
schlechterdings nicht rechnen musste[275]. Nach der hier vertretenen Auffassung muss der unerfahrene Käufer bei «unverdächtigen» Grundstücken vernünftigerweise nicht mit Altlasten rechnen, sodass sich der Verkäufer diesfalls nicht freizeichnen kann.

C. Wirtschaftliche Mängel?

In Rechtsprechung und Rechtswissenschaft werden häufig wirtschaftliche Män- 219
gel als eine eigene Kategorie betrachtet und ebenfalls als Sachmängel im Sinne
von Art. 197 Abs. 1 OR qualifiziert[276]. Bei den sog. wirtschaftlichen Mängeln eines Grundstückes ist wie folgt zu differenzieren:

1. Die meisten körperlichen und rechtlichen Mängel sind auch wirtschaftlicher 220
Natur oder bergen eine wirtschaftliche Komponente in sich. Von den körperlichen Eigenschaften der Kaufsache hängt der Unterhalts- und Erneuerungsaufwand ab. Die öffentlich-rechtlichen Vorschriften betreffend die Überbaubarkeit
bestimmen entscheidend die Wertqualität und damit auch den wirtschaftlichen
Wert (Verkehrswert) eines Grundstückes. Auch die Vermietbarkeit eines Gebäudes kann durch rechtliche Mängel der Kaufsache ausgeschlossen oder behindert
sein, z.B. wenn hygienische Minimalvorschriften oder Lärmschutzvorschriften
nicht erfüllt sind und die Baubehörde den Bezug einer gekauften Neubaute verweigert oder eine Benutzungsbeschränkung erlässt[277]. Sofern wirtschaftliche
Mängel auch körperliche oder rechtliche Mängel im Sinne von Art. 197 Abs. 1
OR darstellen, fallen sie unter die Sachmängelhaftung des Verkäufers.

---

[274] Vgl. SCHMID, Gewährleistung, S. 372.
[275] BGE 107 II 164; 126 III 67 = Pra 2000, S. 695; SCHMID, Gewährleistung, S. 374.
[276] Vgl. BGE 87 II 245; GIGER, BerKomm, N 63 zu Art. 197 OR; KELLER/SIEHR, S. 78; GUHL/KOLLER, § 42 Nr. 11.
[277] Vgl. SJZ 1937/38, S. 205.

221 **2.** Anders verhält es sich jedoch, wenn es sich um einen wirtschaftlichen *Erfolg* (z.B. die Rendite eines Grundstückes), welcher über die vertragsgemässe Beschaffenheit des Kaufgegenstandes hinausgeht, handelt. Ein Erfolg ist keine Eigenschaft des Grundstückes und seiner Bestandteile, sondern hängt nicht nur vom Grundstück, sondern auch von anderen, oft ungewissen zukünftigen (beeinflussbaren und nicht beeinflussbaren) Ereignissen ab. Zugesicherte oder vorausgesetzte Erfolge, z.B. betreffend den Jahresumsatz eines Restaurants, die Rendite einer Gärtnerei oder den Zinsertrag eines Hauses, betreffen keine Eigenschaften der Kaufsache und unterliegen deshalb nicht der Mängelhaftung gemäss Art. 197 ff. OR[278].

6. Die besonderen Mängel im Sinne von Art. 219 Abs. 1 und 2 OR

A. Die Haftung für das Grundstückmass im Allgemeinen

222 **1.** Erhält der Käufer nicht die vertragsgemässe Grundstückfläche[279], liegt weder ein körperlicher noch ein rechtlicher Mangel im Sinne von Art. 197 Abs. 1 OR vor, sondern eine *unvollständige*, d.h. quantitativ nicht richtige Erfüllung. Für die unvollständige Erfüllung haftet der Verkäufer grundsätzlich nicht gemäss den Gewährleistungsbestimmungen der Art. 197 ff. OR, sondern gemäss den allgemeinen Nichterfüllungsregeln der Art. 97 ff. OR. Davon macht Art. 219 Abs. 1 und Abs. 2 OR eine *Ausnahme*, indem das Mindermass der verkauften Grundstückfläche grundsätzlich, jedoch unter Vorbehalt von Art. 219 Abs. 2 OR (Nr. 227 ff.), *wie ein Sachmangel* im Sinne von Art. 197 Abs. 1 OR behandelt und allen Bestimmungen der Sachmängelhaftung der Art. 197 ff. OR unterworfen wird[280]. Das gilt als Regel, d.h. sofern das Grundstückmass nicht auf einer amtlichen Vermessung mit Grundbuchwirkung beruht[281] oder sofern der Verkäufer ausdrücklich die Gewährleistung für die Richtigkeit der amtlichen Vermessung übernommen hat (Art. 219 Abs. 2 OR).

---

[278] Vgl. Nr. 177. Gl.M. Cavin, SPR VII/1, S. 77, vgl. jedoch S. 74. A.M. BGE 42 II 498 ff., 45 II 441 ff., 63 II 77 ff., 81 II 207 ff.; Giger, BerKomm, N 63 zu Art. 197 OR; Keller/Siehr, S. 78; Honsell, BasKomm, N 4 zu Art. 197 OR.

[279] Vgl. dazu ausführlich: Koller, Grundstückkauf, S. 1 ff., insbes. S. 4 ff. Ob Art. 219 OR auch anwendbar ist, wenn das Grundstück eine grössere Fläche aufweist als im Kaufvertrag vereinbart, wurde vom Bundesgericht offen gelassen: BGE 119 II 343 f. Verneinend: Honsell, BasKomm, N 8 zu Art. 219 OR.

[280] BGE 62 II 162, 81 II 140 und 143; Cavin, SPR VII/1, S. 139; Keller/Siehr, S. 122 ff.; Honsell, BasKomm, N 1 zu Art. 219 OR; Giger, BerKomm, N 39 zu Art. 219 OR.

[281] Vgl. Honsell, BasKomm, N 2 zu Art. 219 OR.

2. Diese Regelung bedeutet, dass der Käufer, welcher eine kleinere als die versprochene Grundstückfläche erhält, den *Prüfungs- und Rügepflichten* der Art. 200 ff. OR unterworfen ist, wobei jedoch die Prüfungspflicht sehr eingeschränkt ist und bei unauffälligen Abweichungen vom vereinbarten Grundstückmass überhaupt nicht besteht (Nr. 281). Die Haftung des Verkäufers für ein Mindermass verjährt innert fünf Jahren (Art. 219 Abs. 3 OR) anstatt nach zehn Jahren (Nr. 298). Der Käufer besitzt keinen Erfüllungsanspruch, sondern gegebenenfalls einen Preisminderungsanspruch. Es wird die Auffassung vertreten, dass Art. 219 Abs. 1 OR dadurch, dass dem Käufer ausdrücklich nur «Ersatz» für das Mindermass zugebilligt werde, die Wandelung (Nr. 242 ff.) ausschliesse und dem Käufer nur die Preisminderung sowie den Ersatz des allfälligen Schadens gewähre[282]. Die Frage ist ohne grosse praktische Bedeutung, weil es in der Praxis meistens nur um sehr geringe Flächendifferenzen geht und der Richter daher die Wandelung kaum zulassen wird (Art. 205 Abs. 2 OR; Nr. 246 ff.).

223

3. Nach den gleichen Regeln (Art. 197 ff. OR) haftet der Verkäufer auch für das im Kaufvertrag genau oder ungefähr angegebene Flächenmass eines Grundstückes, das nach Abschluss des Kaufvertrages erst noch durch *Parzellierung* gebildet werden muss[283]. In derartigen Fällen vereinbaren die Parteien ab und zu entweder eine Toleranzgrenze, innert welcher ein Mehr- oder Mindermass ohne Rechtsfolgen, insbesondere ohne Aufpreis bzw. ohne Preisminderung, zu dulden ist, oder legen bereits im Kaufvertrag einen Quadratmeterpreis fest, zu welchem die Mehr- oder Minderfläche auszugleichen ist.

224

4. Für alle *anderen Massangaben* im Kaufvertrag, z.B. auch für die Zusicherung des genauen oder ungefähren Rauminhaltes eines Gebäudes[284], haftet der Verkäufer ohnehin gemäss Art. 197 ff. OR, weil keine unvollständige Leistung, sondern eine qualitativ unrichtige und damit mangelhafte Vertragserfüllung vorliegt[285]. Zugesicherte Masse können nicht ohne Beschädigung oder gar Zerstörung einzelner Bauteile «nachgeliefert», d.h. ergänzt werden (vgl. Nr. 83). Ebenfalls eine qualitativ unrichtige, mangelhafte Erfüllung liegt vor und Gewährleistungsansprüche sind gegeben, wenn Massangaben nicht mit der Wirklichkeit übereinstimmen. Von derartigen Massangaben können z.B. der Innenausbau und die Möblierung abhängen. Ein körperlicher Mangel im Sinne von

225

---

[282] Cavin, SPR VII/1, S. 140; Honsell, BasKomm, N 9 zu Art. 219 OR. A.M. Giger, BerKomm, N 58 ff. zu Art. 219 OR.
[283] BGE 62 II 161; Honsell, BasKomm, N 2 zu Art. 219 OR; Cavin, SPR VII/1, S. 138.
[284] Vgl. BGE 87 II 244 ff.
[285] Vgl. Honsell, BasKomm, N 5 zu Art. 219 OR.

Art. 197 Abs. 1 OR liegt auch dann vor, wenn die ungefähre Massangabe beim Verkauf von Stockwerkeigentum nicht eingehalten ist[286].

5. Die vorstehenden Ausführungen gelten selbstverständlich nur für den Fall, dass die Parteien im Kaufvertrag die Haftung des Verkäufers für Massangaben, insbesondere für das Grundstücksmass, nicht ausgeschlossen oder eingeschränkt haben (Nr. 309 ff.). Auf diese Möglichkeit wird in Art. 219 Abs. 1 OR mit den Worten «unter Vorbehalt anderweitiger Abrede» ausdrücklich hingewiesen. Wird im Kaufvertrag ein Circa-Mass angegeben, bedeutet dies eine teilweise Haftungsbeschränkung. Vereinbaren die Parteien nichts Besonderes, wird eine Toleranzgrenze von 10–15% angenommen, innerhalb welcher der Verkäufer für das Mindermass nicht haftet[287].

B. Der Ausschluss der Mängelhaftung gemäss Art. 219 Abs. 2 OR

1. Art. 219 Abs. 2 OR enthält eine *Ausnahme von der Ausnahmeregelung* des Art. 219 Abs. 1 OR: Ist das *Grundbuch* eingeführt, so trägt der Käufer die Gefahr für die Unrichtigkeit des im Grundbuch und des gestützt darauf im Kaufvertrag (Grundbuchbeschrieb) angegebenen Flächenmasses. Als Grundbuch gilt auch ein kantonales Register mit Grundbuchwirkung, das sich auf ein amtliches Vermessungswerk stützt[288]. Dieser gesetzliche Ausschluss der Haftung des Verkäufers gilt jedoch nicht in den Fällen der absichtlichen Täuschung des Käufers durch den Verkäufer[289] oder der ausdrücklichen Übernahme der Haftung des Verkäufers auch für das im Grundbuch eingetragene Ausmass. In diesen Fällen richtet sich die Haftung nach Art. 219 Abs. 1 OR. Auch wenn die Zusicherung des im Grundbuch angegebenen Ausmasses nicht formbedürftig ist[290], darf in der blossen Flächenangabe im Kaufvertrag oder in Verkaufsunterlagen noch keine ausdrückliche Übernahme der Haftung im Sinne von Art. 219 Abs. 2 OR erblickt werden[291].

2. Art. 219 Abs. 2 OR ist in erster Linie anwendbar, wenn das Grundstück nicht das im Grundbuch aufgrund amtlicher Vermessung eingetragene Mass besitzt. Durch den Haftungsausschluss wird der *gute Glaube des Verkäufers* in die Rich-

---

[286] Vgl. SJZ 1988, S. 88 f. = BR 1989, S. 19 f. Nr. 15; Keller/Siehr, S. 124.
[287] Vgl. Keller/Siehr, S. 123; Honsell, BasKomm, N 3 zu Art. 219 OR.
[288] BGE 81 II 140; Honsell, BasKomm, N 2 zu Art. 219 OR.
[289] Cavin, SPR VII/1, S. 140.
[290] Vgl. Honsell, BasKomm, N 4 zu Art. 219 OR und N 15 zu Art. 197 OR und die dort angeführte herrschende Lehre. Zur Formbedürftigkeit der Zusicherung von Eigenschaften: Schmid, Nr. 380; Schmid, Gewährleistung, S. 378. A.M. noch die Vorauflage und Cavin, SPR VII/1, S. 139. Kritisch: Honsell, BasKomm, N 15 zu Art. 197 OR.
[291] Honsell, BasKomm, N 4 zu Art. 219 OR.

tigkeit der Eintragungen im Grundbuch geschützt (vgl. Art. 973 ZGB). Der Verkäufer haftet für die falsche Massangabe im Kaufvertrag nicht, wenn diese auf einen Fehler, welcher bei der Grundbuchführung unterlaufen ist, zurückzuführen ist. Verschiedene Fehlerquellen fallen in Betracht, z.B. die unterlassene Nachführung einer Abtretung für den Bau eines Trottoirs im Vermessungswerk[292], ein Fehler der amtlichen Vermessung, ein Übertragungsfehler bei der Anlage oder Nachführung des Hauptblattes des Grundbuches[293].

3. Der gesetzliche Ausschluss der Mängelhaftung des Verkäufers ist gerechtfertigt, weil der Käufer anstelle des Verkäufers den Kanton für den Ersatz des Schadens belangen kann. Der Kanton ist für allen Schaden verantwortlich, der aus der Führung des Grundbuches entsteht (Art. 955 Abs. 1 ZGB). Wenn jedoch die Urkundsperson die falsche Angabe des Flächenmasses im Kaufvertrag verschuldet hat, z.b. durch einen Übertragungsfehler vom Grundbuchauszug in die Vertragsurkunde, ist weder Art. 955 Abs. 1 ZGB noch Art. 219 Abs. 2 OR anwendbar, sondern der Verkäufer haftet dem Käufer im Rahmen des Art. 219 Abs. 1 OR und besitzt allenfalls einen Schadenersatzanspruch gegenüber dem Notar.   229

4. Der Anwendungsbereich des Art. 219 Abs. 2 OR ist deshalb auf alle Fälle auszudehnen, in welchen dem Käufer anstelle der Haftung des Verkäufers diejenige des Kantons für falsche Grundbuchführung zur Verfügung steht (Art. 955 Abs. 1 ZGB). Diese Haftung besteht auch für den Fall, dass der Urkundsperson, welche den Kaufvertrag verfasst hat, das im Grundbuch richtig eingetragene Flächenmass vom Grundbuchamt falsch übermittelt worden ist (z.b. in einem Grundbuchauszug), weil gemäss Art. 970 Abs. 2 ZGB (vgl. auch Art. 825 Abs. 2 ZGB) und Art. 105 GBV die Führung des Grundbuches auch die Ausstellung von Grundbuchauszügen umfasst[294]. Ebenfalls haftet der Kanton und nicht der Verkäufer für die falsche Einzeichnung von Grenzen in einem Grundbuchplan im Sinne von Art. 950 ZGB oder in einer Grundbuchplankopie[295].   230

5. Art. 219 Abs. 2 OR ist jedoch auf die *übrigen*, bloss tatsächlichen Angaben in der Liegenschaftsbeschreibung (z.B. Ortsbezeichnung, Kulturart, Gebäude, Schatzungswert) nicht anwendbar. Derartige Angaben geniessen nicht den Schutz des guten Glaubens des Art. 973 ZGB und besitzen nicht einmal die Vermutung der Richtigkeit im Sinne von Art. 9 ZGB für sich[296]. Für diese Angaben   231

---

[292] BGE 81 II 139.
[293] BGE 106 II 341 ff. = Pra 1981, S. 346 ff.
[294] BGE 106 II 343 = Pra 1981, S. 348.
[295] BGE 106 II 343 = Pra 1981, S. 347 f.
[296] BGE 106 II 343 = Pra 1981, S. 347.

besteht auch keine Staatshaftung gemäss Art. 955 Abs. 1 ZGB. Die Auslegung des konkreten Einzelvertrages hat zu ergeben, ob derartige Angaben im Grundbuchbeschrieb durch Zusicherungen des Verkäufers bekräftigt wurden oder ob sie bloss floskelhaft Eintragungen im Grundbuch ohne Vereinbarung ihrer Richtigkeit wiedergaben.

232 6. Art. 219 Abs. 2 OR ist ebenfalls nicht anwendbar, wenn im Vertrag über den Erwerb einer Stockwerkeinheit eine falsche Wertquote angegeben wird, weil solche Wertquoten nicht auf einer amtlichen Vermessung beruhen[297].

7. Der Wegfall der Mängelhaftung

A. Kenntnis des Mangels bei Vertragsabschluss

233 1. Der Verkäufer haftet nicht für Mängel, welche der Käufer zur Zeit des Kaufes *gekannt* hat (Art. 200 Abs. 1 OR). Entweder liegt in einem solchen Fall, weil es an der Vertragsabweichung fehlt, gar kein Mangel im Rechtssinne vor, oder aber der Käufer genehmigt ihn mit der vorbehaltlosen Annahme (Genehmigungsfiktion)[298]. Wenn der Käufer einen mangelhaften Zustand vor oder bei Vertragsabschluss festgestellt hatte, so kaufte er das Grundstück bewusst in diesem Zustand[299]. Somit fällt eine Mängelhaftung des Verkäufers von vornherein ausser Betracht.

234 2. Die Kenntnis eines Mangels *darf nicht leichthin angenommen werden*, besonders wenn es sich um einen unerfahrenen Käufer handelt. Vor allem darf aus sichtbaren Sekundärmängeln (z.B. vereinzelten Rissen, Feuchtigkeitsflecken) nicht ohne weiteres auf die Kenntnis von deren Ursache (Primärmangel) geschlossen werden. Bei einer Neubaute kann Feuchtigkeit im Keller als übliche, vorübergehende Baufeuchtigkeit betrachtet werden. Der Käufer, welcher feuchte Stellen sieht, hat damit noch keine Kenntnis von der allenfalls fehlenden Sickerleitung.

235 3. Der Verkäufer hat zu *beweisen*, dass die betreffende Tatsache im Zeitpunkt des Vertragsabschlusses bereits vorhanden war und dass der Käufer darum wusste (Art. 8 ZGB)[300].

---

[297] HONSELL, BasKomm, N 5 zu Art. 219 OR.
[298] HONSELL, BasKomm, N 1 zu Art. 200 OR.
[299] Vgl. CAVIN, SPR VII/1, S. 84. Massgeblicher Zeitpunkt ist der Vertragsabschluss: BGE 117 II 262.
[300] HONSELL, BasKomm, N 6 zu Art. 200 OR.

4. *Kenntnis des Mangels* kann dem Käufer dann nicht schaden, wenn der Verkäufer Zusicherungen abgegeben hat, sei es generell (Zusicherung der Mängelfreiheit), sei es auch nur bezüglich der fehlenden Eigenschaft. Gleiches gilt, wenn der Verkäufer den Käufer *absichtlich täuscht*[301]. 236

B. Pflichtwidrige Unaufmerksamkeit bei Vertragsabschluss

1. Das Gesetz stellt in Art. 200 Abs. 2 OR dem Fall der Kenntnis des Käufers denjenigen gleich, in welchem der Käufer zwar den Mangel bei Abschluss des Kaufvertrages nicht erkannt hat, aber *bei genügender Aufmerksamkeit hätte erkennen sollen* (z.B. am Wohnsitz des Käufers publizierte Bausperre im Hinblick auf die Auszonung eines Gebietes, in welchem auch die gekaufte Parzelle liegt). In einem solchen Fall haftet der Verkäufer ebenfalls nicht, ausser der Verkäufer hätte ihm das Nichtvorhandensein des betreffenden Mangels (z.B. Überbaubarkeit) zugesichert. Im Bereich der Rechtsgewährleistung besteht keine entsprechende Ausschlussnorm (vgl. Art. 192 Abs. 2 OR). 237

2. An die Aufmerksamkeit des Käufers bei Vertragsabschluss dürfen *keine allzu hohen Anforderungen* gestellt werden. Es darf nur eine gewöhnliche Sorgfalt des Käufers vorausgesetzt werden[302]. Wie weit diese reicht, ist aufgrund der konkreten Verhältnisse des Einzelfalles zu beurteilen[303]. Schuldhafte Unkenntnis *darf nicht leichthin angenommen werden*. Art. 200 Abs. 2 OR, ein Anwendungsfall des Art. 3 Abs. 2 ZGB, ist eng auszulegen[304], besonders beim Kauf eines Grundstückes mit einem Gebäude, das immer ein komplexes Gebilde und in all seinen einzelnen Bestandteilen schwer überschaubar ist. Schuldhafte Unkenntnis muss z.B. angenommen werden, wenn der Käufer einen ihm vorgelegten Baubeschrieb überhaupt nicht liest. Es ist jedoch dem Käufer nicht zuzumuten, einen Baubeschrieb und insbesondere auch Pläne fachtechnisch auszuwerten. Nur offensichtliche Mängel führen zum Wegfall der Mängelhaftung des Verkäufers. Dem Käufer obliegt keine Prüfungspflicht[305]. Insbesondere dem unerfahrenen Käufer darf nicht zugemutet werden, Pläne oder sonstige technische Unterlagen, welche als Vertragsbestandteile erklärt werden, daraufhin zu analysieren, ob die Vorschriften betreffend Wärmedämmung, Lärmschutz in Gebäu- 238

---

[301] Vgl. HONSELL, BasKomm, N 4 zu Art. 200 OR.
[302] BGE 66 II 136 f.
[303] Vgl. HONSELL, BasKomm, N 3 zu Art. 200 OR.
[304] Vgl. CAVIN, SPR VII/1, S. 84; HONSELL, BasKomm, N 3 zu Art. 200 OR. Da auf die konkreten Umstände des Einzelfalles abzustellen ist, kann nicht generell die Haftung nur für grobfahrlässige Unkenntnis ausgeschlossen werden, wie dies GIGER, BerKomm, N 16 ff. zu Art. 200 OR, postuliert.
[305] HONSELL, BasKomm, N 3 zu Art. 200 OR; CAVIN, SPR VII/1, S. 84; KELLER/SIEHR, S. 81.

den und Grundsätze der Bauphysik eingehalten worden sind. Der Käufer darf sich gutgläubig auf Angaben des Verkäufers betreffend Tragkraft von Decken verlassen[306]. Ein Haftungsausschluss findet ebenfalls nicht statt, wenn der Käufer lediglich verdächtige Erscheinungen oder vage Mängelsymptome beobachtet, die auf die Möglichkeit eines Mangels hindeuten[307]. Dem Käufer ist hingegen schuldhafte Unkenntnis zur Last zu legen, wenn er aus äusserlich feststellbaren Zuständen den zweifelsfreien Schluss auf Mängel, insbesondere auf die Auswirkungen in Bezug auf Wertqualität und Gebrauchsfähigkeit, ziehen muss[308].

239 **3.** Trotz schuldhafter Unkenntnis des Käufers im Sinne von Art. 200 Abs. 2 OR haftet der Verkäufer gleichwohl, wenn er das Nichtvorhandensein des betreffenden Mangels *zugesichert* oder den Käufer *absichtlich getäuscht* hat (vgl. Nr. 236)[309].

VII. Mängelhaftung: Die Mängelrechte

240 Haftet der Verkäufer für einen Mangel der Kaufsache (Grundstück), hat der Käufer die *Wahl* zwischen der *Wandelung* des Kaufvertrages und der *Preisminderung* (Art. 205 Abs. 1 OR) und evtl. auch der in Art. 205 Abs. 1 OR nicht genannten *Nachbesserung*. Zusätzlich zum (gewählten) Mängelrecht besitzt der Käufer Anspruch auf Schadenersatz, d.h. auf Ersatz des Mangelfolgeschadens.

241 Das Wahlrecht ist innerhalb der *fünfjährigen* Verjährungsfrist des Art. 219 Abs. 3 OR auszuüben. Ob das Wahlrecht untergeht, wenn es einmal ausgeübt wurde, ist umstritten. Während gemäss der wohl herrschenden Lehrmeinung das Wahlrecht (im Klagefall soweit prozessrechtlich zulässig) weiter bestehen soll[310], nimmt eine Mindermeinung Unwiderruflichkeit an, unter Berufung auf die herausgebildete Lehre und Rechtsprechung zu den Gestaltungsrechten[311].

---

[306] BGE 73 II 218 ff.
[307] Vgl. GIGER, BerKomm, N 7 zu Art. 200 OR; KELLER/SIEHR, S. 81.
[308] Vgl. BGE 66 II 139; HONSELL, BaskKomm, N 3 zu Art. 200 OR; CAVIN, SPR VII/1, S. 84; GIGER, BerKomm, N 23 zu Art. 200 OR.
[309] BGE 66 II 139, 81 II 58 ff.; GIGER, BerKomm, N 26 zu Art. 200 OR; KELLER/SIEHR, S. 81.
[310] Vgl. HONSELL, BaskKomm, N 3 zu Art. 205 OR.
[311] Die noch in der Vorauflage vertretene Mindermeinung ist schon deshalb abzulehnen, weil gemäss herrschender Lehre und Rechtsprechung ausgeübte Gestaltungsrechte nur (aber immerhin) dem *Grundsatz* nach unwiderruflich sind. Vgl. hierzu und zu den *Ausnahmen*: GAUCH/SCHLUEP/SCHMID/REY, Nr. 157.

1. Das Wandelungsrecht

A. Das Wandelungsrecht als Gestaltungsrecht

Wandelung bedeutet *Vertragsaufhebung*. Art. 205 Abs. 1 OR räumt dem Käufer grundsätzlich das Recht ein, den Kaufvertrag wegen Mangelhaftigkeit aufzulösen. Die Wandelung erfolgt durch *einseitige* Willenserklärung des Käufers, die sich an den Verkäufer richtet. Sie ist ein Gestaltungsrecht des Käufers, welches dieser ohne richterliche Hilfe ausüben darf[312]. Es ist somit kein Gestaltungsurteil erforderlich. Wird das Recht des Käufers auf Wandelung bestritten, entscheidet der Richter. 242

Der Verkäufer kann dem Wandelungsanspruch des Käufers nicht entgegenhalten, dass ihn (den Verkäufer) keinerlei Verschulden am Mangel treffe. Insoweit ist die Haftung des Verkäufers eine *Kausalhaftung*, d.h. eine verschuldensunabhängige Haftung. 243

B. Einschränkungen zulasten des Käufers

a. Gesetzlicher Ausschluss des Wahlrechts

1. Ist die Kaufsache durch Verschulden des Käufers untergegangen oder von diesem weiter veräussert oder umgestaltet worden (z.B. durch den Innenausbau einer im Rohbau erworbenen Neubaute oder einer Stockwerkeinheit), ist die Wandelung *ausgeschlossen*. Der Käufer kann nur Ersatz des Minderwertes verlangen (Art. 207 Abs. 3 OR). 244

2. Andererseits kann der Käufer *nur* die Wandelung verlangen, wenn der Minderwert den Kaufpreis erreicht (Art. 205 Abs. 3 OR). 245

b. Ausschluss der Wandelung nach richterlichem Ermessen

1. Zwar steht dem Käufer grundsätzlich das Wahlrecht zu, ob er den Kauf rückgängig oder ein anderes Mängelrecht geltend machen will. Das Gesetz schränkt jedoch die Wahlfreiheit ein bzw. bürdet dem Käufer, welcher die Wandelung wählt, ein Prozessrisiko auf: Es steht dem Richter frei, bloss Ersatz des Minderwertes zuzusprechen, sofern es *die Umstände nicht rechtfertigen*, den Kauf rückgängig zu machen (Art. 205 Abs. 2 OR). Der Richter hat nach *Billigkeit* (Art. 4 ZGB) zu entscheiden[313], was eine entsprechende *Rechtsunsicherheit* zur 246

---

[312] Vgl. Cavin, SPR VII/1, S. 97.
[313] Vgl. Cavin, SPR VII/1, S. 98.

Folge hat. Bei wesentlichen Mängeln, welche die Kaufsache speziell für den Käufer unbrauchbar machen, darf die Wandelung nicht verweigert werden[314]. Der Richter hat generell den *Verhältnismässigkeitsgrundsatz* zu beachten und die beidseitigen Vor- und Nachteile der Vertragsaufhebung und der Preisminderung gegenseitig abzuwägen. Dabei kann auch ein allfälliges Verschulden des Verkäufers am Mangel gewichtet werden[315], obwohl sowohl das Wandelungsrecht als auch das Minderungsrecht an sich Rechtsbehelfe sind, welche vom Verschulden des Verkäufers unabhängig sind (Nr. 243 und Nr. 250). Diesem steht der Entlastungsbeweis des Art. 97 Abs. 1 OR nicht zu.

247 **2.** Auch im *Werkvertragsrecht* ist das Wandelungsrecht eingeschränkt. Bei Bauwerken ist die Wandelung ausgeschlossen, wenn die Bauleistungen nur mit unverhältnismässigen Nachteilen vom Grundstück getrennt (abgebrochen) werden könnten (Art. 368 Abs. 3 OR). Die im Werkvertragsrecht entwickelten Leitlinien sind jedoch für das Kaufrecht kaum brauchbar: Oft ist die Entfernung (Abbruch) eines auf Grund und Boden des Bestellers ausgeführten Werkes mit unverhältnismässigen Nachteilen für den Unternehmer (und auch für die Volkswirtschaft) verbunden (vgl. Art. 368 Abs. 3 OR)[316]. Derartige unverhältnismässige Nachteile schafft die Wandelung eines Grundstückkaufvertrages nicht, weil das Kaufobjekt aus einer Einheit von Bodenfläche und Gebäude besteht. Die Wandelung eines Grundstückkaufvertrages sollte deshalb eher als diejenige eines Bauwerkvertrages möglich sein.

248 **3.** Spricht der Richter nur eine Preisminderung anstatt der vom Käufer beantragten Wandelung zu, darf dies für den Käufer keinen Nachteil bei der Verlegung der Gerichts- und Anwaltskosten zur Folge haben, wenn er in guten Treuen die Wandelung des Kaufvertrages erklärt hat. Einerseits ist in einem solchen Falle der richterliche Ermessensentscheid für den Käufer nicht voraussehbar. Andererseits hat der Verkäufer – unabhängig von der konkreten Rechtsfolge – den Mangel grundsätzlich zu verantworten und damit den Prozess mit seinen Kosten verursacht. Nach dem Verursacherprinzip sind deshalb die Kosten dem Verkäufer als grundsätzlichem Verlierer aufzuerlegen[317].

C. Die Wirkungen der Wandelung

249 Die Wandelung bewirkt die *Vertragsaufhebung*. Die Auflösung geschieht mit *rückwirkender* Kraft, d.h. «ex tunc»[318]. Der Kaufvertrag wird rückgängig ge-

---

[314] Vgl. BGE 94 II 35 = Pra 1968, S. 514.
[315] CAVIN, SPR VII/1, S. 98.
[316] Vgl. GAUCH, Nr. 1573.
[317] Vgl. BUCHER, SJZ 1967, S. 22 ff. A.M. HONSELL, BasKomm, N 7 zu Art. 205 OR.
[318] CAVIN, SPR VII/1, S. 26 und 97.

macht. Dadurch erlöschen die gegenseitigen Forderungen der Parteien auf Leistung des Versprochenen, soweit diese Forderungen noch bestehen. Zudem entstehen Rückleistungspflichten, soweit die Vertragsparteien den Kaufvertrag bereits erfüllt haben. Sie bestehen im Wesentlichen darin, dass der Käufer das Grundstück zurückzugeben hat, der Verkäufer den bereits bezahlten Kaufpreis nebst Zinsen[319] zurückzuerstatten hat. Im Übrigen haben die Parteien alle Vor- und Nachteile in gleicher Weise auszugleichen, wie dies bei der vollständigen Entwehrung gemäss Art. 195 OR geschuldet ist (vgl. Nr. 115 ff.), dies gemäss der ausdrücklichen Verweisung in Art. 208 Abs. 2 OR. Diese Gesetzesbestimmung und Art. 195 OR sind Sonderbestimmungen zu Art. 109 OR, welcher in den Allgemeinen Bestimmungen des Obligationenrechtes die Rückleistungspflichten beim Rücktritt vom Vertrag regelt.

2. Preisminderung

A. Das Recht des Käufers auf Herabsetzung des Kaufpreises

Der Käufer besitzt das (ebenfalls *verschuldensunabhängige*) Recht auf Ersatz des Minderwertes, wenn er von vornherein keine Wandelung verlangt oder wenn er zwar die Wandelungsklage erhoben hat, der Richter aufgrund des ihm zustehenden Ermessens (Nr. 246) jedoch bloss Ersatz des Minderwertes zuspricht (Art. 205 Abs. 2 OR). Die Minderung ist hingegen *ausgeschlossen* und der Käufer zur Wandelung gezwungen, das Wahlrecht (Nr. 240) somit aufgehoben, falls der Minderwert den Betrag des Kaufpreises erreicht (Art. 205 Abs. 3 OR). Das Minderungsrecht ist ein *Gestaltungsrecht*, welches der Käufer durch einseitige Willenserklärung ohne Mitwirkung von Richter oder Verkäufer ausüben kann[320]. Es richtet sich auf Herabsetzung des Kaufpreises. Durch die Erklärung des Käufers, sein Minderungsrecht auszuüben, wird der geschuldete Kaufpreis entsprechend dem Minderwert der Kaufsache herabgesetzt.

250

B. Die Berechnung der Preisminderung

1. Gestützt auf Art. 205 Abs. 1 OR kann der Käufer den «Ersatz des Minderwertes der Sache» fordern. Gegenstand der Minderung bildet der Kaufpreis, der herabgesetzt wird.

251

2. Gemäss herrschender Lehre und Rechtsprechung erfolgt die Herabsetzung des Kaufpreises nach der *relativen Berechnungsmethode*. Diese beruht auf der

252

---

[319] CAVIN, SPR VII/1, S. 100.
[320] Vgl. HONSELL, BasKomm, N 1 zu Art. 205 OR.

folgenden Formel[321]: Der volle Kaufpreis verhält sich zum herabgesetzten Kaufpreis gleich wie der objektive Wert der mängelfrei gedachten Kaufsache zum tatsächlichen Wert der mangelhaften Kaufsache. Der Herabsetzungsbetrag macht, bezogen auf den Betrag des vollen Kaufpreises, prozentual gleich viel aus wie der Minderwert, bezogen auf den Wert der mängelfrei gedachten Kaufsache[322].

253 3. Die relative Berechnungsmethode ist kompliziert und aufwendig. Die Ermittlung des objektiven Wertes des mängelfrei gedachten Grundstückes ist ohne teure Expertise nicht möglich. Die Ergebnisse sind unsicher, weil die Ermittlung aus der Rückschau erfolgt und weil die Meinungen über den «objektiven» Wert von Grundstücken im Immobiliensektor häufig weit auseinander klaffen, nicht zuletzt auch wegen der (häufig) rasanten Preisentwicklung in diesem Bereich. Der Aufwand für die Schätzung des Minderwertes, welcher durch den Mangel eines einzelnen Bestandteils (z.B. einer Türe oder einer Wand) verursacht wird, wäre nach der relativen Methode in zahlreichen Fällen unverhältnismässig. In der Praxis wird deshalb die Beweislast des beweispflichtigen Käufers durch die folgenden tatsächlichen Vermutungen erleichtert: Der Wert des mängelfrei gedachten Grundstückes (Kaufsache) deckt sich mit dem vollen Kaufpreis, und der Minderwert des Grundstückes ist identisch mit dem Betrag der (tatsächlichen oder geschätzten) Verbesserungskosten[323]. In der überwiegenden Anzahl der Minderungsfälle wird der Minderwert «isoliert», d.h. ohne Berücksichtigung des ganzen Wertes des Grundstückes und des Kaufpreises bemessen. So wird auch bei unbehebbaren, z.B. ästhetischen Mängeln, verfahren. Ist eine Mängelbehebung möglich, wird der Minderwert häufig in der Höhe der *Verbesserungskosten* festgelegt[324], sei es der geschätzten Kosten einer noch nicht durchgeführten Instandstellung, sei es der tatsächlichen Kosten einer bereits erfolgten Ausbesserung. Z.B. wurde dem Käufer eines Gewerbehauses mit ungenügender Tragkraft der Böden der Ersatz der Kosten für die Deckenverstärkung zugesprochen[325].

254 4. Kontrovers ist die Frage, ob der Ersatz des Minderwertes wegen beschränkten Selbstverschuldens des Käufers gestützt auf Art. 43 ff. OR herabgesetzt wer-

---

[321] Vgl. BGE 111 II 162 ff., 116 II 313 f.; GIGER, BerKomm, N 20 zu Art. 205 OR; HONSELL, BasKomm, N 8 zu Art. 205 OR; GAUCH, Nr. 1669 ff. Kritisch: HONSELL, BasKomm, N 9 zu Art. 205 OR.
[322] Vgl. GAUCH, Nr. 1672. Teuerungskosten sind nicht zu berücksichtigen: BGE 117 II 553. Massgeblicher Zeitpunkt für die Berechnung des Minderwertes ist der Gefahrübergang: BGE 117 II 552.
[323] Vgl. BGE 111 II 163; GAUCH, Nr. 1677 und 1684.
[324] Vgl. BUCHER, S. 102.
[325] BGE 73 II 218 ff.

den kann. Das Bundesgericht hat eine auf Art. 43 f. OR gestützte Reduktion abgelehnt[326].

3. Die Nachbesserung

A. Nachbesserungsrecht des Käufers zufolge analoger Gesetzesanwendung und Vertragsergänzung

Im Unterschied zum Werkvertragsrecht (Art. 368 Abs. 2 OR) erwähnt das *Gesetz* keinen Anspruch des Käufers darauf, dass der Verkäufer einen Mangel nachbessert. Art. 205 Abs. 1 OR sieht nur Wandelung oder Minderung vor[327]. 255

Einige Autoren bejahen einen Nachbesserungsanspruch aufgrund der *analogen Anwendung* von Art. 368 Abs. 2 OR[328]. Nach der hier vertretenen Auffassung ist dagegen vom konkreten Vertragsinhalt auszugehen und zu prüfen, ob eine *Vertragslücke* vorliegt: 256

Art. 205 OR enthält dispositives Recht, von welchem die Parteien in den Schranken des Gesetzes (Art. 19 Abs. 1 OR) durch Vereinbarung abweichen können. Art. 205 OR kann, soweit er eine Nachbesserung nicht vorsieht, im Einzelfall keine Anwendung finden, falls er ausnahmsweise nicht zum konkret vereinbarten Inhalt des Kaufvertrages passt, weil er diesen Inhalt aufgrund der besonderen Vertragsgestaltung und der Interessenlage nicht sinnvoll ergänzt. In einem solchen Fall ist der konkrete Einzelvertrag dahingehend auszulegen bzw. zu ergänzen, dass auf den *hypothetischen Willen* der Parteien abgestellt wird und ihnen unterschoben wird, dass sie vernünftigerweise ein Nachbesserungsrecht des Käufers vereinbart hätten, wenn ihnen diese Gesetzes- bzw. Vertragslücke bei Vertragsabschluss bewusst gewesen wäre; dabei hat sich der Richter vom Wesen und Zweck des Vertrages leiten zu lassen und den gesamten Umständen des Falles Rechnung zu tragen. Auslegung und Ergänzung des Vertrages fliessen häufig ineinander über. 257

Eine derartige *Vertragsauslegung bzw. -ergänzung* ist regelmässig für den Kauf einer *künftigen Sache* (Nr. 145) angezeigt, für welchen die gesetzliche Nachlieferungspflicht des Art. 206 OR für Gattungskäufe obsolet ist. Eine Nachlieferung kommt jedoch einer Nachbesserung sehr nahe. Die Nachbesserung einzel- 258

---

[326] BGE 85 II 192 ff. Zustimmend: CAVIN, SPR VII/1, S. 103; GIGER, BerKomm, N 29 zu Art. 205 OR. Für das Werkvertragsrecht ist die herrschende Lehre anderer Meinung: GAUCH, Nr. 2062, mit Hinweisen.
[327] Vgl. BGE 95 II 125 f.
[328] GUHL/KOLLER, § 42 Nr. 48; GIGER, BerKomm, N 42 f. zu Art. 205 OR; BUCHER, S. 97. A.M. CAVIN, SPR VII/1, S. 96; KELLER/SIEHR, S. 96; HONSELL, BasKomm, N 5 zu Art. 205 OR.

ner mangelhafter Bestandteile einer gekauften Neubaute ist sinnvoll und wirtschaftlich.

259 Ein *Analogieschluss* ist dagegen bei gegebenen Voraussetzungen für die kaufrechtlichen Elemente eines gemischten Vertrages (Nr. 146 ff.) zulässig. Auf diese (z.B. Kauf von Bauteilen, welche bei Vertragsabschluss bereits ausgeführt waren) darf der Richter Normen von gesetzlichen Vertragstypen (hier die werkvertragliche Nachbesserungspflicht des Unternehmers gemäss Art. 368 Abs. 2 OR) anwenden, sofern sich die betreffenden Regeln harmonisch in das Vertragsganze einfügen und zu einem widerspruchslosen Gesamtergebnis führen, was in Bezug auf die Nachbesserungspflicht insbesondere von geplanten oder vollendeten Neubauten bejaht werden darf. Wird ein Nachbesserungsrecht des Verkäufers bejaht, steht es auf der gleichen Stufe wie das Wandelungs- und das Minderungsrecht (vgl. Nr. 240). Insbesondere ist auch das Nachbesserungsrecht vom Verschulden des Verkäufers unabhängig (*Kausalhaftung*) und unterliegt den Prüfungs- und Rügepflichten des Käufers (vgl. ausführlich Nr. 262).

B. Nachbesserungsrecht des Verkäufers

260 Wäre auch hier nur auf den Wortlaut des Gesetzes abzustellen, besässe der Verkäufer seinerseits auch kein Recht, gerügte Mängel zu beheben, um andere bzw. weitere Gewährleistungsansprüche des Käufers zu vermeiden. Mit der herrschenden Lehre ist davon auszugehen, dass dem Verkäufer ein Nachbesserungsrecht jedenfalls bei *leicht behebbaren* Mängeln zusteht[329]. Im Übrigen kann sich das Nachbesserungsrecht des Verkäufers auch aufgrund von Vertragsergänzung ergeben (vgl. Nr. 257).

C. Nachbesserung gemäss ausdrücklicher Vereinbarung

261 1. Um die Ungewissheiten der richterlichen Vertragsauslegung bzw. -ergänzung zu vermeiden, ist es vorzuziehen, dass die Nachbesserung von den Parteien bei Vertragsabschluss *ausdrücklich* geregelt wird. Dies kann z.B. durch die Übernahme des gesetzlichen werkvertraglichen Nachbesserungsrechtes oder durch die Haftungsregeln (privat) vorgeformter Vertragsbedingungen (AGB) geschehen. Oft wird in Kaufverträgen über geplante und unvollendete Neubauten, die allerdings vielfach gemischte Kauf-/Werkverträge sind (vgl. Nr. 146 ff.), die Mängelhaftung der Art. 165 ff. SIA-Norm 118 übernommen. In

---

[329] GIGER, BerKomm, N 43 zu Art. 205 OR; HONSELL, BasKomm, N 6 zu Art. 205 OR; KELLER/SIEHR, S. 97.

Abweichung von der gesetzlichen Haftungsordnung (auch von Art. 368 Abs. 2 OR) hat der Bauherr nach Art. 169 Abs. 1 SIA-Norm 118 zunächst einzig das Recht, vom Unternehmer die Mängelbeseitigung innerhalb angemessener Frist zu verlangen, was ein vorrangiges Nachbesserungsrecht des Unternehmers bedeutet.

2. Nach der hier vertretenen Auffassung ist das Nachbesserungsrecht *gleich wie das Wandelungs- und das Minderungsrecht* zu behandeln (Kausalhaftung, Prüfungs-, Rüge- und Verjährungsfristen gemäss Art. 200 und Art. 219 Abs. 3 OR), unabhängig davon, ob das Nachbesserungsrecht vereinbart worden ist oder auf Analogieschluss oder Gesetzesergänzung beruht. Die Gleichstellung des Nachbesserungsrechtes entspricht der Systematik der kaufrechtlichen Gewährleistung und steht auch im erwünschten Einklang mit dem System der Haftungsordnung des «verschwisterten» (Nr. 9) Werkvertragsrechtes. Es erscheint als sachlich nicht gerechtfertigt, das Nachbesserungsrecht auf die gleiche Stufe des Ersatzanspruches für Mangelfolgeschäden mit der (mindestens teilweisen) Exkulpationsmöglichkeit des Verkäufers zu stellen. Das Bundesgericht vertritt hingegen die Auffassung, dass für die Durchsetzung eines vertraglichen Nachbesserungsanspruches die allgemeinen Bestimmungen über die Nichterfüllung (Art. 97 ff. OR) gelten[330].

4. Das Recht auf Ersatz des Mangelfolgeschadens

A. Merkmale

Der Mangelfolgeschaden ist eine Vermögenseinbusse des Käufers, die ihre Ursache in einem Mangel des Grundstückes (Kaufsache) hat, jedoch nicht im Mangel selbst begründet ist. Vielmehr tritt er sozusagen «ausserhalb des Mangels» als eine «weitere» Folge in der mehr oder weniger langen Kausalkette von Ursachen und Wirkungen hinzu, welche mit dem Mangel der Kaufsache (z.B. ungenügende Statik eines Hauses) direkt und indirekt zusammenhängen. Es handelt sich in der Regel um den Vermögensschaden, welcher auch dann noch verbleibt, wenn der Kaufvertrag rückgängig gemacht oder eine Preisminderung bezahlt oder ein Mangel fachgerecht ausgebessert oder beseitigt (z.B. Abtransport von ölverseuchtem Erdreich) worden ist[331].

---

[330] BGE 91 II 350.
[331] Vgl. dazu GAUCH, Nr. 1853 ff.

B. Schadenersatz bei Wandelung

a. Kumulation

264 1. Das Gesetz sieht ausdrücklich vor, dass der Käufer nebst der Wandelung (Rückgängigmachung des Kaufes mit Rück-Austausch von Grundstück und Kaufpreis nebst Zinsen) den *zusätzlichen* Anspruch auf Schadenersatz, d.h. auf Ersatz des Mangelfolgeschadens (Nr. 263), geltend machen kann, sofern und soweit ein solcher Schaden entstanden ist (Art. 208 OR). Das Schadenersatzrecht ist ein weiteres Mängelrecht, das zum Wandelungsrecht kumulativ hinzutritt. Im Unterschied zum Wandelungsrecht und auch zum Minderungs- und Nachbesserungsanspruch ist es kein Gestaltungsrecht, sondern eine Forderung[332].

265 2. Dieser Schadenersatzanspruch ist ebenfalls der besonderen Haftungsordnung der Art. 197 ff. OR unterworfen. Ist das Wandelungsrecht verwirkt (Nr. 272 ff.) oder verjährt (Nr. 298 ff.), gilt dies auch für einen allfälligen Schadenersatzanspruch, welcher vom Käufer aus dem gleichen Mangel abgeleitet wird[333]. Soweit Art. 197 ff. OR keine besonderen Vorschriften enthalten (Nr. 266), sind die allgemeinen Regeln über die vertragliche Schadenersatzpflicht anwendbar[334], z.B. auch Art. 43 f. OR[335].

b. Teilweise Kausalhaftung

266 1. Der Verkäufer haftet *kausal*, d.h. verschuldensunabhängig, für einen Teil des Mangelfolgeschadens, nämlich vollumfänglich für den sog. *unmittelbaren* Schaden und *teilweise* für den sog. *mittelbaren* Schaden, nämlich soweit Art. 195 Abs. 1 Ziff. 2 und 3 OR einzelne Elemente des mittelbaren Schadens der Kausalhaftung unterwirft[336]. Dass der Verkäufer kausal auch für einen Teil des mittelbaren Schadens haftet, ergibt sich aus der ausdrücklichen Verweisung in Art. 208 Abs. 2 OR auf die Vorschriften über die vollständige Entwehrung. Es sind deshalb die Ausführungen zu Art. 195 Abs. 1 OR zu beachten (Nr. 115 ff.). Unter den auch in Art. 208 Abs. 2 OR ausdrücklich genannten Prozesskosten, welche als mittelbarer Schaden ebenfalls der teilweisen Kausalhaftung unterstehen, sind auch hier die Kosten eines Prozesses des Käufers

---

[332] Vgl. GAUCH, Nr. 1850.
[333] Vgl. GAUCH, Nr. 1876.
[334] Vgl. GAUCH, Nr. 1877 ff.
[335] GIGER, BerKomm, N 39 zu Art. 208 OR. A.M. CAVIN, SPR VII/1, S. 102 f.
[336] Unzutreffend BGE 107 II 166 und CAVIN, SPR VII/1, S. 100, welche die Kausalhaftung auf den unmittelbaren Schaden beschränken.

gegen einen Dritten (z.B. wegen einer Hangrutschung) zu verstehen (Nr. 118)[337].

2. Für allen übrigen Schaden haftet der Verkäufer nur, wenn er den Mangel *verschuldet* hat. Das Verschulden des Verkäufers wird vermutet. Es obliegt dem Verkäufer, sein allfälliges Nichtverschulden zu beweisen (Art. 97 Abs. 1 OR). Der Verkäufer kann sich von seiner allfälligen Hilfspersonenhaftung nur durch den Nachweis befreien, dass ihm selber, hätte er gleich gehandelt wie sein Erfüllungsgehilfe, ebenfalls kein Verschulden vorgeworfen werden könnte[338]. Die Fahrlässigkeit ist zudem *objektiviert*. Für die Beurteilung der Sorgfaltspflicht werden generelle, objektive Massstäbe angewendet. Für die Annahme eines fahrlässigen und deshalb schuldhaften Verhaltens kommt es nur darauf an, dass die objektiv gebotene Sorgfalt ausser Acht gelassen worden ist[339]. 267

3. Anders als das Werkvertragsrecht[340] macht das Kaufrecht einen Unterschied zwischen «*unmittelbarem*» und «*weiterem*» Schaden. Diese Unterscheidung ist schwer zu begreifen und dem übrigen Recht unbekannt[341]. Es ist Rechtsprechung und Rechtswissenschaft bis heute nicht gelungen, allgemein gültige bzw. brauchbare Kriterien einer zuverlässigen Abgrenzung zwischen den beiden Schadenskategorien zu finden. Die Grenzziehung ist noch immer unklar[342]. Mehrere Autoren befürworten Zurückhaltung bei der Annahme eines unmittelbaren Schadens im Sinne von Art. 208 Abs. 2 OR[343]. Das Problem erscheint als unlösbar, da in jedem konkreten Einzelfall die Kausalkette von Ursachen, welche ein Primärmangel (Erst-Ursache) bewirkt, verschieden lang sein kann. Ein gleichartiger Schaden kann im einen Fall unmittelbare, im anderen mittelbare Folge einer Mangelursache sein. Die Mangelfolgen können nicht nur in ihrer Zahl, sondern auch in ihrer Art unterschiedlich sein. Nach der hier vertretenen Auffassung sind deshalb brauchbare, generelle Kriterien für die Einteilung in unmittelbaren und weiteren Schaden unauffindbar. Die Differenzierung ist anhand der *Intensität des Kausalzusammenhanges* als Abgrenzungskriterium zu treffen[344]. Der Entscheid, was «intensiver kausal» ist, d.h. was näher beim Man- 268

---

[337] Vgl. BGE 79 II 381 f.; KELLER/SIEHR, S. 91; GIGER, BerKomm, N 41 f. zu Art. 208 OR.
[338] KOLLER, Haftung für den Erfüllungsgehilfen, Nr. 304.
[339] GAUCH/SCHLUEP/SCHMID/REY, Nr. 2754.
[340] GAUCH, Nr. 1890.
[341] Vgl. CAVIN, SPR VII/1, S. 101.
[342] Vgl. GIGER, BerKomm, N 25 zu Art. 195 OR und N 34 zu Art. 208 OR; BUCHER, S. 104 f.
[343] CAVIN, SPR VII/1, S. 101; BUCHER, S. 104 f.
[344] HONSELL, BasKomm, N 8 zu Art. 208 OR mit weiteren Hinweisen; KELLER/SIEHR, S. 90. A.M. BGE 79 II 381 f., 47 II 85 f.; GIGER, BerKomm, N 26 ff. zu Art. 195 und N 34 ff. zu Art. 208 OR.

gel als primärer Ursache (Primärmangel) steht, bleibt im Einzelfall dem sehr grossen Ermessen des Richters anheim gestellt, ähnlich wie die Beurteilung der Adäquanz des Kausalzusammenhanges. Entgangener Gewinn ist immer mittelbarer Schaden[345]. Das Problem wird jedoch durch die Objektivierung des Fahrlässigkeitsbegriffes (Nr. 267) in der Praxis weitgehend entschärft. Deswegen kann der Entlastungsbeweis des Art. 97 Abs. 1 OR in der Praxis häufig nicht erbracht werden. In solchen Fällen wird ohnehin für den gesamten Schaden gehaftet, sodass die mühselige Abgrenzung zwischen unmittelbarem und weiterem Schaden entfällt.

C. Schadenersatz bei Minderung oder Nachbesserung

269 Unbestritten ist, dass der Verkäufer den Ersatz des Mangelfolgeschadens auch zusätzlich (kumulativ) zum Minderungsrecht und zum (allfälligen) Nachbesserungsrecht schuldet. Kontrovers ist die Frage, ob dieser Schadenersatzanspruch sich ebenfalls nach Art. 208 OR richtet oder nach den allgemeinen Nichterfüllungsregeln der Art. 97 ff. OR zu beurteilen ist. Dem Wortlaut nach gilt Art. 208 Abs. 2 und 3 OR nur für den Fall der Wandelung. Das Bundesgericht beschränkt die Kausalhaftung gemäss Art. 208 Abs. 2 und 3 bzw. Art. 195 Abs. 1 OR auf den Wandelungsfall[346]. Demgegenüber befürwortet die wohl herrschende Lehre[347] eine analoge Anwendung von Art. 208 Abs. 2 OR und damit eine dem übrigen Gewährleistungsrecht entsprechende teilweise Kausalhaftung des Verkäufers wie bei der Wandelung (Nr. 266 ff.). Die herrschende Lehrmeinung verdient den Vorzug, weil damit die Gewährleistungsordnung der Art. 197 ff. OR logisch und konsequent durchgesetzt sowie der Einklang mit dem Haftungssystem des Werkvertragsrechtes erreicht wird (Nr. 9). Wer wie die Verfasser die Anspruchskonkurrenz (Nr. 20) zwischen Art. 197 ff. OR und Art. 97 ff. OR verneint (Nr. 40), kann ohnehin keiner anderen Lösung zustimmen (vgl. auch Nr. 262). In der Praxis stellt sich das Problem häufig nicht, weil der Verkäufer das vermutete und zudem objektivierte Verschulden nicht entkräften kann und deshalb der Käufer kein Bedürfnis hat, seinen Schadenersatzanspruch teilweise mit der Berufung auf die Kausalhaftung im Rahmen des Art. 208 Abs. 2 bzw. Art. 195 Abs. 1 OR zu «retten» (Nr. 268).

---

[345] Vgl. BGE 79 II 381 = Pra 1954, S. 35.
[346] BGE 107 II 166, mit weiteren Hinweisen; Honsell, BasKomm, N 7 zu Art. 208 OR.
[347] Giger, BerKomm, N 56 zu Art. 208 OR; Keller/Siehr, S. 93 f.

5. Die Mängelrechte des Käufers von Stockwerkeigentum – gesteigerte Komplexität

Das (verdinglichte) *Sonderrecht* des einzelnen Stockwerkeigentümers ist kein Sondereigentum. Es beinhaltet aber die Befugnis, die «eigenen Räume» (Art. 712a Abs. 2 ZGB) «ausschliesslich zu benutzen und innen auszubauen» (Art. 712a Abs. 1 ZGB). Macht der Käufer einer Stockwerkeinheit sein Wandelungs- oder Minderungsrecht geltend, so ergeben sich *keine* stockwerkeigentumsspezifischen Probleme, denn diese Rechte können nur sein Miteigentum betreffen. Das Gleiche trifft zu, wenn er die Nachbesserung des Innenausbaus verlangt[348].

270

Demgegenüber ergibt sich eine *gesteigerte Komplexität*, wenn der Käufer die Nachbesserung von Gemeinschaftsteilen fordert. Dazu ist er berechtigt, weil ihm auch die Gemeinschaftsteile mängelfrei geschuldet sind. Da aber einerseits die Verbesserung eines Gemeinschaftsteils eine unteilbare Leistung ist[349] und andererseits dem Käufer nur ein Miteigentumsanteil am sog. «Muttergrundstück» zusteht, muss er sich verhältnismässig an den Verbesserungskosten beteiligen. Die Beteiligung entspricht der Wertquote der Stockwerkeinheiten, die dem Käufer nicht zu Eigentum gehören. Auf den Nachbesserungspflichtigen entfällt damit nur ein Bruchteil der Verbesserungskosten, und dieser Bruchteil entspricht dem Gesagten zufolge der Wertquote des Berechtigten[350]. In dieser *Quotenbezogenheit* erschöpft sich allerdings die Komplexität des Nachbesserungsrechts des Stockwerkeigentümers noch *nicht*. Will er nämlich sein Recht auf Nachbesserung der gemeinschaftlichen Gebäudeteile ausüben, benötigt er zusätzlich die Befugnis (einen Rechtstitel), über die Gemeinschaftsteile baulich verfügen zu dürfen[351]. Diese Befugnis muss sich der Käufer in der Regel durch Beschluss der Stockwerkeigentümerversammlung einräumen lassen[352], es sei denn, der Nachbesserungsanspruch richte sich ausnahmsweise auf dringliche bauliche Massnahmen, um die Sache vor drohendem oder wachsendem Schaden zu bewahren (Art. 647 Abs. 2 Ziff. 2 ZGB), oder auf «gewöhnliche Verwaltungshandlungen» im Sinne von Art. 647a Abs. 1 ZGB[353].

271

---

[348] Schumacher, Mängelrechte, S. 4.
[349] BGE 114 II 247.
[350] Schumacher, Mängelrechte, S. 7 f.; BGE 114 II 247.
[351] Schumacher, Mängelrechte, S. 8.
[352] Vgl. dazu ausführlich: Schumacher, Mängelrechte, S. 8 ff.
[353] Vgl. dazu ausführlich: Schumacher, Mängelrechte, S. 10.

VIII. Mängelhaftung: Die Verwirkung der Mängelrechte

1. Die Verwirkung der Mängelrechte durch Genehmigung des Käufers

A. Die Genehmigungserklärung des Käufers

272 Die Genehmigung der Kaufsache ist eine Erklärung des Käufers, die abgelieferte Kaufsache als vertragsgemäss geleistet und damit als mängelfrei gelten zu lassen. Eine solche Erklärung ist unwiderruflich. Sie bewirkt die Verwirkung der Mängelrechte[354]. Behauptet der Verkäufer, der Käufer habe die Kaufsache willentlich genehmigt, ist er hiefür beweispflichtig. Ein Genehmigungswille des Käufers, welcher nicht ausdrücklich, sondern bloss durch konkludentes (schlüssiges) Verhalten ausgedrückt wird, darf nicht leichthin angenommen werden. Z.B. darf die Übernahme des Grundstückes (Art. 220 OR; Nr. 70 ff.) durch den Käufer oder die Bezahlung des vereinbarten Kaufpreises nicht ohne weiteres als Kundgabe eines Genehmigungswillens ausgelegt werden, auch nicht ohne weiteres die Entgegennahme von Mietzins- und Steuerabrechnungen[355]. Erklärungen des Käufers, eine Kaufsache als vertragsgemäss und damit als mängelfrei genehmigen zu wollen, sind in der Praxis selten.

B. Die Genehmigungsfiktion des Gesetzes

a. Der Grundsatz

273 1. Das Gesetz stellt in Art. 201 OR die Vermutung der stillschweigenden Genehmigung der Kaufsache (Grundstück) durch den Käufer auf, wenn dieser Mängel nicht rechtzeitig rügt. Diese gesetzliche Vermutung ist unwiderlegbar und damit eine gesetzliche *Genehmigungsfiktion*. Im Unterschied zur absichtlichen Genehmigung (Nr. 272) gilt die Kaufsache trotz allfälliger Mängel als genehmigt, auch wenn der Käufer keinen Genehmigungswillen hatte, sondern schlicht nachlässig war, was in der Praxis häufig vorkommt und ebenso oft auf weit verbreiteter Rechtsunkenntnis des Art. 201 OR beruht[356].

---

[354] Vgl. GAUCH, Nr. 2070 ff.
[355] BGE 45 II 444; vgl. hingegen BGE 47 II 217: Genehmigung durch vorbehaltlose Akontozahlung; ferner BR 1980, S. 29 f. mit kritischer Anmerkung von TERCIER.
[356] Vgl. GAUCH, Nr. 2175 ff.

2. Der Käufer rügt nicht rechtzeitig und verwirkt damit seine Mängelrechte, 274
wenn er

– Mängel, welche bei rechtzeitiger und ordnungsgemässer Prüfung der Kaufsa- 275
che erkannt werden oder erkennbar wären, nicht bis zum Ablauf der Prüfungsfrist rügt oder

– diejenigen Mängel, die bei der ordnungsgemässen Prüfung nicht erkennbar 276
sind (sog. geheime Mängel), nicht sofort nach ihrer späteren Entdeckung rügt
(Art. 201 Abs. 3 OR).

b. Die Ausnahme

Gemäss Art. 203 OR wird der Verkäufer trotz unterlassener oder verspäteter 277
Mängelrüge des Käufers von seiner Mängelhaftung nicht befreit, wenn der Tatbestand der *absichtlichen Täuschung* (vgl. Art. 28 OR) vorliegt (Nr. 167 f.). Dabei muss sich die absichtliche Täuschung auf die Sachqualität des Kaufgegenstandes beziehen[357].

c. Der Geltungsbereich

Die (für den Käufer) harte gesetzliche Genehmigungsfiktion des Art. 201 OR 278
und die Ausnahme bei absichtlicher Täuschung (Art. 203 OR) gelten auch für
den *Grundstückkauf*[358] und umfassend für *alle* Mängel, d.h. unabhängig davon,
ob die fehlende Eigenschaft zugesichert oder vorausgesetzt bzw. voraussetzbar
ist[359].

2. Die Prüfung der Kaufsache

A. Die Prüfungsfrist

Der Käufer hat die Kaufsache zu prüfen, «sobald es nach dem üblichen Ge- 279
schäftsgang tunlich ist» (Art. 201 Abs. 1 OR). Damit wird nicht nur die Frist, innert welcher der Besteller mit der Prüfung zu beginnen hat, sondern auch diejenige Frist, welche ihm für die begonnene Prüfung zur Verfügung steht, bestimmt. Beide Fristen zusammen ergeben die Prüfungsfrist, die mit der *Besit-*

---

[357] GIGER, BerKomm, N 5 zu Art. 203 OR; KELLER/SIEHR, S. 86; HONSELL, BasKomm, N 1 zu Art. 203 OR.
[358] Vgl. BGE 104 II 268 = Pra 1979, S. 124.
[359] Vgl. BGE 107 II 422, grundlegend BGE 81 II 57 f.

zesübergabe (Art. 220 OR; Nr. 70 ff.) zu laufen beginnt[360]. Der Bezug eines Gebäudes vor der vertraglich vereinbarten Besitzesübergabe löst die Prüfungsfrist noch *nicht* aus[361]. Das Gesetz schreibt keine starre Prüfungsfrist vor. Insbesondere muss die Kaufsache nicht unverzüglich geprüft werden. Da jedoch die Formulierung «soweit es nach dem üblichen Geschäftsgange tunlich ist» sehr vage gefasst ist und sie erst nachträglich vom Richter nach seinem Ermessen für den konkreten Streitfall ausgelegt wird, ist es ratsam, dass der Käufer trotzdem unverzüglich mit der Prüfung der Kaufsache beginnt, um kein unnötiges, vermeidbares Fristrisiko einzugehen.

280 In Bezug auf Beginn und Dauer der Prüfungsfrist[362] sind die praktischen Verhältnisse massgebend[363]. Eine Prüfung kann erst dann erwartet werden, wenn sie objektiv möglich und vernünftigerweise zumutbar ist[364]. Zu berücksichtigen sind die konkreten Umstände des Einzelfalles, insbesondere die Art des Mangels[365]. Im Grundstückkauf, besonders beim Erwerb einer Neubaute, verfügt der Käufer meistens über eine *längere* Untersuchungsfrist[366]. Die Frist ist eher grosszügig zu bemessen, besonders dann, wenn der Käufer sowohl geschäftlich als auch bautechnisch unerfahren ist[367]. Je nach den Umständen kann es sich auch rechtfertigen, die Prüfungsfrist gemäss gestaffeltem Gebrauchsbeginn in verschiedene Etappen aufzuteilen. Z.B. ist es dem Käufer, welchem im Sommer ein Haus übergeben wird, nicht zumutbar, die Heizungsanlage bereits zu prüfen; er darf den Beginn der nächsten Heizperiode abwarten[368]. Auch die zugesicherte Isolationsfähigkeit muss erst bei entsprechenden Aussentemperaturen

---

[360] CAVIN, SPR VII/1, S. 128 f.
[361] GIGER, BerKomm, N 34 zu Art. 201 OR.
[362] In Rechtsprechung (vgl. BGE 81 II 60) und Lehre wird die Auffassung vertreten, «offenkundige» Mängel seien, wohl in Anlehnung an das Werkvertragsrecht (Art. 370 Abs. 1 OR; vgl. GAUCH, Nr. 2143), sofort nach der Ablieferung zu rügen (GIGER, BerKomm, N 21 zu Art. 201 OR; HONSELL, BasKomm, N 11 zu Art. 201 OR). Bei solchen Mängeln würde demnach wohl eine Rügefrist (vgl. Nr. 284 ff.), aber keine Prüfungsfrist laufen. Diese Meinung ist indessen abzulehnen, denn es besteht keine Veranlassung, die ohnehin schon problematische und dem kaufmännischen Verkehr zugeschnittene «Verwirkungsfalle» der gesetzlichen Prüfungs- und Rügeordnung (vgl. GAUCH, Nr. 2175) über den Gesetzeswortlaut hinaus zugunsten des Verkäufers auszudehnen, denn Art. 201 Abs. 1 OR sieht bei allen Mängeln eine Prüfungsfrist vor. In dieser Frage wird also eine Angleichung an das Werkvertragsrecht ausnahmsweise abgelehnt.
[363] HONSELL, BasKomm, N 9 zu Art. 201 OR; GIGER, BerKomm, N 36 zu Art. 201 OR; vgl. GAUCH, Nr. 2113 ff.
[364] Vgl. GAUCH, Nr. 2115.
[365] Gemäss BGE 118 II 148 ist die Prüfungs- und Rügefrist kurz zu bemessen, «wenn es sich um einen Mangel handelt, bei dem die Gefahr besteht, dass ein Zuwarten zu einem grösseren Schaden führen kann».
[366] GIGER, BerKomm, N 38 zu Art. 201 OR und N 107 f. zu Art. 221 OR; HONSELL, BasKomm, N 9 zu Art. 201 OR.
[367] Vgl. GAUCH, Nr. 2118; GIGER, BerKomm, N 43 zu Art. 201 OR.
[368] Vgl. CAVIN, SPR VII/1, S. 90; GUHL/KOLLER, § 42 Nr. 24; BGE 72 II 417.

getestet werden³⁶⁹. Die Prüfung erfolgt rechtzeitig, wenn eine im Grundbuch nicht eingetragene Strasse beim ersten Augenschein im Gelände entdeckt wird³⁷⁰.

B. Der Sorgfaltsgrad der Prüfung

1. Dem Käufer obliegt eine *ordnungsgemässe* Prüfung. Auch dies ist ein weitmaschiger Begriff. Methoden und Gründlichkeit der Prüfung sind aufgrund der konkreten Umstände des Einzelfalles zu bemessen. Die Prüfungspflicht bezieht sich auf solche Mängel, welche auch dem *durchschnittlichen*, genügend aufmerksamen Käufer bei einer Kontrolle unmöglich verborgen bleiben können³⁷¹. Eine *durchschnittliche* Aufmerksamkeit genügt³⁷². Ein Gebäude, insbesondere eine Neubaute, ist ein komplexes Werk mit sehr vielen Bestandteilen und Eigenschaften, die nicht alle sofort, sofern überhaupt, überprüfbar sind. An die Sorgfaltspflicht eines Hauskäufers dürfen deshalb keine hohen Anforderungen gestellt werden. Der Käufer muss keine aussergewöhnlichen Massnahmen ergreifen³⁷³ und nicht nach geheimen Mängeln forschen³⁷⁴. Er muss das Dach nicht mit dem Feldstecher absuchen³⁷⁵. Es ist ihm auch nicht zuzumuten, die Fenster mit dem Gartenschlauch abzuspritzen, um sie auf Schlagregendichtigkeit zu überprüfen. Der Käufer ist nicht verpflichtet, die Grundstücksfläche auszumessen³⁷⁶, was in der Regel sowieso nicht ohne die (kostspielige) Mithilfe eines Geometers möglich wäre, wozu der Käufer ebenfalls nicht verpflichtet ist (Nr. 282; vgl. auch Nr. 223). Er muss nicht die Existenz einer zugesicherten Abwasserkanalisation abklären³⁷⁷. 281

2. Der Grad der Sorgfaltspflicht hängt nicht nur von der Natur der Sache, sondern auch von der *Sachkenntnis* des Käufers ab³⁷⁸. Dieser ist in der Regel nicht verpflichtet, zur Prüfung einen Fachmann beizuziehen³⁷⁹. Zieht er einen solchen bei, gehen die Kosten zu seinen Lasten. Er kann jedoch die Kosten eines Experten, soweit sie zur Entdeckung von Mängeln führten, als Mangelfolgescha- 282

---

³⁶⁹ BGE 81 II 59 f.
³⁷⁰ BGE 98 II 198.
³⁷¹ Vgl. Giger, BerKomm, N 48 zu Art. 201 OR mit Verweisungen.
³⁷² Honsell, BasKomm, N 5 zu Art. 201 OR; Giger, BerKomm, N 48 zu Art. 201 OR; Keller/Siehr, S. 83.
³⁷³ Vgl. Cavin, SPR VII/1, S. 90.
³⁷⁴ BGE 76 II 223 f.; Honsell, BasKomm, N 5 zu Art. 201 OR; Guhl/Koller, § 42 Nr. 24.
³⁷⁵ SJZ 1956, S. 27.
³⁷⁶ BGE 98 II 198; Honsell, BasKomm, N 6 zu Art. 201 OR; Cavin, SPR VII/1, S. 140.
³⁷⁷ BGE 104 II 269 f. = Pra 1979, S. 125.
³⁷⁸ Vgl. Cavin, SPR VII/1, S. 89.
³⁷⁹ Honsell, BasKomm, N 5 zu Art. 201 OR; Guhl/Koller, § 42 Nr. 24; BGE 63 II 408, 59 II 313.

den geltend machen[380]. Beauftragt der Käufer einen Fachmann, darf ihm dies nicht zum Nachteil gereichen. Es darf deshalb nicht auf die erhöhten Kenntnisse des beauftragten Fachmannes abgestellt werden[381]. Der Verkäufer besitzt keinen Rechtsanspruch auf eine unübliche Kontrolle. Der Beizug eines Fachmannes kann auch für den Verkäufer von Vorteil sein, weil er unter Umständen eine raschere Entdeckung eines Mangels ermöglicht. Es liegt deshalb auch nicht im Interesse des Verkäufers, dass vom Beizug eines Fachmannes nur deshalb abgeraten werden muss, um dem Käufer kein erhöhtes Risiko aufzubürden.

C. Die Tragweite eines Prüfungsversäumnisses des Käufers

283 Erfüllt der Käufer seine Prüfungsobliegenheit überhaupt nicht oder nicht richtig, d.h. entweder nicht rechtzeitig oder mit ungenügender Aufmerksamkeit, verwirkt er damit seine Mängelrechte nicht. Entgegen dem Wortlaut des Art. 201 Abs. 2 OR genügt die blosse Verletzung der Prüfungspflicht nicht, um die gesetzliche Genehmigungsfiktion auszulösen. Nur das Ausbleiben der rechtzeitigen Mängelrüge führt zum Verlust der Mängelrechte[382]. Unterlässt der Käufer eine rechtzeitige oder ordnungsgemässe Prüfung, verliert er seine Haftungsansprüche gegen den Verkäufer nur in Bezug auf diejenigen Mängel, welche bei rechtzeitiger und gehöriger Prüfung erkennbar waren und nicht bis zum Ablauf der Prüfungsfrist (Nr. 279 f.) dem Verkäufer gerügt worden sind. Rügt der Käufer einen derart erkennbaren Mangel bis zum Ablauf der Prüfungsfrist, ohne eine Prüfung durchgeführt zu haben, verliert er den Gewährleistungsanspruch nicht. Die Rüge erfolgt rechtzeitig.

3. Die Mängelrüge

A. Die Rügefrist

284 1. Die in Art. 201 OR normierte Frist ist die *relative* Rügefrist (vgl. Nr. 299 betreffend die absolute Rügefrist). Sie bedeutet für den Käufer:

285 – Mängel, welche bei einer rechtzeitigen und ordnungsgemässen Prüfung erkennbar sind, hat er *bis zum Ablauf der Prüfungsfrist*, unabhängig davon, ob er die Mängel tatsächlich entdeckt hat oder nicht, zu rügen; erstreckt sich die Prüfung zulässigerweise über eine gewisse Zeit oder wird sie gar in Etappen

---

[380] Vgl. GUHL/KOLLER, § 42 Nr. 25.
[381] A.M. GUHL/KOLLER, § 42 Nr. 24.
[382] GIGER, BerKomm, N 21 zu Art. 201 OR; GAUCH, Nr. 2150. Anders BGE 64 II 257 f.

(Nr. 280) durchgeführt, sind die jeweils entdeckten Mängel *sofort* zu rügen (Art. 201 Abs. 1 OR); der Käufer darf in derartigen Fällen die Mängelrügen nicht bis zum Abschluss aller Prüfungen (z.b. der Heizungsanlage bei Beginn der Heizperiode) aufschieben;

– *geheime* Mängel, d.h. diejenigen Mängel, welche bei einer rechtzeitigen und ordnungsgemässen Prüfung nicht erkennbar sind, hat er *sofort* nach ihrer Entdeckung zu rügen. 286

2. Vorausgesetzt ist, dass der Mangel als solcher zweifelsfrei erkennbar war (bei der ordnungsgemässen rechtzeitigen Prüfung) oder später zweifelsfrei als Mangel erkannt worden ist. Die Erkennbarkeit oder Erkenntnis der tatsächlichen Beschaffenheit der Kaufsache genügt für sich allein noch nicht, um die Pflicht zur Sofortrüge auszulösen. Da der Mangel in einer Vertragsabweichung besteht (Nr. 160), ist der Käufer erst dann zur Sofortrüge verpflichtet, wenn die *Vertragsabweichung* zweifelsfrei erkennbar bzw. erkannt ist. Ein äusserlich feststellbarer Mangel kann trotzdem ein versteckter sein, wenn er für den Käufer als Laien nicht als Vertragsabweichung (Mangel) erkennbar ist[383]. Solange er sich nicht bewusst ist und nicht bewusst sein muss, dass festgestellte Unzulänglichkeiten einen Gewährleistungsanspruch begründen, hat er keinen Anlass und keine Pflicht, den Verkäufer zu benachrichtigen. Z.B. ist er nicht verpflichtet, bereits nach der Entdeckung des ersten kleinen Risses im Fassadenverputz sofort Mängelrüge zu erheben[384]. 287

3. Wie lange die Rügefrist zu bemessen ist, d.h. was unter den Begriff «*sofort*» fällt, ist oft ungewiss. Rechtsprechung und Literatur können keine sicheren Richtlinien entnommen werden[385]. Dementsprechend ist die Praxis (auch diejenige zum Werkvertragsrecht, die allenfalls als Referenz heranzuziehen ist) schwankend[386]. 288

Weil das Gesetz eine «sofortige» Anzeige vorschreibt, ist die Rügefrist kurz zu bemessen. Dem Käufer muss allerdings eine *Überlegungs- und Reaktionszeit* zugestanden werden, wie sie im Alltag auch in dringenden Angelegenheiten üblich ist. Er braucht sich nicht einer besonders raschen Übermittlungsart zu bedienen[387]. Es muss ihm auch die Zeit eingeräumt werden, den Kaufvertrag oder den Baubeschrieb, allenfalls unter sofortigem Beizug eines Fachmannes, zu 289

---

[383] BGE 63 II 407 f.
[384] Vgl. BGE 59 II 312 f., 118 II 149.
[385] Vgl. GIGER, BerKomm, N 81 ff. zu Art. 201 OR; HONSELL, BasKomm, N 11 i.V.m. N 9 zu Art. 201 OR; GAUCH, Nr. 2141 ff.
[386] BGE 118 II 148 = BR 1993, S. 47 f. Nr. 108; BGE 107 II 172 ff. = BR 1982, S. 17 f. Nr. 15.
[387] Vgl. GAUCH, Nr. 2144.

konsultieren, um sich zu vergewissern, ob überhaupt eine Vertragsabweichung und damit ein haftpflichtiger Mangel vorliegt. Die Pflicht zur sofortigen Rüge ist mit Vernunft auszulegen.

290 **4.** Behauptet der Verkäufer, zufolge der Verspätung der Mängelrüge des Käufers gelte die Genehmigungsfiktion des Art. 201 Abs. 2 und 3 OR, obliegt es nach herrschender Meinung dem Käufer, die Rechtzeitigkeit der Mängelrüge zu beweisen[388]. Nach der überzeugenden Lehrmeinung von GAUCH, die auf das Kaufsrecht ohne weiteres zu übertragen ist, rechtfertigt es sich, den Käufer beweisen zu lassen, *dass* und *wann* der Mangel gerügt wurde. Hat er dagegen die Rüge und deren Zeitpunkt nachgewiesen, so liegt der Beweis dafür, dass die nachgewiesene Mängelrüge zu spät erfolgt sei, beim Verkäufer[389].

B. Der Inhalt der Mängelrüge

291 In der Mängelrüge teilt der Käufer dem Verkäufer den erkannten Mangel mit und bringt gleichzeitig zum Ausdruck, dass er ihn für den Mangel haftbar machen will. Die Mängelrüge ist somit eine Willenserklärung des Käufers. Trotz des Wortlautes des Gesetzes (Art. 201 Abs. 1 und 3 OR) erschöpft sich die Mängelrüge nicht in einer blossen Anzeige des festgestellten Mangels. Vielmehr hat der Käufer mit der Anzeige auch zum Ausdruck zu bringen, dass er den Verkäufer für den Mangel haftbar machen will[390]. Dies ist die *Mängelrüge*. Der Käufer hat jeden Mangel, den er rügen will, möglichst genau anzugeben. Jede zweckmässige Art der Mängelbeschreibung ist zulässig (Skizzen, Fotos usw.). Es genügt, wenn der Käufer den aus seiner subjektiven Sicht vorhandenen Mangel so beschreibt, wie er ihn selber wahrnimmt und beschreiben kann. Er ist namentlich nicht verpflichtet, auch die Ursache der festgestellten Mängel zu bezeichnen[391]. Eine allgemein gehaltene Reklamation, die erst im Prozess bezüglich Umfang und Inhalt bestimmt wird, ist ungenügend[392].

C. Die Form der Mängelrüge

292 Die Mängelrüge ist *formfrei*[393] und *nicht* empfangsbedürftig[394]. Die Mängelrüge kann demgemäss auch mündlich, sogar durch konkludentes Verhalten erhoben

---

[388] BGE 118 II 147; GIGER, BerKomm, N 99 zu Art. 201 OR; HONSELL, BasKomm, N 14 zu Art. 201 OR.
[389] GAUCH, Nr. 2166, insbes. Nr. 2170; BÜHLER, S. 330 f.
[390] BGE 107 II 175; HONSELL, BasKomm, N 10 zu Art. 201 OR; vgl. GAUCH, Nr. 2133.
[391] Vgl. GAUCH, Nr. 2131; GIGER, BerKomm, N 65 ff. zu Art. 201 OR.
[392] BGE 21, S. 577 f.
[393] BGE 101 II 84 f., 107 II 175.
[394] Vgl. GAUCH, Nr. 2147; gl.M. wohl ebenfalls GIGER, BerKomm, N 91 zu Art. 201 OR. A.M. HONSELL, BasKomm, N 10 zu Art. 201 OR.

werden[395]. Da der Käufer jedoch für die Vornahme der Mängelrüge und deren Rechtzeitigkeit beweisbelastet ist (vgl. Nr. 290), ist der Käufer gut beraten, wenn er die Mängelrüge schriftlich erhebt und sie mit eingeschriebener Post versendet oder sich den Empfang durch den Verkäufer unterschriftlich bestätigen lässt.

D. Die Rechtsfolge der unterlassenen oder verspäteten Mängelrüge

Versäumt der Käufer seine Pflicht zur rechtzeitigen Mängelrüge, weil er nach der Entdeckung eines Mangels nicht sofort rügt oder weil er den Mangel zwar nicht entdeckt hat, jedoch bei rechtzeitiger und ordnungsgemässer Prüfung hätte entdecken müssen, gilt die Sache in Bezug auf den nicht rechtzeitig gerügten Mangel, jedoch nicht in Bezug auf alle anderen bereits rechtzeitig gerügten oder noch geheimen Mängel, als genehmigt. Zufolge dieser gesetzlichen Genehmigungsfiktion verwirkt der Käufer sämtliche Rechte, und zwar nicht nur die wahlweise zustehenden Mängelrechte, sondern auch den zusätzlichen Anspruch auf den Ersatz eines allfälligen Mangelfolgeschadens[396]. Von der Verwirkungsfolge nicht betroffen werden jedoch Mängel, welche vom Verkäufer absichtlich verschwiegen worden sind (Art. 203 OR; Nr. 167 ff., insbesondere Nr. 170 und Nr. 277). 293

4. Kritik an der gesetzlichen Genehmigungsfiktion

Die am Marktkaufmodell orientierte Strenge der Prüfungs- und Anzeigepflichten des Gesetzes ist ungerecht. Die Nachbarländer der Schweiz kennen die ausserordentliche Härte der Verwirkung der Mängelrechte zufolge versäumter Prüfungs- und Anzeigepflichten nicht, mit Ausnahme von Deutschland für den Handelskauf[397]. Auch innerhalb der schweizerischen Rechtsordnung ist die Rechtsfolge der Verwirkung als vollständiger Rechtsverlust *singulär*, nämlich auf das Kaufrecht und auf das ihm «verwandte» Werkvertragsrecht beschränkt. Beispielsweise kann der Mieter, der zu beseitigende Mängel dem Vermieter nicht meldet, zwar schadenersatzpflichtig werden, erleidet jedoch dadurch kei- 294

---

[395] Vgl. GAUCH, Nr. 2146.

[396] Vgl. GAUCH, Nr. 2160, wobei zu beachten ist, dass die Verwirkung nur den Mangelfolgeschaden und nicht auch andere Schäden, die dem Käufer zwar ebenfalls durch vertragswidriges Verhalten des Verkäufers erwachsen, aber keine Mangelfolgeschäden sind, betrifft (GAUCH, Nr. 1876). Vgl. auch CAVIN, SPR VII/1, S. 92, und HONSELL, BasKomm, N 12 i.V.m. N 3 zu Art. 201 OR.

[397] CAVIN, SPR VII/1, S. 92 Anm. 7; GIGER, BerKomm, N 7 ff. zu Art. 201 OR.

nen Rechtsverlust (Art. 257g OR). Beachtenswert ist auch die für den Bauherrn günstigere Lösung, welche Art. 173 Abs. 2 SIA-Norm 118, sofern sie als Vertragsbestandteil übernommen worden ist, vorsieht: Während der sog. zweijährigen Garantiezeit ist der Bauherr von der gesetzlichen Obliegenheit zur Sofortrüge enthoben, haftet jedoch für den weiteren Schaden, der bei unverzüglicher Behebung des entdeckten Mangels nach rechtzeitiger Anzeige hätte vermieden werden können.

295 Dass der Käufer infolge einer nicht rechtzeitigen bzw. unsorgfältigen Prüfung und zufolge nicht sofortiger Mängelrüge seine Mängelrechte verliert, ist eine zwar gesetzliche, jedoch ungerechte Benachteiligung des Käufers. Dadurch wird das Gleichgewicht zwischen Leistung (Grundstück) und Gegenleistung (Kaufpreis) *gestört* und ein gerechter Ausgleich der Interessen zwischen den Austauschleistungen (Äquivalenzverhältnis) verhindert. Es ist kein sachlicher Grund ersichtlich, dem Verkäufer das Risiko der Mangelhaftigkeit der Kaufsache auf dem Umweg über eine strenge Prüfungs- und Rügepflicht abzunehmen. Der Käufer wird mit der Prüfungs- und Anzeigepflicht nur deshalb belastet, weil die Leistung des Verkäufers *vertragswidrig*, d.h. mangelhaft, ist. Ihm, dem Käufer, geschieht durch die Mängel des Kaufobjekts Unrecht, während dem Verkäufer allein durch eine verspätete Mängelrüge noch kein Unrecht widerfährt. Die gesetzliche Regelung wird deshalb als *ungerecht und starr* kritisiert[398]. Die Interessen des Verkäufers werden genügend geschützt, wenn ihm der Anspruch auf Ersatz des Schadens zugebilligt wird, welcher durch eine rechtzeitige Anzeige hätte vermieden werden können. Dazu ist der Käufer ohnehin aufgrund seiner *Schadensminderungspflicht* gehalten (Art. 44 Abs. 1 OR). Es erscheint als gerecht, die Folgen einer Nachlässigkeit nach dem Umfang des Schadens zu bemessen, welcher durch die Nachlässigkeit der Gegenpartei adäquat kausal zugefügt worden ist[399].

296 Weil das Gesetz Gesetz bleibt («dura lex sed lex») und seine baldige Revision nicht erhofft werden darf, bleibt die blosse, jedoch berechtigte Erwartung des Käufers, dass die gesetzlichen Bestimmungen über die Prüfungs- und Anzeigepflicht bei aller Gesetzestreue grosszügig und vernünftig, d.h. *im Zweifelsfall eher zugunsten des Käufers*, ausgelegt werden[400].

297 Dem Käufer ist die *Abrede* im Kaufvertrag zu empfehlen, dass er in Abänderung des Gesetzes von der Prüfung der Kaufsache entbunden und berechtigt

---

[398] Vgl. BGE 114 II 138; CAVIN, SPR VII/1, S. 92. Für das Werkvertragsrecht ausführlich: GAUCH, Nr. 2175 ff.
[399] Vgl. CAVIN, SPR VII/1, S. 92.
[400] Vgl. KELLER/SIEHR, S. 82. Für das Werkvertragsrecht: GAUCH, Nr. 2177, und für die Beweislastverteilung: BÜHLER, S. 331 f.

ist, während der Verjährungsfrist (Nr. 298) Mängelrügen jederzeit zu erheben, unter Vorbehalt des Rechtes des Verkäufers auf Ersatz des Schadens, welchen der Käufer durch eine verspätete Mängelanzeige und damit in Verletzung seiner Schadensminderungspflicht verschuldet. Die Härte des Gesetzes kann auch dadurch gemildert werden, dass die Beurteilung der Mängelhaftung des Verkäufers einem *Schiedsgericht* anvertraut und dieses ermächtigt wird, nach *Billigkeit* zu entscheiden, sodass das Schiedsgericht z.b. gesetzliche Form- und Prüfbestimmungen nicht beachten muss, um zu einem gerechten Urteil zu gelangen.

IX. Mängelhaftung: Verjährung

1. Die Dauer der Verjährungsfrist

A. Der Grundsatz: Fünfjährige Verjährungsfrist

1. Im Unterschied zur (sehr kurzen) Verjährungsfrist von einem Jahr für Mängel gekaufter Mobilien (Art. 210 OR) gilt für den Grundstückkauf eine Verjährungsfrist von *fünf Jahren* (Art. 219 Abs. 3 OR).   298

2. Das Bundesgericht und die wohl herrschende Lehre qualifizieren die Frist von Art. 210 Abs. 1 OR als *Verjährungs-*[401] und diejenige des Abs. 2 als *Verwirkungsfrist*[402]. Daher gehen gemäss dieser Auffassung Sachgewährleistungsansprüche unter, wenn die entsprechenden Mängel nicht innerhalb der Frist von Art. 210 Abs. 2 OR gerügt werden[403]. Die Unterbrechung der Verjährung (Nr. 304 f.) ersetzt die Mängelrüge nicht. Eine Verjährungsunterbrechung oder das Einrederecht gemäss Art. 210 Abs. 2 OR (Nr. 308) sind ohne rechtzeitige Mängelrüge wirkungslos[404].   299

B. Die Ausnahmen

1. Bei *absichtlicher Täuschung* des Käufers beträgt die Verjährungsfrist zehn Jahre anstatt fünf Jahre (Art. 210 Abs. 3 OR).   300

---

[401] BGE 104 II 357 f. = Pra 1979, S. 2 f.; GIGER, BerKomm, N 9 zu Art. 210 OR; HONSELL, BasKomm, N 2 zu Art. 210 OR; GUHL/KOLLER, § 42 Nr. 56.
[402] BGE 104 II 357 f. = Pra 1979, S. 2 f.; GIGER, BerKomm, N 67 zu Art. 210 OR; GUHL/KOLLER, § 42 Nr. 60. A.M. HONSELL, BasKomm, N 6 zu Art. 210 OR.
[403] GIGER, BerKomm, N 67 zu Art. 210 OR.
[404] Vgl. GIGER, BerKomm, N 66 f. zu Art. 210 OR.

301   2. Grundsätzlich ist es zulässig, dass die Parteien die fünfjährige Verjährungsfrist *verkürzen* oder *verlängern*. Für die Verkürzung der Verjährungsfrist sind die Ausführungen betreffend Haftungsausschluss und Haftungsbeschränkung zu beachten (Nr. 309 ff.). Eine Verlängerung ist nach herrschender Auffassung nur auf höchstens zehn Jahre zulässig[405]. Nach der hier vertretenen Meinung ist dagegen eine starre Höchstgrenze der Verjährungsverlängerung abzulehnen. Etwa im Bereich der Haftung für Altlasten kann auch eine zehnjährige Verjährungsfrist immer noch kurz sein[406]. Eine vereinbarte Garantiefrist kann je nach den (oft auslegungsbedürftigen) Willenserklärungen der Parteien im Einzelfall eine (verlängerte oder verkürzte) Verjährungsfrist, eine Rügefrist oder eine Verjährungs- und Rügefrist zugleich bedeuten[407]. Nach der bundesgerichtlichen Rechtsprechung beinhaltet die Zusicherung einer unveränderlichen Eigenschaft keine Verlängerung der Verjährungsfrist[408].

2. Der Beginn der Verjährungsfrist

302   Die fünfjährige Verjährungsfrist beginnt am Tage des *Eigentumserwerbs* zu laufen (Art. 219 Abs. 3 OR; zum Eigentumserwerb vgl. Nr. 64 f.). Der Beginn der Verjährungsfrist ist somit eindeutig bestimmbar, während die Besitzesübergabe (Art. 220 OR; Nr. 72 f.) im Nachhinein oft nicht auf einen bestimmten Tag festgelegt werden kann, weil vielfach keine förmliche Übergabe stattfindet. Zu beachten ist der Unterschied zur Prüfungsfrist. Diese beginnt nicht mit dem Eigentumserwerb, sondern schon oder erst mit der Besitzesübergabe zu laufen (Nr. 279 f.).

3. Der Anwendungsbereich der Prüfungsfrist

303   Entgegen dem engen Wortlaut des Art. 219 Abs. 3 OR, welcher nur «für die Mängel eines Gebäudes» eine fünfjährige Verjährungsfrist vorsieht, gilt die fünfjährige Verjährungsfrist für *sämtliche* Mängel eines gekauften Grundstückes, also auch für die Mängel eines unüberbauten Grundstückes (z.B. Flächenmass)[409]. Ebenso werden von der fünfjährigen Verjährungsfrist des Art. 219

---

[405] BGE 99 II 189; Giger, BerKomm, N 43 zu Art. 210 OR; Honsell, BasKomm, N 5 zu Art. 210 OR.
[406] Vgl. Schmid, Gewährleistung, S. 383.
[407] Gauch, Nr. 2517; Honsell, BasKomm, N 5 zu Art. 210 OR; Giger, BerKomm, N 51 ff. zu Art. 210 OR.
[408] BGE 102 II 101.
[409] BGE 104 II 270 = Pra 1979, S. 125; Cavin, SPR VII/1, S. 138. A.M. Giger, BerKomm, N 119 zu Art. 221 OR; Keller/Siehr, S. 125.

Abs. 3 OR alle Mängel an unbeweglichen Bauwerken erfasst, welche nicht Gebäudemängel sind[410].

4. Die Unterbrechung der Verjährung

1. In Bezug auf die Unterbrechung, auch auf die Hemmung der Verjährung, gelten die allgemeinen Grundsätze (Art. 134 ff. OR)[411]. 304

2. Entgegen dem engen Wortlaut der Art. 205 und 210 OR, wo von Wandelungs- und Minderungsklage bzw. von den Klagen auf Gewährleistung die Rede ist, können die Gewährleistungsansprüche auch durch ein Betreibungsbegehren unterbrochen werden (Art. 135 Ziff. 2 OR). Ein Betreibungsbegehren unterbricht die Verjährung *aller* Mängelrechte, welche dem Käufer aus einem bestimmten Mangel zustehen, also auch den Wandelungsanspruch[412]. Durch die Unterbrechungshandlung wird jedoch die Verjährung nur in Bezug auf diejenigen Mängel unterbrochen, welche *gerügt* worden sind und auf die sich die betreffende Unterbrechungshandlung ausdrücklich, auch durch eine Verweisung (z.B. auf eine dem Verkäufer früher zugestellte Liste von Mängelrügen), bezieht[413]. 305

3. Mit der Unterbrechung beginnt die unterbrochene Verjährungsfrist, in der Regel die gesetzliche Verjährungsfrist von fünf Jahren, neu zu laufen (unter Vorbehalt einer längeren Verjährungsfrist gemäss Art. 137 Abs. 2 OR). Im Falle des Art. 139 OR wird dem Käufer eine Nachfrist von 60 Tagen eingeräumt. 306

5. Die Wirkung der Verjährung

1. Sind die Mängelrechte des Käufers verjährt, sind sie zwar nicht untergegangen, können aber *nicht mehr auf dem Klageweg* durchgesetzt werden, wenn der beklagte Verkäufer die Einrede der Verjährung erhebt. In dieser Beschränkung der Klagbarkeit besteht die Wirkung der Verjährung[414]. 307

2. Trotz Verjährung besteht laut Art. 210 Abs. 2 OR das Recht des Käufers weiter, *Einreden* wegen vorhandener Mängel zu erheben (z.B. gegenüber der Forde- 308

---

[410] GIGER, BerKomm, N 119 zu Art. 221 OR.
[411] Vgl. GAUCH/SCHLUEP/SCHMID/REY, Nr. 3468 ff.; GAUCH, Nr. 2265.
[412] BGE 96 II 185 = Pra 1970, S. 519 f.; GIGER, BerKomm, N 15 zu Art. 210 OR; GAUCH, Nr. 2272. A.M. CAVIN, SPR VII/1, S. 106.
[413] Vgl. GAUCH, Nr. 2272.
[414] GIGER, BerKomm, N 64 zu Art. 210 OR.

rung des Verkäufers auf Bezahlung des restlichen Kaufpreises), unter der Voraussetzung, dass die betreffenden Mängel innerhalb der Verjährungsfrist rechtzeitig gerügt worden sind[415]. Ein Kaufpreisrückbehalt berechtigt den Käufer hingegen nicht für sich allein, nach Ablauf der Verjährungsfrist neu entdeckte Mängel zu rügen (Nr. 298).

X. Ausschluss und Beschränkung der Haftung des Verkäufers

1. Allgemeines

309   1. Aufgrund der Vertragsfreiheit, welche insbesondere auch die Vertragsinhaltsfreiheit umfasst (Art. 19 Abs. 1 OR)[416], können die Vertragspartner grundsätzlich, d.h. unter Vorbehalt unabänderlicher Schranken des Gesetzes (Art. 19 Abs. 1 und 2 OR; vgl. Nr. 332 ff.), die gesetzliche Haftungsordnung *abändern*. Sie können sie bestätigen und präzisieren, die Haftung des Verkäufers verschärfen (z.B. Entbindung des Käufers von der Pflicht zur Sofortrüge; vgl. Nr. 297) oder die Haftung des Verkäufers ausschliessen (wegbedingen). Dem *Ausschluss* der Haftung ist die *Haftungsbeschränkung* gleichzustellen. Sie ist ein beschränkter Ausschluss der Haftung. Was im Folgenden zum Haftungsausschluss gesagt wird, gilt ohne besonderen Vermerk sinngemäss auch für die Haftungsbeschränkung und umgekehrt.

310   2. In zahlreichen Grundstückkaufverträgen sind Klauseln betreffend Ausschluss oder Beschränkung der Haftung bzw. Mängelhaftung des Verkäufers anzutreffen. Sie werden auch **Freizeichnungsklauseln** genannt. Die Erscheinungsformen sind mannigfach[417]. Besonders zu erwähnen sind die folgenden:

311   – *ersatzloser* Haftungsausschluss (Nr. 315 ff.), vor allem anzutreffen beim Verkauf von Altliegenschaften (Nr. 137);

312   – Ausschluss der Haftung des Verkäufers gegen eine *Ersatzhaftung*, welche dem Käufer durch die *Abtretung* der Mängelrechte des Verkäufers gegen Dritte, insbesondere gegen Handwerker, Architekten, Ingenieure usw., verschafft wird (Nr. 340 ff.);

---

[415] Vgl. GIGER, BerKomm, N 75 zu Art. 219 OR.
[416] GAUCH/SCHLUEP/SCHMID/REY, Nr. 618.
[417] Vgl. dazu GAUCH, Nr. 2541 ff.

– *Beschränkung* der Haftung des Verkäufers *auf seine Haftungsansprüche gegenüber Dritten*, z.B. gegen Handwerker, Architekten, Ingenieure (Nr. 352).

313

3. Im Bereich des Haftungsausschlusses und der Haftungsbeschränkung stellen sich zahlreiche und heikle rechtliche, auch rechtspolitische Probleme. Derartige Vertragsklauseln werden *meistens auf Initiative des Verkäufers* in den Vertrag eingeführt. Sie sind vielfach geeignet, beim durchschnittlichen Käufer, der häufig unerfahren ist, den beruhigenden, jedoch oft trügerischen Anschein der Rechtmässigkeit, Vollständigkeit und Ausgewogenheit, manchmal sogar der Besserstellung des Käufers zu erwecken[418]. Die Klauseln enthalten meistens keinen Hinweis darauf, dass und inwieweit sie vom Gesetz abweichen und damit die Rechtslage des Käufers verschlechtern. Derartige Klauseln werden oft stereotyp verwendet. Es ist eine Erfahrungstatsache, dass bei Landkäufen derartigen Ausschlussklauseln (Wegbedingung der Gewährspflicht) keine besondere Bedeutung zugemessen wird. Das heisst aber nur, dass – zu Recht oder zu Unrecht – bei solchen Geschäften keine grossen Risiken erwartet werden[419]. Sinn und Rechtsfolgen derartiger Klauseln bleiben häufig dem Käufer, bisweilen aber auch dem Verkäufer *fremd*, weil sie bedenkenlos übernommen werden, ohne dass sich die Parteien selber Gedanken über deren Bedeutung machen. Deshalb sind Haftungsausschluss- und Haftungsbeschränkungsklauseln *oft unlogisch, widersprüchlich und lückenhaft.*

314

2. Der Inhalt der Haftungsbeschränkung

A. Die Vertragsauslegung im Allgemeinen

1. Die Tragweite, d.h. der *Inhalt* und damit auch der *Umfang* einer Haftungsbeschränkungsklausel, sind im Einzelfall vom Richter durch Vertragsauslegung zu ermitteln. Dies gilt auch für den Haftungsausschluss, denn oft ergeben sich auch bei scheinbar unbeschränkter Formulierung Schranken. Deshalb ist auch die Tragweite einer generellen Freizeichnungsklausel von Fall zu Fall aufgrund des gegebenen Sachverhaltes und des gesamten Verhaltens der Parteien nach dem Vertrauensprinzip zu ermitteln[420].

315

---

[418] Vgl. BGE 91 II 349; LGVE 1978 I, S. 475 f.
[419] BGE 107 II 163.
[420] Vgl. BGE 107 II 163, 73 II 218 ff.; Cavin, SPR VII/1, S. 86 f.; Giger, BerKomm, N 20 zu Art. 199 OR; Honsell, BasKomm, N 1 und 3 zu Art. 199 OR.

316 2. Für die Vertragsauslegung massgebend sind die *allgemeinen Grundsätze*[421], nebst den verschiedenen *Auslegungsmitteln*[422] auch die allgemeinen *Auslegungsregeln*[423], insbesondere die folgenden:

317 – Freizeichnungsklauseln (Ausschluss- und Beschränkungsklauseln) sind *im Zweifel eng* und damit zugunsten des Käufers auszulegen[424].

318 – Der Verkäufer darf nicht von einem Haftungsausschluss ausgehen, wenn dieser vom Verhandlungsergebnis derart abweicht, dass *nach Treu und Glauben* nicht mehr mit dem Einverständnis des Käufers gerechnet werden darf[425].

319 – Zur Vertragsauslegung gehört auch die Feststellung dessen, was nicht als stillschweigend vereinbart gelten kann[426]. Ein Mangel fällt nicht mehr unter eine (an sich verbindliche) Ausschlussklausel, *wenn er gänzlich ausserhalb dessen liegt*, womit ein Erwerber vernünftigerweise rechnen musste[427].

320 – Im Zweifel ist diejenige Bedeutung vorzuziehen, welche für den Verfasser einer unklaren Bestimmung ungünstiger ist[428], wobei dieser «*Unklarheitsregel*» erhöhte Bedeutung zukommt, wenn es sich um formularmässig vorformulierte Vertragsbestimmungen handelt[429].

321 3. Häufig stellen sich insbesondere die folgenden *Auslegungsfragen*:

322 a. Wird die Mängelhaftung generell ausgeschlossen, fragt sich, ob dadurch auch die Haftung für *Eigenschaftsangaben* des Verkäufers wegbedungen wird. Der Verkäufer kann grundsätzlich nicht zugleich eine Eigenschaft (verbindlich) zusichern und gleichzeitig die Haftung dafür ausschliessen. Eine Haftungsausschlussklausel erfasst eine «Zusicherung» ausnahmsweise nur dann, wenn für den Käufer unmissverständlich klar ist, dass die betreffende Eigenschaftsangabe unverbindlich sein sollte[430]. Die Zusicherung ist eine erklärte Haftungsübernahme, zu der ein Haftungsausschluss im Widerspruch steht. Kann der Wider-

---

[421] Vgl. Jäggi/Gauch, ZürKomm, N 295 ff. zu Art. 18 OR.
[422] Vgl. Jäggi/Gauch, ZürKomm, N 344 ff. zu Art. 18 OR.
[423] Vgl. Jäggi/Gauch, ZürKomm, N 411 ff. zu Art. 18 OR.
[424] BGE 126 III 67, 118 II 145, 107 II 163 f.; Cavin, SPR VII/1, S. 86; Giger, BerKomm, N 10 zu Art. 199 OR; Honsell, BasKomm, N 3 zu Art. 199 OR; Gauch, Nr. 2555.
[425] Vgl. BGE 114 II 252 betreffend Unverbindlichkeit eines Bestätigungsschreibens.
[426] Jäggi/Gauch, ZürKomm, N 336 f. zu Art. 18 OR; selbst in einer Saldoquittung wird nicht auf Rechte verzichtet, an die keine Partei gedacht hat.
[427] BGE 107 II 164 = BR 1982, S. 19 Nr. 18; BGE 126 II 67 = Pra 2000, S. 695; ZR 1984, S. 40 ff.; 1991, S. 229 ff. Präzisierend: Gauch, Nr. 2556.
[428] Jäggi/Gauch, ZürKomm, N 451 ff. zu Art. 18 OR; Honsell, BasKomm, N 3 zu Art. 199 OR.
[429] BGE 119 II 368, 117 II 622, 115 II 268, 113 II 52; Jäggi/Gauch, ZürKomm, N 459 ff. zu Art. 18 OR.
[430] BGE 109 II 24 f.; Giger, BerKomm, N 20 zu Art. 199 OR; Honsell, BasKomm, N 3 zu Art. 199 OR; vgl. Nr. 174 f.

spruch nicht durch die Vertragsauslegung behoben werden, besteht die Rechtsfolge darin, dass weder die vertragliche Haftungsübernahme noch der vereinbarte Haftungsausschluss gilt[431]. Deshalb richtet sich die Rechtslage nach Gesetz, ohne dass es hiefür einer zusätzlichen Begründung mit «Treu und Glauben» bedürfte. Der Verkäufer hat in einem solchen Fall für das Fehlen der angegebenen (zugesicherten) Eigenschaft nach Massgabe der gesetzlichen Bestimmungen über die Mängelhaftung (Art. 197 ff. OR) einzustehen[432].

b. Durch Auslegung des konkreten Einzelvertrages ist zu ermitteln, ob mit einem generellen Haftungsausschluss, z.b. mit der Klausel «ohne jegliche Währschaft rechtlicher und/oder faktischer Natur» nur die Haftung für körperliche und rechtliche Mängel im Sinne von Art. 197 Abs. 1 OR oder auch die *Rechtsgewährleistung* des Verkäufers gemäss Art. 192 ff. OR ausgeschlossen werden sollte. Die zweite Variante ist häufig zu verneinen. Doch kann die Vertragsauslegung im Einzelfall auch das Gegenteil ergeben, z.B. wenn das eidgenössische Grundbuch (oder eine gleichgestellte kantonale Einrichtung) noch nicht eingeführt ist und deshalb Wegrechte, welche im Interimsregister nicht eingetragen sind, nicht sicher ausgeschlossen werden können und der Verkäufer für eine derartige teilweise Entwehrung (Nr. 121 ff.) nicht haften will. 323

c. Durch Auslegung ist ferner zu ermitteln, ob mit einem vollständigen Haftungsausschluss nur die Haftung für körperliche und rechtliche Mängel im Sinne von Art. 197 Abs. 1 OR oder auch für *andere Tatbestände der Nichterfüllung oder der nicht gehörigen Erfüllung*, zum Beispiel die Haftung für die unvollständige Vertragserfüllung (Nr. 80 ff.), ausgeschlossen werden sollte. Die zweite Variante dürfte im Regelfall nicht in Frage kommen. Es ist kaum vorstellbar, dass ein Käufer mit einem Haftungsausschluss seinen Anspruch auf vollständige und rechtzeitige Erfüllung des Kaufvertrages wegbedingen will. 324

d. Die Haftungsbeschränkung kann auch darin bestehen, dass der Verkäufer für einen bestimmten Mangel grundsätzlich haftet, dass jedoch die *Mängelrechte* des Käufers *beschränkt* werden. Die Haftung kann nur für einen Teil der Mängelrechte oder nur für ein einzelnes Element eines Mängelrechtes ausgeschlossen bzw. beschränkt werden (z.B. blosses Nachbesserungsrecht unter Ausschluss von Preisminderung und Wandelung, Ausschluss des Ersatzes von Mangelfolgeschäden, Abkürzung der Verjährungsfrist[433]). 325

e. Ist die Mängelhaftung gemäss Art. 197 ff. OR ausgeschlossen, stellt sich die Frage, ob damit *für den gleichen Tatbestand* auch die Haftungsansprüche des 326

---
[431] JÄGGI/GAUCH, ZürKomm, N 433 ff. zu Art. 18 OR; GAUCH, Nr. 2565.
[432] GAUCH, Nr. 2565.
[433] BGE 108 II 196: Eine Fristverkürzung darf jedoch die Rechtsverfolgung nicht unbillig erschweren.

Käufers nach den Nichterfüllungsregeln (Art. 97 ff. OR), den Regeln über die Deliktshaftung (Art. 41 ff. OR) und die Anfechtung des Kaufvertrages wegen eines Willensmangels (Art. 23 ff. OR) ausgeschlossen ist oder nicht, sofern die Anspruchskonkurrenz zwischen Art. 197 ff. OR und diesen Rechtsbehelfen bejaht wird[434]. Lehre und Rechtsprechung nehmen mehrheitlich an, dass ein genereller Haftungsausschluss auch alle weiteren Haftungsansprüche des Käufers für den betreffenden Mangel wegbedingt, nämlich die Ansprüche gemäss Art. 97 ff. OR[435], die Irrtumsberufung[436] und die Deliktshaftung[437]. Ob dies im Einzelfall zutrifft oder nicht, ist jedoch sorgfältig durch Auslegung zu ermitteln[438]. Dabei ist zu beachten, dass Haftungsausschluss- und Haftungsbeschränkungsklauseln im Zweifel eng auszulegen sind (Nr. 317) und dass sich Unklarheiten zu Ungunsten des Verfassers auswirken (Nr. 320).

B. Die Auslegung vorformulierter Vertragsbedingungen

327   1. Auszulegen sind nicht nur individuelle Freizeichnungsklauseln, sondern auch *Allgemeine Geschäftsbedingungen* (z.B. SIA-Normen), auf welche oft beim Kauf von Neubauten verwiesen wird. Solche Klauseln unterstehen immer auch den Regeln, welche Lehre und Rechtsprechung für Allgemeine Geschäftsbedingungen (AGB) entwickelt haben[439]. Vor allem sind die folgenden Regeln zu beachten:

328   – Individuelle Vereinbarungen besitzen *Vorrang* vor vorformulierten Vertragsbedingungen[440].

329   – Eine global übernommene Haftungsbeschränkung kann unwirksam sein, weil sie *ungewöhnlich* ist[441].

330   – Zudem kann die Wirksamkeit Allgemeiner Geschäftsbedingungen durch Art. 8 UWG eingeschränkt sein (Nr. 338).

331   2. Ein Sonderproblem bilden die sog. Vertragsfloskeln, meist stereotype Haftungsausschlussklauseln (z.B. «die Gewährleistung ist wegbedungen»), die oft

---

[434] Zum Problem der Anspruchskonkurrenz (vgl. Nr. 20) vgl. einlässlich: Nr. 39 ff., Nr. 43 ff. und Nr. 55 ff.
[435] BGE 107 II 166; GIGER, BerKomm, N 24 zu Art. 199 OR; HONSELL, BasKomm, N 5 zu Art. 199 OR.
[436] BGE 91 II 279; HONSELL, BasKomm, N 5 zu Art. 199 OR. Differenzierend: GIGER, BerKomm, N 25 zu Art. 199 OR.
[437] BGE 107 II 168 = BR 1982, S. 19 Nr. 18; GIGER, BerKomm, N 24 zu Art. 199 OR.
[438] Vgl. GIGER, BerKomm, N 24 zu Art. 199 OR.
[439] Vgl. JÄGGI/GAUCH, ZürKomm, N 462 ff. zu Art. 18 OR; GAUCH/SCHLUEP/SCHMID/REY, Nr. 1240 ff.
[440] GAUCH/SCHLUEP/SCHMID/REY, Nr. 1139.
[441] GAUCH/SCHLUEP/SCHMID/REY, Nr. 1141 ff.

formelhaft in Verträge aufgenommen werden, ohne dass sie von den Parteien ausgehandelt worden wären. Derartige Vertragsfloskeln sind unverbindlich, wenn sie dem übereinstimmenden Willen der Parteien nicht entsprechen. Von Ausnahmen abgesehen darf der Verkäufer nicht damit rechnen, dass der Käufer die Haftungsausschlussklausel als solche versteht und akzeptiert. Vielmehr muss er nach Treu und Glauben davon ausgehen, der Käufer messe der Klausel keine rechtserhebliche Bedeutung bei oder er habe sie – da er mit ihr nicht zu rechnen brauchte – übersehen. Nur bei Vorliegen besonderer Verhältnisse sind derartige Haftungsausschlussklauseln gültig[442].

3. Schranken der Wirksamkeit

A. Formellrechtliche Schranke

Ergibt die Vertragsauslegung, dass Haftungsausschluss- und Haftungsbeschränkungsklauseln zu den subjektiv wesentlichen Vertragspunkten eines Grundstückkaufvertrages gehören[443], so unterliegen sie der Formvorschrift der öffentlichen Beurkundung (Art. 216 Abs. 1 OR, Art. 657 Abs. 1 ZGB), da die Regelung der Sachmängelhaftung jedenfalls ein charakteristisches Element eines Kaufvertrages bildet[444]. Ist die Form nicht erfüllt, so ist der ganze Grundstückkaufvertrag nichtig[445]. Der Formzwang der öffentlichen Beurkundung bezweckt u.a., die Vertragsschliessenden vor übereiltem Handeln zum eigenen Nachteil zu bewahren[446]. Die Urkundsperson hat deshalb die Parteien rechtlich zu belehren und zu beraten[447] und insbesondere zu erforschen, ob beide Parteien mit einem Haftungsausschluss einverstanden sind. Sie hat die Parteien auch über die juristische Bedeutung eines Haftungsausschlusses gründlich aufzuklären[448] und auf die rechtlichen Konsequenzen aufmerksam zu machen, um sie

332

---

[442] BGE 107 II 164, 83 II 407; vgl. KOLLER, BR 1989, S. 24 ff.; GAUCH, Nr. 2554. A.M. HONSELL, BasKomm, N 3 zu Art. 199 OR.
[443] Dies trifft dann zu, wenn die einvernehmliche Regelung dieses Vertragspunktes eine «condicio sine qua non» für den Abschlusswillen beider oder – für die Gegenpartei erkennbar – mindestens einer Partei ist (statt vieler: GAUCH/SCHLUEP/SCHMID/REY, Nr. 341). Gemäss SCHMID, In Sachen Baurecht, S. 49 Anm. 7, ist die subjektive Wesentlichkeit von Freizeichnungsklauseln im Regelfall zu bejahen.
[444] SCHMID, In Sachen Baurecht, S. 49 Anm. 7; vgl. BGE 113 II 404; GAUCH, BR 1986, S. 82; SCHWENZER, BasKomm, N 15 zu Art. 11 OR.
[445] GAUCH, BR 1986, S. 83; HÜRLIMANN, S. 95.
[446] Vgl. GAUCH/SCHLUEP/SCHMID/REY, Nr. 498.
[447] Vgl. SCHMID, In Sachen Baurecht, S. 56.
[448] Vgl. SCHMID, In Sachen Baurecht, S. 67.

vor unüberlegten Vertragsabschlüssen zu behüten und dafür zu sorgen, dass jede Partei die Tragweite ihrer Verpflichtungen erkennt[449].

B. Materiellrechtliche Schranken

333 1. Ist der Inhalt einer Haftungsausschluss- oder Haftungsbeschränkungsklausel ermittelt, stellt sich in einer zweiten Stufe die Frage, ob bzw. in welchem Umfang der Haftungsausschluss *rechtswirksam* ist. Die Haftung kann nur innerhalb der Schranken des Gesetzes (Art. 19 Abs. 1 OR) wegbedungen werden. Vereinbarungen über die Aufhebung oder Beschränkung der Haftung unterstehen wie alle Abreden den allgemeinen Gültigkeitsschranken für Verträge[450]. Insbesondere ist auf die folgenden Gültigkeitsschranken hinzuweisen:

334 a. Der Ausschluss der Haftung für *Körperschäden* verletzt das Persönlichkeitsrecht (Art. 27 Abs. 2 ZGB) und ist deshalb gemäss Art. 20 OR nichtig[451].

335 b. Gemäss Art. 100 Abs. 1 OR ist der Ausschluss der Haftung für rechtswidrige *Absicht oder grobe Fahrlässigkeit* nichtig. Ebenfalls nichtig ist die blosse Haftungsbeschränkung (z.b. Ausschluss des Wandelungsrechtes) für rechtswidrige Absicht oder grobe Fahrlässigkeit[452]. Gemäss Art. 101 Abs. 2 OR kann die Haftung für Hilfspersonen umfassend, also auch für rechtswidrige Absicht und Grobfahrlässigkeit der Hilfspersonen, aufgehoben oder beschränkt werden. Ob und inwieweit eine Haftungsausschluss- oder Haftungsbeschränkungsklausel auch die Haftung für Hilfspersonen, insbesondere auch diejenige für Absicht und grobe Fahrlässigkeit, ausschliesst oder beschränkt, ist eine Frage der Auslegung des konkreten Einzelvertrages[453]. Gemäss Art. 101 Abs. 3 OR ist die Wegbedingung der Haftung jedoch höchstens für leichtes Verschulden möglich, wenn der Verzichtende im Dienste des Schuldners steht oder wenn die Verantwortlichkeit aus dem Betrieb eines obrigkeitlich konzessionierten Gewerbes folgt. Diese Sondernorm dürfte für die Haftung des Grundstücksverkäufers kaum je anwendbar sein.

336 c. *Kontrovers* ist die Frage, ob Art. 100 Abs. 1 OR *alternativ* zum kaufrechtlichen Art. 199 OR anwendbar ist[454]. Nach dieser Gesetzesbestimmung kann die

---

[449] Vgl. BGE 90 II 281 f., 78 II 224; Meier-Hayoz, BerKomm, N 2 zu Art. 657 ZGB; Schönenberger/Jäggi, ZürKomm, N 45 zu Art. 11 OR.
[450] Vgl. Gauch, Nr. 2573.
[451] Vgl. Gauch, Nr. 2573.
[452] BGE 102 II 264.
[453] Gauch/Schluep/Schmid/Rey, Nr. 2879.
[454] Zum Stand der Kontroverse: Honsell, BasKomm, N 1 zu Art. 199 OR mit zahlreichen Verweisungen. Das Bundesgericht liess die Frage offen: BGE 107 II 161 ff. = BR 1987, S. 10 ff; BGE 126 III 67 = Pra 2000, S. 695.

Haftung für einen arglistig (= absichtlich; Nr. 167) verschwiegenen Mangel nicht ausgeschlossen oder beschränkt werden. Sinngemäss die gleiche Gültigkeitsschranke enthält Art. 192 Abs. 3 OR, wonach auch die Rechtsgewährleistung bei absichtlicher Verschweigung nicht aufgehoben oder beschränkt werden darf. Art. 192 Abs. 3 OR wird hier ebenfalls behandelt, jedoch im Folgenden nicht mehr ausdrücklich erwähnt.

Nach der hier vertretenen Auffassung besteht *kein wesentlicher Unterschied*, wenn sich der Verkäufer beim Vertragsabschluss grobfahrlässig verhält, indem er z.B. einen Mangel grobfahrlässig verschweigt oder wenn er nachher grobfahrlässig ungehörig handelt, d.h. den Vertrag grobfahrlässig ungehörig erfüllt. Zu den Pflichten jedes Vertragspartners gehören auch *Aufklärungspflichten*. Vor allem dem Abschluss eines Grundstückkaufvertrages gehen in der Regel längere Vertragsverhandlungen voraus, die besonders intensiv sind, wenn es sich um ein überbautes Grundstück handelt, ganz besonders intensiv, wenn bei Vertragsabschluss eine Neubaute geplant, unvollendet oder kürzlich fertig erstellt worden ist. Dadurch entsteht ein Verhandlungsverhältnis, das auch ein Vertrauensverhältnis ist. Es verpflichtet die Verhandlungspartner zu einem Verhalten nach Treu und Glauben, weil jeder, der mit einem anderen in Verhandlungen tritt, erwarten darf, dass er es mit einem redlich denkenden, sich loyal verhaltenden Partner zu tun hat[455]. Die Aufklärungspflicht kann vom Verkäufer auch fahrlässig oder gar grobfahrlässig verletzt werden[456]. Grobfahrlässig handelt z.B. der Verkäufer einer Neubaute, welcher selber oder durch seinen Architekten als seine Hilfsperson überhaupt keine Bauaufsicht gegenüber den Handwerkern ausübt, deren Bauleistungen nicht kontrolliert und deshalb ungeprüft abnimmt, weshalb er erkennbare Mängel nicht wahrnimmt. Aus Art. 100 Abs. 1 OR ist nach Meinung der Verfasser der *generelle Grundsatz* abzuleiten, *dass Grobfahrlässigkeit keinen Sonderschutz verdient*, sodass der Haftungsausschluss soweit nichtig ist, nämlich sowohl bei grobfahrlässiger Verursachung als auch bei grobfahrlässigem Verschweigen eines Mangels[457]. Es gibt keinen sachlichen Grund, dass Art. 199 OR die Stellung des Verkäufers gegenüber anderen Schuldnern verbessern bzw. erleichtern soll.

d. Eine Schranke der Wirksamkeit von Haftungsausschluss- und Haftungsbeschränkungsklauseln in übernommenen Allgemeinen Geschäftsbedingungen enthält **Art. 8 UWG**[458], wonach unlauter insbesondere handelt, wer vorformu-

337

338

---
[455] GAUCH, Nr. 434.
[456] Vgl. BGE 105 II 80.
[457] Vgl. SCHMID, Gewährleistung, S. 380.
[458] Vgl. dazu ausführlich: SCHMID, Gewährleistung, S. 380 ff.

lierte Allgemeine Geschäftsbedingungen verwendet, die in irreführender Weise zum Nachteil einer Vertragspartei (a.) von der unmittelbar oder sinngemäss anwendbaren gesetzlichen Ordnung erheblich abweichen oder (b.) eine der Vertragsnatur erheblich widersprechende Verteilung von Rechten und Pflichten vorsehen. *Auch Freizeichnungsklauseln in öffentlichen Urkunden können eine AGB-Qualifikation aufweisen*, wenn sie vom Verkäufer stammen, nicht individuell ausgehandelt wurden und auf vorformulierte Bestimmungen, die sich eignen, in eine Vielzahl von Einzelverträgen übernommen zu werden (sog. Vertragsmuster), zurückgegriffen wurde[459]. Kontrovers ist die Sanktion von Art. 8 UWG: Nach der einen Auffassung sind AGB-Bestimmungen unter den Voraussetzungen von Art. 8 UWG nichtig, nach der anderen Meinung stehen dem Vertragspartner nur die UWG-Rechtsbehelfe (sowie allenfalls Schadenersatzansprüche) zu[460].

339   2. Wird eine gesetzliche Schranke der Wegbedingung der Haftung missachtet, so ist die entsprechende Freizeichnungsklausel **nichtig** (Art. 19 Abs. 2 und Art. 20 OR)[461]. Die nichtige Klausel wird durch die gesetzliche Ersatzregel ersetzt. Die Rechtsfolge besteht somit in einer *«modifizierten» Teilnichtigkeit*[462]. Der Verkäufer kann in einem solchen Falle nicht einwenden, dass er den Vertrag ohne den nichtigen Teil, also mit der gesetzlichen Ersatzregel, überhaupt nicht geschlossen hätte und dass deshalb der ganze Vertrag nichtig sei[463].

4. Die Abtretung von Mängelrechten an den Käufer

340   1. Häufig sind in Grundstückkaufverträgen über Neubauten Abreden anzutreffen, wonach einerseits die Mängelrechte des Verkäufers gegen Unternehmer, Architekten, Ingenieure, Baulieferanten usw. dem Käufer *abgetreten* werden und andererseits die Mängelhaftung des Verkäufers *ausgeschlossen* wird. Es ist dies ein Haftungsausschluss gegen einen Ersatz, nämlich gegen die ersatzweise Haftung von Dritten, welche der Verkäufer dem Käufer mittels Abtretung verschafft. Auch ein derartiger Haftungsausschluss unterliegt der Vertragsauslegung (Nr. 315 ff.) und den gesetzlichen Schranken der Wirksamkeit (Nr. 332 ff.). Eine Abtretung kann dem Käufer auch Vorteile verschaffen, z.B.

---

[459] Schmid, In Sachen Baurecht, S. 59 und 65.
[460] Schmid, In Sachen Baurecht, S. 71; Gauch, Nr. 2586.
[461] Die Sanktion von Art. 8 UWG ist allerdings kontrovers: vgl. Nr. 338.
[462] Gauch/Schluep/Schmid/Rey, Nr. 712.
[463] Gauch/Schluep/Schmid/Rey, Nr. 712a; Hürlimann, Nr. 249 ff., 280 ff., 288 und 291.

die Befreiung von der Pflicht zur Sofortrüge, wenn die zweijährige Garantiefrist der Art. 172 f. SIA-Norm 118, während der das Recht zu jederzeitiger Mängelrüge besteht, gegenüber den Unternehmern anwendbar ist. Der direkte Verkehr mit den Handwerkern kann dem Käufer auch faktische Vorteile verschaffen, beispielsweise eine raschere Nachbesserung ermöglichen.

2. Die Abtretung der Mängelrechte gegenüber Dritten an den Grundstückkäufer wirft zahlreiche Rechts- und Auslegungsfragen auf[464]. Im Einzelnen: 341

A. Form der Abtretung

Die Abtretung der Mängelrechte ist nur in *schriftlicher* Form gültig (Art. 165 Abs. 1 OR). Dieses Erfordernis wird in der Praxis nicht immer erfüllt, z.B. wenn ein Kaufvertrag bloss die Verpflichtung zur (späteren) Abtretung enthält oder gar einen «automatischen Übergang» der Mängelrechte auf den Käufer vorsieht. 342

B. Die Abtretbarkeit der Mängelrechte

Gemäss herrschender Lehre und Rechtsprechung ist die Ausübung des Wandelungs- und Minderungsrechts als unselbständige (akzessorische) Gestaltungsrechte nicht abtretbar[465]. Abtretbar sind hingegen das Nachbesserungsrecht[466] und das Recht auf Ersatz des Mangelfolgeschadens[467]. Abtretbar ist ferner die Wandelungs- und Minderungsforderung[468]. 343

Der Verkäufer kann den Käufer ermächtigen, das Wandelungs- oder Minderungsrecht im Namen des Verkäufers vertretungsweise auszuüben[469]. Ob der Verkäufer dem Käufer eine derartige Vollmacht eingeräumt hat, ist durch Vertragsauslegung zu ermitteln. 344

Trotz gültiger Abtretung des Nachbesserungsrechts obliegt die Prüfungs- und Rügepflicht dem Verkäufer, nicht dem Käufer als Zessionar. Der Verkäufer kann jedoch den Käufer zur Prüfung verpflichten und zur Rüge ermächti- 345

---

[464] Vgl. dazu ausführlich: GAUCH, BR 1984, S. 23 ff.; ferner: SCHUMACHER, BRT FR 1989, S. 60 ff.
[465] BGE 114 II 247 = BR 1989, S. 68 Nr. 97; GAUCH/SCHLUEP/SCHMID/REY, Nr. 3556; GAUCH, Nr. 2439, 2446 ff. A.M. HONSELL, BasKomm, N 4 zu Art. 205 OR; KOLLER, Nachbesserungsrecht, Nr. 19 f.; neuestens KOLLER, Abtretung, S. 19 ff., und KÄSER, S. 96 ff., je mit eingehender Begründung.
[466] GAUCH/SCHLUEP/SCHMID/REY, Nr. 3556b. Zwar handelt es sich auch hier um ein Gestaltungsrecht, doch ist dieses mit dem Kaufvertrag nicht unlösbar verbunden (vgl. GAUCH, Nr. 2443).
[467] Vgl. GAUCH, Nr. 2445.
[468] Vgl. GAUCH/SCHLUEP/SCHMID/REY, Nr. 3556a; GAUCH, Nr. 2442.
[469] Vgl. GAUCH, Nr. 2442.

gen[470]. Auch hier muss die Auslegung ergeben, ob eine solche Ermächtigung in der konkreten Vertragsbestimmung enthalten ist.

346 Liegt *eine mit einer Abtretung verbundene Freizeichnung* vor, so stellt sich unter anderem die Frage, ob mit dem vereinbarten Haftungsausschluss einzig das abgetretene Nachbesserungsrecht wegbedungen wurde oder ob eine weiter gehende oder gar allumfassende Freizeichnung vorliegt. Der Umstand, dass nur das Nachbesserungsrecht abgetreten wurde und dass das Wandelungs- und das Minderungsrecht überhaupt nicht abtretbar sind, wird im Regelfall zum Auslegungsergebnis führen, dass durch die Freizeichnung nur das Nachbesserungsrecht wegbedungen wurde, wenn nicht ausnahmsweise eine klare Regelung für eine umfassendere Haftungsbeschränkung spricht[471].

C. Unvollständigkeit der Abtretung

347 Häufig werden – mindestens gemäss Wortlaut der Verträge – die Ansprüche *nur gegen einen Teil der Baubeteiligten* abgetreten, z.B. nur diejenigen gegen die Handwerker, nicht aber diejenigen gegen den Architekten, den Bauingenieur, die Fachingenieure oder den Geologen. In einem solchen Fall haftet der Verkäufer für die Leistungsanteile der übrigen Baubeteiligten. In der Regel kann er sich auf seinen völligen Haftungsausschluss nicht berufen, weil der Erwerber durch die Abtretungsklausel den Eindruck einer vollumfänglichen Ersatzhaftung erhalten durfte. Häufig ist den Parteien bei Vertragsabschluss gar nicht bewusst, dass neben den Handwerkern auch noch andere Baubeteiligte für den betreffenden Mangel ausschliesslich oder solidarisch haften könnten.

D. Durchsetzbarkeit der abgetretenen Mängelrechte

348 In der Praxis kommt es immer wieder vor, dass abgetretene Mängelrechte aus irgendeinem Grund, z.B. mangels Zahlungsfähigkeit eines Unternehmers, *nicht durchgesetzt werden können*, z.B. weil der Verkäufer bei der Erstellung der Neubaute zum Zwecke der Gewinnoptimierung unzuverlässige oder finanziell schwache Unternehmer beschäftigt hat, welche gelegentlich Klein- oder Einmannbetriebe sind. Vielfach sind sie auch unfähig, Nachbesserungen fachgerecht durchzuführen. Zwar haftet der Abtretende für die Zahlungsfähigkeit des Schuldners nur dann, wenn er sich dazu verpflichtet hat (Art. 171 Abs. 2 OR), oder bei arglistiger Verschweigung gemäss Art. 199 OR, welche allerdings

---

[470] Vgl. GAUCH, Nr. 2453.
[471] Vgl. GAUCH, Nr. 2570.

schwer beweisbar ist. Art. 171 Abs. 2 OR ist jedoch dispositiver Natur, und die Vertragsauslegung bzw. -ergänzung kann ergeben, dass sich der Verkäufer nicht auf den Haftungsausschluss berufen kann, wenn bei Vertragsabschluss an die Möglichkeit der Nicht-Durchsetzbarkeit nicht gedacht wurde oder der Käufer nicht damit rechnen musste. Im Zweifelsfalle sind Freizeichnungsklauseln eng auszulegen (Nr. 317). In derartigen Fällen dürfte die Vertragsauslegung meistens zum Ergebnis führen, dass die Mängelhaftung des Verkäufers wieder auflebt[472]. Die subsidiäre Haftung des Verkäufers und ihre Modalitäten können – was zu empfehlen ist – im Kaufvertrag ausdrücklich geregelt werden. Zu beachten ist auch, dass der Schuldner (z.B. ein Handwerker) dem Käufer verschiedene *Einreden aus dem Vertrag mit dem Verkäufer* entgegenhalten kann, z.B. den Zahlungsverzug des Verkäufers. Im Regelfall dürfte die Vertragsauslegung ergeben, dass solche Risiken trotz eines Haftungsausschlusses beim Verkäufer verbleiben.

E. Die eigene Haftung des Verkäufers

Die *eigene* Haftung kann der Verkäufer zwangsläufig nicht abtreten. Die Vertragsauslegung bzw. -ergänzung dürfte in der Regel ergeben, dass trotz eines (gemäss Vertragswortlaut) vollständigen Haftungsausschlusses die Parteien nicht an die eigene Haftung des Veräusserers gedacht haben. Deshalb bleibt trotz einer solchen Haftungsausschlussklausel die Haftung des Verkäufers für seinen eigenen Leistungsanteil bestehen, z.B. für seine Tätigkeit als Architekt, Ingenieur, Bauleiter oder als Handwerker einer einzelnen Arbeitsgattung. Des Weiteren haftet er trotz Ausschlussklausel, wenn der Haftungsgrund im Bereich seiner *Mitwirkung als Bauherr* liegt. Beispielsweise hilft eine Haftungsbeschränkung dem Verkäufer dann nicht, wenn er die Mängel durch Weisungen trotz Abmahnung des Unternehmers selbst verschuldet hat.

349

F. Aufklärungs- und Unterstützungspflichten des Verkäufers

Der Verkäufer als Zedent der Mängelrechte hat den Käufer über den Inhalt der Verträge mit den Schuldnern (Handwerker usw.), insbesondere über die Abnahmedaten sowie über die Endtermine der Garantie- (Rüge-) und Verjährungsfristen zu unterrichten, z.B. durch Übergabe der sog. «Garantiescheine», was häufig unterlassen wird. Trotz allfälligem vollständigem Haftungsausschluss treffen die Säumnisfolgen, welche der Verkäufer durch mangelhafte Aufklärung des Käufers verschuldet hat, ihn selber. Muss der Käufer abgetrete-

350

---

[472] Vgl. GAUCH, Nr. 2571.

ne Mängelrechte durchsetzen, hat ihn der Verkäufer dabei zu unterstützen. Der Käufer besitzt Anspruch auf Herausgabe aller Akten, welche für die Durchsetzung von Gewährleistungsansprüchen erforderlich sind, insbesondere der Werkverträge und Abnahmeprotokolle. Wird der Käufer vom Verkäufer nicht oder nur ungenügend unterstützt, lebt die Haftung des Verkäufers wieder auf[473]. Muss der Käufer gegen einen Schuldner (Handwerker, Architekt oder dergleichen) gerichtlich vorgehen, empfiehlt sich eine Streitverkündung an den Verkäufer.

G. Treuhandfunktion des Verkäufers

351 Gelegentlich verpflichtet sich der Verkäufer trotz Abtretung aller Mängelrechte zur Abnahme der Arbeiten der Handwerker, zur Weiterleitung von Mängelrügen, zur Anordnung und Überwachung von Garantiearbeiten und zu Schlussprüfungen bei Ablauf der zweijährigen Garantiefrist gemäss Art. 177 SIA-Norm 118. Erfüllt er diese Pflichten nicht oder nachlässig und erwächst daraus dem Käufer ein Nachteil (z.B. Verlust eines Mängelrechtes zufolge verspäteter Rüge oder zufolge Verjährung), haftet er gegenüber dem Käufer aus allgemeiner Vertragsverletzung (Art. 97 ff. OR). Diese Haftung verjährt innert zehn Jahren und unterliegt nicht der (verkürzten) Verjährungsfrist des Art. 219 Abs. 3 OR. Ohne besondere Vereinbarung besitzt der Verkäufer keinen Anspruch auf zusätzliche Vergütung für die Erfüllung dieser Pflichten.

5. Weitere Einzelfragen

A. Beschränkung der Mängelhaftung auf die Regressrechte des Verkäufers

352 1. Die Haftung des Verkäufers für Baumängel kann auch in der Weise eingeschränkt werden, dass dieser zwar gegenüber dem Käufer die einzige haftende Person bleibt, dass er jedoch nur *so weit* und *so lange* haftet, als er selber Gewährleistungsansprüche gegenüber den Unternehmern und/oder den anderen Baubeteiligten (Architekt, Bauingenieur, Fachingenieure, Geologe usw.) besitzt. Eine solche Haftungsbeschränkung ist eng auszulegen, und dies nicht nur, weil Haftungsbeschränkungsklauseln ohnehin eng zu interpretieren sind (Nr. 317), sondern weil auch der Käufer einer Neubaute in der Regel die Verträge des Verkäufers mit Dritten nicht kennt.

---

[473] Vgl. BR 1989, S. 211 ff.

Noch stärker werden die Rechte des Käufers beschnitten, wenn die Haftung des 353
Verkäufers auf seine Regressrechte beschränkt wird, «*soweit diese durchsetzbar
sind*». In einem solchen Fall muss der (abtretende) Verkäufer tätig werden. Er
kann sich nicht auf die Haftungsbeschränkung berufen, wenn es an ihm liegt,
dass eine Zahlung (z.b. des Minderwertes) oder eine Nachbesserung überhaupt
oder lange ausbleibt.

2. Das meiste, was zur Abtretung der Mängelrechte ausgeführt worden ist 354
(Nr. 340 ff.), z.B. betreffend die *eigene Haftung* des Verkäufers (Nr. 349), gilt
sinngemäss auch für diese Art der Haftungsbeschränkung. Insbesondere ist
auch in diesem Falle der Käufer *über Fristen zu orientieren*, welche allenfalls zu
beobachten sind. Meistens stimmen die Fristen gemäss den verschiedenen
Werkverträgen des Verkäufers mit den zahlreichen Handwerkern nicht mit denjenigen überein, die im Verhältnis zwischen den Kaufvertragsparteien gelten.
Der Verkäufer trägt das Risiko, wenn z.b. mangels genügender Aufklärung des
Erwerbers eine Frist versäumt wird oder wenn er aus Nachlässigkeit eine rechtzeitige Mängelrüge des Käufers verspätet weitergibt.

B. Zweistufige Kombination verschiedenartiger Haftungsbeschränkungen

Die verschiedenen Erscheinungsformen von Haftungsbeschränkungen können 355
miteinander kombiniert werden. Gelegentlich ist die folgende zweistufige Kombination anzutreffen: Während der zweijährigen Garantiefristen haftet der Verkäufer selber, beschränkt auf seine Regressansprüche gegenüber den Handwerkern, während für die restliche Verjährungszeit die Mängelrechte dem Käufer
abgetreten werden. In einzelnen Fällen wird dem Verkäufer das Wahlrecht eingeräumt, abzutreten oder über die zweijährige Garantiefrist hinaus selber zu
haften. Für jede Stufe gilt sinngemäss das, was in Bezug auf die einzelnen Erscheinungsformen ausgeführt worden ist (Nr. 352 f. und Nr. 340 ff.).

C. Vertragsübernahme

Eher selten anzutreffen ist die Vertragsübernahme, d.h. der Eintritt des Käufers 356
in sämtliche Werkverträge, in Architektur- und Ingenieurverträge an die Stelle
des Verkäufers mit Zustimmung aller Baubeteiligten, die damit Vertragspartner
des Käufers werden[474], und unter Ausschluss der Mängelhaftung des Verkäufers. Für diesen Fall gelten sinngemäss die Ausführungen zur Abtretung der

---

[474] Vgl. GAUCH/SCHLUEP/SCHMID/REY, Nr. 3672 ff.

Mängelrechte (vgl. Nr. 340 ff.). Z.B. haftet der Verkäufer trotz des Haftungsausschlusses gegenüber dem Käufer, wenn er vor der Vertragsübernahme die Abmahnung eines Handwerkers missachtet und damit einen Mangel selber verschuldet hat.

§ 6
Der Kauf landwirtschaftlicher Gewerbe und Grundstücke

BEAT STALDER

INHALTSVERZEICHNIS   Seite

Literatur 299

I. **Einleitung** 301
    1. Erste Charakterisierung. 301
    2. Gegenstand der Darstellung 301
    3. Zielsetzungen des bäuerlichen Bodenrechts 302
       A. Strukturpolitische Zielsetzungen 302
       B. Eigentumspolitische Zielsetzungen 303
       C. Familienpolitische Zielsetzungen 303
    4. Rechtsgrundlagen 304
       A. Verfassungsrechtliche Grundlagen 304
       B. Das Bundesgesetz über das bäuerliche Bodenrecht ... 304
       C. Kantonales Recht 305
    5. Einbettung des BGBB in die Rechtsordnung 306
       A. Verhältnis des BGBB zu Zivilgesetzbuch
          und Obligationenrecht 306
       B. Verhältnis des BGBB zum Landwirtschaftsrecht 307
       C. Verhältnis des BGBB zum Raumplanungsrecht 307
       D. Verhältnis des BGBB zum Pachtrecht 308

II.	Geltungsbereich des BGBB	309
	1. Übersicht	309
	2. Der örtliche Geltungsbereich	309
	A. Grundsatz	309
	B. Durchbrechungen des Grundsatzes	309
	3. Der sachliche Geltungsbereich	310
	A. Das landwirtschaftliche Grundstück	310
	B. Das landwirtschaftliche Gewerbe	311
	4. Exkurs: Anwendbarkeit des BGBB in der «Intensivlandwirtschaftszone» i.S.v. Art. 16a Abs. 3 RPG	313
III.	Begriffe	314
	1. Der Landwirtschaftsbegriff	314
	A. Der Wechsel vom Produktions- zum Produktemodell	314
	B. Übernahme des Landwirtschaftsbegriffes von Art. 3 LwG durch das BGBB	314
	2. Das Selbstbewirtschafterprinzip	315
	A. Bedeutung	315
	B. Persönliche Mitarbeit und Betriebsleitung	315
	C. Eignung zur Selbstbewirtschaftung	316
	3. Das Arrondierungsprinzip	317
	4. Das Ertragswertprinzip	319
IV.	Kaufs-, Sicherungs- und Gewinnanspruchsrechte zum Schutze der Miterben	319
	1. Veräusserungsverbot und Kaufsrecht der Miterben (Art. 23 und 24 BGBB)	319
	A. Gegenstand der Regelung und Normzweck	319
	B. Veräusserungsverbot (Art. 23 BGBB)	320
	a. Voraussetzungen	320
	b. Befristung	320
	c. Begriff der Veräusserung	321
	d. Vererblichkeit	321
	e. Dispositive Natur	321
	f. Ausnahmefälle	321
	C. Kaufsrecht der Miterben (Art. 24 BGBB)	322
	a. Voraussetzungen	322
	b. Kaufrechtsbelastete	322
	c. Kaufsberechtigte	323
	d. Fristen	323
	e. Vererblichkeit	323

    f. Begriff der endgültigen Aufgabe der Selbst-
       bewirtschaftung............................... 324
    g. Ausübungspreis............................... 324
    h. Ausnahmefälle................................ 325
    i. Spezialfall des Aufschubs 325
2. Kaufsrecht der verwandten Nichterben (Art. 25–27 BGBB)... 325
   A. Gegenstand der Regelung und Normzweck............. 325
   B. Kreis der Berechtigten............................. 326
   C. Voraussetzungen und Bedingungen der Ausübung....... 327
    a. Landwirtschaftliches Gewerbe................... 327
    b. Persönliche Voraussetzungen 327
    c. Ausübungspreis............................... 327
    d. Ausübungsfrist 327
   D. Ausnahmetatbestände und Konkurrenzfragen 328
3. Gewinnanspruchsrecht der Miterben (Art. 28–35 BGBB)..... 329
   A. Gegenstand der Regelung und Normzweck............. 329
   B. Befristung 330
   C. Veräusserungstatbestände, Fristen und Fälligkeit........ 331
    a. Verkauf und dem Verkauf gleichgestellte Geschäfte ... 331
    b. Enteignung 331
    c. Zuweisung zu einer Bauzone.................... 332
    d. Zweckentfremdung 333
   D. Gewinn 333
   E. Sicherung des Gewinnanspruchs..................... 335
   F. Aufhebung oder Änderung des Gewinnanspruchs 336
   G. Übergangsrecht 336

V. **Privatrechtliche Verfügungsbeschränkungen
bei Veräusserungsverträgen** 337
1. Einleitung 337
2. Allgemeine Verfügungsbeschränkungen (Art. 40 f. BGBB).... 338
   A. Zustimmung des Ehegatten (Art. 40 BGBB)............ 338
   B. Vertraglicher Gewinnanspruch (Art. 41 Abs. 1
      und 2 BGBB)..................................... 339
   C. Vertragliches Rückkaufsrecht (Art. 41 Abs. 3 BGBB)..... 340
3. Gesetzliche Vorkaufsrechte (Art. 42–55 BGBB) 340
   A. Übersicht.. 340
   B. Allgemeine Bestimmungen (Art. 50–55 BGBB) 341
    a. Anwendungsbereich 341
    b. Wegfall des Vorkaufsrechts bei einer überdurch-
       schnittlich guten Existenz (Art. 50 BGBB) 341

  c. Änderungen beim Umfang des Vorkaufsrechts
   (Art. 51 BGBB) 342
  d. Erhöhung des Übernahmepreises 343
  e. Gewinnanspruch des Veräusserers (Art. 53 BGBB) ... 343
  f. Veräusserungsverbot (Art. 54 BGBB) 344
  g. Rückkaufsrecht (Art. 55 BGBB) 344
 C. Vorkaufsrecht der Verwandten (Art. 42–46 BGBB) 344
  a. Gegenstand und Normzweck 344
  b. Berechtigung bezüglich landwirtschaftlicher Gewerbe
   und Ausübungspreis 345
  c. Berechtigung bezüglich landwirtschaftlicher Grundstücke und Ausübungspreis 346
  d. Allgemeiner und erweiterter Vorkaufsfall........... 346
  e. Übernahmepreis 347
  f. Konkurrenz mehrerer Berechtigter 348
  g. Dispositives Recht 348
 D. Vorkaufsrecht des Pächters (Art. 47 f. BGBB) 349
  a. Gegenstand und Normzweck 349
  b. Umfang 349
  c. Berechtigung bezüglich landwirtschaftlicher Gewerbe
   und Ausübungspreis 350
  d. Berechtigung bezüglich landwirtschaftlicher Grundstücke und Ausübungspreis 351
  e. Vorkaufsfall................................. 351
  f. Vorkaufsbedingungen 351
  g. Vorgehende Vorkaufsrechte 352
  h. Zwingendes Recht 352
  i. Keine Dispensation vom Bewilligungsverfahren...... 352
 E. Vorkaufsrecht an Miteigentumsanteilen (Art. 49 BGBB) .. 353
  a. Gegenstand und Normzweck 353
  b. Berechtigung bezüglich landwirtschaftlicher Gewerbe . 353
  c. Berechtigung bezüglich landwirtschaftlicher
   Grundstücke 354
  d. Vorkaufsfall................................. 355
  e. Vorkaufsbedingungen 355

VI. **Öffentlich-rechtliche Verfügungsbeschränkungen** 356
 1. Realteilungs- und Zerstückelungsverbot (Art. 58–60 BGBB) .. 356
  A. Strukturpolitische Zielsetzung 356
  B. Das Realteilungsverbot (Art. 58 Abs. 1 BGBB).......... 356
  C. Das Zerstückelungsverbot (Art. 58 Abs. 2 BGBB) 357

D. Gesetzliche Ausnahmetatbestände vom Realteilungs-
und Zerstückelungsverbot (Art. 59 BGBB) 357
E. Erteilung von Ausnahmebewilligungen (Art. 60 BGBB). . . 358
   a. Allgemeines 358
   b. Ausnahmetatbestände vom Realteilungs-
      und Zerstückelungsverbot (Art. 60 Abs. 1 BGBB) 358
   c. Ausnahmetatbestände allein vom Realteilungsverbot
      (Art. 60 Abs. 2 BGBB) 361
2. Bewilligungspflicht für den Erwerb landwirtschaftlicher
   Gewerbe und Grundstücke (Art. 61–69 BGBB) 362
   A. Funktion des Bewilligungsverfahrens 362
   B. Der Erwerbsbegriff (Art. 61 BGBB) 362
   C. Ausnahmen von der Bewilligungspflicht
      (Art. 62 BGBB) 363
   D. Die Verweigerungsgründe (Art. 63 und 64 BGBB) 364
      a. Grundsatz 364
      b. Der Verweigerungsgrund der fehlenden Selbst-
         bewirtschaftung (Art. 63 lit. a BGBB) 364
      c. Der Verweigerungsgrund des übersetzten Preises
         (Art. 63 lit. b BGBB) 367
      d. Verstoss gegen das Arrondierungsprinzip
         (Art. 63 lit. d BGBB) 368
   E. Erwerb durch das Gemeinwesen (Art. 65 BGBB) 368
   F. Erwerb im Rahmen der Zwangsverwertung
      (Art. 67 und 69 BGBB) 369
   G. Zivil- und verwaltungsrechtliche Folgen
      der Bewilligungserteilung bzw. der Bewilligungs-
      verweigerung (Art. 70–73 BGBB) 370

VII. Veräusserung des Pachtgegenstandes 371
1. Übersicht 371
2. Grundsatz: «Kauf bricht Pacht nicht» (Art. 14 LPG) 371
3. Durchbrechungen des Grundsatzes (Art. 15 LPG) 372
   A. Auflösungsgründe (Art. 15 Abs. 1 LPG) 372
   B. Gegenausnahmen 372
   C. Schriftliche Anzeige (Art. 15 Abs. 2 LPG) 373
   D. Kleine Erstreckung (Art. 15 Abs. 3 LPG) 373
      a. Gesetzliche Regelung 373
      b. Härte beim Pächter 373
      c. Interessen des Erwerbers 374
      d. Dauer der Erstreckung 374

E. Schadenersatz (Art. 15 Abs. 4 LPG) 375
   a. Allgemeines................................ 375
   b. Schadenselemente............................ 375
   c. Bleiberecht des Pächters....................... 376
F. Regelung im Veräusserungsvertrag (Art. 15 Abs. 5 LPG).. 376

LITERATUR

Die gängigen schweizerischen Kommentarwerke (Zürcher Kommentar, Berner Kommentar, Basler Kurzkommentar) werden im Folgenden nicht aufgeführt. Dasselbe gilt für Beiträge im «Schweizerischen Privatrecht» (SPR), deutschsprachige Ausgabe. – Zitierweise: Die Autoren werden nur mit dem Verfassernamen, nötigenfalls mit einem präzisierenden Zusatz zitiert. – Hinweise auf weiterführende Spezialliteratur finden sich in den Fussnoten.

BANDLI CHRISTOPH, Das Bundesgesetz über das bäuerliche Bodenrecht – die Regelung des Geltungsbereiches, BlAR 1992, S. 65 ff.

BEELER BRUNO, Bäuerliches Erbrecht, Diss. Zürich 1998.

Botschaft des Bundesrates zum Bundesgesetz über das bäuerliche Bodenrecht (BGBB) vom 19. Oktober 1988, BBl 1988 III, S. 953 ff. (zit. Botschaft zum BGBB).

Botschaft des Bundesrates zu einer Teilrevision des Bundesgesetzes über die Raumplanung (RPG) vom 22. Mai 1996, BBl 1996 III, S. 513 ff. (zit. Botschaft zur Teilrevision des RPG).

Botschaft des Bundesrates zur Reform der Agrarpolitik: Zweite Etappe (Agrarpolitik 2002) vom 26. Juni 1996, BBl 1996 IV, S. 1 ff. (zit. Botschaft AP 2002).

DONZALLAZ YVES, Commentaire de la loi fédérale du 4 octobre 1991 sur le nouveau droit foncier rural, Sion 1993.

Eidg. Amt für Grundbuch- und Bodenrecht, Praxisrelevante Entscheide zum bäuerlichen Bodenrecht, BlAR 1997, S. 3 ff.

Eidg. Amt für Grundbuch- und Bodenrecht, Änderungen des Bundesgesetzes über das bäuerliche Bodenrecht, des Bundesgesetzes über die Raumplanung und des Bundesgesetzes über die landwirtschaftliche Pacht im Rahmen der Reform der Agrarpolitik, BlAR 1998, S. 99.

Eidg. Amt für Grundbuch- und Bodenrecht, Kommentar zur Änderung des Bundesgesetzes über das bäuerliche Bodenrecht (BGBB) und des Bundesgesetzes über die landwirtschaftliche Pacht (LPG), Bern 1999 (zit. Eidg. Amt für Grundbuch- und Bodenrecht, Kurzkommentar).

HOTZ REINHOLD, Einfluss anstehender Neuerungen des Raumplanungsrechtes auf das bäuerliche Bodenrecht, BlAR 1996, S. 25 ff. (zit. HOTZ, BlAR 1996).

– Ermessens- und Beurteilungsspielraum im BGBB: Möglichkeiten und Grenzen seiner Anwendung, BlAR 1997, S. 95 (zit. HOTZ, BlAR 1997).

– Zum Vorkaufsrecht des Pächters an Teilen landwirtschaftlicher Grundstücke, BlAR 1998, S. 33 (zit. HOTZ, BlAR 1998).

– Auswirkungen der Teilrevision des RPG auf das BGBB, BlAR 2000, S. 3 ff. (zit. HOTZ, BlAR 2000).

HUNZIKER MICHAEL, Das Veräusserungsverbot und das Kaufsrecht der Miterben im bäuerlichen Erbrecht, Diss. Zürich 1997.

HUSER MEINRAD, Die bauliche Nutzung im Nichtbaugebiet, BR 1999, S. 35 ff.

Kommentar zum Bundesgesetz über das bäuerliche Bodenrecht vom 4. Oktober 1991, Hrsg. Schweiz. Bauernverband, Brugg 1995 (zit. AUTOR, Kommentar zum BGBB).

MÜLLER MANUEL und SCHMID-TSCHIRREN CHRISTINA, Das bäuerliche Bodenrecht: Ergänzung des Kommentars zufolge der Teilrevision vom 26. Juni 1998, BlAR 1999, S. 67 ff.

RICHLI PAUL, Landwirtschaftliches Gewerbe und Selbstbewirtschaftung – zwei zentrale Begriffe des Bundesgesetzes über das bäuerliche Bodenrecht, AJP 1993, S. 1063 ff.

SCHMID-TSCHIRREN CHRISTINA, Das bäuerliche Bodenrecht im Härtetest der Realität – Eine Analyse der aktuellen Anwendungspraxis, BlAR 1997, S. 139 ff. (zit. SCHMID-TSCHIRREN, BlAR 1997).
– Im Spannungsfeld von Eigentümer- und Pächterinteressen: Einige Bemerkungen zu Schnittstellen zwischen bäuerlichem Bodenrecht und landwirtschaftlicher Pacht, unter Berücksichtigung der im Rahmen der Agrarpolitik 2002 vorgesehenen Gesetzesänderungen, BlAR 1998, S. 41 ff. (zit. SCHMID-TSCHIRREN, BlAR 1998).
SCHÖBI FELIX, Bäuerliches Bodenrecht, Eine Annäherung in drei Aufsätzen, Bern 1994.
Sechster Landwirtschaftsbericht: Sechster Bericht über die Lage der schweizerischen Landwirtschaft und die Agrarpolitik des Bundes vom 1. Oktober 1984, BBl 1984 III, S. 469 ff.
Siebter Landwirtschaftsbericht: Siebter Bericht über die Lage der schweizerischen Landwirtschaft und die Agrarpolitik des Bundes vom 27. Januar 1992, BBl 1992 II, S. 464.
SIMONIUS PASCAL/SUTTER THOMAS, Schweizerisches Immobiliarsachenrecht, Band I: Grundlagen, Grundbuch und Grundeigentum, Basel und Frankfurt am Main 1995, S. 591 ff.
STALDER BEAT, Die verfassungs- und verwaltungsrechtliche Behandlung unerwünschter Handänderungen im bäuerlichen Bodenrecht, Diss. Bern 1993 (zit. STALDER, Handänderungen).
– Die öffentlich-rechtlichen Verfügungsbeschränkungen im bäuerlichen Bodenrecht – Grundlagen und Instrumente, ZSR 1994, S. 73 ff. (zit. STALDER, ZSR 1994).
– Anwendbarkeit der Bestimmungen des Bundesgesetzes über das bäuerliche Bodenrecht auf Gebiete im Sinne von Art. 16a Absatz 3 des revidierten Raumplanungsgesetzes («Intensivlandwirtschaftszonen»), BlAR 2000, S. 43 ff. (zit. STALDER, BlAR 2000).
STUDER BENNO/HOFER EDUARD, Das landwirtschaftliche Pachtrecht, Brugg 1987.

I. Einleitung

1. Erste Charakterisierung

1. Der Erwerb landwirtschaftlicher Gewerbe und Grundstücke ist nicht durch jedermann und unter frei zu bestimmenden Bedingungen möglich, sondern unterliegt den (einschränkenden) Bestimmungen des Bundesgesetzes vom 4. Oktober 1991 über das bäuerliche Bodenrecht (BGBB)[1]. 1

Weitere verkaufs- bzw. erwerbsrelevante Bestimmungen bezüglich landwirtschaftlicher Gewerbe und Grundstücke finden sich im Bundesgesetz vom 4. Oktober 1985 über die landwirtschaftliche Pacht (LPG)[2]. 2

2. Das bäuerliche Bodenrecht als zweckgerichtetes Sonderrecht greift mittels gesetzlicher Verfügungsbeschränkungen[3] mehrfach in die Vertragsfreiheit[4] ein, nämlich mittels gesetzlicher Kaufsrechte in die Abschlussfreiheit – also die Freiheit, überhaupt einen Vertrag abzuschliessen –, mittels gesetzlicher Vorkaufsrechte und dem Bewilligungsverfahren in die Partnerwahlfreiheit – also die Freiheit, den Vertragspartner selbst zu bestimmen – und mittels der Limitierung der Kaufs- und Vorkaufsrechte sowie der Preisgrenze im Bewilligungsverfahren in die Inhaltsfreiheit – also auf die Freiheit, den Vertragsinhalt selbst bestimmen zu können. 3

2. Gegenstand der Darstellung

1. Die nachfolgende Darstellung gibt vorab im Rahmen dieses Kapitels eine allgemeine Übersicht über Inhalt, Zielsetzungen und Einordnung des bäuerlichen Bodenrechts, dessen Geltungsbereich (Ziff. II) und die zur Anwendung gelangenden Begriffe (Ziff. III) und wendet sich alsdann den einzelnen Instrumenten zu, nämlich den privatrechtlichen Verfügungsbeschränkungen einerseits (Ziff. IV und V) und den öffentlich-rechtlichen Verfügungsbeschränkungen andererseits (Ziff. VI). Abschliessend ist auf die Verfügungsbeschränkungen des LPG einzugehen (Ziff. VII). 4

---

[1] SR 211.412.11.
[2] SR 221.213.2.
[3] Vgl. Hotz, Kommentar zum BGBB, Vorbem. zu Art. 42–46, N 6 ff.; Stalder, Handänderungen, S. 45 ff.
[4] Bucher, BasKomm, Vorbem. zu Art. 1–40 OR, N 5 ff.

5 2. Nicht Gegenstand der Betrachtung – weil ausserhalb der kaufsrechtlichen Bestimmungen liegend – bilden die erbrechtlichen Zuweisungsansprüche, die Zuweisungsansprüche bei der Aufhebung von vertraglich begründetem gemeinschaftlichem Eigentum und die Massnahmen zur Verhütung der Überschuldung.

3. Zielsetzungen des bäuerlichen Bodenrechts

A. Strukturpolitische Zielsetzungen

6 Gemäss Art. 1 Abs. 1 lit. a BGBB bezweckt das Gesetz, «das bäuerliche Grundeigentum zu fördern und namentlich Familienbetriebe als Grundlage eines gesunden Bauernstandes und einer leistungsfähigen, auf eine nachhaltige Bodenbewirtschaftung ausgerichteten Landwirtschaft zu erhalten und ihre Struktur zu verbessern». In erster Linie verfolgt das BGBB somit die Beibehaltung bzw. Schaffung einer durch bäuerliche aber leistungsfähige Betriebe geprägten Agrarstruktur. Prägende Elemente des bäuerlichen Familienbetriebes sind die Bodenbewirtschaftung, das Überwiegen der familieneigenen Arbeitskräfte, die Verbindung von Eigentum, Besitz und Bewirtschaftung sowie die Einheit von Arbeitsplatz und Heimstätte[5]. Die Leistungsfähigkeit der Betriebe soll dadurch gefördert werden, dass lebensfähige Betriebe als Ganzes erhalten bleiben, dass aber auch andere Betriebe sich weiterentwickeln und ihre Existenzbasis verbessern können[6].

7 Die strukturpolitischen Zielsetzungen werden primär durch die Umschreibung des örtlichen und sachlichen Geltungsbereiches, namentlich die Unterscheidung zwischen den – lediglich dem Zerstückelungsverbot unterworfenen – landwirtschaftlichen Grundstücken i.s.v. Art. 6 BGBB und den – zusätzlich dem Realteilungsverbot[7] unterworfenen – landwirtschaftlichen Gewerben i.s.v. Art. 7 BGBB erreicht. Mit dieser Differenzierung hat der Gesetzgeber die Trennlinie zwischen den erhaltungswürdigen und den nicht erhaltungswürdigen Landwirtschaftsbetrieben gezogen. Ebenfalls strukturpolitische Zielsetzungen verfolgen die erbrechtlichen Zuweisungsansprüche sowie die Vorkaufsrechte an landwirtschaftlichen Grundstücken nach Massgabe des Arrondierungsprinzips[8].

---

[5] Botschaft AP 2002, BBl 1996 IV, S. 55.
[6] Botschaft zum BGBB, BBl 1988 III, S. 968.
[7] Hinten Nr. 211 ff.
[8] Vgl. Art. 21 Abs. 1, 42 Abs. 2, 47 Abs. 2 BGBB; zum Arrondierungsprinzip hinten Nr. 57 ff.

B. Eigentumspolitische Zielsetzungen

Gemäss Art. 1 Abs. 1 lit. b BGBB bezweckt das Gesetz, die Stellung des Selbstbewirtschafters, einschliesslich derjenigen des Pächters, beim Erwerb landwirtschaftlicher Gewerbe und Grundstücke zu stärken. Diese Zielsetzung wird mit dem Selbstbewirtschafterprinzip sichergestellt, wonach für die Geltendmachung privatrechtlicher Vorzugsrechte (erbrechtliche Zuweisungsansprüche, Kaufs- und Vorkaufsrechte) an landwirtschaftlichen Gewerben[9] sowie für den Erwerb landwirtschaftlicher Grundstücke und Gewerbe auf dem «freien» Markt[10] regelmässig nachzuweisen ist, dass der Erwerber das Gewerbe bzw. Grundstück selbst bewirtschaften will und hiefür geeignet ist.

Das Selbstbewirtschafterprinzip wurde v.a. auch im Abstimmungskampf über das BGBB immer wieder als eigentlicher Kern des Gesetzes hervorgehoben. Es trifft zu, dass durch das Selbstbewirtschafterprinzip der grösste Teil der Bevölkerung vom Erwerb landwirtschaftlicher Grundstücke und Gewerbe ausgeschlossen wird, was im Lichte der Eigentumsgarantie, der Handels- und Gewerbefreiheit und der Rechtsgleichheit nicht unproblematisch ist, den verfassungsrechtlichen Anforderungen an Grundrechtseingriffe indessen genügt[11].

C. Familienpolitische Zielsetzungen

Soweit die struktur- und eigentumspolitischen Anliegen es gestatten, berücksichtigt das BGBB überdies familienpolitische Anliegen[12]. Dies geschieht einerseits durch die Weitergabe des landwirtschaftlichen Gewerbes an die nachfolgende selbstbewirtschaftende Generation zum Ertragswert[13] und andererseits dadurch, dass bei sich konkurrenzierenden Vorzugsrechten der Vorrang regelmässig dem Verwandten zukommt: Das Vorkaufsrecht der Verwandten (Art. 42 ff. BGBB) geht jenem des Pächters vor (Art. 47 Abs. 3 BGBB); der Zuweisungsanspruch des pflichtteilsgeschützten selbstbewirtschaftenden Erben geht jenem des eingesetzten Erben vor (Art. 19 Abs. 2 und Art. 20 BGBB).

---

[9] Vgl. Art. 11 Abs. 1, 25 Abs. 1, 36 Abs. 1, 42 Abs. 1, 47 Abs. 1 BGBB; zum Selbstbewirtschafterprinzip hinten Nr. 49 ff.
[10] Vgl. Art. 61 Abs. 2 i.V.m. Art. 63 lit. a BGBB; hinten Nr. 242 ff.
[11] STALDER, Handänderungen, S. 67 ff.
[12] Botschaft zum BGBB, BBl 1988 III, S. 971; HOTZ, Kommentar zum BGBB, N 8 zu Art. 1.
[13] Vgl. Art. 17 Abs. 1, Art. 27 Abs. 1, Art. 44 BGBB.

4. Rechtsgrundlagen

A. Verfassungsrechtliche Grundlagen

11 1. Das BGBB wurde am 4. Oktober 1991 durch die Eidgenössischen Räte beschlossen und an der Referendumsabstimmung vom 27. September 1992 vom Volk angenommen. Als Teil der Schweizerischen Agrargesetzgebung stützte es sich auf Art. 31bis, auf Art. 64 und auf Art. 22ter der Bundesverfassung vom 29. Mai 1874 (aBV) ab. Gemäss Art. 31bis Abs. 3 lit. b aBV war der Bund, wenn es das Gesamtinteresse rechtfertigte, befugt, nötigenfalls in Abweichung von der Handels- und Gewerbefreiheit Vorschriften zur Erhaltung eines gesunden Bauernstandes und einer leistungsfähigen Landwirtschaft sowie zur Festigung des bäuerlichen Grundbesitzes zu erlassen.

12 2. Am 9. Juni 1996 haben Volk und Stände den neuen Landwirtschaftsartikel 31^{octies} aBV angenommen. Damit erhielt die Landwirtschaft auf Verfassungsebene verbindliche Bestimmungen über ihren multifunktionalen Aufgabenbereich: Sie hat einen wesentlichen Beitrag zur sicheren Nahrungsmittelversorgung, zur Erhaltung der natürlichen Lebensgrundlagen, zur Pflege der Kulturlandschaft und zur dezentralen Besiedlung zu leisten. Die Bäuerinnen und Bauern sollen den Leistungsauftrag durch eine markt- und umweltgerechte Produktion erfüllen[14]. Gemäss Art. 31^{octies} Abs. 2 aBV fördert der Bund «ergänzend zur zumutbaren Selbsthilfe der Landwirtschaft und nötigenfalls in Abweichung von der Handels- und Gewerbefreiheit ... die bodenbewirtschaftenden bäuerlichen Betriebe». Gemäss Art. 31^{octies} Abs. 3 aBV kann der Bund sodann Vorschriften zur Festigung des bäuerlichen Grundbesitzes erlassen.

13 3. Im Rahmen der Totalrevision der Schweizerischen Bundesverfassung vom 18. April 1999 wurde Art. 31^{octies} aBV unverändert in Art. 104 BV überführt. Das BGBB ist – obwohl unter altem Verfassungsrecht erlassen – im Sinne des Art. 104 BV auszulegen und anzuwenden, was durchaus neue Akzente und Betrachtungsweisen mit sich bringt[15].

B. Das Bundesgesetz über das bäuerliche Bodenrecht

14 1. Als Rechtsverkehrsgesetz[16] regelt das BGBB die Eigentumsübertragung an einzelnen oder zu einem Gewerbe gehörenden landwirtschaftlichen Grundstücken und greift insoweit in die Verfügungsbefugnis des Eigentümers ein. Solche

---

[14] Botschaft AP 2002, BBl 1996 IV, S. 27.
[15] Vgl. etwa hinten Nr. 22 ff.
[16] Vgl. Botschaft zum BGBB; BBl 1998 III, S. 973.

Einschränkungen erfolgen sowohl hinsichtlich der Person des Erwerbers (erbrechtliche Zuweisungsansprüche, Kaufs- und Vorkaufsrechte, Selbstbewirtschafterprinzip[17]) als auch hinsichtlich der wirtschaftlichen Übertragungsbedingungen (Ertragswertprinzip, Preisgrenze[18]).

2. Das BGBB gliedert sich in 6 Titel: Abgesehen von allgemeinen Bestimmungen (1. Titel), den Bestimmungen über Verfahren und Rechtsschutz (5. Titel) sowie den Schlussbestimmungen (6. Titel) regelt es in drei Titeln jene Rechtsinstitute, die das materielle bäuerliche Bodenrecht – nämlich die Regelung der Verfügungsverhältnisse an landwirtschaftlich genutztem Boden – ausmachen: Privatrechtliche (2. Titel) und öffentlich-rechtliche (3. Titel) Beschränkungen des Verkehrs mit landwirtschaftlichen Gewerben und Grundstücken sowie Massnahmen zur Verhütung der Überschuldung (4. Titel)[19]. 15

3. Mit Erlass des BGBB gelang es, die bisher in fünf Erlassen[20] verstreuten Bestimmungen über das bäuerliche Bodenrecht in einem Erlass zusammenzuführen und einheitlichen Begriffsbestimmungen und einem einheitlichen Geltungsbereich zu unterwerfen. 16

4. Als weitere Rechtsgrundlage ist die Verordnung über das bäuerliche Bodenrecht zu beachten[21]. Nebst Ausführungsbestimmungen enthält die VBB in Art. 4a namentlich die Pflicht zur Koordination bodenrechtlicher Entscheide betreffend Bewilligung von Ausnahmen vom Realteilungs- und Zerstückelungsverbot oder betreffend Nichtanwendbarkeit des BGBB mit den ebenfalls erforderlichen raumplanungsrechtlichen Bewilligungen[22]. 17

C. Kantonales Recht

Um den unterschiedlichen Agrarstrukturen in der Schweiz Rechnung tragen zu können, wurde den Kantonen in verschiedenen Bestimmungen des BGBB ein Legifierierungsspielraum eingeräumt: Zum einen können die Kantone gemäss Art. 5 lit. a BGBB auch landwirtschaftliche Betriebe, welche die bundesrechtlichen Gewerbe-Voraussetzungen i.S.v. Art. 7 BGBB[23] nicht erfüllen, den Bestimmungen über die landwirtschaftlichen Gewerbe unterstellen und damit 18

---

[17] Vgl. etwa Art. 11 Abs. 1, 25 Abs. 1, 42 Abs. 1, 47 Abs. 1, 63 lit. a BGBB.
[18] Vgl. etwa Art. 17 Abs. 1, 21 Abs. 1, 27 Abs. 1, 44, 61 Abs. 2, 63 lit. b BGBB.
[19] HOTZ, Kommentar zum BGBB, N 14 zu Art. 1.
[20] Vgl. Art. 92 BGBB: ZGB, OR und LwG wurden entsprechend angepasst, das EGG und das LEG integral aufgehoben.
[21] Verordnung über das bäuerliche Bodenrecht (VBB), SR 211.412.110.
[22] Zum Verhältnis von BGBB und RPG hinten Nr. 25 f.
[23] Hinten Nr. 37 ff.

eine eigene Strukturpolitik betreiben. Sodann können die Kantone gemäss Art. 5 lit. b BGBB die Anwendung des BGBB auf Anteils- und Nutzungsrechte an Allmenden, Alpen, Wald und Weiden im Eigentum von Körperschaften ausschliessen, soweit diese Rechte nicht zu einem dem BGBB unterstellten Gewerbe gehören.

19 In Art. 56 BGBB ermächtigt der Bundesgesetzgeber die Kantone, zusätzlich zu den bundesrechtlichen gesetzlichen Vorkaufsrechten weitere Vorkaufsrechte für Körperschaften vorzusehen.

20 Schliesslich werden die Kantone in Art. 58 Abs. 2 BGBB ermächtigt, für das Zerstückelungsverbot[24] grössere als die dort genannten Mindestflächen für landwirtschaftliche Grundstücke von 25 Aren und von Rebgrundstücken von 10 Aren festzulegen.

5. Einbettung des BGBB in die Rechtsordnung

A. Verhältnis des BGBB zu Zivilgesetzbuch und Obligationenrecht

21 Das bäuerliche Bodenrecht beschränkt sich auf Bestimmungen, mit denen die im öffentlichen Interesse liegenden Zwecke angestrebt werden sollen, die sich nach allgemeinem Recht nicht oder nur ungenügend verwirklichen lassen. Soweit das bäuerliche Bodenrecht keine eigene Lösung enthält, gilt allgemeines Recht, also vorab ZGB und OR[25]. Damit ist auch gesagt, dass das BGBB keine in sich geschlossene Kodifikation darstellt. Fragen des allgemeinen Vertrags- und des Grundstückkaufvertragsrechts wie z.B. jene nach dem Zustandekommen des Vertrags, nach den Formvorschriften, nach Willensmängeln, Nicht- oder Schlechterfüllung, Sach- und Rechtsgewährleistung usw. richten sich nach den einschlägigen Bestimmungen des OR (Allgemeiner Teil sowie Art. 216 ff.). Bezüglich der im BGBB vorgesehenen Kaufs- und Vorkaufsrechte gelten insoweit die Bestimmungen des OR und des ZGB (Art. 681 ZGB i.V.m. Art. 216c ff. OR), als das BGBB nicht Sonderrecht enthält. Letzteres ist z.B. der Fall bei der gesetzlichen Limitierung des Ausübungspreises und der dem Selbstbewirtschafter eingeräumten Kaufs- und Vorkaufsrechte auf den Ertragswert (Art. 25 i.V.m. Art. 27 und Art. 44 BGBB) oder bei der Umschreibung des erweiterten Vorkaufsfalls in Art. 43 BGBB[26].

---

[24] Hinten Nr. 214.
[25] Hotz, Kommentar zum BGBB, N 5 der Einführung; Botschaft zum BGBB, BBl 1988 III, S. 967.
[26] Hinten Nr. 172 ff., 175.

B. Verhältnis des BGBB zum Landwirtschaftsrecht

Das bäuerliche Bodenrecht bildet Teil der schweizerischen Agrarpolitik, vorab in Bezug auf die landwirtschaftliche Strukturpolitik, aber auch auf die Eigentums- und Familienpolitik[27]. 22

Am 1. Januar 1999 ist das revidierte Landwirtschaftsgesetz[28] in Kraft getreten. Es bildet Bestandteil der 2. Etappe der Agrarreform[29], in deren Zentrum die marktwirtschaftliche Erneuerung zur Verbesserung der Wettbewerbsfähigkeit des gesamten Ernährungssektors unter Sicherstellung der Nachhaltigkeit in der landwirtschaftlichen Bewirtschaftung steht. Die Strategie besteht in einer Reduktion der staatlichen regulierenden Markteingriffe; anstelle der Marktstützungen treten produktunabhängige Direktzahlungen. Zur Erleichterung der Strukturentwicklung wurde im Rahmen der Agrarreform auch eine Lockerung der strukturpolitischen Bestimmungen im bäuerlichen Bodenrecht beschlossen[30]. 23

Das revidierte LwG hat in Art. 3 erstmals eine positivrechtliche Definition der Landwirtschaft auf der Basis des Produktemodells mit sich gebracht. Die Einordnung des bäuerlichen Bodenrechts als Teil der Schweizerischen Landwirtschaftspolitik gebietet, diesen Landwirtschaftsbegriff grundsätzlich auch dem BGBB zugrunde zu legen[31]. 24

C. Verhältnis des BGBB zum Raumplanungsrecht

Wie das BGBB greift das Raumplanungsgesetz[32] ebenfalls mittels (öffentlichrechtlicher) Eigentumsbeschränkungen in die Eigentümerbefugnisse ein. Dies aber nicht in Form von Verfügungs-, sondern von Nutzungsbeschränkungen, indem das RPG bzw. die daraus fliessende kantonale oder kommunale Planung festlegt, wo welche Nutzung zulässig ist. Beide Erlasse haben somit eigenständige Anwendungsbereiche[33]. 25

Dennoch könnte die Verbindung zwischen RPG und BGBB kaum enger sein. Der örtliche Geltungsbereich des BGBB folgt grundsätzlich der Zonenordnung 26

---

[27] STALDER, Handänderungen, S. 50 ff.
[28] BG vom 29. April 1998 über die Landwirtschaft (LwG), SR 910.1.
[29] Vgl. Botschaft AP 2002, BBl 1996 IV, S. 1 ff.
[30] Vgl. Botschaft AP 2002, BBl 1996 IV, S. 6; geändert bzw. ergänzt wurden namentlich die Art. 8, 60, 63, 65 und 68 BGBB.
[31] Hinten Nr. 47 f.
[32] Bundesgesetz vom 22. Juni 1979 über die Raumplanung (RPG), SR 700.
[33] HOTZ, Kommentar zum BGBB, N 17 zu Art. 1; STALDER, Handänderungen, S. 39 f.

des RPG; das BGBB findet Anwendung auf (landwirtschaftliche) Grundstücke ausserhalb einer Bauzone im Sinne des RPG (Art. 2 Abs. 1 BGBB)[34]. Der Begriff der Eignung eines Grundstücks zur landwirtschaftlichen Nutzung ist im RPG und im BGBB gleich zu verwenden und zu verstehen[35], sodann sind das raumplanungsrechtliche Baubewilligungsverfahren und das bodenrechtliche Abparzellierungsverfahren zu koordinieren[36]. Damit wird die – trotz unterschiedlicher Anwendungsbereiche – angestrebte Kohärenz zwischen RPG und BGBB gewahrt[37].

D. Verhältnis des BGBB zum Pachtrecht[38]

27 Das BGBB regelt die Verfügungsbefugnisse an landwirtschaftlichen Gewerben und Grundstücken im Sinne einer Eigentumsübertragung (2. und 3. Titel) oder einer dinglichen Belastung (4. Titel). Nicht Gegenstand des BGBB bildet demgegenüber die Begründung und Erfüllung obligatorischer Rechte an landwirtschaftlichen Grundstücken oder Gewerben, insbesondere von Pachtverhältnissen. Diese Rechtsverhältnisse dienen zwar ebenfalls der «Festigung des bäuerlichen Grundbesitzes» i.S.v. Art. 104 Abs. 3 lit. f BV, werden aber im Bundesgesetz über die landwirtschaftliche Pacht[39] geregelt.

28 Ungeachtet des unterschiedlichen Anwendungsbereiches von BGBB und LPG sind die Erlasse dahingehend koordiniert anzuwenden, dass die gesetzlichen Begriffe wie z.b. jener des landwirtschaftlichen Grundstücks und Gewerbes[40] oder jener der guten Existenz[41] hier wie dort gleich zu verwenden sind. Die parlamentarischen Bestrebungen im Rahmen der Agrarpolitik 2002[42] gingen dahin, die Voraussetzungen für eine Realteilung nach BGBB bzw. für eine parzellenweise Verpachtung nach LPG zu koordinieren[43].

---

[34] Hinten Nr. 30 ff.
[35] BGE 121 II 307.
[36] BGE 125 III 175 mit Bemerkungen von STALDER, AJP 1999, S. 1325 ff.; vgl. sodann Art. 4a VBB.
[37] Vgl. zur Anwendbarkeit des BGBB in der «Intensivlandwirtschaftszone» gemäss Art. 16a Abs. 3 RPG hinten Nr. 44 ff.
[38] Eingehend SCHMID-TSCHIRREN, BlAR 1998, S. 41 ff.
[39] BG vom 4. Oktober 1985 über die landwirtschaftliche Pacht (LPG), SR 221.213.2.
[40] Art. 6 und 7 BGBB bzw. Art. 1 Abs. 1 lit. a und b LPG; a.M. HUNZIKER, S. 105 Anm. 421.
[41] Vgl. Art. 60 Abs. 1 lit. b BGBB und Art. 31 Abs. 2 lit. a LPG.
[42] BG vom 26. Juni 1998 betr. Änderung des BGBB, AS 1998, S. 3009, sowie BG vom 26. Juni 1998 betr. Änderung des LPG, AS 1998, S. 3012.
[43] Vgl. Art. 60 Abs. 1 lit. c BGBB und Art. 31 Abs. 2 lit. g LPG sowie Art. 60 Abs. 2 BGBB und Art. 31 Abs. 2bis LPG.

II. Geltungsbereich des BGBB

1. Übersicht

Zu unterscheiden sind der örtliche und der sachliche Geltungsbereich. Der örtliche Geltungsbereich richtet sich nach der Zonenordnung des RPG (Art. 2 BGBB); der sachliche Geltungsbereich basiert auf den Begriffen des landwirtschaftlichen Grundstücks (Art. 6 BGBB) und des landwirtschaftlichen Gewerbes (Art. 7 BGBB). Das Gesetz kommt dann – und nur dann – zur Anwendung, wenn sowohl der örtliche wie auch der sachliche Geltungsbereich gegeben sind, also wenn ein landwirtschaftliches Grundstück oder Gewerbe vorliegt, welches innerhalb des örtlichen Geltungsbereiches des Gesetzes liegt.

29

2. Der örtliche Geltungsbereich

A. Grundsatz

Das BGBB knüpft in örtlicher Hinsicht an die Nutzungsplanung i.S.v. Art. 14 ff. RPG an und gilt für einzelne oder zu einem landwirtschaftlichen Gewerbe gehörende landwirtschaftliche Grundstücke ausserhalb der Bauzone, für welche die landwirtschaftliche Nutzung zulässig ist (Art. 2 Abs. 1 BGBB). Damit ist das Gesetz jedenfalls in der Landwirtschaftszone i.S.v. Art. 16 RPG, aber auch im immer noch verbreiteten «übrigen Gemeindegebiet» und schliesslich – je nach Umschreibung des konkreten Schutzzweckes – auch in Schutzzonen i.S.v. Art. 17 RPG und in weiteren Zonen i.S.v. Art. 18 RPG anwendbar[44].

30

B. Durchbrechungen des Grundsatzes

Der so umrissene örtliche Geltungsbereich erfährt in Art. 2 Abs. 2 BGBB verschiedene Durchbrechungen: Vom Gesetz erfasst werden ebenfalls Grundstücke und Grundstücksteile mit landwirtschaftlichen Gebäuden samt angemessenem Umschwung in der Bauzone, wenn sie zu einem landwirtschaftlichen Gewerbe gehören (Art. 2 Abs. 2 lit. a BGBB). Diese Ausdehnung wurde notwendig, damit Hofgebäude im Dorfkern, die häufig in einer Bauzone (z.B. Dorfkernzone) liegen, ebenfalls dem Gesetz unterstellt sind.

31

Demgegenüber fallen unüberbaute landwirtschaftliche Grundstücke, die ganz in der Bauzone liegen, nicht unter das Gesetz, und zwar auch dann nicht, wenn

32

---

[44] STALDER, Handänderungen, S. 82 ff.

sie zu einem landwirtschaftlichen Gewerbe gehören (Art. 2 Abs. 1 BGBB e contrario).

33 Das Gesetz gilt weiter für Waldgrundstücke, die zu einem landwirtschaftlichen Gewerbe gehören (Art. 2 Abs. 2 lit. b BGBB), und schliesslich auch für Grundstücke, die teilweise innerhalb einer Bauzone liegen, solange sie nicht entsprechend den Nutzungszonen aufgeteilt sind (Art. 2 Abs. 2 lit. c BGBB). Gleiches gilt für Grundstücke mit gemischter Nutzung, die nicht in einen landwirtschaftlichen und einen nichtlandwirtschaftlichen Teil aufgeteilt sind (Art. 2 Abs. 2 lit. d BGBB). Der Gesetzgeber fördert jedoch die Entflechtung dieser übergreifenden Anwendungsbereiche: Gemäss Art. 60 lit. a BGBB besteht in den Fällen von Art. 2 Abs. 2 lit. c und d BGBB ein Rechtsanspruch auf Erteilung einer Ausnahmebewilligung vom Realteilungs- und Zerstückelungsverbot, sodass das gemischt genutzte Grundstück in einen Teil innerhalb und einen Teil ausserhalb des örtlichen Geltungsbereiches des BGBB aufgeteilt werden kann[45].

34 Das Gesetz gilt schliesslich nicht für kleine Grundstücke von weniger als 10 Aren Rebland oder 25 Aren anderen Lands, soweit diese Grundstücke nicht zu einem landwirtschaftlichen Gewerbe gehören. Der Anwendungsbereich des BGBB ist in Bezug auf jedes einzelne kleine Grundstück zu prüfen; eine Addition von Grundstücksflächen mehrerer kleiner Grundstücke findet nicht statt[46].

3. Der sachliche Geltungsbereich

A. Das landwirtschaftliche Grundstück

35 Als landwirtschaftliches Grundstück gilt gemäss Art. 6 Abs. 1 BGBB ein Grundstück, das für die landwirtschaftliche (oder gartenbauliche) Nutzung geeignet ist. In dogmatischer Hinsicht folgt der Grundstücksbegriff des BGBB jenem von Art. 655 ZGB, inhaltlich – also in Bezug auf die Eignung zur landwirtschaftlichen Nutzung – jenem von Art. 16 Abs. 1 lit. a RPG[47].

36 Als landwirtschaftliche Grundstücke gelten gemäss Art. 6 Abs. 2 BGBB auch Anteils- und Nutzungsrechte an Allmenden, Alpen, Wald und Weiden, die im Eigentum von Körperschaften stehen, sofern sie eines selbständigen rechtlichen Schicksals fähig und nicht an ein anderes Grundstück gebunden sind. Die Kantone sind gemäss Art. 5 lit. b BGBB befugt, die Anwendung des BGBB auf sol-

---

[45] Hinten Nr. 219.
[46] BGE 123 III 233.
[47] BGE 125 III 177 E. 2b; vorne Nr. 25 f.

che Rechte auszuschliessen, soweit sie nicht zu einem landwirtschaftlichen Gewerbe gehören.

B. Das landwirtschaftliche Gewerbe

Die Umschreibung des Rechtsbegriffes des landwirtschaftlichen Gewerbes in Art. 7 BGBB folgt einer ökonomischen Betrachtungsweise. Voraussetzung bildet das Vorhandensein einer Gesamtheit von landwirtschaftlichen Grundstücken, Bauten und Anlagen, die als Grundlage der landwirtschaftlichen Produktion dient. In quantitativer Hinsicht ist nicht mehr das im Betrieb realisierbare Einkommen massgebend[48], sondern das nach objektiven Kriterien für die Bewirtschaftung des Betriebes erforderliche Arbeitspotenzial. Der bundesrechtliche Schwellenwert liegt gemäss Art. 7 Abs. 1 BGBB bei der halben Arbeitskraft einer bäuerlichen Familie, was einem Arbeitsaufwand von 2100 Stunden pro Jahr entspricht[49]. Diese Umschreibung öffnet aufgrund der verschiedenen Betriebstypen mit unterschiedlichen Arbeitsintensitäten ein weites Feld möglicher Betriebsgrössen. Mit dem Kriterium des Arbeitspotenzials kann unterschiedlichen Agrarstrukturen – insbesondere auch im Berggebiet – besser Rechnung getragen werden.

37

Die Kantone sind gemäss Art. 5 lit. a BGBB befugt, weitere landwirtschaftliche Betriebe, die den Schwellenwert von Art. 7 Abs. 1 BGBB nicht erreichen, dem Gesetz zu unterstellen. Dies bewirkt zwar auf der einen Seite die Möglichkeit einer differenzierten Behandlung landwirtschaftlicher Gewerbe nach Massgabe der gewachsenen kantonalen Agrarstruktur, führt aber auf der andern Seite zu einer heterogenen Anwendungspraxis des BGBB.

38

Der Begriff des landwirtschaftlichen Gewerbes ist ein Rechtsbegriff. Aus sachenrechtlicher Sicht ist jedoch zu beachten, dass ein landwirtschaftliches Gewerbe nach wie vor aus einem oder mehreren (landwirtschaftlichen) Grundstücken mit den für die landwirtschaftliche Produktion erforderlichen Gebäuden und Anlagen besteht. Die Eigentumsübertragung an landwirtschaftlichen Gewerben erfolgt auch weiterhin durch die Eigentumsübertragung an den einzelnen landwirtschaftlichen Grundstücken, welche das Gewerbe bilden. Gerade weil dem so ist, bedarf es des Realteilungsverbotes (Art. 58 ff. BGBB[50]), welches

39

---

[48] Dies im Unterschied zum EGG, wonach sich die Gewerbequalität danach orientierte, dass der Verdienst, der sich aus der Bewirtschaftung des Landes erzielen lässt, mindestens einen ins Gewicht fallenden Beitrag zum Einkommen des Bewirtschafters bilden musste; BGE 116 II 552.
[49] BGE 121 III 274.
[50] Hinten Nr. 211 ff.

verhindert, dass die einzelnen landwirtschaftlichen Grundstücke – obwohl dies sachenrechtlich möglich wäre – auseinander gerissen werden.

40 Bei der Beurteilung, ob ein landwirtschaftliches Gewerbe vorliegt, sind gemäss Art. 7 Abs. 4 lit. c BGBB (u.a.) die für längere Dauer zugepachteten Grundstücke mitzuberücksichtigen. Abzustellen ist dabei auf die Mindestpachtdauer von 6 Jahren gemäss Art. 7 Abs. 1 LPG[51]. Der Einbezug der Zupachtgrundstücke ist allerdings nur dann sinnvoll, wenn die Weiterführung des Gewerbes beabsichtigt ist, nicht aber, wenn es real aufgeteilt werden soll. Die Berücksichtigung der Zupachtgrundstücke hat ausschliesslich für die Beurteilung der Gewerbeeigenschaft Bedeutung. Die Zupachtgrundstücke werden aber nie zum Bestandteil des Gewerbes. Die Rückgabe des Pachtgegenstandes berührt das Realteilungsverbot nicht.

41 Betriebe, die den bundesrechtlichen (oder einen allenfalls kantonalrechtlich herabgesetzten) Schwellenwert nicht erreichen, sind dem BGBB als landwirtschaftliche Grundstücke unterstellt und unterliegen damit zwar dem Zerstückelungsverbot gemäss Art. 58 Abs. 2 BGBB und dem Bewilligungsverfahren gemäss Art. 61 Abs. 1 BGBB, nicht aber dem Realteilungsverbot gemäss Art. 58 Abs. 1 BGBB. Diese Betriebe dürfen dem Strukturwandel preisgegeben und – zugunsten grösserer bzw. leistungsfähigerer Betriebe – aufgeteilt werden.

42 Gleiches gilt für Gewerbe, die seit mindestens 6 Jahren rechtmässig i.S.v. Art. 30 ff. LPG ganz oder weitgehend parzellenweise verpachtet sind und wenn diese Verpachtung weder vorübergehenden Charakter hat noch aus persönlichen Gründen erfolgt ist (Art. 31 Abs. 1 lit. e und f LPG). Diese Betriebe verlieren ihren Gewerbecharakter und unterstehen dem Gesetz nur noch als landwirtschaftliche Grundstücke.

43 Gleiches gilt aufgrund der Gesetzesänderung vom 26. Juni 1998 für landwirtschaftliche Gewerbe, die unabhängig von ihrer Grösse wegen einer ungünstigen Betriebsstruktur nicht mehr erhaltungswürdig sind. Eine ungünstige Betriebsstruktur liegt etwa vor, wenn das Gewerbe aus vielen kleinen, nicht zusammenhängenden Grundstücken besteht und eine Güterzusammenlegung in absehbarer Zeit nicht zustande kommt. Die ungünstige Betriebsstruktur kann aber auch darin liegen, dass die Gebäude unzweckmässig sind und ein Umbau oder Ersatz für den Betrieb nicht tragbar ist (Art. 7 Abs. 4 lit. b BGBB)[52]. Andererseits macht ein schlechter Gebäudezustand, der einzig auf die Vernachlässigung des Unterhalts zurückzuführen ist, ein landwirtschaftliches Gewerbe nicht zu ei-

---

[51] BGE 125 III 182.

[52] Zu denken ist hier an die Investitionen, die getätigt werden müssen, um den Betrieb in Einklang mit den Gewässerschutz- und den Tierschutzvorschriften weiterbetreiben zu können.

nem erhaltungsunwürdigen; der Eigentümer hätte es sonst in der Hand, die Behörden vor vollendete Tatsachen zu stellen[53].

4. Exkurs: Anwendbarkeit des BGBB in der «Intensivlandwirtschaftszone» i.S.v. Art. 16a Abs. 3 RPG

Die Teilrevision des RPG von 1998[54] hat bezüglich des örtlichen Geltungsbereiches des BGBB eine neue Problematik geschaffen: Gemäss Art. 16a Abs. 3 RPG können Bauten und Anlagen, die über eine innere Aufstockung hinausgehen, als zonenkonform bewilligt werden, wenn sie in einem Gebiet der Landwirtschaftszone erstellt werden, das vom Kanton in einem Planungsverfahren dafür freigegeben wird. Ziel der Bestimmung ist es, in planerisch dafür ausgeschiedenen Gebieten, sog. «Intensivlandwirtschaftszonen», eine landwirtschaftliche bodenunabhängige Produktion zuzulassen, deren Ausmass über die unter dem Gesichtswinkel der inneren Aufstockung[55] noch als zonenkonform geltende bodenunabhängige Produktion hinausgeht. Es stellt sich die Frage, ob diese «Intensivlandwirtschaftszonen» dem BGBB unterstellt sein sollen oder nicht.   44

Die Frage ist in der Lehre unterschiedlich beantwortet worden. Die eine Auffassung geht dahin, dass «Intensivlandwirtschaftszonen» Bauzonen i.S.v. Art. 2 Abs. 1 BGBB darstellen und damit ausserhalb des örtlichen Geltungsbereiches des BGBB liegen. Das BGBB gelte für Betriebe, die ganz oder überwiegend bodenunabhängig produzieren und deshalb in einer «Intensivlandwirtschaftszone» liegen, nicht. Für gemischte (teils bodenabhängig und teils bodenunabhängig produzierende) Betriebe innerhalb der «Intensivlandwirtschaftszone» gelte das BGBB dann, wenn die bodenabhängige Produktion überwiege. In einzelnen Härtefällen könne die Geltung des BGBB davon abhängig gemacht werden, ob ein bodenabhängig produzierender Betrieb ohne zusätzliches Einkommen aus einem bodenunabhängig produzierenden Betrieb nicht weiter bestehen könne[56].   45

Die andere – hier vertretene – Auffassung geht dahin, dass sich das BGBB der Umschreibung der Landwirtschaft im neuen Landwirtschaftsgesetz, insbesondere dem Paradigmawechsel vom Produktions- zum Produktemodell[57], nicht verschliessen darf. Dementsprechend ist auch dem BGBB der neue Landwirt-   46

---

[53] Botschaft AP 2002, BBl 1996 IV, S. 375.
[54] BG vom 20. März 1998 betr. Änderung des RPG, AS 2000, S. 2042.
[55] Vgl. zum Begriff der inneren Aufstockung Art. 16a Abs. 2 RPG sowie Art. 36 und 37 RPV.
[56] Hotz, BlAR 2000, S. 3 ff., 40.
[57] Nachfolgende Nr. 47.

schaftsbegriff zugrunde zu legen. Die «Intensivlandwirtschaftszone» stellt eine «Nichtbauzone» i.S.v. Art. 2 Abs. 1 BGBB dar. Grundstücke in der «Intensivlandwirtschaftszone» sind für die landwirtschaftliche Produktion (im Sinne der neuen Begriffsumschreibung) geeignet und stellen damit landwirtschaftliche Grundstücke i.S.v. Art. 6 Abs. 1 BGBB dar. Örtlicher und sachlicher Geltungsbereich des BGBB sind somit gegeben; die in den «Intensivlandwirtschaftszonen» gelegenen Gewerbe und Grundstücke unterstehen damit dem BGBB[58].

III. Begriffe

1. Der Landwirtschaftsbegriff

A. Der Wechsel vom Produktions- zum Produktemodell

47 Im Rahmen des neuen Landwirtschaftsgesetzes[59] hat der Bundesgesetzgeber erstmals eine Legaldefinition der Landwirtschaft vorgenommen. Nach Art. 3 LwG umfasst die Landwirtschaft die Produktion verwertbarer Erzeugnisse aus Pflanzenbau und Nutztierhaltung, die Aufbereitung, die Lagerung und den Verkauf der entsprechenden Erzeugnisse auf den Produktionsbetrieben und die Bewirtschaftung naturnaher Flächen. Das neue LwG hat damit den Wechsel vom Produktionsmodell zum Produktemodell vollzogen[60]. Massgebend ist nicht mehr die Bodenabhängigkeit der landwirtschaftlichen Produktion, sondern die Landwirtschaft wird neu als Tätigkeit definiert, welche sich durch die hergestellten Produkte von andern Tätigkeiten abgrenzt: «Landwirtschaftliche Produkte sind pflanzliche und tierische Nahrungsmittel und Rohstoffe. Grundlegender Prozess in der Landwirtschaft ist die Gewinnung organischer Substanz durch die Fotosynthese mit Tageslicht. Auch die Tierhaltung beruht auf diesem Vorgang, ist doch das Tierfutter direkt oder indirekt pflanzlichen Ursprungs.»[61]

B. Übernahme des Landwirtschaftsbegriffes von Art. 3 LwG durch das BGBB

48 Gemäss Art. 6 BGBB gilt ein Grundstück dann als landwirtschaftlich, wenn es für die landwirtschaftliche oder gartenbauliche Nutzung geeignet ist. Gleicher-

---

[58] STALDER, BlAR 2000, S. 43 ff., 73 f.
[59] BG vom 29. April 1998 über die Landwirtschaft (LwG), SR 910.1.
[60] Botschaft zum RPG, BBl 1996 III, S. 524; HALLER WALTER/KARLEN PETER, Raumplanungs-, Bau- und Umweltrecht, Bd. I, 3. A. 1999, Nr. 263.
[61] Botschaft AP 2002, BBl 1996 IV, S. 85.

massen gilt gemäss Art. 7 BGBB ein Gewerbe dann als landwirtschaftlich, wenn es «als Grundlage der landwirtschaftlichen Produktion» dient. Nachdem das BGBB den Landwirtschaftsbegriff nicht umschreibt, liegt es nahe und erscheint es als sachgerecht, für diese Eignung – und damit für den Geltungsbereich des BGBB überhaupt – auf die Umschreibung der Landwirtschaft in Art. 3 LwG abzustellen. Dies umso mehr, als sich auch das Raumplanungsrecht auf eben diesen Landwirtschaftsbegriff abstützt[62] und mit einer allgemein gültigen Definition der Landwirtschaft der sowohl in der Lehre[63] wie auch in der Rechtsprechung[64] geäusserten Forderung nach Vereinheitlichung des Landwirtschaftsbegriffes entsprochen wird.

2. Das Selbstbewirtschafterprinzip

A. Bedeutung

Das Selbstbewirtschafterprinzip bildet Voraussetzung für die erbrechtlichen Zuweisungsansprüche, die Kaufs- und Vorkaufsrechte an landwirtschaftlichen Gewerben[65] sowie für den freihändigen Erwerb von landwirtschaftlichen Gewerben und Grundstücken[66]. Es ist vom eigentumspolitisch motivierten Grundsatz getragen, dass das Landwirtschaftsland als Produktionsgrundlage grundsätzlich im Besitz des Bewirtschafters sein soll, was dem Bewirtschafter einerseits langfristige Dispositionen erlaubt und das Land andererseits der Spekulation (durch Nichtlandwirte) entzieht[67]. Dem Selbstbewirtschafterprinzip kommt damit bei der Anwendung des BGBB herausragende Bedeutung zu[68].

49

B. Persönliche Mitarbeit und Betriebsleitung

Als Selbstbewirtschafter eines landwirtschaftlichen Gewerbes gilt gemäss Art. 9 Abs. 1 BGBB, wer den landwirtschaftlichen Boden selber bearbeitet und das landwirtschaftliche Gewerbe persönlich leitet. Den Boden selber bearbeiten heisst, über die Betriebsleitung hinaus selber betriebliche Arbeiten wie Saat,

50

---

[62] Vgl. Botschaft zur Teilrevision des RPG, BBl 1996 III, S. 524, sowie vorne Nr. 26.
[63] PFENNINGER PETER, Der Begriff der Landwirtschaft im Schweizerischen Recht, BlAR 1987, S. 97 ff.; HOFER, Kommentar zum BGBB, Vorbem. zu Art. 6–10, N 30.
[64] BGE 125 III 177 E. 2b.
[65] Vgl. Art. 11 Abs. 1 i.V.m. Art. 17, Art. 24 Abs. 1, Art. 25 Abs. 1 i.V.m. Art. 27, Art. 36 Abs. 1 i.V.m. Art. 37, Art. 42 Abs. 1 i.V.m. Art. 44, Art. 47 Abs. 1, Art. 49 Abs. 1 i.V.m. Abs. 3 BGBB.
[66] Vgl. Art. 63 lit. a BGBB.
[67] Vorne Nr. 8 f.
[68] STALDER, Handänderungen, S. 137 ff.

Kulturpflege, Ernte, Stallarbeit, Verwertung der Produktion, Administration usw. zu verrichten. Der Anteil der Arbeit, die durch den Betriebsleiter und seine Familie verrichtet wird, hängt von der Betriebsgrösse ab. Je kleiner der Betrieb ist, umso grösser wird der Anteil der persönlichen Mitarbeit sein; in jedem Falle muss der Selbstbewirtschafter einen ins Gewicht fallenden Anteil der halben Arbeitskraft einer bäuerlichen Familie – welche gemäss Art. 7 BGBB Voraussetzung für die Gewerbeeigenschaft bildet – leisten[69].

51 Der Selbstbewirtschafter muss die gesetzlichen Voraussetzungen persönlich erfüllen. Juristische Personen können (nur) dann Selbstbewirtschafter sein, wenn das Gewerbe durch (massgeblich beteiligte) Aktionäre oder Genossenschafter betrieben wird. Nicht als Selbstbewirtschaftung gilt demgegenüber der Erwerb eines landwirtschaftlichen Gewerbes durch eine juristische Person dann, wenn die Bewirtschaftung durch einen angestellten Landwirt oder Geschäftsführer erfolgen soll. Für Versuchs- und Schulbetriebe sowie für Gemeinwesen gelten Sonderregelungen (Art. 64 Abs. 1 lit. a sowie Art. 65 BGBB)[70].

52 Ob die Selbstbewirtschaftung zum Zwecke der Einkommenserzielung oder als Freizeitbeschäftigung ausgeübt wird, ist unerheblich; auch Hobby-Landwirte können sich auf das Selbstbewirtschafterprinzip berufen[71].

53 Mit der Änderung von Art. 9 Abs. 1 BGBB vom 26. Juni 1998[72] hat der Gesetzgeber die überwiegende Lehrmeinung[73] aufgenommen und klargestellt, dass die Geltendmachung der Selbstbewirtschaftung nicht ein landwirtschaftliches Gewerbe voraussetzt, sondern auch an einzelnen landwirtschaftlichen Grundstücken möglich ist[74], was namentlich für die Möglichkeiten, ein einzelnes Grundstück auf dem «freien» Markt zu erwerben, von ausschlaggebender Bedeutung ist.

C. Eignung zur Selbstbewirtschaftung

54 Damit sich ein Bewerber auf die Selbstbewirtschaftung berufen kann, muss er gemäss Art. 9 Abs. 2 BGBB dazu geeignet sein. Geeignet ist, wer die Fähigkeiten besitzt, die nach landesüblicher Vorstellung notwendig sind, um den Voraussetzungen der Selbstbewirtschaftung gemäss Abs. 1 zu genügen.

---

[69] Hofer, Kommentar zum BGBB, N 17 ff. zu Art. 9.
[70] Hinten Nr. 246 und 256 ff.
[71] Hofer, Kommentar zum BGBB, N 24 zu Art. 9.
[72] BG vom 26. Juni 1998 betr. Änderung des BGBB, AS 1998, S. 3009.
[73] Hofer, Kommentar zum BGBB, N 26 ff. zu Art. 9; Richli, S. 1067; Stalder, Handänderungen, 142 f.
[74] Dies wirkt sich hinsichtlich der privatrechtlichen Verfügungsbeschränkungen nicht aus, da diese ohnehin nur bei Gewerben auf das Selbstbewirtschafterprinzip abstellen. Von Bedeutung ist die Klarstellung demgegenüber für den freihändigen Erwerb landwirtschaftlicher Grundstücke; Art. 63 lit. a BGBB.

Die Eignung setzt sich zusammen aus verschieden zu gewichtenden Komponen- 55
ten, namentlich aus den beruflichen und physischen Fähigkeiten. Ein Durchschnittsmass derjenigen beruflichen Fähigkeiten, die nach landesüblicher Auffassung genügen, um den konkreten landwirtschaftlichen Betrieb sachgemäss zu bewirtschaften, reichen aus[75]. Diese beruflichen Fähigkeiten werden in der Regel durch Absolvierung einer entsprechenden Ausbildung sich anzueignen sein; es ginge aber zu weit, den Berufsabschluss als absolutes Erfordernis zur Selbstbewirtschaftung zu betrachten[76]. Die Fähigkeiten des Ehegatten sowie allfälliger weiterer mitbewirtschaftender Personen dürfen bei der Beurteilung der Eignung mitberücksichtigt werden[77].

Soweit der Erwerb eines landwirtschaftlichen Grundstücks durch einen Hobby- 56
Landwirt zur Diskussion steht, ist die Eignung lediglich in Bezug auf die Bewirtschaftung dieses Grundstücks zu prüfen.

3. Das Arrondierungsprinzip

1. Das Selbstbewirtschafterprinzip kommt im Rahmen der privatrechtlichen 57
Verfügungsbeschränkungen nur beim Erwerb landwirtschaftlicher *Gewerbe* zum Tragen. Die gesetzlichen Vorzugsrechte des BGBB für den Erwerb einzelner landwirtschaftlicher *Grundstücke* knüpfen demgegenüber allesamt am strukturpolitisch motivierten[78] Arrondierungsprinzip an, dessen Ziel es ist, möglichst rationell bewirtschaftbare Betriebe zu schaffen. Übermässige Anfahrtswege zu den einzelnen Grundstücken sollen verhindert werden. Die Zuweisungs- und Vorkaufsansprüche des BGBB an landwirtschaftlichen Grundstücken setzen deshalb voraus, dass der Berechtigte bereits Eigentümer eines landwirtschaftlichen Gewerbes ist oder über ein solches wirtschaftlich verfügt und das zuweisungs- oder vorkaufsbelastete Grundstück im ortsüblichen Bewirtschaftungsbereich des Gewerbes liegt[79].

2. Bezüglich der Eigentümerstellung ist auf das zivilrechtliche Eigentum ge- 58
mäss Grundbucheintrag abzustellen. Eine wirtschaftliche Verfügungsberechtigung liegt vor, wenn eine Person über eine Mehrheitsbeteiligung an einer juristischen Person verfügt, deren Hauptaktivum aus einem landwirtschaftlichen

---

[75] Vgl. (allerdings noch zu Art. 6 EGG) BGE 110 II 490.
[76] HOFER, Kommentar zum BGBB, N 31 ff. zu Art. 9; STALDER, Handänderungen, S. 144 f.
[77] HOFER, Kommentar zum BGBB, N 35 f. zu Art. 9.
[78] Vorne Nr. 6 f.
[79] Vgl. Art. 21, 42 Abs. 2, 47 Abs. 2, 49 Abs. 2 BGBB.

Gewerbe besteht[80]. Eine wirtschaftliche Verfügungsberechtigung kann jedoch auch gegeben sein, wenn das Gewerbe im zivilrechtlichen Eigentum des einen Ehegatten steht, der andere Ehegatte aber im Laufe der Ehe einen wesentlichen Beitrag zum Aufbau und Funktionieren dieses Gewerbes beigetragen hat, sodass das Gewerbe zu einem wesentlichen Teil der Errungenschaft zuzuordnen ist. Es ist unbillig und trägt der in der Landwirtschaft (immer noch) vorherrschenden Verteilung von Alleineigentum einerseits und Mitarbeit beider Partner andererseits nicht Rechnung, Zuweisungs- und Vorkaufsansprüche eines Ehegatten generell mit der Begründung auszuschliessen, nicht er, sondern ausschliesslich sein Partner sei Eigentümer des Gewerbes[81]. Keine wirtschaftliche Verfügungsmacht begründet ein Pachtvertrag, auch wenn er auf lange Zeit abgeschlossen wird[82].

59 3. Der ortsübliche Bewirtschaftungsbereich lässt sich nicht generell festlegen. Er hängt von der örtlichen Agrarstruktur ab. Hinweise liefert das Pachtrecht, wonach für Ackerbaugebiete Bewirtschaftungsdistanzen von ca. 6 km und für Futterbaugebiete von ca. 3 km gelten[83]. Je nach den örtlichen Gegebenheiten kann der Bereich aber auch über 10 km liegen. Nicht erfasst von solchen Distanzbeschränkungen wird der Zuerwerb eines zweiten Betriebsstandortes in Form eines Maiensässes oder einer Alp. Stufenbetriebe sollen nach dem klaren Willen des Gesetzgebers durch das Arrondierungsprinzip gerade nicht gefährdet werden[84].

60 In Bezug auf die erbrechtlichen Zuweisungsansprüche und die gesetzlichen Vorkaufsrechte des BGBB setzt das Arrondierungsprinzip nur voraus, dass der Berechtigte Eigentümer eines landwirtschaftlichen Gewerbes ist und dass das zur Diskussion stehende Grundstück im ortsüblichen Bewirtschaftungsbereich dieses Gewerbes liegt. Dagegen muss er das Gewerbe nicht notwendigerweise selbst bewirtschaften; die Ansprüche stehen ihm auch zu, wenn er das Gewerbe verpachtet hat.

---

[80] Vgl. Art. 4 Abs. 2 BGBB; Botschaft zum BGBB, BBl 1988 III, S. 979.

[81] So auch bereits die Botschaft zum BGBB, BBl 1988 III, S. 1001; zu eng daher Hotz, Kommentar zum BGBB, N 31 zu Art. 42, und auch Stalder, Kommentar zum BGBB, N 21 zu Art. 63 (Bemerkung zum inzwischen aufgehobenen Art. 63 lit. c BGBB).

[82] Botschaft zum BGBB, BBl 1988 III, S. 1001; Studer, Kommentar zum BGBB, N 13 zu Art. 21; Stalder, Kommentar zum BGBB, N 22 zu Art. 63.

[83] Studer/Hofer, S. 237. Mit Blick auf die fortschreitende Technisierung sollte der Bewirtschaftungsbereich allerdings grosszügig gehandhabt werden.

[84] Botschaft zum BGBB, BBl 1988 III, S. 1001.

4. Das Ertragswertprinzip

Die Vorzugsrechte des BGBB (erbrechtliche Zuweisungs-, Kaufs- und Vorkaufsrechte) können an landwirtschaftlichen Gewerben regelmässig zum Ertragswert[85] und an landwirtschaftlichen Grundstücken regelmässig zum doppelten Ertragswert[86] ausgeübt werden. Der Bestimmung des Ertragswerts landwirtschaftlicher Gewerbe und Grundstücke kommt damit erhebliche Bedeutung zu.

Der Ertragswert entspricht dem Kapital, das mit dem Ertrag des landwirtschaftlichen Gewerbes oder Grundstücks bei landesüblicher Bewirtschaftung zum durchschnittlichen Zinssatz für erste Hypotheken verzinst werden kann (Art. 10 Abs. 1 BGBB). Die Berechnungsparameter sind in den (nicht publizierten) Anhängen 1 und 2 zur VBB[87] enthalten.

IV. Kaufs-, Sicherungs- und Gewinnanspruchsrechte zum Schutze der Miterben

1. Veräusserungsverbot und Kaufsrecht der Miterben (Art. 23 und 24 BGBB)

A. Gegenstand der Regelung und Normzweck

Befindet sich in der Erbschaft ein landwirtschaftliches Gewerbe, so kann jeder Erbe verlangen, dass ihm dieses in der Erbteilung zugewiesen wird, wenn er es selber bewirtschaften will und dafür als geeignet erscheint (Art. 11 Abs. 1 BGBB). Die Zuweisung an den selbstbewirtschaftenden Erben erfolgt grundsätzlich zum Ertragswert (Art. 17 Abs. 1 BGBB)[88], also zu einem Wert, welcher regelmässig unter dem Verkehrswert liegt und somit dem Erwerber einen wirtschaftlichen Vorteil verschafft. Dieses wirtschaftliche Entgegenkommen der Miterben verlangt zu deren Schutz nach einem Korrektiv.

Dem Vorteil wurde früher ausschliesslich im Rahmen des Gewinnanteilsrechts der Miterben Rechnung getragen (Art. 619 aZGB). Das BGBB hat am Gewinnan-

---

[85] Art. 17 Abs. 1, Art. 27, Art. 37 Abs. 1, Art. 44, Art. 49 Abs. 3 BGBB. Dieser Grundsatz gilt nicht für das Pächtervorkaufsrecht; dieses ist zum Verkehrswert auszuüben.
[86] Art. 21 Abs. 1, Art. 37 Abs. 1, Art. 44, Art. 49 Abs. 3; für das Pächtervorkaufsrecht gilt auch hier das Verkehrswertprinzip.
[87] Verordnung über das bäuerliche Bodenrecht (VBB), SR 211.412.110.
[88] Vgl. allerdings zur Erhöhung des Anrechnungswertes Art. 18 BGBB.

teilsrecht festgehalten[89], den Schutz der Miterben aber um zwei Instrumente ausgedehnt: Der Erbe, der das Gewerbe in der Erbteilung zur Selbstbewirtschaftung zugewiesen erhalten hat, unterliegt einmal einem Veräusserungsverbot (Art. 23 BGBB): Er darf das Gewerbe während zehn Jahren grundsätzlich (aber mit Ausnahmen) nur mit Zustimmung der Miterben veräussern. Entgegen dem Titel von Art. 23 BGBB lässt sich durch das Veräusserungsverbot die Selbstbewirtschaftung indessen nicht sicherstellen: Die Aufgabe der Selbstbewirtschaftung und anschliessende Verpachtung durch den Erben löst keine Veräusserung und damit auch keine Zustimmungsbedürftigkeit bei den Miterben i.S.v. Art. 23 BGBB aus. Die Konsequenzen der Aufgabe der Selbstbewirtschaftung ohne Veräusserung regelt deshalb Art. 24 BGBB, indem diese Bestimmung den Miterben (und ihren Nachkommen), welche ihrerseits das Gewerbe selbst bewirtschaften wollen, ermöglicht, das Gewerbe durch Ausübung eines Kaufsrechts zu erwerben. Veräusserungsverbot und Kaufsrecht ergänzen sich damit gegenseitig[90].

B. Veräusserungsverbot (Art. 23 BGBB)

a. Voraussetzungen

65   Das Veräusserungsverbot setzt voraus, dass einem Erben in der Erbteilung ein landwirtschaftliches Gewerbe i.S.v. Art. 7 BGBB zur Selbstbewirtschaftung zugewiesen worden ist. Auf landwirtschaftliche Grundstücke findet das Veräusserungsverbot keine Anwendung. Nur eine Zuweisung in der Erbteilung (sei dies durch Erbteilungsvertrag oder Gerichtsurteil) an einen gesetzlichen oder eingesetzten Erben (nicht aber an einen Vermächtnisnehmer), welcher das Gewerbe zur Selbstbewirtschaftung übernimmt, löst das Verbot aus. Die Zuweisung an einen pflichtteilsgeschützten nicht selbstbewirtschaftenden Erben i.S.v. Art. 11 Abs. 2 BGBB hat damit kein Veräusserungsverbot zur Folge.

b. Befristung

66   Das Veräusserungsverbot ist befristet auf 10 Jahre. Die Frist beginnt mit Eigentumserwerb des Erben zu laufen, also mit dem Grundbucheintrag bzw. im Falle einer gerichtlichen Zuweisung mit dem Urteil[91]. Das Veräusserungsverbot kommt nach vorherrschender Auffassung auf alle Verträge zur Anwendung, die innerhalb der 10-Jahresfrist abgeschlossen werden[92].

---

[89] Hinten Nr. 95 ff.
[90] HUNZIKER, S. 31, 58.
[91] HUNZIKER, S. 116 f; STUDER, Kommentar zum BGBB, N 4 zu Art. 23.
[92] Botschaft zum BGBB, BBl 1988 III, S. 1003; STUDER, Kommentar zum BGBB, N 4 zu Art. 23; vgl. allerdings auch HUNZIKER, S. 117.

c. Begriff der Veräusserung

Als Veräusserung gilt jedes Geschäft, welches durch Vertrag einen Eigentümerwechsel herbeiführt, also nebst einem Verkauf auch eine Schenkung sowie die vertragliche Einräumung eines Kaufsrechts[93]. Nicht als Veräusserung gilt der Abschluss eines Pachtvertrages; ein solcher kommt nie einer Eigentumsübertragung gleich[94]. 67

d. Vererblichkeit

Obwohl sich Art. 23 BGBB zur Vererblichkeit nicht äussert, ist eine aktive Vererblichkeit zu bejahen. Die Zustimmungsbedürftigkeit vererbt sich somit auf die Erben des Miterben[95]. Umgekehrt besteht eine passive Vererblichkeit nicht: Das Veräusserungsverbot besteht nur gegenüber dem Miterben, dem das Gewerbe in der Erbteilung zugewiesen worden ist. Dieser darf es ohne Zustimmung der Miterben auf einen selbstbewirtschaftenden Nachkommen übertragen (Art. 23 Abs. 2 lit. a BGBB). Eine Weiterveräusserung durch diesen unterliegt nicht mehr dem Veräusserungsverbot[96]. 68

e. Dispositive Natur

Das Veräusserungsverbot ist dispositiver Natur. Die Miterben können somit zum Voraus und mittels einfacher Schriftform (Art. 11 ff. OR) einer allfälligen Veräusserung zustimmen (und auch auf das Kaufsrecht verzichten)[97]. 69

f. Ausnahmefälle

Keiner Zustimmung durch die Miterben bedarf die Veräusserung des Gewerbes durch den Miterben an einen selbstbewirtschaftenden Nachkommen (Sohn/Tochter, aber auch Enkel/Enkelin; Art. 23 Abs. 2 lit. a BGBB), an das Gemeinwesen und dessen Anstalten zur Erfüllung einer öffentlichen Aufgabe i.S.v. Art. 65 BGBB, sei dies freihändig oder im Enteignungsverfahren (oder unter Androhung eines solchen; Art. 23 Abs. 2 lit. b BGBB), und schliesslich dann, wenn der Erbe einzelne Grundstücke oder Grundstücksteile gestützt auf eine Ausnahmebewilligung vom Realteilungs- und Zerstückelungsverbot i.S.v. Art. 60 BGBB 70

---

[93] Hunziker, S. 112 ff.
[94] Stalder, Handänderungen, S. 126; a.M. Hunziker, S. 113.
[95] Studer, Kommentar zum BGBB, N 6 zu Art. 23.
[96] Hunziker, S. 118.
[97] Hunziker, S. 38, 123.

– oder aber (über den Gesetzeswortlaut hinausgehend) gestützt auf die gesetzlichen Ausnahmetatbestände in Art. 59 BGBB[98] – veräussert.

C. Kaufsrecht der Miterben (Art. 24 BGBB)

a. Voraussetzungen

71 Das Kaufsrecht der Miterben kommt dann zur Anwendung, wenn der Erbe, an den das Gewerbe in der Erbteilung zum Zwecke der Selbstbewirtschaftung übertragen worden ist, oder sein Nachkomme innert 10 Jahren nach dem Erwerb die Selbstbewirtschaftung endgültig aufgibt. Wie das Veräusserungsverbot (Art. 23 BGBB), kommt auch das Kaufsrecht nur auf landwirtschaftliche Gewerbe i.S.v. Art. 7 BGBB, nicht aber auf einzelne landwirtschaftliche Grundstücke zur Anwendung.

b. Kaufrechtsbelastete

72 **1.** Kaufsrechtsbelastet sind einmal der gesetzliche und der eingesetzte Erbe, welche das Gewerbe in der Erbteilung übernommen haben, nicht aber der Vermächtnisnehmer. Die Übertragung des Gewerbes auf den Nachkommen in Anrechnung an künftige Erbschaft (sog. Kindskauf) löst als Rechtsgeschäft unter Lebenden das Kaufsrecht ebenfalls nicht aus.

73 **2.** Kaufsrechtsbelastet sind sodann die Nachkommen dieses Erben, also sowohl seine Kinder wie auch seine Enkel. Mit der Ausdehnung der Kaufsrechtsbelastung auf den die Selbstbewirtschaftung aufgebenden Nachkommen sollte verhindert werden, dass der Erbe sein Gewerbe auf seinen Nachkommen überträgt, welcher alsdann in der Aufgabe der Selbstbewirtschaftung frei gewesen wäre. Die getroffene Regelung ist indessen insofern nicht vollkommen, als dieselbe Überlegung nicht auch dem Veräusserungsverbot zugrunde gelegt wurde. Die Veräusserung des Gewerbes stellt keine Aufgabe der Selbstbewirtschaftung i.S.v. Art. 24 BGBB dar. Damit ist der Nachkomme frei, das Gewerbe, welches der Vater in der Erbteilung zur Selbstbewirtschaftung übernommen hatte und an den Nachkommen abgetreten hat, ohne Veräusserungsverbot und unbelastet von Kaufsrechten weiter zu veräussern[99].

---

[98] So auch STUDER, Kommentar zum BGBB, N 10 zu Art. 23, und HUNZIKER, S. 121.
[99] HUNZIKER, S. 133.

c. Kaufsberechtigte

Kaufsberechtigt sind die Miterben des Übernehmers[100], soweit sie ihrerseits im Zeitpunkt der Ausübung des Kaufsrechts die Voraussetzungen zur Selbstbewirtschaftung des Gewerbes erfüllen. Ob sie diese subjektiven Voraussetzungen schon bei der seinerzeitigen Übertragung des Gewerbes auf den Kaufsrechtsbelasteten erfüllt haben, ist unbeachtlich[101].

d. Fristen

Zu unterscheiden sind beim Kaufsrecht der Miterben drei Fristen, nämlich die Bestandesfrist des Kaufsrechtes an sich und die beiden Ausübungsfristen: Gemäss Art. 24 Abs. 1 BGBB besteht ein Kaufsrecht nur, wenn die Selbstbewirtschaftung innert 10 Jahren nach Eigentumsübergang aufgegeben wird. Wird die Selbstbewirtschaftung nach Ablauf der 10 Jahre aufgegeben, so besteht das Kaufsrecht nicht mehr. Innerhalb des Rechtsbestandes gelten sodann für die Ausübung eine relative und eine absolute Verwirkungsfrist: Das Kaufsrecht ist gemäss Art. 24 Abs. 3 BGBB innert 3 Monaten auszuüben, nachdem der Kaufsberechtigte von der Aufgabe der Selbstbewirtschaftung Kenntnis erhalten hat (relative Verwirkungsfrist). Jedenfalls ist aber das Kaufsrecht innert 2 Jahren seit Aufgabe der Selbstbewirtschaftung auszuüben (absolute Verwirkungsfrist). Die Aufgabe der Selbstbewirtschaftung nach 9 Jahren und 10 Monaten löst demnach das Kaufsrecht aus; die Ausübungserklärung ist alsdann innert 3 Monaten ab Kenntnis, spätestens innert 2 Jahren abzugeben. Eine Verwirkung des Kaufsrechts hat keinen Einfluss auf die Geltendmachung von Gewinnansprüchen gemäss Art. 28 BGBB.

e. Vererblichkeit

Das Kaufsrecht ist vererblich, aber nicht übertragbar (Art. 24 Abs. 3 BGBB). Auch die Erben der Kaufsberechtigten können somit das Kaufsrecht ausüben; dies jedoch nur dann, wenn sie selbst im Ausübungszeitpunkt die subjektiven Voraussetzungen des Willens und der Eignung zur Selbstbewirtschaftung erfüllen[102].

---

[100] STUDER, Kommentar zum BGBB, N 6 zu Art. 24, hält allerdings mit überzeugender Begründung dafür, dass das Kaufsrecht gegenüber eingesetzten Erben nur den pflichtteilsgeschützten Erben zusteht.
[101] STUDER, Kommentar zum BGBB, N 10 zu Art. 24.
[102] HUNZIKER, S. 74, 131; STUDER, Kommentar zum BGBB, N 10 zu Art. 24.

f. Begriff der endgültigen Aufgabe der Selbstbewirtschaftung

77 Das Kaufsrecht wird (erst) ausgelöst durch die endgültige Aufgabe der Selbstbewirtschaftung. Eine vorübergehende Aufgabe löst das Kaufsrecht nicht aus; eine anfänglich als vorübergehend gedachte Aufgabe kann aber zu einer definitiven Aufgabe werden. Erfasst werden sowohl die freiwillige als auch die dem Erben durch äussere Umstände aufgezwungene Aufgabe, namentlich durch Krankheit, Unfall oder Tod[103]. Der Verkauf des Gewerbes durch den Erben oder seine Nachkommen stellt keine Aufgabe der Selbstbewirtschaftung dar und löst damit das Kaufsrecht nicht aus, wohl aber nach Massgabe der jeweiligen Voraussetzungen das Veräusserungsverbot i.S.v. Art. 23 BGBB[104], den Gewinnanspruch der Miterben i.S.v. Art. 28 ff. BGBB[105] und das Vorkaufsrecht der Verwandten i.S.v. Art. 42 BGBB[106].

g. Ausübungspreis

78 Das Kaufsrecht ist zum ursprünglichen Anrechnungswert in der Erbteilung auszuüben (Art. 24 Abs. 2 BGBB). Eine Verzinsung findet nicht statt. Die vom Erben zwischenzeitlich getätigten Investitionen sind zum Zeitwert zu entschädigen, also unter Berücksichtigung angemessener Abschreibungen infolge Altersentwertung.

79 Kaufrechtsobjekt bildet das landwirtschaftliche Gewerbe, wie es dem Erben in der Erbteilung zugewiesen wurde. Zugekaufte Grundstücke liegen ausserhalb dieses Objektes und werden vom Kaufsrecht an sich nicht erfasst. Das Realteilungsverbot (Art. 58 BGBB) zwingt aber in der Regel dazu, auch diese Grundstücke dem Kaufsrecht zu unterwerfen. Dürfen die zugekauften Grundstücke gemäss Art. 59 f. BGBB abgetrennt werden, so besteht ein Kaufsrecht an diesen Grundstücken nicht; der Kaufsrechtsbelastete kann aber verlangen, dass auch diese Grundstücke vom Kaufsrechtsberechtigten übernommen werden. Soweit

---

[103] Gl.M. STUDER, Kommentar zum BGBB, N 12 f. zu Art. 24. A.M. demgegenüber HUNZIKER, S. 59 ff., welcher unter Hinweis auf Konkurrenzprobleme mit den erbrechtlichen Zuweisungsansprüchen die Auffassung vertritt, der Tod des Erben bewirke keine Aufgabe der Selbstbewirtschaftung i.S.v. Art. 24 Abs. 1 BGBB. Diese Auffassung ist abzulehnen: Der Tod des Erben bewirkt durchaus eine Aufgabe der Selbstbewirtschaftung. Das Kaufsrecht kann aber nicht ausgeübt werden, wenn ein Erbeserbe das Gewerbe zur Selbstbewirtschaftung übernehmen will (Art. 24 Abs. 4 lit. b BGBB). Der Zuweisungsanspruch des Erbeserben i.S.v. Art. 11 Abs. 1 BGBB geht somit dem Kaufsrecht gemäss Art. 24 BGBB vor. Dieses wiederum geht aber dem Zuweisungsanspruch des nichtselbstbewirtschaftenden pflichtteilsgeschützten Erben i.S.v. Art. 11 Abs. 2 BGBB vor. Eine ungelöste Konkurrenzsituation besteht somit nicht.
[104] Vorne Nr. 63 ff.
[105] Hinten Nr. 95 ff.
[106] Hinten Nr. 164 ff.

diese Grundstücke übernommen werden, sind sie als wertvermehrende Investition abzugelten.

h. Ausnahmefälle

Art. 24 Abs. 4 BGBB statuiert vier Ausnahmefälle, in welchen das Kaufsrecht nicht geltend gemacht werden kann. Der Ausnahmekatalog stimmt teilweise mit jenem des Veräusserungsverbotes gemäss Art. 23 Abs. 2 BGBB überein; es kann insoweit auf das dort Gesagte verwiesen werden[107]. Darüber hinaus kann das Kaufsrecht nicht geltend gemacht werden, wenn der Erbe stirbt und einer seiner Erben das Gewerbe zur Selbstbewirtschaftung übernehmen will (Art. 24 Abs. 4 lit. b BGBB).

80

i. Spezialfall des Aufschubs

Wird die Selbstbewirtschaftung wegen Unfall oder Krankheit aufgegeben und hat der Eigentümer – also der Erbe oder der Nachkomme – unmündige Nachkommen, so kann gemäss Art. 24 Abs. 5 BGBB das Kaufsrecht so lange nicht geltend gemacht werden, bis entschieden werden kann, ob ein Nachkomme das landwirtschaftliche Gewerbe zur Selbstbewirtschaftung übernehmen kann. STUDER vertritt unter Verweis auf das Gebot der Gleichberechtigung der Erben die Auffassung, dass vom Aufschub auch jene Nachkommen erfasst sind, die im Zeitpunkt der Aufgabe der Selbstbewirtschaftung noch gar nicht gezeugt sind[108]. Zu Recht weist HUNZIKER darauf hin, dass bei dieser Betrachtungsweise – auch Enkel und Urenkel gelten als Nachkommen – das Kaufsrecht auf Generationen hin aufgeschoben werden könnte, was mit dem Grundsatz der Rechtssicherheit kaum vereinbar wäre[109].

81

2. Kaufsrecht der verwandten Nichterben (Art. 25–27 BGBB)

A. Gegenstand der Regelung und Normzweck

1. Befindet sich in der Erbschaft ein landwirtschaftliches Gewerbe, so steht einem in Art. 25 BGBB gesetzlich umschriebenen Kreis selbstbewirtschaftender

82

---

[107] Vorne Nr. 70.
[108] STUDER, Kommentar zum BGBB, N 34 zu Art. 24.
[109] HUNZIKER, S. 142 f.

verwandter Nichterben an diesem Gewerbe ein Kaufsrecht gegenüber der Erbengemeinschaft zu.

83 2. Der Bundesrat hatte im Entwurf zum BGBB ein Kaufsrecht der Geschwister gegenüber der Erbengemeinschaft als Kompensation zum weggefallenen Pflichtteilsrecht der Geschwister vorgesehen. Die Eidgenössischen Räte haben das Kaufsrecht in der Folge auf Nachkommen ohne Erbenstellung sowie auf Geschwisterkinder ausgedehnt. Zweck dieser Ausdehnung und damit der Bestimmung an und für sich ist es, die Zufälligkeiten, wie sie sich insbesondere beim Vorabsterben direkter Nachkommen des Gewerbeeigentümers hinsichtlich der Erbenstellung der Enkel ergeben, abzufedern[110]. Die Bestimmung ist somit einerseits eigentumspolitisch motiviert, indem das Kaufsrecht wiederum nur Selbstbewirtschaftern zusteht, hat andererseits aber eine gewichtige familienpolitische Komponente, indem damit die Weitergabe des Gewerbes innerhalb der Familie – und damit zu Vorzugsbedingungen – gefördert wird[111].

84 3. Als obligatorisches Recht führt das Kaufsrecht der Verwandten nicht zu einer Erbenstellung der Berechtigten. Vom Ergebnis her betrachtet bewirkt das Kaufsrecht der Verwandten aber eine Ausdehnung des Personenkreises, der gegenüber dem Nachlass Ansprüche auf Eigentumsübertragung an einem landwirtschaftlichen Gewerbe geltend machen kann. Das Kaufsrecht kommt daher in seiner Wirkung den erbrechtlichen Zuweisungsansprüchen recht nahe.

B. Kreis der Berechtigten

85 Kaufberechtigt ist gemäss Art. 25 Abs. 1 lit. a BGBB einmal jeder Nachkomme, der nicht Erbe ist. Erfasst werden damit Enkel und Urenkel des Erblassers unter der Voraussetzung, dass die vorhergehende – und damit erbberechtigte – Generation noch am Leben ist. Sind die zwischen dem Erblasser und dem Enkel bzw. Urenkel vormals vorhandenen Erben vorverstorben, so kommt dem Enkel bzw. Urenkel direkt Erbenstellung zu, was erbrechtliche Zuweisungsansprüche gemäss Art. 11 Abs. 1 BGBB auslöst; des Kaufsrechts gemäss Art. 25 ff. BGBB bedarf es diesfalls nicht.

86 Sodann steht gemäss Art. 25 Abs. 1 lit. b BGBB das Kaufsrecht jedem Geschwister und Geschwisterkind zu, das nicht Erbe ist, aber beim Verkauf des Gewerbes ein (gesetzliches) Vorkaufsrecht geltend machen könnte. Die Bestimmung verweist somit auf Art. 42 Abs. 1 Ziff. 2 BGBB, wonach jedem Geschwister und Geschwisterkind ein Vorkaufsrecht zusteht, wenn der Veräusserer – bzw. im Falle

---

[110] STUDER, Kommentar zum BGBB, Vorbem. zu Art. 25–27, N 1 ff.
[111] Vorne Nr. 10.

von Art. 25 BGBB eben der Erblasser – das Gewerbe vor weniger als 25 Jahren ganz oder zum grössten Teil von seinen Eltern oder aus deren Nachlass erworben hat.

C. Voraussetzungen und Bedingungen der Ausübung

a. Landwirtschaftliches Gewerbe

Das Kaufsrecht der Verwandten bezieht sich wiederum nur auf landwirtschaftliche Gewerbe; landwirtschaftliche Grundstücke unterstehen dem Kaufsrecht nicht. Das Kaufsrecht besteht kraft des Realteilungsverbotes (Art. 58 BGBB)[112] auch in den Fällen von Art. 25 Abs. 2 lit. b BGBB am ganzen Gewerbe, mithin auch an jenen Teilen, die nicht von den Eltern oder aus deren Nachlass stammen[113]. 87

b. Persönliche Voraussetzungen

Gemäss Art. 27 Abs. 1 i.V.m. Art. 42 Abs. 1 BGBB setzt die Ausübung des Kaufsrechts wiederum den Willen und die Eignung des Ausübenden zur Selbstbewirtschaftung voraus. 88

c. Ausübungspreis

Das Kaufsrecht am landwirtschaftlichen Gewerbe steht dem Berechtigten zum einfachen Ertragswert zu (Art. 27 Abs. 1 i.V.m. Art. 44 BGBB). Eine allfällige Erhöhung des Übernahmepreises aufgrund besonderer Umstände richtet sich nach Art. 52 BGBB. 89

d. Ausübungsfrist

Der Verweis von Art. 27 BGBB bezieht sich, soweit keine spezialgesetzliche Regelung im BGBB vorhanden ist, auf die allgemeinen Regeln der gesetzlichen Vorkaufsrechte in Art. 681 ff. ZGB; Art. 681 Abs. 1 ZGB verweist weiter auf die Regeln der vertraglichen Vorkaufsrechte in Art. 218 ff. OR. Daraus ergibt sich, dass (auch) das Kaufsrecht der verwandten Nichterben 3 Monate, nachdem der Berechtigte vom Anspruch Kenntnis erhalten hat, relativ, und 2 Jahre nach Eintragung des neuen Eigentümers absolut verwirkt. Daraus ergibt sich weiter die 90

---

[112] Hinten Nr. 211 ff.
[113] STUDER, Kommentar zum BGBB, N 6 zu Art. 25.

realobligatorische Natur des Kaufsrechts: Es kann gemäss Art. 681a Abs. 3 ZGB gegenüber jedem Eigentümer des Gewerbes geltend gemacht werden.

D. Ausnahmetatbestände und Konkurrenzfragen

91 Art. 26 BGBB regelt in Abs. 1 sowohl Ausnahmetatbestände als in Abs. 2 auch Konkurrenzfragen mit den erbrechtlichen Zuweisungsansprüchen. Allerdings hat es der Gesetzgeber bei der Ausdehnung der bundesrätlichen Konzeption eines Kaufsrechts der Geschwister auf die Nachkommen und Geschwisterkinder verpasst, auch die Konkurrenzfragen adäquat zu regeln, was zu Widersprüchen führt[114].

92 So liegt ein Widerspruch etwa darin, dass Art. 26 Abs. 1 lit. a BGBB das Kaufsrecht gar nicht entstehen lässt, wenn das Gewerbe in der Erbteilung einem selbstbewirtschaftenden gesetzlichen Erben zugewiesen wird. Die in Art. 26 Abs. 2 BGBB geregelte Konkurrenz zwischen Kaufsrecht und erbrechtlichem Zuweisungsanspruch kann somit gar nicht entstehen. Die Lehre schlägt vor, entweder Art. 26 Abs. 1 lit. a BGBB nicht zu beachten, oder Art. 26 Abs. 1 lit. a BGBB nur auf den pflichtteilsgeschützten Erben zur Anwendung zu bringen. Nur dieser ginge somit dem Kaufsrecht vor; die Konkurrenz zwischen nicht pflichtteilsgeschütztem Erbe und Kaufsberechtigtem wäre alsdann gestützt auf Art. 26 Abs. 2 BGBB nach Massgabe der persönlichen Verhältnisse zu beurteilen[115]. Unter dem Aspekt der persönlichen Verhältnisse sind etwa zu würdigen: Gewährleistung der Nachfolgeregelung, Alter, bisherige (landwirtschaftliche) Tätigkeit, finanzielle Verhältnisse (insbesondere auch in Abwägung zum Umfang des Erbanspruchs), Fähigkeiten des Ehegatten[116].

93 Weiter lässt Art. 26 Abs. 1 lit. b BGBB den Kaufrechtsanspruch nicht entstehen, wenn die Erbengemeinschaft das Gewerbe einem selbstbewirtschaftenden Nachkommen (Sohn, Enkel, Urenkel) des Verstorbenen überträgt.

94 Schliesslich besteht der Kaufsrechtsanspruch gemäss Art. 26 Abs. 1 lit. c BGBB nicht, wenn das Gewerbe 25 Jahre im Eigentum des Verstorbenen war. Diese Bestimmung korreliert – soweit Geschwister und Geschwisterkinder betreffend – mit Art. 42 Abs. 1 Ziff. 2 BGBB, auf welchen Art. 27 BGBB verweist, und wiederholt damit insoweit ohnehin Geltendes. Allerdings soll die 25-Jahre-Beschränkung nach seinem Wortlaut auch für das Kaufsrecht der Nachkommen

---

[114] STUDER, Kommentar zum BGBB, N 1 zu Art. 26: «Die Befürchtung, dass dem Gesetzgeber in diesem Bereich der Überblick verloren gehen könnte ..., hat sich leider bestätigt.»
[115] STUDER, Kommentar zum BGBB, N 4 zu Art. 26.
[116] STUDER, Kommentar zum BGBB, N 6 zu Art. 20.

gelten und macht insoweit keinen Sinn. Das Kaufsrecht der verwandten Nichterben i.S.v. Art. 25 Abs. 1 lit. a BGBB hat gerade Ansprüche der Enkel und der Urenkel im Visier. Es ist davon auszugehen, dass der Grossvater oder Urgrossvater sein Gewerbe in der Regel mehr als 25 Jahre zu Eigentum besessen hat. Der Zweck der Bestimmung würde mithin gerade vereitelt, wenn man die Kaufsrechtsansprüche der Nachkommen (Enkel und Urenkel) bei einer Eigentumsdauer von 25 Jahren untergehen lassen würde. Die Lehre hält richtigerweise dafür, die 25-Jahresfrist bei den Kaufsrechtsansprüchen der Nachkommen (Art. 25 Abs. 1 lit. a BGBB) unbeachtet zu lassen[117].

3. Gewinnanspruchsrecht der Miterben (Art. 28–35 BGBB)

A. Gegenstand der Regelung und Normzweck

1. Um dem Erben eines landwirtschaftlichen Gewerbes oder Grundstücks ein wirtschaftliches Fortkommen zu ermöglichen und ihn vor übermässiger Verschuldung zu bewahren[118], werden landwirtschaftliche Gewerbe und Grundstücke in der Erbteilung regelmässig zum einfachen oder doppelten Ertragswert[119], jedenfalls aber zu einem Wert angerechnet, welcher (mitunter erheblich) unter dem Verkehrswert liegt. Der Gewinnanspruch der Miterben stellt den vermögensmässigen Ausgleich unter den Erben wieder her, falls der Erbe, an den das Gewerbe zu einem Anrechnungspreis unter dem Verkehrswert zugewiesen worden ist, dieses mit Gewinn veräussert oder sonst wie den Gewinn realisiert. Der Gewinnanspruch der Miterben stellt somit – einhergehend mit dem Veräusserungsverbot (Art. 23 BGBB) und dem Kaufsrecht der Miterben (Art. 24 BGBB)[120] – sicher, dass sich der Erbe aus dem ihm gewährten Vorzugspreis nicht (einseitig) bereichert.

2. Anders als das Veräusserungsverbot und das Kaufsrecht der Miterben findet der Gewinnanspruch der Miterben sowohl auf landwirtschaftliche Gewerbe als

95

96

---

[117] STUDER, Kommentar zum BGBB, N 9 zu Art. 26.
[118] Vgl. in diesem Zusammenhang die Vorschriften zur Verhütung der Überschuldung, Art. 73 ff. BGBB.
[119] Vgl. für landwirtschaftliche Gewerbe Art. 11 Abs. 1 i.V.m. Art. 17 BGBB und für landwirtschaftliche Grundstücke Art. 21 BGBB; die Erben sind aber frei, im Erbteilungsvertrag abweichende Anrechnungswerte zu vereinbaren.
[120] Zu beachten ist allerdings, dass Veräusserungsverbot und Kaufsrecht nur auf landwirtschaftliche Gewerbe Anwendung finden, wogegen der Gewinnanspruch zusätzlich auch einzelne landwirtschaftliche Grundstücke erfasst.

auch auf landwirtschaftliche Grundstücke Anwendung. Kraft ausdrücklicher Anordnung in Art. 3 Abs. 3 BGBB gilt der Gewinnanspruch für alle Gewerbe und Grundstücke, die der Veräusserer zur landwirtschaftlichen Nutzung erworben hat, also auch für die kleinen Grundstücke, die nicht zu einem landwirtschaftlichen Gewerbe gehören und ansonsten dem BGBB nicht unterstellt sind (vgl. Art. 2 Abs. 3 BGBB).

97   3. Der Gewinnanspruch wird durch eine Veräusserung i.S.v. Art. 29 BGBB ausgelöst. Dieser Veräusserungsbegriff deckt sich nicht mit dem üblichen Veräusserungsbegriff und geht insbesondere über Geschäfte, die einen Eigentümerwechsel zur Folge haben, hinaus.

98   4. Der Gewinnanspruch der Miterben umfasst für jeden Erben den «Anspruch auf den seiner Erbquote entsprechenden Anteil am Gewinn» (Art. 28 Abs. 1 BGBB). Dem Veräusserer steht damit ebenfalls der seiner Erbquote entsprechende Anteil am Gewinn zu[121]. Der Gewinnanspruch steht den Erben nicht zu gesamter Hand zu, sondern jedem einzelnen Erben. Der Anspruch ist vererblich und übertragbar (Art. 28 Abs. 2 BGBB).

B. Befristung

99   1. Der Gewinnanspruch wird nur ausgelöst, wenn der Erbe das landwirtschaftliche Gewerbe oder Grundstück innert 25 Jahren seit dem Erwerb veräussert. Die Frist beginnt mit dem Eigentumserwerb zu laufen, d.h. bei einer gerichtlichen Zuweisung mit Urteil und bei einem Erbteilungsvertrag mit Grundbucheintrag. Ob eine Veräusserung im Rechtssinne innerhalb der 25-Jahresfrist erfolgt ist, ist in Bezug auf jeden Veräusserungstatbestand gesondert zu betrachten. Die 25-Jahresfrist ist eine Verwirkungsfrist. Sie kann nicht unterbrochen werden und ist von Amtes wegen zu beachten.

100   2. Von der 25-Jahresfrist gemäss Art. 28 Abs. 3 BGBB – welche definiert, ob eine Veräusserung im Rechtssinne überhaupt Gewinnansprüche auslöst – ist die Fälligkeit des Gewinnanspruchs i.S.v. Art. 30 BGBB zu unterscheiden. Die Fälligkeit bezeichnet den Zeitpunkt, ab welchem der Miterbe seinen Anspruch einfordern kann[122]. Die Fälligkeit kann wesentlich nach der Auslösung des Gewinnanspruchsrechts eintreten (vgl. Art. 30 lit. b BGBB).

---

[121] Dies im Unterschied zum vertraglichen Gewinnanspruchsrecht gemäss Art. 41 BGBB, hinten Nr. 137, sowie zum Gewinnanspruchsrecht des Veräusserers gegenüber dem ausübenden Vorkaufsberechtigten gemäss Art. 53 BGBB, hinten Nr. 157 f.

[122] HENNY, Kommentar zum BGBB, N 1 zu Art. 30.

C. Veräusserungstatbestände, Fristen und Fälligkeit

a. Verkauf und dem Verkauf gleichgestellte Geschäfte

1. Als das Gewinnanspruchsrecht auslösende Veräusserung gilt gemäss Art. 29 Abs. 1 lit. a BGBB vorab der Abschluss eines Kaufvertrages i.S.v. Art. 216 ff. OR. 101

2. Über den Kauf hinaus lösen gemäss Art. 29 Abs. 1 lit. a BGBB auch jene Rechtsgeschäfte das Gewinnanspruchsrecht aus, welche wirtschaftlich einem Verkauf gleichkommen. Dies ist dann der Fall, wenn der Erbe einerseits wesentliche Verfügungsbefugnisse am landwirtschaftlichen Gewerbe oder Grundstück aufgibt und andererseits finanzielle Gegenleistungen entgegennimmt, welche in ihrem Gesamtwert über dem seinerzeitigen Anrechnungswert liegen. Dies ist regelmässig der Fall beim Tausch, bei der gemischten Schenkung, beim Einbringen in eine einfache Gesellschaft oder bei der Einräumung eines Baurechts[123]. Keine Veräusserung stellt der Abschluss eines Pachtvertrages dar[124]. Letztlich ist aber in jedem Einzelfall abzuklären, ob ein verkaufsähnlicher Tatbestand gegeben ist. Mehrere in einem zeitlichen oder sachlichen Zusammenhang stehende Vereinbarungen sind in ihrer Gesamtheit zu würdigen. 102

3. Hinsichtlich des Zeitpunkts der den Gewinnanspruch auslösenden Veräusserung ist auf den Vertragsabschluss abzustellen und nicht etwa auf eine allfällige Anmeldung des Geschäftes im Grundbuch (Art. 29 Abs. 2 lit. a BGBB)[125]. 103

4. Die Fälligkeit des Gewinnanspruchs wird beim Verkauf mit der Fälligkeit der Gegenleistung, die der Verkäufer fordern kann, ausgelöst. Dies gilt analog auch für die verkaufsähnlichen Geschäfte. Ab diesem Zeitpunkt untersteht der Gewinnanspruch des Miterben der ordentlichen 10-jährigen Verjährungsfrist gemäss Art. 127 OR. 104

b. Enteignung

1. Dem Gemeinwesen (Bund, Kantone, Gemeinden, öffentlich-rechtliche Anstalten und Private, welchen die Erfüllung öffentlicher Aufgaben übertragen ist) steht für die Realisierung bestimmter öffentlicher Aufgaben das Enteignungsrecht zu. Voraussetzung jeglicher Enteignung ist die volle Entschädigung (Art. 26 Abs. 2 BV), also bei landwirtschaftlichen Gewerben und Grundstücken die Abgeltung des Verkehrswertes. Darin liegt eine Gewinnrealisierung, welche das Gewinnanspruchsrecht auslöst (Art. 29 Abs. 1 lit. b BGBB). 105

---

[123] HENNY, Kommentar zum BGBB, N 9 zu Art. 29.
[124] STALDER, Handänderungen, S. 126.
[125] Dies ergibt sich auch daraus, dass die dem Verkauf gleichgestellten Geschäfte nicht zwingend zu einem Grundbucheintrag führen.

106 **2.** Hinsichtlich des Zeitpunkts der den Gewinnanspruch auslösenden Veräusserung ist die Einleitung des Enteignungsverfahrens massgebend und nicht etwa das Urteil der zuständigen richterlichen Behörde (Art. 29 Abs. 2 lit. b BGBB).

107 **3.** Gleich wie beim Verkauf wird der Gewinnanspruch der Miterben fällig mit Fälligkeit der Enteignungsentschädigung an den Eigentümer (Art. 30 lit. a BGBB).

c. Zuweisung zu einer Bauzone

108 **1.** Atypisch, weil nicht mit Eigentumsübertragung verbunden, ist der Realisierungstatbestand der Zuweisung zur Bauzone, wenn damit die Entlassung aus dem Geltungsbereich des BGBB verbunden ist oder mittels einer Abparzellierung (Art. 60 lit. a BGBB) möglich wird (Art. 29 Abs. 1 lit. c BGBB).

109 **2.** Die Einzonung führt dann zur Entlassung aus dem Geltungsbereich des BGBB, wenn ein landwirtschaftliches Grundstück, welches nicht zu einem landwirtschaftlichen Gewerbe gehört, der Bauzone zugewiesen wird (Art. 2 Abs. 1 BGBB). Gehört das landwirtschaftliche Grundstück zu einem landwirtschaftlichen Gewerbe, so wird es bei einer Zuweisung zur Bauzone dann aus dem Geltungsbereich des BGBB entlassen, wenn es keine (betriebsnotwendigen) Gebäude und Anlagen aufweist (Art. 2 Abs. 2 lit. a BGBB). Wird demgegenüber das Betriebszentrum mit Wohn- und Ökonomiegebäude(n) einer Bauzone zugewiesen, so resultiert daraus keine Entlassung aus dem Geltungsbereich des BGBB und damit auch keine Auslösung des Gewinnanspruchsrechts.

110 **3.** Hinsichtlich des Zeitpunkts der den Gewinnanspruch auslösenden Veräusserung ist die Einleitung des Einzonungsverfahrens massgebend (Art. 29 Abs. 2 lit. c BGBB)[126]. Dieser Zeitpunkt bestimmt sich nach dem jeweils Anwendung findenden kantonalen Planungsrecht; in der Regel wird die Frist durch öffentliche Auflage des Planungsvorhabens ausgelöst.

111 **4.** Fällig wird der Gewinnanspruch im Zeitpunkt der Veräusserung oder der Nutzung als Bauland, spätestens aber 15 Jahre nach der rechtskräftigen Einzonung (Art. 30 lit. b BGBB). Bezüglich der Veräusserung ist wiederum auf den Abschluss des Veräusserungsvertrages abzustellen. Bezüglich der Nutzung als Bauland durch den Eigentümer erscheint ein Abstellen auf den Baubeginn bzw. die Schnurgerüstabnahme als sachgerecht[127]. Wird die landwirtschaftliche Nut-

---

[126] Botschaft zum BGBB, BBl 1988 III, S. 1999.
[127] Henny, Kommentar zum BGBB, N 8 zu Art. 30.

zung trotz Einzonung weitergeführt, so wird der Gewinnanspruch 15 Jahre nach dem rechtskräftigen Einzonungsentscheid fällig[128].

d. Zweckentfremdung

1. Zweckentfremdung liegt vor, wenn der Erbe, welchem das landwirtschaftliche Gewerbe oder Grundstück in der Erbteilung zugewiesen worden ist, die landwirtschaftliche Nutzung aufgibt und zu einer nichtlandwirtschaftlichen Nutzung übergeht und damit einen höheren Ertrag erzielt, ohne auf sein Eigentumsrecht zu verzichten oder dieses Recht unter wirtschaftlichen Gesichtspunkten auszuhöhlen[129]. Im Zentrum steht die Verkleinerung oder Aufgabe der landwirtschaftlichen Bewirtschaftung und die Umnutzung der deshalb nicht mehr für die Landwirtschaft benötigten Wohn- und/oder Ökonomiegebäude in eine nichtlandwirtschaftliche Nutzung, was vorab dann möglich ist, wenn diese Gebäude in einer Bauzone liegen[130].

112

2. Die Aufgabe der Selbstbewirtschaftung und Verpachtung des Grundstücks oder Gewerbes bewirkt keine Veräusserung im Sinne dieser Bestimmung, weil einerseits die landwirtschaftliche Nutzung beibehalten wird und sich der Pachtzins andererseits am Ertragswert orientiert, sodass keine Gewinnrealisierung vorliegt. Hingegen löst die Aufgabe der Selbstbewirtschaftung das Kaufsrecht der Miterben i.S.v. Art. 24 BGBB aus[131].

113

3. Hinsichtlich des Zeitpunkts der den Gewinnanspruch auslösenden Zweckentfremdung ist das Geschäft oder der Realakt massgebend, mit welchem die Zweckentfremdung erlaubt wird (z.B. Baubewilligung), oder die Handlung des Eigentümers, welche die Nutzungsänderung bewirkt (Art. 30 lit. c BGBB).

114

D. Gewinn

1. Der Gewinn besteht grundsätzlich aus der Differenz zwischen dem in der Erbteilung festgelegten Anrechnungswert – also regelmässig dem einfachen Ertragswert bei Gewerben (Art. 17 Abs. 1 BGBB) bzw. dem doppelten Ertragswert bei Grundstücken (Art. 21 Abs. 1 BGBB[132]) – und dem vom Miterben realisierten Veräusserungswert. Dieser Grundsatz erfährt allerdings in den Art. 31–33

115

---

[128] Vgl. zu den sich daraus ergebenden Unbilligkeiten: HENNY, Kommentar zum BGBB, N 9 zu Art. 30.
[129] HENNY, Kommentar zum BGBB, N 17 zu Art. 29.
[130] Weitere Fälle bei HENNY, Kommentar zum BGBB, N 19 zu Art. 29.
[131] Vorne Nr. 71 ff., 77.
[132] Den Parteien ist es unbenommen, im Rahmen eines Erbteilungsvertrages andere Anrechnungswerte festzulegen; diesfalls gilt selbstverständlich der vereinbarte Wert.

BGBB verschiedene Klarstellungen und Korrekturen, welche einerseits vom Veräusserungstatbestand abhängig sind und andererseits die Wertbestimmung betreffen.

116 2. Vom Veräusserungswert können die wertvermehrenden Aufwendungen am veräusserten Objekt abgezogen werden. Als solche gelten etwa der Kauf von Anlagen (Stall, Melkanlage), Bauarbeiten (Erweiterungsbauten) oder Bodenverbesserungen[133]. Die wertvermehrenden Aufwendungen sind zum Zeitwert (im Zeitpunkt der Veräusserung) abzuziehen, d.h. unter Berücksichtigung angemessener Abschreibungen.

117 3. Beim Veräusserungstatbestand der Einzonung (Art. 29 Abs. 1 lit. c BGBB) fehlt es an einem Veräusserungswert. Abzustellen ist hier auf den mutmasslichen Verkehrswert[134], es sei denn, das Grundstück werde innerhalb der 15-Jahresfrist des Art. 30 lit. b BGBB verkauft; diesfalls gilt der effektiv realisierte Veräusserungswert.

118 4. Beim Veräusserungstatbestand der Zweckentfremdung (Art. 29 Abs. 1 lit. d BGBB) beträgt der Gewinn das Zwanzigfache des tatsächlichen oder möglichen jährlichen Ertrags der nichtlandwirtschaftlichen Nutzung (Art. 31 Abs. 3 BGBB). Auch wenn dies aus dem Gesetzeswortlaut nicht ausdrücklich hervorgeht, sind die Gestehungskosten in Abzug zu bringen, sei dies dadurch, dass vom nichtlandwirtschaftlichen Ertragswert der Anrechnungswert in Abzug gebracht wird, oder aber dass vom jährlichen nichtlandwirtschaftlichen Ertrag der vormals mögliche landwirtschaftliche Ertrag in Abzug gebracht und lediglich die Differenz kapitalisiert wird[135]. Wertvermehrende Aufwendungen i.S.v. Art. 31 Abs. 1 BGBB sind sodann auch hier zum Abzug zugelassen. Um zu verhindern, dass der zweckentfremdende Erbe den Ertrag aus der nichtlandwirtschaftlichen Nutzung (vorläufig) bewusst tief hält, lässt Art. 31 Abs. 3 BGBB zu, statt auf den effektiven auf den möglichen Ertrag der nichtlandwirtschaftlichen Nutzung abzustellen.

119 5. Wie bereits das alte Recht sieht auch das Gewinnanspruchsrecht des BGBB einen Besitzdauerabzug vor: Gemäss Art. 31 Abs. 1 BGBB kann der Erbe für jedes Jahr, während dessen das landwirtschaftliche Gewerbe oder Grundstück ab dem Eigentumserwerb bis zur Veräusserung im Rechtssinne (Art. 29 BGBB) in seinem Eigentum stand, zwei Prozent vom Gewinn abziehen. Ändern sich während der Eigentumsdauer die Bemessungsgrundlagen des Ertragswertes, so

---

[133] HENNY, Kommentar zum BGBB, N 11 zu Art. 31.
[134] Es gilt der Wert im Zeitpunkt der Veräusserung; HENNY, Kommentar zum BGBB, N 17 zu Art. 31. Dieser Wert wird regelmässig mittels eines Verkehrswertgutachtens zu bestimmen sein.
[135] Für diese Variante: HENNY, Kommentar zum BGBB, N 21 zu Art. 31.

stellt Art. 31 Abs. 2 BGBB eine alternative Berechnungsmethode zur Verfügung.

6. Wenn der Erbe den erzielten Gewinn innert 2 Jahren vor oder nach der Veräusserung oder innert 5 Jahren vor oder nach der Enteignung in ein Ersatzgrundstück oder ein Ersatzgewerbe in der Schweiz reinvestiert, um die landwirtschaftliche Bewirtschaftung bzw. das Gewerbe weiterzuführen, so darf er vom Veräusserungserlös den Erwerbspreis für einen ertragsmässig gleichwertigen Ersatz abziehen (Art. 32 BGBB). Abgestellt wird also nicht auf die effektiven Erwerbskosten des Realersatzgrundstücks oder -gewerbes, sondern auf die ertragsmässige Äquivalenz; gegebenenfalls ist der Abzug zu reduzieren. Der Abzug darf aber den effektiv ausgegebenen Betrag nie übersteigen[136].

7. Schliesslich gibt Art. 33 BGBB dem Erben die Möglichkeit, vom Veräusserungspreis den Betrag für die notwendige Ausbesserung einer landwirtschaftlichen Baute auf einem anderen als dem i.S.v. Art. 29 BGBB veräusserten Grundstück abzuziehen[137]. Abzugsfähig sind die erforderlichen Ausbesserungskosten im Zeitpunkt der Veräusserung sowie die in den letzten 5 Jahren bereits aufgewendeten Ausbesserungskosten (Art. 33 Abs. 2 BGBB). Voraussetzung für diesen Abzug bildet allerdings, dass das Grundstück, auf dem sich die auszubessernde Baute befindet, aus der gleichen Erbschaft stammt wie das veräusserte Grundstück und im Eigentum des Erben verbleibt (Art. 33 Abs. 1 BGBB). Gleichermassen dürfen die Kosten einer neuen Baute oder Anlage abgezogen werden, wenn es sich um eine ersatzweise Erstellung handelt und damit der Weiterbestand der landwirtschaftlichen Nutzung gesichert wird (Art. 33 Abs. 3 BGBB). Bei einer späteren Veräusserung dürfen diese Kosten aber nicht ein zweites Mal (diesmal unter dem Titel von Art. 31 Abs. 1 BGBB) abgezogen werden (Art. 33 Abs. 4 BGBB).

E. Sicherung des Gewinnanspruchs

1. Art. 34 BGBB gibt den Miterben die Möglichkeit, ihren Gewinnanspruch durch Errichtung eines Grundpfandes sichern zu lassen. Voraussetzung für die Pfandsicherung bildet, dass (mindestens) die vorläufige Eintragung des Pfandrechts i.S.v. Art. 961 ZGB im Zeitpunkt der Veräusserung erfolgt ist, wobei eine Pfandsumme ausnahmsweise (noch) nicht anzugeben ist. Das BGBB versteht den Begriff der Veräusserung hier im eigentlichen Sinne des Wortes, also beschränkt auf Art. 29 Abs. 1 lit. a und b BGBB. Wird der Gewinnanspruch durch

---

[136] HENNY, Kommentar zum BGBB, N 9 zu Art. 32, mit Hinweisen.
[137] Darin unterscheidet sich Art. 33 Abs. 1 BGBB von Art. 31 Abs. 1 BGBB, welcher einen Abzug wertvermehrender Aufwendungen nur auf dem veräusserten Grundstück zulässt.

eine Einzonung oder eine Zweckentfremdung ausgelöst (Art. 29 Abs. 1 lit. c und d BGBB), so kann die vorläufige Eintragung bis zum Zeitpunkt der effektiven Veräusserung erwirkt werden[138].

123 Innert 3 Monaten seit Kenntnis von der Veräusserung (i.S.v. Art. 29 BGBB) hat der Erbe alsdann das Klageverfahren auf definitive Eintragung einzuleiten, ansonsten die vorläufige Eintragung dahinfällt. Konzeption und Verfahren folgen dem Bauhandwerkerpfandrecht i.S.v. Art. 839 ff. ZGB[139].

124 2. Der Pfanderrichtungsanspruch steht den Berechtigten des Gewinnanspruchs zu, also jedem Miterben einzeln (Art. 28 Abs. 1 BGBB) bzw. dessen Erben (Art. 28 Abs. 2 BGBB).

125 3. Das rechtsgültig eingetragene Pfandrecht erlaubt dem Gläubiger, sich im Falle der Nichtbezahlung seines Gewinnanspruchs aus dem Verwertungserlös des Grundstücks bezahlt zu machen (Art. 816 ZGB). Zu diesem Zwecke steht ihm die Betreibung auf Grundpfandverwertung zur Verfügung. Sodann verjährt die pfandgesicherte Forderung nicht mehr (Art. 807 ZGB).

F. Aufhebung oder Änderung des Gewinnanspruchs

126 1. Der gesetzliche Gewinnanspruch kann durch schriftliche Vereinbarung aufgehoben oder geändert werden (Art. 35 BGBB). Eine Änderung ist sowohl im einschränkenden wie auch im ausdehnenden Sinne möglich.

127 2. Von der Vereinbarung zur Aufhebung oder Änderung des gesetzlichen Gewinnanspruchs i.S.v. Art. 35 BGBB ist die Vereinbarung eines vertraglichen Gewinnanspruchs i.S.v. Art. 41 BGBB zu unterscheiden. Der erstere, gesetzliche Anspruch gilt unter den Miterben, wogegen der zweitere, vertragliche Anspruch dann zum Tragen kommt, wenn ihn die Parteien eines Veräusserungsvertrages vereinbaren.

G. Übergangsrecht

128 1. Ein gesetzlicher Gewinnanspruch der Miterben galt bereits unter altem Recht (Art. 619 aZGB), allerdings – insbesondere was die Veräusserungstatbestände des Art. 29 BGBB anbetrifft – in einer weniger weit gehenden Form. Sodann statuierte das alte Recht auch für den Kindskauf einen gesetzlichen Gewinnanspruch der Geschwister; dieser Anspruch ist im BGBB nurmehr vertraglicher Natur (Art. 41 BGBB). Damit hatte das BGBB klarzustellen, wie weit

---

[138] HENNY, Kommentar zum BGBB, N 13 zu Art. 34, mit Hinweisen.
[139] SCHUMACHER RAINER, Das Bauhandwerkerpfandrecht, 2. A. Zürich 1982.

noch die bisherige Regelung zum Tragen kommt und unter welchen Voraussetzungen die neue Regelung des BGBB greift.

2. Gemäss Art. 94 Abs. 3 BGBB behält ein bei Inkrafttreten des BGBB (1. Januar 1994) bereits bestehender gesetzlicher oder vertraglicher Gewinnanspruch auch unter neuem Recht seine Gültigkeit. Soweit vertraglich nichts Abweichendes vereinbart worden ist, richten sich jedoch Fälligkeit (Art. 30 BGBB) und Berechnung (Art. 31 ff. BGBB) auch bezüglich solcher altrechtlicher Gewinnansprüche nach dem Recht, das im Zeitpunkt der Veräusserung gilt. Erfolgte die Veräusserung also nach dem 1. Januar 1994, unterliegen Fälligkeit und Berechnung des Gewinnanspruchs somit neuem Recht. In weiterer Präzisierung des neuen Begriffs der «Veräusserung» mittels Einzonung (Art. 29 Abs. 1 lit. b BGBB) hat der Gesetzgeber sodann festgehalten, dass die Einzonung in Bezug auf altrechtliche Gewinnansprüche nur dann als Veräusserung gilt, wenn der Beschluss über die Einzonung nach dem 1. Januar 1994 erfolgt ist.

129

3. Altrechtliche Vormerkungen von Gewinnansprüchen bleiben rechtsgültig, umfassen jedoch nur die Rechtswirkungen des Art. 619^{quinquies} aZGB. Sollen auch die neurechtlichen Gewinnanspruchs-Tatbestände von der Vormerkung erfasst werden, so bedarf dies einer weiteren Vormerkung nach neuem Recht (Art. 34 Abs. 3 BGBB). Beide Vormerkungen bestehen alsdann nebeneinander[140].

130

V. Privatrechtliche Verfügungsbeschränkungen bei Veräusserungsverträgen

1. Einleitung

Nebst den dargelegten Verfügungsbeschränkungen zur Sicherung der Interessen der Miterben, welche nur dann greifen, wenn das zu veräussernde Gewerbe oder Grundstück einem Erben in der Erbteilung zugewiesen worden ist, enthält das BGBB eine Reihe von Verfügungsbeschränkungen, welche auf sämtliche Veräusserungsverträge über landwirtschaftliche Gewerbe oder Grundstücke Anwendung finden. Zu diesen Verfügungsbeschränkungen gehören insbesondere die Zustimmungsbedürftigkeit des Ehegatten sowie das Vorkaufsrecht der Verwandten, des Pächters und des Miteigentümers.

131

---

[140] HENNY/HOTZ/STUDER, Kommentar zum BGBB, N 21 zu Art. 94.

132 Es handelt sich hierbei um gesetzliche, aber privatrechtliche Institute. Ob sie im Einzelfall geltend gemacht und durchgesetzt werden, ist dem Berechtigten überlassen.

2. Allgemeine Verfügungsbeschränkungen (Art. 40 f. BGBB)

A. Zustimmung des Ehegatten (Art. 40 BGBB)

133 Gemäss Art. 169 ZGB bedarf die Kündigung des Mietvertrages der Familienwohnung durch einen Ehegatten der Zustimmung des andern Ehegatten. Der Gesetzgeber hat diesen Grundsatz in das BGBB übernommen und für den Verkauf des gemeinsam bewirtschafteten landwirtschaftlichen Gewerbes durch den verheirateten Eigentümer das Erfordernis der Zustimmung des andern Ehegatten statuiert.

134 In objektiver Hinsicht gilt das Zustimmungserfordernis nur für landwirtschaftliche Gewerbe, nicht aber für landwirtschaftliche Grundstücke. In subjektiver Hinsicht ist erforderlich, dass die Ehegatten das Gewerbe gemeinsam bewirtschaften. Nachdem die Gewerbeeigenschaft im BGBB nicht mehr über das Betriebseinkommen, sondern über das Arbeitspotenzial definiert wird[141], liegt gemeinsame Bewirtschaftung vor, wenn der Ehegatte oder die Ehegattin einen ins Gewicht fallenden Beitrag an die Arbeit, welche der Betrieb erfordert, leistet[142].

135 Die Zustimmung kann aus triftigen Gründen verweigert werden (Art. 40 Abs. 2 BGBB). Ein triftiger Grund liegt etwa vor, wenn das Gewerbe an einen Aussenstehenden veräussert werden soll, wenn gleichzeitig noch unmündige Nachkommen vorhanden sind, die als spätere Erwerber und Selbstbewirtschafter in Frage kommen, die Voraussetzungen aber aufgrund ihres Alters nicht erfüllen[143]. Wird die Zustimmung ohne triftigen Grund verweigert, so kann der Eigentümer den Richter anrufen; das Gerichtsurteil ersetzt diesfalls die Zustimmung.

136 Wird ein landwirtschaftliches Gewerbe ohne Zustimmung des Ehegatten veräussert, so ist das Rechtsgeschäft nichtig[144].

---

[141] Art. 7 BGBB; vorne Nr. 37 ff.
[142] Vgl. STUDER, Kommentar zum BGBB, N 9 zu Art. 40.
[143] Botschaft zum BGBB, BBl 1988 III, S. 1020.
[144] STUDER, Kommentar zum BGBB, N 16 zu Art. 40, mit weiteren Hinweisen.

B. Vertraglicher Gewinnanspruch (Art. 41 Abs. 1 und 2 BGBB)

1. Die Vertragsparteien eines Veräusserungsvertrages betreffend ein landwirtschaftliches Gewerbe oder Grundstück können vertraglich vereinbaren, dass der Veräusserer Anspruch auf den Gewinn hat, den der Erwerber mit dem Weiterverkauf erzielt (Art. 41 Abs. 1 BGBB). Diese Bestimmung zielt insbesondere auf den Verkauf des landwirtschaftlichen Gewerbes an einen Nachkommen zu Lebzeiten (sog. Kindskauf) ab; vertragliche Gewinnansprüche können aber auch bei einem Verkauf an einen aussen stehenden Dritten vereinbart werden.

137

2. Soweit die Parteien nichts Abweichendes vereinbaren, untersteht der vertragliche Gewinnanspruch den Bestimmungen über den Gewinnanspruch der Miterben (Art. 28–35 BGBB)[145]. Daraus folgt, dass auch die Veräusserungs-Tatbestände des Art. 29 BGBB Platz greifen; nebst dem Verkauf und verkaufsähnlichen Geschäften lösen mithin – vorbehältlich einer abweichenden Vereinbarung – auch die Enteignung, die Einzonung und die Zweckentfremdung den vertraglichen Gewinnanspruch aus.

138

3. Haben die Vertragsparteien eines Veräusserungsvertrages bezüglich eines landwirtschaftlichen Gewerbes oder Grundstücks darauf verzichtet, einen Gewinnanspruch zu vereinbaren, so bleibt ein allfälliger Gewinn des Erwerbers und Weiterveräusserers dennoch nicht einfach unbeachtlich. Vielmehr werden die Rechte der Erben des Veräusserers durch die allgemeinen erbrechtlichen Bestimmungen über die Ausgleichung (Art. 626 ff. ZGB) und über die Herabsetzung (Art. 522 ff. ZGB) geschützt. Verkauft ein Nachkomme das von seinem Vater zu Lebzeiten unter dem Verkehrswert erworbene Gewerbe oder Grundstück nach dem Tod des Vaters mit Gewinn, so hat er diesen Gewinn bei der Erbschaft des Vaters zur Ausgleichung zu bringen bzw. unterliegt mit seinem Empfang – falls dadurch Pflichtteile der Miterben verletzt werden – sogar der Herabsetzung. Die Errungenschaft von Art. 41 Abs. 2 BGBB liegt im Fristenlauf, indem die Herabsetzungs- und Ausgleichungsklagen nicht verjähren, solange der Gewinn nicht i.S.v. Art. 30 BGBB fällig ist. Diese Bestimmung erlaubt in Abweichung von den erbrechtlichen Bestimmungen des ZGB, auf eine abgeschlossene Erbteilung zurückzukommen, wenn der Gewinn erst nach Abschluss realisiert bzw. fällig wird[146].

139

---

[145] Vorne Nr. 95 ff.
[146] Ausführlich HENNY, Kommentar zum BGBB, N 12 ff. zu Art. 41.

C. Vertragliches Rückkaufsrecht (Art. 41 Abs. 3 BGBB)

140 Unabhängig davon, ob der Erwerb der Bewilligungspflicht und damit notwendigerweise dem Erfordernis der Selbstbewirtschaftung untersteht[147] oder nicht, kann der Veräusserer dem Erwerber im Veräusserungsvertrag die Verpflichtung auferlegen, den Kaufsgegenstand selbst zu bewirtschaften. Für den Fall, dass der Erwerber die Selbstbewirtschaftung aufgibt, können die Parteien alsdann ein Rückkaufsrecht des Veräusserers vereinbaren (Art. 41 Abs. 3 BGBB).

141 Zum Begriff der Aufgabe der Selbstbewirtschaftung wird auf die Ausführungen zum gesetzlichen Kaufsrecht der Miterben verwiesen[148]. Es steht den Parteien freilich frei, die Aufgabe der Selbstbewirtschaftung abweichend zu umschreiben.

142 Im Todesfall des Veräusserers geht das Rückkaufsrecht auf die Erben über. Das Rückkaufsrecht steht alsdann jedem Erbe, der das Grundstück oder Gewerbe selbst bewirtschaften will, zu.

143 Art. 41 Abs. 3 BGBB beinhaltet in Bezug auf die Modalitäten, insbesondere auf den Ausübungspreis, keinen Verweis auf andere Bestimmungen des BGBB oder des ZGB, welchem das Institut des gesetzlichen Rückkaufsrechts ohnehin fremd ist. Die Bedingungen des Rückkaufsrechts sind daher im jeweiligen Vertrag festzulegen. Eine zeitliche Schranke bietet Art. 216a OR, wonach Rückkaufsrechte für höchstens 25 Jahre vereinbart und im Grundbuch vorgemerkt werden dürfen.

3. Gesetzliche Vorkaufsrechte (Art. 42–55 BGBB)

A. Übersicht

144 1. Das BGBB regelt die folgenden gesetzlichen Vorkaufsrechte:

– Vorkaufsrecht der Verwandten (Art. 42–46 BGBB)[149],

– Vorkaufsrecht des Pächters (Art. 47 f. BGBB)[150],

– Vorkaufsrecht an Miteigentumsanteilen (Art. 49 BGBB)[151].

---

[147] Vgl. Art. 61 Abs. 2 i.V.m. Art. 63 lit. a BGBB; der Erwerb durch ein Familienmitglied untersteht der Bewilligungspflicht indessen gemäss Art. 62 lit. b BGBB nicht.
[148] Vorne Nr. 77.
[149] Hinten Nr. 164 ff.
[150] Hinten Nr. 183 ff.
[151] Hinten Nr. 196 ff.

Für diese bundesrechtlichen Vorkaufsrechte enthält das BGBB in Art. 50–55 allgemeine Bestimmungen[152].

2. Des Weiteren ermächtigt der Bundesgesetzgeber die Kantone in Art. 56 BGBB, weitere Vorkaufsrechte vorzusehen, so etwa für Bodenverbesserungs-Körperschaften an landwirtschaftlichen Grundstücken im Beizugsgebiet oder für Gemeinden und Alp-Körperschaften an Allmenden, Alpen und Wiesen sowie an Nutzungs- und Anteilsrechten daran.

B. Allgemeine Bestimmungen (Art. 50–55 BGBB)

a. Anwendungsbereich

Die allgemeinen Bestimmungen der Art. 50–55 BGBB gelten für die bundesrechtlichen Vorkaufsrechte (Art. 42–49 BGBB), nicht aber für kantonale Vorkaufsrechte i.S.v. Art. 56 BGBB.

b. Wegfall des Vorkaufsrechts bei einer überdurchschnittlich guten Existenz (Art. 50 BGBB)

Das Vorkaufsrecht an einem landwirtschaftlichen Gewerbe oder Grundstück kann nicht geltend gemacht werden, wenn der Ansprecher bereits Eigentümer eines landwirtschaftlichen Gewerbes ist, das einer bäuerlichen Familie eine überdurchschnittlich gute Existenz bietet, oder wenn er wirtschaftlich über ein solches verfügt.

Die Definition der überdurchschnittlich guten Existenz erfolgte ursprünglich in Anlehnung an das Pachtrecht (Art. 33 Abs. 1 LPG). Demzufolge liegt eine überdurchschnittlich gute Existenz vor, wenn das landwirtschaftliche Gewerbe zweieinhalb bis drei vollen Arbeitskräften ein mindestens paritätisches Einkommen bietet[153]. Im bäuerlichen Bodenrecht ist diese Umschreibung allerdings nur bedingt tauglich, was zu weiteren Definitionen geführt hat[154]: Eine überdurchschnittlich gute Existenz liegt demnach (auch) dann vor, wenn das Gewerbe zu den ertragsstärksten 25% der Betriebe der Region gehört oder wenn das aus dem Gewerbe erzielte Einkommen 150–175% des Durchschnittseinkommens der Testbetriebe in der Region erreicht. Eine weitere Definition – im Sinne einer Untergrenze – geht dahin, dass eine überdurchschnittlich gute Existenz gegeben ist, wenn das Betriebseinkommen den Verbrauch von 5,3 Verbraucher-

---

[152] Hinten Nr. 147 ff.
[153] Botschaft zum LPG, BBl 1982 I, S. 288.
[154] Vgl. zum Ganzen: HOFER, Kommentar zum BGBB, N 18 ff. zu Art. 8.

einheiten[155] und die zur Werterhaltung der Investitionen und für die Weiterentwicklung des Betriebes notwendige Eigenkapitalbildung zulässt.

150 Art. 50 BGBB knüpft zum einen an den zivilrechtlichen Eigentumsbegriff des Art. 655 ff. ZGB an, zum andern aber auch an den Begriff der wirtschaftlichen Verfügungsmacht. Eine wirtschaftliche Verfügungsmacht über ein landwirtschaftliches Gewerbe liegt vor, wenn eine Person über eine Mehrheitsbeteiligung an einer juristischen Person verfügt, deren Hauptaktivum ein landwirtschaftliches Gewerbe bildet; keine wirtschaftliche Verfügungsmacht vermittelt dagegen ein Pachtvertrag[156].

c. *Änderungen beim Umfang des Vorkaufsrechts (Art. 51 BGBB)*

151 **1.** Der Vorkaufsberechtigte tritt mit Ausübung des Vorkaufsrechts an sich in den mit dem Dritten abgeschlossenen Kaufvertrag ein und erwirbt somit regelmässig das gesamte Kaufobjekt. Regelungsgegenstand des BGBB ist nun allerdings das *Boden*recht; die Eigentumsverhältnisse am Betriebsinventar stehen nicht im Vordergrund. Art. 51 Abs. 1 ermöglicht dem Veräusserer, welcher auch das Betriebsinventar (Vieh, Gerätschaften, Vorräte usw.) verkauft hat, eine Erklärung abzugeben, wonach dieses Inventar von einem allfälligen Vorkaufsrecht nicht erfasst werde.

152 **2.** Umgekehrt kann ein Vorkaufsberechtigter den Umfang seines Erwerbs durch Ausübung des Vorkaufsrechts gegenüber dem ursprünglichen Kaufvertrag unter Umständen erweitern: Ist mit einem landwirtschaftlichen Gewerbe ein nichtlandwirtschaftliches Nebengewerbe eng verbunden, so kann der Vorkaufsberechtigte auch die Zuweisung des Nebengewerbes ebenfalls dann verlangen, wenn dieses nicht Gegenstand des Kaufvertrages mit dem Dritten gebildet hat (Art. 51 Abs. 2 BGBB). Eine enge Verbindung liegt vor, wenn zwei Gewerbe in baulicher, organisatorischer oder personeller Hinsicht derart miteinander verbunden oder verschachtelt sind, dass sie ein organisches Ganzes bilden und nicht ohne wirtschaftliche Verluste aufgetrennt werden können. Dies ist z.B. der Fall bei der Verbindung eines Alpbetriebes mit einem Bergrestaurant, allenfalls auch die Verbindung eines Landwirtschaftsbetriebes mit einem Restaurant, einer Sägerei, einem landwirtschaftlichen Lohnunternehmen, einem Holzhandelsbetrieb usw.[157].

---

[155] Als Verbrauchereinheit gilt eine ganzjährig am Familienverbrauch beteiligte Person von über 16 Jahren.
[156] Vorne Nr. 58.
[157] Ausführlich HOFER, Kommentar zum BGBB, N 130 ff. zu Art. 7.

3. Bezüglich der Anrechnungswerte verweist Art. 51 Abs. 3 BGBB auf Art. 17 Abs. 2 BGBB: Demzufolge ist das Betriebsinventar dem Erwerber zum Nutzwert und das nichtlandwirtschaftliche Nebengewerbe zum Verkehrswert anzurechnen.

153

d. Erhöhung des Übernahmepreises

Die bundesrechtlichen Vorkaufsrechte des BGBB sind an landwirtschaftlichen Gewerben grundsätzlich zum einfachen und an landwirtschaftlichen Grundstücken zum doppelten Ertragswert auszuüben[158]. Gemäss Art. 52 BGBB kann der Veräusserer indessen eine angemessene Erhöhung des Übernahmepreises verlangen, wenn besondere Verhältnisse dies rechtfertigen. Als solche gelten namentlich der höhere Ankaufswert des Gewerbes und alle erheblichen Investitionen der letzten 10 Jahre.

154

Die Bestimmung stimmt inhaltlich mit den Voraussetzungen der Erhöhung des Anrechnungswertes in der Erbteilung gemäss Art. 18 BGBB überein. Demzufolge dürfen in die Beurteilung des Umfangs einer allfälligen Erhöhung nicht nur objektive, also gewerbebezogene Kriterien in Form getätigter oder bevorstehender Investitionen, sondern auch subjektive Kriterien, namentlich die finanzielle Situation des Übernehmers, einbezogen werden. Jedenfalls soll die Erhöhung des Anrechnungswertes nicht zu einer Überschuldung des Übernehmers führen[159].

155

Der Übernahmepreis entspricht in jedem Fall mindestens den Grundpfandschulden (Art. 52 Abs. 3 BGBB), maximal jedoch dem Verkehrswert[160].

156

e. Gewinnanspruch des Veräusserers (Art. 53 BGBB)

Hat der Eigentümer ein landwirtschaftliches Gewerbe oder Grundstück durch Ausübung eines gesetzlichen Vorkaufsrechts unter dem Verkehrswert erworben und veräussert er es weiter, so hat der Veräusserer, gegen den das Vorkaufsrecht ausgeübt wurde, Anspruch auf den Gewinn (Art. 53 Abs. 1 BGBB).

157

Mit Ausnahme des Umstandes, dass hier dem Veräusserer der gesamte Gewinn zusteht, wogegen dort der Gewinn entsprechend den Erbquoten aufzuteilen ist, entspricht das Gewinnanspruchsrecht des Veräusserers grundsätzlich dem Gewinnanspruch der Miterben beim Verkauf eines einem Erben in der Erbteilung

158

---

[158] Eine Ausnahme bildet das Vorkaufsrecht des Pächters; dieses ist immer zum Verkehrswert auszuüben, hinten Nr. 183 ff., 191.
[159] STUDER, Kommentar zum BGBB, N 13 ff. zu Art. 18.
[160] STUDER, Kommentar zum BGBB, N 18 zu Art. 18.

zugewiesenen Gewerbes oder Grundstücks gemäss Art. 28 ff. BGBB. Es kann deshalb auf die dort gemachten Ausführungen verwiesen werden[161].

f. Veräusserungsverbot (Art. 54 BGBB)

159   1. Hat ein Eigentümer ein landwirtschaftliches Gewerbe durch Ausübung eines Vorkaufsrechts zur Selbstbewirtschaftung erworben, so darf er es gemäss Art. 54 Abs. 1 BGBB während 10 Jahren grundsätzlich – allerdings mit den in Art. 54 Abs. 2 BGBB genannten Ausnahmen – nur mit Zustimmung des Verkäufers veräussern.

160   Das Veräusserungsverbot des Vorkaufsberechtigten stimmt inhaltlich mit dem Veräusserungsverbot des Erben überein, welcher ein landwirtschaftliches Gewerbe in der Erbteilung zur Selbstbewirtschaftung übernommen hat (Art. 23 BGBB). Es wird auf die dort gemachten Ausführungen verwiesen[162].

161   2. Kein Veräusserungsverbot besteht (wie auch beim erbrechtlich motivierten Veräusserungsverbot) in Bezug auf landwirtschaftliche Grundstücke, die durch Ausübung eines Vorkaufsrechts erworben wurden. Hier war ja nicht das Selbstbewirtschafterprinzip, sondern das Arrondierungsprinzip massgebend, welches als objektives Kriterium nicht «aufgegeben» werden kann.

g. Rückkaufsrecht (Art. 55 BGBB)

162   Schliesslich räumt Art. 55 BGBB dem Verkäufer eines landwirtschaftlichen Gewerbes, gegen welchen das Vorkaufsrecht ausgeübt worden ist, ein Rückkaufsrecht für den Fall ein, dass der das Vorkaufsrecht Ausübende oder sein Nachkomme die Selbstbewirtschaftung endgültig aufgibt.

163   Dieses Rückkaufsrecht entspricht in seiner Konzeption und seinen Voraussetzungen weitestgehend dem Kaufsrecht der Miterben in Art. 24 BGBB. Auch insoweit kann auf die dort gemachten Ausführungen verwiesen werden[163].

C. Vorkaufsrecht der Verwandten (Art. 42–46 BGBB)

a. Gegenstand und Normzweck

164   Das BGBB verfolgt u.a. familienpolitische Zielsetzungen. Landwirtschaftliche Gewerbe und Grundstücke sollen, wenn immer möglich, innerhalb der Familie

---

[161] Vorne Nr. 95 ff.
[162] Vorne Nr. 65 ff.
[163] Vorne Nr. 71 ff.

und zu Vorzugsbedingungen weitergegeben werden[164]. Das BGBB stattet deshalb die Familienmitglieder des Veräusserers mit weit gehenden Vorkaufsrechten aus. Der Kreis der Vorkaufsberechtigten ist beachtlich; noch beachtlicher ist die gegenüber dem OR/ZGB ausgedehnte Umschreibung des Vorkaufsfalles. Die Vorkaufsberechtigung knüpft in Bezug auf landwirtschaftliche Gewerbe wiederum an das (eigentumspolitisch motivierte) Selbstbewirtschafterprinzip[165] und bezüglich landwirtschaftlicher Grundstücke wiederum an das (strukturpolitisch motivierte) Arrondierungsprinzip[166] an.

Zusätzlich zu den nachfolgend darzulegenden Voraussetzungen sind die allgemeinen Vorschriften zu den bundesrechtlichen Vorkaufsrechten (Art. 50–55 BGBB) zu beachten[167]. 165

b. Berechtigung bezüglich landwirtschaftlicher Gewerbe und Ausübungspreis

Wird ein landwirtschaftliches Gewerbe veräussert, so haben daran die nachfolgenden Verwandten in der Reihenfolge der Aufzählung ein Vorkaufsrecht, wenn sie das Gewerbe selbst bewirtschaften wollen und hiefür geeignet sind: Erstens jeder Nachkomme, also Kinder, Enkel und Ur- bzw. Ururenkel[168]; zweitens jedes Geschwister und Geschwisterkind[169], wenn der Veräusserer das Gewerbe vor weniger als 25 Jahren ganz oder zum grössten Teil von den Eltern oder aus deren Nachlass erworben hat (Art. 42 Abs. 1 BGBB)[170]. 166

Das Vorkaufsrecht ist grundsätzlich, d.h. unter Vorbehalt von Art. 51 f. BGBB, zum einfachen Ertragswert auszuüben (Art. 44 BGBB). 167

Anders als noch im EGG steht dem Ehegatten des Veräusserers kein Vorkaufsrecht mehr zu. Zu seinem Schutz wurde die Zustimmungsbedürftigkeit des Art. 40 BGBB ins Gesetz aufgenommen. 168

Gesetzliche Vorkaufsrechte können weder vererbt noch abgetreten werden (Art. 681 Abs. 3 ZGB). 169

---

[164] Vorne Nr. 10.
[165] Vorne Nr. 49 ff.
[166] Vorne Nr. 57 ff.
[167] Vorne Nr. 147 ff.
[168] HOTZ, Kommentar zum BGBB, N 16 zu Art. 42.
[169] Zur Problematik bei Halb- und Adoptivgeschwistern vgl. HOTZ, Kommentar zum BGBB, N 18 zu Art. 42.
[170] Vgl. HOTZ, Kommentar zum BGBB, N 7 zu Art. 42.

c. *Berechtigung bezüglich landwirtschaftlicher Grundstücke und Ausübungspreis*

170 Wird ein landwirtschaftliches Grundstück veräussert, so sind daran die Nachkommen des Veräusserers vorkaufsberechtigt, also die Kinder, Enkel und Urenkel. Subjektive Voraussetzung bildet nicht das Selbstbewirtschafterprinzip, sondern das Arrondierungsprinzip[171]: Der das Vorkaufsrecht Ausübende muss zivilrechtlicher Eigentümer eines landwirtschaftlichen Gewerbes sein oder wirtschaftlich über ein solches verfügen, und das zur Diskussion stehende Grundstück muss im ortsüblichen Bewirtschaftungsbereich dieses Gewerbes liegen.

171 Das Vorkaufsrecht an landwirtschaftlichen Grundstücken ist zum doppelten Ertragswert auszuüben (Art. 44 BGBB). Vorbehalten bleibt auch hier eine Erhöhung des Übernahmepreises bei besonderen Umständen i.S.v. Art. 51 BGBB[172].

d. *Allgemeiner und erweiterter Vorkaufsfall*

172 1. Unter dem Begriff des Vorkaufsfalls werden jene Sachverhalte zusammengefasst, welche das Vorkaufsrecht auslösen. Art. 43 BGBB definiert einen erweiterten Vorkaufsfall, welcher hinsichtlich des Anwendungsbereichs über den allgemeinen Vorkaufsfall, wie er sich aus Art. 681 ZGB i.V.m. Art. 216c OR ergibt, hinausgeht. Die Tatbestände des erweiterten treten grundsätzlich zu jenen des allgemeinen Vorkaufsfalls hinzu, weshalb vorab der allgemeine Vorkaufsfall darzulegen ist.

173 2. Der allgemeine Vorkaufsfall i.S.v. Art. 681 ZGB i.V.m. Art. 216c OR setzt einmal den Verkauf des Grundstücks oder ein ihm wirtschaftlich gleichkommendes Rechtsgeschäft voraus (Art. 216c Abs. 1 OR). Dazu gehört die entgeltliche Übertragung von Eigentum im Rahmen einer Singularsukzession unter der weiteren Voraussetzung eines durch jedermann erbringbaren Entgelts. An dieser Voraussetzung fehlt es bei Rechtsgeschäften, bei denen es wesentlich auf die Person des Erwerbers ankommt wie z.B. bei der gemischten Schenkung, beim erbrechtlich motivierten Verkauf (Kindskauf) oder bei Veräusserungen an einen Verwandten oder an den Ehegatten des Veräusserers. Sodann lösen jene Geschäfte das Vorkaufsrecht aus, welche wirtschaftlich einem Verkauf gleichkommen, wie etwa die Begründung eines selbständigen und dauernden Baurechts oder der Abschluss eines Immobilienleasingvertrages[173].

---

[171] Vorne Nr. 57 ff.
[172] Vorne Nr. 154 ff.
[173] Ausführlich zum allgemeinen Vorkaufsfall: Hotz, Kommentar zum BGBB, N 2 ff. zu Art. 43, mit weiteren Hinweisen.

Der allgemeine Vorkaufsfall tritt ein, sobald das ihn auslösende Rechtsgeschäft 174
rechtsgültig zustande gekommen ist. Ist das Rechtsgeschäft bewilligungspflichtig und wird die Bewilligung aufgrund von Umständen erteilt, die in der Person des Veräusserers liegen, löst erst das rechtskräftig bewilligte Geschäft den Vorkaufsfall aus; andernfalls bereits der abgeschlossene Vertrag (Art. 216d Abs. 2 OR). Da sich die Erwerbsbewilligung des BGBB an Umständen orientiert, die mit der Person des Erwerbers zusammenhängen, ist die Bewilligungsfähigkeit für die Auslösung des Vorkaufsrechts unbeachtlich[174].

3. Der erweiterte Vorkaufsfall dehnt das Vorkaufsrecht der Verwandten auf 175
weitere Tatbestände aus: So kann gemäss Art. 43 lit. a BGBB ein Verwandter (i.S.v. Art. 42 Abs. 1 und 2 BGBB) das Vorkaufsrecht auch geltend machen, wenn ein landwirtschaftliches Gewerbe oder Grundstück in eine ehegüterrechtliche Gütergemeinschaft (Art. 221 ff. ZGB), in eine Gesellschaft (einfache Gesellschaft i.S.v. Art. 530 ff. OR, Handelsgesellschaft, Genossenschaft i.S.v. Art. 552 ff. OR) oder in eine andere Körperschaft (Art. 52 ff. ZGB) eingebracht wird. Ebenfalls löst die Errichtung einer Stiftung den erweiterten Vorkaufsfall aus[175]. Den Tatbeständen des erweiterten Vorkaufsfalls ist eigen, dass entweder das Eigentum am Gewerbe oder Grundstück formell auf ein anderes Rechtssubjekt übergeht, oder aber dass am Gewerbe und Grundstück Gesamteigentum begründet wird.

Gemäss Art. 43 lit. b BGBB löst – anders als beim allgemeinen Vorkaufsfall – 176
auch die unentgeltliche Übertragung das Vorkaufsrecht der Verwandten aus. Im Vordergrund steht die Schenkung; selbstverständlich wird auch die gemischte Schenkung vom erweiterten Vorkaufsfall erfasst.

Schliesslich vermag gemäss Art. 43 lit. c BGBB – ebenfalls wiederum anders als 177
beim allgemeinen Vorkaufsfall, welcher Veräusserungen, bei welchen es wesentlich auf die Person des Erwerbers ankommt, nicht erfasst – sogar die (entgeltliche oder unentgeltliche) Veräusserung des Gewerbes oder Grundstücks an einen anderen Verwandten oder an den Ehegatten den erweiterten Vorkaufsfall auszulösen.

e. Übernahmepreis

Den berechtigten Verwandten steht das Vorkaufsrecht an landwirtschaftlichen 178
Gewerben zum Ertragswert und an landwirtschaftlichen Grundstücken zum doppelten Ertragswert zu (Art. 44 BGBB). Vorbehalten bleibt auch hier eine

---

[174] Hotz, Kommentar zum BGBB, N 10 ff. zu Art. 43.
[175] Hotz, Kommentar zum BGBB, N 16 zu Art. 43.

Erhöhung des Übernahmepreises in den in Art. 50 f. BGBB genannten Fällen[176].

f. Konkurrenz mehrerer Berechtigter

179   1. Das Vorkaufsrecht entfällt, wenn das Grundstück oder Gewerbe an eine Person veräussert wird, der ein (gesetzliches) Vorkaufsrecht im gleichen oder in einem vorderen Rang zusteht (Art. 681 Abs. 2 ZGB). Ein Verkauf an einen Nachkommen vermag daher das Vorkaufsrecht der Geschwister und Geschwisterkinder nicht auszulösen[177].

180   Machen mehrere Berechtigte im gleichen Rang (vgl. Art. 42 Abs. 1 BGBB) ein Vorkaufsrecht geltend, so kann der Veräusserer denjenigen bezeichnen, der in den Kaufvertrag eintreten soll (Art. 46 Abs. 1 BGBB). Verzichtet der Veräusserer darauf, so sind in Bezug auf die Zuweisung eines landwirtschaftlichen Gewerbes die persönlichen Verhältnisse der Berechtigten massgebend (Art. 46 Abs. 1 und 2 BGBB).

181   **2.** Die Vorkaufsberechtigung an landwirtschaftlichen Grundstücken orientiert sich am strukturpolitisch motivierten Arrondierungsprinzip[178]. Dementsprechend ist bei der Anspruchskonkurrenz an landwirtschaftlichen Grundstücken nicht auf die persönlichen Verhältnisse als Ausfluss des Selbstbewirtschafterprinzips abzustellen, sondern auf die strukturpolitisch beste Lösung. Verzichtet der Veräusserer bei Konkurrenz mehrerer gleichrangiger Ansprecher auf die Bezeichnung des Übernehmers, so soll derjenige zum Zuge kommen, dem der Zuerwerb des Grundstücks im Lichte des Arrondierungsprinzips die grössten Vorteile verschafft[179].

g. Dispositives Recht

182   Ein vorkaufsberechtigter Verwandter kann – entgeltlich oder unentgeltlich – auf sein Vorkaufsrecht verzichten; ebenso kann das Vorkaufsrecht vertraglich abgeändert werden[180]. Vor Eintritt des Vorkaufsfalls bedarf der Verzicht oder die Abänderung einer öffentlichen Beurkundung; nach Eintritt des Vorkaufsfalls reicht für den Verzicht (auf die Ausübung) die einfache Schriftlichkeit (Art. 681b ZGB).

---

[176] Vorne Nr. 154 ff.
[177] Hotz, Kommentar zum BGBB, N 19 zu Art. 43.
[178] Vorne Nr. 57 ff.
[179] So auch Hotz, Kommentar zum BGBB, N 3 zu Art. 46.
[180] Vgl. allerdings die abweichende Vorschrift in Art. 48 BGBB für das Pächtervorkaufsrecht.

D. Vorkaufsrecht des Pächters (Art. 47 f. BGBB)

a. Gegenstand und Normzweck[181]

Der (langjährige) Pächter eines landwirtschaftlichen Gewerbes und Grundstückes hat zum Pachtgegenstand in aller Regel nicht nur eine wirtschaftliche, sondern auch eine emotionale Bindung entwickelt; er steht dem Gewerbe und Grundstück näher als ein Dritter und hat seinen Willen und seine Eignung zur Selbstbewirtschaftung in der Regel bereits an den Tag gelegt. Der Gesetzgeber hat dem Pächter deshalb ebenfalls ein gesetzliches Vorkaufsrecht an landwirtschaftlichen Gewerben und Grundstücken eingeräumt; dies freilich im Nachgang zum Verwandtenvorkaufsrecht und, anders als bei diesem, lediglich im Rahmen des allgemeinen Vorkaufsfalls und zum Verkehrswert.   183

b. Umfang[182]

1. Das Vorkaufsrecht besteht nur im Rahmen der Übereinstimmung des Pachtgegenstandes mit dem veräusserten Objekt. Wird lediglich ein Teil des verpachteten Gewerbes veräussert (was einer Bewilligung vom Realteilungs- und Zerstückelungsverbot im Sinne von Art. 60 BGBB bedarf), so besteht das Vorkaufsrecht lediglich am veräusserten Teil. Umfasst der Pachtvertrag lediglich einen Teil des Gewerbes (was seinerseits einer Bewilligung für die parzellenweise Verpachtung nach Art. 30 ff. LPG bedarf) und wird das ganze Gewerbe veräussert, so kann das Vorkaufsrecht wiederum nur am Pachtgegenstand ausgeübt werden. Der Durchsetzung des Vorkaufsrechts steht diesfalls aber das Realteilungsverbot entgegen, es sei denn, es liege ein Ausnahmegrund gemäss Art. 60 BGBB vor[183]. Umfasst der Pachtgegenstand mehr als das landwirtschaftliche Gewerbe, insbesondere ein mit dem landwirtschaftlichen Gewerbe nicht oder nicht eng verbundenes nichtlandwirtschaftliches Gewerbe[184], so besteht das Vorkaufsrecht bei einer Veräusserung des gesamten Besitzes lediglich am Pachtgegenstand, also am landwirtschaftlichen Gewerbe[185].   184

2. Ähnliche Überlegungen gelten für das Pächter-Vorkaufsrecht an einzelnen Grundstücken: Gehört das gepachtete Grundstück zu einem vorübergehend   185

---

[181] Ausführlich Schmid-Tschirren, BlAR 1998, S. 52 ff.
[182] Ausführlich Hotz, BlAR 1998, S. 33 ff.
[183] Hinten Nr. 210 ff.
[184] Ist mit einem landwirtschaftlichen Gewerbe ein nichtlandwirtschaftliches Nebengewerbe eng verbunden, so kann der Vorkaufsberechtigte gemäss Art. 51 Abs. 2 BGBB die Zuweisung beider Gewerbe verlangen.
[185] Hotz, Kommentar zum BGBB, N 3 ff. zu Art. 47.

parzellenweise verpachteten Gewerbe (Art. 31 lit. e LPG), so wird das Vorkaufsrecht bei einer Veräusserung des Gewerbes zwar an sich ausgelöst; seiner Durchsetzung steht aber das Realteilungsverbot entgegen, es sei denn, dass ein Ausnahmegrund i.S.v. Art. 60 BGBB gegeben ist. Umfasst der Pachtgegenstand lediglich einen Grundstücksteil, so ist zu beachten, dass Gegenstand der Veräusserung – und damit auch Gegenstand des Vorkaufsrechts – ausschliesslich (eines oder mehrere) Grundstücke i.S.v. Art. 655 ZGB bilden können. Ein Pächtervorkaufsrecht an einem Grundstücksteil erscheint aufgrund von Art. 47 Abs. 2 i.V.m. Art. 6 BGBB und Art. 655 ZGB als ausgeschlossen[186]. Eine andere Auffassung geht dahin, das Pächtervorkaufsrecht auch in diesem Falle am gepachteten Grundstücksteil zuzulassen, was indessen eine Abparzellierung dieses Grundstücksteils bedingt. Ob das Pächtervorkaufsrecht eine genügende gesetzliche Grundlage abgibt, um eine solche Zwangsabparzellierung durchzusetzen, ist fraglich; einer Abparzellierung von Grundstücksteilen kann überdies das Zerstückelungsverbot (Art. 58 Abs. 2 BGBB) entgegenstehen.

c. Berechtigung bezüglich landwirtschaftlicher Gewerbe und Ausübungspreis

1. Voraussetzung für das Pächter-Vorkaufsrecht an landwirtschaftlichen Gewerben bildet nebst dem Willen und der Eignung zur Selbstbewirtschaftung[187] die Tatsache, dass die gesetzliche Mindestpachtdauer von 9 Jahren (Art. 7 Abs. 1 LPG) im Zeitpunkt der Veräusserung bereits abgelaufen ist.

2. Das Vorkaufsrecht setzt einen laufenden Pachtvertrag voraus. Es kommt somit auch bei einem Verkauf des Gewerbes bei bereits gekündigtem, aber noch laufendem Pachtvertrag zur Anwendung. Umstritten ist demgegenüber, ob der Pächter das Vorkaufsrecht auch (noch) geltend machen kann, wenn der Vorkaufsfall während einer Pachterstreckung eintritt. Die eine Auffassung geht dahin, dass das Pächtervorkaufsrecht nur im Rahmen einer ordentlichen Fortsetzung der Pacht zum Zuge komme; eine Veräusserung während der gerichtlichen Pachterstreckung löse kein Vorkaufsrecht aus[188]. Die andere Auffassung geht dahin, dass das Pächtervorkaufsrecht nach Ablauf der gesetzlichen Pacht-Mindestdauer während der gesamten Pachtdauer zum Zuge kommt, unabhängig davon, ob die Fortsetzung des Pachtverhältnisses auf Vertrag oder Erstreckungsurteil beruht[189].

---

[186] Hotz, Kommentar zum BGBB, N 15 ff. zu Art. 47.
[187] Vorne Nr. 49 ff.
[188] Hotz, Kommentar zum BGBB, N 11 zu Art. 47.
[189] Ausführlich Schmid-Tschirren, BlAR 1998 S. 60 ff.

d. Berechtigung bezüglich landwirtschaftlicher Grundstücke und Ausübungspreis

Voraussetzung für das Pächtervorkaufsrecht an landwirtschaftlichen Grundstücken bildet einerseits, dass die gesetzliche Mindestpachtdauer von 6 Jahren (Art. 7 Abs. 1 LPG) bereits abgelaufen ist und andererseits, dass der Pächter Eigentümer eines landwirtschaftlichen Gewerbes ist oder wirtschaftlich über ein solches verfügt und das gepachtete Grundstück im ortsüblichen Bewirtschaftungsbereich dieses Gewerbes liegt[190]. 188

Die bei der Gewerbepacht dargelegte Problematik bezüglich Pächtervorkaufsrecht während der Pachterstreckung gilt gleichermassen auch für das Pächtervorkaufsrecht an landwirtschaftlichen Grundstücken; es wird auf das Gesagte verwiesen[191]. 189

e. Vorkaufsfall

Für das Pächtervorkaufsrecht gilt der allgemeine Vorkaufsfall des Art. 681 ZGB i.V.m. Art. 216c OR und nicht der erweiterte Vorkaufsfall i.S.v. Art. 43 BGBB[192]. Nur ein Kauf oder ein wirtschaftlich einem Kauf gleichkommendes Rechtsgeschäft vermögen das Pächtervorkaufsrecht auszulösen[193]. Eine Veräusserung an einen Verwandten i.S.v. Art. 42–46 BGBB (also an einen Nachkommen, ein Geschwister oder Geschwisterkind) oder an den Ehegatten löst deshalb von vornherein kein Pächtervorkaufsrecht aus[194]. Eine Veräusserung an andere Verwandte löst das Vorkaufsrecht aus, wenn es dabei nicht wesentlich auf die Person des Erwerbers ankommt. Eine Schenkung oder gemischte Schenkung, welche ihren Grund in der Person des Beschenkten hat (was regelmässig der Fall ist), löst somit das Pächtervorkaufsrecht ebenfalls nicht aus. 190

f. Vorkaufsbedingungen

Anders als die übrigen Vorkaufsrechte des BGBB ist jenes des Pächters nicht preisprivilegiert. Hier gilt Art. 681 Abs. 1 ZGB i.V.m. Art. 216d Abs. 3 OR: Der Pächter hat sein Vorkaufsrecht zu jenen Bedingungen – und damit namentlich zu jenem Preis – auszuüben, welche der Verkäufer mit dem Dritten vereinbart hat. 191

---

[190] Arrondierungsprinzip, vorne Nr. 57 ff.
[191] Vorne Nr. 187.
[192] Vorne Nr. 172 ff.
[193] Vgl. Pra 2000, S. 717 f.
[194] Art. 681 Abs. 2 ZGB i.V.m. Art. 47 Abs. 3 BGBB.

g. Vorgehende Vorkaufsrechte

192   Bei einem Verkauf eines landwirtschaftlichen Gewerbes steht auch den Verwandten des Veräusserers ein Vorkaufsrecht zu (Art. 42 ff. BGBB)[195]. Für den Fall, dass sowohl berechtigte Verwandte als auch der Pächter ihr Vorkaufsrecht ausüben, hat der Gesetzgeber die dadurch entstehende Konkurrenzfrage in Art. 47 Abs. 3 BGBB dahingehend gelöst, dass das Verwandtenvorkaufsrecht dem Pächtervorkaufsrecht immer, d.h. ungeachtet der persönlichen und betrieblichen Verhältnisse im Einzelfall, vorgeht.

h. Zwingendes Recht

193   Gemäss Art. 48 BGBB kann der Pächter vor Eintritt des Vorkaufsfalles nicht auf sein gesetzliches Vorkaufsrecht verzichten. Das Verzichtsverbot dient dem Schutz des Pächters und soll verhindern, dass der Abschluss des Pachtvertrages nicht vom vorgängigen Verzicht des Pächters auf sein Vorkaufsrecht abhängig gemacht wird. Ein vom Pächter dennoch abgegebener Verzicht ist nach überwiegender Auffassung nichtig[196], was jedoch dann störend sein kann, wenn der Pächter eine solche Verzichtserklärung im Wissen um ihre Nichtigkeit abgibt und den Eigentümer dadurch zum Verkauf verleitet, um hernach doch noch sein Vorkaufsrecht auszuüben. Solches Verhalten ist in krassen Fällen gestützt auf Art. 2 ZGB zu sanktionieren.

194   Nach Eintritt des Vorkaufsfalles, d.h. nachdem der Pächter Kenntnis vom Vertragsabschluss und vom wesentlichen Vertragsinhalt hat und somit an sich in der Lage wäre, sein Vorkaufsrecht auszuüben, kann er – sowohl entgeltlich wie auch unentgeltlich – auf sein Vorkaufsrecht verzichten.

i. Keine Dispensation vom Bewilligungsverfahren

195   Art. 62 lit. d BGBB dispensiert lediglich den Erwerb durch Ausübung eines gesetzlichen Kaufs- oder Rückkaufsrechts, nicht aber den Erwerb durch Ausübung eines gesetzlichen Vorkaufsrechts von der Bewilligungspflicht. Die Ausübung des Pächtervorkaufsrechts ist damit regelmässig bewilligungspflichtig, es sei denn, der Pächter ist aufgrund eines andern Ausnahmetatbestandes, insbesondere eines bestehenden Verwandtschaftsverhältnisses mit dem Veräusserer (Art. 62 lit. b BGBB) oder eines Mit- oder Gesamteigentumsverhältnisses (Art. 62 lit. c BGBB), von der Bewilligungspflicht entbunden.

---

[195] Vorne Nr. 166 ff.
[196] Hotz, Kommentar zum BGBB, N 1 zu Art. 48.

E. Vorkaufsrecht an Miteigentumsanteilen (Art. 49 BGBB)

a. Gegenstand und Normzweck

Das Vorkaufsrecht an Miteigentumsanteilen ist nicht eine Errungenschaft des bäuerlichen Bodenrechts, sondern des allgemeinen Zivilrechts (Art. 682 ZGB). Die Art. 49 ff. BGBB bezwecken einzig, die Ausübung des Vorkaufsrechtes an Miteigentumsanteilen an landwirtschaftlichen Gewerben und Grundstücken auf die Bedürfnisse des bäuerlichen Bodenrechts anzupassen. Es erstaunt deshalb nicht, dass zwischen dem Miteigentümer-Vorkaufsrecht und dem Vorkaufsrecht der Verwandten (Art. 42 ff. BGBB) und des Pächters (Art. 47 BGBB) weit gehende Gemeinsamkeiten – aber nicht eine vollständige Übereinstimmung – bestehen. 196

b. Berechtigung bezüglich landwirtschaftlicher Gewerbe

1. Der Rechtsbegriff des landwirtschaftlichen Gewerbes orientiert sich an der wirtschaftlichen Gesamtheit von einzelnen Grundstücken, Bauten und Anlagen, die als Grundlage der landwirtschaftlichen Produktion dient (Art. 7 BGBB)[197]. Eigentum – und damit auch Miteigentum – kann deshalb an einem landwirtschaftlichen Gewerbe als solchem nicht bestehen (ausser das Gewerbe bestehe lediglich aus einem Grundstück), sondern immer nur an den einzelnen Grundstücken, Bauten und Anlagen, welche in ihrer Gesamtheit ein Gewerbe bilden. Der in Art. 49 Abs. 1 BGBB verwendete Begriff des Miteigentums an einem landwirtschaftlichen Gewerbe ist insoweit ungenau. Nach dem Sinn und Zweck der Regelung kommt das Vorkaufsrecht gemäss Art. 49 Abs. 1 BGBB dann zur Anwendung, wenn ein Miteigentumsanteil an einem landwirtschaftlichen Grundstück, welches Bestandteil eines landwirtschaftlichen Gewerbes bildet, verkauft wird[198]. Gehört das Grundstück nicht zu einem Gewerbe, so greifen die Voraussetzungen des Art. 49 Abs. 2 BGBB betreffend Miteigentumsanteil an einem landwirtschaftlichen Grundstück. 197

2. Art. 49 Abs. 1 BGBB statuiert unter Berücksichtigung der eigentums- und familienpolitischen Zielsetzungen des Gesetzes eine klare Rangordnung: In erster Linie steht das Vorkaufsrecht an einem Miteigentumsanteil am Gewerbe jedem selbstbewirtschaftenden Miteigentümer zu (Art. 49 Abs. 1 Ziff. 1 BGBB). Diese Priorität stimmt durchaus mit der Regelung beim Verwandten- und beim Pächtervorkaufsrecht überein. 198

---

[197] Vorne Nr. 37 ff.
[198] Hotz, Kommentar zum BGBB, N 5 zu Art. 49.

199 In zweiter Linie kommen alsdann jeder Nachkomme, jedes Geschwister und Geschwisterkind sowie der Pächter zum Zuge. Aus dem Verweis von Art. 49 Abs. 1 Ziff. 2 BGBB auf die beim Verwandten- und beim Pächtervorkaufsrecht geltenden Voraussetzungen und Rangordnungen folgt, dass auch den in Art. 49 Abs. 1 Ziff. 2 BGBB genannten Personen ein Vorkaufsrecht nur zusteht, wenn sie als Selbstbewirtschafter gelten, wobei sich die Selbstbewirtschafter-Eigenschaft auf das Objekt des Vorkaufsrechtes, also auf den gehandelten Miteigentumsanteil, beziehen muss[199]. Ist dieser erheblich, so resultiert daraus ein Anspruch bzw. eine Verpflichtung, das Gewerbe mitzubewirtschaften, was durchaus problematisch sein kann.

200 Erst in dritter Linie gilt die allgemeine zivilrechtliche Regelung des Art. 682 ZGB: Das Vorkaufsrecht steht jedem übrigen Miteigentümer zu, und zwar unabhängig davon, ob er Selbstbewirtschafter ist oder nicht.

c. Berechtigung bezüglich landwirtschaftlicher Grundstücke

201 Das Miteigentümer-Vorkaufsrecht kommt auf den Verkauf von Miteigentumsanteilen an landwirtschaftlichen Grundstücken zum Zuge, welche nicht Bestandteil eines landwirtschaftlichen Gewerbes bilden.

202 Wird ein Miteigentumsanteil an einem landwirtschaftlichen Grundstück veräussert, so steht ein Vorkaufsrecht in erster Priorität jedem Miteigentümer zu, der bereits Eigentümer eines landwirtschaftlichen Gewerbes ist oder über ein solches wirtschaftlich verfügt und wenn das Miteigentums-Grundstück im ortsüblichen Bewirtschaftungsbereich dieses Gewerbes liegt[200].

203 In zweiter Priorität steht das Vorkaufsrecht alsdann jedem Nachkommen und jedem Pächter zu den beim Verwandtenvorkaufsrecht (Art. 42 Abs. 2 BGBB) bzw. beim Pächtervorkaufsrecht (Art. 47 Abs. 2 BGBB) genannten Voraussetzungen und Bedingungen zu. Nachdem sowohl das Verwandten- als auch das Pächtervorkaufsrecht an landwirtschaftlichen Grundstücken das Arrondierungsprinzip voraussetzen, gilt dieses gleichermassen auch bei dieser Kategorie.

204 In dritter Priorität kommt schliesslich auch hier die allgemeine zivilrechtliche Regelung des Art. 682 ZGB zum Tragen, wonach das Vorkaufsrecht jedem übrigen Miteigentümer zusteht, und zwar unabhängig davon, ob er dem Arrondierungsprinzip genügt oder nicht.

---

[199] HOTZ, Kommentar zum BGBB, N 6 zu Art. 49.
[200] Vorne Nr. 57 ff.

d. Vorkaufsfall

Der Vorkaufsfall ist nicht für sämtliche Berechtigten derselbe: Für das Vorkaufsrecht der in erster Priorität zum Zuge kommenden Miteigentümer, welche das Gewerbe selbst bewirtschaften (Art. 49 Abs. 1 Ziff. 1) bzw. Eigentümer eines landwirtschaftlichen Gewerbes sind und das Miteigentums-Grundstück im ortsüblichen Bewirtschaftungsbereich desselben liegt (Art. 49 Abs. 2 Ziff. 1), enthält das BGBB keine speziellen Vorschriften zum Vorkaufsfall. Demnach gilt in diesen Fällen der allgemeine Vorkaufsfall[201]. 205

Anders bei den Berechtigungen gemäss Art. 49 Abs. 1 Ziff. 2 BGBB (Gewerbe) bzw. Art. 49 Abs. 2 Ziff. 2 BGBB (Grundstücke): Hier verweisen die genannten Bestimmungen, soweit Verwandte vorkaufsberechtigt sind, auf den für das Verwandtenvorkaufsrecht zur Anwendung gelangenden – erweiterten – Vorkaufsfall i.S.v. Art. 43 BGBB[202]. Dieser gilt somit auch im Anwendungsbereich des Vorkaufsrechts an Miteigentumsanteilen. Für den Pächter (Art. 49 Abs. 1 und 2, je Ziff. 2 BGBB) sowie für den nicht privilegierten Miteigentümer (Art. 49 Abs. 1 und 2, je Ziff. 3 BGBB) gilt wiederum der allgemeine Vorkaufsfall. 206

e. Vorkaufsbedingungen

1. Das Vorkaufsrecht an Miteigentumsanteilen an einem landwirtschaftlichen Gewerbe steht dem selbstbewirtschaftenden Miteigentümer – und nur diesem – zum Ertragswert zu (Art. 49 Abs. 3 BGBB). Daraus folgt, dass der Pächter (Art. 49 Abs. 1 Ziff. 2 BGBB) und jeder nicht selbstbewirtschaftende Miteigentümer (Art. 49 Abs. 1 Ziff. 3 BGBB) das Vorkaufsrecht zum Verkehrswert auszuüben haben. 207

2. Das Vorkaufsrecht an Miteigentumsanteilen an landwirtschaftlichen Grundstücken steht den Miteigentümern, soweit sie sich auf das Arrondierungsprinzip berufen können, zum doppelten Ertragswert zu (Art. 49 Abs. 3 BGBB). Die übrigen Berechtigten – nämlich der Pächter (Art. 49 Abs. 2 Ziff. 2 BGBB) und die «übrigen Miteigentümer» (Art. 49 Abs. 2 Ziff. 3 BGBB) – haben das Vorkaufsrecht auch hier zum Verkehrswert auszuüben. 208

3. Unabhängig vom Vorkaufsrecht hat jeder Miteigentümer gemäss Art. 650 ZGB grundsätzlich das Recht, die Aufhebung des Miteigentums zu verlangen. Im Rahmen dieser Aufhebung stehen ihm unter den Voraussetzungen von Art. 36 BGBB alsdann Zuweisungsansprüche zu. Des Vorkaufsrechts bedarf es in diesen Fällen nicht. 209

---

[201] Vorne Nr. 172 f.
[202] Vorne Nr. 175 ff.

VI. Öffentlich-rechtliche Verfügungsbeschränkungen

1. Realteilungs- und Zerstückelungsverbot (Art. 58–60 BGBB)

A. Strukturpolitische Zielsetzung

210 Zielsetzung des BGBB ist u.a. die Schaffung bzw. Erhaltung leistungsfähiger, gut strukturierter Betriebe und Bewirtschaftungseinheiten[203]. Diese Zielsetzung wird (u.a.) mit dem Realteilungs- und Zerstückelungsverbot umgesetzt. Die Bedeutung für die Agrarstruktur spiegelt sich nicht zuletzt darin wider, dass es nicht nur auf freihändige Liegenschaftserwerbe Anwendung findet, sondern ungeachtet des Rechtsgrundes auch auf familieninterne Handänderungen, sogar auf die Erbteilung.

B. Das Realteilungsverbot (Art. 58 Abs. 1 BGBB)

211 Gemäss Art. 58 Abs. 1 BGBB dürfen von landwirtschaftlichen Gewerben im Rechtssinne – d.h. von Gewerben gemäss Art. 7 BGBB oder gegebenenfalls kleineren kantonalrechtlich geschützten Betriebseinheiten (Art. 5 lit. a BGBB) – nicht einzelne Grundstücke abgetrennt werden. Dabei handelt es sich nicht etwa um ein Abparzellierungsverbot – eine Neuparzellierung kann (unter Beachtung des Zerstückelungsverbotes) durchaus sinnvoll sein –, sondern um ein *Veräusserungsverbot*, d.h., der abparzellierte Teil darf nicht getrennt vom übrigen Gewerbe veräussert werden.

212 Gemäss Art. 7 Abs. 4 lit. c BGBB sind für längere Zeit zugepachtete Grundstücke bei der Beurteilung, ob ein landwirtschaftliches Gewerbe im Rechtssinne vorliegt, mitzuberücksichtigen. Die Berücksichtigung der Pachtgrundstücke beschränkt sich allerdings auf die Frage, *ob* ein Gewerbe vorliegt. Ein zugepachtetes Grundstück wird aber nie zum Bestandteil des zupachtenden Gewerbes; eine «Abtrennung» des Pachtgrundstückes durch Auflösung des Pachtverhältnisses verstösst nicht gegen das Realteilungsverbot.

213 Betriebe, welche den Anforderungen an landwirtschaftliche Gewerbe i.S.v. Art. 7 bzw. Art. 5 lit. a BGBB nicht genügen oder nach Art. 8 BGBB seit mehr als 6 Jahren zulässigerweise parzellenweise verpachtet oder wegen ihrer ungünstigen Struktur nicht mehr erhaltungswürdig sind, unterstehen dem Realtei-

---

[203] Vorne Nr. 6 f.

lungsverbot nicht und dürfen unter Beachtung des Zerstückelungsverbotes von Art. 58 Abs. 2 BGBB real aufgeteilt werden. Dabei ist zu beachten, dass die betroffene Fläche der Landwirtschaft regelmässig nicht verloren geht, sondern – da die landwirtschaftliche Nutzung raumplanungsrechtlich vorgegeben ist – den existenzfähigen Betrieben im Bewirtschaftungsbereich zur Aufstockung zur Verfügung steht.

C. Das Zerstückelungsverbot (Art. 58 Abs. 2 BGBB)

Gemäss Art. 58 Abs. 2 BGBB dürfen landwirtschaftliche Grundstücke, und zwar auch jene, die zu einem Gewerbe im Rechtssinne gehören, nicht in Teilstücke unter 25 Aren (Rebgrundstücke 10 Aren) aufgeteilt werden. Ziel des Zerstückelungsverbotes ist die Erhaltung sinnvoll bewirtschaftbarer Einheiten; Klein- und Kleinstparzellen sind strukturpolitisch unerwünscht. Anders als beim Realteilungsverbot ist mithin hier nicht erst die Veräusserung, sondern bereits die Abparzellierung verboten. Die Kantone können grössere Mindestflächen vorschreiben. 214

D. Gesetzliche Ausnahmetatbestände vom Realteilungs- und Zerstückelungsverbot (Art. 59 BGBB)

Das Gesetz unterscheidet zwischen «Ausnahmen» (Art. 59) und der «Bewilligung von Ausnahmen» (Art. 60 BGBB). Die Ausnahmetatbestände beider Bestimmungen stehen in keinem direkten Zusammenhang und unterscheiden sich sowohl in formeller Hinsicht (Zuständigkeit) als auch bezüglich des Regelungsgegenstandes. 215

Die Ausnahmebestimmung von Art. 59 BGBB enthält eine generell-abstrakte Beschränkung des Anwendungsbereiches des Realteilungs- und Zerstückelungsverbotes; es handelt sich mithin um Fälle der *Nichtanwendung des Verbotes.* Erfasst werden hier Tatbestände, in denen andere (öffentliche) Interessen das Realteilungs- und Zerstückelungsverbot von vornherein überwiegen und die einer näheren Abklärung durch die Bewilligungsbehörde regelmässig nicht bedürfen. Das Realteilungs- und Zerstückelungsverbot kommt demnach nicht zum Zuge im Rahmen einer behördlich angeordneten oder geleiteten Bodenverbesserung (lit. a), zum Zweck einer Grenzverbesserung i.S.v. Art. 57 BGBB oder einer Grenzbereinigung bei der Erstellung eines Werks (lit. b), im Rahmen einer Enteignung oder einer Veräusserung unter Androhung der Enteignung (lit. c) und im Rahmen einer Zwangsvollstreckung. 216

Über das Vorliegen eines gesetzlichen Ausnahmetatbestandes i.S.v. Art. 59 BGBB hat der Grundbuchverwalter zu befinden. Bei klarer Erfüllung der Vor- 217 aussetzungen nimmt er die Eintragung vor; bei klarer Nichterfüllung weist er sie ab. Bei Ungewissheit stehen ihm die Rechtsbehelfe von Art. 81 Abs. 3 BGBB zur Verfügung, d.h. er hat die Verfügung im Tagebuch einzutragen, den Entscheid über die Eintragung jedoch aufzuschieben und dem Eigentümer bzw. dem Erwerber eine Frist von 30 Tagen anzusetzen, binnen derer bei der Bewilligungsbehörde um Feststellung nachzusuchen ist, dass ein gesetzlicher Ausnahmetatbestand i.S.v. Art. 59 BGBB vorliegt.

E. Erteilung von Ausnahmebewilligungen (Art. 60 BGBB)

a. Allgemeines

218 Im Gegensatz zu den gesetzlichen Ausnahmetatbeständen des Art. 59 BGBB hat die kantonale Bewilligungsbehörde auf Gesuch hin eine einzelfallbezogene förmliche Ausnahmebewilligung in Form einer anfechtbaren Verwaltungsverfügung zu erteilen, wenn einer der in Art. 60 BGBB umschriebenen Sachverhalte zutrifft. Diese Sachverhalte würden an sich dem Realteilungs- und Zerstückelungsverbot unterstehen, vermögen aber das Interesse an einer konsequenten Durchsetzung des Verbotes im Einzelfall zu überwiegen. Ob ein Ausnahmetatbestand i.S.v. Art. 60 BGBB vorliegt, bedarf oftmals eingehender Abklärung, weshalb zur Erteilung der Ausnahmebewilligung die Bewilligungsbehörde zuständig ist. Der ursprüngliche Katalog des Art. 60 BGBB wurde im Rahmen der Gesetzesänderungen von 1998[204] um die Art. 60 Abs. 1 lit. e, f, g und h sowie um den Abs. 2 ergänzt; Art. 60 Abs. 1 lit. c wurde geändert. Der Ausnahmekatalog ist aber nach wie vor abschliessend; eine Generalklausel des wichtigen Grundes fehlt.

*b. Ausnahmetatbestände vom Realteilungs-
und Zerstückelungsverbot (Art. 60 Abs. 1 BGBB)*

219 – *Entflechtung des Anwendungsbereichs (lit. a):* Eine Ausnahmebewilligung vom Realteilungs- und Zerstückelungsverbot ist einmal zu erteilen, wenn das landwirtschaftliche Gewerbe oder Grundstück in einen Teil innerhalb und einen Teil ausserhalb des Geltungsbereiches des BGBB aufgeteilt wird. Dieser Ausnahmetatbestand kommt etwa dann zum Tragen, wenn die Grenze zwischen Bau- und Nichtbaugebiet quer durch ein Grundstück verläuft. In solchen Fällen untersteht das ganze Grundstück dem BGBB (Art. 2 Abs. 2 lit. c BGBB). Die Ausnahmebestimmung fördert eine Abparzellierung entlang der

---

[204] BG vom 20. März 1998 betr. Änderung des RPG, AS 2000, S. 2042, sowie BG vom 26. Juni 1998 betr. Änderung des BGBB, AS 1998, S. 3009.

Zonengrenze und damit die Übereinstimmung zwischen Zonenplanung und örtlichem Geltungsbereich des BGBB. Gleiches gilt für die Abparzellierung und Entlassung zulässigerweise nichtlandwirtschaftlich genutzter Gebäude und Flächen in der Landwirtschaftszone[205].

- *Verbleibende gute Existenz (lit. b):* Eine Realteilung bzw. Abparzellierung ist weiter dann zulässig, wenn das landwirtschaftliche Gewerbe auch nach der Aufteilung oder der Abtrennung eines Grundstücks oder Grundstückteils einer Familie noch eine gute landwirtschaftliche Existenz bietet. Eine gute landwirtschaftliche Existenz liegt etwa vor, wenn der Betrieb ein paritätisches Einkommen für 1,5–2 Arbeitskräfte bietet, wenn das Gewerbe zu den ertragsstärksten 50% der Betriebe der Region zählt oder wenn das aus dem Gewerbe erzielbare Einkommen ca. 100–125% des Durchschnittseinkommens der Testbetriebe in der Region erreicht[206]. 220

- *Tausch (lit. c):* Ein weiterer Ausnahmegrund liegt vor, wenn Grundstücke oder Grundstücksteile eines landwirtschaftlichen Gewerbes mit oder ohne Aufpreis gegen Land, Gebäude oder Anlagen getauscht werden, die für den Betrieb des Gewerbes günstiger liegen oder geeigneter sind. Der strukturpolitische Hintergrund dieser neuen Ausnahmebestimmung ist offensichtlich: wenn die Agrarstruktur insgesamt verbessert werden kann, soll eine Ausnahmebewilligung erteilt werden[207]. 221

- *Arrondierung eines nichtlandwirtschaftlichen Grundstücks (lit. d):* Eine Ausnahme ist weiter zu erteilen, wenn der abzutrennende Teil der einmaligen Arrondierung eines nichtlandwirtschaftlichen Grundstücks ausserhalb der Bauzone dient und dieses dadurch um höchstens 1000 m^2 vergrössert wird. Die Stossrichtung der Bestimmung ist zu unterstützen; die Beschränkung auf 1000 m^2 hat sich jedoch in der Praxis als allzu starr erwiesen. 222

- *Übertragung von landwirtschaftlichen Gebäuden (lit. e):* Eine Ausnahme vom Realteilungs- und Zerstückelungsverbot ist zu erteilen, wenn ein landwirtschaftliches Gebäude mit notwendigem Umschwung, das zur Bewirtschaftung eines landwirtschaftlichen Gewerbes oder Grundstücks nicht mehr benötigt wird, zwecks zonenkonformer (also landwirtschaftlicher) Nutzung an den Eigentümer eines benachbarten landwirtschaftlichen Gewerbes oder Grundstücks übertragen werden soll und dadurch die Erstellung einer Baute 223

---

[205] Ausführlich BANDLI, Kommentar zum BGBB, N 4 ff. zu Art. 60.
[206] Ausführlich HOFER, Kommentar zum BGBB, N 24 ff. zu Art. 8; vgl. zum Begriff der überdurchschnittlich guten Existenz vorne Nr. 149.
[207] Vgl. BGE 122 III 287 zur Rechtslage vor Einführung dieser Ausnahmebestimmung.

vermieden werden kann, welche nach Art. 16a RPG bewilligt werden müsste. Diese Ausnahmebestimmung soll einem Dritten die Möglichkeit verschaffen, nicht mehr zonengemäss genutzte Bauten zum Zwecke der landwirtschaftlichen oder gartenbaulichen Verwendung freihändig zu erwerben[208]; zum andern soll dadurch einer unnötigen Bautätigkeit in der Landwirtschaftszone entgegengewirkt werden.

224 – *Begründung eines Baurechts zugunsten des Pächters (lit. f):* Art. 106 des neuen Landwirtschaftsgesetzes sieht u.a. vor, dass Pächter und Pächterinnen eines landwirtschaftlichen Gewerbes u.a. einen Investitionskredit erhalten können für den Neubau, den Umbau und die Verbesserung von Wohn- und Ökonomiegebäuden, wenn ein Baurecht begründet wird. Wird für diesen Fall ein selbständiges und dauerndes Baurecht begründet, kann dieses unter das Realteilungs- und Zerstückelungsverbot fallen. Der Ausnahmetatbestand wurde geschaffen, um in solchen Fällen die Begründung des Baurechts dennoch zu ermöglichen[209].

225 – *Abwendung einer Zwangsverwertung (lit. g):* Der gesetzliche Ausnahmetatbestand des Art. 59 lit. d BGBB setzt voraus, dass die Abtrennung oder Veräusserung im Rahmen eines Zwangsvollstreckungsverfahrens erfolgt. Zu diesem Zeitpunkt ist die Existenz des landwirtschaftlichen Gewerbes regelmässig bereits in höchstem Masse gefährdet. Die Bestimmung erlaubt, eine Abtrennung eines Grundstücks oder Grundstücksteils bereits vor der Zwangsverwertung vorzunehmen, wenn die finanzielle Existenz der bäuerlichen Familie stark gefährdet ist und durch die Veräusserung von Grundstücken oder Grundstücksteilen eine drohende Zwangsverwertung eben gerade abgewendet werden kann.

226 – *Erfüllung einer öffentlichen Aufgabe (lit. h):* Nach bisherigem Recht konnte das Gemeinwesen zwar gestützt auf Art. 65 BGBB ein landwirtschaftliches Grundstück zur Erfüllung einer öffentlichen Aufgabe erwerben. Die Abtrennung eines solchen Grundstücks von einem landwirtschaftlichen Gewerbe verstiess aber gegen das Realteilungsverbot. Die Rechtsnormen des BGBB waren nicht genügend aufeinander abgestimmt. Dieser Mangel ist mit der Einfügung von Art. 60 Abs. 1 lit. h BGBB behoben worden. Der Nachweis einer öffentlichen Aufgabe genügt. Es ist nicht Voraussetzung, dass für die Erfüllung des öffentlichen Zwecks ein Enteignungsrecht besteht (wie in Art. 59 lit. c BGBB) oder dass die öffentliche Aufgabe in einem Plan des Raumplanungsrechts ausgewiesen wird (wie in Art. 65 Abs. 1 lit. a BGBB)[210].

---

[208] Botschaft zur Teilrevision des RPG, BBl 1996 III, S. 536.
[209] Eidg. Amt für Grundbuch- und Bodenrecht, Kurzkommentar zu Art. 60 Abs. 1 lit. f BGBB.
[210] Eidg. Amt für Grundbuch- und Bodenrecht, Kurzkommentar zu Art. 60 Abs. 1 lit. h BGBB.

c. Ausnahmetatbestände allein vom Realteilungsverbot (Art. 60 Abs. 2 BGBB)

Der Absatz 2 von Art. 60 BGBB wurde im Rahmen der Gesetzesrevision vom 26. Juni 1998[211] eingefügt. Es handelt sich aus Sicht des BGBB um das eigentliche Kernstück der Revision, wird doch damit der Grundsatz verlassen, wonach ein landwirtschaftliches Gewerbe in jedem Fall als Einheit erhalten werden muss. Ein Gewerbe soll sowohl in Teilstücken veräussert als auch unabhängig von seiner Grösse parzellenweise verpachtet werden dürfen, wenn sich innerhalb der Familie niemand findet, der es zur Selbstbewirtschaftung oder zur Verpachtung als Ganzes übernehmen will, und Teile des aufzulösenden Gewerbes überwiegend dazu dienen, andere landwirtschaftliche Gewerbe strukturell zu verbessern. Die Bestimmung kommt ausschliesslich auf landwirtschaftliche Gewerbe (und nicht auch auf landwirtschaftliche Grundstücke) zur Anwendung.   227

Die Voraussetzungen des Art. 60 Abs. 2 lit. a–c BGBB müssen (anders als jene des Abs. 1) kumulativ erfüllt sein. Ist eine juristische Person Gewerbeeigentümerin, so ist der Bewilligungsgrund nur im Falle von Art. 4 Abs. 2 BGBB (Familienaktiengesellschaft) anwendbar[212].   228

– *Strukturelle Verbesserung (lit. a):* Vorab ist in objektiver Hinsicht erforderlich, dass die Realteilung der strukturellen Verbesserung – also Vergrösserung – anderer landwirtschaftlicher Gewerbe dient. Diese Voraussetzung ist anhand (öffentlich beurkundeter) suspensiv bedingter Vorverträge oder Verträge nachzuweisen[213].   229

– *Keine verwandten Übernehmer (lit. b):* Die Ausnahme setzt voraus, dass keine vorkaufs- oder zuweisungsberechtigte Person innerhalb der Verwandtschaft das Gewerbe zur Selbstbewirtschaftung übernehmen will oder keine andere Person, die in der Erbteilung die Zuweisung verlangen könnte, das Gewerbe zur Verpachtung als Ganzes übernehmen will. Im ersteren Falle berechtigt sind Kinder, Enkel, Eltern, Geschwister und Geschwisterkinder[214]; im zweiteren Falle sind es die pflichtteilsgeschützten Erben (Ehegatten, Nachkommen, Eltern)[215]. Der ausdrückliche Verzicht dieser Personen ist Bewilligungsvoraussetzung.   230

– *Zustimmung des mitbewirtschaftenden Ehegatten (lit. c):* Schliesslich ist erforderlich, dass der Ehegatte, welcher das Gewerbe zusammen mit dem Eigentümer bewirtschaftet, der Realteilung zustimmt. Dem Zustimmungserfor-   231

---

[211] BG vom 26. Juni 1998 betr. Änderung des BGBB, AS 1998, S. 3009.
[212] Botschaft AP 2002, BBl 1996 IV, S. 378.
[213] Eidg. Amt für Grundbuch- und Bodenrecht, Kurzkommentar zu Art. 60 Abs. 2 lit. a BGBB.
[214] Vgl. Art. 11 Abs. 1, 25 Abs. 1, 42 Abs. 1 BGBB; Botschaft AP 2002, BBl 1996 IV, S. 378.
[215] Eidg. Amt für Grundbuch- und Bodenrecht, Kurzkommentar zu Art. 60 Abs. 2 lit. b BGBB.

dernis liegt derselbe Gedanke zugrunde wie bei Art. 40 BGBB[216]. Es entfällt, wenn der Eigentümer oder die Eigentümerin nicht verheiratet ist oder wenn der Nachweis erbracht wird, dass der Ehegatte das Gewerbe nicht mitbewirtschaftet[217].

2. Bewilligungspflicht für den Erwerb landwirtschaftlicher Gewerbe und Grundstücke (Art. 61–69 BGBB)

A. Funktion des Bewilligungsverfahrens

232   Art. 60 ff. BGBB unterstellen den Erwerb sowohl landwirtschaftlicher Gewerbe als auch landwirtschaftlicher Grundstücke einem Bewilligungsverfahren. Damit soll sichergestellt werden, dass der Erwerb einerseits in Einklang mit dem eigentumspolitischen Anliegen der Selbstbewirtschaftung zu tragbaren Bedingungen[218] (Art. 63 lit. a und b BGBB) und andererseits mit dem strukturpolitischen Anliegen der Schaffung leistungsfähiger Bewirtschaftungseinheiten[219] (Art. 63 lit. d BGBB) steht.

B. Der Erwerbsbegriff (Art. 61 BGBB)

233   Wer ein landwirtschaftliches Gewerbe oder Grundstück erwerben will, braucht dazu eine Bewilligung (Art. 61 Abs. 1 BGBB). Als Erwerb gilt gemäss Art. 61 Abs. 1 BGBB vorab der Eigentumserwerb. Der Rechtsgrund der Eigentumsübertragung spielt keine Rolle; auch der Erwerb durch Tausch und Schenkung ist bewilligungspflichtig.

234   Sodann ist bewilligungspflichtig jedes andere Rechtsgeschäft, das wirtschaftlich einer Eigentumsübertragung gleichkommt (Art. 61 Abs. 3 BGBB). Diese Bestimmung zielt vorab darauf ab, auch Handänderungen an juristischen Personen, deren Aktiven zur Hauptsache aus einem landwirtschaftlichen Gewerbe (oder aus landwirtschaftlichen Grundstücken) bestehen, der Bewilligungspflicht zu unterstellen (vgl. Art. 4 Abs. 2 BGBB). Weiter wird auch die Ausübung vertraglicher Kaufs- oder Rückkaufsrechte von der Bewilligungspflicht erfasst, nicht aber deren Begründung[220].

---

[216] Vorne Nr. 133 ff.
[217] Eidg. Amt für Grundbuch- und Bodenrecht, Kurzkommentar zu Art. 60 Abs. 2 lit. c BGBB.
[218] Vorne Nr. 8 f. und 49 ff.
[219] Vorne Nr. 6 f. und 57 ff.
[220] STALDER, Handänderungen, S. 123 ff.

C. Ausnahmen von der Bewilligungspflicht (Art. 62 BGBB)

1. Keiner Bewilligung bedarf gemäss Art. 62 BGBB der Erwerb durch Erbgang oder durch erbrechtliche Zuweisung (lit. a) sowie der Erwerb durch einen Nachkommen, den Ehegatten, die Eltern, Geschwister oder Geschwisterkinder (lit. b). Diese Ausnahme gilt auch dann, wenn der Erwerb nicht durch Ausübung eines Vorzugsrechtes des privatrechtlichen Teils des BGBB erfolgt. Innerhalb der Familie kann deshalb – soweit keine Vorzugsrechte ausgeübt werden – ein landwirtschaftliches Gewerbe oder Grundstück auch durch einen Nichtselbstbewirtschafter erworben werden, was die Schaffung neuer Pachtbetriebe ermöglicht. 235

Keine Bewilligung ist weiter erforderlich beim Erwerb durch einen Mit- oder Gesamteigentümer (lit. c), beim Erwerb durch Ausübung eines *gesetzlichen* Kaufs- oder Rückkaufsrechts (lit. d); nicht zur Bewilligungsfreiheit führt demgegenüber die Ausübung eines gesetzlichen *Vorkaufsrechts,* was insbesondere zur Folge hat, dass der Erwerb durch den Pächter auch dann bewilligungspflichtig ist, wenn dieser ein landwirtschaftliches Gewerbe oder Grundstück in Ausübung des Vorkaufsrechts gemäss Art. 47 BGBB erwirbt. 236

Ebenfalls keine Bewilligung ist schliesslich erforderlich im Rahmen einer Enteignung oder behördlichen Bodenverbesserung oder zum Zweck der Grenzbereinigung i.S.v. Art. 57 BGBB (lit. e und f). 237

2. Auch bei den nicht bewilligungspflichtigen Erwerben ist in jedem Falle das Realteilungs- und Zerstückelungsverbot zu beachten[221]. 238

3. In verfahrensmässiger Hinsicht gilt Art. 81 BGBB: Ist für den Grundbuchverwalter klar, dass für ein angemeldetes Geschäft eine Bewilligung erforderlich ist und liegt eine solche nicht vor, so weist er die Grundbuchanmeldung ab (Art. 81 Abs. 2 BGBB). Ist umgekehrt klar, dass eine Bewilligung nicht erforderlich ist, so trägt er das Geschäft im Grundbuch ein (Art. 81 Abs. 2 BGBB e contrario). Besteht demgegenüber Ungewissheit über die Bewilligungspflicht, so schreibt der Grundbuchverwalter das Geschäft im Tagebuch ein und setzt dem Anmeldenden eine Frist von 30 Tagen zur Einreichung eines Gesuchs um einen Entscheid über die Bewilligungspflicht (Feststellungsbegehren) oder um Bewilligungserteilung (Leistungsbegehren). Läuft die Frist ungenutzt ab oder wird die Bewilligung verweigert, so weist er die Anmeldung ab; bei Feststellung der Nichtbewilligungs-Bedürftigkeit oder bei Erteilung der Bewilligung wird die bisher aufgeschobene Eintragung nun auch im Hauptbuch vorgenommen (Art. 81 Abs. 3 und 4 BGBB). 239

---

[221] Vorne Nr. 210 ff.

D. Die Verweigerungsgründe (Art. 63 und 64 BGBB)

a. Grundsatz

240 Die Bewilligungsvoraussetzungen sind in Art. 63 BGBB negativ in Form von Verweigerungsgründen umschrieben. Ein Rechtsanspruch auf Erteilung der Bewilligung besteht dann, wenn kein Verweigerungsgrund von Art. 63 BGBB vorliegt (Art. 61 Abs. 2 BGBB); sind einer oder mehrere Verweigerungsgründe erfüllt, so muss die Bewilligung verweigert werden.

241 Die Möglichkeit einer Ausnahme besteht nur bezüglich des Verweigerungsgrundes der fehlenden Selbstbewirtschaftung (Art. 64 BGBB), nicht aber bezüglich der übrigen Verweigerungsgründe; diese gelten absolut.

b. Der Verweigerungsgrund der fehlenden Selbstbewirtschaftung (Art. 63 lit. a BGBB)

242 **1.** Anders als im privatrechtlichen Teil des BGBB bildet die Selbstbewirtschaftung im Bewilligungsverfahren auch Voraussetzung zum Erwerb einzelner landwirtschaftlicher Grundstücke; das Selbstbewirtschafterprinzip[222] gilt hier somit zusätzlich zum Arrondierungsprinzip[223].

243 **2.** Erfüllt ein Erwerber die gesetzlichen Voraussetzungen der Selbstbewirtschaftung nicht, so ist er – dem Grundsatze nach – nicht zum Erwerb zuzulassen. Dieser Grundsatz, der in seiner Konsequenz zum Ausschluss der nichtlandwirtschaftlichen Bevölkerung vom «freien» landwirtschaftlichen Bodenmarkt führt, wird durch den Ausnahmekatalog von Art. 64 BGBB aufgeweicht. Die Ausnahmegründe räumen der Bewilligungsbehörde einen teilweise erheblichen Beurteilungsspielraum ein.

244 **3.** Ausnahmen vom Selbstbewirtschafterprinzip – allenfalls mit (sachgerechten) Auflagen (Art. 64 Abs. 2 BGBB) – sind gemäss Art. 64 Abs. 1 BGBB in folgenden Fällen zu gewähren:

245 – *Generalklausel des wichtigen Grundes:* Der Ausnahmekatalog von Art. 64 lit. a–f BGBB ist nicht abschliessend. Aus wichtigen Gründen kann jederzeit eine Ausnahme erteilt werden. Es bleibt der Rechtsprechung überlassen, die wichtigen Gründe näher zu umschreiben. Da das Selbstbewirtschafterprinzip auf die Eigenschaften des Erwerbers abzielt, werden wichtige Gründe in der Regel in seiner Person zu suchen sein. Allerdings ist nicht von vornherein

---

[222] Vorne Nr. 49 ff.
[223] Vorne Nr. 57 ff.

auszuschliessen, dass wichtige Gründe auch in den objektiven Umständen oder – allerdings mit Zurückhaltung zu würdigen – gar in der Person des Veräusserers liegen können[224].

- *Erhaltung und strukturelle Verbesserung eines Pachtbetriebes sowie Errichtung und Erhaltung eines Schulbetriebes (lit. a):* Der Verkauf eines landwirtschaftlichen Gewerbes von einem Selbstbewirtschafter an einen Nichtselbstbewirtschafter ist grundsätzlich nicht mehr zulässig, die Schaffung neuer Pachtbetriebe durch den Erwerb auf dem Markt – anders als innerhalb der Familie – somit nicht mehr möglich. Betriebe, welche seit langem, d.h. seit mindestens 9 Jahren, als Ganzes, d.h. nicht parzellenweise, verpachtet sind, sollen aber als Pachtbetriebe erhalten werden können; der Erwerb durch einen Nichtselbstbewirtschafter ist hier zulässig. Sodann ist auch die strukturelle Verbesserung seit langem bestehender Pachtbetriebe, also der Zukauf weiterer Grundstücke durch den Nichtselbstbewirtschafter-Eigentümer möglich, wobei das zugekaufte Grundstück nicht an den Betrieb angrenzen, aber innerhalb des ortsüblichen Bewirtschaftungsbereiches des zu verbessernden Gewerbes liegen muss (Art. 63 lit. d BGBB)[225]. Demgegenüber können Versuchsbetriebe und Schulbetriebe nicht nur erhalten und arrondiert, sondern auch neu geschaffen werden. Die Ausnahmeregelung wurde deshalb notwendig, weil juristische Personen nur in Ausnahmefällen und öffentlich-rechtliche Körperschaften nicht Selbstbewirtschafter im Rechtssinn sein können[226]. In quantitativer Hinsicht sind unter dem Titel von Art. 64 lit. a BGBB nur jene Landkäufe zulässig, die für die Erfüllung der rechtmässigen Zwecke der Unternehmung bzw. des Schulbetriebes objektiv erforderlich sind[227]. 246

- *Vorliegen einer Ausnahmebewilligung gemäss Art. 24 RPG (lit. b):* Das BGBB knüpft an die Nutzungsplanung des Raumplanungsrechts an, ist diesem mithin nachgeschaltet[228]. Eine Ausnahmebewilligung nach Art. 24 RPG wird aufgrund einer raumplanungsrechtlichen Interessenabwägung erteilt. Wo diese Interessenabwägung zum Schluss kommt, innerhalb des örtlichen Anwendungsbereiches des BGBB dürfe eine nichtlandwirtschaftliche Baute errichtet bzw. eine zonenwidrige Umnutzung vorgenommen werden, so hat das BGBB hinter diesen Entscheid zurückzutreten und darf ihn nicht mittels des Bewilligungsverfahrens unterlaufen[229]. 247

---

[224] Ausführlich BANDLI/STALDER, Kommentar zum BGBB, N 4 ff. zu Art. 64.
[225] Eidg. Amt für Grundbuch- und Bodenrecht, Kurzkommentar zu Art. 64 Abs. 1 lit. a BGBB.
[226] Vorne Nr. 51.
[227] BANDLI/STALDER, Kommentar zum BGBB, N 11 ff. zu Art. 64.
[228] Vorne Nr. 25 f. und 30.
[229] BANDLI/STALDER, Kommentar zum BGBB, N 24 ff. zu Art. 64.

248 – *Abbau von Bodenschätzen (lit. c):* Die Aufnahme des «Kiesabbauartikels» von Art. 64 lit. c BGBB stellt eine Reaktion dar auf die bundesgerichtliche Rechtsprechung zur offensichtlichen Spekulation beim Erwerb von Kiesabbaureserve-Land[230] und führte im Parlament zu ausgedehnten Diskussionen. Die Bestimmung soll den Kiesabbauunternehmen erlauben, sich einen gewissen Abbauvorrat in der Landwirtschaftszone bzw. Realersatzland hiefür zu beschaffen. Voraussetzung zum Erwerb ist, dass der Kiesabbau mindestens richtplanmässig (Art. 6 ff. RPG) vorgesehen ist und dass die zu erwerbende Fläche «nicht grösser ist, als es der Bedarf des Unternehmens an einer sinnvollen Rohstoffreserve oder an Realersatzland für eine Fläche im Abbaugebiet, je für längstens 15 Jahre, erkennen lässt». Das auf diese Weise erworbene Land wird der Landwirtschaft nicht auf unabsehbare Zeit entzogen: Wird das Land innert 15 Jahren nicht bestimmungsgemäss als Abbau- oder Realersatzland gebraucht, so muss es wieder veräussert werden; Gleiches gilt nach erfolgtem Abbau und Rekultivierung[231].

249 – *Erwerb zum Zwecke des Natur- und Heimatschutzes (lit. d und e):* Liegt ein Grundstück in einer Schutzzone i.S.v. Art. 17 oder 18 RPG, die aufgrund des konkreten Schutzzweckes sogar eine extensive landwirtschaftliche Nutzung nicht zulässt, so findet das Gesetz gemäss Art. 2 Abs. 1 BGBB von vornherein keine Anwendung. Lässt demgegenüber der Schutzzweck eine landwirtschaftliche Nutzung zu, so unterstehen diese Flächen dem Gesetz und damit auch dem Bewilligungsverfahren. In diesen Fällen ermöglicht die Ausnahmebestimmung, dass die in einer Schutzzone liegende Fläche (lit. d) bzw. die schutzwürdige Umgebung einer historischen Stätte, Baute oder Anlage oder ein Objekt des Naturschutzes (lit. e) durch Nichtselbstbewirtschafter – z.B. durch Naturschutzorganisationen – erworben werden darf, sofern der Erwerb dem Schutz bzw. der Erhaltung der Schutzobjekte dient[232].

250 – *Kein Angebot eines Selbstbewirtschafters (lit. f):* Lässt sich trotz öffentlicher Ausschreibung zu einem nicht übersetzten Preis kein Selbstbewirtschafter finden, der bereit ist, das Grundstück oder Gewerbe zu einem zulässigen Preis zu erwerben, so darf an einen Nichtselbstbewirtschafter veräussert werden. In dieser Ausnahmebestimmung liegt das verfassungsrechtliche «Notventil», das den verkaufswilligen Eigentümer vor einem mit der Eigentumsgarantie nicht mehr zu vereinbarenden faktischen Veräusserungsverbot bewahrt. Das Vorliegen eines Angebotes eines Selbstbewirtschafters vermag le-

---

[230] Vgl. BGE 113 II 535.
[231] BANDLI/STALDER, Kommentar zum BGBB, N 27 ff. zu Art. 64.
[232] BANDLI/STALDER, Kommentar zum BGBB, N 32 ff. zu Art. 64.

diglich (aber immerhin) das zu bewilligende Geschäft mit dem Nichtselbstbewirtschafter zu Fall zu bringen, führt aber bezüglich des offerierenden Selbstbewirtschafters nicht etwa zu einem Vertragseintritt oder zu einem Anspruch auf Vertragsabschluss[233].

– *Erwerb durch einen Pfandgläubiger (lit. g):* Die Pfandgläubiger – und zwar sowohl der Grundpfand- wie auch die Faustpfandgläubiger – sollen in einer Zwangsvollstreckung (Zwangsversteigerung, betreibungsrechtlicher Freihandverkauf i.S.v. Art. 130 und 143b SchKG sowie im Rahmen eines Nachlassvertrages mit Vermögensabtretung[234]) das pfandbelastete Grundstück oder Gewerbe unabhängig vom Nachweis der Selbstbewirtschafter-Eigenschaft erwerben dürfen. Von den hier geregelten Erwerbsvoraussetzungen ist das Recht auf Teilnahme an einer Zwangsversteigerung zu unterscheiden. An dieser kann jedermann teilnehmen, ohne vorher den Nachweis erbringen zu müssen, dass er zum Erwerb befugt ist. Dem Ersteigerer, der keine Erwerbsbewilligung besitzt, darf jedoch der Zuschlag nur nach Hinterlegung der Kosten für eine neue Versteigerung unter der Resolutivbedingung erteilt werden, dass er innert 10 Tagen das Bewilligungsverfahren einleitet[235].

251

c. Der Verweigerungsgrund des übersetzten Preises (Art. 63 lit. b BGBB)

Das BGBB bezweckt u.a., übersetzte Preise für landwirtschaftlichen Boden zu bekämpfen (Art. 1 Abs. 1 lit. c BGBB). Der Erwerbspreis ist gemäss Art 66 BGBB dann übersetzt und führt gemäss Art. 63 lit. b BGBB zur Verweigerung der Bewilligung, wenn er die Preise für vergleichbare landwirtschaftliche Gewerbe oder Grundstücke in der betreffenden Gegend im Mittel der letzten 5 Jahre um mehr als 5% übersteigt. Die Bewilligungsbehörde ist damit faktisch gezwungen, eine Preisstatistik bezüglich der in ihrem Gebiet gehandelten Grundstücke und Gewerbe zu führen. In räumlicher Hinsicht führt die Preisgrenze von Art. 66 BGBB nicht zu einem gesamtschweizerischen «Einheitspreisniveau». Vielmehr soll auf die Vergleichspreise «aus der betreffenden Gegend» abgestellt werden, wobei nicht auf die politischen Grenzen abzustellen ist, sondern auf die geografischen, topografischen und ökonomischen Gegebenheiten[236].

252

Die Bewilligungsbehörde ist nicht befugt, einen übersetzten Preis auf die zulässige Höhe herabzusetzen. Vielmehr steht der Bewilligungsbehörde einzig zu, entweder die Bewilligung zu erteilen und damit den schwebenden Vertrag voll-

253

---

[233] BANDLI/STALDER, Kommentar zum BGBB, N 36 ff. zu Art. 64.
[234] Eidg. Amt für Grundbuch- und Bodenrecht, Kurzkommentar zu Art. 64 Abs. 1 lit. g BGBB.
[235] BGE 123 III 406; Art. 67 BGBB.
[236] STALDER, Handänderungen, S. 169.

gültig zu machen oder die Bewilligung zu verweigern und damit den Vertrag zunichte zu machen (Art. 70 BGBB). Für ein gestaltendes Eingreifen in einzelne Vertragsessentialia durch die Bewilligungsbehörde besteht weder Anlass noch eine gesetzliche Grundlage, zumal damit die gesamte Privatrechtslage unter den Vertragsparteien verändert würde und insbesondere fraglich ist, ob der Veräusserer beim geminderten Preis überhaupt noch am Vertrag festhalten will[237].

254   Der Verweigerungsgrund des übersetzten Preises kommt nicht mehr[238] zur Anwendung, wenn ein landwirtschaftliches Gewerbe oder Grundstück in einem Zwangsvollstreckungsverfahren[239] erworben wird (Art. 63 Abs. 2 BGBB). Diese Bestimmung geht einher mit der Aufhebung von Art. 68 BGBB, welcher die Preisgrenze ausdrücklich auch für Zwangsversteigerungen als anwendbar erklärt hatte.

d. Verstoss gegen das Arrondierungsprinzip (Art. 63 lit. d BGBB)

255   Schliesslich ist die Bewilligung gemäss Art. 63 lit. d BGBB zu verweigern, wenn das zu erwerbende Grundstück ausserhalb des ortsüblichen Bewirtschaftungsbereiches des Gewerbes des Erwerbers liegt. Auf landwirtschaftliche Gewerbe findet dieser Verweigerungsgrund keine Anwendung. Es handelt sich hier um nichts anderes als um die Umsetzung des Arrondierungsprinzips[240], das im privatrechtlichen Teil des BGBB bei einzelnen Grundstücken anstelle des Selbstbewirtschafterprinzips, im Bewilligungsverfahren indessen kumulativ mit diesem anzuwenden ist.

E. Erwerb durch das Gemeinwesen (Art. 65 BGBB)

256   **1.** Gemeinwesen – d.h. Bund, Kantone und Gemeinden sowie Private in Erfüllung einer öffentlichen Aufgabe[241] – verfügen bezüglich des Erwerbs von landwirtschaftlichen Liegenschaften über einen Sonderstatus. Dieser liegt darin begründet, dass Gemeinwesen per definitionem keine Selbstbewirtschafter sein können[242]; er liegt aber auch darin begründet, dass Gemeinwesen öffentliche Aufgaben zu erfüllen haben, welche den Zielsetzungen des BGBB vorgehen können. Der Erwerb landwirtschaftlicher Liegenschaften ist ebenfalls bewilligungs-

---

[237] STALDER, ZSR 1994, S. 92.
[238] BG vom 26. Juni 1998 betr. Änderung des BGBB, AS 1998, S. 3009.
[239] Vorne Nr. 251.
[240] Vorne Nr. 57 ff.
[241] Vgl. BANDLI, Kommentar zum BGBB, N 3 zu Art. 65.
[242] Vorne Nr. 51.

pflichtig; er unterliegt aber den besonderen Bewilligungsgründen des Art. 65 BGBB[243].

2. Gemäss Art. 65 Abs. 1 lit. a BGBB ist der Erwerb durch das Gemeinwesen oder dessen Anstalten zu bewilligen, wenn er unmittelbar – was nicht in zeitlicher, sondern in räumlicher Hinsicht zu verstehen ist – zur Erfüllung einer nach Plänen des Raumplanungsrechts vorgesehenen öffentlichen Aufgabe benötigt wird. Eine richtplanmässige Ausscheidung dieser Aufgabe genügt; zu denken ist in erster Linie an Strassen- oder Eisenbahnvorhaben. Die Bestimmung soll den frühzeitigen freihändigen Erwerb durch das Gemeinwesen ermöglichen. Sobald ein genehmigtes Projekt den Enteignungstitel beinhaltet, ist aufgrund von Art. 62 lit. e BGBB keine Bewilligung zum Erwerb des erforderlichen Landes mehr erforderlich. Im Anwendungsfalle dieser Bestimmung kommen die Verweigerungsgründe von Art. 63 BGBB nicht zum Zuge; insbesondere entfällt hier auch die Preisgrenze (Art. 65 Abs. 2 BGBB). 257

3. Anders verhält es sich dann, wenn der Erwerb lediglich mittelbar der Erfüllung einer öffentlichen Aufgabe dient, indem er als Realersatz für unmittelbar benötigtes Land dienen soll, und wenn das zur Anwendung gelangende Gesetz – wie dies regelmässig der Fall ist – die Leistung von Realersatz vorschreibt oder erlaubt. Zwar ist die Bewilligung auch in diesem Fall zu erteilen, gemäss Art. 65 Abs. 2 BGBB e contrario finden aber die Verweigerungsgründe von Art. 63 BGBB zusätzlich Anwendung. Das Selbstbewirtschafterprinzip fällt freilich ausser Betracht; zur Anwendung gelangen in diesen Fällen somit «nur» die Preisgrenze des Art. 63 lit. b BGBB sowie das Arrondierungsprinzip, wonach das zu erwerbende Realersatzgrundstück im ortsüblichen Bewirtschaftungsbereich des vom öffentlichen Werk betroffenen Gewerbes liegen muss[244]. 258

F. Erwerb im Rahmen der Zwangsverwertung (Art. 67 und 69 BGBB)

Landwirtschaftliche Gewerbe und Grundstücke dürfen nicht freiwillig versteigert werden (Art. 69 BGBB). Eine Versteigerung darf nur im Rahmen einer Zwangsverwertung nach Massgabe des Schuldbetreibungs- und Konkursrechts stattfinden. 259

Mit der Aufhebung von Art. 68 BGBB[245] hat der Gesetzgeber die Zwangsverwertung landwirtschaftlicher Gewerbe und Grundstücke wesentlich vereinfacht. Die Bestimmung besagte, dass die BGBB-Bewilligungsbehörde auf Ersuchen 260

---

[243] Ausführlich STALDER, Handänderungen, S. 178 ff.
[244] BANDLI, Kommentar zum BGBB, N 12 ff. zu Art. 65.
[245] BG vom 26. Juni 1998 betr. Änderung des BGBB, AS 1998, S. 3009.

der Steigerungsbehörde den maximal zulässigen Preis vor der Versteigerung festlegt. Wurde der zulässige Preis von mehreren Bietern geboten, so hatte über den Zuschlag das Los zu entscheiden.

261 Art. 63 Abs. 2 BGBB bestätigt ausdrücklich, dass die Preisgrenze im Zwangsverwertungsverfahren nicht (mehr) gilt. Hingegen sind die übrigen Verweigerungsgründe weiterhin zu beachten. Es gilt nicht nur das Selbstbewirtschafterprinzip des Art. 63 Abs. 1 lit. a BGBB (mit den Ausnahmen in Art. 64 BGBB), sondern auch das Arrondierungsprinzip des Art. 63 Abs. 1 lit. d BGBB. Der Ersteigerer hat anlässlich der Versteigerung entweder die Bewilligung vorzulegen oder innert 10 Tagen nach dem Zuschlag ein Bewilligungsgesuch einzureichen und die Kosten für eine neue Versteigerung zu hinterlegen (Art. 67 Abs. 1 BGBB).

G. Zivil- und verwaltungsrechtliche Folgen der Bewilligungserteilung bzw. der Bewilligungsverweigerung (Art. 70–73 BGBB)

262 Das Bewilligungsverfahren ist öffentlich-rechtlicher Natur. Die Bewilligung bzw. deren Verweigerung stellt eine Verwaltungsverfügung i.S.v. Art. 5 VwVG[246] dar. Ihre Besonderheit liegt darin, dass sie sich nicht auf öffentlich-rechtliche Rechtswirkungen beschränkt, sondern darüber hinaus in das Erwerbsgeschäft zwischen den Privatrechtsparteien eingreift, indem sie das zwischen diesen Parteien abgeschlossene privatrechtliche Rechtsgeschäft – in der Regel ein Kaufvertrag – im Falle einer Bewilligungserteilung vom Schwebezustand in einen vollgültigen Vertrag überführt, welcher Grundlage einer Grundbuchanmeldung bilden kann (Art. 81 BGBB). Eine Bewilligungsverweigerung macht das schwebende Rechtsgeschäft demgegenüber zunichte (Art. 70 BGBB). Die Verwaltungsverfügung hat also privatrechtsgestaltenden Charakter[247].

263 Anders als im privatrechtlichen Teil (Art. 24 und Art. 54 f. BGBB) hat der Gesetzgeber im öffentlich-rechtlichen Teil des BGBB keine Sicherung der Selbstbewirtschaftung vorgesehen. Für die Bewilligungserteilung entscheidend ist somit nur (aber immerhin), dass im Zeitpunkt der Erteilung kein Verweigerungsgrund erfüllt ist. Wenn der Erwerber nach einiger Zeit die Selbstbewirtschaftung aufgibt, so hat dies für die Gültigkeit des seinerzeitigen Erwerbs grundsätzlich keine Konsequenzen. Anders verhält es sich freilich dann, wenn der Erwerber die Bewilligung durch falsche Angaben erschlichen – d.h. die Bewilligungsbehörde wissentlich und willentlich getäuscht – hat. Diesfalls widerruft die Bewilligungsbehörde ihren Entscheid (Art. 71 Abs. 1 BGBB); das Geschäft ist rückabzuwickeln und das Grundbuch zu berichtigen (Art. 72 Abs. 1 BGBB).

---

[246] BG vom 20. Dezember 1968 über das Verwaltungsverfahren (VwVG), SR 172.021.
[247] Ausführlich STALDER, Handänderungen, S. 189 ff.

Die Berichtigung ist allerdings ausgeschlossen, wenn seit der Eintragung des Rechtsgeschäfts im Grundbuch mehr als 10 Jahre vergangen sind (Art. 72 Abs. 3 BGBB) oder wenn dadurch Rechte gutgläubiger Dritter i.S.v. Art. 973 ZGB verletzt würden (Art. 72 Abs. 4 BGBB)[248].

VII. Veräusserung des Pachtgegenstandes

1. Übersicht

Die Veräusserung des Pachtgegenstandes – also eines landwirtschaftlichen Gewerbes oder Grundstücks – zeitigt in zweifacher Hinsicht Rechtswirkungen: Zum einen stellt sich die Frage, ob dem Pächter ein gesetzliches Vorkaufsrecht zusteht. Ist dies nicht der Fall oder will bzw. kann der Pächter dieses nicht ausüben, so stellt sich alsdann die Frage, wie sich die Rechtslage zwischen dem Pächter und dem Erwerber gestaltet. Das Vorkaufsrecht des Pächters wurde bereits eingehend dargelegt[249]; auf die zwischen dem Pächter und dem Erwerber bestehende Rechtslage im Falle der Nichtausübung des Vorkaufsrechts ist nachfolgend einzugehen.

264

2. Grundsatz: «Kauf bricht Pacht nicht» (Art. 14 LPG)

Es gilt der Grundsatz «Kauf bricht Pacht nicht»: Wird der Pachtgegenstand veräussert oder dem Verpächter im Schuldbetreibungs- oder Konkursverfahren entzogen, so tritt der Erwerber gemäss Art. 14 LPG grundsätzlich in den Pachtvertrag ein. Er übernimmt damit den Pachtvertrag zu sämtlichen, insbesondere den zeitlichen und finanziellen Bedingungen, wie sie für den Veräusserer gegolten haben. Eintrittszeitpunkt ist das Datum des Eigentumsüberganges, also regelmässig der Grundbucheintrag, bei der gerichtlichen Zusprechung von Eigentum das Urteilsdatum.

265

Als Veräusserung im Sinne dieser Bestimmung gilt der dingliche Akt, mit dem das Eigentum übergeht; der Rechtsgrund dieses Eigentumsübergangs ist grundsätzlich unbeachtlich, allerdings mit einer Ausnahme: Bei Enteignung des Pachtgegenstandes findet Art. 14 LPG keine Anwendung; hier gilt das massgebende Enteignungsrecht.

266

---

[248] Vgl. STALDER, Kommentar zum BGBB, Ausführungen zu den Art. 70–72.
[249] Vorne Nr. 183 ff.

3. Durchbrechungen des Grundsatzes (Art. 15 LPG)

A. Auflösungsgründe (Art. 15 Abs. 1 LPG)

267 Der Erwerber eines Pachtgegenstandes kann den Pachtvertrag nur auflösen, wenn er den Pachtgegenstand unmittelbar zu Bauzwecken, öffentlichen Zwecken oder zur Selbstbewirtschaftung übernimmt. Die Aufzählung der Auflösungsgründe in Art. 15 Abs. 1 LPG ist abschliessend.

268 Unmittelbare Bauzwecke sind anzunehmen, wenn der Käufer unmittelbar nach der Übernahme des Pachtgegenstandes bauen will. Dies ist der Fall, wenn damit zu rechnen ist, dass etwa innert 3 Jahren gebaut werden kann und der entsprechende Wille beim Erwerber auch vorliegt[250].

269 Öffentliche Zwecke liegen vor, wenn der Pachtgegenstand zur Verwirklichung eines Werkes im öffentlichen Interesse erworben wird. Auch die öffentlichen Zwecke müssen unmittelbar sein, d.h. es muss Grund zur Annahme bestehen, dass sie innert absehbarer Frist verwirklicht werden. Findet keine Veräusserung statt (z.B. besitzt die Gemeinde das Land bereits), entfällt die Auflösungsmöglichkeit gemäss Art. 15 Abs. 1 LPG. Allenfalls kann in einem solchen Fall gestützt auf Art. 17 LPG eine Auflösung des Pachtvertrages aus wichtigen Gründen verlangt werden[251].

270 Wer den Pachtgegenstand zur Selbstbewirtschaftung übernimmt, kann ebenfalls die Auflösung des Pachtvertrages verlangen. Dem LPG ist derselbe Selbstbewirtschafterbegriff zugrunde zu legen wie dem BGBB[252]. Eine Aufnahme der Selbstbewirtschaftung vor Ablauf von höchstens 3 Jahren ist noch als unmittelbar anzusehen[253].

B. Gegenausnahmen

271 Die Auflösungsgründe des Art. 15 Abs. 1 LPG kommen jedoch – im Sinne einer Gegenausnahme – dann nicht zur Anwendung, wenn der Pachtvertrag im Grundbuch vorgemerkt ist (Art. 276a Abs. 2 i.V.m. Art. 290 lit. c und Art. 261b OR). Der neue Eigentümer kann bei vorgemerkten Pachtverträgen die Pachtsache auch in den Ausnahmefällen des Art. 15 Abs. 1 LPG nur mit dem Pachtvertrag erwerben. Er hat kein Recht den vorgemerkten Pachtvertrag aufzulösen[254].

---

[250] STUDER/HOFER, S. 111 und 131 ff.
[251] Vgl. STUDER/HOFER, S. 112 und 131 ff.
[252] Vorne Nr. 49 ff.
[253] STUDER/HOFER, S. 112.
[254] STUDER/HOFER, S. 113.

Ebenfalls keine Möglichkeit, den Pachtvertrag aufzulösen, hat der Erwerber 272
dann, wenn ihm der Verpächter im Veräusserungsvertrag die Pflicht auferlegt
hat, den Pachtvertrag zu übernehmen.

Wie Art. 14 LPG ist auch Art. 15 LPG bei Enteignung nicht anwendbar. Hier 273
gilt ausschliesslich das massgebende Enteignungsrecht.

C. Schriftliche Anzeige (Art. 15 Abs. 2 LPG)

Will der Erwerber bei Vorliegen eines Auflösungsgrundes i.S.v. Art. 15 Abs. 1 274
LPG den Pachtvertrag nicht übernehmen, so muss er gemäss Art. 15 Abs. 2
LPG dem Pächter innert 3 Monaten seit Abschluss des Veräusserungsvertrages
– und nicht etwa seit dem Grundbucheintrag – schriftlich anzeigen, dass die
Pacht nach Ablauf einer Frist von mindestens 1 Jahr auf den folgenden ortsüblichen Frühjahrs- oder Herbsttermin aufgelöst sei. Bei der 3-Monatsfrist handelt
es sich um eine Verwirkungsfrist. Bleibt der Erwerber während dieser Zeit passiv, so ist er in den Pachtvertrag eingetreten.

Die Anzeige an den Pächter ist empfangsbedürftig. Sie muss innert der 3-Monatsfrist beim Pächter eintreffen. Sie hat schriftlich zu erfolgen. Die Auflösungsfrist von mindestens 1 Jahr beginnt mit Empfang der schriftlichen Anzeige beim Pächter zu laufen. 275

D. Kleine Erstreckung (Art. 15 Abs. 3 LPG)

a. Gesetzliche Regelung

Wird die Pacht aufgelöst, so kann der Pächter innert 30 Tagen seit Empfang der 276
Anzeige des Erwerbers auf Erstreckung klagen. Der Richter erstreckt die Pacht
um mindestens 6 Monate, jedoch um höchstens 2 Jahre, wenn die Beendigung
für den Pächter oder seine Familie eine Härte zur Folge hat, die auch unter
Würdigung der Interessen des neuen Eigentümers nicht zu rechtfertigen ist. Im
Vergleich zur ordentlichen Pachterstreckung gemäss Art. 26 ff. LPG spricht
man hier von der «kleinen Erstreckung». Zuständig für die Klage aus dem
Pachtvertrag ist der Zivilrichter am Wohnsitz des Beklagten (Verpächter) oder
am Ort des Pachtgegenstandes (Art. 48 Abs. 2 LPG). Die Beweislast für die
nicht zu rechtfertigende Härte trägt der Pächter.

b. Härte beim Pächter

Die Not des Pächters muss gross sein. Eine nicht zu rechtfertigende Härte liegt 277
beispielsweise vor, wenn der Pächter, der weiter als Landwirt tätig sein möchte,
mangels Pachterstreckung gezwungen ist, sein Pächterinventar unter Zeitdruck

zu veräussern, weil er noch keinen neuen Pachtgegenstand gefunden hat. Die kleine Erstreckung soll ihm eine genügend lange Frist einräumen, damit er ein neues Pachtobjekt suchen oder sein Pächterinventar zu einem angemessenen Preis liquidieren kann. Dabei ist zu berücksichtigen, dass dem Pächter nach Art. 15 Abs. 4 LPG an sich der ganze Schaden aus der vorzeitigen Pachtbeendigung ersetzt werden muss. Das Vorliegen einer unzumutbaren Härte beurteilt sich somit nicht ausschliesslich an den finanziellen Folgen; immaterielle Folgen dürfen in die Betrachtung durchaus einbezogen werden.

c. Interessen des Erwerbers

278 Nach dem Erwerb eines Grundstücks zur unmittelbaren Überbauung oder für öffentliche Zwecke ist das Interesse des neuen Eigentümers an einer baldigen Pachtauflösung in der Regel gross. Gleichzeitig handelt es sich normalerweise nicht um sehr grosse Flächen, sodass nur in ausserordentlichen Fällen eine unzumutbare Härte eintreten dürfte.

279 Beim Kauf eines ganzen Gewerbes durch einen Selbstbewirtschafter gerät dagegen der Pächter fast regelmässig in eine Notlage. Für die Interessen des Käufers ist es dann massgebend, ob er noch einige Zeit an seinem angestammten Ort bleiben kann. Ist dies der Fall, dürfte ihm eine Erstreckung in der Regel zumutbar sein. Wenn die Notlage auf beiden Seiten gleich gross ist, geht das Eigentumsrecht vor[255]. Die Interessen des Verkäufers haben nach dem Gesetzeswortlaut unberücksichtigt zu bleiben.

d. Dauer der Erstreckung

280 Die Erstreckungsdauer beträgt mindestens 6 Monate und höchstens 2 Jahre. Sie beginnt am Tage nach dem Datum, auf das die rechtsgültige Kündigung des Erwerbers in der Anzeige nach Art. 15 Abs. 2 LPG lautete, also immer am ortsüblichen Frühjahrs- oder Herbsttermin. Eine weitere Grenze besteht in der ordentlichen vertraglichen Pachtdauer. Der Pächter darf durch die vorzeitige Auflösung nach Art. 15 LPG nicht in eine bessere Lage versetzt werden als jener Pächter, dem auf Ablauf der ordentlichen Pachtdauer gekündigt wird[256].

---

[255] STUDER/HOFER, S. 117.
[256] STUDER/HOFER, S. 116 ff.

E. Schadenersatz (Art. 15 Abs. 4 LPG)

a. Allgemeines

Gemäss Art. 15 Abs. 4 LPG muss der Verpächter dem Pächter den Schaden ersetzen, der aus der vorzeitigen Beendigung der Pacht entsteht. Der Pächter braucht den Pachtgegenstand erst zu verlassen, wenn ihm Schadenersatz oder hinreichende Sicherheit geleistet worden ist. 281

Die Schadenersatzpflicht besteht unabhängig davon, ob eine kleine Pachterstreckung gemäss Art. 15 Abs. 2 LPG stattgefunden hat; eine solche beeinflusst allerdings die Schadenhöhe. Das Pachtverhältnis zwischen dem Veräusserer des Pachtgegenstandes als Verpächter und dem Pächter bleibt auch bei der Auflösung gemäss Art. 15 Abs. 1 und 2 LPG bestehen. Da dem Pächter infolge vorzeitiger Auflösung der Pacht nicht die vertragsgemässe Nutzung gewährt wird, hat er gemäss Art. 97 ff. OR Anspruch auf das Erfüllungsinteresse, also auf Aufwendungsersatz einerseits und auf den entgangenen Gewinn andererseits. 282

Der Schaden entspricht der Differenz zwischen dem tatsächlichen Vermögensstand und jenem, den das Vermögen des Geschädigten ohne das schädigende Ereignis erreicht hätte. Die Betrachtung ist für den Zeitpunkt anzustellen, in dem die Pacht normalerweise zu Ende gegangen wäre. 283

Nach dem Prinzip der Schadenminderungspflicht hat der Pächter alles zu unternehmen, um den Schaden möglichst klein zu halten. Muss er ein ganzes Gewerbe verlassen, hat er sich nach einer neuen Pacht umzusehen; im Falle des Verlustes einer Einzelparzelle ist er verpflichtet, die zumutbaren Betriebsumstellungen vorzunehmen, welche zu einer Schadenminderung führen. 284

b. Schadenselemente

Grundsätzlich besteht der Schaden aus zwei Komponenten, nämlich aus der Differenz zwischen dem Arbeitseinkommen als Pächter und dem Ersatzeinkommen während den verbleibenden Pachtjahren sowie den durch die vorzeitige Pachtauflösung entstehenden Kosten für die Suche einer neuen Pacht, Umzugskosten sowie gegebenenfalls Liquidationsverlusten auf Vieh- und Fahrhabe. 285

Allen Schadenspositionen ist eigen, dass nur jene Aufwendungen und entgangenen Gewinne abzugelten sind, welche kausal auf die Vorzeitigkeit der Kündigung zurückzuführen sind. Die Beurteilung setzt voraus, dass mitunter Hypothesen darüber angestellt werden müssen, was nach ordentlichem Ablauf der Pachtdauer geschehen wäre[257]. 286

---

[257] Ausführliche Darstellung bei STUDER/HOFER, S. 122 ff.

c. Bleiberecht des Pächters

287 Der Pächter muss den Pachtgegenstand erst verlassen, wenn ihm der Schaden vergütet oder ihm für den Schadenersatz hinreichende Sicherheit geleistet worden ist. Solange der Pächter von seinem Recht Gebrauch macht und auf dem Pachtgegenstand bleibt, bestehen die gegenseitigen Rechte und Pflichten aus dem Pachtvertrag weiter. Das bedeutet u.a., dass der Pächter für diese Zeit auch den Pachtzins zu entrichten hat.

F. Regelung im Veräusserungsvertrag (Art. 15 Abs. 5 LPG)

288 Gemäss Art. 15 Abs. 5 LPG kann die vorzeitige Beendigung der Pacht mit schriftlicher Zustimmung des Pächters im Veräusserungsvertrag geregelt werden. Auch die Übertragung der Entschädigungspflicht auf den Erwerber allein, ohne genaue Schadenregelung, bedarf der schriftlichen Zustimmung des Pächters[258].

---

[258] STUDER/HOFER, S. 127.

§ 7
Verkauf einer vermieteten Wohnliegenschaft

Bemerkungen zum Übergang des Mietverhältnisses auf den Käufer nach Art. 261 OR

ALFRED KOLLER

INHALTSVERZEICHNIS Seite

Literatur 379

I. Art. 261 OR im Überblick............................ 381

II. Die Voraussetzungen, unter denen das Mietverhältnis übergeht 385

III. Das Rechtsverhältnis zwischen dem Käufer und dem Mieter nach dem Übergang des Mietvertrages 387
    1. Mietzinsberechtigung des Käufers..................... 388
    2. Die Gebrauchsüberlassungspflicht des Käufers............. 389
    3. Der Übergang des Kündigungsrechts auf den Käufer; der Käufer als Adressat der Kündigungserklärung des Mieters... 390
    4. Das (originäre) Kündigungsrecht des Käufers bei dringendem Eigenbedarf............................. 394

	A. Die Voraussetzungen des Kündigungsrechts	394
	B. Inhalt und Modalitäten des Kündigungsrechts..........	396
	C. Kündigungsschutz	397
IV.	**Das Rechtsverhältnis zwischen dem Verkäufer und dem Mieter**	399
V.	**Das Rechtsverhältnis zwischen dem Verkäufer und dem Käufer**......................................	402

LITERATUR

Die gängigen schweizerischen Kommentarwerke (Zürcher Kommentar, Berner Kommentar, Basler Kurzkommentar) werden im Folgenden nicht aufgeführt. Dasselbe gilt für Beiträge im «Schweizerischen Privatrecht» (SPR), deutschsprachige Ausgabe. – Zitierweise: Die Autoren werden nur mit dem Verfassernamen, nötigenfalls mit einem präzisierenden Zusatz zitiert. – Hinweise auf weiterführende Spezialliteratur finden sich in den Fussnoten.

BEETSCHEN RUDOLF, Der Grundsatz «Kauf bricht Miete» im schweizerischen Recht, Diss. Zürich 1925.

Botschaft des Bundesrates zur Revision des Miet- und Pachtrechts, BBl 1985, S. 1389 ff., hier mit separater Paginierung zitiert (S. 1 ff.).

FELLMANN WALTER, Der Übergang des Mietverhältnisses nach Art. 261 OR – ein gesetzlicher Parteienwechsel mit Lücken und Tücken, AJP 1994, S. 539 ff.

GUHL THEO, Das Schweizerische Obligationenrecht, 9. A. bearbeitet von ALFRED KOLLER, ANTON K. SCHNYDER und JEAN NICOLAS DRUEY, Zürich 2000 (zit. GUHL/BEARBEITER).

HONSELL HEINRICH, Schweizerisches Obligationenrecht, Besonderer Teil, 5. A. Bern 1999.

KELLER MAX/SIEHR KURT, Kaufrecht, 3. A. Zürich 1995.

KOLLER ALFRED, Probleme beim Verkauf vermieteter Wohnliegenschaften, ZBGR 1991, S. 193 ff. (zit. KOLLER, ZBGR 1991).

– Ab welchem Zeitpunkt kann der Käufer einer vermieteten Wohnliegenschaft das Mietverhältnis kündigen?, ZBJV 1993, S. 389 ff. (zit. KOLLER, ZBJV 1993).

KOLLER THOMAS, Von welchem Zeitpunkt an kann der Erwerber einer Liegenschaft ein bestehendes Mietverhältnis kündigen?, recht 1993, S. 70 f.

LACHAT DAVID, Le bail à loyer, Lausanne 1997.

– La résiliation du bail en cas d'aliénation de l'immeuble et d'insolvabilité du bailleur, CdB 1999, S. 65 ff. (zit. LACHAT, CdB 1999).

LACHAT DAVID/STOLL DANIEL/BRUNNER ALEXANDER, Mietrecht für die Praxis, 4. A. Zürich 1999.

LÜSCHER CHRISTOPH, Art. 261 OR, AJP 1997, S. 974 ff.

MÜLLER J., Gültigkeit einer ausserordentlichen Kündigung im Falle zu kurz bemessener Kündigungsfrist, MRA 1995, S. 35 ff.

Münchener Kommentar zum BGB, 3. A. München ab 1992; im Aufsatz wird nur der Kommentar von VOELSKOW zu §§ 571 ff. BGB zitiert (zit. VOELSKOW, MünchKomm).

PERMANN RICHARD/SCHANER MARC, Kommentar zum Mietrecht, Zürich 1999.

PFÄFFLI ROLAND, Zur Vormerkung von Mietverträgen und Vorkaufsrechten (mit Berücksichtigung des neuen Mietrechtes), BN 1990, S. 41 ff.

PIETRUSZAK THOMAS/ZACHARIAE JÖRG, Der Schutz des Mieters von Wohn- und Geschäftsräumen in der Zwangsverwertung, recht 2000, S. 41 ff.

PIOTET DENIS, Le principe «la vente ne rompt pas le bail» et le système général des droits réels, Bern 1993.

PIOTET PAUL, Le bail et les droits réels, ZBGR 1996, S. 1 ff.

PORTNER WERNER, Wegleitung zum neuen Mietrecht, 2. A. Bern 1992.

ROGNON P.-A., L'aliénation de l'immeuble et ses effets sur le bail, RJN 1988, S. 9 ff.

STAUDINGER JULIUS, Kommentar zum Bürgerlichen Gesetzbuch, 13. A. Berlin ab 1993; im Aufsatz wird nur der Kommentar von EMMERICH und SONNENSCHEIN zu §§ 571 ff. BGB zitiert (zit. STAUDINGER/EMMERICH/SONNENSCHEIN).

SVIT-Kommentar, Kommentar zum schweizerischen Mietrecht, herausgegeben vom Schweizerischen Verband der Immobilien-Treuhänder, Zürich 1998.

VON TUHR ANDREAS/PETER HANS, Allgemeiner Teil des schweizerischen Obligationenrechts, Bd. I, 3. A. Zürich 1979.

WESSNER PIERRE-A., Le nouveau droit du bail, Les dispositions générales (suite), in: 6e Séminaire sur le droit du bail, Neuchâtel 1990.

ZIHLMANN PETER, Das Mietrecht, 2. A. Zürich 1995.

ZIRLICK BEAT/LÜTHI JEAN-JACQUES, Die vom «Schein»-Erwerber einer Liegenschaft ausgesprochene Kündigung nach Art. 261 Abs. 2 lit. a OR, recht 2000, S. 148 ff.

Beim Verkauf einer vermieteten Sache geht der Mietvertrag nach Massgabe von 1
Art. 261 OR auf den Käufer über. Der Käufer kann sich jedoch unter bestimmten Voraussetzungen vom Vertrag lösen. Dabei unterscheidet das Gesetz zwischen Wohn- und Geschäftsräumen einerseits, anderen Mietgegenständen andererseits. Hier interessieren nur Wohnräume, doch gelten die Ausführungen mutatis mutandis auch für Geschäftsräume. Sodann wird durchwegs auf vermietete Wohnliegenschaften Bezug genommen, doch gilt das Gesagte ohne Abstriche auch für vermietetes Stockwerkeigentum.

I. Art. 261 OR im Überblick

1. Der Gesetzeswortlaut. Verkauft «der Vermieter die Sache [Wohnliegenschaft] nach Abschluss des Mietvertrages ..., so geht das Mietverhältnis mit dem Eigentum an der Sache auf den Erwerber über» (Art. 261 Abs. 1 OR). Der Käufer kann jedoch «das Mietverhältnis mit der gesetzlichen Frist auf den nächsten gesetzlichen Termin kündigen, wenn er einen dringenden Eigenbedarf für sich, nahe Verwandte oder Verschwägerte geltend macht» (Art. 261 Abs. 2 lit. a OR). Kündigt der Käufer «früher, als es der Vertrag mit dem bisherigen Vermieter [Verkäufer] gestattet hätte, so haftet dieser dem Mieter für allen daraus entstehenden Schaden» (Art. 261 Abs. 3 OR)[1]. 2

2. Der Übergang des Mietverhältnisses setzt voraus, dass der Mietvertrag 3
vor der Eigentumsübertragung abgeschlossen wurde: Ist das Eigentum einmal übergegangen, so kann der Verkäufer/Vermieter das Eigentumsrecht des Käufers nicht mehr dadurch beschränken, dass er Mietverträge zulasten des Käufers abschliesst. Allfällige Vertragsabschlüsse sind freilich gültig, verpflichten aber nur den Verkäufer. Kann dieser den Vertrag nicht erfüllen, weil der Käufer nicht bereit ist, den Mietvertrag zu erfüllen, so wird er dem Mieter aus Art. 97 OR schadenersatzpflichtig. Im Übrigen «kommt Art. 259f OR zur Anwendung» (LACHAT/STOLL/BRUNNER, S. 479 Anm. 46).

Umstritten ist, was unter dem Eigentumsübergang i.S.v. Art. 261 OR zu verste- 4
hen ist bzw. in welchem Zeitpunkt der Übergang des Mietverhältnisses stattfin-

---

[1] Ein Übergang des Mietverhältnisses findet auch dann statt, «wenn der Vermieter einem Dritten ein beschränktes dingliches Recht einräumt und dies einem Eigentümerwechsel gleichkommt» (Art. 261a OR). Hingegen ist Art. 261 OR bei einer Universalsukzession gemäss Art. 560 ZGB nicht anwendbar, weshalb der Erbe das auf ihn übergegangene Mietverhältnis nicht vorzeitig kündigen kann. Nicht anwendbar ist Art. 261 OR ferner bei einer Vermögensübernahme i.S.v. Art. 181 OR oder bei einer Fusion (LACHAT/STOLL/BRUNNER, S. 480; HIGI, ZürKomm, N 8 zu Art. 261–261a OR). Zur Bedeutung von Art. 261 OR in der Betreibung auf Grundpfandverwertung s. GUHL/KOLLER, § 44 Nr. 77, und dort zit. Literatur und Rechtsprechung, neuestens BGE 126 III 290 ff.

det: mit dem Tagebucheintrag oder mit dem Hauptbucheintrag? Das Bundesgericht stellt auf den ersteren Zeitpunkt ab; die Lehre ist teilweise anderer Ansicht (unten II.). Umstritten ist weiterhin, ob im Zeitpunkt des Eigentumsübergangs, also des Tagebucheintrags nach bundesgerichtlicher Ansicht, der Mietantritt bereits erfolgt sein muss oder nicht. M.E. ist dies zu verneinen: Es genügt, dass im Zeitpunkt des Eigentumsübergangs der Mietvertrag abgeschlossen war[2]. Der Gesetzeswortlaut ist insoweit eindeutig, und hinreichende Gründe gegen eine wörtliche Interpretation bestehen nicht. Hingegen scheint fraglich, ob die gesetzgeberische Lösung beifallswürdig ist. Das trifft aus der Sicht des Schreibenden nicht zu[3]. Rechtsvergleichend ist auf §§ 571 und 578 BGB hinzuweisen, wonach nur bereits in Vollzug gesetzte Mietverhältnisse auf den Käufer übergehen.

3. Bei gegebenen Voraussetzungen **geht das Mietverhältnis so auf den Käufer über, wie es beim Verkäufer Bestand hatte.** Eine Einschränkung ist nur insofern zu machen, als der Käufer nach Art. 261 Abs. 2 lit. a OR den Mietvertrag bei dringendem Eigenbedarf vorzeitig kündigen kann[4]. Abgesehen hiervon ist der Käufer in der gleichen Stellung, wie sie zuvor der Vermieter innehatte. Aber nur in die Vermieterstellung rückt der Käufer nach. Bestehen zwischen Vermieter/Verkäufer und Mieter noch andere als mietvertragliche Rechte und Pflichten, so bleiben diese vom Wechsel des Mietverhältnisses unberührt, mögen sie auch im Zusammenhang mit dem Mietvertrag, allenfalls sogar im gleichen Schriftstück, vereinbart worden sein. So kann etwa der Mieter ein ihm vom Verkäufer eingeräumtes Vorkaufsrecht dem Käufer gegenüber nicht geltend machen, denn dabei handelt es sich nicht um ein Recht aus dem Mietverhältnis[5]. Ferner ist zu beachten, dass der Eigentumserwerb des Käufers grundsätzlich nicht in die Vergangenheit wirkt: «Vorbestandene Rechte und Pflichten zwischen Vermieter und Mieter werden nicht berührt» (GUHL/KOLLER, § 44 Nr. 63)[6]. Hat beispielsweise der Mieter wegen Mängeln der Mietsache den Miet-

---

[2] So PIOTET D., Nr. 41 und 44; LÜSCHER, AJP 1997, S. 948 f.; a.A. ZIHLMANN, S. 88; HIGI, ZürKomm, N 12 zu Art. 261–261a OR; KOLLER, ZBGR 1991, S. 197; PERMANN/SCHANER, N 4 zu Art. 261a OR; WEBER/ZIHLMANN, BasKomm, N 3 zu Art. 261 OR. – Eine entsprechende Kontroverse bestand bereits unter dem bis 1991 geltenden Mietrecht hinsichtlich Art. 259: s. einerseits SCHÖNENBERGER/SCHMID, ZürKomm, N 1 zu Art. 259 OR, andererseits BECKER, BerKomm, N 12 zu Art. 259 OR, ZR 1948 Nr. 53.

[3] Vgl. ZBGR 1991, S. 197.

[4] Vorbehalten sind die Fälle, da die Miete im Grundbuch vorgemerkt ist bzw. der Käufer den Mietvertrag übernommen hat (Nr. 7).

[5] Vgl. BGHZ 48, S. 244.

[6] Vgl. LACHAT/STOLL/BRUNNER, S. 485 Ziff. 4.4.1. Abweichend HIGI, ZürKomm, N 22 und 27 zu Art. 261–261a OR; HIGI scheint der Ansicht zu sein, dass der Verkäufer zwar alle vorbestandenen Rechte verliert, hingegen vorbestandene Pflichten behält, was aus der Sicht des Mieters bedeutet, dass er nur mehr dem Käufer gegenüber verpflichtet ist, wohl aber noch Ansprüche gegenüber dem Verkäufer behält (ob der Mieter die gleichen Ansprüche auch gegen den Käufer hat, wird nicht ausgeführt).

zins gemindert (Art. 259d OR), so bleibt ein bereits vor dem Eigentumsübergang entstandener Anspruch auf Rückzahlung zu viel bezahlten Mietzinses dem Vermieter/Verkäufer gegenüber bestehen[7]. Im Einzelfall können sich freilich Abgrenzungsprobleme stellen.

Die praktische Bedeutung von Art. 261 wird deutlicher, wenn man ihn Art. 259 in der bis 1. Juli 1990 geltenden Fassung gegenüberstellt. Diese letztere Bestimmung sah vor, dass der Käufer den Mieter im Mietobjekt zu belassen hatte bis zum Zeitpunkt, auf den nach Gesetz die Kündigung zulässig war, sofern der Mietvertrag keine frühere Auflösung zuliess. Kündigte der Käufer nicht auf den frühestmöglichen Termin, galt er als in das Mietverhältnis eingetreten[8]. Bis zu diesem Zeitpunkt war der Käufer nicht in der Vermieterstellung: Er hatte zwar den Mietgegenstand zum Gebrauch zu überlassen, es stand ihm jedoch weder der Anspruch auf Zins zu noch hatte er die Pflicht, allfällige Mängel zu beseitigen (vgl. BGE 28 II 83 f., 44 I 70 f.). Seine Verpflichtung war eine völlig passive, indem er den Mieter im Mietgegenstand zu belassen und dem Verkäufer/Vermieter die Erfüllung seiner Vermieterpflichten zu ermöglichen hatte[9]. Dieser Regelung fehlte es an Praktikabilität, sowohl für den Mieter wie für den Käufer: für den Mieter z.B. deshalb, weil er den Mängelbeseitigungsanspruch nur gegen den Verkäufer, der über die Mietsache nicht mehr verfügte, durchsetzen konnte; für den Käufer, weil er z.B. den Mieter nicht zur Einhaltung einer vertraglich übernommenen Hausordnung anhalten konnte. Art. 261 OR ordnet daher zu Recht den sofortigen Übergang des Mietvertrags auf den Käufer an.

6

4. Der Käufer hat bei dringendem Eigenbedarf das Recht, den Vertrag unter Einhaltung der gesetzlichen Kündigungsfrist auf den nächsten gesetzlichen Termin zu kündigen, auch wenn gemäss Vertrag diese Kündigungsmöglichkeit nicht bestehen würde[10]. Dieses Recht zur vorzeitigen Kündigung besteht allerdings dann nicht, wenn der Mietvertrag im Grundbuch vorgemerkt ist (Art. 261b Abs. 2 OR) oder wenn der Käufer den Mietvertrag mit allen Rechten und Pflichten vom Vermieter übernommen hat und dieser Übernahmevertrag als echter Vertrag zugunsten Dritter aufzufassen ist (Art. 112 Abs. 2 OR), sodass sich der Mieter dem Käufer gegenüber vollumfänglich auf den Mietvertrag berufen kann[11]. Diese «Drittwirkung» ist – wie schon unter dem bis 1991 gelten-

7

---

[7] BJM 1998, S. 310, dort auch zur Frage, wie eine vom Mieter gestellte Sicherheit (Art. 257e OR) zu behandeln ist. S. ferner Higi, ZürKomm, N 27 zu Art. 261–261a OR; SVIT-Kommentar, N 14 zu Art. 261–261a OR; Knoepfler François, DB 1999, S. 11 f.

[8] Er hatte dann alle Rechte und Pflichten aus dem Mietverhältnis (Schönenberger/Schmid, ZürKomm, N 24 zu Art. 259 OR; Oser/Schönenberger, ZürKomm, N 24 zu Art. 259 OR; Rognon, S. 16, mit Hinweisen auf abweichende Meinungen).

[9] Vgl. Oser/Schönenberger, ZürKomm, N 21 zu Art. 259 OR; Schönenberger/Schmid, ZürKomm, N 17 und 24 zu Art. 259 OR.

[10] Ist die vertragliche Kündigungsordnung für den Vermieter günstiger als die gesetzliche, spielt dieses Recht keine Rolle. Dabei ist aber zu beachten, dass die Kündigungsfristen vertraglich zwar verlängert, nicht aber verkürzt werden können; nur die Termine sind völlig dispositiv (Art. 266a Abs. 1 OR).

[11] Pfäffli, S. 45.

den Mietrecht[12] – zu vermuten. Damit der Mieter vom Vorliegen eines allfälligen Übernahmevertrags Kenntnis erlangen kann, hat ihm das Grundbuchamt auf Verlangen Einsicht in den Kaufvertrag zu gewähren (Art. 970 ZGB)[13].

8   Art. 261 OR räumt nur dem Käufer ein Recht zur vorzeitigen Kündigung ein, nicht auch dem Mieter. Dahinter steckt die Überlegung, dass es dem Mieter – anders als etwa dem Arbeitnehmer (vgl. Art. 333 Abs. 1 OR) – regelmässig gleichgültig sein wird, wer sein Vertragspartner ist. Sollte dem Mieter die Fortsetzung des Mietverhältnisses mit dem Käufer ausnahmsweise nicht zumutbar sein, so steht ihm die Kündigung aus wichtigem Grund nach Art. 266g OR offen (man denke an den Fall, dass der Mieter mit dem Käufer verfeindet ist).

9   **5.** Mit dem Übergang des Mietverhältnisses auf den Käufer **erlischt das Mietverhältnis zum Vermieter.** Dieser wird also aus der Vermieterstellung entlassen[14]. Er **haftet** immerhin nach Art. 261 Abs. 3 OR für den Fall, dass der Käufer von seinem (allfälligen) Recht zur vorzeitigen Vertragsauflösung Gebrauch macht. Von einem Verschulden ist nicht die Rede, doch wird ein solches immer gegeben sein. Denn wenn der Käufer zur vorzeitigen Kündigung berechtigt ist, so hat er diese Möglichkeit nur, weil und sofern ihm der Mietvertrag nicht überbunden wurde (vorne Nr. 7). In der Nichtüberbindung des Vertrags ist aber durchwegs ein haftbar machendes Verschulden zu sehen.

10 Der Gesetzgeber weicht mit dieser Regelung erheblich vom früheren, bis 1. Juli 1990 in Kraft gewesenen Mietrecht ab: Art. 259 aOR sah vor, dass der Vermieter/Verkäufer nach dem Verkauf der vermieteten Wohnliegenschaft «zur Erfüllung des Vertrages oder zu Schadenersatz verpflichtet» blieb. Das bedeutete, dass die Gebrauchsüberlassungspflicht des Vermieters/Verkäufers trotz der Eigentumsübertragung weiterhin Bestand hatte. Der Käufer galt als seine Hilfsperson bei der Erfüllung dieser Pflicht. Vertragsverletzungen von Seiten des Käufers wurden demzufolge dem Verkäufer nach Art. 101 OR zugerechnet. Daraus resultierte eine viel weiter gehende Haftung, als sie heute nach Art. 261 Abs. 3 OR Platz greift (unten Nr. 55 f.). Neben die Gebrauchsüberlassungspflicht des Verkäufers trat zusätzlich diejenige des Käufers, sobald dieser zufolge unterlassener Kündigung gemäss Art. 259 Abs. 2 aOR als in das Mietverhältnis eingetreten galt. Dass der Mieter in der Person des Käufers einen neuen Schuldner bekam, veranlasste somit den Gesetzgeber nicht, den Vermieter aus seiner Pflichtenstellung zu entlassen[15].

---

[12] Vgl. Art. 259 Abs. 1 OR in der bis 1. Juli 1990 geltenden Fassung, dazu mp 1988, S. 44.
[13] mp 1988, S. 121 f.
[14] Das ist die herrschende Ansicht (z.B. LÜSCHER, AJP 1997, S. 950 f.; FELLMANN, AJP 1994, S. 542 Nr. 13–15; HIGI, ZürKomm, N 26 zu Art. 261–261a OR; a.A. KOLLER, ZBGR 1991, S. 212).
[15] Der Bundesrat wollte es weitgehend bei der früheren Regelung belassen; vgl. Botschaft, S. 53, wonach «dies» (sc. der Übergang des Mietverhältnisses) «den Vermieter nicht von seinen Verpflichtungen» befreien sollte. In ZBGR 1991, S. 209 ff., ging ich noch davon aus, gestützt auf diese Stelle könne der alte Rechtszustand gleichsam in das neue Recht hineininterpretiert werden. Diese Auslegung scheint mir nun doch zu kühn, obwohl ich sie von der Sache her vorziehen würde.

Die in Nr. 9 gemachte Aussage, dass der Vermieter im Falle einer Veräusserung 11
des Mietobjekts seiner Vermieterpflichten entledigt wird, gilt nach einem Teil
der Lehre nur für nicht im Grundbuch vorgemerkte Mietverträge. Bei vorgemerkten Mietverträgen bleibe hingegen der Vermieter an den Mietvertrag gebunden, und er sei bis zum Ablauf des vorgemerkten Vertrages solidarisch mit
dem Käufer haftbar[16]. Indes lässt das Gesetz (Art. 261b OR) vorgemerkten Mietverträgen nur insoweit eine Sonderstellung zukommen, als es den Käufer vollständig an den Mietvertrag bindet, insbesondere eine vorzeitige Kündigung wegen dringenden Eigenbedarfs ausschliesst. Hingegen regelt Art. 261b OR die
Rechtsstellung des Verkäufers in keiner Weise; für ihn bleibt es daher bei
Art. 261 OR[17]. Diese gesetzliche Anordnung entspricht Sinn und Zweck der
Vormerkung, welche ja einzig zum Ziele hat, dem Mietvertrag realobligatorische
Wirkung zu verleihen.

6. Art. 261 OR regelt ausschliesslich das Verhältnis von Verkäufer und Käufer 12
zum Mieter, nicht hingegen das **Verhältnis von Verkäufer und Käufer** unter
sich. Insoweit gelten die einschlägigen kaufrechtlichen Bestimmungen. Diese
bedürfen allerdings der Anwendung auf die konkrete Fragestellung (V.).

II. Die Voraussetzungen, unter denen das Mietverhältnis übergeht

Die Voraussetzungen, unter denen das Mietverhältnis auf den Käufer übergeht, 13
sind nicht völlig geklärt (s. oben Nr. 4). Umstritten ist insbesondere, ob der
Übergang die Eintragung des Käufers im Hauptbuch voraussetzt oder ob bereits
der Eintrag im Tagebuch genügt[18]. Bei wörtlicher Interpretation von Art. 261
Abs. 1 OR ist der Hauptbucheintrag entscheidend, denn die Bestimmung stellt
ja auf den Eigentumserwerb ab, dieser aber setzt die Eintragung im Hauptbuch
voraus (Art. 972 Abs. 1 ZGB). Das Bundesgericht ist jedoch von jeher anderer
Meinung und lässt den Tagebucheintrag genügen (neustens BGE 118 II 119).
Dafür beruft es sich auf Art. 972 Abs. 2 ZGB, auf Gründe der Praktikabilität sowie auf den Umstand, dass der Verkäufer mit der Grundbuchanmeldung das sei-

---

[16] Zihlmann, S. 84.
[17] Fellmann, AJP 1994, S. 547.
[18] Für die «Hauptbuchtheorie» Higi, ZürKomm, N 25 zu Art. 261–261a OR; Koller, ZBJV 1993, S. 394 ff.; ders., ZBGR 1991, S. 198 f.; Lüscher, AJP 1997, S. 948 Anm. 15; Permann/Schaner, N 3 zu Art. 261a OR; Weber/Zihlmann, BasKomm, N 6 zu Art. 261 OR; Zihlmann, S. 89; für die «Tagebuchtheorie» Koller T., recht 1993, S. 71; Lachat/Stoll/Brunner, S. 481.

nige zur Eigentumsübertragung getan habe und der Übergang des Mietverhältnisses nicht davon abhängig sein dürfe, in welchem Zeitpunkt der Grundbuchverwalter den Eigentumsübergang im Hauptbuch eintrage. Es nimmt damit – bewusst – in Kauf, dass das Mietverhältnis auch in Fällen übergeht, in denen der Käufer später nicht Eigentümer wird, z.B. weil der Kaufvertrag an einem Formmangel leidet (Art. 965 Abs. 3 ZGB). Allerdings sind dies seltene Ausnahmefälle und die damit verbundenen Probleme vermögen nach Ansicht des Bundesgerichts die Vorteile der «Tagebuchtheorie» nicht aufzuwiegen. Ich war früher anderer Meinung, habe mich aber schon im «GUHL» bekehrt und halte nun an der neuen Ansicht fest, freilich mit dem bekannten ceterum censeo, dass Art. 972 Abs. 2 ZGB im vorliegenden Kontext nichts zu suchen hat[19]. Im Vordergrund steht neben den vom Bundesgericht angestellten Praktikabilitätsüberlegungen die Erwägung, dass der Eintrag im Hauptbuch dem Publizitätsgedanken verpflichtet ist, dieser jedoch im vorliegenden Zusammenhang ohne Bedeutung ist, jedenfalls gegen den mit der Grundbuchanmeldung geäusserten Willen der Parteien, Eigentum übergehen zu lassen, nicht aufzukommen vermag. Dazu kommt, dass die Tagebuchtheorie die Interessen des Mieters nicht in massgeblicher Weise beeinträchtigt. Der Mietvertrag bleibt ja so oder anders bestehen; kommt es aber ausnahmsweise zur vorzeitigen Kündigung nach Art. 261 Abs. 2 lit. a OR durch den – nicht Eigentümer werdenden – Käufer, so ist den Interessen des Mieters durch die Schadenersatzpflicht des Verkäufers nach Art. 261 Abs. 3 OR in hinreichendem Masse Rechnung getragen.

14 Wird die Grundbuchanmeldung abgewiesen oder von den Kaufvertragsparteien zurückgezogen[20], erlangt also der Käufer kein Eigentum, so wird man in analoger Anwendung von Art. 261 OR annehmen müssen, dass nun das Mietverhältnis wiederum auf den Verkäufer zurückfällt, dies selbstverständlich in dem «Zustand», in dem es sich beim Käufer befand. Eine vom Käufer ausgesprochene vorzeitige oder sonstige Kündigung behält daher ihre Wirkung, sodass allenfalls ein gekündigtes Mietverhältnis auf den Verkäufer übergeht. Nach anderer Ansicht verliert die Kündigung in einem solchen Fall ihre Wirksamkeit; «die Kündigung» sei – so ZIRLICK/LÜTHI[21] – «(ex post betrachtet) ex tunc unwirksam, d.h. nichtig». Diese Auffassung führt zu einer für den Mieter unzumutbaren Rechtsunsicherheit und gerät mit dem Grundsatz der Bedingungsfeindlichkeit von Gestaltungsgeschäften[22] in nicht auflösbaren Widerspruch. Wer daher auf den Tagebucheintrag abstellt, muss konsequenterweise eine vom Käufer nach diesem Zeitpunkt vorgenommene Kündigung als (definitiv) wirksam anerkennen. Wer dies nicht will, muss den Hauptbucheintrag als massgeblich anerkennen. Die von

---

[19] KOLLER, ZBJV 1993, S. 390 ff.; GUHL/KOLLER, § 44 Nr. 64.
[20] Ein einseitiger Rückzug ist seit BGE 115 II 221 nicht mehr zulässig.
[21] ZIRLICK/LÜTHI, recht 2000, S. 155; ebenso PERMANN/SCHANER, N 3 zu Art. 261a OR, wohl auch HIGI, ZürKomm, N 25 und 29 zu Art. 261–261a OR.
[22] KOLLER ALFRED, Schweizerisches Obligationenrecht, Allgemeiner Teil, Band I, Bern 1996, Nr. 194, m.w.Nw.

ZIRLICK/LÜTHI und anderen befürwortete Zwischenlösung (bedingte Gültigkeit der Kündigung) ist abzulehnen[23].

Nach dem Gesagten geht das Mietverhältnis bereits mit dem Tagebucheintrag, nicht erst mit dem Hauptbucheintrag und dem damit verbundenen Eigentumserwerb auf den Käufer über. Trotzdem wird im Folgenden immer davon gesprochen werden, der Mietübergang knüpfe sich an den Eigentumsübergang.

III. Das Rechtsverhältnis zwischen dem Käufer und dem Mieter nach dem Übergang des Mietvertrages

Die Rechtsfolge von Art. 261 Abs. 1 OR besteht – wie gesagt – im Übergang des Mietverhältnisses auf den Käufer. Eine Einschränkung ist nur insofern zu machen, als der Käufer den Mietvertrag bei dringendem Eigenbedarf kündigen kann, auch wenn ihm diese Möglichkeit nach Vertrag nicht offen stünde[24]. Das alles ist dem Grundsatz nach unbestritten und angesichts des klaren Gesetzeswortlauts auch kaum ernstlich bestreitbar. Bei näherem Hinsehen ist die Rechtslage jedoch nicht so einfach, wie sie sich auf den ersten Blick präsentiert. Was gilt etwa dann, wenn der Eigentumserwerb während laufender Mietzinsperiode erfolgt; findet diesfalls eine Aufteilung des Zinses auf Verkäufer und Käufer statt, oder ist der ganze Zins dem einen zuzusprechen? Ähnliche Fragen können sich auch bei andern Rechten und Pflichten stellen[25]. Was im Einzelnen gilt, ist mit Bezug auf die verschiedenen Rechte bzw. Pflichten je gesondert zu prüfen. Diese Prüfung wird nun mit Bezug auf einzelne wichtige Teilaspekte unternommen.

---

[23] ZIRLICK/LÜTHI (wie Anm. 21) sind der Meinung, «die Ansicht, eine vom Schein-Erwerber ausgesprochene Kündigung sei weder nichtig noch anfechtbar», sei «nicht vertretbar». BGE 118 II 119 vertritt jedoch nach meinem Verständnis genau diese Ansicht (dass nämlich die Kündigung gültig ist und auch gültig bleibt, wenn es nicht zur Hauptbucheintragung kommt). Wenn man schon auf den Tagebucheintrag abstellt, was alles andere als selbstverständlich ist, so bleibt m.E. gar nichts anderes übrig, als die an den Tagebucheintrag geknüpfte Kündigung in jedem Fall als gültig anzusehen. Wenn HIGI, ZürKomm, N 25 zu Art. 261–261a OR, glaubt, ich hätte in der 8. Auflage des «GUHL» etwas anderes behauptet, so beruht dies auf einem Missverständnis seinerseits oder einem Erklärungsirrtum meinerseits.

[24] Auch diese Einschränkung entfällt, wenn die Miete im Grundbuch vorgemerkt ist bzw. der Käufer den Mietvertrag übernommen hat. Alsdann tritt der Käufer vollumfänglich in die Rechtsstellung des Vermieters/Verkäufers ein (oben Nr. 7).

[25] Zur Frage, wem nach Übergang des Mietverhältnisses eine Sicherheitsleistung zusteht, s. BJM 1998, S. 310.

1. Mietzinsberechtigung des Käufers

17   1. Mit dem Eigentumserwerb geht der Mietzinsanspruch auf den Käufer über. Der Vermieter seinerseits verliert den Anspruch, er bleibt nicht etwa solidarisch berechtigt. Aus der Sicht des Mieters bedeutet dies, dass er den Mietzins nur noch dem Käufer zahlen darf. Zahlung an den Verkäufer befreit ihn nicht, vorbehältlich des Tatbestands von Art. 167 OR. Diese Bestimmung sieht vor, dass der Schuldner im Falle der Zession der gegen ihn bestehenden Forderung bis zur Anzeige der Abtretung mit befreiender Wirkung an den Zedenten zahlen kann, sofern er von der Zession weder Kenntnis hat noch haben muss. Auf eine cessio legis kommt die Bestimmung analog zur Anwendung. Beim Tatbestand von Art. 261 OR stellt sich diesfalls die Frage, ob das Erfordernis der Gutgläubigkeit auf den Eigentumserwerb oder auf den Forderungsübergang zu beziehen ist. Wie an anderer Stelle dargelegt[26], trifft Letzteres zu. Ob eine Zahlung an den Verkäufer/Vermieter statt den Käufer befreiende Wirkung hat, entscheidet sich somit danach, ob der Mieter im Zeitpunkt der Zahlung Kenntnis davon hat bzw. haben müsste, dass der Käufer mietzinsberechtigt ist. Hat er vom Eigentumswechsel Kenntnis, wird er sich allerdings wegen Art. 3 Abs. 2 ZGB regelmässig nicht auf Unkenntnis des Forderungsübergangs berufen können.

18   Art. 3 Abs. 2 ZGB auferlegt im Übrigen dem Mieter nicht die Pflicht, dauernd im Grundbuch nachzuforschen, ob ein Eigentümerwechsel stattgefunden hat. Eine Erkundigungspflicht besteht vielmehr nur, falls begründete Anhaltspunkte für einen Eigentümerwechsel vorliegen. Andernfalls schadet das Unterlassen der Einsichtnahme nicht. Das bedeutet im Ergebnis, dass die Fiktion von Art. 970 Abs. 3 ZGB, wonach Einträge im Grundbuch als bekannt vorausgesetzt werden, für den Mieter nicht gilt[27].

19   2. In der oben Nr. 16 aufgeworfenen Frage, wem der Mietzins zusteht, falls der Eigentumswechsel während laufender Mietzinsperiode erfolgt, ist massgeblich auf die Fälligkeit abzustellen: Ist der Mietzins für die betreffende Periode im

---

[26] KOLLER ALFRED, Der gute und der böse Glaube im allgemeinen Schuldrecht, Freiburg 1985, Nr. 699.
[27] Vgl. LACHAT, S. 436 Anm. 39. Art. 970 Abs. 3 ZGB ist zu absolut formuliert. Die Fiktion sollte auf den Fall des Erwerbs dinglicher Rechte beschränkt werden: Wer dingliche Rechte an einem Grundstück erwerben will, hat allen Anlass, ins Grundbuch Einsicht zu nehmen; ihm gegenüber ist daher die Kenntnisfiktion gerechtfertigt. Wo kein Anlass zur Einsichtnahme besteht, hat sie hingegen nichts zu suchen. Nach bundesgerichtlicher Rechtsprechung greift sie jedenfalls immer dann nicht ein, «wenn die Gegenpartei zum guten Glauben an eine vom Registereintrag abweichende Rechtslage Anlass gegeben hat» (BGE 106 II 351 mit Bezug auf die verwandte Bestimmung von Art. 933 Abs. 1 OR, unter Hinweis auf JÄGGI, BerKomm, N 145 zu Art. 3 ZGB). Im vorliegenden Zusammenhang kommt dieser Gedanke zum Tragen, wenn der Käufer es unterlässt, den Eigentumswechsel dem Mieter anzuzeigen, und dadurch diesen in der Annahme belässt, der Mietzins sei weiterhin dem Verkäufer/Vermieter zu bezahlen.

Zeitpunkt des Eigentumswechsels bereits fällig, so steht der Zins dem Verkäufer zu, sonst dem Käufer. Eine Aufteilung des Mietzinses ist aus Gründen der Praktikabilität und im Interesse des Mieters abzulehnen. Diesem wäre nicht zumutbar, eine Aufteilung des Mietzinses pro rata temporis vorzunehmen (vgl. Art. 169 OR).

3. Die Regelung von Art. 261 OR ist insofern dispositiv, als die Mietzinsforderungen durch vertragliche Vereinbarung dem Verkäufer vorbehalten werden können. Rechtlich gesehen handelt es sich dabei um eine Zession der künftig im Käufer entstehenden Mietzinsforderungen. Es ist daher das Formerfordernis der Schriftlichkeit (Art. 165 OR) zu beachten. Formbedürftig ist aber nur der Verfügungsvertrag (Abtretung), nicht schon das pactum de cedendo[28]. Ebenso wenig ist das Schriftformerfordernis zu beachten, wenn sich der Käufer lediglich verpflichtet, den eingezogenen Zins an den Verkäufer abzuführen. Eine derartige Verpflichtung ergibt sich unter Umständen schon aus dem Gesetz (Art. 220 OR).

20

2. Die Gebrauchsüberlassungspflicht des Käufers

1. Die Gebrauchsüberlassungspflicht des Käufers beinhaltet auch die Pflicht, die Mietsache in einem für den Gebrauch tauglichen Zustand zu erhalten. Dem Käufer obliegt daher auch die Beseitigung von Mängeln, was aus der Sicht des Mieters bedeutet, dass ihm gegebenenfalls die Mängelrechte gegenüber dem Käufer zustehen. So kann beispielsweise der Käufer dem Mieter nach Art. 259e OR haftbar werden, wenn diesem wegen eines schuldhaft nicht beseitigten Mangels Schaden entsteht. Unterlässt der Käufer die Mängelbeseitigung, kann der Mieter nach Massgabe von Art. 259b lit. b OR die Mängel auf Kosten des Käufers beseitigen lassen, gemäss Art. 259d OR den Mietzins reduzieren und unter den Voraussetzungen von Art. 259g OR den Mietzins hinterlegen.

21

2. Auch in diesem Zusammenhang gilt, dass der Käufer in den Mietvertrag eintritt, wie er ihn beim Eigentumswechsel vorfindet. Wenn beispielsweise der Mieter dem Verkäufer gegenüber Frist zur Mängelbeseitigung angesetzt hatte, so ist es nach dem Eigentumsübergang zu halten, wie wenn die Fristansetzung dem Käufer gegenüber erfolgt wäre. Der Mieter kann daher bei unbenutztem Frist-

22

---

[28] Denkbar ist freilich, dass dieses der öffentlichen Beurkundung bedarf. Man denke an den Fall, dass der Anspruch auf den Mietzins Teil des Kaufpreises bildet. Wird der Kaufpreis selbständig festgesetzt, im Sinne einer Zahlungsmodalität jedoch die Einziehung des Mietzinses durch den Verkäufer abgemacht, so wird die öffentliche Beurkundung im Normalfall nicht nötig sein; doch gibt es Ausnahmen (vgl. § 2 Nr. 112).

ablauf nach Art. 259b lit. b OR zur Ersatzvornahme schreiten, sofern es sich nicht um einen schweren Mangel handelt[29]. Der Käufer muss sich somit das Verhalten des Verkäufers anrechnen lassen. Zur Begründung kann Art. 169 OR analog herangezogen werden: Der Mieter soll durch den Eigentums- bzw. Vermieterwechsel nicht benachteiligt werden.

23 3. Inwieweit mit der Gebrauchsüberlassungspflicht zusammenhängende Pflichten des Verkäufers auf den Käufer übergehen, bestimmt sich nach dem mit Art. 261 OR verfolgten Zweck. Diese Bestimmung will in erster Linie dem Mieter den Gebrauch des Mietobjekts sichern. Sodann liegen ihr auch Praktikabilitätsüberlegungen zugrunde (vgl. Nr. 13). Unter keinem dieser Gesichtspunkte rechtfertigt sich beispielsweise der Übergang fälliger Schadenersatzpflichten i.S.v. Art. 259e OR, die vor der Handänderung entstanden sind; Schuldner ist und bleibt der Verkäufer, und nur er[30, 31]. Ein Bedürfnis, dem Mieter einen zusätzlichen Schuldner in der Person des Käufers zur Verfügung zu stellen, besteht nicht[32]. Dasselbe gilt etwa im Fall, da der Verkäufer/Vermieter vor der Handänderung einen Mangel nicht beseitigt hat und deswegen für die Kosten einer Ersatzvornahme haftet. Es kommt somit der Grundsatz zum Tragen, dass im Zeitpunkt des Vermieterwechsels bereits bestehende Rechte und Pflichten nicht auf den Käufer übergehen (vorne Nr. 5).

3. Der Übergang des Kündigungsrechts auf den Käufer; der Käufer als Adressat der Kündigungserklärung des Mieters

24 1. Ist der Mietvertrag auf Kündigung gestellt, geht mit dem Eigentumsübergang am Mietobjekt das Kündigungsrecht vom Verkäufer auf den Käufer über[33]. Das Kündigungsrecht des Käufers entspricht in jeder Beziehung dem Kündigungsrecht, das vor der Handänderung dem Vermieter/Verkäufer zu-

---

[29] Bei schweren Mängeln richtet sich die Ersatzvornahme nach Art. 98 OR (GUHL/KOLLER, § 44 Nr. 42).
[30] Ebenso VOELSKOW, MünchKomm, N 16 zu § 571 BGB, mit Bezug auf das deutsche Recht.
[31] Vgl. demgegenüber Art. 333 Abs. 3 OR. In dieser Bestimmung ist vorgesehen, dass im Falle einer Betriebsübertragung auf einen Dritten der Arbeitgeber und der Übernehmer für die im Zeitpunkt der Übertragung fälligen Pflichten solidarisch haften; Entsprechendes gilt nach Art. 181 Abs. 2 OR für den Fall einer Geschäftsübertragung.
[32] Dass das Mietgrundstück dem Mieter nach dem Eigentumswechsel nicht mehr als Haftungssubstrat zur Verfügung steht, kann nicht entscheidend sein, da der Mieter ohnehin keine Gewähr dafür hat, nötigenfalls auf das Grundstück greifen zu können.
[33] Dieser kann nun selbständig kündigen, einer Mitwirkung des Verkäufers/Vermieters bedarf er nicht (vgl. demgegenüber OSER/SCHÖNENBERGER, ZürKomm, N 24 zu Art. 259 OR, zum alten Recht).

stand. Es gelten die gleichen **Regeln hinsichtlich Kündigungsfristen und -termine,** und es sind dieselben **Formvorschriften** (Art. 266l, 266n f. OR) zu beachten.

Vor dem Eigentumserwerb kann der Käufer nicht rechtswirksam kündigen, jedenfalls nicht aus eigenem Recht (vgl. BGE 39 II 470, 42 II 284)[34]. Hingegen kann er vertretungsweise das Kündigungsrecht des Verkäufers wahrnehmen, sofern er hierzu bevollmächtigt ist oder nachträglich die Genehmigung des Verkäufers erlangt[35]. Kündigt der Käufer im Namen des Verkäufers, ohne dass er eine entsprechende Vollmacht des Verkäufers vorweist, so entsteht für den Mieter die Unsicherheit, ob die Kündigung gültig ist oder nicht. Es ist ihm daher das Recht zuzugestehen, vom Käufer den Nachweis der Bevollmächtigung bzw. der nachträglichen Genehmigung zu verlangen. Und zwar hat dieser Nachweis spätestens bis zum Beginn der Kündigungsfrist zu erfolgen. Zu später Nachweis hat Ungültigkeit der Kündigung auf den vorgesehenen Termin[36] zur Folge[37], sofern der Mieter die Verspätung nicht akzeptiert (z.B. weil er inzwischen eine günstige Ersatzwohnung gefunden hat und selbst an der Auflösung des Mietvertrages interessiert ist). Nimmt der Mieter vom nicht eingetragenen Käufer eine Kündigung ohne den Vollmachtsnachweis entgegen, so hat er sich die Ungewissheit über die Wirksamkeit der Kündigung selbst zuzuschreiben[38]. Das schliesst aber ein späteres Begehren auf Vollmachtsnachweis nicht aus. Wird ein solches Begehren erst nach Beginn der Kündigungsfrist gestellt, so ist dem Käufer eine kurze Frist zur Nachreichung von Vollmacht bzw. Genehmigung anzusetzen.

Hat der Käufer ohne Vollmacht gekündigt, wurde die Kündigung jedoch vom Mieter nicht zurückgewiesen, so erlangt sie Gültigkeit, wenn im Nachhinein der Käufer das Eigentum am vermieteten Grundstück erlangt und damit ein selbständiges Kündigungsrecht erwirbt (Konvaleszenz[39]).

2. Hat der Verkäufer vor dem Eigentumsübergang gekündigt, so geht das gekündigte Mietverhältnis auf den Käufer über. Ist das Mietverhältnis im Zeitpunkt des Eigentumsübergangs bereits beendet, geht das durch die Beendigung entstandene **Liquidationsverhältnis** auf den Käufer über. Dem Käufer stehen nun der Rückgabeanspruch sowie der Anspruch auf Mängelbeseitigung gemäss

---

[34] OSER/SCHÖNENBERGER, ZürKomm, N 20 zu Art. 259 OR.
[35] Vgl. HIGI, ZürKomm, N 31 zu Art. 261–261a OR; SCHÖNENBERGER/SCHMID, ZürKomm, N 34 zu Art. 259 OR.
[36] Nur auf den vorgesehenen Termin? Art. 266a Abs. 2 OR, wonach die verspätete Kündigung (vermutungsweise) auf den nächsten Termin wirkt, dürfte hier nicht einschlägig sein. Denn es ist nicht nur die Kündigungsfrist verpasst, sondern es steht auch nicht fest, ob die Kündigung überhaupt vom Berechtigten ausgegangen ist. Dieser Mangel aber kann über Art. 266a Abs. 2 OR nicht geheilt werden. Es muss daher erneut gekündigt werden, soll das Mietverhältnis zur Auflösung gelangen.
[37] VON TUHR/PETER, S. 146, auch S. 357.
[38] Vgl. VON TUHR/PETER, wie vorstehende Anm.
[39] So zutreffend VON TUHR/PETER, S. 146 Anm. 18. Die in BGE 108 II 193 an dieser Auffassung geübte Kritik geht an der Sache vorbei, weil es im fraglichen Entscheid um einen andern Sachverhalt ging: Der Erwerber hatte nicht das Kündigungsrecht des Verkäufers «frühzeitig» geltend gemacht, sondern sein eigenes Kündigungsrecht gemäss Art. 259 Abs. 2 OR (in der bis 1.7.1990 geltenden Fassung).

Art. 267 Abs. 1 OR zu[40, 41]. Daneben bleibt allerdings der Verkäufer anspruchsberechtigt, da er unter Umständen ein schutzwürdiges Interesse an selbständiger Anspruchserhebung hat. Zu denken ist etwa an den Fall, da er sich dem Käufer gegenüber verpflichtet hat, die vermietete Liegenschaft vorgängig der Besitzverschaffung zu räumen.

28   3. Der **Kündigungsschutz** des Mieters (Anfechtbarkeit der Kündigung; Erstreckung des Mietverhältnisses) richtet sich nach Art. 271 ff. OR, wobei überall dort, wo die persönlichen Verhältnisse des Vermieters eine Rolle spielen, nach der Handänderung auf die Person des Käufers abzustellen ist. Das gilt insbesondere im Rahmen der Mieterstreckung. Mit den «Interessen des Vermieters» i.S.v. Art. 272 Abs. 1 OR sind somit beim Tatbestand des Art. 261 OR diejenigen des Käufers gemeint (vgl. BGE 98 II 297). Präzisierungen:

29   a. Für den Vermieter/Verkäufer geltende **Kündigungssperrfristen** (Art. 271a Abs. 1 lit. d/e und Abs. 2 OR) hat nach der Handänderung auch der Käufer zu beachten (vgl. BGE 110 II 313 E. 3)[42]. Es bleibt also auch in diesem Kontext beim Grundsatz, dass der Vermieter/Verkäufer durch die Veräusserung des Mietobjekts die Rechtsstellung des Mieters nicht beeinträchtigen kann bzw. dass der Käufer in die Rechtsposition des Vermieters/Verkäufers nachrückt. Allerdings ist zu beachten, dass die fraglichen Sperrfristen bei dringendem Eigenbedarf des Vermieters keine Geltung haben. Diese Einschränkung gilt vor dem Verkauf für den Vermieter/Verkäufer (Art. 271a Abs. 3 lit. a OR) und nachher gleichermassen für den Käufer (BGE 118 II 50 ff.).

30   Der Sinn und Zweck der Sperrfristen besteht darin, den Mieter gegen Rachekündigungen zu schützen. Abs. 1 lit. d/e und Abs. 2 von Art. 271a OR beinhalten gleichsam eine gesetzliche Fiktion, dass jede von diesen Vorschriften erfasste Kündigung eine Rachekündigung wäre, weshalb *generell* angeordnet wird, dass eine Kündigung während der Sperrfrist unwirksam ist. Diese Fiktion ist bei einer Kündigung des Käufers, der ja normalerweise keinen Grund zur «Rache» hat, nicht gerechtfertigt. Dass er trotzdem – vorbehältlich dringenden Eigenbedarfs – der Kündigungssperre unterliegt, lässt sich allein mit dem Gedanken rechtfertigen, der Verkäufer solle die Rechtsstellung des Mieters durch einen Verkauf des Mietobjkts nicht beeinträchtigen können[43].

---

[40] Ebenso für das deutsche Recht BGHZ 72, S. 147 ff. Die Frage ist allerdings umstritten.
[41] Von selbst versteht sich, dass der Käufer den dinglichen Rückgabeanspruch nach Art. 641 ZGB hat.
[42] Higi, ZürKomm, N 37 zu Art. 261–261a OR; Guhl/Koller, § 44 Nr. 184; Weber/Zihlmann, BasKomm, N 12 zu Art. 261 OR.
[43] Anders das Bundesgericht (BGE 110 II 313 E. 3b), welches den Zweck der Sperrfristen darin sieht, dem Mieter den Prozesserfolg zu garantieren. Hätten die Sperrfristen tatsächlich diesen Sinn, so wäre nur schwer verständlich, weshalb nach Art. 28 Abs. 3 BMM eine Kündigungssperre das Kündigungsrecht des Erwerbers gemäss Art. 259 Abs. 2 aOR nicht ausschloss. Zudem könnte mit der bundesgerichtlichen Argumentation eine generelle Rechtskrafterstreckung von Mietprozessurteilen auf den Käufer begründet werden – eine Konsequenz, die mit den üblichen prozessualen Regeln nicht zu vereinbaren wäre.

Hat der Käufer im Zeitpunkt des Eigentumserwerbs dringenden Eigenbedarf, 31
so kann er einerseits – trotz der Kündigungssperre (Art. 271a Abs. 3 lit. d OR,
unten Nr. 47) – das ausserordentliche Kündigungsrecht nach Art. 261 Abs. 2
lit. a OR ausüben, zum anderen kann er ordentlich kündigen (BGE 118 II
50 ff.). Diese letztere Möglichkeit ist dann bedeutsam, wenn es der Käufer – wie
im eben zitierten BGE – unterlassen hat, rechtzeitig ausserordentlich zu kündigen. Von Bedeutung ist das ordentliche Kündigungsrecht ferner dann, wenn im
Zeitpunkt des Eigentumserwerbs kein dringender Eigenbedarf besteht, dieser
vielmehr erst später entsteht; Art. 261 Abs. 2 lit. a OR hilft in einem solchen Fall
zum Vornherein nicht (unten Nr. 41).

b. Hat der Mieter vor dem Eigentumswechsel gegen den Vermieter eine **Miet-** 32
erstreckung erlangt, so geht das erstreckte Mietverhältnis auf den Käufer über.
Es ist nun zu halten, wie wenn vertraglich eine feste Mietdauer vereinbart worden wäre. Das bedeutet zweierlei: einmal, dass der Käufer nicht mehr ordentlich
kündigen kann, zum andern, dass eine ausserordentliche Kündigung wegen
dringenden Eigenbedarfs i.S.v. Art. 261 Abs. 2 OR nach wie vor möglich
bleibt[44] (Weiteres unten Nr. 48 ff.).

Wird eine vermietete Wohnliegenschaft während eines Erstreckungsverfahrens 33
veräussert, so findet von Bundesrechts wegen ein Parteiwechsel statt, indem der
ursprüngliche Vermieter aus dem Verfahren ausscheidet und der neue Eigentümer an dessen Stelle tritt[45]. Nach HUNZIKER[46] muss dem Käufer «die Gelegenheit
geboten werden, sich mindestens in zwei Vorträgen mündlich oder schriftlich
zu den Vorbringen des Mieters zu äussern». Demgegenüber nimmt das Kantonsgericht Waadt an, der Käufer habe den Prozess so anzutreten, wie er sich beim
Eigentumsübergang darbot[47, 48].

4. Der Käufer als Adressat der Kündigungserklärung des Mieters. Kann 34
ab dem Eigentumserwerb nur noch der Käufer kündigen, so gilt umgekehrt

---

[44] Daraus folgt, dass der Mieter um die Früchte seines Prozesses gebracht werden kann. Dieser Nachteil
wird jedoch dadurch ausgeglichen, dass ihm der Vermieter schadenersatzpflichtig wird, wenn der Erwerber auf einen Zeitpunkt vor Ablauf der Erstreckungsdauer kündigt (Art. 261 Abs. 3 OR).
[45] ZR 1973, S. 122 f.; SJZ 1989, S. 380 Nr. 2; BJM 1971, S. 174 f.; Rep 1974, S. 135; HIGI, ZürKomm, N 23
zu Art. 261–261a OR; WEBER/ZIHLMANN, BasKomm, N 13 zu Art. 261 OR; SCHÖNENBERGER/SCHMID, ZürKomm, N 10 zu Art. 267a OR; HUNZIKER, S. 8 f.; ROGNON, S. 18 f.; vgl. demgegenüber BGE 110 II 312 E. 1
betr. eine Klage auf Feststellung der Nichtigkeit einer Kündigung.
[46] HUNZIKER, S. 9.
[47] Unveröffentlichter Entscheid vom 25.11.1986, zit. bei ROGNON, S. 19.
[48] Zum deutschen Recht vgl. STAUDINGER/EMMERICH/SONNENSCHEIN, N 128 zu § 571 BGB. Danach gilt das
vermietete Grundstück in Mietprozessen (worunter wohl auch Verfahren um Mieterstreckung i.S.v.
§ 556a BGB zu zählen sind) als im Streit befangene Sache im Sinne der §§ 265 und 325 ZPO. Eine Veräusserung des vermieteten Grundstücks während des Mietprozesses hat daher auf den Prozess keinen
Einfluss; das rechtskräftige Urteil wirkt auch gegen den Erwerber.

auch, dass ab dem gleichen Zeitpunkt nur noch dem Käufer gegenüber gekündigt werden kann. D.h., der Mieter hat sich nun an diesen zu wenden. Die Kündigung gegenüber dem Verkäufer bleibt wirkungslos. Eine Ausnahme gilt dann, wenn der Mieter vom Eigentumswechsel schuldlos keine Kenntnis erlangt hat und ihm die Handänderung vom Verkäufer oder Käufer auch nicht (rechtzeitig) mitgeteilt wurde. Diesfalls ist die Kündigung nach Art. 169 OR (analog) gültig (vgl. auch Art. 167 OR).

4. Das (originäre) Kündigungsrecht des Käufers bei dringendem Eigenbedarf

35 Das in Art. 261 Abs. 2 lit. a OR vorgesehene Recht des Käufers, das Mietverhältnis wegen dringenden Eigenbedarfs zu kündigen, beruht nicht auf dem (übergegangenen) Mietvertrag, vielmehr handelt es sich um ein originäres Recht, welches dem Vermieter/Verkäufer nicht zustand. Dieses Recht besteht – wie bereits erwähnt – nur unter der Voraussetzung, dass der Käufer den Mietvertrag nicht übernommen hat und der Mietvertrag auch nicht im Grundbuch vorgemerkt ist (Nr. 7)[49]: Von praktischer Bedeutung ist es insbesondere «im Falle des befristeten, auf lange Dauer fest abgeschlossenen Mietvertrages» (ZIHLMANN, S. 89).

A. Die Voraussetzungen des Kündigungsrechts

36 Das Kündigungsrecht gemäss Art. 261 Abs. 2 lit. a OR setzt voraus, dass der Käufer für sich, nahe Verwandte oder Verschwägerte dringenden Eigenbedarf geltend machen kann.

37 1. Der Begriff des *«nahen Verwandten»* taucht auch im Erstreckungsrecht auf (Art. 271 Abs. 2 lit. d OR). Hier wie dort ist er nicht näher definiert. SCHMID führt dazu aus: «Die Grenzziehung» ist daher «fliessend und dem Ermessen des Richters überlassen. Dabei wird er nicht so sehr auf die Nähe der Verwandtschaft als auf die gegenseitigen Beziehungen abstellen...»[50] Mit andern Worten ist nicht formalistisch darauf abzustellen, in welchem Grade eine Verwandtschaft besteht, vielmehr ist entscheidend, ob und in welchem Masse der Käufer

---

[49] Das Recht, bei dringendem Eigenbedarf nach den gesetzlichen Vorschriften zu kündigen, besteht nur dann, wenn nach Vertrag keine frühere Auflösungsmöglichkeit besteht. Das folgt zwar nicht aus dem Gesetzeswortlaut (vgl. demgegenüber Art. 261 Abs. 2 lit. b OR), wohl aber aus Sinn und Zweck von Art. 261 Abs. 2 lit. a OR. Diese Bestimmung will dem Käufer nur dort ein besonderes Auflösungsrecht gewähren, wo der Mietvertrag keine genügende Auflösungsmöglichkeit vorsieht.

[50] SCHÖNENBERGER/SCHMID, ZürKomm, N 19 zu Art. 267c OR.

und der Verwandte, dessen Eigenbedarf geltend gemacht wird, ihre verwandtschaftliche Beziehung tatsächlich leben. Entsprechendes gilt hinsichtlich der «nahen Verschwägerten».

Kein ausserordentliches Kündigungsrecht besteht aber zum Vornherein dann, wenn der Käufer die Wohnung einem blossen Bekannten zuhalten will, mag die Beziehung auch noch so nah und intensiv sein. Der Eigenbedarf des Bekannten kann sich allerdings als Eigenbedarf des Käufers auswirken und dann doch ein Kündigungsrecht verschaffen; so etwa dann, wenn der Käufer mit einem invaliden Pflegekind zusammenlebt, das wegen der Behinderung gerade auf das gekaufte Grundstück (z.B. wegen dessen Rollstuhlgängigkeit) angewiesen ist.

38

2. Der Eigenbedarf muss *dringend* sein, was dann zutrifft, «wenn bei objektiver Würdigung der Umstände ein Zuwarten mit der Selbstnutzung für den Vermieter als nicht zumutbar erscheint» (BGE 118 II 50 E. 3c)[51]. Zumutbarkeit ist ein Ermessensbegriff; ob der Eigenbedarf dringend ist, muss somit im Einzelfall unter Würdigung der Umstände (Art. 4 ZGB) festgestellt werden. Dringlicher Eigenbedarf wäre etwa dann zu bejahen, wenn der Käufer der Liegenschaft, der früher in einer Mietwohnung wohnte, die Kündigung erhielt und nun auf die gekaufte Liegenschaft angewiesen ist, um hier zu wohnen. Dringlichkeit des Eigenbedarfs wäre hingegen etwa in folgendem Beispiel zu verneinen: «Der neue Eigentümer hat einen nahen Verwandten, der bereits in einer Wohnung wohnt, die hinsichtlich Preis erschwinglich ist und in Wohnkomfort und Wohngrösse vollauf genügt. Er (sc. der Verwandte) möchte aber etwas mehr Sonne und bessere Sicht auf die Alpen, die mit der neuen Wohnung gegeben sind. Der Eigenbedarf kann geltend gemacht werden, nicht aber der dringliche.» (Votum von Ständerat Piller, Amtl. Bull. 1989 [Ständerat], S. 424; weiteres Beispiel: Pra 1997, S. 483 f.[52])

39

Eigenbedarf setzt nach BGE 118 II 50 E. 3d nicht unbedingt eine Wohnungsnot des Käufers voraus. Auch wirtschaftliche Gründe können nach bundesgerichtlicher Auffassung Eigenbedarf begründen[53]. In dem konkreten Fall hatte der Käufer seine Mietwohnung ohne Not gekündigt und eine vermietete Wohnung gekauft. Dringender Eigenbedarf des Vermieters wurde bejaht, weil der Mieter keinen kostendeckenden Mietzins bezahlen konnte und der Käufer «kaum in der Lage» gewesen wäre, «unter Umständen während Jahren die sich aus der nicht kostendeckenden Vermietung» seiner «Wohnung ergebende Belastung zu tragen» (S. 57). Dass der Käufer seine Mietwohnung ohne Not verlassen hatte, wurde nicht als massgeblich

40

---

[51] Gleiche oder ähnliche Formulierung etwa bei PERMANN/SCHANER, N 7 zu Art. 261a OR, LACHAT, CdB 1999, S. 70.
[52] S. ferner ZMP 1991 Nr. 7, referiert bei HIGI, ZürKomm, N 43 zu Art. 261–261a OR.
[53] A.A. HONSELL, S. 211; LACHAT/STOLL/BRUNNER, S. 483; wie das Bundesgericht hingegen HIGI, Zür-Komm, N 43 zu Art. 261–261a OR, PERMANN/SCHANER, N 7 zu Art. 261a OR.

angesehen, weil Mieter ein schützenswertes Interesse am Erwerb von Wohneigentum hätten[54].

B. Inhalt und Modalitäten des Kündigungsrechts

41   1. Bei gegebenen Voraussetzungen kann der Käufer einer vermieteten Wohnliegenschaft den Mietvertrag nach Art. 266c OR kündigen[55]. D.h., er kann das Mietverhältnis unter Wahrung einer dreimonatigen Kündigungsfrist auf den nächsten ortsüblichen Termin oder – wo ein solcher (wie z.B. in Genf[56]) fehlt – auf das Ende einer dreimonatigen Mietdauer[57] auflösen[58]. Der Käufer ist im Sinne einer Obliegenheit gehalten, nach der Eintragung im Tagebuch die erstmögliche Kündigungsgelegenheit wahrzunehmen. Verpasst er diese, so ist er hinsichtlich der Auflösungsmöglichkeiten vollständig in der Position des Vermieters/Verkäufers[59]. Das bedeutet praktisch: Wenn beim Erwerb der Mietsache kein dringender Eigenbedarf besteht, so entfällt das zur Diskussion stehende Kündigungsrecht ein für alle Mal. Es lebt auch nicht wieder auf, wenn später ein dringender Eigenbedarf eintritt[60]. Immerhin bleibt die ausserordentliche Kündigung aus wichtigen Gründen (Art. 266g OR) vorbehalten[61]. Diese Regelung entstammt dem alten Recht (Art. 259 aOR, BGE 108 II 190 ff.), wo sie al-

---

[54] In casu erfolgte allerdings die Kündigung nicht gestützt auf Art. 261 Abs. 2 lit. a OR. Der Käufer hatte es vielmehr versäumt, auf den ersten gesetzlichen Termin zu kündigen, weshalb das Kündigungsrecht nach jener Bestimmung verwirkt war (unten Nr. 41). Es stand ihm daher nur mehr die ordentliche Kündigung offen. Diese Kündigungsmöglichkeit setzte allerdings dringenden Eigenbedarf voraus, weil dem Verkäufer gegenüber eine Kündigungssperre bestand und diese Sperre durch den Verkauf der Wohnung nicht bzw. nur für den Fall dringenden Eigenbedarfs beseitigt wurde (oben Nr. 29).

[55] Sind die Voraussetzungen nicht gegeben, ist die Kündigung – bei auf Kündigung gestellten Verträgen – in eine «normale» Kündigung umzudeuten, sofern dies nach den Umständen dem Willen des Käufers entspricht (vgl. Art. 266a Abs. 2 OR; Wessner, S. 14; BGE 107 II 194; BGr, mp 1988, S. 44 unten; a.A. Lachat, CdB 1999, S. 70; Higi, ZürKomm, N 32 zu Art. 261–261a OR). Bei Verträgen mit fester Mietdauer entfaltet sie hingegen keinerlei Wirkung. Eine solche Kündigung ist nichtig; s. auch unten Nr. 45.

[56] Vgl. Schönenberger/Schmid, ZürKomm, N 34 zu Art. 267 OR, unter Hinweis auf SemJud 1963, S. 493 und 600.

[57] Vgl. Schönenberger/Schmid, ZürKomm, N 35 zu Art. 267 OR. Ist der Mietbeginn nicht mehr feststellbar, kann nach SemJud 1962, S. 275, auf jedes Monatsende gekündigt werden.

[58] Vgl. Guinand, Amtl. Bull. 1988 (Nationalrat), S. 507.

[59] Permann/Schaner, N 5 zu Art. 261a OR, m.w.Nw. Dies gilt auch dann, wenn für die Kündigung nur wenig Zeit bleibt, weil kurz nach dem Tagebucheintrag die Kündigungsfrist zu laufen beginnt (Lachat, CdB 1999, S. 70); s. das Beispiel in Nr. 43 a.E.

[60] Dem Käufer steht nun – bei einem unbefristeten Mietvertrag – nur mehr die ordentliche Kündigungsmöglichkeit offen. Allfällig bestehende Sperrfristen gelten auch gegenüber dem Käufer (Lachat/Stoll/Brunner, S. 484 Ziff. 4.3.4. und Anm. 71).

[61] Eine Möglichkeit, die jedem Vermieter offen steht. Es sind allerdings kaum Fälle denkbar, in denen sie sich – im vorliegenden Kontext – praktisch realisieren könnte.

lerdings unter anderen Vorzeichen stand, da die Kündigungsmöglichkeit des Käufers nicht von dessen Eigenbedarf abhängig war[62].

Der Käufer muss die erstmögliche Kündigungsgelegenheit wahrnehmen, aber nicht unbedingt auf den erstmöglichen Kündigungstermin kündigen. Wenn er im Interesse des Mieters auf einen späteren Kündigungstermin kündigt, also die Kündigungsfrist verlängert, so steht dem nichts entgegen. Von hier aus ist es nur noch ein kleiner Schritt zur Anwendung von Art. 266a Abs. 2 OR, immer vorausgesetzt, der Käufer hat rechtzeitig gekündigt[63]. 42

Beispiel: Am 15. Januar erfolgt die Anmeldung des Eigentumswechsels und gleichentags (Art. 948 Abs. 1 ZGB) der Tagebucheintrag. Kündigungstermine sind gemäss Ortsgebrauch (z.B. im Kanton St. Gallen) der 31. März, 30. Juni und 30. September. Die Kündigungsfrist beträgt drei Monate (Art. 266c OR). Die Kündigung muss diesfalls spätestens bis 31. März, kann aber nicht bloss auf den 30. Juni, sondern ebenso auf den 30. September, ausgesprochen werden. Damit werden die Interessen des Mieters in keiner Weise tangiert, im Gegenteil. Hingegen versteht sich von selbst, dass der Mieter bis zu einem zum Vornherein bestimmten Zeitpunkt wissen muss, ob eine Kündigung erfolgt oder nicht. Daher liegt es nicht in der Kompetenz des Vermieters, den 31. März zu «schieben». Wenn in unserem Beispiel die Kündigung rechtzeitig (also vor dem 31. März) erfolgt, aber beispielsweise auf den 31. Mai statt auf den 30. Juni, so kommt Art. 266a Abs. 2 OR zum Zuge, d.h. die Kündigung gilt vermutungsweise auf den 30. Juni. Am Gesagten ändert sich auch nichts, wenn der Tagebucheintrag beispielsweise erst am 30. März erfolgt. Auch diesfalls muss die Kündigung am 31. März erfolgt sein, was bei einer schriftlichen Kündigung bedeutet, dass sie dem Mieter bis zu jenem Datum zugegangen sein muss (Empfangstheorie). 43

2. Für die Kündigung nach Art. 261 Abs. 2 lit. a OR gelten im Übrigen die allgemeinen Grundsätze. Sie hat somit mittels amtlichen Formulars zu erfolgen (Art. 266l Abs. 2 OR); handelt es sich beim Mietobjekt um die Familienwohnung des Mieters, ist Art. 266n OR zu beachten, d.h. die Kündigung muss auch dem Ehegatten des Mieters in gesondertem Schreiben zugestellt werden[64]. 44

C. Kündigungsschutz

1. Kündigt der Käufer, ohne dass die einschlägigen Voraussetzungen erfüllt sind, so ist die Kündigung ungültig. Die Ungültigkeit kann grundsätzlich jederzeit geltend gemacht werden, auch noch im Ausweisungsverfahren, soweit das 45

---

[62] Die Kündigung i.S.v. Art. 259 Abs. 2 aOR war nach herrschender Auffassung keine Kündigung im technischen Sinn (statt vieler SCHÖNENBERGER/SCHMID, ZürKomm, N 20 zu Art. 259 OR; GVP 1987, S. 74). Indes handelte es sich durchaus um eine eigentliche Kündigung, nur ging es – da sich der Käufer vor der Kündigung nicht in der Vermieterstellung befand (vgl. oben Nr. 6) – nicht um die Kündigung eines Miet-, sondern eines andern («einfacheren») Schuldverhältnisses.
[63] LACHAT, CdB 1999, S. 70 Anm. 12; LACHAT/STOLL/BRUNNER, S. 483 Anm. 67.
[64] Statt vieler: HIGI, ZürKomm, N 33 zu Art. 261–261a OR; LACHAT, CdB 1999, S. 71.

kantonale Prozessrecht dies zulässt[65]. Die in der Lehre vertretene Ansicht[66], es bedürfe einer Anfechtung der Kündigung innert der 30-Tage-Frist des Art. 273 OR, ist angesichts der neueren bundesgerichtlichen Praxis zur Unterscheidung unwirksamer und anfechtbarer Kündigungen (BGE 121 III 156, 122 III 92[67]) kaum mehr haltbar. Weder ist das Anfechtungsverfahren einzuhalten, noch die fragliche Frist zu wahren. Ungültig ist die Kündigung etwa bei fehlendem dringlichem Eigenbedarf oder wenn dem Käufer wegen Vormerkung der Miete im Grundbuch das Kündigungsrecht nach Art. 261 OR nicht zusteht[68]. Ungültig ist ferner eine Kündigung, welche der Käufer ausspricht, noch bevor er im Tagebuch eingetragen ist[69]; eine derartige vorzeitige Kündigung bleibt wirkungslos, und eine Heilung im Zeitpunkt des späteren Tagebucheintrags findet nicht statt (vgl. BGE 108 II 190)[70].

46 2. Auch eine Kündigung wegen dringenden Eigenbedarfs untersteht Art. 271 OR. Die Kündigung darf also nicht gegen Treu und Glauben verstossen, andernfalls sie gemäss Art. 273 OR anfechtbar ist. Allerdings wird eine Kündigung, welche den Voraussetzungen von Art. 261 Abs. 2 lit. a OR, insbesondere dem Erfordernis dringenden Eigenbedarfs, genügt, in aller Regel nicht treuwidrig sein[71]. Die in der Lehre erwähnten Ausnahmefälle[72] sind eher theoretischer Natur.

47 Unbeachtlich sind die Kündigungssperrfristen gemäss Art. 271a Abs. 1 lit. d und e[73]. Art. 271a Abs. 3 lit. d OR hält dies ausdrücklich fest. Veräussert also der Vermieter das Mietobjekt während einer laufenden Sperrfrist (z.B. während eines mit dem Mietverhältnis zusammenhängenden Schlichtungsverfahrens) und kündigt nun der Käufer das Mietverhältnis wegen dringenden Eigenbedarfs auf den nächsten gesetzlichen Kündigungstermin, so kann sich der Mieter gegenüber dem Käufer nicht auf die laufende Sperrfrist berufen. Zur Frage der Schadenersatzpflicht des Verkäufers/Vermieters in solchen Fällen s. unten Nr. 53.

---

[65] LACHAT, CdB 1999, S. 71 f., Text und vor allem Anm. 17; vgl. auch GUHL/KOLLER, § 44 Nr. 225.
[66] FELLMANN, AJP 1994, S. 544 f. Ziff. 27–29; PERMANN/SCHANER, N 10 zu Art. 261a OR; HONSELL, S. 211.
[67] S. dazu GUHL/KOLLER, § 44 Nr. 147 und 177.
[68] HIGI, ZürKomm, N 46 zu Art. 261–261a OR.
[69] LACHAT, CdB 1999, S. 71; LACHAT, S. 438, mit weiteren Literaturhinweisen in Anm. 51; vgl. zu Art. 259 Abs. 2 aOR BGE 108 II 190, 42 II 284, 39 II 470; SemJud 1948, S. 369, 1949, S. 423, 1984, S. 612 f.
[70] SVIT-Kommentar, N 8 zu Art. 261–261a OR; LACHAT/STOLL/BRUNNER, S. 483 Ziff. 4.3.3. Vgl. demgegenüber vorne Nr. 26 zum Fall, da der Käufer das ordentliche Kündigungsrecht des Verkäufers ausübt.
[71] LACHAT, CdB 1999, S. 71.
[72] Vgl. SVIT-Kommentar, N 21 zu Art. 261–261a OR; FELLMANN, AJP 1994, S. 545 Nr. 31.
[73] JEANPRÊTRE MARIE-CLAIRE, DB 1990, S. 10 (Anmerkung zu BJM 1989, S. 209).

3. Auch eine Kündigung gemäss Art. 261 Abs. 2 lit. a OR unterliegt den Er-   48
streckungsbestimmungen (Art. 272a e contrario). Der in jener Bestimmung vorausgesetzte dringliche Eigenbedarf des Käufers schliesst allerdings eine Erstreckung regelmässig aus (vgl. Art. 272 Abs. 2 lit. d OR)[74].

Hat der Mieter vor dem Eigentumswechsel gegen den Vermieter und nachmali-   49
gen Verkäufer eine Mietererstreckung erlangt, so schliesst dies eine Kündigung
des Käufers wegen dringenden Eigenbedarfs nicht aus. Diese Kündigungsmöglichkeit wäre nur dann ausgeschlossen, wenn sich die Rechtskraft des Er-
streckungsentscheids auch auf den Käufer erstrecken würde. Das ist jedoch angesichts des Umstands, dass der Käufer am Erstreckungsverfahren in keiner
Weise beteiligt war, nicht anzunehmen. Der SVIT-Kommentar ist freilich anderer Meinung mit dem Argument, das Erstreckungsurteil sei ein Gestaltungsurteil und wirke daher gegenüber jedermann[75]. Dagegen wendet FELLMANN m.E.
zu Recht ein, dass die Erstreckung des Mietverhältnisses «lediglich ein
schuldrechtliches Rechtsverhältnis betrifft und somit gegenüber Dritten keine
Wirkung entfaltet» (FELLMANN, AJP 1994, S. 546).

Im SVIT-Kommentar (wie Anm. 75) wird ferner die Ansicht vertreten, eine von Verkäufer   50
und Mieter getroffene aussergerichtliche Erstreckungsvereinbarung binde auch den Käufer[76]. M.E. trifft auch dies nicht zu: Der erstreckte Vertrag ist einem auf bestimmte Dauer abgeschlossenen Vertrag gleichzustellen. Nicht zuletzt für solche Fälle aber gilt Art. 261 Abs. 2
lit. a OR. Den Interessen des Mieters ist durch die Schadenersatzpflicht des Vermieters gemäss Art. 261 Abs. 3 OR in genügender Weise Rechnung getragen[77].

IV. Das Rechtsverhältnis zwischen dem Verkäufer und dem Mieter

1. Was zwischen dem Verkäufer/Vermieter und dem Mieter gilt, ergibt sich zum   51
Teil aus dem bereits Gesagten: Mit der Eigentumsübertragung geht auch das
Mietverhältnis auf den Käufer über. Der Verkäufer ist nun aus der Vermieterstellung entlassen und demzufolge nicht mehr zur Gebrauchsüberlassung verpflichtet (Art. 261 Abs. 1 OR; Nr. 9). Umgekehrt verliert er den Anspruch auf
den Mietzins, dies immerhin mit der Einschränkung, dass ihm bereits vor dem
Eigentumsübergang fällig gewordene Ansprüche gewahrt bleiben (Nr. 19).

---

[74] FELLMANN, AJP 1994, S. 545 Nr. 32.
[75] So SVIT-Kommentar, N 23 zu Art. 261–261a OR.
[76] So auch schon HIGI, ZürKomm, N 39 zu Art. 261–261a OR.
[77] Vgl. FELLMANN, AJP 1994, S. 546 Nr. 38.

Überhaupt gilt der Grundsatz, dass der Verkäufer Ansprüche, die im Zeitpunkt des Eigentumsübergangs bereits entstanden und fällig waren, behält (Nr. 5). Dasselbe gilt – mit umgekehrten Vorzeichen – auch für Verpflichtungen des Verkäufers. Verpflichtungen, die – auf Vermieterseite – erst nach dem Eigentumsübergang entstehen bzw. fällig werden, entstehen hingegen in der Person des Käufers. Vorbehalten sind anders lautende Abmachungen zwischen Verkäufer/Vermieter und Mieter. Hat beispielsweise jener diesem eine Konventionalstrafe versprochen für den Fall, dass es zu einer vorzeitigen Vertragsauflösung durch den Käufer kommen sollte, so ändert der Eigentumsübergang an der (bedingten) Verpflichtung des Vermieters/Verkäufers nichts; wird das Mietverhältnis frühzeitig aufgelöst, hat der Vermieter die Konventionalstrafe zu bezahlen. Zum Übergang des Kündigungsrechts auf den Käufer s. oben Nr. 24 ff.

52   2. Im Übrigen richtet sich das Verhältnis zwischen dem Vermieter/Verkäufer und dem Mieter nach Art. 261 Abs. 3 OR[78]. Danach haftet der Vermieter dem Mieter für allen Schaden, der ihm aus einer (gerechtfertigten[79]) vorzeitigen Kündigung durch den neuen Eigentümer entsteht[80]. Hinsichtlich Schadensberechnung und Schadenersatzbemessung gelten die allgemeinen Grundsätze. Muss der Mieter für die Ersatzwohnung einen höheren Mietzins bezahlen, so geht die Mietzinsdifferenz zulasten des Vermieters/Verkäufers, und zwar bis Ablauf der festen Mietdauer bei einem befristeten Mietvertrag, bis zum nächsten (vertraglichen oder gesetzlichen) Kündigungstermin bei einem unbefristeten Mietverhältnis[81]. Hat allerdings der Mieter ohne Not ein qualitativ besseres Mietobjekt angemietet, so erhält er nur teilweisen Kostenersatz. Eine derartige Vorteilsanrechnung wird man hingegen nur mit Vorsicht bejahen können, falls gleichwertige Ersatzobjekte nicht zur Verfügung standen, dem Mieter der Vorteil also aufgedrängt wurde. Als weiterer Schadensposten fallen beispielsweise

---

[78] Die folgenden Ausführungen lehnen sich weitgehend an das im «GUHL» Gesagte an (GUHL/KOLLER, § 44 Nr. 69 ff.).

[79] Kündigt der Käufer, ohne dass die Voraussetzungen von Art. 261 Abs. 2 lit. a OR erfüllt sind (es fehlt z.B. am dringlichen Eigenbedarf), so kann der Vermieter grundsätzlich nicht haftbar gemacht werden. Denn der Mieter hätte es in der Hand gehabt, den Schaden durch Nichtgeltenlassen der Kündigung von sich abzuwehren. Immerhin wird man einen Schadenersatzanspruch in analoger Anwendung von Art. 194 OR auch dann befürworten können, wenn der Mieter die Kündigung «in guten Treuen anerkannt» hat. Man denke an den Fall, dass der Käufer dringlichen Eigenbedarf «gekonnt» (d.h. arglistig) vorgeschoben hatte, ferner an den Fall, dass der Mieter von einem Übernahmevertrag keine Kenntnis hatte noch haben musste. Vgl. ZIRLICK/LÜTHI, S. 150 ff.

[80] Zur Schadensberechnung vgl. BGE 30 II 418 ff., 39 II 463 ff., mp 1989, S. 164, 171, DB 1990, S. 11 Nr. 13, GVP 1991, S. 80 Nr. 36, mit Behandlung der Frage, ob der Vermieter auch für die Kosten des vorzeitigen Umzugs einzustehen hat (dazu auch HIGI, ZürKomm, N 59 zu Art. 261–261a OR; LACHAT/STOLL/BRUNNER, S. 486).

[81] HIGI, ZürKomm, N 56 zu Art. 261–261a OR; LACHAT/STOLL/BRUNNER, S. 486.

Umzugskosen in Betracht (vgl. Anm. 80), ferner «Kosten einer unvermeidlichen Doppelmiete» (HIGI, ZürKomm, N 59 zu Art. 261–261a OR).

Nicht unter Art. 261 Abs. 3 OR fällt der Sachverhalt, dass der Vermieter die Wohnliegenschaft während einer Kündigungssperrfrist (Art. 271a lit. d und e OR) veräussert und der Käufer – wozu er berechtigt ist (Art. 271a Abs. 3 lit. d OR, oben Nr. 47) – den Vertrag wegen dringenden Eigenbedarfs vor Ablauf der Sperrfrist auflöst[82]. Kündigt allerdings der Käufer früher, als es der Vertrag mit dem Vermieter gestattet hätte, so greift eine Haftung Platz, dies aber nicht wegen Nichteinhaltung der Sperrfrist, sondern wegen Nichteinhaltung des Mietvertrags[83].

Angenommen, die verkaufte Mietwohnung kann gemäss Mietvertrag erstmals auf Ende September 2001 gekündigt werden. Wenn nun der Käufer nach Art. 261 Abs. 1 OR rechtmässig auf Ende Juni 2001 kündigt, so hat der Verkäufer dem Mieter den mit dem vorzeitigen Auszug verbundenen Schaden (z.b. Differenz zwischen dem Mietzins und dem höheren Mietzins der Ersatzwohnung) zu ersetzen. Ein weiter gehender Ersatz ist auch dann nicht geschuldet, wenn der Vermieter/Verkäufer wegen einer Sperrfrist bis Ende 2001 nicht hätte kündigen dürfen.

Art. 261 Abs. 3 OR kommt nicht (analog) zum Tragen, wenn der Käufer den Mieter durch vertragswidriges Verhalten zur Vertragsauflösung «zwingt». Jedoch haftet der Käufer diesfalls nach Art. 97 OR. Im Unterschied zum früheren Rechtszustand (BGE 79 II 382) hat der Veräusserer (Vermieter) für den Käufer auch nicht nach Art. 101 OR einzustehen, da er mit der Eigentumsübertragung die Vermieterstellung eingebüsst hat (Art. 261 Abs. 1 OR) und ihm demzufolge auch die Geschäftsherrnqualität nach Art. 101 OR abgeht (oben Nr. 9 f.)[84].

---

[82] FELLMANN, AJP 1994, S. 546 Nr. 35; SVIT-Kommentar, N 26 zu Art. 261–261a OR; HIGI, ZürKomm, N 57 zu Art. 261–261a OR; WEBER/ZIHLMANN, BasKomm, N 10 zu Art. 261 OR.

[83] Sperrfristen sind unbeachtlich, wenn der Vermieter selbst dringenden Eigenbedarf hat (Art. 271a Abs. 3 lit. a OR). Er kann diesfalls – nach den vertraglichen und gesetzlichen Vorschriften – kündigen, ohne in irgendeiner Weise haftpflichtig zu werden. Dahinter steckt der Gedanke, dass Sperrfristen Rachekündigungen verhindern sollen, von einer Rachekündigung aber nicht gesprochen werden kann, wenn der Vermieter selbst dringend auf das Mietobjekt angewiesen ist und aus diesem Grund kündigt. Aus der gleichen Überlegung wären Haftungsfolgen nicht angezeigt, wenn der Vermieter das Mietobjekt veräussert und der Käufer während der Sperrfrist kündigt. Denn wenn der Vermieter zur Veräusserung schreitet, so typischerweise nicht zur Befriedigung von Rachegelüsten. Sollte dies einmal anders sein, kann eine Haftung über das Institut der positiven Vertragsverletzung begründet werden. Art. 261 Abs. 3 OR bleibt auch in diesem Fall aus dem Spiel.

[84] Dieser Entscheid betraf folgenden Fall: Der Käufer hatte bewirkt, dass dem Mieter die Erlaubnis, auf der vermieteten Liegenschaft eine Wirtschaft zu betreiben, entzogen wurde. Der Mieter kündigte hierauf aus wichtigem Grund. Den durch die vorzeitige Vertragsauflösung entstandenen Schaden konnte er nach Art. 259 aOR i.V.m. Art. 101 OR vom Vermieter ersetzen verlangen.

56 Veräussert der Käufer das Mietobjekt seinerseits weiter, so untersteht nun er der Haftung aus Art. 261 Abs. 3 OR, wogegen der (ursprüngliche) Vermieter weder nach dieser Bestimmung noch nach Art. 101 OR haftbar gemacht werden kann, wenn der Zweiterwerber das Mietverhältnis vorzeitig kündigt. Art. 101 OR kommt wiederum deshalb nicht zum Zuge, weil der Vermieter mit dem Eigentumsübergang am Mietobjekt die Vermieterstellung und damit auch die Geschäftsherrenqualität nach Art. 101 OR verloren hat (anders BGE 82 II 525 zum alten Mietrecht[85]).

57 Zusammenfassend lässt sich festhalten, dass der Vermieter nach Art. 261 Abs. 3 OR in viel weniger weit gehendem Umfang haftet als unter dem bis 1. Juli 1990 geltenden Rechtszustand. Dass der Vermieter als Haftungssubjekt weitgehend ausscheidet, hat der Gesetzgeber durch die Überbindung des Mietverhältnisses auf den Erwerber wenigstens teilweise wettgemacht. Ist der Mieter mit dem Vermieterwechsel nicht einverstanden, sollte er allerdings kündigen können – eine Möglichkeit, welche nicht generell besteht, sich im Einzelfall aber aus Art. 266g OR ergeben kann (oben Nr. 8).

V. Das Rechtsverhältnis zwischen dem Verkäufer und dem Käufer

58 Dieses im Mietrecht nicht speziell geregelte Verhältnis unterliegt in erster Linie den einschlägigen kaufrechtlichen Bestimmungen. Hingewiesen sei nur auf zwei Punkte:

59 1. Der Verkäufer/Vermieter wird nach Massgabe von Art. 192 ff. OR zur Rechtsgewährleistung verpflichtet, wenn der Mietvertrag gemäss Art. 261 OR auf den Käufer übergeht[86]. In der Regel wird allerdings der Käufer vom Mietvertrag Kenntnis haben und damit auch von der «Gefahr der Entwehrung» i.S.v. Art. 192 Abs. 2 OR; diesfalls entfällt die Gewährleistung des Verkäufers/Vermieters, es sei denn, dieser habe «sich ausdrücklich dazu (sc. zur Gewährleistung) verpflichtet». Eine solche Verpflichtung wird der Verkäufer/Vermieter in der Regel nur eingehen, wenn er Aussicht hat, den Mietvertrag mit dem Mieter vor dem Eigentumsübergang auflösen zu können.

60 Die Rechtsgewährleistung setzt gemäss Art. 192 Abs. 1 OR voraus, dass der Rechtsgrund für die Entwehrung im Zeitpunkt, in dem der Kaufvertrag abge-

---

[85] Der Entscheid betraf einen Fall, in dem der Käufer den Mietvertrag übernommen, das Mietgrundstück jedoch in der Folge ohne Überbindung des Mietvertrags weiterverkauft hatte, was dem Zweitkäufer eine frühzeitige Kündigung ermöglichte. Der Vermieter wurde nach Art. 101 OR für haftbar erklärt.
[86] Vgl. mit Bezug auf das deutsche Recht STAUDINGER/EMMERICH/SONNENSCHEIN, N 48 zu § 571 BGB.

schlossen wurde, bereits bestanden hat. Das bedeutet im vorliegenden Zusammenhang, dass der Mietvertrag in diesem Zeitpunkt bereits abgeschlossen sein musste. Trifft dies nicht zu, wird der Vermieter nach den allgemeinen Nichterfüllungsregeln haftbar (Art. 97 OR)[87].

Auf die weiteren Voraussetzungen der Rechtsgewährleistung (Art. 193 f. OR) ist hier nicht einzutreten; s. dazu § 5 Nr. 87 ff. 61

Beruft sich der Mieter auf den Mietvertrag gemäss Art. 261 OR, so stellt dies eine teilweise Entwehrung i.S.v. Art. 196 OR dar. Diese gibt dem Käufer grundsätzlich kein Recht auf Aufhebung des Vertrages (Ausnahme in Art. 196 Abs. 2 OR), sondern nur – bei gegebenen Gewährleistungsvoraussetzungen – auf Schadenersatz[88]. Im eben erwähnten Fall, da der Käufer den Verkäufer nach Art. 97 OR haftbar machen kann, verhält sich die Rechtslage nicht wesentlich anders. 62

2. Der Verkäufer wird – wie dargelegt – dem Mieter haftbar, wenn diesem vom Käufer wegen dringenden Eigenbedarfs vorzeitig gekündigt wird (Art. 261 Abs. 3 OR). Ob der Verkäufer gegebenenfalls auf den Käufer Rückgriff nehmen kann, bestimmt sich nach den im Kaufvertrag getroffenen Vereinbarungen. Eine Regressklausel kann nach einem Vorschlag Pfäfflis[89] etwa folgendermassen formuliert werden: 63

«Der Käufer hat Kenntnis von den Mietverhältnissen bezüglich des Vertragsobjekts. Diese sind von Gesetzes wegen auf ihn übergegangen (Art. 261 Abs. 1 OR). Der Käufer übernimmt sämtliche Schadenersatzansprüche, die aus einer vorzeitigen Kündigung der Mietverträge an den Verkäufer gestellt werden könnten.» 64

Noch besser gedient ist allerdings dem Verkäufer, wenn der Käufer auf das Recht zur vorzeitigen Vertragsauflösung wegen dringenden Eigenbedarfs verzichtet. Regressproblemen ist damit zum Vornherein der Boden entzogen. Der Verkäufer hat daher alles Interesse, den Käufer zur Übernahme des Mietvertrags zugunsten des Mieters zu verpflichten (Art. 112 Abs. 2 OR). Beispiel für eine entsprechende Vertragsklausel: 65

«Der Käufer übernimmt das auf der Kaufliegenschaft bestehende Mietverhältnis mit XY. Er verzichtet hiermit ausdrücklich auf das Recht zur vorzeitigen Kündigung gemäss Art. 261 Abs. 2 lit. a OR.»

---

[87] Vgl. Keller/Siehr, S. 52.
[88] Vgl. dazu Keller/Siehr, S. 62 ff.
[89] Pfäffli, S. 45.

§ 8
Das Bundesgesetz über den Grundstückerwerb durch Personen im Ausland

Felix Schöbi

INHALTSVERZEICHNIS   Seite

Literatur   407

I.   Einleitung   408

II. Geltungsbereich   410
   1. Überblick..   410
   2. Örtlicher Geltungsbereich..........................   410
      A. Grundsatz.......................................   410
      B. Betriebsstätten..................................   411
      C. Gemischt genutzte Grundstücke....................   413
   3. Persönlicher Geltungsbereich.......................   414
      A. Natürliche Personen..............................   414
         a. EU-Ausländer.................................   414
         b. Übrige Ausländer.............................   414
      B. Juristische Personen und vermögensfähige Gesellschaften ohne juristische Persönlichkeit....................   414
         a. Grundsätzlich................................   414

	b. Ausländische juristische Personen	415
	c. Inländische juristische Personen	415
	C. Folgen	416
	4. Sachlicher Geltungsbereich	416
	A. Hauptwohnung	416
	B. Zweitwohnung	417
	a. EU-Staatsangehörige	417
	b. Übrige Ausländer	418
	C. Weitere Ausnahmen (Art. 7 BewG)	418
III.	**Bewilligungs- und Verweigerungsgründe**	418
	1. Im Allgemeinen	418
	2. Kantonale Bewilligungsgründe	419
	A. Sozialer Wohnungsbau	419
	B. Zweitwohnung	420
	C. Ferienwohnungen	420
	3. Bundesrechtliche Bewilligungsgründe	422
	A. Versicherungseinrichtungen und Personalvorsorge	422
	B. Banken	422
	C. Härtefälle	422
IV.	**Vollzug**	423
	1. Das Problem	423
	2. Das Verhältnis des Grundbuchverwalters zur Bewilligungsbehörde	423
	3. Verfügung	425
	A. Bewilligungsbehörde	425
	B. Grundbuchverwalter	428
	4. Beseitigung des rechtswidrigen Zustands	429
	A. Grundsatz	429
	B. Wiederherstellung des ursprünglichen Zustands (Art. 27 Abs. 1 lit. a BewG)	430
	C. Auflösung einer juristischen Person	430
	5. Strafrecht	431
	A. Umgehung der Bewilligungspflicht (Art. 28 BewG)	431
	B. Unrichtige Angaben (Art. 29 BewG)	431
	C. Missachtung von Auflagen	432
V.	**Schlussbemerkung**	432

LITERATUR

Die gängigen schweizerischen Kommentarwerke (Zürcher Kommentar, Berner Kommentar, Basler Kurzkommentar) werden im Folgenden nicht aufgeführt. Dasselbe gilt für Beiträge im «Schweizerischen Privatrecht» (SPR), deutschsprachige Ausgabe. – Zitierweise: Die Autoren werden nur mit dem Verfassernamen, nötigenfalls mit einem präzisierenden Zusatz zitiert. – Hinweise auf weiterführende Spezialliteratur finden sich in den Fussnoten.

BANDLI CHRISTOPH, Die Revision der Lex Friedrich vom 30. April 1997 – Impulse für die Bauwirtschaft, BR 1998, S. 32 ff.

Bundesamt für Justiz, Erwerb von Grundstücken durch Personen im Ausland, Bern, Dezember 1997 (zit. Merkblatt).

GEISSMANN HANSPETER/HUBER FELIX/WETZEL THOMAS, Grundstückerwerb in der Schweiz durch Personen im Ausland, Von der Lex Friedrich zur Lex Koller, Zürich/Baden-Baden 1998.

MÜHLEBACH URS/GEISSMANN HANSPETER, Kommentar zum Bundesgesetz über den Erwerb von Grundstücken durch Personen im Ausland, Brugg/Baden 1986.

SCHÖBI FELIX, Schweizerischer Grundstückkauf und europäisches Recht, ASR 622, Bern 1999 (zit. SCHÖBI, Grundstückkauf).

– Das Freizügigkeitsabkommen und der Erwerb von Grundstücken in der Schweiz, in: Accords bilatéraux Suisse–Union européenne (Commentaires)/Bilaterale Abkommen Schweiz–Europäische Union (Erste Analysen), Dossiers de droit européen, Basel 2001 (zit. SCHÖBI, Freizügigkeitsabkommen).

STEFANI DAMIANO, Grundstückverkehr in der Schweiz, Deutschland und Italien, Bern 2000.

I. Einleitung

1   Seit den Sechzigerjahren des 20. Jahrhunderts beschränkt der Bundesgesetzgeber den Grundstückerwerb durch Ausländer[1]. Begnügte er sich anfänglich mit zeitlich befristeten Bundesbeschlüssen, so folgte am 16.12.1983 der Erlass des Bundesgesetzes über den Erwerb von Grundstücken durch Personen im Ausland (Bewilligungsgesetz [BewG], SR 211.412.41). Dazu gesellt sich die Verordnung vom 1. Oktober 1984 über den Erwerb von Grundstücken durch Personen im Ausland (BewV; SR 211.412.411). Bekannt ist das Bewilligungsgesetz auch unter der Bezeichnung *Lex Friedrich*, in Anlehnung an den damaligen Chef des Eidgenössischen Justiz- und Polizeidepartements, Bundesrat Rudolf Friedrich.

2   Seit seinem Erlass wurde das Bewilligungsgesetz zwei Mal revidiert. Eine 1. Revision datiert vom 30.4.1997. Sie brachte eine substanzielle Lockerung, indem Grundstücke, die einem gewerblichen Zweck dienen («Betriebsstätten»), seither nicht mehr unter das Gesetz fallen (Art. 2 Abs. 2 lit. a BewG)[2]. Eine 2. Revision erfolgte am 8.10.1999. Sie geht auf das Abkommen vom 21. Juni 1999 zwischen der Schweizerischen Eidgenossenschaft und der Europäischen Gemeinschaft sowie ihren Mitgliedstaaten über die Freizügigkeit (im Folgenden: *Freizügigkeitsabkommen*) zurück und führte im Wesentlichen zur Gleichstellung der in der Schweiz ansässigen Angehörigen der Mitgliedstaaten der Europäischen Union (EU) mit Schweizer Bürgern beim Erwerb von in der Schweiz gelegenen Grundstücken.

3   Der Titel des Bewilligungsgesetzes («Personen im Ausland») täuscht. Als zu eng erweist er sich mit Blick auf jene Ausländer, die in der Schweiz wohnen und dem Bewilligungsgesetz trotzdem unterstehen. Zu weit ist er, weil Schweizer Bürger – dazu zählen auch Doppelbürger – dem Bewilligungsgesetz auch dann nicht unterstehen, wenn sie sich im Ausland niedergelassen haben. Als in der Schweiz Niederlassungsberechtigte (Art. 24 BV) fallen *Auslandschweizer* von vornherein aus dem (persönlichen) Geltungsbereich des Bewilligungsgesetzes (Art. 5 Abs. 1 lit. a BewG). Vorbehalten bleibt der Fall, dass der Schweizer Bürger als Strohmann fungiert (Art. 5 Abs. 1 lit. d BewG). Auch als Beteiligter an einer ausländischen juristischen Person (Art. 5 Abs. 1 lit. b BewG) oder an einer ausländisch beherrschten juristischen Person (Art. 5 Abs. 1 lit. c BewG), die in

---

[1] Vgl. GEISSMANN/HUBER/WETZEL, Nr. 13 ff.
[2] Vgl. GEISSMANN/HUBER/WETZEL, Nr. 23: «Die Revision der Lex Friedrich vom 30. April 1997 trifft jedoch – zumindest in wirtschaftlicher Hinsicht – das Herzstück der Gesetzgebung betreffend den Grundstückerwerb durch Ausländer. Relativ wenige Änderungen der Lex Friedrich haben den Ausländern den schweizerischen Immobilienmarkt in einem ganz wesentlichen Bereich geöffnet.»

der Schweiz Grundstücke erwerben will, ist der Schweizer Bürger – zumindest mittelbar – ans Bewilligungsgesetz gebunden.

Der Versuch, auch Auslandschweizer dem Bewilligungsgesetz zu unterstellen (und damit vom so genannten *Heimat-* zum *Wohnsitzprinzip* überzugehen), erlitt in der Volksabstimmung vom 25. Juni 1995 Schiffbruch (BBl 1995 III, S. 1213). Das Argument des Bundesrats, dass das *Völkerrecht* zu diesem Schritt zwinge (BBl 1994 II, S. 521 und 526), verfing – zu Recht – nicht. Auf die zum Teil noch aus dem 19. Jahrhundert stammenden *Niederlassungsverträge* können sich nämlich nach bundesgerichtlicher Rechtsprechung nur jene erwerbswilligen Ausländer berufen, die in der Schweiz ansässig sind (BGE 118 Ib 178 ff. E. 5). Eine Verpflichtung zur Gleichbehandlung von im Ausland ansässigen Ausländern mit Auslandschweizern verbindet sich damit nicht[3]. 4

Das Bewilligungsgesetz stützt sich laut seinem Ingress auf die Kompetenz des Bundes zum Erlass von *Privatrecht* und von Strafrecht (Art. 124 und 125 BV [Art. 64 und 64bis aBV]) sowie auf die in Art. 54 Abs. 1 BV verankerte Zuständigkeit des Bundes im Bereich der *auswärtigen Angelegenheiten*[4]. Die Anrufung dieser Gesetzgebungszuständigkeit weist auf verbreitete Bedenken hin, Ausländer diskriminierende Verfügungsbeschränkungen auf die Privatrechtskompetenz zu stützen[5]. Dieser Streit soll hier nicht abschliessend entschieden werden. Hingewiesen sei bloss darauf, dass erst das der allgemeinen Rechtsfähigkeit (Art. 11 Abs. 1 ZGB) verpflichtete Zivilgesetzbuch Ausländer diskriminierende kantonale Verfügungsbeschränkungen zum Verschwinden brachte[6]. Zumindest aus historischer Sicht kann so die Zuständigkeit des Bundes zum Erlass von Verfügungsbeschränkungen, wie sie das Bewilligungsgesetz vorsieht, nicht bestritten werden. Andere Auslegungsmethoden können allerdings zu einem andern Ergebnis führen. So ist beispielsweise klar, dass die Verfügungsbeschränkungen des Bewilligungsgesetzes primär öffentlichen und nicht privaten Interessen dienen. 5

---

[3] Vgl. Schöbi, Grundstückkauf, S. 350 ff.

[4] Die aktuelle Formulierung des Ingresses wurde mit dem Bundesgesetz vom 24. März 2000 über den Gerichtsstand in Zivilsachen (Gerichtsstandsgesetz, GestG) beschlossen. Dieses ist am 1.1.2001 in Kraft getreten (SR 272; AS 1999, S. 2355).

[5] Zuletzt BRat Koller, Amtl. Bull. 1995, S. 1197: «Als erstes erwähne ich einmal den Grundsatz der Vereinheitlichung des Privatrechts. Herr Martin, Sie haben vielleicht nicht ganz zu Unrecht gesagt, die Lex Friedrich sei gar kein Privatrecht. Aber Bundesrat und Parlament haben sich immer darauf gestützt, dass sie Privatrecht sei. Denn wäre sie öffentliches Recht, dann hätten wir für die Lex Friedrich gar keine Gesetzgebungskompetenz gehabt. Deshalb müssen wir uns an diesen Ansatz, den wir einvernehmlich miteinander gewählt haben, auch halten.»

[6] Vgl. Schöbi Felix, La commercialisation du sol en Suisse au XIXe siècle, in: Le droit commercial dans la société suisse du XIXe siècle, hrsg. von Caroni Pio, Freiburg 1997, S. 35 ff. (40 f.).

6 Die folgenden Ausführungen begreifen sich nicht als Kommentar, sondern folgen dem Konzept des *Handbuchs*. Entsprechend wird das Bewilligungsgesetz nur in seinen *Grundzügen* vorgestellt. Dabei erfolgt eine Beschränkung auf den Grundstückkauf (Art. 216 OR). Nicht zur Sprache kommt die Bedeutung des Bewilligungsgesetzes für andere Rechtsgeschäfte wie namentlich die Beteiligung an einer Gesellschaft, deren tatsächlicher Zweck der Erwerb von Grundstücken ist (Art. 4 Abs. 1 lit. b und e BewG). Was *Kaufs-, Vorkaufs- und Rückkaufsrechte* angeht, ist zu beachten, dass das Bewilligungsgesetz diese sowohl bei Errichtung als auch bei Ausübung erfasst (Art. 4 Abs. 1 lit. f BewG). Deren zulässige Begründung präjudiziert damit noch nicht die Möglichkeit des Berechtigten, später auch Eigentümer des betreffenden Grundstücks zu werden.

7 Die Eigentumsbeschränkungen des Bewilligungsgesetzes sind zwingender Natur. Aus der Optik des Ausländers handelt es sich um *Erwerbsbeschränkungen*, aus jener des verkaufswilligen Eigentümers um *Veräusserungsbeschränkungen*. Als Oberbegriff bietet sich der Begriff der *Verfügungsbeschränkung* an. Er darf nicht missverstanden werden. Das Bewilligungsgesetz berührt nicht nur den Erwerb des Eigentums an einem Grundstück (Verfügungsgeschäft), sondern bereits den Grundstückkauf (Verpflichtungsgeschäft). Der Grundstückkauf setzt begrifflich voraus, dass der Käufer auch Eigentümer des verkauften Grundstücks werden kann (Art. 184 OR).

II. Geltungsbereich

1. Überblick

8 Damit ein Grundstückkaufvertrag unter das Bewilligungsgesetz fällt (und daran möglicherweise scheitert), muss dieser in dessen örtlichem, persönlichem und sachlichem Geltungsbereich liegen.

2. Örtlicher Geltungsbereich

A. Grundsatz

9 Unter das Bewilligungsgesetz fällt der Kauf von Grundstücken. Der Begriff des Grundstücks ist dem Zivilgesetzbuch entnommen. Dazu zählt neben *Liegenschaften* insbesondere auch ein ins Grundbuch aufgenommenes selbständiges und dauerndes Baurecht (Art. 4 Abs. 1 lit. a BewG i.V.m. Art. 655 Abs. 2 Ziff. 1 und 2 ZGB).

Das Bewilligungsgesetz erfasst nur in der Schweiz gelegene Liegenschaften. Entsprechend findet es keine Anwendung, wenn in der Schweiz ein Kaufvertrag über ein im Ausland gelegenes Grundstück geschlossen wird. Umgekehrt besteht keine Aussicht darauf, dass ein im Ausland geschlossener Grundstückkauf in der Schweiz anerkannt und vollstreckt wird, der gegen das Bewilligungsgesetz verstösst. Dagegen sprechen nicht nur Art. 119 Abs. 3 des Bundesgesetzes vom 18. Dezember 1987 über das internationale Privatrecht (IPRG; SR 291), wonach sich die Form bei einem Grundstück in der Schweiz zwingend nach schweizerischem Recht richtet, sondern auch die Tatsache, dass es sich beim Bewilligungsgesetz um eine so genannte *loi d'application immédiate* handelt, die unabhängig davon zur Anwendung gelangt, welcher Rechtsordnung der Grundstückkaufvertrag im Übrigen untersteht (Art. 18 IPRG)[7].

10

B. Betriebsstätten

Nicht alle Grundstücke (Liegenschaften) fallen in den örtlichen Geltungsbereich des Bewilligungsgesetzes. Davon ausgenommen sind Grundstücke, die als ständige *Betriebsstätte* eines Handels-, Fabrikations- oder eines anderen nach kaufmännischer Art geführten Gewerbes, eines Handwerksbetriebes oder eines freien Berufes dienen (Art. 2 Abs. 2 lit. b BewG).

11

Der aus dem Steuerrecht stammende Begriff der Betriebsstätte[8] hat mit der 1997 erfolgten Revision des Bewilligungsgesetzes (vgl. vorne Nr. 2) seine ursprüngliche Bedeutung verloren. Grundsätzlich unterscheidet das Bewilligungsgesetz Grundstücke nach ihrer tatsächlichen bzw. erwarteten Nutzung. Ausschlaggebend für die Unterstellung eines Grundstücks unter das Bewilligungsgesetzes ist der *Nutzungsplan*. Unter das Bewilligungsgesetz fallen bloss noch jene Grundstücke, die *Wohnzwecken* dienen. Die übrigen Grundstücke liegen, weil fiktiv zu einer Betriebsstätte gehörend, ausserhalb des örtlichen Geltungsbereichs des Bewilligungsgesetzes[9].

12

---

[7] Vgl. STEFANI, S. 398 ff.

[8] Der Begriff der Betriebsstätte ist dem Steuerrecht entlehnt. Art. 4 Abs. 2 des Bundesgesetzes vom 14. Dezember 1990 über die direkte Bundessteuer (DBG; SR 642.11) definiert den Begriff folgendermassen: «Als Betriebsstätte gilt eine feste Geschäftseinrichtung, in der die Geschäftstätigkeit eines Unternehmens oder ein freier Beruf ganz oder teilweise ausgeübt wird. Betriebsstätten sind insbesondere Zweigniederlassungen, Fabrikationsstätten, Werkstätten, Verkaufsstellen, ständige Vertretungen, Bergwerke und andere Stätten der Ausbeutung von Bodenschätzen sowie Bau- oder Montagehallen von mindestens zwölf Monaten Dauer.»

[9] A.M. das Bundesgericht im nicht veröffentlichten Urteil M. Ltd. gegen Kanton Freiburg vom 28.1.2000 (E. 3); ferner Merkblatt, S. 5 f.

13   Als Betriebsstätte gilt auch ein *Hotel*[10]. Der Begriff des *Apparthotels* (Art. 10 BewG) bleibt insofern von Bedeutung, als ein Betrieb, der nicht einmal die minimalen der in diesem Zusammenhang erwarteten Dienstleistungen erbringt, der blossen Vermietung von Wohnraum gleichgestellt wird und daher in den Geltungsbereich des Gesetzes fällt (Art. 3 BewV). Gleich behandelt wird ein Unternehmer, der ein Grundstück kauft, um dieses mit Wohnungen zu überbauen. Obwohl dieser Erwerb klar gewerblich motiviert ist, handelt es sich dabei nicht um eine Betriebsstätte.

14   Auch ein Grundstück, das der *Landwirtschaft* dient, fällt unter den Begriff der Betriebstätte[11]. Dies gilt allerdings dann nicht, wenn das momentan (noch) landwirtschaftlich genutzte Grundstück in einer Wohnzone liegt und dieses damit der landwirtschaftlichen Nutzung früher oder später entzogen werden soll[12].

15   Das Gesagte hat zur Folge, dass sich die (frühere) Diskussion bezüglich der für eine Betriebsstätte nötigen *Landreserve* erübrigt (vgl. aber hinten Nr. 72)[13]: Entweder wird die Landreserve früher oder später als solche benötigt (und das Raumplanungsgesetz gestattet dies), oder das Grundstück wird auch später landwirtschaftlich genutzt: In beiden Fällen ist ein bewilligungsfreier Erwerb möglich.

16   Liegt das Grundstück ausserhalb des örtlichen Geltungsbereichs des Bewilligungsgesetzes, so spielt das Motiv für den Erwerb keine Rolle. Der Käufer kann die Betriebsstätte selber betreiben («Selbstbewirtschafter») oder diese als *Kapitalanlage* betrachten, indem er das erworbene Grundstück vermietet oder verpachtet. Auch *Spekulation* steht dem Erwerb nicht entgegen.

17   Weiterhin zu beachten bleiben die Verfügungsbeschränkungen, die sich aus andern Gesetzen ergeben, so namentlich aus dem Bundesgesetz vom 4. Oktober 1991 über das bäuerliche Bodenrecht (BGBB; SR 211.412.11). Auch einem Ausländer ist es so beispielsweise verwehrt, als Nichtselbstbewirtschafter in der Schweiz ein landwirtschaftliches Gewerbe oder Grundstück zu kaufen (Art. 63

---

[10] Vgl. GEISSMAN/HUBER/WETZEL, Nr. 135.
[11] Vgl. GEISSMANN/HUBER/WETZEL, Nr. 137; BANDLI, S. 33.
[12] Korrekt BANDLI, S. 33; missverständlich BRat KOLLER, Amtl. Bull. 1997 N 679, insofern dieser das Bewilligungsgesetz auf *Bauland* grundsätzlich für anwendbar erklärte: «Ausgeschlossen bleiben ... der Erwerb und der Handel mit Wohnbauten. Es geht nach wie vor nicht an, dass ein ausländischer Investor beispielsweise einfach einen Wohnblock erwirbt. ... Ausgeschlossen bleibt auch der spekulative Erwerb von Grundstücken mit dem Zweck, einfach Bauland zu horten. Das fällt eindeutig nicht unter den Begriff des Betriebsstättengrundstücks.»
[13] Ungenau GEISSMANN/HUBER/WETZEL, Nr. 141 ff.; BANDLI, S. 33.

Abs. 1 lit. a BGBB). Vorbehalten bleiben die (vielen) im Gesetz vorgesehenen Ausnahmen (Art. 64 BGBB).

C. Gemischt genutzte Grundstücke

Welches Schicksal haben Grundstücke, die gemischt genutzt werden, d.h. die sowohl bewohnt als auch gewerblich genutzt werden? Das Bewilligungsgesetz begnügt sich mit dem Hinweis, dass – zusammen mit Grundstücken, die als Betriebsstätte dienen – auch der Erwerb von Wohngrundstücken bewilligungsfrei möglich ist, wenn die Wohnnutzung auf einem *Wohnanteilsplan* beruht (Art. 2 Abs. 3 BewG). Die Bestimmung lässt offen, welchen Anteil die Wohnnutzung ausmachen darf bzw. ob bei Fehlen eines Wohnanteilsplans der bewilligungsfreie Erwerb eines Grundstücks, das (auch) Wohnzwecken dient, zulässig ist.

18

Es liegt nahe, in Art. 2 Abs. 3 BewG einen allgemeinen Grundsatz für gemischt genutzte Grundstücke zu erblicken: Danach findet das Bewilligungsgesetz keine Anwendung, wenn die gewerbliche Nutzung überwiegt. Steht hingegen die Wohnnutzung im Vordergrund, so fällt das Grundstück in den Geltungsbereich des Gesetzes, und zwar auch dann, wenn die Wohnnutzung auf einen Wohnanteilsplan zurückgeht[14]. Jede andere Lösung setzte den verkaufswilligen Eigentümer der Willkür kommunaler Wohnanteilspläne aus.

19

Noch nicht beantwortet ist damit die Frage, nach welchem Kriterium zu entscheiden ist, ob bei einem Grundstück die Wohnnutzung oder die gewerbliche Nutzung überwiegt. Am einfachsten ist es, diesbezüglich auf den tatsächlichen oder hypothetischen (Miet- bzw. Pacht-)*Ertrag* abzustellen. Liegt der Ertrag der Wohnnutzung über 50 Prozent des Gesamtertrags, so fällt das Grundstück in den Geltungsbereich des Bewilligungsgesetzes[15].

20

Der veräusserungswillige Eigentümer kann einem für ihn ungünstigen Ergebnis dadurch aus dem Wege gehen, dass er die Liegenschaft in *Stockwerkeigentum* aufteilt (Art. 712a ff. ZGB). Damit gelingt es ihm, zumindest den gewerblich genutzten Teil der Liegenschaft, beispielsweise einen als Arztpraxis benütz-

21

---

[14] A.M. GEISSMANN/HUBER/WETZEL, Nr. 144, die einschränkend allerdings festhalten: «Der Art. [gemeint: Art. 2 Abs. 3 BewG] darf auf der anderen Seite auch nicht missbraucht und zum Einfallstor für unzulässige Kapitalanlagen in Wohngrundstücke werden. Ein solcher Missbrauch könnte etwa angenommen werden, wenn bei einem Ausländer eine sonst nicht weiter erklärbare Häufung von Grundstücken mit jeweils überdurchschnittlich hohen Wohnanteilen festgestellt würde.»

[15] Bewusst restriktiver, soweit die Wohnnutzung nicht Gegenstand eines Wohnanteilsplans ist, GEISSMANN/HUBER/WETZEL, Nr. 145: «Wohnungen können miterworben werden, wenn sie mit der Betriebsstätte einen funktionalen Zusammenhang haben. Dies bedeutet, dass die mitzuerwerbende Wohnung betriebsnotwendig sein muss. Nur in Ausnahmefällen wird dabei der Erwerb von Wohnungen für Angestellte toleriert werden können.» Ähnlich Merkblatt, S. 5.

ten Gebäudeteil, dem Bewilligungsgesetz zu entziehen, um diesen in der Folge auch einem Ausländer verkaufen zu können.

3. Persönlicher Geltungsbereich

A. Natürliche Personen

a. EU-Ausländer

22 Die Angehörigen der Staaten der EU (im Folgenden: *EU-Ausländer*) unterliegen dem Bewilligungsgesetz, wenn sie ihren rechtmässigen und tatsächlichen *Wohnsitz* nicht in der Schweiz haben (Art. 5 lit. a BewG).

23 Der Begriff des Wohnsitzes deckt sich mit jenem des Zivilgesetzbuchs. Danach befindet sich der Wohnsitz einer Person dort, wo sich diese mit der Absicht dauernden Verbleibens aufhält (Art. 23 Abs. 1 ZGB). Wann sich EU-Ausländer rechtmässig in der Schweiz aufhalten, entscheidet sich nicht nach dem Bewilligungsgesetz, sondern nach dem Bundesgesetz vom 26. März 1931 über Aufenthalt und Niederlassung der Ausländer (ANAG; SR 142.20), das sich im Wesentlichen mit einem Verweis auf das Freizügigkeitsabkommen (vgl. vorne Nr. 2) begnügt (Art. 1 ANAG).

b. Übrige Ausländer

24 Wesentlich restriktiver ist das Bewilligungsgesetz bei den übrigen Ausländern. Sie sind von der Bewilligungspflicht nur dann befreit, wenn sie in der Schweiz *niederlassungsberechtigt* sind (Art. 5 lit. a^{bis} BewG), d.h. über den so genannten Ausländerausweis C verfügen (Art. 2 BewV). In der Regel bedingt dies einen mindestens 10-jährigen Aufenthalt in der Schweiz. Auch danach besteht – unter Vorbehalt staatsvertraglicher Verpflichtungen – kein Rechtsanspruch auf Erteilung der Niederlassungsbewilligung.

25 Als in der Schweiz niederlassungsberechtigt gilt auch der Ehegatte einer Schweizerin oder die Ehegattin eines Schweizers, sofern beide in der Schweiz leben (BGE 114 Ib 6 ff. E. 3b).

B. Juristische Personen und vermögensfähige Gesellschaften ohne juristische Persönlichkeit

a. Grundsätzlich

26 Das Bewilligungsgesetz findet auch Anwendung, wenn als Käuferin eines Grundstücks eine juristische Person auftritt. Dabei unterscheidet das Bewilli-

gungsgesetz zwischen in- und ausländischen juristischen Personen. Als inländische juristische Person gilt eine solche, die sowohl ihren *statutarischen* wie auch ihren *tatsächlichen Sitz* in der Schweiz hat. Fehlt es an einer dieser beiden Voraussetzungen, so handelt es sich um eine ausländische juristische Person. Die Begriffe des statutarischen Sitzes und des tatsächlichen Sitzes setzt das Bewilligungsgesetz als bekannt voraus[16].

Die gleichen Regeln gelten auch für vermögensfähige Gesellschaften ohne juristische Persönlichkeit. Zu denken ist in diesem Zusammenhang namentlich an *Immobilienanlagefonds*. 27

Ob eine (ausländische) juristische Person oder eine vermögensfähige Gesellschaft ohne juristische Persönlichkeit in der Schweiz ein Grundstück kaufen kann, entscheidet sich nicht nur aufgrund des Bewilligungsgesetzes. Zu beachten bleiben auch die Regeln des internationalen Privatrechts. Diese schliessen es beispielsweise aus, einen *Trust* in der Schweiz als Eigentümer eines Grundstücks einzutragen, wenn dieser nach dem Recht am Ort seiner Errichtung (Inkorporation) nicht rechtsfähig ist[17]. 28

b. Ausländische juristische Personen

Eine ausländische juristische Person fällt ausnahmslos in den persönlichen Geltungsbereich des Bewilligungsgesetzes (Art. 5 Abs. 1 lit. b BewG). Daran ändert nichts, dass die juristische Person möglicherweise von solchen Personen, namentlich Schweizer Bürgern, beherrscht wird, die als natürliche Personen nicht unter den persönlichen Geltungsbereich des Bewilligungsgesetzes fielen (vgl. vorne Nr. 3 und 22 ff.). 29

c. Inländische juristische Personen

Komplexer gestaltet sich die Situation bei inländischen juristischen Personen. Sie fallen nur dann unter das Bewilligungsgesetz, wenn sie ausländisch beherrscht werden. Eine *ausländische Beherrschung* setzt voraus, dass eine unter das Bewilligungsgesetz fallende Person aufgrund ihrer finanziellen Beteiligung, ihres Stimmrechtes oder aus anderen Gründen allein oder gemeinsam mit anderen (unter das Bewilligungsgesetz fallenden) Personen die Verwaltung oder Ge- 30

---

[16] Vgl. MÜHLEBACH/GEISSMANN, N 9 zu Art. 5 BewG.
[17] Vgl. Orientierung über die Geschäftstätigkeit, Richtlinien für die Grundbuchführung, Gerichts- und Verwaltungspraxis des Eidg. Amtes für Grundbuch- und Bodenrecht, an der Generalversammlung vom 17.9.1999 in Muttenz, ZBGR 1999, S. 396 ff. (Ziff. 3.7). Noch restriktiver SCHÖBI, Grundstückkauf, S. 138 f., m.w.H.

schäftsführung entscheidend beeinflussen kann (Art. 6 Abs. 1 BewG; vgl. hinten Nr. 77).

C. Folgen

31 Die Tatsache, dass ein Ausländer aus dem persönlichen Geltungsbereich des Bewilligungsgesetzes fällt, hat weit reichende Konsequenzen. Nicht nur kann er damit beliebige in der Schweiz gelegene Grundstücke kaufen; er ist in der Folge auch nicht gezwungen, diese wieder zu verkaufen, wenn später sein Recht, sich in der Schweiz aufzuhalten, dahinfallen sollte. Diese fragwürdige, vom Gesetzgeber aber bewusst getroffene Entscheidung[18] darf auch nicht zum Gegenstand einer weiter gehenden kantonalen Erwerbsbeschränkung (Art. 13 BewG) oder einer behördlichen Auflage (Art. 14 BewG) gemacht werden.

32 Ein Zwang, das Grundstück wieder zu verkaufen, resultiert so höchstens daraus, dass bei einem späteren Erbfall nur die *gesetzlichen Erben* ein Grundstück bewilligungsfrei erwerben können (Art. 7 lit. a BewG). Die übrigen (bewilligungspflichtigen) Erben sind gehalten, das Grundstück binnen zweier Jahre zu veräussern (Art. 8 Abs. 2 BewG). Vorbehalten bleibt der Fall, dass das Grundstück ausserhalb des örtlichen Geltungsbereichs des Bewilligungsgesetzes liegt (vgl. vorne Nr. 11 ff.) oder der sachliche Geltungsbereich gegen die Anwendbarkeit des Bewilligungsgesetzes spricht (vgl. hinten Nr. 33 ff.).

4. Sachlicher Geltungsbereich

A. Hauptwohnung

33 Ausländer können in der Schweiz bewilligungsfrei ein Grundstück am Ort ihres rechtmässigen und tatsächlichen Wohnsitzes kaufen, sofern ihnen dieses als *Hauptwohnung* dient (Art. 2 Abs. 2 lit. b BewG). Praktische Bedeutung hat diese Bestimmung allerdings nur für andere als EU-Ausländer, d.h. Ausländer, die in der Schweiz «nur» aufenthaltsberechtigt sind (Ausländerausweis B; Art. 5 Abs. 1 BewV). Darunter fallen auch Ausländer, die sich mittels einer Legitimationskarte des Eidgenössischen Departements für auswärtige Angelegenheiten ausweisen (Art. 5 Abs. 3 lit. a BewV). EU-Ausländer, die ihren Hauptwohnsitz in der Schweiz begründet haben, fallen nicht unter den persönlichen Geltungsbereich des Bewilligungsgesetzes (vgl. vorne Nr. 22 f.); sie können daher beliebige Grundstücke kaufen, ohne dass der in Aussicht genommene Verwendungszweck eine Rolle spielte (vgl. vorne Nr. 31).

---

[18] Vgl. Amtl. Bull. 1997, S. 389 f.

Sinnvollerweise wird dem Ausländer der Erwerb einer Hauptwohnung bereits zu einem Zeitpunkt gestattet, in dem er erst beabsichtigt, in die Schweiz überzusiedeln. Andernfalls zwingt man ihn ohne Not und überzeugende Begründung, trotz möglicherweise vorhandener Gelegenheit, vorerst eine Mietwohnung zu beziehen.   34

Die Tatsache, dass der Erwerb einer Hauptwohnung nicht in den sachlichen Geltungsbereich des Bewilligungsgesetzes fällt, hat zur Folge, dass dabei keine *quantitativen Erwerbsbeschränkungen* zu beachten sind. Die Grösse der Hauptwohnung spielt also keine Rolle (vgl. aber hinten Nr. 70 f.). Unbeschränkt kann das Entgegenkommen gegenüber dem ausländischen Käufer allerdings nicht sein: Niemand darf unter dem Titel Hauptwohnung ein Mehrfamilienhaus kaufen.   35

Der Ausländer muss das als Hauptwohnung erworbene Grundstück nicht verkaufen, wenn später die Voraussetzungen für den Erwerb dahinfallen. Der Ausländer kann auch ein zweites oder drittes Grundstück kaufen, wenn ihm nun dieses als Hauptwohnung dient.   36

B. Zweitwohnung

a. EU-Staatsangehörige

Ein EU-Ausländer kann bewilligungsfrei auch eine *Zweitwohnung* erwerben, wenn es sich bei ihm um einen *Grenzgänger* handelt und die Zweitwohnung in der Region des Arbeitsorts liegt (Art. 7 lit. k BewG). Der Begriff der Zweitwohnung darf nicht eng ausgelegt werden. Er erfasst nicht nur die Möglichkeit, eine Stockwerkeigentumseinheit zu kaufen. Als Zweitwohnung kann auch eine Liegenschaft dienen, die ins Alleineigentum des Ausländers übergehen und erst überbaut werden soll.   37

Das Bewilligungsgesetz definiert den Grenzgänger nicht, wohl aber das Freizügigkeitsabkommen (vgl. vorne Nr. 2). In den ersten fünf Jahren nach Inkrafttreten dieses Abkommens gilt als Grenzgänger eine Person, die nahe der Grenze arbeitet. Später gelten als Grenzgänger alle EU-Ausländer, die in der Schweiz arbeiten und mindestens ein Mal pro Woche an ihren ausländischen Wohnsitz zurückkehren. Ohne Belang ist, wo der «Grenzgänger» in der Schweiz arbeitet bzw. wo er im Ausland wohnt. Auch ein Ausländer, der in Bern arbeitet und in Paris wohnt, kann so die Voraussetzungen erfüllen, die das Freizügigkeitsabkommen an den Grenzgänger stellt[19].   38

---

[19] Vgl. SCHÖBI, Freizügigkeitsabkommen, E/b.

39 Der Erwerb einer Zweitwohnung ist für den EU-Ausländer nur dann bewilligungsfrei möglich, wenn diese in der Region des Arbeitsortes liegt. Eine *völkerrechtskonforme Auslegung* dieser Bestimmung verlangt danach, diese nicht objektiv, sondern funktional zu begreifen. In der Region des Arbeitsortes liegt so jede Zweitwohnung, die der Ausländer als solche benützt. Es ist damit bereits vor Ablauf der erwähnten fünfjährigen Übergangsfrist der freien Entscheidung des Ausländers überlassen, einen wie langen Arbeitsweg er in Kauf nehmen will.

40 Wie beim bewilligungsfreien Erwerb einer Hauptwohnung sind auch beim bewilligungsfreien Erwerb einer Zweitwohnung keine quantitativen Erwerbsbeschränkungen zu beachten, und es spielt auch keine Rolle, ob der Ausländer oder ein naher Verwandter von ihm bereits über andere Grundstücke in der Schweiz verfügt. Die Zweitwohnung kann damit auch grösser als die Hauptwohnung vieler in der Schweiz niedergelassener Personen sein. Ebenso wenig muss die Zweitwohnung verkauft werden, wenn die Voraussetzungen für den Erwerb später dahinfallen. Ausserhalb des sachlichen Geltungsbereichs des Bewilligungsgesetzes ist kein Platz für die gegenteilige, beim bewilligungspflichtigen Erwerb geltende Lösung (Art. 12 lit. d BewG; vgl. hinten Nr. 51).

b. Übrige Ausländer

41 Grenzgänger bzw. Wochenaufenthalter aus Staaten ausserhalb der EU unterstehen der Bewilligungspflicht, wenn sie in der Schweiz eine Zweitwohnung erwerben wollen (Art. 9 Abs. 1 lit. c BewG; vgl. hinten Nr. 48 ff.).

C. **Weitere Ausnahmen (Art. 7 BewG)**

42 Art. 7 BewG zählt weitere Tatbestände auf, bei deren Vorliegen der Erwerb ausserhalb des Geltungsbereichs des Bewilligungsgesetzes liegt. Für den Grundstückkauf von Bedeutung sind namentlich die Veräusserung an (gewisse) nahe *Verwandte* und deren Ehegatten (lit. b und c), der Erwerb von *Realersatz* (lit. e und f) und der mit *staatspolitischen Interessen* der Schweiz gerechtfertigte Erwerb, namentlich seitens ausländischer Staaten und internationaler Organisationen (lit. h).

III. Bewilligungs- und Verweigerungsgründe

1. Im Allgemeinen

43 Der mit den beiden Revisionen enger gewordene örtliche, persönliche und sachliche Geltungsbereich des Bewilligungsgesetzes hat dazu geführt, dass die teils

bundesrechtlichen, teils kantonalrechtlichen Bewilligungsgründe (Art. 8 ff. BewG) heute nur noch von beschränkter praktischer Bedeutung sind. Parallel dazu haben die so genannten zwingenden Verweigerungsgründe (Art. 12 BewG)[20] an Bedeutung verloren.

Als *zwingende Verweigerungsgründe*, die einer Bewilligungserteilung im Wege stehen, nennt Art. 12 BewG das Verbot, eine (unzulässige) Kapitalanlage zu tätigen (lit. a), eine Fläche zu kaufen, die grösser als der Verwendungszweck ist (lit. b), den (vorausgegangenen) Versuch, das Gesetz in qualifizierter Art und Weise zu umgehen (lit. c; BGE 114 Ib 11 ff. E. 3) und staatspolitische Interessen (lit. f).   44

2. Kantonale Bewilligungsgründe

A. Sozialer Wohnungsbau

Die Kantone können einem Ausländer den Erwerb eines Grundstücks gestatten, wenn dieses dem *sozialen Wohnungsbau* nach kantonalem Recht dient (Art. 9 Abs. 1 lit. a BewG). Der Bewilligungsgrund darf nur bei Neuwohnungen angerufen werden, wenn nicht zusätzlich Bundeshilfe in Anspruch genommen wird und der Ort unter Wohnungsnot leidet.   45

Die – zeitlich weder gegen oben noch gegen unten befristete – Zweckbindung ist im Grundbuch durch eine *Anmerkung* zum Ausdruck zu bringen, wonach es dem Erwerber verboten ist, die Wohnungen selber zu benützen (Art. 11 Abs. 2 lit. d BewV). Im Übrigen entscheidet der Grundbuchverwalter über die genaue Bezeichnung (Art. 80 Abs. 1 der Verordnung vom 22. Februar 1912 betreffend das Grundbuch [GBV], SR 211.432.1). Die Anmerkung ist *deklaratorisch*, d.h. einmal rechtmässig verfügt, bindet sie – unter Vorbehalt der Eigentumsgarantie (Art. 26 BV) – auch den gutgläubigen Erwerber des Grundstücks. In Frage kommt dafür auch ein Schweizer Käufer.   46

Das auf der Grundlage von Art. 9 Abs. 1 lit. a BewG erworbene Grundstück unterliegt ferner einer *Sperrfrist* für die Wiederveräusserung von zehn Jahren. Auch diese ist im Grundbuch anzumerken (Art. 11 Abs. 2 lit. e BewV)[21].   47

---

[20] GEISSMANN/HUBER/WETZEL, Nr. 121, wollen Art. 8 BewG grundsätzlich auch auf bewilligungsfreie Tatbestände anwenden, wobei sie einräumen, dass dies nur in eingeschränktem Umfang möglich sei. Dies gelte namentlich mit Blick auf das Verbot, eine (blosse) Kapitalanlage zu tätigen (Art. 12 lit. a BewG).

[21] Die gesetzliche Grundlage dieser Sperrfrist – sie gilt auch, wenn ein ausländischer Versicherer oder eine ausländische Personalvorsorgeeinrichtung von einem (bundesrechtlichen) Bewilligungsgrund profitiert (Art. 8 Abs. 1 lit. b und c BewG) – ist fraglich. Die Sperrfrist dient der *Spekulationsbekämpfung*, in keiner Art und Weise aber der Erfüllung eines mit dem Bewilligungsgesetz verfolgten Zwecks (Art. 14 Abs. 1 BewG). Deutlich wird dies namentlich dann, wenn das Grundstück innerhalb der Sperrfrist an einen Schweizer Bürger weiterverkauft werden sollte.

B. Zweitwohnung

48 Ist der Erwerb einer Zweitwohnung nicht bewilligungsfrei möglich, so kann der Kanton diesen trotzdem bewilligen, wenn die Käuferin eine natürliche Person ist und die Zweitwohnung an einem Ort liegt, zu der sie eine *aussergewöhnlich enge, schutzwürdige Beziehung* unterhält (Art. 9 Abs. 1 lit. c BewG). Als solche fallen überwiegende wirtschaftliche, wissenschaftliche, kulturelle oder andere wichtige Interessen in Betracht, nicht jedoch verwandtschaftliche Beziehungen oder der blosse Wunsch, sich vorübergehend in der Schweiz aufzuhalten (Art. 6 BewV). Unter dem Titel Zweitwohnung darf so namentlich keine Ferienwohnung erworben werden.

49 Die Grösse der Zweitwohnung hat dem Bedarf des Erwerbers und, soweit sie die Wohnung regelmässig mitbenutzen, seiner Angehörigen zu entsprechen. Die *Nettowohnfläche* ist von Bundesrechts wegen beschränkt. Sie darf nicht mehr als 100 m^2 betragen (Art. 10 Abs. 2 BewV). Steht die Zweitwohnung nicht im Stockwerkeigentum, so liegt die zulässige Fläche des Grundstücks bei 1000 m^2 (Art. 10 Abs. 3 BewV). Beide Werte können ausnahmsweise überschritten werden.

50 Die Möglichkeit, dem Ausländer die Bewilligung für den Erwerb einer Zweitwohnung zu erteilen, entfällt, wenn ihm, seinem Ehegatten oder seinen Kindern unter 20 Jahren bereits eine solche Wohnung (oder eine Ferienwohnung) gehört (Art. 12 lit. d BewG). Vorbehalten bleibt der vorgängige Verkauf dieser Wohnung (Art. 11 Abs. 1 BewV).

51 Dem Ausländer ist es nur so lange gestattet, Eigentümer einer Zweitwohnung in der Schweiz zu bleiben, als die Voraussetzungen, diese zu erwerben, erfüllt sind. Andernfalls muss die Zweitwohnung innert zwei Jahren verkauft werden. Die entsprechende Auflage ist im Grundbuch anzumerken (Art. 11 Abs. 2 lit. e BewV).

52 Jede Auflage kann – auf Gesuch des Eigentümers hin – *widerrufen* werden (Art. 14 Abs. 4 BewG), falls sich deren Respektierung nachträglich als unmöglich oder zumindest als unzumutbar erweist (Art. 11 Abs. 4 BewV; BGE 112 Ib 5 ff. E. 2b) oder falls sie bereits anfänglich in qualifizierter Weise gegen das Gesetz oder gegen das Völkerrecht verstossen hat (BGE 118 Ib 178 ff. E. 4 und 5). Denkbar ist auch, die Frist für die Weiterveräusserung auf über zwei Jahre hinaus zu verlängern.

C. Ferienwohnungen

53 Die Kantone können Ausländern den Erwerb von *Ferienwohnungen* – ihnen gleichzustellen sind Wohneinheiten in Apparthotels – bewilligen, falls diese in

einem Gebiet liegen, das anerkanntermassen touristischer Förderung bedarf (Art. 9 Abs. 2 BewG).

Der Begriff der Ferienwohnung darf nicht eng ausgelegt werden. Darunter kann auch der Erwerb eines Ferienhauses fallen. Das Motiv, eine Ferienwohnung zu erwerben, entfällt, wenn der Erwerber diese vermieten will. Art. 11 Abs. 2 lit. f BewV erwähnt allerdings nur die Anmerkung des Verbots, die Ferienwohnung *ganzjährig* zu vermieten. Daraus wird man ableiten dürfen, dass eine bloss zeitweise Vermietung der Ferienwohnung der Anrufung dieses Bewilligungsgrundes nicht im Wege steht. Zu beachten bleibt aber in jedem Fall der zwingende Verweigerungsgrund der verpönten Kapitalanlage (Art. 12 lit. a BewG). 54

Grundsätzlich konsumiert jeder Erwerb einer Ferienwohnung ungeachtet ihrer Grösse eine Kontingentseinheit. Dies gilt auch dann, wenn ein Grundstück im Miteigentum steht. Vorbehalten bleibt der Fall, dass die Miteigentümer die Nutzung eines Grundstücks nicht nur räumlich (Stockwerkeigentum), sondern auch zeitlich aufgeteilt haben (*Timesharing*). In diesem Fall wird auch die Kontingentseinheit nur *pro rata temporis* in Anspruch genommen[22]. 55

Der Erwerb einer Ferienwohnung unterliegt im Wesentlichen den gleichen Erwerbsbeschränkungen, die einen Ausländer treffen, der in der Schweiz eine Zweitwohnung kaufen will (vgl. vorne Nr. 48 ff.). Dazu kommt, dass der Erwerb einer Ferienwohnung nur im Rahmen eines kantonalen, vom Bundesrat für jeweils zwei Jahre festgesetzten *Kontingents* (Art. 11 BewG) zulässig ist. Für die Jahre 2001 und 2002 stehen insgesamt 1420 Einheiten zur Verfügung (Anhang I zu Art. 9 Abs. 1 und 5 BewV). 56

In beschränktem Umfang ist nach einer am 10.6.1996 erfolgten Revision der Bewilligungsverordnung die Übertragung nicht ausgeschöpfter Kontingente auf andere Kantone möglich (Art. 9 Abs. 4–7 BewV). 57

Im Wesen kantonaler Bewilligungsgründe liegt es, dass kein Kanton gezwungen ist, davon Gebrauch zu machen. Dies bestätigt Art. 13 Abs. 1 lit. a BewG, der die Kantone zum Erlass einer *Bewilligungssperre* ermächtigt. Ebenso selbstverständlich ist es, dass die Kantone statt eines gänzlichen Verbots den Erwerb auch unter einschränkenden Bestimmungen gestatten können (*in maiore minus*). In einer nicht erschöpfenden Aufzählung (BGE 112 Ib 241 ff. E. 2) erwähnt das Gesetz beispielsweise das Recht der Kantone, den Ausländern nur den Erwerb von Stockwerkeigentum zu gestatten (Art. 13 Abs. 1 lit. b BewG), 58

---

[22] So zumindest die Auffassung des Bundesrates in der Antwort vom 8.9.1999 auf die Motion 99.3248 Comby, Lex Friedrich und Teilzeiteigentum vom 10.6.1999. Das Parlament schrieb die Motion – der Bundesrat beantragte deren Umwandlung in ein Postulat – am 22.12.1999 ab, nachdem der Motionär aus dem Rat ausgeschieden war.

den Wohnraum, den Ausländer erwerben dürfen, quotenmässig zu beschränken (Art. 13 Abs. 1 lit. c BewG), sowie den Erwerb davon abhängig zu machen, dass kein nicht Bewilligungspflichtiger von einem ihm vom kantonalen Recht eingeräumten Vorkaufsrecht Gebrauch macht.

59 Eine staatsrechtliche Besonderheit ist es, dass Art. 13 Abs. 2 BewG es den Gemeinden gestattet, die allenfalls liberalere kantonale Haltung dadurch zu durchkreuzen, dass sie selber den Erwerb durch Ausländer in der geschilderten Art und Weise ausschliessen oder einschränken (BGE 112 Ib 249 ff. E. 2d).

3. Bundesrechtliche Bewilligungsgründe

A. Versicherungseinrichtungen und Personalvorsorge

60 In der Schweiz zugelassene *ausländische und ausländisch beherrschte Versicherungseinrichtungen* können beliebige in der Schweiz gelegene Grundstücke erwerben, vorausgesetzt, deren Wert übersteigt nicht die als technisch notwendig erachteten Rückstellungen (Art. 8 Abs. 1 lit. b BewG).

61 Ebenfalls von Bundesrechts wegen Anspruch auf eine Bewilligung haben *Personalvorsorgeeinrichtungen* inländischer Betriebsstätten oder Erwerber, die einen gemeinnützigen Zweck verfolgen und in Bezug auf dieses Grundstück steuerbefreit sind (Art. 8 Abs. 1 lit. c BewG).

B. Banken

62 Etwas weniger weit geht das Entgegenkommen des Bewilligungsgesetzes gegenüber den *Banken*. Sie können sich nur dann auf einen bundesrechtlichen Bewilligungsgrund berufen, wenn sie das Grundstück in einer *Zwangsverwertung* oder einem *Liquidationsvergleich* zur Deckung ihrer pfandgesicherten Forderungen erwerben. Der klare Wortlaut der Bestimmung schliesst es aus, dass eine Bank ausserhalb der Zwangsvollstreckung ein Grundstück zu Eigentum übernimmt, selbst wenn damit diese abgewendet werden soll.

C. Härtefälle

63 Das Regime kantonaler Bewilligungs- und bundesrechtlicher Verweigerungsgründe (vgl. vorne Nr. 44 ff.) bringt es mit sich, dass gewisse Grundstücke möglicherweise nicht oder nur schwer verkauft werden können. Führt dies für den veräusserungswilligen Eigentümer zu einem *Härtefall*, so kann ihm die Veräusserung *qua* Bundesrecht trotzdem bewilligt werden (Art. 8 Abs. 3 BewG). Der Erwerb belastet das kantonale Kontingent und hat auch im Übrigen den Vor-

aussetzungen zu genügen, die für Ferienwohnungen gelten (vgl. vorne Nr. 55 ff.). Ein Härtefall liegt vor, wenn – neben der subjektiven und objektiven Notlage (BGE 111 Ib 176 ff. E. 3) – der Eigentümer das Grundstück andernfalls unter den Gestehungskosten an eine nicht dem Bewilligungsgesetz unterliegende Person verkaufen müsste. Eine angemessene Verzinsung darf der Verkäufer dabei nur dann in Anschlag bringen, wenn ihm die Wohnung seit mehr als drei Jahren gehört (Art. 4 Abs. 1 BewV).

IV. Vollzug

1. Das Problem

Rechtsgeschäfte über den Erwerb eines Grundstücks, für den der Erwerber einer Bewilligung bedarf, bleiben ohne rechtskräftige Bewilligung *unwirksam* (Art. 26 Abs. 1 BewG). Sie werden *nichtig*, wenn die Bewilligungsbehörde die Bewilligung rechtskräftig verweigert (Art. 26 Abs. 2 lit. b BewG). 64

So klar das Prinzip, so schwierig seine praktische Umsetzung. In der Regel haben die am Grundstückkauf Beteiligten kein Interesse daran, sich auf dessen Unwirksamkeit oder Nichtigkeit zu berufen. Tun sie es trotzdem, so haftet dem Vorgang schnell einmal der Geruch des *Rechtsmissbrauchs* an (Art. 2 Abs. 2 BewG). Daran ändert nichts, dass die Nichtigkeit von Amtes wegen zu berücksichtigen ist (BGE 112 II 356 ff. E. 7). 65

Der auf einen Kaufvertrag gestützte Erwerb des Grundeigentums ist *derivativer* Natur; er bedarf der Eintragung in das Grundbuch (Art. 656 Abs. 1 ZGB). Es liegt damit primär am *Grundbuchverwalter*, die Einhaltung des Bewilligungsgesetzes zu kontrollieren. Ihm ist die vom Kanton zu bezeichnende *Bewilligungsbehörde* zur Seite gestellt (Art. 15 Abs. 1 lit. a BewG). 66

2. Das Verhältnis des Grundbuchverwalters zur Bewilligungsbehörde

Das Bewilligungsgesetz verteilt den korrekten Vollzug des Bewilligungsgesetzes auf die Schultern des *Grundbuchverwalters* und der *Bewilligungsbehörde*. Der Grundbuchverwalter prüft, ob der geschlossene Grundstückkaufvertrag unter das Bewilligungsgesetz fällt. Demgegenüber verweigert oder erteilt die Bewilligungsbehörde, die Anwendbarkeit des Bewilligungsgesetzes unterstellt, die für den Erwerb nötige Bewilligung. Hinter dieser Rollenverteilung steht die Vor- 67 stellung, dass es *einfach* und im Wesentlichen *blosse Rechtsfrage* sei, den Geltungsbereich des Bewilligungsgesetzes zu bestimmen, während die eigentliche Herausforderung erst in der Handhabung der Bewilligungsgründe liege.

68 Schon im Ausgangspunkt problematisch – es gibt keine Rechtsfragen, die *a priori* einfach und unpolitisch sind –, erscheint diese Sicht der Dinge nach den beiden Revisionen des Bewilligungsgesetzes vollends *überholt*. Der immer differenzierter gewordene Geltungsbereich (vgl. vorne Nr. 2 und 8 ff.) hat dazu geführt, dass die in der Regel schwierigeren Entscheide heute nicht mehr die Bewilligungsgründe, sondern den Geltungsbereich betreffen.

69 Eine sachlich überzeugende Auslegung des Bewilligungsgesetzes verlangt danach, alle aufwändigen Fälle von der Bewilligungsbehörde entscheiden zu lassen, ungeachtet davon, ob sie Fragen des Geltungsbereichs (und damit der Bewilligungspflicht) oder der Bewilligungserteilung betreffen (Art. 18 Abs. 1 BewV). Namentlich gilt dies für Fälle, die anspruchsvolle Rechtsfragen aufwerfen oder die nicht ausschliesslich aufgrund der vorliegenden Akten entschieden werden können. Man denke beispielsweise an die Beurteilung der in- bzw. ausländischen Beherrschung einer juristischen Person (Art. 6 Abs. 1 BewG; vgl. vorne Nr. 30 und hinten Nr. 77).

70 Ferner ist Art. 18a BewV zu beachten. Danach verweist der Grundbuchverwalter den Erwerber an die Bewilligungsbehörde, wenn dieser ein Grundstück als Hauptwohnung (Art. 2 Abs. 2 lit. b BewG) kaufen will und dieses grösser als 3000 m^2 ist (Art. 18 Abs. 2 lit. c BewG). Art. 18a BewV stellt eine blosse *Faustregel* dar. Die Verweisung präjudiziert so weder den Entscheid des Grundbuchverwalters noch jenen der Bewilligungsbehörde, d.h. die Bewilligungsbehörde kann dem «bewilligungsfreien» Erwerb eines Grundstücks als Hauptwohnung auch dann zustimmen, wenn dieses grösser als 3000 m^2 ist (vgl. vorne Nr. 35). Umgekehrt kann der Grundbuchverwalter eine Eintragung des Geschäfts bei einem kleineren Grundstück verweigern, wenn er zur Auffassung gelangt, dass dieses gar nicht als Hauptwohnung taugt[23]. Auch diesen Entscheid wird er in der Regel allerdings der Bewilligungsbehörde überlassen.

---

[23] A.M. die Erläuterungen des Bundesamtes für Justiz zur Änderung der Verordnung über den Erwerb von Grundstücken durch Personen im Ausland (ZBGR 1998, S. 57 ff. [ad Art. 10 Abs. 1–3]) und die Wegleitung des Bundesamtes für Justiz für die Grundbuchämter zum Bundesgesetz über den Erwerb von Grundstücken durch Personen im Ausland vom 24. Oktober 1997 (ZBGR 1998, S. 63 ff. [Ziff. 42.13 und 42.14]), die den Grundbuchverwalter zur Eintragung verpflichten wollen, wenn das Grundstück weniger als 3000 m^2 gross ist. Wenig überzeugend ist es, wenn dem Erwerber gleichzeitig ein Strick daraus gedreht wird, dass sich auf einer möglicherweise wesentlich kleineren Fläche zwei Wohnungen befinden, von denen er und seine Familie nur eine bewohnen.

Die in der Verordnung erwähnte Grösse entscheidet so nur *prima facie* über die 71
Zuständigkeit von Grundbuchverwalter und Bewilligungsbehörde, in der Meinung, dass bei Grundstücken über 3000 m² qualifizierte Überlegungen zur Rechtmässigkeit des Erwerbs anzustellen sind.

Das Gleiche gilt, wenn der Erwerber beispielsweise behauptet, eine Betriebsstätte 72
(Art. 2 Abs. 1 lit. a BewG) zu erwerben, und die *Landreserve* einen Drittel der im Augenblick beanspruchten Fläche übersteigt (Art. 18a Abs. 1 lit. c BewV). Zu beachten bleibt in diesem Fall, dass die in dieser Bestimmung erwähnten Landreserven dem Erwerber nur dann schaden können, wenn sie sich für Wohnbauten eignen. Landreserven, die als (landwirtschaftliche) Betriebsstätten dienen, fallen zum Vornherein nicht mehr unter das Bewilligungsgesetz (vgl. vorne Nr. 15).

Die an einem Grundstückkaufvertrag Beteiligten haben keinen Anspruch darauf, dass ihr Fall vom Grundbuchverwalter und nicht von der Bewilligungsbehörde beurteilt wird. Entsprechend ist der Entscheid des Grundbuchverwalters, einen Sachverhalt der Bewilligungsbehörde zur Beurteilung zu überlassen, nicht als Verfügung zu betrachten (vgl. hinten Nr. 88)[24]. 73

Das Bewilligungsgesetz verbietet es einem Kanton nicht, den Grundbuchverwalter auch zur Bewilligungsbehörde zu erklären und dadurch möglicherweise wesentlich zu einem effizienten Vollzug des Bewilligungsgesetzes beizutragen. 74

3. Verfügung

A. Bewilligungsbehörde

Die Bewilligungsbehörde erlässt auf Antrag der Vertragsparteien (im Folgenden 75
als Gesuchsteller bezeichnet) eine (privatrechtsgestaltende) *Verfügung*. Darin stellt sie entweder fest, dass der ihr unterbreitete Grundstückkaufvertrag im Einklang mit dem Bewilligungsgesetz steht – sei es, weil dieses gar keine Anwendung findet, sei es, weil eine Erwerbsbewilligung erteilt werden kann –, oder sie stellt fest, dass der Grundstückkauf gegen das Bewilligungsgesetz verstösst und damit nichtig ist.

Die Bewilligungsbehörde muss den Sachverhalt von Amtes wegen feststellen 76
(Art. 22 Abs. 1 BewG). In beschränktem Umfang kann sie sich dabei auch auf

---

[24] Vgl. BGE 101 Ib 441 ff. E. 1b. In einem nicht veröffentlichten Urteil vom 27.7.1998 i.S. H. gegen Aufsichtsbehörde über das Grundbuch des Kantons F. bezeichnete das Bundesgericht die Tatsache, dass es im zitierten Urteil dem Entscheid des Grundbuchverwalters die Verfügungsqualität grundsätzlich abgesprochen hatte, als nicht überzeugend. Was den Sonderfall des Bewilligungsgesetzes anging, hielt es aber – zu Recht – an seiner früheren Auffassung fest (E. 2b).

einen bereits öffentlich beurkundeten Sachverhalt (Art. 18 Abs. 2 BewV; BGE 113 Ib 289 ff. E. 4) und auf Erklärungen des Erwerbers bezüglich der beabsichtigten Nutzung (Art. 18 Abs. 3 BewV) verlassen.

77 Ausgehend vom Grundsatz der Vertragsfreiheit – sie schliesst die freie Wahl des Vertragspartners ein – trägt die Bewilligungsbehörde die *Beweislast* bzw. die Folgen der Beweislosigkeit, d.h. die Bewilligungsbehörde hat den Nachweis für die Sachumstände zu erbringen, die dem beabsichtigten Grundstückkauf im Wege stehen[25]. Vorbehalten bleiben muss dabei Art. 6 Abs. 2 und 3 BewG, der *Vermutungen* darüber aufstellt, wann die Bewilligungsbehörde bei einer juristischen Person oder bei einer Kollektiv- oder Kommanditgesellschaft von einer ausländischen Beherrschung ausgehen darf (vgl. vorne Nr. 30). Dies ist beispielsweise der Fall, wenn Personen im Ausland mehr als einen Drittel der Aktien einer Immobiliengesellschaft besitzen (Art. 6 Abs. 2 lit. a BewG). Bei Immobiliengesellschaften, die ausschliesslich *Inhaberaktien* ausgegeben haben und die daher weder wissen noch wissen müssen, welche Nationalität die Aktionäre haben und wo diese wohnen, bleibt selbst dieser Nachweis prekär. Nur eine grundsätzliche Umkehrung der Beweislast könnte diesen klassischen Konflikt an der Schnittstelle von Bodenpolitik und Gesellschaftsrecht aus der Welt schaffen. Sie käme allerdings einem faktischen Verbot gleich, bei Immobiliengesellschaften Inhaberaktien auszugeben.

78 Das Pendant zur geschilderten Beweislast ist eine weit gefasste Pflicht, der Bewilligungsbehörde *Rechts- und Amtshilfe* zu leisten (Art. 24 BewG) und ihr über alle für die Bewilligungspflicht oder für die Erteilung einer Bewilligung nötigen Tatsachen Auskunft zu geben sowie die diesbezüglichen Unterlagen zu edieren (Art. 22 Abs. 2 und 3 i.V.m. Art. 31 BewG). Kommt der Gesuchsteller seiner *Mitwirkungspflicht* nicht nach, riskiert er, dass die Bewilligungsbehörde sein Schweigen gegen ihn verwendet.

79 Die Voraussetzungen dafür, in der Schweiz trotz Bewilligungsgesetz ein Grundstück kaufen zu können, müssen im *Zeitpunkt des Vertragsabschlusses* erfüllt sein[26]. Danach eingetretene Veränderungen bleiben unbeachtlich. Man denke

---

[25] Anders und in starker Anlehnung an die bundesgerichtliche Rechtsprechung vor Erlass des Bewilligungsgesetzes (BGE 106 Ib 199 ff., insbes. E. 2a) sehen es MÜHLEBACH/GEISSMANN, die – zumindest implizit – dem Erwerber die Beweislast dafür auferlegen, den Grundstückkauf trotz Bewilligungsgesetz tätigen zu können (N 8 zu Art. 22 BewG). Im praktischen Ergebnis dürften die unterschiedlichen Standpunkte dann allerdings nicht ins Gewicht fallen, weil die Bewilligungsbehörde auch nach MÜHLEBACH/GEISSMANN alles vorkehren muss, was der Abklärung des Sachverhaltes dient (N 9 zu Art. 22 BewG).

[26] Anders mag für das Übergangsrecht entschieden werden. Hier kann man sich auf den Standpunkt stellen, dass das neue (restriktivere) Recht auch dann Anwendung finden muss, wenn der Grundstückkaufvertrag zwar noch unter altem Recht geschlossen, aber erst unter neuem Recht vollzogen bzw. dafür die Bewilligung eingeholt wird (Art. 38; BGE 111 Ib 176 ff. E. 2a).

beispielsweise an den Fall, dass ein Schweizer Käufer kurz nach Abschluss eines Grundstückkaufvertrags und vor dessen Anmeldung beim Grundbuchamt stirbt. Die der Bewilligungspflicht unterstehenden, weil nicht gesetzlichen Erben (Art. 7 lit. a BewG, *e contrario*) müssen allerdings das ererbte Grundstück innert zwei Jahren wieder veräussern (Art. 8 Abs. 2 BewG).

Umgekehrt kann aus Gründen der *Verwaltungseffizienz* auf die Durchführung eines (nochmaligen) Bewilligungsverfahrens verzichtet werden, wenn der Grundstückkauf im Erwerbszeitpunkt oder auch erst im Zeitpunkt des Entscheids der Bewilligungsbehörde zulässig ist. Man denke beispielsweise an den Fall, dass ein Ausländer zwischen Vertragsabschluss und Entscheid der Bewilligungsbehörde eingebürgert worden ist und daher künftig gar keiner Bewilligungspflicht mehr unterliegt (vgl. vorne Nr. 3). 80

Auf den Zeitpunkt des (mutmasslichen) Vertragsabschlusses hat die Bewilligungsbehörde auch dann abzustellen, wenn sie um den Erlass einer *Feststellungsverfügung* angegangen wird (Art. 15 Abs. 1 BewV). Die Gültigkeit einer vorgängig erteilten Erwerbsbewilligung beträgt drei Jahre (Art. 12 Abs. 1 BewV). Auf das Begehren um Erlass einer Feststellungsverfügung sollte die Bewilligungsbehörde nur bei ausgewiesenem Feststellungsinteresse eingehen. Der blosse Wunsch der Vertragsparteien, sich die Kosten einer möglicherweise nutzlosen öffentlichen Beurkundung zu ersparen, genügt dafür nicht. 81

Die Gültigkeit von Zusicherungen an einen Veräusserer, Ferienwohnungen an Ausländer verkaufen zu können, bestimmt sich nach kantonalem Recht (Art. 12 Abs. 3 BewV). 82

Dem Wesen der Verfügung entspricht es, dass sie begründet, mit einer *Rechtsmittelbelehrung* versehen und den zur Beschwerde Berechtigten korrekt eröffnet wird (Art. 17 Abs. 2 BewG). Um wen es sich dabei handelt, ergibt sich im Wesentlichen aus der Möglichkeit, die Verfügung der Bewilligungsbehörde bei der *kantonalen Beschwerdeinstanz* (Art. 15 Abs. 1 lit. c BewG) anzufechten. Nach Art. 20 Abs. 2 BewG handelt es sich dabei um die Vertragsparteien und andere Personen, die ein schutzwürdiges Interesse an der Aufhebung oder Änderung der Verfügung haben (lit. a). Zur Beschwerde berechtigt ist ferner die dafür *vom Kanton zuständig erklärte Behörde* (lit. b). Schliesslich kann auch die *Gemeinde*, in der das Grundstück liegt, die Verfügung der Bewilligungsbehörde anfechten, wenn diese zugunsten des Erwerbers lautet (lit. c). 83

Besonders liegt der Fall des *Bundesamtes für Justiz*. Es ist nur dann zur Beschwerde berechtigt bzw. ihm ist eine Verfügung der Bewilligungsbehörde nur dann zu eröffnen, wenn die zuständige kantonale Behörde auf eine Beschwerde verzichtet hat oder diese zurückziehen sollte (Art. 17 Abs. 3 i.V.m. Art. 20 Abs. 2 lit. b BewG). 84

85 Der Entscheid der kantonalen Beschwerdeinstanz kann mit *Verwaltungsgerichtsbeschwerde* beim Bundesgericht angefochten werden (Art. 21 Abs. 1 lit. a BewG).

86 Verfügungen der Bewilligungsbehörde, die nicht innerhalb von 30 Tagen angefochten werden bzw. die von der kantonalen Beschwerdeinstanz oder vom Bundesgericht abgewiesen worden sind, erwachsen in *Rechtskraft* (Art. 20 Abs. 3 BewG). Deren Widerruf ist – auch wenn er von Amtes wegen zu erfolgen hat – nur noch dann möglich, wenn der Erwerber die Verfügung durch unrichtige Angaben erschlichen hat (Art. 25 Abs. 1 BewG)[27]. So genannte einfache Rechtsverletzungen sind im Beschwerdeverfahren zu rügen.

87 Kein Grund für den Widerruf einer Erwerbsbewilligung liegt beispielsweise vor, wenn ein EU-Ausländer seine im Zeitpunkt des Kaufs einer Hauptwohnung feststehende Absicht, in der Schweiz zu arbeiten, ändert. Weder hat er die Bewilligungsbehörde in diesem Fall hinters Licht geführt, noch muss ein EU-Ausländer das in der Schweiz erworbene Grundstück wieder verkaufen, wenn die Erwerbsvoraussetzungen dahinfallen (vgl. vorne Nr. 34).

B. Grundbuchverwalter

88 Die Ausführungen zur Bewilligungsbehörde (vgl. vorne Nr. 75 ff.) gelten *mutatis mutandis*, wenn der Grundbuchverwalter die Eintragung mit dem Argument verweigert, dass der Grundstückkaufvertrag gegen das Bewilligungsgesetz verstösst (Art. 18 Abs. 3 BewV).

89 Anders hat das Bewilligungsgesetz für den Fall entschieden, dass der Grundbuchverwalter am Grundstückkaufvertrag keinen Anstoss nimmt und den Käufer im Grundbuch als neuen Eigentümer einträgt. In diesem Fall soll – im Einklang mit der überkommenen, wenn auch fragwürdigen Sachenrechtsdoktrin – keine Verfügung vorliegen[28]. Dies hat weit reichende Konsequenzen: Der Entscheid des Grundbuchverwalters ist keiner zur Beschwerde berechtigten Behörde zu eröffnen. Umgekehrt erwächst dieser Entscheid auch nicht in Rechtskraft.

---

[27] Nach Art. 25 Abs. 1 BewG wird eine Erwerbsbewilligung auch dann widerrufen, wenn sich der Erwerber trotz Mahnung nicht an eine Auflage hält. Richtigerweise können die Bestimmungen über den Widerruf der Bewilligung in diesem Fall aber höchstens sinngemäss herangezogen werden. Kaum opportun ist es, den ursprünglichen Zustand wiederherzustellen (Art. 27 Abs. 1 lit. a BewG), wenn der Erwerber beispielsweise eine Zweitwohnung nicht mehr benützt und diese deshalb verkaufen muss.

[28] Vgl. SCHÖBI FELIX, Art. 5 Abs. 3 des Bundesbeschlusses über eine Sperrfrist und die Folgen für das Grundbuchrecht, ZBJV 127 (1991), S. 329 ff.

Letzteres hat der Gesetzgeber wohl übersehen, als er 1997 anordnete, dass die 90
Bewilligungsbehörde die Bewilligungspflicht von Amtes wegen nachträglich
feststellt, wenn dem Grundbuchverwalter über Tatsachen, die für die Bewilligungspflicht von Bedeutung sind, unrichtige oder unvollständige Angaben gemacht worden sind (Art. 25 Abs. 1bis BewG). Eine solche Bestimmung machte
nur dann Sinn, wenn man den Entscheid des Grundbuchverwalters, einer Anmeldung Folge zu geben, ebenfalls als Verfügung qualifizierte. Im Übrigen aber
drängte sich eine nachträgliche Feststellung der Bewilligungspflicht nicht nur
für den in Art. 25 Abs. 1bis BewG erwähnten Fall auf, sondern auch (und
primär) für den Fall, dass der Grundbuchverwalter das Bewilligungsgesetz
falsch angewendet und deshalb den Erwerber als neuen Eigentümer eingetragen hat.

4. Beseitigung des rechtswidrigen Zustands

A. Grundsatz

Die *beschwerdeberechtigte kantonale Behörde* oder, wenn diese nicht handelt, 91
das *Bundesamt für Justiz* kann auf Beseitigung des rechtswidrigen Zustands klagen (Art. 27 Abs. 1 BewG). Liegt eine rechtskräftige Verfügung der Bewilligungsbehörde vor, ist dies allerdings nur möglich, wenn diese vorgängig widerrufen worden ist (Art. 25 Abs. 1 BewG; vgl. vorne Nr. 90). Selbst in diesem Fall
kann der rechtswidrige Zustand aber nur auf dem *Klageweg* beseitigt werden.
Die Bewilligungsbehörde, die die Erwerbsbewilligung widerrufen hat, ist nicht
einmal legitimiert, beim zuständigen Richter zu klagen. Hinter dieser eigentümlichen Lösung steht erneut die überkommene Sachenrechtsdoktrin, die es nur
einem Richter gestattet, die Berichtigung eines Grundbucheintrags anzuordnen
(vgl. vorne Nr. 89).

Zuständig für die Klage ist nach dem am 1.1.2001 in Kraft getretenen Gerichts- 92
standsgesetz (vgl. Anm. 4) nicht mehr zwingend der Richter am Ort der gelegenen Sache. Vielmehr kann der Beklagte auch an seinem Wohnsitz (Sitz) belangt
werden (Art. 19 Abs. 1 lit. c i.V.m. Art. 2 und 3 Abs. 1 GestG). Diese neue Möglichkeit dürfte allerdings ohne praktische Auswirkungen bleiben, da der Veräusserer und der Erwerber laut bundesgerichtlicher Rechtsprechung in jedem Fall
eine *notwendige Streitgenossenschaft* bilden (BGE 113 II 450 ff. E. 3a) und
kaum damit zu rechnen ist, dass sie ihren Wohnsitz am gleichen Ort haben.

Die Klage auf Beseitigung des rechtswidrigen Zustands ist zeitlich begrenzt. Im 93
Falle des Widerrufs einer Verfügung bzw. der nachträglichen Feststellung einer
Bewilligungspflicht (Art. 25 Abs. 1 und 1bis BewG; vgl. Nr. 90) ist die Klage binnen Jahresfrist einzureichen (Art. 27 Abs. 4 lit. a BewG). Dabei handelt es sich

um eine *Verwirkungsfrist*, die erst zu laufen beginnt, wenn der Entscheid der Bewilligungsbehörde rechtskräftig feststeht.

94 In den übrigen Fällen gilt es, eine Verwirkungsfrist von zehn Jahren zu beachten (Art. 27 Abs. 4 lit. b BewG). Diese beginnt mit dem Erwerb des Eigentums zu laufen; sie ruht während eines allfälligen Verwaltungsverfahrens. Betroffen von dieser Frist sind vor allem die Fälle, die der Grundbuchverwalter in eigener Regie zugunsten des Gesuchstellers entschieden hat. Der von der zuständigen Behörde belangte Richter muss in diesem Fall vorfrageweise darüber befinden, ob dem Grundbuchverwalter tatsächlich der behauptete Fehler unterlaufen ist, als er den Käufer als neuen Eigentümer im Grundbuch eingetragen hat. Dabei ist davon auszugehen, dass der Richter diesen Entscheid wiederum der Bewilligungsbehörde überlässt (Art. 15 Abs. 3 lit. c BewV; vgl. vorne Nr. 75 ff.).

B. Wiederherstellung des ursprünglichen Zustands (Art. 27 Abs. 1 lit. a BewG)

95 Die Klage richtet sich primär auf die Wiederherstellung des ursprünglichen Zustands (Art. 27 Abs. 1 lit. a BewG; BGE 113 II 450 ff. E. 3b–d). Erweist sich dieses Vorgehen als nicht sinnvoll, so kann der Richter die öffentliche Versteigerung des Grundstücks anordnen (Art. 27 Abs. 2 BewG). Unangetastet bleiben in beiden Fällen die Rechte (gutgläubiger) Dritter (Art. 27 Abs. 5 BewG) und pfändender Gläubiger (BGE 111 III 26 ff. E. 2).

96 Gegenstandslos wird die Klage auf Wiederherstellung des ursprünglichen Zustands, wenn der Erwerber das Grundstück selber weiterveräussert. Immerhin kann der Staat den Erwerber auch in diesem Fall auf die Differenz zwischen dem Weiterverkaufspreis und den Gestehungskosten belangen (Art. 27 Abs. 2 BewG). Unter dem Titel «Einziehung unrechtmässiger Vermögensvorteile» muss der Verkäufer gar den ganzen Kaufpreis an den Staat aushändigen, wenn sein ursprüngliches Verhalten einen im Bewilligungsgesetz erwähnten Straftatbestand erfüllt (Art. 33 BewG).

C. Auflösung einer juristischen Person

97 Noch rigoroser zeigt sich das Bewilligungsgesetz, wenn Art. 27 Abs. 1 lit. b BewG dem Richter das Recht gibt, die Auflösung einer juristischen Person anzuordnen, mit Verfall des Vermögens an das Gemeinwesen (Art. 57 Abs. 3 ZGB). Eine so weit reichende Massnahme kommt nur dann in Frage, wenn die betroffene juristische Person systematisch das Bewilligungsgesetz verletzt hat. Einmalige Verstösse sind auf der Basis von Art. 27 Abs. 1 lit. a BewG zu ahn-

den[29]. Nicht nötig ist allerdings, dass bereits bei Gründung der juristischen Person die Absicht bestand, das Bewilligungsgesetz zu umgehen (BGE 112 II 1 ff. E. 4).

5. Strafrecht

A. Umgehung der Bewilligungspflicht (Art. 28 BewG)

Art. 28 BewG bedroht mit Strafe, wer vorsätzlich ein mangels Bewilligung nichtiges Rechtsgeschäft vollzieht. Diese Strafandrohung ist für den Grundstückkauf ohne praktische Bedeutung. Die Anmeldung eines bewilligungspflichtigen Grundstückkaufs erfüllt keinen Straftatbestand, sondern löst das Verfahren nach Art. 18 Abs. 1 BewG aus. Die Zahlung des Kaufpreises genügt als Vollzugshandlung ebenfalls nicht (BGE 123 IV 167 ff. E. 2d). Dies gilt auch für die Weigerung, fristgerecht nach Abschluss eines Grundstückkaufvertrags ein Bewilligungsgesuch einzureichen: Art. 17 Abs. 1 BewG, der dies verlangt, bleibt *lex imperfecta*. Vorbehalten bleiben muss der wohl nur theoretisch denkbare Fall, dass ein Grundstückkauf zwecks Umgehung des Bewilligungsgesetzes simuliert wird (Art. 4 Abs. 1 lit. g BewG).

98

B. Unrichtige Angaben (Art. 29 BewG)

Art. 29 BewG bedroht jenen mit Gefängnis oder mit einer Busse bis zu 100 000 Franken, der einer zuständigen Behörde oder dem Grundbuchverwalter über Tatsachen unrichtige oder unvollständige Angaben macht oder einen Irrtum dieser Behörden arglistig benutzt. Bei Fahrlässigkeit beträgt die Busse bis zu 50 000 Franken. Im ersten Fall (Vergehen) verjährt die Strafe in zehn Jahren, im zweiten Fall (Übertretung) in fünf Jahren.

99

Als Tatsache im Sinne von Art. 29 BewG haben auch Absichten des Erwerbers zu gelten, so beispielsweise sein Wunsch, das gekaufte Grundstück als Hauptwohnung zu benützen (Art. 2 Abs. 2 lit. a BewG). Strafbar ist allerdings nur jener Erwerber, der gegen besseres Wissen eine entsprechende Absicht behauptet. Wer im Zeitpunkt des Abschlusses eines Grundstückkaufvertrags die Absicht hat, das Grundstück als Hauptwohnung zu benützen, wird nicht bestraft. Dies gilt auch dann, wenn er anschliessend eine andere Stelle antritt und deshalb das gekaufte Grundstück nie als Hauptwohnung benützt (vgl. vorne Nr. 87).

100

---

[29] So auch MÜHLEBACH/GEISSMANN, N 18 zu Art. 27 BewG.

101 Der Strafandrohung von Art. 29 BewG setzen sich nicht nur die Vertragsparteien aus, sondern beispielsweise auch eine *Urkundsperson*, die falsche Angaben zur Finanzierung eines Grundstückkaufvertrags macht (BGE 121 IV 185 ff.). Im Übrigen geht Art. 29 BewG als *lex specialis* Art. 251 StGB (Urkundenfälschung) und Art. 253 StGB (Erschleichung einer falschen Beurkundung) vor; d.h. es besteht keine Idealkonkurrenz (BGE 113 II 181 ff. E. 3/b/aa und BGE 117 IV 332 ff. E. 4). Denkbar bleibt hingegen eine (nachträgliche) Falschbeurkundung zwecks Verschleierung der Bewilligungspflichtigkeit des Vorgangs (BGE 125 IV 273 ff.).

C. Missachtung von Auflagen

102 Art. 30 BewG bedroht mit Gefängnis oder Busse, wer eine *Auflage* missachtet. Auch diese Strafandrohung hat heute nur noch eine geringe praktische Bedeutung, nachdem die Ausländer in aller Regel die in der Schweiz erworbenen Grundstücke auch dann behalten können, wenn die Voraussetzungen für den Erwerb dahingefallen sind.

103 Der Entscheid des Strafrichters präjudiziert nicht den Entscheid der Bewilligungsbehörde, die Erwerbsbewilligung wegen Missachtung von Auflagen zu widerrufen (Art. 25 Abs. 1 BewG). Der Widerruf einer Erwerbsbewilligung ist so auch dann möglich, wenn der Erwerber im Strafverfahren, beispielsweise wegen Schuldunfähigkeit, freigesprochen wird oder wenn gegen ihn gar nicht erst ein Strafverfahren eröffnet wird. Umgekehrt kann der Erwerber wegen Missachtung einer Auflage auch dann bestraft werden, wenn schliesslich auf deren Durchsetzung – wegen unbilliger Härte – verzichtet wird.

V. Schlussbemerkung

104 Ob die Schweiz Ausländern den Kauf von Grundstücken erlauben oder verbieten soll, ist eine *politische Frage*, die sich wissenschaftlicher Kritik entzieht[30]. Trotzdem weckt das Bewilligungsgesetz Bedenken. So lässt sich nicht begründen, weshalb Ausländern der Erwerb von Betriebsstätten gestattet wird, nicht aber der Erwerb von Grundstücken, die Wohnzwecken dienen. Die mit dem Bewilligungsgesetz bekämpfte «Überfremdung der Heimat» weist in beiden Fällen die genau gleiche Qualität auf. Nicht gerechtfertigt werden kann auch, dass die

---

[30] A.M. STEFANI, S. 409 ff., der in seiner Dissertation dezidiert für die Abschaffung oder zumindest (weitere) Lockerung des Bewilligungsgesetzes eintritt.

in der Schweiz ansässigen EU-Ausländer das Recht haben, beliebige Grundstücke zu kaufen, die sie erst noch nicht verkaufen müssen, wenn sie die Schweiz wieder verlassen. In der Sache ist es offensichtlich, dass ein in Zürich lebender Deutscher zu einer Ferienwohnung in St. Moritz keine nähere Beziehung hat als der in Mailand lebende Italiener. Wenn schon, so legten geografische (und damit auch ökologische Überlegungen) die genau gegenteilige Lösung nahe. Schliesslich fällt es auch schwer, die Vorzugsbehandlung zu akzeptieren, die EU-Ausländer gegenüber Angehörigen von Drittstaaten geniessen. Während die in der Schweiz lebenden EU-Ausländer Gleichbehandlung mit Schweizer Bürgern einfordern können, erlangen die Angehörigen von Drittstaaten dieses Recht in der Regel erst nach einem 10-jährigen, nicht minder rechtmässigen Aufenthalt in der Schweiz.

Bei der Formulierung dieser Kritik geht es nicht nur um die fragwürdige Ungleichbehandlung von Ausländern. Mindestens so schwer wiegt, dass davon auch der (meist) schweizerische Grundeigentümer betroffen ist, der sein Grundstück verkaufen will. Zumindest dieser kann sich auf die *Eigentumsgarantie* berufen (Art. 26 BV). Er hat damit Anspruch darauf, dass die vom Staat erlassenen Verfügungsbeschränkungen nicht nur den Gesetzen politischer Opportunität gehorchen. 105

An der teilweisen *Verfassungswidrigkeit* des Bewilligungsgesetzes[31] ändert auch die Tatsache nichts, dass sich das Bundesgericht nicht über das Bewilligungsgesetz hinwegsetzen darf (Art. 191 BV). Gerade der Verzicht auf eine Verfassungsgerichtsbarkeit müsste für den Gesetzgeber Ansporn sein, den verfassungsrechtlichen Anforderungen selber die nötige Aufmerksamkeit zu schenken. 106

So klar die Diagnose, so schwierig die Therapie. Mit dem Freizügigkeitsabkommen hat die Schweiz eine so genannte *Standstill*-Verpflichtung übernommen[32]. Diese verbietet es der Schweiz, das einmal erreichte Liberalisierungsniveau zurückzunehmen. Die geschilderten Probleme lassen sich so – bei realistischer Be- 107

---

[31] Dass das Bewilligungsgesetz verfassungsrechtliche Probleme aufwirft, räumt – indirekt – auch der Bundesrat ein. So beantragt er in einem Vernehmlassungsbericht (Bern 2001), das 1. Zusatzprotokoll zur Europäischen Menschenrechtskonvention (1. ZP/EMRK) – dessen Art. 1 garantiert das Eigentum – nur unter dem Vorbehalt des Bewilligungsgesetzes zu ratifizieren. Der Bundesrat hält (heute) dafür, dass die Diskriminierung von Ausländern auf dem schweizerischen Bodenmarkt grundsätzlich nicht mit Art. 1 1. ZP/EMRK vereinbar ist, während ich der Meinung bin, dass sich die verfassungs- und völkerrechtliche Kritik auf gewisse Unterscheidungen zu beschränken hat, die das Bewilligungsgesetz vornimmt und die keinen Bezug zur Ausländereigenschaft des Käufers erkennen lassen. Einzuräumen ist allerdings, dass die Rechtsprechung des Europäischen Gerichtshofs für Menschenrechte (EGMR) zu wenig gefestigt ist, um verlässliche Aussagen über den Ausgang eines allfälligen Verfahrens zu machen. Insofern ist die bundesrätliche Vorsicht durchaus am Platz.
[32] Vgl. Schöbi, Freizügigkeitsabkommen, F/c.

trachtung – letztlich nur durch die Aufhebung des Bewilligungsgesetzes lösen. Der Bundesrat und das Parlament mögen diese Lösung des Problems begrüssen. Namentlich die Volksabstimmung von 1995 hat aber gezeigt, dass dafür heute wohl noch keine Mehrheit bei den Schweizer Stimmberechtigten zu finden ist. Mit dem unbefriedigenden *Status quo* wird man damit noch einige Zeit leben müssen.

§ 9
Grundstückkauf: Internationales Privatrecht und Internationales Zivilprozessrecht

Ivo Schwander

INHALTSVERZEICHNIS   Seite

I. **Internationale Zuständigkeiten der schweizerischen
    Gerichte und Behörden**.. 437
    1. Direkte schweizerische Gerichtszuständigkeiten für Klagen
       aus Grundstückkäufen.. 437
    2. Schweizerische Zuständigkeit für Eintragungen
       im Grundbuch.. 438
    3. Schweizerische Zuständigkeit zur Beurkundung
       von Grundstückverträgen..................................... 438
    4. Vorbehaltenes Staatsvertragsrecht........................... 439

II. **Das auf den Grundstückkauf anwendbare Recht**.................. 439
    1. Zum Verweisungsbegriff...................................... 439
    2. Zur Qualifikation des Grundstückbegriffs.................... 440
    3. Die primäre Anknüpfung: Rechtswahl (Art. 119 Abs. 2 IPRG).   441
    4. Die sekundäre Anknüpfung: Recht am Lageort
       des Grundstückes (Art. 119 Abs. 1 IPRG).................... 442

III. **Abgrenzung des Vertragsstatuts vom Sachstatut**................ 443

IV.	**Teilfragen, Behelfe des sog. Allgemeinen Teils des IPR**	444
	1. Vom Vertragsstatut losgelöste Teilfragen.................	444
	A. Handlungsfähigkeit	444
	B. Stellvertretung	445
	C. Weitere Teilfragen..............................	446
	2. Behelfe des sog. Allgemeinen Teils des IPR...............	446
	A. Ordre public..................................	446
	B. Lois d'application immédiate	447
	C. Sonderanknüpfung zwingenden ausländischen Rechts ...	447
	D. Ausnahmeklausel	448
V.	**Die Form der Immobiliarverträge**	448
	1. Das auf die Form von Grundstückkäufen anwendbare Recht..	448
	A. Grundstücke in der Schweiz.......................	448
	B. Grundstücke im Ausland	449
	2. Zuständigkeit zur öffentlichen Beurkundung...............	449
	A. Grundstücke im Ausland	449
	B. Grundstücke in der Schweiz.......................	450
VI.	**Anerkennung und Vollstreckung ausländischer Entscheidungen**	451
	1. Die Regelung des IPRG...............................	451
	2. Für die Schweiz verbindliche bilaterale Staatsverträge.......	452
	3. Lugano-Übereinkommen	452

I. Internationale Zuständigkeiten der schweizerischen Gerichte und Behörden

1. Direkte schweizerische Gerichtszuständigkeiten für Klagen aus Grundstückkäufen

Für die **Beurteilung schuldrechtlicher Ansprüche aus Grundstückkaufverträgen** (Zahlung des Kaufpreises, Nebenpflichten des Verkäufers) bestehen schweizerische Gerichtszuständigkeiten gestützt auf Art. 112 und 113 IPRG[1] am Wohnsitz, am gewöhnlichen Aufenthalt oder an der Niederlassung der beklagten Partei in der Schweiz, gegebenenfalls am schweizerischen Erfüllungsort[2].

Bei der Klage auf **Erfüllung der Hauptleistungspflicht des Verkäufers** ist wie folgt zu unterscheiden: Begründet der Kaufvertrag nach dem auf ihn anwendbaren in- oder ausländischen Recht lediglich eine **schuldrechtliche** Pflicht zur Übertragung von Eigentum, und ersetzt somit die Gutheissung der Erfüllungsklage die zum Zwecke der Eigentumsübertragung erforderlichen formrichtigen Willenserklärungen, hat der schweizerische Richter ebenfalls seine Zuständigkeit unter den Voraussetzungen der Art. 112 und 113 IPRG zu bejahen[3]. Geht hingegen nach dem anwendbaren ausländischen Recht das Eigentum am Grundstück unmittelbar mit dem Kaufvertrag oder mit dessen gerichtlicher Anerkennung über, so liegt in Bezug auf die Hauptpflicht des Verkäufers auch eine Klage um **dingliche** Rechte vor[4]. Für die Beurteilung dinglicher Rechte an in der Schweiz gelegenen Grundstücken nimmt diesfalls Art. 97 IPRG ausschliessliche schweizerische Zuständigkeit in Anspruch[5]. Für dingli-

---

[1] Bundesgesetz über das Internationale Privatrecht vom 18. Dezember 1987, in Kraft seit 1.1.1989 (SR 291).

[2] Zur Auslegung dieser Zuständigkeitsnormen SCHWANDER Ivo, Internationales Vertragsschuldrecht – direkte Zuständigkeit und objektive Anknüpfung, FS Rudolf Moser, Zürich 1987, S. 79 ff., 97 f.; KELLER MAX/KREN KOSTKIEWICZ JOLANTA in: HEINI ANTON/KELLER MAX/SIEHR KURT/VISCHER FRANK/VOLKEN PAUL (Hrsg.), IPRG-Kommentar, Zürich 1993, Art. 112 und 113 IPRG; AMSTUTZ MARC/VOGT NEDIM PETER/WANG MARKUS in: HONSELL HEINRICH/VOGT NEDIM PETER/ SCHNYDER ANTON K. (Hrsg.), Internationales Privatrecht, Basel 1996, zu Art. 112 und 113 IPRG.

[3] CORNUT ERIC, Der Grundstückkauf im IPR unter Einschluss der Zuständigkeitsverweisungen und des interkantonalen Konflikts, Basel 1987, S. 44 ff. Vgl. den Entscheid des Walliser Kantonsgerichts vom 20.11.1998, SZIER/RSDIE, Schweizerische Zeitschrift für Internationales und Europäisches Recht, 2000, S. 345 ff., mit Bemerkungen von Ivo SCHWANDER, loc.cit., S. 349 ff.

[4] Vgl. CORNUT (zit. in Anm. 3), S. 44.

[5] «Eine prorogatio fori ist nicht zulässig. Selbstverständlich bezieht sich die Ausschliesslichkeit nur auf Klagen hinsichtlich dinglicher Rechte, nicht auf solche, die das obligatorische Grundgeschäft betreffen (BGE 102 II 143)», Botschaft des Bundesrates vom 10.11.1982, BBl 1983 I, S. 394 Nr. 272.

che Klagen, welche im Ausland gelegene Grundstücke betreffen, besteht m.E. in der Schweiz einzig gegebenenfalls eine Notzuständigkeit nach Art. 3 IPRG[6].

3   Besteht aufgrund des anwendbaren schweizerischen Rechts eine **notwendige passive Streitgenossenschaft** (z.B. Miteigentümer als Verkäufer, von welchen die Eigentumsübertragung gefordert wird; Art. 648 ZGB) und wohnt ein Teil der Beklagten im Ausland, muss eine schweizerische Notzuständigkeit nach Art. 3 IPRG angenommen werden, wenn das Grundstück in der Schweiz liegt[7].

2. Schweizerische Zuständigkeit für Eintragungen im Grundbuch

4   Für Eintragungen in den einschlägigen Registern sind die **Registerführer am Ort** des gelegenen Grundstückes zuständig. So ist ausschliesslich der schweizerische Grundbuchführer am Lageort zu Eintragungen im Grundbuch zuständig, insoweit das Grundstück in der Schweiz liegt. Erstreckt sich ein Grundstück auf das Gebiet mehrerer Staaten, so bildet das in der Schweiz gelegene Teilstück ein selbständiges Grundstück, für welches der schweizerische Grundbuchführer zuständig ist und welches schweizerischem Recht unterliegt[8].

3. Schweizerische Zuständigkeit zur Beurkundung von Grundstückverträgen

5   Hierauf wird im Zusammenhang mit der Form eingegangen werden (vgl. hinten V.2).

---

[6] CORNUT (zit. in Anm. 3), S. 48, rät im Falle der ausschliesslichen Gerichtszuständigkeit am ausländischen Lageort, wenn dessen Recht für den Eigentumsübergang inter partes dem Konsensprinzip folgt, zur Zurückhaltung in der Bejahung schweizerischer Zuständigkeiten; jedoch scheint dieser Autor auch in diesem Falle von der prinzipiellen Zuständigkeit nach Art. 112 f. IPRG auszugehen, wohl in der Meinung, es liege *auch* eine schuldrechtliche Klage vor (vgl. CORNUT [zit. in Anm. 3], S. 133). – Aus Art. 97 IPRG ist m.E. e contrario auf eine fehlende ordentliche schweizerische Zuständigkeit zu schliessen.

[7] Vgl. Bemerkungen I. SCHWANDER zum Urteil des Kantonsgerichts Wallis vom 20.11.1998, SZIER/RSDIE 2000, S. 349 ff. (zit. in Anm. 3), spez. S. 350.

[8] CORNUT (zit. in Anm. 3), S. 21, unter Hinweis auf HOMBERGER, ZürKomm, N 49 vor Art. 942 ZGB.

4. Vorbehaltenes Staatsvertragsrecht

Der dargestellten Rechtslage nach IPRG geht Staatsvertragsrecht (Art. 1 Abs. 2 IPRG)[9] vor.

Seit dem 1. Januar 1992 steht für die Schweiz das sog. **Lugano-Übereinkommen** in Kraft: Übereinkommen über die gerichtliche Zuständigkeit und die Vollstreckung gerichtlicher Entscheidungen in Zivil- und Handelssachen vom 16. September 1988[10]. Vertragliche Streitigkeiten sind, wenn die beklagte Partei in einem Konventionsstaat wohnt bzw. Sitz hat, an diesem Wohnsitz bzw. Sitz (Art. 2 Abs. 1) oder am Erfüllungsort (Art. 5 Ziff. 1) anzubringen. Ferner kommen spezielle Zuständigkeiten aufgrund der Niederlassung (Art. 5 Ziff. 5), aufgrund des Sachzusammenhangs (Art. 6 Ziff. 1 und 4), aufgrund einer Zuständigkeitsvereinbarung (Art. 17) oder der Einlassung (Art. 18) in Betracht. Die ausschliessliche Zuständigkeit am Lageort des Grundstückes (Art. 16 Ziff. 1 lit. a) kommt nur zum Zug, wenn dingliche Rechte Gegenstand der Klage bilden, d.h. wenn nach dem anwendbaren Recht der Anspruch des Käufers auf Eigentumsübertragung dinglich und nicht bloss schuldrechtlich ist. Ist also schweizerisches Recht auf den Grundstückkauf anwendbar, steht die Gerichtszuständigkeit nach Art. 16 Ziff. 1 lit. a nicht zur Verfügung[11].

II. Das auf den Grundstückkauf anwendbare Recht

1. Zum Verweisungsbegriff

Art. 119 Abs. 1 IPRG unterstellt *«Verträge über Grundstücke oder deren Gebrauch»* dem Recht des Staates, in dem sich die Grundstücke befinden. Im Rahmen ihres Anwendungsbereiches unterscheidet diese Kollisionsregel somit

---

[9] Zum Ausmass des Vorbehaltes in Art. 1 Abs. 2 IPRG, welcher m.E. über den allgemein anerkannten Vorrang des Völkerrechts vor Landesrecht hinausgeht, vgl. SCHWANDER IVO, Das Internationale Familienrecht der Schweiz, Band I, St. Gallen 1985, S. 450 ff.
[10] SR 0.275.11.
[11] KROPHOLLER JAN, Europäisches Zivilprozessrecht, Kommentar zu EuGVÜ und Lugano-Übereinkommen, 5. A. Heidelberg 1996, N 21 zu Art. 16; DONZALLAZ YVES, La Convention de Lugano, Band III, Bern 1998, S. 794 ff. Letzterer Autor weist darauf hin, dass insbesondere in den Rechtsordnungen von Frankreich, Belgien und Luxemburg das Eigentum mit dem Vertragsschluss übergeht, ebenso weitestgehend im italienischen Recht sowie im englischen equity-Recht, vgl. loc. cit., S. 796.

nicht spezifisch zwischen Verträgen, welche auf die Übertragung des Eigentums, und solchen, welche auf Einräumung weniger weit gehender Rechte an Grundstücken angelegt sind. Unter dem Verweisungsbegriff **Verträge über Grundstücke und deren Gebrauch** hat man u.a. zu verstehen: Kauf, Schenkung, Begründung beschränkter dinglicher Rechte (Dienstbarkeiten, Pfandrechte usw.), Einräumung obligatorischer Rechte wie Pacht, Miete, Untermiete, Time-Sharing und Leasing von Immobilien[12]; **nicht** aber reine Werkverträge, Liegenschaftsverwaltungsaufträge und Kreditverträge (auch wenn sie mit Hypotheken[13] gesichert werden) und auch nicht Grundstücktauschverträge. Für die Einordnung ins IPRG ist es deshalb vorerst bedeutungslos, ob die mit dem Vertrag angestrebte Berechtigung am Grundstück dinglicher oder obligatorischer Natur sei. Damit entgeht Art. 119 IPRG schwierigen Qualifikationsproblemen. Für die Bestimmung des anwendbaren Rechtes nach Art. 119 Abs. 1 IPRG ist es nämlich vorerst unerheblich, ob das allenfalls anwendbare ausländische Recht einen dem schweizerischen oder kontinentaleuropäischen vergleichbaren Eigentumsbegriff kennt, ebenso ob die massgebliche ausländische Rechtsordnung überhaupt in vergleichbarer Weise zwischen dinglichen und obligatorischen Rechten unterscheidet[14].

9   Art. 119 Abs. 1 IPRG regelt jedoch nur das auf *Schuldverträge*, welche Grundstücke betreffen, anwendbare Recht. Bilden Bestand (gegenüber jedermann) oder Inhalt des Eigentums oder anderer dinglicher Rechte an Grundstücken Gegenstand der zu beurteilenden Hauptfrage oder geht es um einen *gesetzlichen Erwerb aus Sachenrecht*, ist Art. 99 IPRG massgeblich. Übertragungen von Grundstücken infolge erb- oder ehegüterrechtlicher Vorgänge, auch solche im Rahmen von Erbteilungs- und Eheverträgen, unterstehen dem Erb- bzw. Güterrechtstatut.

2. Zur Qualifikation des Grundstückbegriffs

10 Was unter einem **Grundstück** im Sinne des Art. 119 IPRG zu verstehen ist, beurteilt sich m.E. letztlich nach dem *Recht am Lageort*, d.h. dem anwendbaren Recht. Denn ein anderer Begriff des Grundstückes liesse sich am Ort, wo das

---

[12] SCHWANDER (zit. in Anm. 2), S. 90.
[13] KNELLER MICHAEL W. in: HONSELL/VOGT/SCHNYDER (zit. in Anm. 2), N 4 und 5 zu Art. 119 IPRG.
[14] Vgl. zur entsprechenden abweichenden Rechtslage in den USA HAY PETER, Einführung in das amerikanische Recht, 2. A. Darmstadt 1987, S. 92 ff.; DUTOIT BERNARD, Der Eigentumsbegriff im kontinentalen Recht, in den sozialistischen Ländern und im Common Law, in: STURM FRITZ (Hrsg.). Wahlfach Internationales Privatrecht und Rechtsvergleichung, Heidelberg 1982, S.197 ff.

Grundstück liegt, gar nicht effektiv durchsetzen. Der Begriff der Immobilie ist somit lege causae, insoweit die lex causae mit der lex rei sitae zusammenfällt, zu qualifizieren[15]. Nach der lex rei sitae beurteilt sich insbesondere, ob eine Sache beweglich oder unbeweglich, ob sie Bestandteil oder Zugehör ist[16].

3. Die primäre Anknüpfung: Rechtswahl (Art. 119 Abs. 2 IPRG)

Mit Ausnahme der Frage der Form (Art. 119 Abs. 3 IPRG) untersteht der Grundstückkaufvertrag primär, wie die meisten Schuldverträge[17], dem **von den Vertragsparteien gewählten Recht**. Der Gesetzgeber hat sich richtigerweise für die Rechtswahlfreiheit auch in diesem Bereich des Schuldvertragsrechts entschieden[18]. Zumeist dürfte zwar das Interesse der Parteien an einer klaren und einfachen Abwicklung des Geschäftes dafür sprechen, von einer Rechtswahl abzusehen, um mit der subsidiären objektiven Anknüpfung das Recht am Lageort und damit das für die dinglichen Rechte anwendbare Recht zum Zuge kommen zu lassen.   11

Wohnen hingegen z.B. beide Vertragsparteien in der Schweiz und befindet sich das Kaufsobjekt, ein Ferienhaus, im Ausland, so kann durchaus ein praktisches Bedürfnis danach bestehen, die schuldrechtlichen Verpflichtungen dem beiden Parteien besser vertrauten Wohnsitzrecht zu unterstellen. Auch ist es denkbar, dass die Parteien den Vertrag bewusst einem Recht unterstellen wollen, das gegenüber einem Vertragsbrüchigen die wirksameren Sanktionen verspricht als das bei objektiver Anknüpfung anwendbare Recht. Selbst eine ausdrückliche Rechtswahl zugunsten des Rechts am Lageort kann u.U. sinnvoll sein, nämlich wenn nicht alle berührten Staaten die lex rei sitae anwenden würden. Diese Beispiele wollen nur mögliche Interessenlagen nennen, in welchen eine Rechtswahl getroffen wird. Selbstverständlich aber ist der Nachweis eines «vernünftigen» Rechtswahlinteresses nicht erforderlich.   12

---

[15] Zu den verschiedenen Lösungen des Qualifikationsproblems im Allgemeinen vgl. SCHWANDER IVO, Einführung in das Internationale Privatrecht, Band I: Allgemeiner Teil, 3. A. St. Gallen 2000, S. 124 ff. Für Qualifikation lege fori dieses Problems: KNELLER (zit. in Anm. 13), N 7 zu Art. 119 IPRG.
[16] MEIER-HAYOZ, BerKomm, N 779 vor Art. 641 ZGB.
[17] Eine Rechtswahl schliesst einzig Art. 120 Abs. 2 IPRG für Konsumentenverträge aus. Im Bereich des Arbeitsvertrages sowie der Verträge über Immaterialgüterrechte, welche im Arbeitsvertrag geschaffen worden sind, sehen Art. 121 Abs. 3 und Art. 122 Abs. 3 IPRG beschränkte Rechtswahlmöglichkeiten vor.
[18] Im Gegensatz zum Vorentwurf der Expertenkommission sah schon der bundesrätliche Gesetzesentwurf die Rechtswahl für den Grundstückkauf vor, vgl. Botschaft des Bundesrates, BBl 1983 I, S. 411 f. Nr. 282.24.

13   Im Einzelnen hat die Rechtswahl den Anforderungen des Art. 116 IPRG zu genügen[19]. Sie ist aber formfrei gültig.

4. Die sekundäre Anknüpfung: Recht am Lageort des Grundstückes (Art. 119 Abs. 1 IPRG)

14   1. Wurde keine gültige oder überhaupt keine Rechtswahl getroffen, unterstehen Immobiliarkaufverträge und andere Verträge über Grundstücke und deren Gebrauch nach Art. 119 Abs. 1 IPRG «dem Recht des Staates, in dem sich die Grundstücke befinden». Die **Anknüpfung an die lex rei sitae** ergibt sich aus dem Bestreben, möglichst dasselbe Recht auf diese obligatorischen Verträge *und* auf die dinglichen Rechte, die begründet oder tangiert werden, zur Anwendung zu bringen. Mit Hilfe dieser Anknüpfung werden die wesentlichen in einer sachenrechtlichen Ordnung verwirklichten Grundsätze – wie z.B. im kontinentaleuropäischen Recht das Publizitätsprinzip und der numerus clausus dinglicher Rechte – konsequent durchgesetzt. Ein Gerichtsurteil, das in einem anderen Staat in Anwendung eines anderen Rechts als demjenigen am Lageort erginge, würde im Staat, in dem das Grundstück liegt, ohnehin nicht vollstreckt, wenn es wesentlichen Prinzipien der örtlichen Sachenrechtsordnung widerspricht. Es kommt hinzu, dass immer mehr Staaten dazu übergehen mussten, öffentlich-rechtliche Schutznormen für Mieter, Pächter und die Landwirtschaft zu erlassen sowie den Erwerb von Grundstücken durch Personen im Ausland einzuschränken. Solche Regelungen werden regelmässig im Staat, in dem das Grundstück liegt, zwingend als «lois d'application immédiate» durchgesetzt (vgl. hinten IV.2.B). Unter allen diesen Gesichtspunkten drängt sich die Anknüpfung an den Lageort geradezu auf[20].

15   2. Die objektive Anknüpfung in Art. 119 Abs. 1 IPRG stellt nur eine leichte Abwandlung von dem in Art. 117 Abs. 2 und 3 IPRG festgelegten Prinzip dar. Der Verkäufer erbringt die charakeristische Leistung, nur wird in Art. 119 Abs. 1 IPRG nicht an den gewöhnlichen Aufenthalt des Verkäufers angeknüpft, sondern an den permanenten Lageort des Leistungsgegenstandes bzw. an den Erfüllungsort der charakteristischen Leistung[21].

---

[19] Zur Rechtswahl im IPRG: HEINI ANTON, Die Rechtswahl im Vertragsrecht und das neue IPR-Gesetz, FS Rudolf Moser, Zürich 1987, S. 67 ff.; SCHWANDER Ivo, Zur Rechtswahl im IPR des Schuldvertragsrechts, FS Max Keller, Zürich 1989, S. 473 ff.; SCHWANDER Ivo, Subjektivismus in der Anknüpfung im internationalen Privatrecht, FS P. Lalive, Basel 1993, S. 791 ff.; AMSTUTZ/VOGT/WANG (zit. in Anm. 2), zu Art. 116 IPRG; SCHWANDER Ivo, Einführung in das internationale Privatrecht, Band II: Besonderer Teil, 2. A. St. Gallen 1998, S. 219 ff.

[20] Vgl. die Argumente in der Botschaft des Bundesrates, BBl 1983 I, S. 411 Nr. 282.24.

[21] SCHNITZER ADOLF F., Handbuch des internationalen Privatrechts, Band I, 4. A. Basel 1958, S. 686 f.

III. Abgrenzung des Vertragsstatuts vom Sachstatut

1. Das auf den **Schuldvertrag**, mit welchem das Grundstück veräussert wird, anwendbare Recht (*Vertragsstatut*, Art. 119 Abs. 1 und 2 IPRG) ist von der Rechtsordnung abzugrenzen, welche für die Beurteilung **sachenrechtlicher Berechtigungen** massgeblich ist (*Sachstatut*, Art. 99 IPRG). Zwar knüpfen beide einschlägigen Kollisionsregeln an den Lageort des Grundstückes an, jedoch besteht im Bereich des Vertragsstatuts die Möglichkeit einer Rechtswahl (Art. 119 Abs. 2 IPRG), welche im Sachstatut für Grundstücke nicht zugelassen ist[22].

16

2. Das **Sachstatut** (Art. 99 IPRG) bestimmt, ob und welche dinglichen Rechte an einem Grundstück bestehen und welchen Inhalt diese Berechtigungen am Grundstück haben können, ebenso wie diese Berechtigungen erworben werden und verloren gehen. Im Einzelnen umfasst das Sachstatut somit u.a. den numerus clausus dinglicher Rechte, ob und welche Arten von Eigentum (Alleineigentum, Mit- oder Gesamteigentum) und von sachenrechtlich wirksamen Beschränkungen und Belastungen des Grundeigentums (z.B. Dienstbarkeiten, Pfandrechte, Hypotheken) zulässig sind[23]. Das Sachstatut bestimmt sodann, welche dinglichen Berechtigungen durch Rechtsgeschäfte übertragen werden können und unter welchen Voraussetzungen das Eigentum und beschränkte dingliche Rechte auf den Erwerber übergehen; namentlich ob das Eigentum mit dem Vertragsschluss oder erst mit Abschluss eines weiteren sachenrechtlichen Rechtsgeschäftes oder mit Eintrag in einem Register (Grundbuch) wirksam übergeht. Dem Sachstatut unterliegen ferner die dinglichen Klagen (Klagen aus Eigentum, aus anderen dinglichen Rechten, aus Besitz)[24].

17

3. Nach **Vertragsstatut** (Art. 119 Abs. 1 und 2 IPRG) beurteilt sich das schuldrechtliche Verhältnis unter den Vertragsparteien. Dazu gehören namentlich Konsens und Willensmängel, Erfüllung und Nichterfüllung des Vertrages, Verzugsfolgen, Gefahrenübergang, Gewährleistung, Pflicht zur Übernahme von Verträgen.

18

---

[22] Die beschränkte Rechtswahl in Art. 104 IPRG betrifft nur Mobilien. – Praktische Bedeutung hat die Differenzierung zwischen Vertragsstatut und Sachstatut hier trotz des prinzipiell gleichen Anknüpfungskriteriums (Lageort des Grundstückes) auch deshalb, weil Abweichungen vom Sachstatut mittels Ausnahmebehelfe des sog. Allgemeinen Teils des IPR (wie ordre public, zwingende Anwendung von Rechtssätzen gestützt auf Art. 18 und 19 IPRG; vgl. dazu hinten IV.2) seltener sein werden als Abweichungen vom Vertragsstatut. Der Situs ist eine starke, international überzeugende Anknüpfung.

[23] CORNUT (zit. in Anm. 3), S. 55 f.

[24] CORNUT (zit. in Anm. 3), S. 56.

19   4. Fallen Vertragsstatut und Sachstatut auseinander und wird im Kaufvertrag eine dingliche Berechtigung am Grundstück schuldrechtlich vereinbart, wie sie das Sachstatut (lex rei sitae) nicht kennt, so stellt sich regelmässig die Frage, ob eine Anpassung (Adaptation)[25], eine Übertragung des Vereinbarten in die Denkkategorien des Sachenrechts am Lageort des Grundstücks möglich ist. Es ist also nach dem Äquivalenzprinzip zu prüfen, ob der Erwerber in den juristischen Begriffskategorien des Rechts am Lageort funktionell in etwa die Rechtsposition eingeräumt erhalten kann, die ihm im Schuldvertrag versprochen worden ist[26]. Ist eine solche Anpassung des Vertragsstatuts an das Sachstatut nicht möglich, scheitert sie beispielsweise am numerus clausus dinglicher Rechte, so sind Voraussetzungen und Folgen der Nichterfüllung bzw. nicht richtigen Erfüllung nach Vertragsstatut zu beurteilen[27].

IV. Teilfragen, Behelfe des sog. Allgemeinen Teils des IPR

1. Vom Vertragsstatut losgelöste Teilfragen

A. Handlungsfähigkeit

20   1. Art. 35 Satz 1 IPRG unterstellt die *Handlungsfähigkeit* dem Recht am Wohnsitz der betreffenden natürlichen Person. Die Frage der Handlungsfähigkeit wird gesondert angeknüpft, also vom Vertrags- oder andern Wirkungsstatut losgelöst beantwortet[28]. Es wird damit Konstanz, eine «Ubiquität» in der Beurteilung der Handlungsfähigkeit begünstigt[29]. Die Unterstellung der Handlungsfähigkeit unter das Vertragsstatut hingegen hätte die unerwünschte Konsequenz, dass auch bezüglich dieser eine Rechtswahl zulässig wäre; eine solche muss aber ausgeschlossen sein, will man Handlungsunfähige wirksam schützen.

---

[25] Zur Anpassung im Allgemeinen: SCHWANDER (zit. in Anm. 15), S. 198 ff.
[26] CORNUT (zit. in Anm. 3), S. 79, weist darauf hin, dass ausländische Zwischenformen dinglicher Berechtigungen in Konstruktionen wie Baurecht, Wohnrecht, Nutzniessung ihr sachenrechtliches Äquivalent im ZGB finden können.
[27] Vermehrte Anstrengungen um eine Anpassung sind zu unternehmen, wenn Diskrepanzen zwischen Vermögensstatut (wie Erb- oder Güterrechtstatut) einerseits und Sachstatut anderseits zu überbrücken sind, denn in diesen Situationen fehlt im Vermögensstatut oftmals eine Norm, welche die Unmöglichkeit der Anpassung auszugleichen vermöchte; vgl. CORNUT (zit. in Anm. 3), S. 78.
[28] Vgl. Votum J. F. Aubert, Amtl. Bull. 1985 (Ständerat), S. 140 f.
[29] So VISCHER FRANK/HUBER LUCIUS/OSER DAVID, Internationales Vertragsrecht, 2. A. Bern 2000, S. 411 f.

Das Handlungsfähigkeitsstatut sagt nur, ob der Handelnde bezüglich des in Frage stehenden Rechtsgeschäftes handlungsfähig sei. Ob ein Kaufvertrag überhaupt gänzlich oder teilweise Handlungsfähigkeit erfordert und welches die Folgen fehlender Handlungsfähigkeit sind, bestimmt hingegen das auf dieses Rechtsgeschäft anwendbare Recht[30].   21

Hat die zuständige in- oder ausländische Behörde durch Gerichtsentscheid oder Verwaltungsakt einer Person nach Abklärung der Umstände des Einzelfalles die Handlungsfähigkeit entzogen oder beschränkt (Entmündigung und andere Schutzmassnahmen), so geht ein solcher nach Art. 85 IPRG in der Schweiz anzuerkennender Gestaltungsakt dem Art. 35 IPRG vor. Analoges gilt für Mündigerklärungen.   22

2. Massgeblich ist der *Wohnsitz* der handelnden Person *zur Zeit der rechtlich relevanten Handlung* (Vertragsabschluss). Ein Wechsel des Wohnsitzes berührt gemäss Art. 35 Satz 2 IPRG die einmal erworbene Handlungsfähigkeit nicht. Dies gilt für alle Wohnsitzwechsel, für solche aus dem Ausland in die Schweiz, für solche aus der Schweiz ins Ausland und für solche von einem ausländischen Staat in einen andern. In der Optik des schweizerischen IPR geht die in irgendeinem Domizilstaat erworbene Handlungsfähigkeit nicht unter. Im Wesentlichen behebt Art. 35 Satz 2 die Handlungsunfähigkeit infolge Wohnsitzwechsels in einen Staat mit höherem Mündigkeitsalter.   23

3. Der besondere Verkehrsschutz nach Art. 36 Abs. 1 IPRG findet *keine Anwendung* auf familien- oder erbrechtliche Rechtsgeschäfte oder *auf Rechtsgeschäfte über dingliche Rechte an Grundstücken*, so Art. 36 Abs. 2 IPRG.   24

4. Für Schweizer im *Iran* und für *Iraner* in der Schweiz wird gestützt auf Art. 8 Abs. 3 und 4 des Niederlassungsabkommens vom 25. April 1934[31] die Handlungsfähigkeit nach Heimatrecht beurteilt (Art. 1 Abs. 2 IPRG).   25

B. Stellvertretung

Für die rechtsgeschäftliche Stellvertretung und die Frage des falsus procurator ist die selbständige Kollisionsregel des Art. 126 IPRG zu beachten. Die organschaftliche Stellvertretung richtet sich nach dem Gesellschaftsstatut (Art. 155 lit. i IPRG). Diese Bestimmungen sind auch auf die Vertretung beim Abschluss eines Grundstückkaufvertrages anwendbar.   26

---

[30] So SCHWANDER (zit. in Anm. 18), S. 15; VISCHER/HUBER/OSER (zit. in Anm. 29), S. 417; a.M. BUCHER, BerKomm, N 89 und 90 vor Art. 12–19 ZGB, welcher auch die Frage, ob ein Vertrag Handlungsfähigkeit erfordere, dem Handlungsfähigkeitsstatut unterwerfen will.

[31] SR 0.142.114.362.

27 Davon zu unterscheiden ist die Vollmacht zur Vornahme dinglicher Verfügungen, welche dem Recht am Lageort des Grundstückes unterliegt[32]; zu diesem Ergebnis kommt man durch eine mittels Art. 15 Abs. 1 IPRG korrigierte Auslegung des Art. 126 Abs. 2 IPRG.

C. Weitere Teilfragen

28 Für Fragen, welche eine *Mehrheit von Schuldnern* aufwirft, sind die Art. 143 und 144 IPRG massgeblich. *Übergänge von Forderungen* durch rechtsgeschäftliche Abtretung oder kraft Gesetzes unterliegen dem in Art. 145 und 146 IPRG bezeichneten Recht. *Währungsfragen* sind in Art. 147 IPRG geregelt. Für *Verrechnung* ist Art. 148 Abs. 2 IPRG zu konsultieren. Die Spezialregel in Art. 123 IPRG zum *Schweigen auf einen Antrag* kann allenfalls gegenüber einem Vertragsstatut helfen, welches für die schuldrechtliche Bindung zu einem Grundstückkauf keine qualifizierte Form vorschreibt. Das in Art. 125 IPRG für *Erfüllungs- und Untersuchungsmodalitäten* bezeichnete Recht dürfte regelmässig mit der lex rei sitae zusammenfallen.

29 Seit jeher wird die Teilfrage der *Vertragsform* speziell angeknüpft. Der praktischen Bedeutung wegen wird das Formstatut an anderer Stelle ausführlich abgehandelt (vgl. hinten V.).

2. Behelfe des sog. Allgemeinen Teils des IPR

A. Ordre public

30 Da das Vertragsstatut bei objektiver Anknüpfung regelmässig mit dem Sachstatut bzw. der lex rei sitae zusammenfällt, dürfte der ordre public mit negativer Funktion (Art. 17 IPRG) höchst selten von einem schweizerischen Gericht zu bejahen sein. Eine solche schweizerische Zensur am ausländischen Recht wäre im Staat, wo das Grundstück liegt, zumeist gar nicht durchsetzbar. Denkbar ist beispielsweise die Anrufung des ordre public, wenn ein ausländischem Recht unterliegender Kaufvertrag mit krass ungleicher Verteilung der Rechte und Pflichten zwischen den Vertragsparteien gegen einen Beklagten in der Schweiz unabhängig davon durchgesetzt werden sollte, ob das Grundstück im Ausland oder in der Schweiz liegt. Auch können die Geschäftspraktiken mancher Unternehmen, welche Interessierte in ein sonniges Land fahren und sie dort einen

---

[32] CORNUT (zit. in Anm. 3), S. 89. Zustimmend KNELLER (zit. in Anm. 13), N 20 zu Art. 119 IPRG.

nach Ortsrecht formgültigen schriftlichen Kaufvertrag unterzeichnen lassen, m.E. höchstens mit dem Behelf der Ausnahmeklausel, sofern keine Rechtswahl getroffen wurde (Art. 15 IPRG), bekämpft werden. Der Sinn des Art. 120 IPRG lässt m.E. die Unterstellung solcher Kaufverträge unter die Spezialregel für Konsumentenverträge[33] nicht zu.

B. Lois d'application immédiate

Als lois d'application immédiate (Art. 18 IPRG) des schweizerischen Rechts bleiben bezüglich in der Schweiz gelegener Grundstücke gegenüber dem Vertragsstatut vorbehalten: die Schutznormen zur Erhaltung des bäuerlichen Grundbesitzes[34], die Schutznormen zugunsten der Mieter und Pächter[35] sowie die Beschränkungen des Erwerbs von Grundstücken durch Personen im Ausland[36]. Diese sind vom schweizerischen Gericht unmittelbar anzuwenden, unabhängig davon, ob im Übrigen schweizerisches oder ausländisches Recht anwendbar ist[37].

31

C. Sonderanknüpfung zwingenden ausländischen Rechts

Als zwingende Rechtssätze, welche im Sinne des Art. 19 IPRG gesondert anzuknüpfen[38] sind, kommen insbesondere solche der Rechtsordnung am Erfüllungsort bzw. am Lageort in Frage. Es liegt nahe, schützenswerte Interessen im Sinne des Art. 19 Abs. 1 IPRG jedenfalls in den Bereichen zu bejahen, in welchen auch die Schweiz Spezialregeln zwingend durchsetzt (Schutz der Mieter und Pächter, Interessen der Landwirtschaft, Beschränkung des Grundstückerwerbs durch Personen im Ausland).

32

---

[33] Ebenso KELLER/KREN KOSTKIEWICZ (zit. in Anm. 2), N 13 zu Art. 119 IPRG, und VISCHER/HUBER/OSER (zit. in Anm. 28), S. 310. CORNUT (zit. in Anm. 3), S. 75 f., subsumiert demgegenüber gestützt auf den weiteren Wortlaut des Gesetzesentwurfes auch Grundstückkäufe u.U. unter die Kollisionsregel für Konsumentenverträge.

[34] Bundesgesetz über das bäuerliche Bodenrecht (BGBB) vom 4. Oktober 1991 (SR 211.412.11): Vorkaufsrechte der Verwandten und Pächter, Art. 42 ff. und 47 f.; Belastungsgrenzen nach Art. 848 Abs. 1 und 2 ZGB.

[35] Beispielsweise Art. 258–259i OR, Art. 266l–266o OR, Art. 269–270e OR, Art. 271–273c OR.

[36] Bundesgesetz über den Erwerb von Grundstücken durch Personen im Ausland (BewG) vom 16. Dezember 1983, SR 211.412.41.

[37] Über Begriff und Methode der lois d'application immédiate vgl. SCHWANDER (zit. Anm. 15), S. 237 ff.

[38] Zur Sonderanknüpfung zwingenden ausländischen Rechts vgl. SCHWANDER (zit. Anm. 15), S. 247 ff.; speziell zum Problem der Sonderanknüpfung bei Grundstückkäufen CORNUT (zit. in Anm. 3), S. 125 ff.

D. Ausnahmeklausel

33 Die Ausnahmeklausel (Art. 15 IPRG) soll dem *Prinzip des engsten Zusammenhanges* in Ausnahmesituationen, in welchen die gewöhnliche Anknüpfung ihr kollisionsrechtliches Ziel nicht erreicht, zum Durchbruch verhelfen[39]. Da die objektive[40] Anknüpfung den kollisionsrechtlichen Schwerpunkt in den weitaus meisten Fällen zu Recht im Lageort des Grundstückes sieht, spielt die Ausnahmeklausel hier wohl nur eine sehr geringe Rolle. Auch der Wohnsitz beider Vertragsparteien in der Schweiz allein begründet m.E. noch keine Ausnahme von der Anwendung der ausländischen lex rei sitae, weil die vertragstypische Leistung nur im Ausland und nur in den Formen des ausländischen Rechts erbracht werden kann[41].

V. Die Form der Immobiliarverträge

1. Das auf die Form von Grundstückkäufen anwendbare Recht

A. Grundstücke in der Schweiz

34 Für Kaufverträge bezüglich in der Schweiz gelegener Grundstücke schreibt Art. 119 Abs. 3 Satz 2 IPRG zwingend die **schweizerische Form** vor. Selbst wenn im Übrigen auf den Kaufvertrag ausländisches Recht anwendbar wäre (infolge Rechtswahl oder infolge einer Anwendung der Ausnahmeklausel) oder selbst wenn die Parteien die Form ausdrücklich einem andern Recht unterstellt hätten, darf das Schweizerische Gericht einen ein Grundstück in der Schweiz betreffenden Kaufvertrag nur unter den Voraussetzungen des Art. 216 OR (öffentliche Beurkundung) als formgültig ansehen. Art. 124 IPRG ist auf Grundstückverträge nicht anwendbar[42]. Dem Satz «locus regit actum» kommt keines-

---

[39] Zur Ausnahmeklausel SCHWANDER (zit. in Anm. 15), S. 172 ff.; KREUZER KARL in: Lausanner Kolloquium über den deutschen und den schweizerischen Gesetzesentwurf zur Neuregelung des Internationalen Privatrechts, Zürich 1984, S. 10 ff.; DUBLER CÉSAR E., Les clauses d'exception en droit international privé, Genf 1983.

[40] Gegenüber dem gewählten Recht kommt die Ausnahmeklausel ohnehin nicht zum Zuge, vgl. Art. 15 Abs. 2 IPRG.

[41] Für Anwendung der Ausnahmeklausel hingegen CORNUT (zit. in Anm. 3), S. 74, wenn die Belegenheit im Ausland das einzige nicht inländische Element darstellt.

[42] Botschaft des Bundesrates, BBl 1983 I, S. 412 Nr. 282.24.

wegs eine allgemeine Bedeutung zu; er überzeugt dort nicht, wo besondere
Schutz- oder Publizitätsinteressen bestehen[43].

B. Grundstücke im Ausland

Geht es um Grundstücke im Ausland, ist Art. 119 Abs. 3 Satz 1 IPRG massgeblich: «Die Form untersteht dem Recht des Staates, in dem sich das Grundstück befindet, es sei denn, dieses Recht lasse die Anwendung eines anderen Rechts zu.» Es liegt hier eine *Gesamtverweisung* vor, d.h. eine Rück- oder Weiterverweisung ist zu beachten[44]. Die meisten ausländischen Rechtsordnungen werden ebenfalls für die Form eines Kaufvertrages bezüglich eines im eigenen Territorium liegenden Grundstückes ausschliesslich die eigene Form zulassen. Begünstigt hingegen das internationale Privatrecht des Staates, in dem das Grundstück liegt, die Formgültigkeit auch der Immobiliarkaufverträge durch alternative Anknüpfung (z.B. Vertragsstatut, Recht des Ortes des Vertragsabschlusses)[45], so besteht für das schweizerische IPR natürlich kein Anlass, eine solche Rück- oder Weiterverweisung nicht zu beachten. Im Gegenteil geht das internationalprivatrechtliche Interesse daran vor, bezüglich der Formgültigkeit des Vertrages gleich wie das ausländische Gericht am Lageort des Grundstücks zu entscheiden. In diesem Rahmen kann eine Rechtswahl, allenfalls selbst eine blosse Teilrechtswahl, bezüglich des auf die Form anwendbaren Rechts, bedeutsam werden; aber nur, wenn sie nach dem IPR des Rechts am Lageort gültig ist.

35

2. Zuständigkeit zur öffentlichen Beurkundung

A. Grundstücke im Ausland

Ob ein Kaufvertrag über ein im Ausland gelegenes Grundstück wirksam in der Schweiz durch schweizerische Urkundspersonen öffentlich beurkundet werden kann, hängt entsprechend dem soeben Ausgeführten von der Haltung des Rechts am Lageort des Grundstückes ab (Art. 119 Abs. 3 Satz 1 IPRG).

36

---

[43] Vgl. dazu SCHNITZER ADOLF F., Das Problem der Form in internationalen Privatrecht, SJZ 1940, S. 357 ff.; FURGLER DOMINIK, Die Anknüpfung der Vertragsform im internationalen Privatrecht, Diss. Freiburg 1985.

[44] CORNUT (zit. in Anm. 3), S. 101 f. – Art. 119 Abs. 3 Satz 1 IPRG ist somit ein weiterer Fall des renvoi im Sinne des Art. 14 Abs. 1 IPRG. Hierzu SCHWANDER Ivo, Die Handhabung des neuen IPR-Gesetzes, in: HANGARTNER Yvo (Hrsg.), Die allgemeinen Bestimmungen des Bundesgesetzes über das internationale Privatrecht, St. Gallen 1988, S. 68 ff.

[45] Zur Rechtslage in der Bundesrepublik Deutschland, in Frankreich, Italien, Österreich, England und den USA eingehend CORNUT (zit. in Anm. 3), S. 102 ff.

37 Eine Amtspflicht für die Beurkundung eines Kaufvertrages über ein Grundstück im Ausland besteht grundsätzlich nicht, vorbehältlich einer Notzuständigkeit im Sinne des Art. 3 IPRG; allerdings ist ein solcher Sachverhalt schwerlich vorstellbar.

38 Sofern das ausländische Recht die schweizerische Form anerkennt, wird sich die Urkundsperson an die schweizerische Beurkundungsform halten; dies umso eher, wenn die Parteien eine nach dem IPR am ausländischen Lageort gültige Rechtswahl zugunsten des schweizerischen Rechts treffen. Anerkennt das Recht am Lageort eine schweizerische öffentliche Urkunde nur, wenn sie in den Formen der lex rei sitae abgefasst ist, hat sich die schweizerische Urkundsperson soweit möglich der ausländischen Form anzupassen[46]; allerdings ist die Urkundsperson auch bei Beurkundung in ausländischen Formen an bestimmte Grundsätze des schweizerischen Beurkundungsrechts wie Wahrheitspflicht, Bekanntgabe des Urkundeninhalts an die Parteien, Genehmigung und Unterzeichnung durch die Parteien gebunden.

B. Grundstücke in der Schweiz

39 1. Gemäss heutiger Rechtsprechung kann das Recht des Kantons, in dem das Grundstück liegt, vorsehen, dass nur von Urkundspersonen des Kantons oder Amtsbezirkes am Lageort vorgenommene Beurkundungen Grundlage für einen Eintrag ins Grundbuch bilden. Was im interkantonalen Verhältnis von der Gerichtspraxis aus Art. 55 SchlT ZGB abgeleitet wird, gilt a fortiori im internationalen Verhältnis[47]. Diese Praxis wurde in neuerer Zeit mit guten Gründen kritisiert[48].

40 2. Die Chancen, dass eine im Ausland nach schweizerischer Form vorgenommene Verurkundung eines Kaufvertrages über ein Grundstück in der Schweiz hier als ausreichende Grundlage für einen Eintrag ins Grundbuch anerkannt würde, sind nach wie vor äusserst minim. Schon seit längerem aber vertritt die herrschende Lehrmeinung die Auffassung, dass eine öffentliche Urkunde des Auslands, wenn sie in etwa einer schweizerischen Urkunde gleichwertig ist (Substituierbarkeit), in der Schweiz ausreichende Klagegrundlage bildet, um den Ver-

---

[46] CORNUT (zit. in Anm. 3), S. 111 f., schlägt hiefür die analoge Anwendung des allerdings für Rechtshilfe konzipierten Art. 11 Abs. 3 IPRG vor.
[47] WEBER K.E., Locus regit actum und seine Bedeutung für die öffentliche Beurkundung, ZBGR 1940, S. 1 ff.; MEIER-HAYOZ, BerKomm, N 157 f. zu Art. 657 ZGB; Entscheid des Zürcher Obergerichts vom 10.6.1987, ZR 1988 Nr. 49, S. 122 ff.
[48] CORNUT (zit. in Anm. 3), S. 22 ff.

käufer zur Abgabe der für die Eigentumsübertragung erforderlichen Willenserklärungen anzuhalten bzw. die Willenserklärung durch richterliches Urteil ersetzen zu lassen[49]. Art. 31 IPRG dehnt ja den Gedanken der Anerkennung und Vollstreckung ausländischer Entscheidungen auf Urkunden der freiwilligen Gerichtsbarkeit aus[50], womit der Grundsatzentscheid zugunsten der Freizügigkeit der Urkunden der freiwilligen Gerichtsbarkeit[51] verbunden ist. Was bedeutet aber die Substituierbarkeit in diesem Zusammenhang? Wesentlich ist auch hier, ob die Urkundspersonen des betreffenden ausländischen Staates im Allgemeinen von ihrer Ausbildung und von der Kontrolle her, welcher sie unterworfen sind, sowie aufgrund der Funktion, die sie im ausländischen Rechtsverkehr erfüllen, Gewähr dafür bieten, dass die wesentlichen Elemente des bundesrechtlichen Beurkundungsbegriffes nomalerweise von ihnen eingehalten werden.

VI. Anerkennung und Vollstreckung ausländischer Entscheidungen

1. Die Regelung des IPRG

1. Geht es um Anerkennung und Vollstreckung einer ausländischen Entscheidung bezüglich der *schuldrechtlichen Verpflichtungen* der Parteien (z.B. schuldrechtliche Pflicht zur Eigentumsübertragung, Kaufpreis, Auflösung oder Nichtigerklärung des Vertrages, Gewährleistungspflichten), so sind die in Art. 149 Abs. 1 und Abs. 2 lit. a und d IPRG enthaltenen Regeln einschlägig. Danach werden ausländische Entscheidungen über obligationenrechtliche Ansprüche in der Schweiz anerkannt, wenn sie im Staate ergangen sind, in dem der Beklagte Wohnsitz (Art. 20 lit. a IPRG) hatte oder in dem der Beklagte gewöhnlichen Aufenthalt (Art. 20 lit. b IPRG) hatte, wenn Ansprüche mit einer Tätigkeit an diesem Ort zusammenhängen. Ferner ist die ausländische Entscheidung, die eine vertragliche Leistung betrifft, in der Schweiz vollstreckbar, wenn sie im Staat der Erfüllung dieser Leistung ergangen ist, vorausgesetzt, dass der Beklagte seinen Wohnsitz nicht in der Schweiz hatte.

41

---

[49] SCHNITZER (zit. in Anm. 21), S. 590; LACHENAL JEAN-ADRIEN, Registre foncier et Droit international privé, ZBGR 1960, S. 10; MEIER-HAYOZ, BerKomm, N 158 zu Art. 657 ZGB; CORNUT (zit. in Anm. 3), S. 114 f.
[50] CORNUT (zit. in Anm. 3), S. 113.
[51] BÄRMANN JOHANNES, Die Freizügigkeit der notariellen Urkunde, Internationales Privatrecht der notariellen Urkunde, AcP 1960/61, S. 1 ff.; DÖLLE HANS, Über einige Kernprobleme des internationalen Rechts der freiwilligen Gerichtsbarkeit, RabelsZ 1962/63, S. 201 ff.

42   **2.** Ausländische Entscheidungen über *dingliche Rechte* an Grundstücken werden hingegen in der Schweiz nur anerkannt, wenn sie im Staat, in dem die Grundstücke liegen, ergangen sind oder wenn sie dort (nach dem internationalen Zivil- und Zwangsvollstreckungsrecht des Rechts am Lageort, eingeschlossen das für diesen Staat verbindliche Staatsvertragsrecht) anerkannt werden.

43   **3.** Im Weiteren sind die Art. 25 ff. IPRG zu beachten, insbesondere was die indirekten Zuständigkeiten der Gerichtsstandsvereinbarung, der Einlassung und der Widerklage anbelangt (Art. 26 lit. b–d IPRG)[52].

2. Für die Schweiz verbindliche bilaterale Staatsverträge

44   Gegenüber den Anerkennungs- und Vollstreckungsregeln des IPRG vorbehalten (Art. 1 Abs. 2 IPRG) sind namentlich bilaterale Staatsverträge im Verhältnis zu Liechtenstein[53] sowie zur Tschechischen und Slowakischen Republik. Besonders interessant ist in diesem Zusammenhang der Vertrag zwischen der Schweiz und der Tschechoslowakei von 1926, im Rahmen dessen ausdrücklich «gemischte» Klagen, d.h. solche mit schuldrechtlichen und dinglichen Ansprüchen, dinglichen Klagen gleichgestellt werden[54].

3. Lugano-Übereinkommen

45   Urteile und vorsorgliche Massnahmen anderer Konventionsstaaten sind auch im Bereich des Grundstückkaufvertragsrechts in der Schweiz nach den Regeln des Lugano-Übereinkommens (Art. 25–51) in der Schweiz anerkenn- und vollstreckbar[55].

---

[52] Vgl. hierzu SCHWANDER (zit. in Anm. 15), S. 299 ff.
[53] Abkommen zwischen der Schweizerischen Eidgenossenschaft und dem Fürstentum Liechtenstein über die Anerkennung und Vollstreckung von gerichtlichen Entscheidungen und Schiedssprüchen in Zivilsachen vom 25. April 1968 (SR 0.276.195.141), speziell Art. 2 Ziff. 5. Andere bilaterale Staatsverträge sind durch Art. 55 des Lugano-Übereinkommens bedeutungslos geworden.
[54] Vertrag zwischen der Schweiz und der Tschechoslowakischen Republik über die Anerkennung und Vollstreckung gerichtlicher Entscheidungen vom 21. Dezember 1926 (SR 0.276.197.411), Art. 2 Abs. 3 (Weitergeltung dieses Vertrages im Verhältnis zu beiden Nachfolgestaaten).
[55] Vgl. Anm. 10 und 11.

§ 10
Die Grundstücksversteigerung

JÖRG SCHMID[*]

INHALTSVERZEICHNIS   Seite

Literatur 455

I. **Einleitung und Abgrenzungen** 457
    1. Der Begriff der Versteigerung 457
    2. Abgrenzungen 459
       A. Freiwillige Versteigerung und Zwangsversteigerung ... 460
       B. (Freiwillige) öffentliche und private Versteigerung .. 462

II. **Die private Versteigerung** 462
    1. Kennzeichen 462
    2. Rechtliche Regelung 463
       A. Im Allgemeinen 463
          a. Die private Versteigerung als «gewöhnlicher Kauf» ... 463
          b. Die private Versteigerung als spezieller Akt
             des Erb- oder Sachenrechts 465
       B. Zum Problem der Form insbesondere 466
          a. Regelfall: Öffentliche Beurkundung 467
          b. Spezialfälle 467
          c. Die Erfüllung der vorgeschriebenen Form und
             ihre zwangsweise Durchsetzung 470

---

[*] Für die Hilfe bei der Materialsuche danke ich herzlich meinem Assistenten, Herrn lic. iur. Henk Fenners.

III. Die öffentliche Versteigerung 472
1. Kennzeichen 472
2. Nebeneinander von Bundesrecht und kantonalem Recht 473
   A. Die Regel von Art. 236 OR 473
   B. Kantonale Erlasse zur freiwilligen öffentlichen
      Versteigerung (Auswahl) 474
3. Die Vertragsverhandlungen und der Vertragsabschluss 476
   A. Die Beteiligten 476
   B. Der Austausch der Willenserklärungen 478
      a. Die Versteigerung als Vertrag unter Anwesenden
         (Regelfall) 478
      b. Angebot und Annahme 479
      c. Zur Gebundenheit des Bieters insbesondere 483
      d. Die Steigerungsbedingungen 485
   C. Die Form 487
      a. Verpflichtungsgeschäft 487
      b. Verfügungsgeschäft 488
4. Die Vertragserfüllung und die Gewährleistung 489
   A. Die Pflichten des Ersteigerers 489
   B. Die Pflichten des Veräusserers 492
   C. Die Gewährleistung 493
   D. Weitere Folgen des Vertrages 493
5. Die Anfechtung der Versteigerung nach Art. 230 Abs. 1 OR .. 494
   A. Der Grundgedanke 494
   B. Der Anfechtungstatbestand 495
      a. Einwirkung auf den Erfolg der Versteigerung 495
      b. Rechtswidrige Einwirkung 495
      c. Sittenwidrige Einwirkung 496
   C. Die Rechtsfolge 498
      a. Anfechtbarkeit 498
      b. Legitimation 499
      c. Frist 499
      d. Weitere Rechtsbehelfe 500
   D. Die Übertragung der Regelung von Art. 230 OR
      auf andere Rechtsinstitute 501

LITERATUR

Die gängigen schweizerischen Kommentarwerke (Zürcher Kommentar, Berner Kommentar, Basler Kurzkommentar) werden im Folgenden nicht aufgeführt. Dasselbe gilt für Beiträge im «Schweizerischen Privatrecht» (SPR), deutschsprachige Ausgabe. – Zitierweise: Die Autoren werden nur mit dem Verfassernamen, nötigenfalls mit einem präzisierenden Zusatz zitiert. – Hinweise auf weiterführende Spezialliteratur finden sich in den Fussnoten.

BANDLI CHRISTOPH/STALDER BEAT (u.a.), Das bäuerliche Bodenrecht, Kommentar zum Bundesgesetz über das bäuerliche Bodenrecht vom 4. Oktober 1991, Brugg 1995.
BRÜCKNER CHRISTIAN, Schweizerisches Beurkundungsrecht, Zürich 1993.
BUCHER EUGEN, Schweizerisches Obligationenrecht, Allgemeiner Teil, 2. A. Zürich 1988 (zit. BUCHER, OR AT).
– Obligationenrecht, Besonderer Teil, 3. A. Zürich 1988 (zit. BUCHER, OR BT).
COMMENT ALBERT, Versteigerungskauf, SJK Karte 234, Bern 1971.
DESCHENAUX HENRI, La concurrence dans la mise en soumission de travaux de construction en droit privé commun et en droit des cartels, in: Mensch und Umwelt, Freiburg 1980, S. 149 ff.
DORFF PETER, Der Versteigerungserwerb und seine Rechtsmässigkeit bei abhanden gekommenen Sachen, Diss. Hamburg 1999.
DÜNKEL HANS PETER, Öffentliche Versteigerung und gutgläubiger Erwerb, Karlsruhe 1970.
ENGEL PIERRE, Contrats de droit suisse, Traité des contrats de la partie spéciale du Code des obligations, de la vente au contrat de société simple, articles 184 à 551 CO, ainsi que quelques contrats innommés, 2. A. Bern 2000.
FRITZSCHE HANS/WALDER-BOHNER HANS ULRICH, Schuldbetreibung und Konkurs nach schweizerischem Recht, Band I: Allgemeine Lehren, Das Einleitungsverfahren, Die Betreibung auf Pfändung und auf Pfandverwertung, 3. A. Zürich 1984.
GALLI PETER, Die Submission der öffentlichen Hand im Bauwesen, Diss. Zürich 1981.
GAUCH PETER, Die Submission im Bauwesen – Privatrechtliche Aspekte, in: Mensch und Umwelt, Freiburg 1980, S. 191 ff. (zit. GAUCH, Submission).
– Der Werkvertrag, 4. A. Zürich 1996 (zit. GAUCH, Werkvertrag).
GAUCH PETER/SCHLUEP WALTER, Schweizerisches Obligationenrecht, Allgemeiner Teil, 2 Bde., 7. A. bearbeitet von JÖRG SCHMID (Bd. I) und HEINZ REY (Bd. II), Zürich 1998 (zit. GAUCH/SCHLUEP/SCHMID/REY).
GUHL THEO, Das Schweizerische Obligationenrecht, 9. A. bearbeitet von ALFRED KOLLER, ANTON K. SCHNYDER und JEAN NICOLAS DRUEY, Zürich 2000 (zit. GUHL/BEARBEITER).
HONSELL HEINRICH, Schweizerisches Obligationenrecht, Besonderer Teil, 5. A. Bern 1999.
HUBER EMIL, Die rechtliche Natur der Zwangsversteigerung nach schweizerischem Betreibungsrechte, ZSR 1905, S. 81 ff. und 275 ff.
JENNY FRANZ, Gesamteigentum und Grundbuch, ZBGR 1959, S. 193 ff.
KATZ HANS-PETER, Sachmängel beim Kauf von Kunstgegenständen und Antiquitäten, Diss. Zürich 1973.
KELLER MAX/SIEHR KURT, Kaufrecht, 3. A. Zürich 1995.
KLEY-STRULLER ANDREAS, Kantonales Privatrecht, Eine systematische Darstellung der kantonalen Einführungsgesetzgebung zum Bundesprivatrecht am Beispiel des Kantons St. Gallen und weiterer Kantone, St. Gallen 1992.

KRÄNZLIN GERHARD, Zur Frage der Anfechtbarkeit eines Steigerungszuschlages ..., SJZ 1925/ 26, S. 37 ff.
MARX HELMUT/ARENS HEINRICH, Der Auktionator, Kommentar zum Recht der gewerblichen Versteigerung, Neuwied usw. 1992.
Münchener Kommentar zum BGB, 3. A. München ab 1992 (zit. BEARBEITER, MünchKomm).
MUTZNER PAUL, Die öffentliche Beurkundung im schweizerischen Privatrecht, Referat zu den Verhandlungen des Schweizerischen Juristenvereins 1921, ZSR NF 1921, S. 103a ff.
OTTO HARRO, Die strafrechtliche Bekämpfung unlauterer Einflussnahmen auf öffentliche Versteigerungen durch Scheingebote, NJW 1979, S. 681 ff.
PESTALOZZI ANTON, Der Steigerungskauf, Kurzkommentar und Zitate zu Art. 229–236 OR, Zürich 1997, mit Ergänzungsband, Zürich 2000 (zit. PESTALOZZI, Steigerungskauf, bzw. PESTALOZZI, Ergänzungsband).
– Wann gelten die Sonderbestimmungen des Versteigerungsrechtes?, AJP 2000, S. 984 ff. (zit. PESTALOZZI, Sonderbestimmungen).
PIOTET DENIS, Droit cantonal complémentaire, in: Traité de droit privé suisse, Volume I: Histoire et champs d'application, Tome II, Basel/Frankfurt a.M. 1998 (zit. PIOTET D., Droit cantonal complémentaire).
RUF PETER, Notariatsrecht, Skriptum, Langenthal 1995.
RUOSS RETO THOMAS, Scheingebote an Kunstauktionen (Die Rechtsbehelfe des Schweizerischen Zivilrechts zur Bekämpfung des Scheinbietens), Diss. Zürich 1984.
SCHENKER FRANZ, Die Voraussetzungen und die Folgen des Schuldnerverzugs im schweizerischen Obligationenrecht – Übersicht, Würdigung und Kritik, Diss. Freiburg 1988.
SCHMID JÖRG, Die öffentliche Beurkundung von Schuldverträgen, Diss. Freiburg 1988.
SOERGEL HANS THEODOR, Kohlhammer-Kommentar, Bürgerliches Gesetzbuch mit Einführungsgesetz und Nebengesetzen, Band I: Allgemeiner Teil (§§ 1–240), HaustürWiderrufG, 12. A. Stuttgart usw. 1988 (zit. SOERGEL/BEARBEITER).
STÄGER RICHARD, Der Steigerungskauf, Diss. Zürich 1916.
STAUDINGER JULIUS, Kommentar zum Bürgerlichen Gesetzbuch, 13. A. Berlin ab 1993 (zit. STAUDINGER/BEARBEITER).
STOFFEL MARCO S., Die Submission nach schweizerischem Baurecht, Diss. Freiburg 1982 (zit. STOFFEL, Submission).
– Zur Möglichkeit der Anfechtung des Zuschlags bei privaten und staatlichen Submissionen analog zum Steigerungskauf, in: TERCIER PIERRE/HÜRLIMANN ROLAND (Hrsg.), In Sachen Baurecht, Freiburg 1989, S. 31 ff. (zit. STOFFEL, Anfechtung).
TERCIER PIERRE, Les contrats spéciaux, 2. A. Zürich 1995.
TOBLER ANDREAS OTTO, Das Recht der kommerziellen Galerien, Diss. Zürich 1978.
TUOR PETER/SCHNYDER BERNHARD/SCHMID JÖRG, Das Schweizerische Zivilgesetzbuch, 11. A. Zürich 1995.
VON BÜREN BRUNO, Schweizerisches Obligationenrecht, Allgemeiner Teil, Zürich 1964 (zit. VON BÜREN, OR AT).
– Schweizerisches Obligationenrecht, Besonderer Teil, Zürich 1972 (zit. VON BÜREN, OR BT).
VON HOYNINGEN-HUENE GERRICK, Die vertragliche Stellung des Versteigerers, NJW 1973, S. 1473 ff.
VON TUHR ANDREAS/PETER HANS, Allgemeiner Teil des Schweizerischen Obligationenrechts, Bd. I, 3. A. Zürich 1979 (mit Supplementband Zürich 1984).
WICHER HANS, Der Versteigerer, Systematischer Kommentar zu den einschlägigen gewerberechtlichen Vorschriften, Hamburg 1961.

I. Einleitung und Abgrenzungen

1. Der Begriff der Versteigerung

1. In einem ganz allgemeinen Sinn lässt sich unter einer Versteigerung (nicht ein bestimmter Vertragstyp, sondern) eine **besondere Art der Vertragsbildung**[1] verstehen, und zwar einerseits bezüglich des *Verhältnisses von Leistung und Gegenleistung*, andererseits hinsichtlich der Partnerwahl[2]: Im Bestreben, für eine eigene Leistung die bestmögliche Gegenleistung zu erlangen, führt eine Person Vertragsverhandlungen mit einer Mehrheit von Interessenten, aus denen der definitive Vertragspartner wettbewerbsmässig[3] bestimmt wird. Jeder Vertragsinteressent erhält Kenntnis von den Verhandlungspositionen seiner Konkurrenten und schätzt den Wert der zur Diskussion stehenden Leistung (Versteigerungsgegenstand) selber ein. Er kann sich daher jederzeit darüber klar werden, ob er die im Raum stehende Leistung einem Konkurrenten überlassen oder aber versuchen will, durch ein eigenes, besseres (über- oder unterbietendes[4]) Gegenleistungsangebot selber den Zuschlag zu erhalten[5].

2. So verstanden, ist die Versteigerung **nicht auf den Vertragstyp des Kaufes beschränkt.** Vom deutschen BGB wird sie beispielsweise im Allgemeinen Teil geregelt (§ 156 BGB). In der Tat lassen sich auch bei anderen Vertragstypen (ausserhalb des Kaufes) Versteigerungsfälle denken:[6] etwa bezüglich einer Mietsache die Einladung des Eigentümers zur Offertstellung an eine Mehrheit von Interessenten zur Erreichung eines möglichst hohen Mietzinses, oder die Verhandlung über die Vergabe von Werkvertrags- oder Auftragsarbeiten mit einer Mehrheit von interessierten Unternehmern oder Beauftragten, wieder mit dem

---

[1] GUHL/KOLLER, § 41 Nr. 108; TERCIER, Nr. 1047; ähnlich HONSELL/RUOSS, BasKomm, Vorbem. zu Art. 229–236 OR, N 3 und 22.

[2] Vgl. STÄGER, S. 9; BECKER, BerKomm, N 7 zu Art. 229 OR («eigentümliches Preisbildungsverfahren»); RUOSS, S. 126 und passim («besonderes Preisbildungs- und Abschlussverfahren»).

[3] Auf das Wettbewerbsmoment wird in praktisch allen Begriffsumschreibungen hingewiesen: OSER/SCHÖNENBERGER, ZürKomm, Vorbem. zu Art. 229–236 OR, N 1; CAVIN, SPR VII/1, S. 165; VON BÜREN, OR BT, S. 66; COMMENT, S. 1. Vgl. auch BGE 109 II 125 und Nr. 130 ff.

[4] Vgl. OSER/SCHÖNENBERGER, ZürKomm, Vorbem. zu Art. 229–236 OR, N 2 und 4; SOERGEL/WOLF, N 2 in fine zu § 156 BGB.

[5] Vgl. BGE 109 II 126: Die Versteigerungsteilnehmer können «Angebot und Nachfrage realistisch beurteilen und daraus die Schlüsse für ihr eigenes Verhalten ziehen ...». Zur Möglichkeit des Bieters, ein gleich hohes Gebot wie sein Vorbieter abzugeben, vgl. Nr. 92.

[6] Vgl. etwa STÄGER, S. 16; OSER/SCHÖNENBERGER, ZürKomm, Vorbem. zu Art. 229–236 OR, N 2; RUOSS, S. 6.

Ziel des Vergebers, zu einem von ihm als günstig beurteilten Vertrag zu kommen (also zum Beispiel eine möglichst geringe Vergütung zahlen zu müssen)[7].

3 **3.** Dennoch hat der schweizerische Gesetzgeber die (öffentliche) Versteigerung nicht im Allgemeinen Teil des Obligationenrechts, sondern innerhalb des Vertragstyps des Kaufes näher geregelt (Art. 229–236 OR), im Rahmen der «Besonderen Arten des Kaufes». Mit «Versteigerung» (Marginalie zu Art. 229 ff. OR) meint das Gesetz also den **Versteigerungskauf;** die beiden Begriffe werden synonym verwendet. Diese systematische Einordnung ist deshalb gerechtfertigt, weil der Steigerungskauf den praktisch wichtigsten Anwendungsfall der Versteigerung darstellt[8]. Sie entspricht im Übrigen der traditionellen schweizerischen Gesetzgebungstechnik, die von Abstraktionen wenn immer möglich Abstand nimmt. Das ändert indessen nach der hier vertretenen Auffassung nichts daran, dass einzelne in den Art. 229 ff. OR enthaltene Regelungen *verallgemeinerbar* sind, mithin über den Vertragstyp des Kaufes hinaus Bedeutung haben[9].

4 **4.** Da die (freiwillige) Grundstücksversteigerung regelmässig[10] nichts anderes als einen (besonderen) Kauf darstellt, sind für die rechtliche Regelung auch die ausserhalb der Art. 229 ff. OR geregelten kaufsrelevanten Vorschriften zu beachten[11]. So sind auf die Versteigerung etwa auch die Bestimmungen über das Verkäuferpfandrecht nach Art. 837 Abs. 1 Ziff. 1 ZGB anwendbar[12]. Von der Versteigerung ist darüber hinaus etwa in folgenden Bestimmungen die Rede: Art. 400 Abs. 1, 404 Abs. 2, 596 Abs. 2, 612 Abs. 3, 651 Abs. 2, 721 Abs. 2, 829 f. und 934 Abs. 2 ZGB, Art. 93 (sinngemäss) und 435 OR.

5 Ausdrücklich nicht anwendbar auf Grundstücksversteigerungen ist das *Wiener Kaufrechts-Übereinkommen*[13]: Es findet nur auf gewisse Kaufverträge über Waren («goods», also bewegliche Sachen; Art. 1 WKR) Anwendung und schliesst seinen Geltungsbereich nach Art. 2 lit. b WKR bei Versteigerungskäufen ausdrücklich aus[14]. Besonderheiten für das Versteigerungswesen bietet sodann auch das BG über das bäuerliche Bodenrecht (BGBB)[15].

---

[7] Zur verwandten Rechtsfigur der Submission vgl. Nr. 6.
[8] Vgl. Stäger, S. 16 f.; von Büren, OR BT, S. 66 f.; Ruoss, S. 6.
[9] Vgl. Tercier, Nr. 1048 (und 3395 ff.). Zur Submission vgl. Nr. 6.
[10] Vgl. aber Nr. 18 und 26 ff.
[11] Allgemein BGE 123 III 170 E. 4.
[12] Vgl. Nr. 121. – Zu Art. 69 BGBB vgl. Nr. 10.
[13] Übereinkommen der Vereinten Nationen über Verträge über den internationalen Warenkauf, abgeschlossen in Wien am 11. April 1980 (SR 0.221.221.1).
[14] Vgl. auch Schlechtriem Peter (Hrsg.), Kommentar zum Einheitlichen UN-Kaufrecht. Das Übereinkommen der Vereinten Nationen über Verträge über den internationalen Warenkauf – CISG-Kommentar, 3. A. München 2000, N 34 f. zu Art. 1 WKR sowie N 27 ff. zu Art. 2 WKR.
[15] Vgl. Nr. 10.

5. Verwandt mit dem Versteigerungskauf ist die (privatrechtlich nicht besonders geregelte) **Submission,** verstanden als Ausschreibung für die Vergabe von Werkvertrags- oder Auftragsarbeiten verschiedenster Art[16]. Beiden Instituten gemeinsam ist die besondere Art der Vertragsbildung und die wettbewerbsmässige Ausgestaltung. Fasst man die Versteigerung nicht als Vertragstyp, sondern abstrakt als besonderen Mechanismus hinsichtlich Vertragsverhandlungen und -abschluss auf, so kann die Submission einen Anwendungsfall darstellen. Doch besteht bei ihr unter den Konkurrenten regelmässig nicht die gleiche «Angebotstransparenz» («offene Konkurrenz»[17]) wie im Fall der Versteigerung. Das hat zur Folge, dass bei der Submission die Angebote der Bewerber in willkürlicher Reihenfolge abgegeben werden und nicht in Beziehung zueinander stehen[18]. Ferner unterscheiden sich (regelmässig) die Bindungswirkungen der Offerten im Fall, da ein Übergebot eines Konkurrenten erfolgt[19].

Durch das Wettbewerbsmoment weist der Versteigerungskauf sodann Ähnlichkeiten auf zu **Auslobung und Preisausschreiben** (Art. 8 OR)[20].

2. Abgrenzungen

Die vorliegende Abhandlung befasst sich ausschliesslich mit der **(privatrechtlichen) Grundstücksversteigerung**, also mit der Versteigerung von Liegenschaften (Art. 655 Abs. 2 Ziff. 1 ZGB) und weiteren, vom Gesetz als Grundstücke bezeichneten Rechtsobjekten (Art. 655 Abs. 2 Ziff. 2–4 ZGB: in das Grundbuch aufgenommene selbständige und dauernde Rechte, Bergwerke, Miteigentumsanteile an Grundstücken[21]). Im Vordergrund des Interesses steht, entsprechend der praktischen Bedeutung, der *Liegenschaftsversteigerungskauf.* Weiter sind folgende Abgrenzungen von Bedeutung:

---

[16] Vgl. KRAMER/SCHMIDLIN, BerKomm, N 64 zu Art. 8 OR; SCHÖNENBERGER/JÄGGI, ZürKomm, N 29 zu Art. 8 OR; STOFFEL, Submission, S. 4 ff.; leicht abweichend GAUCH, Submission, Nr. 329; ders., Werkvertrag, Nr. 456 ff. – Zu den Rechtsquellen der Submission vgl. insbesondere das BG über das öffentliche Beschaffungswesen vom 16. Dezember 1994 (SR 172.056.1); dazu GAUCH PETER, Das neue Beschaffungsgesetz des Bundes – Bundesgesetz über das öffentliche Beschaffungswesen vom 16. Dezember 1994, ZSR 1995 I, S. 313 ff.; ders., Das öffentliche Beschaffungsrecht der Schweiz – Ein Beitrag zum neuen Vergaberecht, recht 1997, S. 165 ff.; GALLI PETER/LEHMANN DANIEL/RECHSTEINER PETER, Das öffentliche Beschaffungswesen in der Schweiz ..., Zürich 1996.
[17] RUOSS, S. 5 Anm. 5.
[18] Zustimmend HONSELL/RUOSS, BasKomm, Vorbem. zu Art. 229–236 OR, N 4.
[19] STOFFEL, Submission, S. 22.
[20] Vgl. etwa SCHÖNENBERGER/JÄGGI, ZürKomm, N 27 und 35 zu Art. 8 OR.
[21] Zu ihnen gehören namentlich auch Stockwerkeigentumsanteile (Art. 712a Abs. 1 ZGB).

A. Freiwillige Versteigerung und Zwangsversteigerung

9   1. Das Kennzeichen der **freiwilligen Versteigerung** liegt darin, dass sie *ausserhalb eines amtlichen Zwangsvollstreckungsverfahrens* (Pfändung, Pfandverwertung, Konkurs, Nachlassvertrag) stattfindet. Die vom Gesetz verwendete Bezeichnung «freiwillig» (etwa Art. 229 Abs. 2 und 234 Abs. 3 OR) erweist sich als brauchbar, darf aber nicht darüber hinwegtäuschen, dass nicht jede «freiwillige» Versteigerung notwendigerweise auf dem freien Willen des Veräusserers beruht: Auch die von der zuständigen Behörde nach Art. 612 Abs. 3 ZGB oder die durch das Gericht nach Art. 651 Abs. 2 ZGB angeordnete öffentliche Versteigerung ist «freiwillig» im Sinn der Art. 229 ff. OR[22].

10 Im Anwendungsbereich des *bäuerlichen Bodenrechts* erfährt die Privatautonomie der Parteien hinsichtlich der freiwilligen Versteigerung eine wichtige Einschränkung: Nach Art. 69 BGBB dürfen landwirtschaftliche Gewerbe und Grundstücke nicht freiwillig versteigert werden. Dem Verbot (mit Nichtigkeitsfolge: Art. 70 BGBB) liegt die Überlegung zugrunde, dass eine Versteigerung die Erlösmaximierung bezweckt, was den Zielen und Prinzipien des bäuerlichen Bodenrechts (namentlich der Ermöglichung der Selbstbewirtschaftung und der Bekämpfung übersetzter Preise; Art. 1 und 61 ff. BGBB) diametral entgegenstehen würde[23]. Der *Widerspruch* dieser Regelung *zu Art. 404 ZGB* (öffentliche Versteigerung bei der Veräusserung von Grundstücken einer unmündigen oder entmündigten Person) ist so zu lösen, dass für landwirtschaftliche Grundstücke Art. 69 BGBB den Vorrang hat, hier die freiwillige Versteigerung also unzulässig ist[24].

11 2. Die **Zwangsversteigerung** besteht – im Unterschied zur freiwilligen Versteigerung – in einer *steigerungsweisen Veräusserung im Rahmen eines amtlichen Zwangsvollstreckungsverfahrens* (Pfändung, Pfandverwertung, Konkurs, ge-

---

[22] BGE 115 II 334 E. 2a; PKG 1988 Nr. 61, S. 194 ff.; Oser/Schönenberger, ZürKomm, Vorbem. zu Art. 229–236 OR, N 9; Cavin, SPR VII/1, S. 162 f. Vgl. aber Nr. 12.
[23] Bandli/Stalder, N 2 und 11 zu Art. 67–69 BGBB.
[24] RJJ 1994, S. 249 ff. = ZVW 1996, S. 148 ff. = ZBGR 1998, S. 191 ff. (Jurassisches Kantonsgericht); EGV-SZ 1995, S. 119 ff. (Schwyzer Regierungsrat); ZR 1999 Nr. 20, S. 82 f. (Zürcher Obergericht); Vogel Urs, Freihändiger Verkauf von landwirtschaftlichen Grundstücken durch eine bevormundete Person (Art. 404 Abs. 3, 421 Ziff. 1 ZGB; Art. 69 BGBB), ZVW 1995, S. 41 ff.; Steinauer Paul-Henri, Der Verkauf eines landwirtschaftlichen Mündelgrundstückes (Art. 404 ZGB, Art. 69 BGBB), ZVW 1997, S. 47 ff. (französischer Originaltext auf S. 41 ff.); Deschenaux Henri/Steinauer Paul-Henri, Personnes physiques et tutelle, 3. A. Bern 1995, Nr. 977; vgl. auch Pfäffli Roland, Streifzug durch die Rechtsprechung zum bäuerlichen Bodenrecht, ZBGR 1998, S. 81 ff. (besonders S. 102); abweichend ZVW 1997, S. 63 ff. = ZBGR 1998, S. 197 ff. (Waadtländer Kantonsgericht).

richtlicher Nachlassvertrag)[25]. Auch sie wurde vom historischen Gesetzgeber als Kaufvertrag verstanden und teilweise im OR geregelt (vgl. Art. 229 Abs. 1, 230 Abs. 2, 232 Abs. 2, 234 Abs. 1 und 235 Abs. 3)[26]. Die Meinungen über diese ursprünglich auch vom Bundesgericht befolgte Qualifikation haben sich indessen seit dem Erlass des OR grundlegend gewandelt. Nach heutiger, nunmehr einhelliger Auffassung stellt die Zwangsversteigerung (entgegen dem Wortlaut von Art. 229 Abs. 1 OR) kein privatrechtliches Veräusserungsgeschäft (keinen «Kaufvertrag»), sondern einen *behördlichen Akt der Zwangsvollstreckung* dar[27]. Zivilrechtliche Versteigerungsregeln erweisen sich daher als nicht (jedenfalls nicht unmittelbar) anwendbar; für die Zwangsversteigerung sind vielmehr die Bestimmungen des Schuldbetreibungsrechts (namentlich des SchKG und der VZG) massgebend. Die Zwangsversteigerung bleibt daher im Folgenden ausser Betracht, obwohl Art. 229 ff. OR diesbezüglich gewisse ergänzende Bestimmungen enthält.

3. Nach dem Gesagten ist jede Versteigerung als freiwillig anzusehen, wenn sie nicht im Rahmen eines Zwangsvollstreckungsverfahrens erfolgt. Auch im Fall einer **gerichtlich angeordneten Versteigerung** bleibt es bei dieser Zweiteilung (freiwillige Versteigerung und Zwangsversteigerung) – tertium non datur[28]. Demgegenüber bejaht das Bundesgericht anscheinend auch Zwischenstufen. In BGE 72 II 163 f.[29] führte es aus, eine vom Teilungsrichter nach Art. 651

12

---

[25] Ebenso Honsell/Ruoss, BasKomm, Vorbem. zu Art. 229–236 OR, N 10; ähnlich schon Ständerat Hoffmann (Berichterstatter der Kommission), Sten. Bull. 1910 (Ständerat), S. 191. – Im Zusammenhang mit dem bäuerlichen Bodenrecht wird als Zwangsversteigerung i.S.v. Art. 67 ff. BGBB jede staatliche Handlung verstanden, welche direkt darauf gerichtet ist, im öffentlichen Interesse einen Wechsel in den Eigentumsverhältnissen herbeizuführen (Bandli/Stalder, N 3 zu Art. 67–69 BGBB).

[26] Vgl. die Botschaft in BBl 1905 II, S. 29. Beispielsweise ordnet Art. 234 Abs. 1 OR an, dass bei Zwangsversteigerung – abgesehen von besonderen Zusicherungen oder von absichtlicher Täuschung des Bietenden – eine Gewährleistung ausgeschlossen ist (BGE 120 III 136 ff.).

[27] Huber, S. 81 ff. und 275 ff.; Stäger, S. 24 f.; von Tuhr Andreas, Streifzüge im revidierten Obligationenrecht, SJZ 1921/22, S. 383; Oser/Schönenberger, ZürKomm, Vorbem. zu Art. 229–236 OR, N 12; Becker, BerKomm, N 4 zu Art. 229 OR; Cavin, SPR VII/1, S. 163; von Büren, OR BT, S. 67; Guhl/Koller, § 41 Nr. 112; Bucher, OR BT, S. 130; Tercier, Nr. 1053; Fritzsche/Walder, § 30 Nr. 2; Piotet D., Droit cantonal complémentaire, Nr. 1039; Giger, BerKomm, Vorbem. zu Art. 229–236 OR, N 17, 26 und 34. – Aus der Rechtsprechung grundlegend: BGE 38 I 313 f. (sowie neuerdings BGE 106 III 81 f. und 117 III 42 f.); ferner FZR 1994, S. 410.

[28] So auch ZBGR 1942, S. 131, wo festgehalten wurde, die öffentliche Versteigerung in einer (vom Gericht im nichtstreitigen Verfahren angeordneten) amtlichen Erbschaftsliquidation sei «freiwillig», stelle also keine Zwangsversteigerung dar; ebenso PKG 1988 Nr. 61, S. 194 ff.; gl.M. wohl auch Piotet D., Droit cantonal complémentaire, Nr. 1040; a.M. Giger, BerKomm, N 46 f. zu Art. 229 OR.

[29] Zu entscheiden war in casu, ob bei einer Klage auf Teilung von Miteigentum die notrechtlichen Massnahmen gegen die Bodenspekulation (gemäss den Bundesratsbeschlüssen vom 19. Januar 1940 und 7. November 1941) anwendbar seien.

Abs. 2 ZGB unter Miteigentümern angeordnete Versteigerung könne unmöglich als freiwillige betrachtet werden; zwar stelle sie auch nicht geradezu eine «Zwangsversteigerung i.e.S.» dar, stehe dieser aber auf alle Fälle näher als der freiwilligen Versteigerung[30].

B. (Freiwillige) öffentliche und private Versteigerung

13 Die (freiwillige) öffentliche Versteigerung kennzeichnet sich gemäss Art. 229 Abs. 2 OR dadurch, dass sie einerseits «öffentlich ausgekündigt worden ist» und dass anderseits an ihr «jedermann bieten kann». Sie kommt im dritten Abschnitt (Nr. 49 ff.) einlässlich zur Sprache.

14 Fehlt eines der genannten Erfordernisse (öffentliche Auskündigung, allgemeines Bietrecht), so liegt eine private Versteigerung vor. Von ihr soll nachfolgend (Nr. 15 ff.) als Erstes die Rede sein.

II. Die private Versteigerung

1. Kennzeichen

15 Nach dem Gesagten liegt eine private Grundstücksteigerung immer dann vor, wenn entweder die Versteigerung nicht öffentlich ausgekündigt worden ist oder wenn – trotz öffentlicher Auskündigung – nicht jedermann an ihr bieten kann (Art. 229 Abs. 2 OR e contrario)[31]. Dies trifft etwa zu bei Versteigerungen unter gemeinschaftlichen Eigentümern (namentlich unter Miterben oder unter Miteigentümern), unter den Mitgliedern eines Vereins oder einer Genossenschaft, unter den Aktionären einer Aktiengesellschaft, generell gesagt immer dann, wenn die **Zulassung der Interessenten nach bestimmten Kriterien** beschränkt ist.

16 Im Extremfall konkurrieren hier bloss zwei Interessenten. Anderseits können sich (etwa bei grossen Vereinen, Genossenschaften oder Aktiengesellschaften) derart viele Bietende beteiligen, dass die private Versteigerung trotz formellen Zulassungsbeschränkungen einer öffentlichen faktisch sehr nahe kommt.

---

[30] Im bäuerlichen Bodenrecht fällt nach der Lehre die vom Erbteilungsrichter angeordnete Versteigerung (Art. 612 Abs. 3 ZGB) nicht unter das Verbot der freiwilligen Versteigerung von Art. 69 BGBB (BANDLI/STALDER, N 12 zu Art. 67–69 BGBB).

[31] Vgl. schon Ständerat Hoffmann (Berichterstatter der Kommission), Sten. Bull. 1910 (Ständerat), S. 191.

2. Rechtliche Regelung

Im Regelfall ist eine private Grundstücksversteigerung als **Kaufsgeschäft** (also als Versprechen der Übertragung eines Grundstücks gegen Geld) zu qualifizieren. Dies bietet so lange keine besonderen Probleme, als sich die Versteigerung im traditionellen «Güterumschlag» erschöpft.

Zielt sie indessen darauf ab, gemeinschaftliches Grundeigentum ins Alleineigentum eines Teilhabers zu überführen[32], so kann nicht mehr ohne weiteres von einem Kauf im traditionellen Sinn gesprochen werden. Denkbar ist hier vielmehr auch die Qualifikation **als Akt des Erb- oder Sachenrechts.** Je nachdem sind unterschiedliche rechtliche Bestimmungen anwendbar. Dies wirkt sich aus für die rechtliche Behandlung der privaten Grundstücksversteigerung *im Allgemeinen*, namentlich aber für die Frage nach der *Form*.

A. Im Allgemeinen

a. Die private Versteigerung als «gewöhnlicher Kauf»

1. Spezielle Bestimmungen über den privaten Steigerungskauf sind im Obligationenrecht nicht enthalten. Die Regelung von Art. 229 ff. OR bezieht sich nur auf die *öffentliche* freiwillige Versteigerung (sowie auf die Zwangsversteigerung)[33]. Daraus folgt, dass auf die private Grundstücksversteigerung die **Bestimmungen über den «gewöhnlichen» Grundstückkaufvertrag** Anwendung finden[34]. Namentlich sind folgende Punkte zu beachten:

— Die private Grundstücksversteigerung ist formbedürftig; sie bedarf grundsätzlich – von einem noch zu behandelnden Ausnahmefall abgesehen – zu ihrer Gültigkeit der öffentlichen Beurkundung[35].

— Auf den Zahlungsverzug des Käufers ist nicht Art. 233 Abs. 2 OR, sondern Art. 214 OR (sowie allenfalls Art. 107 ff. OR) anwendbar.

— Die besondere Anfechtungsmöglichkeit von Art. 230 OR entfällt[36].

---

[32] Der Einfachheit halber wird im Folgenden nur von Überführung des gemeinschaftlichen in das alleinige Eigentum gesprochen, nicht auch von seiner Überführung in (anderes) Mit- oder Gesamteigentum.
[33] BGE 63 I 33.
[34] Oser/Schönenberger, ZürKomm, Vorbem. zu Art. 229–236 OR, N 6; Comment, S. 1; Cavin, SPR VII/1, S. 162; Guhl/Koller, § 41 Nr. 108; Tercier, Nr. 1052; Honsell/Ruoss, BasKomm, Vorbem. zu Art. 229–236 OR, N 15 f.; Giger, BerKomm, Vorbem. zu Art. 229–236 OR, N 39, sowie N 84 zu Art. 229 OR; LGVE 1985 I Nr. 4, S. 7 ff.
[35] Vgl. im Einzelnen Nr. 35 ff.
[36] Vgl. aber Nr. 25 und 156.

23 – Der Vorbehalt von Art. 236 OR zugunsten des kantonalen Rechts ist nicht anwendbar[37].

24 **2.** Trotz des Fehlens besonderer gesetzlicher Regeln beruht immerhin die private Versteigerung auf dem **gleichen «Abschlussmechanismus»** wie die öffentliche[38]. Insofern rechtfertigt es sich, die entsprechenden Rechtshandlungen der Beteiligten (mangels besonderer Abreden) analog auszulegen[39]: die Veranstaltung der Versteigerung als blosse Einladung zur Offertstellung, die Angebote der Bieter als Offerten im Rechtssinn, schliesslich die Abgabe eines Übergebotes durch einen Nach-Bieter als Aufhebung der «Bindung» des Vor-Bieters an sein Angebot. Die genannte «Bindung» an die Offerte hat hier – im Hinblick auf die Formbedürftigkeit der privaten Grundstücksversteigerung – freilich eine erheblich relativierte Bedeutung[40].

25 **3.** Für die **Rechtsanwendung** ist Folgendes im Auge zu behalten: Stehen sich im Rahmen einer privaten Grundstücksversteigerung nur wenige Kaufsinteressenten als Konkurrenten gegenüber, so wird niemand zögern, ausschliesslich die gewöhnlichen Kaufsregeln zur Anwendung zu bringen und die Ausschaltung der besonderen, in Art. 229 ff. OR enthaltenen Rechtsbehelfe zu akzeptieren. Nimmt indessen – trotz formeller Zulassungsbeschränkung – eine unüberschaubare Vielzahl von Interessenten (die Mitglieder eines grossen Vereins, die Aktionäre einer grossen Aktiengesellschaft mit breiter Streuung der Aktien) an der Versteigerung teil, so ist die Rechtsanwendung weniger klar. Wertungsmässig stellt sich diesfalls die Frage, ob nicht die Anwendung einzelner Regeln über die öffentliche Versteigerung gerechtfertigt ist. Bezüglich der Formbedürftigkeit (Verzicht auf die regelmässig vorgeschriebene öffentliche Beurkundung) geht dies angesichts der Bedeutung, welche der Gesetzgeber dieser Form beigelegt hat, nicht an. Zulässig ist indessen nach der hier vertretenen Auffassung – wegen der vergleichbaren Vertrauenssituation der Beteiligten – die (analoge) Bejahung der Anfechtungsmöglichkeit von Art. 230 OR[41].

---

[37] OSER/SCHÖNENBERGER, ZürKomm, Vorbem. zu Art. 229–236 OR, N 6, sowie N 3 zu Art. 236 OR; JAGMETTI, SPR I, S. 345.
[38] VON BÜREN, OR BT, S. 70.
[39] So sinngemäss STÄGER, S. 33; PESTALOZZI, Sonderbestimmungen, S. 986 f.
[40] Vgl. Nr. 35 ff. – Immerhin erscheint eine notarielle Sachbeurkundung und damit gewissermassen die «laufende» Erfüllung der Form während der Steigerungsverhandlung nicht zum Vornherein als ausgeschlossen: vgl. Nr. 46 und 48.
[41] Vgl. auch Nr. 156.

b. Die private Versteigerung als spezieller Akt des Erb- oder Sachenrechts

1. Die Anwendbarkeit der gewöhnlichen kaufrechtlichen Regeln wird relativiert, wenn die private Grundstücksversteigerung im konkreten Fall nicht (oder doch nicht ohne weiteres) als Kauf qualifiziert werden kann. Die nachfolgenden Überlegungen beziehen sich einerseits auf die Erbteilung, andererseits auf die sachenrechtlichen Bestimmungen über die Liquidation des gemeinschaftlichen Eigentums. 26

2. Auch die **Versteigerung unter Miterben** kann in gewissen (Sonder-)Fällen einen *Verkauf* darstellen[42]. Das trifft dann zu, wenn der übernehmende Erbe «wie ein Drittkäufer» auftritt und den (übrigen) Erben gesamthaft den Preis entrichten muss, sodass der Preis den restlichen Gesamtgütern zugeschlagen wird und das Grundstück aus der Teilungsmasse ausscheidet[43]. 27

Typischerweise lässt sich die Versteigerung unter Miterben demgegenüber (nicht als Kauf, sondern vielmehr) als *Akt der Erbteilung* verstehen[44]. Vom Sachverhalt her kann es in folgenden typischen Fällen zur (als Teilungsakt verstandenen) Versteigerung kommen: 28

– Die Erben vereinbaren (einvernehmlich, ohne fremdes Zutun) im Rahmen der Erbteilung die private Versteigerung des im Nachlass befindlichen Grundstücks[45]. 29

– Die Erben können sich über die Art der Versteigerung nicht einigen; die zuständige Behörde[46] ordnet (ausserhalb eines eigentlichen Erbteilungsprozesses) nach Art. 612 Abs. 3 ZGB die Versteigerung unter den Erben an. 30

---

[42] Vgl. BGE 86 II 352 E. 3a; Jenny, S. 207.

[43] Piotet P., SPR IV, S. 887 f.

[44] Das trifft dann zu, wenn die Versteigerung eine Zuweisung des Grundstücks an einen der Erben darstellt, unter Bestimmung eines «Zuteilungsbetrages» und regelmässig unter Anrechnung dieses Betrages an den Erbteil des Übernehmers (Piotet P., SPR IV, S. 888). Nach diesem Autor lässt sich keine generelle Vermutung zugunsten eines der beiden Rechtsgeschäftstypen (Erbteilung oder Verkauf) aufstellen, doch kann nach dem Grundsatz des favor negotii eine Teilungsvorschrift angenommen werden, falls sonst Formungültigkeit droht.

[45] Im Fall von ZBl 1982, S. 321 f., vereinbarten die Erben nach Art. 612 Abs. 3 ZGB eine freiwillige öffentliche Versteigerung, was vom Zürcher Verwaltungsgericht hinsichtlich der Grundstückgewinnsteuer als Akt der Erbteilung (mit der Wirkung des Aufschubs der Besteuerung) und nicht als Verkauf qualifiziert wurde.

[46] Die zuständige Behörde wird von den Kantonen bestimmt; als zuständig kann eine gerichtliche oder eine Verwaltungsbehörde bezeichnet werden (Art. 54 Abs. 1 und 2 SchlT ZGB).

31   – Im Rahmen eines Erbteilungsprozesses ordnet das Gericht die Versteigerung unter den Erben an[47].

32   3. Für die **Liquidation gemeinschaftlichen Eigentums** (ausserhalb der Erbteilung) sieht das Sachenrecht generell die Versteigerung unter den Mit- oder Gesamteigentümern als einen der möglichen Wege vor (Art. 651 und 654 Abs. 2 ZGB). Auch hier ist eine kaufrechtliche Qualifikation nicht zwingend. Die Versteigerung kann unter Umständen als *Akt des Sachenrechts* (ausserhalb der obligationenrechtlichen Typenordnung) verstanden werden. Wiederum können sich die gemeinschaftlichen Eigentümer vertraglich auf die private Versteigerung einigen, oder aber das Gericht kann eine solche anordnen[48].

33   4. Die **rechtliche Behandlung** solcher Versteigerungen richtet sich in erster Linie nach den einschlägigen erb- und sachenrechtlichen Bestimmungen. Namentlich mit Bezug auf die Formfrage können sich erhebliche Abweichungen zum gewöhnlichen Kaufrecht ergeben[49]. Darüber hinaus ist es immerhin nicht ausgeschlossen, bezüglich der im Erb- oder Sachenrecht nicht eigens geregelten Rechtsfragen dennoch Kaufrecht anzuwenden, sei es kraft ausdrücklicher gesetzlicher Verweisung (Beispiel: Art. 637 ZGB), sei es analogieweise (weil das konkrete Rechtsgeschäft dennoch kaufrechtliche Züge aufweist).

34   Nach der hier vertretenen Auffassung spielt es jedoch bei einer derartigen Liquidation von Gesamteigentum für die rechtliche Qualifikation der Steigerung keine Rolle, ob sie von den Parteien vereinbart oder aber behördlich (namentlich: durch das Gericht) verfügt worden ist. Die *gerichtliche Anordnung* betrifft demnach nur den Anlass der Versteigerung, nicht aber deren «Rechtsnatur»[50].

B. Zum Problem der Form insbesondere

35   Auseinander zu halten sind einerseits (a.) der Regelfall und andererseits (b.) Spezialfälle. Sodann werfen (c.) die Erfüllung der vorgeschriebenen Form und ihre zwangsweise Durchsetzung besondere Probleme auf.

---

[47] Nach einem Teil der kantonalen Praxis hat das Gericht diesfalls auch die Steigerungsbedingungen festzulegen (so die Aargauer Praxis: AGVE 1982 Nr. 5, S. 32 ff. E. 3; AGVE 1965 Nr. 8, S. 35; anders aber die Bündner Praxis: PKG 1988 Nr. 61, S. 194 ff. [199] E. 3).
[48] Beispiele: LGVE 1990 I Nr. 7, S. 11 f.; PKG 1992 Nr. 4, S. 17 ff.
[49] Vgl. Nr. 38 ff.
[50] Gl.M. (bezüglich der Frage der Form) wohl LGVE 1985 I Nr. 4, S. 7 ff.

a. Regelfall: Öffentliche Beurkundung

1. Nach dem Gesagten ist die private Versteigerung eines Grundstücks im Regelfall als «normaler Grundstückkauf» anzusehen; als solcher bedarf sie zu ihrer Gültigkeit der **öffentlichen Beurkundung** (Art. 657 Abs. 1 ZGB und Art. 216 Abs. 1 OR)[51]. 36

2. Öffentlich zu beurkunden ist namentlich auch eine Versteigerung unter Miterben, sofern sie im konkreten Fall als **Kauf** (und nicht als Erbteilung) anzusehen ist[52]. 37

b. Spezialfälle

1. Die **Versteigerung unter Miterben** stellt nach dem Gesagten im Regelfall keinen Kauf, sondern einen Erbteilungsvertrag dar. Für seine Gültigkeit lässt Art. 634 Abs. 2 ZGB die einfache Schriftform genügen. Dies gilt nach heute einhelliger Auffassung auch in Bezug auf Grundstücke, die sich im Nachlass befinden[53], was durch Art. 18 Abs. 1 lit. b GBV bestätigt wird. Demnach reicht heute nach überwiegender Auffassung für eine Grundstücksversteigerung unter Miterben die **Schriftform** aus; öffentliche Beurkundung ist nicht erforderlich[54]. 38

Beispiel: In BGE 83 II 363 ff. führte das Bundesgericht aus, ein Teilungsvertrag nach Art. 634 Abs. 2 ZGB stelle keinen Vertrag auf Eigentumsübertragung i.S.v. Art. 657 Abs. 1 ZGB dar, sondern regle einen ganz anderen Tatbestand: Anders als die Parteien eines gewöhnlichen Grundstückkaufes seien die Miterben nicht frei, Eigentum zu übertragen, sondern kraft Gesetzes bereits Gesamteigentümer an allen Erbschaftswerten; sie seien daher auch von Gesetzes wegen verpflichtet, sich die Teilung grundsätzlich gefallen zu lassen. Dar- 39

---

[51] STÄGER, S. 82 f.; OSER/SCHÖNENBERGER, ZürKomm, Vorbem. zu Art. 229–236 OR, N 18, sowie N 7 zu Art. 235 OR; TERCIER, Nr. 1052; MEIER-HAYOZ, BerKomm, N 27 zu Art. 657 ZGB; HAAB/SIMONIUS/SCHERRER/ZOBL, ZürKomm, N 4 zu Art. 657 ZGB; HOMBERGER, ZürKomm, N 21 zu Art. 965 ZGB; HONSELL/RUOSS, BasKomm, Vorbem. zu Art. 229–236 OR, N 16; GIGER, BerKomm, N 86 zu Art. 229 OR; teilweise abweichend BECKER, BerKomm, N 11 zu Art. 229 OR, und VON BÜREN, OR BT, S. 70.

[52] Vgl. Nr. 27; BGE 86 II 352 E. 3a (und wohl auch 100 Ib 125 E. 4); JENNY, S. 207; PIOTET P., SPR IV, S. 887 f.

[53] BGE 47 II 255, 63 I 33, 83 II 363 ff. E. 2 (= ZBGR 1959, S. 38), 86 II 351 f. E. 3a, 100 Ib 123 E. 1, 118 II 397; ESCHER, ZürKomm, N 10 und 12 zu Art. 634 ZGB; TUOR/PICENONI, BerKomm, N 26 zu Art. 612 ZGB sowie N 16 und 20 ff. zu Art. 634 ZGB; TUOR/SCHNYDER/SCHMID, S. 586 f. und 650; PIOTET P., SPR IV, S. 908 f.

[54] BECKER, BerKomm, N 11 zu Art. 229 OR; JENNY, S. 206 f.; VON BÜREN, OR BT, S. 70; MEIER-HAYOZ, BerKomm, N 27 in fine und 58 zu Art. 657 ZGB, N 83 zu Art. 652 ZGB sowie N 57 zu Art. 654 ZGB; HONSELL/LAIM, BasKomm, N 15 zu Art. 657 ZGB; PIOTET P., SPR IV, S. 887 f.; a.M. OSER/SCHÖNENBERGER, ZürKomm, Vorbem. zu Art. 229–236 OR, N 18; unklar HAAB/SIMONIUS/SCHERRER/ZOBL, ZürKomm, N 4 einerseits und N 9 andererseits zu Art. 657 ZGB.

aus sei zu folgern, dass die öffentliche Beurkundung nicht gefordert werde für die Verträge, «die, wie die Teilungsverträge, in erster Linie auf die Liquidation eines bereits bestehenden Gemeinschaftsverhältnisses abzielen. Es ist ganz augenscheinlich, dass das Erfordernis des Schutzes der Parteien vor unüberlegten und ungenügend überdachten Rechtsgeschäften sich nicht mit der gleichen Notwendigkeit stellt, wenn es sich nicht um die Begründung eines neuen Eigentumsrechts mit allen sich daraus ergebenden Rechtsfolgen handelt, sondern vielmehr um eine Art von Konsolidierung des Eigentumsrechtes ... zu Gunsten eines oder mehrerer Miterben»[55]. In BGE 63 I 30 ff. sei keineswegs in absoluter Weise die Zulässigkeit der einfachen Schriftform für die unter Miterben vorgenommene freiwillige Steigerung ausgeschlossen worden, sondern nur mit Bezug auf einen speziellen Fall, «weil das streitige Rechtsgeschäft nicht zu denjenigen gehörte, für die ausschliesslich die Vorschriften des Erbrechts massgebend sind». Hier liege nun jedoch kein (Steigerungs-)Kauf, sondern eine reine Erbteilung vor, denn die von allen Erben unterzeichneten Steigerungsbedingungen (verstanden als Festlegung eines objektiven Verfahrens zur Auflösung der Erbengemeinschaft) seien bezüglich der Form einem eigentlichen Teilungsvertrag gleichzustellen. – In BGE 118 II 397 wird nun bestätigt, dass trotz «anfänglicher Unsicherheit» nach heutiger Rechtsprechung zum Erbteilungsvertrag «die einfache Schriftform auch genügt, wenn es um dingliche Rechte an Grundstücken geht und das entsprechende Recht ausserhalb einer Erbteilung nur mit öffentlicher Beurkundung eingeräumt werden könnte».

2. Für die **Versteigerung unter Gesamteigentümern** (ausserhalb der Erbteilung) wird die Frage nach der vorgeschriebenen Form uneinheitlich beantwortet[56]. Die bundesgerichtliche Formulierung im oben genannten BGE 83 II 363 ff. spricht eher gegen das Erfordernis der öffentlichen Beurkundung, da diese nach der dortigen Wortwahl «für die Verträge nicht verlangt wird, die, wie die Teilungsverträge, in erster Linie auf die Liquidation eines bereits bestehenden Gemeinschaftsverhältnisses abzielen», mithin nicht «die Begründung eines neuen Eigentumsrechts» bezwecken, sondern «eine Art von Konsolidierung des Eigentumsrechtes» darstellen. Als eine solche *Konsolidierung des Eigentumsrechts* aus einem Gemeinschaftsverhältnis kann nämlich auch die steigerungsweise Liquidation von (nicht erbrechtlichem) Gesamteigentum angesehen werden. Für die einfache Gesellschaft lässt sich weiter argumentieren, mit dem – formfrei möglichen – vertraglich vereinbarten Ausscheiden eines Gesellschafters würden seine Rechte den anderen Gesellschaftern anwachsen *(Akkreszenz)*, ohne dass es hierfür besonderer Formen oder Übertragungshandlungen bedürf-

---

[55] Übersetzung nach ZBGR 1959, S. 39.
[56] Für Genügen der einfachen Schriftlichkeit: von Büren, OR BT, S. 70; Becker, BerKomm, N 11 zu Art. 229 OR; Meier-Hayoz, BerKomm, N 83 zu Art. 652 ZGB, N 57 zu Art. 654 ZGB sowie N 31 und 58 f. zu Art. 657 ZGB (betreffend die Teilung). – Für das Erfordernis der öffentlichen Beurkundung: Oser/Schönenberger, ZürKomm, Vorbem. zu Art. 229–236 OR, N 18; für gewisse Fälle (ausserhalb der Teilung) auch Meier-Hayoz, BerKomm, N 31 zu Art. 657 ZGB.

te⁵⁷. Ein Anwachsen setzt aber freilich (kumulativ) voraus, dass ein Gemeinschafter aus der Gemeinschaft ausscheidet und die Gesamthandschaft fortgeführt wird⁵⁸.

Fehlt es an den Voraussetzungen der Akkreszenz, so muss berücksichtigt werden, dass bei der gesetzlichen Regelung betreffend die Teilung von gemeinschaftlichem Eigentum eine dem Art. 634 Abs. 2 ZGB vergleichbare Bestimmung fehlt. Es ist daher nicht zu sehen, welche Formvorschrift (ausser Art. 657 Abs. 1 ZGB) anwendbar sein könnte. Das grundbuchliche Verordnungsrecht sagt dazu nichts Spezifisches aus, geht aber doch vom Grundsatz aus, dass eine öffentliche Beurkundung notwendig ist (Art. 18 Abs. 1 lit. a GBV). Weiter sind die vom Gesetz mit dem Formtyp der öffentlichen Beurkundung angestrebten Zwecke (Schutz der Parteien vor Übereilung, Beweissicherung, Schaffung einer klaren Registergrundlage⁵⁹) bei der Auflösung von Gesamteigentum keineswegs bedeutungslos. In der Veräusserung eines Anteils kann eine wirtschaftlich wesentlich wichtigere Transaktion liegen als in der Übertragung eines Einzelgrundstücks. Angesichts des Fehlens einer dem Art. 634 Abs. 2 ZGB vergleichbaren Formbestimmung sowie mit Rücksicht darauf, dass die in Art. 657 Abs. 1 ZGB und Art. 216 Abs. 1 OR geregelte «*typische Schutzbedürftigkeitssituation*»⁶⁰ auch bei einer Versteigerung unter Gesamteigentümern besteht, darf demnach – unter Vorbehalt der beschriebenen Fälle von Akkreszenz – bei der (internen) Liquidation von Gesamteigentum auf das Erfordernis der *öffentlichen Beurkundung* nicht verzichtet werden⁶¹.

41

---

⁵⁷ BGE 116 II 53 E. 4b, 116 II 180 E. 5b; LGVE 1996 I Nr. 15, S. 27 E. 3, und 1996 I Nr. 16, S. 32 f. E. 4–6 (wo die Notwendigkeit der öffentlichen Beurkundung jedoch vorbehalten wird für die Fälle, in welchen dem austretenden Gesellschafter zum Zweck der Abfindung Grundstücke übertragen werden); vgl. auch BGE 119 II 124 E. 3c; HAAB/SIMONIUS/SCHERRER/ZOBL, ZürKomm, N 40 zu Art. 652–654 ZGB; MEIER-HAYOZ, BerKomm, N 11 f. und 69 ff. zu Art. 652 ZGB; JENNY, S. 207 f.; TUOR/SCHNYDER/SCHMID, S. 674; STEINAUER PAUL-HENRI, Les droits réels, Band I, 3. A. Bern 1997, Nr. 1391 ff.; HONSELL/WICHTERMANN, BasKomm, N 32 und 36 zu Art. 652 ZGB; PFÄFFLI ROLAND, Änderungen bei Personengesellschaften aus der Sicht der praktischen Grundbuchführung, ZBGR 1991, S. 321 ff. (besonders S. 322 f. und 325); BRÄM BEAT, Gemeinschaftliches Eigentum unter Ehegatten an Grundstücken, Diss. Bern 1997, S. 68 f.; WOLF STEPHAN, Subjektswechsel bei einfachen Gesellschaften, ZBGR 2000, S. 1 ff. (besonders S. 15 f.); abweichend aber SIMONIUS PASCAL/SUTTER THOMAS, Schweizerisches Immobiliarsachenrecht, Band I, Basel/Frankfurt a.M. 1995, S. 585 ff. (§ 16 Nr. 64 ff.).
⁵⁸ So ausdrücklich BGE 119 II 124 E. 3c.
⁵⁹ Vgl. im Einzelnen SCHMID, Nr. 34 ff.
⁶⁰ Vgl. SCHMID, Nr. 303 ff.
⁶¹ Ebenso SCHMID JÜRG, Redaktionelle Bemerkung, ZBGR 1999, S. 14. Generell für das Erfordernis der öffentlichen Beurkundung: ZBGR 1981, S. 343 ff., besonders S. 348 f. (= ZR 1978 Nr. 132, S. 297 ff.); SCHMID, Nr. 313; ders., Die Grundstücksversteigerung (Vorauflage), Nr. 1283. Der bereits zitierte LGVE 1996 I Nr. 16, S. 33 E. 5, verlangt (unter Hinweis auf HAAB/SIMONIUS/SCHERRER/ZOBL, ZürKomm, N 40 zu Art. 652–654 ZGB) beim Austritt einer Person aus einer Gemeinschaft zur gesamten Hand dann öffentliche Beurkundung, wenn dem Austretenden zum Zweck der Abfindung Grundstücke übertragen werden (vgl. dazu auch MEIER-HAYOZ, BerKomm, N 31 zu Art. 657 ZGB).

42   **3. Die gleichen Überlegungen müssen für die Form der Versteigerung unter Miteigentümern** gelten. Auch hier fehlt eine gesetzliche Sonderbestimmung über die Form, und auch hier erlaubt die Schutzbedürftigkeitssituation der Beteiligten keine Ausnahme von der durch Art. 657 Abs. 1 ZGB und Art. 216 Abs. 1 OR geforderten öffentlichen Beurkundung. Hinzu kommt, dass Miteigentumsanteile an Grundstücken nach Art. 655 Abs. 2 Ziff. 4 ZGB ausdrücklich (selbständige) Grundstücke im Sinn des Gesetzes darstellen. In der Übertragung solcher Anteile liegt daher eine (echte) Eigentumsübertragung i.S.v. Art. 657 Abs. 1 ZGB, nicht bloss eine «Konsolidierung» eines bereits vorhandenen Anteils. Auch für die Grundstücksversteigerung unter Miteigentümern gilt demnach das Formerfordernis der **öffentlichen Beurkundung**[62].

    c. Die Erfüllung der vorgeschriebenen Form und ihre zwangsweise Durchsetzung

43   **1. Die Schriftform** bei der (als Erbteilung verstandenen) Versteigerung unter den Miterben wird so erfüllt, dass eine Vertragsurkunde angefertigt und von allen Erben oder ihren Stellvertretern unterzeichnet wird (Art. 13 Abs. 1 OR)[63].

44   **2.** In den übrigen Fällen der privaten Grundstücksversteigerung ist nach dem Gesagten **öffentliche Beurkundung** notwendig. Ihr Verfahren richtet sich nach dem anwendbaren kantonalen Beurkundungsrecht (Art. 55 Abs. 1 SchlT ZGB), das immerhin gewissen bundesrechtlichen Minimalanforderungen zu genügen hat[64]. Für die praktische Durchführung der Beurkundung bieten sich folgende Möglichkeiten an:

45   – Erste Variante: Der Ersteigerer wird in einer ersten Phase wettbewerbsmässig ermittelt. Anschliessend wird in einer zweiten Phase zwischen ihm und dem Verkäufer (der Verkäuferschaft) der Kaufvertrag (als Zweiparteiengeschäft) öffentlich beurkundet. Die Beurkundung erfolgt mit anderen Worten als «*normale*» rechtsgeschäftliche Beurkundung; sie wird durch keine steigerungsrechtlichen Besonderheiten beeinflusst, dient bei dieser Variante doch die Versteigerung nur der Ermittlung des besten Angebotes (entsprechend

---

[62] Vgl. auch Meier-Hayoz, BerKomm, N 14 ff. zu Art. 651 ZGB und N 33 zu Art. 657 ZGB; Honsell/Ruoss, BasKomm, Vorbem. zu Art. 229–236 OR, N 16; LGVE 1985 I Nr. 4, S. 7 ff. und 1990 I Nr. 7, S. 11 f. (mit gewissen Zweifeln).

[63] Vgl. BGE 86 II 351 f. E. 3a, 102 II 201 E. 2a. Zur Erfüllung der Form durch Briefwechsel vgl. BGE 118 II 397 f. E. 3, unter Hinweis auf (recte) Art. 13 Abs. 2 OR (dazu Gauch/Schluep/Schmid/Rey, Nr. 507 f.).

[64] Im Einzelnen Schmid, Nr. 148 ff., besonders Nr. 164 ff.; Brückner, Nr. 8 ff.

der Käufersuche und der Aushandlung des Preises beim gewöhnlichen Kauf)[65]. Doch wird der letzte Bieter hier erst wirksam gebunden, wenn die öffentliche Beurkundung vollständig durchgeführt worden ist.

– Zweite Variante: Der privaten Versteigerung wohnt eine Urkundsperson bei, welche über den Ablauf (und demnach auch über das letzte Angebot sowie dessen Annahme) eine öffentliche Urkunde erstellt. Die Beurkundung erfolgt hier ähnlich wie bei gesellschaftsrechtlichen Beschlüssen[66]; sie stellt eine *Sachbeurkundung* dar.   46

3. Sind sich im Fall der **Grundstücksversteigerung unter Mit- oder Gesamteigentümern** alle Anteilinhaber einig, so bietet die Erfüllung der vorgeschriebenen Form keine besonderen Schwierigkeiten. Probleme ergeben sich hingegen dann, wenn einer der Mit- oder Gesamteigentümer (oder Miterben) mit der Versteigerung nicht einverstanden ist und – trotz gerichtlicher Anordnung der Versteigerung – zur Unterzeichnung der Urkunde bzw. zur Mitwirkung an der (rechtsgeschäftlichen) Beurkundung nicht Hand bietet. Alsdann verbleibt zur Wahrung der Form (ausserhalb des Prozessweges[67]) folgende Ausweichmöglichkeit[68]:   47

Die Beurkundung ist in der oben genannten zweiten Variante durchzuführen, also als *Sachbeurkundung*. Diesfalls erübrigen sich Unterschrift bzw. Mitwirkung des renitenten Anteilinhabers. Die Zulässigkeit einer solchen Lösung soll nach der hier vertretenen Meinung nicht vom anwendbaren kantonalen Beurkundungsverfahrensrecht abhängen. Das bedingt jedoch, dass eine derartige öffentliche Sachbeurkundung (in den so gelagerten Fällen) kraft Bundesrechts nicht nur die einfache Schriftform[69], sondern auch die rechtsgeschäftliche Beurkundung wirksam zu ersetzen vermag. Die in der beschriebenen Weise entstandene Urkunde ist als Ausweis für die Eigentumsübertragung i.S.v. Art. 18 Abs. 1 lit. a GBV anzuerkennen, sofern ihr der gerichtliche Entscheid über die Anordnung der privaten Versteigerung beigelegt wird.   48

---

[65] Vgl. z.B. LGVE 1985 I Nr. 4, S. 7 ff. (in fine).
[66] Vgl. LGVE 1985 I Nr. 4, S. 7 ff.; für das deutsche Recht STAUDINGER/BORK, N 7 zu § 156 BGB.
[67] Die prozessuale Lösung besteht in der gerichtlichen Zusprechung des Grundstücks an jenen Anteilinhaber, der – bei Kooperation des renitenten Anteilinhabers zur Erfüllung der Form – Ersteigerer geworden wäre. Der Erwerbsgrund ist alsdann aber das gerichtliche Urteil, nicht mehr ein privates Rechtsgeschäft.
[68] Vgl. wiederum LGVE 1985 I Nr. 4, S. 7 ff.
[69] Zum Ersatz der Schriftform durch öffentliche Beurkundung vgl. SCHMID, Nr. 15 f.

III. Die öffentliche Versteigerung

1. Kennzeichen

49 1. Öffentlich ist eine (freiwillige) Versteigerung laut Art. 229 Abs. 2 OR dann, wenn sie einerseits «öffentlich ausgekündigt worden ist» und wenn andererseits – kumulativ – an ihr «jedermann bieten kann» («en cas d'enchères volontaires et publiques, où toutes les offres sont admises»)[70].

Im Einzelnen:

50 – Eine **öffentliche Auskündigung** ist jede Bekanntmachung der Versteigerung durch beliebige Mittel (Inserate in Zeitungen und Amtsblättern, Plakate, Rundfunk, Ausruf) in einer Weise, welche sich eignet, eine unbestimmte Vielzahl von Interessenten zu erreichen[71].

51 – Ein **freies Bietrecht** von jedermann ist (theoretisch) dann anzunehmen, wenn keine durch den Willen des Veräusserers angeordnete Beschränkung der Zulassung von Interessenten besteht. Allfällige gesetzliche Bestimmungen, die bestimmte Interessenten(gruppen) am rechtlich wirksamen Mitbieten hindern, ändern nichts daran, dass die Versteigerung privatrechtlich dennoch als «öffentliche» qualifiziert wird[72].

52 2. Von Bundesrechts wegen setzt eine öffentliche Versteigerung – anders als etwa eine öffentliche Beurkundung – begrifflich nicht die **Mitwirkung** einer besonderen, vom Staat mit dieser Aufgabe betrauten Person («öffentlicher Beamter») voraus[73]. Dass also eine Versteigerung – die übrigen Voraussetzungen der Öffentlichkeit unterstellt – ausschliesslich von Privaten veranstaltet wird, macht sie bundesrechtlich nicht zu einer privaten. Doch kann das kantonale Recht Vorschriften über die Mitwirkung einer speziell bezeichneten Person aufstellen[74].

---

[70] Vgl. schon Ständerat Hoffmann (Berichterstatter der Kommission), Sten. Bull. 1910 (Ständerat), S. 191.

[71] Vgl. OSER/SCHÖNENBERGER, ZürKomm, Vorbem. zu Art. 229–236 OR, N 7: Bekanntmachung in einer Weise, aus welcher «geschlossen werden konnte, dass sie für jedermann berechnet war».

[72] Ebenso HONSELL/RUOSS, BaskKomm, Vorbem. zu Art. 229–236 OR, N 19.

[73] Ebenso PIOTET D., Droit cantonal complémentaire, Nr. 1036; HONSELL/RUOSS, BaskKomm, Vorbem. zu Art. 229–236 OR, N 20.

[74] Vgl. STÄGER, S. 26; OSER/SCHÖNENBERGER, ZürKomm, Vorbem. zu Art. 229–236 OR, N 11, mit Hinweis auf die gegenteilige Regelung in § 383 Abs. 3 BGB; BECKER, BerKomm, N 3 in fine zu Art. 229 OR; ferner Nr. 58 und 70.

2. Nebeneinander von Bundesrecht und kantonalem Recht

A. Die Regel von Art. 236 OR

Art. 236 OR besagt, dass «die Kantone ... in den Schranken der Bundesgesetz- 53
gebung weitere Vorschriften über die öffentliche Versteigerung aufstellen» können. Das Obligationenrecht enthält also im Bereich des öffentlichen Versteigerungswesens einen **echten Vorbehalt zugunsten des kantonalen Privatrechts,** welches ergänzend zu den bundesrechtlichen Bestimmungen hinzutritt[75]. Zu beachten ist immerhin Folgendes:

1. Die Legifierierungskompetenz der Kantone endet an den «**Schranken der** 54
Bundesgesetzgebung» («... pourvu qu'elles ne dérogent pas au droit fédéral»). Damit wird der *Vorrang des Bundesrechts* klargestellt, was an sich schon aufgrund der verfassungsmässigen Kompetenzverteilung zwischen Bund und Kantonen (also auch ohne ausdrückliche Wiederholung im Gesetz) gilt. Solche Schranken finden sich sinngemäss namentlich in den Regeln von Art. 229–235 OR. Dies gilt immerhin nur insoweit, als der Bundesgesetzgeber hier Fragen abschliessend geregelt hat, also: für die rechtliche Bedeutung von Versteigerungsveranstaltung und Gebotsabgabe (Nr. 77 ff.), die Dauer der Gebundenheit des Bieters (Nr. 90 ff.), die Formfreiheit des Verpflichtungsgeschäfts (Nr. 104 ff.), die spezielle Verzugsregelung (Nr. 115 ff.) und die Anfechtungsmöglichkeit (Nr. 130 ff.). Da in diesen Punkten der Bund selber die Normierung beansprucht, verwehrt er den Kantonen, diesbezüglich abweichend zu legiferieren. Schranken finden sich aber auch im gesamten übrigen Privatrecht, wo immer der Bund eine Rechtsfrage abschliessend geregelt hat (Beispiel: Formfreiheit der Stellvertretung bei einer Versteigerung[76]).

2. Soweit die Kantone zur öffentlichen Versteigerung Normen erlassen, welche 55
zur Ergänzung der bundesrechtlichen Regelung dienen (Beispiel: Regelung der Zuständigkeit der Behörden), stellt sich die Frage, ob die kantonalen Anordnungen zu ihrer Gültigkeit der **Genehmigung des Bundesrates** bedürfen. Dies ist nach den (im Jahr 1991 geänderten) Art. 52 Abs. 3 und 4 SchlT ZGB im hier interessierenden Gebiet nur dann der Fall, wenn es um die Errichtung öffentlicher Urkunden geht oder wenn die kantonalen Anordnungen im An-

---

[75] JAGMETTI, SPR I, S. 252; wohl auch KLEY-STRULLER, S. 264; PIOTET D., Droit cantonal complémentaire, Nr. 1035 ff. Nach MARTI, ZürKomm, N 194 zu Art. 5 ZGB, liegt primär ein Vorbehalt zugunsten des kantonalen öffentlichen Rechts vor, dem jedoch – soweit es Regeln über das Versteigerungsverfahren aufstellt – auch privatrechtliche Bedeutung zukommt.
[76] Vgl. sinngemäss BGE 99 II 159 ff.

schluss an eine Änderung des Bundesrechts erlassen werden[77]. Nach heute wohl herrschender Auffassung gilt der Genehmigungsvorbehalt auch für kantonale Normen des materiellen Privatrechts[78].

B. Kantonale Erlasse zur freiwilligen öffentlichen Versteigerung (Auswahl)

56 1. Ergänzende Vorschriften zur öffentlichen Versteigerung sind – je nach Kanton – in der betreffenden Zivilprozessordnung, in den Einführungserlassen zum ZGB/OR oder in separaten Gesetzen oder Verordnungen über das Versteigerungswesen enthalten[79]. Als **Beispiele** mögen (ausserhalb der Notariatserlasse) die folgenden kantonalen Gesetze dienen:

BE	Gesetz über die Einführung des Schweizerischen Zivilgesetzbuches, vom 28. Mai 1911 (Art. 132–134)
BS	Gesetz betreffend das Gantwesen, vom 8. Oktober 1936
FR	Einführungsgesetz vom 22. November 1911 zum Schweizerischen Zivilgesetzbuch (Art. 351–359ter)
GL	Gesetz über die Einführung des Schweizerischen Obligationenrechts (Zivilgesetzbuch V. Teil) im Kanton Glarus, vom 6. Mai 1923 (Art. 15–18)
GR	Einführungsgesetz zum Schweizerischen Zivilgesetzbuch, vom 5. März 1944 (Art. 185–188); Ausführungsverordnung zum Schweizerischen Obligationenrecht, vom 18. November 1950 (Art. 8)
JU	Loi sur l'introduction du Code civil suisse, du 9 novembre 1978 (Art. 105–107)
LU	Gesetz betreffend die Einführung des schweizerischen Zivilgesetzbuches vom 10. Dezember 1907 im Kanton Luzern, vom 21. März 1911 (§ 124); Verordnung über die freiwilligen öffentlichen Versteigerungen, vom 8. Juni 1999
NE	Code de procédure civile, du 30 septembre 1991 (Art. 480–489)

---

[77] Im Einzelnen SCHNYDER, ZürKomm, Allg. Einleitung zu Art. 1–10 ZGB, N 277 ff.; MARTI, ZürKomm, Vorbem. zu Art. 5 und 6 ZGB, N 311 ff.

[78] So wohl MARTI, ZürKomm, Vorbem. zu Art. 5 und 6 ZGB, N 315 f., sowie N 133 zu Art. 5 ZGB. Anders (vor der Änderung von Art. 52 SchlT ZGB) noch JAGMETTI, SPR I, S. 255.

[79] Vgl. auch JAGMETTI, SPR I, S. 345 Anm. 5; PIOTET D., Droit cantonal complémentaire, Nr. 1041 ff.; PESTALOZZI, Steigerungskauf, Nr. 1341 ff.; ders., Ergänzungsband, Nr. E. 1349 ff.

SH	Gesetz über die Einführung des Schweizerischen Zivilgesetzbuches, vom 27. Juni 1911 (Art. 139–140)
SO	Gesetz über die Einführung des Schweizerischen Zivilgesetzbuches, vom 4. April 1954 (§ 314–324)
SZ	Kantonale Vollzugsverordnung zum Schweizerischen Obligationenrecht und zu den dazugehörenden Ergänzungs- und Ausführungserlassen, vom 25. Oktober 1974 (§ 7–9)
TG	Einführungsgesetz zum Schweizerischen Zivilgesetzbuch, vom 3. Juli 1991 (§ 79–81)
VD	Code de procédure civile, du 14 décembre 1966 (Art. 597–602)
ZH	Einführungsgesetz zum Schweizerischen Zivilgesetzbuch (EG zum ZGB), vom 2. April 1911 (§ 223); Verordnung des Obergerichtes über das Verfahren bei freiwilligen öffentlichen Versteigerungen, vom 19. Dezember 1979

2. Nach der **Thematik der kantonalen Regelung** geordnet, lassen sich (wieder im Sinn einer beispielhaften Auswahl) etwa die folgenden Normengruppen aufgliedern:

– Bezeichnung einer bestimmten Person oder Amtsstelle (Behörde), welcher die Durchführung der Versteigerung, die Mitwirkung daran oder deren Beaufsichtigung obliegt: BE Art. 132 Abs. 2–4; BS § 2, 6 und 7; FR Art. 357 und 359; GR Art. 185; JU Art. 105 Abs. 2 und 3; LU § 2; NE Art. 480–483 und 485; SH Art. 139 Abs. 1 und 2; SO § 315 Abs. 1; SZ § 9; TG § 80; VD Art. 598; ZH § 1, 2 und 16.

– Bestimmungen über die Modalitäten der öffentlichen Bekanntmachung der Versteigerung: BE Art. 132 Abs. 1; BS § 5; FR Art. 353 und 356; GL Art. 17; GR Art. 186; JU Art. 105 Abs. 1; LU § 5 Abs. 1; SH Art. 140 Abs. 1; SO § 316; SZ § 8; TG § 79; ZH § 6.

– Bestimmungen über Inhalt, Form und Bekanntmachung der Versteigerungsbedingungen: BS § 4 und 5 Abs. 2; FR Art. 355; GL Art. 17; GR Art. 187; LU § 5 Abs. 2; NE Art. 484; SH Art. 140 Abs. 2; SO § 317; SZ § 8 Abs. 2 und 9 Abs. 4; ZH § 7 und 21.

– Bestimmungen über den Versteigerungsort bei Grundstücken: BS § 2 Abs. 3 und LU § 3; SZ § 8; TG § 80; ZH § 2 lit. b.

– Bestimmungen über den Ablauf der Versteigerung (Aufruf und Zuschlag): BS § 7 und 8; FR Art. 357 f.; LU § 6–8; NE Art. 485 f.; SO § 320; SZ § 9 Abs. 5; ZH § 11 und 12.

63 – Bestimmungen über die Protokollierung an der Versteigerung und über die Aktenaufbewahrung: BS § 9; FR Art. 359; GL Art. 18; GR Art. 188; LU § 9; NE Art. 486; SH Art. 139 Abs. 3; SO § 322; SZ § 9 Abs. 2; TG § 81; VD Art. 599; ZH § 14 und 24.

64 – Bestimmungen über die zeitliche Zulässigkeit von Versteigerungen: BE Art. 134 Abs. 1; FR Art. 356; GL Art. 16; JU Art. 107 Abs. 1; SO § 323 Abs. 3; ZH § 22.

65 – Bestimmungen über Ordnungsbefugnisse der Steigerungsbehörde sowie Verbote der Beeinflussung der Versteigerung (durch Angebot alkoholischer Getränke usw.)[80]: BE Art. 134 Abs. 2; BS § 8 Abs. 4; JU Art. 107 Abs. 2; NE Art. 485 Abs. 1 und 489; SH Art. 140 Abs. 3; SO § 323 Abs. 1; ZH § 15.

66 – Strafbestimmungen für Widerhandlungen gegen die kantonalen Normen: BE Art. 134 Abs. 3; JU Art. 107 Abs. 3; SO § 323 Abs. 2; ZH § 27.

67 – Bezeichnung der gerichtlichen Behörde und des Verfahrens für die Anfechtung nach Art. 230 OR: FR Art. 359bis; GR Art. 8 Abs. 2.

68 3. Probleme ergeben sich dadurch, dass die kantonalen Erlasse häufig Verfahrens-, Mitwirkungs- und Zeitbestimmungen aufstellen, zur **Sanktion** der Missachtung dieser Vorschriften jedoch keine ausdrückliche Anordnung treffen. Nichtigkeit wegen Widerrechtlichkeit nach Art. 20 Abs. 1 OR ist nach der hier vertretenen Auffassung nicht die in jedem Fall passende Rechtsfolge[81]. Vielmehr muss jeweils durch Auslegung ermittelt werden, ob (von Amtes wegen zu beachtende) Nichtigkeitsfolgen eintreten, ob die Verletzung der Norm eine Anfechtung nach Art. 230 Abs. 1 OR ermöglicht[82] oder ob die betreffende Bestimmung lediglich Ordnungscharakter hat, sodass einzig administrative und allenfalls strafrechtliche Sanktionen Platz greifen können.

3. Die Vertragsverhandlungen und der Vertragsabschluss

A. Die Beteiligten

69 1. Das Gesetz spricht – terminologisch uneinheitlich – vom «Veräusserer» (Art. 229 Abs. 2 und 3, 233 Abs. 2 und 234 Abs. 3 OR), vom «Bietenden»

---

[80] Zur Aufgabe der Kantone, durch eigene Regeln solchen Missbräuchen entgegenzuwirken, vgl. bereits Ständerat Hoffmann (Berichterstatter der Kommission), Sten. Bull. 1910 (Ständerat), S. 191.

[81] So rechtfertigt es sich beispielsweise nicht, einen Kauf als unheilbar nichtig anzusehen, nur weil eine Sperrzeit geringfügig überzogen wurde. Anders aber Art. 356 Satz 2 EGZGB FR: «Sie [= die Versteigerungen] müssen, mit Nichtigkeit als Folge, bei Anbruch der Nacht unterbrochen werden oder beendet sein.» Vgl. dazu auch Piotet D., Droit cantonal complémentaire, Nr. 1061.

[82] So Jagmetti, SPR I, S. 346, für eine «grobe» Verletzung von Verfahrensvorschriften.

(Art. 231 Abs. 1, 232 Abs. 2 und 234 Abs. 1 OR) und vom «Erwerber» (Art. 233 Abs. 1 OR) bzw. «Ersteigerer» (Art. 234 Abs. 2 und 235 Abs. 1 OR). Auch im französischen Wortlaut ist – teilweise uneinheitlich – von «vendeur» (Art. 229 Abs. 2 und 3, 233 Abs. 2 und 234 Abs. 3 OR), von «enchérisseur» (Art. 231 Abs. 1, 232 Abs. 2 und 234 Abs. 1 OR) und von «adjudicataire» (Art. 233 Abs. 1, 234 Abs. 2 und 235 Abs. 1 OR) die Rede.

2. Weiter spricht das Gesetz (im Zusammenhang mit der Grundstücksversteigerung) von der «**Versteigerungsbehörde**» («le préposé aux enchères»; Art. 235 Abs. 2 OR). Diese Regelung geht davon aus, dass an Versteigerungen über Grundstücke eine Behörde im weitesten Sinn mitwirkt. Die Auffassung, nach welcher die Kantone dennoch nicht bundesrechtlich gezwungen sind, eine solche Behörde tatsächlich zu bestimmen[83], weckt gewisse Bedenken. Immerhin sehen die Kantone regelmässig eine mehr oder weniger weit gehende Mitwirkung oder Aufsicht einer Behörde oder Amtsperson vor (Nr. 58). Ihre Tätigkeit stellt einen *Akt der freiwilligen Gerichtsbarkeit*[84] dar und bestimmt sich grundsätzlich nach kantonalem Recht, nur ausnahmsweise nach Bundesrecht (Art. 235 Abs. 2 OR).

3. Von dieser behördlichen (und je nach Kanton unterschiedlich engen) Mitwirkung oder Aufsicht abgesehen, bestimmen sich die Rechtswirkungen der Handlungen der beteiligten Personen nach **Bundesrecht**. Entsprechend den allgemeinen schuldrechtlichen Regeln ist auf Seiten beider Parteien Stellvertretung möglich[85]. Vertreter des Veräusserers ist der «Leitende» («la personne qui dirige les enchères»; Art. 229 Abs. 3 OR). Der Umfang seiner (rechtsgeschäftlich begründeten) Vertretungsmacht bestimmt sich nach der vom Veräusserer erteilten Bevollmächtigung (Art. 33 Abs. 2 OR). Vermutungsweise – «solange kein anderer Wille des Veräusserers kundgegeben ist» – hat der Leitende die Ermächtigung, auf das höchste Angebot hin den Zuschlag zu erklären (Art. 229 Abs. 3 OR)[86].

Zwischen dem Veräusserer und dem (privaten) Leitenden besteht regelmässig ein Auftrag oder ein auftragsähnliches Verhältnis[87], allenfalls auch Mäkelei[88].

---

[83] STÄGER, S. 26 und 98; MUTZNER, S. 135a; PIOTET D., Droit cantonal complémentaire, Nr. 1036. – Vgl. aber Nr. 123 ff. zu den grundbuchlichen Problemen, die beim Fehlen einer solchen Behörde entstehen können.
[84] STÄGER, S. 74 ff.
[85] RUOSS, S. 62 ff.; nicht publiziertes Urteil des Luzerner Obergerichts, I. Kammer, vom 29.4.1985 in Sachen S. c. B., E. 3 (betreffend Mobilien).
[86] Bei einem Auftragsverhältnis ergibt sich die Bevollmächtigung auch aus Art. 396 Abs. 2 OR.
[87] BGE 112 II 340 E. 2, betreffend eine Versteigerung von Mobilien; vgl. auch STÄGER, S. 71.
[88] VON HOYNINGEN-HUENE, S. 1474 f.; RUOSS, S. 40 ff.

Ein Kommissionsvertrag ist jedoch bei Grundstücken ausgeschlossen (Art. 425 Abs. 1 OR)[89], ebenso wohl ein Trödelvertrag[90]. Dem Leitenden kommt in jedem Fall eine *besondere Vertrauensstellung* zu; er hat regelmässig die Interessen mehrerer Beteiligter (Veräusserer, Bieter, Ersteigerer) zu berücksichtigen und übt insofern «treuhänderische» Funktionen aus[91].

B. Der Austausch der Willenserklärungen

a. Die Versteigerung als Vertrag unter Anwesenden (Regelfall)

73   1. Im *Normalfall* wohnen die Parteien oder ihre Stellvertreter der Versteigerung persönlich bei oder stehen zu ihr in telefonischem Kontakt. Vertragsverhandlungen und Vertragsschluss spielen sich somit regelmässig «**unter Anwesenden**» (Art. 4 Abs. 2 OR) ab. Von einzelnen Autoren wird es geradezu als Begriffsmerkmal der öffentlichen Versteigerung angesehen, dass Rechtshandlungen (nur) unter Anwesenden getätigt werden[92].

74   Die bundesdeutsche Lehre und Rechtsprechung lehnen denn auch schriftliche Angebote generell ab. Der praktische Ablauf der Versteigerung sei durch augenblicks- und situationsbedingte Entschlüsse der Bieter sowie durch die sich nach und nach in Stufen steigernden Gebote gekennzeichnet. Deren Wirksamkeit und Erlöschen müsse eindeutig und erkennbar sein. Dies sei jedoch bei schriftlichen Geboten nicht gewährleistet, namentlich weil unklar bliebe, welches Gebot in welcher Höhe und zu welchem Zeitpunkt wirksam würde, ob und wann mündlich abgegebene Gebote anwesender Bieter gültig wären und welches Gebot als Übergebot ein anderes zum Erlöschen brächte oder seinerseits zum Erlöschen gebracht würde. Um derartige Unklarheiten zu vermeiden, seien die dem Versteigerer vorliegenden schriftlichen Erklärungen von Kaufinteressenten nicht als «Gebote» im rechtstechnischen Sinn aufzufassen; sie bedeuteten vielmehr «Auftrag und Vollmacht für den Versteigerer, in der Versteigerung als Vertreter des Käufers Gebote abzugeben, verbunden mit einer stillschweigend erklärten Befreiung von dem Verbot des Selbstkontrahierens nach § 181 BGB»[93].

---

[89] Anders bei Mobilien: von Hoyningen-Huene, S. 1475 f.; LGVE 1981 I Nr. 18, S. 37 f., und BGH in NJW 1983, S. 1186 ff.

[90] Anders bei Mobilien: Urteil des Luzerner Obergerichts, I. Kammer, vom 17.2.1988 in Sachen U. c. B. AG, E. 4.

[91] Von Hoyningen-Huene, S. 1478; Dorff, S. 51; vgl. auch Marx/Arens, S. 27 ff. (N 63 zu § 34b GewO).

[92] So Stäger, S. 11 f.; von Tuhr/Peter, S. 184 Anm. 23; Cavin, SPR VII/1, S. 162; Engel, S. 63; Ruoss, S. 5 und 70; Honsell/Ruoss, BasKomm, Vorbem. zu Art. 229–236 OR, N 5; vgl. auch ZBGR 1949, S. 97, und Semjud 1963, S. 468 E. 2b.

[93] BGH in NJW 1983, S. 1186 f.; vgl. auch von Hoyningen-Huene, S. 1477 f.; Staudinger/Bork, N 3 zu § 156 BGB; Kramer, MünchKomm, N 3 zu § 156 BGB; Soergel/Wolf, N 5 zu § 156 BGB; Marx/Arens, S. 234 f. (N 7 zu § 17 VerstV); Dorff, S. 4 und 12 f.

2. Die Konzeption vom unmittelbaren Handeln unter Anwesenden trifft zwar für das Bieten und damit für den eigentlichen Wesenskern des Versteigerungsvorganges zu. Richtig ist auch, dass sich die genannten Befürchtungen aktualisieren würden, falls man schriftliche Angebote mit «variablen» Beträgen (also Angebote mit einer sich je nach den Konkurrenzofferten stetig verändernden Höhe) zulassen wollte. Entsprechende Eingaben von Interessenten können daher nicht als Angebote im Rechtssinn, sondern bloss als Ersteigerungsaufträge an den Versteigerer qualifiziert werden[94].

Dennoch sind nach der hier vertretenen Auffassung **schriftliche Angebote** – mangels einer kantonalen Verbotsnorm – *in gewissen Schranken zulässig*[95]. Sie müssen jedoch vom Leitenden den anwesenden Bietern bekannt gegeben werden, damit volle Angebotstransparenz (wie bei den mündlich abgegebenen Offerten) herrscht[96]. Weiter müssen sie auf einen bestimmten Betrag lauten[97]. Praktisch ist vor allem an solche schriftlichen Angebote zu denken, die schon zu Beginn der Versteigerung vorliegen[98].

b. Angebot und Annahme

1. In Klärung einer gemeinrechtlichen Streitfrage[99] ordnet Art. 229 Abs. 2 OR (für die freiwillige öffentliche Versteigerung) an, der Kaufvertrag werde «dadurch abgeschlossen, dass der Veräusserer den Zuschlag erklärt» (ähnlich § 156 Satz 1 BGB). Das bedeutet Folgendes:

– In der **Veranstaltung einer Versteigerung** liegt noch kein Angebot im Rechtssinn, sondern eine *blosse Einladung zur Offertstellung*. Art. 229 Abs. 2 OR ergänzt mithin Art. 7 OR[100].

---

[94] Vgl. RUOSS, S. 70.
[95] § 7 der Luzerner Verordnung über die freiwilligen öffentlichen Versteigerungen vom 8. Juni 1999 lässt schriftliche Angebote ausdrücklich zu, verlangt aber bei Grundstücksversteigerungen ihre Bekanntgabe an die Teilnehmer «zu Beginn der Versteigerung» und setzt weitere Grenzen (Angabe einer bestimmten Summe, Nichtberücksichtigung von Angeboten unter Bedingungen oder Vorbehalten usw.).
[96] Vgl. OSER/SCHÖNENBERGER, ZürKomm, N 15 zu Art. 229 OR; BECKER, BerKomm, N 7 zu Art. 229 OR, mit Hinweis auf Art. 58 Abs. 4 VZG («Schriftliche Angebote sind bei Beginn der Steigerung den Teilnehmern bekannt zu geben und können in den gleichen Bedingungen wie mündliche berücksichtigt werden.»). Vgl. ferner die in Anm. 95 dargestellte Luzerner Regelung.
[97] Nennt die Eingabe eines Interessenten bloss einen Höchstbetrag, so gilt sie wiederum als Ersteigerungsauftrag, nicht als Offerte im Rechtssinn.
[98] Zur (im vorliegenden Zusammenhang kaum je aktuellen) Internetversteigerung vgl. etwa PESTALOZZI ANTON, Versteigerungen im Internet, SJZ 94/1998, S. 241 ff.; DORFF, S. 19 ff.; ERNST STEFAN, Die Online-Versteigerung, CR 2000, S. 304 ff.
[99] Vgl. dazu ausführlich STÄGER, S. 35 ff.; ferner etwa STAUDINGER/BORK, N 1 zu § 156 BGB; KRAMER, MünchKomm, N 1 und 3 zu § 156 BGB. Aus den Materialien vgl. BBl 1905 II, S. 29 (Botschaft), wo ausgeführt wird, der Bundesrat habe sich «in Anlehnung an die tatsächlichen Verhältnisse und die unbefangene Auffassung der Beteiligten selbst» für diese Lösung entschieden.
[100] TERCIER, Nr. 1056; HONSELL/RUOSS, Vorbem. zu Art. 229–236 OR, N 24.

79 – Die **Erklärungen der Bietenden** stellen die *Angebote* (im Rechtssinn) dar. Als solche unterliegen sie den allgemeinen Regeln für Willenserklärungen, etwa hinsichtlich der Auslegung oder der Geltendmachung eines Irrtums[101]. Sie sind in dem Moment wirksam, in welchem sie vom Versteigerer vernommen werden (Zugangsprinzip)[102], und «binden» den Bietenden für eine gewisse Zeit (Art. 231 OR; Nr. 90 ff.).

80 – Unter den verschiedenen Bietern herrscht einerseits Angebotstransparenz, andererseits ein Mindestmass an «Chancengleichheit»: Es entspricht dem Wesen der öffentlichen Versteigerung, «dass alle Interessenten sich mit gleichen Rechten und unter gleichen Bedingungen daran beteiligen können» und dass jeder Teilnehmer das Recht hat, «die verschiedenen Angebote selber wahrzunehmen und deren Urheber zu kennen»[103].

81 – Während der Schwebezeit der Offerte (Nr. 90 ff.) ist der Veräusserer *frei*, das Angebot anzunehmen oder abzulehnen. Dies gilt – unter Vorbehalt abweichender Abreden in den Steigerungsbedingungen (Nr. 98 ff.) – auch bezüglich des letzten (höchsten) Angebotes[104]; Art. 229 Abs. 3 OR bezieht sich ausschliesslich auf die Ermächtigung des Leitenden, ändert aber nichts am **Grundsatz der Vertragsabschlussfreiheit.**

82 Immerhin darf der Versteigerer diese Abschlussfreiheit nicht missbrauchen. Er ist im Rahmen der Versteigerung – verstanden als Vertragsverhandlungsverhältnis – zu einem Verhalten nach Treu und Glauben verpflichtet. Hat er die Versteigerung nicht in guten Treuen veranstaltet (ist er zum Beispiel zum Vornherein entschlossen, keinem Bieter den Zuschlag zu geben), so wird er – nach den Grundsätzen der Haftung aus culpa in contrahendo – den Bietern zum Ersatz ihrer nutzlosen Aufwendungen und weiteren Schadens im Um-

---

[101] STAUDINGER/BORK, N 3 zu § 156 BGB; KRAMER, MünchKomm, N 3 zu § 156 BGB.
[102] STAUDINGER/BORK, N 3 zu § 156 BGB; HONSELL/RUOSS, Vorbem. zu Art. 229–236 OR, N 26.
[103] So BGE 87 I 261 (allerdings betreffend eine nicht dem Privatrecht unterstehende Versteigerung); vgl. dazu auch Semjud 1963, S. 468 E. 2b, und BGE 109 II 126 E. 2b in fine. Zur analogen «Chancengleichheit» im Submissionsverhältnis vgl. GAUCH, Submission, Nr. 344; ders., Werkvertrag, Nr. 467 ff.
[104] Vgl. z.B. BVR 1981, S. 184; STÄGER, S. 15, 44 und 70; CAVIN, SPR VII/1, S. 164; TERCIER, Nr. 1060; RUOSS, S. 61; KELLER/SIEHR, S. 144; STAUDINGER/BORK, N 9 zu § 156 BGB; KRAMER, MünchKomm, N 4 und 6 zu § 156 BGB; SOERGEL/WOLF, N 11 zu § 156 BGB; a.M. aber BUCHER, OR BT, S. 131 (relativierend); HONSELL, S. 178; GIGER, BerKomm, Vorbem. zu Art. 229–236 OR, N 56, sowie N 60 zu Art. 229 OR. Vom Grundsatz, wonach die versteigerte Sache grundsätzlich dem Bieter der höchsten Offerte zuzuschlagen ist, geht auch Art. 484 f. des Neuenburger Code de procédure civile aus, der Folgendes vorsieht: «L'objet est adjugé au plus offrant» (Art. 485 Abs. 2 Satz 2). «Le vendeur peut faire insérer dans les conditions de la vente qu'il se réserve la mise à prix et le retrait des objets adjugés» (Art. 484 Abs. 2).

fang des negativen Interesses verpflichtet[105]. Geschah die Ankündigung der Versteigerung nur zum Schein und nutzt der Versteigerer die Präsenz der angelockten Auktionskunden für gewöhnliche Einzelverkäufe, so ist dieses Verhalten überdies als unlauterer Wettbewerb (Art. 2 und 3 lit. b UWG) zu qualifizieren, was die in Art. 9 f. UWG vorgesehenen Rechtsfolgen auslöst[106].

– Der **Zuschlag** des Veräusserers (bzw. des Leitenden) bildet die *Annahmeerklärung*. Sie stellt den Vertragskonsens her mit jenem Bietenden, auf dessen Angebot sie sich bezieht (ebenso § 156 Satz 1 BGB[107]). Angenommen werden kann immer nur das höchste (letzte) Angebot, da ein Akzept eine wirksame Offerte voraussetzt und ein höheres Angebot stets die Bindungswirkung aller niedrigeren aufhebt[108]. Andererseits ist mit dem Zuschlag der Vertrag abgeschlossen; ein danach erklärtes höheres Angebot eines andern Bieters ist bedeutungslos[109].

83

Der Zuschlag vollzieht sich – bei Grundstücksversteigerungen – immer unter der *Aufsicht der Öffentlichkeit*[110]. Nach kantonalem Recht oder Übung erfolgt er nach dreimaligem Aufruf («zum Ersten, zum Zweiten, zum Dritten»)[111]. Er ist nach überwiegender Auffassung nicht empfangsbedürftig, sondern wird mit der blossen Abgabe wirksam; der (durch sein Angebot gebundene) Bieter kann eine wirksame Annahmeerklärung des Versteigerers also nicht dadurch vereiteln, dass er sich aus dem Steigerungslokal entfernt[112]. Als Willenserklärung ist der Zuschlag nach dem Vertrauensprinzip auszulegen, sofern die Parteien sich nicht tatsächlich richtig verstanden haben[113].

84

2. Die gesetzliche Regelung von Art. 229 Abs. 2 OR ist **dispositiver Natur**. Sie kann durch die Steigerungsbedingungen abgeändert werden. Darin kann sich

85

---

[105] GAUCH, Submission, Nr. 360 und 363, zum analogen Fall der treuwidrigen Veranstaltung einer Submission; ders., Werkvertrag, Nr. 471; ferner STÄGER, S. 44, unter Hinweis auf Art. 41 Abs. 2 OR; allgemein GAUCH/SCHLUEP/SCHMID/REY, Nr. 948 ff.
[106] Ähnlich in einem deutschen Fall: BGH in NJW 1999, S. 137 ff.
[107] STAUDINGER/BORK, N 5 zu § 156 BGB.
[108] So jedenfalls VON BÜREN, OR BT, S. 68. Zu beachten ist aber immerhin, dass die Bestimmung von Art. 231 Abs. 2 OR über die Bindungsdauer (in den Schranken von Art. 232 OR) dispositives Recht darstellt (vgl. auch STAUDINGER/BORK, N 9 zu § 156 BGB, und im Einzelnen Nr. 90 ff. und 99).
[109] STAUDINGER/BORK, N 2 in fine zu § 156 BGB; SOERGEL/WOLF, N 9 zu § 156 BGB.
[110] STÄGER, S. 80; VON BÜREN, OR BT, S. 68; vgl. auch BGE 40 II 499 ff. E. 3 und 4 sowie 98 II 54 ff. E. 7.
[111] COMMENT, S. 3; PIOTET D., Droit cantonal complémentaire, Nr. 1056. – Für die Zwangsversteigerung schreiben Art. 126 Abs. 1 SchKG und Art. 60 Abs. 1 VZG den dreimaligen Aufruf ausdrücklich vor.
[112] STÄGER, S. 69; STAUDINGER/BORK, N 3 in fine und 5 zu § 156 BGB; KRAMER, MünchKomm, N 3 in fine zu § 156 BGB; SOERGEL/WOLF, N 10 zu § 156 BGB; a.M. RUOSS, S. 61 Anm. 201.
[113] BGE 98 II 53 ff.

etwa der Veräusserer gültig verpflichten, auf das höchste Angebot (überhaupt oder oberhalb einer bestimmten Limite) den Zuschlag zu erklären[114].

86 Ob die Steigerungsbedingungen im Einzelfall eine solche Verpflichtung (und damit einen *Kontrahierungszwang*) enthalten, ist durch Auslegung zu ermitteln. Indessen darf ein solcher Zwang nicht leichthin angenommen werden[115]. Namentlich ist er – nach überwiegender Meinung – nicht schon dann zu bejahen, wenn der Versteigerer eine untere Preislimite (einen minimalen Ausrufpreis) festgesetzt hat; darin liegt im Zweifel keine Verpflichtung des Versteigerers zum Vertragsabschluss zu diesem Limitpreis, sondern bloss der erklärte Wille, tiefere Gebote (etwa zur Zeitersparnis) zum Vornherein auszuschliessen[116].

87 3. Normalerweise haben die Angebote der Bieter einen wechselnden («steigernden») Inhalt, sie sind somit im Regelfall *Übergebote*. Ohne entgegenstehende Vorschrift in den Steigerungsbedingungen kann ein Bieter jedoch auch ein *gleich hohes Angebot* erklären wie sein Vor-Bieter. Werden diese gleich lautenden Offerten nicht mehr überboten, so hat der Versteigerer die Wahl, welche von ihnen er (allenfalls) annehmen will; die Steigerungsbedingungen können indessen auch eine andere Lösung (zum Beispiel Entscheidung durch das Los[117]) vorsehen.

88 4. Die Frage, ob ein **privater Leiter** der Versteigerung (ohne ausdrückliche Zustimmung des Veräusserers) gleichzeitig seinerseits *mitbieten* und sich das Grundstück gegebenenfalls selber zuschlagen kann, ist zu verneinen. Auf diesen Fall sind die Regeln über das Selbstkontrahieren eines Stellvertreters anwendbar, wo bei der gegebenen Situation eine deutliche Gefahr der Interessenkollision besteht[118].

89 5. Probleme können sich ergeben, wenn der **Veräusserer** («Einlieferer») *selber mitbietet*. Die Frage der rechtlichen Konsequenzen solcher «Scheingebote»

---

[114] OSER/SCHÖNENBERGER, ZürKomm, Vorbem. zu Art. 229–236 OR, N 15, sowie N 3 zu Art. 229 OR; KRAMER, BerKomm, N 101 in fine zu Art. 19–20 OR; HONSELL/RUOSS, N 4 zu Art. 229 OR; ausführlich STÄGER, S. 35 ff. und passim. Lösen diesfalls mehrere Bieter einander ab, so wird die juristische Konstruktion des Vertragsschlusses unterschiedlich aufgefasst, teils als Abschluss unter Resolutivbedingung (OSER/SCHÖNENBERGER, ZürKomm, Vorbem. zu Art. 229–236 OR, N 15; GUHL/KOLLER, § 13 Nr. 47), teils als Abschluss unter Suspensivbedingung (STÄGER, S. 47 und 49 f., unter Berufung auf die Folgen für die Gefahrtragung nach Art. 185 Abs. 3 OR, die sich jedoch gemäss Art. 220 OR für Grundstücke regelmässig anders beantworten).
[115] Vgl. GAUCH, Submission, Nr. 356, zur analogen Fragestellung bei der Submission.
[116] STÄGER, S. 31 f.; RUOSS, S. 59; a.M. aber BUCHER, OR BT, S. 131; vgl. ferner die in Anm. 104 Zitierten.
[117] OTTO, S. 684 Anm. 22.
[118] STÄGER, S. 72 f., mit Hinweis auf § 181 und 456 f. BGB; OSER/SCHÖNENBERGER, ZürKomm, N 10 zu Art. 229 OR; BECKER, BerKomm, N 10 zu Art. 229 OR.

stellt sich meistens im Zusammenhang mit der Anwendung von Art. 230 Abs. 1 OR, mithin regelmässig aus der Sicht der übrigen Bieter[119]. Aber auch zwischen dem (privaten) Versteigerer und dem Einlieferer – namentlich im Fall des Zuschlags an den Einlieferer – können sich Streitigkeiten ergeben[120]. Ein «Erwerb» des versteigerten Grundstücks durch den Eigentümer ist rechtlich unmöglich; der entsprechende «Kaufvertrag» ist daher gemäss Art. 20 Abs. 1 OR nichtig. Es fragt sich jedoch, ob Versteigerer und Einlieferer nicht wirksam vereinbaren können, dass der Letztere im Fall des Mitsteigerns und des Zuschlages die gleichen Zahlungen (zum Beispiel eine Provision) zu leisten habe wie ein Dritter[121]. Eine Simulation (und damit das Fehlen des Vertragstatbestandes) darf jedenfalls nur dann angenommen werden, wenn «der Versteigerer um das Scheingebot eines bestimmten Bieters weiss und bei der damit verfolgten Täuschung Dritter mitmacht, notfalls also bewusst zum Scheine zuschlägt»[122].

c. Zur Gebundenheit des Bieters insbesondere

1. Der Bietende ist gemäss Art. 231 Abs. 1 OR «nach Massgabe der Versteigerungsbedingungen an sein Angebot gebunden». Die Zeitdauer der Bindung bestimmt sich daher – vorbehältlich einer noch zu behandelnden Ausnahme – nach den **Steigerungsbedingungen**. Bestimmen sie nichts Gegenteiliges, so wird der Bietende nach Art. 231 Abs. 2 OR frei: 90

– *«wenn ein höheres Angebot erfolgt»* (ähnlich § 156 Satz 2 BGB). Ob der Veräusserer in der Folge auf dieses höhere Angebot den Zuschlag erklärt oder nicht, ob der Nach-Bieter solvent ist oder ob der Vertrag mit dem Nach-Bieter zwar zustande kommt, aber infolge Zahlungsverzuges (Art. 233 Abs. 2 OR) wieder aufgelöst wird, spielt für die Befreiung des Vor-Bieters von der Gebundenheit an sein Angebot keine Rolle. Entscheidend ist einzig, dass ein höheres Angebot erfolgt, denn: Für einen (Vor-)Bieter sind solche nachmaligen Ereignisse bei Abgabe seiner Offerte nicht erkennbar; er darf daher auf das Ende seiner Gebundenheit vertrauen, sofern ein ihn ablösendes Angebot eines andern nicht zum Vornherein als offensichtlich unzulässig erkannt werden muss[123]. 91

---

[119] Vgl. Nr. 143.
[120] Beispiel: BGE 112 II 337 ff. betreffend eine Versteigerung von Mobilien. – Zum Phänomen des «verschleierten Rückkaufes» vgl. z.B. RUOSS, S. 81 ff.
[121] Bejahend: BGE 112 II 346 E. 4d.
[122] BGE 112 II 343 E. 4a.
[123] Ähnlich STAUDINGER/BORK, N 4 zu § 156 BGB; KRAMER, MünchKomm, N 4 zu § 156 BGB; SOERGEL/WOLF, N 6 zu § 156 BGB. Die Frage ist jedoch kontrovers; für abweichende Auffassungen vgl. COMMENT, S. 3, und RUOSS, S. 60 f.

92   Die Befreiung von der Gebundenheit setzt nach dem Gesagten ausdrücklich ein höheres Angebot voraus; dass der nächste Bieter ein gleich hohes Angebot wie sein Vor-Bieter abgibt, reicht nicht aus.

93   – oder *wenn «sein Angebot nicht sofort nach dem üblichen Aufruf angenommen wird»*. Durch diese Regel wird die Bestimmung von Art. 4 Abs. 1 OR über die zeitliche Bindung des Offerenten unter Anwesenden (ohne Festsetzung einer Annahmefrist) ergänzt. Wird nach dem «üblichen Aufruf» kein höheres Gebot abgegeben und unterlässt der Versteigerer in dieser Situation den Zuschlag, gilt die Offerte des Bieters als abgelehnt. Gleiches gilt, wenn der Versteigerer das Angebot eines Bieters zurückweist (§ 146 BGB)[124]. Eine Ablehnung der Bieter-Offerte kommt auch dadurch zum Ausdruck, dass der Veräusserer die Versteigerung unterbricht[125] oder zu anderen Steigerungsbedingungen übergeht[126].

94   – Keine Beendigung der Bindungswirkung tritt ein, wenn sich der Bieter vor dem Zuschlag vom Steigerungslokal entfernt[127].

95   **2.** Dem **Schutz des Bietenden vor einer übermässigen zeitlichen Bindung** an seine Offerte dient (nur bei Grundstücksversteigerungen) die zwingende Bestimmung von Art. 232 OR[128]. Danach ist der Bietende maximal für die Dauer der Versteigerungsverhandlung an sein Angebot gebunden; Zu- und Absage müssen somit an der Versteigerung selber erfolgen[129]. Es steht indessen nichts entgegen, «die Steigerungsverhandlung» (verstanden als einheitlichen Vorgang) in zwei Teile aufzuspalten und an zwei verschiedenen Tagen stattfinden zu lassen, immer vorausgesetzt, Aufspaltung und Daten seien öffentlich bekannt gemacht worden[130].

96   Eine längere Schwebezeit ist nur (aber immerhin) dann zulässig, wenn der Verkauf der Genehmigung einer Behörde bedarf, etwa aus Gründen des Vormund-

---

[124] STAUDINGER/BORK, N 3 zu § 156 BGB; KRAMER, MünchKomm, N 4 zu § 156 BGB; SOERGEL/WOLF, N 8 zu § 156 BGB; MARX/ARENS, S. 238 f. (N 16 zu § 17 VerstV); DORFF, S. 11 f.
[125] STÄGER, S. 78; COMMENT, S. 3; vgl. auch STAUDINGER/BORK, N 3 zu § 156 BGB.
[126] STAUDINGER/BORK, N 3 zu § 156 BGB; SOERGEL/WOLF, N 7 zu § 156 BGB.
[127] STAUDINGER/BORK, N 3 in fine und 5 zu § 156 BGB; KRAMER, MünchKomm, N 3 in fine zu § 156 BGB; SOERGEL/WOLF, N 10 zu § 156 BGB.
[128] Vgl. bereits Ständerat Hoffmann (Berichterstatter der Kommission), Sten. Bull. 1910 (Ständerat), S. 191 («... regelt einen häufig eintretenden Abusus, die Verhaftung des Bietenden über die Versteigerung hinaus»); ebenso HONSELL/RUOSS, BasKomm, N 1 zu Art. 232 OR. Im Entwurf von 1909 (Sten. Bull. 1910, [Ständerat], S. 187) sah Art. 1275bis Abs. 2 ausdrücklich vor: «Vorbehalte betreffend die Haftung des Bietenden über die Steigerung hinaus sind ungültig.»
[129] Vgl. BGE 40 II 499 ff. E. 3–5, 98 II 54 ff. E. 7; TERCIER, Nr. 1061.
[130] BGE 40 II 499 ff. E. 3–5. Dass das Wort «Steigerungsverhandlungen» in Art. 232 Abs. 2 OR durch die Redaktionskommission nachträglich (nach der Genehmigung des Textes durch die Bundesversammlung) vom Plural in den Singular geändert wurde, hat demnach keinerlei Bedeutung (BGE a.a.O.).

schafts-[131], des landwirtschaftlichen Bodenrechts, der Lex Friedrich oder des Gemeindeorganisationsrechts[132].

3. Einzelne Autoren billigen dem Veräusserer generell eine **Befugnis** zu, **Bieter-Offerten zurückzuweisen** mit der Bewandtnis, dass der vorangegangene Bieter nach wie vor an sein Angebot gebunden ist[133]. Ein solches besonderes Rückweisungsrecht kann nach der hier vertretenen Auffassung wohl in den Versteigerungsbedingungen vorgesehen werden, es ergibt sich jedoch nicht aus der gesetzlichen Regelung von Art. 231 Abs. 2 OR[134].

97

d. Die Steigerungsbedingungen

1. Über die Versteigerungsbedingungen sind in den anwendbaren kantonalen Erlassen regelmässig Vorschriften hinsichtlich Form, Inhalt und Bekanntmachung enthalten[135]. Von Bundesrechts wegen ist keine besondere Form und keine spezielle Art der Bekanntmachung vorgeschrieben. Der Umstand, dass es sich um vorgeformte, also vom Verkäufer zum Voraus formulierte Bestimmungen handelt, die dieser für die Vertragsverhandlungen mit allen Bietern verwendet, führt dazu, die Versteigerungsbedingungen als **allgemeine Geschäftsbedingungen** zu behandeln[136].

98

Typischen Inhalt der Versteigerungsbedingungen bilden Bestimmungen einerseits über das Zustandekommen des Steigerungskaufes selber (zum Beispiel über die Dauer der Gebundenheit der Bieter), andererseits über den Inhalt des künftigen Kaufvertrages: Zahlungsart und -termin, zu leistende Sicherheiten, Gewährleistung, Übernahme des Grundstücks, Übergang von Nutzen und Schaden, Übernahme/Abrechnung von Versicherungen und öffentlich-rechtlichen Abgaben[137]. Es lassen sich also zum einen verfahrensmässige (im weiteren Sinn den Ablauf der Versteigerung betreffende) und zum andern materielle («inhaltliche») Bestimmungen auseinander halten[138].

99

---

[131] Beispiel: BGE 40 II 380 ff. E. 3.
[132] STÄGER, S. 80; OSER/SCHÖNENBERGER, ZürKomm, N 5 zu Art. 232 OR; vgl. bereits Art. 1275bis Abs. 3 des Entwurfs von 1909 (Sten. Bull. 1910, [Ständerat], S. 187) und dazu Ständerat Hoffmann (Berichterstatter der Kommission), Sten. Bull. 1910 (Ständerat), S. 191.
[133] STÄGER, S. 66; für das Angebot eines insolventen Bieters auch VON BÜREN, OR BT, S. 68. Zum deutschen Recht wohl auch STAUDINGER/BORK, N 5 zu § 156 BGB, und KRAMER, MünchKomm, N 4 zu § 156 BGB.
[134] Zutreffend OSER/SCHÖNENBERGER, ZürKomm, N 3 zu Art. 231 OR; SOERGEL/WOLF, N 6 zu § 156 BGB.
[135] Vgl. dazu Nr. 60.
[136] RUOSS, S. 55; für das deutsche Recht ausführlich MARX/ARENS, S. 122 ff. (N 4 zu § 2 VerstV).
[137] Vgl. COMMENT, S. 2.
[138] Leicht abweichend in der Gliederung: RUOSS, S. 54.

100 2. In ihrem materiell-privatrechtlichen (inhaltlichen) Teil, der hier in erster Linie von Interesse ist, stellen die Versteigerungsbedingungen nach dem Gesagten jenen **vorgeformten Vertragsinhalt** dar, zu dem abzuschliessen der Veräusserer sich grundsätzlich bereit erklärt – mit Ausnahme des noch zu bestimmenden Kaufpreises[139]. Die Offerten der Bieter nehmen daher notwendigerweise auf die Versteigerungsbedingungen Bezug. Vorbehalte der Bieter bezüglich einzelner Bedingungen haben zur Folge, dass das betreffende Angebot nicht der verkäuferischen Einladung zur Offertstellung entspricht, mithin kein gültiges Angebot (im Rahmen der Versteigerung) darstellt[140].

101 3. Für die **grundsätzliche** konsensmässige «**Geltung**» der (materiell-privatrechtlichen) Steigerungsbedingungen ist Folgendes zu beachten: Die Bedingungen werden bei einem Zuschlag zum unmittelbaren Vertragsinhalt, sofern sie öffentlich kundgegeben worden sind. Die Art der Kundgabe (Auflage im Steigerungslokal, Verlesung an der Versteigerung) ist regelmässig in den kantonalen Steigerungserlassen enthalten[141]. Die *ordnungsgemässe Kundgabe* genügt grundsätzlich. Ob der Ersteigerer die Bedingungen tatsächlich zur Kenntnis genommen hat (oder ob er zu Beginn der Versteigerung, als sie verlesen wurden, noch nicht anwesend war, sondern erst später hinzukam), spielt in der Regel keine Rolle – sofern nur für ihn die Möglichkeit bestand, von den Bedingungen in zumutbarer Weise Kenntnis zu nehmen[142]. Das Risiko der fehlenden effektiven Kenntnis der Bedingungen liegt daher grundsätzlich beim Bieter[143]. Vorbehalten bleibt jedoch die Ungewöhnlichkeitsregel[144].

102 4. Steht die grundsätzliche Geltung der Steigerungsbedingungen fest, so stellt sich die Frage ihrer **Auslegung**. Ist also die Formulierung – namentlich etwa über eine Beschränkung der Gewährleistung – unklar, so sind die Bestimmungen im Zweifel gegen den Veräusserer als Verfasser auszulegen[145].

---

[139] STÄGER, S. 13.
[140] BECKER, BerKomm, N 8 zu Art. 229 OR; nach dieser Auffassung muss der Verkäufer die Versteigerung abbrechen und einen gewöhnlichen Verkauf abschliessen, wenn er auf ein solches «Angebot mit geänderten Bedingungen» eingehen will. Es fragt sich indessen und ist unter Einbezug der anwendbaren kantonalen Normen (Nr. 62) zu entscheiden, ob der Versteigerer die Bedingungen generell ändern (dem Spezialangebot anpassen) und alsdann sämtlichen Bietern bekannt geben kann, sodass ein Steigerungsverkauf nach wie vor in Frage kommt. Vgl. ferner COMMENT, S. 2.
[141] Vgl. dazu Nr. 60.
[142] GAUCH/SCHLUEP/SCHMID/REY, Nr. 1140 f.; für das deutsche Recht MARX/ARENS, S. 122 f. (N 7 ff. zu § 2 VerstV).
[143] OSER/SCHÖNENBERGER, ZürKomm, N 5 zu Art. 234 OR; COMMENT, S. 5; KATZ, S. 55; teilweise a.M. RUOSS, S. 55 ff.
[144] GAUCH/SCHLUEP/SCHMID/REY, Nr. 1141 ff.
[145] Vgl. z.B. JÄGGI/GAUCH, ZürKomm, N 451 ff. zu Art. 18 OR; GAUCH/SCHLUEP/SCHMID/REY, Nr. 1158 und 1231 ff.

5. Ferner ist für die Steigerungsbedingungen Art. 8 UWG zu beachten, der die Verwendung missbräuchlicher Geschäftsbedingungen zum Gegenstand hat. Danach handelt unlauter, wer vorformulierte allgemeine Geschäftsbedingungen verwendet, die in irreführender Weise zum Nachteil einer Vertragspartei von der unmittelbar oder sinngemäss anwendbaren gesetzlichen Ordnung erheblich abweichen oder eine der Vertragsnatur erheblich widersprechende Verteilung von Rechten und Pflichten vorsehen. Ein solches unlauteres Vorgehen ist gemäss Art. 2 UWG widerrechtlich und führt nach der hier vertretenen Meinung zur Nichtigkeit nach Art. 20 OR[146].

103

C. Die Form

a. Verpflichtungsgeschäft

1. Für die öffentliche Versteigerung ordnet Art. 229 Abs. 2 OR an, der Kaufvertrag werde «dadurch abgeschlossen, dass der Veräusserer den Zuschlag erklärt». Diese Bestimmung enthält nicht nur eine Aussage bezüglich der Konsensfrage, sondern auch bezüglich der Form: Die Zuschlagserklärung des Veräusserers auf ein Angebot eines Bietenden hin reicht aus, um den Kaufvertrag zur Perfektion zu bringen. Eine **besondere Form** (etwa öffentliche Beurkundung) ist **von Gesetzes wegen nicht erforderlich**[147]. Auch das kantonale Recht kann daran hinsichtlich des Verpflichtungsgeschäfts nichts ändern[148].

104

---

[146] GAUCH/SCHLUEP/SCHMID/REY, Nr. 1151 ff. (besonders Nr. 1156), mit Hinweis auf andere Meinungen; vgl. auch GAUCH PETER, Die Verwendung «missbräuchlicher Geschäftsbedingungen» – Unlauterer Wettbewerb nach Art. 8 des revidierten UWG, BR 1987, S. 51 ff.; Botschaft zu einem Bundesgesetz gegen den unlauteren Wettbewerb (UWG) vom 18. Mai 1983, BBl 1983 II, S. 1009 ff., besonders S. 1051 ff. und 1071 ff. – Zur Anfechtungsmöglichkeit nach Art. 230 Abs. 1 OR vgl. Nr. 135.

[147] BGE 63 I 33, 115 II 337 E. 4a; ZBGR 1930, S. 137; STÄGER, S. 82 f.; OSER/SCHÖNENBERGER, ZürKomm, Vorbem. zu Art. 229–236 OR, N 18, sowie N 6 zu Art. 235 OR; MEIER-HAYOZ, BerKomm, N 61 zu Art. 657 ZGB; HAAB/SIMONIUS/SCHERRER/ZOBL, ZürKomm, N 10 zu Art. 657 ZGB; MUTZNER, S. 135a; COMMENT, S. 2; VON BÜREN, OR BT, S. 69; CAVIN, SPR VII/1, S. 164; GUHL/KOLLER, § 41 Nr. 109; GIGER, BerKomm, N 75 zu Art. 229 OR. – Auch eine Unterschrift des letzten Bieters unter das Protokoll ist von Bundesrechts wegen entbehrlich (BECK, BerKomm, N 57 lit. i zu Art. 55 SchlT ZGB); sie kann nur gefordert werden, wenn die Versteigerungsbedingungen dies vorsehen (gewillkürte Unterschriftspflicht; BECKER, BerKomm, N 10 in fine zu Art. 229 OR); auch das kantonale Recht (Art. 236 OR) kann die Unterzeichnung des Protokolls nicht als Gültigkeitsform verlangen (ZBGR 1930, S. 148 f.; unklar PIOTET D., Droit cantonal complémentaire, Nr. 1053). – Das deutsche Recht verlangt demgegenüber eine notarielle Beurkundung (BGH in NJW 1998, S. 2350 ff. = MDR 1998, S. 958 ff. = DNotZ 1999, S. 342 ff.; STAUDINGER/BORK, N 7 zu Art. 156 BGB; MARX/ARENS, S. 247 [N 22 zu § 18 VerstV]).

[148] Vgl. auch vorn Nr. 54. Gl.M. ZBGR 1930, S. 137 f.; ebenso wohl auch PIOTET D., Droit cantonal complémentaire, Nr. 1054.

105 Dementsprechend ist auch die Verpflichtung einer Person, an einer Versteigerung zu bieten, nicht formbedürftig[149].

106 **2.** Das in Art. 235 Abs. 2 OR genannte Steigerungsprotokoll der Versteigerungsbehörde bildet hinsichtlich des Kaufvertrages (verstanden als Verpflichtungsgeschäft) ebenfalls kein Formerfordernis. Es dient bloss als Voraussetzung für den Eigentumsübergang (Verfügungsgeschäft, Eintragung des Ersteigerers im Grundbuch).

107 **3.** Vorbehalten bleibt schliesslich eine **gewillkürte Form,** da die besonderen Regeln über die öffentliche Versteigerung die Bestimmungen über die vertraglich vereinbarte Form (Art. 16 OR) nicht ausschalten[150].

b. Verfügungsgeschäft

108 **1.** Anders als bei Fahrnis verschafft der Zuschlag bei Grundstücken dem Ersteigerer kein Eigentum am Steigerungsobjekt; hiezu bedarf es vielmehr der **Eintragung im Grundbuch** (Art. 235 Abs. 1 OR)[151]. Der Grundbucheintrag seinerseits setzt die Anmeldung auf der Grundlage eines Ausweises über das Verfügungsrecht und über den Rechtsgrund voraus (Art. 963 965 ZGB); der Ausweis über den Rechtsgrund liegt im Nachweis, «dass die für dessen Gültigkeit erforderliche Form erfüllt ist» (Art. 965 Abs. 3 ZGB).

109 Art. 235 Abs. 2 OR sieht nun vor, dass die *Steigerungsbehörde* «dem Grundbuchverwalter auf Grundlage des Steigerungsprotokolls den Zuschlag sofort zur Eintragung anzuzeigen» hat[152]. Art. 18 GBV, der vom Ausweis über die Eintragung des Eigentums handelt, enthält für die Versteigerung indessen keine spezielle Bestimmung, sondern schreibt (in der heute geltenden Fassung) allgemein vor, «im Falle eines privatrechtlichen Vertrags» sei der Rechtsgrundausweis «durch eine öffentliche Urkunde oder einen Vertrag in der vom Bundesrecht vorgesehenen Form» zu erbringen (Abs. 1 lit. a). Eine rechtsgeschäftliche öffentliche Urkunde im «herkömmlichen» Sinn kann damit indes bei Grundstücksversteigerungen nicht gemeint sein, da ja das materielle Recht keine öffentliche Beurkundung vorschreibt. Als (ausreichende) öffentliche Urkunde hat hier vielmehr in weiter Umschreibung das **Steigerungsprotokoll** zu gel-

---

[149] BECK, BerKomm, N 57 lit. i in fine zu Art. 55 SchlT ZGB; MEIER-HAYOZ, BerKomm, N 62 zu Art. 657 ZGB.

[150] Vgl. dazu allgemein GAUCH/SCHLUEP/SCHMID/REY, Nr. 585 ff.

[151] Hat jemand auf einer freiwilligen öffentlichen Versteigerung einen Miteigentumsanteil ersteigert, so kann er das Miteigentümervorkaufsrecht (Art. 682 ZGB) erst geltend machen, nachdem er im Grundbuch als Miteigentümer eingetragen worden ist (BGE 115 II 334 E. 2).

[152] Vgl. dazu Nr. 122 ff.

ten, verbunden mit der **Anzeige des Zuschlags** durch die Steigerungsbehörde[153].

Ob die eingereichten Dokumente von den Grundbuchbehörden anerkannt werden können oder nicht, hat auf das Verpflichtungsgeschäft als solches (Gebot und Zuschlag) keinen Einfluss. Scheitert also die grundbuchliche Eintragung des Ersteigerers aus formellen Gründen (oder hat ein Kanton keine Mitwirkung einer Steigerungsbehörde vorgesehen), so sind die *Vertragsparteien* verpflichtet, zur Herstellung einer für die Grundbucheintragung genügenden Form Hand zu bieten[154]. Verweigert der Verkäufer die entsprechende Mitwirkung, so kann der Ersteigerer darauf oder unmittelbar auf Zusprechung des Eigentums klagen (Art. 665 Abs. 1 ZGB).

110

2. Die dargelegte Regelung bezüglich des Rechtsgrundausweises gilt auch dann, wenn die öffentliche Versteigerung **gerichtlich angeordnet** worden ist. Rechtsgrund und Ausweis für die Eigentumsübertragung i.s.v. Art. 18 GBV ist auch hier der Vertrag, nicht etwa das Gerichtsurteil. Ein solches gilt nur dann als Rechtsgrund, wenn es eine bestimmte Person hinsichtlich des streitigen Rechts (hier: hinsichtlich des Eigentums am ersteigerten Grundstück) unmittelbar als berechtigt erklärt, namentlich dieser Person das Eigentum direkt zuspricht (Gestaltungsurteil)[155]. Das trifft bei der (blossen) gerichtlichen Anordnung der öffentlichen Versteigerung nicht zu[156].

111

4. Die Vertragserfüllung und die Gewährleistung

A. Die Pflichten des Ersteigerers

1. Der Ersteigerer (Käufer) ist nach den allgemeinen Regeln verpflichtet, dem Verkäufer den **Kaufpreis zu bezahlen** (Art. 184 Abs. 1 OR). Massgebend für die Zahlungsweise sind in erster Linie die Steigerungsbedingungen (Art. 233 Abs. 1 OR; Nr. 98 ff.), soweit sie zum Vertragsbestandteil geworden sind. Sehen sie nichts Besonderes vor, so hat der Ersteigerer nach Art. 233 Abs. 1 OR *Barzahlung* zu leisten («tenu de payer comptant»). Damit ist nicht nur die Zahlung

112

---

[153] Vgl. HAAB/SIMONIUS/SCHERRER/ZOBL, ZürKomm, N 10 zu Art. 657 ZGB; leicht abweichend ZBGR 1946, S. 22 f., und 1920, S. 30, wonach die Bescheinigung des Verkaufs durch die Steigerungsbehörde auch in einer Abschrift des Steigerungsprotokolls oder in einer separaten Urkunde enthalten sein kann.
– Aus Anmeldung und Protokoll muss klar hervorgehen, dass der Zuschlag vom bisher eingetragenen Eigentümer erteilt worden ist (ZBGR 1942, S. 132).
[154] MUTZNER, S. 135a; HAAB/SIMONIUS/SCHERRER/ZOBL, ZürKomm, N 10 zu Art. 657 ZGB.
[155] MEIER-HAYOZ, BerKomm, N 99 zu Art. 656 ZGB (und N 33 zu Art. 665 ZGB).
[156] BGE 63 I 34 (dieser Auffassung folgend: LGVE 1985 I Nr. 4, S. 7 ff.).

in Geld, sondern die sofortige Zahlung gemeint. Die Regelung bezweckt eine schnelle und transparente Abwicklung des Versteigerungsgeschäfts[157]. Doch muss sogleich Folgendes beigefügt werden:

113 – Die Barzahlungsregelung von Art. 233 Abs. 1 OR ist auf die Fahrnissteigerung zugeschnitten; sie passt für Grundstückskäufe nicht richtig, zumal hier jedenfalls bei grösseren Summen diese Zahlungsart unüblich ist. Nach der hier vertretenen Auffassung muss daher auch *jede andere übliche Zahlungsart* zulässig sein, solange sie *«effektiv»* ist. Insofern bleibt auch hier Art. 184 Abs. 2 OR, der für die Zahlungsmodalitäten auf die Übung verweist, durchaus von Bedeutung[158].

114 – Nicht angängig wäre demgegenüber eine *Zahlung durch Verrechnung:* Will man im Abschluss eines Steigerungskaufes (und beim hier überdies unterstellten Fehlen diesbezüglicher Steigerungsbedingungen) keinen stillschweigenden Verzicht des Ersteigerers auf ein allfälliges Verrechnungsrecht (Art. 126 OR) annehmen, so ist die Kaufpreiszahlung zu den Verpflichtungen zu zählen, deren besondere Natur die tatsächliche Zahlung verlangt (Art. 125 Ziff. 2 OR); die Zulassung der Verrechnung – verbunden mit der Regel, nach welcher auch eine bestrittene Gegenforderung verrechnungsweise geltend gemacht werden kann (Art. 120 Abs. 2 OR) – würde die durch Art. 233 OR bezweckte sofortige und reibungslose Abwicklung des Steigerungsgeschäfts in Frage stellen[159].

115 Wird der Kaufpreis nicht sofort in bar oder gemäss den Steigerungsbedingungen geleistet, so kann der Veräusserer gemäss Art. 233 Abs. 2 OR sofort vom Vertrag **«zurücktreten»** («se départir du contrat»). Durch diese Bestimmung wird nach der hier vertretenen Auffassung die Regelung von Art. 214 OR teilweise bestätigt, teilweise aber abgeändert. Im Einzelnen:

116 – Befindet sich der (Steigerungs-)Käufer mit der Zahlung des Kaufpreises im *Verzug,* so steht dem Veräusserer nach dem Gesetzeswortlaut von Art. 214 OR ein «Rücktrittsrecht» zu («se départir du contrat»). Der wohl überwiegende Teil der Lehre versteht diese Befugnis nicht nur als Recht auf Rücktritt im technischen Sinn, sondern (generell oder doch bezüglich des Pränumerando- und des Barkaufes) als *Wahlrecht* mit dem dreifachen Inhalt von Art. 107

---

[157] Oser/Schönenberger, ZürKomm, N 1 zu Art. 233 OR.
[158] A.M. Stäger, S. 85.
[159] Im Ergebnis (Ausschluss der Verrechnung) gl.M.: Oser/Schönenberger, ZürKomm, N 3 zu Art. 233 OR; Becker, BerKomm, N 1 zu Art. 233 OR; von Büren, OR BT, S. 68 f.; Tercier, Nr. 1065; Honsell/Ruoss, BasKomm, N 1 zu Art. 233 OR; a.M. wohl Stäger, S. 85.

Abs. 2 OR[160]. Zahlungsverzug liegt auch dann vor, wenn der Ersteigerer einen in den Bedingungen festgelegten späteren Zahlungstermin nicht einhält[161].

- Das «Rücktrittsrecht» besteht in der allgemeinen kaufsrechtlichen Regelung (Art. 214 OR) nur dann von Gesetzes wegen, wenn der Ersteigerer den Kaufpreis vorauszuzahlen oder Zug um Zug zu erbringen hat. Hat der Veräusserer hingegen bereits erfüllt (Kreditkauf), so setzt es eine entsprechende ausdrückliche Vereinbarung der Parteien voraus[162].   117

Demgegenüber ist das Erfordernis einer solchen ausdrücklichen Vereinbarung (für den Fall des Kreditkaufes) in Art. 233 Abs. 2 OR nicht enthalten. Dass es im Bereich des Versteigerungskaufes nicht gilt, ergibt sich aus Überlegungen zur Fahrnissteigerung: Bei ihr erwirbt der Ersteigerer mit dem Zuschlag das Eigentum am Steigerungsobjekt (Art. 235 Abs. 1 OR). Nach der gesetzlichen Konzeption erfolgt mithin eine (wenn auch im Blick auf Art. 233 Abs. 1 OR nur kurze) Kreditierung des Kaufpreises. Dennoch hat der Gesetzgeber dem Versteigerer ein «Rücktrittsrecht» eingeräumt, das in Art. 214 Abs. 3 OR aufgestellte Erfordernis einer ausdrücklichen Rücktrittsvereinbarung also für die Versteigerung (generell, auch für Grundstücke) ausser Kraft gesetzt[163].   118

- Die Ausübung des «Rücktrittsrechts» ist nicht an die erfolglose Einräumung einer angemessenen *Nachfrist* i.S.v. Art. 107 Abs. 1 OR gebunden (deren Ansetzung andererseits aber auch nichts schadet[164]). Der Verkäufer, der vom Vertrag «zurücktritt», hat dies jedoch an der Versteigerung zu erklären oder, bei einem auf ein späteres Datum festgelegten versäumten Zahlungstermin, dem Käufer hievon «sofort Anzeige zu machen» (Art. 214 Abs. 2 OR)[165]. Nur auf diese Weise wird Klarheit darüber geschaffen, ob am Kaufvertrag festgehalten wird oder nicht[166].   119

3. Auch das sofortige «Rücktrittsrecht» von Art. 233 Abs. 2 OR ist **dispositiver Natur**[167]. Ein stillschweigender Verzicht ist anzunehmen, wenn die Steige-   120

---

[160] Vgl. OSER/SCHÖNENBERGER, ZürKomm, N 5 zu Art. 214 OR; VON BÜREN, OR BT, S. 56 f.; GUHL/KOLLER, § 41 Nr. 139; CAVIN, SPR VII/1, S. 53 f.; GIGER, BerKomm, N 42 ff. zu Art. 214 OR (anders aber anscheinend für Art. 233 OR ders., N 41 zu Art. 233 OR); TERCIER, Nr. 592; KELLER/SIEHR, S. 41; SCHENKER Nr. 423.
[161] OSER/SCHÖNENBERGER, ZürKomm, N 2 zu Art. 233 OR; BECKER, BerKomm, N 3 zu Art. 229 OR; GUHL/KOLLER, § 41 Nr. 110.
[162] Zur Anwendbarkeit auf den Grundstückkauf: BGE 86 II 233 ff. E. 11c, 96 II 50 f. E. 2.
[163] STÄGER, S. 86 f.; TERCIER, Nr. 1068.
[164] BGE 86 II 234 E. 11c; GIGER, BerKomm, N 14 zu Art. 214 OR.
[165] Vgl. dazu BGE 96 II 50 f. E. 2; GIGER, BerKomm, N 53 ff. zu Art. 214 OR.
[166] A.M. STÄGER, S. 86 f.
[167] Vgl. auch GIGER, BerKomm, N 48 und 78 zu Art. 214 OR.

rungsbedingungen vorschreiben, der Kaufpreis müsse sichergestellt werden, oder wenn – ohne entsprechende Steigerungsbedingung – der Kaufpreis effektiv sichergestellt und vom Verkäufer auf längere Zeit gestundet wird[168].

121 4. Dem Versteigerer steht schliesslich zur (relativen) Sicherung seiner Kaufpreisforderung unter anderem ein Anspruch auf das **Pfandrecht** nach Art. 837 Abs. 1 Ziff. 1 ZGB zu, dessen Eintragung spätestens drei Monate nach Eigentumsübertragung zu erfolgen hat (Art. 838 ZGB)[169].

B. Die Pflichten des Veräusserers

122 1. Der Veräusserer ist verpflichtet, dem Ersteigerer **das Eigentum am Grundstück zu verschaffen** (Art. 184 Abs. 1 OR). Der Zuschlag hat bei Grundstücken – anders als bei Fahrnis – noch keinen Eigentumsübergang zur Folge; Eigentum erwirbt der Ersteigerer vielmehr erst durch die Eintragung im Grundbuch (Art. 235 Abs. 1 OR; Art. 656 Abs. 1 ZGB).

123 2. Art. 235 Abs. 2 OR verpflichtet die **Versteigerungsbehörde,** «dem Grundbuchverwalter auf Grundlage des Steigerungsprotokolls den Zuschlag sofort zur Eintragung anzuzeigen»[170]. Diese Anzeige ersetzt die (nach den allgemeinen Regeln, Art. 963 Abs. 1 ZGB, notwendige) Grundbuchanmeldung des Eigentumsüberganges durch den (alten) Berechtigten. «Verfügungsberechtigt» i.S.v. Art. 965 Abs. 1 und 2 ZGB ist daher kraft Gesetzes die Steigerungsbehörde[171]. Der Nachweis des Rechtsgrundes für den Eigentumsübergang (Art. 965 Abs. 1 und 3 ZGB) wird durch das von ihr erstellte Steigerungsprotokoll erbracht[172].

124 Die gesetzliche Anweisung, nach welcher der Zuschlag «sofort» dem Grundbuchamt mitzuteilen ist, hat den Fall der Barzahlung im Auge. Wurde dagegen dem Käufer in den Versteigerungsbedingungen eine Zahlungsfrist eingeräumt, so darf – auch wenn dies nicht ausdrücklich vereinbart worden ist – mit der Grundbuchanmeldung zugewartet werden. Erfolgt dennoch beim Kreditkauf

---

[168] BECKER, BerKomm, N 4 zu Art. 233 OR; COMMENT, S. 5; HONSELL/RUOSS, BasKomm, N 3 zu Art. 233 OR. Nach Ablauf der Stundungsfrist ist – unter Vorbehalt abweichender Abreden – nur ein Vorgehen nach den allgemeinen Verzugsregeln (Art. 107 ff. OR) möglich.

[169] TUOR/SCHNYDER/SCHMID, S. 844 ff.; vgl. auch SCHNYDER, vorne § 4 Nr. 59 ff.

[170] Im französischen Wortlaut: «Le préposé aux enchères communique immédiatement au conservateur du registre foncier, pour que ce fonctionnaire procède à l'inscription, l'adjudication constatée par le procès-verbal de vente.»

[171] MEIER-HAYOZ, BerKomm, N 53 zu Art. 656 ZGB. – Die Regelung von Art. 235 Abs. 2 OR ist demnach verwandt mit Art. 963 Abs. 3 ZGB.

[172] HAAB/SIMONIUS/SCHERRER/ZOBL, ZürKomm, N 10 zu Art. 657 ZGB; MEIER-HAYOZ, BerKomm, N 61 zu Art. 657 ZGB; HONSELL/RUOSS, BasKomm, N 3 zu Art. 235 OR; ENGEL, S. 66. Zur Protokollierung durch den Notar (soweit vom kantonalen Recht verlangt oder vorgesehen) vgl. BRÜCKNER, Nr. 3038, und RUF, Nr. 854.

eine sofortige Anmeldung, so wird die gleichzeitige Anmeldung des Verkäuferpfandrechts (Nr. 121) empfohlen[173].

3. Art. 235 Abs. 2 OR setzt indessen die **Pflicht des Verkäufers**, dem Ersteigerer das Eigentum am verkauften Grundstück zu übertragen (Art. 184 Abs. 1 OR), nicht ausser Kraft. Diese Pflicht aktualisiert sich namentlich dann, wenn die Grundbuchanmeldung erst zu einem späteren Zeitpunkt erfolgen soll. Aber auch dann, wenn die Anmeldung der Steigerungsbehörde aus irgendeinem Grund nicht zur Eintragung des Ersteigerers im Grundbuch führt, hat der Veräusserer Hand zu bieten zu allen Vorkehren, welche zur Eigentumsübertragung erforderlich sind[174].

125

C. Die Gewährleistung

Der Veräusserer ist nach Art. 234 Abs. 3 OR wie ein anderer Verkäufer gewährspflichtig, hat also **nach den allgemeinen Regeln** (Art. 192 ff. und 197 ff. sowie 219 OR) für das versteigerte Grundstück Sach- und Rechtsgewähr zu leisten. Er kann «in den öffentlich kundgegebenen Versteigerungsbedingungen» seine Gewährspflicht wegbedingen, doch ist eine solche *Wegbedingung* im Fall absichtlicher Täuschung unwirksam (Art. 234 Abs. 3 OR in fine)[175]. Diese Regelung entspricht Art. 192 Abs. 3 und 199 OR[176].

126

D. Weitere Folgen des Vertrages

Das Zustandekommen des Grundstückkaufvertrages durch öffentliche freiwillige Versteigerung und seine Erfüllung können nicht nur Folgen unter den Vertragsparteien zeitigen, sondern auch **für Dritte** Wirkungen haben, etwa die Folgenden:

127

1. Als *Grundstückkauf* stellt die Versteigerung (Verpflichtungsgeschäft) einen **Vorkaufsfall** nach Art. 216c Abs. 1 OR dar[177]. Der Verkäufer muss den Vor-

128

---

[173] GUHL/KOLLER, § 41 Nr. 109 in fine.
[174] Vgl. Nr. 108 ff.
[175] Vgl. dazu etwa BGE 123 III 168 ff. E. 3 und 4 (Fahrnisversteigerung).
[176] BGE 123 III 170 f. E. 4; vgl. schon die bundesrätliche Botschaft in BBl 1905 II, S. 29, und Ständerat Hoffmann (Berichterstatter der Kommission), Sten. Bull. 1910 (Ständerat), S. 191. A.M. BUCHER, OR BT, S. 132; GIGER, BerKomm, N 20 zu Art. 234 OR. – Zur Auslegung einer in den Versteigerungsbedingungen enthaltenen Freizeichnungsklausel vgl. Nr. 102 und BGE 123 III 168 ff. E. 3 und 4; zur allfälligen Anwendbarkeit von Art. 8 UWG vgl. Nr. 103.
[177] Zum alten Recht vgl. schon MEIER-HAYOZ, BerKomm, N 158 zu Art. 681 ZGB. – Keinen Vorkaufsfall stellen bei vertraglich begründeten Vorkaufsrechten die Zwangsversteigerung und der Freihandverkauf dar (Art. 216c Abs. 2 OR; Art. 51 Abs. 1 VZG; BGE 126 III 94 E. 2a, 106 III 82 E. 4). Besonderheiten gelten für gesetzliche Vorkaufsrechte (Art. 681 Abs. 1 ZGB; Art. 60a VZG).

kaufsberechtigten über den Abschluss und den Inhalt des Kaufvertrages in Kenntnis setzen (Art. 216d Abs. 1 OR). Der Berechtigte kann alsdann sein Vorkaufsrecht ausüben (Art. 216d Abs. 3 und 216e OR).

129 2. Ist das versteigerte Grundstück oder ein Teil davon vermietet, so geht das **Mietverhältnis** nach Art. 261 Abs. 1 OR *mit dem Eigentumswechsel* (also mit der Eintragung des Erwerbers in das Grundbuch) auf den Ersteigerer über. Diesem steht nach Massgabe von Art. 261 Abs. 2 lit. a OR ein Kündigungsrecht zu. Kündigt der neue Eigentümer früher, als es der Vertrag mit dem bisherigen Vermieter (regelmässig: mit dem Versteigerer) gestattet hätte, so haftet der Letztere dem Mieter für allen daraus entstehenden Schaden (Art. 261 Abs. 3 OR).

5. Die Anfechtung der Versteigerung nach Art. 230 Abs. 1 OR

A. Der Grundgedanke

130 Das Wesen jeder Versteigerung liegt im **Wettbewerb**[178]. An dessen korrektem Ablauf haben alle Beteiligten ein schutzwürdiges Interesse. Das Gesetz gewährt aus diesem Grund eine *besondere Anfechtungsmöglichkeit* für den Fall, dass in verpönter Weise das Versteigerungsresultat beeinträchtigt, die faire Durchführung des Wettbewerbs mithin durch unerlaubte Mittel gestört worden ist[179]. Die Vorschrift von Art. 230 Abs. 1 OR wird zuweilen auch als Anwendungsbestimmung des Verbots kartellarischer Abreden (Art. 5 KG) bezeichnet[180].

131 Die praktische Durchsetzung dieser Schutzidee erweist sich freilich angesichts der tatsächlichen Verhältnisse als problematisch. Durch die Anonymität der an der Versteigerung beteiligten Personen wird die Aufdeckung verpönter Machenschaften regelmässig erschwert, wenn nicht gänzlich verunmöglicht[181]. *Rechtspolitisch* stellt sich daher die Frage, ob der Erlass zusätzlicher Regeln des Verwaltungs- und allenfalls des Strafrechts[182] (auf Bundes- oder auf kantonaler Ebene) notwendig und wünschbar ist.

---

[178] BGE 109 II 125 E. 2b; ähnlich LGVE 1998 I Nr. 37, S. 69 ff. E. 6.2. in fine.
[179] Ähnlich CAVIN, SPR VII/1, S. 165; RUOSS, S. 126.
[180] TERCIER, Nr. 1070; vgl. auch PESTALOZZI, Steigerungskauf, Nr. 652 ff.
[181] Vgl. etwa BGE 109 II 127 E. 3 in fine; MERZ, ZBJV 1988, S. 209.
[182] Vgl. für die bundesdeutsche Rechtslage: OTTO, S. 681 ff.

B. Der Anfechtungstatbestand

Art. 230 Abs. 1 OR setzt voraus, dass «in rechtswidriger oder gegen die guten Sitten verstossender Weise auf den Erfolg der Versteigerung eingewirkt worden ist» («le résultat a été altéré par des manœuvres illicites ou contraires aux mœurs»). 132

a. Einwirkung auf den Erfolg der Versteigerung

Der Gesetzeswortlaut verlangt eine (qualifizierte) Einwirkung auf den Erfolg der Versteigerung. Zwischen der Versteigerung als Vorgang und ihrem Erfolg (dem eigentlichen Steigerungsresultat) kann jedoch nach der Schutzidee dieser Anfechtungsbestimmung nicht unterschieden werden. Vielmehr liegt in der verpönten Beeinflussung des Steigerungs*wettbewerbs* stets eine Einwirkung auf den Steigerungs*erfolg*[183]. Art. 230 Abs. 1 OR setzt mit anderen Worten nicht voraus, dass der Zuschlagspreis ohne die verpönte Einwirkung anders ausgefallen wäre oder die Versteigerung sonstwie einen anderen als den effektiven Verlauf genommen hätte. Ebenso wenig muss ein Schaden nachgewiesen werden[184]. Es genügt für eine erfolgreiche Anfechtung vielmehr, dass verpönte Machenschaften stattgefunden haben[185], dass somit die (abstrakte) Gefahr der Verfälschung des Steigerungsresultates geschaffen worden ist[186]. 133

b. Rechtswidrige Einwirkung

1. Rechtswidrigkeit (= Widerrechtlichkeit) liegt nach der Rechtsprechung vor, wenn die auf die Versteigerung einwirkende Handlung **«gegen Gebote oder Verbote der Rechtsordnung verstösst,** die dem Schutz des verletzten Rechtsgutes dienen»[187]. In Betracht fallen hier namentlich auch Normen des kantonalen Rechts, welche die Sicherstellung eines unverfälschten Steigerungswettbewerbs bezwecken. 134

2. Widerrechtlich ist seit dem Inkrafttreten des neuen Bundesgesetzes gegen den unlauteren Wettbewerb auch eine Einwirkung auf die Versteigerung, die auf eine **Verwendung missbräuchlicher Steigerungsbedingungen** zurück- 135

---

[183] So wohl auch BGE 109 II 126 E. 3; zustimmend HONSELL/RUOSS, BasKomm, N 2 zu Art. 230 OR.
[184] RUOSS, S. 127; vgl. auch BGE 47 III 134.
[185] BGE 109 II 127 f. E. 4; RUOSS, S. 128.
[186] Vgl. auch BGE 51 III 20 f.
[187] BGE 109 II 124 E. 2a; LGVE 1998 I Nr. 37, S. 69 ff. E. 6.1. Die Rechtsprechung verwendet mithin auch bei Art. 230 Abs. 1 OR den «objektiven», zu Art. 41 Abs. 1 OR entwickelten Widerrechtlichkeitsbegriff. – Vgl. auch RUOSS, S. 129 ff.

geht (Art. 8 i.V.m. Art. 2 UWG)[188]. Nach der hier vertretenen Auffassung begründet daher auch ein solcher Tatbestand – neben den allgemeinen Rechtsbehelfen gegen missbräuchliche Allgemeine Geschäftsbedingungen – eine Anfechtungsklage nach Art. 230 Abs. 1 OR.

c. Sittenwidrige Einwirkung

136 1. Eine Einwirkung verstösst nach der Rechtsprechung dann gegen die guten Sitten, wenn sie den Zweck der Versteigerung – nämlich die Ermöglichung des freien und lauteren Wettbewerbs unter den Bietern[189] – vereitelt. Sittenwidrig ist mithin **jede erhebliche Verfälschung** (das heisst jede täuschende oder sonst wie gegen Treu und Glauben verstossende Beeinflussung) des **Steigerungswettbewerbs**[190], namentlich jede Irreführung der Steigerungsteilnehmer[191].

137 2. Eine **Wettbewerbsverfälschung** und damit eine sittenwidrige Einwirkung auf die Versteigerung liegt etwa vor:

138 – beim Versprechen unter Mitbietenden, gegen Leistung einer Entschädigung vom Bieten Abstand zu nehmen *(pactum de non licitando)*[192];

139 – unter Umständen bei Abreden unter Bietern, die sich zu mehreren *einfachen Gesellschaften* zusammenschliessen in der Absicht, den Wettbewerb zu verfälschen[193];

---

[188] Vgl. Nr. 103.
[189] Vgl. BGE 109 II 124 ff. E. 2b. Nach diesem (auf S. 125 freilich nicht restlos klaren) Entscheid liegt der Zweck der Versteigerung entgegen früheren Auffassungen nicht im Verkauf des Steigerungsobjektes zu seinem wahren Preis (weil es nach heutiger Anschauung den «wahren» im Sinn eines allgemein gültigen Preises nicht gibt; anders noch BGE 82 II 23 E. 1 und 39 II 33 E. 1) und auch nicht in der Erzielung eines möglichst hohen Preises (weil diese Ansicht den Versteigerungszweck ausschliesslich vom Standpunkt des Verkäufers bzw. Einlieferers her umschreibt), sondern eben in der Ermöglichung des freien und lauteren Wettbewerbs unter den Bietern.
[190] BGE 109 II 124 ff. E. 2b; Ruoss, S. 132 ff.
[191] BGE 109 II 127 E. 3 in fine. Nach der Auffassung des Bundesgerichts verlangt die Natur der öffentlichen Versteigerung i.V.m. der Sondernorm von Art. 230 OR eine erhöhte Offenbarungspflicht der Verhandlungspartner – anders als beim gewöhnlichen Kauf, wo die Kontrahenten im Allgemeinen nach Treu und Glauben nicht gehalten sind, der Gegenpartei Tatsachen mitzuteilen, welche die Preisbildung durch Angebot und Nachfrage beeinflussen.
[192] BGE 109 II 126 E. 2b in fine, 43 III 92 f., 40 III 337, 39 I 443 f.; SJZ 1953 Nr. 21, S. 81. Zur Unsittlichkeit des *pactum de non licitando* selber vgl. SJZ 1956 Nr. 161, S. 348.
[193] So LGVE 1998 I Nr. 37, S. 69 ff. (71 f.) E. 6.2. (vom Bundesgericht am 20.5.1998 bestätigt) für eine Zwangsversteigerung, bei der nach Art. 68 Abs. 2 BGBB (damalige Fassung) wegen mehrerer Angebote des zulässigen Preises das Los über den Zuschlag entscheiden musste. Seit 1. Januar 1999 ist Art. 68 BGBB durch die Änderung vom 26. Juni 1998 aufgehoben (AS 1998, S. 3009 ff.; dazu etwa Schmid-Tschirren Christina, Teilrevision des landwirtschaftlichen Bodenrechts, ZBJV 1999, S. 142 ff.).

– bei der Abrede des Versteigerers mit einem Bietenden, dass ein Mitbieten kei- 140
ne bindenden Folgen habe, dass also ein allfälliger Zuschlag den Bietenden
nicht verpflichte, den Kaufpreis und ein allfälliges Aufgeld zu bezahlen *(pactum de licitando)*[194].

Ausschlaggebend für die Beurteilung ist hier, dass Personen mitsteigern kön- 141
nen, die sich im Unterschied zu den übrigen Bietenden von vornherein durch
einen allfälligen Zuschlag nicht gebunden wissen; dadurch unterliegen die
Steigerungsteilnehmer nicht zu rechtfertigenden ungleichen Bedingungen,
was dem Wesen der öffentlichen Versteigerung zuwiderläuft und – da dies
nicht allen Bietenden bekannt ist – das freie Spiel von Angebot und Nachfrage verfälscht[195].

– bei *falschen Auskünften des Versteigerers* in wichtigen Fragen[196]; 142

– beim *Mitbieten des «Einlieferers»* (also des Eigentümers des Steigerungsob- 143
jektes), wenn diese Möglichkeit den Steigerungsteilnehmern nicht bekannt
gemacht worden ist[197];

– schliesslich auch beim *Ausschank von alkoholischen* Getränken im Steige- 144
rungslokal (sofern nicht bereits das anwendbare kantonale Recht dies als widerrechtlich bezeichnet). Der Umstand, dass entsprechende kantonale Verbotsnormen weit verbreitet sind (Nr. 65), bildet Ausdruck einer allgemeinen
Überzeugung: Solche Machenschaften sind – mindestens nach den guten Sitten – nicht angängig[198].

3. Der Schutzzweck des Art. 230 OR bezieht sich nach dem Gesagten auf die an 145
der Versteigerung Beteiligten, namentlich auf deren Vermögen. Indessen ist ei-

---

[194] BGE 109 II 126 E. 2b in fine; Ruoss, S. 148 f. – Sittenwidrig (und daher seinerseits nach Art. 20 OR nichtig) ist indessen nach der Rechtsprechung nicht jedes pactum de (non) licitando. Ausschlaggebend für diese Qualifikation ist vielmehr die von den Parteien damit bezweckte Wettbewerbsbeschränkung, namentlich etwa (nach der älteren Rechtsprechung) die Absicht, «das Ergebnis der Steigerung ungünstig zu beeinflussen und die Differenz zwischen dem Zuschlagspreis und dem wahren Werte des Gantobjektes dem einen der beiden Kontrahenten oder einem Dritten zukommen zu lassen» (BGE 39 II 33 f. E. 1 und 82 II 23 E. 1). Hingegen verstösst eine Vereinbarung, durch die sich der Interessent A gegenüber dem Interessenten B zum Bieten an dessen Stelle verpflichtet, für sich allein nicht gegen die guten Sitten (BGE 39 II 36; vgl. auch 51 III 21 ff.).
[195] BGE 109 II 126 E. 2b in fine.
[196] BGE 115 II 340 E. 5d.
[197] BGE 109 II 126 f. E. 3.
[198] Vgl. auch BGE 109 II 127 unten E. 4; Pestalozzi, Steigerungskauf, Nr. 615. Hinweise auf solche Missbräuche finden sich bereits bei Ständerat Hoffmann (Berichterstatter der Kommission), Sten. Bull. 1910 (Ständerat), S. 191. – Generell untersagt wird die Abgabe geistiger Getränke während der Versteigerung in den Versteigerungsräumen durch § 14 der deutschen Versteigererverordnung vom 1. Juni 1976 (abgedruckt auch bei Marx/Arens, S. 218 [N 1 ff. zu § 14 VerstV] und S. 353 ff.).

ne unlautere Einflussnahme auf Versteigerungen noch in einer ganz anderen Form möglich[199]: Es können Personen die Versteigerung als Institut des Warenumsatzes missbrauchen, wenn ihr Verhalten gar nicht darauf abzielt, den Steigerungsgegenstand zu erwerben, sondern vielmehr ein **bestimmtes Preisniveau** für «derartige Objekte» **vorzutäuschen**[200]. Gegenüber dem Publikum soll also der Eindruck erweckt werden, für das betreffende Objekt sei Kaufinteresse bei jenem Preisniveau vorhanden gewesen. Eine solche Zweckentfremdung der Versteigerung mag vor allem bei gewissen Kategorien von Mobilien (namentlich Kunstgegenständen[201]) aktuell sein, sie ist jedoch auch bei Grundstücksversteigerungen nicht ausgeschlossen. So können etwa der Verkäufer und wirtschaftlich identische (juristische) Personen koordiniert auf der Versteigerung zusammenwirken, um durch eine künstliche Nachfrage den Eindruck entstehen zu lassen, dass für Grundstücke in einer bestimmten Gegend ein (real nicht existierendes) Preisniveau vorhanden sei. Aus diesem (in Wirklichkeit überhöhten) Preisniveau soll alsdann Vorteil gezogen werden für die Verkäufe weiterer Grundstücke in der gleichen Gegend oder für andere Zwecke, namentlich auch für die Festsetzung von Mietzinsen[202]. Die redlichen Mitbieter werden hier (von der unnützen Teilnahme an einer Versteigerung abgesehen) vermögensmässig nicht geschädigt, aber doch missbraucht, um vorzutäuschen, der erzielte Preis sei wettbewerbsmässig zustande gekommen.

146 An derartige Tatbestände hat der historische Gesetzgeber beim Erlass von Art. 230 OR kaum gedacht. Indessen verstossen auch solche Machenschaften – als *missbräuchliche Nutzung des Instituts der Versteigerung* («Institutsmissbrauch») – gegen die guten Sitten und erfüllen nach der hier vertretenen Auffassung den Anfechtungstatbestand[203].

C. Die Rechtsfolge

a. Anfechtbarkeit

147 Ist in der beschriebenen Weise auf den Erfolg der Versteigerung eingewirkt worden, so ist der steigerungsmässig zustande gekommene Kaufvertrag (zwar nicht zum Vornherein unwirksam, aber doch mit einem besonderen Mangel behaftet

---

[199] Vgl. OTTO, S. 682 f.
[200] Über die Funktion einer (Kunst-)Auktion als Preisindikator vgl. RUOSS, S. 25 f.
[201] Vgl. RUOSS, S. 83.
[202] Vgl. Art. 269a lit. a, c und e OR: orts- oder quartierüblicher Mietzins, kostendeckende Bruttorendite und risikotragendes Kapital als Kriterien für Mietzinse, die «in der Regel nicht missbräuchlich» sind.
[203] Ebenso HONSELL/RUOSS, BasKomm, N 7 zu Art. 230 OR. Immerhin setzt die Klagemöglichkeit auch in diesem Fall ein Anfechtungsobjekt (Kaufvertrag) voraus; vgl. zur Problematik RUOSS, S. 141.

und deshalb) anfechtbar. Die Tatsache der verpönten Beeinträchtigung des Steigerungskaufes begründet mit anderen Worten eine **Gestaltungsklage auf Ungültigerklärung**[204]. Zusammen mit dem Ungültigkeitsbegehren kann je nach den Umständen auch auf **Berichtigung des Grundbuches** (Art. 975 Abs. 1 ZGB) geklagt werden.

b. Legitimation

1. Zur Klage befugt (**aktivlegitimiert**) ist gemäss dem weit gefassten Art. 230 Abs. 1 OR «jedermann, der ein Interesse hat» («tout intéressé»), also: der Versteigerer, der Erwerber, jeder andere Bieter, die Steigerungsbehörde, aber auch weiter entfernt Interessierte, wie Vorkaufsberechtigte oder Grundpfandgläubiger. Bei Grenzfällen ist ein Anfechtungsinteresse zu bejahen[205].

148

Kein Klagerecht besitzen indessen jene Personen, die an den verpönten Machenschaften teilgenommen haben[206].

149

2. Über die **Passivlegitimation** schweigt das Gesetz. Die Anfechtungsklage richtet sich nach dem Gesagten auf die Ungültigerklärung des Steigerungskaufes (und allenfalls auf die Berichtung des Grundbuches), also gewissermassen auf eine «Beseitigung der Steigerungswirkungen». Als Beklagte ins Recht zu fassen sind daher all jene Personen, die von einer Wiederherstellung der Rechtslage, wie sie vor der Versteigerung bestand, betroffen sind[207].

150

Die Klage richtet sich mit anderen Worten nicht notwendigerweise gegen (alle) Personen, die an den verpönten Machenschaften teilgenommen haben[208]. Andererseits schützt der gute Glaube einen (gegenüber den Einwirkungen arglosen) Ersteigerer nicht davor, seinerseits (von anderen gutgläubigen Personen) auf Ungültigerklärung des Steigerungskaufes eingeklagt zu werden. Die rechtliche Regelung von Art. 230 Abs. 1 OR wertet damit den unverfälschten Steigerungswettbewerb höher als den Schutz eines gutgläubigen Ersteigerers. Vorbehalten bleiben jedoch Schadenersatzansprüche des Letzteren (vgl. auch Nr. 82).

151

c. Frist

Das Anfechtungsrecht ist «innert einer Frist von zehn Tagen» durch Klage beim Gericht geltend zu machen (Art. 230 Abs. 1 und 2 OR). Der *Fristenlauf beginnt*

152

---

[204] Ruoss, S. 136; Engel, S. 67.
[205] Ruoss, S. 127.
[206] Ruoss, S. 142; Honsell/Ruoss, BasKomm, N 11 zu Art. 230 OR; vgl. auch BGE 40 III 337; LGVE 1998 I Nr. 37, S. 69 ff. E. 5.3.1. und 5.3.2.
[207] Gl.M. Ruoss, S. 136 f.
[208] Ebenso Honsell/Ruoss, BasKomm, N 12 zu Art. 230 OR.

mit der Kenntnis vom Anfechtungsgrund, nicht schon mit dem Ende der Versteigerung[209]. Die Frist ist Verwirkungsfrist, sie kann also nur auf dem Klageweg gewahrt werden.

d. Weitere Rechtsbehelfe

153   1. Die Verwirklichung des Anfechtungstatbestandes vermittelt nicht bloss ein Klagerecht auf Ungültigerklärung der Steigerung (und allenfalls auf Berichtigung des Grundbuches), sie kann auch **Schadenersatzansprüche** auslösen. Als Anspruchsgrundlage kommt vor allem die *culpa in contrahendo* in Frage: Wer in rechts- oder sittenwidriger Weise auf die Versteigerung (mithin auf eine besondere Art der Vertragsverhandlung) Einfluss nimmt, kann, sofern ihn ein Verschulden trifft, den Verhandlungspartnern für das negative Interesse haftbar werden[210]. Der Anspruch richtet sich gegen den Urheber der Wettbewerbsverfälschung und damit nicht notwendigerweise gegen den gleichen Beklagten wie die Ungültigkeitsklage.

154   2. Heikel zu beantworten ist die Frage, ob ein gutgläubiger Bieter, der wegen des höheren Scheingebotes des Einlieferers «ausgestiegen» ist, nicht nur auf Ungültigerklärung der Steigerung, sondern darüber hinaus **auf unmittelbaren Zuspruch des Eigentums am Steigerungsgrundstück klagen** kann[211]. Diese Möglichkeit ist nach der hier vertretenen Auffassung nur dann näher zu prüfen, wenn die Steigerungsbedingungen die Verpflichtung des Versteigerers zum Zuschlag auf das höchste Angebot vorsehen (da es sonst im Belieben des Versteigerers steht, das höchste Angebot anzunehmen oder abzulehnen). Ein Recht auf den Zuspruch des Grundeigentums erscheint nicht als ausgeschlossen, kann aber ebenso wenig generell bejaht werden. Abzuklären ist im einzelnen Fall vielmehr, ob nach den gegebenen Umständen trotz der Wettbewerbsverfälschung andere (höhere) Angebote als möglich oder aber als ausgeschlossen anzusehen sind. Nur (aber immerhin) im letzteren Fall ist eine Klage auf Zuspruch des Eigentums zu schützen.

155   3. Art. 230 OR tritt zu den **allgemeinen «Anfechtungsmöglichkeiten» des Obligationenrechts** hinzu, schliesst sie nicht aus[212]. So ist namentlich die Be-

---

[209] Von Büren, OR BT, S. 69; Cavin, SPR VII/1, S. 165; Tercier, Nr. 1070; Engel, S. 67; Ruoss, S. 128; Honsell/Ruoss, BasKomm, N 14 zu Art. 230 OR; Giger, BerKomm, N 23 in fine zu Art. 230 OR; a.M. Städer, S. 107 f.; Honsell, S. 179 f. – Zum Fristbeginn bei Zwangsversteigerung vgl. BGE 47 III 131 f. E. 1.
[210] Allgemein Gauch/Schluep/Schmid/Rey, Nr. 962a ff.
[211] In diese Richtung geht Merz, ZBJV 1988, S. 209.
[212] BGE 40 II 383 f. E. 4; Cavin, SPR VII/1, S. 165; Honsell/Ruoss, BasKomm, N 15 zu Art. 230 OR; Giger, BerKomm, N 81 zu Art. 230 OR.

rufung auf *Täuschung*[213] oder *Irrtum*[214] zulässig; es gelten die allgemeinen Fristen des allgemeinen Teils des OR, nicht etwa analog zu Art. 230 Abs. 1 OR verkürzte Fristen[215]. Ebenso ist nach den allgemeinen Regeln zu prüfen, ob an Stelle einer Anfechtung nach Art. 230 Abs. 1 OR die Geltendmachung von Schadenersatz Erfolg verspricht.

D. Die Übertragung der Regelung von Art. 230 OR auf andere Rechtsinstitute

In der Lehre umstritten ist die Frage, ob die Anfechtungsbestimmung von Art. 230 OR auch auf andere Rechtsinstitute übertragen werden kann[216]. Bezüglich des Vertragsabschlusses im Rahmen einer *Submission* wird diese Frage mit guten Gründen für gewisse Situationen bejaht[217]: Die Offertsteller stehen dort in einem der Versteigerung vergleichbaren Wettbewerbsverhältnis[218], sie dürfen in gleicher Weise auf eine korrekte Durchführung des Wettbewerbs vertrauen. Gleiches gilt für *Verträge eines anderen Typs, welche steigerungsweise zustande gekommen sind*[219].

156

---

[213] Vgl. Ruoss, S. 163 ff.
[214] Beispiel: BGE 40 II 383 ff. E. 4 und 5: Grundlagenirrtum wegen Unkenntnis des Ersteigerers vom Umstand, dass die auf der Liegenschaft «haftenden Hypotheken bereits gekündigt» waren. Ein entsprechender Hinweis in den Steigerungsbedingungen fehlte.
[215] Von Büren, OR BT, S. 69; Ruoss, S. 179.
[216] Vgl. zur privaten Versteigerung Nr. 25.
[217] Gauch, Werkvertrag, Nr. 474 (zurückhaltend aber Nr. 498 f. hinsichtlich der Behelfe des nicht berücksichtigten Submittenten; vgl. auch Gauch/Schluep/Schmid/Rey, Nr. 1070 ff.); ders., Submission, Nr. 346 (und 368); Stoffel, Submission, S. 163 ff.; ders., Anfechtung, S. 31 ff.; generell verneinend Deschenaux, S. 159.
[218] Vgl. Nr. 6.
[219] Ruoss, S. 126 Anm. 19.

§ 11
Verwandte Verträge

(Vorvertrag, Vorkaufsvertrag, Vertrag auf Begründung eines Kaufsrechts bzw. Rückkaufsrechts)

CHRISTIAN BRÜCKNER

INHALTSVERZEICHNIS   Seite

Literatur 506

I. Einleitung und Überblick 508
    1. Änderung der Gesetzeslage seit dem Erscheinen
       der 1. Auflage 508
    2. Intertemporales Recht 509
    3. Praktischer Anwendungsbereich 510
       A. Vorvertrag 510
       B. Vorkaufsvertrag 511
       C. Kaufsrechtsvertrag 512
       D. Rückkaufsrechtsvertrag 513
       E. Verkaufsrechtsvertrag 514
    4. Rechtsnatur von Vorkaufs-, Kaufs- und Rückkaufsrecht 515
    5. Eingrenzung des Themas: Beschränkung auf Rechtsgeschäfte
       unter Lebenden 516

II. Vorvertrag (Art. 22 und Art. 216 Abs. 2 OR) 516
    1. Begriffliches 516

2. Rechtfertigung der Figur des Vorvertrags................ 517
3. Einstufentheorie und Zweistufentheorie.................. 519
4. Beurkundung des Vorvertrags zu einem Grundstückkauf 519

III. Vorkaufsvertrag 520
1. Vertragliche und gesetzliche Vorkaufsrechte.............. 520
2. Limitierte und nicht limitierte Vorkaufsrechte............. 520
3. Form des Vorkaufsvertrags 522
4. Gegenstand des Vorkaufsvertrags 523
5. Preisbestimmung beim limitierten Vorkaufsrecht 524
6. Vormerkung 525
7. Übertragung 526
8. Untergang 527
   A. Durch Ausübung 527
   B. Durch Nichtausübung im Vorkaufsfall................ 528
   C. Durch Verzicht 529
   D. Durch Umstände in der Person des Berechtigten 530
   E. Durch Umstände in der Person des Belasteten 530
   F. Durch Fristablauf................................. 531
9. Der Vorkaufsfall 532
   A. Begriff... 532
   B. Nichtiger oder ungültiger Vertrag..................... 534
   C. Bedingter Vertrag 535
   D. Ausübung eines gesetzlichen (vorrangigen) Vorkaufsrechts 536
   E. Bewilligungspflichtiger Vertrag 536
10. Das Verfahren im Vorkaufsfall 537
   A. Mitteilung des Vorkaufsfalles an den Berechtigten........ 537
      a. Zeitpunkt 537
      b. Mitteilungspflichtige Personen 537
      c. Mitteilungsempfänger........................... 537
      d. Form und Inhalt 538
      e. Wirkung 539
      f. Folgen der Unterlassung 539
   B. Ausübung des Vorkaufsrechts........................ 539
      a. Ausübungsfrist 539
      b. Fristbeginn 540
      c. Fristwahrung.................................. 540
      d. Ausübungserklärung............................ 540
      e. Ausübungsverzichtserklärung.................... 542
   C. Wirkung der rechtgültigen Ausübungserklärung 542

		a.	Rechtsverhältnis zwischen Vorkaufsberechtigtem und belastetem (bisherigem) Eigentümer	542
		b.	Rechtsverhältnis zum Drittkäufer	543
		c.	Auswirkungen auf beschränkte dingliche und andere Rechte am Vorkaufsobjekt	545
IV.	**Kaufsrecht**			546
	1. Rechtsnatur und Form			546
	2. Inhalt			547
	3. Vormerkung			548
	4. Übertragung			548
	5. Parteien			548
	6. Ausübung des Kaufsrechts			549
		A. Ausübungserklärung		549
		B. Wirkung der rechtsgültigen Ausübung		549
	7. Untergang des Kaufsrechts			550
V.	**Rückkaufsrecht**			550

LITERATUR

Die gängigen schweizerischen Kommentarwerke (Zürcher Kommentar, Berner Kommentar, Basler Kurzkommentar) werden im Folgenden nicht aufgeführt. Dasselbe gilt für Beiträge im «Schweizerischen Privatrecht» (SPR), deutschsprachige Ausgabe. – Zitierweise: Die Autoren werden nur mit dem Verfassernamen, nötigenfalls mit einem präzisierenden Zusatz zitiert. – Hinweise auf weiterführende Spezialliteratur finden sich in den Fussnoten.

ALLGÄUER OSKAR, Vorkaufs-, Rückkaufs- und Kaufsrecht nach dem schweizerischen Zivilgesetzbuch, Diss. Zürich 1918.

BINZ-GEHRING DORIS, Das gesetzliche Vorkaufsrecht im schweizerischen Recht, Diss. Bern 1975.

Botschaft des Bundesrates zum Bundesgesetz über das bäuerliche Bodenrecht (BGBB) sowie zum Bundesgesetz über die Teilrevision des Zivilgesetzbuches (Immobiliarsachenrecht) und des Obligationenrechts (Grundstückkauf) vom 19.10.1988, BBl 1988 III, S. 953 ff.

BRÜCKNER CHRISTIAN, Schweizerisches Beurkundungsrecht, Zürich 1993.

BUCHER EUGEN, Die verschiedenen Bedeutungsformen des Vorvertrages, Berner Festgabe zum Schweizerischen Juristentag 1979, Bern/Stuttgart 1979, S. 169 ff.

– Schweizerisches Obligationenrecht, Allgemeiner Teil, 2. A. Zürich 1988 (zit. BUCHER, OR AT).

DEILLON-SCHEGG BETTINA, Grundbuchanmeldung und Prüfungspflicht des Grundbuchverwalters im Eintragungsverfahren, Zürich 1997.

ENGEL PIERRE, Traité des obligations en droit suisse, Neuchâtel 1973.

FRIEDRICH HANS-PETER, Der Rang der Grundstücksrechte, ZBGR 1977, S. 321 ff.

GASS ROLAND, Die Wirkungsart der Kaufs-, Miet- und Pachtrechtsvormerkungen nach Art. 681, 683 ZGB und 260, 282 OR, Diss. Basel 1980.

GAUCH PETER/SCHLUEP WALTER, Schweizerisches Obligationenrecht, Allgemeiner Teil, 2 Bde., 7. A. bearbeitet von JÖRG SCHMID (Bd. I) und HEINZ REY (Bd. II), Zürich 1998 (zit. GAUCH/ SCHLUEP/SCHMID/REY).

GAUCH PETER/SCHLUEP WALTER/TERCIER PIERRE, Schweizerisches Obligationenrecht, Allgemeiner Teil, 2. A. Zürich 1982.

GLAUSER MAX, Das öffentliche Vorkaufsrecht, Diss. Zürich 1969.

GUHL THEO, Persönliche Rechte mit verstärkter Wirkung, in: Juristische Fakultät der Universität Bern (Hrsg.), Festgabe zur Feier des fünfzigjährigen Bestehens des schweizerischen Bundesgerichts, Bern 1924, S. 93 ff.

GULDIMANN WERNER, Die Form des limitierten Vorkaufsrechts im Grundstücksverkehr (OR 216), SJZ 1950, S. 353 ff.

ISLER LEANA MARIA, Die im Grundbuch vormerkbaren persönlichen Rechte (Vorkaufs-, Kaufs- und Rückkaufsrecht, Miete und Pacht) und ihre steuerliche Behandlung, Diss. Zürich 1989.

JÄGGI PETER, Über das vertragliche Vorkaufsrecht, ZBGR 1958, S. 65 ff.

KOLLER ALFRED, Das intertemporale Recht zu Art. 216a OR – Altrechtliche Kaufs- und Vorkaufsrechte unter neuem Recht, ZBGR 2000, S. 290 ff.

LIVER PETER, Die Realobligation, ZBGR 1962, S. 257 ff.

MEIER ROBERT, Das neue Vorkaufs-, Kaufs- und Rückkaufsrecht – vier Neuerungen und drei Auslegungsfragen, AJP 1994, S. 139 ff.

MEIER-HAYOZ ARTHUR, Der Vorkaufsfall, ZBGR 1964, S. 257 ff. (zit. MEIER-HAYOZ, Der Vorkaufsfall).
– Vom Vorkaufsrecht, ZBJV 1956, S. 297 ff.
MERZ HANS, Zur zeitlichen Begrenzung der Kaufs-, Vorkaufs- und Rückkaufsrechte, in: Aequitas und bona fides, Festgabe August Simonius, Basel 1955, S. 235 ff.
NOELPP CHRISTOPH, Eine Studie zur rechtlichen Erfassung des Vorkaufs-, Rückkaufs- und Kaufsrechts, Diss. Basel 1987.
NUSSBAUMER HEINRICH, Rechtliche Bedeutung und grundbuchliche Behandlung des Vorkaufsrechts, ZBGR 1921, S. 165 ff.
OTT WALTER, Die Abtretung vertraglicher Vorkaufs-, Kaufs- und Rückkaufsrechte als Vertragsübernahme, ZBGR 1978, S. 257 ff.
PFÄFFLI ROLAND, Neuerungen im Immobiliarsachenrecht und beim Grundstückkauf, BN 1992, S. 450 ff.
REY HEINZ, Die Neuregelung der Vorkaufsrechte in ihren Grundzügen, ZSR 1994 I, S. 39 ff.
ROBERTO VITO, Teilrevision des Zivilgesetzbuches und des Obligationenrechts, recht 1993, S. 172 ff.
SCHMID JÖRG, Die öffentliche Beurkundung von Schuldverträgen, Diss. Freiburg 1988.
SCHÖBI FELIX, Die Bedeutung der Revision der Bestimmungen über vertragliche Kaufs-, Vorkaufs- und Rückkaufsrechte für die Sachenrechtsdogmatik, recht 1993, S. 177 ff.
– Die Revision des Kaufs-, des Vorkaufs- und des Rückkaufsrechts, AJP 1992, S. 657 ff. (zit. SCHÖBI, AJP 1992).
SCHWENZER INGEBORG, Schweizerisches Obligationenrecht, Allgemeiner Teil, 2. A. Bern 2000.
SIMONIUS PASCAL/SUTTER THOMAS, Schweizerisches Immobiliarsachenrecht, Band I: Grundlagen, Grundbuch und Grundeigentum, Basel und Frankfurt am Main 1995.
STADLIN MARKUS W., Vom Umgang mit «altrechtlichen» vertraglichen Kaufsrechten an Grundstücken im Lichte der auf den 1.1.1994 revidierten gesetzlichen Bestimmungen, AJP 2000, S. 1303 ff.
STEINAUER PAUL-HENRI, Les droits réels, tome II, 2e éd. Berne 1994 (zit. STEINAUER, Les droits réels).
– La nouvelle réglementation du droit de préemption, ZBGR 1992, S. 1 ff. (zit. STEINAUER, La nouvelle réglementation).
SUTTER THOMAS, Einige Überlegungen zum Vorkaufsrecht, SJZ 1985, S. 277 ff.
VON TUHR ANDREAS/ESCHER ARNOLD, Allgemeiner Teil des Schweizerischen Obligationenrechts, Bd. II, 3. A. Zürich 1974.
VON TUHR ANDREAS/PETER HANS, Allgemeiner Teil des Schweizerischen Obligationenrechts, Bd. I, 3. A. Zürich 1974 und 1979.
WISSMANN KURT, Verwandte Verträge (= Erstauflage der vorliegenden Arbeit), in: KOLLER ALFRED (Hrsg.), Der Grundstückkauf, St. Gallen 1989, S. 469 ff.

I. Einleitung und Überblick

1. Änderung der Gesetzeslage seit dem Erscheinen der 1. Auflage

1 Seit dem Erscheinen der 1. Auflage ist die Teilrevision des ZGB und des OR vom 4.10.1991 ergangen und am 1.1.1994 in Kraft getreten. Die Revision hat offene Fragen geklärt und herrschende Praxis kodifiziert. Ehemals waren drei der vier[1] kaufsrechtlichen Optionen, nämlich Vorkaufsrecht, Kaufsrecht und Rückkaufsrecht, in ihrer Eigenschaft als *Belastungen des Grundeigentums* in Art. 681 ZGB fragmentarisch geregelt gewesen. Das aZGB regelte die Vormerkung bezüglich Drittwirkung und zehnjähriger Höchstdauer, ferner die Benachrichtigungspflicht des Grundeigentümers gegenüber dem Vorkaufsberechtigten und die einmonatige Ausübungsfrist des Vorkaufsberechtigten beim Verkauf eines Grundstücks mit vorgemerktem Vorkaufsrecht. Art. 216 aOR regelte die Frage der Beurkundungsbedürftigkeit (Kaufs- und Rückkaufsrecht ja, Vorkaufsrecht nein). Nach altem Konzept galten also für die *vertragsrechtlichen* Aspekte einschliesslich der zulässigen Höchstdauer, auf welche solche Rechte zwischen den Vertragsparteien bestellt werden konnten, die Regeln des OR, für die Vormerkungswirkungen und Vormerkungs-Höchstdauer das ZGB.

2 Das revidierte Recht hat die gesetzlichen Regeln erweitert und systematisch neu gegliedert. Seit 1994 regelt das ZGB die *gesetzlichen Vorkaufsrechte*. Das OR regelt die *vertraglichen Vorkaufs-, Kaufs- und Rückkaufsrechte* einschliesslich der Befristung der betreffenden Verträge und ihrer grundbuchlichen Vormerkbarkeit.

3 Statt der bisher einheitlichen zehnjährigen Vormerkungs-Höchstdauer für alle drei geregelten Optionen und der fehlenden zeitlichen Begrenzung der obligatorischen Vertragswirkungen sieht der neue Art. 216a OR eine 25-jährige Höchstdauer für Vor- und Rückkaufsrechte sowie eine zehnjährige Höchstdauer für Kaufsrechte vor und ordnet diese Höchstdauer auch für die Vertragswirkungen zwischen den Vertragsparteien an, dergestalt dass das altrechtliche Auseinanderklaffen von kürzerer Vormerkungsdauer und längerer Vertragsdauer nun aufhören sollte. Auch das neue Recht verbietet jedoch nicht, dass die Parteien

---

[1] Die vierte Option, nämlich das *Ver*kaufsrecht (im englischen Börsenjargon auch *put option* genannt), ist keine Belastung des Grundeigentums und also nicht vormerkbar und ohne sachenrechtliches Interesse. Vielmehr handelt es sich um eine vertragliche Abnahmepflicht des Optionsschuldners und damit um eine rein obligationenrechtliche Angelegenheit, für welche die allgemeinen Regeln des OR gelten.

das Vorkaufsrecht auf eine kürzere Dauer als diejenige der obligatorischen Vertragsgeltung vormerken[2].

Bezüglich der Beurkundungsbedürftigkeit hat die Revision als einzige Neuerung den Beurkundungszwang für limitierte Vorkaufsrechte eingeführt (Art. 216 Abs. 3 OR, *e contrario*), während unlimitierte Vorkaufsrechte weiterhin in einfacher Schriftform vereinbart werden können.

4

2. Intertemporales Recht

Die vorliegende Arbeit folgt den überzeugend begründeten Ausführungen von KOLLER[3], wonach die vor 1994 vereinbarten Vorkaufs-, Kaufs- und Rückkaufsrechte mit ihrem ursprünglichen Inhalt während der ursprünglich vereinbarten Dauer gültig bleiben, desgleichen die vor 1994 erfolgten Vormerkungen solcher Rechte im Grundbuch. Rechte, die unter altem Recht als vererblich oder als übertragbar ausgestaltet waren, verlieren ihren altrechtlichen Bestand und ihre altrechtliche Dauer auch nicht durch gläubigerseitige Universal- oder Singularsukzession. – *Klärend ist nun BGE 126 III 421 ff. (= AJP 2001, S. 119, mit Anm. A. KOLLER), wo die Geltendmachung eines 1962 ohne Befristung vereinbarten Rückkaufsrechts geschützt wird, das nach 32 Jahren, d.h. im September 1994, ausgeübt wurde. Das Bundesgericht fand, falls die 25-jährige Frist von Art. 216a OR auf das altrechtliche Rückkaufsrecht überhaupt anwendbar wäre*

5

---

[2] So STEINAUER, Les droits réels, Nr. 1703; a.A. HESS, BasKomm, N 2 zu Art. 216a OR, der es unter neuem Recht für grundsätzlich ausgeschlossen hält, eine über die vereinbarte Vormerkungsdauer hinausreichende obligatorische Vertragsdauer zu vereinbaren.

[3] KOLLER, S. 290 ff., mit Hinweisen auf die intertemporalrechtliche Literatur. Der seither in der AJP erschienene Aufsatz von STADLIN vertritt einen diametral entgegengesetzten Standpunkt, wonach Kaufsrechte, die vor 1994 obligatorisch für mehr als 25 Jahre vereinbart worden waren, mit dem Inkrafttreten des neuen Rechts über Nacht insgesamt nichtig geworden sein sollen. HESS, BasKomm, N 6 zu Art. 216a OR, sowie SIMONIUS/SUTTER, S. 343 Nr. 2, sind im Gegensatz zu KOLLER (S. 308) der Meinung, die neuen Höchstdauern seien auch auf altrechtliche Optionsrechte anwendbar, wobei die zweitgenannten Autoren für ihre Auffassung eine Begründung geben, nämlich bei den neuen gesetzlichen Höchstdauern sei «ein Element der öffentlichen Ordnung und Sittlichkeit im Spiele» (S. 358 Nr. 35), was diese Autoren zur Auffassung führt, die neuen gesetzlichen Befristungen seien eine «authentische Interpretation der Schranken von Treu und Glauben»; demgemäss müssten altrechtliche Vor- und Rückkaufsrechte nach mehr als 25 Jahren, Kaufsrechte nach mehr als zehn Jahren seit ihrer Bestellung auch zwischen den ursprünglichen Parteien wirkungslos werden. – Richtigerweise wird die zulässige Höchstdauer der obligatorischen Wirkung altrechtlicher Optionsrechte an Grundstücken jedoch weiterhin nach Art. 27 Abs. 2 und Art. 2 Abs. 2 ZGB bestimmt, ohne dass den neuen gesetzlichen Befristungen dabei eine zwingende Bedeutung zugemessen wird. So kann sich im Einzelfall namentlich ergeben, dass eine altrechtliche Belastung schon *vor* Ablauf der neurechtlichen gesetzlichen Frist zur übermässigen Bindung im Sinne von Art. 27 Abs. 2 ZGB geworden ist. Das Gleiche sollte richtigerweise übrigens auch für neurechtliche Optionsrechte gelten.

(was offen gelassen wurde), würde die Frist jedenfalls erst ab Inkrafttreten des neuen Rechtes, d.h. ab 1.1.1994, laufen, womit das 1962 begründete Recht von Gesetzes wegen am 1.1.2019 erlöschen würde, sofern es nicht vorher wegen Art. 27 oder Art. 2 ZGB unausübbar würde.

6   Aus dieser Betrachtungsweise folgt, dass auch die dreimonatige Verwirkungsfrist gemäss Art. 216e OR ausdrücklich vereinbarte Ausübungsfristen in altrechtlichen Vorkaufsverträgen nicht ersetzt. Denn die dreimonatige Ausübungsfrist des neuen Rechts kann nicht als eine Norm gelten, die «um der öffentlichen Ordnung und Sittlichkeit willen aufgestellt» wurde (Art. 2 SchlT ZGB) und aus diesem Grunde auf altrechtliche Verträge zwingend angewendet werden müsste[4].

7   Hingegen bleiben solche altrechtlichen Rechte insofern in ihrem bisherigen Bestand eingefroren, als keine inhaltlichen Änderungen mehr nach altem Recht vereinbart werden können. Soll also beispielsweise ein im Jahre 1992 auf 30 Jahre als unübertragbar bestelltes und auf die damals erlaubte Höchstdauer von 10 Jahren[5] vorgemerktes Vorkaufsrecht im Jahre 2000 durch eine Nachtragsvereinbarung zu einem übertragbaren Vorkaufsrecht gemacht werden, so ist dies nur dadurch möglich, dass das Vorkaufsrecht fortab insgesamt als neurechtliches Recht vereinbart wird. Auch können die spätestens im Jahre 2004 auslaufenden Vormerkungen altrechtlicher Rechte im Grundbuch nicht erneuert werden. Ist aus dem Grundbuch eine Vormerkung mit Eintragungsdatum nach dem 1.1.1994 ersichtlich, so muss sich der Rechtsverkehr darauf verlassen können, dass es sich um ein Recht mit neurechtlichem Inhalt handelt[6].

3. Praktischer Anwendungsbereich

A. Vorvertrag

8   Vorverträge zu Grundstückkäufen werden in der Regel dann abgeschlossen, wenn der Grundeigentümer einem Interessenten diskret und steuerlich folgenlos *eine befristete Anwartschaft auf ein Grundstück reservieren möchte*. Zuweilen werden Vorverträge auch abgeschlossen, weil die zur Beurkundung des Hauptvertrags allein zuständige Amtsstelle die Parteien übermässig lange auf einen Beurkundungstermin warten lässt oder weil das Grundbuch mit den Eintragungen früherer Vorgänge im Rückstand ist, sodass der Hauptvertrag trotz

---

[4] So auch Schöbi, AJP 1992, S. 571; a.A. Meier, S. 174.
[5] Vgl. Art. 681 Abs. 3 aZGB.
[6] A.A. Vischer, BasKomm, N 10 zu Art. 1 SchlT ZGB.

des vorhandenen Parteikonsenses noch nicht in grundbuchlich eintragungsfähiger Form beurkundet werden kann. Vorverträge werden meist kurz befristet, d.h. maximal auf etwa ein Jahr.

B. Vorkaufsvertrag

Vorkaufsverträge begegnen in der Notariatspraxis vor allem in Zusammenhängen, in denen der berechtigten Person ein *langfristiges Erwerbs-Privileg* eingeräumt werden soll, was mit einer entsprechend langfristigen Belastung des Verpflichteten einhergeht. Motiv für den Abschluss des Vorkaufsvertrags ist meist eine langfristige Grundbeziehung zwischen den Parteien, d.h. ein familiäres, vertragliches oder nachbarschaftliches Nahestehen, was die Privilegierung des Berechtigten für die Dauer der Grundbeziehung rechtfertigt: Jemand bestellt seinem Freund ein Vorkaufsrecht an der Jagdhütte, in der man gemeinsame Stunden verbracht hat, dem Mieter ein Vorkaufsrecht am gemieteten Grundstück, um ihm den dauerhaften Verbleib in der Wohnung zu sichern, dem Nachbarn ein Vorkaufsrecht, um ihm die künftige Arrondierung seines Grundbesitzes zu ermöglichen etc. – Die Grundbeziehung führt dazu, dass Vorkaufsrechte häufig aus Gefälligkeit und *unentgeltlich* eingeräumt werden, zwischen Nachbarn oft auch als wechselseitige Begünstigung bezüglich der beiderseitigen Grundstücke.

9

Mit der Bestimmung von Art. 216 Abs. 3 OR, wonach nicht limitierte Vorkaufsrechte in einfacher Schriftform abgeschlossen werden können, geht der Gesetzgeber von der Meinung aus, die auch bei immobiliarsachenrechtlichen Laien verbreitet ist, wonach nämlich ein nicht limitiertes Vorkaufsrecht den Grundeigentümer nur unwesentlich belaste. So ist es nicht. Auch ein nicht limitiertes Vorkaufsrecht macht es für Dritte unattraktiv, sich im Hinblick auf gute Kaufsangebote anzustrengen, im Vorfeld der Offertstellung Überbauungs- oder Umbaukonzepte auszuarbeiten etc. Da der Verkäufer kein verbindliches Angebot machen kann, sondern immer den Rückenschuss des Vorkaufsberechtigten befürchten muss, kann er nicht verschiedene Interessenten effizient gegeneinander ausspielen und den Preis in die Höhe treiben. Davon profitiert der Vorkaufsberechtigte: Er erhält das Objekt zu jenem gedrückten Preis, der in den vorkaufsüberschatteten Verhandlungen mit einem Drittinteressenten zustande gekommen ist.

10

Das wird dann nicht als schlimm empfunden, wenn die Grundbeziehung zwischen den Parteien, die das Motiv für die Einräumung des Vorkaufsrechts gebildet hat, im Zeitpunkt der Ausübung noch immer besteht. Andernfalls kann sich ein Vorkaufsrecht nach Jahr und Tag als Härte auswirken. Bei der Vertragsredaktion sollte deshalb nie versäumt werden, auf den Zeitpunkt des Dahinfallens der Grundbeziehung auch das Dahinfallen des Vorkaufsrechts zu vereinbaren.

11

C. Kaufsrechtsvertrag

12 Kaufsrechtsverträge begegnen in der Beurkundungspraxis in Zusammenhängen, in denen es den Vertragsparteien um ihre *mittelfristige* Planung auf einige Monate bis zu wenigen Jahren geht. Meist fehlt es an jener dauerhaften Grundbeziehung zwischen den Parteien, die für Vorkaufsrechte typisch ist. Stattdessen hat das Kaufsrecht den Charakter eines selbständig negoziablen *Handels- und Spekulationsobjektes*.

13 Bei Kaufverträgen, die erst nach einer längeren Wartezeit erfüllbar gestellt werden, kann die *zwischenzeitliche Vormerkung eines Kaufsrechts* im Sinne einer grundbuchlichen Verfügungssperre zulasten des Verkäufers den Käufer davor schützen, dass der Vertragspartner das Objekt in der Wartezeit zu einem höheren Preis an einen Dritten veräussert[7].

14 Werden Kaufsrechte auf mehrere Jahre abgeschlossen und nicht durch ein *Verkaufsrecht* der Gegenpartei ergänzt, so kann sich die Belastung des Verkäufers zu einer unzumutbaren Härte auswachsen. Entwickelt sich der Liegenschaftsmarkt nämlich ungünstig, so bleibt der Eigentümer auf dem Objekt bis zum Ablauf der Kaufsrechtsdauer sitzen und muss nachher gegebenenfalls zu gefallenem Preis verkaufen. Entwickelt sich der Markt aufwärts, so wird der Kaufsrechtsinhaber sein Recht ausüben und den Gewinn einheimsen. Hinzu kommt, dass das Kaufsrecht die Liegenschaft während der Kaufsrechtsdauer faktisch unverkäuflich macht[8]. Die Liegenschaft hängt dem Eigentümer also auch dann am Hals, wenn er ins Altersheim eingetreten oder ins Ausland ausgewandert ist. Ungenutzter oder schlecht genutzter Grundbesitz ist aber angesichts der Vermögenssteuer und der mannigfaltigen öffentlich-rechtlichen Belastungen des jeweiligen Grundeigentümers ein fressender Schaden, namentlich bei Liegenschaften innerhalb der Bauzone; Grund- und Werkeigentümerhaftpflicht bringen Risiken mit sich, die der Grundeigentümer nicht tatenlos ignorieren darf.

15 Angesichts dieser Sachlage ist die gesetzlich erlaubte zehnjährige Höchstdauer für Kaufsrechte (ehemals Art. 683 Abs. 2 aZGB, heute Art. 216a OR) zwar kaum

---

[7] Diese Verwendung der Kaufsrechtsvormerkung wurde in der Lehre abgelehnt, da die Verwendung eines Kaufsrechts zur blossen Sicherung einer hauptvertraglichen (als solche nicht vormerkbaren) Leistungspflicht dem *numerus clausus* der vormerkbaren persönlichen Rechte widerspreche; vgl. WISSMANN, Nr. 1527, mit Verweisen. Das Eidgenössische Grundbuchamt hat in einer Vernehmlassung vom 13.4.1931 an der besagten Verwendung der Kaufsrechtsvormerkung jedoch nichts auszusetzen gefunden, und das Bundesgericht ist in BGE 103 III 97 dieser liberalen Auffassung gefolgt, nach Meinung des Verfassers zu Recht.

[8] Auf den faktischen Zwang zur Nichtveräusserung, der sich als Folge der Kaufsrechtsbelastung für den Eigentümer ergibt, weist auch KOLLER, S. 304, zur Recht hin. Ähnlich auch SIMONIUS/SUTTER, S. 354 Nr. 24: «Der Verkaufsverpflichtete ist dem Berechtigten gegenüber gehalten, auf Verfügungen über das Verkaufsobjekt zu verzichten, welche das Kaufsrecht durchkreuzen.»

zu kritisieren. Jedoch sollte die Urkundsperson dem Grundeigentümer die Risiken veranschaulichen, die sich aus einer langfristigen Kaufsrechtsbestellung ergeben, und ihm eine möglichst kurze Befristung des Kaufsrechts empfehlen. Als Alternative ist die Kombination mit einem Verkaufsrecht in Betracht zu ziehen, das dem belasteten Eigentümer erlaubt, die für ihn zur Last werdende Liegenschaft abzustossen und sie nicht weiterhin versteuern, unterhalten und finanzieren zu müssen.

D. Rückkaufsrechtsvertrag

Rückkaufsrechte sind selten. Typischerweise werden sie auf einen mittelfristigen Zeithorizont vereinbart, entweder um dem Verkäufer bei Zahlungsverzug des Käufers die Rückabwicklung des Geschäfts zu ermöglichen[9] oder um ihm während begrenzter Zeit die Kontrolle über die Verwendung der verkauften Liegenschaft zu geben. So kann ein Interesse bestehen, die Liegenschaft zu einem ermässigten Preis zu verkaufen, wenn der Käufer zusichert, die Liegenschaft in einer vom Verkäufer gewünschten Weise herzurichten und zu nutzen (z.B. ein Altersheim zu errichten und zu betreiben oder ein Biotop zu erstellen oder eine Messehalle zu errichten und an den Veräusserer zurückzuvermieten etc.), und es kann für den Fall der Untätigkeit des Käufers der Rückkauf zu den ursprünglichen Konditionen vereinbart werden.

16

Da sich das Rückkaufsrecht für den Verpflichteten auf lange Sicht ebenso belastend auswirken kann wie ein Kaufsrecht, erscheint die starre gesetzliche Höchstdauer von 25 Jahren für Vertragswirkungen und Vormerkung (Art. 216a OR) als unangemessen[10]. Die in der Botschaft[11] gegebene Begründung, Kaufsrechte dienten typischerweise der Sicherung von Ansprüchen, die mit der Grundstücksnutzung nichts zu tun haben, wogegen das Rückkaufsrecht in der Regel der Durchsetzung grundstücksbezogener Bedingungen dient, berechtigt nicht zur Folgerung, Rückkaufsrechte könnten zweieinhalbmal so lange dauern wie Kaufsrechte. Zieht man in Betracht, dass das ZGB es ablehnt, persönliche Leistungs- und Verhaltenspflichten als Grundlasten oder Grunddienstbarkeiten auszugestalten (vgl. Art. 782 Abs. 3 und 730 Abs. 2 ZGB) und dass für Grund-

17

---

[9] Die Verwendung des Rückkaufsrechts für die Sicherstellung eines Kredits ist gemäss BGE 65 II 444 ff. weder eine unzulässige Umgehung des Verbots der Verfallklausel gemäss Art. 816 Abs. 2 ZGB noch ein Verstoss gegen den Grundsatz des *numerus clausus* vormerkbarer persönlicher Rechte. Vgl. auch SIMONIUS/SUTTER, S. 345 Nr. 6.
[10] GIGER, BerKomm, N 4 zu Art. 216a OR, qualifiziert die Ungleichbehandlung von Kaufs- und Rückkaufsrecht bezüglich der zulässigen Höchstdauer als «*nicht nachvollziehbar*».
[11] Botschaft, S. 1077.

lasten, die Geldforderungen sicherstellen, eine 30-jährige zeitliche Begrenzung vorgesehen ist (Art. 788 Abs. 1 Ziff. 2 ZGB), so erscheint es als Ungereimtheit, mit dem auf 25 Jahre gültigen[12] und vormerkbaren Rückkaufsrecht ein Instrument bereit zu stellen, das dem Berechtigten faktisch ermöglicht, *beliebige* Leistungs- und Verhaltenspflichten eines Grundeigentümers (oder seiner Rechtsnachfolger) während voller 25 Jahre durchzusetzen. Richtiger wäre gewesen, die zeitliche Begrenzung der obligatorischen Verpflichtungen der Parteien der Praxis zu überlassen und die zu Art. 27 Abs. 2 ZGB entwickelten Regeln[13] einzelfallweise anzuwenden, je nach den konkreten Lasten und Pflichten, die sich aus dem Rückkaufsrecht für die belastete Partei auf lange Sicht faktisch ergeben. Bei Grundstücken ausserhalb der Bauzone, die weder steuerlich noch in anderer Weise eine Belastung für den Eigentümer darstellen, kann die Rückkaufsbelastung ähnlich leicht wiegen wie eine Grunddienstbarkeit oder ein Pfandrecht, sodass die langfristige Geltungsdauer des Rückkaufsrechts keine Härte bedeutet. Bei Bauland, insbesondere bei Liegenschaften, auf denen ein Betrieb geführt und in welche baulich laufend investiert wird, kann sich ein auf 25 Jahre kontrahiertes Rückkaufsrecht zur unbilligen Härte[14] entwickeln. − Allemal sollte deshalb die Urkundsperson bei der Beurkundung eines Rückkaufsrechts eine Befristung empfehlen, die über die Dauer der Grundbeziehung zwischen den Parteien zeitlich nicht hinausreicht.

E. Verkaufsrechtsvertrag

18 Während *Put Optionen* bei börsenkotierten Aktien und Obligationen häufig vereinbart werden und in Kombination mit Kaufsrechten (*Call Optionen*) zuweilen auch bei Unternehmensveräusserungen anzutreffen sind, sind sie bezüglich Grundstücken kaum von praktischer Bedeutung – auch hier am ehesten in Kombination mit einem Kaufsrecht zwischen den gleichen Parteien. So wird etwa vereinbart, dass der Grundeigentümer A binnen eines bestimmten Zeitraums zum Preis 100 an B verkaufen, B binnen des gleichen Zeitraums zum Preis 150 kaufen kann. Da der Formzwang nicht nur zum Schutze des Grundstückveräusserers besteht, müssen Verkaufsrechte, die ein Grundstück zum Ge-

---

[12] Die gesetzlich ausdrücklich erlaubte Höchstdauer dürfte es dem Belasteten in Zukunft schwer machen, eine *frühere* Vertragsbeendigung gestützt auf die Praxis zu Art. 27 Abs. 2 ZGB erfolgreich durchzusetzen; in diesem Sinne versteht REY, S. 41, die 25-jährige gesetzliche Befristung als Schutz der Parteien vor sich selber, d.h. als Konkretisierung des Rechtsgedankens von Art. 27 Abs. 2 ZGB.
[13] Vgl. hiezu BRÜCKNER CHRISTIAN, Das Personenrecht des ZGB, Zürich 2000, Nr. 846 ff., zur Vertragsdauer von Optionsrechten an Grundstücken gemäss Art. 216a OR insbesondere Nr. 863.
[14] So zutreffend auch SIMONIUS/SUTTER, S. 348 Nr. 36.

genstand haben, öffentlich beurkundet werden. Sie sind im Grundbuch nicht vormerkbar[15].

Auf Verträge, die ein Verkaufsrecht an einem Grundstück begründen, wird in der vorliegenden Arbeit im Übrigen nicht weiter eingegangen[16].

4. Rechtsnatur von Vorkaufs-, Kaufs- und Rückkaufsrecht

Der ehemalige Streit über die Rechtsnatur von Vorkaufs-, Kaufs- und Rückkaufsrechten entsprang der Unsicherheit über die Form, die bei der Übertragung solcher Rechte einzuhalten ist. Die *Bedingungstheorie* deutete die betreffenden Optionsrechte als Elemente bedingter Kaufverträge[17] und erblickte in der Rechtsübertragung demgemäss eine bei Kaufs- und Rückkaufsrechten beurkundungsbedürftige Vertragsänderung[18]. Die *Begründungstheorie* erblickte in den Optionsrechten einseitig ausübbare Gestaltungsrechte[19], die nach den Regeln über die Forderungsabtretung (Art. 164 OR) ohne öffentliche Beurkundung übertragen werden konnten. Während WISSMANN[20] zutreffend darauf hingewiesen hatte, dass keine der beiden Theorien alle Rechtsfragen befriedigend beantworte, sprachen sich seither nacheinander STEINAUER[21], REY[22], SIMONIUS/SUTTER[23], HESS[24] und GIGER[25] mehr oder weniger deutlich für die Bedingungs-

---

[15] So STEINAUER, Les droits réels, Nr. 1695c; BGE 103 III 97.
[16] Zu den intertemporalrechtlichen Aspekten bei Verkaufsrechten vgl. KOLLER, S. 308 f.
[17] Vgl. die von der Bedingungstheorie ausgehende Definition des Vorkaufsrechts bei SIMONIUS/SUTTER, S. 345 Nr. 6: «Das Vorkaufsrecht ist ein Kaufsrecht, das vom Vorkaufsberechtigten nur unter der Bedingung ausgeübt werden kann, dass der Verpflichtete seinerseits mit einem Dritten einen Kaufvertrag über das betreffende Objekt abgeschlossen hat.»
[18] So MEIER-HAYOZ, BerKomm, N 53 zu Art. 683 ZGB.
[19] Vgl. die von der Begründungstheorie ausgehende Definition des Vorkaufsrechts bei DEILLON-SCHEGG, S. 216 f.: «Das rechtsgeschäftliche Vorkaufsrecht ist die vom Vorkaufsverpflichteten dem Vorkaufsberechtigten durch Rechtsgeschäft eingeräumte Befugnis, die Übertragung einer Sache zu Eigentum zu verlangen, sobald der Vorkaufsverpflichtete diese an einen Dritten verkauft ... Es verleiht dem Vorkaufsberechtigten die Befugnis, bei Eintritt des Vorkaufsfalles durch einseitige Willenserklärung zuhanden des Vorkaufsverpflichteten die Obligation auf Übertragung des Eigentums am Vorkaufsobjekt im Zeitpunkt des Zugangs der Ausübungserklärung wirksam werden zu lassen.»
[20] WISSMANN, Nr. 1408.
[21] STEINAUER, Les droits réels, Nr. 1696a (Kaufsrecht) und Nr. 1718 (Rückkaufsrecht).
[22] REY, S. 42.
[23] SIMONIUS/SUTTER, S. 346 Nr. 7.
[24] HESS, BasKomm, N 4 zu Art. 216 OR.
[25] GIGER, BerKomm, N 44 zu Art. 216 aOR.

theorie aus. Durch die ausdrückliche gesetzliche Regelung der Übertragungsform in Art. 216b Abs. 2 OR ist diese Frage seit 1994 geklärt, sodass der Theorienstreit seine praktische Bedeutung verloren hat.

5. Eingrenzung des Themas: Beschränkung auf Rechtsgeschäfte unter Lebenden

21 Wie schon in der Erstauflage beschränkt sich die vorliegende Darstellung auf «verwandte Verträge» im Rahmen einer Darstellung des rechtsgeschäftlichen Grundstückkaufs, behandelt also nicht die letztwillige und erbvertragliche Bestellung von Optionsrechten, ebenso wenig die Entstehung, den Inhalt und die Abänderung bzw. Aufhebung gesetzlicher Vorkaufsrechte gemäss Art. 681 f. ZGB.

II. Vorvertrag (Art. 22 und Art. 216 Abs. 2 OR)

1. Begriffliches

22 *Vorvertrag* heisst ein Vertrag, durch den sich die Parteien zum künftigen Abschluss eines Vertrags verpflichten. Die Parteien erfüllen ihre vorvertraglichen gegenseitigen Verpflichtungen dadurch, dass sie zu einem späteren Zeitpunkt den Hauptvertrag miteinander abschliessen.

23 Als Vorverträge werden auch Verträge bezeichnet, durch die die Parteien den späteren Abschluss eines Grundstückkaufs zwischen einer Vorvertragspartei und einem Dritten oder zwischen einem Dritten und einem Vierten anstreben. Solche Konstellationen kommen namentlich bei Unternehmensverkäufen vor, wenn die Dachgesellschaften beider Seiten im Rahmenvertrag vereinbaren, dass einzelne Konzerngesellschaften bestimmte Grundstücke an andere Konzerngesellschaften der eigenen oder der Gegenseite zu bestimmten Preisen übertragen müssen. Da die Parteien des Vorvertrags jedoch nur vertragliche *Rechte zugunsten Dritter*, nicht auch vertragliche Pflichten zulasten Dritter begründen können, haben solche Verträge keine bindende Wirkung für jene Rechtsträger, die nicht bereits Partei des Vorvertrags waren. Solche Vorverträge sind demgemäss etwas wesentlich anderes als der in der vorherigen Ziffer beschriebene Vertragstyp. In der Regel begründet die Grundstückeigentümerin bei Vorverträgen zugunsten Dritter faktisch ein Kaufrecht zugunsten des Dritten, wogegen sich

die andere Partei verpflichtet, ihre besten Bemühungen einzusetzen, um den Dritten zur Ausübung dieses Kaufsrechts zu motivieren.

2. Rechtfertigung der Figur des Vorvertrags

Die Rechtslehre, welche die Dinge in der Regel aus der Optik der Gerichte, d.h. der prozessual streitig gewordenen Geschäfte, betrachtet[26] und den breiten Strom jener Rechtsgeschäfte ignoriert, bei denen das Recht seine Ordnungsfunktion konfliktfrei erfüllt, hat immer wieder ihr Unverständnis gegenüber dem Phänomen des Vorvertrags manifestiert. Zugegebenermassen erscheint die Funktion des Vorvertrags bei der ex-post-Betrachtung des Zivilprozesses als fragwürdig: Entweder war der streitig gewordene Vorvertrag inhaltlich bereits so weitgehend *bestimmt oder bestimmbar*, dass der Vorvertrag unmittelbar erzwingbar war. Oder es fehlte an der Bestimmtheit und Bestimmbarkeit, sodass der Vorvertrag noch gar nicht als ein gültiger Vertrag qualifiziert werden konnte (fehlender Konsens über Hauptpunkte)[27].

Diese ex-post-Betrachtung verkennt die praktische Bedeutung des Vorvertrags. Der Vorvertrag bewährt sich in jener Mehrzahl der Fälle, in denen redliche Verhandlungspartner von der Basis des Vorvertrags zum Ziel des Hauptvertrags fortschreiten oder zu einem späteren Zeitpunkt die Verhandlungen abbrechen und auf das Geschäft verzichten.

Die vorvertraglichen Verpflichtungen zum Abschluss des Hauptvertrags können vorzeitig dahinfallen, entweder wegen des Eintritts einer im Vorvertrag vorgesehenen Resolutivbedingung oder weil sich die Parteien zwischenzeitlich einig geworden sind, von der Erfüllung des Vorvertrags abzusehen, oder aus anderen Gründen. In der Praxis dürften die *nicht zur Erfüllung gelangenden Vorverträge* im Sinne einer steuerlich folgenlosen *Reservierung einer befristeten Anwartschaft auf ein Grundstück* mindestens ebenso häufig sein wie die zur Erfüllung gelangenden Vorverträge.

In beiden Konstellationen, bei Erfüllung und bei Verzicht darauf, bleibt der Vorvertrag meist ein diskretes Dokument, das weder dem Grundbuchamt noch

---

[26] Vgl. SCHWENZER, S. 409 Nr. 73.01: «Im Normalfall, der freilich die Juristin kaum interessiert, wird eine Leistung von der Schuldnerin so erbracht, wie sie geschuldet ist.» – Das Desinteresse an der richtigen Erfüllung ist typisch für Judikatur und Doktrin, nicht aber für Juristen in rechtsberatenden und -gestaltenden Funktionen, deren Aufgabe darin besteht, die Verträge so realitätsgerecht und klar zu formulieren, dass sie konfliktfrei erfüllt werden.

[27] Zum Vorvertrag und seiner Sinnhaftigkeit aus der Sicht der Lehre vgl. GAUCH/SCHLUEP/SCHMID/REY, Nr. 1077–1093.

dem Fiskus zur Kenntnis kommt. Folgt auf den Vorvertrag ein Hauptvertrag, so ist es unüblich, im zweitgenannten Vertrag die Existenz des Vorvertrags zu erwähnen. Auch die Urkundsperson erfährt vom Vorhandensein des Vorvertrags nur in jenen Ausnahmefällen, in denen sie selber Vor- und Hauptvertrag beurkundet[28]. Andernfalls treten die Parteien zur Beurkundung des Hauptvertrags an, als ob dies spontan geschähe, und sie betrachten den erfüllten Vorvertrag im Nachhinein als ein Dokument, über das zu sprechen kein Anlass mehr besteht.

28 Anlass für den Abschluss eines Vorvertrags (statt des Hauptvertrags) können verschiedene Umstände sein. Zuweilen haben die Verhandlungspartner das Bedürfnis, eine in den Grundsätzen, aber noch nicht in allen Einzelheiten erzielte Einigung in verbindlicher Form festzuhalten und sich zur weiteren Konsensfindung gegenseitig zu verpflichten. Der Vorvertrag hat seinen Sinn gerade dann, wenn er einen geringeren Bestimmtheitsgrad als der anvisierte spätere Hauptvertrag hat.

29 Das Gesetz selber erwähnt in Art. 2 Abs. 2 OR die Möglichkeit «vorbehaltener Nebenpunkte». Für die Verhandlungsparteien ist die juristische Unterscheidung zwischen Haupt- und Nebenpunkten oft nicht evident, ja belanglos. Die Parteien mögen sich im Zuge der Verhandlungen bewusst sein, dass noch nicht alle Bereiche des privatautonom zu regelnden Ablaufs vollständig durchbesprochen und einem Konsens zugeführt sind, empfinden aber beidseitig, dass sich die Positionen schon weitgehend angenähert haben. In einer solchen Situation möchten die Parteien das bisherige Verhandlungsergebnis bereits beiderseits bindend «festnageln».

30 Im Grundstückverkehr können die hoch geschraubten Anforderungen einzelner Grundbuchämter an die Eintragungsfähigkeit des Hauptvertrags dazu führen, dass die Parteien den Konsens im Sinne von Art. 1 ff. OR bereits vollständig gefunden haben, wegen fehlender Parzellierung, Vermessung, im Gange befindlicher Überbauung oder wegen Arbeitsrückständen des Grundbuchamtes jedoch den Hauptvertrag, insbesondere den amtlich verlangten Liegenschaftsbeschrieb, nicht in jener Vollständigkeit und Präzision ausformulieren können, die für die Eintragungsfähigkeit gemäss lokaler Grundbuchpraxis gefordert wird.

31 Da der Vorvertrag bei planmässiger Entwicklung der Rechtsbeziehungen zwischen den Parteien weder dem Grundbuchamt noch einer anderen Behörde zur Kenntnis kommt, ist hier die Aufnahme von Klauseln möglich, auf deren Beur-

---

[28] In diesen Fällen sollte entweder der Vor- oder der Hauptvertrag zu einer reduzierten Notariatstaxe beurkundet werden, auch wenn der kantonale Tarif dies nicht ausdrücklich anordnet.

kundung die Parteien im Hauptvertrag wegen dessen Amtsöffentlichkeit verzichten.

Zuweilen wollen die Parteien die vertragliche Bindung im Jahr 1, die mit dem Abschluss des Hauptvertrags verbundenen Steuerfolgen erst im Jahr 2 auslösen.

Liegt das Grundstück in einem Kanton mit Amtsnotariat und sind die Wartefristen für die Beurkundung des Hauptvertrags dort erheblich, so mag den Parteien bei Abschlussreife des Geschäftes an dessen sofortiger Fixierung mindestens in vorvertraglicher Form gelegen sein; dies geschieht dann in der Regel in einem anderen Kanton bei einer freiberuflich tätigen Urkundsperson, wo es wegen des freien Wettbewerbs und des damit verbundenen Leistungsdrucks naturgemäss kaum Wartefristen gibt.

Ein Vorvertrag kann, wie oben erwähnt, auch die Verpflichtung einer Partei zum Abschluss des Hauptvertrags mit einem Dritten begründen. Für diese Konstellation wird die Sinnhaftigkeit des Vorvertrags von niemandem bestritten[29].

3. Einstufentheorie und Zweistufentheorie

Im seltenen Ausnahmefall, in dem ein Vorvertrag aus seinem diskreten Dasein ans Licht der Amtsöffentlichkeit emporsteigt, indem er zu gerichtlicher Auseinandersetzung Anlass gibt, stellt sich die Frage, ob die Klägerin gemäss der *Zweistufentheorie* ihr Rechtsbegehren auf die *Verurteilung des Beklagten zum Abschluss des Hauptvertrags* richten muss[30] oder ob sie gemäss der *Einstufentheorie* auf die *Verurteilung zur Sach- oder Geldleistung, Zug um Zug gegen Erbringung der klägerisch geschuldeten Gegenleistung,* klagen kann. Mit KRAMER[31] und einem jüngeren Bundesgerichtsurteil[32] ist der prozessökonomischen Einstufentheorie immer dann zu folgen, wenn der Vorvertrag inhaltlich hinlänglich bestimmt ist.

4. Beurkundung des Vorvertrags zu einem Grundstückkauf

Gemäss Art. 22 Abs. 2 und 216 Abs. 2 OR bedarf der Vorvertrag zu einem Grundstückkauf der öffentlichen Beurkundung.

---

[29] Vgl. GAUCH/SCHLUEP/SCHMID/REY, Nr. 1078.
[30] So BGE 97 II 48.
[31] KRAMER, BerKomm, N 119 zu Art. 22 OR.
[32] BGE 118 II 32.

37 Örtlich und sachlich zuständig für diese Beurkundung ist in erster Linie jede Urkundsperson, die zur Beurkundung des Hauptvertrags zuständig ist.

38 Ob darüber hinaus auch solche Urkundspersonen den Vorvertrag wirksam beurkunden können, die für den Hauptvertrag örtlich unzuständig sind, hängt kumulativ vom kantonalen Recht im Beurkundungskanton und von demjenigen im Belegenheitskanton ab. Erlaubt der Kanton des Abschlussortes die Beurkundung von Geschäften über ausserkantonale Grundstücke (was in der Schweiz die Regel ist) und erlaubt der Belegenheitskanton die gerichtliche Durchsetzung ausserkantonal beurkundeter Vorverträge (was die Ausnahme sein dürfte), so steht der Rechtswirksamkeit des ausserkantonal beurkundeten Vorvertrags nichts im Wege. Andernfalls ist der Vorvertrag gerichtlich nicht durchsetzbar. Allemal ist er grundbuchlich nicht eintragungsfähig.

39 Da die Rechtslage bezüglich der gerichtlichen Durchsetzung ausserkantonal beurkundeter Vorverträge in den meisten Kantonen mangels Präjudizien unklar ist, gehört es zu den Berufspflichten jeder Urkundsperson, die um die Beurkundung des Vorvertrags für ein ausserkantonales Grundstück angegangen wird, die Parteien auf die Unsicherheit der Rechtsdurchsetzung hinzuweisen.

III. Vorkaufsvertrag

1. Vertragliche und gesetzliche Vorkaufsrechte

40 Gegenstand des vorliegenden Aufsatzes bilden die vertraglich begründeten Rechte. Die gesetzlichen Vorkaufsrechte, die seit dem 1.1.1994 gesamthaft in Art. 681 ff. ZGB geregelt sind, werden nicht behandelt.

2. Limitierte und nicht limitierte Vorkaufsrechte

41 Die Unterscheidung zwischen dem limitierten und dem nicht limitierten (oder unlimitierten) Vorkaufsrecht knüpft terminologisch an die Bestimmung des Kaufpreises bzw. an dessen Limitierung im Vorkaufsvertrag an (z.B. «... der Vorkaufsberechtigte kann das Grundstück zu dem mit dem Dritten vereinbarten Preis, höchstens aber zum Preis von X Franken, kaufen»)[33].

---

[33] So die herrschende Lehre; vgl. GIGER, BerKomm, N 97 zu Art. 216 aOR; STEINAUER, Les droits réels, Nr. 1719.

Hess[34] und Simonius/Sutter[35] schränken den Begriff des unlimitierten Vorkaufsrechts auf jenen Fall ein, in welchem der Berechtigte den mit dem Dritten abgeschlossenen Vertrag *insgesamt*, nicht nur bezüglich des Preises, zu akzeptieren hat, und sie betrachten Vorkaufsverträge dann als limitiert, wenn *irgendwelche Abweichungen* gegenüber dem Vertrag mit dem Dritten vereinbart werden, nicht nur bezüglich des Preises, sondern auch bezüglich Antrittszeit, Nebenpflichten etc. Als Konsequenz aus dieser Lehrmeinung, der beizupflichten ist, ergibt sich, dass jede vorkaufsvertragliche Absprache, die die Rechtsstellung des Belasteten gegenüber dem Vorkaufsberechtigten im Vergleich zu derjenigen gegenüber dem Dritterwerber *in irgendeiner Weise erschwert*, den Vorkaufsvertrag insgesamt beurkundungsbedürftig macht.

42

Beim *limitierten Vorkaufsrecht* ist der Kaufpreis und sind möglicherweise weitere Vertragsinhalte vorkaufsvertraglich festgelegt, und zwar unabhängig vom künftigen Vertrag mit dem Dritten. Dabei braucht der Kaufpreis nicht mit einem festen Geldbetrag beziffert zu sein; Bestimmbarkeit des Preises gemäss einer Formel, evtl. in Abhängigkeit von vertragsexternen Faktoren wie publizierten Indizes, genügt, um die Option unter den Begriff des limitierten Vorkaufsrechts fallen zu lassen.

43

Kein Vorkaufsrecht, weder ein limitiertes noch ein unlimitiertes, liegt vor, wenn der Kreis der Vorkaufsfälle vertraglich über die in Art. 216c Abs. 1 OR vorgesehenen Fälle hinaus erweitert wird, wenn also Geschäfte als Vorkaufsfälle vereinbart werden, die ihrerseits nicht unter den Begriff des «Kaufs oder des Rechtsgeschäftes fallen, das wirtschaftlich einem Verkauf gleichkommt». Wird vereinbart, dass der Berechtigte das Grundstück auch bei einem Tausch, bei einer Schenkung oder einem Kindskauf kaufen kann, so ist das vereinbarte Optionsrecht kein Vorkaufsrecht im Wortsinn des Gesetzes. Zwar ist die vertragliche Ausdehnung der Vorkaufsfälle aufgrund der Vertragsfreiheit *zulässig*[36], aber ein solcherart erweitertes «Vorhandrecht» kann nur in öffentlicher Urkunde gültig begründet[37] werden, und es kann, wegen des *numerus clausus* der Vormerkungsfälle, im Grundbuch nicht als Vorkaufsrecht vorgemerkt werden[38]. Im Gegensatz dazu ändert die vertragliche *Einschränkung der Vorkaufsfälle*, beispielsweise auf Verkäufe an Personen ausserhalb der eigenen Familie oder

44

---

[34] Hess, BasKomm, N 8 zu Art. 216d OR.
[35] Simonius/Sutter, S. 345 Nr. 6.
[36] Dies wurde in BGE 78 II 357 ausdrücklich bestätigt.
[37] So Simonius/Sutter, S. 349 Nr. 13; Wissmann, S. 495 Nr. 470.
[38] Vgl. Wissmann, S. 495 Nr. 1471. – Simonius/Sutter, S. 349, § 1 Nr. 13, qualifizieren solche Vorhandrechte als bedingte Kaufsrechte. Dem kann beigepflichtet werden in jenen Fällen, in denen der Vorhandpreis von Anfang an fest vereinbart ist. In diesen Fällen sollte auch die grundbuchliche Vormerkung (als Kaufsrecht, nicht als Vorkaufsrecht) möglich sein.

ausserhalb des Konzerns, nichts an der Rechtsnatur des Vorkaufsrechts und steht der Vereinbarung in einfacher Schriftform ebenso wenig im Wege wie der grundbuchlichen Vormerkung[39].

3. Form des Vorkaufsvertrags

45 Gemäss Art. 216a Abs. 2 OR bedarf der (limitierte) Vorkaufsvertrag der öffentlichen Beurkundung[40]. Beurkundungsbedürftig ist nicht nur die Einräumung des Vorkaufsrechts, sondern gegebenenfalls auch die Abrede, wonach das Vorkaufsrecht im Grundbuch vorzumerken ist[41]. Demgegenüber kann der nicht limitierte Vorkaufsvertrag einschliesslich einer allfälligen Vormerkungsabrede gemäss Art. 216a Abs. 3 OR in einfacher Schriftform vereinbart werden[42].

46 Ob nur der belastete Eigentümer oder zusätzlich auch der Vorkaufsberechtigte unterschreiben müssen, ist umstritten. Gemäss Art. 13 OR muss nur jene Vertragspartei unterzeichnen, die durch den Vertrag verpflichtet wird; das ist anlässlich der Optionsbestellung allein der Grundeigentümer, sodass im Lichte von Art. 13 OR auf die Unterschrift des Begünstigten verzichtet werden kann[43]. Diese Bestimmung bezieht sich gemäss ihrem Wortlaut zwar nur auf die einfache Schriftform, ist nach herrschender Lehre aber auch für die öffentliche Beurkundung massgebend[44].

47 Allerdings ist zu bedenken, dass das Vorkaufsrecht unter Lebenden allemal aufgrund eines *zweiseitigen Vertrags*, nicht aufgrund eines einseitigen Rechtsgeschäfts entsteht, dass also der *Konsens von zwei Parteien vorliegen muss* und anlässlich der Vormerkung gegenüber dem Grundbuchamt richtigerweise *nachgewiesen werden sollte*. Der Verfasser hat demgemäss Verständnis für die Praxis

---

[39] So WISSMANN, Nr. 1470 ff.

[40] In der *Erbteilung* kann das limitierte Vorkaufsrecht (und dementsprechend auch ein Kaufs- oder ein Rückkaufsrecht) gemäss BGE 118 II 395 ff. in der für die Erbteilung genügenden einfachen Schriftform vereinbart werden. So auch STEINAUER, Les droits réels, Nr. 1699a.

[41] Vgl. STEINAUER, Les droits réels, Nr. 1724.

[42] Gemäss Botschaft, S. 1076, liegt der Grund für die Ausnahme vom Beurkundungserfordernis im Bestreben, die sozial erwünschten Vorkaufsrechtsvereinbarungen in Miet- und Pachtverträgen zu erleichtern.

[43] So SIMONIUS/SUTTER, S. 349 Nr. 14; STEINAUER, Les droits réels, Nr. 1721c; GIGER, BerKomm, N 107 zu Art. 216 aOR (mit Hinweisen auf die Literatur vor 1994).

[44] Vgl. in diesem Sinne SCHWENZER, BasKomm, N 2 zu Art. 13 OR; BUCHER, OR AT, S. 166; SCHMIDLIN, BerKomm, N 2 zu Art. 13 OR; GAUCH/SCHLUEP/TERCIER, Nr. 386 ff.; ENGEL, S. 178; a.A. SCHMID, S. 151; VON TUHR/PETER, S. 239.

jener Grundbuchämter, die Vorkaufsrechte nur eintragen, wenn die unterschriftliche Zustimmung des Berechtigten nachgewiesen ist[45].

Aus beurkundungsrechtlicher Sicht ist auch unbefriedigend, dass der Vorkaufsberechtigte auf vertraglicher Basis ein Grundstück erwirbt, ohne jemals an einem Beurkundungsverfahren teilgenommen zu haben, ohne also jenes notariellen Schutzes vor Unbedacht teilhaftig geworden zu sein, den der Gesetzgeber gemäss Art. 657 ZGB für jeden Liegenschaftskäufer grundsätzlich als unabdingbar erachtet. 48

4. Gegenstand des Vorkaufsvertrags

Alle *Grundstücke im Sinne von Art. 655 ZGB* können Vorkaufsobjekte sein. 49

Mangels anderer Abrede erstreckt sich das Vorkaufsrecht auch auf die *Zugehör* (Art. 644 Abs. 1 ZGB). Somit kann bzw. muss der Vorkaufsberechtigte bei Ausübung seines Rechts auch die nach Ortsgebrauch übliche und die gewillkürte Zugehör (Art. 644 Abs. 2 ZGB) erwerben, sofern im Vertrag mit dem Dritten nicht ausdrücklich eine Ausnahme verabredet wurde. Veräussert der Belastete nur Zugehörstücke, so löst dies den Vorkaufsfall nicht aus. 50

Zulässig ist gemäss BGE 81 II 502 ff. auch die Bestellung des Vorkaufsrechts an einem *Grundstücksteil*[46], d.h. an einem Realteil der Liegenschaft, sofern die betreffende Teilfläche im Vorkaufsvertrag klar bestimmt oder bestimmbar beschrieben ist. BGE 81 II 502 ff. (508) postuliert, dass in diesem Fall auch der Verkauf des ganzen Grundstücks einen Vorkaufsfall bildet. Bezüglich des Inhalts und der Durchsetzung des Vorkaufsrechts in einem solchen Falle fehlen in der Lehre aber überzeugende Vorschläge[47]. Klar ist lediglich, dass die Ausübung des Vorkaufsrechts hier nicht in einer blossen Ausübungserklärung bestehen kann, sondern dass sich in der Folge ein umständliches Hin und Her zwischen den Vorkaufsparteien und dem Drittkäufer ergibt zwecks Konsensfindung darüber, wie die Beteiligten nun weitermachen wollen, wozu sie freiwillig 51

---

[45] So auch die Auffassung von WISSMANN, Nr. 1426; in gleichem Sinne MEIER-HAYOZ, BerKomm, N 72 ff. zu Art. 681 ZGB; OSER/SCHÖNENBERGER, ZürKomm, N 22 zu Art. 216.

[46] So auch Entscheid der Justiz-, Gemeinde- und Kirchendirektion des Kantons Bern vom 1.5.2000, BN 2000, S. 241 ff.; SIMONIUS/SUTTER, S. 347 Nr. 9; WISSMANN, Nr. 1432; MEIER-HAYOZ, BerKomm, N 85 f. zu Art. 681 ZGB.

[47] SIMONIUS/SUTTER und WISSMANN äussern sich nicht; MEIER-HAYOZ, BerKomm, N 150 ff. zu Art. 681 ZGB, macht ausführliche Vorschläge, die aber den Fall, dass der Drittkäufer nur das ganze Grundstück kaufen will und an der blossen Restfläche nicht interessiert ist, nicht befriedigend zu lösen vermögen (N 152a).

Hand bieten und wozu sie möglicherweise gerichtlich gezwungen werden können[48]. Allemal ist das Vorkaufsrecht an einem Grundstücksteil nichtig, wenn die Abtrennung der Teilfläche gegen zwingende Normen des öffentlichen oder des Privatrechts verstossen würde (Art. 20 OR).

5. Preisbestimmung beim limitierten Vorkaufsrecht

52 Der Berechtigte schuldet bei Ausübung des limitierten Vorkaufsrechts den im Vorkaufsvertrag vereinbarten Preis, und zwar auch dann, wenn der mit dem Dritten abgeschlossene Vertrag einen höheren oder einen niedrigeren Preis vorsieht.

53 STEINAUER[49] plädiert dafür, dass der Vorkaufsberechtigte bei wesentlichen, seit dem Abschluss des Vorkaufsvertrags erfolgten und vom Belasteten zu vertretenden Wertverminderungen des Grundstücks eine entsprechende Minderung des limitierten Vorkaufspreises verlangen kann. WISSMANN[50] geht unter Berufung auf MEIER-HAYOZ[51] noch weiter, indem er dem Belasteten sogar einen Anspruch auf einen Aufpreis zuerkennt, falls der Belastete durch Hausrenovationen und dergleichen den Wert des Objektes nach Abschluss des limitierten Vorkaufsvertrags erhöht hat.

54 Richtigerweise sollte beim limitierten Vorkaufsrecht ein *Minderungsanspruch des Vorkaufsberechtigten* nur dann zugelassen werden, wenn der Berechtigte für den anfänglichen Erwerb des Vorkaufsrechts eine Gegenleistung erbracht hat und wenn diese zusammen mit dem vereinbarten Vorkaufspreis zu einer Summe führt, die den Marktwert des Objektes im Zeitpunkt des Vorkaufsfalles klar übersteigt. Hatte der Belastete das limitierte Vorkaufsrecht hingegen gefäl-

---

[48] Die Vorkaufsparteien sind gut beraten, ihren Vertragswillen dahingehend zu konkretisieren, dass der Verkauf der zuvor abgetrennten Vorkaufsfläche das Vorkaufsrecht auslöst, wogegen der Verkauf der abgetrennten Restfläche dies nicht tut, und dass der Vorkaufsberechtigte beim Verkauf der Gesamtparzelle oder von Grundstücksflächen, die die Vorkaufsfläche tangieren, aber auch weitere Flächen erfassen, vorkaufsberechtigt ist oder nicht, jedoch in diesen Fällen keinen Anspruch auf Abtrennung des belasteten Grundstücksteils hat. – Die Konsensfindung, was die Parteien bei künftigen Verkäufen wollen, die von der Grenzziehung der Vorkaufsfläche abweichen (bzw. ob der Verpflichtete solche Verkäufe überhaupt nicht mehr soll tätigen dürfen), sollte richtigerweise als ein *wesentlicher Vertragspunkt* des Vorkaufsvertrags betrachtet werden, sodass bei Vorkaufsverträgen, welche diese Eventualitäten nicht in der gebührenden Form regeln, kein formgerecht dokumentierter Konsens anzunehmen ist. Insofern ist die Abweisungsverfügung des Kreisgrundbuchamtes Frutigen-Niedersimmental nachvollziehbar, die im erwähnten bernischen Entscheid vom 1.5.2000 aufgehoben wurde (vgl. Anm. 46).

[49] STEINAUER, Les droits réels, Nr. 1727.
[50] WISSMANN, Nr. 1436.
[51] MEIER-HAYOZ, BerKomm, N 291 zu Art. 681 ZGB, mit weiteren Hinweisen.

ligkeitshalber und ohne Gegenleistung eingeräumt, so kann der Berechtigte nur zum vereinbarten Vorkaufspreis kaufen. Ist ihm dieser Preis zu hoch, so muss er auf die Ausübung des Vorkaufsrechts verzichten. Auf eine Preisminderung hat er keinen Anspruch.

Der von MEIER-HAYOZ und WISSMANN postulierte Anspruch des Belasteten, sich seine wertvermehrenden Investitionen durch die Erhöhung des limitierten Vorkaufspreises abgelten zu lassen, ist abzulehnen. Besteht ein limitiertes Vorkaufsrecht, so weiss der Belastete, dass er seine Investitionen für den Fall eines späteren Verkaufs möglicherweise à fonds perdu tätigt. Es muss Sache des Belasteten sein, sich im Umgang mit dem Objekt an die wirtschaftlichen Schranken zu halten, die ihm das limitierte Vorkaufsrecht auferlegt, nicht Sache des Berechtigten, Preiserhöhungen hinzunehmen für wertvermehrende Investitionen, die er weder bestellt noch gebilligt hat.

6. Vormerkung

Das Vorkaufsrecht gehört zu den *persönlichen* (obligatorischen) *Rechten*[52]. Es hat keine dingliche Wirkung. Vielmehr wirkt es nur zulasten des Vorkaufsverpflichteten. Dies hat zur Folge, dass der Vorkaufsberechtigte sein Recht nicht mehr durchzusetzen vermag, sobald das Eigentum am Vorkaufsobjekt auf einen Dritten übertragen wurde[53], sondern sich gegebenenfalls mit einer Schadenersatzforderung an den vertragsbrüchigen Vorkaufsverpflichteten halten muss.

Zum Schutz des Vorkaufsberechtigten gewährt das Gesetz die Möglichkeit der Vormerkung des Vorkaufsrechts im Grundbuch (Art. 959 ZGB, 216a OR). Der Vorkaufsberechtigte kann freilich nicht eigenmächtig die Vormerkung erwirken. Diese setzt vielmehr eine entsprechende *Vereinbarung zwischen dem vorkaufsbelasteten Grundeigentümer und dem Vorkaufsberechtigten* sowie eine (schriftliche) *Anmeldung seitens des Vorkaufsbelasteten* im Sinne von Art. 963 Abs. 1 ZGB voraus.

Ist das Vorkaufsrecht im Grundbuch vorgemerkt, so entfaltet es seine Wirkung nicht nur gegenüber dem Vertragspartner des Vorkaufsberechtigten, sondern gegenüber jedem späteren Erwerber des Grundstücks, und dies, sofern und solange der Vorkaufsberechtigte das Recht nicht ausgeübt hat. Das Recht wird also nur durch Ausübung erschöpft. Blosse Nichtausübung in einem konkreten

---

[52] Vgl. SIMONIUS/SUTTER, S. 344 Nr. 3.
[53] Vgl. BGE 85 II 570 ff., 75 II 136 f.

Vorkaufsfall gilt nicht als Verzicht auf das vorgemerkte Vorkaufsrecht und lässt dieses nicht untergehen. Vgl. hiezu hinten, Nr. 71 ff.

59 Gemäss Art. 216a OR können Vorkaufs- und Rückkaufsrechte für maximal 25 Jahre vereinbart und im Grundbuch vorgemerkt werden. Bei Kaufsrechten beträgt die zulässige Höchstdauer 10 Jahre[54]. Das im alten Recht vor 1994 häufig anzutreffende Auseinanderklaffen von kürzerer Vormerkungsdauer und längerer Vertragsdauer wird bei den seit 1994 bestellten Vorkaufsrechten nur noch selten anzutreffen sein. Freilich können die Parteien auch unter neuem Recht ein auf 25 Jahre vereinbartes Vorkaufsrecht auf z.b. nur 15 Jahre vormerken lassen. Auch bleiben die Parteien befugt, auf die Vormerkung überhaupt zu verzichten, sodass die Vereinbarung von Vorkaufsrechten ohne Vormerkungsschutz auch nach 1994 zulässig und zwischen den ursprünglichen Parteien verbindlich bleibt.

7. Übertragung

60 Kraft der dispositiven Bestimmung von Art. 216b Abs. 1 OR ist das Vorkaufsrecht seitens des Berechtigten nicht übertragbar.

61 Wurde Übertragbarkeit vereinbart, so ist die Übertragung zwar eine Vertragsübertragung, nicht eine blosse Forderungszession[55]. Jedoch ist die Mitwirkung des Belasteten nicht erforderlich. Seine Zustimmung ist mit der vorbehaltlosen Vereinbarung der Übertragbarkeit des Rechts ein für alle Mal erteilt[56]. Der von GIGER[57] und REY[58] verlangte Dreierkonsens ist abzulehnen.

62 Die Vertragsübertragung zwischen bisherigem und neuem Berechtigten bedarf gemäss der Vorschrift von Art. 216b Abs. 2 OR «der gleichen Form wie die Begründung». Dies bedeutet, dass nicht limitierte Vorkaufsrechte in einfacher Schriftform, limitierte Vorkaufsrechte im Verfahren der öffentlichen Beurkundung zu übertragen sind[59]. Beide Parteien müssen unterschreiben; bei öf-

---

[54] Zur Kritik an den ungleichen Höchstdauern für Kaufs- und Rückkaufsrecht vgl. vorn, Nr. 17.
[55] So zutreffend REY, S. 41 f.; GIGER, BerKomm, N 13 ff. zu Art. 216b OR, mit Hinweis auf abweichende Auffassungen.
[56] So OTT, S. 281. Denkbar ist jedoch, dass im Vorkaufsvertrag die Zustimmung des Belasteten zu künftigen Übertragungen ausbedungen wird, analog zur heute üblich gewordenen Vertragspraxis bei selbständigen Baurechten, wobei zweckmässigerweise im Vorkaufsvertrag ausformuliert wird, ob die Zustimmung ohne Grundangabe oder nur aus bestimmten Gründen verweigert werden darf. Eine solche Absprache kann der Vormerkbarkeit des Vorkaufsrechts nicht im Wege stehen.
[57] GIGER, BerKomm, N 15 und N 20 zu Art. 216b OR.
[58] REY, S. 45.
[59] So STEINAUER, La nouvelle réglementation, S. 6.

fentlicher Beurkundung müssen beide Parteien vor der Urkundsperson erscheinen.

Wurde das Vorkaufsrecht jedoch zugunsten des *jeweiligen Eigentümers eines bestimmten Grundstücks* vereinbart[60] und auf dem berechtigten Grundstück vorgemerkt, was zulässig ist[61], so geht das Vorkaufsrecht bei einer Handänderung des berechtigten Grundstücks gemäss Basler Grundbuchpraxis trotz BGE 111 II 143 auch dann über, wenn die Handänderung nicht in öffentlicher Urkunde dokumentiert zu werden brauchte und nicht beurkundet wurde. 63

8. Untergang

Das Vorkaufsrecht geht unter durch Ausübung, bei fehlender Vormerkung auch durch Nicht-Ausübung im Vorkaufsfall und durch die Zwangsverwertung des belasteten Grundstücks, in allen Fällen ferner durch Verzicht, durch Zeitablauf, bei vereinbarter Unvererblichkeit durch den Tod des Berechtigten, bei vereinbarter Unübertragbarkeit durch den Konkurs des Berechtigten[62], schliesslich in der Zwangsverwertung des belasteten Grundstücks, sofern der Doppelaufruf gemäss Art. 104 und 56 VZG zur Löschung des vorgemerkten Vorkaufsrechts führt[63]. 64

A. Durch Ausübung

Durch die Ausübung erreicht das Vorkaufsrecht seinen Zweck ein für alle Mal. Es geht unter. 65

Im Gegensatz zu Dienstbarkeiten und Pfandrechten kann der Erwerber die Vormerkung nicht als Eigentümer-Belastung im Grundbuch stehen lassen und das Grundstück später mit dieser Belastung erneut veräussern; denn das Vorkaufsrecht ist kein dingliches Recht an der Sache, sondern ein vertragliches Recht gegenüber einer Person. Mit der Ausübung des Vorkaufsrechts würde die gleiche Person Gläubigerin und Schuldnerin. Ein Fortbestand des Rechts und seiner grundbuchlichen Vormerkung ist schon wegen Art. 118 OR nicht denkbar. 66

---

[60] Man spricht bei dieser Art der Bezeichnung der berechtigten Person von *subjektiv-dinglicher Verknüpfung*, d.h. von der Verknüpfung der subjektiven Berechtigung mit der dinglichen Eigentümerstellung.
[61] Vgl. BGE 71 II 158; STEINAUER, Les droits réels, Nr. 1723a.
[62] Vgl. die ausführliche Darstellung der Fälle des Untergangs bei MEIER-HAYOZ, BerKomm, N 294-328 zu Art. 681 ZGB.
[63] Dieser Fall ist bei MEIER-HAYOZ, a.a.O., nicht erwähnt.

67 Die grundbuchliche Vormerkung verliert mit der Ausübung des Vorkaufsrechts ihre Wirkung unverzüglich und definitiv, auch wenn sie im Grundbuch nicht sogleich gelöscht wird. Die nicht gelöschte Vormerkung kann im Falle der Weiterveräusserung des Grundstücks nicht zugunsten des späteren Erwerbers mit neuem Leben erfüllt werden. Vielmehr muss ein neu bestelltes Vorkaufsrecht mit jenem Rang (im Verhältnis zu bestehenden dinglichen und vorgemerkten persönlichen Rechten) vorgemerkt werden, der ihm kraft des Datums seiner Grundbucheintragung nach dem Grundsatz der Alterspriorität zukommt.

B. Durch Nichtausübung im Vorkaufsfall

68 Das *nicht vorgemerkte* Vorkaufsrecht geht unter, wenn es im Vorkaufsfall vom Berechtigten nicht ausgeübt wird.

69 Da das nicht vorgemerkte Vorkaufsrecht nur die einmalige Ausübung bei einem bestimmten Grundstückverkauf, nämlich bei demjenigen durch den belasteten Eigentümer (oder seiner Universalsukzessoren), zum Inhalt hat, kann es nicht auf dem Wege der Schuldübernahme (Art. 175 ff. OR) durch den Käufer übernommen werden. Erklärt der Käufer im Kaufvertrag, er übernehme die Vorkaufsverpflichtung, so ist dies begrifflich als Bestellung eines neuen Vorkaufsrechts zu qualifizieren, das einen anderen als den bisherigen Vorkaufsfall zum Gegenstand hat. Die Bestellung eines neuen Vorkaufsrechts erheischt, dass der Berechtigte zustimmt. Erfolgt der Vorgang nach 1994, so kommen auf das neu bestellte Vorkaufsrecht zwingend die revidierten Gesetzesbestimmungen zur Anwendung.

70 Entzieht sich der Belastete dem Vorkaufsrecht, indem er das Grundstück hinter dem Rücken des Berechtigten verkauft, so behält der Berechtigte einen Schadenersatzanspruch aus Nichterfüllung des Vertrags. Hatte der Vorkaufsberechtigte das Vorkaufsrecht entgeltlich erworben, so fällt als sein Schaden vorweg das seinerzeit geleistete Entgelt zuzüglich Verzugszins bis zum Datum des Vorkaufsfalles in Betracht. Beim limitierten Vorkaufsrecht gehört zum Schaden ferner die Differenz zwischen Vorkaufspreis und Marktwert des Grundstücks im Zeitpunkt des Vorkaufsfalles, soweit diese Differenz das seinerzeit geleistete Entgelt übersteigt. Eine darüber hinausgehende Entschädigung unter dem Titel des Affektionswertes oder subjektiven Wertes, den das Objekt für den Berechtigten gehabt hätte, sollte nur mit Zurückhaltung, bei unentgeltlich bestellten Vorkaufsrechten nur mit äusserster Zurückhaltung zugesprochen werden. Wer es als subjektiv oder affektiv hochgradig Interessierter unterlässt, sich um den Erwerb des Grundstückes zu bemühen und den Eigentümer durch entsprechende Preisangebote zur Veräusserung zu motivieren, erbringt den Tatbeweis, dass ihm das Grundstück in Wirklichkeit doch nicht so viel wert ist. Jener subjektive

Wert, um den das Vorkaufsrecht im Vermögen des Berechtigten den objektiven Marktwert des Grundstückes übersteigt, kommt typischerweise im Entgelt zum Ausdruck, das der Berechtigte für die Bestellung des Vorkaufsrechts bezahlt hat. Hat er nichts bezahlt, so muss ihm verwehrt sein, im Schadenersatzprozess einen den Marktwert übersteigenden subjektiven Wert geltend zu machen.

Das *vorgemerkte Vorkaufsrecht* geht bei Nichtausübung im Vorkaufsfall nach herrschender Lehre[64] und Praxis[65] nicht unter. Diese Lehre und Praxis, die vom Gesetzeswortlaut her nicht als zwingend geboten erscheint[66], stützt sich im Wesentlichen auf die Erwägung, das vorgemerkte Vorkaufsrecht überdauere den Handwechsel des belasteten Grundstücks angesichts seiner *Rechtsnatur als Realobligation*. 71

Die Auffassung kann nicht überzeugen, wenn man in Betracht zieht, dass das Vorkaufsrecht im typischen Fall seine Rechtfertigung in einer *Grundbeziehung zwischen den ursprünglichen Vertragsparteien* hat und aufgrund dieser Beziehung oft gefälligkeitshalber bestellt wird. Mindestens bei den aus persönlicher Verbundenheit gefälligkeitshalber bestellten Vorkaufsrechten sollte der Berechtigte seine Hand nicht weiterhin auf dem Grundstück behalten können, wenn er sich beim ersten Handwechsel nicht dazu aufrafft, selber zu investieren. Er verhält sich missbräuchlich, wenn er das Investieren andern überlässt, selber aber wie ein böser Geist latent im Spiel bleibt und jenen Käufern, die zur Investition bereit waren, bei künftigen Veräusserungen das Geschäft vermiest. Die Rechtsordnung schützt Interessen, die des Schutzes nicht wert sind, indem sie unausgeübt gebliebene Vorkaufsrechte nach dem ersten Vorkaufsfall weiter gelten lässt[67]. 72

C. Durch Verzicht

Der Vorkaufsvertrag kann, wie jeder Vertrag, durch gegenseitige Übereinkunft aufgehoben werden. Da der Belastete durch die Aufhebung nicht beschwert 73

---

[64] Vgl. SIMONIUS/SUTTER, S. 345 Nr. 30 und Anm. 63; STEINAUER, Les droits réels, Nr. 1747; REY, S. 40; ROBERTO, S. 172 ff.

[65] Vgl. BGE 101 II 240 E. 1b, 92 II 147 ff. (156 f. E. 4), 84 II 250 E. 5.

[66] A.A. SIMONIUS/SUTTER, S. 355 Nr. 30, Anm. 63, wo ausgeführt wird, der neue Art. 216c Abs. 1 OR begründe ausdrücklich den Fortbestand des vorgemerkten Vorkaufsrechts für jede weitere Veräusserung innerhalb der Vormerkungsdauer. Nach Meinung des Verfassers ist eine solche Regel in der angeführten Gesetzesbestimmung nicht enthalten, erst recht nicht ausdrücklich.

[67] Die hier geübte Kritik an der herrschenden Lehre und Praxis schliesst sich an die Auffassung von JÄGGI PETER, Über das vertragliche Vorkaufsrecht, ZBGR 1958, S. 65 ff. (72), wobei dieser Autor seine Auffassung seinerzeit auch auf den Wortlaut des (seit 1994 aufgehobenen) Art. 681 Abs. 3 aZGB stützen konnte («Das Vorkaufsrecht erlischt mit dem Ablauf eines Monats, nachdem der Berechtigte von dem Verkaufe Kenntnis erhalten hat ...»).

wird, genügt die einseitige Verzichtserklärung seitens des Berechtigten an den Belasteten. Erfolgt die Erklärung in Bezug auf einen konkreten Vorkaufsfall und ist das Vorkaufsrecht im Grundbuch vorgemerkt, so ist die Verzichtserklärung («Ich verzichte auf das Vorkaufsrecht») jedoch lediglich als Ausübungsverzicht im konkreten Vorkaufsfall, nicht als Verzicht auf das Stammrecht zu interpretieren. Der Verzicht auf das Stammrecht müsste unmissverständlich als solcher erklärt werden. Juristischen Laien ist die Unterscheidung zwischen Ausübungsverzicht und Rechtsverzicht nicht geläufig; aus ihrer Rechtsunkenntnis dürfen ihnen keine Nachteile erwachsen.

74 Rechtsgrundausweis für die Löschung der grundbuchlichen Vormerkung ist die vom Vorkaufsberechtigten unterzeichnete Löschungsbewilligung («Ich ersuche das Grundbuchamt X. hiermit um Löschung der Vormerkung ‹Vorkaufsrecht zu Gunsten Y› auf Parzelle Nr. ...»). Für die Löschungsbewilligung genügt einfache Schriftform, auch wenn es um die Löschung eines limitierten Vorkaufsrechts geht.

D. Durch Umstände in der Person des Berechtigten

75 Wurde im Vorkaufsvertrag das Erlöschen des Vorkaufsrechts vereinbart für den Fall bestimmter Ereignisse in der Person oder im Umfeld des Berechtigten, so erlischt das Vorkaufsrecht mit dem Eintritt des Ereignisses *von Vertrags wegen*. Das gilt namentlich bei der Absprache, wonach das Vorkaufsrecht in Abweichung von Art. 216b Abs. 1 OR nicht vererblich sein soll, ferner bei allen Absprachen, die den Bestand des Vorkaufsrechts vom Fortbestand des Grundverhältnisses abhängig machen, das der Bestellung des Vorkaufsrechts als Motiv zugrunde lag. Man denke an Absprachen, wonach das Vorkaufsrecht erlöschen soll, wenn die berechtigte Person nicht mehr Mieterin des Vorkaufsobjektes ist, wenn die berechtigte juristische Person in andere Hände übergeht oder ihren Sitz verlegt oder ihren Betrieb, dem das Vorkaufsrecht dienen sollte, nicht weiterführt etc.

76 Im *Konkurs des Berechtigten* ist das durch ausdrückliche Vereinbarung übertragbar gestaltete Vorkaufsrecht ein verwertbares Aktivum. Wurde keine Übertragbarkeit vereinbart, so bleibt das Vorkaufsrecht als nicht verwertbares Aktivum dem Gemeinschuldner erhalten. Ist der Gemeinschuldner eine juristische Person, die infolge des Konkurses untergeht, so erlischt auch das nicht übertragbare Vorkaufsrecht.

E. Durch Umstände in der Person des Belasteten

77 Das *nicht vorgemerkte* Vorkaufsrecht erlischt, wenn der Belastete *infolge Singularsukzession* sein Eigentum verliert, etwa weil ihm das Grundstück zwangs-

rechtlich entzogen wird oder weil er es verschenkt oder in einer anderen Weise, die keinen Vorkaufsfall darstellt, darüber verfügt.

Bestehen bleibt das nicht vorgemerkte Recht hingegen bei einem Eigentümerwechsel *infolge Universalsukzession*, insbesondere bei der Fusion von juristischen Personen, ferner beim Erbgang (einschliesslich Erbteilung, die diesbezüglich als Element der erbrechtlichen Universalsukzession zu gelten hat) und beim so genannten Kindskauf. In diesen Fällen geht die Vorkaufsbelastung von Erbrechts wegen auf den neuen Eigentümer über, wie irgendeine andere passiv vererbliche Verbindlichkeit[68]. Im Vorkaufsvertrag kann jedoch vereinbart werden, dass das Vorkaufsrecht auch bei solchen Vorgängen erlöschen soll. 78

F. Durch Fristablauf

Das Vorkaufsrecht erlischt ohne weiteres, wenn bis zum Ablauf der gesetzlich zulässigen Höchstdauer (Art. 216a OR) oder einer vertraglich kürzer vereinbarten Frist[69] kein Vorkaufsfall eintritt. 79

Das Vorkaufsrecht kann während seiner Geltungsdauer durch gegenseitige Vereinbarung jederzeit auf die volle gesetzlich zulässige Höchstdauer neu bestellt und unter neuem Datum[70] erneut vorgemerkt werden. Die ursprünglich eingegangene Verpflichtung, das Vorkaufsrecht vor Ablauf der gesetzlichen Höchstdauer zu verlängern, ist unwirksam[71]. 80

Die gesetzlichen Fristen von Art. 216a OR kommen nicht zur Anwendung auf Absprachen, die im Hinblick auf die Vertragsliquidation eines anderen, kürzerfristig kündbaren Vertrags (Gesellschaft, Gemeinderschaft etc.) getroffen werden; denn mit der ungekündigten Fortführung solcher Dauerverhältnisse bestätigen die Parteien stillschweigend vorzu die geltenden Absprachen für die künftige Vertragsliquidation, womit diesbezüglich keine Fristen laufen können. Wird also in einem Gesellschaftsvertrag vereinbart, bei der Liquidation der Gesellschaft sei der Gesellschafter A befugt, ein bestimmtes Grundstück zum dannzumaligen Verkehrswert zu übernehmen, so gilt diese Befugnis auch noch nach 81

---

[68] Vgl. MEIER-HAYOZ, BerKomm, N 110 zu Art. 681 ZGB.
[69] Eine kürzere als die gesetzlich zulässige Befristung ist möglich und zulässig; vgl. SIMONIUS/SUTTER, S. 357 Nr. 34.
[70] Gemäss Art. 972 ZGB; vgl. HESS, BasKomm, N 6 zu Art. 216a OR; STEINAUER, Les droits réels, Nr. 1700a.
[71] Vgl. HESS, BasKomm, N 7 zu Art. 216a OR; SIMONIUS/SUTTER, S. 359 Nr. 38; STEINAUER, Les droits réels, Nr. 1700a.

40 Jahren, wenn die Gesellschaft nach 40 Jahren liquidiert wird. Art. 216a OR steht dem nicht im Wege[72].

9. Der Vorkaufsfall

A. Begriff

82 Von Gesetzes wegen ist das als «*Vorkaufsrecht*» vereinbarte Recht ausübbar bei jedem Verkauf im Sinne von Art. 184 und 216 OR einschliesslich der freiwilligen privaten und öffentlichen Versteigerung[73] und der Zuweisung des Grundstücks an einen Dritten durch Verfügung von Todes wegen, wenn der Dritte für die Übernahme des Grundstücks eine am Marktwert orientierte Gegenleistung zu erbringen hat und wenn er das ihm zugewendete Kaufsrecht auch tatsächlich ausübt.

83 Der Vorkaufsfall ist von Gesetzes wegen ferner gegeben bei Rechtsgeschäften, die «wirtschaftlich einem Verkauf gleichkommen» (Art. 216c Abs. 1 OR). Diese Vorschrift kodifiziert lediglich die vor 1994 entwickelte Lehre und Praxis[74], wonach als Vorkaufsfall jedes Rechtsgeschäft gilt, bei dem der Belastete das Grundstück gegen Geld veräussert[75]. Das Bundesgericht hat in diesem Zusammenhang die Formulierung geprägt, für den Belasteten müsse die Realisierung des Gelderlöses, nicht die Person des Erwerbers im Vordergrund stehen[76]. Vorkaufsfälle sind demgemäss namentlich auch die *Hingabe des Grundstücks an Zahlungs statt*, die *freiwillige Versteigerung*, die *Bestellung eines Baurechts zum blossen Zweck, das Vorkaufsrecht zu umgehen*, die *Ausübung eines Kaufsrechts*[77].

84 Der vom Gesetzgeber verwendete Begriff des «Rechtsgeschäfts, das wirtschaftlich einem Verkauf gleichkommt»[78], darf nicht zu einer wirtschaftlichen Be-

---

[72] So auch SIMONIUS/SUTTER, S. 359 Nr. 37; SCHÖBI, AJP 1992, S. 569. REY, S. 44, weist zutreffend dahin, dass im Rahmen eines anderen Geschäftes die Einräumung eines limitierten Vorkaufsrechts auch *ohne öffentliche Beurkundung* gültig erfolgen kann. A.A. HESS, BasKomm, N 6 zu Art. 216a OR, der postuliert, auch bei Vorkaufsrechten im Rahmen von Mietverträgen sei in allen Fällen eine feste Dauer zu vereinbaren, die 25 Jahre nicht überschreiten dürfe; MEIER, S. 145, möchte die Fristen von Art. 216a OR auch auf Vorkaufsrechte im Rahmen gesellschaftsrechtlicher Verhältnisse strikte anwenden.
[73] Vgl. BGE 63 I 30.
[74] Ein über die bestehende Praxis hinausgehender Gehalt sollte der neuen Gesetzesbestimmung richtigerweise nicht beigelegt werden; vgl. REY, S. 51 ff; MEIER, S. 144.
[75] Vgl. SIMONIUS/SUTTER, S. 366 Nr. 56.
[76] Vgl. BGE 94 II 343 f., 92 II 165, 89 II 446 f., 85 II 481, 85 II 574, 70 I 151, 44 II 387.
[77] Vgl. die Aufzählung der dem Verkauf wirtschaftlich gleichkommenden Geschäfte bei STEINAUER, Les droits réels, Nr. 1731a.
[78] Eine eindrückliche Kompilation von kontroversen Lehrmeinungen zur Frage, was der Gesetzgeber mit diesem Begriff gemeint hat, samt einer abstrakten Normanalyse, findet sich bei GIGER, BerKomm, N 1–22 zu Art. 216c OR.

trachtungsweise im steuerrechtlichen Sinn führen[79], namentlich also nicht zur Gleichsetzung des Verkaufs eines Grundstücks durch eine Immobiliengesellschaft mit dem Verkauf der Aktienmehrheit seitens ihres Mehrheitsaktionärs. Wenn die Parteien dem Vorkaufsberechtigten für den Fall der Handänderung der Gesellschaft eine entsprechende Option hätten gewähren wollen, so hätten sie dies von Anfang an in Gestalt eines bedingten Kaufsrechts gegenüber der Gesellschaft tun und öffentlich beurkunden müssen; eine ausdehnende Interpretation des Vorkaufsvertrags ist in diesem Falle abzulehnen. Auch ist eine Ausstrahlung der grundbuchlichen Vormerkung auf den Umgang mit Aktien schwerlich denkbar[80].

Keinen Vorkaufsfall bilden nach dem Gesagten der Vorvertrag[81], die Schenkung[82], der Tausch, die Errichtung eines Baurechts, einer Nutzniessung oder eines Wohnrechts, die Bestellung eines Kaufsrechts[83], die Einbringung in eine Gesellschaft, die Übertragung gegen Bestellung eines Pfrundrechts oder einer Leibrente[84], ferner kraft ausdrücklicher Gesetzesvorschrift (Art. 216c Abs. 2 OR) die Zuweisung an einen Erben in der Erbteilung, die Zwangsverwertung[85] 85

---

[79] Die Botschaft, S. 1079, redet zwar von einer «wirtschaftlichen Betrachtungsweise», beruft sich eigenartigerweise aber auf BGE 92 II 160 ff., wo eine solche Betrachtungsweise gerade abgelehnt wurde.

[80] SIMONIUS/SUTTER, S. 373 Nr. 66, plädieren für einen Durchgriff durch die vorkaufsbelastete Gesellschaft im Sinne eines Kaufsrechts am Grundstück gegenüber der Gesellschaft bei der Handänderung ihrer Aktien, wenn ein *Rechtsmissbrauch* vorliegt, insbesondere wenn das Grundstück kurz zuvor in die Gesellschaft eingebracht wurde (was keinen Vorkaufsfall darstellte), damit anschliessend unter Umgehung des Vorkaufsrechts die Aktien verkauft werden können; ein solcher Durchgriff wurde in BGE 92 II 160 ff. jedoch abgelehnt. HESS hat im BasKomm seine in der 1. Auflage von 1992 (N 6 zu Art. 216c OR) vertretene Auffassung fallen lassen, wonach der Verkauf der Aktienmehrheit an einer Immobilien-AG ein Vorkaufsfall sei.

[81] So BGE 85 II 578; gegenteiliger Meinung MEIER-HAYOZ, Der Vorkaufsfall, S. 257 ff. (274).

[82] In BGE 101 II 59 hat das Bundesgericht eine gemischte Schenkung nicht als Vorkaufsfall gelten lassen; um nicht Umgehungsgeschäften den Weg zu bereiten, muss als Voraussetzung für eine solche Qualifikation aber gelten, dass eine *namhafte* Preisreduktion und eine *persönliche Beziehung* ersichtlich ist, die den Zuwendungswillen glaubhaft erscheinen lässt.

[83] So BGE 90 II 142, 85 II 578; abweichende Auffassungen finden sich zusammengestellt bei NOELPP, S. 126.

[84] So GIGER, BerKomm, N 6 zu Art. 216c OR. – In diese Kategorie gehört beim nicht limitierten Vorkaufsrecht auch der Verkauf, wenn der Käufer neben der Preiszahlung in guten Treuen (d.h. nicht zwecks Vereitelung des Vorkaufsrechts) persönliche Leistungspflichten übernimmt, die der Vorkaufsberechtigte nicht erfüllen kann; vgl. SIMONIUS/SUTTER, S. 368 Nr. 58.

[85] Diese in Art. 216c Abs. 2 OR für die Zwangsversteigerung kodifizierte Regel gilt auch für den Freihandverkauf in der Zwangsverwertung; vgl. Art. 51 Abs. 1 VZG; BGE 126 III 93. Der Vorkaufsberechtigte kann also an der Steigerung mitbieten, nicht aber verlangen, kraft seines Vorkaufsrechts das Grundstück zum Preis des letzten Drittangebotes selber zu kaufen. Hingegen wird das vorgemerkte Vorkaufsrecht dem Erwerber überbunden. – Demgegenüber können die *gesetzlichen* Vorkaufsrechte auch bei der Zwangsverwertung ausgeübt werden, aber nur an der Steigerung selbst und zu den Bedingungen, zu welchen das Grundstück dem Erwerber zugeschlagen worden ist (Art. 681 Abs. 1 ZGB). – SIMONIUS/SUTTER, S. 371 Nr. 63, kritisieren die gesetzliche Regelung des Art. 216c Abs. 2 OR vehement.

und der Erwerb zur Erfüllung öffentlicher Aufgaben[86]. – Zur vertraglichen Ausdehnung der Vorkaufsfälle über den Kreis der gesetzlichen Fälle hinaus sowie zur vertraglichen Einschränkung dieses Kreises vgl. vorn, Nr. 44.

B. Nichtiger oder ungültiger Vertrag

86 Gemäss Art. 216d Abs. 2 OR bleibt die nachträgliche Aufhebung des mit dem Dritten abgeschlossenen Verkaufs ohne Wirkung auf das vor der Aufhebung bereits ausgeübte Vorkaufsrecht. Der Vorkaufsberechtigte kann trotzdem kaufen. Als Aufhebung im Sinne dieser Bestimmung haben der Rücktritt einer Partei wegen Spät- oder Schlechterfüllung der Gegenpartei (Art. 109 OR), der Aufhebungsvertrag (Art. 115 OR) sowie die Wandelung (Art. 205 OR) zu gelten[87]. In diesen Fällen bleibt der Vorkaufsberechtigte befugt, die Übertragung des Eigentums an sich selber gegen Bezahlung des Kaufpreises zu verlangen.

87 Hingegen kann ein *nichtiges* Geschäft nicht als Vorkaufsfall gelten[88]. Das Gleiche gilt für Geschäfte, die wegen des Vorliegens eines Anfechtungsgrundes gemäss Art. 21–29 OR oder wegen Verletzung der Steigerungsbedingungen (Art. 230 OR) oder Gläubigerbegünstigung (Art. 286 SchKG) gerichtlich angefochten und durch Urteil oder Vergleich aufgehoben werden[89]. Vorbehalten bleiben Abschlussmängel, die absichtlich vorgekehrt wurden, um mittels Vertragsanfechtung den Rückzug zum bisherigen Zustand offen zu halten, falls der Berechtigte ausübt; ist die Absicht, das Vorkaufsrecht zu vereiteln, beweisbar, so sind die betreffenden Abschlussmängel unbeachtlich und der Vorkaufsberechtigte kann ausüben.

88 Abzulehnen ist der Gedanke von GIGER[90], der Vorkaufsberechtigte könne tendenziell immer dann ausüben, wenn der Belastete beim Abschluss des wegen eines Abschlussmangels dahingefallenen Erstvertrags den *ernsthaften Willen zur*

---

[86] Laut Botschaft, S. 1079, geht dieser Begriff über den Tatbestand der Enteignung und des enteignungsähnlichen Geschäftes hinaus. REY, S. 47 f., hält präzisierend fest, dass kein Vorkaufsfall gegeben ist, wenn das vom Gemeinwesen freihändig erworbene Grundstück unmittelbar für die Erstellung eines standortgebundenen Werkes benötigt wird; dem ist beizupflichten. REY möchte darüber hinausgehend die Kompetenz zugestehen, an rechtsgeschäftlichen Vorkaufsrechten vorbei zu erwerben, um mit dem Grundstück Realersatz bei der Erstellung eines öffentlichen Werkes leisten zu können. Damit wird der Begriff der Erfüllung öffentlicher Aufgaben jedenfalls dann überdehnt, wenn das betreffende Gemeinwesen im Finanzvermögen bereits über Grundbesitz verfügt, der zur Leistung des geschuldeten Realersatzes herangezogen werden könnte, oder wenn entsprechende Grundstücke auf dem freien Markt anderswo käuflich sind.

[87] Wohl allzu eng möchte MEIER, S. 143, den Begriff der Vertragsaufhebung gemäss Art. 216d Abs. 2 OR auf den Aufhebungsvertrag gemäss Art. 115 OR einschränken.

[88] Vgl. SIMONIUS/SUTTER, S. 367 Nr. 57, mit Hinweisen auf Lehre und Rechtsprechung vor 1994.

[89] So SIMONIUS/SUTTER, S. 367 Nr. 57, mit Hinweisen; STEINAUER, Les droits réels, Nr. 1731d.

[90] Vgl. GIGER, BerKomm, N 30 zu Art. 216d OR.

Veräusserung gehabt habe. GIGER verkennt im Rahmen seiner normologischen Analyse, dass privater Grundbesitz häufig mit Emotionen belegt ist, die es für den vorkaufsbelasteten Eigentümer wichtiger machen, *an wen* er verkauft, als zu welchem Preis er dies tut. Demgemäss gibt es typischerweise nicht einen abstrakten Verkaufswillen, sondern viel eher den konkreten Willen, so und nicht anders an den und nicht an jene zu verkaufen. Diese Konstellation verbietet es, beim Dahinfallen des Erstvertrags stereotyp dem Vorkaufsrecht zur Durchsetzung zu verhelfen mit der Begründung, der belastete Eigentümer habe sowieso verkaufen wollen.

C. Bedingter Vertrag

Die Gesetzesrevision von 1994 regelt die Frage der bedingten Geschäfte nicht, sodass diesbezüglich die vor 1994 ergangene Lehre und Judikatur weiterhin massgebend bleiben. 89

Gemäss BGE 85 II 676 ist der bedingte Vertrag ein Vorkaufsfall, wenn die Bedingung von Umständen ausserhalb des Einflussbereichs der Parteien abhängt (Zufalls- oder kasuelle Bedingung)[91]. Übt der Vorkaufsberechtigte sein Recht aus, so gilt die Bedingung auch für seinen Vertrag mit dem Veräusserer. Tritt die Bedingung nicht ein, so bleibt das Grundeigentum beim bisherigen Eigentümer, der weiterhin mit der Vorkaufsverpflichtung belastet bleibt. 90

Der bedingt abgeschlossene Verkauf ist dagegen dann kein Vorkaufsfall, wenn der Bedingungseintritt vom Willen der Parteien abhängt (Potestativbedingung), wie dies etwa bei der Einräumung eines Kaufrechts der Fall ist. 91

Demgemäss bildet auch die Einräumung eines Kaufrechts keinen Vorkaufsfall[92], jedoch dessen Ausübung, sofern sie innerhalb der Geltungsdauer des Vorkaufsrechts erfolgt. Bestellt der Vorkaufsbelastete dem Dritten während der Vorkaufsdauer ein Kaufrecht, das erst nachher ausübbar sein soll, so ist dies zulässig und wirksam; eine Umgehung des Vorkaufsrechts liegt nicht vor. 92

Die Bedingung, der Kaufvertrag solle dahinfallen, falls der Vorkaufsberechtigte sein Recht ausübt, ist wirkungslos[93]. 93

---

[91] Vgl. SIMONIUS/SUTTER, S. 368 Nr. 59.
[92] Vgl. SIMONIUS/SUTTER, S. 372 Nr. 65.
[93] Im deutschen Recht ist diese Regel in § 506 BGB ausdrücklich kodifiziert. – SIMONIUS/SUTTER, S. 369 Nr. 60, leiten aus BGE 49 II 203 ff. eine gegenteilige Auffassung ab, wonach die betreffende Bedingung den Verbleib des Grundeigentums beim belasteten Eigentümer unter bestimmten Umständen zu bewirken vermöge. So befriedigend dies unter Billigkeitsgesichtspunkten wäre, ist dem besagten Präjudiz aus dem Jahre 1923 dennoch keine solche Rechtsmeinung zu entnehmen. In jenem Prozess stand das gesetzliche Vorkaufsrecht zwischen Miteigentümerinnen, zwei verfeindeten Schwestern, zur Beurteilung. Die

94 SIMONIUS/SUTTER[94] postulieren, es sei die Pflicht des Vorkaufsbelasteten, das Eintrittsrecht des Vorkaufsberechtigten *in den Vertrag mit dem Drittkäufer aufzunehmen*. Etwas Derartiges kann jedoch beim vorgemerkten Vorkaufsrecht nicht verlangt werden, weil sich der Bestand des Vorkaufsrechts bereits aus dem Grundbuch ergibt. Beim nicht vorgemerkten Vorkaufsrecht ist die frühzeitige Aufklärung des Drittkäufers nach Treu und Glauben zwar geboten, eine ausdrückliche Erwähnung der erfolgten Aufklärung im Vertrag aber kaum erforderlich und jedenfalls nicht beurkundungsbedürftig. Kein Kraut ist dagegen gewachsen, dass der Verkaufswillige, der durch ein nicht vorgemerktes Vorkaufsrecht belastet ist, den diversen Kaufinteressenten diesen Umstand so lange als möglich verschweigt und mit der entsprechenden Aufklärung erst daherkommt, wenn alle Bemühungen, den Vorkaufsberechtigten zum Verzicht zu bewegen, erfolglos geblieben sind. Eine Schadenersatzpflicht gegenüber den unter solchen Umständen am Vertragsschluss nicht weiterhin interessierten Dritten aus *culpa in contrahendo* ist theoretisch zwar gegeben, wird den belasteten Grundeigentümer aber nicht sonderlich beeindrucken.

D. Ausübung eines gesetzlichen (vorrangigen) Vorkaufsrechts

95 Gemäss Art. 681 Abs. 3 ZGB kann das vertragliche Vorkaufsrecht nicht ausgeübt werden, wenn gleichzeitig ein gesetzliches Vorkaufsrecht aufgrund eines Miteigentümer- oder Baurechtsverhältnisses oder aus einem solchen des BGBB erhoben wird[95].

E. Bewilligungspflichtiger Vertrag

96 Art. 216d Abs. 2 OR bestimmt, dass die Vorkaufsverpflichtung auch dann zu erfüllen ist, wenn eine für das Geschäft erforderliche *Bewilligung* aus Gründen verweigert wird, die in der Person des Drittkäufers liegen. Diese Regel leuchtet ein und schiebt jenen Machenschaften einen Riegel, bei denen der Drittkäufer zur Vereitelung des Vorkaufsrechts Sand ins Getriebe des Bewilligungsverfahrens streut.

---

eine Schwester hatte ihre Miteigentumshälfte an den Schwiegervater, der zugleich Pächter des Grundstücks war, verkaufen, wollen unter der Bedingung, dass die Schwester von ihrem Vorkaufsrecht keinen Gebrauch mache. Im Prozess obsiegte die Vorkaufsberechtigte in allen drei Instanzen. Die höchstrichterlichen *obiter dicta* zur Frage, was die im Prozess unterlegene Verkäuferin hätte vorkehren müssen, um den Verkauf an ihre Schwester zu verhindern, sind unklar und am ehesten dahingehend zu deuten, wer als Belasteter lieber gar nicht als an die Vorkaufsberechtigte verkaufe, müsse die Sachlage eben *vor* dem Vertragsschluss in geeigneter Weise klären.

[94] SIMONIUS/SUTTER, S. 354 Nr. 25.
[95] So REY, S. 46.

10. Das Verfahren im Vorkaufsfall

A. Mitteilung des Vorkaufsfalles an den Berechtigten

a. Zeitpunkt

Gemäss Art. 216d Abs. 1 OR muss der Vorkaufsbelastete den Berechtigten über den erfolgten Abschluss und den Inhalt des Kaufvertrags in Kenntnis setzen. Nicht erst die Grundbuchanmeldung, sondern schon der Vertragsschluss mit dem Dritten löst die Mitteilungspflicht aus. 97

b. Mitteilungspflichtige Personen

Mitteilungspflichtig ist ab dem Zeitpunkt des Vertragsschlusses der vorkaufsbelastete *Verkäufer,* ferner ab Grundbuchanmeldung auch der *Grundbuchverwalter*[96], sofern ihm nicht nachgewiesen wird, dass die Veräusserung dem Vorkaufsberechtigten in gebührender Weise angezeigt wurde (Art. 969 Abs. 1 ZGB). 98

Die *instrumentierende Urkundsperson* ist nicht mitteilungspflichtig[97] und ohne Ermächtigung seitens des Vorkaufsbelasteten auch nicht mitteilungsberechtigt. Hingegen obliegt ihr die Belehrung der Parteien über die rechtliche Bedeutung des Vorkaufsrechts. Zu dieser Belehrung gehört die Aufforderung an den Verkäufer, die ihm vom Gesetz auferlegte Mitteilung an den Vorkaufsberechtigten unverzüglich, d.h. ohne schuldhaftes Zögern, zu machen. 99

Diese Regelung ist sachgemäss, da die Mitteilung an den Vorkaufsberechtigten oft mit Verhandlungen einhergeht, die darauf abzielen, den Berechtigten von der Ausübung abzuhalten, eventuell gegen eine Geldzahlung oder gegen die Einräumung anderer Vorteile. Es wäre eine Verletzung der notariellen Unparteilichkeitspflicht, im Interesse einzelner Beteiligter Verhandlungen gegen andere Beteiligte zu führen, auch wenn diese anderen Beteiligten nicht am Beurkundungsverfahren teilnehmen. 100

c. Mitteilungsempfänger

Die Mitteilung muss dem Vorkaufsberechtigten zukommen. Sind mehrere Berechtigte vorhanden, so ist die Mitteilung an alle einzeln zu richten, es sei denn, 101

---

[96] Die Anzeigepflicht des Grundbuchverwalters unterscheidet sich von der Mitteilungspflicht des Verkäufers insofern, als der Verkäufer beim nicht limitierten Vorkaufsrecht über den gesamten Vertragsinhalt informieren muss, wogegen der Grundbuchverwalter bloss über die erfolgte Verfügung als solche zu informieren hat und auch dies nur beim vorgemerkten Vorkaufsrecht; vgl. Botschaft, S. 1080; MEIER, S. 142; REY, S. 39, 57 f.

[97] Vgl. STEINAUER, La nouvelle réglementation, S. 7.

im Vorkaufsvertrag sei eine bestimmte Person zur Entgegennahme der Mitteilung mit Wirkung für alle Berechtigten bezeichnet worden oder eine solche Ermächtigung ergebe sich von Gesetzes wegen (BGE 92 II 152). So genügt es, bei einer vorkaufsberechtigten *Erbengemeinschaft* die Mitteilung an einen einzigen Erben (zuhanden der Erbengemeinschaft) zu richten[98], bei einer *Kollektivgesellschaft* an einen einzigen Gesellschafter zuhanden der Gesellschaft[99].

d. Form und Inhalt

102 Die Mitteilung ist an keine Form gebunden. Aus Beweisgründen empfiehlt sich der eingeschriebene Brief. Zweckmässigerweise wird im Vorkaufsvertrag festgelegt, dass der Vorkaufsberechtigte Anspruch auf eine vollständige Kopie des mit dem Dritten abgeschlossenen Kaufvertrags hat[100].

103 Beim *unlimitierten Vorkaufsrecht* muss die Mitteilung die Tatsache des erfolgten Verkaufs sowie alle wesentlichen Vertragsinhalte umfassen, nicht nur die «wesentlichen Punkte» im Sinne von Art. 2 OR, sondern alles, was für den Entschluss des Vorkaufsberechtigten objektiv und subjektiv wesentlich sein kann[101]. Zweckmässigerweise übermittelt der Verkäufer dem Vorkaufsberechtigten eine vollständige Fotokopie des abgeschlossenen Kaufvertrags.

104 Beim *limitierten Vorkaufsrecht* müssen nur die Tatsache des Verkaufs sowie jene Vertragsinhalte mitgeteilt werden, die nicht bereits im Vorkaufsvertrag geregelt sind.

105 Hat der Vorkaufsberechtigte in Kenntnis des gesamten Vertragsinhaltes schon vor dem Vertragsschluss seinen schriftlichen *Ausübungsverzicht* erklärt, so ist eine erneute Mitteilung nach erfolgtem Vertragsschluss entbehrlich. Hat sich der Vorkaufsberechtigte vorgängig *für die Ausübung* ausgesprochen, so ist nach erfolgtem Vertragsschluss die schriftliche Bestätigung dieser Erklärung zu verlangen; denn bezüglich eines noch nicht abgeschlossenen Kaufvertrags kann das Vorkaufsrecht nicht wirksam ausgeübt werden[102].

---

[98] Vgl. BGE 73 II 170.
[99] Vgl. BINZ-GEHRING, S. 174 f.
[100] Vgl. diese Empfehlung bei WISSMANN, Nr. 1478.
[101] Vgl. BGE 83 II 520.
[102] A.A. SIMONIUS/SUTTER, S. 365 Nr. 53, die bei der antizipierten Ausübung postulieren, dass der Belastete den Vorkaufsberechtigten auffordern kann, anstelle des Dritten unmittelbar selber den Kaufvertrag zu unterschreiben, und der den Berechtigten im Falle seiner Weigerung beim Ausübungsverzicht für das betreffende Geschäft behaften kann. Dem kann nicht gefolgt werden. Auch die antizipierte Ausübungserklärung erfolgt unter dem ausdrücklichen oder stillschweigenden Vorbehalt, dass der Drittkäufer den Tatbeweis seines Kaufwillens zu den mitgeteilten Konditionen erbringen wird. Solange dieser Tatbeweis nicht erbracht ist, bedeutet das Zuwarten des Vorkaufsberechtigten nicht den Verzicht auf die Rechtsausübung.

e. Wirkung

Sobald der Vorkaufsberechtigte vom erfolgten Verkauf und den im Sinne des hievor Gesagten wesentlichen Vertragsinhalten eine sichere Kenntnis hat, ist er zur Ausübung des Vorkaufsrechts befugt. Gleichzeitig beginnt für ihn die Ausübungsfrist zu laufen.   106

f. Folgen der Unterlassung

Kommt der Vorkaufsverpflichtete seiner Mitteilungspflicht nicht gehörig nach, so kann er bei Verschulden gegenüber dem Berechtigten nach Art. 97 ff. OR schadenersatzpflichtig werden.   107

B. Ausübung des Vorkaufsrechts

a. Ausübungsfrist

Die Ausübungsfrist beträgt drei Monate (Art. 216e OR). Gemäss Marginale handelt es sich um eine Verwirkungsfrist, was wohl bedeuten soll, dass die für den Stillstand und die Unterbrechung der Verjährung geltenden Bestimmungen von Art. 134 ff. OR unbeachtlich sind und dass die Frist nicht durch Parteiabrede verlängert werden kann[103]. Den Parteien ist aber freigestellt, im Vorkaufsvertrag eine kürzere Frist zu vereinbaren[104]. Die Verkürzung der Frist erleichtert die Situation des Belasteten, macht das Vorkaufsrecht also nicht zu einem limitierten Vorkaufsrecht.   108

Da der Gesetzgeber nur die dreimonatige Ausübungsfrist angeordnet hat, gelten für den Rechtsverlust des *nicht benachrichtigten Berechtigten* in zeitlicher Hinsicht die allgemeinen Regeln. In der Botschaft[105] wird vorgeschlagen, diesbezüglich die *zehnjährige Verjährungsfrist* gemäss Art. 127 OR zur Anwendung zu bringen. Rey[106] weist zutreffend darauf hin, dass die Regelungen über die Verjährung von Forderungen kaum geeignet sind, den vorliegenden Sachverhalt zu erfassen. Rey schlägt stattdessen eine analoge Anwendung der zweijährigen absoluten Frist vor, die gemäss Art. 681a Abs. 2 ZGB für die gesetzlichen Vorkaufsrechte gilt und ab dem Datum des Grundbucheintrags des Vorkaufsfalles läuft.   109

---

[103] So Pfäffli, S. 458; a.A. Hess, BasKomm, N 2 zu Art. 216e OR, der die gesetzliche Dreimonatsfrist für vertraglich verlängerbar betrachtet.
[104] Vgl. Botschaft, S. 1081; Rey, S. 59; Meier, S. 141, weist zutreffend darauf hin, dass eine dreimonatige Schwebezeit für den Belasteten viel zu lang sein kann.
[105] Botschaft, S. 1082.
[106] Rey, S. 57 f.

110 Aber auch eine solche Frist kann mangels einer gesetzlichen Grundlage kaum generell-abstrakt eingeführt werden. Vielmehr ist davon auszugehen, dass das Gesetz *keine absolute Befristung* enthält. Ob ein Vorkaufsrecht nach Jahr und Tag noch ausgeübt werden kann, ist demgemäss aufgrund der Umstände des Einzelfalles zu beurteilen, wobei im Lichte des Rechtsmissbrauchsverbots namentlich von Bedeutung sein wird, ob und inwiefern es der Vorkaufsberechtigte, der ehemalige Belastete oder der heutige Eigentümer zu vertreten haben, dass die Mitteilung über den Vorkaufsfall dem Berechtigten nicht rechtzeitig zugegangen ist.

b. Fristbeginn

111 Die Ausübungsfrist beginnt von dem Tage an zu laufen, an dem der Berechtigte eine sichere Kenntnis vom erfolgten Verkauf und von den Vertragsinhalten empfangen hat, die für seinen Ausübungsentschluss wesentlich sein können.

112 Unbeachtlich ist, von wem und auf welchem Weg der Vorkaufsberechtigte benachrichtigt wurde und ob die Mitteilung gemäss den Modalitäten erfolgt ist, die allenfalls im Vorkaufsvertrag vorgesehen waren[107]. Jedoch obliegt der Beweis für die erfolgte Mitteilung und deren Datum dem Vorkaufsbelasteten bzw. dem Drittkäufer, wenn sich diese Personen später auf die Verwirkung der Ausübungsfrist berufen möchten.

113 Erfährt der Vorkaufsberechtigte vom erfolgten Verkauf erst durch den Grundbuchverwalter, so beginnt die Dreimonatsfrist mit dem Erhalt der Anzeige zu laufen. Unbeachtlich ist, ob und wann sich der Vorkaufsberechtigte Einsicht in den einschlägigen Grundbuchbeleg (Kaufvertrag) verschafft[108].

c. Fristwahrung

114 Die Ausübungsfrist ist gewahrt, wenn die Ausübungserklärung dem richtigen Adressaten am letzten Tage der Frist *zugegangen* ist[109]. Der letzte Tag der Frist berechnet sich gemäss Art. 77 und 78 OR.

d. Ausübungserklärung

115 Nur die *bedingungslose und vorbehaltlose* Ausübungserklärung ist rechtswirksam. Andernfalls liegt eine blosse Voranzeige bzw. Meinungsäusserung ohne

---

[107] So BGE 83 II 517; Simonius/Sutter, S. 363 Nr. 49.
[108] Vgl. Meier-Hayoz, BerKomm, N 203 zu Art. 681 ZGB.
[109] Vgl. Simonius/Sutter, S. 364 Nr. 51.

Rechtswirkungen vor[110]. Die Ausübungserklärung kann weder befristet[111] noch widerrufen[112] werden.

Das Gesetz enthält *keine Formvorschrift* für die Ausübungserklärung. Somit kann sie schriftlich oder mündlich erfolgen[113]. Aus zwei Gründen sollte unter den Parteien *Schriftlichkeit vereinbart* werden. Erstens vorsichtshalber, um den Tag der Abgabe der Erklärung festzuhalten, und zweitens, weil dem Grundbuchamt mit der Anmeldung der Eigentumsübertragung des Vorkaufsobjektes auf den Vorkaufsberechtigten ohnehin eine schriftliche Ausübungserklärung (Eintrittserklärung) als Rechtsgrundausweis einzureichen ist (Art. 965 ZGB; Art. 13 GBV). Würde während der dreimonatigen Ausübungsfrist nur mündlich ausgeübt und diese Erklärung erst später schriftlich bestätigt, so entstünden Beweisprobleme zwischen den Beteiligten und gegenüber dem Grundbuchamt zur Frage, ob ein Vorkaufsrecht fristgerecht und gültig ausgeübt wurde oder ob stattdessen ein Erwerb aufgrund neuer vertraglicher Abmachungen anzunehmen ist – was mit erheblichen zusätzlichen Kosten und Unsicherheiten für alle Beteiligten verbunden wäre. Kann der Beweis der fristgerechten mündlichen Ausübungserklärung gegenüber dem Grundbuchamt erbracht werden, so kann dieses allerdings nicht auf der Beibringung einer schriftlichen Ausübungserklärung insistieren, die von einem Tag während der Ausübungsfrist datiert ist.

116

Die Ausübungserklärung ist eine empfangsbedürftige Willenserklärung und entfaltet ihre Rechtswirkung nur, wenn sie gegenüber der richtigen Person ab-

117

---

[110] Vgl. STEINAUER, Les droits réels, Nr. 1736; BGE 91 II 245 und 85 II 245. – BGE 92 II 147 lässt immerhin zu, dass der Vorkaufsberechtigte Bedingungen bezüglich der Auslegung des mit dem Drittkäufer geschlossenen Vertrags formuliert. Ferner darf gemäss allgemeinen Grundsätzen die Ausübung eines Gestaltungsrechts mit solchen Bedingungen verbunden werden, deren Erfüllung oder Kenntnis im Willen oder Wissen des Erklärungsempfängers liegt, sodass für ihn keine Unsicherheit entsteht; vgl. GAUCH/SCHLUEP/SCHMID/REY, Nr. 4117; MEIER-HAYOZ, BerKomm, N 226 zu Art. 681 ZGB; VON TUHR/ESCHER, S. 262 f. – Solche Bedingungen sind im Vorkaufsfall jedoch kaum denkbar. Jene Bedingungen, an denen der Ausübende ein praktisches Interesse haben könnte (etwa: dass die Liegenschaft baulich in einwandfreiem Zustand ist oder dass im Erdreich keine Bodenverschmutzungen vorhanden sind; dass keine öffentlich-rechtlichen Lasten und Beschränkungen bestehen, die aus dem Grundbuch nicht ersichtlich sind; dass es gelingt, bestimmte Dienstbarkeiten abzulösen oder Mieter aus dem Objekt zu entfernen; dass der Ausübende die Finanzierung arrangieren kann etc.), schaffen für den Verkäufer unzumutbare Unsicherheiten und machen die Ausübungserklärung unwirksam. Im Gegensatz zu einem Käufer, der seine Bedenken in Form von Bedingungen und Gewährleistungsklauseln in den Kaufvertrag einbringen kann, steht der Vorkaufsberechtigte in der Situation des *take it or leave it*.

[111] So STEINAUER, Les droits réels, Nr. 1736.

[112] Zulässig ist die Rückgängigmachung durch *contrarius actus*, d.h. durch einen zweiseitigen Aufhebungsvertrag mit der Gegenpartei. In diesem Fall entfaltet der mit dem Dritten abgeschlossene Vertrag wieder seine volle Wirkung; vgl. MEIER-HAYOZ, BerKomm, N 238 zu Art. 681 ZGB.

[113] So MEIER-HAYOZ, BerKomm, N 277 zu Art. 681 ZGB; kritisch OTT, S. 266.

gegeben wird. Der richtige Adressat ist beim nicht vorgemerkten Vorkaufsrecht allemal der Verkäufer, beim vorgemerkten Vorkaufsrecht der im Grundbuch eingetragene Eigentümer, was der Verkäufer oder, bei rascher Grundbuchanmeldung des Geschäftes, auch bereits der Käufer sein kann (Art. 216e OR)[114].

e. Ausübungsverzichtserklärung

118 Der Vorkaufsberechtigte kann durch ausdrückliche Erklärung gegenüber dem Vorkaufsverpflichteten im Hinblick auf ein bestimmtes Geschäft auf die Ausübung des Vorkaufsrechts verzichten. Öffentliche Beurkundung ist nicht erforderlich. Der Ausübungsverzicht ist ein rechtsaufhebendes Gestaltungsrecht bezüglich jenes Geschäftes, auf das sich die Erklärung bezieht[115]. Schliesst der Belastete den Verkauf mit dem Dritten später zu anderen Bedingungen ab, so ist der Ausübungsverzicht unwirksam. Verzichtete der Berechtigte aus einem nicht limitierten Vorkaufsrecht also im Voraus, weil ihm der mitgeteilte Preis oder andere Vertragskonditionen unattraktiv erschienen, so ist er gut beraten, später zu kontrollieren, ob der mit dem Dritten in Aussicht gestellte Kaufvertrag auch tatsächlich zu den mitgeteilten Konditionen beurkundet wurde.

C. Wirkung der rechtsgültigen Ausübungserklärung

a. Rechtsverhältnis zwischen Vorkaufsberechtigtem und belastetem (bisherigem) Eigentümer

119 Mit der Ausübungserklärung entsteht die Verpflichtung des belasteten Grundeigentümers, das Grundstück an den Vorkaufsberechtigten zu verkaufen, ferner die Verpflichtung des Vorkaufsberechtigten, den Kaufpreis an den belasteten (bisherigen) Grundeigentümer zu bezahlen. Der Inhalt der beidseitigen Leistungen bestimmt sich nach dem mit dem Dritten abgeschlossenen Kaufvertrag, soweit nicht der Vorkaufsvertrag abweichende Absprachen enthält[116].

120 Wurde im Vorkaufsvertrag der wesentliche Inhalt des Grundstückkaufs mit ortsüblicher Vollständigkeit ausformuliert, so hat der Vorkaufsvertrag als abschliessende vertragliche Regelung zu gelten. Allfällige Lücken sind in diesem Falle aufgrund des dispositiven Gesetzesrechts und der allgemeinen Prinzipien

---

[114] Vgl. SIMONIUS/SUTTER, S. 360 Nr. 41.
[115] So SIMONIUS/SUTTER, S. 365 Nr. 54, die zutreffend darauf hinweisen, dass die sich für gesetzliche Vorkaufsrechte aus Art. 681b Abs. 2 ZGB ergebende Nichtigkeit einer antizipierten Verzichtserklärung unbillige Härten zur Folge haben kann.
[116] Vgl. MEIER-HAYOZ, BerKomm, N 239 zu Art. 681 ZGB.

für die Auslegung und Anwendung von Verträgen zu schliessen, nicht unter Rückgriff auf die Bestimmungen des möglicherweise ganz anders konzipierten Vertrags mit dem Drittkäufer.

Die Ausübung ist auch möglich, wenn der Belastete nach Abschluss des Kaufvertrags mit dem Dritten in Konkurs fiel oder wenn das Grundstück nachträglich verarrestiert oder gepfändet wurde. Nur ist beim nicht vorgemerkten Vorkaufsrecht in diesem Falle der Vollzug, d.h. die Eigentumsübertragung am Grundstück im Austausch gegen den Preis, von der Zustimmung der Konkursorgane bzw. der Arrest- oder Pfändungsgläubiger abhängig. Beim vorgemerkten Vorkaufsrecht hat das Recht des Vorkaufsberechtigten Vorrang gegenüber dem Konkurs-, Arrest- oder Pfändungsbeschlag und kann ohne Zustimmung der Gläubiger durchgesetzt werden[117]. Beizufügen ist, dass die Zwangsverwertung als solche keinen Vorkaufsfall bildet; vgl. Nr. 85. 121

b. Rechtsverhältnis zum Drittkäufer

Beim *nicht vorgemerkten* Vorkaufsrecht erwirbt der Drittkäufer endgültig das Eigentum, sobald er als Eigentümer im Grundbuch eingetragen ist, unabhängig davon, ob sein vorkaufsbelasteter Rechtsvorgänger dadurch vertragliche Pflichten gegenüber dem Vorkaufsberechtigten verletzt hat, unabhängig auch davon, ob der Drittkäufer vom Bestehen des Vorkaufsrechts und der Vertragsverletzung seines Rechtsvorgängers Kenntnis hatte. Eine solche Vertragsverletzung führt zur Schadenersatzpflicht des Verkäufers, beschlägt aber nicht den Eigentumserwerb des Dritterwerbers. 122

Beim *vorgemerkten* Vorkaufsrecht bringt die Ausübung des Vorkaufsrechts den Anspruch des Drittkäufers auf Eigentumsverschaffung gegenüber dem vorkaufsbelasteten Veräusserer zum Erlöschen. Desgleichen entfällt seine Kaufpreisschuld diesem gegenüber. Ein bereits erfolgter Grundbucheintrag (Hauptbucheintrag) erweist sich infolge der Ausübung des Vorkaufsrechts als ungerechtfertigt und ist zu ändern[118]. Ein bereits bezahlter Kaufpreis ist vom Veräusserer von Vertrags wegen (nicht aus ungerechtfertigter Bereicherung) an den Dritterwerber zurückzuerstatten; denn das Vertragsverhältnis mit dem Dritt- 123

---

[117] So SIMONIUS/SUTTER, S. 362 Nr. 47.
[118] Gemäss STEINAUER, Les droits réels, Nr. 1743, soll im Prozessfall die Grundbuchberichtigungsklage, aber auch die Leistungsklage gemäss Art. 665 ZGB möglich sein. SIMONIUS/SUTTER, S. 376 Nr. 76, weisen zutreffend darauf hin, dass der Vorkaufsberechtigte nicht einfach vom eingetragenen Dritterwerber vindizieren kann, denn der Vorkaufsberechtigte hat in der erwähnten Konstellation noch kein Eigentum erworben. Vielmehr erwirbt der Vorkaufsberechtigte auch in dieser Konstellation das Eigentum vom Vorkaufsbelasteten, d.h. vom Rechtsvorgänger des mittlerweile eingetragenen Dritten.

erwerber wird durch die Ausübung des Vorkaufsrechts nicht insgesamt beseitigt[119].

124 Wie immer man die Rechtsbeziehungen im Dreiecksverhältnis zwischen den Vorkaufsparteien und dem Dritterwerber dogmatisch deuten will, so ist allemal zu fordern, dass der Dritterwerber nicht zum Verkäufer gegenüber dem Vorkaufsberechtigten wird, dass er diesem gegenüber also weder in die Pflicht zur Verschaffung von Grundeigentum noch in irgendwelche Gewährleistungspflichten oder andere Nebenpflichten hineinwächst. Das Geschäft zwischen den Vorkaufsparteien geht am Dritterwerber insgesamt vorbei und berührt ihn nicht[120]. Auch in handänderungssteuerlicher Hinsicht wäre es unangemessen, eine zweimalige Handänderung vom Vorkaufsbelasteten auf den Dritterwerber und von diesem an den Vorkaufsberechtigten anzunehmen. Der Vorkaufsberechtigte erwirbt allemal direkt vom Vorkaufsbelasteten und schuldet ausschliesslich diesem den Kaufpreis, auch wenn der Dritterwerber vorübergehend im Grundbuch eingetragen war[121].

125 Beim Vorkaufsrecht wächst der Drittkäufer also kraft Vormerkung in die doppelte realobligatorische Verpflichtung hinein, (a) im Falle des voreiligen Eintrags seines Eigentums, d.h. wenn der Vorkaufsberechtigte nachträglich doch noch sein Recht ausübt, zu *dulden*, dass sein Name im Grundbuch wieder gelöscht wird, und zwar ohne Kaufpreis- oder Schadenersatzanspruch gegenüber dem Vorkaufsberechtigten, und (b) bei unangefochtenem Erwerb *im Falle eines künftigen Verkaufs an einen Vierten* selber die vorkaufsvertraglichen Verpflichtungen gegenüber dem Vorkaufsberechtigten zu erfüllen.

126 Muss der Anspruch des Vorkaufsberechtigten auf dem Klageweg durchgesetzt werden, so sind richtigerweise der Vorkaufsbelastete als vertraglich Verpflichteter und der bereits im Grundbuch eingetragene Drittkäufer als zu Unrecht Eingetragener gemeinsam ins Recht zu fassen, und es ist zu beantragen, (a) *der Beklagte 1 sei zur Leistung (Eigentumsverschaffung) an die Klägerin zu verurteilen, Zug um Zug gegen Bezahlung des Vorkaufspreises seitens der Klägerin an den Beklagten 1*, und (b) es sei *der Eigentumseintrag des Beklagten 2 im Grund-*

---

[119] So WISSMANN, Nr. 1496; MEIER-HAYOZ, BerKomm, N 236 ff. zu Art. 681 ZGB; BGE 83 II 16.

[120] So zutreffend SIMONIUS/SUTTER, Nr. 76: «In der Rückschau ist der Dritte so zu behandeln, wie wenn er nie Eigentümer der Liegenschaft gewesen wäre.»

[121] So SIMONIUS/SUTTER, S. 376 Nr. 76; a.A. MEIER-HAYOZ, BerKomm, N 255–277 zu Art. 681 ZGB (Dritterwerber als Verkäufer infolge des realobligatorischen Charakters des vorgemerkten Vorkaufsrechts), mit einem Überblick über weitere Auffassungen (Theorien vom eo-ipso-Erwerb, von der Verdinglichung des Vorkaufsrechts und vom bedingten Eigentumserwerb durch den Drittkäufer), mit harscher Kritik an der Basler Praxis, die den Hauptbucheintrag des Dritterwerbers erst vornimmt, nachdem feststeht, dass das Vorkaufsrecht nicht ausgeübt wird. – Vgl. zum ganzen Problemkreis auch die ausführliche Diskussion bei GIGER, BerKomm, N 155 ff. zu Art. 216 aOR, mit Ansätzen zu einer eigenen Stellungnahme in N 163.

buch zu löschen. Zweckmässig ist das zusätzliche Begehren (c), es sei das zuständige *Grundbuchamt richterlich anzuweisen, die Klägerin als neue Eigentümerin einzutragen gegen Nachweis der erfolgten Bezahlung an den Beklagten 1.* Diese Formulierung der Klagebegehren lässt die Rechtsnatur des Anspruchs gegenüber dem Beklagten 2 offen; richtigerweise wird dieser Anspruch als Gestaltungs-, nicht als blosser Feststellungsanspruch verstanden. Mit der Löschung des Beklagten 2 im Grundbuch wird nach der hier vertretenen Auffassung das Eigentum des Beklagten 1 für die Dauer jenes Augenblicks wiederhergestellt (jedoch nicht nochmals im Grundbuch eingetragen), welcher der gerichtlich durchgesetzten Erfüllung der Leistungspflicht des Beklagten 1 gegenüber der Klägerin unmittelbar vorausgeht.

c. Auswirkungen auf beschränkte dingliche und andere Rechte am Vorkaufsobjekt

Beim *nicht vorgemerkten* Vorkaufsrecht muss sich der Vorkaufsberechtigte *alle Lasten* entgegenhalten lassen, die vor seinem Eigentumserwerb begründet wurden. Der Vorkaufsbelastete ist unter Umständen schadenersatzpflichtig, insbesondere, wenn er als Gegenleistung für die Bestellung des Vorkaufsrechts eine namhafte Zahlung entgegengenommen hatte[122]. 127

Beim *vorgemerkten limitierten* Vorkaufsrecht gilt der Vorkaufsberechtigte nach herrschender Lehre als befugt, die während der Vormerkungsdauer ohne seine Zustimmung auf das Grundstück gelegten Rechte und Lasten auf dem Wege der Grundbuchberichtigung (Art. 975 ZGB) beseitigen zu lassen; er habe Anspruch darauf, das Objekt in jenem rechtlichen Zustand anzutreten, in dem es sich im Zeitpunkt der Vormerkung befunden hat[123]. Dem kann beigepflichtet werden, allerdings unter Vorbehalt. In Anlehnung an GIGER[124] ist zu fordern, dass der Vorkaufsberechtigte nur solche Änderungen am rechtlichen Zustand des Objektes beseitigen kann, *bei deren Kenntnis er den Vorkaufsvertrag nicht abgeschlossen hätte.* Wurde das Vorkaufsrecht unentgeltlich eingeräumt, so ergibt sich aus GIGERS Formel, dass der Vorkaufsberechtigte nicht befugt ist, nachträglich ergangene Belastungen beseitigen zu lassen. 128

Beim *vorgemerkten nicht limitierten* Vorkaufsrecht hat der Vorkaufsberechtigte das Grundstück richtigerweise so zu akzeptieren, wie er es im Ausübungszeit- 129

---

[122] Vgl. MEIER-HAYOZ, BerKomm, N 284 zu Art. 681 ZGB.
[123] Vgl. SIMONIUS/SUTTER, S. 354 Nr. 26 und S. 375 Nr. 72; STEINAUER, Les droits réels, Nr. 1727 2. Absatz; MEIER-HAYOZ, BerKomm, N 285 ff. zu Art. 681 ZGB.
[124] GIGER, BerKomm, N 164 zu Art. 216 aOR.

punkt vorfindet[125]. Da der Vorkaufsvertrag dem Berechtigten lediglich das Recht gibt, das Grundstück zu jenen Vertragskonditionen zu kaufen, zu denen es ein Dritter kauft, kann er es auch nur in jenem Zustand kaufen, in dem der Dritte kauft. Denn der vom Dritten gebotene Preis trägt diesem Zustand typischerweise Rechnung. Der Vorkaufsberechtigte darf nicht vom niedrigen Preisangebot des Dritten profitieren und anschliessend jene Belastungen des Grundstücks beseitigen, die der Dritte hätte in Kauf nehmen müssen und die er bei seinem Preisangebot dementsprechend in Betracht gezogen hat.

130 Wollte man mit der herrschenden Lehre[126] anders entscheiden, so würde jedes vorgemerkte Vorkaufsrecht faktisch auf eine Verfügungssperre zulasten des Vorkaufsbelasteten hinauslaufen. Das kann nicht als Vertragsmeinung der Vorkaufsparteien unterstellt werden[127]. Zu Recht hat es das Bundesgericht in 92 II 158 ff. abgelehnt, ein während der Vormerkungsdauer bestelltes Wohnrecht auf Begehren des Vorkaufsberechtigten zu löschen.

IV. Kaufsrecht

131 Das Kaufsrecht gibt dem Berechtigten die Befugnis, unabhängig vom Willen des Verpflichteten die Sache durch einseitige Willenserklärung zu kaufen.

1. Rechtsnatur und Form

132 Zur Rechtsnatur vgl. Nr. 20 ff.

133 Gemäss Art. 216a Abs. 2 OR bedarf der Kaufsrechtsvertrag der öffentlichen Beurkundung. Soll das Kaufsrecht nicht bereits zu Lebzeiten, sondern erst nach dem Tode des Bestellers gegenüber seinem Nachlass ausübbar sein, so liegt ein

---

[125] So zutreffend SIMONIUS/SUTTER, S. 354 Nr. 26, S. 356 Nr. 31 am Ende und S. 375 Nr. 72; gleicher Auffassung, jedoch mit einem Vorbehalt für gravierende Ausnahmefälle STEINAUER, Les droits réels, Nr. 1727.

[126] Vgl. GIGER, BerKomm, N 164 zu Art. 216 aOR; MEIER-HAYOZ, BerKomm, N 284–293 zu Art. 681 ZGB; gemäss dieser Lehre kann der vorgemerkte Vorkaufsberechtigte auch beim nicht limitierten Vorkaufsrecht spätere Belastungen beseitigen lassen, soweit sie seine Stellung erschweren. Tut er dies, so muss er allerdings dem Vorkaufsbelasteten einen Aufpreis nachbezahlen, der die Differenz ausgleichen soll, um welche der Dritterwerber sein Preisangebot angesichts der betreffenden Belastungen reduziert hatte. Sinngemäss würde der Verkäufer diesen Aufpreis dann dazu verwenden können, jene frustrierten Rechtsinhaber abzufinden, deren Rechte auf Verlangen des Vorkaufsberechtigten beseitigt wurden.

[127] So die zutreffende Kritik an der herrschenden Auffassung bei WISSMANN, Nr. 1501 f.

Geschäft von Todes wegen vor, und es ist die erbvertragliche Form gemäss Art. 512 ZGB einzuhalten[128].

Der öffentlich zu beurkundende Kaufsrechtsvertrag wird redaktionell typischerweise in zwei Teile gegliedert, nämlich einerseits in die *optionsrechtlichen* Bestimmungen (Dauer des Kaufsrechts, Vormerkung, Bedingungen und Beschränkungen für die Ausübung, Übertragbarkeit und Vererblichkeit, schliesslich gegebenenfalls der Preis, den der Berechtigte für den Erwerb der Option zu bezahlen hat), anderseits in die *kaufvertraglichen* Bestimmungen (Parteibezeichnung, Kaufgegenstand, Kaufpreis, Zahlungsmodalitäten, Besitzantritt, Übergang von Nutzen und Gefahr, Kostentragung). Es ist üblich, die kaufvertraglichen Bestimmungen in der Gestalt eines vollständigen Kaufvertrags, jedoch ohne Datum und Unterschriften, in den Kaufsrechts-Bestellungsakt zu integrieren. 134

Die kaufvertraglichen Bestimmungen sind im gleichen Umfang beurkundungsbedürftig, in welchem der entsprechende Kaufvertrag bei sofortigem Abschluss dem Formzwang unterläge[129]. Das Kaufsrecht wäre nicht wirksam beurkundet, wenn die kaufvertraglichen Bestimmungen der Urkunde lediglich als Beilage beigefügt und von Parteien und Urkundsperson nicht unterzeichnet würden. Ebenso würde es an einer wirksamen Beurkundung fehlen, wenn die kaufvertraglichen Bestimmungen anlässlich des Beurkundungsvorgangs nicht gelesen würden. 135

2. Inhalt

Der Kaufsrechtsvertrag muss jene Vollständigkeit aufweisen, die es ermöglicht, den Grundstückkauf durch eine einfache Ausübungserklärung wirksam werden zu lassen. Der Kaufsrechtsvertrag muss demgemäss insbesondere das Kaufgrundstück sowie den Kaufpreis bezeichnen[130]. Wie beim gewöhnlichen Kaufvertrag genügt Bestimmbarkeit. So kann vereinbart werden, dass der Preis durch eine Schätzung des Verkehrswertes zur Zeit der Ausübung ermittelt werden soll. Ist der Kaufpreis nicht bestimmbar, so fehlt es an einem objektiv we- 136

---

[128] A.A. SIMONIUS/SUTTER, S. 348 Anm. 31, welche die erbvertragliche Form nur verlangen möchten, wenn der Kaufsrechtspreis so niedrig angesetzt wird, dass die Kaufsrechtsbestellung Zuwendungscharakter hat. – Im Übrigen hat das Bundesgericht die Frage bis heute offen gelassen, ob das in erbvertraglicher Form bestellte Kaufsrecht im Grundbuch vorgemerkt werden kann; vgl. BGE 99 II 268; OGer LU, Urteil vom 6.10.1971, ZBGR 1974, S. 219 ff. und 229 ff.
[129] So STEINAUER, Les droits réels, Nr. 1699.
[130] Vgl. so schon BGE 50 II 374.

sentlichen Vertragspunkt; ein Vertrag ist nicht zustande gekommen und kann auch durch die Ausübungserklärung nicht zustande kommen.

137 Bezüglich der Objekte, die Kaufsrechtsgegenstand sein können, gilt das vorn, Nr. 49 ff., Gesagte.

3. Vormerkung

138 Es kann auf das vorn, Nr. 57 ff., Gesagte verwiesen werden.

4. Übertragung

139 Es kann auf das vorn, Nr. 60 ff., Gesagte verwiesen werden.

5. Parteien

140 Aus dem Kaufsrechtsvertrag ist in der Regel eine bestimmte natürliche oder juristische Person *berechtigt*. Für den Fall von subjektiv-dinglicher Verknüpfung, die auch beim Kaufsrecht zulässig ist, gilt das in Nr. 63 Gesagte. Das Kaufsrecht kann auch mehreren Personen zu gesamter Hand oder in einer bestimmten Reihenfolge zustehen.

141 *Verpflichtet* aus dem Kaufsrecht ist die Eigentümerin, die das Kaufsrecht ursprünglich bestellt hatte, ferner deren allfällige Universalsukzessoren. Wird beim Handwechsel des belasteten Grundstücks auf dem Wege der Singularsukzession die Kaufsrechtsverpflichtung von der Erwerberin durch Schuldübernahme gemäss Art. 175 ff. OR übernommen, so ist die Erwerberin fortab die verpflichtete Person. Das gleiche Ergebnis stellt sich auch ohne Schuldübernahme ein, wenn das Kaufsrecht im Grundbuch vorgemerkt ist[131]. Übt der Berechtigte das Kaufsrecht gegenüber einer Universal- oder Singularsukzessorin des ursprünglichen Bestellers aus, so entsteht der Kaufvertrag einschliesslich aller Nebenpflichten zwischen dem Berechtigten und der aktuell verpflichteten Person. Deren Rechtsvorgänger bleibt unberührt.

142 Der Anspruch auf Realerfüllung besteht nur gegenüber der jeweils verfügungsbefugten Grundeigentümerin. Wer verspricht, jemandem ein fremdes Grundstück zu verschaffen, begründet ein Rechtsverhältnis, das nicht unter den Be-

---

[131] So MEIER-HAYOZ, BerKomm, N 54 zu Art. 681 ZGB.

griff des Kaufsrechts fällt. Veräussert der Besteller eines nicht vorgemerkten Kaufsrechts das Grundstück, ohne die Verkaufsverpflichtung auf den Singularsukzessor zu überbinden, so bleibt er gegenüber dem Kaufsberechtigten allenfalls zu Schadenersatz verpflichtet; der Anspruch des Berechtigten auf Realerfüllung fällt dahin.

6. Ausübung des Kaufsrechts

A. Ausübungserklärung

Bezüglich Form und Inhalt der Ausübungserklärung gilt das Gleiche, was vorn, Nr. 116 f., zur Ausübungserklärung des Vorkaufsberechtigten gesagt wurde.

143

B. Wirkung der rechtsgültigen Ausübung

Mit der Ausübungserklärung entsteht die Verpflichtung des belasteten Grundeigentümers, das Grundstück an den Kaufsberechtigten zu übereignen, ferner die Verpflichtung des Kaufsberechtigten, den Kaufpreis an den belasteten Grundeigentümer zu bezahlen. Der Inhalt der beiderseits zu erbringenden Leistungen bestimmt sich nach dem Kaufsrechtsvertrag.

144

Im Gegensatz zum Vorkaufsrecht[132] ist bei Kaufsrechten, die gegen Entgelt auf kurze oder mittlere Frist (maximal ca. drei Jahre) bestellt und im Grundbuch vorgemerkt werden, anzunehmen, dass das Grundstück im Ausübungszeitpunkt noch in jenem gleichen rechtlichen Zustand sein soll, in Ansehung dessen das Kaufsrecht erworben wurde.

145

Bei nicht vorgemerkten, ferner bei unentgeltlich sowie bei längerfristig eingeräumten (vorgemerkten) Kaufsrechten und bei allen Kaufsrechten, die erst gegenüber dem Nachlass des Bestellers ausgeübt werden sollen, kann hingegen nicht davon ausgegangen werden, der Kaufsrechtsgeber habe sich im Umgang mit seinem Grundstück einschränken wollen – mit Ausnahme seines Verzichts auf die Veräusserung des Eigentums. Ob der Kaufsberechtigte in solchen Konstellationen einen Anspruch darauf hat, die während der Vormerkungsdauer auf das Grundstück gelegten Rechte und Lasten nach Erwerb des Grundstücks beseitigen zu lassen, ist aufgrund der konkreten Umstände des Einzelfalles zu entscheiden.

146

---

[132] Vgl. vorn, Nr. 64 ff.

7. Untergang des Kaufsrechts

147 Das zum Vorkaufsrecht Gesagte[133] gilt auch für das Kaufsrecht[134]; jedoch ist die Nichtausübung im Vorkaufsfall beim Kaufsrecht kein Thema.

V. Rückkaufsrecht

148 Zum Rückkaufsrecht gelten die Ausführungen zum Kaufsrecht weitgehend unverändert.

149 Wird im Rückkaufsvertrag nichts über die Vertragskonditionen gesagt, zu denen der Rückkauf erfolgen soll, so ist ein Parteiwille zu vermuten, wonach der Rückkauf zu den gleichen Bedingungen erfolgen soll wie der ursprüngliche Verkauf, im Sinne der Rückgängigmachung des ursprünglichen Geschäfts und der Wiederherstellung der vormaligen Eigentumsverhältnisse[135]. Keine solche Vermutung kann jedoch Platz greifen, wenn der Rückkaufsverpflichtete nach Meinung der Parteien wertvermehrende Investitionen in das Grundstück tätigen durfte oder sollte. In diesem Falle hat der Rückkaufspreis den Verkehrswert des Objektes im Rückkaufszeitpunkt abzugelten.

150 Da das revidierte Recht seit 1994 für Rückkaufsrechte die 25-jährige Vertrags- und Vormerkungsdauer erlaubt, für Kaufsrechte die zehnjährige, erhält die begriffliche Abgrenzung zwischen Kaufs- und Rückkaufsrechten neuerdings praktische Bedeutung. Der Verfasser plädiert dafür, als Rückkaufsrechte künftig nur noch solche Rechte zu qualifizieren, die zwischen den Parteien eines Grundstückkaufs *gleichzeitig mit dem Abschluss des Grundstückkaufs* vereinbart werden. Später getroffene Vereinbarungen sind richtigerweise als Kaufsrechte zu qualifizieren und können höchstens auf zehn Jahre vereinbart und vorgemerkt werden.

---

[133] Vgl. vorn, Nr. 64 ff.
[134] Vgl. den Überblick über die Fälle des Untergangs bei MEIER-HAYOZ, BerKomm, N 61–69 zu Art. 683 ZGB.
[135] So SIMONIUS/SUTTER, S. 347 Nr. 10; STEINAUER, Les droits réels, Nr. 1717, 1718a; MEIER-HAYOZ, BerKomm, N 39 zu Art. 683 ZGB.

§ 12
Steuern und andere Abgaben beim Grundstückkauf

Felix Richner

INHALTSVERZEICHNIS   Seite

Literatur 554

I.   Einleitung 556

II.   Notariats- und Grundbuchgebühren 556
        1. Allgemeines 556
        2. Steuersubjekt 557
        3. Steuerobjekt 557
        4. Bemessungsgrundlage 557
        5. Steuertarif 557

III. Handänderungssteuern 558
        1. Allgemeines 558
        2. Steuersubjekt 559
        3. Steuerobjekt 560
        4. Bemessungsgrundlage 560
        5. Steuertarif 561

IV.   Grundstückgewinnsteuern 562
        1. Allgemeines 562

  A. Die kantonalen Grundstückgewinnsteuersysteme 562
  B. Die Rechtsnatur der Grundstückgewinnsteuer. 564
  C. Begriff des Grundstücks 565
  D. Begriff der Handänderung 565
  E. Verhältnis zu andern Steuern 567
2. Steuersubjekt. 568
3. Steuerobjekt 569
  A. Grundstückgewinn 569
  B. Ausnahmen von der Steuerpflicht 569
    a. Ausgenommene Handänderungen 569
    b. Bagatellgewinne 571
4. Bemessungsgrundlage 572
  A. Grundstückgewinn 572
  B. Erlös 572
    a. Erlös als Kaufpreis mit Einschluss aller
      weiteren Leistungen des Erwerbers 572
    b. Verkehrswert als Ersatzwert 574
    c. Erlösverwendung 575
  C. Erwerbspreis 576
  D. Anrechenbare Aufwendungen 577
    a. Wertvermehrende Aufwendungen 577
    b. Mäklerprovisionen 579
    c. Übrige anrechenbare Aufwendungen 580
    d. Berücksichtigung der Geldentwertung 580
    e. Verrechnung von Verlusten 581
5. Steuertarif 582
6. Besonderheiten beim interkantonalen Liegenschaftenhandel . 584
  A. Allgemeines 584
  B. Veräusserungsgewinne eines Liegenschaftenhändlers 584

**V. Kantonale und kommunale Einkommens-
bzw. Gewinnsteuern** 586

VI. Direkte Bundessteuer 588
 1. Allgemeines 588
 2. Steuersubjekt 589
  A. Allgemeines 589
  B. Haftung 589
 3. Steuerobjekt 590
  A. Allgemeines 590
  B. Geschäfts- und Privatvermögen 591

	C. Gewerbsmässiger Liegenschaftenhandel		593
	4. Bemessungsgrundlage		595
	5. Steuertarif		596
VII.	**Mehrwertsteuer**		597
	1. Allgemeines		597
	2. Steuersubjekt		598
	3. Steuerobjekt		598
		A. Allgemeines	598
		B. Option	599
		C. Verkauf eines mehrwertsteuerpflichtigen Grundstücks	599
	4. Bemessungsgrundlage		600
	5. Steuertarif		600
VIII.	**Sozialversicherungsbeiträge**		600
	1. Allgemeines		600
	2. Steuersubjekt		601
	3. Steuerobjekt		602
	4. Bemessungsgrundlage		602
	5. Steuertarif		602
IX.	**Wehrpflichtersatzabgaben**		603
	1. Allgemeines		603
	2. Steuersubjekt		603
	3. Steuerobjekt		603
	4. Bemessungsgrundlage		604
	5. Steuertarif		604

LITERATUR

Die gängigen schweizerischen Kommentarwerke (Zürcher Kommentar, Berner Kommentar, Basler Kurzkommentar) werden im Folgenden nicht aufgeführt. Dasselbe gilt für Beiträge im «Schweizerischen Privatrecht» (SPR), deutschsprachige Ausgabe. – Zitierweise: Die Autoren werden nur mit dem Verfassernamen, nötigenfalls mit einem präzisierenden Zusatz zitiert. – Hinweise auf weiterführende Spezialliteratur finden sich in den Fussnoten.

CHRISTEN PETER, Die Grundstückgewinnsteuer des Kantons Basel-Landschaft, Diss. Basel 1998.
COURVOISIER OLIVIER, Relations entre l'impôt sur le revenu et l'impôt spécial frappant les gains immobiliers, Diss. Lausanne 1974.
EGGER BRUNO, Die steuerliche Erfassung von Wertzuwächsen an Grundstücken, Diss. Zürich 1973.
FESSLER FERDINAND, Das Handänderungssteuerrecht des Kantons Zürich, Schweizerische Zeitschrift für Beurkundungs- und Grundbuchrecht, 1981, S. 1–27.
GROSSMANN BENNO, Die Besteuerung der Gewinne auf Geschäftsgrundstücken, Diss. St. Gallen 1977.
HÖHN ERNST/MÄUSLI PETER, Interkantonales Steuerrecht, 4. A. Bern/Stuttgart/Wien 2000.
LANGENEGGER MARKUS, Handbuch zur bernischen Vermögensgewinnsteuer, Muri-Bern 1999.
LOCHER PETER, Das Objekt der bernischen Grundstückgewinnsteuer, Diss. Bern 1976.
MEIER THOMAS ROLAND, Besteuerung des Immobilienleasinggeschäftes, Diss. Zürich 1995.
METTLER XAVER, Die Grundstückgewinnsteuer des Kantons Schwyz, Diss. Zürich 1990.
MÜLLER STEPHAN, Die neue (solothurnische) Grundstückgewinnsteuer auf Privatvermögen, Festgabe Rötheli, Solothurn 1990, S. 407–415.
NEKOLA ANNA, Besteuerung des Grundeigentums im Privatvermögen in der Schweiz, Diss. Zürich 1983.
OCHSNER PETER E., Die Besteuerung der Grundstückgewinne in der Schweiz, Diss. Zürich 1976.
PASCHOUD FÉLIX, L'impôt sur les gains immobiliers en droit vaudois, Diss. Lausanne 1981.
RICHNER FELIX, Die Grundstückgewinnsteuer und die Handänderungssteuer im Kanton Zürich, Zürcher Steuerpraxis 1992 ff.
RICHNER FELIX/FREI WALTER/KAUFMANN STEFAN, Kommentar zum harmonisierten Zürcher Steuergesetz, Zürich 1999.
RIEDI RAINER, Die bündnerische Grundstückgewinnsteuer, Diss. Zürich 1988.
RÜEGG-PEDUZZI GABRIELLA, Die Handänderungssteuer in der Schweiz, Diss. Zürich 1989.
RUF PETER, Handänderungsabgaberecht, Diss. Bern 1985.
RUMO GABRIEL, Die Liegenschaftsgewinn- und die Mehrwertsteuer des Kantons Freiburg, Diss. Freiburg 1993.
SCHÖNIGER CHRISTIAN, Die Handänderungssteuer des Kantons Basel-Stadt, Diss. Basel 1992.
SCHWARZ ROBERT MARTIN, Die Handänderungssteuer im Kanton Graubünden, Diss. Zürich 1985.
STOFFEL NIKLAUS, Die Liegenschaftsgewinnsteuer im Kanton Wallis, Diss. Freiburg 1971.
THOMAS OLIVIER, Les droits de mutation, Diss. Lausanne 1991.
ZUCKER ARMIN, Das Steuerpfandrecht in den Kantonen, Diss. Zürich 1988.

Zuppinger Ferdinand, Die Besteuerung des Liegenschaftenhändlers im interkantonalen Verhältnis unter besonderer Berücksichtigung des zürcherischen Steuerrechtes, Bern 1971.

Zuppinger Ferdinand/Böckli Peter/Locher Peter/Reich Markus, Steuerharmonisierung, Bern 1984.

I. Einleitung

1 Bei einem Grundstückkauf können verschiedene Arten von Abgaben und Beiträgen ausgelöst werden. Es handelt sich hierbei um

- Notariats- und Grundbuchgebühren;
- Handänderungssteuern;
- Grundstückgewinnsteuern;
- kantonale und kommunale Einkommens- bzw. Gewinnsteuern;
- direkte Bundessteuer;
- Mehrwertsteuer;
- Sozialversicherungsbeiträge;
- Wehrpflichtersatzabgaben.

2 Die verschiedenen Steuerfolgen werden dabei meist kumulativ, manchmal aber auch nur alternativ ausgelöst.

II. Notariats- und Grundbuchgebühren

1. Allgemeines

3 1. Der Grundstückverkauf setzt eine öffentliche Beurkundung voraus[1]. Im Weiteren muss der Eigentümerwechsel im Grundbuch eingetragen werden[2]. Beide Vorgänge lösen Gebühren aus.

4 Eine Gebühr ist ein Entgelt für besondere Leistungen des Gemeinwesens zugunsten des Bürgers, für eine besondere Inanspruchnahme der öffentlichen Verwaltung (die auch Privaten übertragen sein kann). Die Höhe der Gebühr kann grundsätzlich höchstens dem Betrag entsprechen, der für die Kostendeckung der Verwaltungstätigkeit erforderlich ist.

5 Im Gegensatz dazu wird eine Steuer gegenleistungslos zur Deckung des finanziellen Bedürfnisses des Gemeinwesens erhoben, d.h. sie setzt keine zurechenbare Gegenleistung des Gemeinwesens gegenüber dem Abgabepflichtigen voraus.

---

[1] Art. 216 Abs. 1 OR.
[2] Art. 958 Ziff. 1 ZGB.

2. Die Notariats- und Grundbuchgebühren werden, je nach kantonalem Recht, kumulativ zur Handänderungssteuer erhoben. In einigen Kantonen sind die Gebühren aber mit der Handänderungssteuer abgegolten (in diesem Fall handelt es sich bei der Handänderungssteuer um eine sog. Gemengsteuer)[3]. Im Verhältnis zu den restlichen Steuern und Beiträgen werden die Notariats- und Grundbuchgebühren kumulativ erhoben.

2. Steuersubjekt

Im Kaufvertrag wird jeweils abgemacht, wie die Gebühren vom Verkäufer und vom Käufer zu tragen sind. In der Regel tragen der Verkäufer und der Käufer je die Hälfte der Gebühren.

3. Steuerobjekt

Gebührenauslösender Tatbestand (Steuerobjekt) ist die Tatsache des Verkaufs. Es wird kein Gewinn (wie beispielsweise bei der Grundstückgewinnsteuer) vorausgesetzt.

4. Bemessungsgrundlage

Die Gebühren werden in der Regel aufgrund des Kaufpreises berechnet. Anstelle des öffentlich beurkundeten Kaufpreises kann in gewissen Ausnahmefällen (z.B. bei Tauschgeschäften ohne Wertangabe) der Verkehrswert des Grundstücks als Bemessungsgrundlage zum Zug kommen.

5. Steuertarif

1. Die Höhe der Gebühren ist je nach der Lage der Grundstücke ausserordentlich unterschiedlich, da es sich hierbei nicht um bundesweit einheitlich festgesetzte Gebühren handelt. Als Beispiel seien die Gebühren im Kanton Zürich genannt:

2. Die Notariatsgebühr beträgt 1‰.

3. Die Grundbuchgebühr beträgt 2,5‰.

---

[3] Vgl. hierzu Nr. 15.

III. Handänderungssteuern

1. Allgemeines

13 1. Handänderungssteuern werden in der Schweiz von den Kantonen und/oder ihren Gemeinden[4], nicht aber vom Bund erhoben. Die Terminologie ist dabei nicht einheitlich. So werden die Handänderungssteuern bald als «Abgabe», bald als «Steuer» oder als «Gebühr» bezeichnet.

14 2. Die Handänderungssteuern knüpfen wie die Grundstückgewinnsteuern grundsätzlich an Handänderungen von Grundstücken an, wobei nach den meisten kantonalen Regelungen auch die wirtschaftliche Handänderung, bei welcher nur die wirtschaftliche Verfügungsgewalt über ein Grundstück und nicht das zivilrechtliche Eigentum daran übertragen wird, eine Handänderungssteuerpflicht auslöst[5]. Die Handänderungssteuer wird indessen nicht auf den Gewinnen erhoben, sondern knüpft lediglich an die Handänderung als Vorgang an. Sie wird damit grundsätzlich auch dann erhoben, wenn mit der Veräusserung nicht ein Gewinn, sondern ein Verlust realisiert wird. Die Handänderungssteuer ist damit eine Rechtsverkehrssteuer, deren Steuerobjekt der Übergang eines Rechts an Grundstücken von einer Person auf eine andere ist. Sie wird allein durch die Tatsache ausgelöst, dass ein Grundstück die Hand wechselt.

15 3. In den Kantonen Glarus und Schaffhausen weisen die Handänderungsabgaben nicht Steuer-, sondern lediglich Gebührencharakter auf. In den Kantonen Uri und Aargau handelt es sich bei den Handänderungssteuern um sog. Gemengsteuern. Die Gemengsteuer charakterisiert sich dabei als Verbindung einer Grundbuchgebühr mit einer Steuer[6]. Sie besteht somit in einer Steuer, die verbunden ist mit einer andern Abgabe. Die Abgabe besteht dabei einerseits in dem Entgelt für das Tätigwerden der Behörde (z.B. Grundbucheintrag) und ist anderseits gegenleistungslos geschuldete Abgabe, da vom Steuerpflichtigen ein höherer Betrag eingefordert wird, als zur blossen Kostendeckung notwendig wäre. In den restlichen Kantonen wird die Handänderungssteuer dagegen als reine Steuer (und somit zusätzlich zu den Notariats- und Grundbuchgebühren) erhoben.

---

[4] Zur Steuerhoheit von Kantonen und Gemeinden vgl. Nr. 16 f.
[5] Zur wirtschaftlichen Handänderung vgl. Nr. 51 ff. Eine Handänderungssteuer bei wirtschaftlichen Handänderungen erheben die Kantone Zürich, Luzern, Nidwalden, Solothurn, Basel-Landschaft, Appenzell Innerrhoden, St. Gallen, Graubünden und Thurgau.
[6] Zur Definition der Gebühr vgl. Nr. 4.

4. In den Kantonen bestehen unterschiedliche Regelungen darüber, ob die Handänderungssteuer vom Kanton oder von den Gemeinden erhoben wird. In der Mehrheit der Kantone wird die Steuer vom Kanton selbst erhoben[7]. In einigen dieser Kantone sind die Gemeinden aber am Ertrag der Kantonssteuer beteiligt[8].

In den Kantonen Zürich, Schwyz und St. Gallen ist die Handänderungssteuer als obligatorische Gemeindesteuer ausgestattet. Die Kantone Appenzell Ausserrhoden und Graubünden kennen die Handänderungssteuer demgegenüber lediglich als fakultative Gemeindesteuer[9]; in jenen Gemeinden, die also auf die Erhebung der Gemeindesteuer verzichten, fällt keine Handänderungssteuer an.

2. Steuersubjekt

1. Die Handänderungssteuer ist in der Regel vom *Erwerber* des Grundstücks zu bezahlen[10].

Vereinzelt ist die Handänderungssteuer von den Handänderungsparteien je zur Hälfte geschuldet. Diese Regelung kennen die Kantone Zürich, Obwalden und Basel-Landschaft.

Im Kanton Uri ist die Steuer (von Ausnahmen abgesehen) vom Veräusserer zu bezahlen.

Nach dem Recht im Kanton Zug und Aargau können die Parteien frei vereinbaren, ob der Erwerber und/oder der Veräusserer die Handänderungssteuer zu bezahlen habe.

In den Kantonen Appenzell Ausserrhoden und Graubünden, in denen die Handänderungssteuer als fakultative Gemeindesteuer ausgestaltet ist, bestehen je nach Gemeindesteuergesetz unterschiedliche Regelungen.

---

[7] Bern, Luzern, Uri, Obwalden, Nidwalden, Glarus, Zug, Freiburg, Solothurn, Basel-Stadt, Basel-Landschaft, Schaffhausen, Appenzell Innerrhoden, Aargau, Thurgau, Tessin, Waadt, Wallis, Neuenburg, Genf, Jura.
[8] Luzern (Anteil der Gemeinde: $1/3$), Obwalden ($1/2$), Zug ($1/2$), Basel-Landschaft ($1/2$), Appenzell Innerrhoden (30%), Genf ($1/4$).
[9] In den Kantonen Freiburg und Waadt können die Gemeinden fakultativ einen Zuschlag zur Kantonssteuer erheben.
[10] Bern, Luzern, Schwyz, Nidwalden, Freiburg (mit Ausnahmen), Solothurn, Basel-Stadt (mit Ausnahmen), Appenzell Innerrhoden, St. Gallen (mit solidarischer Haftung des Veräusserers), Thurgau (mit solidarischer Haftung des Veräusserers, die aber wegbedungen werden kann), Tessin, Waadt (mit solidarischer Haftung des Veräusserers, die aber wegbedungen werden kann), Wallis, Neuenburg, Genf (Bezahlung durch den Notar, der die Steuer auf den Erwerber zu überwälzen hat) und Jura.

23 2. Wie bei der Grundstückgewinnsteuer sind die Eidgenossenschaft und ihre Anstalten nach Art. 10 des Garantiegesetzes von der Steuerpflicht befreit[11]. Vielfach sind auch der Kanton, die Gemeinden und die öffentlich-rechtlichen Körperschaften des kantonalen und kommunalen Rechts von der Handänderungssteuer befreit.

3. Steuerobjekt

24 1. Gegenstand der Handänderungssteuer bildet stets ein Verkehrsvorgang, nämlich die *Handänderung*[12] an einem Grundstück. Die eine Handänderungssteuer auslösenden Handänderungen decken sich dabei weitgehend mit solchen, bei welchen eine Grundstückgewinnsteuer fällig wird. Anders als die Grundstückgewinnsteuer wird jedoch die Handänderungssteuer auch dann ausgelöst, wenn aus der Grundstückveräusserung ein Verlust resultiert[13].

25 2. Sämtliche kantonalen Steuergesetze kennen auch Bestimmungen, die bestimmte Arten von Handänderungen von der Handänderungssteuer ausnehmen. Die Befreiungstatbestände sind in den Kantonen sehr verschiedenartig geregelt. In einer grösseren Anzahl von Kantonen bzw. Gemeinden werden spezielle Handänderungen wie namentlich solche infolge Tauschs, Zwangsverwertung, Enteignung und Handänderungen unter Verwandten durch gänzliche oder teilweise Steuerbefreiung privilegiert.

4. Bemessungsgrundlage

26 1. Die Handänderungssteuer wird in der Regel vom *Erlös* bemessen. Der Erlös wird dabei regelmässig als Kaufpreis mit Einschluss aller weiteren Leistungen des Erwerbers umschrieben[14]. Wenn wie beispielsweise beim Tausch kein Kaufpreis festgesetzt wurde oder der vereinbarte Kaufpreis offensichtlich vom Verkehrswert abweicht, so wird auf den Verkehrswert als Ersatzwert abgestellt. Zum Teil kennen die Kantone auch andere Bemessungsgrundlagen, die in Form eines amtlichen oder ähnlichen Werts bestehen.

---

[11] Vgl. Nr. 61; BGE 111 Ib 6.
[12] Vgl. ausführlicher Nr. 48 ff.
[13] Dies im Gegensatz zur Grundstückgewinnsteuer, bei der das Vorliegen eines Gewinns begriffsnotwendig ist, da dieser dort das Steuerobjekt darstellt (vgl. dazu Nr. 65 f.).
[14] Vgl. hierzu ausführlich die Ausführungen im Zusammenhang mit der Grundstückgewinnsteuer (Nr. 84 ff.).

2. Von besonderer Bedeutung bei der Handänderungssteuer ist die sog. *Zusammenrechnungspraxis*[15]. Danach wird als grundsteuerlich massgebender Erlös die Summe von Landkaufpreis und Werklohn betrachtet, wenn der Käufer mit dem Verkäufer (oder einem diesem nahe stehenden Dritten) einen Werkvertrag abgeschlossen hat, womit die Erstellung einer Baute auf dem Kaufgrundstück durch den Verkäufer (oder dem nahe stehenden Dritten) vereinbart worden ist, sofern die Verträge (Kaufvertrag und Werkvertrag) so voneinander abhängen, dass es ohne den einen nicht zum Abschluss des andern gekommen wäre und die Geschäfte zudem als Ganzes dem Verkauf eines schlüsselfertigen Hauses gleichkommen[16]. Eine Zusammenrechnung von Landpreis und Werklohn wird in der Praxis vor allem dann vorgenommen, wenn auf dem Kaufgrundstück bereits vor der entsprechenden Handänderung eine Baubewilligung (insbesondere eine Arealüberbauungsbewilligung) erteilt worden ist, und der Landkäufer anlässlich des Kaufs einen Werkvertrag basierend auf den bereits bewilligten Plänen über die Erstellung von Bauten auf dem Kaufgrundstück mit dem Verkäufer abschliesst. Indizien, die den Schluss auf ein einheitliches Rechtsgeschäft nahe legen können, sind beispielsweise auch Hinweise in den «Weiteren Bestimmungen» zum Kaufvertrag auf die geplante Überbauung[17] sowie die vorgängige Inserierung schlüsselfertiger Häuser.

27

5. Steuertarif

Die Handänderungssteuer wird in der Regel nach einem *proportionalen Tarif* erhoben, der sich in Prozenten der Bemessungsgrundlage bemisst. In der Regel beträgt der Tarif 1–3% der Bemessungsgrundlage, d.h. des Kaufpreises, des Verkehrswerts oder des amtlichen Werts des Grundstücks. Ein progressiver Tarif besteht lediglich in den Kantonen Uri, Tessin und Wallis (wobei sich die Progression in engen Grenzen hält). Vereinzelt unterliegen gewisse Handänderungen, wie beispielsweise solche unter Verwandten, einer reduzierten Handänderungssteuer[18].

28

Auf die Anwendung eines jährlichen Vielfachen wird durchwegs verzichtet; somit kann dem Steuertarif direkt die volle Steuerbelastung entnommen werden.

29

---

[15] Vgl. hierzu BGer, 23.2.1993, StE 1993 B 45 Nr. 8.
[16] Vgl. BGer, 1.11.1994, ASA 64, S. 423; RB 1997 Nr. 50.
[17] Z.B. in Form von Ausnützungsrevers, Durchleitungsrechten, Näher- und Grenzbaurechten etc.
[18] Eine solche Ermässigung bei Handänderungen unter Verwandten kennen die Kantone Zürich, Bern, Zug, Solothurn, Appenzell Ausserrhoden, St. Gallen, Thurgau, Genf und Jura.

IV. Grundstückgewinnsteuern

1. Allgemeines

A. Die kantonalen Grundstückgewinnsteuersysteme

30 1. Aufgrund von Art. 2 Abs. 1 lit. d und Art. 12 StHG sind die Kantone verpflichtet, eine Grundstückgewinnsteuer zu erheben[19] und somit Mehrwerte, welche bei der Veräusserung von Grundstücken realisiert werden, zu besteuern[20]. Diese Kompetenz und Verpflichtung können die Kantone auch allein an ihre Gemeinden weitergeben (Art. 2 Abs. 2 StHG). In der konkreten Umsetzung dieses Harmonisierungsauftrags wird den Kantonen aber ein weiter Gestaltungsspielraum zugestanden.

31 2. Im Einklang mit der harmonisierungsrechtlichen Vorgabe werden Zuwachsgewinne auf Grundstücken nach den Steuerordnungen sämtlicher Kantone besteuert. Die Besteuerung erfolgt indessen in den Kantonen sehr unterschiedlich. Daran hat sich auch unter dem StHG nichts geändert.

32 Es ist den Kantonen nämlich freigestellt, ob sie die Grundstückgewinne nach dem sog. dualistischen oder St. Galler System oder nach dem sog. monistischen oder Zürcher System besteuern wollen[21]. Das StHG untersagt es den Kantonen einzig, ein darüber hinausgehendes drittes System anzuwenden (indem z.B. alle Gewinne – sowohl auf Geschäfts- als auch Privatgrundstücken – mit der allgemeinen Einkommens- bzw. Gewinnsteuer erfasst würden).

33 3. Für alle Kantone gilt, dass Handänderungen an Grundstücken des **Privatvermögens** mit einer als Spezialsteuer ausgestalteten Grundstückgewinnsteuer erfasst werden. Der Bund dagegen kennt keine Grundstückgewinnsteuer.

34 4. Die Behandlung der Grundstückgewinne, die auf Grundstücken des **Geschäftsvermögens**[22] erzielt werden, ist demgegenüber in der Schweiz nicht einheitlich. Obwohl die Gewinne auf Grundstücken des Geschäftsvermögens Unternehmensgewinne sind, die im Saldo der Erfolgsrechnung inbegriffen sind, werden diese Grundstückgewinne nicht durchwegs mit der allgemeinen Einkommens- bzw. Gewinnsteuer erfasst.

35 Vielmehr teilen sich diesbezüglich die Schweizer Kantone in **zwei Gruppen** auf:

---

[19] Demgegenüber ist es dem Bund untersagt, eine Grundstückgewinnsteuer zu erheben.
[20] Zur Abgrenzung von Vermögensertrag und Kapitalgewinn vgl. Nr. 159 ff.
[21] Zu den beiden Systemen vgl. Nr. 35 ff.
[22] Zur Abgrenzung zwischen Geschäfts- und Privatvermögen vgl. Nr. 167 ff.

Im Grossteil der Kantone[23] (und im Bund[24]) werden Gewinne bei Handänderungen an Grundstücken des Geschäftsvermögens mit der allgemeinen Einkommens- oder Gewinnsteuer erfasst und zum übrigen Einkommen bzw. Gewinn hinzugerechnet. Diese Art der Besteuerung der Grundstückgewinne (Grundstücke des Privatvermögens mit einer Spezialsteuer, Grundstücke des Geschäftsvermögens mit allgemeinen Steuern) wird als **dualistisches oder St. Galler System** bezeichnet.

36

5. Die zweite Gruppe der Schweizer Kantone folgt demgegenüber dem sog. **monistischen oder Zürcher System**. Nach diesem System wird keine Unterscheidung zwischen Grundstücken des Privat- oder des Geschäftsvermögens getroffen; vielmehr werden alle Gewinne, die bei Handänderungen an Grundstücken anfallen, mit einer Spezialsteuer erfasst. Die Grundstückgewinne im Bereich des Geschäftsvermögens werden in diesem System von der Einkommens- bzw. Gewinnbesteuerung ausgeklammert und wie die Gewinne auf Grundstücken des Privatvermögens der Grundstückgewinnsteuer unterworfen[25].

37

6. Für die Abgrenzung, welches der beiden Systeme der Besteuerung von Grundstückgewinnen zur Anwendung kommt, ist auf die Lage des Grundstücks abzustellen.

38

7. In den weitaus meisten Kantonen handelt es sich bei der Grundstückgewinnsteuer um eine kantonale Abgabe. In den Kantonen Zürich und Zug wird die Grundstückgewinnsteuer obligatorisch von den Gemeinden erhoben. In den Kantonen Bern, Obwalden, Freiburg, Basel-Stadt, Schaffhausen, St. Gallen und Jura erheben die Gemeinden obligatorisch neben dem Kanton eine Grundstückgewinnsteuer, im Kanton Graubünden freiwillig. In den restlichen Kantonen

39

---

[23] Es handelt sich um die Kantone Luzern, Obwalden, Glarus, Zug, Freiburg, Solothurn, Schaffhausen, Appenzell Ausserrhoden, St. Gallen, Graubünden, Aargau, Waadt, Wallis, Neuenburg, Genf und Jura. Dabei werden in den Kantonen Luzern, Obwalden, Glarus, Zug, Solothurn, Appenzell Ausserrhoden und St. Gallen Gewinne aus dem Handel mit Geschäftsgrundstücken mit der Grundstückgewinnsteuer erfasst, wenn im Kanton lediglich eine Steuerpflicht aus Grundeigentum besteht. Im Kanton Genf unterliegen als Besonderheit alle Gewinne auf Geschäftsgrundstücken der Grundstückgewinnsteuer. Diese Steuer wird aber an die Einkommens- bzw. Gewinnsteuer angerechnet.
[24] Vgl. hierzu Nr. 145 ff.
[25] Es handelt sich um die Kantone Zürich, Bern, Uri, Schwyz, Nidwalden, Basel-Stadt, Basel-Landschaft, Appenzell Innerrhoden, Thurgau, Tessin und Genf. Besonderheiten innerhalb dieser Kantone: Zürich, Uri, Schwyz, Nidwalden, Basel-Stadt, Appenzell Innerrhoden, Thurgau, Tessin: Sog. wiedereingebrachte Abschreibungen werden mit der Einkommens- bzw. Gewinnsteuer erfasst (vgl. hierzu ausführlicher Nr. 140 ff.); Bern: Gewinne auf Grundstücken, mit denen der Steuerpflichtige in Ausübung seines Berufs handelt, unterliegen der Einkommens- bzw. Gewinnsteuer, sofern er an ihnen wertvermehrende Arbeiten im Ausmass von mindestens 25% des Erwerbspreises ausgeführt hat; Genf: Alle Gewinne auf Geschäftsgrundstücken unterliegen der Grundstückgewinnsteuer. Diese Steuer wird aber an die Einkommens- bzw. Gewinnsteuer angerechnet.

wird die Grundstückgewinnsteuer allein durch den Kanton erhoben, wobei in diesen Kantonen die Gemeinden in der Regel in der einen oder andern Form am Ertrag der kantonalen Steuer partizipieren.

B. Die Rechtsnatur der Grundstückgewinnsteuer

40   1. Die Grundstückgewinnsteuer ist regelmässig eine **direkte Spezialeinkommenssteuer, die nichtperiodisch beim Empfänger der Leistung als Objektsteuer erhoben** wird.

41   2. Die Grundstückgewinnsteuer ist ihrer Natur nach eine *Einkommenssteuer*. Mit ihr wird ebenfalls ein Einkommensbestandteil besteuert, nämlich das anlässlich der Veräusserung eines Grundstücks erzielte Einkommen. Insofern handelt es sich bei der Grundstückgewinnsteuer wie bei der allgemeinen Einkommenssteuer um eine auf dem Zuflussprinzip basierende Steuer. Bei der Grundstückgewinnsteuer handelt es sich jedoch in dem Sinn um eine formalisierte Gewinnsteuer, als sie die Rechtsfolge der Besteuerung stark an den Akt der Handänderung[26] bindet.

42   3. Die Grundstückgewinnsteuer gilt als *Spezialsteuer* (Sondersteuer), weil mit ihr nur ein Teil des Einkommens besteuert wird, nämlich der anlässlich einer Handänderung erzielte Gewinn (partielle Vermögensgewinnsteuer). Dieser Gewinn ist grundsätzlich Bestandteil des Einkommens und könnte somit auch mit der allgemeinen Einkommens- bzw. Gewinnsteuer erfasst werden. Dass dies nicht der Fall ist, ist in erster Linie auf die Entstehungsgeschichte der Grundstückgewinnsteuer zurückzuführen. Der Grundstückgewinn wird deshalb durch eine Spezialsteuer (die Grundstückgewinnsteuer) erfasst, welche an die Stelle der allgemeinen Einkommenssteuer tritt.

43   4. Die Grundstückgewinnsteuer ist von ihrer Charakterisierung her in erster Linie eine *Objektsteuer* und keine Subjektsteuer[27]. Unterscheidungskriterium für diese Einteilung ist das Verhältnis der Steuer zur persönlichen Leistungsfähigkeit des Steuerpflichtigen. Für die Gewinnermittlung und die Steuerberechnung wird grundsätzlich nur auf das veräusserte Grundstück und die damit zusammenhängenden Kosten und Aufwendungen abgestellt. Mit der Grundstückgewinnsteuer werden auf Grundstücken erzielte Gewinne getrennt vom übrigen Einkommen erfasst.

---

[26] Zum Begriff der Handänderung vgl. Nr. 48 ff.
[27] Wobei dies den Kantonen nach dem StHG freigestellt ist. Der Kanton Bern hat seine Grundstückgewinnsteuer mit Elementen der Subjektsteuer versehen. Insbesondere ist eine Verlustverrechnung zwischen Grundstückgewinnen und übrigen Verlusten möglich.

Es wird somit bei der Erfassung von Grundstückgewinnen im Gegensatz zu den als Subjektsteuern ausgestalteten direkten Steuern vom Einkommen und Vermögen nicht die gesamte (allgemeine) wirtschaftliche Leistungsfähigkeit des Steuerpflichtigen berücksichtigt. Vielmehr bemisst sich die wirtschaftliche Leistungsfähigkeit regelmässig allein nach der Höhe des Gewinns auf dem Objekt, d.h. auf dem veräusserten Grundstück. Der Grundsatz der Besteuerung nach der wirtschaftlichen Leistungsfähigkeit wird somit bei den meisten kantonalen Rechten auch bei der Grundstückgewinnsteuer nicht völlig vernachlässigt; der auf dem Objekt erzielte Gewinn wird zum Massstab für die wirtschaftliche Leistungsfähigkeit, indem grössere Gewinne auf dem Objekt stärker besteuert werden als kleinere (progressive Steuertarife). 44

5. Die Grundstückgewinnsteuer wird nicht periodisch erhoben, sondern nur bei Anlass einer Handänderung. 45

C. Begriff des Grundstücks

Die Umschreibung der Grundstücke in sämtlichen kantonalen Steuergesetzen richtet sich nach der Definition in Art. 655 ZGB[28]. Alle sachenrechtlichen Grundstücke sind auch im Steuerbereich als Grundstücke eingestuft[29]. 46

Darüber hinaus knüpft die Grundstückgewinnsteuer nicht nur an zivilrechtliche, sondern auch an wirtschaftliche Sachverhalte an, weshalb auch die bloss mittelbare Übertragung von Grundstücken steuerlich erfasst werden kann. So wird z.B. der Verkauf einer Mehrheitsbeteiligung an einer Immobiliengesellschaft auch besteuert. 47

D. Begriff der Handänderung

1. Die Handänderung[30] ist der äussere, sichtbare Anlass, bei welchem ein Grundstückmehrwert realisiert wird. Sie ist damit Bestandteil des Steuerobjekts[31]. Der *Grundstückkauf* wird im Bereich des Steuerrechts begrifflich als eine Unterart der Handänderung an einem Grundstück im Sinn von Art. 655 Abs. 2 ZGB aufgefasst. Es handelt sich dabei nach steuerrechtlicher Terminolo- 48

---

[28] So ausdrücklich § 104 Abs. 3 BS-StG.
[29] Darüber hinaus ordnen die Kantone Bern und Jura in ihren Steuergesetzen auch die Wasserkräfte und die Rechte an solchen den Grundstücken zu.
[30] Anstelle des Begriffs «Handänderung» wird in einigen kantonalen Steuergesetzen wie auch im Steuerharmonisierungsgesetz (Art. 12) der Begriff «Veräusserung» verwendet. Die beiden Begriffe sind aber gleichzusetzen.
[31] Vgl. dazu auch Nr. 65 f.

gie um eine sog. zivilrechtliche Handänderung, deren Rechtsgrund in einem Kaufvertrag nach Art. 216 OR besteht.

49 **2.** Unter einer **zivilrechtlichen Handänderung** ist der auf einem gültigen Rechtsgrund des zivilen oder öffentlichen Rechts beruhende Übergang von sachenrechtlichem Eigentum an einem Grundstück oder Grundstückanteil vom bisherigen Rechtsträger auf einen andern zu verstehen, worunter auch der Grundstückkauf nach Art. 216 OR fällt.

50 Damit eine zivilrechtliche Handänderung im Allgemeinen und des Grundstückkaufs im Besonderen besteuert werden kann, bedarf es somit eines gültigen Rechtsgrunds (Kaufvertrag) und der Eintragung im Grundbuch. Da beim Grundstückkauf der Grundbucheintrag konstitutive Wirkung hat, ist der Tag der Eintragung zugleich der massgebende Zeitpunkt für die Entstehung des Anspruchs auf die Besteuerung des Grundstückgewinns.

51 **3.** Von der zivilrechtlichen ist die **wirtschaftliche Handänderung** zu unterscheiden. Während mit der zivilrechtlichen Handänderung in aller Regel eine (konstitutive oder deklaratorische) grundbuchliche Mutation verbunden ist[32], schlägt sich eine wirtschaftliche Handänderung nicht in einer Grundbucheintragung nieder.

52 Bei der wirtschaftlichen Handänderung bleiben im Gegensatz zur zivilrechtlichen Handänderung die Eigentumsverhältnisse am betroffenen Grundstück unverändert. Es werden lediglich die wesentlichen Herrschaftsbefugnisse über ein Grundstück vom bisherigen auf einen andern Rechtsträger übertragen, ohne dass damit ein formeller zivilrechtlicher Eigentumswechsel verbunden wäre. Die kantonalen Steuergesetze umschreiben die wirtschaftliche Handänderungen daher im Einklang mit Art. 12 Abs. 2 lit. a StHG, welche Bestimmung die Besteuerung von wirtschaftlichen Handänderungen zwingend vorschreibt, in der Regel als Rechtsgeschäfte, die in Bezug auf die Verfügungsgewalt über ein Grundstück wirtschaftlich wie (zivilrechtliche) Handänderungen wirken.

53 Die Hauptanwendungsfälle der wirtschaftlichen Handänderung betreffen den *Übergang von beherrschenden Anteilen an Immobiliengesellschaften*[33] sowie

---

[32] Der Regelfall des Eigentumserwerbs ist wie beim Grundstückkauf die Eintragung im Grundbuch. Daneben existieren verschiedene Tatbestände des ausserbuchlichen Erwerbs, wie z.B. bei Aneignung, Erbgang, Enteignung, Zwangsvollstreckung oder richterlichem Urteil (Art. 656 Abs. 2 ZGB; die Aufzählung ist nicht abschliessend [MEIER-HAYOZ, BerKomm, N 3 zu Art. 656 ZGB]), bei denen der Grundbucheintrag bloss deklaratorische Bedeutung hat.

[33] Die Veräusserung einer Minderheitsbeteiligung an einer Immobiliengesellschaft unterliegt lediglich in den Kantonen Freiburg, Tessin, Waadt, Wallis, Neuenburg und Genf der Grundstückgewinnsteuer. Der Kanton Aargau sieht im Weiteren vor, dass die Übertragung von Minderheitsbeteiligungen an Immobiliengesellschaften dann mit der Grundstückgewinnsteuer erfasst werden, wenn diese Beteiligungsrechte ein Sondernutzungsrecht (z.B. ein Wohnrecht) an einer Wohneinheit verkörpern.

die sog. *Kettengeschäfte*. Beim Grundstückkauf ist insbesondere das Kettengeschäft zu beachten. Grundlage eines Kettengeschäfts ist ein Vertrag (Kaufvertrag, Kaufsrechts-, Rückkaufsrechts- oder Vorkaufsrechtsvertrag) über ein Grundstück. Dem Erwerber (im Folgenden als Zwischenerwerber bezeichnet) wird dabei im Regelfall durch eine sog. Substitutionsklausel das Recht eingeräumt, einen Dritten in seine Rechtsposition eintreten zu lassen. Dieser Dritte hat dann seinerseits die Möglichkeit, das obligatorische Geschäft im Grundbuch eintragen oder eine weitere daran interessierte Person als möglichen Käufer in den Vertrag eintreten zu lassen. Die Konsequenz, dass dank der Substitutionsklausel mehrere Personen als mögliche Erwerber nacheinander im selben Kaufvertrag auftreten können, bringt dem Geschäft den Namen «Kettengeschäft/Kettenhandel» ein. Zivilrechtlich liegt im Fall eines Kettengeschäfts somit nur eine Handänderung vor, nämlich diejenige zwischen dem Verkäufer und demjenigen Erwerber, der sich am Schluss ins Grundbuch eintragen lässt (Enderwerber). Die Besteuerung knüpft aber an die wirtschaftlichen Verhältnisse an, d.h. es werden die Übertragungen der wirtschaftlichen Verfügungsmacht vom zivilrechtlichen Eigentümer an den Zwischenerwerber und darauf von diesem an den Enderwerber besteuert[34]. Konsequenterweise entfällt die Besteuerung der zivilrechtlichen Eigentumsübertragung vom bisherigen zivilrechtlichen Eigentümer an den Enderwerber.

Zu beachten ist somit, dass nicht nur zivilrechtliche Grundstückkäufe die Grundstückgewinnsteuer auslösen können. Auch Rechtsgeschäfte, die wirtschaftlich wie zivilrechtliche Grundstückkäufe wirken, können der Besteuerung unterliegen. 54

E. Verhältnis zu andern Steuern

Die Erhebung einer kantonalen Grundstückgewinnsteuer schliesst die Erhebung von andern Steuern in der Regel nicht aus. Insbesondere werden die Grundstückgewinnsteuer und die Handänderungssteuer regelmässig nebeneinander erhoben. 55

---

[34] Finden mehrere Übertragungen der wirtschaftlichen Verfügungsmacht bis zum zivilrechtlichen Erwerb statt (indem gestützt auf die Substitutionsklausel mehrere Zwischenerwerber nacheinander in den [Kauf-]Vertrag eintreten), werden selbstverständlich alle diese Übertragungen besteuert.

56 Wird eine Grundstückgewinnsteuer erhoben, kann dieselbe Bemessungsgrundlage (der Gewinn)[35] aber nicht mehr mit einer kantonalen Einkommens- bzw. Gewinnsteuer erfasst werden[36].

2. Steuersubjekt

57 1. Steuerpflichtig ist für die Grundstückgewinnsteuer stets der *Veräusserer* des Grundstücks; diese Steuerpflicht kann durch Parteivereinbarung nicht abgeändert werden.

58 Als Veräusserer gilt grundsätzlich derjenige, der als zivilrechtlicher Eigentümer eines Grundstücks im Grundbuch eingetragen ist. Da der Begriff der Handänderung auch auf wirtschaftliche Sachverhalte ausgedehnt wird, gelten auch all jene Personen als Veräusserer, welche eine wirtschaftliche Verfügungsgewalt über Grundstücke besitzen und diese entgeltlich übertragen.

59 Dabei sind auch in ungetrennter Ehe lebende Frauen und unmündige Kinder selbständig für die Grundstückgewinnsteuer steuerpflichtig[37].

60 Sofern mehrere Gesamt- oder Miteigentümer das im Gesamt- oder Miteigentum stehende Grundstück veräussern, gelten in der Regel sämtliche gemeinschaftlichen Eigentümer als Veräusserer und werden dementsprechend auch gemeinsam in das Veranlagungsverfahren für die Grundstückgewinnsteuer einbezogen.

61 2. Zufolge Bundesrechts sind die Eidgenossenschaft und ihre Anstalten nach Art. 10 des Bundesgesetzes vom 26. März 1934 über die politischen und polizeilichen Garantien zugunsten der Eidgenossenschaft (Garantiegesetz) von der Grundstückgewinnsteuer befreit[38].

62 Einige Kantone sehen vor, dass der Kanton, die Gemeinden sowie ihre Anstalten generell von der Grundstückgewinnsteuerpflicht befreit sind[39].

---

[35] Vgl. demgegenüber aber die Behandlung der wiedereingebrachten Abschreibungen in Nr. 141.

[36] Ausnahme: Im Kanton Genf kommt grundsätzlich für jeden Steuerpflichtigen eine Spezialsteuer zur Anwendung, die unmittelbar nach der Handänderung erhoben wird. Zusätzlich versteuern juristische Personen sowie Selbständigerwerbende die Grundstückgewinne (auf dem Geschäftsvermögen) aber auch im Rahmen der ordentlichen Gewinn- bzw. Einkommensteuer. Um die sich dadurch ergebende Doppelbesteuerung zu beheben, können diese Steuerpflichtigen die bereits entrichtete Spezialsteuer von der geschuldeten Jahressteuer in Abzug bringen; der evtl. zu viel erhobene Betrag wird zurückerstattet.

[37] Im Kanton Jura werden die Grundstückgewinne beider Ehegatten zusammengezählt.

[38] BGE 111 Ib 6. Weitere Bundesgesetze sehen explizit die Steuerbefreiung zusätzlicher Bundesinstitutionen vor.

[39] § 218 lit. b ZH-StG; Art. 127 lit. b und c BE-StG; § 5 Abs. 1 Ziff. 2 LU-GStG; Art. 7 lit. b UR-GStG; § 112 lit. b und c SZ-StG; Art. 147 lit. b OW-StG; Art. 53 lit. a FR-StG; § 103 lit. a BS-StG; Art. 126 TI-StG.

Obwohl viele Kantone die Befreiung von der Grundstückgewinnsteuer für solche juristischen Personen vorgesehen haben, die auch von der Staatssteuerpflicht befreit waren, ist diese Befreiung unter der Geltung des Steuerharmonisierungsgesetzes nicht mehr möglich. Art. 23 Abs. 4 StHG schreibt für die Kantone verbindlich vor, dass sie die gemäss Art. 23 Abs. 1 lit. d–g StHG steuerbefreiten juristischen Personen (Vorsorgeeinrichtungen, Sozialversicherungs- und Ausgleichskassen, juristische Personen mit öffentlichen, gemeinnützigen oder Kultuszwecken) auf jeden Fall der Grundstückgewinnsteuer zu unterwerfen hätten. 63

3. Zu den Besonderheiten beim interkantonalen Liegenschaftenhändler vgl. nachfolgend Nr. 126 ff. 64

3. Steuerobjekt

A. Grundstückgewinn

Mit der Grundstückgewinnsteuer wird der bei einem Verkauf eines Grundstücks *realisierte Gewinn*[40] erfasst. Dieser bildet somit bei der Grundstückgewinnsteuer das Steuerobjekt[41] und nicht etwa das Grundstück selbst oder etwa der Verkauf (wie dies bei der Handänderungssteuer der Fall ist[42]). Bei der Grundstückgewinnsteuer handelt es sich aber in dem Sinn um eine formalisierte Gewinnsteuer, indem der Gewinn besteuert wird, *der anlässlich einer Handänderung realisiert wird*. 65

Das Steuerobjekt der Grundstückgewinnsteuer besteht daher aus drei verschiedenen Elementen, nämlich aus dem Gewinn, dem Grundstück und der Handänderung. Nur das Vorliegen aller drei Komponenten löst (unter Vorbehalt von Ausnahmen bei der Steuerpflicht)[43] eine Grundstückgewinnbesteuerung aus. 66

B. Ausnahmen von der Steuerpflicht

a. Ausgenommene Handänderungen

1. Bestimmte Arten von Handänderungen werden in vielen Kantonen bei der Grundstückgewinnsteuer privilegiert. 67

---

[40] Ausführlicher zum Grundstückgewinn vgl. Nr. 82 ff.
[41] Das Steuerobjekt ist definiert als der steuerbegründende, steuerauslösende Tatbestand.
[42] Vgl. Nr. 24.
[43] Vgl. Nr. 67 ff.

68 Das Steuerharmonisierungsgesetz schreibt dabei den Kantonen vor, dass sie diese Arten von Handänderungen nur mittels eines *Steueraufschubs* privilegieren können; Steuerbefreiungstatbestände, wie sie bis vor kurzem noch häufig in den kantonalen Steuergesetzen vorkamen, sind harmonisierungswidrig. Der Steueraufschub bewirkt, dass zum Zeitpunkt des Eigentumsübergangs keine steuerlich relevante Realisierung eines Grundstückgewinns angenommen wird. Es wird daher die Grundstückgewinnsteuer aufgeschoben mit der Wirkung, dass beim späteren Verkauf des Grundstücks auch der vor dem grundsteuerlich privilegierten Erwerb entstandene Wertzuwachs erfasst wird. Als letzte massgebende Handänderung für die Gewinnermittlung wird somit auf die frühere steuerauslösende Handänderung abgestellt.

69 2. Die Arten von Handänderungen, bei denen die Kantone einen Steueraufschub gewähren können, sind im Steuerharmonisierungsgesetz abschliessend aufgezählt (Art. 12 Abs. 3). Zusätzliche Tatbestände können von den Kantonen nicht privilegiert werden.

70 Im Folgenden werden nur jene Steueraufschubstatbestände behandelt, die bei einem Verkauf eines Grundstücks eine Rolle spielen können.

71 3. Beim *Verkauf eines Grundstücks von einem an den andern Ehegatten* tritt ein Steueraufschub ein, wenn die Handänderung im Zusammenhang mit dem Güterrecht stand. Verkäufe zur Abgeltung scheidungsrechtlicher Ansprüche führen ebenfalls zu einem Steueraufschub, wenn beide Ehegatten damit einverstanden sind[44].

72 4. *Tauschgeschäfte, die im Zug von Güterzusammenlegungen, Quartierplanverfahren, Grenzbereinigungen, Abrundungen landwirtschaftlicher Heimwesen und Landumlegungen im Enteignungsverfahren erfolgen,* sind nach Art. 12 Abs. 3 lit. c StHG ebenfalls zu privilegieren. Geringfügige Geldzahlungen zwischen den Parteien schaden dabei nicht, sofern der Charakter des Tauschgeschäfts nicht verloren geht und nicht eine der beiden Parteien ihr Grundvermögen versilbert.

73 Demgegenüber lösen normale Tauschgeschäfte, die nicht im Zug eines der vorgenannten Fälle wie Güterzusammenlegung etc. erfolgen, eine Grundstückgewinnsteuer aus, selbst wenn sie wettauf, d.h. ohne Aufgeld erfolgen.

74 Die Veräusserung eines Grundstücks an ein Gemeinwesen unter der unmittelbaren Drohung des Erlasses einer enteignungsähnlich wirkenden Planungsmassnahme ist der formellen Enteignung gleichzusetzen. Für die Annahme einer drohenden Enteignung müssen zwar nicht unbedingt alle Enteignungsvoraus-

---

[44] Art. 12 Abs. 3 lit. b StHG.

setzungen erfüllt sein. Der Veräusserer muss aber im Hinblick auf die allgemeine Sach- und Rechtslage ernsthaft mit einer künftigen Enteignung gerechnet haben. Die vertraglichen Leistungen müssen ausserdem aufgrund dieser Drohung objektiv nach Enteignungsgrundsätzen festgelegt worden sein.

5. Die Grundstückgewinnsteuer ist zudem bei Veräusserung eines *land- oder forstwirtschaftlichen* Grundstücks aufzuschieben, soweit der Erlös innert angemessener Frist für den Erwerb eines selbstbewirtschafteten Ersatzgrundstücks oder für die Verbesserung der bereits im Eigentum des Veräusserers stehenden selbstbewirtschafteten Grundstücke in der Schweiz verwendet wird[45].

6. Ein Steueraufschub tritt auch ein, wenn *dauernd und ausschliesslich selbstgenutztes Wohneigentum* veräussert und mit dem Erlös innert angemessener Frist (worunter regelmässig zwei Jahre verstanden werden)[46] eine gleich genutzte Ersatzliegenschaft in der Schweiz erworben oder gebaut wird[47].

Das veräusserte Grundstück muss dabei im Zeitpunkt des Verkaufs bzw. im Zeitpunkt, in dem der Entschluss zur Ersatzbeschaffung gefasst wird, vom Veräusserer selbst bewohnt werden. Es ist eigenes tatsächliches Bewohnen vorausgesetzt, was bedeutet, dass der Veräusserer im fraglichen Zeitpunkt im verkauften Grundstück seinen Wohnsitz gehabt haben muss.

Das Ersatzgrundstück muss sich nicht im selben Kanton wie das veräusserte Grundstück befinden; es ist auch eine Ersatzbeschaffung über die Kantonsgrenze hinaus möglich.

7. Zudem sind Kantone, die dem monistischen Grundstückgewinnsteuersystem folgen[48], verpflichtet, auch bei *Ersatzbeschaffungen von betriebsnotwendigem Anlagevermögen* innerhalb der Schweiz einen Steueraufschub vorzunehmen[49]. Vorausgesetzt wird, dass eine Subjektidentität zwischen dem Veräusserer und demjenigen, der die Ersatzbeschaffung durchführt, besteht, dass sowohl das Veräusserungsobjekt als auch das Ersatzobjekt betriebsnotwendiges Anlagevermögen darstellt und dass zwischen Veräusserung und Ersatzbeschaffung eine angemessene Frist liegt.

b. Bagatellgewinne

Die meisten Kantone kennen eine generelle Befreiung von der Steuerpflicht, wenn es sich nur um *Bagatellgewinne* handelt.

---

[45] Art. 12 Abs. 3 lit. d StHG.
[46] So ausdrücklich § 191 Abs. 1 ZG-StG; § 73 BL-StG.
[47] Art. 12 Abs. 3 lit. e StHG.
[48] Vgl. Nr. 37.
[49] Art. 12 Abs. 4 i.V.m. Art. 8 Abs. 4 und 24 Abs. 4 StHG.

81　Die Mehrheit der Kantone befreit nämlich Gewinne, die einen bestimmten Betrag nicht erreichen, wobei es sich hierbei meist um Steuerfreibeträge handelt[50]. Die Grenze für (steuerbefreite) Bagatellgewinne ist je nach dem kantonalen Recht unterschiedlich hoch angesetzt (in der Regel werden Gewinne bis Fr. 5000.– von der Grundstückgewinnsteuer freigestellt)[51].

4. Bemessungsgrundlage

A. Grundstückgewinn

82　Mit der Grundstückgewinnsteuer wird der bei einem Verkauf eines Grundstücks realisierte Gewinn erfasst. *Der steuerbare Grundstückgewinn wird nach Art. 12 Abs. 1 StHG als Differenzbetrag umschrieben, um welchen der Erlös die Anlagekosten übersteigt.*

83　Als Anlagekosten gelten der Erwerbspreis (oder ein allfälliger Ersatzwert) und die nach dem anwendbaren Gesetz anrechenbaren Aufwendungen.

B. Erlös

a. Erlös als Kaufpreis mit Einschluss aller weiteren Leistungen des Erwerbers

84　**1.** *Der grundsteuerlich massgebende Erlös entspricht in der Regel dem öffentlich beurkundeten Kaufpreis*[52], beschränkt sich aber nicht zwingenderweise darauf.

85　Der Erlös wird in den kantonalen Gesetzen nämlich jeweils als *Kaufpreis mit Einschluss aller weiteren Leistungen des Erwerbers* umschrieben. Zur Festsetzung des massgebenden Erlöses sind somit neben dem beurkundeten Kaufpreis auch sämtliche weiteren Parteivereinbarungen, seien sie nun im öffentlich beurkundeten Kaufvertrag genannt oder nicht, zu berücksichtigen. Alle Leistungen des Erwerbers, welche mit dem Kauf in kausalem Zusammenhang stehen und somit durch den Erwerber geleistet werden müssen, damit er das Kauf-

---

[50] Die Steuerfreibeträge dürfen nicht mit Steuerabzügen verwechselt werden. Während z.B. ein Gewinn von Fr. 4800.–, der unterhalb der Steuerfreibetragsgrenze liegt, steuerfrei bleibt, wird ein Gewinn von Fr. 5200.–, der oberhalb dieser Grenze liegt, vollumfänglich besteuert.
[51] Bis Fr. 7000.–: Luzern, Uri (Steuerabzug). Bis Fr. 6884.–: Solothurn. Bis Fr. 6000.–: Freiburg. Bis Fr. 5000.–: Zürich, Bern, Glarus, Zug, Schaffhausen, Waadt. Bis Fr. 4000.–: Appenzell Innerrhoden, Jura. Bis Fr. 3000.–: Appenzell Ausserrhoden, Graubünden. Bis Fr. 2200.–: St. Gallen. Bis Fr. 2000.–: Schwyz (Steuerabzug), Obwalden, Nidwalden, Wallis. Bis Fr. 500.–: Basel-Stadt. Bis zu einer Steuer von Fr. 100.–: Neuenburg. Bis zu einer Steuer von Fr. 30.–: Tessin.
[52] Verwaltungsgericht Schwyz, 25.8.1988, StE 1988 B 44.11 Nr. 5.

grundstück erhält, sind Bestandteil des grundsteuerlich massgebenden Erlöses. Der grundsteuerlich massgebende Erlös ist kein zivilrechtlicher, sondern ein *wirtschaftlicher Begriff*[53]. *Alles was der Erwerber in einem wirtschaftlichen Sinn verstanden an den Veräusserer persönlich oder auf dessen Rechnung an einen Dritten für die Grundstückübertragung leistet, bildet den grundsteuerlich massgebenden Erlös*[54]. Die vermögenswerten Leistungen müssen dabei nicht allein in Geld erfolgen; auf die Bezeichnung, die Form oder den formellen Empfänger[55] der Kaufpreisleistungen kommt es dabei nicht an[56]. Es ist grundsätzlich vom Nominalwert der Leistungen auszugehen. Später eingetretene Entwertungen oder Einbussen bei der Verwertung (z.B. im Konkurs des Käufers) fallen ausser Betracht[57].

Werden beispielsweise ausserhalb des öffentlich beurkundeten Kaufpreises weitere Leistungen erbracht, wie das Einräumen einer Rente, eines Wohnrechts, das Ausrichten von Sonderentschädigungen wie Räumungs- oder Umzugskosten etc., so liegt hierin eine weitere Leistung des Erwerbers, die dem Erlös aufzurechnen ist. Auch in der Übernahme der Grundstückgewinnsteuer durch den Käufer (nicht aber der Handänderungssteuer) liegt eine weitere Leistung. Ferner gelten auch Schwarzzahlungen, die der Erwerber dem Veräusserer leistet, als weitere Leistungen, die den Erlös erhöhen. Nach der zürcherischen Praxis gelten ausserdem Vorauszahlungen des (ganzen oder teilweisen) Grundstückpreises als weitere Leistung, wenn dem Veräusserer die volle Nutzungsbefugnis am Grundstück einstweilen noch verbleibt. Die Verzinsung der Vorauszahlung zu $4^{1}/_{2}\%$ für die Dauer vom Zeitpunkt der Zahlung an bis zum Übergang der Nutzung am Grundstück auf den Erwerber wird nach dieser Praxis dem nominalen Kaufpreis aufgerechnet[58]. 86

2. Umgekehrt kann sich aber die wirtschaftliche Betrachtungsweise auch zugunsten des veräussernden Steuerpflichtigen auswirken. 87

Spiegelbildlich zur Vorauszahlung bewirkt das Hinausschieben der Zahlungspflicht des Kaufpreises über den Zeitpunkt der Übertragung der Nutzung hinaus eine Erlösminderung. Eine solche tritt ferner beim Verkauf auf Kredit ein, 88

---

[53] Vgl. z.B. Verwaltungsgericht Bern, 30.8.1996, StE 1997 B 44.12.2 Nr. 4, sowie Art. 138 Abs. 1 BEStG: «Als Erlös gilt der gesamte Wert aller vermögenswerten Leistungen, zu denen sich die erwerbende Person gegenüber der veräussernden Person zu deren Gunsten oder zu Gunsten einer Drittperson verpflichtet.»
[54] RB 1998 Nr. 163.
[55] So kann auch etwa der Ehegatte oder können Nachkommen des Veräusserers als Empfänger einer weiteren Kaufpreisleistung in Frage kommen (RB 1977 Nr. 84).
[56] BGer, 23.2.1993, ASA 62, S. 720.
[57] RB 1998 Nr. 159.
[58] RB 1987 Nr. 19.

wenn der Käufer schon zur Zeit des Vertragsabschlusses zahlungsunfähig war[59]. Ebenfalls zu einer Minderung des Erlöses führt es, wenn der Veräusserer im Rahmen der Gewährleistungspflicht[60] Mängel des Grundstücks beheben muss[61]. Sofern im öffentlich beurkundeten Kaufpreis nichtliegenschaftliche Werte inbegriffen sind, so wirkt sich auch dies erlösmindernd aus. Die entsprechenden nichtliegenschaftlichen Werte sind diesfalls aus der Erlösberechnung auszuscheiden. Als solche nichtliegenschaftlichen Werte kommen beispielsweise Mobiliar, Goodwill, Zugehör etc. in Betracht.

89   3. Die im Zusammenhang mit der Handänderungssteuer entwickelte Zusammenrechnungspraxis[62] wird auch bei der Grundstückgewinnsteuer angewandt.

b. Verkehrswert als Ersatzwert

90   1. Unter bestimmten Voraussetzungen wird grundsteuerlich nicht auf den zwischen Veräusserer und Erwerber vereinbarten öffentlich beurkundeten Kaufpreis abgestellt.

91   Dies ist stets dann der Fall, wenn einer *Preisvereinbarung keine rechtsgeschäftliche Bedeutung* zukommt. In der Praxis wird die rechtsgeschäftliche Bedeutung einer Preisvereinbarung dann verneint, wenn die besondern Umstände des Vertragsabschlusses darauf schliessen lassen, dass die im Kaufvertrag enthaltene Preisvereinbarung nicht Ausdruck des wahren Parteiwillens sei. Ein Indiz für die fehlende rechtsgeschäftliche Bedeutung einer Preisvereinbarung stellt ein offensichtliches Missverhältnis zwischen vereinbarter Kaufpreisleistung und dem Verkehrswert des Grundstücks dar[63]. Im Kanton Zürich liegt ein solches offensichtliches Missverhältnis nach der Rechtsprechung vor, wenn der vereinbarte Kaufpreis weniger als 75% des Verkehrswerts beträgt bzw. eine Differenz von mindestens 25% zwischen Verkehrswert und vereinbartem Kaufpreis besteht[64]. Für die Beurteilung, ob ein solches Missverhältnis vorliegt, ist

---

[59] Keine Erlösminderung liegt aber vor, wenn der Käufer erst später zahlungsunfähig wird.
[60] Vgl. hierzu ausführlicher § 5 Nr. 133 ff.
[61] Verwaltungsgericht Zürich, 27.1.1999, StE 1999 B 44.11 Nr. 10, und 5.11.1985, StE 1986 B 44.11 Nr. 4.
[62] Vgl. Nr. 27.
[63] In einzelnen Kantonen ist das Abstellen auf den Verkehrswert beim Erlös unter gewissen Voraussetzungen ausdrücklich im Gesetz vorgesehen, z.B. wenn der Erlös nicht feststellbar oder nicht festgelegt ist (§ 9 Abs. 2 i.V.m. § 18 Abs. 3 LU-GStG; Art. 9 Abs. 2 UR-GStG; § 114 Abs. 2 SZ-StG; Art. 149 Abs. 3 OW-StG; Art. 173 Abs. 3 NW-StG; Art. 110 Abs. 2 GL-StG; § 194 ZG-StG; Art. 116 Abs. 1 SH-StG; Art. 127 Abs. 2 AR-StG; Art. 106 Abs. 2 AI-StG; Art. 135 Abs. 2 SG-StG; § 102 Abs. 1 AG-StG).
[64] RB 1993 Nr. 29 = StE 1994 B 44.12.2 Nr. 2, RB 1986 Nr. 71.

dabei der Verkehrswert des Grundstücks im Zeitpunkt des Vertragsabschlusses massgebend[65].

Die Anwendung des Verkehrswerts als Ersatzwert kommt insbesondere beim Verkauf eines Grundstücks von einer Aktiengesellschaft an ihren (Haupt-)Aktionär oder beim Verkauf durch den Arbeitgeber an einen Angestellten in Betracht[66]. Der im Kaufvertrag verurkundeten Preisvereinbarung kommt ferner möglicherweise auch dann keine rechtsgeschäftliche Bedeutung zu, wenn ein Tauschgeschäft in Form von zwei gegenseitigen Kaufverträgen abgewickelt wird. Auch in diesem Fall darf bei erheblichem Abweichen des Kaufpreises vom Verkehrswert des abgetretenen Grundstücks auf Letzteren abgestellt werden[67]. 92

Auch wenn dem öffentlich beurkundeten Kaufpreis aufgrund dieser Rechtsprechung die rechtsgeschäftliche Bedeutung abgesprochen wird, hat die Rechtsprechung daraus in der steuerrechtlichen Gerichts- und Verwaltungspraxis nicht abgeleitet, dass damit kein gültiger Kaufvertrag vorläge. Das Fehlen eines gültigen Kaufvertrags hätte nämlich zur Folge, dass gar keine (zivilrechtliche) Handänderung gegeben wäre und somit überhaupt keine Grundstückgewinnsteuer erhoben werden könnte[68]. Die steuerrechtliche Praxis steht damit in einem Widerspruch zur zivilrechtlichen Ansicht, wonach der unrichtig beurkundete Kaufpreis zu einem von Amtes wegen zu beachtenden nichtigen Kaufgeschäft über ein Grundstück führt[69]. 93

2. Was die Ermittlung des Verkehrswerts anbetrifft, so ist dieser in der Regel nach objektiven Grundsätzen zu ermitteln. Danach entspricht der Verkehrswert eines Grundstücks dem *Preis, der hierfür im gewöhnlichen Geschäftsverkehr am fraglichen Bewertungsstichtag vermutlich zu erzielen gewesen wäre.* Der Vermögenssteuerwert oder amtliche Wert ist somit in diesem Zusammenhang nicht von Bedeutung. 94

c. Erlösverwendung

Wie der dem Veräusserer zugeflossene Erlös verwendet wird, ist in der Regel für die Veranlagung der Grundstückgewinnsteuer nicht von Bedeutung. Wenn bei- 95

---

[65] RB 1981 Nr. 95.
[66] RB 1986 Nr. 71, 1976 Nr. 79.
[67] Vgl. z.B. Art. 138 Abs. 3 BE-StG; § 114 Abs. 2 SZ-StG; Art. 149 Abs. 4 OW-StG; § 194 ZG-StG; Art. 63 Abs. 2 FR-StG; Art. 116 Abs. 1 SH-StG; § 102 Abs. 1 AG-StG; § 132 Abs. 2 TG-StG; Art. 7 Abs. 1 NE-GStG; Art. 99 Abs. 2 JU-StG.
[68] Vgl. Nr. 49 f.
[69] Vgl. § 3 Nr. 128 ff.

spielsweise der Veräusserer verpflichtet ist, den Gewinn ganz oder teilweise einer Drittperson weiterzuleiten (z.B. gestützt auf ein Gewinnanteilrecht), ist dies für die Höhe der Grundstückgewinnsteuer nicht von Belang[70].

96 Von diesem Grundsatz wird bei Ersatzbeschaffungen abgewichen[71].

C. Erwerbspreis

97 **1.** Als Erwerbspreis gilt der *Preis, zu welchem der Veräusserer das Grundstück seinerzeit erworben hat.* Die Umschreibung des Erwerbspreises deckt sich mit jener des Erlöses. Im Normalfall ist somit der Erwerbspreis wie beim Erlös dem öffentlich beurkundeten damaligen Kaufpreis gleichzusetzen.

98 **2.** Auch beim Erwerbspreis gelten indessen in wirtschaftlicher Betrachtungsweise alle weiteren Leistungen des Erwerbers, die in kausalem Zusammenhang mit dem Grundstückerwerb standen, als Erwerbspreisbestandteile[72]. Nach dem Recht gewisser Kantone werden aber Schwarzzahlungen, die beim Erwerb geleistet und durch den damaligen Veräusserer nicht versteuert wurden, beim späteren Verkauf bei der Bestimmung des Erwerbspreises ausser Acht gelassen[73].

99 **3.** Die Kantone kennen ferner Sonderregelungen, wonach unter gewissen Voraussetzungen für die Gewinnberechnung nicht vom Erwerbspreis, sondern vom Verkehrswert des veräusserten Grundstücks zu einem bestimmten, in der Vergangenheit liegenden Zeitpunkt ausgegangen wird[74].

---

[70] Anders aber beispielsweise im Kanton Bern (Art. 138 Abs. 4 BE-StG; hier ist das Gewinnanteilrecht abzugsfähig).
[71] Vgl. Nr. 75 ff.
[72] Vgl. Nr. 84 ff.
[73] Art. 139 Abs. 1 BE-StG; § 9 Abs. 1 LU-GStG; § 115 Abs. 1 SZ-StG; Art. 111 Abs. 6 GL-StG; § 55 Abs. 2 SO-StG; Art. 128 Abs. 3 AR-StG; Art. 107 Abs. 4 AI-StG; Art. 136 Abs. 5 SG-StG; Art. 48 Abs. 1 GR-StG; § 103 Abs. 1 AG-StG; Art. 94 Abs. 1 JU-StG.
[74] Bei einer Besitzesdauer von 5 Jahren: Art. 44 Abs. 2 VD-StG (Steuerwert). Bei einer Besitzesdauer von 10 Jahren: Art. 117 Abs. 3 SH-StG (Steuerwert); Art. 83 Abs. 3 GE-StG (Steuerwert + 30%); § 76 AG-StG (Pauschalierung der Anlagekosten mit 60–75% des Erlöses, abgestuft nach der Besitzesdauer). Bei einer Besitzesdauer von 15 Jahren: Art. 60 i.V.m. Art. Art. 66 Abs. 1 FR-StG (Steuerwert). Bei einer Besitzesdauer von 20 Jahren: § 220 Abs. 2 ZH-StG (Verkehrswert); Art. 151 Abs. 2 OW-StG (Steuerwert); § 195 Abs. 2 ZG-StG (Verkehrswert); § 77 Abs. 3 BL-StG (Verkehrswert); Art. 131 Abs. 3 AR-StG (Steuerwert); Art. 107 Abs. 5 AI-StG (Steuerwert); § 133 Abs. 5 TG-StG (Steuerwert); Art. 129 Abs. 2 TI-StG (Steuerwert). Bei einer Besitzesdauer von 25 Jahren: Art. 10 Abs. 2 UR-GStG (Steuerwert + 50%); § 115 Abs. 2 SZ-StG (Verkehrswert). Bei einer Besitzesdauer von 30 Jahren: § 11 LU-GStG (Steuerwert + 25%); § 55 Abs. 4 SO-StG (Verkehrswert). Bei einem Erwerb vor 1977: § 106 Abs. 4 BS-StG (Verkehrswert). Bei einem Erwerb vor 1972: Art. 9 Abs. 2 NE-GStG. Bei einer Besitzesdauer von 50 Jahren: Art. 139 Abs. 3 SG-StG (Steuerwert).

4. Sowohl bei einem Abstellen auf den effektiven Erwerbspreis als auch im Fall, in welchem bei längerer Besitzesdauer[75] auf den Verkehrswert des Grundstücks zu einem früheren Zeitpunkt abgestellt wird, ist der *Grundsatz der vergleichbaren Verhältnisse (Kongruenzprinzip)* zu beachten[76]. Danach haben sich Anlagewert und Erlös umfänglich und inhaltlich stets auf das gleiche Grundstück zu beziehen. Sofern sich die materielle Substanz oder der rechtliche Inhalt des Grundstücks während der massgeblichen Besitzesdauer verändert haben, so sind bezogen auf den Erwerbszeitpunkt beim Erwerbspreis bzw. auf den Zeitpunkt, in welchem der Verkehrswert des Grundstücks zu schätzen ist, beim Verkehrswert durch Zu- oder Abrechnungen vergleichbare Verhältnisse zu schaffen[77].

Vergleichbare Verhältnisse sind einerseits bei Substanzzunahmen herzustellen. Anderseits ist der Grundsatz der vergleichbaren Verhältnisse auch bei Substanzverminderungen zu beachten. Eine solche kann sowohl durch eine tatsächliche als auch durch eine rechtliche Verschlechterung des Grundstücks eintreten.

D. Anrechenbare Aufwendungen

a. Wertvermehrende Aufwendungen

1. Die in der Praxis wichtigsten Aufwendungen sind die wertvermehrenden Aufwendungen, die nach den Steuergesetzen der Kantone durchwegs als Anlagekosten zur Anrechnung gebracht werden können. Es geht dabei um *Aufwendungen für dauernde Verbesserungen des Grundstücks* (wie beispielsweise durch Bauten oder Umbauten). Begriffswesentlich für wertvermehrende Aufwendungen ist, dass durch sie das Grundstück dauernd verbessert und damit in einen wertvolleren Zustand versetzt wird. Mit ihnen werden somit nach der im Grundstückgewinnsteuerrecht vorherrschenden objektiv-technischen Begriffsumschreibung[78] neue Werte geschaffen.

Im Gegensatz zu den wertvermehrenden Aufwendungen stehen die *werterhaltenden Aufwendungen*. Diese dienen nicht der Verbesserung des Grundstücks; vielmehr dienen sie dazu, eine Wertverminderung des Grundstücks zu verhin-

---

[75] In der steuerrechtlichen Terminologie wird vielfach von Besitzesdauer (oder Besitzdauer) gesprochen; hierunter wird indessen regelmässig die Eigentumsdauer im zivilrechtlichen Sinn verstanden.
[76] RICHNER/FREI/KAUFMANN, N 8 ff. zu § 219; Verwaltungsgericht Zürich, 5.9.1991, StE 1992 B 44.1 Nr. 6; Verwaltungsgericht Bern, 23.1.1984, StE 1984 B 44.1 Nr. 1.
[77] Die vergleichbaren Verhältnisse sind mutatis mutandis allenfalls auch durch Zu- oder Abrechnungen auf den Veräusserungszeitpunkt beim Erlös zu schaffen.
[78] RB 1981 Nr. 55. Nach dieser Methode wird nach objektiv-technischen Kriterien eine Unterscheidung zwischen wertvermehrenden und werterhaltenden Aufwendungen vorgenommen. Die objektiv-technische Methode steht im Gegensatz zur subjektiv-wirtschaftlichen.

dern. Es sind dies Unterhalts- und Reparaturkosten sowie Kosten für Ersatzanschaffungen (z.B. Ersatz alter Fenster, Malerarbeiten, Fassadenerneuerungen). Werterhaltende Aufwendungen sind nach sämtlichen kantonalen Steuerordnungen nicht als Anlagekosten anrechenbar[79] (wohl aber als Unterhaltskosten bei der Einkommens- bzw. Gewinnsteuer).

104 2. Als wertvermehrende Aufwendungen gelten nach der Praxis insbesondere Projektierungskosten und unter Umständen teilweise auch Generalunternehmerhonorare. Nach der zürcherischen Praxis werden sodann auch unausgeführte Bauprojekte als wertvermehrende Aufwendungen gewürdigt, wenn sie sich auf das Handänderungsprojekt beziehen, sie nicht bloss zum Schein erstellt worden sind und ihnen im Veräusserungszeitpunkt ein liegenschaftlicher Wert zukommt. Die Praxis ist in den andern Kantonen weniger weit gegangen[80].

105 3. Neben den Aufwendungen für tatsächliche wertvermehrende Aufwendungen sind auch jene für rechtliche Verbesserung bei den Anlagekosten anrechenbar. Dies gilt beispielsweise für Anwaltskosten im Zusammenhang mit der Erschliessung eines Grundstücks[81]. Auch die Aufwendungen für die Überführung eines Grundstücks vom Alleineigentum in das Miteigentum, das zu Stockwerkeigentum ausgestaltet ist, gelten als rechtliche Verbesserungen[82].

106 4. Neben den Kosten, die für wertvermehrende Vorkehren vom Veräusserer oder von einem Dritten erbracht worden sind, gelten auch Eigenleistungen als anrechenbare wertvermehrende Aufwendungen[83]. Sofern der Eigentümer

---

[79] Die Regelungen in den Kantonen sind mit Bezug auf die bei den Anlagekosten anrechenbaren Aufwendungen allerdings unterschiedlich. Der Kanton Bern beispielsweise hat ein Merkblatt (MB 15) herausgegeben, welches darüber Auskunft gibt, welche Kosten als Unterhalts- und welche als wertvermehrende Kosten gelten. Teilweise werden danach Unterhaltskosten als Anlagekosten zugelassen (insbesondere wenn es sich um anschaffungsnahe Kosten handelt). Auch im Kanton Aargau existiert ein ausdrücklicher Ausscheidungskatalog über wertvermehrende und werterhaltende Aufwendungen gemäss einem Merkblatt betreffend Liegenschaftenunterhalt.

[80] Im Kanton Bern hat das Verwaltungsgericht entschieden, ein unausgeführtes Bauprojekt sei dann grundstückgewinnsteuerrechtlich als wertvermehrende Aufwendung anrechenbar, wenn es sich beim Veräusserer um einen Unternehmer bzw. um ein Unternehmen handle und wenn für den Käufer eine sog. Baubindung bestehe (vgl. GURTNER PETER, Grundstückgewinnsteuerrechtliche Behandlung von Bauprojekten, Der Schweizer Treuhänder 1987, S. 512 ff.). Nach der Praxis des Kantons St. Gallen gelten nicht ausgeführte Bauprojekte dann als wertvermehrender Aufwand, wenn sie vom Erwerber gemäss Kaufvertrag miterworben und in der Folge auch tatsächlich ausgeführt werden.

[81] RB 1967 Nr. 29.

[82] RB 1978 Nr. 72.

[83] So ausdrücklich Art. 142 Abs. 2 lit. f BE-StG; § 13 Abs. 2 LU-GStG (e contrario); Art. 11 Abs. 3 UR-GStG (e contrario); Art. 175 Abs. 2 NW-StG (e contrario); Art. 112 Abs. 1 Ziff. 3 GL-StG; § 196 Abs. 2 lit. a ZG-StG (e contrario); Art. 59 Abs. 2 lit. e FR-StG; § 56 Abs. 2 SO-StG; Art. 118 Abs. 4 lit. b SH-StG (e contrario); Art. 129 Abs. 1 lit. d AR-StG; Art. 108 Abs. 1 lit. c AI-StG; Art. 137 Abs. 1 lit. c SG-StG; Art. 49 Abs. 2 GR-StG (e contrario); § 104 Abs. 2 lit. b AG-StG (e contrario); Art. 8 Abs. 2 Ziff. 4 NE-GStG.

durch eigene Arbeiten Wertvermehrungen an einem Grundstück vorgenommen hat, ist deren Umfang zu schätzen. Die entsprechende Schätzung hat dabei jenem Betrag zu entsprechen, den ein Dritter für die betreffende Arbeit hätte bezahlen müssen. Die als Wertvermehrung angerechneten Eigenleistungen sind in der Regel im selben Umfang als Einkommen zu versteuern. Bei der direkten Bundessteuer werden Eigenleistungen nur dann als Einkommen besteuert, wenn ein Haus für den Weiterverkauf mit Eigenleistungen erbaut wurde[84].

b. Mäklerprovisionen

Nach den Regelungen der Kantone können Mäklerprovisionen, die für den An- oder Verkauf eines Grundstücks bezahlt worden sind, bei den Anlagekosten berücksichtigt werden. Unter Mäklerprovisionen sind dabei Auslagen zu verstehen, die ein Steuerpflichtiger einer Drittperson für die Vermittlung oder den Nachweis einer Kaufs- oder Verkaufsgelegenheit geleistet hat. Die Anrechenbarkeit der Mäklerprovision setzt demnach einen nach Art. 412 Abs. 1 OR zivilrechtlich gültigen Mäklervertrag voraus. 107

Die anrechenbaren Mäklerprovisionen sind in der Regel auf die «übliche» Höhe beschränkt. Als üblich gelten in der Zürcher Praxis Provisionen von 2% des Kaufpreises[85]. 108

Ein weiteres für die Anrechenbarkeit einer Mäklerprovision wichtiges Element ist, dass die Provision einer Drittperson geleistet wird. Eigenprovisionen, d.h. Entschädigungen für die eigenen Kaufs- und Verkaufsbemühungen, sind bei den Anlagekosten nicht anrechenbar[86]. Ein einfacher Gesellschafter, der eine 109

---

[84] BGE 108 Ib 227 = ASA 51, S. 635.

[85] Die Vermittlungsprovisionen für An- und Verkauf von Grundstücken sind nach folgenden kantonalen Regelungen auf das Mass der Üblichkeit beschränkt: § 221 Abs. 1 lit. c ZH-StG; § 19 Abs. 1 Ziff. 3 LU-GStG; Art. 11 Abs. 1 lit. c UR-GStG; § 116 Abs. 1 lit. d SZ-StG; Art. 152 Abs. 1 lit. c OW-StG; Art. 175 Abs. 1 Ziff. 3 NW-StG; Art. 112 Abs. 1 Ziff. 5 GL-StG; Art. 59 Abs. 1 lit. b und 62 lit. b FR-StG; § 56 Abs. 1 lit. c SO-StG; § 78 Abs. 1 lit. c BL-StG; Art. 118 Abs. 1 lit. a SH-StG; Art. 129 Abs. 1 lit. c AR-StG; Art. 108 Abs. 1 lit. e AI-StG; Art. 137 Abs. 1 lit. e SG-StG; Art. 49 Abs. 1 lit. c GR-StG. Nach einigen kantonalen Regelungen findet sich die Beschränkung auf das übliche Mass nicht ausdrücklich im Gesetz, wohl aber in der Praxis: Art. 142 Abs. 2 lit. b BE-StG (Praxis: SVIT-Tarif); Art. 51 Abs. 1 lit. c VS-StG; Art. 84 lit. d GE-StG und Art. 98 Abs. 2 JU-StG.

[86] Nach der Regelung gewisser Kantone sind aber auf jeden Fall Insertionskosten anrechenbar (z.B. § 221 Abs. 1 lit. c ZH-StG; § 196 Abs. 1 lit. f ZG-StG; Art. 129 Abs. 1 lit. c AR-StG; Art. 108 Abs. 1 lit. e AI-StG). Teilweise sind auch weitere mit dem An- oder Verkauf verbundene Unkosten bei den Anlagekosten anrechenbar (z.B. § 19 Abs. 1 Ziff. 3 LU-GStG; Art. 11 Abs. 1 lit. c UR-GStG; § 116 Abs. 1 lit. d SZ-StG; Art. 152 Abs. 1 lit. c OW-StG; Art. 175 Abs. 1 Ziff. 3 NW-StG; Art. 112 Abs. 1 Ziff. 6 GL-StG; § 78 Abs. 1 lit. c BL-StG; Art. 118 Abs. 1 lit. a SH-StG; Art. 137 Abs. 1 lit. f SG-StG; Art. 49 Abs. 1 lit. c GR-StG; § 104 Abs. 1 lit. c AG-StG; § 133 Abs. 1 TG-StG).

Vermittler- oder Nachweistätigkeit zugunsten der Gesellschaft ausübt, gilt nicht als Dritter[87]. Demgegenüber kann eine Aktiengesellschaft im Kanton Zürich auch Mäklerin ihrer im gleichen Konzern verbundenen Schwestergesellschaft sein[88].

c. Übrige anrechenbare Aufwendungen

110 Neben den bisher erwähnten bei den Anlagekosten anrechenbaren Aufwendungen gelten nach den kantonalen Regelungen auch *Grundeigentümerbeiträge* (wie Strassen-, Trottoir-, Dolen-, Werkleitungs- oder Perimeterbeiträge) als Anlagekosten. Teilweise sind auch *Finanzierungskosten* wie jene für die Errichtung von Schuldbriefen und Grundpfandverschreibungen anrechenbar[89].

111 In sämtlichen Kantonen sind sodann auch die mit der Handänderung unmittelbar verbundenen Aufwendungen bei den Anlagekosten anrechenbar wie beispielsweise *Handänderungsgebühren und Beurkundungskosten*.

d. Berücksichtigung der Geldentwertung

112 Aufgrund der Vorgabe des StHG wird in den kantonalen Gesetzen der steuerbare Grundstückgewinn als Differenz zwischen Erlös und Anlagekosten (bestehend aus Erwerbspreis und anrechenbaren Aufwendungen) umschrieben[90]. Dieser Gesetzeskonzeption liegt der Gedanke zugrunde, mit der Grundstückgewinnsteuer sei der bei der Grundstückveräusserung realisierte Wertzuwachs zu erfassen, den das Grundstück im Lauf der Zeit erfahren hat. Der Grundstückgewinnsteuer kommt damit eine Ausgleichsfunktion zu, indem mit ihr ein Teil der durch die Leistungen des Gemeinwesens bewirkten Werterhöhungen von Grundstücken wiederum der Allgemeinheit zugeführt wird[91]. Die Geldentwertung bleibt daher systemgerecht nach den meisten kantonalen Regelungen bei der Gewinnermittlung unberücksichtigt[92], zumal gerade äussere, vom Willen des Verkäufers unabhängige Ursachen, wie das konjunkturelle Umfeld, Währungsverhältnisse sowie Entwicklungen und Aufwendungen des Gemeinwesens

---

[87] RB 1981 Nr. 93.
[88] RB 1978 Nr. 74.
[89] § 13 Abs. 1 Ziff. 1 LU-GStG; § 196 Abs. 1 lit. d ZG-StG; Art. 59 Abs. 2 lit. c FR-StG; Art. 48 Abs. 1 lit. f VD-StG.
[90] Vgl. Nr. 82.
[91] ZUPPINGER/BÖCKLI/LOCHER/REICH, S. 132 ff.
[92] Verwaltungsgericht Zürich, 20.12.1988, StE 1989 B 44.1 Nr. 3; Verwaltungsgericht Luzern, 7.1.1986, StE 1986 B 44.1 Nr. 2.

in Form von planerischen Massnahmen und des Bereitstellens von Verkehrsverbindungen jeglicher Art, eine entscheidende Rolle bei der Entstehung des Gewinns spielen.

Auch wenn mit der Grundstückgewinnsteuer Gewinne erfasst werden können, die ausschliesslich oder vorwiegend nur auf Geldwertveränderungen beruhen und damit nicht Ausdruck einer Steigerung des innern Werts des Objekts sind, erweist sich deren steuerliche Erfassung durchaus als sachgerecht. Ein Teil der Lehre hält allerdings dafür, Gewinne, die nur den Kaufkraftschwund ausgleichen würden, seien Scheingewinne und keine echten Gewinne im wirtschaftlichen Sinn[93]. Die Mehrzahl der Autoren verneint indessen das Bedürfnis nach Einführung von Indexklauseln, welche die Besteuerung solcher Scheingewinne ausschliessen würde[94]. 113

In den meisten kantonalen Steuergesetzen ist denn auch eine Berücksichtigung der Geldentwertung für die Grundstückgewinnsteuer nicht direkt, sondern nur indirekt, über einen sog. Besitzesdauerrabatt[95] vorgesehen. Lediglich die Kantone Basel-Landschaft, Graubünden, Wallis und Jura kennen eine Indexierung der Anlagekosten[96]. 114

e. Verrechnung von Verlusten

1. In den Kantonen, die nach dem St. Galler System (Nr. 36) Gewinne aus der Veräusserung von Grundstücken des Geschäftsvermögens mit den ordentlichen Einkommenssteuern erfassen, können in diesem Bereich auch allgemeine Verluste mit den Grundstückgewinnen verrechnet werden. Hingegen ist eine solche Verrechnung grundsätzlich ausgeschlossen, soweit Grundstückgewinne mit einer Sondersteuer erfasst werden. 115

2. In den Kantonen gibt es allerdings auch in diesem Bereich gewisse Sonderregelungen[97]. 116

---

[93] Vgl. BLUMENSTEIN ERNST, Die Besteuerung des Liquidationsanteils an Aktiengesellschaften, MBVR 1923, S. 97 ff., insbesondere S. 103, sowie IMBODEN MAX, Geldentwertung als Problem des Finanzrechts, ASA 25, S. 113 ff., insbesondere S. 118 f.
[94] Vgl. BGE 95 I 139 und HÖHN ERNST, Die steuerliche Behandlung von Gewinnen auf dem Privatvermögen in der Schweiz, ZBl 1961, S. 237 Anm. 98.
[95] Vgl. Nr. 121 ff.
[96] Im Kanton Basel-Landschaft wird die Geldentwertung nur zur Hälfte berücksichtigt.
[97] Verlustverrechnung bei Teilveräusserung: § 224 Abs. 3 ZH-StG; § 21 LU-GStG; Art. 154 Abs. 3 OW-StG; Art. 112 Abs. 1 Ziff. 7 GL-StG; § 198 Abs. 3 ZG-StG; Art. 137 Abs. 1 lit. g SG-StG; § 108 Abs. 3 AG-StG. Verrechnung von Verlusten aus Veräusserung von Grundstücken im gleichen, vorangehenden oder

5. Steuertarif

117　1. Die Berechnung der auf den realisierten Grundstückgewinnen erhobenen Grundstückgewinnsteuern ist in den Kantonen sehr unterschiedlich ausgestaltet. In der Mehrzahl der Kantone wird dabei jeder Grundstückgewinn einzeln veranlagt[98]. In einigen Kantonen bestimmt sich der anwendbare Steuertarif aber nach der Summe aller während eines bestimmten Zeitraums erzielten Gewinne, die also für die Steuersatzbestimmung zusammengezählt werden[99].

118　Der Steuertarif hängt nach den Regelungen der Mehrzahl der Kantone sowohl von der Höhe des Gewinns als auch von der Besitzesdauer ab. Die Ausgestaltung des Tarifs ist in der Regel progressiv. Nur wenige Kantone kennen einen proportionalen Tarif[100].

119　Der Steuerbetrag ergibt sich in den meisten Kantonen direkt aus dem gesetzlich festgelegten Tarif. In einigen Kantonen ergibt sich aus dem für die Grundstückgewinnsteuer festgelegten Tarif allerdings nur die einfache Steuer[101], die für die Ermittlung des geschuldeten Steuerbetrags mit einem bestimmten Faktor zu multiplizieren ist.

---

nachfolgenden Jahr: Art. 143 Abs. 1 BE-StG; Art. 64 Abs. 1 FR-StG; Art. 100 Abs. 1 JU-StG. Verrechnung von Geschäftsverlusten derselben Bemessungsperiode mit Grundstückgewinnen aus Veräusserung einer Geschäftsliegenschaft: Art. 143 Abs. 2 BE-StG; ähnliche Regelung gemäss Art. 100 Abs. 2 JU-StG. Grundstückverluste, die der Steuerpflichtige innert der letzten 12 Monate erlitten hat: § 119 Abs. 1 SZ-StG; § 79 Abs. 1 BL-StG; Art. 41 lit. i VD-StG. Grundstückverluste, die der Steuerpflichtige innert der letzten 10 Jahre erlitten hat: Art. 51 Abs. 1 GR-StG. Grundstückverluste, die der Steuerpflichtige im Kalenderjahr und den sieben vorangegangenen Jahren erlitten hat: § 108 BS-StG. Grundstückverluste, die der Steuerpflichtige im Kalenderjahr oder in den vier vorangehenden Jahren erlitten hat: § 134 TG-StG. Zur Sonderregelung beim interkantonalen Liegenschaftenhändler vgl. Nr. 132.

[98] Unterschiedlich ist dabei die Praxis der einzelnen Kantone, wenn mehrere Personen zusammen ein Grundstück veräussern. In einigen Kantonen wird dabei der durch die verschiedenen Veräusserer gemeinsam erzielte Gewinn besteuert, während in andern Kantonen jeder Veräusserer nur seinen Gewinnanteil zu versteuern hat (was aufgrund der regelmässig progressiv ausgestalteten Grundstückgewinnsteuern Auswirkungen auf die Höhe der Steuer hat; bei einer gesamtheitlichen Besteuerung fällt die Grundstückgewinnsteuer höher aus; vgl. z.B. Verwaltungsgericht Obwalden, 29.9.1988, StE 1989 B 45 Nr. 5 [nur Teilgewinnbesteuerung]; Steuerrekurskommission Uri, 16.1.1985, StE 1988 B 45 Nr. 3 [Gesamtgewinnbesteuerung]).

[99] Im Kanton Basel-Landschaft werden alle Gewinne der letzten 12 Monate zusammengezählt, in den Kantonen Bern, Schwyz, Obwalden, Graubünden und Jura alle Gewinne des gleichen Kalenderjahrs.

[100] Art. 176 Abs. 1 NW-StG; Art. 66 Abs. 1 und 2 FR-StG; § 109 Abs. 1 BS-StG; § 109 AG-StG; § 135 Abs. 1 TG-StG; Art. 139 Abs. 1 TI-StG; Art. 51 Abs. 3 VD-StG; Art. 85 Abs. 1 GE-StG.

[101] Art. 146 BE-StG; § 22 Abs. 1 LU-GStG; Art. 155 Abs. 1 OW-StG; § 58 Abs. 1 und 2 SO-StG; Art. 120 SH-StG; Art. 133 Abs. 1 AR-StG; Art. 140 Abs. 1 SG-StG; Art. 102 Abs. 1 JU-StG. Die effektive Steuerbelastung auf der Besteuerung von Grundstückgewinnen ist sehr unterschiedlich. Sie kann zwischen 10–60% schwanken. Vgl. dazu GROSSMANN, S. 334 f.

Der Kanton Zug berücksichtigt beim Steuertarif die Gewinnintensität. Der Steuersatz entspricht nämlich dem auf ein Jahr umgerechneten prozentualen Verhältnis des Grundstückgewinns zu den Anlagekosten[102]. 120

2. Die Kantone, die einen proportionalen Tarif kennen, berücksichtigen in der Regel die Besitzesdauer[103], indem der Steuersatz bei längerer Besitzesdauer tiefer und bei kürzerer Besitzesdauer höher ist (degressiver Steuersatz). Nach der Regelung im Kanton Waadt wird die Besitzesdauer überdies nur bei Veräusserung selbstbewirtschafteter landwirtschaftlicher Grundstücke und bei Veräusserung eines selbstbewohnten Eigenheims berücksichtigt[104]. 121

3. Nach den Ordnungen der meisten Kantone, bei welchen der Tarif progressiv ausgestaltet ist, wird bei kurzer Besitzesdauer ein Zuschlag (sog. Spekulationszuschlag) erhoben[105] und bei langer Besitzesdauer eine Ermässigung (sog. Besitzesdauerrabatt) gewährt. 122

Die Zuschläge werden durchwegs auf der Steuer erhoben. 123

Die Ermässigungen erfolgen in den Kantonen demgegenüber teilweise auch auf den steuerbaren Gewinnen[106]. 124

Die Kantone Wallis und – in einigen Fällen – Basel-Landschaft und Waadt sehen keinen Besitzesdauerrabatt vor. Da mit dem Besitzesdauerrabatt bis zu einem gewissen Grad dem Umstand Rechnung getragen werden soll, dass über eine längere Besitzesdauer hinweg der Gewinn zu einem Teil auf die Geldentwertung zurückzuführen ist, erscheint das Fehlen eines Besitzesdauerrabatts in den Kantonen Basel-Landschaft und Wallis folgerichtig. Wie bereits vorn (in Nr. 114) erwähnt, werden die Anlagekosten nach den Ordnungen dieser beiden Kantone indexiert. Der Geldentwertung wird somit nach diesen Regelungen bereits bei den Anlagekosten Rechnung getragen. 125

---

[102] § 199 Abs. 1 ZG-StG. Der Steuersatz beträgt im Minimum aber 10%, im Maximum 60%.

[103] Die Besitzesdauer entspricht in der Regel der Eigentumsdauer im zivilrechtlichen Sinn (Steuerrekurskommission Basel-Landschaft, 25.4.1986, StE 1986 B 45 Nr. 1).

[104] Art. 51 Abs. 3 VD-StG.

[105] Die Kantone sind zur höheren Besteuerung kurzfristiger Gewinne verpflichtet (Art. 12 Abs. 5 StHG), wobei dies auch durch einen degressiven Tarif geschehen kann. Erhöhung um bis zu 70%: Art. 147 Abs. 1 BE-StG. Um bis zu 60%: § 24 Abs. 1 LU-GStG; § 80 Abs. 3 BL-StG. Um bis zu 50%: § 225 Abs. 2 ZH-StG; Art. 120 Abs. 2 SH-StG; Art. 133 Abs. 4 AR-StG. Um bis zu 48%: Art. 53 Abs. 2 GR-StG. Um bis zu 40%: § 120 Abs. 2 SZ-StG. Um bis zu 36%: Art. 109 Abs. 3 AI-StG; § 136 Abs. 1 TG-StG. Um bis zu 30%: Art. 156 Abs. 2 OW-StG; Art. 115 Abs. 2 GL-StG. Um bis zu 25%: Art. 17 Abs. 1 UR-GStG. Um bis 5%: Art. 141 Abs. 1 SG-StG.

[106] So gemäss Art. 137 Abs. 2 und 144 Abs. 1 BE-StG.

6. Besonderheiten beim interkantonalen Liegenschaftenhandel

A. Allgemeines

126   1. Für die interkantonale Ausscheidung von Veräusserungsgewinnen, die von einem Liegenschaftenhändler erzielt werden, bestehen gewisse Besonderheiten. Es geht dabei um jene Personen, die gewerbsmässig Liegenschaftenhandel betreiben. Der Begriff des gewerbsmässigen Liegenschaftenhändlers in interkantonalen Doppelbesteuerungssachen deckt sich mit der Umschreibung desselben Begriffs, wie er in der Praxis zur direkten Bundessteuer entwickelt worden ist[107]. Gewerbsmässiger Liegenschaftenhandel ist danach gegeben, wenn der Handel mit Liegenschaften über den Rahmen einer gewöhnlichen Vermögensverwaltung hinausgeht und in einem planmässigen An- und Verkauf von Liegenschaften besteht, mit der Absicht, damit einen Verdienst zu erzielen.

127   2. Die Besteuerungsgrundsätze für gewerbsmässig erzielte Veräusserungsgewinne eines interkantonalen Liegenschaftenhändlers unterscheiden sich in gewissen Punkten mit Bezug auf die Ausscheidung bei der Veräusserung eines zum Privatvermögen gehörenden Grundstücks. In beiden Fällen sind jedoch die Gewinne aus der Veräusserung von Grundstücken sowohl des Privat- als auch des Geschäftsvermögens stets ausschliesslich im Kanton steuerbar, in dem *das Grundstück gelegen ist*. Die Besteuerung des Grundstückgewinns erfolgt dabei nach dem Recht des Liegenschaftenkantons, soweit nicht besondere Regeln kraft interkantonalen Doppelbesteuerungsrechts gemäss bundesgerichtlicher Rechtsprechung zu Art. 127 Abs. 3 BV gelten[108].

B. Veräusserungsgewinne eines Liegenschaftenhändlers

128   1. Die von einem *Liegenschaftenhändler ohne Betriebsstätte im Liegenschaftenkanton* erzielten Veräusserungsgewinne sind ausschliesslich und vollumfänglich am Ort der gelegenen Sache steuerbar. Dies gilt sowohl für die Besteuerung des effektiven Wertzuwachses als auch für die steuerliche Erfassung des Buchgewinns, der sog. wiedereingebrachten Abschreibungen[109].

129   Die Besteuerungsart bestimmt sich dabei nach dem kantonalen Recht am Ort der gelegenen Sache. Aufgrund der bundesgerichtlichen Rechtsprechung zum Verbot der interkantonalen Doppelbesteuerung hat der Liegenschaftenkanton

---

[107] Vgl. Nr. 174 ff.
[108] Höhn/Mäusli, § 28 Nr. 49.
[109] Vgl. Nr. 141.

allerdings gewisse Aufwendungen als steuermindernd anzurechnen, *selbst wenn dies im kantonalen Recht nicht vorgesehen ist.*

Es betrifft dies in erster Linie Kosten, die unmittelbar mit der Veräusserung der Liegenschaft zusammenhängen, wie Kaufs- und Verkaufskosten sowie Handänderungsabgaben etc.[110].   130

Ausserdem sind vom Liegenschaftenkanton auch die auf die veräusserte Liegenschaft entfallenden Schuldzinsen (inkl. Baukreditzinsen)[111] vom steuerbaren Grundstückgewinn zum Abzug zu bringen, soweit diese nicht mit andern Einkünften im Liegenschaftenkanton verrechnet werden konnten[112].   131

Der Liegenschaftenkanton hat im Weiteren nach der bundesgerichtlichen Rechtsprechung zum Doppelbesteuerungsverbot die mit dem Verkauf von Grundstücken erlittenen Verluste mit den im selben Jahr erzielten Gewinnen zu verrechnen[113]. Demgegenüber hat der Sitz- oder Wohnsitzkanton Verlustüberschüsse aus dem Verkauf von Liegenschaften im Liegenschaftenkanton nicht zu übernehmen.   132

Die Grundstückgewinnsteuer selbst, die auf dem Gewinn erhoben wird, ist demgegenüber im Liegenschaftenkanton nur dann als gewinnmindernde Aufwendung zugelassen, wenn ihn sein kantonales Recht bei ausschliesslicher Steuerpflicht im Kanton dazu verpflichten würde. Dies trifft indessen nur mit Bezug auf die juristischen Personen zu. Bei den natürlichen Personen ist nach den kantonalen Steuerordnungen ein solcher Abzug nicht vorgesehen[114].   133

2. Sofern ein *Liegenschaftenhändler im Liegenschaftenkanton eine Betriebsstätte* besitzt, so ist mit Bezug auf den im Liegenschaftenkanton erzielten Veräusserungsgewinn auf Liegenschaften eine quotenmässige Teilung zwischen den beteiligten Kantonen vorzunehmen, selbst wenn der Veräusserungsgewinn im Liegenschaftenkanton mit einer als Objektsteuer ausgestalteten Grundstückgewinnsteuer erfasst wird[115]. Auch wenn diese quotenmässige Aufteilung des   134

---

[110] ZUPPINGER, S. 30. Die entsprechenden Unkosten werden in der Praxis jeweils pauschaliert. Hat der Liegenschaftenhändler die Hilfe eines Dritten beansprucht und verlangt er die Anrechnung einer Vermittlungsprovision, so wird für allgemeine Umtriebe nur ein bescheidener Pauschalabzug von rund 1% des Erlöses gewährt. In den übrigen Fällen werden die allgemeinen Unkosten mit 5% des Erlöses pauschal zum Abzug zugelassen, wobei der Nachweis höherer bzw. tieferer tatsächlicher Unkosten in jedem Fall vorbehalten bleibt. Vgl. dazu auch BGer, 5.12.1985, ASA 56, S. 569, insbesondere E. 4c.
[111] BGer, 10.10.1980, ASA 52, S. 169; HÖHN/MÄUSLI, § 21 Nr. 19 f.
[112] Vgl. dazu BGer, 22.3.1978, Basellandschaftliche Steuerpraxis 1979, S. 6; Steuerrekursgericht Aargau, 16.9.1987, StE 1988 A 24.42.2 Nr. 1.
[113] BGE 92 I 100.
[114] HÖHN/MÄUSLI, § 28 Nr. 52.
[115] HÖHN/MÄUSLI, § 28 Nr. 59. Vgl. auch ZUPPINGER, S. 70.

Liegenschaftengewinns vom Bundesgericht nur für den Fall entschieden worden ist, in welchem sich im Liegenschaftenkanton eine Betriebsstätte befindet, so muss diese Regelung sinngemäss auch dann gelten, wenn Liegenschaften veräussert werden, die sich im Sitzkanton eines interkantonalen Unternehmens befinden[116].

135 Sobald eine quotenmässige Ausscheidung gemäss interkantonalem Recht zur Anwendung kommt, wird der Veräusserungsgewinn im Liegenschaftenkanton nur im Umfang der dem Liegenschaftenkanton zugewiesenen Quote erfasst. Es kommt dabei nicht darauf an, ob der Liegenschaftenkanton den entsprechenden Gewinn der allgemeinen Einkommens- bzw. Gewinnsteuer unterwirft oder ob er diesen mit einer speziellen Objektsteuer erfasst[117].

V. Kantonale und kommunale Einkommens- bzw. Gewinnsteuern

136 1. Bei der Besteuerung mit kantonalen und kommunalen Einkommens- bzw. Gewinnsteuern gilt es zu differenzieren, ob der betreffende Kanton dem monistischen (oder Zürcher-)System oder dem dualistischen (oder St. Galler-)System folgt[118].

137 2. In den **Kantonen mit dem dualistischen System** werden Gewinne aus dem Verkauf von Privatliegenschaften mit der Grundstückgewinnsteuer[119], diejenigen aus dem Verkauf von Geschäftsliegenschaften dagegen mit der kantonalen und kommunalen Einkommens-[120] bzw. Gewinnsteuer[121] erfasst.

138 In solchen Kantonen kommt es somit entscheidend für die Art der Besteuerung darauf an, ob ein Grundstück zum Geschäfts- oder zum Privatvermögen gehört.

139 Für diese Unterscheidung sowie die Besteuerung kann auf die Ausführungen zur direkten Bundessteuer verwiesen werden (Nr. 167 ff.). Diese Ausführungen kommen in ihrer Gesamtheit auch für die kantonalen und kommunalen Einkommens- bzw. Gewinnsteuern zur Anwendung. Unterschiedlich ist einzig der

---

[116] Höhn/Mäusli, § 28 Nr. 59.
[117] Höhn/Mäusli, § 28 Nr. 60.
[118] Vgl. Nr. 35 ff.
[119] Vgl. hierzu ausführlich Nr. 36.
[120] Die Einkommenssteuer kommt bei natürlichen Personen zur Anwendung.
[121] Die Gewinnsteuer kommt bei juristischen Personen zur Anwendung.

Steuersatz, der je nach der anzuwendenden Steuerhoheit ausserordentlich vielfältig sein kann.

3. In den Kantonen, in welchen nicht nur die Grundstückgewinne aus dem Verkauf von Privatliegenschaften, sondern auch die Grundstückgewinne aus dem Verkauf von Geschäftsliegenschaften mit der als Sondersteuer ausgestalteten Grundstückgewinnsteuer erfasst werden (**monistisches oder Zürcher System**), besteht der Grundsatz, dass sämtliche Grundstückgewinne von der allgemeinen Einkommens- und Gewinnsteuer ausgenommen sind. 140

Von dieser Grundregel besteht indessen eine wichtige Ausnahme. Sind während der Besitzesdauer auf der veräusserten Geschäftsliegenschaft offene oder verdeckte Abschreibungen vorgenommen worden, so werden diese im Zeitpunkt der Veräusserung als sog. wiedereingebrachte Abschreibungen mit der allgemeinen Einkommens- bzw. Gewinnsteuer erfasst. 141

Nach der zürcherischen Ordnung (welche auch in andern Kantonen anzutreffen ist) unterliegt demnach ein Grundstückgewinn insoweit der Einkommens- bzw. Gewinnsteuer, als Erwerbspreis und wertvermehrende Aufwendungen den Einkommenssteuerwert des veräusserten Grundstücks übersteigen[122]. Da im Kanton Zürich bei einer Besitzesdauer von mehr als 20 Jahren für die Berechnung des mit der Grundstückgewinnsteuer zu erfassenden Grundstückgewinns auf den Verkehrswert vor 20 Jahren abgestellt werden kann[123], ergibt sich bei der Besteuerung von Gewinnen auf Geschäftsgrundstücken eine gesetzlich gewollte Besteuerungslücke. Dies ist deshalb der Fall, weil die wiedereingebrachten Abschreibungen in der Differenz zwischen tatsächlichem Erwerbspreis plus Anlagekosten und dem Buchwert bestehen (also den tatsächlich vorgenommenen Abschreibungen entsprechen). Liegt der Verkehrswert vor 20 Jahren über der Summe von tatsächlichem Erwerbspreis und Anlagekosten (was regelmässig zutrifft), so wird die hierin liegende Differenz nicht besteuert[124]. 142

Für die Besteuerung der wiedereingebrachten Abschreibungen kann auf die Ausführungen zur direkten Bundessteuer verwiesen werden, welche analog zur Anwendung kommen. 143

4. Die kantonalen und kommunalen Einkommens- bzw. Gewinnsteuern werden – sofern die Voraussetzungen erfüllt sind – grundsätzlich neben den übrigen Steuern und Abgaben erhoben. In aller Regel kommt aber nur entweder die 144

---

[122] §§ 18 Abs. 4 und 64 Abs. 3 ZH-StG.
[123] Vgl. Nr. 99.
[124] Vgl. im Übrigen zur Besteuerung der Grundstückgewinne im Ausmass der wiedereingebrachten Abschreibungen GROSSMANN, S. 277 ff.

kantonale/kommunale Grundstückgewinnsteuer oder die kantonale/kommunale Einkommens- bzw. Gewinnsteuer zum Zug.

VI. Direkte Bundessteuer

1. Allgemeines

145 1. Im Zusammenhang mit Grundstückkäufen kann zuerst einmal festgehalten werden, dass der Bund keine Handänderungssteuer erhebt, also allein aufgrund der Tatsache, dass im Rechtsverkehr eine Änderung des Eigentümers eintritt, keine Steuer erhebt.

146 Grundstückgewinne unterliegen lediglich unter gewissen Voraussetzungen der direkten Bundessteuer. Es betrifft dies grundsätzlich nur einen Fall. Mit der direkten Bundessteuer werden nur Gewinne erfasst, die anlässlich der Veräusserung von Grundstücken des Geschäftsvermögens erzielt werden. Darunter fällt insbesondere auch der Fall des gewerbsmässigen Liegenschaftenhandels.

147 Veräussert demgegenüber eine natürliche Person ein Grundstück des Privatvermögens (ohne dabei gewerbsmässig vorzugehen), so fällt keine direkte Bundessteuer an.

148 Die direkte Bundessteuer trifft somit nur den Verkäufer, nicht aber den Käufer. Zu beachten ist aber, dass der Käufer unter gewissen Voraussetzungen für die Steuer des Verkäufers haftet und somit für dessen Steuer in Anspruch genommen werden kann.

149 2. Unter den gleichen Voraussetzungen, unter denen die Veräusserungsgewinne auf Grundstücken mit der direkten Bundessteuer erfasst werden, werden auch Verkäufe von Beteiligungen an Immobiliengesellschaften, sofern dabei Gewinne erzielt werden, besteuert. Im Gegensatz zu den kantonalen Grundstückgewinnsteuern unterliegen aber nicht nur die Verkäufe von qualifizierten Beteiligungen der direkten Bundessteuer; auch Portfoliobeteiligungen können (sofern die Voraussetzungen gegeben sind) mit der direkten Bundessteuer erfasst werden.

150 3. Die direkte Bundessteuer wird – sofern die Voraussetzungen erfüllt sind – neben den übrigen Steuern und Abgaben erhoben. Die direkte Bundessteuer ist also insbesondere zusätzlich zu den kantonalen Steuern (Grundstückgewinnsteuer, Handänderungssteuer, Einkommens-/Gewinnsteuer) zu bezahlen. Diese Steuern werden einzig unter Umständen bei der Gewinnermittlung berücksich-

tigt (indem diese zu zahlenden Steuern den bei der direkten Bundessteuer zu versteuernden Grundstückgewinn mindern).

2. Steuersubjekt

A. Allgemeines

1. Steuerpflichtig sind alle Veräusserer, die ein Grundstück des Geschäftsvermögens verkaufen. 151

Dass sich der Wohnsitz bzw. Sitz des Veräusserers in der Schweiz befindet, ist nicht vorausgesetzt. 152

2. Damit sind vorerst einmal alle juristischen Personen steuerpflichtig. 153

3. Natürliche Personen sind dagegen nur dann steuerpflichtig, wenn sie ein Grundstück des Geschäftsvermögens, nicht aber ein Grundstück des Privatvermögens veräussern[125]. 154

Bei Ehegatten oder Familien mit Kindern unter elterlicher Gewalt reicht es für die Besteuerung aus, wenn sich das veräusserte Grundstück im Geschäftsvermögen eines der Ehegatten/Familienangehörigen befunden hat; das Grundstück muss nicht im Geschäftsvermögen der ganzen Familie befindlich sein, um eine Besteuerung auszulösen. 155

B. Haftung

1. Zwar ist nur der Veräusserer bei der direkten Bundessteuer steuerpflichtig. Zu beachten ist aber, dass unter gewissen Voraussetzungen auch der Erwerber für die Steuer des Veräusserers haftet und somit in die Lage versetzt werden kann, die Steuer bezahlen zu müssen. 156

2. Der Käufer eines in der Schweiz gelegenen Grundstücks haftet solidarisch mit dem Verkäufer bis zu 3% der Kaufsumme für die von einem Liegenschaftenhändler oder Liegenschaftenvermittler aus dieser Tätigkeit geschuldete Steuer (Art. 4 Abs. 1 lit. d DBG), wenn der Händler oder der Vermittler über keinen steuerrechtlichen Wohnsitz in der Schweiz verfügt[126]. 157

3. Die Steuerbehörde kann verlangen[127], dass bei einer Liegenschaftenvermittlung, die durch eine im Ausland lebende Person erfolgt, 3% der Kaufsumme als 158

---

[125] Zur Unterscheidung vgl. Nr. 167 ff.
[126] Art. 13 Abs. 2 lit. c DBG.
[127] Art. 173 DBG.

Sicherheit für die Steuer aus der Vermittlungstätigkeit hinterlegt werden (womit die Haftung des Erwerbers faktisch entfällt, da sich die Steuerbehörde in diesem Fall aus der Sicherheitsleistung befriedigen kann). Eine Verpflichtung der Steuerbehörde, eine Sicherheit zu verlangen, besteht aber nicht.

3. Steuerobjekt

A. Allgemeines

159 **1.** Beim Verkauf eines Grundstücks liegt ein klassischer Vorgang vor, der zu einem **Kapitalgewinn** (oder allenfalls Kapitalverlust) führt. Der steuerrechtliche Begriff des Kapitalgewinns ist dabei im Gegensatz zum **Vermögensertrag** zu sehen.

160 *Ertrag aus beweglichem oder unbeweglichem Vermögen* ist jeder geldwerte Vorteil, den ein Vermögensobjekt als Quelle abwirft, ohne dass seine Substanz ganz oder teilweise verzehrt wird (womit der Vermögensertrag mit einer Frucht vergleichbar ist). Vermögensertrag im steuerrechtlichen Sinn stellt das Resultat aus einer Nutzungsüberlassung dar.

161 Ein Wertzufluss, der nicht auf die Nutzungsüberlassung von Vermögenswerten, sondern auf deren Veräusserung zurückzuführen ist, bildet keinen Vermögensertrag, sondern einen *Kapitalgewinn*. Die Substanz wird (ganz oder teilweise) weggegeben; an ihrer Stelle fliesst das Entgelt zu, das seiner Form und seinem wirtschaftlichen Gehalt nach ein anderes Vermögensrecht darstellt. Unter Veräusserung ist dabei nicht nur der Verkauf oder der Tausch von Vermögenswerten zu verstehen, sondern jeder irgendwie geartete Ausscheidungsvorgang, bei welchem die Substanz ganz oder teilweise aus der Vermögenssphäre des Steuerpflichtigen verschwindet.

162 **2.** Laut Art. 16 Abs. 3 DBG sind die **Gewinne aus der Veräusserung von Privatvermögen steuerfrei,** während Kapitalgewinne aus Veräusserung von Geschäftsvermögen der direkten Bundessteuer unterliegen[128].

163 Damit ist auch gleich gesagt, dass es für die Besteuerung von Grundstückgewinnen **entscheidend darauf ankommt, ob das veräusserte Grundstück zum Privatvermögen oder zum Geschäftsvermögen gehörte.** Trifft Ersteres zu, wird der Gewinn nicht mit der direkten Bundessteuer erfasst, sondern bleibt steuerfrei. Handelt es sich dagegen um ein Grundstück, das zum Geschäftsver-

---

[128] Art. 18 Abs. 2 DBG.

mögen gehört, wird der anlässlich der Veräusserung erzielte Gewinn bei der direkten Bundessteuer besteuert.

3. Juristische Personen verfügen nur über Geschäftsvermögen. Grundstückgewinne, die durch juristische Personen erzielt werden, unterliegen daher ausnahmslos der direkten Bundessteuer. 164

Natürliche Personen können dagegen sowohl über Privat- als auch über Geschäftsvermögen verfügen. Nur im letzteren Fall sind Grundstückgewinne bei der direkten Bundessteuer zu versteuern. 165

4. Was die Ausnahmen von der Steuerpflicht betrifft, so werden wie regelmässig in den kantonalen Rechten Verkäufe im Zusammenhang mit Ersatzbeschaffungen nicht als Realisationstatbestände betrachtet[129]. Verlangt wird dabei, dass das veräusserte Grundstück zum betriebsnotwendigen Anlagevermögen gehörte und ein Objekt mit gleicher Funktion als Ersatz angeschafft wird. 166

B. Geschäfts- und Privatvermögen

Es gibt wenige Gegenstände, die schon aufgrund ihrer Beschaffenheit eindeutig zum Geschäfts- oder Privatvermögen gehören. Doktrin und Praxis unterscheiden daher zwischen notwendigem Geschäftsvermögen, notwendigem Privatvermögen und den Alternativgütern (gewillkürtes Geschäftsvermögen). Die Praxis der Behörden und der Gerichte hat dabei Zuordnungskriterien entwickeln müssen. 167

Für die Zuteilung eines Vermögensobjekts zu einer der Vermögenssphären ist auf objektive Gesichtspunkte, also auf die aktuelle technisch-wirtschaftliche Funktion des Wirtschaftsguts abzustellen[130]. Bei der Zuteilung von Gegenständen zum Geschäftsvermögen ist laut Rechtsprechung die Gesamtheit der tatsächlichen Verhältnisse zu berücksichtigen. Das massgebende Kriterium für die Zuteilung erblickt das Bundesgericht darin, dass der betreffende Gegenstand für Geschäftszwecke erworben ist und dem Geschäft tatsächlich dient[131]. Neben der tatsächlichen Nutzungsart kann auch die Beschaffenheit des Grundstücks als Abgrenzungskriterium dienen. 168

Die Behandlung eines Vermögensobjekts in der Buchhaltung des Steuerpflichtigen stellt nach der Rechtsprechung kein ausschlaggebendes Kriterium für dessen Zuteilung zum Geschäfts- oder Privatvermögen dar. In der Regel hat sich die Steuerbehörde aber an die zivilrechtliche Gestaltung zu halten. 169

---

[129] Art. 30 DBG.
[130] BGE 112 Ib 82.
[131] BGE 94 I 466.

170 Auch bei der Veräusserung eines Vermögensgegenstands durch eine Personengesellschaft muss die Frage beantwortet werden, «ob ein Kapitalgewinn dem der Gesellschaft gehörenden Vermögen, also dem Geschäftsvermögen, oder dem Privatvermögen der Gesellschafter zuzurechnen sei. Kapitalgewinne auf dem der (buchführungspflichtigen) Gesellschaft gehörenden Vermögen sind jedenfalls immer steuerbar»[132]. Nach Auffassung des Bundesgerichts ist die Behandlung in den Büchern der Gesellschaft für die Abgrenzung zwischen Vermögen der Gesellschaft (= Geschäftsvermögen) und Vermögen der Gesellschafter von besonderer Bedeutung: «Nach der Rechtsprechung ist die Behandlung in den Büchern allerdings nicht allein entscheidend, sondern sind die gesamten tatsächlichen Verhältnisse zu berücksichtigen ... Bei Personengesellschaften kommt diesen weiteren Indizien jedoch geringere Bedeutung zu als bei Einzelpersonen. Während diese unter Umständen das ganze Vermögen, auch das private, in die Geschäftsbuchhaltung aufnehmen ..., ist bei Gesellschaften die Regel, dass die Gesellschafter nur diejenigen Vermögensgegenstände in der Geschäftsbuchhaltung aufführen, die tatsächlich deren gemeinsam (in Form einer Gesellschaft) betriebenem Geschäft dienen sollen. Eine nicht zutreffende, willkürliche buchliche Behandlung von Vermögenswerten durch die Gesellschafter ist nicht zu vermuten.» Das gilt erst recht, wenn es um Vermögenswerte in Form von Liegenschaften geht, die im Grundbuch als Eigentum der Gesellschaft eingetragen sind (als Gesamteigentum der Gesellschafter unter dem Namen der Gesellschaft). Das erlaubt grundsätzlich die Annahme von Geschäftsvermögen der Gesellschaft, «ohne dass noch geprüft werden müsste, ob die Liegenschaft tatsächlich in erster Linie geschäftlichen Zwecken diente»[133].

171 Vermietetes und verpachtetes Geschäftsvermögen bleibt prinzipiell Geschäftsvermögen. Eine Privatentnahme (Überführung ins Privatvermögen) wird indessen angenommen, wenn mit der Vermietung oder Verpachtung eine endgültige Geschäftsaufgabe bezweckt wird[134]; dies ist nicht der Fall, wenn die Verpachtung bloss der Vorbereitung der Liquidation dient oder nur vorübergehend erfolgt[135].

172 Auf die Erben übergehendes Geschäftsvermögen ist zunächst Geschäftsvermögen der Erben[136]. Nach der Rechtsprechung des Bundesgerichtes liegt eine Überführung von Geschäftsvermögen in das Privatvermögen einzelner Erben erst in dem Zeitpunkt vor, in dem die Überführung buchmässig in Erscheinung

---

[132] BGer, 26.8.1982, ASA 52, S. 359; BGer, 10.1.1992, ASA 62, S. 409, je auch zum Folgenden.
[133] BGer, 26.8.1982, ASA 52, S. 360.
[134] BGer, 19.1.1996, StE 1996 B 23.2 Nr. 16.
[135] BGer, 28.4.1972, ASA 41, S. 450.
[136] BGer, 18.5.1979, ASA 49, S. 61.

tritt[137]. Dies sieht anders aus, wenn Erbe eine steuerbefreite Stiftung ist: Diesfalls ist die Überführung ins Privatvermögen noch beim Erblasser anzunehmen[138].

Liegen gemischt genutzte Wirtschaftsgüter vor (die also sowohl geschäftlich als auch privat genutzt werden [in erster Linie Grundstücke]), werden diese nach der sog. *Präponderanzmethode* nach der überwiegenden effektiven Nutzungsart gesamthaft entweder dem Geschäfts- oder dem Privatvermögen zugeteilt[139]. 173

C. Gewerbsmässiger Liegenschaftenhandel

1. Unter dem per Ende 1994 aufgehobenen Bundesratsbeschluss vom 9. Dezember 1940 über die Erhebung einer direkten Bundessteuer hat das Bundesgericht eine reichhaltige Rechtsprechung zum gewerbsmässigen Liegenschaftenhändler entwickelt. Die durch einen gewerbsmässigen Liegenschaftenhändler erzielten Einkünfte stellten Einkommen aus einer Tätigkeit dar und waren daher steuerpflichtig (wobei es keine Rolle spielte, ob die veräusserten Grundstücke zum Geschäfts- oder Privatvermögen gehörten). 174

An dieser Rechtsprechung hat das Bundesgericht auch für die Geltung des DBG grundsätzlich festgehalten[140]. Nach der bundesgerichtlichen Rechtsprechung stellen die infolge gewerbsmässigen Liegenschaftenhandels erzielten Gewinne der direkten Bundessteuer unterliegendes Einkommen dar. Diese gewerbsmässig erzielten Gewinne werden als Einkommen aus selbständiger Erwerbstätigkeit eingestuft; die Besteuerung erfolgt in einem solchen Fall nach Art. 18 DBG. 175

Entscheidend ist nun aber für die Besteuerung, dass das veräusserte Grundstück, wie dies Art. 18 Abs. 2 DBG verlangt, zum Geschäftsvermögen gehörte. Während dies unter dem aufgehobenen Bundesratsbeschluss ohne Bedeutung war, stellt dies nun auch beim gewerbsmässigen Liegenschaftenhandel (wie bei jedem andern Grundstückverkauf) die entscheidende Voraussetzung dar. 176

Hierbei gilt es nun aber zu beachten, dass durch die Steuerbehörde zuerst geprüft wird, ob die Kriterien für einen gewerbsmässigen Liegenschaftenhandel erfüllt sind. Trifft dies zu, sind die veräusserten Grundstücke auch automatisch Geschäftsvermögen. 177

---

[137] BGer, 21.12.1983, ASA 53, S. 262.
[138] BGer, 29.8.1995, ASA 65, S. 660.
[139] Art. 18 Abs. 2 DBG; vgl. das Kreisschreiben Nr. 2 der EStV vom 12.11.1992 betreffend Einkommen aus selbständiger Erwerbstätigkeit nach Artikel 18 DBG (Ausdehnung der Kapitalgewinnsteuerpflicht, Übergang zur Präponderanzmethode und deren Anwendung), ASA 61, S. 507.
[140] Vgl. den grundlegenden BGE 125 II 113.

178 **2.** Als gewerbsmässiger Liegenschaftenhandel gilt der über den Rahmen einer ordentlichen Vermögensverwaltung hinausgehende planmässige An- und Verkauf von Grundstücken. Für die Beantwortung der Frage, ob ein gewerbsmässiger Liegenschaftenhandel vorliegt, ist jeweils der einzelne Sachverhalt zu betrachten. Die bundesgerichtliche Rechtsprechung hat dabei für die Beurteilung dieser Frage gewisse Kriterien entwickelt. Für die Qualifikation einer Person als gewerbsmässige Liegenschaftenhändlerin ist dabei abzustellen auf

– die Häufigkeit der Geschäfte,

– die jeweilige Besitzesdauer,

– die Verwendung der erzielten Gewinne (z.B. für die Durchführung neuer Grundstückgeschäfte),

– die Finanzierungsart,

– den engen Zusammenhang der Geschäfte mit der beruflichen Tätigkeit des Veräusserers (Architekt, Ingenieur, Baumeister, Bauhandwerker, Notar, Liegenschaftsmakler etc.) oder

– ganz allgemein die Art und Weise des Vorgehens (so spricht z.B. der Verkauf eines Mehrfamilienhauses in Form von Stockwerkeinheiten relativ deutlich für ein gewerbsmässiges Vorgehen, abgesehen davon, dass sich mit diesem Vorgehen die Anzahl der getätigten Geschäfte meist stark erhöht).

179 In der Regel ergibt sich bereits aus der mehrfachen Wiederholung und der Planmässigkeit der Geschäfte deren Gewerbsmässigkeit. Unerheblich ist auf jeden Fall, ob die Veräusserungstätigkeit haupt- oder lediglich nebenberuflich ausgeübt wird. Auch derjenige, der einer völlig anders gearteten hauptberuflichen Tätigkeit nachgeht, kann (nebenberuflicher) gewerbsmässiger Liegenschaftenhändler sein (auch als sog. Quasiliegenschaftenhändler bezeichnet).

180 In der Rechtsprechung ist die Gewerbsmässigkeit bereits bei nur vereinzelten Grundstückverkäufen angenommen worden. Beispielsweise hat das Bundesgericht die Gewerbsmässigkeit bei einem Steuerpflichtigen bejaht, der eine ererbte Liegenschaft überbaute, in sieben Eigentumswohnungen aufteilte und dann die Wohnungen einzeln verkaufte[141].

181 Zu erwähnen ist demgegenüber allerdings, dass unter Umständen auch die Veräusserung eines Grundstücks durch eine als gewerbsmässige Liegenschaftenhändlerin einzustufende (und evtl. sogar so besteuerte) Person kein Einkom-

---

[141] BGE 104 Ib 168. Vgl. zum Begriff des gewerbsmässigen Liegenschaftenhandels BGer, 23.5.1986, ASA 57, S. 209; BGer, 1.2.1980, ASA 49, S. 558; BGer, 27.10.1978, ASA 48, S. 417.

men im Sinn der direkten Bundessteuer darstellt. Dies ist z.b. dann der Fall, wenn der gewerbsmässige Liegenschaftenhändler das von ihm privat genutzte Grundstück veräussert[142], da sich dieses Grundstück im Privatvermögen befindet und somit der Grundsatz gemäss Art. 16 Abs. 3 DBG zum Tragen kommt, wonach Kapitalgewinne aus der Veräusserung von Privatvermögen steuerfrei sind.

Im Gegensatz zum letzterwähnten Beispiel kann ein gewerbsmässiger Liegenschaftenhandel auch dann gegeben sein, wenn beispielsweise ein Architekt, Bauunternehmer oder dergleichen den während seiner beruflichen Tätigkeit erworbenen Grundbesitz erst nach Aufgabe der hauptberuflichen Tätigkeit nach und nach bei sich bietender Gelegenheit veräussert. In einem solchen Fall ist es nicht von Belang, dass diese Person ihre besondere mit dem Liegenschaftenhandel verbundene Tätigkeit nicht mehr entfaltet, da sie in einem solchen Fall die Hauptarbeit, die auf ein Gewinn bringendes Vorgehen schliessen lässt, bereits früher geleistet hat[143]. Mit dieser früheren Tätigkeit wurden die Grundstücke zu Geschäftsvermögen, die nicht mehr ohne Einkommenssteuerfolgen bei der direkten Bundessteuer veräussert werden können[144]. 182

4. Bemessungsgrundlage

1. Die Gewinnberechnung bezieht sich bei der Grundstückgewinnbesteuerung mit der direkten Bundessteuer im Gegensatz zu den als Sondersteuern ausgestalteten Grundstückgewinnsteuern nach kantonalem Recht stets auf den gesamten Buchgewinn, der in der Differenz zwischen Einkommenssteuerwert[145] und Erlös besteht. Insbesondere besteht bei der direkten Bundessteuer keine Möglichkeit, nach einer gewissen Besitzesdauer auf einen früheren Verkehrswert abzustellen. 183

---

[142] BGer, 18.9.1986, StE 1987 B 23.1 Nr. 10; BGE 104 Ib 164; ZUPPINGER, S. 12.
[143] BGer, 21.12.1977, ASA 47, S. 421.
[144] Art. 18 Abs. 2 DBG sowie e contrario aus Art. 16 Abs. 3 DBG. Vgl. auch den grundlegenden BGE 125 II 113.
[145] Der Einkommenssteuerwert entspricht in aller Regel dem handelsrechtlichen Buchwert. Unter Umständen kann aber eine Differenz zwischen dem handelsrechtlichen Buchwert und dem steuerrechtlichen Einkommenssteuerwert bestehen (indem z.B. gewisse Abschreibungen, die in einer früheren Handelsbilanz vorgenommen wurden, damals [ganz oder teilweise] steuerlich nicht anerkannt wurden [damals also sog. aufgerechnet wurden]; in einem solchen Fall ist der sich aus der sog. Steuerbilanz ergebende Einkommenssteuerwert des betreffenden Grundstücks höher als der sich aus der Handelsbilanz ergebende Buchwert). Für den anlässlich der Veräusserung erzielten Buchgewinn kann daher konsequenterweise in einem solchen Fall nicht auf den handelsrechtlichen Buchwert, sondern nur auf den Einkommenssteuerwert abgestellt werden.

184 Da die direkte Bundessteuer bei Grundstückgewinnen nur greifen kann, wenn das veräusserte Grundstück Bestandteil des Geschäftsvermögens des Veräusserers bildete, stellt der Einkommenssteuerwert den für die Berechnung des steuerbaren Grundstückgewinns massgebenden Ausgangspunkt dar.

185 Bei der Gewinnermittlung können die kantonalen Steuern abgezogen werden, wenn es sich beim steuerpflichtigen Grundstückverkäufer um eine juristische Person handelt[146]. Natürliche Personen können diese Steuern dagegen nicht abziehen[147].

186 Eine weitere Besonderheit bei der steuerrechtlichen Behandlung von Grundstückgewinnen nach dem Recht der direkten Bundessteuer besteht in der Festlegung des massgebenden Realisationszeitpunkts. Überwiegend wird dazu die Auffassung vertreten, als Realisationszeitpunkt sei nicht jener der Eintragung der Handänderung im Grundbuch, sondern jener der öffentlichen Beurkundung des Kaufvertrags massgebend.

187 2. Der Grundstückgewinn wird bei der direkten Bundessteuer nicht separat erfasst; er wird vielmehr zusammen mit den übrigen Einkünften des Steuerpflichtigen der direkten Bundessteuer unterworfen. Die Höhe der auf den Grundstückgewinn entfallenden Steuer hängt also im Wesentlichen von den übrigen Einkünften des Steuerpflichtigen in der fraglichen Bemessungsperiode ab. Wurden beispielsweise in der Bemessungsperiode hohe (Betriebs-)Verluste erzielt, ergibt sich allenfalls auch unter Berücksichtigung der übrigen Einkünfte des Steuerpflichtigen gar kein steuerbares Einkommen; die Steuer auf dem Grundstückgewinn entfällt somit.

5. Steuertarif

188 Die direkte Bundessteuer ist bei natürlichen Personen progressiv ausgestaltet. Die direkte Bundessteuer beträgt dabei maximal 11,5%; auf einem bei der direkten Bundessteuer steuerbaren Grundstückgewinn ist somit eine Steuer von maximal 11,5% zu bezahlen. Bei juristischen Personen wird ein proportionaler Tarif von 8,5% angewandt; auf einem Grundstückgewinn ist somit eine direkte Bundessteuer von 8,5% zu bezahlen.

---

[146] Art. 59 lit. a DBG.
[147] Art. 34 lit. e DBG.

VII. Mehrwertsteuer

1. Allgemeines

1. Bei der Mehrwertsteuer in der Schweiz handelt es sich um eine Netto-Allphasen-Umsatzsteuer mit Vorsteuerabzug.

Beim Allphasensystem wird jeder Verkauf besteuert. Dies hat zum einen zur Folge, dass die Zahl der Steuerpflichtigen sehr gross wird. Zudem ist auch die endgültige Umsatzsteuerbelastung einer Ware nicht bekannt, da sie von der Zahl der Vermittler zwischen Produzent und Konsument abhängt. Aus diesem Grund wurde die Allphasensteuer zur Mehrwertsteuer umgebaut. Jeder Unternehmer ist für seinen Gesamtumsatz steuerpflichtig, wobei als Ausgangsbasis für die Berechnung der Steuer stets der vom jeweiligen Umsatzempfänger bezahlte Kaufpreis ohne Mehrwertsteuer gilt (Nettosystem). Der Unternehmer kann aber von seiner Steuerschuld die Steuerbelastung auf den von ihm bezogenen Gütern und Dienstleistungen abziehen. Diese abzugsfähige Belastung wird «Vorsteuer» genannt. Per saldo wird von einem Mehrwertsteuerpflichtigen somit nur die Steuer auf der bei ihm erfolgten Wertschöpfung oder dem bei ihm erzielten Mehrwert abgeliefert.

Steuerobjekt ist bei der schweizerischen Mehrwertsteuer grundsätzlich der Umsatz von Wirtschaftsgütern, wobei der Konsum besteuert werden soll. Die Mehrwertsteuer wird zwar beim Verkäufer erhoben, doch soll sie von diesem auf den Käufer überwälzt werden.

2. Beim Verkauf von Grundstücken wird in aller Regel keine Mehrwertsteuer erhoben, da es sich beim Grundstückverkauf um einen sog. ausgenommenen Umsatz handelt.

3. In gewissen Konstellationen ist die Erhebung einer Mehrwertsteuer aber denkbar,

– wenn der Verkäufer nämlich optiert und das Grundstück damit in den mehrwertsteuerpflichtigen Raum gelangt bzw.

– wenn ein Grundstück verkauft wird, das schon vorher im mehrwertsteuerpflichtigen Raum war.

Steuerpflichtig ist dabei aber immer nur der Verkäufer.

4. Die Mehrwertsteuer wird – sofern die Voraussetzungen erfüllt sind – zusätzlich zu den übrigen Steuern und Abgaben erhoben.

2. Steuersubjekt

196   1. Im Zusammenhang mit Grundstücken sind natürliche oder juristische Personen als Verkäufer steuerpflichtig, wenn sie ein mehrwertsteuerpflichtiges Grundstück verkaufen oder anlässlich des Verkaufs eines Grundstücks die Unterstellung unter die freiwillige Mehrwertsteuerpflicht verlangen (sog. Option).

197   2. Zusätzlich wird im Weiteren vorausgesetzt, dass die mehrwertsteuerpflichtige Person mit dem Verkauf einen Umsatz von mindestens Fr. 75 000.– erzielt. Liegt der Jahresumsatz zwar über Fr. 75 000.–, aber unter Fr. 250 000.–, entfällt die Steuerpflicht ebenfalls, sofern die nach Abzug der Vorsteuern verbleibende Steuer über mehrere Jahre hinweg nicht mehr als Fr. 4000.– pro Jahr beträgt[148]. Übersteigt der massgebende Umsatz Fr. 250 000.–, ist die obligatorische Steuerpflicht auf jeden Fall gegeben.

3. Steuerobjekt

A. Allgemeines

198   1. In Art. 5 MWSTG wird als Grundsatz zwar festgehalten, dass alle von steuerpflichtigen Personen getätigten Umsätze der Mehrwertsteuer unterliegen. Hiervon werden aber ausdrücklich die sog. ausgenommenen Umsätze laut Art. 18 MWSTG ausgenommen.

199   Gemäss Art. 18 Ziff. 20 MWSTG sind nun aber «die Übertragung und Bestellung von dinglichen Rechten an Grundstücken» von der Mehrwertsteuer ausgenommen. Damit wird im Gesetz als Grundsatz festgehalten, dass der Verkauf eines Grundstücks keinen steuerbaren Umsatz darstellt und somit keine Mehrwertsteuerpflicht auslöst. Dies gilt auch dann, wenn ein aus andern Gründen Mehrwertsteuerpflichtiger ein Grundstück verkauft. Der auf dem Verkauf erzielte Umsatz ist auch bei einem Mehrwertsteuerpflichtigen ein von der Mehrwertsteuer ausgenommener Umsatz.

200   Als Grundsatz kann somit festgehalten werden, dass der Verkauf eines Grundstücks grundsätzlich keine Mehrwertsteuer auslöst.

201   2. Hiervon gibt es aber zwei Ausnahmen, wenn nämlich beim Verkauf eines Grundstücks optiert wird bzw. wenn ein mehrwertsteuerpflichtiges Grundstück verkauft wird.

---

[148] In diesem Fall ist aber eine Unterstellung unter die freiwillige Steuerpflicht möglich.

B. Option

1. Art. 26 MWSTG hält fest, dass eine natürliche oder juristische Person die freiwillige Unterstellung unter die Mehrwertsteuerpflicht für die Umsätze auf Grundstückverkäufen verlangen kann (sog. Option), soweit die Umsätze nachweislich gegenüber inländischen Steuerpflichtigen erbracht werden. In diesem Fall stellt der Verkauf des Grundstücks, für welches optiert wurde, einen steuerbaren Umsatz dar.

Eine Person (sei sie nun grundsätzlich mehrwertsteuerpflichtig oder nicht) kann sich also für den Grundstückverkauf der Steuerpflicht unterstellen (optieren), wenn sie das Grundstück an eine (natürliche oder juristische) Person verkauft, die in der Schweiz der Mehrwertsteuerpflicht untersteht. Beim Verkauf an eine Person, die nicht der Mehrwertsteuerpflicht untersteht, kann somit nie optiert werden. Verkauft daher ein Privater seine Privatliegenschaft an einen Privaten, löst dies nie eine Mehrwertsteuer aus.

2. Mit der Option gelangt das Grundstück in den mehrwertsteuerpflichtigen Raum und bleibt dort, bis es umgenutzt wird (also nicht mehr für einen mehrwertsteuerpflichtigen Umsatz genutzt wird).

3. In der Praxis wird davon ausgegangen, dass eine Option nur sinnvoll ist, wenn ab 1.1.1995 grössere Investitionen (Umbau, Sanierung, Anbau, Neubau) am Grundstück ausgeführt wurden und eine spätere Umnutzung unwahrscheinlich erscheint.

4. Beim Verkauf von mehreren Grundstücken kann für jedes Objekt einzeln optiert werden.

C. Verkauf eines mehrwertsteuerpflichtigen Grundstücks

1. Die zweite Ausnahme, bei der ein Verkauf eines Grundstücks der Mehrwertsteuer untersteht, besteht darin, dass ein bislang mehrwertsteuerpflichtiges Grundstück veräussert wird.

2. Ein mehrwertsteuerpflichtiges Grundstück liegt vor,

– wenn hierfür anlässlich eines früheren Verkaufs optiert wurde und seither keine Umnutzung (Nutzung nur noch für nicht steuerbare Zwecke durch Überführung in den nicht mehrwertsteuerpflichtigen Raum [wobei anlässlich dieser Überführung die Mehrwertsteuer geschuldet ist]) stattfand, oder

– wenn ein Mehrwertsteuerpflichtiger ein Grundstück verkauft, für dessen Investitionen er Vorsteuern geltend gemacht hat (und damit zum Ausdruck gebracht hat, dass er es als im mehrwertsteuerpflichtigen Raum befindlich betrachtet).

209 3. Verkauft ein Mehrwertsteuerpflichtiger ein solcherart mehrwertsteuerpflichtiges Grundstück an eine Person, die in der Schweiz nicht mehrwertsteuerpflichtig ist, hat er die sog. Eigenverbrauchssteuer abzuliefern. In diesem Fall wird angenommen, dass spätestens eine logische Sekunde vor dem Verkauf an den Nichtmehrwertsteuerpflichtigen eine Umnutzung stattgefunden hat.

4. Bemessungsgrundlage

210 1. Abgestellt wird für die Steuerpflicht auf das Entgelt (nicht etwa auf den Gewinn; Art. 33 Abs. 1 MWSTG). Dies entspricht dem Betrag, den der Käufer (oder an seiner Stelle ein Dritter) als Gegenleistung für den Verkauf des Grundstücks aufwendet.

211 Bei Grundstückverkäufen wird der Wert des Bodens, der im Entgelt enthalten ist, ausdrücklich von der Mehrwertsteuerpflicht ausgenommen.

212 2. Beim Eigenverbrauch ist die Mehrwertsteuer vom Zeitwert (ohne Wert des Bodens), höchstens jedoch vom Wert der Aufwendungen geschuldet, der seinerzeit zum Vorsteuerabzug berechtigte. Bei eigener Herstellung des Gebäudes zählt der Preis, den ein unabhängiger Dritter für die Herstellung verlangt hätte.

213 Der Zeitwert ermittelt sich durch eine lineare Abschreibung von 5% für jedes abgelaufene Kalenderjahr.

5. Steuertarif

214 Die Steuer beträgt 7,6% auf dem steuerbaren Umsatz, also dem Entgelt für das veräusserte Grundstück ohne den Wert des Bodens.

VIII. Sozialversicherungsbeiträge

1. Allgemeines

215 1. Sozialversicherungsrecht ist jener Bereich der Rechtsordnung, welcher die ganze Bevölkerung oder einzelne ihrer Schichten durch mehr oder weniger öffentlich-rechtlich geregelte Versicherungsverhältnisse, die der Gerichtsbarkeit des Eidg. Versicherungsgerichts unterliegen, gegen soziale Risiken zu sichern bestimmt ist[149]. Darunter fallen obligatorische Kranken- und Unfallversiche-

---

[149] MAURER ALFRED, Bundessozialversicherungsrecht, 2. A. Basel 1994, S. 13 f., auch zum Folgenden.

rungen, AHV, IV, Ergänzungsleistungen, EO, Arbeitslosenversicherungen, Familienzulagen, Militärversicherungen und berufliche Vorsorge.

Bei Grundstückkäufen sind die AHV, IV und EO von Interesse (zumal diese Beiträge im vorliegenden Zusammenhang häufig wie Steuern wirken[150], weshalb sie auch als parafiskalische Abgaben bezeichnet werden).

2. Die Sozialversicherungsbeiträge werden – sofern die Voraussetzungen erfüllt sind – zusätzlich zu den übrigen Steuern und Abgaben erhoben.

2. Steuersubjekt

1. Alle natürlichen Personen mit Wohnsitz in der Schweiz sind bei der AHV beitragspflichtig. Nicht AHV-beitragspflichtig sind dagegen die juristischen Personen.

2. Die AHV-Beitragspflicht wird dabei wesentlich durch die Erwerbstätigkeit bestimmt. Nichterwerbstätige entrichten nämlich entsprechend ihren sozialen Verhältnissen nur Pauschalbeiträge[151].

Erwerbstätige entrichten ihre Beiträge dagegen nach der Höhe ihrer Erwerbseinkünfte. Hierbei gilt es im Zusammenhang mit Grundstückverkäufen nun speziell auf die selbständige Erwerbstätigkeit hinzuweisen. Der AHV-Beitragspflicht unterliegt nämlich nicht nur das Einkommen aus unselbständiger, sondern auch dasjenige aus selbständiger Erwerbstätigkeit. Dabei gilt jedes Erwerbseinkommen, das nicht Entgelt für in unselbständiger Stellung geleistete Arbeit darstellt, als Einkommen aus selbständiger Erwerbstätigkeit[152].

3. Bei einem Grundstückverkauf hat der Verkäufer, sofern es sich bei ihm um eine natürliche Person handelt, somit dann AHV-, IV- und EO-Beiträge zu leisten, wenn der erzielte Grundstückgewinn bei der direkten Bundessteuer steuerpflichtig ist. Wird der Grundstückgewinn dagegen nicht mit der direkten Bundessteuer erfasst, entfallen auch die Sozialversicherungsbeiträge. Privat, nicht im Rahmen einer gewerbsmässigen Tätigkeit erzielte Grundstückgewinne lösen somit keine Sozialversicherungsbeiträge aus.

Der Käufer eines Grundstücks hat keine Sozialversicherungsbeiträge zu leisten, da der Grundstückkauf keinen (direkten) Einfluss auf das steuerbare Einkommen bei der direkten Bundessteuer hat.

---

[150] BGE 120 Ia 367 E. 6c.
[151] Art. 10 AHVG (mit Einschränkungen bei nichterwerbstätigen Ehegatten, vgl. Art. 3 Abs. 3 AHVG).
[152] Art. 9 Abs. 1 AHVG.

3. Steuerobjekt

223 Die Sozialversicherungsbeitragspflicht wird bereits dadurch ausgelöst, dass eine natürliche Person in der Schweiz Wohnsitz hat, hier eine Erwerbstätigkeit ausübt oder als Schweizer Bürger im Ausland im Dienst der Eidgenossenschaft tätig ist.

224 Der Grundstückkauf selbst löst für sich allein betrachtet (noch) keine direkte Sozialversicherungsbeitragspflicht aus.

4. Bemessungsgrundlage

225 Für die Festlegung des Einkommens aus selbständiger Erwerbstätigkeit wird auf die direkte Bundessteuer abgestellt[153]; das steuerbare Einkommen bei der direkten Bundessteuer wird grundsätzlich der AHV-Pflicht unterstellt. Von diesem Betrag werden noch in der Regel Zinsen von 5% für das in die selbständige Erwerbstätigkeit investierte Eigenkapital abgezogen. Auf der Differenz werden AHV-Beiträge erhoben.

226 Auf demselben Betrag, der der Berechnung der AHV zugrunde gelegt wird, werden auch noch IV-[154] und EO-Beiträge[155] erhoben.

5. Steuertarif

227 1. Die Höhe der AHV-Beiträge richtet sich nach den Verhältnissen für Selbständigerwerbende und beträgt in der Regel 7,8% des AHV-pflichtigen Einkommens. Dazu kommen noch 1,4% für die Invalidenversicherung und 0,3% für die Erwerbsersatzordnung, sodass die gesamten Sozialversicherungsbeiträge (AHV, IV, EO) grundsätzlich 9,5% des steuerbaren Einkommens betragen.

228 2. Sofern ein Verkäufer eines Grundstücks neben seinem gewerbsmässig erzielten Grundstückgewinn keine Verluste aus sonstiger selbständiger Erwerbstätigkeit erleidet, hat er vom Grundstückgewinn auch noch Sozialversicherungsbeiträge von 9,5% abzuliefern. Erzielt der Verkäufer dagegen in der gleichen Veranlagungsperiode Verluste aus seiner sonstigen selbständigen Erwerbstätigkeit, mindern diese den Grundstückgewinn und somit über die Reduktion der Be-

---

[153] Art. 9 Abs. 3 AHVG i.V.m. Art. 23 Abs. 1 und 4 AHVV.
[154] Art. 3 Abs. 1 IVG.
[155] Art. 27 Abs. 2 EOG.

messungsgrundlage auch die Höhe der Sozialversicherungsbeiträge (im Extremfall sinken diese auf 0% ab, wenn nämlich die Verluste [mindestens] gleich hoch sind wie der grundsätzlich abgabepflichtige Grundstückgewinn).

IX. Wehrpflichtersatzabgaben

1. Allgemeines

1. Ersatzabgaben werden erhoben für die Befreiung von einer öffentlich-rechtlichen Leistung (Sach- oder Dienstleistung) und unterliegen – im Gegensatz zu den Gebühren[156] – nicht dem Kostendeckungsprinzip.

Männliche Schweizer Bürger, die ihre Wehrpflicht nicht oder nur teilweise durch persönliche Dienstleistung (Militär- oder Zivildienst) erfüllen, haben einen Ersatz in Geld zu leisten (Wehrpflichtersatz, früher als Militärpflichtersatz bezeichnet).

2. Die Wehrpflichtersatzabgabe wird – sofern die Voraussetzungen erfüllt sind – zusätzlich zu den übrigen Steuern und Abgaben erhoben.

2. Steuersubjekt

1. Einen Wehrpflichtersatz haben nur männliche Schweizer Bürger, die ihre Wehrpflicht nicht oder nur teilweise durch persönliche Dienstleistung (Militär- oder Zivildienst) erfüllen, zu leisten.

Juristische Personen, Frauen und ausländische Männer haben dagegen keine Wehrersatzabgabe zu entrichten.

2. Abgabepflichtig ist nur der Verkäufer. Der Käufer eines Grundstücks hat dagegen keine Wehrpflichtersatzabgabe zu leisten.

3. Steuerobjekt

Die Wehrpflichtersatzabgabe wird dadurch ausgelöst, dass ein männlicher Schweizer Bürger seine bestehende Wehrpflicht ganz oder teilweise nicht er-

---

[156] Vgl. hierzu Nr. 4.

füllt. Der Grundstückkauf an sich löst die Wehrpflichtersatzabgabe nicht direkt aus.

4. Bemessungsgrundlage

236 Die Ersatzabgabe wird nach der Gesetzgebung über die direkte Bundessteuer auf dem gesamten Reineinkommen erhoben, das der Ersatzpflichtige im In- und Ausland erzielt. Das bei der direkten Bundessteuer ermittelte steuerbare Einkommen wird somit auch noch für die Wehrpflichtersatzabgabe herangezogen.

237 Bei einem Grundstückverkauf hat der Verkäufer, sofern es sich bei ihm um einen männlichen Schweizer Bürger handelt, somit dann Wehrpflichtersatz zu leisten, wenn der erzielte Grundstückgewinn bei der direkten Bundessteuer steuerpflichtig ist. Wird der Grundstückgewinn dagegen nicht mit der direkten Bundessteuer erfasst, entfällt auch der Wehrpflichtersatz. Privat, nicht im Rahmen einer gewerbsmässigen Tätigkeit erzielte Grundstückgewinne lösen somit keinen Wehrpflichtersatz aus.

5. Steuertarif

238 Die Höhe der Wehrpflichtersatzabgabe beträgt grundsätzlich 2% des steuerbaren Gesamteinkommens (mindestens aber Fr. 150.–). Es kommt aber zusätzlich darauf an, ob und wie viel der betroffene Mann Militär- oder Zivildienst geleistet hat und wie alt der Ersatzabgabepflichtige ist. Für solche Faktoren werden Rabatte gewährt.

239 Wie bei den Sozialversicherungsbeiträgen spielt es aber auch eine Rolle, ob der Verkäufer neben seinem gewerbsmässig erzielten Grundstückgewinn noch Verluste erleidet oder nicht. Während bei den Sozialversicherungsbeiträgen aber nur Verluste aus einer sonstigen selbständigen Erwerbstätigkeit eine Rolle spielen, sind bei der Wehrpflichtersatzabgabe auch sonstige Verluste zu berücksichtigen.

§ 13
Der Grundstückkauf: Kommentierter Mustervertrag

Roland Pfäffli

INHALTSVERZEICHNIS	Seite
Literatur	606
Vorbemerkungen	609
Kaufvertrag	609
Erläuterungen	619

LITERATUR

Die gängigen schweizerischen Kommentarwerke (Zürcher Kommentar, Berner Kommentar, Basler Kurzkommentar) werden im Folgenden nicht aufgeführt. Dasselbe gilt für Beiträge im «Schweizerischen Privatrecht» (SPR), deutschsprachige Ausgabe. – Zitierweise: Die Autoren werden nur mit dem Verfassernamen, nötigenfalls mit einem präzisierenden Zusatz zitiert. – Hinweise auf weiterführende Spezialliteratur finden sich in den Fussnoten bzw. Endnoten.

AUER JOACHIM, Die Prüfungspflicht des Grundbuchverwalters nach schweizerischem Recht, Diss. Bern 1932.

BOLLMANN HANS, Das Ausscheiden aus Personengesellschaften, Diss. Zürich 1971.

BRÄM BEAT, Gemeinschaftliches Eigentum unter Ehegatten an Grundstücken, Bildet Gesamteigentum als einfache Gesellschaft eine gute Alternative zum Miteigentum und zum Gesamteigentum im Güterstand der Gütergemeinschaft?, Diss. Bern 1997.

BRÜCKNER CHRISTIAN, Schweizerisches Beurkundungsrecht, Zürich 1993 (zit. BRÜCKNER, Beurkundungsrecht).

– Der Umfang des Formzwangs beim Grundstückkauf, ZBGR 1994, S. 1 ff. (zit. BRÜCKNER, Formzwang).

DESCHENAUX HENRI, Traité de droit privé suisse, volume V, tome II/2, Le registre foncier, Fribourg 1983.

DRUEY JEAN NICOLAS, Das forderungsentkleidete Grundpfand und das Nachrückungsrecht, ZBGR 1979, S. 201 ff. (zit. DRUEY, Das forderungsentkleidete Grundpfand).

– Das neue Erbrecht und seine Übergangsordnung, in: HEINZ HAUSHEER (Hrsg.), Vom alten zum neuen Eherecht, Bern 1986, S. 167 ff. (zit. DRUEY, Das neue Erbrecht).

– Art. 612a ZGB – wirklich nur dispositiv?, AJP 1993, S. 126 ff. (zit. DRUEY, Art. 612a ZGB).

EHRSAM PAUL, Gesellschaftsvertrag und Erbrecht, Die Fortsetzung der Gesellschaft trotz Tod eines Gesellschafters, Diss. Lausanne 1943.

EITEL PAUL, Die zustimmungsbedürftigen Rechtsgeschäfte des Ehegatten als Alleineigentümer der Familienwohnräume nach Art. 169 Abs. 1 ZGB, recht 1993, S. 215 ff.

FISCHER ERICH ALFRED, Interimsurkunden im Grundpfandrecht, Diss. Basel 1977.

GAUCH PETER/SCHLUEP WALTER, Schweizerisches Obligationenrecht, Allgemeiner Teil, 2 Bde., 7. A. bearbeitet von JÖRG SCHMID (Bd. I) und HEINZ REY (Bd. II), Zürich 1998 (zit. GAUCH/SCHLUEP/SCHMID/REY).

GEISER THOMAS, Neues Eherecht und Grundbuchführung, ZBGR 1987, S. 15 ff.

GONVERS-SALLAZ ARMAND, Le registre foncier suisse, Commentaire de l'ordonnance fédérale du 22 février 1910 sur le registre foncier, Lausanne 1938.

GUHL THEO, Persönliche Rechte mit verstärkter Wirkung, in: Juristische Fakultät der Universität Bern (Hrsg.), Festgabe zur Feier des fünfzigjährigen Bestehens des Schweizerischen Bundesgerichts, Bern 1924, S. 93 ff.

GUHL THEO, Das Schweizerische Obligationenrecht, 9. A. bearbeitet von ALFRED KOLLER, ANTON K. SCHNYDER und JEAN NICOLAS DRUEY, Zürich 2000 (zit. GUHL/BEARBEITER).

Handbuch der Justizdirektion des Kantons Bern für die praktizierenden Notare sowie die Grundbuchverwalter des Kantons Bern betreffend den Verkehr mit dem Grundbuchamt und die Grundbuchführung, Bern 1982.

HASENBÖHLER FRANZ, Verfügungsbeschränkungen zum Schutze eines Ehegatten, BJM 1986, S. 57 ff.

HAUSHEER HEINZ, Gesellschaftsvertrag und Erbrecht, ZBJV 1969, S. 129 ff. (zit. HAUSHEER, Gesellschaftsvertrag).
- Erbrechtliche Probleme des Unternehmers, Bern 1970 (zit. HAUSHEER, Erbrechtliche Probleme).

HAUSHEER HEINZ/PFÄFFLI ROLAND, Zur Bedeutung des Anwachsungsprinzips bei der einfachen Gesellschaft und bei der Gütergemeinschaft im Todesfall; zur Tragweite von BGE 119 II 119 ff. für die Grundbuchführung, ZBJV 1994, S. 38 ff.

HAUSHEER HEINZ/REUSSER RUTH/GEISER THOMAS, Kommentar zum Eherecht, Bd. I, Kommentar zu Art. 159–180 ZGB und zu Art. 8a und 8b SchlT, Bern 1988.

HEGNAUER CYRIL/BREITSCHMID PETER, Grundriss des Eherechts, 3. A. Bern 1993.

HOTTINGER WALTER, Über den Zeitpunkt der Entstehung dinglicher Rechte an Grundstücken und zur Frage der Rückziehbarkeit der Grundbuchanmeldung, Diss. Zürich 1973.

HUBER HANS, Anmeldung und Tagebuch im schweizerischen Grundbuchrecht, ZBGR 1978, S. 156 ff.

JENNY FRANZ, Das Legalitätsprinzip im schweizerischen Grundbuchrecht, ZBGR 1930, S. 185 ff.

JUNG PETER, Tod des Berechtigten vor Eintragung im Grundbuch, Zur Zulässigkeit der Eintragung des Erben ohne Ergänzung der Eintragungsbewilligung, Der Deutsche Rechtspfleger 1996, S. 94 ff.

KELLER MAX/SIEHR KURT, Kaufrecht, 3. A. Zürich 1995.

KOLLER ALFRED, Vertragsfloskeln, BR 1989, S. 24 ff. (zit. KOLLER, Vertragsfloskeln).
- Schweizerisches Obligationenrecht, Allgemeiner Teil, Bd. I, Bern 1996 (zit. KOLLER, OR AT I).
- Bundesgerichtsentscheide zum ZGB – Sachenrecht, Lachen SZ und St. Gallen 1997 (zit. KOLLER, Bundesgerichtsentscheide).

KOLLER THOMAS, Von welchem Zeitpunkt an kann der Erwerber einer Liegenschaft ein bestehendes Mietverhältnis kündigen?, recht 1993, S. 70 f.

MARTI HANS, Die Rogation des Notars, MBVR 1940, S. 321 ff. (zit. MARTI, Die Rogation).
- Bernisches Notariatsrecht, Bern 1983 (zit. MARTI, Notariatsrecht).
- Notariatsprozess, Grundzüge der öffentlichen Beurkundung in der Schweiz, Bern 1989 (zit. MARTI, Notariatsprozess).

MERZ HANS, Über den Ausschluss der Gewährleistungspflicht in Übereignungsverträgen, BN 1957, S. 209 ff.

MINGER CHRISTIAN, La pratique jurassienne en matière d'approbation des aliénations d'immeubles appartenant à des personnes placées sous tutelle, sous curatelle ou sous conseil légal, RJJ 1992, S. 89 ff.

PFÄFFLI ROLAND, Die Auswirkungen des neuen Ehe- und Erbrechts auf die Grundbuchführung, BN 1986, S. 281 ff. (zit. PFÄFFLI, Die Auswirkungen).
- Zur Vormerkung von Mietverträgen von Vorkaufsrechten (mit Berücksichtigung des neuen Mietrechtes), BN 1990, S. 41 ff. (zit. PFÄFFLI, Zur Vormerkung von Mietverträgen).
- Theorie und Praxis zum Grundpfandrecht, recht 1994, S. 263 ff. (zit. PFÄFFLI, Theorie und Praxis).
- Zur Beschreibung des Grundstücks beim Grundstückkauf, Anmerkungen zum Urteil des Bundesgerichts vom 20.2.1997, BN 1997, S. 122 ff. (zit. PFÄFFLI, Zur Beschreibung des Grundstücks).
- Der Ausweis für die Eigentumseintragung im Grundbuch, Diss. St. Gallen 1999 (zit. PFÄFFLI, Der Ausweis).

Ruf Peter, Notariatsrecht, Langenthal 1995 (zit. Ruf, Notariatsrecht).
- Der Umfang des Formzwangs beim Grundstückkauf, ZBGR 1997, S. 361 ff. (zit. Ruf, Formzwang).

Ruoss Reto Thomas, Der Einfluss des neuen Eherechts auf Mietverhältnisse an Wohnräumen, ZSR 1988, I. Halbbd., S. 75 ff.

Santschi Daniel, Die Ausstandspflicht des Notars, Diss. Bern 1992.

Schmid Jörg, Die öffentliche Beurkundung von Schuldverträgen, Diss. Freiburg 1988, (zit. Schmid Jörg, Die öffentliche Beurkundung).
- Der Umfang des Formzwangs, recht 1989, S. 113 ff. (zit. Schmid Jörg, Formzwang).
- Thesen zur öffentlichen Beurkundung, ZBGR 1993, S. 1 ff. (zit. Schmid Jörg, Thesen).
- Familie und Grundbuch, in: Familie und Recht/Famille et Droit, Festgabe der Rechtswissenschaftlichen Fakultät der Universität Freiburg für Bernhard Schnyder, Freiburg 1995, S. 601 ff. (zit. Schmid Jörg, Familie und Grundbuch).

Schmid Jürg, Neues Eherecht und Grundbuchführung, ZBGR 1987, S. 295 ff.

Schmidlin Bruno, Der formungültige Grundstückkauf – Bemerkungen zur neueren Lehre und Rechtsprechung, ZSR 1990, I. Halbbd., S. 223 ff.

Schneider Benno, Die Mitwirkung der vormundschaftlichen Aufsichtsbehörde bei der Veräusserung von Grundstücken, an denen Bevormundete, Verbeiständete oder Verbeiratete eigentumsmässig beteiligt sind, ZVW 1975, S. 81 ff.

Schnyder Bernhard, Das Verhältnis von Grundbucheintragung und Gültigkeit des Rechtsgeschäfts, BN 1991, S. 237 ff.

Schraner Marius, Die Mitwirkung der vormundschaftlichen Behörden bei der Veräusserung von Grundstücken, FZR 1993, S. 231 ff.

Simonius Pascal/Sutter Thomas, Schweizerisches Immobiliarsachenrecht, Band II: Die beschränkten dinglichen Rechte, Basel und Frankfurt am Main 1990.

Trauffer Bernhard, Verfügung über die Familienwohnung nach neuem Eherecht, ZGRG 1987, S. 71 ff.

Tuor Peter/Schnyder Bernhard/Schmid Jörg, Das Schweizerische Zivilgesetzbuch, 11. A. Zürich 1995.

Weinberg Sigbert, Der Schutz des guten Glaubens im Grundpfandrecht, Diss. Zürich 1950.

Weltert Thomas, Rückziehbarkeit der Grundbuchanmeldung?, SJZ 1981, S. 349 ff.

Wiegand Wolfgang/Brunner Christoph, Vom Umfang des Formzwanges und damit zusammenhängende Fragen des Grundstückkaufvertrages, recht 1993, S. 1 ff.

Wolf Stephan, Prüfung von Handlungsfähigkeit, Willensmängeln und Übervorteilung im Grundbucheintragungsverfahren, recht 1999, S. 62 ff.

Zobl Dieter, Die Auswirkungen des neuen Eherechtes auf das Immobiliarsachenrecht, SJZ 1988, S. 129 ff.

Vorbemerkungen

Bei der vorliegenden Musterurkunde handelt es sich um eine Möglichkeit, wie ein Kaufvertrag über ein Grundstück mit einem bestehenden Gebäude abgefasst werden kann. Das Recht zur selbständigen Beurteilung von materiellen Rechtsfragen soll durch diese Musterurkunde selbstverständlich nicht eingeschränkt werden.

Den Urkundspersonen sei ans Herz gelegt, Vertragsberatung und Vertragsredaktion als Massarbeit zu betrachten, bei welcher sich die unbesehene Übernahme stereotyper Formeln aus alten Vorlagen und Musterbüchern verbietet[1]. Der Notar soll Meister der Urkunde sein, das heisst, ihm liegt es ob und bildet seinen eigentlichen Beruf, im einzelnen Falle diejenige Redaktion der Urkunde zu finden, welche nicht nur den Vorschriften der Gesetzgebung, sondern auch den Verhältnissen des konkreten Verurkundungsgegenstandes entspricht. Das schablonenhafte Kopieren von Musterurkunden ist weder eine juristische noch namentlich eine notarielle Tätigkeit[2].

Der Autor dankt dem Vorstand des Verbandes bernischer Notare, dass er ihm gestattet hat, einzelne Passagen aus der Musterurkunden-Sammlung[3], insbesondere auch in Bezug auf die Gewährleistung, zu übernehmen und im vorliegenden Mustervertrag wiederzugeben.

Kaufvertrag

Johannes Immergrün, Notar des Kantons Bern mit Büro in Thun, beurkundet[4]:

1. Frau **Beatrice Meister geb. Steiner**[5], geb. 18. Mai 1948, verheiratet, von Interlaken, Geschäftsführerin, Höheweg 18, 3612 Steffisburg,

und die Ehegatten

2. Frau **Ruth Aregger geb. Lerch**, geb. 27. Juli 1966, verheiratet, von Aarberg und Buttisholz[6], Fürsprecherin, Weissensteinstrasse 17, 3008 Bern,

---

[1] Siehe Erläuterungen (s. hinten).
[2] Siehe Erläuterungen (s. hinten).
[3] Siehe Erläuterungen (s. hinten).
[4] Siehe Erläuterungen (s. hinten).
[5] Siehe Erläuterungen (s. hinten).
[6] Siehe Erläuterungen (s. hinten).

3. Herr **Peter Aregger**, geb. 14. Februar 1962, verheiratet, von Buttisholz, Chemiker, Weissensteinstrasse 17, 3008 Bern,

erklären:

I. Kauf/Vertragsobjekt

Frau Beatrice Meister-Steiner verkauft[7] den Ehegatten Ruth und Peter Aregger-Lerch, welche für den vorliegenden Vertrag eine einfache Gesellschaft bilden, folgendes Grundstück[8]:

Hilterfingen-Grundbuchblatt Nr. 1719

Wohnhaus Nr. 18 an der Staatsstrasse
Garage Nr. 18A an der Staatsstrasse
Fläche: 627 m^2

Erwerb

Kaufvertrag
Grundbucheintrag: 12. Oktober 1984/Beleg 6798

Dienstbarkeiten

Rechte: 1. Wegrecht zulasten Nr. 1718

            2. Kanalisationsdurchleitungsrecht zulasten Nr. 1718, 1720

Lasten: 3. Baubeschränkung zugunsten Nr. 1658

            4. Näherbaurecht zugunsten Nr. 1718

Grundpfandrechte

1. Rang   Fr. 300 000.–

            Höchstzinsfuss[9] 10%

            Schuldbrief zugunsten der Berner Kantonalbank

2. Rang   Fr. 100 000.–

            Höchstzinsfuss 8%

            Schuldbrief zugunsten der Eigentümerin

---

[7] Siehe Erläuterungen (s. hinten).
[8] Siehe Erläuterungen (s. hinten).
[9] Siehe Erläuterungen (s. hinten).

Vormerkungen

1. Vorkaufsrecht zugunsten Doris Frei bis 17. März 1998
2. Mietvertrag zugunsten Werner Lehmann AG bis 31. Dezember 2010

Anmerkung

Dazu gehört $^1/_4$ am Weggrundstück Nr. 1710.

Beschreibung des Anmerkungsgrundstücks[10]

Hilterfingen-Grundbuchblatt Nr. 1710

212 m^2 Weg

Erwerb

Widmung
Grundbucheintrag: 15. August 1984/Beleg 5419

In Bezug auf das Anmerkungsgrundstück bestehen keine weiteren Einschreibungen im Grundbuch.

II. Kaufpreis

Der Kaufpreis für das Vertragsobjekt beträgt

Fr. 600 000.–

(sechshunderttausend Schweizer Franken).

Der Kaufpreis wird wie folgt getilgt[11]:

1. Die Käufer übernehmen den auf dem Vertragsobjekt im 1. Rang eingetragenen Schuldbrief von nominell Fr. 300 000.– zur titelsgemässen Verzinsung und Abzahlung bzw. die Schuldpflicht[12] für das durch diesen Schuldbrief sichergestellte Hypothekardarlehen der Berner Kantonalbank mit einer Restanz[13] von **Fr. 210 000.–**

2. Die Käufer bezahlen bei der Verurkundung dieses Vertrags der Verkäuferin einen Betrag von **Fr. 40 000.–** in bar, wofür dieselbe durch Unterzeichnung des Vertrags quittiert. Auf eine Verzinsung dieses Betrages wird verzichtet[14].

---

[10] Siehe Erläuterungen (s. hinten).
[11] Siehe Erläuterungen (s. hinten).
[12] Siehe Erläuterungen (s. hinten).
[13] Siehe Erläuterungen (s. hinten).
[14] Siehe Erläuterungen (s. hinten).

3. Die Käufer überweisen einen Betrag von **Fr. 35 000.–** an den Notar auf dessen Konto Klientengelder bei der Berner Kantonalbank Nr. 38379-07 per 1. Juli 2001 (Bankvaluta Zahlungseingang) zur Sicherstellung der voraussichtlich anfallenden Grundstückgewinnsteuern (siehe Ziff. III/9).

4. Die Käufer haben der Verkäuferin bis spätestens am 1. Juli 2001 (Bankvaluta Zahlungseingang) einen Betrag von **Fr. 315 000.–** zu überweisen.

Der 1. Juli 2001 als Termin für die Leistungen gemäss Ziff. II/3 und 4 ist ein Verfalltag[15]. Die Käufer haben ihre auf diesen Termin geschuldeten Zahlungen ohne weitere Aufforderung und ohne Rückbehalte, unter Ausschluss der Verrechnungseinrede[16], zu überweisen. Sollten die Käufer diese Beträge nicht rechtzeitig vergüten, so haben sie Verzugszinsen von sechs Prozent p.a. zu leisten, wobei alle weiteren Verzugsfolgen vorbehalten bleiben[17].

Zur Sicherstellung der Forderungen gemäss Ziff. II/3 und 4 verlangt die Verkäuferin die Eintragung des **gesetzlichen Verkäuferpfandrechts**[18]. Es ist im Grundbuch eine Grundpfandverschreibung von Fr. 350 000.– zugunsten der Verkäuferin auf dem Vertragsobjekt einzutragen, und zwar im 3. Rang[19] mit einem Maximalzinsfuss von zehn Prozent[20].

III. Weitere Vertragsbestimmungen

1. Nutzen und Gefahr

Nutzen und Gefahr gehen am 1. Juli 2001[21] auf die Käufer über.

2. Gewährleistung[22]

a. Grundlagen

Die Käufer haben das Vertragsobjekt besichtigt[23]. Es ist ihnen bekannt, dass das Wohnhaus Nr. 18 und die Garage Nr. 18A im Jahr 1974 erstellt wurden, dass die

---

[15] Siehe Erläuterungen (s. hinten).
[16] Siehe Erläuterungen (s. hinten).
[17] Siehe Erläuterungen (s. hinten).
[18] Siehe Erläuterungen (s. hinten).
[19] Siehe Erläuterungen (s. hinten).
[20] Siehe Erläuterungen (s. hinten).
[21] Siehe Erläuterungen (s. hinten).
[22] Siehe Erläuterungen (s. hinten).
[23] Siehe Erläuterungen (s. hinten).

Küche, das Bad sowie die Heizung im Jahr 1995 erneuert wurden und dass der Warmwasserboiler in allernächster Zeit das Ende seiner normalen Lebensdauer erreichen wird.

Die Parteien haben bei der Festsetzung des Kaufpreises auch dem baulichen Zustand und dem Unterhaltszustand der Gebäude sowie dem wirtschaftlichen Alter der haustechnischen Anlagen und Apparate Rechnung getragen.

Die Verkäuferin versichert den Käufern, dass ihr keine verdeckten Mängel bekannt sind[24].

b. Zugesicherte Eigenschaften (Art. 197 Abs. 1 OR)[25]

Die Verkäuferin sichert den Käufern zu, das Vertragsobjekt in vollständig geräumtem und in einwandfrei gereinigtem Zustand sowie die haustechnischen Anlagen und Apparate in funktionstüchtigem Zustand zu übergeben. Das defekte Fenster im Gästezimmer wird die Verkäuferin noch auf eigene Kosten ersetzen. Andere bauliche Massnahmen wird die Verkäuferin keine mehr ausführen.

c. Aufhebung bzw. Beschränkung der Gewährleistung (Freizeichnung)[26]

Die Parteien schliessen – nachdem der Notar sie auf die Rechtswirkungen dieser Freizeichnung hingewiesen hat – jegliche Rechts- und Sachgewährleistungspflicht der Verkäuferin aus (Art. 192 ff., Art. 197 ff. und Art. 219 OR). Bezüglich der Sachmängel bedeutet dies, dass die Verkäuferin weder für offene, noch für verdeckte Mängel haftet, auch wenn diese erheblich oder unerwartet sind. Die Parteien schliessen zudem alle weiteren Haftungsansprüche und Rechtsbehelfe der Käufer für Rechtsmängel und Sachmängel aus[27].

Diese Freizeichnung unterliegt den gesetzlichen Schranken. Bei der Rechtsgewährleistung bleibt insbesondere das arglistige Verschweigen eines Rechtsmangels vorbehalten[28]. Bei der Sachgewährleistung bleibt die Haftung der Verkäuferin wie folgt vorbehalten[29]:

– für die den Käufern in diesem Vertrag oder vor Vertragsabschluss schriftlich zugesicherten Eigenschaften des Vertragsobjektes (Angaben in der Verkaufs-

---

[24] Siehe Erläuterungen (s. hinten).
[25] Siehe Erläuterungen (s. hinten).
[26] Siehe Erläuterungen (s. hinten).
[27] Siehe Erläuterungen (s. hinten).
[28] Siehe Erläuterungen (s. hinten).
[29] Siehe Erläuterungen (s. hinten).

dokumentation und in den darin enthaltenen Plänen stellen keine Zusicherungen dar);
- für Mängel, welche die Verkäuferin den Käufern arglistig verschweigt;
- für Mängel, die gänzlich ausserhalb dessen liegen, womit die Käufer vernünftigerweise zu rechnen haben, sofern diese Mängel den wirtschaftlichen Zweck des Kaufgeschäfts völlig vereiteln oder ein völliges Missverhältnis zum Kaufpreis entstehen lassen;
- für erhebliche Verschlechterungen oder Zerstörung des Vertragsobjektes zwischen Vertragsabschluss und Gefahrübergang durch Eintritt eines zufälligen Ereignisses oder durch Einwirkung eines Dritten (für die normale Abnützung des Vertragsobjektes haftet dagegen die Verkäuferin nicht)[30];
- für Mängel, welche die Verkäuferin nach Vertragsabschluss absichtlich oder grob fahrlässig verursacht.

In diesen Fällen hat eine allfällige Mängelrüge der Käufer innert drei Monaten nach Übergang von Nutzen und Gefahr mit eingeschriebenem Brief an die Verkäuferin zu erfolgen; verdeckte Mängel, die später entdeckt werden, sind sofort nach der Entdeckung zu rügen. Bei arglistigem Verschweigen eines Mangels gilt dagegen die gesetzliche Rügefrist (Art. 203 und 210 Abs. 3 in Verbindung mit Art. 127 OR)[31].

3. Dienstbarkeiten

Die Käufer bestätigen, dass sie der Notar über den wesentlichen Inhalt und die Bedeutung der im Grundbuch eingetragenen Dienstbarkeiten orientiert hat. Die Käufer bestätigen, eine Kopie der Dienstbarkeitswortlaute erhalten zu haben[32].

4. Marchzählige Abrechnung

Die Parteien vereinbaren, ausserhalb dieses Vertrags auf den Termin des Übergangs von Nutzen und Gefahr marchzählig abzurechnen über den Hypothekar-

---

[30] Siehe Erläuterungen (s. hinten).
[31] Siehe Erläuterungen (s. hinten).
[32] Siehe Erläuterungen (s. hinten).

zins, die öffentlichen Abgaben (z.B. Liegenschaftssteuer), die Prämien aus grundstückbezogenen Versicherungen und die Einnahmen und Ausgaben aus den bestehenden Mietverhältnissen.

5. Versicherungen

Für das Vertragsobjekt besteht (neben der obligatorischen Gebäudeversicherung) folgende Versicherung: Schweizerische Mobiliar Versicherungsgesellschaft, Police Nr. 35.728.01 für Haftpflicht und Wasser.

Die Rechte und Pflichten aus dieser Police gehen auf die Käufer über, wenn sie den Übergang nicht innerhalb von 14 Tagen, seit der Anmeldung dieses Vertrags beim Grundbuchamt, gegenüber der Versicherungsgesellschaft schriftlich ablehnen (Art. 54 VVG).

6. Mietverträge

Die Geschäftsräume im Erdgeschoss sowie die drei Wohnungen im ersten bis dritten Obergeschoss sind vermietet. Die vier Mietverträge sind den Käufern ausgehändigt worden.

Die Mietverträge gehen von Gesetzes wegen auf die Käufer über (Art. 261 Abs. 1 OR). Die Käufer übernehmen allfällige Schadenersatzansprüche, die aus einer vorzeitigen Kündigung der Mietverträge an die Verkäuferin gestellt werden[33].

Der Mietvertrag für die Geschäftsräume ist im Grundbuch für die unkündbare Vertragsdauer bis zum 31. Dezember 2010 vorgemerkt.

7. Wohnung der Familie

Der Notar stellt fest, dass die Verkäuferin nicht über die Wohnung der Familie gemäss Art. 169 ZGB verfügt. Die Zustimmung des Ehemannes der Verkäuferin ist deshalb nicht erforderlich[34].

---

[33] Siehe Erläuterungen (s. hinten).
[34] Siehe Erläuterungen (s. hinten).

8. Gesetzliche Pfandrechte

Die Verkäuferin erklärt, dass sie sämtliche Rechnungen für Steuern, öffentlichrechtliche Abgaben und für Handwerker, welche für das Vertragsobjekt Arbeit geleistet oder Material geliefert haben, bezahlt hat.

Sollten wider Erwarten gesetzliche Pfandrechte geltend gemacht werden, so verpflichtet sich die Verkäuferin zur nachträglichen Bezahlung oder anderweitigen Sicherstellung.

9. Grundstückgewinnsteuer

Die Parteien bestätigen, dass der Notar sie auf die Grundsätze der Grundstückgewinnsteuern und auf das entsprechende gesetzliche Grundpfandrecht aufmerksam gemacht hat.

Die Steuerverwaltung des Kantons Bern hat für den vorliegenden Verkauf die Höhe des gesetzlichen Grundpfandrechts mit Auskunft vom 15. Mai 2001 auf Fr. 35 000.– festgesetzt.

Die Parteien vereinbaren, dem Notar den Betrag von Fr. 35 000.– zur treuhänderischen Verwaltung zu übergeben. Dieser Betrag wird auf einem Treuhandkonto, lautend auf den Notar, bei der Berner Kantonalbank, in Thun, angelegt.

Der Notar hat mit dem treuhänderisch verwalteten Betrag sowohl die provisorische Rechnung wie auch die (auf einer rechtskräftigen Veranlagung basierende) Schlussrechnung für Grundstückgewinnsteuern zu bezahlen. Nach Bezahlung der Schlussrechnung steht der Saldo des Kontos (inkl. Zins) der Verkäuferin zu. Im Übrigen darf der Notar über das Konto nur auf Weisung beider Parteien oder aufgrund eines gerichtlichen Urteils oder Vergleichs verfügen.

10. Eigentümerschuldbrief

Die Verkäuferin verpflichtet sich, den Eigentümerschuldbrief[35] von Fr. 100 000.–, lastend im 2. Rang auf dem Vertragsobjekt, auf den Tag des Beginns von Nutzen und Gefahr den Käufern unbelastet herauszugeben, und zwar versehen mit der Übertragung auf die Käufer. Der Notar wird zu diesem Indossament bevollmächtigt.

---

[35] Siehe Erläuterungen (s. hinten).

11. Löschung von Amtes wegen

Die Vormerkung «Vorkaufsrecht», welche auf dem Grundbuchblatt des Vertragsobjekts eingeschrieben ist, ist im Grundbuch von Amtes wegen (Zeitablauf) zu löschen[36].

12. Tod eines einfachen Gesellschafters[37]

Die Käufer vereinbaren, dass beim Tod eines Gesellschafters die einfache Gesellschaft aufgelöst wird; die einfache Gesellschaft wird mit den Erben des verstorbenen Gesellschafters nicht fortgesetzt.

Der Anteil des verstorbenen Gesellschafters am Gesellschaftsvermögen und damit auch am Grundstück Hilterfingen-Grundbuchblatt Nr. 1719 wächst dem überlebenden Gesellschafter zu Alleineigentum an, und zwar zum Verkehrswert.

IV. Schlussbestimmungen

1. Eintragungsbewilligung[38]

Die Parteien erteilen ihre Einwilligung, sämtliche sich aus dieser Urkunde ergebenden Einschreibungen im Grundbuch vorzunehmen.

2. Grundbuchanmeldung[39]

Der Notar wird zur Anmeldung dieses Vertrags beim Kreisgrundbuchamt X Thun bevollmächtigt[40].

3. Kosten

Die gesamten Kosten dieses Kaufvertrags (Handänderungssteuern, Grundbuch- und Notariatsgebühren) werden von den Käufern getragen[41]. Die Kosten der

---

[36] Siehe Erläuterungen (s. hinten).
[37] Siehe Erläuterungen (s. hinten).
[38] Siehe Erläuterungen (s. hinten).
[39] Siehe Erläuterungen (s. hinten).
[40] Siehe Erläuterungen (s. hinten).
[41] Siehe Erläuterungen (s. hinten).

Treuhandschaft (vgl. Ziff. III/9) und des Grundstückgewinnsteuerverfahrens gehen zulasten der Verkäuferin.

4. Ausfertigungen

Diese Urschrift ist dreifach auszufertigen[42], je ein Exemplar für das Kreisgrundbuchamt X Thun, für die Käufer und die Verkäuferin.

Schlussverbal

Der Notar liest diese Urkunde den ihm persönlich bekannten und handlungsfähigen Mitwirkenden vor und unterzeichnet die Urschrift mit den Vertragsparteien[43].

Beurkundet ohne Unterbrechung und in Anwesenheit aller mitwirkenden Personen im Büro des Notars am zweiundzwanzigsten Mai zweitausendundeins.

22. Mai 2001

Die Verkäuferin: Der Notar:
Beatrice Meister-Steiner   *Johannes Immergrün*

Die Käufer:
Ruth Aregger-Lerch
Peter Aregger

---

[42] Siehe Erläuterungen (s. hinten).
[43] Siehe Erläuterungen (s. hinten).

Erläuterungen

[1] Vgl. MERZ HANS, Die privatrechtliche Rechtsprechung des Bundesgerichts im Jahre 1957, ZBJV 1959, S. 58.

[2] Vgl. BLUMENSTEIN ERNST, zitiert im Vorwort des Formularenbuches des Verbandes bernischer Notare, Bern 1961.

[3] Vgl. Musterurkunden-Sammlung des Verbandes bernischer Notare, 5. A. Bern 1997. Der Autor des vorliegenden Beitrages ist Mitglied dieser Kommission.

[4] Die meisten Verträge auf Übertragung von Grundeigentum sind **öffentlich zu beurkunden** (Art. 657 Abs. 1 ZGB), insbesondere auch der Kauf von Grundstücken (Art. 216 Abs. 1 OR). Diese **Formvorschrift** schützt die Vertragsparteien vor unbedachten Rechtsgeschäften (zum Zweck der öffentlichen Beurkundung vgl. BRÜCKNER, Beurkundungsrecht, Nr. 239–286; RUF, Notariatsrecht, Nr. 258 ff. und 1253 ff.; SANTSCHI, Nr. 71 ff.).

Die **öffentliche Urkunde** belegt die in den Verträgen enthaltenen Willensäusserungen und hat erhöhte Beweiskraft (Art. 9 ZGB). Mit der öffentlichen Beurkundung wird eine sichere Grundlage für die Eintragung im Grundbuch geschaffen. «Die öffentliche Beurkundung eines Vertrages bedeutet nach dem üblichen Wortsinn das Herstellen eines Schriftstückes, das den Vertrag enthält, durch eine vom Staat mit dieser Aufgabe betraute Person, in der vom Staate geforderten Form und in dem von ihm vorgeschriebenen Verfahren.» (BGE 90 II 274 E. 6 = Pra 1965 Nr. 14 E. 6 = ZBGR 1966, S. 110 E. 6).

Die öffentliche Beurkundung ist ein Verfahren, das durch die Urkundspartei mit ihrer Rogation (= Gesuch an den Notar um Errichtung einer öffentlichen Urkunde) ausgelöst wird (vgl. MEIER-HAYOZ, Ber-Komm, N 108 zu Art. 657 ZGB; MARTI, Die Rogation, S. 322). Sind alle verfahrensrechtlichen Gültigkeitsvorschriften beachtet worden, entsteht eine öffentliche Urkunde (vgl. MARTI, Notariatsprozess, S. 13).

Die Urkundsperson hat alle für das Rechtsgeschäft **wesentlichen Tatsachen und Willenserklärungen** der Parteien im Vertrag aufzunehmen. Nach der Rechtsprechung des Bundesgerichts (vgl. zum Ganzen die unterschiedlichen Lehrmeinungen: BRÜCKNER, Formzwang, S. 1 ff.; RUF, Formzwang, S. 361 ff.; SCHMID JÖRG, Formzwang, S. 113 ff.; ders., Die öffentliche Beurkundung, S. 89 ff.; ders., Thesen, S. 1 ff.; SCHMIDLIN, S. 223 ff.; WIEGAND/BRUNNER, S. 1 ff.) unterliegen grundsätzlich die wesentlichen Vertragspunkte dem Formzwang der öffentlichen Beurkundung. BGE 95 II 309 = Pra 1969 Nr. 149 = ZBGR 1971, S. 99). Es handelt sich dabei um objektiv und subjektiv wesentliche Punkte, wobei bei Letzteren nur jene dem Formzwang unterliegen, wenn sie ihrer Natur nach unmittelbar den entsprechenden Vertrag betreffen (vgl. BGE 119 II 135 = Pra 1993 Nr. 209 = ZBGR 1995, S. 110; BGE 113 II 402 = Pra 1987 Nr. 258 = ZBGR 1989, S. 288; KOLLER, OR AT I, Nr. 719 ff.; GAUCH/SCHLUEP/SCHMID/REY, Nr. 539 ff.). Die obgenannten Grundsätze wurden unlängst vom Bundesgericht in einem amtlich nicht publizierten Entscheid bestätigt (vgl. Urteil Nr. 4C.299/1998 des Bundesgerichts vom 7.1.1999, ZBGR 1999, S. 387 = LEUENBERGER CHRISTOPH, ZBJV 1999, S. 173 = WIEGAND WOLFGANG, recht 1999, S. 225 = SCHMID JÖRG, BR 1999, S. 155, und BR 2000, S. 68 = PFÄFFLI ROLAND, BN 1999, S. 151 Ziff. 42).

Zu den Tatsachen, die in der Urkunde festgehalten werden müssen, gehört beispielsweise die **genaue Bezeichnung der Vertragsparteien**, die durch die Erklärungen berechtigt werden und sich verpflichten; ebenso die Angabe des Vertretungsverhältnisses, wenn ein Dritter für eine Partei handelt. Wenn beispielsweise der Notar beurkundet, die Verkäuferin sei durch A vertreten gewesen, während sie effektiv durch B vertreten wurde, liegt eine Falschbeurkundung vor (vgl. BGE 112 II 330 = Pra 1987 Nr. 21 = ZBGR 1988, S. 280 = BN 1987, S. 99; Urteil des Kantonsgerichts von Graubünden vom 1.7.1985, PKG 1985, S. 24 = ZBGR 1988, S. 269; Urteil des Kantonsgerichts von Graubünden vom 27.1.1989, PKG 1989, S. 151 = ZBGR 1993, S. 44).

Die **Vollmacht** zum Abschluss des obligationenrechtlichen Rechtsgeschäfts muss dem Grundbuchamt nicht eingereicht werden (vgl. Meinungsäusserung der Regierung des Kantons Graubünden zu Vollmachten des Verfügungsberechtigten im Grundbuchverkehr vom 17.8.1994, ZGRG 1993, S. 65 = ZBGR 1995, S. 379, mit redaktioneller Bemerkung von Schmid Jürg, S. 381; Ruf, Notariatsrecht, Nr. 1693). Eine andere Meinung wurde bis vor kurzem im Kanton Bern vertreten (vgl. Handbuch, S. 10 Ziff. II/7). Ab 1.7.1999 wurde jedoch diese Praxis dahin geändert, dass die Notare dem Grundbuchamt die Vollmachten nicht mehr einreichen müssen (vgl. Weisungen vom 23.6.1999 der Justiz-, Gemeinde- und Kirchendirektion des Kantons Bern betreffend die Einreichung von Vollmachten, BN 1999, S. 125).

Bei öffentlich beurkundeten Rechtsgeschäften kann sich der Grundbuchverwalter bezüglich der **Identität der Parteien** grundsätzlich auf die Angaben der Personalien seitens der Urkundsperson im Rechtsgeschäft stützen. Gemäss Art. 13 Abs. 1 des bernischen Notariatsdekrets hat beispielsweise im Kanton Bern der Notar die Identität und Handlungsfähigkeit der Urkundsparteien und bei Vertretungsverhältnissen die Vertretungsbefugnis zu prüfen (vgl. dazu auch Marti, Notariatsrecht, Nr. 7 zu Art. 13 des bernischen Notariatsdekrets; Entscheid des Departements des Innern des Kantons Aargau vom 10.4.1972, AGVE 1972, S. 526 = SJZ 1974, S. 267; Entscheid der Aufsichtsbehörde über die Urkundspersonen im Kanton Luzern vom 20.6.1997, LGVE 1997 I Nr. 16). Hat der Grundbuchverwalter jedoch Kenntnis, dass diese nicht stimmen, so muss er intervenieren. Dies ist beispielsweise der Fall, wenn in der öffentlichen Urkunde die Rede von einem einzeln zeichnungsberechtigten Verwaltungsrat ist, während im Handelsregister für diese Person nur eine Kollektivunterschrift vorgesehen ist.

[5] Gemäss Art. 13a Abs. 1 GBV müssen bei natürlichen Personen folgende **Personalien** vom Verkäufer und Käufer im Vertrag enthalten sein: Name, mindestens ein ausgeschriebener Vorname, Geburtsdatum, Wohnort, Heimatort oder Staatsangehörigkeit. Zudem muss angegeben werden, ob die Person verheiratet oder nicht verheiratet ist. Bei juristischen Personen und Kollektiv- und Kommanditgesellschaften muss die Firma bzw. der Name, der Sitz, die Rechtsform (sofern diese nicht aus der Firma bzw. dem Namen hervorgeht) sowie die Firmennummer (wenn eine solche vom Handelsregister geführt wird) angegeben werden.

[6] **Ausländerbestimmungen:** Der Erwerb von Grundstücken in der Schweiz durch Personen im Ausland bedarf grundsätzlich einer Bewilligung der kantonalen Behörde gemäss den Bestimmungen des BewG. Bezüglich der bewilligungspflichtigen Fälle vgl. Art. 4 BewG und Art. 1 BewV; hinsichtlich der Ausnahmen von der Bewilligungspflicht vgl. Art. 2 Abs. 2 und Art. 7 BewG.

[7] Spezielle Beachtung erfordert die **Veräusserung von Grundstücken, an denen Bevormundete, Verbeiständete oder Verbeiratete eigentumsmässig beteiligt sind.**

Es gehört zu den Pflichten der Urkundsperson, die Identität der Vertragsparteien zu prüfen. In Bezug auf die Urteilsfähigkeit einer natürlichen Person hat der Grundbuchverwalter keine Prüfungspflicht. Im Rechtsverkehr ist die Urteilsfähigkeit zu vermuten. Bei Grundbuchbelegen hat der Grundbuchverwalter davon auszugehen, dass der Notar auch die Handlungsfähigkeit geprüft hat (vgl. Marti, Notariatsrecht, Nr. 7 zu Art. 13 des bernischen Notariatsdekrets).

Sofern der Verfügungsberechtigte nicht durch eine vormundschaftliche Massnahme in seiner Handlungsfähigkeit beschränkt ist, hat der Grundbuchverwalter keinen Anlass zu näheren Abklärungen (vgl. BGE 117 II 541 E. 4 = ZBGR 1993, S. 354 E. 4; Koller, Bundesgerichtsentscheide, S. 468 ff.; BGE 112 II 26 E. 2 = Pra 1986 Nr. 142 E. 2 = ZBGR 1988, S. 124 E. 2; Schnyder, S. 241 f.). Der Grundbuchverwalter darf insbesondere keine eigenen Nachforschungen treffen über den geistigen Gesundheitszustand des Verfügungsberechtigten (vgl. BGE 124 III 341 = ZBGR 1999, S. 131; Wolf, S. 66 ff.).

Allerdings ist die **Zustimmung der Vormundschaftsbehörde** gemäss Art. 421 Ziff. 1 ZGB erforderlich für den Kauf, den Verkauf, die Verpfändung und jede andere dingliche Belastung von Grundstücken, an denen ein Bevormundeter eigentumsmässig beteiligt ist (zur Genehmigungsbedürftigkeit von anderen dinglichen Belastungen vgl. Schraner, S. 235). Dem Grundbuchamt ist als Ausweis (neben dem Rechtsgeschäft) die schriftliche Zustimmungserklärung der Vormundschaftsbehörde und allenfalls diejenige der vormundschaftlichen Aufsichtsbehörde mit der Grundbuchanmeldung einzureichen.

Im Übrigen kann ein Grundstück nur ausnahmsweise mit **Genehmigung der vormundschaftlichen Aufsichtsbehörde** freihändig verkauft werden (Art. 404 Abs. 3 ZGB), sonst ist eine öffentliche Versteigerung durchzuführen (Art. 404 Abs. 2 ZGB). Diese Bestimmung ist auch für Grundstücke anwendbar, die dem Mündel nicht allein, sondern in Gemeinschaft (beispielsweise als Erbengemeinschaft) mit weiteren Personen zu Eigentum gehören, selbst wenn der Anteil des Bevormundeten verhältnismässig klein ist (vgl. BGE 117 II 18 = Pra 1993 Nr. 3 = ZBGR 1993, S. 298; BGE 63 I 107 = Pra 1937 Nr. 126 = ZBGR 1937, S. 252).

Die Genehmigung der Aufsichtsbehörde ist auch bei einer erbrechtlich bedingten Veräusserung an einen Dritten notwendig; wird hingegen in einer Erbteilung ein Grundstück einem Miterben zugewiesen, ist lediglich die Zustimmung der Vormundschaftsbehörde gemäss Art. 421 Ziff. 9 ZGB beizubringen (vgl. SCHNEIDER, S. 84).

Sofern ein Grundstück, das sich im Eigentum eines Bevormundeten befindet, verschenkt wird, kommt die Bestimmung von Art. 404 ZGB nicht zur Anwendung, da davon nur eigentliche Verkaufsverträge gemäss Art. 216 ff. OR erfasst werden. Allerdings muss für ein solches Rechtsgeschäft von der Vormundschaftsbehörde abgeklärt werden, ob es sich um eine erhebliche Schenkung gemäss Art. 408 ZGB handelt. Liegt eine solche vor, kann das Geschäft nicht genehmigt werden (vgl. Entscheid Nr. 4228 des Regierungsrats des Kantons Bern vom 6.11.1991, BN 1992, S. 479 f. Ziff. 6).

Bei der Veräusserung von Grundstücken, an denen Verbeiständete oder Verbeiratete beteiligt sind, muss differenziert werden. Es muss vorerst geprüft werden, welche Art von Beistandschaft oder Beiratschaft vorliegt. Alsdann kann beurteilt werden, ob die Zustimmung der Vormundschaftsbehörde und allenfalls der vormundschaftlichen Aufsichtsbehörde notwendig ist. Wegleitend für diese Beurteilung sind das Kreisschreiben des Justizdepartementes des Kantons St. Gallen vom 22.10.1974 mit tabellarischer Darstellung der Einzelfälle (vgl. ZVW 1975, S. 115 ff. bzw. S. 118) und die Praxis im Kanton Jura ebenfalls mit tabellarischer Darstellung der Einzelfälle (vgl. MINGER, S. 89 ff. bzw. S. 92).

Als Ausweis dient dem Grundbuchamt der Nachweis, welche Art der Beistandschaft bzw. Beiratschaft vorliegt (z.B. durch die Ernennungsurkunde); zudem sind die entsprechenden Zustimmungen mit der Grundbuchanmeldung einzureichen.

Oft wird in der Praxis nicht beachtet, dass eine nach Art. 392–394 ZGB verbeiständete Person in ihrer Handlungsfähigkeit nicht eingeschränkt wird (vgl. Art. 417 Abs. 1 ZGB). Sofern eine Beistandschaft mit der Wirkung der Beschränkung der Handlungsfähigkeit errichtet wird, so ist dieselbe aufgrund von Art. 395 ZGB anzuordnen. Nur diese Art der Beistandschaft, die Beiratschaft, vermag die Handlungsfähigkeit einer Person in bestimmten Hinsichten zu beschränken (vgl. BGE 60 II 10 = Pra 1934 Nr. 35 = ZBGR 1937, S. 107; BGE 80 II 14 = Pra 1954 Nr. 47 = ZBGR 1954, S. 343; Entscheid Nr. 3301 des Regierungsrats des Kantons Bern vom 1.5.1964; Entscheid Nr. 7939 des Regierungsrats des Kantons Bern vom 9.11.1965; EGGER, ZürKomm, N 12 und 21 zu Art. 395 ZGB sowie N 3 zu Art. 417 ZGB). Wenn beispielsweise der Kaufvertrag über ein Grundstück durch den Verbeiständeten selbst unterzeichnet wird, ist die Zustimmung des Beistandes, der Vormundschaftsbehörde und der Aufsichtsbehörde nicht notwendig.

[8] In Bezug auf den **Kaufgegenstand** genügt es, wenn das Grundstück im Vertrag **bestimmbar** angegeben ist (vgl. Pra 1997 Nr. 150 = ZBGR 1998, S. 49, mit redaktioneller Bemerkung von SCHMID JÜRG, S. 55 f. = BN 1997, S. 137 = ZGRG 1997, S. 68 = SCHMID JÖRG, BR 1998, S. 55; PFÄFFLI, Zur Beschreibung des Grundstücks, S. 122 ff.). Die Wiedergabe der vollständigen grundbuchtechnischen Grundstückbeschreibung ist nicht notwendig.

[9] Der **Höchstzinsfuss** (Maximalzinsfuss) ist einzig in der Zwangsverwertung für die nachgehenden Grundpfandgläubiger von Bedeutung. In der Zwangsverwertung kann der Gläubiger den gemäss der Zinsvereinbarung geschuldeten Zins fordern, jedoch nur bis zur Höhe des Höchstzinsfusses.

Der Gläubiger kann bei einer Zwangsverwertung folgende Forderungen geltend machen (Art. 818 Abs. 1 ZGB):
- effektive Kapitalforderung;
- Betreibungskosten;
- Verzugszinse;
- drei zur Zeit der Konkurseröffnung (oder des Pfandverwertungsbegehrens) verfallene Jahreszinse;
- laufender Zins (seit dem letzten Zinstag).

Beispiel:
1. Rang: Grundpfandrecht mit einem Höchstzinsfuss von sechs Prozent.
2. Rang: Grundpfandrecht mit einem Höchstzinsfuss von acht Prozent.

Wenn der Zinsfuss für die Forderung im 1. Rang gegenwärtig sieben Prozent beträgt, kann der Gläubiger in der Zwangsverwertung nur einen solchen von sechs Prozent geltend machen, da der Höchstzinsfuss gemäss Grundbuch sechs Prozent beträgt. Wenn der Zinsfuss für diese Forderung jedoch gegenwärtig fünf Prozent beträgt, kann in der Zwangsverwertung ohne weiteres ein solcher von fünf Prozent eingegeben werden, da der im Grundbuch eingetragene Höchstzinsfuss nicht überschritten wird.

Mit anderen Worten: Dem Gläubiger im 2. Rang ist im vorliegenden Fall bekannt, dass er bei einer Zwangsverwertung mit einem Zinsfuss von höchstens sechs Prozent im 1. Rang rechnen muss.

Wird der Höchstzinsfuss eines Grundpfandrechts auf mehr als fünf Prozent erhöht, müssen die nachgehenden Pfandgläubiger zustimmen (Art. 818 Abs. 2 ZGB; vgl. BGE 101 III 74 = ZBGR 1975, S. 289, mit redaktioneller Bemerkung von HUBER, S. 290; LEEMANN, BerKomm, N 18 zu Art. 818 ZGB).

[10] Es handelt sich um ein **Anmerkungsgrundstück** gemäss Art. 32 GBV. Anmerkungsgrundstücke können nicht selbständig veräussert werden; auch ist eine selbständige Verpfändung des Anmerkungsgrundstücks nicht möglich. Bei der Veräusserung des Hauptgrundstücks wird **gleichzeitig automatisch** auch das Anmerkungsgrundstück veräussert. Ein Pfandrecht auf dem Hauptgrundstück umfasst auch den Wert des Anmerkungsgrundstücks (vgl. Handbuch, S. 42 f.; Meinungsäusserung des Grundbuchinspektorates des Kantons Bern in den Jahren 1967/68, ZBGR 1969, S. 92 ff.).

[11] Zur **Rechtsbelehrungspflicht der Urkundsperson** bei der Kaufpreisabwicklung wird verwiesen auf das Urteil des Bundesgerichts vom 7.12.1998, ZBGR 2000, S. 58, mit redaktioneller Bemerkung von SCHMID JÜRG, S. 64.

[12] Gemäss Art. 832 Abs. 1 ZGB (diese Bestimmung gilt für die Grundpfandverschreibung und gemäss Gesetzestext und -systematik auch für den Schuldbrief, vgl. Art. 846 ZGB) bleibt die Haftung des Grundpfandes und des Schuldners, wenn es nicht anders vereinbart ist, unverändert bei einer Veräusserung des Grundstücks.

Wird die Schuld vom neuen Grundeigentümer nicht übernommen, fallen das Eigentum am Grundstück und die Schuldnerschaft auseinander. Das verpfändete Grundstück ist somit nicht (mehr) im Eigentum des Schuldners, was gemäss Art. 824 Abs. 2 ZGB zulässig ist; es liegt ein **Drittpfand** vor (vgl. TUOR/SCHNYDER/SCHMID, S. 841).

Sofern die Schuldpflicht (wie im vorliegenden Fall) vom Käufer übernommen wird, bewirkt die Abrede zwischen dem bisherigen und dem neuen Eigentümer eine **interne Schuldübernahme** gemäss Art. 175 OR. Daraus folgt die **externe Schuldübernahme** (Art. 176 OR), d.h. die Abrede zwischen dem neuen Eigentümer (und Schuldner) und dem Gläubiger durch Vermittlung des Grundbuchamtes. Der Gläubiger wird durch den Grundbuchverwalter gemäss Art. 834 Abs. 1 ZGB avisiert. Wenn der Gläubiger nicht innert Jahresfrist seit der Mitteilung des Grundbuchverwalters den neuen Schuldner ablehnt, ist der frühere Eigentümer befreit.

[13] Sofern ein durch einen Schuldbrief gesichertes Darlehen (wie im vorliegenden Fall) **teilweise zurückbezahlt** ist, müsste dies an sich auf dem Schuldbrief und im Grundbuch (in der Rubrik «Bemerkungen zu den Grundpfandrechten») zum Ausdruck gebracht werden (Art. 874 ZGB; Art. 67 f. GBV), sonst kann die **Abzahlung** einem gutgläubigen Dritten grundsätzlich nicht entgegengehalten werden. Sofern eine Hypothek amortisiert und die Nachführung des Schuldbriefes nicht vollzogen wird, besteht die Gefahr, dass der Gläubiger den Titel zum Nominalbetrag indossieren kann; es handelt sich hier um ein **forderungsentkleidetes Grundpfandrecht** (vgl. DRUEY, Das forderungsentkleidete Grundpfand, S. 201 ff.). Dem gutgläubigen Dritten können nur die Abzahlungen mittels Annuitäten, welche im Titel vorgeschrieben sind, entgegengehalten werden (Art. 874 Abs. 3 ZGB).

Vgl. dazu: Urteil des Bundesgerichts vom 5.2.1981, ZBGR 1984, S. 163; BGE 55 II 171 = Pra 1929 Nr. 90 = ZBGR 1932, S. 136, mit vorinstanzlichem Urteil des Obergerichts des Kantons Zürich, ZR 1929, S. 327 = ZBGR 1932, S. 124; GONVERS-SALLAZ, Bemerkungen zu Art. 67 und 68 GBV; LEEMANN, BerKomm, N 9–21 zu Art. 874 ZGB; PFÄFFLI, Theorie und Praxis, S. 269; SIMONIUS/SUTTER, Band II, Nr. 23 zu § 9; WEINBERG, S. 96 f.; Kreisschreiben der Justizdirektion des Kantons Bern vom 20.4.1917, ZBGR 1932, S. 148 f.; Kreisschreiben der Justizdirektion des Kantons Aargau vom 1.11.1920, ZBGR 1932, S. 153; Meinungsäusserung des Eidgenössischen Grundbuchamtes vom 19.2.1954, ZBGR 1958, S. 283 = Verwaltungsentscheide der Bundesbehörden aus dem Jahre 1954, Heft 24, S. 168.

In der Praxis ist es nicht üblich, dass solche Abzahlungen nachgeführt werden. Es gehört zur Sorgfaltspflicht der Banken, dass ganz oder teilweise abbezahlte Schuldbriefe nicht an Dritte indossiert werden.

[14] Die Kaufpreiszahlung ist im Zeitpunkt des Beginns von Nutzen und Gefahr fällig. Im vorliegenden Fall erfolgt die Zahlung von Fr. 40 000.– früher, sodass der Betrag von der Verkäuferin zu verzinsen wäre. Da hier keine Verzinsung stattfindet, wird dies aus Gründen der Rechtssicherheit festgehalten.

[15] Bei der Abrede von **Verfalltagen** treten die Verzugsfolgen ohne jede weitere Mahnung ein (Art. 102 Abs. 2 OR).

[16] Auf die **Einrede der Verrechnung** kann der Schuldner zum Voraus Verzicht leisten (Art. 126 OR).

[17] Vgl. Art. 102–109 OR sowie Art. 214 OR.

[18] Vgl. Art. 837 Abs. 1 Ziff. 1 ZGB. Beim **Verkäuferpfandrecht** handelt es sich um ein mittelbares gesetzliches Grundpfandrecht. Für die Entstehung des dinglichen Rechts als Grundpfandrecht bedarf es der Eintragung im Grundbuch. Der Anspruch besteht gegenüber dem jeweiligen Eigentümer des Grundstücks. Gemäss der Lehre ist es nicht notwendig, dass der im Grundbuch eingetragene Eigentümer seine ausdrückliche Einwilligung zur Eintragung des Verkäuferpfandrechts erteilt. Der Verkäufer (als Berechtigter und Gläubiger der ausstehenden Kaufpreisforderung) kann gegenüber dem Grundbuchamt das Verkäuferpfandrecht einseitig beantragen. Der Grundbuchverwalter hat in einem solchen Fall den Eigentümer gemäss Art. 969 ZGB zu orientieren (vgl. LEEMANN, BerKomm, N 15 zu Art. 837 ZGB sowie N 4 zu Art. 838 ZGB; WIELAND, ZürKomm, N 2 zu Art. 837 ZGB).

Der Berechtigte kann zum Voraus nicht auf das Verkäuferpfandrecht verzichten (Art. 837 Abs. 2 ZGB). In Bezug auf die Verwertung besteht für den Gläubiger des Verkäuferpfandrechts kein Rangprivileg.

Das Verkäuferpfandrecht muss spätestens **innert drei Monaten** nach der Übertragung des Eigentums eingetragen werden (Art. 838 ZGB), d.h., die Anmeldung des Verkäuferpfandrechts muss somit drei Monate nach der Anmeldung des Kaufvertrags beim Grundbuchamt erfolgen. Das Bundesgericht hat die Frage offen gelassen, ob bei einem ausserbuchlichen Eigentumserwerb (im konkreten Fall ging es um ein richterliches Urteil) die Frist nicht bereits mit dem rechtskräftigen (ausserbuchlichen) Gerichtsurteil beginnt (vgl. BGE 74 II 230 = Pra 1949 Nr. 65 = ZBGR 1949, S. 225).

Diese dreimonatige Verwirkungsfrist ist auch dann gewahrt, sofern die provisorische Eintragung des Verkäuferpfandrechts (im Rahmen einer vorläufigen Eintragung als Vormerkung gemäss Art. 961 ZGB) innerhalb dieser drei Monate vom Richter beim Grundbuchamt angemeldet wird. Im Hauptprozess wird alsdann über die definitive Eintragung als Grundpfandrecht entschieden (vgl. in Bezug auf das Bauhandwerkerpfandrecht: BGE 119 II 429 = Pra 1994 Nr. 273 = ZBGR 1995, S. 161, mit redaktioneller Bemerkung von Schmid Jürg, S. 165).

Die vom Richter verfügte Frist gemäss Art. 961 Abs. 3 ZGB zur Einleitung des Hauptprozesses ist eine bundesrechtliche Verwirkungsfrist, obgleich das ZGB die Dauer der Frist nicht selber festlegt, sondern deren Festlegung dem Richter überlässt. Eine bundesrechtliche Verwirkungsfrist steht nicht still und kann nicht unterbrochen werden. Sie kann auch nicht gestützt allein auf kantonalrechtliche Regeln verlängert oder wiederhergestellt werden (vgl. in Bezug auf das Bauhandwerkerpfandrecht: BGE 119 II 434 = Pra 1994 Nr. 274 = AJP 1994, S. 384).

In der Regel (wie auch hier) wird das Verkäuferpfandrecht direkt im Grundstückkaufvertrag begründet und zusammen mit der Eigentumsänderung beim Grundbuchamt angemeldet.

[19] Die Angabe des **Pfandrechtsvorgangs** (z.B. «im Nachgang zu Fr. 400 000.–» oder «nach einem Pfandrechtsvorgang von Fr. 400 000.–») ist nicht erforderlich. Wenn jedoch der Pfandrechtsvorgang betragsmässig aufgeführt ist, muss dieser mit den Angaben im Grundbuch übereinstimmen, sonst muss das Geschäft vom Grundbuchamt abgewiesen werden (vgl. BGE 116 II 291 = Pra 1991 Nr. 160 = ZBGR 1991, S. 371 = Müller Manuel, BN 1991, S. 216 = Pfäffli Roland, BN 1991, S. 126 Ziff. 40, und BN 1997, S. 125 f.).

[20] Da bei verspäteter Leistung der Kaufpreisrestanz (im vorliegenden Fall) ein Verzugszins geschuldet ist, wird anstelle einer Maximalhypothek (Art. 794 Abs. 2 ZGB) eine Grundpfandverschreibung mit einem Höchstzinsfuss begründet.

[21] Grundsätzlich gehen **Nutzen und Gefahr** mit dem Vertragsabschluss auf den Erwerber über, sofern nicht besondere Verhältnisse oder Verabredungen eine Ausnahme begründen (Art. 185 Abs. 1 OR). Es empfiehlt sich jedoch, den Beginn von Nutzen und Gefahr genau zu definieren, wie dies im vorliegenden Fall geschehen ist (vgl. auch Art. 220 OR).

[22] Unter **Rechtsgewährleistung** ist die spezielle kaufrechtliche Haftung des Veräusserers zu verstehen, dass kein Dritter dem Erwerber den Kaufgegenstand aus Rechtsgründen, die schon zur Zeit des Vertragsabschlusses bestanden haben, abstreitet, entzieht oder ein Recht daran geltend macht, das eine Schmälerung des Eigentums bedeutet (z.B. gesetzliche Pfandrechte oder im Vertrag nicht aufgeführte dingliche Rechte, beschränkte dingliche Rechte oder Vormerkungen).

Unter **Sachgewährleistung** ist die spezielle kaufrechtliche Haftung des Veräusserers zu verstehen, dass die zugesicherten Eigenschaften des Grundstücks vorhanden sind und dass das Grundstück keine körperlichen, rechtlichen oder wirtschaftlichen Sachmängel aufweist, die seinen Wert oder seine Tauglichkeit zum vorausgesetzten Gebrauch aufheben oder erheblich mindern (z.B. ungenügende Tragkraft der Böden, undichte Wasserleitungen, öffentliche Nutzungsbeschränkungen, fehlende Überbauungsmöglichkeit, beeinträchtigte Rendite).

Vgl. dazu Art. 192, 197, 199 ff. und 219 OR.

Die Sachgewährleistung weist gegenüber der allgemeinen vertraglichen Haftung (Art. 97 ff. OR) folgende **Besonderheiten** auf:
- Die Sachgewährleistung setzt kein Verschulden voraus. Massgebend ist einzig, ob die Sache einen Mangel im Sinne von Art. 197 Abs. 1 OR aufweist.
- Die Rechtsfolgen sind für den Erwerber vorteilhafter geordnet: Der Erwerber kann gemäss Art. 205 OR die Rückgängigmachung des Kaufs (Wandelung), die Herabsetzung des Kaufpreises (Minde-

rung) bzw. unter bestimmten Voraussetzungen auch Schadenersatz verlangen (Art. 208 Abs. 2 und 3 OR).
– Der Erwerber braucht keine Nachfrist zur Behebung des Mangels anzusetzen. Er kann sofort zu den Rechtsbehelfen der Wandelung und der Minderung übergehen.
– Die Verjährungsfristen sind verkürzt (ein Jahr beim Fahrniskauf gemäss Art. 210 OR; fünf Jahre beim Grundstückkauf gemäss Art. 219 Abs. 3 OR).

Vgl. auch GIGER, BerKomm, Vorbem. zu Art. 197–210 OR, N 21.

[23] Ein Käufer, welcher das Grundstück vor Vertragsabschluss nicht besichtigt, handelt in der Regel grob fahrlässig, was die Sachgewährleistungspflicht des Verkäufers für offene Mängel in der Regel ausschliesst (Art. 200 OR). Dasselbe gilt, wenn der Käufer darauf verzichtet, vor Erwerb eines Grundstücks die betreffenden Zonenpläne einzusehen (vgl. GIGER, BerKomm, N 103 zu Art. 221 OR).

[24] Massgeblicher **Zeitpunkt für das Vorliegen eines Sachmangels** bzw. für das Fehlen einer Eigenschaft ist der Gefahrübergang (vgl. HONSELL, BasKomm, N 11 zu Art. 197 OR; GIGER, BerKomm, N 66 zu Art. 221 OR).

[25] **Zusicherungen** gemäss Art. 197 Abs. 1 OR bedürfen nach herrschender Lehre und ständiger Rechtsprechung auch beim Grundstückkauf nicht der öffentlichen Beurkundung (vgl. BGE 73 II 218 = Pra 1948 Nr. 60; BGE 68 II 229 = Pra 1942 Nr. 120 = ZBGR 1950, S. 98; BGE 63 II 77 = Pra 1937 Nr. 84 = ZBGR 1950, S. 51; HONSELL, BasKomm, N 15 zu Art. 197 OR; GIGER, BerKomm, N 55 ff. zu Art. 221 OR). Handelt es sich aber um objektiv oder subjektiv wesentliche Zusicherungen, ohne die eine Partei die eingegangene Verpflichtung nicht auf sich genommen hätte, so müssen dieselben öffentlich beurkundet werden (vgl. BGE 113 II 402 = Pra 1987 Nr. 258 = ZBGR 1989, S. 288; BGE 68 II 229 = Pra 1942 Nr. 120 = ZBGR 1950, S. 98).

Ein Teil der Lehre und das Bundesgericht sehen in der Zusicherung keine Willenserklärung, sondern eine Wissenserklärung, und nehmen nicht eine vertragliche Haftung an, sondern eine gesetzliche Haftung (vgl. BGE 71 II 239 = Pra 1945 Nr. 199). Immerhin verlangt die herrschende Lehre zwar keinen ausdrücklichen Verpflichtungswillen des Veräusserers, wohl aber eine (auch konkludente) Erklärung über Sacheigenschaften, die erkennbar für den Kaufentschluss des Käufers entscheidend war (vgl. BGE 102 II 97 = Pra 1976 Nr. 182; HONSELL, BasKomm, N 14 zu Art. 197 OR; KELLER/SIEHR, S. 74 f.). Eine Zusicherung stellt beispielsweise die Vertragsbestimmung dar, das zu verkaufende Grundstück sei bezüglich Weg, Wasser, Kanalisation und Elektrizität vollständig erschlossen (vgl. BGE 104 II 265 = Pra 1979 Nr. 45 = ZBGR 1981, S. 181).

Die Haftung des Verkäufers infolge Zusicherung geht weiter als die allgemeine Mängelhaftung; einerseits haftet der Verkäufer auch bei Fahrlässigkeit des Käufers, d.h., der Verkäufer haftet auch für Mängel, die dem Käufer infolge Fahrlässigkeit unbekannt geblieben sind (Art. 200 Abs. 2 OR); andererseits haftet der Verkäufer auch, wenn das Fehlen der zugesicherten Eigenschaft keinen Mangel darstellt, der den Wert oder die Gebrauchstauglichkeit des Kaufgegenstandes aufhebt oder erheblich mindert.

Von der Zusicherung im Sinne von Art. 197 Abs. 1 OR sind die **selbständige und die unselbständige Garantie** zu unterscheiden. Bei der Zusicherung verspricht der Verkäufer eine gegenwärtige Eigenschaft des Kaufgegenstandes (bestimmte, objektiv feststellbare Eigenschaft des Kaufgegenstandes im Zeitpunkt des Gefahrübergangs). Bei der selbständigen Garantie verspricht der Verkäufer einen zukünftigen Erfolg, der über die vertragsmässige Beschaffenheit des Kaufgegenstandes hinausgeht (z.B. künftige Überbaubarkeit eines Grundstücks). Bei der unselbständigen Garantie (Haltbarkeitsgarantie) verspricht der Verkäufer den mängelfreien Zustand des Kaufgegenstandes nicht bloss momentan, sondern auf eine gewisse Zeit (Garantiefrist) nach Gefahrübergang (z.B. fünfjährige Garantie für die Dichtigkeit eines neu gedeckten Flachdaches).

Vgl. BGE 122 III 426; GIGER, BerKomm, N 20 zu Art. 197 OR und N 54 zu Art. 221 OR; HONSELL, BasKomm, N 17 zu Art. 197 OR.

[26] Es gehört zu den **Rechtsbelehrungspflichten des Notars,** die Parteien über die einschneidenden Rechtsfolgen dieser **Freizeichnungsklausel** eingehend aufzuklären (vgl. BGE 107 II 161 = Pra 1981 Nr. 207 = ZBGR 1984, S. 186; BGE 91 II 275 = Pra 1966 Nr. 1 = ZBGR 1966, S. 238; Urteil des Kantonsgerichts Freiburg vom 3.10.1960, ZBGR 1963, S. 141; Gauch, Hinweis in BR 1990, S. 28).

Die Freizeichnungsklausel muss auf einer übereinstimmenden Willensäusserung der Parteien beruhen und darf nicht als inhaltslose Floskel ausgelegt werden können. Freizeichnungsklauseln sind im Zweifel einschränkend auszulegen (vgl. BGE 60 II 436 = Pra 1935 Nr. 20 = ZBGR 1935, S. 144; BGE 83 II 401 = Pra 1957 Nr. 130 = ZBGR 1959, S. 171; BGE 73 II 218 = Pra 1948 Nr. 60; BGE 91 II 344 = Pra 1966 Nr. 33; BGE 107 II 161 = Pra 1981 Nr. 207 = ZBGR 1984, S. 186; BGE 109 II 24 = Pra 1983 Nr. 145; Urteil des Obergerichts des Kantons Luzern, LGVE 1986 I Nr. 8 = ZBGR 1990, S. 286; Koller, Vertragsfloskeln, S. 24 ff.; Merz, S. 209 ff.; Giger, BerKomm, N 82 ff. zu Art. 221 OR sowie N 10 ff. zu Art. 219 OR; Honsell, BasKomm, N 3 zu Art. 199 OR).

Eine vollständige oder teilweise Freizeichnung des Verkäufers stellt einen erheblichen Eingriff in die Rechtsstellung des Käufers dar und verlangt daher beim Grundstückkauf öffentliche Beurkundung (vgl. Giger, BerKomm, N 81 zu Art. 221 OR; Honsell, BasKomm, N 1 zu Art. 199 OR).

Hat der Verkäufer gewisse Eigenschaften des Vertragsobjekts zugesichert und gleichzeitig die Gewährleistung vollumfänglich ausgeschlossen, so ist seine Erklärung widersprüchlich. Das eine schliesst das andere aus. In diesem Fall gilt der Gewährleistungsausschluss nicht für die zugesicherten Eigenschaften, sondern nur für die sonstigen Mängel (vgl. BGE 109 II 24 = Pra 1983 Nr. 145; Honsell, BasKomm, N 3 zu Art. 199; Giger, BerKomm, N 93 f. zu Art. 221 OR).

[27] Zwischen den Gewährleistungsansprüchen im Sinne der Art. 192 ff., 197 ff. und 219 OR und den Schadenersatzansprüchen nach Art. 97 ff. OR besteht grundsätzlich **Anspruchskonkurrenz.** Im Sinne der «gemischten Methode» werden jedoch die aus Art. 97 ff. OR abgeleiteten Ansprüche bei Sachmängeln hinsichtlich Prüfung, Mängelrüge, Haftungsfreizeichnung und Verjährung den entsprechenden Sonderbestimmungen der kaufrechtlichen Sachmängelhaftung unterworfen (vgl. BGE 114 II 131 = Pra 1988 Nr. 252; BGE 107 II 419 = Pra 1982 Nr. 99; BGE 107 II 161 = Pra 1981 Nr. 207 = ZBGR 1984, S. 186).

Voraussetzung für die Geltendmachung eines Schadenersatzes nach Art. 97 ff. OR ist – im Gegensatz zu den Gewährleistungsansprüchen – ein Verschulden des Verkäufers. Dieses Verschulden bezieht sich nicht auf die Mangelhaftigkeit als solche, sondern auf die Tatsache des Vertragsschlusses in Kenntnis oder fahrlässiger Unkenntnis des Mangels (vgl. BGE 107 II 161 = Pra 1981 Nr. 207 = ZBGR 1984, S. 186). Voraussetzung einer Haftung des Verkäufers nach Art. 97 ff. OR wegen Rechts- oder Sachmängeln ist also Kenntnis oder fahrlässige Unkenntnis der Mängel bei Vertragsabschluss. Weitergehend fällt aber auch das schuldhafte Verursachen eines Mangels durch den Verkäufer nach Vertragsabschluss unter Art. 97 ff. OR (vgl. Keller/Siehr, S. 24).

Vgl. dazu auch Giger, BerKomm, Vorbem. zu Art. 197–210 OR, N 20 f., sowie N 48 zu Art. 221 OR; Honsell, BasKomm, Vorbem. zu Art. 192–210 OR, N 6, sowie Vorbem. zu Art. 197–210 OR, N 6.

Auch die Rechtsbehelfe bei Grundlagenirrtum (Art. 24 Abs. 1 Ziff. 4 OR), bei absichtlicher Täuschung (Art. 28 OR) und bei unerlaubter Handlung (Art. 41 ff. OR) sind alternativ anwendbar (vgl. BGE 114 II 131 = Pra 1988 Nr. 252; BGE 109 II 319 = Pra 1984 Nr. 57; BGE 108 II 102 = Pra 1982 Nr. 238; BGE 107 II 161 = Pra 1981 Nr. 207 = ZBGR 1984, S. 186; Giger, BerKomm, N 9 ff. zu Art. 192 OR, Vorbem. zu Art. 197–210 OR, N 53 ff., sowie N 49 f. zu Art. 221 OR; Honsell, BasKomm, Vorbem. zu Art. 192–210 OR, N 7 ff. sowie Vorbem. zu Art. 197–210 OR, N 7 ff.).

Lehre und Rechtsprechung nehmen mehrheitlich an, dass ein genereller Haftungsausschluss auch alle weiteren Haftungsansprüche des Käufers für den betreffenden Mangel wegbedingt, nämlich die Ansprüche gemäss Art. 97 ff. OR, die Irrtumshaftung und die Deliktshaftung (vgl. BGE 107 II 161 = Pra 1981 Nr. 207 = ZBGR 1984, S. 186; BGE 91 II 275 = Pra 1966 Nr. 1 = ZBGR 1966, S. 238; Honsell, BasKomm, N 5 zu Art. 199 OR).

[28] Vgl. Art. 192 Abs. 3 OR.

[29] Gemäss Art. 197 und 200 OR und gestützt auf die vereinbarte Aufhebung jeglicher Sachgewährleistungspflicht ist der **Veräusserer von der Haftung für folgende Sachmängel befreit:**
  a. Unerhebliche Mängel (Art. 197 Abs. 1 OR).
  b. Mängel, die dem Erwerber bekannt sind (Art. 200 Abs. 1 OR); dies gilt selbst dann, wenn sich der Veräusserer arglistig verhalten hat (vgl. GIGER, BerKomm, N 10 zu Art. 200 OR).
  c. Mängel, die der Erwerber bei Anwendung gewöhnlicher Aufmerksamkeit hätte kennen sollen (Art. 200 Abs. 2 OR).
  d. Mängel, mit denen vernunftgemäss gerechnet werden muss. Unerheblich dabei ist, ob die Mängel vom Veräusserer vor Vertragsabschluss selber verursacht wurden (vgl. dazu BGE 107 II 161 = Pra 1981 Nr. 207 = ZBGR 1984, S. 186).

Die Haftung des Veräusserers kann indessen nicht ausgeschlossen werden für:
  e. Mängel (auch unerhebliche), die der Veräusserer dem Erwerber arglistig verschwiegen hat (Art. 199 OR). Dabei ist zu beachten, dass der Tatbestand des arglistigen Verschweigens im Sinne von Art. 199 OR nur erfüllt sein kann, wenn der Verkäufer eine entsprechende Offenbarungspflicht (Aufklärungspflicht) verletzt. Eine solche entsteht aufgrund von Gesetz, Vertrag oder besonders enger Rechtsbeziehung zum Käufer, infolge Verursachens einer Irreführungsgefahr sowie allgemein ableitbar aus dem Grundsatz von Treu und Glauben (vgl. BGE 116 II 431 = Pra 1990 Nr. 271; GIGER, BerKomm, N 32 ff. zu Art. 199 OR sowie N 95 ff. zu Art. 221 OR; HONSELL, BasKomm, N 6 zu Art. 199 OR.
  f. Mängel, die der Veräusserer nach Vertragsabschluss absichtlich oder grobfahrlässig verursacht hat (Art. 100 Abs. 1 OR; vgl. GIGER, BerKomm, N 6 zu Art. 199 OR; KELLER/SIEHR, S. 113 f.; BGE 107 II 161).
  g. Mängel, deren Nichtvorhandensein der Verkäufer dem Käufer zugesichert hat (vgl. BGE 109 II 24 = Pra 1983 Nr. 145; GIGER, BerKomm, N 93 f. zu Art. 221 OR; HONSELL, BasKomm, N 3 zu Art. 199 OR).
  h. Mängel, die gänzlich ausserhalb dessen liegen, womit ein Erwerber vernünftigerweise zu rechnen hat, sofern diese Mängel den wirtschaftlichen Zweck des Geschäftes völlig vereiteln oder ein völliges Missverhältnis zum Kaufpreis entstehen lassen (vgl. BGE vom 1.11.1995, ZBGR 1996, S. 330; BGE 107 II 161 = Pra 1981 Nr. 207 = ZBGR 1984, S. 186).

Massgebender Zeitpunkt für die Kenntnis und das Kennensollen des Käufers ist beim Grundstückkauf der Zeitpunkt der öffentlichen Beurkundung (vgl. BGE 117 II 259 = Pra 1993 Nr. 36 = ZBGR 1994, S. 29).

[30] Trotz Freizeichnung bleibt die **Gefahrtragung durch den Verkäufer** nach Vertragsabschluss bis Gefahrübergang vorbehalten. Die Gefahrtragung bedeutet das Einstehenmüssen für den Untergang oder die Verschlechterung des Vertragsobjekts im Zeitraum zwischen Vertragsabschluss und Gefahrübergang zufolge eines weder vom Verkäufer noch vom Käufer verschuldeten, also zufälligen Ereignisses, für welches zudem keine der Vertragsparteien aus vertraglicher oder ausservertraglicher Kausalhaftung einstehen muss (vgl. KELLER/SIEHR, S. 24).

[31] Vgl. Art. 201 OR. Die Klagen auf Sachgewährleistung **verjähren** beim Grundstückkauf mit Ablauf von fünf Jahren nach dem Eigentumserwerb durch den Erwerber (Art. 219 Abs. 3 OR; vgl. BGE 104 II 265 = Pra 1979 Nr. 45 = ZBGR 1981, S. 181). Bei arglistigem Verschweigen eines Mangels kommt dagegen die allgemeine Verjährungsfrist von zehn Jahren zur Anwendung (Art. 210 Abs. 3 OR in Verbindung mit Art. 127 OR).

Die Klagen auf Rechtsgewährleistung **verjähren** demgegenüber erst nach zehn Jahren (Art. 127 OR; vgl. GIGER, BerKomm, N 90 zu Art. 219 OR; HONSELL, BasKomm, N 11 zu Art. 192 OR).

³² Es gehört zur **Rechtsbelehrungspflicht des Notars,** die Vertragsparteien über die aus dem Grundbuch ersichtliche Rechtslage zu orientieren. Insbesondere gehört zu den beruflichen Obliegenheiten des Notars, den Wortlaut einer Dienstbarkeit im Grundbuch festzustellen und die Parteien darüber zu orientieren (vgl. Urteil des Obergerichts des Kantons Bern vom 7.3.1964, ZBGR 1966, S. 215 = ZBJV 1964, S. 282; Entscheid der Notariatskammer des Kantons Bern vom 21.2.1989, BN 1989, S. 386; Urteil des Kantonsgerichts Graubünden vom 27.1.1998, ZGRG 1998, S. 155 = ZBGR 2000, S. 37).

³³ Veräussert der Vermieter das Grundstück nach Abschluss des Mietvertrags, so geht das **Mietverhältnis** mit dem Eigentum am Grundstück von Gesetzes wegen im Zeitpunkt des Eigentumsübergangs auf den Erwerber über (Art. 261 Abs. 1 OR).

Der neue Eigentümer kann jedoch bei Wohn- und Geschäftsräumen das Mietverhältnis auch dann mit der gesetzlichen Frist auf den nächsten gesetzlichen Termin kündigen, wenn der Vertrag längere Kündigungsfristen kennt oder die Miete für eine bestimmte längere Zeit eingegangen wurde, sofern er einen **dringenden Eigenbedarf** für sich, nahe Verwandte oder Verschwägerte geltend machen kann (Art. 261 Abs. 2 lit. a OR).

Kündigt der neue Eigentümer früher, als es der Vertrag mit dem bisherigen Vermieter gestattet hätte, so haftet der bisherige Vermieter dem Mieter für allen daraus entstehenden Schaden (Art. 261 Abs. 3 OR). Im vorliegenden Fall wurde diese Haftung (im internen Verhältnis zwischen dem bisherigen und dem neuen Eigentümer) von den Käufern übernommen.

Sofern im Voraus feststeht, dass der Käufer keinen Eigenbedarf geltend machen will, kann folgende Bestimmung im Vertrag aufgenommen werden:
«*Der Käufer verzichtet auf die Geltendmachung der Kündigungsmöglichkeit gemäss Art. 261 Abs. 2 lit. a OR, d.h., die Mieter können diesen Verzicht dem neuen Eigentümer direkt entgegenhalten (echter Vertrag zugunsten eines Dritten).*»

Vgl. dazu auch PFÄFFLI, Zur Vormerkung von Mietverträgen, S. 41; KOLLER, vorne § 7 Nr. 63 ff.

Zum Zeitpunkt der Kündigung bei einem Eigentumswechsel: Sofern nach einem Eigentumswechsel der Mietvertrag vom neuen Eigentümer gekündigt wird (Art. 261 Abs. 2 OR), muss die Eigentumsänderung bereits beim Grundbuchamt angemeldet sein. Vom Zeitpunkt der Einschreibung im Tagebuch (vgl. die Rechtswirkungen gemäss Art. 972 Abs. 2 ZGB) hinweg ist der neue Eigentümer zur Kündigung des Mietvertrags legitimiert. Es ist dabei unbeachtlich, ob das Rechtsgeschäft bereits im Hauptbuch vollzogen wurde oder nicht (vgl. BGE 118 II 119 = Pra 1993 Nr. 165; KOLLER, vorne § 7 Nr. 13 f.; GUHL/KOLLER, § 44 Nr. 64; KOLLER T., S. 70 f.). Vor der Grundbuchanmeldung ist der neue Eigentümer nicht zur Kündigung berechtigt (vgl. BGE 108 II 190 = Pra 1982 Nr. 295 = ZBGR 1985, S. 313); s. aber auch KOLLER, vorne § 7 Nr. 25 f., m.w.Nw.

³⁴ Bei einer Verfügung über die **Wohnung der Familie** im Sinne von Art. 169 Abs. 1 ZGB ist die ausdrückliche Zustimmung des andern Ehegatten erforderlich.

Zur praktischen Rechtsanwendung in den einzelnen Kantonen: vgl. Kreisschreiben vom 26.11.1987 der Justizdirektion des Kantons Bern an die praktizierenden Notare und die Grundbuchverwalter des Kantons Bern betreffend die Auswirkungen des neuen Ehe- und Erbrechts auf Grundbuchgeschäfte (Revision der Grundbuchverordnung per 1.1.1988), BN 1987, S. 147 ff.; Kreisschreiben der Verwaltungskommission des Obergerichts des Kantons Zürich an die Notariate und Grundbuchämter über Neues Eherecht und Grundbuch vom 16.12.1987, ZBGR 1988, S. 135 ff.; Stellungnahme der Aufsichtsbehörde über die Urkundspersonen des Kantons Luzern zur Bedeutung der Familienwohnung in beurkundungsrechtlicher Hinsicht vom 2.12.1988, LGVE 1988 I Nr. 19 = ZBGR 1991, S. 99 ff.; EITEL, S. 215 ff.; GEISER, S. 15 ff.; HASENBÖHLER, S. 57 ff.; PFÄFFLI, Die Auswirkungen, S. 284 ff.; RUOSS, S. 75 ff.; SCHMID Jörg, Familie und Grundbuch, S. 601 ff.; SCHMID Jürg, S. 295 ff.; TRAUFFER, S. 71 ff.; ZOBL, S. 129 ff.

Unter Wohnung der Familie wird nicht nur die Eigentumswohnung oder das Einfamilienhaus verstanden, sondern jegliche Wohnung, auch in einem Geschäfts- oder Mehrfamilienhaus. Befindet sich beispielsweise die Wohnung der Familie in einem Mehrfamilienhaus eines Ehegatten, so kann dieses ohne Zustimmung des andern Ehegatten nur verkauft werden, wenn die Wohnung der Familie durch Stockwerkeigentum oder ein anderes dingliches Recht gesichert ist. Zum Begriff der Wohnung der Familie gehören nicht die Zweitwohnung, da sie für die Gemeinschaft nicht lebenswichtig ist, oder Räumlichkeiten, die ausschliesslich dem Beruf oder Gewerbe dienen.

Die Bestimmung von Art. 169 Abs. 1 ZGB kommt zur Anwendung, wenn ein verheirateter Eigentümer (Ehefrau oder Ehemann; der Güterstand hat hier keine Bedeutung) ein überbautes Grundstück veräussert und er mit seinem Ehegatten im mitveräusserten Gebäude wohnt. In diesem Fall ist die Zustimmung des andern Ehegatten zur Veräusserung notwendig, wobei sie auch durch eine Ermächtigung des Richters ersetzt werden kann (Art. 169 Abs. 2 ZGB). Die Einräumung eines Kaufsrechts fällt nicht unter diese Bestimmung; erst bei der Ausübung des Kaufsrechts sind die entsprechenden Abklärungen in Bezug auf die Wohnung der Familie vorzunehmen.

Die Regelung in Art. 169 Abs. 1 ZGB kommt meines Erachtens nur zur Anwendung, wenn eine natürliche Person Alleineigentümerin eines Grundstücks ist. Sie kommt demzufolge nicht zum Tragen bei einer einfachen Gesellschaft, wenn eine Wohnung einem der Gesellschafter als Wohnung der Familie dient. Dieser Gesellschafter braucht bei einer Veräusserung die Zustimmung des andern Ehegatten nicht beizubringen. Entsprechendes gilt meines Erachtens auch in allen anderen Fällen von Gesamteigentum, bei denen verheiratete Personen beteiligt sind, beispielsweise bei einer Erbengemeinschaft (diese Frage wurde vom Bundesgericht in BGE 118 II 489 = Pra 1994 Nr. 9 = ZBGR 1994, S. 345, offen gelassen) oder bei einer Kollektiv- und Kommanditgesellschaft.

Es gehört zur **Rechtsbelehrungspflicht des Notars,** die Parteien über den Inhalt und die Bedeutung der Vorschriften bezüglich der Wohnung der Familie zu orientieren. Der Notar hat abzuklären, ob das Rechtsgeschäft die Wohnung der Familie betrifft. Aus den Anmeldungsbelegen an das Grundbuchamt muss hervorgehen, dass das Grundstück nicht als Wohnung der Familie dient oder dass es sich nicht um ein Rechtsgeschäft im Sinne von Art. 169 ZGB handelt. Sofern diese Nachweise beim Grundbuchamt nicht eingereicht werden und die Zustimmung des andern Ehegatten nicht vorliegt, ist die entsprechende Anmeldung vom Grundbuchverwalter gemäss Art. 24 Abs. 1bis lit. a GBV abzuweisen.

Zu den **Pflichten des Notars** in beurkundungsrechtlicher Hinsicht vgl. die Erläuterungen der Aufsichtsbehörde über die Urkundspersonen des Kantons Luzern, LGVE 1988 I Nr. 19 = ZBGR 1991, S. 99 ff., sowie das Kreisschreiben der Justizdirektion des Kantons Bern vom 26.11.1987 an die praktizierenden Notare und die Grundbuchverwalter des Kantons Bern betreffend die Auswirkungen des neuen Ehe- und Erbrechts auf Grundbuchgeschäfte (Revision der Grundbuchverordnung per 1.1.1988), BN 1987, S. 147 ff.

Ein Ehegatte kann sich auch **während des Scheidungsprozesses,** also grundsätzlich bis zur Auflösung der Ehe bzw. bis zu deren Trennung durch den Richter, auf Art. 169 ZGB berufen. Der Schutz von Art. 169 ZGB verliert allerdings überall dort seine Berechtigung, wo der Ehegatte die Wohnung der Familie endgültig verlassen hat oder verlassen muss und wo keine Aussicht mehr darauf besteht, dass die Ehegatten in der vormaligen Familienwohnung das Zusammenleben wieder aufnehmen werden (vgl. HAUSHEER/REUSSER/GEISER, N 22 zu Art. 169 ZGB und Art. 217a OR; HEGNAUER/BREITSCHMID, Nr. 17.21; BGE 114 II 396 = Pra 1989 Nr. 110 = ZBGR 1991, S. 102; BGE 114 II 402 = Pra 1989 Nr. 111 = ZBGR 1991, S. 105). Von einer Wohnung der Familie kann nicht mehr gesprochen werden, wenn die gemeinsame Wohnung von beiden Ehegatten endgültig aufgegeben wird.

Sofern keine **gerichtliche Trennung** vorliegt, ist dem Grundbuchamt bei einer Verfügung über die Wohnung der Familie als Ausweis die ausdrückliche Zustimmung des andern Ehegatten bzw. des Richters einzureichen. Sind die Ehegatten gerichtlich getrennt, ist dem Grundbuchamt die Zustimmung des andern Ehegatten nicht beizubringen. Hingegen ist die Tatsache der gerichtlichen Trennung nachzuweisen.

Hat ein Ehegatte ohne Zustimmung des andern über die Wohnung der Familie verfügt und ist er auch nicht vom Richter zum alleinigen Handeln ermächtigt worden (Art. 169 Abs. 2 ZGB), so ist das Rechtsgeschäft **nichtig**. In diesem Sinne wurde beispielsweise ein Abtretungsvertrag bezüglich eines Grundstücks auf Rechnung zukünftiger Erbschaft als nichtig erklärt, da der verfügende Ehemann den Vertrag ohne Zustimmung der Ehefrau abgeschlossen hatte. Obschon im Rahmen einer Trennungsvereinbarung die Ehegatten eine Aufteilung des Hauses in der Weise vorgenommen hatten, dass der Ehefrau die obere Wohnung und dem Ehemann die untere Wohnung zur ausschliesslichen Benützung zugewiesen wurde, verlor das Grundstück den Charakter als Wohnung der Familie nicht, und zwar auch dann nicht, als der Übertritt der Ehefrau ins Altersheim erfolgte und sie die Wohnung ihrem Sohn vermietete. Möbel und Hausrat beliess die Ehefrau in der Wohnung und kehrte in der Folge des öftern in die vom Sohn bewohnte Wohnung zurück; eine endgültige Aufgabe der Wohnung der Familie lag somit nicht vor (vgl. Urteil des Kantonsgerichts des Kantons Graubünden vom 7.1.1992, PKG 1992, S. 12).

[35] Beim **Eigentümerschuldbrief** sind der Eigentümer des Grundstücks, der Schuldbriefschuldner und der Schuldbriefgläubiger identisch (vgl. LEEMANN, BerKomm, N 8–18 zu Art. 859 ZGB). Ein solcher Schuldbrief stellt ein gesetzliches Orderpapier dar, wie beispielsweise auch der Wechsel, der Scheck und die Namenaktie. Die Übertragung erfolgt durch Indossament.

[36] Vgl. Art. 72 Abs. 1 GBV.

[37] **Tod eines einfachen Gesellschafters:** Es empfiehlt sich, bereits im Zeitpunkt des Erwerbs eine Regelung in Bezug auf den Todesfall zu treffen. Diese bedarf nur dann der öffentlichen Beurkundung, wenn eine Abfindungsklausel vereinbart wird und diese dahin geht, dass die Erben des verstorbenen Gesellschafters mehr belastet werden, als der Erblasser selber belastet worden wäre, wäre er zu seinen Lebzeiten aus der Gesellschaft ausgeschieden (vgl. HAUSHEER/PFÄFFLI, S. 43, mit Verweisungen).

Stirbt ein Gesellschafter bei einer einfachen Gesellschaft, deren Mitglieder Gesamteigentümer eines Grundstücks sind, so sind hinsichtlich der Rechtslage **drei Fälle** zu unterscheiden, nämlich:

Normalfall: Gemäss Art. 545 Abs. 1 Ziff. 2 OR wird eine einfache Gesellschaft aufgelöst, wenn ein Gesellschafter stirbt und für diesen Fall nicht schon vorher vereinbart worden ist, dass die Gesellschaft mit den Erben fortbestehen soll. In einem solchen Fall entsteht eine Abwicklungsgesellschaft mit dem ausschliesslichen Zweck, die Gesellschaft zu liquidieren (vgl. BGE 119 II 119 = Pra 1994 Nr. 194 = ZBGR 1993, S. 371 = BN 1993, S. 172, mit redaktioneller Bemerkung von RUF, S. 179; KOLLER, Bundesgerichtsentscheide, S. 220 ff.; HAUSHEER/PFÄFFLI, S. 38 ff.). Die Erben treten in die Rechtsstellung des Erblassers und werden im Grundbuch (als Erbengemeinschaft) eingetragen. Als Ausweis ist dem Grundbuchamt ein Erbschein sowie der Gesellschaftsvertrag einzureichen.

Darstellung der einfachen Gesellschaft im Grundbuch

Vor dem Tod des einfachen Gesellschafters:

Einfache Gesellschaft
1. Aregger-Lerch Ruth, geb. 27.7.1966
2. Aregger Peter, geb. 14.2.1962

Nach dem Tod des einfachen Gesellschafters (Peter Aregger):

Einfache Gesellschaft in Liquidation
1. Aregger-Lerch Ruth, geb. 27.7.1966
2. Erbengemeinschaft des Peter Aregger:
    a. Aregger-Lerch Ruth, geb. 27.7.1966
    b. Aregger Bettina, geb. 24.2.1993
    c. Aregger Stefan, geb. 15.4.2000

Die Gesellschaft ist nach dem Tod von Peter Aregger zwar aufgelöst; sie ist jedoch nicht untergegangen. Der neue Zweck der Gesellschaft bewirkt, dass jedem Beteiligten ein Anspruch auf Aufhebung des Gesellschaftsverhältnisses zusteht. Anders verhält es sich, wenn im Gesellschaftsvertrag die Fortsetzung der einfachen Gesellschaft durch die verbleibenden Gesellschafter oder die Fortsetzung der Gesellschaft mit den Gesellschaftserben vereinbart worden ist (vgl. dazu BRÄM, S. 81 ff.; HAUSHEER, Erbrechtliche Probleme, S. 99 f.; sowie im Zusammenhang mit der Kollektiv- und Kommanditgesellschaft: HAUSHEER, Gesellschaftsvertrag, S. 133 ff.).

Fortsetzung der Gesellschaft ohne Erben des Gesellschafters: Sofern ein einfacher Gesellschafter verstirbt und die Fortsetzung der Gesellschaft durch die verbleibenden Gesellschafter vereinbart worden ist, wird der verstorbene Gesellschafter im Grundbuch gestrichen. Die Gesellschaft wird mit dem reduzierten Gesellschafterbestand weitergeführt. Den verbleibenden Gesellschaftern wächst das Eigentum durch Akkreszenz an. Den Erben des verstorbenen Gesellschafters stehen in diesem Fall keine dinglichen, sondern nur obligationenrechtliche Ansprüche zu. Die Erben werden im Grundbuch nicht eingetragen. Dem Grundbuchamt ist als Ausweis der Tod des Gesellschafters nachzuweisen sowie der Gesellschaftsvertrag einzureichen.

Sind (wie im vorliegenden Fall) nur zwei Gesellschafter vorhanden, so kann vereinbart werden, dass beim Tod des einen Gesellschafters der Anteil des verstorbenen Gesellschafters dem überlebenden Gesellschafter anwächst. Eine solche Vereinbarung ist eine zulässige Liquidationsvorschrift, die bewirkt, dass der überlebende Gesellschafter Alleineigentümer des Gesellschaftsvermögens (inkl. allfälliger Grundstücke) wird (vgl. HAUSHEER/PFÄFFLI, S. 42). Dieser Fall kommt oft vor bei Ehegattengesellschaften. Dadurch erübrigt sich die Geltendmachung des Zuweisungsanspruchs durch den überlebenden Ehegatten gemäss Art. 612a Abs. 1 ZGB, welcher übrigens durch Erbvertrag oder einseitig durch Testament abgeändert werden kann (vgl. BGE 119 II 323 = Pra 1994 Nr. 115 = ZBGR 1995, S. 244; Urteil des Obergerichts des Kantons Zürich vom 21.9.1989, ZR 1990, S. 258 = ZBGR 1991, S. 333 = SJZ 1991, S. 24; a.M. DRUEY, Das neue Erbrecht, S. 172; ders., Art. 612a ZGB, S. 126). Dem Grundbuchamt ist in solchen Fällen als Ausweis der Tod des Gesellschafters nachzuweisen sowie der Gesellschaftsvertrag einzureichen.

Fortsetzung der Gesellschaft mit den Erben des Gesellschafters: Es ist möglich, dass im Gesellschaftsvertrag vereinbart wird, dass beim Tod eines Gesellschafters die Gesellschaft mit dessen Erben fortgesetzt wird. Eine solche Vereinbarung, die entweder eine Eintrittsklausel oder eine Nachfolgeklausel enthält (vgl. HAUSHEER/PFÄFFLI, S. 41), kann auch erst nach dem Tod eines Gesellschafters abgeschlossen werden (vgl. BOLLMANN, S. 43; EHRSAM, S. 40; Urteil der Obergerichtskommission von Obwalden vom 20.3.1986, Amtsbericht über die Rechtspflege des Kantons Obwalden 1986/87, S. 67 = SJZ 1989, S. 144 = SAG 1988, S. 168 Ziff. 28). Gleichzeitig ist das Gesellschaftsverhältnis im Rahmen eines Nachtrages zum Gesellschaftsvertrag zu bereinigen, da eine Erbengemeinschaft (als solche) nicht Mitglied einer einfachen Gesellschaft sein kann; Gesellschafter werden die einzelnen Erben (vgl. HAUSHEER/PFÄFFLI, S. 41). Gegenüber dem Grundbuchamt ist als Ausweis der Tod des Gesellschafters nachzuweisen sowie der bisherige und der ergänzte Gesellschaftsvertrag einzureichen.

[38] **Tod des Verfügungsberechtigten vor der Grundbuchanmeldung:** Ein besonderes Problem liegt dann vor, wenn der Erblasser vor seinem Tod einen Veräusserungsvertrag abgeschlossen hat, der noch nicht beim Grundbuchamt eingereicht worden ist. Materiellrechtlich stellt sich deshalb die Frage, ob gestützt auf den bestehenden Vertrag die Eigentumsübertragung erfolgen kann. Dies ist zu bejahen. Es bedarf somit keiner neuen öffentlichen Beurkundung.

In einem solchen Fall kann davon ausgegangen werden, dass der Erblasser formell, d.h. gemäss Grundbuch, noch verfügungsberechtigt erscheint, obschon er es materiell nicht mehr ist. Andererseits sind die Erben formell (vor dem Grundbucheintrag) nicht verfügungsberechtigt, obwohl sie es materiell schon sind (vgl. den nicht veröffentlichten Mitbericht vom 1.3.1985 des EJPD zum BGE 111 II 39 = Pra 1985 Nr. 130 = ZBGR 1986, S. 313). Aus dem Gesagten folgt für die grundbuchrechtliche Behandlung des Geschäfts Folgendes:
– Vorerst müssen die Erben als Eigentümer im Grundbuch eingetragen werden (vgl. BGE 111 II 39 = Pra 1985 Nr. 130 = ZBGR 1986, S. 313). Als Ausweis dient dabei der Erbenschein.
– Ferner muss dem Grundbuchamt der Kaufvertrag, unterzeichnet vom Erblasser, eingereicht werden.

– Schliesslich muss die schriftliche Eintragungsbewilligung der Erben vorliegen. Falls sich die Erben weigern, die Eintragungsbewilligung abzugeben, hat der Erwerber die Möglichkeit von Art. 656 Abs. 2 ZGB, d.h., er kann ein Gestaltungsurteil vom Richter verlangen.

Gleich verhält es sich beim Sacheinlagevertrag. Sofern der Sacheinleger, der den Sacheinlagevertrag unterzeichnet hat, vor der Grundbuchanmeldung stirbt, müssen vorerst dessen Erben im Grundbuch als Eigentümer eingetragen werden. Der Anspruch der neu zu gründenden Gesellschaft auf Übereignung des Grundstücks richtet sich nun gegen die anerkannten Erben des Sacheinlegers. Dem Grundbuchamt ist als Ausweis die Eintragungsbewilligung dieser Erben einzureichen (vgl. BGE 109 II 99 = Pra 1983 Nr. 238 = ZBGR 1986, S. 117).

Tod des Erwerbers vor der Grundbuchanmeldung: Eine ähnliche Problematik stellt sich dann, wenn der Erwerber vor seinem Tod einen Vertrag auf Eigentumsübertragung eines Grundstücks abschliesst und dieser noch nicht beim Grundbuchamt eingereicht worden ist. Materiellrechtlich genügt auch hier der bestehende Vertrag, um die Eigentumsübertragung im Grundbuch zu vollziehen. Hingegen müssen dem Grundbuchamt als Ausweis die anerkannten Erben des Erblassers nachgewiesen werden. Diese übernehmen mit dem Zeitpunkt des Todes (Art. 560 Abs. 1 ZGB) sämtliche Aktiven und Passiven des Erblassers, insbesondere auch die obligationenrechtlichen Verpflichtungen aus dem beurkundeten Grundstückkaufvertrag. Es bedarf keiner neuen Eintragungsbewilligung seitens des Veräusserers (vgl. dazu auch die gleiche Praxis im deutschen Recht: JUNG, S. 94 ff.).

[39] Damit im Grundbuch Einschreibungen, Änderungen oder Löschungen vorgenommen werden können, müssen grundsätzlich **Anträge im Rahmen einer Anmeldung** gestellt werden (Art. 963 Abs. 1 ZGB, Art. 11 GBV; vorbehalten bleiben die im ZGB und in der GBV vorgesehenen Ausnahmen, in denen das Verfahren von Amtes wegen eingeleitet wird). Die **Grundbuchanmeldung** ist eine unbedingte schriftliche Willenserklärung des Verfügungsberechtigten zur Vornahme einer bestimmten Einschreibung im Grundbuch (vgl. AUER, S. 39). Keiner Erklärung des im Grundbuch eingetragenen Eigentümers bedarf es jedoch, wenn der Erwerber sich auf eine Gesetzesvorschrift, auf ein rechtskräftiges Urteil oder eine dem Urteil gleichwertige Urkunde zu berufen vermag (Art. 963 Abs. 2 ZGB).

Die Anmeldung erfüllt zwei Aufgaben: Neben dem Antrag an das Grundbuchamt zur Vornahme von Einschreibungen im Grundbuch beinhaltet sie vielfach auch das Verfügungsgeschäft über das Grundstück (vgl. HUBER, S. 163 f.; FISCHER, S. 11). Sofern nicht materiell verfügt wird (z.B. bei der Anmeldung eines Erbgangs, wo bereits ausserbuchlich das Eigentum auf die Erben übergegangen ist), beinhaltet die Anmeldung lediglich einen formellen Antrag (vgl. HUBER, S. 164). Wenn allerdings materiell verfügt wird (z.B. bei einem Grundstückkauf), wird die im obligationenrechtlichen Vertrag enthaltene Verpflichtung des Verkäufers, das Eigentum am Grundstück auf den Erwerber zu übertragen, vollzogen (vgl. MEIER-HAYOZ, BerKomm, N 34 zu Art. 656 ZGB; GUHL, S. 106). Die Grundbuchanmeldung bildet in einem solchen Fall die rechtsgeschäftliche Verfügung (vgl. BGE 115 II 221 E. 5a = Pra 1989 Nr. 248 E. 5a = ZBGR 1990, S. 22 E. 5a; KOLLER, Bundesgerichtsentscheide, S. 39 ff.; BGE 111 II 42 E. 4 = Pra 1985 Nr. 186 E. 4 = ZBGR 1987, S. 262 E. 4; BGE 110 II 128 E. 2b = Pra 1984 Nr. 218 E. 2b = ZBGR 1987, S. 260 E. 2b; KOLLER, Bundesgerichtsentscheide, S. 473 ff.; BGE 74 II 230 = Pra 1949 Nr. 65 = ZBGR 1949, S. 225; KOLLER, Bundesgerichtsentscheide, S. 383 ff.).

Das Antragsverfahren gehört zur nichtstreitigen, d.h. zur freiwilligen Gerichtsbarkeit (vgl. AUER, S. 29). Es ist ein Parteiverfahren zwischen dem Anmeldenden und dem Grundbuchverwalter (vgl. AUER, S. 30). **Die Grundbuchanmeldung muss schriftlich erfolgen** (Art. 963 Abs. 1 ZGB; Art. 13 Abs. 1 GBV), wobei eine Unterschrift (im Original) notwendig ist. Die Schriftlichkeit kann im Übrigen auch durch Unterschrift des Anmeldenden auf gedrucktem Formular beim zuständigen Grundbuchamt hergestellt werden (Art. 13 Abs. 2 GBV).

Eine **fotokopierte Unterschrift** genügt nicht, weil sonst dem Missbrauch mittels Fotomontage Tür und Tor geöffnet wären (vgl. BGE 112 Ia 173 = Pra 1986 Nr. 228 = ZBGR 1992, S. 376, im Zusammenhang mit einer Rechtsschrift an das Bundesgericht, auf der sich nur die Unterschrift in Fotokopie befindet).

Telefonisch oder elektronisch übermittelte Anmeldungen sind gemäss Art. 13 Abs. 3 GBV unzulässig (vgl. im Zusammenhang mit einer per Telefax eingereichten Rechtsschrift an das Bundesgericht: BGE 121 II 252; BGE vom 16.10.1991 = Pra 1992 Nr. 26 = ZBGR 1992, S. 377, mit redaktioneller Bemerkung von SCHMID JÜRG, S. 378; vgl. dazu auch Entscheid des Obergerichts des Kantons Luzern, Justizkommission, LGVE 1990 I Nr. 14 = ZBGR 1992, S. 286; Entscheid des Obergerichts des Kantons Luzern, I. Kammer, LGVE 1996 I Nr. 19; Entscheid des Obergerichts des Kantons Solothurn, Zivilkammer, SOG 1995, S. 23; Entscheid des Verwaltungsgerichts des Kantons Aargau vom 22.10.1996, AGVE 1996, S. 385; Urteil des Kassationsgerichts des Kantons Zürich vom 19.3.1997, SJZ 1998, S. 112).

Von diesen Grundsätzen darf in dringenden Fällen abgewichen werden. Behörden und Gerichte dürfen in Ausnahmefällen die Vormerkung einer Verfügungsbeschränkung (es handelt sich hier um Verfügungsbeschränkungen gemäss Art. 960 Abs. 1 Ziff. 1 und 2 ZGB), die Vormerkung einer vorläufigen Eintragung (es handelt sich hier um vorläufige Eintragungen gemäss Art. 961 Abs. 1 ZGB beispielsweise für die Vormerkung einer vorläufigen Eintragung eines Bauhandwerkerpfandrechts) sowie die Anmerkung einer Beschränkung der Verfügungsbefugnis (vgl. Art. 80 Abs. 6 GBV, Grundbuchsperre) telefonisch oder elektronisch beim Grundbuchamt anmelden, wobei die schriftliche Anmeldung unverzüglich nachzureichen ist (Art. 13 Abs. 4 GBV).

Die Grundbuchanmeldung darf **keine Bedingungen oder Vorbehalte** beinhalten (Art. 12 Abs. 1 GBV).

Die Anmeldung von grundbuchlichen Verfügungen erfolgt aufgrund einer schriftlichen Erklärung des Eigentümers des Grundstücks, auf das sich die Verfügung bezieht (Art. 963 Abs. 1 ZGB). Keine Erklärung des Eigentümers ist notwendig, wenn der Erwerber sich auf eine Gesetzesvorschrift, auf ein rechtskräftiges Urteil oder eine dem Urteil gleichwertige Urkunde beziehen kann (Art. 963 Abs. 2 ZGB). Die mit der öffentlichen Beurkundung beauftragten Beamten (unter «Beamten» sind auch die frei praktizierenden Notare zu verstehen, die als Urkundspersonen eine staatliche Aufgabe erfüllen) können durch die Kantone angewiesen werden (sofern ein Kanton davon Gebrauch macht, handelt es sich um eine gesetzliche Vollmacht), die von ihnen beurkundeten Geschäfte zur Eintragung anzumelden (Art. 963 Abs. 3 ZGB; Art. 16 Abs. 3 GBV).

Im Kanton Bern sind beispielsweise die Notare befugt, die von ihnen errichteten, eintragungsbedürftigen öffentlichen Urkunden bei den zuständigen Registerämtern zur Eintragung anzumelden (Art. 16 Abs. 3 des bernischen Notariatsgesetzes). In Bezug auf die Grundbuchanmeldung besteht zudem noch eine zweite gesetzliche Vollmacht zugunsten der bernischen Notare (Art. 128 EG ZGB/BE). Im Kanton Waadt besteht eine Vollmacht zugunsten des Notars zur Anmeldung von Grundbuchgeschäften gemäss Art. 22 Loi sur le registre foncier). Eine solche Vollmacht kann übrigens vom verfügungsberechtigten Eigentümer jederzeit widerrufen werden, und zwar so lange, als die Grundbuchanmeldung noch nicht vorgenommen worden ist (vgl. Verfügung des Departements des Innern des Kantons Aargau vom 25.6.1975, AGVE 1975, S. 506 = ZBGR 1977, S. 87; Entscheid der Aufsichtsbehörde über das Grundbuch des Kantons Freiburg vom 29.8.1977, ZBGR 1980, S. 237).

Sofern **mehrere Anmeldungen** gleichzeitig beim Grundbuchamt eingereicht werden, die miteinander im Zusammenhang stehen, muss die Reihenfolge ihrer Behandlung angegeben werden (Art. 12 Abs. 3 GBV). In der Praxis geschieht dies in der Regel durch eine chronologische Nummerierung der Anmeldungen. Dies kommt beispielsweise vor bei der Anmeldung eines Kaufvertrags und einer gleichzeitigen (separaten) Anmeldung eines Grundpfandvertrags, welche sich auf das gleiche Grundstück beziehen und von der gleichen Urkundsperson beim Grundbuchamt angemeldet werden. Der Grundpfandvertrag wurde vom Erwerber unterzeichnet und muss demzufolge nach dem Kaufvertrag im Tagebuch eingeschrieben werden; der Grundpfandvertrag geht rangmässig dem Kaufvertrag nach. Es ist nicht Sache des Grundbuchamts, hier die Reihenfolge selbst zu bestimmen; dies obliegt dem Anmeldenden.

Im Übrigen kann in der Anmeldung bestimmt werden, dass die *eine* Eintragung nicht ohne eine bestimmte andere vorgenommen werden soll (Art. 12 Abs. 4 GBV). Es kann beispielsweise beantragt werden, dass ein Verkäuferpfandrecht (vgl. Art. 837 Abs. 1 Ziff. 1 ZGB) nur dann im Grundbuch einzutragen sei, wenn vorgängig der entsprechende Eigentumsübergang im Grundbuch vollzogen wurde.

Jede Anmeldung muss gemäss Art. 14 Abs. 1 GBV sofort nach ihrem Eingang in das **Tagebuch** eingeschrieben werden. Eine sofortige Einschreibung im Tagebuch ist allerdings nur bei kleinen Grundbuchämtern möglich. Das Wort «sofort» wird in der Regel so interpretiert, dass alle im Verlaufe eines Arbeitstages angemeldeten Geschäfte in der chronologischen Reihenfolge ihres Eingangs gesamthaft verbucht werden (beispielsweise am späteren Nachmittag oder am darauffolgenden Morgen).

Die Grundbuchanmeldung ist empfangsbedürftig. Massgebend für das Datum der **Einschreibung im Tagebuch** ist das Eingangsdatum der Grundbuchanmeldung beim Grundbuchamt, und zwar während der Öffnungszeiten des Grundbuchamtes. Dies gilt auch für Anmeldungen, die auf dem Korrespondenzweg eingereicht werden. Der Poststempel hat in diesem Zusammenhang keine Bedeutung. Eine Anmeldung, die am 31.12. (Poststempel) der Post übergeben wird, ist mit dem Datum des Eintreffens im neuen Jahr im Tagebuch einzuschreiben. Eine Einschreibung im Tagebuch kann nur mit dem Datum eines ordentlichen Arbeitstages des Grundbuchamtes erfolgen.

Erfolgt die Grundbuchanmeldung gestützt auf die Ausnahmeregelung gemäss Art. 13 Abs. 4 GBV telefonisch oder elektronisch, so wird die Anmeldung mit dem Datum und dem Zeitpunkt der telefonischen oder elektronischen Übermittlung ins Tagebuch eingeschrieben (Art. 13 Abs. 4 GBV). Massgebend ist der Zeitpunkt, in welchem das Dokument beim Empfänger eintrifft. Dieses Datum begründet den Rang der Grundbucheinschreibung gemäss Art. 972 Abs. 1 und 2 ZGB; vorbehalten bleibt die Abweisung, sofern die schriftliche Anmeldung nicht nachgereicht wird (Art. 24 Abs. 1bis lit. c GBV).

Zum Rückzug der Grundbuchanmeldung: Sofern eine Grundbuchanmeldung im Tagebuch eingeschrieben worden ist, wurde (wie oben ausgeführt) über das Grundstück verfügt, und zwar auch dann, wenn die Einschreibung im Hauptbuch noch nicht erfolgt ist. Von der Einschreibung im Tagebuch hinweg bis zum Vollzug im Hauptbuch ist es nach der neusten Rechtsprechung des Bundesgerichts (vgl. BGE 115 II 221 = Pra 1989 Nr. 248 = ZBGR 1990, S. 22; KOLLER, Bundesgerichtsentscheide, S. 39 ff.) nicht mehr möglich, die Grundbuchanmeldung einseitig zurückzuziehen. Es bedarf somit der Zustimmung sämtlicher Beteiligten, wobei meines Erachtens auch die besondere Rechtsstellung der Urkundsperson zu berücksichtigen ist.

Der erwähnte Entscheid basiert auf einem Fall, der sich im Kanton Zürich ereignet hat, wo das Amtsnotariat besteht. In denjenigen Kantonen, in welchen das Notariat freiberuflich organisiert ist, wäre meines Erachtens ein Rückzug durch sämtliche Beteiligten nur mit Zustimmung der Urkundsperson (Notar) zulässig. Es ist hier zu berücksichtigen, dass der Notar oft finanzielle Verpflichtungen für die Vertragsparteien eingeht (z.B. Einlieferungsverpflichtungen für Schuldbriefe gegenüber Banken, Abwicklung der Kaufpreiszahlung über die Notariatskanzlei). Ein Rückzug der Grundbuchanmeldung ohne die Zustimmung des Notars wäre allenfalls mit vermögensrechtlichem Schaden verbunden.

Nach der früheren Rechtsprechung des Bundesgerichts (vgl. BGE 87 I 479 = Pra 1962 Nr. 89 = ZBGR 1963, S. 111, mit redaktioneller Bemerkung von HUBER, S. 119; BGE 85 I 162 = Pra 1959 Nr. 161 = ZBGR 1961, S. 165, mit redaktioneller Bemerkung von HUBER, S. 170; BGE 83 II 12 = Pra 1957 Nr. 40 = ZBGR 1957, S. 302, mit vorinstanzlichem Urteil des Kantonsgerichts Graubünden, ZBGR 1957, S. 294; HOMBERGER, ZürKomm, N 8 f. zu Art. 963 ZGB; OSTERTAG, BerKomm, N 46–51 zu Art. 963 ZGB) war ein einseitiger Rückzug der Grundbuchanmeldung zulässig. Demzufolge konnte damals beispielsweise ein beim Grundbuchamt angemeldeter Kaufvertrag bis zum Zeitpunkt der Einschreibung im Hauptbuch vom bisher verfügungsberechtigten Eigentümer zurückgezogen werden (vgl. kritisch: WELTERT, S. 355 f.; HOTTINGER, S. 83 ff.). Der Käufer verliert dadurch seine Erfüllungsansprüche nicht. Diese werden lediglich gefährdet. Der Verkäufer hat in einem solchen Fall die Möglichkeit, ein weiteres Rechtsgeschäft abzuschliessen und beim Grundbuchamt anzumelden, wie dies bei einem Doppelverkauf regelmässig vorkommt (vgl. auch HUBER, S. 171 f.). Der Rückzug einer Grundbuchanmeldung ist nur möglich, solange das angemeldete Geschäft im Hauptbuch noch nicht vollzogen worden ist. Ein bereits im Grundbuch vollzogenes Geschäft kann somit nicht mehr zurückgezogen werden (vgl. Handbuch, S. 57), und zwar auch dann nicht, wenn alle Beteiligten (inkl. Urkundsperson) zustimmen.

Zum Antragsprinzip bei der Grundbuchanmeldung: Gemäss dem Legalitätsprinzip im Grundbuchrecht ist der Grundbuchverwalter verpflichtet, «eine grundbuchliche Funktion nur beim Vorhandensein der hiefür gesetzlich notwendigen Voraussetzungen vorzunehmen» (vgl. JENNY, S. 186). Der Grundbuchverwalter darf Einschreibungen in das Grundbuch nur auf Anmeldung hin vornehmen (Art. 11 Abs. 1 erster Satz GBV). In Art. 11 Abs. 1 GBV wie auch in Art. 12 Abs. 2 GBV ist zwar die Rede von «Eintragungen». Für die Vormerkungen und die Anmerkungen gelten jedoch die gleichen Grundsätze, sodass der Oberbegriff «Einschreibung» verwendet wird. Gemäss Art. 12 Abs. 2 GBV muss zudem in der Grundbuchanmeldung jede im Grundbuch vorzunehmende Einschreibung einzeln aufgeführt werden (vgl. DESCHENAUX, S. 372 f.; DESCHENAUX/WEBER, SPR V/3, S. 448; Orientierung des Chefs des Eidg. Grundbuchamtes und Amtes für landwirtschaftliche Entschuldung, ZBGR 1988, S. 410; Handbuch, S. 56 Ziff. 2). Klauseln wie «dieser Vertrag wird zur grundbuchlichen Behandlung angemeldet» sind zu allgemein gehalten und genügen den Anforderungen, die an eine Grundbuchanmeldung gestellt werden, nicht (vgl. den amtlich nicht publizierten BGE Nr. A 576/1987 vom 29.4.1988 i.S. Eugen Baumgartner c. Grundbuchamt Tujetsch GR; Entscheid der Aufsichtsbehörde über die Urkundspersonen des Kantons Luzern vom 20.10.1997, LGVE 1997 I Nr. 8). Die Anmeldung muss den Willen des Anmeldenden, die betreffende Rechtsänderung im Grundbuch einschreiben zu lassen, deutlich zum Ausdruck bringen (vgl. Entscheid des Departements des Innern des Kantons Aargau, AGVE 1982, S. 517 E. 2b). Der Inhalt der Anmeldung muss klar und unzweideutig sein; zudem muss er mit dem Verpflichtungsgeschäft übereinstimmen. Der Grundbuchverwalter ist grundsätzlich an den Antrag gebunden. Wenn jedoch eine Anmeldung weiter geht als das Verpflichtungsgeschäft, ist sie abzuweisen. Sofern nur der weiter gehende Antrag abgewiesen wird, handelt es sich um eine Teilabweisung. Andererseits kann aus bestimmten Gründen die Anmeldung weniger beinhalten als das Verpflichtungsgeschäft. Beispiel: Das im Kaufvertrag vereinbarte Verkäuferpfandrecht (Art. 837 Abs. 1 Ziff. 1 ZGB) ist infolge vorgängiger Bezahlung des Kaufpreises nicht mehr im Grundbuch einzutragen.

Vgl. zum Ganzen PFÄFFLI, Der Ausweis, S. 26 ff.

[40] Gemäss Art. 963 Abs. 3 ZGB können die Urkundspersonen durch die Kantone angewiesen werden, die von ihnen beurkundeten Geschäfte zur Eintragung in das Grundbuch anzumelden. Von dieser Möglichkeit hat beispielsweise der Kanton Bern Gebrauch gemacht (Art. 128 EG ZGB/BE sowie Art. 16 Abs. 3 des bernischen Notariatsgesetzes). Liegt eine solche gesetzliche Ermächtigung vor, muss der Notar von den Parteien nicht noch speziell zur Grundbuchanmeldung bevollmächtigt werden. Die vorliegende Vertragsbestimmung ist somit im Kanton Bern nicht notwendig.

Im vorliegenden Fall wird der Vertrag **vor** der Bezahlung der ausstehenden Kaufpreiszahlungen von zusammen Fr. 350 000.– beim Grundbuchamt eingereicht. Zur Sicherstellung dieser Forderungen wurde deshalb ein Verkäuferpfandrecht beantragt.

[41] Bezüglich der Handänderungssteuern und Grundbuchgebühren sind hinsichtlich der Schuldpflicht die kantonalen Gesetzesbestimmungen massgebend.

[42] Das Original des Vertrags (= Urschrift) bleibt beim Notar. Für den Rechtsverkehr werden Ausfertigungen erstellt. Auch diese sind öffentliche Urkunden (Art. 9 Abs. 1 ZGB), welche den Inhalt der Urschrift wortgetreu wiedergeben.

[43] Es handelt sich hier um ein Schlussverbal für Willenserklärungen nach kantonalem bernischem Recht.

Gesetzesregister

Die fett und kursiv gedruckten Zahlen beziehen sich auf die einzelnen Aufsätze, die normal gedruckten auf die Randnummern und die hochgestellten auf die Fussnoten bzw. Endnoten.

I. Erlasse des Bundes

BV (Bundesverfassung der Schweizerischen Eidgenossenschaft vom 18. April 1999, SR 101)

Artikel	Nummer
24	*8* 3
26	*8* 46, 105
26 Abs. 2	*6* 105
54 Abs. 1	*8* 5
59	*4* 37, 52
104	*6* 13
104 Abs. 3 lit. f	*6* 27
124	*8* 5
125	*8* 5
127 Abs. 3	*12* 127
191	*8* 106

aBV ([alte] Bundesverfassung der Schweizerischen Eidgenossenschaft vom 29. Mai 1874)

Artikel	Nummer
22ter	*6* 11
31bis	*6* 11
31bis Abs. 3 lit. b	*6* 11
31[octies]	*6* 12, 13
31[octies] Abs. 2	*6* 12
31[octies] Abs. 3	*6* 12
64	*6* 11

OR (Bundesgesetz betreffend die Ergänzung des Schweizerischen Zivilgesetzbuches vom 30. März 1911 [Fünfter Teil: Obligationenrecht], SR 220)

Artikel	Nummer
1	*2* 2; *5* 165
1–183	*5* 16, 18 f.
1 ff.	*11* 30
2	*2* 51, 70; *11* 103
2 Abs. 2	*4* 39; *5* 174; *11* 29
3 ff.	*2* 3
4 Abs. 1	*10* 91
4 Abs. 2	*10* 73
7	*10* 78
8	*10* 7
11 Abs. 1	*2* 1, 62
11 Abs. 2	*3* 13
11 ff.	*6* 69
13	*11* 46
13 Abs. 1	*10* 43
13 Abs. 2	*10* 43[63]
16	*10* 107
19 Abs. 1	*1* 28; *5* 257, 309, 320[429], 322[431], 327[439], 333
19 Abs. 2	*5* 309, 339
20	*5* 334, 339; *10* 103, 140[194]; *11* 51
20 Abs. 1	*5* 29; *10* 68, 89

20 Abs. 2	*3* 119 ff., 120[124], 121[126]; *5* 29	65	*3* 56
		66	*3* 68[96], 112 f., 113[121]
21–29	*11* 87		
22 Abs. 2	*11* 36	67 Abs. 1	*5* 44, 130
23	*5* 43, 46, 48	69	*5* 84[112]
23 ff.	*5* 44, 47, 326	69 Abs. 1	*5* 84
24 Abs. 1 Ziff. 4	*5* 43, 47 f.; *13*[27]	73	*5* 116[146]
26 Abs. 2	*3* 101	75	*4* 11
28	*3* 132; *5* 88, 167[206], 172, 277; *13*[27]	77	*11* 114
		78	*11* 114
		82	*1* 24; *3* 58; *4* 11; *5* 52
28 Abs. 1	*5* 88		
31	*3* 132; *5* 44, 172	97	*3* 47, 101; *5* 29, 178[230]; *7* 3, 55, 60, 62
31 Abs. 1	*5* 88		
31 Abs. 2	*5* 88		
31 Abs. 3	*5* 88, 172	97 Abs. 1	*5* 31, 33, 35, 42, 115, 127, 246, 267 f.
32 Abs. 2	*2* 77		
32 ff.	*2* 79		
33 Abs. 2	*10* 71	97–101	*5* 35
34 Abs. 1	*2* 79	97 ff.	*3* 113[120]; *4* 26; *5* 5[4],18, 28, 39 ff., 44, 58, 66, 71, 79, 85, 88, 127, 128[164],129, 163, 222, 262, 269, 326, 351; *6* 282; *11* 107; *13*[22, 27]
39 Abs. 2	*3* 101		
41	*3* 24, 33, 48, 50, 102[117]; *5* 55		
41 Abs. 1	*10* 134[187]		
41 Abs. 2	*10* 82[105]		
41 ff.	*5* 56 ff., 326; *13*[27]		
42 Abs. 1	*5* 36	98	*7* 22[29]
42 Abs. 2	*5* 36	98 Abs. 1	*5* 85
43	*3* 24, 102; *5* 36	98 Abs. 2	*5* 35
43 f.	*5* 36, 254, 265	99 Abs. 3	*5* 35 f.
43 ff.	*5* 254	100 Abs. 1	*5* 17, 335 ff.; *13*[29]
44	*5* 36		
44 Abs. 1	*5* 295	101	*5* 31, 104, 127, 167; *7* 10, 55, 55[84], 56
55	*5* 55		
62	*3* 56		
63	*3* 68[94]	101 Abs. 2	*5* 335
63 Abs. 1	*3* 18, 26, 61, 66, 68[96], 68 ff., 83, 93 f., 105, 106[118]	101 Abs. 3	*5* 335
		102	*3* 47
		102 Abs. 2	*13*[15]
63 Abs. 2	*3* 22[29], 26, 72	102–109	*13*[17]

102 ff.	*5* 37, 38, 66, 68, 79, 85	176	*13*¹²
		181	*7* 2¹
103	*3* 47	181 Abs. 2	*7* 23³¹
107	*3* 134; *5* 38	184	*1* 1, 13; *5* 1; *8* 7;
107 Abs. 1	*10* 119		*11* 82
107 Abs. 2	*3* 47, 101; *4* 26⁵⁷; *5* 31, 38, 40, 66, 85; *10* 116	184 Abs. 1	*1* 9; *4* 1, 3, 59; *5* 61 f., 70; *10* 112, 122, 125
107 ff.	*10* 21, 120¹⁶⁸	184 Abs. 2	*10* 113
109	*5* 249; *11* 86	184–186	*1* 13; *5* 27
112	*5* 153	184–551	*5* 15
112 Abs. 2	*7* 7, 65	184 ff.	*5* 15, 19, 141
115	*2* 104; *4* 73; *11* 86, 86⁸⁷	185	*1* 13
		185 Abs. 1	*13*²¹; *5* 30, 73
118	*11* 66	185 Abs. 3	*10* 85¹¹⁴
119	*5* 29, 31, 33	186	*1* 13
119 Abs. 1	*5* 30	187	*1* 1
119 Abs. 2	*5* 30	187 Abs. 1	*1* 3
119 Abs. 3	*5* 30	187 Abs. 2	*1* 3
120 Abs. 2	*10* 114	187–215	*5* 21, 27
125 Ziff. 2	*10* 114	187 ff.	*5* 22
126	*10* 114; *13*¹⁶	188	*4* 12, 15
127	*5* 36, 65, 82, 130; *6* 104; *11* 109; *13*, *13*³¹	190	*1* 15
		190 f.	*5* 37, 37⁴⁰
		191 Abs. 2	*1* 15, 15¹³
130	*5* 130	191 Abs. 3	*1* 15¹³
130 Abs. 1	*5* 65	192	*13*²²
134 ff.	*5* 304; *11* 108	192 Abs. 1	*5* 87, 94, 127; *7* 60
135 Ziff. 2	*5* 305		
137 Abs. 2	*5* 306	192 Abs. 2	*5* 97 f., 127, 237; *7* 59
139	*5* 306		
158 Abs. 3	*2* 101	192 Abs. 3	*5* 54, 88, 132, 168, 173, 336; *10* 126; *13*²⁸
160 ff.	*2* 100		
164	*11* 20		
165	*7* 20	192 ff.	*5* 6, 24, 87 f., 90 f., 323; *7* 59; *10* 126; *13*, *13*²⁷
165 Abs. 1	*5* 342		
167	*7* 17, 34		
169	*7* 19, 22, 34		
171 Abs. 2	*5* 348	193	*5* 100
175	*13*¹²	193 Abs. 2	*5* 105 f., 109 f., 112, 127
175 ff.	*11* 69, 141		

193 Abs. 3	*5* 113	199	*5* 42, 54, 132, 168, 173, 336 f., 348; *10* 126; *13*²⁹
193 f.	*5* 90; *7* 61		
194	*7* 52⁷⁹		
194 Abs. 1	*5* 107, 109 f.		
194 Abs. 2	*5* 114	199 ff.	*13*²²
195	*5* 90, 122, 249	200	*5* 262; *13*²³, ²⁹
195 Abs. 1	*5* 89, 115, 120, 122 f., 122¹⁵⁴, 127, 266, 269	200 Abs. 1	*5* 233; *13*²⁹
		200 Abs. 2	*5* 217, 237 ff.; *13*²⁵
195 Abs. 1 Ziff. 1	*5* 116, 130	200 ff.	*5* 223
195 Abs. 1 Ziff. 2	*5* 266	201	*5* 42, 76, 170, 273, 278, 284; *13*²², ³¹
195 Abs. 1 Ziff. 3	*5* 118, 128¹⁶⁴, 266		
195 Abs. 1 Ziff. 4	*5* 119 f.	201 Abs. 1	*1* 17; *5* 279, 279³⁶², 285, 291
195 Abs. 1 Ziff. 1–3	*5* 120		
195 Abs. 2	*5* 120, 127	201 Abs. 2	*5* 283, 290
195 f.	*5* 5⁴, 112, 129	201 Abs. 3	*5* 276, 290 f.
196	*5* 89, 127; *7* 62	202	*1* 15
196 Abs. 1	*5* 121	203	*5* 168, 170, 277 f., 293; *13*
196 Abs. 2	*5* 122, 128; *7* 62		
196 Abs. 3	*5* 122, 130	205	*5* 257, 305; *11* 86; *13*²², ²⁹
197	*5* 6⁵, 127, 202, 227²⁹⁰; *13*²², ²⁹		
		205 Abs. 1	*5* 85, 240, 242, 251, 255
197 Abs. 1	*2* 136; *5* 6⁵, 49, 127, 164, 176 f., 185, 202, 204, 207 f., 213, 219 f., 222, 225, 323 f.; *13*, *13*²², ²⁵, ²⁹		
		205 Abs. 2	*5* 223, 246, 250
		205 Abs. 3	*5* 250
		205 ff.	*5* 38
		206	*5* 258
		207 Abs. 3	*5* 244 f.
		208	*5* 264, 269
197 Abs. 2	*5* 166	208 Abs. 1	*5* 5⁴
197–210	*5* 27	208 Abs. 2	*5* 5⁴, 90, 249, 266, 268 f.; *13*²²
197 ff.	*3* 32; *5* 10, 20, 26, 34, 38 ff., 43, 45, 47, 53, 56, 58, 66, 71, 86, 133, 138, 145, 157 f., 177, 221 f., 224 f., 265, 269, 322, 326; *10* 126; *13*, *13*²⁷		
		208 Abs. 3	*5* 269; *13*²²
		210	*5* 42, 298, 305; *13*²²
		210 Abs. 1	*5* 65, 176, 299
		210 Abs. 2	*5* 299, 308
		210 Abs. 3	*5* 168, 171, 300; *13*, *13*³¹

214		**10** 21, 115 ff.; **13**[17]	216e		**10** 128, **11** 6, 108, 117
214 Abs. 2		**10** 119	217		**2** 103; **4** 8[22]
214 Abs. 3		**1** 17; **4** 2; **10** 118	218		**1** 14
215 Abs. 1		**1** 15	218 ff.		**6** 90
216		**1** 1, 20, 24, 28, 28[26]; **2** 39, 116[144]; **3** 7[4], 8, 12, 14 f., 26 ff., 121, 129; **9** 34; **8** 6; **11** 82; **12** 48 f.	219 219 Abs. 1		**5** 40, 133, 158, 222[279]; **10** 126; **13, 13**[22, 27] **5** 26, 32, 51, 82, 86, 222 f., 226 f., 229
216 Abs. 1		**2** 15, 45, 59, 80, 116; **3** 26; **4** 1, 3, 22; **5** 332; **10** 36, 41 f.; **13**[4]; **12** 1[1]	219 Abs. 2 219 Abs. 3		**1** 4; **5** 26, 32, 51, 82, 86, 222, 227 ff. **5** 26, 36, 42, 65, 130, 171, 223,
216 Abs. 2		**1** 14; **2** 1, 130, 141 f.; **11** 36			241, 262, 298,
216 Abs. 3		**1** 14, 141; **11** 4, 10			302 f., 351; **13**[22, 31]
216–220		**1** 15; **5** 27	220		**1** 13; **5** 30, 62, 67,
216–221		**1** 1, 14			70, 72, 272, 279,
216 ff.		**5** 21 f., 141; **6** 21, 101; **13**[7]			302; **7** 20; **10** 85[114]; **13**[21]
216a		**1** 14; **6** 143; **11** 3, 5, 15, 17, 17[13], 57, 59, 79, 81, 81[72]	221		**1** 15; **4** 2, 2[4], 12, 15; **5** 1, 21, 27, 37, 73
216a Abs. 2		**11** 45, 133	229 Abs. 1		**10** 11
216a Abs. 3		**11** 45	229 Abs. 2		**10** 9, 13, 15, 49,
216a–e		**1** 14			69, 77 f., 85, 104
216b Abs. 1		**11** 60, 75	229 Abs. 3		**10** 69, 71, 81
216b Abs. 2		**2** 78; **11** 20, 62	229–235		**10** 54
216c		**6** 172 f., 190	229–236		**10** 3
216c Abs. 1		**6** 173; **10** 128; **11** 44, 71[66], 83	229 ff.		**10** 3, 4, 9, 11, 19, 25
216c Abs. 2		**10** 128[177]; **11** 85, 85[85]	230		**10** 22, 25, 67, 136[191], 145 f.,
216c ff.		**6** 21			155; **11** 87
216d Abs. 1		**10** 128; **11** 97	230 Abs. 1		**10** 68, 89, 103[146],
216d Abs. 2		**6** 174; **11** 86, 86[87], 96			130, 132 f., 134[187], 135, 148,
216d Abs. 3		**6** 191; **10** 128			151 f., 155 f.

230 Abs. 2	*10* 11, 152	261 Abs. 1	*7* 2, 13, 16, 51, 54 f., 64; *10* 129, *13*³³
231	*10* 79		
231 Abs. 1	*10* 69, 90		
231 Abs. 2	*10* 90, 97, 83¹⁰⁸	261 Abs. 2	*7* 32; *13*³³
232	*10* 95, 83¹⁰⁸	261 Abs. 2 lit. a	*7* 2, 5, 13, 31, 35, 35⁴⁹, 36, 40⁵⁴, 44, 46, 48, 50, 52⁷⁹, 65; *10* 129, *13*³³
232 Abs. 2	*10* 11, 69, 95¹³⁰		
233	*10* 114, 116¹⁶⁰		
233 Abs. 1	*10* 69, 112 f., 118	261 Abs. 2 lit. b	*7* 35⁴⁹
233 Abs. 2	*10* 21, 69, 91, 115, 118, 120	261 Abs. 3	*7* 2, 9 f., 13, 32⁴⁴, 50, 52 f., 53⁸³, 55 ff., 63; *10* 129, *13*³³
234	*5* 23		
234 Abs. 1	*10* 11, 11²⁶, 69		
234 Abs. 2	*10* 69	261–261b	*1* 21
234 Abs. 3	*10* 9, 69, 126	261a	*7* 2¹
235 Abs. 1	*10* 69, 108, 118, 122	261b	*6* 271; *7* 11
		261b Abs. 2	*7* 7
235 Abs. 2	*2* 43; *10* 70, 106, 109, 123, 123¹⁷¹, 125	266a Abs. 1	*7* 7¹⁰
		266a Abs. 2	*7* 25³⁶, 41⁵⁵, 42 f.
235 Abs. 3	*10* 11	266c	*7* 41, 43
236	*10* vor 1, 23, 53, 104¹⁴⁷	266g	*7* 8, 41, 57
		266l	*7* 24
237	*5* 22	266l Abs. 2	*7* 44
238	*5* 22	266l–266o	*9* 31³⁵
239 Abs. 3	*3* 22²⁹	266n	*7* 44
243 Abs. 2	*2* 39, 97	266n f.	*7* 24
243 Abs. 3	*3* 26	267 Abs. 1	*7* 27
257e	*7* 5⁷	269–270e	*9* 31³⁵
257g	*5* 294	269a lit. a	*10* 145²⁰²
258–259i	*9* 31³⁵	269a lit. c	*10* 145²⁰²
259	*1* 22¹⁸; *7* 4², 6	269a lit. e	*10* 145²⁰²
259b lit. b	*7* 21, 22	271	*7* 28, 46
259d	*7* 5, 21	271 Abs. 2	*7* 29
259e	*7* 21, 23	271 Abs. 2 lit. d	*7* 37
259f	*7* 3	271–273c	*9* 31³⁵
259g	*7* 21	271a Abs. 1 lit. d	*7* 29 f., 47
261	*2* 85; *5* 70; *7* 1, 2¹, 4, 6, 8, 11 f., 14, 17, 20, 23, 28, 45, 59, 62	271a Abs. 1 lit. e	*7* 29 f., 47
		271a Abs. 2	*7* 29 f.
		271a Abs. 3 lit. a	*7* 29, 53⁸³
		271a Abs. 3 lit. d	*7* 31, 47, 53

271a lit. d	*7* 53	**ZGB (Schweizerisches Zivilgesetzbuch vom 10. Dezember 1907, SR 210)**	
271a lit. e	*7* 53		
272 Abs. 1	*7* 28		
272 Abs. 2 lit. d	*7* 48	Artikel	Nummer
272a	*7* 48		
273	*7* 46	1 Abs. 2	*1* 28
276	*7* 45	2	*3* 35, 41^{64}, 63^{87}, 131^{140}; *5* 53; *6* 193; *11* 5
276a Abs. 2	*6* 271		
290	*1* 21		
290 lit. c	*6* 271	2 Abs. 2	*3* 18, 20, 37, 39 ff., 47, 60, 71, 93, 96, 101^{115}, 106^{118}, 131^{140}; *5* 84, 207; *11* 5^3
333 Abs. 1	*7* 8		
333 Abs. 3	*7* 23^{31}		
363 ff.	*5* 9, 143		
367 ff.	*5* 138, 157 f.		
368	*5* 202^{248}	3 Abs. 2	*5* 97, 238; *7* 17 f.
368 Abs. 2	*5* 255 f., 259, 261	4	*5* 204, 246; *7* 39
		8	*5* 235
368 Abs. 3	*5* 247	9	*2* 66; *5* 231; *13*^{4}
370 Abs. 1	*5* 279^{362}	9 Abs. 1	*2* 44; *13*^{42}
396 Abs. 2	*10* 71^{86}	11 Abs. 1	*8* 5
404 Abs. 1	*2* 79	23 Abs. 1	*8* 23
412 Abs. 1	*12* 107	27	*11* 5
412 ff.	*1* 21	27 Abs. 2	*5* 334; *11* 5^3, 17, 17^{12}
417	*1* 21		
425 Abs. 1	*10* 72	52 ff.	*6* 175
513	*3* 26	57 Abs. 3	*8* 97
514	*3* 26	168 f.	*1* 20
522 Abs. 1	*1* 28^{26}	169	*4* 19 f.; *6* 133; *13*, *13*^{34}
523	*4* 79^{144}		
530 ff.	*6* 175	169 Abs. 1	*2* 11; *4* 19; *13*^{34}
545 Abs. 1 Ziff. 2	*13*^{37}	169 Abs. 2	*4* 19; *13*^{34}
552 ff.	*6* 175	172 Abs. 3	*4* 20
596 Abs. 2	*10* 4	178	*1* 20; *2* 13; *4* 20, 20^{46}, 49, 57
612 Abs. 3	*10* 4		
651 Abs. 2	*10* 4	178 Abs. 1	*4* 57
721 Abs. 2	*10* 4	178 Abs. 3	*2* 13; *4* 20
829 f.	*10* 4	179 Abs. 1	*4* 20
837 Abs. 1 Ziff. 1	*10* 4	201 Abs. 1	*2* 10
933 Abs. 1	*7* 18^{27}	201 Abs. 2	*2* 12
934 Abs. 2	*10* 4	221 ff.	*6* 175
		247	*2* 10

328	*3* 26	655 Abs. 2	*1* 2; *4* 4; *5* 1; *12* 48
392–394	*13*[7]		
395	*13*[7]	655 Abs. 2 Ziff. 1	*8* 9; *10* 8
400 Abs. 1	*10* 4	655 Abs. 2 Ziff. 2	*4* 4, 4[15]; *8* 9
404	*10* 10, 10[24]; *13*[7]	655 Abs. 2 Ziff. 3	*4* 4
		655 Abs. 2 Ziff. 4	*1* 2[1]; *4* 4; *10* 42
404 Abs. 2	*10* 4; *13*[7]	655 Abs. 2 Ziff. 2–4	*4* 67; *10* 8
404 Abs. 3	*10* 10[24]; *13*[7]	655 ff.	*6* 150
408	*13*[7]	656	*4* 35[77]
417 Abs. 1	*13*[7]	656 Abs. 1	*4* 5; *5* 61, 64; *8* 66; *10* 122
421 Ziff. 1	*10* 10[24]; *13*[7]		
421 Ziff. 9	*13*[7]	656 Abs. 2	*2* 40; *4* 14, 19, 26 ff., 32, 35; *13*[38]; *12* 51[32]
512	*11* 133		
520	*3* 10[11]		
522 ff.	*6* 139	657	*1* 20, 28; *2* 39, 116, 116[144]; *3* 10[11], 26; *11* 48
560	*7* 2[1]		
560 Abs. 2	*13*[38]		
596 Abs. 2	*10* 4		
612 Abs. 3	*10* 4, 9, 12[30], 29[45], 30	657 Abs. 1	*2* 15, 80, 97; *3* 26; *5* 332; *10* 36, 39, 41 f.; *13*[4]
612a Abs. 1	*13*[37]	661	*4* 8[21]
626 ff.	*6* 139	665	*4* 33[74]; *11* 123[118]
634 Abs. 2	*2* 41[50]; *10* 38 f., 41	665 Abs. 1	*3* 43; *4* 3, 4[15], 5, 14, 19, 26 f., 27[61], 28[64], 29 ff., 39[81], 43, 48; *5* 66; *10* 110
637	*10* 33		
641	*3* 21, 65; *7* 27[41]		
642 Abs. 2	*1* 9		
643	*1* 9	665 Abs. 2	*2* 40; *3* 43; *4* 28, 32, 38
644	*5* 80, 144		
644 Abs. 1	*1* 10; *11* 50	667	*5* 145
644 Abs. 2	*1* 10; *11* 50	674	*5* 121
647 Abs. 2 Ziff. 2	*5* 271	675 Abs. 1	*4* 4[15]
647a Abs. 1	*5* 271	679	*5* 55
648	*9* 3	681	*6* 21, 172 f., 190; *11* 1
650	*6* 209		
651	*10* 32	681 Abs. 1	*6* 90, 191; *10* 128[177]
651 Abs. 2	*10* 4, 9, 12		
654 Abs. 2	*10* 32	681 Abs. 2	*6* 179, 190[194]
655	*1* 1, 20; *6* 35, 185; *11* 49; *12* 46	681 Abs. 3	*6* 169; *11* 95
		681 f.	*11* 21
		681 ff.	*6* 90; *11* 40

681a Abs. 2	*11* 109	838	*4* 72, 74, 76; *10* 120; *13*¹⁸
681a Abs. 3	*6* 90		
681b	*6* 182	839 Abs. 2	*5* 125
681b Abs. 2	*11* 115¹¹⁵	839 Abs. 3	*4* 77; *5* 128
682	*6* 196, 200, 204; *10* 108¹⁵¹	839 ff.	*6* 123
		846	*13*¹²
712a	*1* 4	848 Abs. 1	*9* 31³⁴
712a Abs. 1	*5* 270; *10* 8²¹	848 Abs. 2	*9* 31³⁴
712a Abs. 2	*5* 270	874	*13*¹³
712a ff.	*8* 21	874 Abs. 3	*13*¹³
714 Abs. 1	*4* 2³	919 Abs. 1	*5* 62
721 Abs. 2	*10* 4	919 ff.	*5* 74
730 Abs. 2	*11* 17	922 Abs. 1	*5* 70
732	*2* 123	922 Abs. 2	*5* 70
779 Abs. 2	*1* 6	934 Abs. 2	*10* 4
779 Abs. 3	*4* 4¹⁵	935	*4* 59
779i	*4* 67	937 Abs. 2	*5* 62
782 Abs. 3	*11* 17	938	*3* 56
788 Abs. 1 Ziff. 2	*11* 17	939 f.	*3* 56
794 Abs. 2	*13*²⁰	940	*3* 56
799 Abs. 2	*2* 127	946 Abs. 2	*5* 160
807	*1* 20; *6* 125	948 Abs. 1	*4* 76; *7* 43
816	*6* 125	950	*5* 230
816 Abs. 2	*11* 16 ⁹	954 Abs. 1	*4* 12
818 Abs. 1	*13*⁹	954 Abs. 2	*4* 12
818 Abs. 2	*13*⁹	955 Abs. 1	*4* 6; *5* 229 ff.
824 Abs. 2	*13*¹²	958	*4* 41⁸⁴, 42⁸⁸, 46
825 Abs. 2	*5* 230	958 Ziff. 1	*12* 1²
829 f.	*10* 4	958–969	*4* 41
832	*2* 107	959	*4* 42⁸⁸, 43, 43⁹¹, 46, 65; *11* 57
832 Abs. 1	*13*¹²		
834 Abs. 1	*13*¹²	959–961	*4* 41⁸³, ⁸⁴
836	*4* 60; *5* 124	960	*4* 41 f., 42⁸⁸, 46, 56, 58¹⁰⁹, 57
836 ff.	*4* 60		
837	*5* 124	960 Abs. 1	*4* 41
837 Abs. 1 Ziff. 1	*1* 20; *4* 4¹⁵, 59 f., 67¹²⁴; *10* 4, 121; *13*¹⁸, ³⁹	960 Abs. 1 Ziff. 1	*3* 146; *4* 3, 27⁶¹, 36 f., 41 ff., 42⁸⁸, 45 ff., 50 f., 55 f., 58, 79; *13*³⁹
837 Abs. 1 Ziff. 3	*1* 20; *4* 62		
837 Abs. 2	*4* 70; *13*¹⁸	960 Abs. 1 Ziff. 2	*4* 46, 51; *13*³⁹
837 ff.	*4* 60, 64; *5* 124	960 Abs. 2	*4* 41

961	*4* 42[88], 47, 56, 79, 79[142], 80; *6* 122; *13*[18]	974	*3* 62, 65, 65[92]; *4* 23
961 Abs. 1 Ziff. 1	*3* 55; *4* 56, 79, 79[142]; *13*[39]	974 Abs. 1	*4* 8
		974 Abs. 2	*4* 8
		975	*3* 54; *4* 43[90]; *11* 128
961 Abs. 1 Ziff. 2	*4* 56[104], 79		
961 Abs. 2	*4* 80	975 Abs. 1	*4* 8, 27, 79; *10* 147
961 Abs. 3	*4* 51, 79 f., 80[145]; *13*[18]		
963 Abs. 1	*4* 9, 75; *5* 64; *10* 123; *11* 57; *13*[39]	**SchlT ZGB**	
963 Abs. 2	*4* 28, 33[74], 38, 75; *13*[39]	Artikel	Nummer
963 Abs. 3	*4* 10, 17; *10* 123[171]; *13*[39, 40]	2	*11* 6
		48 Abs. 3	*5* 90[122]
963–965	*10* 108	52	*10* 55[78]
963–966	*4* 3, 4[15]	52 Abs. 3	*2* 33; *10* 55
964	*4* 41[82]	52 Abs. 4	*10* 55
965	*11* 116	54 Abs. 1	*10* 30[46]
965 Abs. 1	*4* 8, 16; *10* 123	54 Abs. 2	*10* 30[46]
965 Abs. 2	*4* 17 f.	55	*3* 11 f.; *9* 39
965 Abs. 3	*4* 22 f.; *7* 13; *10* 108, 123	55 Abs. 1	*2* 25; *10* 44
		55 Abs. 2	*2* 32
966 Abs. 2	*4* 56[104]		
969	*13*[18]		
969 Abs. 1	*11* 98	**BGBB (Bundesgesetz über das bäuerliche Bodenrecht vom 4. Oktober 1991, SR 211.412.11)**	
970	*7* 7		
970 Abs. 2	*5* 230		
970 Abs. 3	*4* 20, 54; *7* 18, 18[27]		
		Artikel	Nummer
971	*4* 49, 54		
971 Abs. 1	*4* 5	1	*10* 10
972	*4* 54; *11* 80[70]	1 Abs. 1 lit. a	*6* 6
972 Abs. 1	*4* 5, 81; *7* 13; *13*[39]	1 Abs. 1 lit. b	*6* 8
		1 Abs. 1 lit. c	*6* 252
972 Abs. 2	*4* 43[89], 77; *5* 65; *7* 13; *13*[33, 39]	2	*6* 29
		2 Abs. 1	*6* 26, 30, 32, 45 f., 109, 249
973	*3* 54; *4* 8[21]; *5* 93, 228, 231; *6* 263	2 Abs. 2	*6* 31
973 Abs. 1	*4* 38, 54	2 Abs. 2 lit. a	*6* 31, 109
		2 Abs. 2 lit. b	*6* 33

2 Abs. 2 lit. c	*6* 33, 219	24	*6* 64, 72, 77¹⁰³, 95, 113, 163, 263
2 Abs. 2 lit. d	*6* 33		
2 Abs. 3	*6* 96		
3 Abs. 3	*6* 96	24 Abs. 1	*6* 49⁶⁵, 75, 77¹⁰³
4 Abs. 2	*6* 58⁸⁰, 228, 234	24 Abs. 2	*6* 78
5 lit. a	*6* 18, 38, 211, 213	24 Abs. 3	*6* 75 f.
5 lit. b	*6* 18, 36	24 Abs. 4	*6* 80
6	*6* 7, 28⁴⁰, 29, 48, 185	24 Abs. 4 lit. b	*6* 77¹⁰³, 80
		24 Abs. 5	*6* 81
6 Abs. 1	*6* 35, 46	25	*6* 21, 82, 86
6 Abs. 2	*6* 36	25 Abs. 1	*6* 8⁹, 14¹⁷, 49⁶⁵, 230²¹⁴
7	*6* 7, 18, 28⁴⁰, 29, 37, 48, 50, 65, 71, 134¹⁴¹, 197, 211, 213	25 Abs. 1 lit. a	*6* 85, 94
		25 Abs. 1 lit. b	*6* 86
		25 Abs. 2 lit. b	*6* 87
7 Abs. 1	*6* 37, 38, 186, 188	25 ff.	*6* 85
7 Abs. 4 lit. b	*6* 43	26 Abs. 1	*6* 91
7 Abs. 4 lit. c	*6* 40, 212	26 Abs. 1 lit. a	*6* 92
8	*6* 23³⁰, 213	26 Abs. 1 lit. b	*6* 93
9 Abs. 1	*6* 50, 53	26 Abs. 1 lit. c	*6* 94
9 Abs. 2	*6* 54	26 Abs. 2	*6* 91 f.
10 Abs. 1	*6* 62	27	*6* 21, 49⁶⁵, 61⁸⁵, 90, 94
11 Abs. 1	*6* 8⁹, 14¹⁷, 49⁶⁵, 63, 77¹⁰³, 85, 95¹¹⁹, 230²¹⁴	27 Abs. 1	*6* 10¹³, 14¹⁸, 88 f.
		28	*6* 75
11 Abs. 2	*6* 65, 77¹⁰³	28 Abs. 1	*6* 98, 124
17	*6* 49⁶⁵, 95¹¹⁹	28 Abs. 2	*6* 99, 124
17 Abs. 1	*6* 10¹³, 14¹⁸, 61⁸⁵, 63, 115	28 Abs. 3	*6* 100
		28–35	*6* 138
17 Abs. 2	*6* 153	28 ff.	*6* 77, 158
18	*6* 63⁸⁸, 155	29	*6* 97, 119, 121, 123, 128, 138
19 Abs. 2	*6* 10		
20	*6* 10	29 Abs. 1 lit. a	*6* 101 f., 122
21	*6* 57⁷⁹, 95¹¹⁹	29 Abs. 1 lit. b	*6* 105, 122, 129
21 Abs. 1	*6* 7⁸, 14¹⁸, 61⁸⁶, 115	29 Abs. 1 lit. c	*6* 108, 117, 122
		29 Abs. 1 lit. d	*6* 118, 122
23	*6* 64, 68, 71, 77, 95, 160	29 Abs. 2 lit. a	*6* 103
		29 Abs. 2 lit. b	*6* 106
23 Abs. 2	*6* 80	29 Abs. 2 lit. c	*6* 110
23 Abs. 2 lit. a	*6* 68, 70	30	*6* 100, 129, 139
23 Abs. 2 lit. b	*6* 70	30 lit. a	*6* 107

30 lit. b	**6** 100, 111, 117	43 lit. b	**6** 176
30 lit. c	**6** 114	43 lit. c	**6** 177
31 Abs. 1	**6** 118 f., 121, 121^{137}	44	**6** 10^{13}, 14^{18}, 21, 49^{65}, 61$^{85,\,86}$, 89, 167, 171, 178
31 Abs. 2	**6** 119		
31 Abs. 3	**6** 118	46 Abs. 1	**6** 180
31–33	**6** 115	46 Abs. 2	**6** 180
31 ff.	**6** 129	47	**6** 196, 236
32	**6** 120	47 Abs. 1	**6** 8^9, 14^{17}, 49^{65}
33	**6** 121	47 Abs. 2	**6** 7^8, 57^{79}, 185, 203
33 Abs. 1	**6** 121, 121^{137}		
33 Abs. 2	**6** 121	47 Abs. 3	**6** 10, 190^{194}, 192
33 Abs. 3	**6** 121	47 f.	**9** 31^{34}
33 Abs. 4	**6** 121	47 ff.	**6** 144
34	**6** 122	48	**6** 182^{180}, 193
34 Abs. 3	**6** 130	49	**6** 144
35	**6** 126 f.	49 Abs. 1	**6** 49^{65}, 197, 198
36	**6** 209	49 Abs. 1 Ziff. 1	**6** 198, 205
36 Abs. 1	**6** 8^9, 49^{65}	49 Abs. 1 Ziff. 2	**6** 198, 206 f.
37	**6** 49^{65}	49 Abs. 1 Ziff. 3	**6** 206 f.
37 Abs. 1	**6** 61$^{85,\,86}$	49 Abs. 2	**6** 57^{79}, 197
40	**6** 168, 231	49 Abs. 2 Ziff. 1	**6** 205
40 Abs. 2	**6** 135	49 Abs. 2 Ziff. 2	**6** 206, 208
41	**6** 98^{121}, 127 f.	49 Abs. 2 Ziff. 3	**6** 206, 208
41 Abs. 1	**6** 137	49 Abs. 3	**6** 49^{65}, 61$^{85,\,86}$, 207, 208
41 Abs. 2	**6** 139		
41 Abs. 3	**6** 140, 143	49 ff.	**6** 196
42	**6** 77	50	**6** 150
42 Abs. 1	**6** 8^9, 14^{17}, 49^{65}, 88, 166, 175, 180, 230^{214}	50–55	**6** 145, 147, 165
		50 f.	**6** 178
		51	**6** 171
42 Abs. 1 Ziff. 2	**6** 86, 94	51 Abs. 1	**6** 151
42 Abs. 2	**6** 7^8, 57^{79}, 175, 203	51 Abs. 2	**6** 152, 184^{184}
		51 Abs. 3	**6** 153
42–46	**6** 144, 190	51 ff.	**6** 167
42–49	**6** 147	52	**6** 89, 154
42 ff.	**6** 10, 192, 196; **9** 31^{34}	52 Abs. 3	**6** 156
		53	**6** 98^{121}
43	**6** 21, 172, 190, 206	53 Abs. 1	**6** 157
		54 Abs. 1	**6** 159
43 lit. a	**6** 175	54 Abs. 2	**6** 159

54 f.	*6* 263	63	*6* 23³⁰, 240, 257 f.
55	*6* 162		
56	*6* 19, 146 f.	63 lit. a	*6* 8¹⁰, 14¹⁷, 49⁶⁶, 53⁷⁴, 140¹⁴⁷, 232
57	*6* 216		
57 lit. b	*6* 216	63 lit. b	*6* 14¹⁸, 232, 252, 258
57 lit. c	*6* 216		
57 lit. e	*6* 237	63 lit. c	*6* 58⁸¹
57 lit. f	*6* 237	63 lit. d	*6* 232, 246, 255
58	*6* 79, 87	63 Abs. 1 lit. a	*6* 261; *8* 17
58 Abs. 1	*6* 41, 211	63 Abs. 1 lit. d	*6* 261
58 Abs. 2	*6* 20, 41, 185, 213 f.	63 Abs. 2	*6* 254, 261
		64	*6* 241, 243, 261; *8* 17
58 ff.	*6* 39		
59	*6* 70, 215 ff.	64 lit. a	*6* 246
59 lit. c	*6* 226	64 lit. a–f	*6* 245
59 lit. d	*6* 225	64 Abs. 1	*6* 244
59 f.	*6* 79	64 Abs. 1 lit. a	*6* 51
60	*6* 2³⁰, 70, 184 f., 215, 218	64 Abs. 2	*6* 244
		65	*6* 23³⁰, 51, 70, 226, 256
60 lit. a	*6* 33, 108		
60 Abs. 1 lit. a	*6* 219	65 Abs. 1 lit. a	*6* 226, 257
60 Abs. 1 lit. b	*6* 28⁴¹, 220	65 Abs. 2	*6* 257 f.
60 Abs. 1 lit. c	*6* 28⁴³, 218, 221	66	*6* 252
60 Abs. 1 lit. d	*6* 222	67	*6* 251²³⁵
60 Abs. 1 lit. e	*6* 218, 223	67 Abs. 1	*6* 261
60 Abs. 1 lit. f	*6* 218, 224	67 ff.	*10* 11²⁵
60 Abs. 1 lit. g	*6* 218, 225	68	*6* 23³⁰, 254, 260; *10* 139¹⁹³
60 Abs. 1 lit. h	*6* 218, 226		
60 Abs. 2	*6* 28⁴³, 218, 227	68 Abs. 2	*10* 139¹⁹³
60 Abs. 2 lit. a–c	*6* 228	69	*6* 259; *10* 4¹², 10, 10²⁴, 12³⁰
61 Abs. 1	*6* 41, 233		
61 Abs. 2	*6* 8¹⁰, 14¹⁸, 140¹⁴⁷, 240	70	*6* 253, 262; *10* 10
		71 Abs. 1	*6* 263
61 Abs. 3	*6* 234	72 Abs. 1	*6* 263
61 ff.	*10* 10	72 Abs. 3	*6* 263
62	*6* 235	72 Abs. 4	*6* 263
62 lit. a	*6* 235	73 ff.	*6* 95¹¹⁸
62 lit. b	*6* 140¹⁴⁷, 195, 235	81	*6* 239, 262
62 lit. c	*6* 195	81 Abs. 2	*6* 239
62 lit. d	*6* 195	81 Abs. 3	*6* 217, 239
62 lit. e	*6* 257	81 Abs. 4	*6* 239

92	**6** 16²⁰
94 Abs. 3	**6** 129

VBB (Verordnung über das bäuerliche Bodenrecht, SR 211.412.110)

Artikel	Nummer
4a	**6** 17, 26³⁶

LwG (Bundesgesetz über die Landwirtschaft vom 29. April 1998, SR 910.1)

Artikel	Nummer
3	**6** 24, 47 f.
106	**6** 224

LPG (Bundesgesetz über die landwirtschaftliche Pacht vom 4. Oktober 1985, SR 221.213.2)

Artikel	Nummer
1 Abs. 1 lit. a	**6** 28⁴⁰
1 Abs. 1 lit. b	**6** 28⁴⁰
7 Abs. 4 lit. c	**6** 40
14	**6** 265 f., 273
15	**6** 273, 280
15 Abs. 1	**6** 267, 269, 271, 274, 282
15 Abs. 2	**6** 274, 280, 282
15 Abs. 4	**6** 277, 281
15 Abs. 5	**6** 288
17	**6** 269
26 ff.	**6** 276

30 ff.	**6** 42, 184
31 lit. e	**6** 185
31 Abs. 1 lit. e	**6** 42
31 Abs. 1 lit. f	**6** 42
31 Abs. 2 lit. a	**6** 28⁴¹
31 Abs. 2 lit. g	**6** 28⁴³
31 Abs. 2ᵇⁱˢ	**6** 28⁴³
33 Abs. 1	**6** 149
48 Abs. 2	**6** 276

RPG (Bundesgesetz über die Raumplanung vom 22. Juni 1979, SR 700)

Artikel	Nummer
6 ff.	**6** 248
14 ff.	**6** 30
16	**6** 30
16 Abs. 1 lit. a	**6** 35
16a	**6** 223
16a Abs. 2	**6** 44⁵⁵
16a Abs. 3	**6** 26³⁷, 44
17	**6** 30, 249
18	**6** 30, 249
24	**6** 247
24 lit. b	**6** 247
24 lit. c	**6** 248
24 lit. d	**6** 249
24 lit. e	**6** 249
24 lit. f	**6** 250

RPV (Raumplanungsverordnung vom 28. Juni 2000, SR 700.1)

Artikel	Nummer
36	**6** 44⁵⁵
37	**6** 44⁵⁵

IPRG (Bundesgesetz über das internationale Privatrecht vom 18. Dezember 1987, in Kraft seit 1. Januar 1989, SR 291)

Artikel	Nummer
1 Abs. 2	**9** 6, 6[9], 25, 44
3	**9** 2 f., 37
11 Abs. 3	**9** 38[46]
14 Abs. 1	**9** 35[44]
15	**9** 30, 33
15 Abs. 1	**9** 27
15 Abs. 2	**9** 33[40]
17	**9** 30
18	**9** 16[22], 31; **8** 10
19	**9** 16[22], 32
19 Abs. 1	**9** 32
20 lit. a	**9** 41
20 lit. b	**9** 41
25 ff.	**9** 43
26 lit. b–d	**9** 43
31	**9** 40
35	**9** 20, 22 f.
36 Abs. 1	**9** 24
36 Abs. 2	**9** 24
85	**9** 22
97	**9** 2, 2[6]
99	**9** 9, 16 f.
104	**9** 16[22]
112	**9** 1 f.
112 f.	**9** 2[6]
113	**9** 1 f.
116	**9** 13
117 Abs. 2	**9** 15
117 Abs. 3	**9** 15
119	**9** 8, 10
119 Abs. 1	**2** 14; **9** 8 f., 14 ff., 18
119 Abs. 2	**9** vor 11, 16, 18
119 Abs. 3	**2** 14; **9** 11, 34 ff., 35[44]; **8** 10
120	**9** 30
120 Abs. 2	**9** 11[17]
121 Abs. 3	**9** 11[17]
122 Abs. 3	**9** 11[17]
124	**9** 34
125	**9** 28
126	**9** 26
126 Abs. 2	**9** 27
143	**9** 28
144	**9** 28
145	**9** 28
146	**9** 28
147	**9** 28
148 Abs. 2	**9** 28
149 Abs. 1	**9** 41
149 Abs. 2 lit. a	**9** 41
149 Abs. 2 lit. b	**9** 41
155 lit. i	**9** 26

PrHG (Bundesgesetz über die Produktehaftpflicht vom 18. Juni 1993 [Produktehaftpflichtgesetz], SR 221.112.944)

Artikel	Nummer
1 Abs. 2	**5** 59
3 Abs. 1 lit. a	**5** 59
11 Abs. 2	**5** 59

GestG (Bundesgesetz über den Gerichtsstand in Zivilsachen vom 24. März 2000, SR)

Artikel	Nummer
1 Abs. 1	**4** 37[80]
2	**8** 92
3 Abs. 1	**8** 92

19 Abs. 1	*4* 37, 52	9 Abs. 1 lit. c	*8* 41, 48
19 Abs. 1 lit. c	*4* 37, 52; *8* 92	9 Abs. 2	*8* 53
		10	*8* 13
		11	*8* 56
BewG (Bundesgesetz über den Erwerb von Grundstücken durch Personen im Ausland vom 16. Dezember 1983, SR 211.412.41)		12	*8* 43 f.
		12 lit. a	*8* 54, 43[20]
		12 lit. d	*8* 40, 50
		13	*8* 31
		13 Abs. 1 lit. a	*8* 58
Artikel	Nummer	13 Abs. 1 lit. b	*8* 58
		13 Abs. 1 lit. c	*8* 58
2 Abs. 2	*8* 65; *13*[6]	13 Abs. 2	*8* 59
2 Abs. 2 lit. a	*8* 2, 72, 100	14	*8* 31
2 Abs. 2 lit. b	*8* 11, 33, 70	14 Abs. 1	*8* 47[21]
2 Abs. 3	*8* 18 f., 19[14]	14 Abs. 4	*8* 52
4	*13*[6]	15 Abs. 1 lit. a	*8* 66
4 Abs. 1 lit. a	*8* 9	15 Abs. 1 lit. c	*8* 83
4 Abs. 1 lit. b	*8* 6	17 Abs. 1	*8* 98
4 Abs. 1 lit. c	*8* 6	17 Abs. 2	*8* 83
4 Abs. 1 lit. f	*8* 6	17 Abs. 3	*8* 84
4 Abs. 1 lit. g	*8* 98	18 Abs. 1	*8* 98
5 lit. a	*8* 22	18 Abs. 2 lit. c	*8* 70
5 lit. a[bis]	*8* 24	20 Abs. 2	*8* 83
5 Abs. 1 lit. a	*8* 3	20 Abs. 2 lit. b	*8* 84
5 Abs. 1 lit. b	*8* 3, 29	20 Abs. 3	*8* 86
5 Abs. 1 lit. c	*8* 3	21 Abs. 1 lit. a	*8* 85
5 Abs. 1 lit. d	*8* 3	22 Abs. 1	*8* 76
6 Abs. 1	*8* 30, 69	22 Abs. 2	*8* 78
6 Abs. 2	*8* 77	22 Abs. 3	*8* 78
6 Abs. 2 lit. a	*8* 77	24	*8* 78
6 Abs. 3	*8* 77	25 Abs. 1	*8* 86, 86[27], 91, 93, 103
7	*8* 42; *13*[6]		
7 lit. a	*8* 32, 79	25 Abs. 1[bis]	*8* 90, 93
7 lit. k	*8* 37	26 Abs. 1	*8* 64
8	*8* 43[20]	26 Abs. 2 lit. b	*8* 64
8 Abs. 1 lit. b	*8* 60, 47[21]	27 Abs. 1	*8* 91
8 Abs. 1 lit. c	*8* 61, 47[21]	27 Abs. 1 lit. a	*8* 86[27], 95, 97
8 Abs. 2	*8* 32, 79	27 Abs. 1 lit. b	*8* 97
8 Abs. 3	*8* 63	27 Abs. 2	*8* 95 f.
8 ff.	*8* 43	27 Abs. 4 lit. a	*8* 93
9 Abs. 1 lit. a	*8* 45, 47	27 Abs. 4 lit. b	*8* 94

27 Abs. 5	*8* 95
28	*8* 98
29	*8* 99 ff.
30	*8* 102
31	*8* 78
33	*8* 96
38	*8* 79[26]

BewV (Verordnung über den Erwerb von Grundstücken durch Personen im Ausland vom 1. Oktober 1984, SR 211.412.411)

Artikel	Nummer
1	*13*[6]
2	*8* 24
3	*8* 13
4 Abs. 1	*8* 63
5 Abs. 1	*8* 33
5 Abs. 3 lit. a	*8* 33
6	*8* 48
9 Abs. 1	*8* 56
9 Abs. 5	*8* 56
9 Abs. 4–7	*8* 57
10 Abs. 2	*8* 49
10 Abs. 3	*8* 49
10 Abs. 1–3	*8* 70[23]
11 Abs. 1	*8* 50
11 Abs. 2 lit. d	*8* 46
11 Abs. 2 lit. e	*8* 47, 51
11 Abs. 2 lit. f	*8* 54
11 Abs. 4	*8* 52
12 Abs. 1	*8* 81
12 Abs. 3	*8* 82
15 Abs. 1	*8* 81
15 Abs. 3 lit. c	*8* 94
18 Abs. 1	*8* 69
18 Abs. 2	*8* 76
18 Abs. 3	*8* 76, 88

18a	*8* 70
18a Abs. 2 lit. c	*8* 72

BewB (Bundesbeschluss über den Erwerb von Grundstücken durch Personen im Ausland vom 23. März 1961, Fassung vom 21. März 1973)

Artikel	Nummer
20	*3* 126[133]

ANAG (Bundesgesetz über Aufenthalt und Niederlassung der Ausländer vom 26. März 1931, SR 142.20)

Artikel	Nummer
1	*8* 23

StGB (Schweizerisches Strafgesetzbuch vom 21. Dezember 1937, SR 311.0)

Artikel	Nummer
251	*8* 101
253	*8* 101
317	*2* 26, 28

GBV (Verordnung betreffend das Grundbuch vom 22. Februar 1910, SR 211.432.1)

Artikel	Nummer
7	*1* 5, 6[6]
7 Abs. 1	*1* 4[12], 7
9–10a	*4* 4[15]

11	*13*[39]	
11 Abs. 1	*13*[39]	
12 Abs. 1	*13*[39]	
12 Abs. 3	*4* 24[54]	
12 Abs. 4	*4* 24[54]	
13	*11* 116	
13 Abs. 1	*13*[39]	
13 Abs. 2	*4* 19; *13*[39]	
13 Abs. 3	*13*[39]	
13 Abs. 4	*13*[39]	
13a	*4* 19[39]	
13a Abs. 1	*13*[5]	
13a Abs. 1 lit. b	*4* 19	
14 Abs. 1	*4* 76; *13*[39]	
16 Abs. 2	*4* 8[25], 10, 17, 34[75]	
16 Abs. 3	*4* 10, 17; *13*[39]	
18	*4* 22, 33[74]; *10* 109, 111	
18 Abs. 1 lit. a	*10* 41, 48	
18 Abs. 1 lit. b	*10* 38	
18 Abs. 2 lit. d	*4* 38	
22 Abs. 1	*4* 77	
22 Abs. 2	*4* 78	
22 Abs. 3	*4* 77	
22 Abs. 4	*4* 78 f., 79[142]	
24 Abs. 1bis lit. a	*13*[34]	
24 Abs. 1bis lit. c	*13*[39]	
32	*13*[10]	
67 f.	*13*[13]	
72 Abs. 1	*13*[36]	
73 Abs. 1 lit. a	*4* 51[100], 53	
77	*4* 54	
80 Abs. 1	*8* 46	
80 Abs. 6	*13*[39]	
103	*4* 15	
103 Abs. 1	*4* 15, 19, 34	
103 Abs. 4	*4* 15	
105	*5* 230	

VZG (Verordnung des Bundesgerichts über die Zwangsverwertung von Grundstücken vom 23. April 1920, SR 281.42)

Artikel	Nummer
51 Abs. 1	*10* 128[177]; *11* 85[85]
56	*11* 64
58 Abs. 4	*10* 76[96]
60 Abs. 1	*10* 84[111]
60a	*10* 128[177]
104	*11* 64

OG (Bundesgesetz über die Organisation der Bundesrechtspflege vom 16. Dezember 1943, SR 173.110)

Artikel	Nummer
38	*4* 33[74]
48	*4* 53, 80[146]
68	*4* 80[146]
68 ff.	*4* 53[103]

VVG (Bundesgesetz über den Versicherungsvertrag vom 2. April 1908, SR 221.229.1)

Artikel	Nummer
54	*1* 22, 22[18]

BZP (Bundesgesetz über den Bundeszivilprozess vom 4. Dezember 1947, SR 273)

Artikel	Nummer
78 Abs. 2	*4* 33[74]

VwVG (Bundesgesetz über das Verwaltungsverfahren vom 20. Dezember 1968, SR 172.021)

Artikel	Nummer
Art. 5	*6* 262

DBG (Bundesgesetz über die direkte Bundessteuer vom 14. Dezember 1990, SR 642.11)

Artikel	Nummer
4 Abs. 1 lit. d	*12* 157
4 Abs. 2	*8* 128
13 Abs. 2 lit. c	*12* 157[126]
16 Abs. 3	*12* 162, 181, 182[144]
18	*12* 173[139], 175
18 Abs. 2	*12* 162[128], 173[139], 176, 182[144]
30	*12* 166[129]
34e	*12* 185[147]
59a	*12* 185[146]
173	*12* 158[127]

MWSTG (Bundesgesetz über die Mehrwertsteuer vom 2. September 1999, SR 641.20)

Artikel	Nummer
5	*12* 198
18	*12* 198
18 Ziff. 20	*12* 199
26	*12* 202
33 Abs. 1	*12* 210

StHG (Bundesgesetz über die Harmonisierung der direkten Steuern der Kantone und Gemeinden vom 14. Dezember 1990, SR 642.14)

Artikel	Nummer
2 Abs. 2	*12* 30
2 Abs. 2 lit. d	*12* 30
8 Abs. 4	*12* 79[49]
12	*12* 30, 48[30]
12 Abs. 1	*12* 82
12 Abs. 2 lit. a	*12* 52
12 Abs. 3	*12* 69
12 Abs. 3 lit. b	*12* 71[44]
12 Abs. 3 lit. c	*12* 72
12 Abs. 3 lit. d	*12* 75[45]
12 Abs. 3 lit. e	*12* 76[47]
12 Abs. 4	*12* 79[49]
23 Abs. 1 lit. d	*12* 63
23 Abs. 1 lit. e	*12* 63
23 Abs. 1 lit. f	*12* 63
23 Abs. 1 lit. g	*12* 63
23 Abs. 4	*12* 63
24 Abs. 4	*12* 79[49]

EOG (Bundesgesetz über die Erwerbsersatzordnung für Dienstleistende in Armee, Zivildienst und Zivilschutz vom 25. September 1952, SR 834.1)

Artikel	Nummer
27 Abs. 2	*12* 226[155]

IVG (Bundesgesetz über die
Invalidenversicherung vom
19. Juni 1959, SR 831.20)

Artikel	Nummer
3 Abs. 1	*12* 226[154]

AHVG (Bundesgesetz über
die Alters- und Hinterlassenen-
versicherung vom 20. Dezember
1946, SR 831.10)

Artikel	Nummer
3 Abs. 3	*12* 219[15]
9 Abs. 1	*12* 220[152]
9 Abs. 3	*12* 225[153]
10	*12* 219[151]

AHVV (Verordnung über
die Alters- und Hinterlassenen-
versicherung vom 31. Oktober
1947, SR 831.101)

Artikel	Nummer
23 Abs. 1	*12* 225[153]
23 Abs. 4	*12* 225[153]

UWG (Bundesgesetz gegen
den unlauteren Wettbewerb vom
19. Dezember 1986, SR 241)

Artikel	Nummer
2	*10* 82, 103, 135
3 lit. b	*10* 82
8	*5* 330, 338, 339[461]; *10* 103, 103[146], 126[176], 135
9 f.	*10* 83

KG (Bundesgesetz über
die Kartelle und andere Wett-
bewerbsbeschränkungen
vom 6. Oktober 1995, SR 251)

Artikel	Nummer
5	*10* 130

Garantiegesetz (Bundesgesetz
über die politischen und polizeilichen Garantien zugunsten
der Eidgenossenschaft
vom 26. März 1934, SR 170.21)

Artikel	Nummer
10	*12* 23, 61

SchKG (Bundesgesetz über
Schuldbetreibung und
Konkurs vom 11. April 1889/
16. Dezember 1994, SR 281.1)

Artikel	Nummer
108 Ziff. 3	*3* 143
126 Abs. 1	*10* 84[111]
130	*6* 251
143b	*6* 251
256 Abs. 1	*4* 18[35]
286	*11* 87

II. SIA-Norm 118

Artikel	Nummer
157 ff.	*5* 158
165 ff.	*5* 158, 261
169 Abs. 1	*5* 261
172 f.	*5* 340
173 Abs. 2	*5* 294
177	*5* 351

III. Internationale Abkommen

WKR (Übereinkommen der Vereinten Nationen über Verträge über den internationalen Warenkauf [«Wiener Kaufrecht»] vom 11. April 1980, SR 0.221.211.1)

Artikel	Nummer
1	*10* 5
2 lit. b	*10* 5

LugÜ (Lugano-Übereinkommen über die gerichtliche Zuständigkeit und die Vollstreckung gerichtlicher Entscheidungen in Zivil- und Handelssachen vom 16. September 1988, SR 0.275.11)

Artikel	Nummer
2 Abs. 1	*9* 7
5 Ziff. 1	*9* 7
5 Ziff. 5	*9* 7
6 Ziff. 1	*9* 7
6 Ziff. 4	*9* 7
16 Ziff. 1 lit. a	*9* 7
17	*9* 7
18	*9* 7
25–51	*9* 45
55	*9* 44[53]

1. ZP/EMRK (Konvention vom 4. November 1950 zum Schutze der Menschenrechte und Grundfreiheiten, SR 0.101)

Artikel	Nummer
1	*8* 106[31]

Niederlassungsabkommen zwischen dem Iran und der Schweiz vom 25. April 1934 (SR 0.142.114.362)

Artikel	Nummer
8 Abs. 3	*9* 25
8 Abs. 4	*9* 25

Abkommen zwischen der Schweizerischen Eidgenossenschaft und dem Fürstentum Liechtenstein über die Anerkennung und Vollstreckung von gerichtlichen Entscheidungen und Schiedssprüchen in Zivilsachen vom 25. April 1968 (SR 0.276.195.141)

Artikel	Nummer
2 Ziff. 5	*9* 44[54]

Vertrag zwischen der Schweiz und der Tschechoslowakischen Republik über die Anerkennung und Vollstreckung gerichtlicher Entscheidungen vom 21. Dezember 1926 (SR 0.276.197.411)

Artikel	Nummer
2 Abs. 3	*9* 44[54]

Sachregister

Kursiv-fett gedruckte Zahlen verweisen auf Paragraphen, mager gedruckte Zahlen auf Randnummern, hochgestellte Zahlen auf Anmerkungen (Fussnoten bzw. betr. § 13 Endnoten).

Abschluss des Grundstückkaufvertrages
- Angebot und Annahme *2* 3
- Anwendbarkeit der allgemeinen Regeln über den Vertragsschluss *2* 2
- mangelnder Konsens *2* 5 ff., 27 f.
- Form; s. öffentliche Beurkundung
- bei IPR-Sachverhalten; s. anwendbares Recht im IPR
- s. auch öffentliche Versteigerung, private Versteigerung

Absichtliche Täuschung
- hinsichtlich Formbedürftigkeit *3* 41, 129 f., 132
- Haftung für – *5* 49, 54, 88, 132, 167 ff., 236, 239, 277 f., 293, 300, 336, *13*[27]
- und Rechtsgewährleistung, insbesondere *5* 54, 88, 104, 132, 173, 336
- bezüglich des Grundstückmasses *5* 227
- Haftung des Verkäufers bei – *5* 169 ff., 277, 293
- bei der Versteigerung
- – Gewährleistung *10* 126
- – Anfechtung nach Art. 230 OR *10* 155
- Anspruchskonkurrenz *13*[27]

Absorptionstheorie *1* 28

Abtretung von Mängelrechten
- Form *5* 342
- abtretbare Mängelrechte *5* 343 ff.
- Freizeichnung *5* 346
- Umfang *5* 347
- Durchsetzung der Mängelrechte *5* 348
- Auslegung und gesetzliche Schranken *5* 340, 354
- Verkäufer
- – Haftung für den eigenen Leistungsanteil *5* 349
- – Aufklärungs- und Unterstützungspflichten *5* 350, 354
- – Treuhandfunktion *5* 351
- – Haftung für eigene Gewährleistungsansprüche *5* 352
- – Haftung für Regressrechte *5* 353
- – Ausschluss der Mängelhaftung *5* 312, 340 f.

Allgemeine Geschäftsbedingungen *5* 206, 327, 330, 338, *10* 98, 103, 135

Altlasten; s. Mangel

Anmeldung (beim Grundbuchamt) *4* 7, 9 ff., 19 ff., 25 f., 29, 34 f., 38 ff., 42 f., 45, 48, 75 ff., *5* 64, 67 f., *6* 103, 239, 262, *7* 13 f., 43, *8* 79, 90, 98, *10* 108 ff., 123 ff., *11* 57, 97 f., 116 f., *13*[7, 18, 33 f., 38 f.]

Anmerkung *4* 20, 57 f., *8* 46, 54, *13*[39]

Anmerkungsgrundstück *13*[10]

Anspruchskonkurrenz
- zwischen Allgemeinem Teil des OR und Kaufrecht
- – allgemein *3* 101, *5* 10, 16 ff., 19 f., 31, 38 ff., 326, *13*[27]
- – Ausschliesslichkeit *5* 40
- – Konkurrenz *5* 41
- – gemischte Methode des Bundesgerichts *5* 42, 44 f., *13*[27]
- bei Rechtsgewährleistung *5* 24
- bei Minderung oder Nachbesserung *5* 269
- im bäuerlichen Bodenrecht; s. Vorkaufsfall, Vorkaufsrecht
- beim Grundlagenirrtum; s. dort
- bei der Deliktshaftung; s. dort
- bei der Produktehaftpflicht; s. Deliktshaftung

Anwendbares Recht
- im Allgemeinen *1* 12 ff., *2* 116
- im IPR; s. anwendbares Recht im IPR
- beim Erwerb von Grundstücken durch Personen im Ausland; s. dort

Anwendbares Recht im IPR
- Verweisungsbegriff *9* 8 f.
- Grundstückbegriff *9* 10
- Rechtswahl *9* 11 ff.
- Recht am Lageort des Grundstückes *9* 14 f.
- Sachstatut *9* 16, 17, 19
- Vertragsstatut *9* 16, 18 f.
- Teilfragen
- – Handlungsfähigkeit *9* 20 ff.
- – Stellvertretung *9* 26 f.
- – Ordre public *9* 30
- – Lois d'application immédiate *9* 14, 31
- – Sonderanknüpfungen zwingenden ausländischen Rechts *9* 32
- – Ausnahmeklausel *9* 33
- – ferner *9* 28 f.
- Form der Immobiliarverträge
- – Grundstücke in der Schweiz *9* 34
- – Grundstücke im Ausland *9* 35
- – ferner *2* 14

Architektenklausel; s. Unternehmer-, Architektenklausel

Arrondierungsprinzip
- im Allgemeinen *6* 57 ff.
- Zielsetzung *6* 7
- als Voraussetzung zum Erwerb landwirtschaftlicher Grundstücke *6* 170, 188, 202 f., 255

Ästhetischer Mangel *5* 188, 193 ff.

Ausweis über das Verfügungsrecht (Art. 965 Abs. 2 ZGB) *4* 17 ff.; s. auch Verfügungsbeschränkung

Bauhandwerkerpfandrecht
- Realobligation *1* 20, *4* 62, 65
- als gesetzliches Grundpfandrecht *1* 20, *4* 77, *5* 124 ff.
- teilweise Entwehrung durch –; s. Rechtsgewährleistung
- und Verkäuferpfandrecht *1* 20, *4* 63, 68, 77 ff., *13*[18]
- ferner *6* 123, *13*[39]

Bedingungstheorie *11* 20

Begründungstheorie *11* 20

Beiratschaft, Beistandschaft *4* 21, *13*[7]

Besitz *5* 62, 70; s. Besitzverschaffungspflicht

Besitzdauer
- Besitzdauerabzug *6* 119
- Rabatt bei Steuern und anderen Abgaben *12* 100, 114, 118, 121 f., 125, 141 f., 178, 183

Besitzesantritt; s. Besitzverschaffungspflicht

Besitzübergabe; s. Besitzverschaffungspflicht
Besitzverschaffungspflicht
– Übergabe des Grundstücks *1* 17, *2* 113, *3* 30, 44, *4* 1 f., *2*[6], 25, *5* 1, 62, 70, 168, 214
– Umfang der Übergabepflicht *5* 71
– Zeitpunkt der Übergabe *5* 65, 72 f.
– Rechtsfolgen der Übergabe *5* 74 ff., 279, 302, *4* 2
– Rückübertragung des Besitzes *3* 54, 58, 90, 106
– totale Nichterfüllung *5* 79
– teilweise Nichterfüllung *5* 80 ff.
– ferner *7* 27
Bestandteil *1* 3, 9, *5* 70, 80, 83, 85, 145, 151, 160, 190, 221, 238, 253, 258, 281, *9* 10; s. auch Zugehör
Beurkundungsmangel; s. Formmangel
Bewilligung
– für den Erwerb landwirtschaftlicher Gewerbe und Grundstücke
– – Bewilligungspflicht im Allgemeinen *6* 232 ff.
– – Ausnahmen von der Bewilligungspflicht *6* 235 ff.
– – Verweigerungsgründe *6* 240 ff.
– von Ausnahmen vom Realteilungs- und Zerstückelungsverbot; s. Realteilungs- und Zerstückelungsverbot im bäuerlichen Bodenrecht
Bewirtschaftungsbereich, ortsüblicher *6* 57 ff.

Call Option *11* 18
Culpa in contrahendo; s. Haftung aus –

Deliktshaftung
– und kaufrechtliche Haftung *5* 55 ff., 326, *13*[27]
– und Produktehaftpflicht *5* 59
– ferner *3* 24, 32
Direkte Bundessteuer
– Voraussetzungen *12* 146 ff.
– Verhältnis zur Handänderungssteuer und anderen Steuern und Abgaben *12* 145, 150
– Steuersubjekt
– – Veräusserer von Grundstücken des Geschäftsvermögens *12* 151 ff.
– – Haftung für die direkte Bundessteuer *12* 156 ff.
– Steuerobjekt
– – Kapitalgewinn aus der Veräusserung von Geschäftsliegenschaften *12* 159 ff.
– – Zuordnung zum Geschäfts- bzw. zum Privatvermögen *12* 146 f., 162 ff., 167 ff.; s. auch *12* 136 ff.
– – Präponderanzmethode *12* 173
– – gewerbsmässiger Liegenschaftenhandel *12* 174 ff.
– Bemessungsgrundlage *12* 183 ff.
– Steuertarif *12* 188
– s. auch Grundstückgewinnsteuer
Drittpfand *13*[12]
Dualistisches oder St. Galler System *12* 32, 36, 137 ff.

Eherecht
– Ehegatte
– – Zustimmung des – zum Verkauf der Familienwohnung *1* 20, *2* 11 ff., *4* 19 f., 57, *13*[34]
– – Kündigung der Familienwohnung *7* 44

– – und wirtschaftliche Verfügungsbefugnis, im bäuerlichen Bodenrecht **6** 58
– – Zustimmung des – im bäuerlichen Bodenrecht **6** 133 ff.
– und Grundstückkaufvertrag **1** 20, **2** 10 ff., **4** 20, 57, **8** 25, 42, 50, **12** 71, 155, **13**[34, 37]

Eigentum
– Erwerbsgrund des – **3** 43 f., 53 f., **4** 5, 7 f., 22 ff., 30, **12** 48 ff.; s. auch Kausalitätsprinzip
– Eigentumsübergang; s. dort
– Eigentumsverschaffungspflicht; s. dort
– gerichtliche Zusprechung; s. Eigentumsübergang

Eigentumsübergang
– durch Grundbucheintrag **1** 17, **2** 40, **4** 2 f., 5 ff., **5** 64 f., 72, **10** 106, 108 ff., **12** 50
– beim Steigerungskauf **10** 108 ff.; s. auch Versteigerung, private Versteigerung, öffentliche Versteigerung
– beim Teilungsvertrag (Art. 634 Abs. 2 ZGB) **10** 39
– beim formungültigen Vertrag **3** 21, 30; s. auch Formmangel, Formungültigkeit
– bei Ausschluss der Grundbuchberichtigungsklage **3** 64 f.
– durch gerichtliche Zusprechung
– – unmittelbare – **4** 26 ff.
– – Voraussetzungen **4** 29 ff.
– – Zuständigkeit **4** 37
– – Vollstreckung **4** 38
– – Realexekution **4** 26 f., 31 f., 35, 38
– – durch Gestaltungsurteil **2** 40, **4** 14, 27, **10** 154, **11** 126

– – ferner **4** 19
– s. auch Grundbucheintrag(ung)

Eigentumsverschaffungspflicht
– Pflicht des Verkäufers **1** 9, **3** 30, **4** 1 ff., **5** 1, 61, 64, **10** 122 ff.
– Eintragung im Grundbuch **4** 5 ff., **5** 64
– Pflicht zur Anmeldung beim Grundbuchamt **4** 9 ff., 14
– bei Ablehnung der Anmeldung durch den Grundbuchbeamten **4** 15
– totale Nichterfüllung **5** 66
– teilweise Nichterfüllung **5** 67 ff.
– ferner **5** 60 ff.
– s. auch Anmeldung (beim Grundbuchamt)

Einfache Gesellschaft 13[37]
Einzonung; s. Raumplanungsrecht
Ertragswertprinzip 6 61
Erwerb von Grundstücken durch Personen im Ausland (Bewilligungsgesetz)
– Rechtsgrundlagen
– – Verfassung und Völkerrecht **8** 2, 4 f., 104 ff.
– – Bewilligungsgesetz **8** 1 ff., 106
– örtlicher Geltungsbereich
– – Grundstücke **8** 9 f.
– – Betriebsstätten **8** 11 ff.
– – gemischt genutzte Grundstücke **8** 18 ff.
– persönlicher Geltungsbereich
– – natürliche Personen **8** 22 ff.
– – juristische Personen und vermögensfähige Gesellschaften ohne juristische Persönlichkeit **8** 26 ff.
– – Ausländer ausserhalb des persönlichen Geltungsbereichs **8** 31 f.
– sachlicher Geltungsbereich

– – Hauptwohnung *8* 33 ff.
– – Zweitwohnung *8* 37 ff.
– – Ausnahmen vom sachlichen –
  8 42
– Bewilligungsgründe im Allgemeinen *8* 43 f.
– kantonale Bewilligungsgründe
– – sozialer Wohnungsbau *8* 45 ff.
– – Zweitwohnungen *8* 48 ff.
– – Ferienwohnungen *8* 53 ff.
– bundesrechtliche Bewilligungsgründe
– – Versicherungseinrichtungen und Personalvorsorge *8* 60 f.
– – Banken *8* 62
– – Härtefälle *8* 63
– zwingende Verweigerungsgründe *8* 43 f.
– Vollzug
– – Unwirksamkeit bzw. Nichtigkeit des Erwerbs ohne Bewilligung *8* 64 f.
– – durch Grundbuchverwalter und Bewilligungsbehörde *8* 66, 67 ff.
– – Verfügung *8* 75 ff., 86 f., 89 f.
– – Rechtsmittelverfahren *8* 83 ff., 89 f.
– – Besonderheiten des – durch den Grundbuchverwalter *8* 88 ff.
– – Beseitigung des rechtswidrigen Zustandes *8* 91 ff.
– – Wiederherstellung des ursprünglichen Zustandes *8* 95 f.
– – Auflösung einer juristischen Person *8* 97
– Straftatbestände
– – Umgehung der Bewilligungspflicht (Art. 28 BewG) *8* 98
– – Unrichtige Angaben (Art. 29 BewG) *8* 99 ff.

– – Missachtung von Auflagen (Art. 30, Art. 25 Abs. 1 BewG) *8* 102 f.
– ferner *13*[6]

Fahrniskauf, -steigerung *1* 3, 11, 15 ff., 28, *2* 86, *5* 21 f., 26 f., 30, 65, 78, *10* 108, 113, 118, 122, *13*[22]
Falsa demonstratio *3* 7[4]
Familienwohnung; s. Eherecht
Form; s. öffentliche Beurkundung
Formmangel
– Inhaltsmangel
– – Begriff *3* 3
– – (un)bewusster – *3* 6 f.
– – Folgen *3* 12; s. ferner Formungültigkeit
– – ferner *2* 17 f., 45 f., *3* 120, *4* 30, *7* 13
– Verfahrensmangel
– – Begriff *3* 4
– – Folgen *3* 5, 8 ff., 13, 30 ff.; s. ferner Formungültigkeit
– – rechtsmissbräuchliche Berufung auf – *3* 35 ff., 78 ff., 82 ff.; s. ferner Rechtsmissbrauch, rechtsmissbräuchliche Berufung auf Formmangel
– – ferner *3* 120, *4* 30, *7* 13
– Berücksichtigung von Amtes wegen *3* 21, 21[23], 23, 128 ff., 135 ff., 139
– Berufung Dritter auf – *3* 21, 139 ff.
– und Gewährleistungsansprüche *3* 32 ff.
– Heilung des –; s. dort
– rechtsmissbräuchliche Berufung auf –; s. dort
– s. Formungültigkeit
– s. absichtliche Täuschung

Formungültigkeit
- Inhalt *3* 14 ff., *12* 93
- Theorien über den Inhalt der – *3* 21 ff.
- Umfang *3* 119 ff.
- als Folge eines Formmangels *3* 8 ff., 14 ff.
- Nichtigkeitstheorien *3* 16 ff.
- Heilung; s. Heilung des Formmangels
- Rückabwicklung des formungültigen Vertrags *3* 16 ff., 53 ff.
- Anspruch auf Erfüllung eines formungültigen Vertrags in Rechtsmissbrauchsfällen *3* 38 ff.
- formungültiger Grundstückkaufvertrag als Vorkaufsfall? *3* 145 ff., *11* 87
- formungültiger Vertrag als nicht zustande gekommener Vertrag? *3* 16
- sittliche Pflichten/unvollkommene Obligationen gestützt auf formungültigen Vertrag? *3* 22 ff., 22[29], 26
- Haftung für – *3* 24, 32 f., 48 f., 51 ff.
- ferner *2* 1, 75, *3* 129, 131 ff., *4* 23 f., 30, *7* 13

Freiwillige Gerichtsbarkeit *2* 17, 25, *4* 5, *9* 40, *10* 70

Freizeichnungsklauseln; s. Wegbedingung der Haftung

Garantie, selbständige und unselbständige *13*[25]

Gefahrübergang *1* 13, *2* 113, *5* 30, 49, 67, 72 f., 75, 162, 166, 174, *9* 18, *10* 99, *11* 134, *13*[21, 24, 25, 30]

Gewährleistung; s. Mängelhaftung, Rechtsgewährleistung, Sachgewährleistung, Haftung für das Grundstücksmass (Art. 219 OR), öffentliche Versteigerung

Gewerbe, landwirtschaftliches *6* 37 ff.

Gewinnanspruchsrecht im bäuerlichen Bodenrecht
- gesetzliches –
- – der Miterben *6* 95 ff.
- – des Veräusserers *6* 157 f.
- vertragliches – *6* 137 ff.
- bei Enteignung *6* 105 ff.

Grundbuch; s. Grundbuchberichtigungsklage, Grundbucheintrag(ung), Vormerkung, Verfügungsbeschränkung

Grundbuchberichtigungsklage *3* 21, 44 f., 54, 58, 64 f., 106, *4* 8, 27, 79, *10* 147, *11* 128

Grundbucheintrag(ung)
- Voraussetzungen
- – Anmeldung; s. Anmeldung (beim Grundbuchamt)
- – Rechtsgrund *4* 7 f., 15, 22 f.; s. auch öffentliche Beurkundung
- – Beurkundung im «falschen» Kanton *4* 24
- Ausweise *4* 16 ff., *13*[4 f., 7]
- Wirkung *1* 17, *2* 40, *4* 2 f., 5, *5* 64 f., 72, 151, 302, *8* 94, *10* 106, 108 ff., *12* 48 ff., *13*[18, 31]; s. auch Eigentumsübergang
- mangelhafter Eintrag *4* 8; s. Grundbuchberichtigungsklage
- Kosten *4* 12, 15; s. Notariats- und Grundbuchgebühren
- und Formungültigkeit *3* 43 ff.; s. auch Formmangel, Formungültigkeit, rechtsmissbräuchliche Berufung auf Formmangel

Grundbuchgebühren; s. Notariats- und Grundbuchgebühren
Grundbuchsperre; s. Verfügungsbeschränkung
Grundlagenirrtum
- Anspruchskonkurrenz *5* 43 f., *13*^{27}
- Ausschliesslichkeit *5* 45
- und Sachmängel *5* 46
- und öffentlich-rechtliche Überbaubarkeit *5* 47 ff.
- ferner *5* 88, 326, *10* 79, 155

Grundpfandrecht
- allgemein *13*$^{12\,f.,\,19\,f.}$
- Eigentümerschuldbrief *13*^{35}
- öffentliche Beurkundung *2* 127
- Befreiung von der Grundpfandschuld bei formungültigem Vertrag *3* 55
- und Rechtsgewährleistung *5* 98, 121 ff.
- zur Sicherung des Gewinnanspruchs der Miterben im bäuerlichen Bodenrecht *6* 122 ff.
- ferner *6* 156, 251, *9* 8, 17

Grundstück
- Begriff *1* 2, *4* 4, im Steuerrecht; s. Grundstückgewinnsteuer
- als Kaufgegenstand *1* 2 ff., *4* 1 ff., *12* 46
- Arten
-- Liegenschaften *1* 2, *4* 4
-- Miteigentumsanteile *1* 2, *4* 4
-- Stockwerkeigentumsanteile *1* 4
-- in das Grundbuch aufgenommene selbständige und dauernde Rechte *1* 2, 5 ff., *4* 4, *4*^{12}
-- Bergwerke *1* 2, *4* 4
- grenzüberschreitendes – *9* 4
- landwirtschaftliches – *6* 35 f.
- überbautes – *5* 136 f.
- unüberbautes – *5* 135
- Qualifikation des – im IPR *9* 10
- als Gegenstand der Versteigerung *10* 8
- als Gegenstand der Sicherung von Käufer- und Verkäuferverpflichtungen *4* 4, 67; s. Verkäuferpfandrecht

Grundstückgewinnsteuer
- Rechtsgrundlagen, anwendbares Recht *12* 30 ff., 38 f.
- dualistisches oder St. Galler System *12* 32, 36, 137 ff.
- monistisches oder Zürcher System *12* 32, 37, 140 ff.
- Rechtsnatur *12* 40 ff.
- Begriff des Grundstücks im Steuerrecht *12* 46
- wirtschaftliche Sachverhalte *12* 47, 149
- Handänderung
-- zivilrechtliche – *12* 48 ff., 65 f.
-- wirtschaftliche – *12* 51 ff., 149
-- Kettengeschäfte *12* 53
- Verhältnis zu anderen Steuern *12* 55 f.
- Steuersubjekt *12* 57 ff.
- Steuerobjekt
-- Grundstückgewinn *12* 65 f.
-- Ausnahmen von der Steuerpflicht gemäss Steuerharmonisierungsgesetz *12* 67 ff.
-- Bagatellgewinne *12* 80 f.
- Bemessungsgrundlage
-- Grundstückgewinn *12* 82 f., 112 ff.
-- Erlös *12* 84, 97
-- wirtschaftlicher Erlösbegriff *12* 84 ff., 97 f.

- – Zusammenrechnungspraxis *12* 89; s. auch Handänderungssteuer
- – Verkehrswert *12* 90 ff., 99
- – Erlösverwendung *12* 95 f.
- – Erwerbspreis *12* 97 ff.
- – Grundsatz der vergleichbaren Verhältnisse (Kongruenzprinzip) *12* 100 f.
- – wertvermehrende Aufwendungen *12* 102 ff.
- – Mäklerprovisionen *12* 107 ff.
- – anrechenbare Aufwendungen *12* 110 f.
- – Geldentwertung *12* 112 ff.
- – Verrechnung von Verlusten *12* 115 f.
- Steuertarif
- – Allgemeines *12* 117 ff.
- – Zuschläge und Ermässigungen *12* 122 ff.
- interkantonaler Liegenschaftenhandel *12* 126 ff.
- kantonale und kommunale Einkommens- bzw. Gewinnsteuern *12* 137 ff.
- s. Handänderungssteuer, direkte Bundessteuer, Mehrwertsteuer, Sozialversicherungsbeiträge, Wehrpflichtersatzabgaben

Grundstückkauf(vertrag)
- Abschluss des –; s. dort
- Form; s. öffentlicher Beurkundung
- Gegenstand *1* 2 ff., *4* 4, *5* 1, *12* 49 f.
- objektiv wesentliche Punkte *2* 48 ff., 60 ff., 65, 67 f., 70 ff., 76 ff., 99 ff., 114 ff., *13*[4]
- objektiv unwesentliche Punkte *2* 68, 99 ff., 124[151], *13*[8]
- subjektiv wesentliche Punkte *2* 51 ff., 60 ff., 67 ff., 73, 114 ff., *13*[4]
- Rechtsgrundlagen *1* 1, 12 ff., *4* 1 ff., *5* 21 ff.
- Anwendbarkeit der Fahrniskaufregeln *1* 15 ff., 25, *2* 132 f., *4* 1, *5* 21 ff.
- gemischter –
- – Begriff *1* 26, *5* 9, 142, 146 ff.
- – Form *1* 28, *2* 114 ff.
- – Arten *1* 27, *2* 117 ff., *5* 146 ff.
- – Nachbesserungsrecht; s. dort
- – ferner *1* 20
- zusammengesetzter (verkoppelter) –
- – Begriff *1* 24 f., *5* 9, 143, 153 ff., *12* 27
- – Form *1* 24, *2* 114 ff.
- – Umfang der Formungültigkeit bei – *2* 31, 72 f., 91 f., *3* 122 f.
- – Arten *1* 25, *2* 117 ff., *5* 153 ff.
- über eine künftige Sache *1* 27, 27[25], *5* 145
- kein –: Kauf der Aktien einer Immobiliengesellschaft *1* 3
- Ehe- und Scheidungsrecht *2* 10 ff., *4* 19 f., 57, *13*[34]
- und Grundstückerwerb durch Ausländer *8* 6 f.; s. Erwerb von Grundstücken durch Personen im Ausland (Bewilligungsgesetz)
- und bäuerliches Bodenrecht *6* 21
- und Versicherungsübergang (Art. 54 VVG) *1* 22
- und IPR *2* 14; s. auch anwendbares Recht im IPR

Grundstücktauschvertrag *5* 22
Grundstücksversteigerung; s. Versteigerung

Haftung
- für Formungültigkeit; s. Formungültigkeit, Haftung aus culpa in contrahendo
- s. Mängelhaftung

Haftung aus culpa in contrahendo
- für Formungültigkeit *3* 56
- – Tatbestände *3* 32 f., 48
- – Modalitäten *5* 53 f., 336 ff.
- – Verhältnis zur missbräuchlichen Berufung auf Formmangel *3* 47 ff.
- ferner *3* 32 f., 48, *10* 153, *11* 94

Haftung für das Grundstückmass (Art. 219 OR) *5* 26, 147, 222 ff.

Haftung für Hilfspersonen *5* 31, 55, 104, 127, 167, 184, 267, 335, 337, *7* 10, *10* 82, 153, *11* 94

Handänderungssteuer
- Allgemeines *12* 13 ff.
- steuerrechtlicher Begriff der Handänderung *12* 14, 24, 48 ff.
- Verhältnis zu den Notariats- und Grundbuchgebühren *12* 5 f., 15
- Verhältnis zur Grundstückgewinnsteuer und zur direkten Bundessteuer *12* 14, 24, 150
- keine Bundessteuer *12* 13, 15 ff., 145
- als Gemengsteuer *12* 6, 15
- als Rechtsverkehrssteuer *12* 14
- Steuersubjekt *12* 18 ff., *13*[41]
- Steuerobjekt *12* 14, 24 f.
- Bemessungsgrundlage
- – Erlös *12* 26
- – Zusammenrechnungspraxis *12* 27, 89; s. auch Grundstückgewinnsteuer
- Steuertarif *12* 28 f.
- Ausnahmen von der Steuerpflicht
- – subjektive *12* 23
- – objektive *12* 25
- s. auch Notariats- und Grundbuchgebühren, Grundstückgewinnsteuer
- ferner *11* 124

Heilung des Formmangels
- im Falle beidseitiger Erfüllung
- – grundsätzlich keine Heilung durch Erfüllung *3* 52
- – Heilung durch freiwillige und irrtumsfreie Erfüllung *3* 65, 65[92], 71
- – Heilung durch freiwillige und irrtümliche Erfüllung *3* 72 ff.
- im Falle einseitiger Erfüllung *3* 87 ff.
- bei Erfüllung in der Hauptsache *3* 95 ff.
- bei Rechtsmissbrauchstatbeständen *3* 21, 44, 44[71], 64 f.
- gestützt auf Art. 63 Abs. 1 OR *3* 66 ff., v.a. 71
- teilweise *3* 113 f., 113[119]
- durch Erfüllung (Theorie Schmidlin) *3* 24
- und Berufung Dritter auf Formmängel *3* 142 ff.
- und Berücksichtigung des Formmangels von Amtes wegen *3* 137

Höchstzinsfuss *13*[9]

Kaufpreissimulation *2* 97 f., *3* 6, 25[40], 145 ff., *12* 91; s. ferner Formmangel, Formungültigkeit, Schwarzgeld, Simulation

Kaufpreiszahlung
- Grundlagen *2* 87 ff., 93 ff.
- Fälligkeit *13*[14]
- Verfalltage *13*[15]
- Verrechnung *13*[16]

- bei der Versteigerung *10* 112, 114 f., 120
- ferner *13*[8, 11, 36 f.]

Kaufsrecht
- Begriff *11* 131
- Rechtsgrundlage, Rechtsnatur *11* 1 ff., 20
- Abgrenzung zum Rückkaufsrecht *11* 150
- Form, Inhalt, Vormerkung, Übertragung *11* 133 ff.
- Berechtigte und Verpflichtete *11* 140 ff.
- Ausübung *11* 143 ff., *3* 42 (missbräuchliche –)
- Anwendungsfälle *11* 12 ff.
- Untergang *11* 147
- Realsicherung eines Grundstückkaufs durch Kaufsrecht *11* 13[7]
- intertemporales Recht *11* 5 ff.
- im bäuerlichen Bodenrecht *6* 3, 71 f., 82 ff.
- ferner *1* 14, *2* 78, 125, 141 f., *3* 144, *4* 65, 71, *5* 290, *6* 8, 21, 49, 61, 63 f., 67, 69, 87 ff., 95 f., 113, *8* 6, *12* 53, *13*[34]

Kausalitätsprinzip *3* 64 f., 64[92], 68[94], *4* 5, 8, *7* 13 ff., 51

Kettengeschäfte *12* 53

Kongruenzprinzip *12* 100 f.

Konventionalstrafe *2* 50, 99, 100, *3* 32, 124 ff., *7* 51

Leistungsunmöglichkeit
- objektive Unmöglichkeit *5* 29 ff.
- subjektive Unmöglichkeit *5* 33 f.
- Schlechterfüllung *5* 35 f.
- nicht rechtzeitige Erfüllung
- – Verzug *5* 37
- – kein Verzug bei Mangelhaftigkeit *5* 38

- ferner *4* 35, *5* 40, 85

Liegenschaft *1* 2, 8 ff., 20 f., 27 f., *3* 36, 114, *4* 4, 69, *5* 70, 231, 311, *8* 9 ff., 21, 37, *10* 8, *11* 14 ff., 51; s. auch Grundstück

Lugano-Übereinkommen *9* 7

Mangel
- Begriff *5* 25, 160 ff.
- körperlicher –
- – Begriff *5* 210 ff.
- – Abgrenzung zum rechtlichen – *5* 208 f.
- rechtlicher –
- – bezüglich der Rechte an der Sache (dingliche Eigenschaften) *5* 87, 213
- – bezüglich der Beschaffenheit der Sache *5* 49, 213 f.
- – Abgrenzung zum körperlichen – *5* 208 f.
- – Altlasten *5* 135, 137, 215 ff., 301
- – öffentlich-rechtliche Überbaubarkeit des Grundstücks *5* 47 ff., 213 f.
- wirtschaftlicher –
- – Zuordnung zu körperlichem oder rechtlichem – *5* 220
- – wirtschaftlicher Erfolg *5* 221
- s. Rechtsgewährleistung
- s. Sachmangel

Mangelfolgeschaden
- Begriff *5* 263
- bei Wandelung *5* 264 ff.
- bei Minderung *5* 269
- bei Nachbesserung *5* 269
- ferner *5* 52 f., 176, 240, 262, 282, 293, 325

Mängelhaftung
- als Gewährleistung des Verkäufers für körperliche und rechtliche

Mängel des Grundstücks *5* 25 ff., 133
- Wegfall der Mängelhaftung
- -- Kenntnis des Mangels bei Vertragsschluss *5* 233 ff., *13*²⁹
- -- pflichtwidrige Unaufmerksamkeit bei Vertragsschluss *5* 237 f., *13*²⁹
- -- kein – bei absichtlicher Täuschung *5* 236, 239, *13*²⁹; s. auch absichtliche Täuschung
- -- kein – bei Zusicherung der Mängelfreiheit *5* 236, 239, *13*²⁹
- Grundstückkaufvertrag über eine künftige Sache *5* 145
- gemischter Grundstückkauf- und Werkvertrag
- -- Erscheinungsformen *5* 146 f.
- -- Abgrenzung *5* 148 ff.
- -- ferner *1* 29, *5* 9, 13, 20, 46, 157
- zusammengesetzte Verträge *5* 153 ff.
- gesetzliche Haftungsregeln als dispositives Recht *5* 158 f.
- ferner *5* 31, 35, 40 ff., 53, 58 f., 65, 77, 82, 85, 93, 130, 165, 175, 177, 221, 233, 238, 261, 297, 310, 322, *13*²⁵

Mängelrechte
- Wahlrecht des Käufers *5* 240 f., 244 ff., 250
- Verwirkung der Mängelrechte
- -- Genehmigungserklärung des Käufers *5* 272
- -- gesetzliche Genehmigungsfiktion *5* 273 ff., 290, 293, 294 ff.
- -- keine – bei absichtlicher Täuschung *5* 277 f., 293; s. auch absichtliche Täuschung
- ferner *7* 21
- Wegbedingung; s. Wegbedingung der Haftung
- beim Stockwerkeigentum; s. Wandelungsrecht, Minderungsrecht, Nachbesserungsrecht

Mängelrüge
- Prüfungsobliegenheit *5* 279 ff., *13*²³
- Frist
- -- allgemein *5* 279 f.
- -- absolute – *5* 299
- -- relative – nach Art. 201 OR *5* 284 ff., 288 ff.
- -- bei erkennbaren Mängeln *5* 285, 287, 293
- -- bei geheimen Mängeln *5* 286 f., 293
- Form *5* 292
- Inhalt *5* 291
- Folgen der nicht rechtzeitigen – *5* 293
- Beweislastverteilung bezüglich der Rechtzeitigkeit *5* 290
- absichtliche Täuschung *5* 277, 293
- keine Anwendung von Art. 202 OR beim Grundstückkauf *1* 15
- bei Nichtvollendung oder Unvollständigkeit der Kaufsache *5* 82
- s. auch Sachgewährleistung
- ferner *1* 15, *13*²⁷

Mehrwertsteuer
- Allgemeines *12* 189 ff.
- Voraussetzungen *12* 193 f.
- Verhältnis zu anderen Steuern und Abgaben *12* 195
- Steuersubjekt *12* 196 f.
- Steuerobjekt
- -- Grundstückverkäufe als ausgenommene Umsätze *12* 198 ff.
- -- Option *12* 196, 202 ff.

– – Verkauf eines mehrwertsteuerpflichtigen Grundstücks **12** 207 ff.
– Bemessungsgrundlage **12** 210 ff.
– Steuertarif **12** 214
Minderungsrecht
– als Gestaltungsrecht **5** 250
– Voraussetzungen **5** 250
– Berechnung der Preisminderung **5** 252 ff.
– beim Stockwerkeigentum **5** 270
– ferner **5** 46, 49, 52, 85, 223, 240, 246, 248, 263 f., 269 f., 305, 325, 343 f., 346, **11** 53 f., **13**[22]
– Verjährung; s. Sachgewährleistung
Monistisches oder Zürcher System **12** 32, 37, 140 ff.

Nachbesserungsrecht
– kraft analoger Gesetzesanwendung und Vertragsergänzung **5** 255 ff.
– kraft ausdrücklicher Vereinbarung **5** 261
– Geltendmachung **5** 262
– beim Stockwerkeigentum **5** 270 ff.
– ferner **5** 38, 46, 52, 147, 240, 325, 340, 343, 345 f., 348, 353
Nebengewerbe 6 152, 184
Negatives Vertragsinteresse 3 33, 125, **5** 38, **10** 82, 153
Nichtigkeit (des Grundstückkaufs)
– Formungültigkeit; s. dort
– im bäuerlichen Bodenrecht **6** 262 f.
– bei der freiwilligen Versteigerung landwirtschaftlicher Grundstücke **10** 10
– von nicht bewilligten Rechtsgeschäften beim Grundstückkauf durch Ausländer; s. Erwerb von Grundstücken durch Personen im Ausland (Bewilligungsgesetz)
– bei Scheingeboten des Veräusserers bei der öffentlichen Versteigerung **10** 89
– kein Eintritt des Vorkaufsfalles **11** 87
– ferner **7** 14, **10** 68, 103, **12** 93
Notariats- und Grundbuchgebühren
– Allgemeines **12** 3 ff.
– Verhältnis zur Handänderungssteuer und anderen Steuern **12** 6
– Steuersubjekt **12** 7, **13**[41]
– Steuerobjekt **12** 8
– Bemessungsgrundlage **12** 9
– Steuertarif **12** 10 ff.
– s. auch Handänderungssteuer
Nutzungsplanung; s. Raumplanungsrecht

Öffentliche Beurkundung
– Begriff **2** 16 ff., **13**[4]
– Zweck
– – Zweckerreichung durch mangelhafte Beurkundung **3** 75
– – und rechtsmissbräuchliche Berufung auf Formmangel **3** 36 f., 74 ff., 82, 84
– – und Ersatzregeln für den Fall der Formungültigkeit **3** 124 ff.
– – ferner **2** 19 ff., 61, 63, 66 f., 80, **4** 5, **13**[4]
– Beurkundungserfordernis
– – Umfang allgemein **1** 20, **2** 31, 45 ff., 76 ff., **10** 39, **13**[4, 37]
– – Umfang bei gemischten/zusammengesetzten Verträgen **2** 114 ff.
– – von Zusicherungen beim Abschluss eines Grundstückkaufvertrages **2** 136 ff., **13**[25]

– – und Formzweck *2* 23 f., 67 ff., *13*[4]
– Verfahren der –; s. dort
– Ersatzformen
– – Urteil *2* 40, *4* 25 ff., 32
– – gerichtlicher Vergleich und Klageanerkennung vor Gericht *2* 41 f., *4* 32
– – Scheidungskonvention *2* 41 f.; s. auch Eherecht
– – Steigerungsprotokoll *2* 43, *10* 109 f.
– des Grundstückkaufvertrages *2* 1 ff., *13*[4]
– des gemischten/zusammengesetzten Grundstückkaufvertrages *2* 31, 45 ff., 67 ff., 114 ff.
– der Pfandbelastung *2* 107, 127
– ferner *1* 20, 28, *2* 1, 3, *5* 2, 73, 144, 332, *8* 76, 81, *12* 3, 9, 84 ff., 186
– der Versteigerung; s. öffentliche Versteigerung, private Versteigerung
– des Kaufsrechts, Rückkaufsrechts, des Vorvertrags, Vorkaufsvertrags; s. dort

Öffentliche Urkunde
– Beweismittel i.S.v. von Art. 9 ZGB *2* 44, *13*[4]
– Beweiskraft *2* 66, *13*[4]
– als Ausweis über den Rechtsgrund der Grundbuchanmeldung *2* 22, 63, 71, 93 ff., 116[144], *4* 22, *13*[4]
– als Urschrift *13*[42]
– s. öffentliche Beurkundung
– s. auch öffentliche Versteigerung, private Versteigerung

Öffentliche Versteigerung
– Begriff *10* 1 ff.
– Abgrenzungen *10* 13, 49 ff.
– Rechtsgrundlagen

– – Vorbehalt zugunsten des kantonalen Privatrechts (Art. 236 OR) *10* 53 ff.
– – kantonale Erlasse *10* 56 ff.
– Beteiligte
– – Versteigerungsbehörde *10* 70
– – Leitender *10* 71 f.
– – Veräusserer, Versteigerer *10* 69, 71 f., 74 f.
– – Einlieferer *10* 89
– – Bietender, Erwerber, Ersteigerer, Käufer *10* 69, 74
– – Stellvertretung *10* 71
– – keine Mitwirkung eines öffentlichen Beamten *10* 52
– Vertragsabschluss
– – unter Anwesenden *10* 73 ff.
– – schriftliche Angebote *10* 74 ff.
– – Angebot und Annahme *10* 77 ff.
– – Zuschlag *10* 83 ff.
– – Pflicht des Versteigerers zum Verhalten nach Treu und Glauben *10* 82
– – Mitbieten des Leiters *10* 88
– – Mitbieten des Veräusserers (Einlieferers) *10* 89
– – Bindung des Bieters *10* 90 ff.
– Steigerungsbedingungen
– – Inhalt *10* 99
– – als allgemeine Geschäftsbedingungen *10* 98
– – als vorgeformter Vertragsinhalt *10* 100
– – missbräuchliche Geschäftsbedingungen *10* 103
– – öffentliche Kundgabe *10* 101
– – Auslegung *10* 102
– Form
– – Verpflichtungsgeschäft *10* 104 ff.
– – Verfügungsgeschäft *10* 108 ff.

- – Steigerungsprotokoll als öffentliche Urkunde *2* 43, *10* 109
- Vertragserfüllung
- – Pflichten des Ersteigerers *10* 112 ff.
- – Eigentumsverschaffungspflicht des Veräusserers *10* 122 ff.
- – Gewährleistungspflicht des Veräusserers *10* 126
- – Rücktrittsrecht des Veräusserers bei Verzug des Ersteigerers *10* 115 ff.
- – Pfandrecht des Versteigerers *10* 121; s. auch Verkäuferpfandrecht
- Eigentumsübergang; s. dort
- als Vorkaufsfall; s. Vorkaufsfall
- und Übergang des Mietverhältnisses; s. dort
- bei Vormundschaft *13*[7]
- Anfechtung nach Art. 230 OR *10* 130 ff.; s. auch absichtliche Täuschung

Option *11* 1, 3, 20 f., 43 f., 46, 84, 134; s. auch Mehrwertsteuer

Ordre public *9* 30

Pachtrecht, landwirtschaftliches
- Verhältnis zum bäuerlichen Bodenrecht *6* 27 f.
- Veräusserung des Pachtgegenstandes *6* 264 ff.

Pfandrecht
- s. Grundpfandrecht
- s. Bauhandwerkerpfandrecht
- s. Verkäuferpfandrecht
- des Versteigerers *10* 121

Positives Vertragsinteresse *3* 24, 33, 125, *5* 38

Präponderanzmethode *12* 173

Preisgrenze, im bäuerlichen Bodenrecht *6* 252 ff.

Preisminderung; s. Minderungsrecht

Private Versteigerung
- Begriff *10* 1 ff.
- Abgrenzungen *10* 14 ff.
- Form
- – Öffentliche Beurkundung als Grundsatz *10* 20, 25, 33, 35 ff., 44 ff.
- – Ausnahmen *10* 38 ff., 43
- – Sachbeurkundung *10* 46, 48
- als «gewöhnlicher Kauf» *10* 17 f., 19 ff.
- als Akt des Erb- und Sachenrechts *10* 18, 26 ff., 32 ff.
- analoge Anwendung der Regeln der öffentlichen Versteigerung *10* 24 f.
- keine Anwendung von Art. 233 Abs. 2 OR *10* 21
- Anfechtungsmöglichkeit nach Art. 230 OR *10* 22, 25, 156
- keine Anwendung von Art. 236 OR *10* 23
- richterliche Anordnung bei gemeinschaftlichem Eigentum *10* 32 ff.
- als Vorkaufsfall *11* 83

Produktehaftpflicht; s. Deliktshaftung

Put Option *11* 1[1], 18

Raumplanungsrecht
- Überbaubarkeit und Haftung *5* 47 ff.
- Einzonung und Gewinnanspruchsrecht im bäuerlichen Bodenrecht *6* 108 ff.

- Verhältnis zum bäuerlichen Bodenrecht **6** 25 ff., 30 ff., 44 ff., 219, 222

Realobligation
- Begriff **4** 61
- Bauhandwerkerpfandrecht **4** 62
- Verkäuferpfandrecht **4** 63 ff.
- vorgemerktes Vorkaufsrecht **11** 71
- und Art. 960 Abs. 1 Ziff. 1 ZGB **4** 41 ff.
- s. Vormerkung

Realteilungs- und Zerstückelungsverbot im bäuerlichen Bodenrecht
- im Allgemeinen **6** 210 ff.
- gesetzliche Ausnahmetatbestände **6** 215 ff.
- Erteilung von Ausnahmebewilligungen **6** 218 ff.

Rechtlicher Mangel; s. Mangel

Rechtsgewährleistung
- Grundlagen **5** 87, 89; s. auch Mangel
- und andere Rechtsbehelfe **5** 88
- Anspruchskonkurrenz **5** 24
- Bedeutung **5** 90
- Voraussetzungen **5** 91 ff.
- Unterstützungspflicht des Verkäufers **5** 99 ff.
- Streitverkündung des Käufers
- – im Prozess vor dem staatlichen Richter **5** 103 ff.
- – im Schiedsgerichtsverfahren **5** 109, 111
- – vor der aussergerichtlichen Streiterledigung **5** 110
- ohne Streitverkündung des Käufers **5** 112 ff.
- Ansprüche des Käufers bei vollständiger Entwehrung **5** 115 ff.
- Ansprüche des Käufers bei teilweiser Entwehrung **5** 121 ff.
- – Bauhandwerkerpfandrecht **5** 69, 90, 100, 125 ff.
- – Mietvertrag gemäss Art. 261 OR **7** 59 ff.
- Verjährungsfrist **5** 130, **13**^{31}
- Wegbedingung **5** 131 f., 323
- bei der öffentlichen Versteigerung **10** 126
- Gefahrübergang; s. dort
- s. ferner **5** 213, **13**^{22}

Rechtsmangel; s. Mangel

Rechtsmissbrauch
- «negative» Funktion von Art. 2 Abs. 2 ZGB **3** 39 f., 96
- und gerichtliche Zusprechung des Eigentums **4** 32
- Geltendmachung eines unerheblichen Sach- oder Werkmangels als – **5** 84, 204, 207
- rechtsmissbräuchliche Berufung auf Formmangel; s. dort
- und Berücksichtigung des Formmangels von Amtes wegen **3** 131 f.
- und Grundstückkauf durch Ausländer ohne Bewilligung **8** 65

Rechtsmissbräuchliche Berufung auf Formmangel
- vor der Erfüllung **3** 20, 24, 38 ff.
- nach der Erfüllung **3** 18 ff., 24, 60 f., 63 ff., 73 ff.
- bei Resterfüllung **3** 20, 24, 96 ff., 116 ff.
- Folge: Heilung des Formmangels; s. dort
- und Formzweck **3** 36 f.
- und Vorkaufsfall **3** 145 ff.

Rechtswahl; s. anwendbares Recht im IPR

673

Rückbehaltungsrecht des Käufers (Art. 82 OR) *1* 24, *3* 58, *4* 82, *5* 51 f., 129, 308

Rückkaufsrecht
- Gegenstand *11* 16
- Rechtsgrundlage, Rechtsnatur, Form *11* 1 ff., 20
- Höchstdauer *11* 17
- Vertragskonditionen *11* 149
- und Kaufsrecht *11* 148, 150
- intertemporales Recht *11* 5 ff.
- im bäuerlichen Bodenrecht
- – gesetzliches – *6* 162 f.
- – vertragliches – *6* 140 ff.
- ferner *2* 141 f.
- s. Vormerkung

Sachgewährleistung
- Verjährung
- – Frist *5* 298 f., *13*[31]
- – bei absichtlicher Täuschung *5* 300
- – gemäss Parteiabrede *5* 301
- – Beginn *5* 302
- – für alle Mängel eines gekauften Grundstücks *5* 303
- – Unterbrechung *5* 304 ff.
- – Wirkung *5* 307 f.
- ferner *1* 29, *10* 126, *13*[22 f.]
- Mangel; s. dort
- Sachmangel; s. dort
- körperlicher Mangel; s. Mangel
- rechtlicher Mangel; s. Mangel, Rechtsgewährleistung
- zugesicherte Eigenschaften; s. dort
- absichtliche Täuschung; s. dort
- Gefahrübergang; s. dort
- Anspruchskonkurrenz; s. dort
- Mangelfolgeschaden; s. dort
- Mängelrechte; s. dort
- Mängelrüge; s. dort
- Minderungsrecht; s. dort
- Nachbesserungsrecht; s. dort
- Wandelungsrecht; s. dort
- Abtretung von Mängelrechten; s. dort
- Freizeichnungsklauseln; s. Wegbedingung der Haftung
- Haftung für das Grundstückmass (Art. 219 OR); s. dort

Sachmangel
- Begriff *5* 25, 160 ff.
- Mangel als rechtlicher Begriff *5* 160, 191 f.
- Primärmangel *5* 162, 187, 197, 234
- Sekundärmangel *5* 162, 187, 197, 210, 234
- Fehlen einer zugesicherten Eigenschaft; s. zugesicherte Eigenschaft
- Fehlen einer vorausgesetzten oder voraussetzbaren Eigenschaft
- – vorausgesetzte Eigenschaften *5* 179, 181 ff.
- – voraussetzbare Eigenschaften *5* 179, 184
- – Gebrauchstauglichkeit *5* 189 f.
- – s. Wertqualität, ästhetischer Mangel
- Erheblichkeit des Mangels
- – Vertragsabweichung *5* 191 f., 199 f.
- – Kriterien *5* 193 ff.
- – bei vorausgesetzten oder voraussetzbaren Eigenschaften *5* 202 ff.
- – bei zugesicherten Eigenschaften *5* 205 ff.
- – und Rechtsmissbrauch *5* 202, 204, 207
- Erscheinungsformen des Mangels; s. Mangel

– Haftung für das Grundstückmass (Art. 219 OR); s. dort
Sachverschaffungspflicht; s. Besitzverschaffungspflicht, Eigentumsverschaffungspflicht
Scheidungskonvention; s. öffentliche Beurkundung, Grundstückkauf(vertrag)
Schuldnerverzug *3* 47, *4* 11, 32 f., *5* 33, 35, 37 f., 66, 68, 71, 79, 85, 348, *9* 18, *10* 21, 54, 91, 116 ff.
Schuldübernahme *13*^{12}
Schwarzgeld *3* 51, 111 ff., *12* 86
Selbstbewirtschafterprinzip im bäuerlichen Bodenrecht *6* 8 f., 49 ff.
Selbstbewirtschaftung im bäuerlichen Bodenrecht
– im Allgemeinen *6* 50 ff.
– als Voraussetzung zum Erwerb landwirtschaftlicher Gewerbe *6* 49, 74, 82, 166, 186, 242 ff.
– als Voraussetzung zum Erwerb landwirtschaftlicher Grundstücke *6* 242 ff.
– Aufgabe der – *6* 77
SIA-Norm *5* 206, 327; s. auch allgemeine Geschäftsbedingungen
Simulation
– der Vertragsart *2* 97 f., *3* 185, *8* 98
– Scheingebote bei der öffentlichen Versteigerung *10* 89
– Kaufpreissimulation; s. dort
– s. auch Formmangel, Formungültigkeit
Sittliche Pflichten; s. unter Formungültigkeit
Sozialversicherungsbeiträge *12* 215 ff.
Spekulation *6* 49, 248, *8* 16, *11* 12
Steigerungskauf; s. Versteigerung

Stockwerkeigentum
– Begriff *1* 2^1, 4
– Mängelrechte *5* 270 f.
– ferner *5* 129, 211, 225, 232, 244, *7* 1, *8* 21, 37, 49, 55, 58, *12* 105, 178
Submission *10* 6, 156

Täuschung; s. absichtliche Täuschung
Treu und Glauben; s. Rechtsmissbrauch

Übergang des Mietverhältnisses
– Übergang *7* 2 ff., 9 ff., 13 ff., 22 f., 51, 55 ff., 59 ff., *10* 129, *13*^{33}
– Zeitpunkt *7* 2, 4, 13 ff., *13*^{33}
– Voraussetzungen *7* 2 ff., 13 ff., *13*^{33}
– Kündigung des Mietverhältnisses
– – allgemein *7* 7 ff., 13 f., 16, 24 ff., 52 ff., *13*^{33}
– – Mieterstreckung *7* 32 f., 48 ff.
– – dringender Eigenbedarf des Käufers *7* 35 ff., 41, 45 ff., 53, 63 ff., *13*^{33}
– – Modalitäten, Kündigungsschutz *7* 41 ff., 45 ff.
– Mietzinsberechtigung des Käufers *7* 16 ff., 51
– Gebrauchsüberlassungspflicht des Käufers *7* 21 ff., 51
– bei einer öffentlichen Versteigerung *10* 129
– ferner *7* 2^1
Übergang von Nutzen und Gefahr; s. Gefahrübergang

Ungerechtfertigte Bereicherung
- Anwendung von Art. 63 Abs. 1 OR auf Vindikationsansprüche *3* 18 ff., 22 ff., 68 ff., 83
- Heilung eines Formmangels gestützt auf Art. 63 Abs. 1 OR *3* 66 ff.
- keine Anwendung des Art. 63 Abs. 2 OR auf den formungültigen Vertrag *3* 22 ff., 72
- und beidseitige Erfüllung des formungültigen Vertrags *5* 54 f.
- und Art. 938 ff. ZGB *3* 56
- ferner *5* 130, *11* 123

Unternehmer-, Architektenklausel *2* 46, 60, 117 ff., 121 f., *5* 154 ff.

Unvollkommene Obligation; s. Formungültigkeit

Urkundsperson
- Pflichten
- – zur Anmeldung der beurkundeten Geschäfte *4* 10 f.
- – persönliche Mitwirkung bei der öffentlichen Beurkundung *2* 30
- – Wahrheitspflicht *2* 26 ff.
- – Rechtsbelehrungspflicht *5* 73, 332, *13*[11, 26]
- – ferner *2* 31, 64 f., 75, *13*[7, 32, 34]
- Haftung *5* 129, 229
- Prüfungsbefugnis *2* 44
- ferner *5* 2, 73, *8* 101

Urteilsfähigkeit *4* 21, *13*[7]

Veräusserungsverbot im bäuerlichen Bodenrecht *6* 63 ff., 159 ff.

Verfahren der öffentlichen Beurkundung
- Bundesrechtliche Minimalanforderungen
- – persönliche Mitwirkung der Urkundsperson *2* 30
- – bei Dokumenten, auf die verwiesen wird *2* 31
- – fremdsprachige Dokumente *2* 32
- – Wahrheitspflicht *2* 26 ff.
- – ferner *2* 33
- Durchführung der öffentlichen Beurkundung *2* 25, 34
- Zuständigkeit
- – Übersicht *2* 39
- – örtliche *2* 35 f., *4* 24
- – sachliche *2* 37 ff.
- – bei IPR-Sachverhalten *9* 36 ff.
- Personalien der Parteien *13*[4, 5]
- s. öffentliche Beurkundung

Verfügungsbeschränkung
- Bedeutung *4* 41 ff.
- Voraussetzungen *4* 46 ff.
- Verfahren *4* 49 ff.
- Grundbuchsperre *4* 57 f.
- im bäuerlichen Bodenrecht im Allgemeinen *6* 3, 131 ff., 210 ff.
- ferner *1* 20, *3* 146, *4* 3, 20, 36, *8* 5, 7, 17, 105
- s. Vormerkung

Verfügungsgeschäft
- s. Anmeldung (beim Grundbuchamt), Grundbucheintrag(ung)
- bei der öffentlichen Versteigerung *10* 108 ff.

Verjährung
- Beginn der Verjährungsfristen für Ansprüche aus Mängeln und andern Haftungsansprüchen des Käufers *5* 65, 130
- der Ansprüche aus Rechtsgewährleistung *5* 130, *13*[31]
- der Ansprüche aus Sachgewährleistung *5* 298 ff.
- bei absichtlicher Täuschung *5* 300

Verkaufsrecht *11* 1[1], 14 f., 18 f.

Verkäuferpfandrecht
– Begriff *4* 60 ff.
– Grundlagen, Voraussetzungen *1* 20, *4* 66 ff.
– als Realobligation *4* 2, 59, 61 ff., 67, 72, 75, 79
– Verfahren *4* 75 ff.
– Wirkung *4* 65
– bei der öffentlichen Versteigerung *10* 121
– und Bauhandwerkerpfandrecht *4* 59[110], 62 ff., 77 ff.
– ferner *13*[18 ff., 40]

Verkehrswert; s. Grundstückgewinnsteuer, Wertqualität

Verkoppelter Grundstückkaufvertrag; s. Grundstückkauf(vertrag)

Versteigerung
– Begriff *10* 1 ff.
– Rechtsgrundlagen *10* 4 f.
– Abgrenzung *10* 8
– (Ver)steigerungskauf *10* 3
– freiwillige *10* 9
– Zwangs – *10* 11 f.
– und Submission *10* 6, 156
– und Auslobung und Preisausschreiben *10* 7
– und bäuerliches Bodenrecht *10* 10
– Gewährleistung *5* 23
– Steigerungsbedingungen *10* 98 ff.
– öffentliche Versteigerung; s. dort
– private Versteigerung; s. dort
– absichtliche Täuschung; s. dort
– ferner *11* 82

Vertragliches Vorkaufsrecht *11* 40
Vertragsfloskeln *2* 5 ff., 28
Vertragsstatut *9* 16, 18 f.
Verweisungsbegriff *9* 8 f.
Verwendungsersatz *3* 56 f.
Verwirkung der Mängelrechte; s. Mängelrechte

Verzug; s. Schuldnerverzug
Vorhandrecht *11* 44
Vorkaufsfall
– Begriff *11* 82 ff.
– Vorkaufsfälle *10* 128, *11* 83 ff., *3* 145 ff. (formungültiger Vertrag als –)
– Mitteilung des Vorkaufsfalles *11* 97 ff.
– Ausübung des Vorkaufsrechts
– – Frist *11* 108 ff.
– – Ausübungserklärung *11* 115 ff.
– – Ausübungsverzicht *11* 118
– Wirkungen der Ausübungserklärung
– – zwischen Vorkaufsberechtigtem und belastetem Eigentümer *11* 119 ff.
– – gegen den Drittkäufer *11* 122 ff.
– – Klagebegehren des Vorkaufsberechtigten *11* 126
– – auf beschränkte dingliche und andere Rechte am Grundstück *11* 127 ff.
– im bäuerlichen Bodenrecht *6* 173 ff., 205 f.
– s. Vorkaufsrecht, Vorkaufsvertrag

Vorkaufsrecht
– Gegenstand; s. Vorkaufsvertrag
– Rechtsgrundlagen, Rechtsnatur *11* 1 ff., 20
– gesetzliches – *11* 21, 40
– vertragliches – *11* 40
– limitiertes *11* 41 ff., 52 ff.
– unlimitiertes *11* 41 ff.
– im bäuerlichen Bodenrecht
– – im Allgemeinen *6* 144 ff.
– – der Verwandten *6* 164 ff.
– – des Pächters *6* 183 ff.
– – an Miteigentumsanteilen *6* 196 ff.

- Ausdehnung der Vorkaufsfälle durch Vertrag («Vorhandrecht») *11* 44
- Einschränkung der Vorkaufsfälle durch Vertrag *11* 44
- Vormerkung *11* 1, 7, 44, 56 ff.
- Übertragung *11* 60 ff.
- Untergang *11* 64 ff.
- rechtsmissbräuchliche Ausübung *11* 110
- rechtsmissbräuchliche Umgehung des – *3* 145 ff., *11* 87
- und Information des Drittkäufers *11* 94
- und Übergang des Mietverhältnisses *7* 5
- intertemporales Recht *11* 5 ff.
- Rechtsmissbrauch; s. dort
- s. Vorkaufsfall, Vorkaufsvertrag
- ferner *2* 103, 140, *10* 108[151], 128

Vorkaufsvertrag
- Anwendungsfälle *11* 9 ff.
- Form *11* 10, 45 ff.
- Gegenstand *11* 49 ff.
- s. Vorkaufsfall, Vorkaufsrecht

Vormerkung
- der Verfügungsbeschränkung
- – Voraussetzungen der Vormerkung *4* 46 ff.
- – Wirkung *4* 42 ff.
- – Verfahren *4* 50 ff.
- – Abgrenzung zur vorläufigen Eintragung (Art. 961 ZGB) *4* 56
- – Abgrenzung zur Grundbuch- oder Kanzleisperre *4* 57 f.
- – ferner *3* 146, *4* 20, 28[64], 36 f.
- des Kaufsrechts *11* 133 ff.
- des Vorkaufsrechts *11* 1, 7, 44, 56 ff.
- und Übergang bzw. Kündigung des Mietverhältnisses *7* 5[4], 7, 11, 35, 45;

s. auch Übergang des Mietverhältnisses
- im bäuerlichen Bodenrecht *6* 130, 143, 271
- ferner *3* 42, *4* 36 f., 65, 80, *5* 69, 128, *11* 2 f., 5, 13, 17 f., 134, 138, 141 f., 145 f., 150

Vormundschaft *4* 21, *13*[7]

Vorvertrag
- Begriff *11* 8, 22 f.
- Bedeutung *11* 8, 24 ff.
- Einstufentheorie, Zweistufentheorie *11* 35
- öffentliche Beurkundung *2* 141, *11* 36 ff.
- ferner *2* 40

Wandelungsrecht
- als Gestaltungsrecht *5* 242 f.
- kein – bei Untergang, Veräusserung oder Umgestaltung der Kaufsache *5* 244
- nur –, wenn Minderwert dem Kaufpreis entspricht *5* 245, 250
- Ausschluss des – nach richterlichem Ermessen *5* 246 ff.
- Vertragsauflösung ex tunc *5* 249
- Schadenersatz bei Wandelung *5* 264 ff.
- beim Stockwerkeigentum *5* 270
- Verjährung; s. Sachgewährleistung
- ferner *5* 46, 49, 52, 90, 223, 240, 255, 260, 262, 269 f., 305, 325, 335, 343 f., 346, *11* 86, *13*[22]

Wegbedingung der Haftung
- Grundlagen *5* 158 f., 309, 314
- Freizeichnungsklausel *5* 42, 175, 218, 310 ff., 315, 317, 327, 338 f., 346, 348, *10* 126[176], *13*[26, 27, 30]
- Inhalt *5* 315 ff., 327 ff.
- für Eigenschaftsangaben? *5* 322

- für körperliche und rechtliche Mängel *5* 323
- aus Rechtsgewährleistung *5* 323
- durch Beschränkung der Mängelrechte des Käufers *5* 325
- für weitere Tatbestände *5* 324, 326
- mit allgemeinen Geschäftsbedingungen *5* 327 ff.
- keine – mit Vertragsfloskeln *5* 331
- Auslegung von haftungsbeschränkenden Klauseln
- – individuelle Abreden *5* 315 ff.
- – allgemeine Geschäftsbedingungen *5* 327 ff.
- – Vertragsfloskeln *5* 331; s. auch dort
- formellrechtliche Schranken *5* 332
- materiellrechtliche Schranken *5* 333 ff.; s. auch Haftung aus culpa in contrahendo
- Abtretung von Mängelrechten (an den Käufer); s. dort
- Kombination von Haftungsbeschränkungen *5* 355
- durch Vertragsübernahme *5* 356
- bei Kündigung der Miete wegen dringenden Eigenbedarfs *7* 63 ff.
- absichtliche Täuschung; s. dort

Wehrpflichtersatzabgaben *12* 229 ff.
Wertqualität *5* 188, 193 ff., 203
Willensmangel; s. absichtliche Täuschung

Zerstückelungsverbot; s. Realteilungs- und Zerstückelungsverbot im bäuerlichen Bodenrecht
Zugehör *1* 10 f., *2* 132, *5* 70, 80, 160, *9* 10
Zugesicherte Eigenschaft
- Begriff *5* 164 f., 183
- Verkäuferhaftung unabhängig von Bewusstseinslage *5* 166, 178
- unverbindliche Äusserungen des Verkäufers *5* 174 f.
- erweiterte Zusicherungen *5* 176
- selbständiges Erfolgsversprechen *5* 177
- absichtliche Täuschung *5* 167 ff.; s. auch dort
- Beurkundungserfordernis; s. öffentliche Beurkundung
- vorausgesetzte oder voraussetzbare Eigenschaften; s. Sachmangel
- Erheblichkeit des Mangels; s. Sachmangel
- ferner *5* 34, 44, 150, 160 ff., 179, 181, 183, 184 ff., 201, 203, 205 ff., 210, 214, 225, 227, 231, 236 f., 239, 278, 280 f., 301, 322, *13*[19, 22 f., 26]

Zug-um-Zug-Prinzip *3* 58; s. auch Rückbehaltungsrecht des Käufers (Art. 82 OR)
Zusammenrechnungspraxis *12* 27, 89
Zwangsversteigerung *10* 11 f.
Zwangsverwertung im bäuerlichen Bodenrecht *6* 259 ff.
Zweckentfremdung und Gewinnanspruchsrecht im bäuerlichen Bodenrecht *6* 112 ff.